Die sozialgeschichtliche Konstellation der Literatur um 1968 – Ausgangspunkt dieses Buches – ist geprägt von Ungleichzeitigkeiten und Widersprüchen. Viele Trends und Programme, wie die konkret-sprachliche experimentelle Textarbeit, die Beschreibungsliteratur und die Lyrik, liefen wie unbeirrt weiter, andere Gattungen wurden neu kreiert oder wiederentdeckt und dem etablierten Kulturbetrieb entgegengesetzt, wie das Straßentheater, das neue Hörspiel und der neue Surrealismus. Schließlich wurde gleichzeitig an einer großen Literatur gearbeitet, die mit Themen beschäftigt war, die zu den typischen der 68er-Bewegung gezählt werden.

Dieser Band bietet zum ersten Mal eine zusammenhängende Literaturgeschichtsschreibung dieser Zeit – bis heute. Herausgeber und Autoren stellen sich die Frage, wie sich die literarische Intelligenz zur gesellschaftlichen Krise, zur Aufbruchstimmung 1968 und zur NS-Vergangenheit verhalten und welche poetologischen und politischen Antworten sie auf eine veränderte und sich verändernde Gesellschaft gesucht und gefunden hat.

Die Darstellung folgt keinem akademischen Gattungsraster. Die Beiträge des Bandes skizzieren die Entwicklungen seit 1968 nach einem Gliederungsplan, dessen Aspekte die vielfältigen Veränderungsanstöße um 1968 benennen und ihre Fort- und Umschreibung in der Literatur und in anderen Medien durchschaubar und bewertbar machen.

Hansers Sozialgeschichte
der deutschen Literatur
vom 16. Jahrhundert bis zur Gegenwart

Herausgegeben von Rolf Grimminger

Band 12

Gegenwartsliteratur
seit 1968

Herausgegeben von
Klaus Briegleb und Sigrid Weigel

Deutscher
Taschenbuch
Verlag

Mai 1992
Deutscher Taschenbuch Verlag GmbH & Co. KG,
München
© 1992 Carl Hanser Verlag München Wien
Umschlaggestaltung: Celestino Piatti
Printed in Germany
ISBN 3-446-12787-9 (Hanser)
ISBN 3-423-04354-7 (dtv)

Inhalt

Einleitung 9

Erster Teil
›Aufbruch 1968‹
Der Mythos vom Neuanfang

Klaus Briegleb
Literatur in der Revolte – Revolte in der Literatur 19
Klaus Briegleb
Vergangenheit in der Gegenwart 73
Klaus Briegleb
Negative Symbiose 117

Zweiter Teil
Bewegungen und Kulturen

Gundel Mattenklott
Literatur von unten – die andere Kultur 153
Sigrid Weigel
Literatur der Fremde – Literatur in der Fremde 182
Werner Irro
Hier drüben – Literatur ehemaliger DDR-Autoren 230
Regula Venske und *Sigrid Weigel*
›Frauenliteratur‹ – Literatur von Frauen 245

Dritter Teil
Realismus

Keith Bullivant
Literatur und Politik 279
Keith Bullivant und *Klaus Briegleb*
Die Krise des Erzählens – ›1968‹ und danach 302

Klaus Briegleb
Weiterschreiben! Wege zu einer deutschen literarischen
›Postmoderne‹? 340

Vierter Teil
Literaturkonzepte: Kontinuitäten und Brüche

Hermann Schlösser
Literaturgeschichte und Theorie in der Literatur 385
Hermann Schlösser
Subjektivität und Autobiographie 404
Michael Braun
Lyrik 424
Bettina Clausen und *Karsten Singelmann*
Avantgarde heute? 455

Fünfter Teil
Literatur, Theater, Medien

Justus Fetscher
Theater seit 68 – verspielt? 491
Ingo Helm
Literatur und Massenmedien 536
Gertrud Koch
Film 557
Horst Ohde
Das Hörspiel. Akustische Kunst in der Nische 586
Paul Schuster
Literatur- und Kulturzeitschriften 616

Sechster Teil
**Literaturverhältnisse und besondere Entwicklungen
in der deutschschweizer und österreichischen
Literatur**

Martin Zingg
Besuch in der Schweiz –
Eine Skizze der deutschsprachigen Literatur der Schweiz . . 643
Thomas Rothschild
Österreichische Literatur 667

Anhang

Anmerkungen 703
Bibliographie 803
Personenregister 853
Die Autorinnen und Autoren des Bandes 871
Danksagung 874
Inhaltsverzeichnis 875

Einleitung

Dieser Band unternimmt den Versuch einer ersten Gesamtdarstellung deutschsprachiger Literatur *seit 1968,* den Versuch einer Literaturgeschichte des Zeitraums, der mit einer kulturellen und politischen Bewegung begann, die mit dem Namen ›Studentenbewegung‹ ebenso unzureichend bezeichnet ist, wie die genannte Jahreszahl einer exakten Datierung entspricht. Sie ist eher zur symbolischen Beschreibung eines Ereignisses geeignet, als Name einer Bewegung bzw. einer Generation, auf deren Mentalität die Jahreszahl heute – im Rückblick – sich überwiegend bezieht. Für die Literaturgeschichte bedeutet dieser Einschnitt, daß die ›Gegenwartsliteratur‹ nicht länger mit der Literatur ›nach 45‹ identisch ist, daß sie vielmehr in eine Nachkriegsliteratur (vgl. Bd. 10) und in eine neue, z. T. von der Kultur des Nachkriegsdeutschland offensiv sich abgrenzende Literatur unterteilt wird, – wobei diese ›neue Literatur‹ allerdings weit in die sechziger Jahre zurückreicht. Denn bereits in dieser Zeit war in der Literatur – etwa in Texten von Peter Weiss, Ingeborg Bachmann, Günter Grass, Martin Walser, Heinrich Böll u. a. – jener Aufbruch sichtbar geworden, der sich gegen den Aufbau-Eifer und die Erstarrung der Wirtschaftswunder-Gesellschaft richtete und in einem neuen literarischen Engagement zum Ausdruck kam, zu dem das Engagement von 1968 in einem komplizierten Verhältnis steht: dem eines Gegensatzes im Großen und zahlreicher Berührungen und Korrespondenzen im Einzelnen. Für den Literaturbetrieb erhält der genannte Einschnitt eine zusätzliche Bedeutung dadurch, daß der Beginn der 68er Ära auch mit dem Ende der ›Gruppe 47‹ als Institution zusammenfällt, von deren Einzelautoren gleichwohl weiterhin viele dominierend bleiben.

Zugleich wird dieser Band aber wohl die letzte Geschichte der Gegenwartsliteratur sein, der die Einteilung in zwei deutsche Literaturen, die der DDR (vgl. Bd. 11) und die der Bundesrepublik zugrundeliegt. Denn die zeitliche Endmarke, die den Blick auf die Gegenwartsliteratur hier begrenzt, fällt – zufällig, denn die meisten der Beiträge wurden vor dem November 1989 abgeschlossen★ – zusammen mit dem Ende des ›realen Sozialismus‹ und der realen deutschen Zweistaatlichkeit. Damit bezieht sich dieser Band auf eine historische Konstellation, deren Beginn durch einen Aufbruch, das Bewußtsein eines radikalen Neuanfangs und eine umfassende Gesellschaftskritik gekennzeichnet ist, während das Ende mit einer abrupten Wende zusammentrifft, die in der Öffentlichkeit überwiegend auch als Ende und Widerlegung der aus 68 sich herschreibenden Perspektiven und Wertungen angesehen wird.

Die Figur von ›Aufbruch und Ende‹ aber, herangezogen zur Beschreibung dieser historischen Konstellation (zwischen ›antiautoritärer Bewegung‹ und ›nationaler Vereinigung‹), würde das Modell einer Entwicklungsgeschichte fortschreiben, an deren Fortschrittsmythen sie – noch mit dem Topos des Scheiterns – teilhätte. Insofern erweist es sich auch als ein Vorteil, daß dieser Band größtenteils noch vor dem November 89, also aus einer Position des »mittendrin« zustandekam.

Denn es handelt sich ja nicht darum, die Werke des Schrifttums im Zusammenhang ihrer Zeit darzustellen, sondern in der Zeit, da sie entstanden, die Zeit, die sie erkennt – das ist die unsere – zur Darstellung zu bringen.[1]

Die Betrachtung einer ›Epoche‹ von ihrem ›Ende‹ her, womöglich als abgeschlossen, würde die ohnehin problematische Tendenz, die dem Projekt einer Geschichte der Gegenwartsliteratur innewohnt, noch verstärken, die Tendenz nämlich, zu Geschichte zu machen, was noch nicht Geschichte geworden ist. Stattdessen folgt die Darstellung hier dem Bemühen, die Kontinuitäten und Brüche der Schreibweisen und Geschichtsmythen ›1968‹ und ›nach 68‹ zu untersuchen, die literarischen Veränderungen und kulturellen Bewegungen, die 68 in Gang gesetzt wurden, auch auf die ihnen immanenten Ausschlüsse und Verdrängungen hin zu befragen, d. h. gleichzeitig mit den durch 68 kreierten Möglichkeiten auch die darin eingeschriebenen Vermeidungen in den Blick zu nehmen.

★ Die Angabe über den Zeitpunkt, an dem die einzelnen Beiträge fertiggestellt wurden, findet sich im Anhang jeweils am Beginn der Anmerkungen.

Auch wenn die einzelnen Beiträge von subjektiven Perspektiven und Urteilen nicht frei sind – nicht sein sollen und nicht sein können, – geht es hier nicht um eine Widerlegung, auch nicht um die Frage der Legitimität einzelner literarischer Vorhaben, kulturpolitischer oder ästhetischer Programme, Trends u. ä., wohl aber um eine Kritik der ihnen zugrundeliegenden textuellen und ideologischen Konzepte. Dagegen ist heute die Diagnose vom ›Ende einer Epoche‹ allzuoft in einen Meinungs- und Wahrheitsstreit eingebunden, vorgetragen im Gestus des Rechthabens, der dann in der Bildung von Lagern im Literatur- und Kulturbetrieb wirksam wird. War es schon lange vor 89 populärer, sich in der Figur der Wende von vormaligen Orientierungen und Denkmustern zu verabschieden, anstatt in Form (selbst-)kritischer Reflexion das Geflecht von Geschichtsbildern, Theorie-Modellen, Omnipotenzphantasien und Veränderungsbegehren, das den 68er Diskurs beherrschte, zu befragen, so scheint mit dem Zusammenbruch des ›sozialistischen Lagers‹ draußen eine ›Epoche‹ beendet werden zu können, die man daheim als Erblast *der* ›Linken‹ eingrenzen zu können glaubt. Diese Art Historisierung des Jüngstvergangenen schreibt aber tatsächlich Denkfiguren fort bzw. setzt sie wieder in Kraft, die mit 68 Geltung erhielten und an deren Ent-Täuschung und Destruktion literarische Versuche der 80er Jahre einen wesentlichen Anteil hatten. Heute aber erscheint die verfehlte Geschichte wieder mal als die der *anderen* – vorzugsweise die ›der DDRler‹, deren historische ›Schuld‹ und ›Irrwege‹ oft als Deckerinnerung für die eigene Geschichte funktionieren; sie scheint vergangen, abgeschlossen, widerlegt; Schuld und Unschuld können wieder klar verteilt werden, die Täter angeklagt und die Opfer beklagt werden – um darauf neue, alte *Wahrheiten* zu errichten. Die Zweifel an der universellen Tragweite derartiger Gegensätze sind wie weggeblasen. Womit eine paradoxe Figur in Kraft tritt: eine Variante der *Posthistoire,* die aber an vormals Gültiges anknüpft und Geschichte von dort her fortschreiben zu können glaubt.

Eine der folgenreichsten Verkennungen, die den hier zur Debatte stehenden Zeitraum einleitete, war aber die Erneuerung eines *Nullpunkt*-Bewußtseins. Denn die aus radikaler Gesell-

schaftskritik erwachsene Perspektive einer umfassenden Veränderbarkeit (Stichwort ›Kulturrevolution‹) erwies sich letztlich –
mit ihren Vorstellungen von der Machbarkeit und Veränderbarkeit der Subjekte und ›Verkehrsformen‹, mit ihren Paradigmen
der ›Fortschrittlichkeit‹ und ihren Praktiken der Ideologiekritik,
›Entlarvung‹ und ›Herstellung von Öffentlichkeit‹ – als Wiederbelebung eines Mythos der Aufklärung. Noch *in* der Opposition
zu ihren Vätern wiederholten die Söhne (und Töchter) von 68
deren historische Illusionbildung: daß man, die verschmähte
Geschichte hinter sich lassend, eine neue Kultur aufbauen und
dabei die eigenen Verwickelungen in diese Geschichte ignorieren
könne. Denn die Art und Weise, wie beispielsweise ›der Nationalsozialismus‹ 68 auf die Tagesordnung gesetzt wurde (Schuld der
Väter, ökonomistische oder sozialpsychologische Erklärungen),
trug ebenso dazu bei, diese Geschichte zu verschließen, wie die
generationsspezifische Dramaturgie der meisten ihrer literarischen Thematisierungen zuvor und danach.

Der Preis war die Vergangenheit. Es scheint, daß ein Großteil der
westdeutschen Literatur den Raum der Geschichte nicht geöffnet, sondern ihn, ungewollt, versperrt hat. Den Zusammenhang mit der Vergangenheit, den sie subjektiv herstellen wollte, hat sie objektiv suspendiert.
Das Dritte Reich erschien den Nachgeborenen denn auch wie eine böse,
märchenhaft verzerrte Kindheitserinnerung, in mythischen Vorzeiten
angesiedelt und aus aller Geschichte herausgefallen.[2]

In eher marginalisierten Bereichen der 68er Debatten und in
einigen literarischen Projekten jenseits von Betrieb und Revolte
kam dagegen gleichzeitig ein *anderes* Nullpunkt-Verständnis ins
Spiel, das in Roland Barthes' ›Am Nullpunkt der Literatur‹ (dt.
1959)[3] seine theoretische Begründung gefunden hatte, lange vor
einer ›Postmoderne‹-Debatte. Die Situation am Ende der
Moderne (im Sinne der Erkenntnis von der Unmöglichkeit eines
›modernen Meisterwerks‹[4]) – nach der Herrschaft des Stils als
unverwechselbaren Ausdrucks eines einzelnen Autor-Subjekts,
nach den diversen Programmatiken politischer oder revolutionärer Schreibweisen – diagnostiziert Barthes als ›Nullzustand‹, von
dem aus er eine Vermehrung der Schreibweisen diskutiert und die

Frage der Ethik in die Dimension der Schreibweise verlagert. Vermutlich ist es kein Zufall, daß eine Autorin wie Ingeborg Bachmann, die sich stets gegen Gesinnungen, Ansichten und Meinungen in der Literatur verwahrt hat, – »jemand, der nicht an das Privatime von Denken glaubt und auch nicht, daß die Kunst die Kunst ist und die Politik die Politik«[5] –, dies vom Ort und aus dem Bewußtsein »eines aus der Geschichte ausgetretenen«[6] Landes, Österreichs, getan hat. Ihre Arbeit gehört einem Schreibprojekt an, das 68 historisch gleichzeitig mit dem Aufbruch, aber ungleichzeitig zu den sich formierenden Zentralkomitees politischer Literatur *auch* existiert hat: mit Bezug auf die katastrophische Struktur der Fortschrittsgeschichte, deren Spuren als vollkommen gegenwärtig wahrgenommen werden, und im Kampf »gegen die überkommenen und allmächtigen Zeichen ⟨. . .⟩, die aus dem Grunde einer fremden Vergangenheit aufsteigen und [dem Schriftsteller] Literatur aufzwingen als ein Ritual, nicht aber als eine Versöhnung«.[7] Während dies Projekt in wenigen, an den Rand gedrängten Texten der siebziger Jahre fortgeschrieben wurde, gewann es in den achtziger Jahren eine größere Bedeutung – nach der Enttäuschung über die bemühten Vorhaben einer politischen Operationalisierung und Parteilichkeit der Literatur und nach einer Übersättigung des ›Erfahrungshungers‹ sogenannter authentischer Texte.

Die z. T. auf dem Umweg über die USA in den achtziger Jahren in der Bundesrepublik aufgenommene Debatte unter den Stichworten *Posthistoire* und *Postmoderne* erweist sich – angesichts der entsprechenden Phänomene, die in der deutschsprachigen Gegenwartsliteratur mindestens in die sechziger Jahre zurückreichen, und angesichts punktueller Thematisierungen schon 68[8] – als verspätet. Eine Verspätung, die unter anderem mit den Ungleichzeitigkeiten zwischen Literatursprache und kulturpolitischem Diskurs zu tun hat. Die Arbeit an einer Dezentrierung des Subjektbegriffs, an der Außerkraftsetzung normativer Begrifflichkeit und hierarchisierender Geschichts- und Gesellschaftsmodelle hat in Form einer genuin literarischen Anstrengung manches vorweggenommen, was später in forciert geführten Feuilleton-Kontroversen debattiert wurde. In der Darstellung dieses Bandes wird daher auch weitgehend auf die betreffende Begrifflichkeit (Posthistoire und Postmoderne) verzichtet, die im Effekt ja überwiegend zu einer schlagwortartigen Verkürzung und Stereotypisierung der Phänomene führt, auf die sie sich bezieht. Diese Phänomene selbst allerdings kommen in etlichen der Beiträge zur Sprache.

Die hier gewählte Konzeption und Darstellung versucht, den Veränderungsimpulsen seit 68 zu folgen, ohne deren Prinzipien zur Norm zu erheben. Das bedeutet zunächst den weitgehenden Verzicht auf obsolet gewordene formale Ordnungsmuster wie die in Literaturgeschichten übliche Einteilung nach Genres, die durch die literarische Praxis längst überholt ist. Das Projekt einer ›Sozialgeschichte der deutschen Literatur‹, als dessen Abschluß-Band diese Darstellung entworfen wurde, ist selbst ein Produkt der Methodendiskussionen und Veränderungen, die die 68er Bewegung in der Literaturwissenschaft und in den ihr angeschlossenen Institutionen zeitigte. Insofern gilt in diesem Band für das Konzept der ›Sozialgeschichte‹ das gleiche wie für andere aus 68 entsprungene programmatische und literaturtheoretische Paradigmen. Fragen und Problemstellungen, die in die Konstitution sozialgeschichtlicher Methoden mündeten, werden aufgenommen, während vor allem die in der nachfolgenden disziplinären Ausarbeitung dieser Methoden zu beobachtende Tendenz zum Verschwinden der literarischen Texte in einem System von Literaturverhältnissen und -funktionen vermieden wird. Die Darstellungen hier orientieren sich am literarischen Material und verfolgen insofern das Verfahren einer Literaturgeschichtsschreibung am Text. Dabei werden soziale Faktoren und Konflikte berücksichtigt, indem einerseits einzelne Texte in sozialen Konstellationen, d. h. im Zusammenhang kulturpolitischer Ereignisse und Situationen, Bewegungen und ihrer Öffentlichkeiten betrachtet, und andererseits verschiedene Schreibweisen und Diskurse hinsichtlich der bedeutungskonstituierenden Muster sozialer Ordnung untersucht werden, die die Behandlung ihres Themas prägen (in der ›Väterliteratur‹ z. B. das Familien- und Generationenmodell als konstitutiv für geschichtliche Erinnerung). Daneben finden sich Studien zu Situationen oder Ereignissen, die wegen ihrer Möglichkeitsbedingungen für literarische Produktivität überhaupt und für spezifische Wahrnehmungs- und Artikulationsmodi insbesondere aufschlußreich sind. Hierbei hat naturgemäß die Betrachtung der ›Situation 68‹ eine historisch einleitende Bedeutung.

Das Gliederungsprinzip der Kapitel folgt der Darstellung von *Kontinuitäten* und *Brüchen,* wobei deren Untersuchung sich jeweils auf unterschiedliche Aspekte bezieht. Im *ersten Teil* werden die Ursprungslinien der Revolte 68 rekonstruiert, wobei mit mancher Legende gebrochen werden muß, unter anderem mit dem literaturhistorischen Stereotyp, daß die Bewegung unter dem Motto vom ›Tod der Literatur‹ stattgefunden habe. Der Mythos von Aufbruch und Neuanfang 68 wird dann auf sein Verhältnis zur deutschen Geschichte, speziell zu der des Nationalsozialismus, hin befragt, um davon ausgehend die Spuren dieser Geschichte in der Literatur zu verfolgen, wobei die Beobachtung, wie weitgehend abwesend Juden in der deutschen Literatur sind, in eine Untersuchung der deutsch-jüdischen ›negativen Symbiose‹ und ihrer sprachpolitischen wie literarischen Ausdrucksformen überführt wird. Der *zweite Teil* widmet sich jenen literarisch formierten Bewegungen, die aus einer Kritik an der sozial- und geschlechtsspezifischen Ordnung der herrschenden Literaturverhältnisse bzw. der etablierten Autor- und Werk-Vorstellungen entstanden sind oder aber die kulturelle Identität bzw. Homogenität der deutschen Gegenwartsliteratur in Frage stellen. Neben einer Präsentation von Material, das im Zuge der laufenden Kanonisierung der Gegenwartsliteratur meistens ›vergessen‹ wird, steht hier die Frage zur Debatte, inwieweit literarische Perspektiven von unten, von drüben, vom Rande, ob also Texte, die vom Ort des anderen oder der Fremde her geschrieben wurden, tatsächlich auch zu einer anderen Literatur oder zu einer kulturellen Heterogenität der deutschsprachigen Gegenwartsliteratur beitragen. Unter regional- bzw. nationalkulturellen Gesichtspunkten wird diese Fragestellung noch einmal im *sechsten Teil* aufgenommen, der die spezifischen Entwicklungen deutsch-schweizer und österreichischer Literatur untersucht.

Im *dritten Teil* geht es um die Probleme und Aporien ›realistischer‹ Schreibweisen, die unter dem Motto einer ›Politisierung der Literatur‹ nach 68 eine erneute Popularität erhalten haben und in einigen Autoren-Gruppen mit dem Postulat der ›Parteilichkeit‹ verbunden wurden. Dabei geht es aber auch um die Problematik eines primär politisch oder ideologisch definierten Selbstverständnisses von Schriftstellern, um die Vermittlungsversuche zwischen politischem Diskurs und Literatursprache und um die Art und Weise, wie die Literatur auf die politischen Ereignisse und Kontroversen der siebziger und achtziger Jahre – auf die Berufsverbote, den ›Deutschen Herbst‹, die Friedensdebatte, das steigende Bewußtsein globaler ökologischer Krisen beispielsweise – reagiert hat: (weiter-)erzählend, (weiter-)schreibend oder auch verstummend. Im *vierten Teil* bezieht sich die Untersuchung von Kontinuitäten und Brüchen auf tradierte und im diskutierten Zeitraum neu entworfene Literaturkonzepte: Welche Bedeutung haben die Figuren, Motive und Topoi vergangener Literaturen für gegenwärtiges Schreiben? Wie werden Themen und Paradigmen der zeitgenössischen Theorieentwicklung von den Autoren aufgenommen bzw. ästhetisch konterkariert? Welche Bedeutung hat die ›autobiographische Mode‹ für die Subjektentwürfe in der Gegenwartsliteratur, welche Aktualität der Modus lyrischer Rede und ihre populäre Reaktivierung im Zuge der ›neuen Subjektivität‹ und der Aufwertung von ›Alltagskultur‹? Die Frage, welche Gegenwart das Konzept der Avantgarde nach dem Ende der historischen Avantgarde-Bewegungen haben kann, wird am Begriff und am literarischen Material diskutiert, wobei sich das Feld einer pluralen avantgardistischen Gegenwartsliteratur eröffnet, in dem zahlreiche Überschneidungen zwischen neuen theoretischen Entwürfen (zu Sprache/Schrift, Subjekt und Kultur) und den Textpraktiken einzelner Autoren/innen sichtbar werden.

Die Konsequenzen, die die beschleunigte Medien-Entwicklung für die Literatur hat, können hier nur partiell untersucht werden. Die Debatte über das Verhältnis von Literatur bzw. Schrift und Medien, das in den achtziger Jahren mit Blick auf die ›neuen Medien‹ eine forcierte, z.T. revidierte theoretische Erörterung ausgelöst hat, kann im Rahmen dieser Literaturgeschichte keine angemessene Berücksichtigung finden. Statt dessen werden im *fünften Teil* die genuin literarischen Medien jenseits des Buches – d. h. Theater, Hörspiel und Zeitschriften – und der Film berücksichtigt und unter dem Gesichtspunkt betrachtet, wie sich die medialen Veränderungen ebenso wie die ästhetischen und thematischen Paradigmen des Zeitraums in ihnen niedergeschlagen haben. Außerdem geht es um Berührungen und Verbindungen zwischen den verschiedenen Medien, die einerseits aus der Perspektive des Autors, der zunehmend zum multi-medialen Produzenten wird, erörtert werden, andererseits im Hinblick auf die unterschiedlichen Repräsentationsformen bei vergleichbaren Themen oder beim gleichzeitigen Bezug auf dieselben Ereignisse.

Im übrigen ermöglicht das detaillierte *Inhaltsverzeichnis* am Ende des Bandes eine genauere Orientierung über den Aufbau und die Themen der Einzelbeiträge. Das *Personenregister* eröffnet zudem den Weg zu einer autorbezogenen Querlektüre, in der, sowenig autorzentriert die Darstellungen angelegt sind, die Besprechung derselben Namen und Titel unter den verschiedenen Gesichtspunkten der Einzelbeiträge – mit z. T. durchaus kontroversen Beurteilungen – im Zusammenhang rezipiert werden kann. Für thematische Überschneidungen gibt es darüber hinaus ein *Verweissystem* im Textteil, das jeweils die Passagen mit vergleichbarer Fragestellung und z. T. ausführlicherer Erörterung erschließt, und so eine problembezogene Querlektüre erleichtert.

Hamburg, im November 1991   Klaus Briegleb und Sigrid Weigel

Erster Teil
›Aufbruch 1968‹
Der Mythos vom Neuanfang

Klaus Briegleb

Literatur in der Revolte – Revolte in der Literatur

I. Literatur in der ›Provokationsspirale‹ bis zum 2. Juni 1967

1. Die ›situationistische‹ Avantgarde. Ursprungslinien der Revolte.

> ... Die Geographie ihrer Texte
> läßt Spuren zurück,
> die es noch zu entschlüsseln gilt.[1]

Auf dem Erinnerungsmarkt 1988, als auch auf die Bewegung zurückgeblickt wurde, die mit dem Zeitzeichen ›1968‹ verknüpft ist, fehlte der ›literarische Gesichtspunkt‹. Dort, wo diesem bemerkenswerten Mangel hätte entgegengewirkt werden können, im ›Literaturbetrieb‹, erzählte man dem Publikum die eine oder andere Personalanekdote. Die Literaturwissenschaft schwieg. Öffentliches Interesse fand nur die Frage, was »aus *den* Achtundsechzigern geworden« sei, ob sich »etwas« verändert habe im und nach dem ›Aufbruch‹; aber nicht ansatzweise eine Debatte über die Bedeutung literarischer Arbeit im Spannungsfeld zwischen Gesellschaft und Politik um 1968. Tatsächlich jedoch kann ein literarhistorisches Interesse an den »Sixties« schon auf den Ursprungslinien der antiautoritären Revolte überraschende Anhaltspunkte finden, als nämlich eine künstlerphilosophische Avantgarde die »nahe, umfassende Krise der Gesellschaft« diagnostizierte und ihre »Bewußtwerdung« kraft Feststellung »bestimmter zusammengefaßter Wahrheiten« in der europäischen Jugend beschleunigen wollte.[2]

Eine historische Darstellung[3] träfe dort auf kulturrevolutionäre ›Einstellungen‹, die einer *konkreten Text- und Situationsästhetik* verwandt sind, nicht den traditionell ›politischen‹ Gesellschaftskritiken in der Literatur. Der Blick auf die Gesellschaft war dort an der Skepsis und Analytik der Kritischen Theorie

geschult, nicht am bürgerlichen Bildungsprogramm der Arbeiter-
parteien; und die Aggressivität in den ersten »Mikrozellen« der
Revolte (»Die Praxis der Theorie«)[4] war weit stärker von den Aus-
drucks- und Destruktionsstilen in der ›Situationistischen Internationale‹ seit Ende der 50er Jahre und von Traditionen des Surrealismus geprägt als von den Formen der revolutionären Arbeiter-
kämpfe.

Schließlich ist ein ›literarischer‹ Umstand wenig beachtet und
in keiner konventionellen Auffassung von linksoppositioneller
Praxis populär, daß nämlich ein Ursprungsphänomen schöpfe-
rischer Spracharbeit und neokonstruktiver Befreiungswünsche
stark prägend am Anfang der Revolte stand: ein ›konservativer‹
Rückgang auf *Subjektivität, Textarbeit und Kommunikation nur
mit Wenigen.*

Zwei Momentaufnahmen mögen das veranschaulichen: (1) Die
einzige ›Aktion‹ im Ablauf des ersten großen Stadt-Happenings
der Studentenbewegung, im sogenannten Straßburger Skandal zu
Semesterbeginn Herbst 1966, so kommentieren ihre ›Köpfe‹, sei
»die Abfassung eines Textes« gewesen.[5] (2) Der gesperrt gedruckte
Satz in einer Adresse der Mikrozelle ›Subversive Aktion‹ an die
Bundesversammlung in Westberlin am 1. Juli 1964 lautet: »Der
Kampf muß an den Wurzeln der Entmenschlichung beginnen.«[6] –
»⟨. . .⟩ Die Worte arbeiten«[7] das ist die kultische Bestimmung von
Subversivität, die über die Gruppen und Phasen SPUR,
ANSCHLAG, »Viva Maria«, STUDIENGRUPPE FÜR SOZIAL-
THEORIE usw.[8] schließlich in der ›Kommune-Bewegung‹ in
Westberlin 1966/67 ihre Organisationsform sucht, welche die
»revolutionäre Kritik« *in alle modernen Fragen* »wieder hineintra-
gen« soll.[9] Die aktionistische Wortarbeit schöpfte

— aus einer Ästhetik der Zukunft, die man in »beweglichen Ordnungen«
   vorwegnimmt und gegen die Langeweile der erstarrten Sozialnormen
   der Gegenwart ins Feld führt;
— aus dem Willen zur »Konstruktion von Situationen«, die nach dem
   Bilde von »Ur-Erwartungen der Menschheit«[10] neue Umgebungen (ein
   »neues Leben«)[11] schafft, in denen die Beteiligten (Spieler) ihre Wünsche erkennen und verwirklichen können;
— und aus existentialistischer Waghalsigkeit: Lust am Ungesicherten

und Schweifenden der Konstruktionen, die *nachträglich* der strengsten Analyse unterworfen und in Entwürfe disziplinierten Handelns überführt werden.

Der psychoanalytische Aspekt ›situationistischer‹ Konstruktionen setzt auf »die unvorhersehbare Dynamik der ausgeblendeten *Spurenelemente* nicht-domestizierter Antriebe«,[12] der politische mobilisiert (jugendliche) Wunschziele aus »entfernten Zonen des revolutionären Unbewußtseins«.[13] Beide Aspekte sehen auf ein *neues Proletariat,* das weder von einer angemaßten intellektuellen Avantgarde geführt, noch von den »alten Irrtümern«, den »erkalteten Verbrechen« des stalinistischen Sozialismus[14] archaisiert zu werden begehrt:

Die radikale Kritik und die freie Neukonstruktion aller von der entfremdeten Wirklichkeit aufgezwungenen Werte und Verhaltensweisen sind sein [des »neuen Proletariats«] Maximalprogramm und die befreite Kreativität bei der Konstruktion aller Augenblicke und Ereignisse des Lebens ist die einzige *Poesie,* die es anerkennen kann; die Poesie, die von allen gemacht wird, der Beginn der großen revolutionären Fete. Die proletarischen Revolutionen werden *Feten* sein oder sie werden nicht sein, denn das von ihnen angekündigte Leben wird selbst unter dem Zeichen der Fete geschaffen werden. Das *Spiel* ist die letzte Rationalität dieser Fete, Leben ohne tote Zeit und Genuß ohne Hemmnisse sind seine einzig anerkannten Regeln.[15]

Die situationistische Poesie greift, Marx hinter sich lassend, auf die letzten Novitäten der Medien-Entwicklung zurück, bereichert sie durch neue methodische Unmittelbarkeit;[16] die ›Politik‹ ihres aktionistischen Programms findet somit den ›literarischen‹ Boden vor, den die amerikanisch-europäische Jugendkultur in die weltweite antiautoritäre Bewegung einbringt, aber sie politisiert ihn. Unter diesem Aspekt wird der Beitrag der Bewegung zur Kultur der ›Nach-Moderne‹ in Grundsatztexten der »subversiven Linken«,[17] allen voran in den Manifesten des französischen Wortführers Guy-Ernest Debord, reflektiert: »Die moderne Welt hat den formellen Vorsprung eingeholt, den der Surrealismus vor ihr hatte . . .«[18]
Die entwickelten Formen an diesem Epochenpunkt: Flugblatt,

Spontan-›comix‹, Plakat und andere ›Anschläge‹, Wörterbuch, Ausstellung, Ausstellungsstörung, Film, neu dialogisierte Pornos und Werbebilder, Palimpseste aller Art, Piratensender, Experiment mit Formeln, Kleinzeitschrift, Skandalinitiativen, Parodie, Schwarzer Roman . . .

Von einer ›Politisierung‹ dieser Produktionen zu reden, wäre Tautologie. Ihre Unmittelbarkeit, ihr Mixcharakter, ihre Operativität und Theatralik *sind* politisch: kommen aus künstlerischer Energie, die politisches Meinen und politisch Gemeintes, ›gerichtet‹ auf die »gegebene Welt«, verschmelzen; die Westberliner Kommune I ist nicht denkbar ohne Happening und living theatre;[19] die phantasievollen Formen der Auflehnung nicht ohne das marxistisch-surrealistische Konzept der Welt-Verständigung durch Welt-Veränderung, usw.[20]

Ebenso wäre eine Rede von ›Politisierung durch Philosophie‹ tautologisch. Die ›situationistische‹ Avantgarde selber ist von Grund auf philosophisch; die Philosophie ihrer ›Väter‹ aber ist nicht politisch *genug,* d. h. ihre aktionistische Kraft muß – meist gegen eine ihr immanente Resignation[21] vor den Gegenständen ihrer Kritik – aufgesprengt werden. Dies geht einher mit dem Schwung sinnlich-ästhetischer Entfesselungslust. Die »subversive Linke« will die »totale Revolte: Die ewigen Hoffnungen ewig wachhalten, als realisierbare Möglichkeiten ins Bewußtsein setzen und sie verwirklichen«.[22]

Dieter Kunzelmann und Rudi Dutschke sind die prominentesten ›Autoren‹ der Wortlinien im philosophischen Untergrund, wo Sprache in der Figurenphantasie des *homo subversivus* auf das spezifische Gewicht explosiver Tatkraft zusammengedrängt wird. Am kritischen Punkt der Theorie, auf ihrem höchsten Niveau in der realen Zeit, als der homo subversivus die Latenz seiner ›Politik‹ freisetzt und sich dem kulturbetrieblichen Sog entzieht: als er »die am Horizont sich abzeichnende ›utopische Welle‹« nicht *aufzufangen,* sondern zu *gestalten* willens ist,[23] setzt er eine Art Ur-Vertrauen in die »Möglichkeiten des Menschlichen« und richtet es konkret »auf eine bessere Welt«: Er »konzentriert sich auf die Verwandlung des Subjekts und seiner Umwelt.«[24]

Das geistige Niveau des HOMO SUBVERSIVUS resultiert aus der Zusammenschau der Intentionen von Marx, der komplexen Psychologie und der Psychoanalytischen Bewegung (Abraham, Ferenczi, Freud, Pfister, Reich, Rank, Reik, Sadger, Stekel etc.), des Eranos-Kreises (Eliade, Jung, Buonaiuti, Kerenyi, Neumann, Portmann, Walter F. Otto, Hugo Rahner SJ, Scholem, Zimmer etc.), der Frankfurter Schule (Adorno, Benjamin, Horkheimer, Kracauer, H. Marcuse), sowie den Anliegen der subversiven Literatur und einiger künstlerischer Bewegungen (Dadaismus, Futurismus, Surrealismus und Beat) und aller jener, die in den KODEX SUBVERSIVUS aufgenommen sind.[25]

Die »subversive Linke« klärt ihr Verhältnis zu den »Vätern der Revolution«.[26] Die westdeutsche Fraktion auf ihrem Weg von Oberbayern nach Berlin – in historischen Darstellungen gern als Zusammenführung der philosophisch-aktionistischen mit der strenger neomarxistischen Linie der Subversiven beschrieben (Debord/Kunzelmann + Dutschke/Rabehl)[27] – bewerkstelligt das vor allem in ihrer Beziehung zu Theodor W. Adorno und, als es ernster wird, zu Herbert Marcuse. Näher als Adorno konnte ihr zunächst niemand stehen. »Hintergründiger« hatte niemand das Leid der Subjekte im »Konditionierungs«-Zusammenhang der Gesellschaft erklärt.[28] ›Richtiger‹ war keine Ästhetik als die Theorie der Negation der Gesellschaft im Totalen Kunstwerk. Aber die künstlerische Existenz schien beim ›Vater‹ theoretisch nicht im Willen fundiert zu sein, die kritische Auslöschung der Welt im Kunstwerk umzukehren in die revolutionäre Auslöschung der Kunst in ihrer positiven Verwirklichung. Adorno blieb Meister einer Kontemplation, die die Leistungen der Kunst in Objektbestimmungen kritisch stillstellt; er wird zum Standbild der Revolte, seine »adäquate Überwindung« eine ihrer Voraussetzungen.[29] Marcuse dagegen ist ihr Eulenspiegel: Er formuliert vor und geht mit; und noch indem er sich philosophisch ihr entzieht, kommt er zurück zum großen politischen ›Ratschlag‹ mit ihr (Berlin Juli 67 und Mai 68); und er akzeptiert ihren theoretisch zentralen Politisierungspunkt: die Abkehr von einer Kritischen Theorie, die, zur »Manie der perfekten Analyse« geworden, am Ende nur noch die »Ausweglosigkeit der bestehenden Situation« proklamiere.[30]

Deshalb gibt es eine positive ›Marcuse-Spur‹ durch die Revolte hindurch. Auf ihr geht, wer die »kulturelle Revolution« nicht an die »veralteten« Organisationsformen der Arbeiterbewegung abgibt, sondern ihre Ideen in den Kämpfen der »authentischen Avantgarde« zusammenhält.[31] Es ist die Spur der »sozio-experimentellen Kunst«, der Universalromantik und ihrer Mutationen, wenn wieder einmal verabredet wird, wie die Kunst zu zerstören sei durch ihre Verwirklichung; in Worten der radikalen Zuspitzung der Theorie, die sich längst selber parodiert:

> Die Zeit der Kunst ist vorbei. Es kommt jetzt darauf an, die Kunst zu *verwirklichen,* das auf allen Lebensebenen praktisch aufzubauen, was bisher nur erträumte und einseitig bewahrte Illusion oder künstlerische Erinnerung sein konnte. Man kann die Kunst nur verwirklichen, *indem man sie abschafft.*[32]

Auf der ›Marcuse-Spur‹ hält sich revolutionäre Existenz im Scheitern. Der Künstlerrevolutionär ›geht‹, ›überlebt‹ in der Differenz, in der Zweideutigkeit, die er sich im »nachkünstlerischen Handeln« offenhält:[33] seine ›Kunst‹ ist ›politisch‹, indem sie *auf der Strecke bleibt.* Marcuse erinnert 1977 in der Schrift ›Die Permanenz der Kunst‹ an dieses Avantgarde-Konzept. Die ›Kommune-Ästhetik‹ um Fritz Teufel 1967 konkretisiert es parodistisch – bis zur Realisierung der Parodie. Die Kritik der bestehenden Welt hat dann wieder einen jener ›surrealistischen‹ Augenblicke gehabt, da man sich in einem »Mittelpunkt der Kritik«, in einer »Schöpfungsleere« erfährt.[34] Danach tut man gut daran, wie es die situationistische Kerngruppe nach dem Pariser Mai 1968, ehe sie sich selbst aufhebt, empfiehlt: die Zeit der besonderen revolutionstheoretischen Disziplinierung auf dem fernern Weg der Kämpfe und Methoden »ein wenig zu vergessen«.[35]

2. Direkte Aktion

1966/1967 steht in Westberlin die historische Größe der ›kleinen Zahl‹ vor einer Plausibilitätsprobe. Der Nachkriegskapitalismus ging in seine erste ernsthafte Krise, unter anderem stimmte das Verhältnis von allgemeiner Qualifikation und notwendiger Entwicklungs-Intelligenz in der Industrieproduktion nicht mehr;[36] der »autoritäre Leistungsstaat«[37] vermittelte Vorstellungen aus der Wirtschaft, wie dem durch Ausbildungsplanung abzuhelfen sei, an seine Institutionen und an die Öffentlichkeit – ein Diskurs entstand (»Bildungsnotstand«), der auch die Artikulation der anti-autoritären Stimmungen im Lande förderte. Das studentische und jugendkulturelle Ballungszentrum Westberlin begünstigte das Hervortreten der Konfliktgehalte der ökonomischen Situation auf den Feldern Stadt und Universität und bald auch ihre intellektuelle und soziale ›Verschiebung‹ in ›uneigentliche‹ Frontstellungen bei ihrer Bearbeitung und Popularisierung, bis hin zum raschen Zusammenbruch der Beweggründe, sie noch ›rational‹ zu diskutieren.

Auf dem Universitätsterrain in Westberlin treiben die ersten spektakulären ›Ereignisse‹ der deutschen Studentenbewegung im Sommer und Herbst 1966 das subversive Denken ihrer ›Vorgeschichte‹ an die ›Oberfläche‹, stellen sich als ›Medien‹ seines Eingreifens dar. Die konservative Professoren-Korporation, nach einem Augenblick des Aufblitzens ihrer angestammten Verantwortung für die Freiheit geschichtlichen Erinnerns und selbstbestimmten Fragens,[38] zeigt sich im ganzen bemerkenswert unbeeindruckt von der ›Krise im Ausbildungssektor‹ und dem auf sie zugerückten *Modernisierungs*-Postulat: von Plänen, das Investitionsdenken[39] und das Prinzip der »technologischen Rationalität«[40] verstärkt auf die Hochschulen zu übertragen; und dieser Umstand hat sich nachgeschichtlich folgenreich verbunden mit einer ähnlich ›apolitischen‹ Grundstimmung in der Studentenschaft, die als »Leere«, »Unrast«, »Suchbewegung« genauer beschrieben ist,[41] denn als Strukturkritik an einer kapitalistischen Universitätsreform. Zwar hatte die Entwicklung zur Massenuniversität natürlich vor allem *den Studierenden* die Residuen für Muße und Nachdenklichkeit, Thesenvertretung und kommunikative Anregungsumwelten verschüttet, aber dies zu ›reformieren‹, strebte man eher ins allgemeine Stadtmilieu; gerade in Berlin.[42] Dem widerspricht nicht, daß die organisierbaren Widerstandsmotive der Studierenden nach Bekanntwerden der Empfehlungen des Wissenschaftsrates zur Neuordnung des Studiums (Studienzeitregelungen) vom Mai 1966 sich spontan gegen die Front richteten, die ihnen am nächsten war: die »ademokratisch« träge Professorenschaft.[43] Die Fronde hatte symbolischen Charakter und starke theatralische und lustvoll-gesellige Momente, die den Campus besetzten, nicht so sehr ihn ›meinten‹.[44] Die Subversiven fanden hier ihren ›Stoff‹ *und* ihren Angriffspunkt: das ›falsche Bewußtsein‹ der *Studenten*-Revolte.[45]

Die Politik der Subversiven, die konstruktiv auf neue Situationen aus ist, erhält im akademischen Traditionsbezirk Gelegenheit, mit dem ›Ur-Impuls‹ des Surrealismus auf den Schauplatz zu treten: *spielerisch destruktiv,* ehe sie de-konstruktiv werden und Situationen neu konstruieren kann. Die Kunzelmann-Dutschke-Linie wird sich inner-akademisch nicht verheddern; nach wirkungsvollen Störaktionen im November/Dezember 1966, gerichtet gegen das ›Reform‹-Bündnis von »Fachidiotentum« und Modernisierung/Demokratisierung, das die Störer im Bewußtsein der studentischen Mehrheit schon Wurzeln schlagen sehen,[46] und gegen marxistisch-dogmatische Überzeugungen, die »mit den heutigen Erfahrungen nicht mehr übereinstimmen«,[47] führt diese Linie noch im Dezember in die Stadt. Hier trifft sie auf eine andere Ursprungslinie der Revolte – auf die Bürgerrechtsbewegung gegen Atomtod, Militarisierung der Gesellschaft (Notstandspolitik) und Vietnam[48] –, die Massencharakter hat. Mit ihr verbindet sie sich insoweit *nicht,* als sie ihre »Ausgangsbasis« da nicht mehr finden kann; in den Worten Kunzelmanns: »die Leidenschaft der an sich selbst Interessierten«.[49]

In den *Stadtaktionen* erst[50] verbindet sich die destruktive Unmittelbarkeit der noch innerhalb des Sozialistischen Deutschen Studentenbundes (SDS) agierenden ›Kommune-Gruppierungen‹ mit der Ausstrahlung, die von Dutschkes analytischem Temperament ausgeht. Die Subversiven mobilisieren die Studenten, *weil* ihre Spiele aus der akademischen Enge hinaus und in die »Schöpfungsleere« des »Polizeiurbanismus«[51] einführen, in den »Mittelpunkt« konkreter subjektiver Kritik in der gegebenen Welt: Die große Demonstration am Menschenrechtstag (10. 12. 1966) wird von der Polizei durch *leere Straßen* geführt, und während auf der Abschlußkundgebung nach »neuen Organisationsformen einer außerparlamentarischen Opposition« gefragt wird, wissen die Subversiven längst, wie das gemacht wird, und tun es zeitgleich auf dem Ku'damm. Das erste politische Stadthappening in Westdeutschland wird mit teilweise brutalen Mitteln unter Polizeikontrolle gebracht.[52] Dies hebt es in die Realgeschichte als antiautoritäres Ereignis, in welchem der *Polizei* die Bedeutung der vordersten »methodischen« Front einer hegemonialen Kultur zukommt. Eine Woche später wird dieses Bedeuten noch ein Stück ausgereizt; die »Spa-Pro«-Taktik, Spazieren-Provozieren, führt auf der berühmten Weihnachtsdemonstration auf dem Ku'damm die Einsatzbeamten an ihrer eigenen Nase herum.

›Literarisch‹ *gemeint* –

(die *Spaß-Guerilla* macht *Satire:*) will die versteinerte Legalität lächerlich machen, will durch Spaß zeigen, daß die Vor- und Leitbilder dieser Gesellschaft Narren sind –,[53]

wird das auf der anderen Seite natürlich ›persönlich‹ *genommen*. Entsprechend sind die Reaktionen;[54] sie beginnen sich rasch umzukehren: Die Störer werden als Objekte der Polizeitaktik[55] zu Feinden, die es nicht so persönlich nehmen dürfen, wenn sie bald gejagt werden. Es geht dann um die Ruhe und Ordnung in der Demokratie. Dutschke wird auf dem Ku'damm ein erstes Mal verhaftet, mit einem Weihnachtspaket unterm Arm. Hinter dem Dramolett öffnet sich der Vorhang für das Hervortreten der zweiten hegemonialen ›Front‹: die Presse schießt sich auf den »Studentenführer« ein.

Schwarze Strähnen in der Stirn. Stechende Augen unter buschigen Brauen. Lederjacke und Pullover ⟨. . .⟩ Wo er auftaucht, da riecht es nach Rabbatz ⟨. . .⟩ Keine Antwort bleibt er schuldig. Er nimmt seine Hände zur Hilfe. Er knetet seine Argumente in die Menge wie ein Bäcker die Rosinen in den Teig. Plötzlich springt er auf, stemmt die Fäuste in die Hüften – ein Feuerwerk revolutionärer Phrasen brennt ab.[56]

3. »Beim Feind«

Von den ›etablierten‹ deutschsprachigen Schriftstellern ist Reinhard Lettau (Kennzeichen: hochartifizielle Prosa, Gruppe 47) den Subversiven am nächsten getreten. In die Literaturgeschichte im engeren Sinne ›aufgehoben‹ hat er diese Nähe durch Verschriftlichung eines Stillebens, Rudi D. im Kreis seiner Genossen,[57] eine Meisterpièce, die eine situationistische Existenz im »Mittelpunkt« der Aktion zeigt, die sich »neu konstruiert«:

⟨...⟩ Also das Zuhören, in diesem überfüllten Zimmer, stört ihn beim Schreiben, das ihn beim Sprechen stört, das ihn beim Zuhören stört. Da aber dringend alles auf einmal getan werden muß, tut er alles auf einmal, die andern lernen es bald, daß das gerade Geschriebene durch das gerade Gesprochene, das es verändert, überholt wird, aber nicht unnötig, da das danach Gesprochene oder neu Geschriebene oder Gehörte, das Neues bringen kann, das vorige noch braucht, ihm womöglich wieder weichen muß als neuem Neuen, z. B. die Meldung, die Truppen rücken an, daher dieser Text, biegen ab, bringen den Text durcheinander, d. h. eben zutreffende Vorgänge werden von unerbetnen oder unerwarteten oder unbedachten verdrängt, d. h. jeden Schritt muß er verlängern oder sofort unterbrechen können, so daß also der Feind so lebt, daß er an einer unendlichen, nicht endenden, sich immer verändernden, sich nach allen Seiten verleugnenden oder stärkenden Rede arbeitet ⟨...⟩[58]

Die ›große‹ Literaturgeschichte wird viele Schriftstellerinnen (?) und Schriftsteller zu beschreiben haben, die 1966 und 1967 in Westberlin in eine Beziehung zur Revolte getreten sind, Wolfgang Neuss, Günter Bruno Fuchs, Günter Grass, Hans Magnus Enzensberger, Bernward Vesper, Peter Weiss, Peter Handke, Rolf Haufs, F. C. Delius, Peter Schneider, Hans Christoph Buch, Günter Herburger, Peter Piwitt, Nicolas Born, Wolfgang Maier, Walter Höllerer, Hans Werner Richter, Marianne Herzog, Yaak Karsunke, Botho Strauß ... –, auf die kleine Spur in Fühlung zur konkreten Subversion und mit der situationistischen Revolte sind *mit literarischen Mitteln* die wenigsten gegangen; neben Neuss niemand wie Lettau mit vergleichbarer intellektueller Genauigkeit beim Verbinden beobachtender und eingreifender Aktivität, bei der »Entfernung von Schreibtischen«.

Eine besondere Eignung der Literatur zu direkter ästhetischer

Aktion und ›Verantwortung‹ steht in den Monaten, während Lettau in Berlin ist, zur Debatte und in Frage. Antworten hätten in einem liberalen Literaturclub von der Population der Gruppe 47 erprobt werden müssen, dort aber merkte man noch nichts Besonderes, als Lettau den ersten Teil seiner »Feinde« im April 1966 in Princeton vorlas;[59] als dann genug Erfahrungsmaterial zur Verantwortungs-Debatte nötigte, im Oktober 1967, auch nicht:[60] Dann allerdings schon schoben oberflächlich gewordene Happenings der Studentenbewegung den Literaten den Vorwand hin, sich auf die *ihnen* eigene Oberflächlichkeit in Krisenzeiten zurückziehen zu können: auf die politische Scheindebatte.

So bleibt der Gang der Text-Sachverständigen in die rebellische Situation ein Sonderfall. Seit Anfang 1966 arbeitet Lettau analytisch am Gesamttext ›Stadt‹, der sich für die Stadt selber ausgibt; an ihrer ›Decke‹: der Pressesprache. Seine Ergebnisse zeigen, wie es zum Hauptprogramm der allgemeinen deutschen Selbstverharmlosung gehört, den besonderen Hauptprogrammpunkt des Nationalsozialismus, »Ausmerzung«[61] des Fremden, zu wiederholen unterm Deckmantel der philosemitischen Aussöhnung [→ 117 ff.]. An den Gammlern als den »Schädlingen« in der Bevölkerung sei eingeübt worden, was sich nun über das »Unwesen«, die »akademischen Kampftruppen«, »kommunistischen Provokateure« usw. ausbreiten lasse: das Konsensnetz des Minderheitenhasses, traumatische Mordlust.[62] Lettau trägt seine Ergebnisse und Folgerungen am 19. April 1967 auf dem Vietnam-Teach-in des SDS vor, was ihm den Ausweisungsbefehl (er ist amerikanischer Staatsbürger) und die pflichtgemäße Solidarität unter Schriftstellerkollegen einbringt.[63] Auf der literarischen Spektakelebene aber ist Lettau im Augenblick nicht anzutreffen. Er ist unter den »zu Unrecht Gejagten«,[64] als sich die von ihm analysierte »Menschenjagd« bis zur Staatsaktion steigert, die der Polizeipräsident als das Prinzip »Leberwurst« erläutert: »Vorne und hinten zudrücken, in der Mitte reinstechen.«[65] Am 2. Juni ist die Entfernung zum Schreibtisch so groß wie zu den Kollegen im Literaturbetrieb; und es ist ein leibhaftiges Sein in der Mitte des Bestehenden, das die situationistische Theorie vor ›1968‹ als den Ort der Kritik beschrieben hat.

Einmal, mitten im atemlosen Rennen, sah ich wie in einem Traum immer wieder eine große Reklameschrift aufleuchten und verschwinden: ›Publikumsbeschimpfung‹. Dies fiel mir erst Wochen später auf, aus einer fernen Vergangenheit.[66]

Auch Neuss ist im Mittelpunkt der Kritik als Schriftsteller zum ersten Mal geprügelt worden, ja, er hat, seiner Literatur-Gattung, der satirischen Kleinkunst gemäß, an diesem Ort debütiert. Das Programm ›Neuss Deutschland‹ und eine Flugblattaktion gegen den Aufruf Springers, für verletzte US-Vietnamkämpfer zu spenden, provozieren seine Einkreisung durch totalen Anzeigenboykott, Gerichtsurteil und Pöbelwut. Ihr wird durch Falschmeldungen und Pfeilzeichen in der Springerpresse, zielend gegen Neuss' Kopf auf Fotos, die der Verfassungsschutz von einer Demonstration geliefert hatte, die Richtung gewiesen. Ein Parteiausschluß-Brief Willy Brandts erläutert dem Betroffenen, er sei eben »von den Berlinern wie Kommunisten behandelt« worden.[67] »Bitter, ratlos, erschreckt« emigriert Neuss ein wenig, kehrt zurück und ist mit vorgetragenen Ausschnitten aus seinem letzten Stück, ›Neuss-Testaments-Eröffnung‹, zum Sit-in-Happening am 22. Juni 1966[68] wieder bei seinen »Freunden«, den »kritischen Studenten von West-Berlin«:[69]

In allen Ländern
wollen sie die Welt
sich selber aber wollen sie nicht ändern[70]
Wir haben Freßbefehl
die aber müssen töten ⟨. . .⟩
Ihr die ihr die Stadt so nötig habt wie ich
laßt doch die Präferenzen[71] und die Herrn aus Bonn im Stich
und wenn ihr alle über meine Schnauze flucht
mit Charly Marx hat's zwischen Warschau und Paris
noch niemand e c h t versucht –[72]

4. Das Ende der Satire

Das situationistische Kritik-Modell beschreibt einen parodistischen Bezug zur umgebenden Welt.[73] Das Beispiel Neuss Berlin 1966/67 demonstriert die Frage, wie lange ein solcher Bezug als *angreifende künstlerische Arbeit* in Freiheit würde tätig sein können, oder: wann die umgebende Welt selber ihn unterbindet und die Künstler isoliert. Geklärt war schon bald, daß die konkrete Gattungsform jenes Bezugs, die Satire, in einem Sozialklima, in dem sich die antikommunistische Verschiebung Berliner NS-Erinnerungen traumatisch bis zur Wiederholungsgewalt aktualisiert, auf den Schutz des grundrechtlichen Kunstvorbehaltes nicht bauen kann. Endgültig klar fällt die Berliner Antwort aus, als die radikalste Weise der parodistischen Existenz, die man dem Vereinheitlichungstrend des Lebens im Spätkapitalismus (dem »Polizeiurbanismus«)[74] entgegenhalten kann, sich die sinnliche Form einer *anschaulichen* Provokation gibt: Kleinkollektiv, Kommune; in der kritischen *Text*perspektive auch anders *Leben:* »Sinnlichkeit prinzipieller Opposition«.[75]

Seit diese Opponenten (ab 1. Januar 1967) ihr Leben gemeinsam ›experimentieren‹, wird ihr Angriffs-Charakter sozial zunächst einmal effektiver: »Horror-Kommune«.[76] In der Indifferenz (›Mitte‹) zwischen Akademie und Stadt bildet sich ihr Selbstbewußtsein, »Revolte in der Revolte«[77] und »Avantgarde der Avantgarde«[78] zu sein; denn es kamen die positiven Rückmeldungen, von beiden ›Seiten‹: ›Die Studenten‹ fühlten sich ihrer Subjektivität und Erfahrungsfreiheit[79] näher, wenn sie nicht von ihren Vertretungspolitikern in AStA und ›rechtem‹ SDS-Flügel, sondern von der aktionistischen Phantasie der Kommunarden ›mobilisiert‹ wurden; und in den nonkonformistischen Nischen und Rissen der antikommunistisch verwalteten und versprachlichten Stadt machte sich Dankbarkeit für die Formen wegwerfender Ironie und sarkastischer Sticheleien breit, die den ersten Anschlägen der Kommune I auf die ideologische Starre der Halbstadt einen raschen Ruhm einbrachten. ›Zutreffender‹ konnte eine ›politische‹ Literatur nicht mehr sein als die *Flugblätter,* die nun ein totales Kritikspiel beginnen,[80] die Vorstellungen einer Formalreform in den Hochschulen ebenso durchkreuzend wie die versteinert ideologische Selbstwerbung des Freien Westens in der *Front*stadt. Aber natürlich ist solche kritische Spiegelung ambivalent; die politische und moralische Scheinkultur ist bewaffnet und projiziert ›Bewaffnung‹ auch auf die Angreifer. Nach den

Einsätzen von Greiftrupps vor dem Charlottenburger Schloß und der Verhaftung der Kommunarden wegen Vorbereitung eines Sprengstoffattentats am 6. April 1967 (es handelte sich um den Plan, auf den Berlinbesucher »HHH«[81] einen Puddinganschlag zu verüben, ein Weltlacherfolg)[82] müssen sich die Autorinnen und Autoren vor weiteren Versuchen, politischen Surrealismus zu inszenieren wie in den Happenings seither, nunmehr wohl fragen, ob ihre Satire-Aktionen nicht schon steckengeblieben seien?

In der Tat verlieren die Kommunarden rasch ihre ›freie‹ Stellung zwischen Akademie und Stadt, *zuerst* ausgegrenzt aus der studentischen Linken als die inneruniversitären Saboteure einer »nicht erfolglosen Arbeit« und als »Existentialisten«.

Das sind sie nun. Die Politisierung der Bewegung geht über die »selbsternannten Provos«, die zum Denken zu faul, zum Organisieren zu undiszipliniert seien,[83] hinweg. Sie reagieren zunächst durch Konzentration auf parodistische reine Textarbeit.

Die Skandalblätter 6–9 entstehen; das Thema: Vietnam und die freiheitliche Warenwelt. Als am 22. Mai 1967 mehr als 300 Menschen bei einem Kaufhausbrand in Brüssel verbrennen,[84] schreiben die Kommunarden eine Realkonstruktion einer Berlin-Situation auf, in der das gleiche geschieht. Indem die Texte das Ereignis im Bilde der Berichterstattung spiegeln, erscheinen die brennenden Menschen vermarktet als Wertsignale der Selbstwerbung West wie in der Wirklichkeit der Medien, wenn die Metaphern-Routine die Menschen ergreift, ob sie in Vietnam oder bei einem Kaufhausbrand sterben – »Einige fielen wie brennende Fackeln aus den Fenstern . . .«: Die Flugblätter bringen es zu einer Korrespondenz zwischen der totalen Werbung und ihrer totalen Parodie, d. i., die Texte ›sind‹ ästhetisch radikalisierte Werbung. Dieses Verfahren bringt ein Menschen-Bild hervor, in dem die Unterschiede zwischen »Feinden« und »Menschen« geleugnet sind. *Das* ist die Ästhetik des Angriffs auf das ›Herz‹ der Frontstadt-Ideologie, auf den rassistischen Antikommunismus, der nach dem Motto tötet: »Es waren Feinde, Sir, nicht Menschen«.[85]

Die Kommunarden nehmen den *Schmerz* der Individuen, der im medien-ideologischen Alltagslauf bis auf den kleinen Augenblick Mitleid bei der »Frühstückszeitung« zurückgehalten werden

solle, *kontrafiktiv* in den mimetischen Akt der Totalparodie auf:
Hier bekommt er seine Würde als die Empfindsamkeit wieder
zurück, die die totale Herausforderung der Massenseele als eine
Handlungsweise politischer Literatur rechtfertigt. »Wann brennen die Berliner Kaufhäuser?«[86] Kommt *dann* vielleicht der individuelle Schmerz aus den Metaphern heraus? – Bricht die alltägliche Lebenslüge auf, in der Flammenhölle Vietnams werde für
ein freies Berlin gekämpft?

Natürlich kommt die katastrophische Entfiktionalisierungs-
arbeit an den Massenmedien nicht als geschützte ›Kulturtätig-
keit‹ an; das »knisternde Vietnamgefühl«[87] bleibt am Begriff einer
Literatur haften, die die Grenzen der Kultur überschritten habe –
und also die Verfolgungsgewalt der *Hegemonialkultur* herausfor-
dert: »Angriff auf das Herz des Staates«.[88] In der Literaturgeschichte steht die Kommune-Ästhetik als eine Demonstration,
daß radikaler Realismus, der sich an einem Totalbezug zur
»Gesellschaft des Spektakels«[89] versucht, wohl ein Moment der
Revolte sein, aber keine tolerierte Gattung im Kanon der Literatur werden konnte; eine aktuelle Widerlegung der Ästhetik Adornos.[90] Wie zuvor ›politisch‹ in den »leeren Straßen«[91] erfahren die
Kommunarden ihr oppositionelles Abseits im Verharmlosungs-
klima einer tödlichen Freiheitsideologie nun auch ›kulturell‹ als
eine ›Weltfremdheit‹, die keine Garantien mehr für ihre persönliche Unversehrtheit enthält. Ihre Texte waren, mit Benjamin, eine
»Unentwegtheits«-Probe in einem »Kampf«, den Kinder führen,
»um ins Herz der abgeschafften Dinge vorzustoßen«.[92] Burn,
warehouse, burn,[93] Der Vater ist im Krieg – »Warum brennst du,
Konsument?«[94]

In der Kontra-Fiktion, d. i. Fiktion einer entfiktionalisierten =
entflammten Welt, ist auch die Satire vernichtet. Zwar reizt die
auf die Justiz übergesprungene Jägermentalität nach dem 2. Juni
den parodistischen Bezug zur gegebenen Welt dazu, ›mitzusprin-
gen‹: Die Gejagten greifen noch einmal an, Angeklagte spielen
Theater, die Ankläger übernehmen prompt den Narrenpart; noch
einmal lacht die Welt, schmunzelt sogar Springer.[95] *Aufschub* im
Prozeß der Realgeschichte gehört immer dem Surrealismus, dem
Spuk. Doch die ästhetische Produktivität (Gerichtstheater, »Moa-

biter Seifenoper«[96]) fällt unterm Reaktionsdruck der ›Welt‹, gemessen am oppositionellen Anspruch der situationistischen Ästhetik, bald in Leerlauf; so gut im kulturellen Spektakel das Straßentheater Marke Teufel noch einmal ankommt.[97] Die »surrealistische Tat« war, wie bei Debord beschrieben, von der mixed Media-Welt der Moderne eingeholt und im »Polizeiurbanismus« so gründlich *aufgehoben* worden,[98] daß die parodistische Aggressivität auf keine ›Wirklichkeit‹ mehr stößt: »Die Realität selber«, so heißt es bei Botho Strauß 1970, sei eine Sinnestäuschung im Konsumabenteuer, »das alle Nerven in Anspruch nimmt.«[99] Die parodistische Weltoffenbarung ist perfekt: Springer kreiert den Begriff »Terror« für die Methodik der totaloppositionellen Brandmarkungen.[100] Die Kommunarden legen unterm Vorwand ihres leer gewordenen Spieles die Kostümierung ab. »Wissen Sie warum«, sagt Langhans zum Richter am Ende des Moabiter Stücks: »⟨...⟩ Mittlerweile kann ich mir interessantere Beschäftigungen vorstellen, als hier herumzusitzen und immer wieder dieselben Leute lächerlich zu machen.« (›Klau mich‹, Schlußwort)

Noch während das Endspiel im Gericht läuft, kapitulieren die Kommunarden in der Stadt. Sie sind keine »Heroen im dramatischen Kostüm«, wie Erich Kuby sie sieht.[101] Auch die Kunstthese der Situationisten ist aktuell widerlegt: Neue Umwelten lassen sich nicht konstruieren, wenn *zu wenige* mitspielen. »Es gibt kein Kommuneumfeld, keine auf unsere Formen des Zusammenlebens vorbereitende Subkultur in Berlin.« Ohne sie ist die offene Subversion der Parodisten Nonsens, den keiner lange aushält.[102] So liegen die Maiflugblätter wie eine Ruine auf der Landkarte der surrealistischen Spuren in der Revolte; im Vorübergehen oder beim Weglaufen in kulturgeschichtlicher Reflexion, in aller Regel und natürlicherweise ›von oben herab‹, werden sie besehen oder ›aufgehoben‹. – Kleine Typologie der Aufhebung:

Ohne Pathos, sehr genau der *Literaturtheoretiker:* »Es war ein schönes Spiel mit ganz neuen Spielregeln ⟨...⟩ Die Möglichkeiten des Wirklichkeitstheaters sind begrenzt« (Hans Mayer).[103] Mit Wittgenstein unterm Arm der rebellische *Poet-Flaneur:* »Die Kommune spielt ⟨...⟩ den Satz mitten in der Wirklichkeit ⟨...⟩ hoffentlich so lange, bis auch die Wirklichkeit ein einziger Spielraum geworden ist. Das wäre schön« (Handke).[104] Grimmig die beiden *SPD-Häupter* in der offiziellen Literatur: »⟨...⟩ dumm, arrogant, unpolitisch, geschmacklos ⟨...⟩ Die Zeit ist ihr Totengräber ...« »BZ-Sprache und Kommune-Sprache zeigen gleichermaßen faschistische Symptome ...« (Richter und Grass).[105] Der *politische Psychologe:* »⟨...⟩ kollektive Scham der Zuschauer???« (Peter Brückner).[106] *Der Unterstützer:* »⟨...⟩ ein Gegenbeispiel ⟨...⟩ zur Scheidung von theoretischer und praktischer Arbeit« (Enzensberger).[107] *Der Kulturkritiker:* »⟨...⟩ ›Schöne‹ revolutionäre Praktiken folgen ästhetischen Regeln ⟨...⟩ Revolutionäre Lustfeindschaft kann nicht dulden, daß die Kunst ein Fest ist« (Karl Heinz Bohrer).[108] Die *Literaturkritikerin:* »Wirkungsvoller als Agitprop waren die unmittelbar aus Aktionen entstandenen Spots und die als Skandal inszenierten surrealistischen Flugblätter der Kommune I« (Renate Matthaei).[109] Der *liberale Religionsphilosoph:* Die Kommune-Ästhetik gehört »der Religionsgeschichte und der Literaturwissenschaft« (Jacob Taubes).[110] Der *liberale Literaturwissenschaftler:* »Alle« poetische Sprache ist »uneigentlich«. Ihre Vieldeutigkeit schützt sie vor »einer bloß aktuellen und historisch übergänglichen Verwertbarkeit« (Eberhard Lämmert).[111] Im 1970 aufgeschriebenen »Gedächtnis 67–70« resümiert der *Theaterkritiker:* »⟨...⟩ Die politischen Happenings, das Theater der Teufel und Langhans legten einen fröhlichen Schneid an den Tag, an den sich heute sogar konservative Kritiker mit lächelnder Wehmut erinnern« (Botho Strauß).[112]

II. Literatur in der veröffentlichten Revolte

1. Die nationale Diffusion nach dem 2. Juni

Dutschke, dessen offensive Subversivität inzwischen auch im Bild der Öffentlichkeit der ›situationistischen‹ Portraitaufnahme entsprach, die Lettau von ihm gemacht hatte[113] –

der, da sein Angriff darin besteht, daß es ihn gibt, gewinnt, indem er bleibt, bleibt, indem er redet, redet, indem er schreibt, schreibt, indem er zuhört, ein gefährlicher Gegner –, er sorgt sich im Fortgang der Monate nach dem 2. Juni 1967 um »unsere kleinen Ansätze von Selbstorganisation«.[114] Andererseits sorgt sich ein Bundesfamilienminister ein Jahr später noch um die öffentlichen Wirkungen der Kommune I-Experimente, jener »verschwindend kleinen Gruppe«[115] – Zwischen diesen extremen Gesichtspunkten müßte die Geschichte des Berliner Beispiels in Westdeutschland geschrieben werden.[116]

Dem steht bislang ein *Vergessen* entgegen, das vom guten Gedächtnis des Theaterkritikers 1970 noch im Bilde eines wehmütigen Erinnerns, als ein ›Schmunzeln in der Kultur‹ überliefert wird, als realpolitisches Vergessen aber von der Revolte selbst hergestellt wird: Wie in einem Schock-Rausch nach dem Berliner Mord an Benno Ohnesorg sieht sie sich von einer ihrerseits geschockten öffentlichen Meinung in Westdeutschland ›angenommen‹ und fängt an, in diesem Spiegel sich als revolutionäre Massenbewegung zu definieren, die ihre Bedeutung nach einem Begriff von Öffentlichkeit bemißt, den man einmal bürgerlich nannte. Grenzen zwischen ›Ereignis‹ und ›Spiegelung‹ verwischen. Gelingen die neuen Formen demonstrativer *Aufklärung?* Wie war die *Wirkung* einer Aktion? Wächst das *Prestige* des antiautoritären Programms?

»Die Revolte beginnt«, dieser Satz, in den Geschichten und Nach-Stellungen der Studentenbewegung vielfach variiert,[117] trägt bis in unsere Tage den suggestiv herrischen Klang der Junitage, als er ein stolzes Rechtgefühl zum Ausdruck brachte. Er beschreibt das Faktum eines nun ›plötzlich‹ dominanten Selbstverständnisses nach dem Schock und steht im Kontext einer kultur- und sozialpsychologischen Selbst-*Täuschung,* die das ›erfolgreiche‹ Vergessen der Ursprungslinien der Revolte voraussetzt *und* festigt.

Dem steht nicht entgegen, daß die Bewegung nun dank ihrer topographischen Erweiterung kulturell bunter wird; daß die Spannkraft der Widersprüche, die in den ungelösten Form- und Inhaltsfragen der Berliner ›Vorzeit‹ stecken, sich auf das weitere Feld *übertragen.* Dagegen: Wie dicht unter seiner Oberfläche, die von Strategiedebatten und spektakulären Ereignis-Nachrichten geprägt ist, die Ursprungslinien der Revolte in die neue Phase weitergezogen werden, sie lebendig verwirrend, das zeigt sich auf einem breiten, ›von unten her‹ brüchigen Spektrum spontan-aktivistischer Ausdrucksformen. Sie sind das kulturell-ästhetische, nach wie vor subversive Ferment des antiautoritären Zugs in der Öffentlichkeitsentwicklung der Revolte 1967/68.

Die Literaturhistorie hätte hier ein adäquates Forschungsfeld, aber sie hat, symptomatisch für die Überlieferungsinteressen ihrer ›Entpolitisierung‹ in den 80er Jahren, das politisch reduzierte, harte Selbstbild der Revolte nach dem 2. Juni übernommen und es in monströse Klischees einer ›kritischen Literatur 1968‹ eingebracht, die sich in den Dienst »der politischen Aktion« gestellt und »ihren eigenständigen Kunstcharakter« aufgegeben habe.[118] So einfach ist es nicht.

2. »Stadtrundfahrt«.[119] Der Mythos von der totgesagten Literatur

> Der Surrealismus, diese erkaltete Asche, die einst eine lodernde Flamme war, ist das kühnste Unterfangen in diesem Jahrhundert, den Geist dahin zu treiben, die Grenzen der Macht zu durchbrechen und die Fesseln unserer zwanghaft gewordenen Alltäglichkeit zu sprengen. ⟨. . .⟩ Der surrealistische Anspruch existiert weiter . . .[120]

Auf der Landkarte der Revolte nach dem 2. Juni in Westdeutschland bleibt Berlin der Ausgangsort und allgegenwärtige Bezugspunkt ihrer *Erinnerung*, wenn sich dieses Grundverhältnis auch fortan auf der Oberfläche der Ereignisse in Berlin selber, »unserer demokratischen Hauptstadt«, kaum noch zeigt.[121] Agitativer Vorwärts-Streß (wann ist die nächste Demo, wer schreibt das nächste Strategie-Papier, usw.) und eine spektakuläre Konfrontationsentwicklung[122] lassen den Rebellen hier und im Westen wenig Zeit zu politisch-kommunikativen Formen des Erinnerns an die

Ursprungskräfte und Künste der Revolte *und* an die Lehren des Ursprungsphänomens ›Frontmetropole‹ 1966/67. Die historische ›Hauptlehre‹ war, daß die von den antiautoritären Attacken irritierte Stadt rasch ›ihr Gesicht verloren‹ hatte. Die Übereinstimmung zwischen ›Volk‹ und ›Medien‹ im ideologischen Bilde des demokratisch-wehrhaften »Vorpostens« und »Schaufensters« erinnerte in ihren konkreten Äußerungsformen an die kollektive Bereitschaft nach 1933, die Wahrung des sozialen Friedens einem autoritären Staat zu überantworten, der gegen alles Fremde und Kranke im Volkskörper die Gewalt der »Ausmerzung« versprach. Diese Offenbarung, die vor dem 2. Juni von der weithin surrealistisch praktizierenden Revolte hervorgetrieben worden ist, war eine prinzipielle Herausforderung an die Literatur, die, wie wir gesehen haben, bis dato nur sehr selten unmittelbar im Bunde mit den Rebellen war und es im ganzen auch noch vor sich hatte, das ›künstlerische Ferment‹ in der Revolte selber zu entdecken: ihre *Geistesgegenwart,* deren Einübung allenthalben bedeutet, das Vergangene im Gegenwärtigen wahrnehmen zu können. Würden aber in der Literatur surrealistische Praktiken eine Chance bekommen, obwohl der Anspruch, die »Fesseln unserer zwanghaft gewordenen Alltäglichkeit« *hier und heute* zu sprengen, gefährliche Arbeit (»beim Feind«) und die entsprechenden Prestigeverluste bedeuten könnte?

Der Artist Lettau und der Minderheitensprecher Dutschke stehen nicht für eine optimistische Betrachtung dieses Sozialzusammenhangs zwischen der ›Aufbruch‹-Arbeit weniger und der Vergangenheit aller, während jetzt nach dem 2. Juni die Revolte die westdeutsche Öffentlichkeit zu erobern scheint. Lettau hatte die Stadtsprache als aggressive »Deckerinnerung« gedeutet, die das deutsche Gaskammerprojekt verdrängt, indem sie es gegen jegliche Störer des Friedensscheins in der Stadt traumatisch reaktiviert, auch gegen die »roten Stoßtrupps« der außerparlamentarischen Opposition.[123] Dutschke nutzte ein ›Spiegel-Gespräch‹ am 10. Juli 1967,[124] deutlich defensiv auf den sozialen Status und das Selbstempfinden der Berliner Kommunarden als *Nackte,* als »Unterdrückte und Ausgestoßene« hinzuweisen, worüber eine allgemeine Verständigung nicht möglich sei, solange die Akteure in den Bildern der Massenmedien nicht als radikale Parodisten des gesellschaftlichen Blicks auf Minderheiten begriffen, sondern tatsächlich als Figuren in einem »reproduzierten Gaskammer-Milieu des Dritten Reiches« vorgeführt werden.

Doch die westdeutsche Literatur bringt entgegen solcher Skepsis durchaus konkrete Reaktionen auf die gestalterischen Anregungen der Revolte, auch auf die tiefgründige Motivationslage der »Spaßguerilla« hervor. – Unmittelbar nach dem 2. Juni war unter *jungen Schriftstellern* zu beobachten, wie bei ihnen die von Dutschke problematisierte Verständigung wuchs, wie die Schmunzelsympathie im Kulturbetrieb auch tiefer gehen kann: wie man den existentialistisch-parodistischen Weltbezug als totale Revolte für sich methodisch reflektiert; im parolischen Kontext einer Befragung z. B. so:

Zersetzung durch Bejahung! Die Leser »ins Nichts hinaustorpedieren« durch schockierende Tabuverletzungen! Weg mit der unterhaltsamen Groteske Grass'schen Typs! (Horst Bienek und Rolf Roggenbuck)[125] – Das Sinnlose schreiben spiegelt die Gesellschaft angemessen (Uwe Herms).[126] Sie muß »beim Wort genommen« werden (Ernst Augustin).[127] Ja Sorge spricht sich aus, der surrealistischen Destruktivität des »knisternden Vietnam-Gefühls«[128] könnten wirklich Bomben folgen, da »die Gesellschaft« in ihrer Verweigerung radikaler Kritik zu weit geht (Peter Faecke).[129] Vier Monate später möchte diesen Gedanken-Sprung der Schriftsteller, der sich neben Thomas Bernhard oder Herbert Achternbusch am klarsten in einem anarchischen Nonkonformismus exponiert, Rolf Dieter Brinkmann, durch Unterschlupf in eine surrealistische (Breton'sche) ›Kostümierung‹ provozieren: Er bedaure, daß sein Buch (statt Objekt der Kritik) nicht ein Maschinengewehr ist, den Kritikern damit »Bescheid zu geben«.[130]

Bei den jungen männlichen Autoren[131] hat ein sozialliberales *Meinen* als Oppositionshaltung nach dem Muster des desavouierten SPD-Wahlkontors deutscher Schriftsteller[132] (noch) die Mehrheit (gegen die »versteinerten Verhältnisse«; für »Demokratisierung«, »Politisierung« und »Vermenschlichung« sollten eine literarische Opposition und eine vernünftige Regierung gemeinsam kämpfen)[133] – aber, unverträglich dazu, gehört die *Tonart* ihrer gesellschaftskritischen ›Einstellung‹ in die antiautoritäre Stimmung gegen den autoritären Staat; z. B.: Privateigentum, Ausbeutung usw. abschaffen! »Das Bisherige radikal zerschlagen«! (Peter O. Chotjewitz) usw.[134] – Konkreter werden sie im selben Maß, wie sie nicht nach ihren Meinungen, sondern nach ihrem Schreiben gefragt werden.[135]

Enzensberger greift von der Höhe seiner ›Berliner Gemeinplätze‹, die jetzt entstehen,[136] in den Prozeß des Konkreter-Werdens antiautoritärer Poetik-Vorstellungen nach dem 2. Juni mit einem Rundumschlag ein, der aufmerksam auf einen Rest revolutionärer Tugenden in der westdeutschen Literatur achtet; er konfrontiert ihre oppositionelle Intelligenz mit dem »ersten Kern einer revolutionär gesinnten Opposition«, der studentischen, die sich »in den Berliner Polizei-Pogromen gebildet« habe; ihr *Vorbildcharakter* für *literarische* Oppositionsarbeit wird so hervorgehoben: »Ihre Strategie ist unsicher. Ihr Programm ist vage. Ihre zahlenmäßige Stärke ist gering. Ihre Zukunftschancen sind unbestimmt.« Eine Ursprungs-Situation! Sie nötige die linke literarische Intelligenz zum Umdenken. »Zwanzig Jahre Gruppe 47, Manifeste, Anthologien und Wahlkontore« seien »politisch im tiefsten Sinn unproduktiv« gewesen – eine leere Bilanz![137] Die wenigen Schriftsteller, die der neuen oppositionellen Herausforderung »radikal« gerecht zu werden versuchten (z. B. Erich Fried, Peter Weiss), könnten noch nicht beweisen, daß das ihren Werken »auch literarisch zugutekommt«. – *Die Perspektive* aber müsse sein: Arbeit an »radikal neuen Formen des Schreibens«.[138]

Der Impuls, den der Meister-Essayist von Berlin aus im Herbst 1967 der westdeutschen Literatur zu geben versucht hat, ist schon in der Zeit und fortzeugend danach zusammengesehen worden mit den ein Jahr später formulierten ›Gemeinplätzen, die Neueste Literatur betreffend‹[139] und mit den vielzitierten Sätzen dort:

> Wer Literatur als Kunst macht, ist damit nicht widerlegt,
> er kann aber auch nicht mehr gerechtfertigt werden.[140]

Ein Mixtum aus flüchtiger Lektüre der ›Kursbücher‹ 1967/68 und Abwehr ihrer »revolutionären« Impulse läuft bis heute um als Beleg der Legende, Enzensberger habe »1968 ⟨. . .⟩ im Kursbuch auf dem Höhepunkt der Studentenbewegung den Tod der Literatur ausgerufen«.[141]

Im Kursbuch 10 (Oktober 1967) sind Schreibweisen vorgestellt, die, vielleicht wegen ihrer *Stille* oder ihrer Lakonität, in der zeitgenössischen *Literatur*debatte als Proben einer situationsgemäßen Formarbeit nicht wahrgenommen worden sind. Mitten im Selbstveröffentlichungs-Rauschen der Revolte sind hier Augenblicke des Innehaltens, der *Differenz zwischen Aktion und Text* empfohlen, Zeilen wie diese: »⟨. . .⟩ Lesezeichen an/der Stelle, wo/ der Blick des Lesenden stehenblieb« (Velimir Chlebnikov/Paul Celan).[142] Wie wenig quietistisch solche Empfehlungen gemeint sind, zeigt der Zusammenhang der Anthologie. Wie leitmotivisch sind da Blicke in die Mai-Flugblätter – »burn baby burn« (Christian Enzensberger) –, in »die leeren verlassenen, totenstillen straßen« (Chris Bezzel)[143] oder in den Kabarett-Keller geworfen worden, wo Neuss »unter Mitarbeit von Hans Magnus Enzensberger« den Leuten einpaukt, jene »Lesezeichen« nicht abstrakt, sondern ›nur‹ so aufzufassen: »Lesen ist so ziemlich das Wichtigste, was es außer ›danach handeln‹ heutzutage geben kann«;[144] oder so: »⟨. . .⟩ daß es vielleicht besser wäre die fresse zu halten/ und daß wir die fresse nicht halten werden/ das wissen wir schon/ das wissen wir schon«.[145]

Die methodische Vielfalt der ausgestellten Texte, zwischen schnauziger Kabarettsprache und ausgeklügelten Halbsatzspiralen am Schreibtisch, trennen keine Gattungsgrenzen, sondern verbindet das ›situationistische‹ Programm: jüngste Erfahrungen in eine Sprachbewußtheit und Konstruktionsarbeit zu holen, die ihr Material radikal und konkret durchdringt. Was das sein könne, eine *konkrete literarische* Radikalität, oppositionelle ›Textpolitik‹, das ist so etwas wie eine vielortige Diskussionsfrage, die um 1968 zwischen Revolte und Literaturbetrieb aufgeworfen ist. Enzensberger läßt sie im Kontext seiner Intelligentsia-Provokation am 28. September im ›Literary Supplement‹ der London Times als »Frage der Revolution« drucken; das wird noch aufschlußreiche Folgen haben.

Der Provokateur, der dort auch die polemischen Kernstellen

aus den ersten ›Berliner Gemeinplätzen‹[146] vorabveröffentlicht – z. B.:

> Die »Mehrheit der deutschen Schriftsteller« sei »weit davon entfernt«, die Bedeutung der neuen Opposition und die zurückschlagende Gewalt zu begreifen, und »in dem Maß, in dem die Politik sie beim Wort nimmt, in dem Opposition von einer Sinekure zu einem gefährlichen Unternehmen wird, dürfte der Weg des geringsten Widerstandes seinen ganzen Charme offenbaren« –,[147]

er beginnt nun, mit *theoretisch* radikalisierten *Frage*stellungen seine persönliche Spur durch die Revolte zu ziehen; beinahe mit beiden Füßen tritt er seit Jahresbeginn 1968 in die ›revolutionäre Organisationsdebatte‹ ein, die tabula rasa mit den schönen Künsten zu machen scheint und oft nicht mehr erkennen läßt, wann sie die Grenzen zu den Begriffen der verstaatlichten, »in Verbrechen erkalteten« europäischen Arbeiterbewegung noch reflektiert.[148]

Doch Enzensberger, ›im Grunde‹ immer auf der *literarischen* Suche »nach dem Subjekt der Geschichte«,[149] versucht auch jetzt, in den heißen Monaten des Jahres 1968, die Balance in jener Differenz der »Lesezeichen« zwischen Aktion und Textarbeit zu halten. Dies belegt sein prominentester essayistischer Affront, die *(deutschen)* ›Gemeinplätze, die Neueste Literatur betreffend‹.[150] Vergleichbar mit den Situationisten führt er eine politische Aktualitäts-Probe auf die »intellektuelle Souveränität« der Breton-Surrealisten durch: beschreibt ihr exemplarisches Dilemma zwischen der »Autonomie ihrer literarischen Kriterien« und ihrem Begehren nach Sozialrevolution; sieht den Surrealismus tendenziell auf den politischen Status quo und den ›Materialzwang‹ des Kulturmarktes zurückfallen; bezweifelt eine gegenwärtige surrealistische Produktivität, die über die defensiv-experimentelle Avantgarde der Heißenbüttel-Schule hinausginge (zur selben Zeit schreibt Ginka Steinwachs an ihrem Surrealismus-Buch!);[151] grenzt das surrealistische Prinzip deutlich ab von den zugleich taktisch empfohlenen sozialliterarischen Arbeiten der Stunde (Martin Walser, Günter Wallraff, Erika Runge, Ulrike Meinhof, Bahmann Nirumand, Georg W. Alsheimer); und wirbt für Brechts und Benjamins Konzept der selbstbestimmten Literaturproduktion. Die Tradition, auf die es ankäme, Kafka, Karel Teige, Breton ... sieht er an ›1968‹ vorüberziehen, wenn es nicht gelingt, ihr anders zu begegnen als mit Phrasen – also vielleicht mit einer Arbeit wie der Teufels, deren Anstöße »weniger an die Person gebunden« weitergedacht werden sollten.[152]

Wie immer man den Abschnitt ›Alte Fragen, die alten Antworten‹ in den Literatur-Gemeinplätzen liest, so wie hier vorgeschlagen kann man ihn auch lesen: und jedenfalls werden die ›Pompes funèbres‹ von »den Literaten gefeiert«,[153] nicht im politischen Text Enzensbergers. Problematisch sind nicht seine Beiträge zu den Negationen im Stil des Jahres 1968, die durchweg dem Anspruch surrealistischer Offensive gegen jegliche logische Gewißheit »in unserer Lage« genügen, auch dem Gebot politischer Situationskomik, wie in dem verrückten Kursbuchgespräch »über die Zukunft«, das Eulenspiegel-Enzensberger mit Dutschke, Rabehl und Semler führt und in welchem Berlin zum Zwecke seiner Befreiung als Ganzes zum »internationalen subversiven Zentrum« erklärt und die Polizei, der Parteimarxismus, die Bürokratie abgeschafft werden, auch die Arbeitsteilung, die Landwirtschaft, die Universität, die DDR ...[154] – Problematisch ist die *positive* Kategorie in seiner zentralen kritischen Hypothese im Abschnitt ›Für Garderobe wird nicht gehaftet‹:

> Wenn wir die Literatur nur noch auf Verdacht hin haben, wenn es prinzipiell nicht auszumachen ist, ob im Schreiben noch ein Moment, und wärs das winzigste, von Zukunft steckt, wenn also Harmlosigkeit den Sozialcharakter dieser Arbeit ausmacht, dann kann auch eine Kulturrevolution weder mit ihr noch gegen sie gemacht werden.

Das im traurigen Conditionale berufene Moment von Zukunft ist zwar unzweideutig im Modus einer *politischen innerliterarischen Kategorie* gehalten und gewinnt seine extreme kulturrevolutionäre Positivität aus der Antithese zum harmlosen, begrenzt »nutzbringenden«, jedenfalls veralteten und rein politischen Aufklärungsschrifttum der Wallraff & Co.; verschweigt aber seine Voraussetzung: die konkrete Negation, die literarische Arbeit an der Vergangenheit in der Gegenwart.

Hat Enzensberger diese Arbeit sogar in den ›avantgardisti-schen‹ Proben übersehen, die er im Oktober-Kursbuch 1967 in so etwas wie einen linken Literaturbetrieb einschleusen wollte? Oder im November-Kursbuch 1968 (mit den Literatur-›Gemein-plätzen‹) die Poesie dort? – z. B. die Zitat-Variationen Ingeborg Bachmanns? (»Nichts mehr wird kommen . . . Du sollst ja nicht weinen,/ sagt eine Musik./ Sonst/ sagt/ niemand/ etwas«), oder Lyrisches seines Genossen Gaston Salvatore? (»die leere die du nicht bist/ umringt von den Boten/ den gewalttätigen Dingen«) . . .[155]

Ein Revolte-Denken, ohne den Blick in die *Mitte* der deut-schen Gegenwart zu lenken, wo die radikale Kulturkritik ihre Gegenstände an ihrer verdrängten Vergangenheitshaftung, ihrer gegenwärtigen *Leere* und Bedrohung konkret auszumachen hätte, war gerade in der ›Aufbruchs‹-Stimmung um 1968 ein Stück deutscher Selbstvergessenheit, ein Verkennen der *jetzt* spezifi-schen »Schöpfungsleere«. Hier sind Schriftsteller auch verstummt. Oder sie sind ›an den Rand‹ gegangen, wie Franz Mon, von dort am Material einer Sprache zu arbeiten, die nicht »unschuldig« ist; »wobei auch ihre Erinnerung und die Spuren ihres Geschicks mit-zählen«.[156] Vom Rande her wurden ›1968‹ Texte entwickelt, deren konkrete Radikalität mimetisch, forschend, langsam war.

3. »Immer wieder mit leeren Händen«[157]

Lettau verabschiedet sich von Berlin wie Enzensberger, direkter nur, mit polemischer Erhebung über ›linke‹ Intelligenz in der Literatur, spottet über Handkes »Exhibitionismus«, P. Schneiders »Opportunismus«,[158] Peter Rühmkorfs circensische Eitelkeit, Hei-ßenbüttels Feigheit und Formgefangenheit, Grass' geübtes Auge für moralisch-politische Konsenslagen in der Opposition und seine zynisch-leeren Mißachtungsgesten (wie gegen Fried), usw.[159] Auch er radikalisiert seine persönliche Revolte ein Stück weit, sie wird ihn in eine kalifornische Gefängniszelle[160] und zur Ver-schärfung seiner Analysen des Sprachkriegs führen (›Täglicher Faschismus‹, 1969/70).[161] Sein Beitrag zum oppositionellen Kon-kreterwerden der Literatur und der Literaten ist immer etwas

»MIT LEEREN HÄNDEN« 47

unmittelbarer leiblich nah ›an der Sache‹, ob »beim Feind«, unter
Berufskollegen oder, »von der Revolution nach Hause kom-
mend«, in den nachgetragenen Reflexionen am »immer freundlich
stehenden« Schreibtisch: ›Eitle Überlegungen zur literarischen
Situation. Für H. M.‹ (1975),[162] ›Vom Schreiben über Vorgänge
in direkter Nähe oder in Entfernung von Schreibtischen‹
(1970/80).[163]

Die Spannungszustände in jener Differenz zwischen Text und
Aktion haben Lettau eher in die Zonen des Verstummens
gedrängt als zum Weiterschreiben. Das bringt ihm, schreibend in
der Entfernung von der *Sprache,* in der Literaturgeschichte die
Nähe zu den Formen des Schweigens von Schriftstellerinnen und
Schriftstellern ein, die in ihrer ›literarischen Existenz‹ eine solche
Entfernung von der Sprache *beim Schreiben* erfahren, in der Differenz zwischen »meiner Sprache und ich«: ». . . Vielleicht schreibe
ich deshalb, weil ich keine bessere Möglichkeit zu schweigen
sehe« (Ilse Aichinger).[164] ›Immer kürzer werdende Geschichten‹[165]
und literarische Kapitulation können auf dieser Reflexionsspur
konsequent sein. Noch niemand hat die literarischen Laufbahnen,
die ›1968‹ beendet wurden, gezählt oder sich für die Abbrüche interessiert. Zwischen ihnen und einem anderen Extrem, dem »rücksichtslosen Weiterschreiben« derer, »die im Gegenteil die Ankunft
von Skrupeln als jene Krise zu feiern verstehen, deren Schilderung
ihr nächstes Buch garantiert«,[166] eröffnet sich das Feld literarischer Arbeiten ›1968‹, die Lettau »radikal ⟨. . .⟩ mit ihren ganz eigenen Mitteln« nennt.[167] Aus dem Berliner Sommer 1967 heraus geht
er einer Idee ihrer Verwirklichung nach, die in Texten zu finden
ist, die von einer Schulvorstellung im Literaturbetrieb, eher okku-
pant als förderlich, ›Konkrete Poesie‹ genannt wird.[168]

Im Oktober verbündet sich Lettau eine Strecke Wegs mit Jürgen Becker, der im genannten Oktober-Heft des ›Kursbuchs‹ 10
(1967) und in der Pulvermühle bei der Gruppe 47 am 8. Oktober
1967 ›Momente · Ränder · Erzähltes · Zitate‹ vorträgt.[169] Am Vortag hatte sich Lettau mit einem bißchen Mitkonstruieren an einer
›studentischen‹ Stör-Situation in der Tagungsidylle den miß-
trauischen Zorn Richters und die Empörung Grass' (der sich *seine*
Politik »nicht kaputt machen lassen« wollte) zugezogen (Lettau

mit Megaphon usw.);[170] nun gibt er zu Protokoll: »Stundenlang«
könne er solcher Prosa zuhören, der besten, die er »seit Jahrzehnten« gehört habe: „keine Lust mehr, nach diesen Texten etwas zu
veröffentlichen«.[171] Becker:

Und via Grammatik
verteilt man sich weiter und der Kopf ist
noch immer ein Globus ⟨. . .⟩
Ohne
Wirkliches zu verlassen (mit Zucker und Löschpapier
für die *Reise*) entfernen wir uns
in (:ich weiß ich verschleiße) *wirkliche* Luft,
Landkartenträume, neue Gegend –

und wo ist ⟨. . .⟩[172]

Der politische Schriftsteller läßt sich auch ›linguistisch‹ (d. i.
operativ selbstanalytisch) auf die Leere in der ›Mitte‹ der gesellschaftlichen Welt ein, indem er mitexperimentiert, wie Sprachmaterial methodisch nach den Rändern zu bewegt werden könne,
an den Ort des »Verdachts« (Enzensberger) immer im »Konflikt
mit der Sprache« (Bachmann);[173] wo »man beim Schreiben nicht
lügen kann« (Lettau).[174] Wie aber im sprachmaterialen Bezug zur
Welt eine Syntax und ein Weiterschreiben finden, da die Sprache
»auf Grund ihrer erschreckenden Geschichte« niemals mehr ein
Kontinuum erkünstlern darf und sie unter der Last ihrer sich
auftürmenden »Vergangenheitspartikel« stets wieder »unwillkür-
lich anfängt auszurutschen« (Mon)?[175]
Die Fragen und Zweifel geht Lettau Anfang 1968, vor
Abschluß und Veröffentlichung der fertigen ›Ränder‹, mit Becker
im Westdeutschen Rundfunk durch.[176] Seine Zweifel an Beckers
Ideologie der »Authentizität« stellt er zurück.[177] Man sympathi-
siert in der »Schöpfungsleere«; »augenblicklicher Leerlauf«, sagt
Becker.[178] Das Gespräch übersetzt die ›Situation 1968‹ ins literarische Werkstattdenken. Lettau deutet das Prinzip der Durch-
kreuzung der Leere an, spielt vorsichtig mit der Vorbild-Linie
Joyce-Kafka, die stark verkümmert in Beckers geäußertem
Selbstverständnis auftaucht (: Orts- und Bewußtseinshemmung
des literarisch langsamen Fortkommens auf kurzen realen Strek-

ken), als sei sie eine (›kafkaeske‹) Lebenslinie, die gerade ›1968‹ zu verkümmern nicht verdient.

In den ›linken Literaturdiskurs‹, der sich parallel zum Wachstum des Prestiges der Revolte entfaltet, dringen die Gedanken und ›Richtlinien‹ der Konkreten nicht ein. Wenig, oder wenig originell wird debattiert im Kreis des Managers der experimentellen Ideen, Heißenbüttel, dessen Einfluß auf die ›Konkrete Poesie‹ stark überschätzt wird;[179] seine medienprominente Propaganda für *Widerstände,* die durch Opposition gegen die herrschende grammatische Ordnung literarisch vorgetragen werden,[180] kontrastiert merkwürdig mit der tiefen *Einschüchterung,* die die Verwissenschaftlichung des Zeitalters bei ihm hinterläßt.[181] Dagegen aggressiv kritisch und phantasievoll offensiv ist die Grundtendenz der Poeten selber, wie etwa bei Peter Bichsel (»den Möglichkeiten eines Satzes folgen ⟨. . .⟩ auch gegen diesen Satz schreiben«), Chris Bezzel (»⟨. . .⟩ was scheinbar unkritisch durch zitat, montage und andere techniken das unmenschlich bestehende affirmiert, fixiert es in wirklichkeit, um es durch die technik des spiels in und an sich selbst und im betrachter zu entlarven und zu zerstören«), Ludwig Harig (»Wort-für-Wort-Gefechte«), Gert Friedrich Jonke (»methodisch wie anarchistisch schreiben«), Franz Mon (»Das Konkrete ist das, an das nicht gedacht wird«), Renate Rasp (»der Weg zum Bad ist lang und gefährlich«), Rolf Roggenbuck (»ein Text, eine Art Sieb – ⟨. . .⟩ da hindurch – oder nichts«), Diter Rot (»es ist gar nicht so einfach, Gegensätze oder auch nur etwas Alternatives auszumachen«), Ror Wolf (»überall kleine und kleinste Stoff- und Sprachpartikel ⟨. . .⟩ der ganze Wortschwall der Gesellschaft, die vor meinen Augen mit verteilten Rollen auftritt«), oder Wolf Wondratschek: (»Sätze, die sich nicht mit einem Satz sagen lassen ⟨. . .⟩ Ich erzähle einen Satz zu Ende ⟨. . .⟩ Unsere Hunde sprechen deutsch. Polizisten erkennt man am längeren Arm«) und bei anderen.[182] Herbert Heckmann stellvertretend politisierend über Wondratschek: »Seine Gedankensprünge sind Terrorakte gegen den Terror.«[183]

Arbeit am Material, das der ideologische Prozeß der permanenten sprachlichen Normalitätsnachrüstung abwirft, methodische Dehnung von Oppositionsräumen auf dem Felde des multimedialen Selbstausdrucks der herrschenden Tatsachen, das ist eine Kunst, die selber nicht vor ›Wirklichkeit‹ flieht, sondern, in den Worten Mons 1966, sie in ihrer sprachlichen Eingerichtetheit unablässig desavouiert: Die Feststellungen im oppositionellen Raum – dessen, »was es noch nicht gibt« (»die infinitesimale Beschaffenheit der Gegenstände«) – »jagen die Sprache in den Abgrund der winzigsten Artikulationen«.[184] Die »gegebene« Wirklichkeit wird neu ausgewürfelt, im Wortsinn dekonstruiert, durchkreuzt gegen ihre leere Mitte zu, verbogen, demoralisiert ... »am zwanzigsten april und am zwanzigsten juli da wollten manche schon mal schlapp machen ⟨. . .⟩ er legte das kinn an die hosennaht ⟨. . .⟩«[185]

Das Gros der oppositionellen Konkretpoeten hatte keinen Ehrgeiz, in der Mitte des öffentlichen Kulturgesprächs zu stehen. Dort wurde, auch und gerade von »angesteckten« jungen linken Literaten,[186] das Interesse an den literarischen Momenten der Revolte klug vorausschauend an den Gebrauchswert geknüpft, den Rebellion als Ware im Tauschverkehr des Literaturbetriebs ›danach‹ noch haben würde.[187] Man wollte die alte Subjektivität, die sich an das Gegebene hält, an die neue knüpfen, die sich als politische empfand, weil sie auf dem Anspruch beharrte, im Kunstgenuß das »interessante« Erschrecken *wiederzufinden:* das eigene.[188] Der Opportunismus flinker Politnarziß-Männer, Grundtypus P. Schneider.

– als debattierender Rezensent (›Die Zeit‹, ›Monat‹) schon mit leichter Hand das Subjekt aus den Sätzen entfernend (1965/66),
– als Intermedia-Kritiker verständnislos vor den Methoden der »Ereigniskunst«,[189]
– 1965 Wahlreden für die SPD im »Wahlkontor«,[190]
– 1967 in Berlin hingerissen zu amüsanter Demagogie in der neuen Demonstrationsöffentlichkeit (›Wir haben Fehler gemacht‹),[191]
– 1968 auf die Linie einschwenkend: Literatur als Organisationshilfe für Arbeiter, Schüler, Studenten,[192]
– die »politische Organisation der Wünsche« an der Seite der Arbeiterklasse suchend: »die bürgerliche Literatur ist tot«,[193]
– Strategisierung der »utopischen Bilder« für die »versammlungen der revolutionären arbeiterräte . . .«,[194]

- 1969 Betriebsarbeit Bosch AG Berlin,[195]
- im Winter 1969/70 enttäuscht über das Ausbleiben autonomer Arbei-
  teraktionen in Westdeutschland nun die »Mobilisierung« *von oben
  nach unten* in Vorschlag bringend,[196]
- 1970 »z.Z. mit der Studenten- und Arbeiterbewegung in Trento/Ita-
  lien« arbeitend[197] und
- dann das ganze gescheiterte Ego spiegelnd in Büchners Lenz, »eine
  spätbürgerliche Individualität in einer frühbürgerlichen« (Michael
  Buselmeier)[198] –,

hat eine auf die eigenen Mittel reflektierende literarische
Kunst aus dem ästhetisch enger werdenden Wahrnehmungskodex
der Studentenbewegung allmählich hinausgedrängt.[199]

Mein Schrecken ist konkret, er betrifft, was ich sehe, im Kino und auf
der Straße, im Fernsehen und in der Zeitung. Mein Schrecken betrifft
nicht *»gegenstände,* die sich heftigst bewegen: ein schlagender fensterla-
den, eine rhythmisch klopfende tür« [Handke] – mein Schrecken betrifft
Bolivien und Vietnam, er betrifft *auch* Los Angeles und West-Berlin...
(Buch)[200]

Die Emphase, die sich hier gegen Handkes Materialarbeit rich-
tet und seine konkrete ästhetische Kritik an der herrschenden
Vernunft[201] vom »Labor-Formalismus« (Strauß) des Heißenbüttel-
Programms[202] nicht zu unterscheiden weiß, illustriert den literarischen Scheinbetrieb der Aufbruchsstimmung.
Im Gegensatz zu den meisten ›Konkreten‹, die sich ihm fern-
halten, haben vor ihm alles andere als Berührungsängste die
Akteure in der Tradition der surrealistischen ›Ereignis‹-Kunst. Sie
tragen das subversive Kontinuum in ihn hinein, machen der
›Gesellschaft des Spektakels‹ in ihrer falschen Mitte ihre Aufwar-
tung.[203] Die Motorik der Trendwechsel nutzend, arbeiten sie in
den Grenzzonen der Medien an der ›Wirklichkeit‹, wie sie
erscheint, wobei sie ihre »Waffe«, die befreiende ironische Affirmation, auch gegen den Kulturmarkt selber richten, indem sie
seine Produktivität und Aufmerksamkeitsmechanismen nutzen:
Wolf Vostell, Bazon Brock, Bezzel, Joseph Beuys...[204] – Sie denken, die relativ sichersten subjektiven Garantien dagegen zu
haben, unterm »integrationsdruck der spätkapitalistischen epo-

che« sich nicht dem »system der sturen identität« zu unterwerfen und sich »in der Kunst des unumschränkten Materialzitats nicht behindern zu lassen« (Bezzel).[205]

4. ›Verschwindend‹ kleine Spuren.
Die Verschüttung der literarischen Subversivität durch die »Organisationsdebatte«

›Eigentlich‹ war der Literaturbetrieb mit seinen Foren und Podien nicht der Platz für die unverständlichen Ausdrucksformen konkreter Dekonstruktion der Sprache. Enzensbergers Versuch, ihr 1967 in der ›Kursbuch‹-Öffentlichkeit Platz zu schaffen, ist in seiner eigenen späteren Veröffentlichungspolitik steckengeblieben. Wohin im Betrieb mit einer »Sprache ohne Zukunft« (Mon)?[206] Wo sind die ›anderen‹ Medien für Texte, die die ›Wirklichkeit‹ nicht anders aussprechen wollen als methodisch durchbrochen von »Vergangenheitspartikeln« (Lettau)[207] und »durchspült von Erinnerung« (Ror Wolf)?[208] Wohin mit einer Literatur, die uns »unmittelbar« den *Verlust* des sicheren Abstands zur Vergangenheit aufnötigen will: einen »Vater«, der die ›Grüne Post‹ und den ›Stürmer‹ liest (Wolf),[209] Erinnerung an deutsche Gewaltlust »schon damals« (G. Vesper),[210] oder an Hitlers Heroen-Mythos in uns selbst (Klaus Stiller);[211] mit einer Literatur, die uns Verantwortung suggeriert für die *Gegenwart* des fremd-kulturell Gleichzeitigen im eigenen Land: 682 Schlagzeilen zur »Krise an der Ruhr« (Wolfgang Körner),[212] oder für den Ausverkauf der Wünsche im Waren-Glamour (Alfred von Meysenbug)[213] usw.? Die antiautoritäre Bewegung, mit der sich die politisch konkreten Spracharbeiter verbunden fühlten, hat für solche Literatur im Zuge ihrer revolutionären Organisationsdebatten und zunehmender Härte-Fragmentierung keine »richtungweisenden« Wirkungskonzepte mehr hervorgebracht; das hat Thomas Daum im einzelnen gezeigt.[214] Auch die historische Voraussetzung eines Bündnisses von literarisch situationistischer ›Bewegung zukünftiger Elemente‹[215] und alternativ organisierter Ästhetik im engeren Strom der Protestbewegung war nach den Ansätzen um die Berliner Kommune I und in den Berliner Fragmenten eines ›amerikanischen‹ movements 1968 bundesweit chancenlos geblieben. Intentional, abstrakt noch einmal entzündet am Pariser Mai 1968,[216] bleiben die Ansätze greifbar im Diskurs der veröffentlichten Revolte als von ›Literatur‹ weit entfernte »Phantasiefraktion« (Phantasie an die Macht usw.).[217]

Doch bot sich den Konkreten und Subversiven eine ihnen gemäße Kleinöffentlichkeit in der Bewegung der alternativen Messen, der Handpressen, Galerien, Flugblattsituationen, Kellerkinos und Alternativverlage; so unerforscht dieses Terrain noch immer ist,[218] so läßt sich allein mit dem bibliographischen Auge erkennen, daß die Chance genutzt wurde. Ins Fast-, Nicht- und Kleinökonomische übertragen gab es hier durchaus so etwas wie ein erinnerungspolitisches *und* zukunftsemphatisches ›Richtlinien‹-Bewußtsein; z. B.:

> Wir können nicht genug Handpressen haben! Hätten wir sie in jeder Straße, in jedem Haus, wir wären für alle Zeiten gegen jede Diktatur gefeit. (Horst Bingel)[219]

In dieser Bewegung waren Vielfalt und Eigensinn Trumpf, der Freiheitsbegriff der Kleinökonomie organisiert die politische Bewußtheit der Textarbeit nicht politisch. Es ist Platz ›für alle‹, insofern sie einfach überempfindlich sind gegen die Mechanismen der Großvermarktung. Formal wird hier gearbeitet und ausgestellt in der Spanne zwischen Situationsklamauk und »Sprechen nahe dem Schweigen« (Crista Reinig),[220] in der Tradition der Weimarer und der Bundes-Republik, die die Spuren von Dada und Surrealismus, der Lettristen und Situationisten mit der neueren Happening-Fluxus-PopArt-Bewegung, der Kleinkunst, der Schmalfilmavantgarde und des Sozialreports verbindet.

Das historische Verdienst Bingels ist es, die antiautoritäre Bewegung aus den Erfahrungen der eigenen Organisationsarbeit bei den Literaturmessen im Frankfurter Raum und in der ›Schule‹ V. O. Stomps' als Chance und Anstoß begriffen zu haben, eine öffentliche ›Zwischenebene‹ zwischen radikal-anarchischem ›underground‹ und Literaturbetrieb zu erproben. *Hier vertrug sich* in Jahrmarkt-Einheit, was der Literaturbetrieb getrennt addiert und gegenseitig als ›Gattung‹ abschottet: von Spielformen, aus denen die literarische Subtilität herausgenommen ist, bis zu exklusiver ästhetischer Hermetik. Dagegen *verknüpfte* Bingel die Anwesenheit von Marie Luise Kaschnitz und Gerhard Zwerenz, Arnfried Astel und Handke, Angelika Mechtel und Mon, Fried und Paul Gerhard Hübsch usw.

Das Literatur*forum* im Dezember 1967, ›einen‹ *Ort der Literatur* über ein Ortsnetz in Frankfurt streuend, ist der erste (und fast schon der letzte) Höhepunkt des »soziologischen« Experiments.[221] Die Rituale der bürgerlichen Literaten-Kommunikation geraten durcheinander, man kommt gern und ist verwirrt: Handke kommt mit seiner im etablierten Betrieb eingeübten Rolle als Bürgerschreck nicht zurecht, Zwerenz' literarische Aufklärungstöne mischen sich mit Ernst Jandls Lautgedichten, aber der anwesende Gewerkschafter, als er *diese* hört, erschrickt stellvertretend für seine Arbeiter; Witold Wirpszas' Texte rauben ihm vollends die Fassung.[222]

Das Forum *konstruierte* sozial offen und gut situationistisch eine literarische Umwelt; es ›durfte‹ zu chaotischen Publikumsäußerungen kommen inklusive unbegrenzter Vortragslizenz. Hier lag aber auch der Keim zur Nicht-Wiederholbarkeit. Der Soziologie des Unternehmens fehlte die soziale Garantie. Ein halbes Jahr später wurde dieses Problem von der großen alternativen Literatur-*Messe* in Frankfurt unterlaufen. Sie ist allein nach dem Prinzip der ›Literarizität‹ organisiert. Es darf exzentrisch ausgestellt werden. Der formale Übergang zur etablierten Struktur der Frankfurter Buchhandelsmessen bzw. zur kurzen Geschichte lebendiger Gegenbuchmessen deutet sich an. Nicht über Lesungen sucht man den Sozialkontakt, sondern zeigt »Material« bloß vor und bleibt auf offener ›Bühne‹ unter sich:[223] »aktuelle literarische, künstlerische und politische Tendenzen der Gegenwart« in programmatischen Einleitungen (»Zentrifugale Kultur«, »Avantgarde und Aufstand«) und in Büchern, Zeitschriften, Objektgedichten, Jahrbüchern, Kalendern, Flugblättern, Mappen, Rollen, Collagen, Briefen, Manifesten, Schriftgedichten, Übersetzungen, Fotos und Intermedien aus Europa und Übersee. Programmatisch druckt der Messekatalog zuerst unter dem Titel »Veränderungen, Februar 1967 – Sausalito, Kalifornien« ein Gespräch (Alan

Watts, Timothy Leary, Gary Snyder, Allen Ginsberg) über die
»Philosophie des jungen Amerika« ab (Disengagiert euch!). Poin-
tierte Themen: »⟨. . .⟩ Genie der Nicht-Führerschaft, Gruppenehe,
Ökologische Ignoranz, Der Teufel ist los, Die Notwendigkeit des
Unsinns«). Man konnte flanieren zwischen dem ›Manifest der
multiplen Literatur‹ (Harald K. Hülsmann), ›Literaturblechen‹
(Brock), der Prager Happening-Szene, den amerikanischen Projekten ›Theatre and Engineering‹ und ›Art and Technology‹, Hip-
pieblättern, P. P. Zahls ›Zwergschulheften‹ und ›Spartacus-Druk-
ken‹, Rots ›Siebdruckbildern‹, Bremers ›Rixdorfer Drucken‹,
kinetischen Objekten, visuellen Konstruktionen, Textilien usw.

Das Organisationsmodell zur Bündelung kleinökonomisch/
kleinöffentlicher Ästhetik zu großer Exposition ›unterhalb‹ des
etablierten Messespektakels schien also die Chance zu sein, all
diese verwirrenden Konkreta kleiner und großer ›Medienarbeit‹
politisch an die antiautoritäre Bewegung anzulehnen, nah genug
für bleibenden Gewinn beiderseits. – Die *besondere* Chance, die
Berliner movement-Ansätze im radikalen Klein-Untergrund, der
sich über ›Linkeck‹, ›Charlie Kaputt‹ oder ›Radikalinski‹ zu Wort
meldete, aufzunehmen *und an den BeatPopPorno-Strom aus den
USA* anzubinden, der mit starken Akzenten in Frankfurt vertreten war, hat Bingel aus politisch-diplomatischen Erwägungen
nicht wahrgenommen.[224] Gewiß, vor den Augen ›der‹ Öffentlichkeit sollte die Grenze zwischen Literatur und Politik nicht *ganz*
verwischt werden, und ›das Proletariat‹ war nicht nur literarisch
Chimäre; ein underground vergleichbar mit der sozialen Breite
und Tiefe wie in den USA war in der BRD nicht zu erkennen.
Andererseits: Über den Großen Markt kam BeatPopPorno doch
ohnehin ›ins Land‹!

Das Dilemma war sozialgeschichtlich objektiv. Es hat nicht
nur den Zerfall des Konzepts einer organisierten ›Zwischenöf-
fentlichkeit‹ für Subliteratur, sondern auch deren nun erst begin-
nende Geschichte als ›Seitenweg‹ der Protestbewegung letztlich
bestimmt. Die Objektivität des Dilemmas kann nicht darüber hinwegtäuschen, daß das Entstehen und Verschwinden (sub)literari-
scher Kleinöffentlichkeiten auch Folge konkurrierender gegen-
kultureller Konzepte ›in der Szene selber‹ seit 1967 gewesen ist.

Das flotte historische Urteil, die ganze Richtung mitsamt ihrer Schlagseite nach BeatPopPorno habe nichts beizutragen gehabt zur Veränderung der formierten kapitalistischen Gesellschaft,[225] ist um 1968 Parteistandpunkt und Dogmatik danach. Die Form der ›Argumente‹, die zumal gegen subkulturelle Entwicklungen, die aus dem ›Westen‹ kamen, vorgetragen wurden

— von Walser gegen die jugendkulturelle ›Nach-Moderne‹ in der Literatur (in der sogenannten Fiedler-Debatte),[226]

— von Hans Heinz Holz oder Hans G. Helms gegen ›surrealistische‹ (literarisch-existentialistisch-subjektivistische) Radikalität in der Revolution,[227]

verrät ihren Gehalt an psychischer Abwehr gegen die Prinzipien der kleinen Zahl und der subjektiv-radikalen Verwurzelung gesellschaftlicher Glücksvorstellungen. Vielleicht versteht man heute nicht mehr, welche politische Überzeugungskraft in solcher Abwehr veröffentlichter »subjektiver Triebwünsche« (Helms) um 1968 steckte; zumal in der Wendung gegen die philosophisch-politische ›Marcuse-Linie‹ in der Revolte, die man als ein Denken angriff, das sich, für orthodoxe Marxisten höchst provokativ, um eine *Ende der Utopie* in Überflußgesellschaften kümmerte. Dutschkes »menschliche Revolution«[228] wird da einem »eingeschrumpften« Denken zugeschlagen.[229]

Literatur im weitesten Sinne hatte im Bannkreis dieser 1968/69 aufgipfelnden Rigorosität, die auch im Literaturbetrieb ›durchschlug‹, kaum noch eine politische Bedeutungs-Chance. *Aufklärerische* Arbeitsmoral wird gegen ihre Verwilderung, etwa bei Brinkmann und Handke (Walser),[230] oder gegen ihre psychoanalytische Radikalisierung (Grass)[231] ausgespielt; und *linksliterarisch* gegen *subliterarisch*.[232] Hier im (hamburgischen) Gewerkschaftsrahmen werden Wirkungsstrategien im Klassenkampf errechnet, wird Organisationspragmatismus in ästhetische Kategorien umformuliert bzw. ästhetische Grübelei außer Kurs gesetzt (Uwe Friesel, Karl Dieter Bredthauer).[233] – Die erstarkende Verabredungsstimmung um den klassischen Begriff des ›Klassenbewußtseins‹ wird von der auf der Frankfurter Buchmesse 1967 sich bildenden Gruppierung der »Literaturproduzenten« auf den Begriff gebracht:[234]

Man tritt gegen den kapitalistischen Markt *antithetisch* und auf derselben Ebene an. Aus Störungen der Buchmessen 1967 und 1968, die noch der antiautoritären »Demonstrationsöffentlichkeit« verpflichtet waren, kommt man mit einem Gegenmesse-Modell heraus. Die Kampfbegriffe sind die der Politischen Ökonomie und des Autonomie-Konzepts der Räte-Tradition. Während man aber bis ins Jahr 1970 das Programm der großen »revolutionären Ausrichtung des ökonomischen, politischen und kulturellen Klassenkampfes« zusammenbringt und wieder zerstreitet[235] und sich in aussichtslosen Querelen mit Verleger- und Schriftstellerverband aufreibt,[236] ist eine Chance vertan, die im Zusammengehen mit der ›kleinen‹ subliterarischen Entwicklung sich geboten haben mochte.[237]

Unruhen, wie sie die ›Literaturproduzenten‹ erwirkt und widergespiegelt haben,[238] entstehen im Rahmen der Organisationsdebatte und sind – den studentischen Aktionen des Jahres 1968 wie dem SDS als Verband besonders nahe – von literarischer Textpolitik besonders weit entfernt. Als Ausdrucksform marxistischen Denkens stand der ›Gesamttext‹ des Versuchs, den Autor als Produzenten in die Perspektiven der Revolte hineinzurufen, aber vielen Autorinnen und Autoren wiederum sehr nah. Mit dem soziologischen Darstellungs-Modell die Literatur ›1968‹ so nachzuzeichnen, wie sie ihre Öffentlichkeit, Ästhetik und Ökonomie (alternativ) zu *organisieren* versucht hat, kann jedoch einschließen, daß das elementar ›Asoziale‹, das wir hier die literarisch aktive Subversivität genannt haben, *und* seine Spuren *verdeckt* werden. *Sie* organisiert sich selber als Monade, deren »Vertrauensverhältnis« zu »Sprache und Ding« tief erschüttert ist (Bachmann).[239] Es liegt dieser literarischen Monade, denken wir an Elfriede Jelinek[240] oder Weiss,[241] durchaus nahe, »Kampfmaterial hervorzubringen« (Jelinek);[242] immer aber »Fragen« (Bachmann).[243] »An ihnen zeigt sich, was es alles gibt« (Mon).[244] Auf dem Feld dieser Einzelnen um 1968 hat sich im literarischen Selbstverständnis mehr Wirkungsdenken ab- als aufgebaut. Das antiautoritäre Denken ist gerade ihnen zur Stärkung gediehen; sie haben demonstriert: Überempfindlichkeit *gegen* den Literaturbetrieb kann auch einer Klarheit *über* ihn und Gelassenheit *in* ihm weichen. Eine ›Gruppierung‹ von lauter Einzelnen, ganz unsoziologisch, zeichnet sich ab; ähnlich den subliterarischen Orten, die ja soziologisch auch nur ›von außen‹ beschrieben werden können. Zwischen solchen Orten und diesen Einzelnen gibt es die reichsten Verbindungen, gerade ›1968‹.

Der Korrespondent der ewigen Avantgarde, Helmut Schödel, deckt das bis heute immer wieder auf, für ›1968‹ hat er es z. B. an Carla Egerer, Vlado Kristl, Walter Bockmayer und Herbert Achternbusch gezeigt (›Der Stoff, aus dem die Felsen sind. Eine Wallfahrt zu den Veteranen der Subkultur‹).[245] Tendenziell eine »Literatur ohne Markt«,[246] aber auch ohne Gattungsfesseln; die Lebensbalance der Künstler ist selbstbestimmt permanent gefährdet: »Bisher ist die Selbstzerstörung größer als die politische Wirkung.«[247]

Die Kunst der ironischen Affirmation an die gegebene Welt hat viele Wege und Risiken; die Revolte, die nicht alle ihre Kinder frißt, bleibt ihr eingeschrieben. Achternbusch schleicht sich mit dem ›Geruch‹ des autarken Individual-undergrounds in die Interieurs[248] und Weiten dieser gegebenen Welt ein, geht »seinen Metaphern nach, bis dorthin, wo er sie verkörpert sieht« (Schödel, Büchners ›Danton‹ zitierend).[249] Der Weg wird den großen ›Föhnforscher‹ (1985) hervorbringen. F. C. Delius übt sich in die polemische Selbstmontage der Unternehmersprache ein,[250] die im ›Held der inneren Sicherheit‹ (1981) ihre Vollendung findet, usw. Die Spuren der konkreten Destruktion der gegebenen »Welt die die Sprache ist« werden 1983 eine Bündelung finden im Experimentaluniversum Paul Wührs: »Wenn das immer behauptete Richtige zu der Welt führt, wie sie gegenwärtig ist, kann uns nur noch das Falsche retten.«[251]

Reimar Lenz, der vergessene Moderator der Subliteraten, sagt 1971 bissig, was er von den Opportunisten des Richtigen hält, die den Literaturbetrieb dominieren: »quicke Intelligenz, sprachbegabt, organisatorisch befähigt, politisch interessiert, wissenschaftlich ungebildet und philosophisch impotent«.[252] Sie haben ›1968‹ das große Wort und werden es behalten. Wer sind sie?

III. ›Literaturbetrieb 1968‹ – Auftrieb

1. »Revolution«

»Damit nicht alles falsch wird, muß ⟨. . .⟩ zunächst daran erinnert werden, daß 1967 die meisten Schriftsteller rücksichtslos weitergeschrieben haben« (Lettau).[253] Doch ließen sich einige von ihnen, »politisch interessierte«, in Dispute ziehen, die in der Form der Orientierungs- oder Legitimationsrede zur Revolte ein Unterbrechen des Literaturbetriebs, ein Innehalten zwischen Sympathie und Verdruß austrugen. Enzensberger, einer von ihnen, hatte diese Dispute, wie wir gesehen haben, schon 1967/68 durchbrochen. Er wollte mehr, den Kassensturz der politischen Intelligenz in der Literatur nach dem 2. Juni: und eine Radikalisierung der Schreibweisen. Diesen Stachel wollten ›Spiegel‹- und ›Zeit‹-Redakteure aus den Texten des Herausforderers herausziehen und sie inszenierten eine ›Debatte‹, die das Zeug zum politischen Literaturskandal noch immer gehabt hätte, jedoch nicht einmal als solcher abgewickelt und rezipiert wurde:

Man nahm die Herausforderung an einer Textstelle beim Wort, listig scharfkantig ausgeschnitten,[254] von der anzunehmen war, daß ihre öffentliche Verwendung eine Richtung zeigen und eine *beruhigende* Wirkung ausüben würde: *Revolution oder Reform?*,[255] und machte aus ihr eine Umfrage, die im Oktober 1967 zur Post ging, vorweg an Grass, der die Debatte in der ›Zeit‹ eröffnen durfte (Interview Dieter E. Zimmer, 27. Oktober 1967);[256] ferner an Carl Amery, Baumgart, Becker, Brock, Celan, Fried, Peter Härtling, Rudolf Hagelstange, Heißenbüttel, Herburger, Richard Hey, Rolf Hochhuth, Hans Egon Holthusen, Jens, Hermann Kesten, Lettau, Robert Neumann, Ernst von Salomon, Paul Schallück, Wolfdietrich Schnurre, Günter Seuren, Friedrich Torberg, Walser, Dieter Wellershoff, Gabriele Wohmann, Zwerenz und gewiß noch andere, die nicht geantwortet haben; außerdem an die westdeutschen ASten:

Was halten Sie von dieser Alternative, die Hans Magnus Enzensberger in ›Times Literary Supplement‹ formuliert hat: Tatsächlich sind wir heute nicht dem Kommunismus konfrontiert, sondern der Revolution. Das politische System in der Bundesrepublik läßt sich nicht mehr reparieren. Wir können ihm zustimmen, oder wir müssen es durch ein neues System ersetzen. Tertium non dabitur.[257]

Im Kontext (›Times‹ und ›Kursbuch‹)[258] hatte Enzensberger geschrieben, eine neue Schreibweise der aus ihrem »Narrenparadies« vertriebenen literarischen Opposition sei noch nicht erkennbar. Die Antworten bestätigen diese Einschätzung; nur da und dort ein Aufblitzen literarpraktischer Situations-Erfahrung und literaturtheoretischen Meinens (Seuren[259] mit einem schockierend passenden Kafka-Zitat aus den »Elf Söhnen«, Wohmann[260] mit einem Hinweis auf den sozialen Sprachkrieg gegen unser NS-Erinnern, Hey[261] mit einem ironisch affirmativen »System«-Bild, Becker[262] mit einem Versuch, auch sein Schreiben als Aufklärungsarbeit zu erklären), mehr nicht zum Thema Schreiben. Dennoch sind die 40 Seiten Literatentext in der unbeachtet gebliebenen Spiegel-Broschüre und die 20 Spalten im Magazin nicht bloß politischer Stammtisch, sondern ein ›68er‹ Psychogramm deutscher Literaturmänner, die im »Offenbarungseid«, den Enzensberger sie gerne hätte schwören lassen, »gebrannte Kinder« heißen.[263]

Die Antwortenden verdrängen die Scham, daß sie in der Tradition intellektueller Opportunisten stehen. Sie sollen »Revolution« als *möglich in der Vorstellung,* als ›winzigstes Moment von Zukunft‹ debattieren! Unzweideutig ist dies bei Enzensberger im Kontext so gemeint.[264] Vehement rollt der Wortstrom die konjunktivische Denknuance hinweg. Erste Verschiebung: »Wir haben keine revolutionäre Situation.« Dankbarkeit für den Tatbestand, der gar nicht zur Debatte gestellt ist, deckt die Erinnerung an den gedemütigten deutschen antifaschistischen Widerstand und die 1945 ausgebliebene Revolution zu und macht frei zum Denken einer *Evolution des Systems:* »aut nihil« (Jens).[265] »Ich warne davor, den Rahmen zu ändern« (Grass).[266] Zweite Verschiebung: Die Revoluzzer sollen sich lieber wappnen gegen den »Putsch von rechts«. Er wird wie 1933 kommen, wenn die Linke nicht in die Mitte rückt (Grass).[267] – Die Verschiebungen lassen sich so umschreiben:

›Literaturbetrieb 1968‹/Spiegel-Umfrage

Im großen furchtbaren Augenblick der Gefahr, 1933 ff., noch einmal 1945, haben wir die rettende Revolution nicht gemacht – und schon die ›Nacharbeit‹ 1945 ff. ist sofort von »Revolution« abgerückt. Das ›Wir-Ich‹, kindliches Subjekt des unwillkürlichen Erinnerns an erniedrigte Widerstandswünsche, taucht im Revolteklima ins Vorbewußte auf (vielleicht) und löst dort *Panik* aus: »Revolution«, das ›uns Erwachsenen‹ Unmögliche könnte doch noch möglich sein? Der Reizschutz gegen solchen Schreck gilt einer Vergangenheit, die gegen die »Revoluzzer«, die »Bürgerkinder«, gegen den »Aufstand der Söhne« in Verwahrung genommen und gepanzert wird. Das heißt, man ist unfähig, »Revolution« zu thematisieren. Sie ist als *verdrängte* begehrt und wird auch gegen einen bloß literarischen Disput, der auf ihre gegenwärtige *Vorstellbarkeit* dringt, abgeschirmt – und rationalisiert, umgedeutet: als Putsch ›gefürchtet‹, d. i. ›weimarisiert‹, bzw. sexualisiert: »Potenz der Rechten« (C. Amery).[268] Die Erwachsenenrede, die im Nachkrieg gegen die ›Kinder‹ in Serie gegangen ist, wird angestrengt fortgeschleppt und entlastet sich in den ›Spiegel‹-Antworten in Formen der Verachtung oder Belehrung der Jugend-Revolte (Grass, Heißenbüttel, Holthusen, Jens, Zwerenz, Salomon, C. Amery, Schallück, Wellershoff).[269] Die Beispiele problemloser (Fried) oder kokettierender (Walser)[270] Ratgeber-Sympathie für die Revolte oder von Freudschen Fehlleistungen beim Versuch, individuelle Sensibilität sprechen zu lassen – »dem Erdboden gleichmachen, was verändert werden soll«? (Härtling)[271] –, sie ergänzen, widerlegen nicht das Genre-Bild deutscher Literaten ohne politische Theorie, das Enzensberger entworfen hatte: *diffus, halbangepaßt* und »weit davon entfernt, das Ausmaß ihrer Niederlage und die politischen Forderungen, die in den nächsten Jahren an sie herantreten werden, zu begreifen«.[272] –

Neu ist allerdings, daß die verstümmelte Sprache von Fraktionsvorsitzenden nun auch für Schriftsteller praktikabel und attraktiv zu werden scheint, daß Schriftsteller ihren Mangel an Phantasie, sich eine bessere Demokratie als die Bonner auszumalen, hinter dem Schreckbild einer bombenwerfenden, köpfenden, zensierenden und expropriierenden revolutionären Marode verstecken. (Lothar Baier)[273]

Baumgarts Antwort ist überliefernswert[274] als frei vom Konformismus der Mehrheit *und* am nächsten dem politischen Sinn der Frage im Kontext der Herausforderung. Die Antwort kennzeichnet den üblichen »Trost in der Lehre vom kleineren Übel«, den die literarische Opposition gefunden hat, als Deckerinnerung: »Verharmlosung« funktioniert als »Realitätsschwindel« im Rahmen der Selbstwerbung West, »wenn man nur immer an die roten Buhmänner östlich der Elbe« denkt. Baumgart setzt auf ein Weitermachen jeglicher *außer*parlamentarischen Opposition; »tertium datur: den Kopf in den Sand«.

Die Antwort aber, die ohne alle Rücksicht auf eine Logik des Weiterschreibens erteilt wird und als einzige über die ›Revolte 1968‹ hinausweist, kam von Paul Celan aus Paris.

Ich hoffe, nicht nur im Zusammenhang mit der Bundesrepublik und Deutschland, immer noch auf Änderung, Wandlung. Ersatz-Systeme werden sie nicht herbeiführen, und die Revolution – die soziale und zugleich antiautoritäre – ist nur von ihr her denkbar. Sie fängt, in Deutschland, hier und heute, beim Einzelnen an. Ein Viertes bleibe uns erspart.

2. »Rhetorik der Ohnmacht«[275]

Die Anstrengungen, die das Verschieben der Vergangenheit macht, lösen Ohnmachtsgefühle aus. Sie bedrücken nicht weiter im Großkonsens derer, die eine »revolutionäre Opposition als Schrulle« betrachten[276] (Heißenbüttel: »absurd«)[277] und darüber ihre Sprache mühelos ›haben‹: repetitiv; sie ›läuft‹ immer nur weiter, über die ›Macht der Verhältnisse‹ und die ›Ohnmacht der Literatur‹. Kein anderes Diskursstück der ›Situation 1968‹ ist so gut im Literaturbetrieb verwurzelt gewesen und geblieben.

In einem Netz von Äußerungen und Gesprächsfetzen äußert sich dieser Tatbestand aktuell; die ›Ohnmachtsdebatte‹ wird überall und nirgends geführt. Nur ansatzweise hat sie es zum Tumultwert des ›Zürcher Literaturstreits‹ 1966/67,[278] zur Bühnenreife der SDS-›Zeit‹-Debatte »Die Kunst als Ware in der Bewußtseinsindustrie« (Jahreswende 1968/69)[279] oder bis zum Einschleichimpuls des Symposions »Für und wider die zeitgenössische Literatur in Europa und Amerika« (Ende Juni 1968)[280] gebracht. Obwohl – oder weil sie den Grund im Reizthema »Vietnam« aufdeckte: »Auschwitz«?

Damit auch hier »nicht alles falsch wird«: So schwach profiliert der *Debatten*charakter auch ist, über die Verfassung der deutschen Literatur in der Revolte um 1968 erfahren wir Wichtiges; linke Positionen (Imperialismuskritik) beweisen ihren Nutzen für die Kapitalakkumulation im Literaturbetrieb:[281] »Das ist unser Krieg« (Walser).[282] Krieg, Kolonialismus etc. – es waren die spektakulären Themen der Revolte um 1968 [→ 26 ff., 279 ff.] Sie kämpfte um Frieden und internationale Solidarität. Aber eine Auseinandersetzung, die selber den Formen des Spektakels verfällt, wird zum Moment des Systems, das sie bekämpft: verkäufliche Selbstkritik, ›in die Mitte genommen‹. Dieser Gesichtspunkt Adornos, den er am Ende gegen die Rebellen wendet, war den Subversiven unter ihnen ein unabdingbares Axiom; es trennt sie von den Öffentlichkeitsstrategen in den eigenen Reihen wie von den Akteuren im Literaturbetrieb, die anläßlich der Revolte Auseinandersetzungen führen, in denen Fragen zu Scheinfragen gemacht werden.[283]

Enzensberger hatte im ›Times‹-Artikel (September 1967) auf den Ansatz zur Ohnmachtsdebatte aufmerksam gemacht: Gedicht-Attacken von Grass (›Ausgefragt‹, Frühjahr 1967)[284] gegen Frieds Vers-Interventionen in die Vietnam-Berichterstattung (›und VIETNAM und‹, Herbst 1966). Lettau ergänzt zur selben Zeit die Literaturhinweise[285] und gibt den Kurz-Kommentar, der das Spektakel ein Spektakel nennt, »hinter« dem, »unter den obwaltenden Verhältnissen«, die Fragen *erst beginnen,* die *nicht mehr* »ohne jegliches Risiko« gestellt werden.[286]

Das Hauptstück der Debatte verläuft zwischen Grass, Walser, Fried, Mayer, Härtling, Joachim Kaiser, Rühmkorf, Harald Hartung und greift auf den ›Fall Weiss‹ zurück, der nach dem 8. Mai 1965 von der rechten Presse, zur Abschreckung vor kommunistischen »Partisanen« in der Literatur, konstruiert und von Grass im April 1966 in Princeton auf der Tagung der Gruppe 47 nachgehärtet worden ist. »20 Jahre waren an ihnen abgelaufen wie Regenwasser« (Weiss).[287]

Die berühmteste Referenz in einschlägigen Diskussionen – »Adorno hat gesagt, nach Auschwitz würden keine Gedichte mehr geschrieben werden dürfen« (Härtling)[288] – ist in der Debatte zur Ablaßformel verdinglicht. Ihr Gebrauch lenkt von der ästhetischen Kernfrage ab, ob das Grauen in Vietnam poetisierbar sei. Die Verse Frieds machen diesen Versuch gar nicht; daß er in Wahrheit die Medienrationalisierung des imperialistischen Kriegs zu durchkreuzen sucht, davon wird abgelenkt, indem man entweder von der Ohnmacht des Protestgedichts spricht (Grass, Härtling)[289] oder von »Partisanenstrophen« in der »Protestzone der Poesie« (Rühmkorf);[290] man lenkt überhaupt von der Frage ab, ob eine neue Opposition »eine neue Ästhetik« braucht, indem man Weiss' ›Ermittlung‹ (1965), die ein »Kunstwerk« nicht sein will, entweder konservativ ästhetisch annulliert (Kaiser)[291] oder linksliterarisch zum »Kunstwerk ersten Ranges«[292] erhebt (Rühmkorf) usw.

In diesem Stil läuft das Spektakel. Rühmkorf am unverhülltesten, Walser eher skrupulös nutzen die Chance, es zu bedienen. Sie sprechen in Kategorien der Konfrontation innerhalb der Berufsgruppe, es geht um die Reinheit der Standpunkte und ihre Plazierung im Betriebsterrain: hier wird öffentliche Geltung, werden Sprechorte und -rollen personell verteilt. Als verantwortliche Person steigt man in die Revolte ein, indem man die Wörter-Ohnmacht vor »Vietnam« *relativiert*[293] und zugleich die Rede aus der Unmittelbarkeit des Erschreckens *wegführt* und, über den literarischen Arbeitsauftrag konkurrierend, progressiv Progressives verkündet: »mitmachende Schreibe« an der Seite der Revolte (Walser),[294] Überschreitung des »Bereichs der reinen Wörter« (Rühmkorf).[295] Rühmkorf führt die Debatte mit der Metaphernpistole; was linke Opportunisten jetzt wollen, demonstriert keiner schlagender als er: mit dem aufgeregten Bilderfluxus, zu dem die Revolte animiert, in die Etagen der »Meinungstrusts« *gelangen,* den Schrecken vor den mächtigen »Informationsapparaten« *ablegen,* die »Propagandapoesie«, das »Flächenbombardement« der Lügen-Experten *ersetzen,* dem zum »Analphabeten zweiten Grades herabgewürdigten Landeskind zum zweiten Mal das Lesen« *lehren, – Poeten an die Macht!*[296]

Die Sekundärrevolte im Literaturbetrieb will im Aufklärungs-
geschäft der Moderne den Anschluß nicht verlieren. Und sie ist
subtil ›antikommunistisch‹. Politische Erfahrungsbändigung und
historische Thema-Schlichtung sind angesagt. Nur: *keine neue
Ästhetik!* [297]

Kein Autor, der die wirkliche Ohnmacht der Wörter reklamiert, zeigt sich so entschlossen wie Härtling, *nicht* im Material-
bereich ›deutsche Sprache *unmittelbar* zu Vietnam‹ zu arbeiten.
Er nimmt seinem Vorbild Grass die denunziatorischen Verse nicht
übel: »Aber es gibt, so lesen wir,/ Schlimmeres als Napalm,/
Schnell protestieren wir gegen Schlimmeres«,[298] sondern variiert
sie, quasi gehorsam, in seiner Gegenrhetorik und kapituliert vor
der unerlösten Vergangenheit in der Gegenwart und dem *fernen*
Grauen (»Ich werde kein Gedicht über Vietnam schreiben«), und
er verrät, daß es das *eigene* ist: »Wir haben keine Poetik gefunden, die das Entsetzen unserer Zeitgenossenschaft reflektiert.«[299]

Keine Poetik für Auschwitz und Vietnam – das ist die Ohn-
machtserklärung vor der *Revolte* in der Literatur, und »der
Schritt wird sicherer, fester«.[300] Die Angst vor der Unmittelbarkeit Vietnams beherrscht psychologisch und politisch die Debatte; die Angstabwehr, die auch Auschwitz meint, stärkt in einer
Irritationskrise des »rücksichtslosen Weiterschreibens« die Oberflächlichkeit des Intellektuellen-Gesprächs, die den Literaturbetrieb ›nach unten‹ abdichtet. Nie wieder Auschwitz, Vietnam ist
fern: »〈. . .〉 Ich vermag nicht mehr, Recht und Unrecht auseinan-
derzuhalten, sie fressen sich gegenseitig auf« (Härtling).[301] Das
Resultat ist LEERE, garantierte Oberflächlichkeit der Literatur.
Böll und Johnson, die an ihrer subversiven Prosa unmittelbar zur
Epoche arbeiten (›Gruppenbild mit Dame‹,[302] ›Jahrestage‹), ist
das Mitte-Links-Spektakel der Kollegen zuwider (»Zeitver-
schwendung«);[303] mit gezielten Invektiven gegen die Scheindebatte halten sie Distanz. Böll sagt zu Reich-Ranicki, ungerechter-
weise bekomme der Kommunismus nicht die Zeit des Kapitalismus, seine Macht zu entwickeln.[304] Keine andere Literaten-
Stimme als die Johnsons hat politisch unverstellter, in seinen
Statements subtiler den Krieg des Westens gegen Vietnam
gekennzeichnet. Er schreibt ans ›Kursbuch‹:

⟨...⟩ die guten Leute mögen am Krieg nicht, daß er sichtbar ist ⟨...⟩
Die guten Leute wollen einen guten Kapitalismus ⟨...⟩, was sie nicht
wollen, ist der Kommunismus. Die guten Leute wollen eine gute Welt;
die guten Leute tun nichts dazu ...[305]

Wolfgang Hildesheimer schließlich läßt, wie in einem *literarischen Nachruf*, das Debattieren der guten Leute an einer Becker-
Lektüre (›Ränder‹, Frühjahr 1968) auf- und abblitzen. Sie werden darauf aufmerksam gemacht, daß genau in der Mitte des
Buches zwei leere Seiten stehen. Auch eine Annäherung an diese
Mitte von links sollte das Geschwätz lieber unterbrechen als fortsetzen: angesichts des »furchtbaren Kerns unserer heutigen Realität« werden »Konstellationen« empfohlen. Gemeint ist eine *Text-
kunst, die die Worte steigert und versiegen läßt,* denn ihr
konsequentester Ausdrucksmodus könnte das Schweigen sein.[306]
[→ 340 ff.]

3. »Alles ist neuerdings ziemlich unübersichtlich geworden.«[307] – »Keiner weiß mehr«[308]

Zwei Prosabücher, ein »Konzept« und ein »Roman«, können in
der Literaturgeschichte als singuläre Proben verzeichnet werden,
die unmittelbar zur Revolte geschrieben sind und ihr je »konkrete«, ja wütende methodische Textspiegelungen zurückgeben.[309]
Otto F. Walter, Schöpfer der schweizerischen Springer-Stadt Jammers, Herausgeber Vostells und Mitorganisator des Übertrags
von Ereigniskunst in Buchliteratur – »Ereignisse sind Waffen zur
Politisierung der Kunst«[310] –, begleitet die Studentenbewegung[311]
mit langsam entstehenden Experimenten (›Die ersten Unruhen‹,
1972), die das ästhetische Verfahren der ironischen Affirmation
an die sprachlich-ideologische Stadtwirklichkeit in den Differenz-
Raum zwischen Aktion und Text einführen[312] und hier den existentiellen parodistischen Bezug des Autors zur aufberstenden
Umwelt in Montageblöcken *material- und selbstreflexiv* (kalt
und aufgewühlt) thematisieren.
   Zwischennotate wie »Meine Möglichkeiten, etwas zu tun ⟨...⟩
Ganz konkret etwas tun. Ganz wirklich und jetzt« sind als Dop-

pelzeichen zu lesen: Solidaritätsverweis auf jene, die in den Kon-
fliktzonen der Gesellschaft oppositionell arbeiten (»Einige tun's«,
S. 187) und Selbstbegrenzung des Künstlers, der am Konzept des
Redenlassens arbeitet und Zuhören aushalten muß,

> warum was und wieviel hier sanft faschistisch ist oder: nur einfach
> dumpf und gewalttätig vor demokratischer Angst und Rationalisierung
> und Unterdrückung und Sätzen aus der Genesis und Chromstahl und
> staatspolitischer Reife und Schrott. (67)

Walters Buch ist auch ein Beispiel für die Kompetenz einer auf
die Spitze des parodistischen Universalismus getriebenen konkreten Materialverdichtung; ihm mangelt keines der Themen jetzt
und nach ›1968‹: Rassismus, Nationalideologie, Rasterfahndung,
Arbeitsmoral, Betriebsschutzordnungen, Schubladenverordnun-
gen mit Anleitungen zur Feindbeseitigung, Börsenkurstechniken,
Bürokratisierung der Politik, Analphabetisierung durch Wahl-
kampf usw. Die Marcuse-Schüler mit ihren angreifenden Methoden der »Manipulations«-Kritik geraten in die Atemnot der im
modernen Ordnungsstaat ungeschützten Minderheiten.[313] Die
Mehrheit wird surrealistisch mit sich selbst bestraft: »⟨. . .⟩ Wir
hatten nun jede Kontrolle über unser Denken verloren. Wir klet-
terten über die Brüstung und sprangen in die Leere ab« (192).

Brinkmanns ›Keiner weiß mehr‹ (1968) ist das radikalste Buch
der antiautoritären Negation. Literatur selbst, ein durch Tradi-
tions- und Theoriefesseln autorisiertes Kultursymptom, ist in
einem verzweifelt männlichen (symbolischen) Akt erniedrigt und
beseitigt. Sie ist »Frau«. Die ganze sexuelle Obsession der männlichen Subliteratur des ›Westens‹ ist im Roman zentriert um das
Rede-Er, das seine zur Last gewordene Ich-Schwäche-Vermutung
auf *sie* wälzt. Die Partnerin im Roman ist LEERE, vor der der
Vernichtungsnarzißmus des Monologs sich ent-leert: die einzige
Romanhandlung. ›Frau‹ ist »Fleck«, »Loch«, »Rest«, »Haut« etc.[314];
sie muß *weg*. Aber »Was für ein Widerstand, wie tief mußte er
noch in sie reintreten.« (104)

Auch Deutschland ist ›Frau‹, Voraussetzung kreativer Destruktion. Auf dem *Weg* des Begehrens der Vernichtung wird dieses
Land als Rache-Objekt seiner Opfer, eines jüdischen Übersub-

jekts, imaginiert: »Deutschland, verrecke . . .« Denn: *Politik* nach Hitler hat versäumt, »das hier einfach« auszulöschen: »All dieses gärende alte Gerümpel in den Köpfen. Hier war sowieso seit langem nichts mehr los. Also schafft das doch weg 〈. . .〉.« ›Erfolg‹ der Imagination: »Es gab dann nur noch einen riesigen ausgedehnten, leeren, stillen Fleck. Wie schön!« (126 ff.) Alle Macht einer Anti-Kunst, die das schafft.

Die Auskotz-Befreiung als Text knüpft an die absolute Revolte der Berliner situationistischen Kommune-Ästhetik individualistisch an, aber auch diese Politik ist noch zu sehr »alte Kultur«. Psychologisch: Eine positive kämpferische (männliche) Identität im narzißtischen Akt ›gegen Frau‹ ist lächerlich; nur *sie* könnte sich, *ohne ihn,* im Es befreien. Politisch: Auch die Revolte stürzt im männlichen Vernichtungsnarzißmus in sich selbst zusammen. Was von ihr übrig ist, ist ihre letzte sozialrevolutionäre Illusion: Randgruppenproletariat, Sub-Pop als Subjekt der Geschichte.[315] Wenn die Sprach- und Revoltewelt kein bindender Kulturzusammenhang mehr ist, ist Platz geschaffen für die intermediale Landnahme: die Entdeckung Amerikas, die Zeit »nach Gutenberg«.[316] Steht Lettaus Dutschke-Vision, der permanente Revolte-Text, vor seiner populären Transformation? Ersteht dort, wo das Land ist, das nun »leergemacht« erscheint, die BeatPopPorno-Nationalkultur? Ist sie männlich oder weiblich? Kann *geschrieben* werden, wenn die neue Voraussetzung heißt: „leere, befreiende Erschöpfung, ein leeres Blatt Papier"? Das postmarxistische Schreiben,[317] das jetzt ›Filme in Worten‹ heißt,[318] könnte beginnen. Im Roman, der die Voraussetzung dazu erzählen will, ist es so männlich wie der sexuelle Befreiungsakt auf der Mono-Reise durchs leergefegte Deutschland. »Von Literatur hier keine Rede mehr!« (159)

4. ›Danach‹

Adorno hat 1969 die Männlichkeit der Negation in einem ›Positiven‹, ihm Feindlichen erlebt: im Aktionismus der Vorlesungsstörung. Es scheint, nur diese ›letzte‹ Konfrontation[319] nahm er aus der Revolte als deren »Physiognomie« mit in den Tod. Die Sentenzen, die über Stör- und ›Besetzungs‹-Situationen aufgeschrieben sind, scheinen zeitlos gültig zu sein:

Aktionismus ist regressiv. Im Bann jener Positivität, die längst zur Armatur der Ichschwäche rechnet, weigert er sich, die eigene Ohnmacht zu reflektieren. (186) Unansprechbare projizieren die eigene Unansprechbarkeit auf den, welcher sich nicht will terrorisieren lassen. (181) Gewalt ist nach der Erfahrung des nationalsozialistischen und stalinistischen Grauens und angesichts der Langlebigkeit totalitärer Repression unentwirrbar verstrickt in das, was geändert werden müßte. (179)

Sie sind wahr, wie Sätze wahr sind, die aus unmittelbarer Wahrnehmung bekräftigt und aus Betroffenheit beglaubigt wurden, auch wenn das Treffende und der Getroffene ganz ungleichzeitig sich begegnet sind: Die Revolte hat am Ende mit Aktionen, die in die Krise männlich-instrumenteller Spontanität geraten sind, das sie begründende Denken überholt, das nun *seine* Praxis, die Anstrengung des Begriffs, in ihr nicht wiederfinden konnte und deshalb in ihr »diffamiert« sich glaubte. Adorno hat diese Projektion in die Philosophie ›nach der Revolte‹ als eine Schreck-Reaktion eingeführt, die noch in seinem Wortlaut zum Axiom geworden ist: »*Wer denkt*, setzt Widerstand.«[320] Sein getreuester Kritiker aus den Ursprungsjahren der Revolte, Frank Böckelmann, hat diesen Gang der Dinge im Kontinuum epigonaler Theorie nach 1968 aufzuhalten gesucht (›Die Möglichkeit ist die Unmöglichkeit. Die Unmöglichkeit ist die Möglichkeit‹, 1969).[321] Er macht Adornos Erschrecken historisch konkret verständlich als ein verspätetes Antwortzeichen auf eine Bewegung, deren surrealistischer Charakter ihm fremd war.[322]

Mit jedem Satz, den Adorno geschrieben hat, erneuert sich eine Frage, die er sich nie explizit gestellt hat, obwohl er sie häufig berührte: Warum ist radikale Theorie selbstverständlich, aber radikale Praxis keineswegs?[323]

In nach-Revolte-Zeiten, wenn kritische Literatur, zwischen den Extremen Trotz-Reflexion und Absage-Absolutismus, ihre eigenen Erschreckensgründe verschüttet und nun ›lernt‹, in verharmloster »Option für die Zukunft« (Härtling) das Weite zu suchen,[324] laufen beide ›Seiten‹ dieser Warumfrage – die philoso-

phische und die rebellische – Gefahr, *verlernt* zu werden. Dann
wäre einer surrealistischen Ästhetik der Boden wirklich entzogen
und der Schuldzusammenhang, in dem auch ästhetisches Handeln und Vergangenheit wirklich stehen, gelöst: geleugnet.
Adorno-Epigonalität schafft das allemal. Ihr fehlt die Spielfreude, die Adorno bei den *Aktionisten* vermißt hat. Die Sentenz
dazu: »Die Physiognomie von Praxis ist tierischer Ernst.«[325] Das
ist Adornos auch persönlicher Irrtum schon in den Anfängen der
Revolte und auf ihrem Höhepunkt in Berlin, Juli 1967, gewesen.
Sein Haß auf Breton und Nachfolger,[326] seine Weigerung, die
Maiflugblätter zu würdigen, seine Flucht vor dem 2. Juni in seine
große Berliner Iphigenie-Auslegung, die den kämpfenden Studierenden in diesem Augenblick wirklich zu hoch war,[327] sein Aus-
weichen vor Marcuse zum selben Zeitpunkt[328] und der folgende
Regreß in fruchtlosen Reformplausch im Oktober 1967[329] – es
sind Zeichen der Verständnislosigkeit.

Dennoch entdeckt der historische Blick – den Spuren folgend,
die Adornos Denken in der antiautoritären Bewegung angelegt
und provoziert hat – im Verwirrspiel ihrer Kontraste und Risse
auch die Spur jener Situations-Aktionisten und Künstler-Philoso-
phen, die nicht aufgehört haben, seine Schüler zu sein. Sie haben
sich bloß nicht durch die Theorie, deren letztes Wort gegen ihren
eigenen »praktischen Nutzeffekt hier und jetzt« (Adorno) gerichtet wurde,[330] die »revolutionäre Chance im Kampf für die unterdrückte Vergangenheit« ausreden lassen, die darin bestünde, das
Denken auf die Möglichkeit zu richten, *wir, hier und jetzt,* könnten »auf der Erde erwartet worden sein« (Benjamin).[331] Vielleicht
geht es beim Streit um Walter Benjamins Erbe, der um 1968 so
heftig und mit guten Gründen auch gegen Adorno geführt worden ist,[332] am Ende nur um diese messianische *Chance* gegen das
Ganze der *Geschichte:* um eine Strategie der Nuance, die ein
revolutionäres Denken in der Differenz zwischen Theorie und
Praxis offenhält und aus der die Ursprungslinien der Revolte sich
hergeleitet – und weiterempfohlen haben; gerade auch weil jene
Avantgarde mit ihrem politischen Kuns*taufhebungs*gestus sich
den Kampf um die unterdrückte Vergangenheit erschwert hat. Es
ist da »ums Ganze« (wenn auch nicht um »die« Totalität) durch-

›DANACH‹ 71

aus gegangen, ohne der »Systemimmanenz« zu verfallen, was aber
Adorno am Ende für unausweichlich gehalten hat.[333] »Nur dadurch sind wir Künstler, daß wir keine Künstler mehr sind: wir
sind gekommen, um die Kunst zu verwirklichen«, heißt es auf
einer jener Ursprungslinien.[334]

Was da also zu entdecken ist, sind die Phantasie und die
»ursprüngliche Gewalt« des Surrealismus aus den Jahren
1910–1925,[335] als man die Welt als einen Text zu lesen begann,
den man zerstören muß, auch wenn man dann »immer wieder
mit leeren Händen« von vorne anzufangen scheint.[336] Ohne die
Kraft zu solcher Lektüre, die nichts als eine stets ordnungsfeind-
liche *vis activa* der künstlerischen Wahrnehmungsweisen ist, sind
im Modernisierungsstreß der Konsumgesellschaften Denken,
Vorstellen und Darstellen nicht mehr möglich, die auf die Veränderung der menschlichen Kommunikation gerichtet sind. Die
surrealistische Fort-Schreibung der gegebenen Welt hat ihren
Grund im Raum der Differenz zwischen Aktion und Text, Aktionismus und Philosophie. Die Erfahrung und Philosophie (Negative Dialektik) des »Schuldzusammenhangs«, der diesen Raum
umschließt, kann im Entsetzen des reinen *Wissens* enden; das war
Adornos ›Lage‹ in der Revolte. SUR-Realismus stand für ihn
außer aller Theorie, so auch das revolutionäre Konkretum nach
Auschwitz, ›materialiter‹ noch einmal »absolut« werden zu wollen: künstlerische Wahrnehmung bis zur »Verstrickung« in die
»Gegenstände« zu treiben – um sie zu zerstören. Auf der Bandbreite zwischen Aktionskunst und Stadtguerilla, die radikalkon-
krete Literatur mitten darin, gab es dann bei solcher Auseinan-
der-Setzung der Standpunkte nichts mehr zu streiten. Auch die
Störer hätten sich ihre Aktionen gegen Adorno längst sparen
können, sie waren *unter* allem Surrealismus.

Es bleibt also festzuhalten, was eine durch Aktionsprogramme
nicht zu widerlegende Absage an die Revolte im April/Mai 1969
gewesen ist: Das reine Denken, im geschichtlichen Horizont des
Grauens der Epoche gegen »Aktionismus« gewendet, entsagt
»dem Glauben« an die Hoffnung, ja wohl auch an die Zukunft,[337]
den die Revolte selbst dann noch *setzt,* wenn *sie* ›rein‹ ist: rück-
gewandt messianisch an den »*Ur*-Erwartungen der Menschheit«

festhält.[338] Das reine Denken Adornos dagegen ist zusammengezuckt. Eine Denkbarkeit der Differenz zwischen »Verstrickung« und »Ansteckung« in der Sphäre der praktizierenden Theorie ist ihm abhanden gekommen. Angesichts der »Physiognomie« aktionistischen Lärms gibt er ein folgenschweres, seiner politischen Philosophie selber unversöhnt entsagendes Allsatz-Resümee, das der Kunst, die das gegebene Totale doch einmal in seiner beziehungsreichsten Verneinung treffen sollte, den Charakter von Widerstand nun abspricht: Weil sie ihren Zweck, der Welt zu widersprechen, im selbst schon »conditionierten Reflex« auf sie wieder verloren gebe:

> Fällige Praxis wäre allein die Anstrengung, aus der Barbarei sich herauszuarbeiten. Diese ist, mit der Beschleunigung der Geschichte zur Überschallgeschwindigkeit, so weit gediehen, daß sie alles ansteckt, was ihr widerstrebt.[339]

Rebellion, die unmittelbar zur Epoche an den Ursprungslinien der Revolte ›1968‹ fortdauernd festhält, auch in einer Literatur, die der Vorstellung des Grauens nicht ausweicht, muß diesen verzweifelten Pessimismus wohl teilen, folgt ihm aber nicht unbedingt.

Klaus Briegleb

Vergangenheit in der Gegenwart

> Dort im Saale standen sehr
> viele Menschen vor dem
> Bilde versammelt, keiner
> sprach, es herrschte eine
> ängstliche, dumpfe Stille,
> als läge hinter der Lein-
> wand der blutige Leich-
> nam des toten Malers.[1]

In aller literarischen Arbeit an der Vergangenheit in der Gegenwart seit Ingeborg Bachmanns erstem Entwurf der ›Todesarten‹
(1964/65) ist ein gesellschaftliches Kontinuum, das die nationalsozialistische Herrschaft der Jahre 1933 bis 1945 uns hinterlassen hat, vorausgesetzt. Die Texte, die sich dieser Hinterlassenschaft annehmen,[2] können als ein empirischer Beleg des Kontinuums im kritischen Gegenlicht gelesen werden. Auf diesen Konnex
ist im folgenden Überblick leitmotivisch mit dem Formelpaar
›NS-Kontinuum‹ – ›NS-reflexive Literatur‹ verwiesen.

Viele Autoren denken das NS-Kontinuum als einen gewaltge-
schichtlichen Zusammenhang, in dem nicht nur die Zeitgrenze
der Befreiung, 1945, sondern auch der Anfang, 1933, von geringer Bedeutung sind; wenn in der verbreiteten psychoanalytischen
Auffassung von der Subjekt-Stellung in diesem Kontinuum die
genormten Grenzvorstellungen der Historie nicht überhaupt verschwunden sind. Auf dieses Grenzproblem und verbunden damit
auf eine besondere sprach*bildliche* Bewußtheit der NS-reflexiven
Literatur wird ebenfalls im folgenden regelmäßig zu achten sein.
Und nicht zuletzt beansprucht ein Gattungsproblem durchgehend
Aufmerksamkeit: Gegenwärtige Diskussionen schränken die
Möglichkeiten der Literatur, Gedächtnis zu *sein* und zu *wecken,*
stark ein. Zu Recht wird auf die geringe quantitative Bedeutung,
ja auf das Vergehen der Literatur im Medienalltag hingewiesen.
[→ 68, 536 ff.] Dabei wird vor allem die Wirkung der Filmästhetik betont, die das Schrecklichste noch attraktiv macht. Der Rat,
die Literatur solle deshalb ihre verbleibende Qualität dadurch

stabilisieren, »daß sie ihre mediale Unterlegenheit einbekennt«,[3] wird hier aber nicht befolgt. Vielmehr soll der Gedanke gelten, daß die *literarische* Sprach- und Bildarbeit ihre eigentümliche Qualität darin habe, gegen die Abbildungen der Vergangenheit in nichtliterarischen Medien, deren NS-ästhetischer »Widerschein« kontinuierlich fasziniert, eine schwer zu ersetzende Opposition zu sein.[4]

1. NS-reflexive Literatur abseits der Revolte.
   Bachmann, Hildesheimer, Böll

Ingeborg Bachmann · »Es war Mord«

Die Existenz der ›alten‹ Mörder, das Kontinuum der NS-Mächtigen in der Gesellschaft sei in der Literatur »mehr oder minder verschämt« beschrieben. Das reicht inzwischen, meint Bachmann, als sie 1965 eine Vorrede zum ›Todesarten‹-Projekt entwirft. Die Arbeit des Beweises ist angekündigt, »wohin das Virus Verbrechen gegangen ist«, – daß weiter gemetzelt wird, sublim, im Schutze der Sitten, auf den »wirklichen Schauplätzen, den inwendigen, von den äußeren mühsam überdeckt«. (341 ff.)[5] Nach jeder Straßenecke womöglich ein neuer Schreck auf dem Mordschauplatz Gesellschaft (Wien) (276). Das HEUTE eine Zerreißprobe. Kein ruhiges Atmen mehr (12 f.), da in den Bildern, die sich zeigen, etwas sich zeigt, das 1945 »nicht plötzlich ⟨. . .⟩ aus unserer Welt verschwunden ist.« (341) »Faschismus« sei unter den Kennworten für Vernichtung im Privaten »inmitten der Zivilisation« kein falsches Wort. (403 ff.) Im SS-Ärzte-Kontinuum der erste Schritt der NS-Reflexion in die »Negative Symbiose« [→ 117 ff.], Franzas Gaskammertraum: Bachmann entdeckt *für die Seite der Täter* die transgenerative Traumatik der zweiten Generation in der *Vorstellung von Auschwitz,* »Spätschäden. Ich bin ein einziger Spätschaden, keine Erinnerungsplatte, die ich auflege, die nicht mit einem schrecklichen Nadelkratzen losginge . . .« (405)[6] Bachmanns subjektgeschichtliche Inszenierung dieser Vorstellung ist als Annäherung und Verdichtung einer Differenz angelegt: Franza erfährt sich in Wien, einem Ursprungsort von Psychoanalyse *und* modernem Antisemitismus,[7] ›getauft‹ als Versuchsperson in den Untersuchungen ihres Mannes Jordan, eines berühmten Psychiaters, »über die Versuche an weiblichen Häftlingen. Über die Spätschäden« (›Jordanische Zeit‹, 399 ff.; 455). Vernichtung im Bild »Gaskammer« gilt *ihr,* die sich identifiziert als Opfer mit *dem* »Leben« unter Terror, der weitergeschrieben wird (406); doch schon ihre Reise (Ausflucht der zerstörten Identität in den Tod in der Wüste) führt sie ins (Frage-)Gespräch mit einem in Ägypten untergetauchten Dachauer SS-Arzt, an den sie dann keine Fragen mehr hat, sondern sie fragt sich selbst in der Situation mit ihm (456 f.) und bemerkt in ihrer *Erinnerung* an die *Lektüre der Akten* vom Nürnberger Ärzte-Prozeß 1946 ihre Nähe zu den überlebenden Opferzeugen und zu dieser Täterfigur zugleich! Die einfache (emphatische) Identifikation mit den Opfern der Shoah wird eben dann unmöglich, wenn die Anschauung *ihres* Ortes so dicht geworden ist, daß die *eigene* Ausweglosigkeit in der Annäherung dorthin (».. . ich bin krank, sagte Franza leise und stand auf. Es ist mir nur nicht mehr zu helfen«) zur Erfahrung der Differenz führt. Das weibliche »Ich« im vollendeten Projekt-Teil (›Malina‹-Roman, 1971) geht durch diese letzte Annäherungsdistanz zu Ende: Traumchiffriert (»sibirischer Judenmantel«, 192 f.) rückt ihr Wissen bis heran an die Anfänge der Vergasungen in Polen 1941, die Bachmann aus den Dokumenten genau studiert hatte;[8] noch der letzte Rest einer Analogisierung der Gefühle, Opfer zu sein, ist dem Täter-Opfer-Dialog entzogen; in diesem zweiten Gaskammertraum (175 f.) bleibt der symbolische Vater in SS-Tätergestalt bis zuletzt zur »Beruhigung«[9] in der Kammer; der Urvertraute, Ratgeber des Menschenkindes, der Vater, Rater ist der Täter (Verräter). »Man wehrt sich nicht im Gas« nach dem Verrat.

Mein Vater ist verschwunden, er hat gewußt, wo die Türe ist und hat sie mir nicht gezeigt, und während ich sterbe, stirbt mein Wunsch, ihn noch einmal zu sehen und ihm das Eine zu sagen. Mein Vater, sage ich zu ihm, der nicht mehr da ist, ich hätte dich nicht verraten, ich hätte es niemand gesagt. Man wehrt sich hier nicht. (175 f.)

Eine solche Traumvertiefung des *Wissens um Nähe und Differenz* zum ›Vater‹ kann mit einem Terminus aus der Psychoanalytischen Theorie Jacques Lacans eine ›primärhistorisierende‹ Arbeit heißen.[10] Sie wird geleistet von Subjekten, die zur ›Wahrheit‹ ihrer Geschichte kommen, indem sie die »Wendepunkte« ihres Lebens aktualisieren. In diesem Sinn ist hier und folgend häufiger von der ›subjektgeschichtlichen‹ Arbeit am NS-Trauma die Rede. In der Bachmannschen Präzision ist sie von nun an in die deutsche Literatur eingeschrieben, wenn auch nur zögernd im Schreibstrom der nächsten 20 Jahre und in der literaturwissenschaftlichen Nacharbeit aufgenommen. Doch bekommt ›primärhistorisierend‹ auf diese Weise, bis hin zur neuen qualitativen Stufe in Anne Dudens ›Judasschaf‹ (1985), eine Literatur allmählich Gestalt, die die Vorstellung »Auschwitz« in den Tat-Quellen als ein Besonderes in der Geschichte der Subjekte aktualisiert: ins Bild gerufen als die absolute Täuschungs- und Trennungsstätte, von der aus zwei Kollektive eine neue Geschichte und ein neues Erkennen beginnen müssen. Mit den Mitteln des psychoanalytischen Schreibbildes, das Bachmann in bishin ungekannter Leib-Haftigkeit in die Prosa eingeführt hat, ließ sich dieser Tatbestand radikal auf den ›Ausgangspunkt‹ bringen: *Ausgang* (Vernichtung) und *Rückweg* (Erinnerung) zwingen sich dem Denken als Zusammengehörendes auf, das durch Trennungsgewalt »inmitten der Zivilisation« *begründet ist!* Dieses entsetzliche Paradox (»eine Art gegensätzlicher Gemeinsamkeit«)[11] wird permanent (im Prozeß des Schreibens) re-flektiert, »zerlegt« (443 u. ö.); nur ideologische Fort-Täuschungsmacht könnte den Fortbestand einer kulturellen Gemeinsamkeit von Tätern und Opfern, so wie der Tatort sie als Geschiedene ›geschaffen‹ hat, suggerieren (›deutsch-jüdische Symbiose‹)[12] – *Nichts* verbindet für die Überlebenden und ihre Kindeskinder die Erfahrung vom abwesenden Vater (›Gott‹) in Auschwitz mit der Erfahrung vom Mördervater – und doch wird die Zerlegungs-Arbeit am symbolischen Vater getan, auch wenn das heißen sollte, sich »zutodzurätseln« (400). Der »Friedhof der ermordeten Töchter«[13] ist *kein* Massengrab oder das Nichts der Asche, die nach »Exhumierungsaktionen« in den »ausgedehnten Wäldern« Polens ausgestreut worden ist[14] – und doch geht die literarische Reflexion dem ›Ort‹ der absoluten Differenz, *als sei er* Auschwitz, auf den ›Grund‹: in die »Wüste«, die von zerbrochenen Gottesvorstellungen umsäumt ist (447). Dort, in einer Art Kurzschluß zwischen Metapher und Metonymie, flammt in der Annäherung an die absolute Differenz wie am ›Tatort‹ der Realgeschichte das Bild des *besonderen* Gottes auf.

> Ich sehe. Und jetzt wieder. Ich sehe, was niemand je gesehen hat, ein Bild, sie ging ein paar Schritte, zu langsam, und das Bild zog sich zurück. Ihre Haut fing zu brennen an. Ich muß laufen, es wird schon deutlicher, er ist es, ich muß zu ihm ... (445)

Dergestalt drängt Bachmann das ›Schreiben im Täterkollektiv‹ zu ›Ortungen‹ der Vernichtungsgeschichte im Subjekt, das im leiblichen Zusammenbrechen an »die Einfallstelle für die Dekomposition« gerät, wie die Autorin es nennt; oder: an den »Übergang zu etwas nicht Erkennbarem« – an den Ort des Schreis (446 f.): ›Normalerweise‹ ist ein Verweilen in solcher Ortsvorstellung nicht auszuhalten; die literarische Arbeit, die es versucht, nimmt die paradoxale Erfahrung des Zurück- und Ausgehens in eins auf sich, das Peter Weiss als Gang durch die Höllenkreise darstellen wird.

1965 beginnt die Literaturgeschichte einer im Kulturbetrieb nicht diskutierten Bewußtseinsöffnung für die Reflexions-Nöte des Überlebens: Einige Autorinnen und Autoren arbeiten bis heute an Durchquerungen des Nachkriegs, des »Kriegs, der der Frieden ist«,[15] auf einem Trümmerfeld des Selbst-Wissens.

> *Ich:* ⟨. . .⟩ wer bin ich, woher komme ich, was ist mit mir, was habe ich zu suchen in dieser Wüste ... (446) *Malina:* Wenn man überlebt hat, ist Überleben dem Erkennen im Wege, du weißt nicht einmal, welche deine Leben früher waren und was dein Leben heute ist, du verwechselst sogar deine Leben ... (223)

Die Literatur dieses Typs setzt eine negative Beziehung zum ›Tatort‹ voraus, da sie Operieren in der Annäherung an einen unmöglichen (vernichteten) ›Sinn‹ ist. Das determiniert die Erarbeitung von Schreib-Bildern. Sie lesen sich wie vorwärtsgespulte Erinnerung, Verschiebung der Grundmetapher, des Ortsbildes, das sich entzieht und *dergestalt* Zeichen ist (446). Alle weiteren

Bilder transgenerieren diesen wüsten Anfang. Zum Beispiel das Justizpalastbild in ›Malina‹ (91 ff.). Für das Normalpersonal im Kulturbetrieb, die Interviewer, nichts als Rätselbilder, deren geahnter Charakter jedoch ihre gewalttätigen Abwehrreaktionen auslöst.

Denken Sie bloß an das Wort ›Palast‹ im Zusammenhang mit der Justiz, es warnt ⟨. . .⟩. In einer Entwicklung bleibt ja nichts ohne Folgen, und dieser tägliche Brand des Justizpalastes. ⟨. . .⟩ Dieses tägliche Brennen ⟨. . .⟩. (Herr Mühlbauer stoppt und fragt, ob er das letzte Stück löschen dürfe, er sagt ›löschen‹ und er löscht schon.)

Es versteht sich, daß auch Sprache und Zeit in der Bild-Forter-zeugungskette »zerlegt« werden. Der Aufenthalt in der Sprache ist »Strafe« (97); die Zeit sprechend stillstellen kann der Schriftsteller in *seiner* Zeit, in der Nacht, in ihr »entstehen die erratischen Monologe, die bleiben, denn der Mensch ist ein dunkles Wesen, er ist nur Herr über sich in der Finsternis . . .« (101)

Wolfgang Hildesheimer · »Die Mörder sterben friedlicher . . .«[16]

Zur selben Zeit wie im ›Todesarten‹-Projekt beginnt ein anderes, ein alterndes, männliches Ich den nächtlichen Raum auszumessen (›Tynset‹, 1965), in den sich *seine* »erratischen Monologe« aus-dehnen,[17] bis zum Ver-Gehen (›Masante‹, 1973). Eine »wahre Geschichte« *soll* (nach den Regeln der Kunst), *kann* aber nicht zu Ende geschrieben werden (M, 140; 345 ff.). Nach einem vollzo-genen Ortswechsel – ›es‹ sollte nocheinmal »gehen« mit dem Aufschreiben – das selbe Bild. Der zweite Ort (Cal Masante) ist schon verlassener Erinnerungsraum, als die zweite Monolog-Etappe, nun am Rande der Wüste, beginnt. *Endstation.* Er-Ich ist an den Ort der »Erledigung« gegangen (M, 366). Hier hatte Bach-manns Franza ihren »Fall« erledigt: sich. Hier machen Subjekte Schluß mit dem GOTT-Zeichen in der Wüste, aus der die drei ›Verwirklichungen‹ hervorgegangen sind, die monotheistischen Religionen: jeweils »Verbrüderungen« – Kreuzzüge, Mord. Die Verbrechensgeschichte der Menschheit nimmt hier bei »Ausle-gung und Schibboleth«[18] bis heute ›objektiv‹ ihren ungehemmten *Ausgang,* Subjekte gehen hierher zurück, wo die Knochen der

hier Endenden zermahlen werden und sich kein Bild mehr aufbauen ließe ... (M, 365 ff.) »Daß hier kein Zeichen entstehe, in
der Luft oder im Sand, nichts Deutbares, kein Ansatzpunkt der
Auslegung ...« (M, 16). Im Vergleich fällt auf, daß Hildesheimer,
anders als Bachmann, seine Person einer Annäherung an den Ausgangspunkt der konkreten Vernichtungsbilder nicht aussetzt. Das
Vergangene, das sie in die Wüste treibt, ist bei ihm gebrochen von
beobachtenden Wahrnehmungen, die an der Jetztzeit haften. Der
Trieb, den Ort zu wechseln, wurzelt im Wissen,

daß ich im Ungeheuerlichen mich bewege, scheinbar frei, in Wirklichkeit gebunden, in einer Gefangenschaft mit versteckten Mißhandlungen,
die oft – nein: die manchmal wie Liebkosungen erscheinen, für die wir
aber mit schwerer Münze bezahlen müssen – in einem Käfig, ohne Möglichkeiten. (T, 95)

Der Monolog stellt die Zeit in der Raumvorstellung der Epoche still, Jetztzeit ist geronnen in Täter-Opfer-»Konfigurationen«
(M, 344). In Todesangst ist das Ich an sie gebunden:»Ordnung der
Häscher« (M, 262; Leit-Chiffre). In ihr hat die Zukunft schon
stattgefunden (M, 23), auch wenn die Häscherfiguren im SA-
oder SS-Ornat die Person, die sie beobachtet, noch nicht oder erst
zuletzt erreichen. Sie finden ihre Opfer so ›instinktsicher‹ wie je.
Konkretisiert der ›Todesarten‹-Versuch den Schauplatz primärer Historisierung im Bewußtsein einer Versuchsperson im NS-
Ärzte-Kontinuum, so versucht sich Hildesheimers Monolog-Ich
auf dem Weg in die Wüste noch lange an »Distanz« zum Vergangenen in der Gegenwart. Unverkennbar das Profil einer jüdischen
reflektierenden Person. Ihre Spur in der waltenden Ordnung ist
eine ins Leere gehende,[19] labile Aktivität. Sie folgt den Opfern der
Verfolgungsgewalt auf Spuren ›nachgehender‹ Erinnerung, sam-
melt ihre Namen, oder geht gedanklich und szenenbildlich in
reale Urszenen der Verfolgung zurück (besonders eindrucksvoll
in Saloniki, M, 313 ff.). In ›Tynset‹ hatte der Ich-Erzähler sein
Agens schon nur mühsam (spielerisch) gestalten können: Er ver-
bessert permanent seine Erinnerungsmethode, er jagt im Monolog Naziverbrecher über die Gedächtnisbühne (das Spiel: Er
wählt z. B. beliebig Namen aus dem Telefonbuch, ruft sie in

Anspielung auf ihre Taten an, immer trifft es, er beobachtet, wie die Ertappten sich aus ihrem Haus stehlen . . .), teilt fiktive Visitenkarten von Opfern aus – So wird privater Schrecken verbreitet, die Gesamtordnung der Nachverfolgungen aber nicht gestört. Aus dem Unbewußten drängt sie mit ihren Bildern nach, auch mit ›alten‹ Bildern (Gemälde);[20] dieses Verfahren wird A. Duden zur dominanten Gattungsbestimmung ›neuer‹ Erinnerung weiterentwickeln.[21] Psychoanalytisch couchgerecht treten die konkreten Inbilder der Shoah im ›Masante‹-Text an der Modusgrenze zum Assoziationsschrott hervor; das Ich, monologisierend, scheint sich ans Beobachten klammern zu wollen; ein Kampf um Distanz, den sich die Annäherungsarbeit in den ›Todesarten‹ nicht gönnt. Dieselben Bilder tauchen aber auf, wie sollte die Angst des Juden ihnen entkommen? Synagogenbrände, Rampe, elektrisch geladener Lagerzaun, Lampenschirme aus Menschenhaut . . . (T, 139; M, 199; 229; 243; 294). Bis ins Plaudernde sind sie bei Hildesheimer verfremdet, immer am eigenen Leib erschreckend bei Bachmann, Geschlechterdifferenz in den Subjektgeschichten? Aber es nützt nichts, schreibend gerät auch der Ich-Erzähler mit seinen Bildern schließlich ins subjektive Innenlicht. Sie kommen aus ein und derselben Quelle angesichts der Vorstellung »Auschwitz«: aus den »Schächten des Schreckens« (M, 146).

Hier auf einer Laderampe sitzend, auf der nicht mehr verladen wird, hier wäre die Distanz gegeben, dachte ich ⟨. . .⟩, – aber schon füllte es sich, drängten sich über der Leere andere Bilder ein ⟨. . .⟩, da erschienen Zeichen vergangener Schrecken, leuchteten Spuren vom Blut der Geiseln ⟨. . .⟩ und da sind sie denn wieder, die Häscher [Namen werden genannt]; jünger als heute, vielleicht auch eine andere Generation, doch unverändert, gestiefelt und gespornt, im Einsatz, wie man es nannte, nennt und nennen wird. Ein Bild zwar, aber keine Geschichte mehr. Das Blut ist verblichen . . . (M, 111 f.)

Hildesheimers ›Schrift im Vergehen‹ ist lesbar wie ein resignatives Experiment mit den Kategorien des dynamischen Unbewußten aus Freuds Theorie vom Ich und vom Es. Auf der »Landkarte der Schrecken« (M, 117; 177) ist ›die Wüste‹ der Ort, wo auch Schreiben endet. Sie ist *nicht leer* (366), alle Erinnerungs*spuren* stoßen hier auf die Wortvorstellungen, in denen sich die Erinnerungs*reste* aufbewahren ließen[22] (M, 361 ff.) – doch aufbewahren wozu? Im Wüstenzustand, einer Episode »zwischen Verschwinden der alten Angst und Neubildung der nächsten« (M, 359), müßte man umkehren können, um aufzubewahren: zu schreiben über ein »Thema«, das einmal, will man es *gestalten,* auch zu *variieren* wäre. Aber es »variiert nicht genug, weicht nicht von seinem geschichtlich einzigartigen Grundmotiv ab, dem Schrecken«. (M, 118)

Der bei seiner Erinnerungsarbeit am Immergleichen sich ›verzettelnde‹ Schriftsteller kehrt nicht nach Masante zurück, kein einziger »Faden« ist gefunden, »den weiterzuspinnen es lohnt«. (M, 177) Die ›alten‹ Bilder dringen auf das gleiche Resultat. »Ich werde müde, genug der Bilder!« (M, 340)

Der ›Fall Franza‹ endet vergleichbar. Doch radikaler; denn die ›Neurosenwahl‹ (Freud) im sprachlichen Arbeitsprozeß bricht die traumatisierte Nichtjüdin aus der libidinösen Bindung an den ›Vater‹ heraus. Einen »friedlichen« Tod der Mörder kann sie nicht mehr schreiben. Statt dessen die zwingende Imagination, Ich in der Art der Shoah sterben lassen zu wollen. Franza zum SS-Arzt: »Ich will nicht mehr leben, ich kann wirklich nicht mehr. – Wie konnte sie ihm bloß klarmachen, daß sie ausgemerzt werden wollte? Ja, ausgemerzt, das war es.« (462)[23]

Heinrich Böll · »Die ganze Last der Geschichte«?[24]

In keinem anderen Autor-Bild (Arbeit, Gestalt, Wirkung) erscheinen in unserer Erinnerung an die Menschenrechtsbewegungen um 1968 und danach das rebellische Element und das literarische so freundlich zusammengerückt. Bölls Bücher waren präsent auch in der linken Szene, während Bachmann dort unbekannt, Hildesheimer ungelesen blieb. Die Darstellung von Figuren wie du und ich auf der Seite der Opfer im allgemeinen geschichtlichen Prozeß ist Bölls Sache. In den Reihen der Revolte verübelte man dem Autor nicht, daß er sich in der Arbeit an seinem einzigen Geschichtsroman, ›Gruppenbild mit Dame‹, fertiggestellt 1970,[25] ›politisch‹ nicht stören ließ. Der »Dichter! Dichter!«-Hohn vor der Pulvermühle 1967 galt ihm nicht.[26] Sein ›politischer‹

Ruhm wuchs noch in der Nach-Revolte, als die ›Gescheiterten‹ sich auf jener Opferseite wiederfanden und in ihm ihren prominentesten Fürsprecher bekamen.[27] Bölls naiver Literaturhumanismus[28] beleuchtet das methodische Problem der NS-reflexiven Literatur, die Darstellbarkeit ›der Opfer‹, insofern, als er es *moralisch* löst und man ihm mit breiter Zustimmung im Land dafür dankbar ist: Hier schreibt ein Autor stets besorgt um die Nachvollziehbarkeit der Erfahrungen, die seine Figuren machen, auch und gerade wenn es widerständige Figuren sind. Frondiert wird dem NS-Kontinuum, als handle es sich um das wilhelminische Deutschland Heinrich Manns (Ordnungswahn, Opportunismus etc.). Bölls Erzählweise dient der einfühlenden Vergegenwärtigung sprachlicher *Gebräuche* der Deutschen und bezweckt, daß dies Opposition weckt gegen die offiziösen Sprachregelungen, die ein Kontinuum des *schrecklichen* Sprechens leugnen. Doch hat eine oppositionelle Literatur auf der Ebene der Sprachpolitik selber [→ 117 ff.] keine soziale Chance, aus dem Zirkel der Diskurse, die sich selbst neutralisieren, auszubrechen.[29] Auch Bölls literarisch-ideologiekritischer Umgang mit dem Kontinuum der *Bilder,* die sich die Deutschen vorstellen, wenn sie ihre Erinnerungsbögen verbrechensblind mitten durch die NS-Zeit schlagen (Bismarcks Ordensbrust etc.),[30] bleibt ungebrochen dem NS-Kontinuum der ästhetischen Massengewohnheiten verhaftet. »Die Geschichte erstarrt fast durchgehend zu Bildern, Bildreihen und emblematischen Figuren, im Guten wie im Schlimmen« (Rainer Nägele).[31] Auch einer ironischen Variante des ›Beschreibungsrealismus‹,[32] wie sie Böll entwickelt hat, sollte man psychoanalytische Tendenzen zur »Durcharbeitung« des in der Gegenwart verdrängten Vergangenen nicht unterstellen.[33] Denn selbst im Sozialhorizont des ›Gruppenbilds‹, das die NS-Zeit einholt wie sonst kein Böllscher Roman, ist die Konfrontation mit der Shoah kein »Thema«, bleibt das Personal »im Schlimmen« auf Krieg und Zusammenbruch orientiert und wird, während es an diesem Trauma seine Verdrängungen in angenehmem Erzähl-Klima ausagieren darf, nicht vertraut gemacht mit den »Schächten des Schreckens«, die sich einer *tätergeschichtlichen* Reflexion der Subjekte öffnen würden. So verfehlt die humane Zurückhaltung gegenüber der Leserschaft die kollektive Verdrängung in der tieferen Schicht, wo die Energien der Nachverfolgung flottieren. Bölls Erzählhaltung im ›Gruppenbild‹ mit der widerständigen Heldin hat seine ›68er‹-Sympathisanten, die »Söhne«, die Erfahrungen im Gejagtwerden hatten machen müssen, nicht aus ihrem Widerstands-Narzißmus schrecken können. Zwar werden ihre schreibenden Vertreter bald versuchen, aus dem Schutz friedfertig oppositioneller Vergangenheitssicht herauszutreten (›Väterliteratur‹), aber vergessen wird dann auch sein, was Böll so charmant subliterarisch zur Methode gemacht hat: Die *ironischen Verschiebungen* seiner eigenen Schwarzweiß-Schematik (Büffel und Lämmer, harte Ausbeuterbürokraten und fröhliche Selbsthelfertypen, Rationalität und Irrationalität etc.) bewerkstelligen die Entstehung von *Menschenbildern,* die zum Nachdenken über den NS-Faschismus durchaus anregen können.[34] Den trivialliterarischen Fundus dieses Anregungsgehaltes muß man prinzipiell nicht denunzieren; unübersehbar aber ist, daß seine Nachprüfbarkeit und oppositionelle Intensität beeinträchtigt sind durch den Mangel an Differenzierung und Bewußtheit bei der Arbeit mit Bildern. Sie sind nicht textgenerativ geplant; ihre Farben und Räume subjektgeschichtlich nicht reflektiert. Sondern der Reizschutz, den ihre Oberflächen anbieten, ist belletristisch nachgehärtet. Das NS-reflexive Zentralmotiv des Romans, die Rekonstruktion der Widerstandsgeschichte einer konvertierten (!) Jüdin (Rahel), verschwimmt in liebevoll-ironischem Erzählaufwand und *peinlichen* Verschiebungen (bis hin zu Rosen aus ihrer Asche). Und nicht einmal den einzigartigen Augenblick, als die Oppositionsstruktur des ›alten‹ Bildes und seiner visionären Farben der Jüdin Raum gibt (sitzend in einer dunklen Ecke ihres Unterschlupfes im Antiquariat, vor einem scharlachfarbenen Vermeerschen Hintergrund: »blutbefleckte Wolken«, draußen Kriegsgefahr 1938, SA [!] marschiert), vermag das Rundumgeplauder um das »Denkmal« Rahel erinnerungsästhetisch zu nutzen.[35]

2. Das literarische Problem der ›deutschen Zeit‹

> Hinter dem Erfolg lauert das Trauma und immer noch spaltet die eigene Geschichte die Nation in zwei Lager, *Gewinner* mit Zukunft, *Verlierer* mit Vergangenheit.[36]

Die Historie der von Deutschen geschriebenen NS-reflexiven Literatur in den 70er und 80er Jahren steht vor der Ausgangs-Konstellation, daß der ›Aufbruch‹ der Vergangenheit in der Gegenwart, den die antiautoritäre Bewegung bewirkt hat, in gleichzeitiger literarischer Reflexion ›gegenläufig vertieft‹ worden ist: wie in Sorge, die Parole »Nie wieder Auschwitz!« könne etwas zudecken, das in einen ›fortschrittlich‹ gewendeten Aufbruch nicht paßt. In der Tat ist das Verschwinden von Monologen in der Wüste, nachdem sie den deutschen ›Untergrund‹ der Judenvernichtung in Zeitbegriffen von Gegenwärtigkeit durchquert haben, nicht fortschrittlich. Hatte solche abseits von der Revolte aufgeschriebene Anfangsarbeit eine ›eingreifende‹ Wirkung auf die Literatur, die nun zunehmend von ›Achtundsechzigern‹ mitgeprägt wurde?

Die Gegenläufigkeit der Erinnerungstätigkeit gegen die Zukunftsvorstellung gerade der politischen Debatten zeigt auch ein Problem im Umgang mit der Kategorie des ›Ortes‹ an. Kann die Verantwortung für die Shoah-Schuld die Suche nach ›neuen‹ Orten in der Zeit, nach ›nationalen‹ Handlungsräumen und Identitäts-Chancen zunichte machen? Ist NS-reflexive Literatur *der* Störfaktor für ›Politik‹? Böll hatte diese Frage in seinen Frankfurter Poetik-Vorlesungen 1963/64 wenigstens gestreift. Aber im Rahmen einer Bestandsaufnahme westdeutscher Selbstreflexionen im ›Monat‹, Mai 1965, gerät sein nachgedruckter Text (›Auf der Suche nach Orten‹) unter den Hobel einer Deutschland-Debatte, wie Bohrer sie führt. Bohrer hält den meisten der 20 Beiträge[37] vor, unspezifisch über Deutschland zu sprechen: abstrakt soziologisch, anonym, mit kalter Werturteilsabstinenz oder unglaubhaftem (linkem) Ressentiment. Nur einem Text (Klaus Harpprecht, ›Die Angepaßten‹) billigt er zu, der Klage über die BRD »die Tiefe der nationalen Zeit« zu geben und die Sprache der Erinnerung zu sprechen. Ansonsten führe die Suche nach Identität in der LEERE herum. Die Kategorie der Leere ist hier tiefschürfend, aber auch ›nationalreformerisch‹ gefaßt, Bohrer übersieht die Differenz zwischen deutscher und jüdischer Betrachtungsweise. Er übergeht nicht nur, wie Böll (wie sich zeigen sollte: wirkungslos)[38] zum Beleg der Leere in Deutschland auf den unbekannten jüdischen Dichter der Verfolgung, Hans Günther Adler, hinweist (›Eine Reise‹, 1962; ›Theresienstadt 1941–1945. Das Antlitz einer Zwangsgemeinschaft. Geschichte, Soziologie, Psychologie‹, 1955, [2]1960); er ›vergißt‹ auch, daß sein »bedeutendster« Beleg für die leere Metaphorik der kritisierten »deutschen Literaten«, denen eine »abstrakte Verlorenheit« und »verlorene Identität« zum »eigentlichen Namen für ›Deutschland‹« geworden sei, der Text eines Juden ist – der als einziger ›deutscher Literat‹ beim Lokaltermin des Frankfurter Gerichts in Auschwitz im Frühsommer 1964 anwesend gewesen ist: ›Meine Ortschaft‹ von Peter Weiss.[39]

So gut kritisch gegen die deutsche Neigung, sich ins Einvernehmen mit einer undurchschauten Fortschrittswelt zu setzen, hier gesprochen war (»Synchronisierung des Gemüts mit der scheinbaren Zukunft unserer Außenwelt«), so blind hat sich auch bekundet, was dem als deutscher Bedarf entgegengesetzt sein soll: Neu-Füllung der empfundenen LEERE mit »eigener Identität«. Dieser deutsche Begriff für »Zeit, Erinnerung, Beschwörung« greift am ›Eigenen‹ der jüdischen Existenz in deutscher Geschichte vorbei. Erinnerungs*tätigkeit* erscheint reduziert auf das renommierte deutsche Signifikat ›Innerlichkeit‹. Ausdrücklich ausgeschlossen in der Tat ist in Bohrers Kritik der Erinnerungsgestus, der die ›Lagertermine‹[40] in Texten subjektgeschichtlich zu *datieren* nicht umhin kann. Statt dessen wird nach einer westdeutschen Zukunft gerufen, die sich aus der Leere in der »Tiefe« ihrer nationalen Zeit wieder erhebt, willens zu »Entscheidungen jenseits der Statistik, Erinnerung und nicht: Daten«. In solcher Gestalt signalisiert Bohrers antisoziologisches Argument im notorisch problematischen Disput über nationale Identität *zu Beginn* der Revoltezeit, was es mit den *fortan* kampfförmiger noch attackierten »soziologischen« (linken) Argumentationen, die ebenfalls der Zukunft zugewandt sind, gemeinsam hat, nämlich Stütze zu sein im gesellschaftlichen Sprachblock, der die jüdische Identität in Deutschland nach 1945 nicht mehr im »beschreibbaren Raum« datiert, d. i., sie endgültig »verloren« gegeben hat [→ 121 ff.].

Worte mischen sich ein in das Grauen; denn die Sprache gehört uns nicht mehr, fremd entringt sie sich dem, der anhebt zu reden – meine Worte, deine Worte, sie reißen Wände ein und richten sie auf, sie fügen sich dicht, undurchdringlich und sicher. (Adler)[41]

3. Programmatische Nazi- und Nachnazizeitprosa

Die AutorenEdition im Bertelsmann-Konzern verkündet 1975 ihr Realismus-Programm. »Die neue deutsche Prosa. Engagiert. ⟨. . .⟩ Sie beschreibt, was ist. Sie zeigt, wie es ist . . .« – Helmut Peitsch untersucht 1985 die Frage, wie mit diesem Programm die »Probleme literarischer Faschismusdarstellung« in Angriff genommen werden: ob es eine »Realistische Vergangenheitsbewältigung« sei, was da in den elf (von fünfzig) Romanen und Erzählungen versucht worden ist, die sich »mit der nationalsozialistischen Vergangenheit auseinandergesetzt« haben.[42] Die Produktion der Autorengruppe [→ 288 ff.] beschäftigt die Nachrevolte-Diskussion in der literarischen Linken von 1973 bis Anfang der achtziger Jahre. Jene elf Arbeiten knüpfen am 1971 erreichten Niveau der ästhetischen NS-Reflexion nicht an. Spuren einer Kenntnisnahme der Feuilletondebatte um ›Malina‹ 1971–1973[43] sind nicht zu entdecken. Am bekanntesten sind die Titel: Franz Josef Degenhardt, ›Zündschnüre‹ (1973); Christian Geissler, ›Das Brot mit der Feile‹ (1973) und ›Wird Zeit, daß wir leben‹ (1976); Bernt Engelmann, ›Großes Bundesverdienstkreuz‹ (1974); August Kühn, ›Jahrgang 22‹ (1977); Roland Lang, ›Die Mansarde‹ (1979); Peter O. Chotjewitz, ›Saumlos‹ (1979); Gerd Fuchs, ›Stunde Null‹ (1981). Die Autoren schreiben eingebettet in den institutionalisierten neosozialistischen Realismus, der die Organisationsdebatte in der Studentenbewegung[44] unter ästhetischen Vorzeichen fortsetzte, in seinem Bemühen aber, die »Wirklichkeit zu verbessern« (Uwe Timm),[45] sich ästhetische Grübeleien und Debatten versagte. Von einem mit den Revolte-Folgen noch sympathisierenden Feuilleton unterstützt, das ihm eine »Ästhetik absoluter Fungibilität« zubilligte,[46] erreichte dieser Realismus weniger über seine Prosa als über das Medium der TV-Spiel- und Dokumentarfilme – die, wie die Prosa, der »Selbsterkenntnis vor allem der Arbeiterklasse«[47] dienen sollten – ein breites Publikum. Doch um den Preis eines neuen Legitimationsgewinns der Ausgrenzungen in der Verdrängungskultur. Das gegenwartsbezogene Widerstandsmotiv (gegen die Warengesellschaft) benutzte die NS-Erinnerung auf der Ebene des politischen Kontinuums der alten Klassenfeinde und ihrer Macht über Kleinbürger- und Bauerntum, und der gescheiterte Widerstand wurde auf dem Niveau reflektiert: ›Wir versuchen es nochmal mit der Einheitsfront!‹ Die Autoren verschoben ihr Wissen über das »Grauen« der Nazizeit auf die Darstellung jener Opfer, die die kämpfende Arbeiterklasse unterm Terror brachte, selbstredend ohne die Absicht, »die Verfolgung *anderer,* außerhalb der Arbeiterbewegung stehender Opfer des NS-Regimes zu verschweigen«.[48]

Ein Grenzfall in dieser Gattungsgruppe ist ihr bedeutendster und ältester Vertreter Heiner Kipphardt. Als Nervenarzt mit der psychoanalytischen Theorie vertraut, kannte er die subjektgeschichtliche Dimension der Vernichtung und hat sie vor allem am Fall des Internierten Alexander Herbrich dargestellt (›März‹, 1975, 1976 und 1980). Selber zum ›Fall‹ gemacht (Grass: »dumm und gemeingefährlich«),[49] als unter seiner presserechtlichen Verantwortung in einer dramaturgischen ›Aktion Widerstand‹ an den Münchner Kammerspielen Vertreter aus dem Machtkontinuum (»Drachen«; vgl. Bölls »Büffel«)[50] im Programmheft zu Biermanns ›Dra-Dra‹ (1970) auf eine figurensymbolische ›Abschußliste‹ (Grass) gesetzt wurden,[51] arbeitet er bis zuletzt auf seiner Programmlinie, das *System,* das Auschwitz möglich gemacht hat, als das überdauernde zu »sezieren«.[52] Damit ist er literarisch repräsentativ für weite Teile der Neuen Linken, die unter die

Parole »Nie wieder Auschwitz!« diesen kritischen Impetus subsumiert haben. Seine letzte Anstrengung (›Bruder Eichmann‹, 1982) geht an die gewöhnlichen gesellschaftlichen NS-Haltungen und ihre »finsteren Abgründe der alten politischen Mythen« (Schödel)[53] dann so nah heran, wie es einem kapitalismus-kritischen Analogiedenken möglich geworden war, das auch den US-Krieg in Vietnam, Sharons Kriegführung in Beirut oder italienische und deutsche Polizeigewalt mit dem Eichmann-Apparat ›objektiv‹ vergleicht.

Den Weg heran an die Abgründe gegenwärtiger NS-Erinnerung in der Bevölkerung hatte der Außenseiter unter den organisierten Realisten, Christian Geissler, schon im Vorfeld der Revolte gewiesen. Erstmals machte er auf einer Reportage-Reise in eines der Provinzweichbilder der Vernichtungsanstalten die in gemeinschaftlicher Verdrängung erstarrten ›Erinnerungen‹ zugänglich (Dorftexte), die im subjektgeschichtlich desinteressierten oder unbedarften Klima der Gattungsgruppe nicht weiter erschreckten (›Ende der Anfrage‹, 1967).[54] Schödels ›Bruder Eichmann‹-Rezension versucht vergeblich, solche Ruhe zu stören.[55] Später (1990) fährt Schödel selber in eines jener Weichbilder, in Eichmanns Heimat bei Mauthausen, auf daß »wir tief erschrecken«: Der zurückgebrachte Text, Reisebericht über Literatur und Menschen (›Die Welt der Hanni R. Härter als das Leben. Eine Reise über die Dörfer, bis an den Rand der Heimatliteratur und weiter‹, 1990),[56] rettet die dünne Traditionslinie einer ›hin‹- und ›in sich hinein‹-hörenden Sozialliteratur, die auf der finsteren Landkarte der Provinz *unsere Orte der Selbstkonfrontation* erschließt und in den ›bürgerlichen‹ Literaturmarkt eingeführt werden kann. Hanns-Josef Ortheils ›Hecke‹ (1983) ist dafür ein Beispiel.[57] Das Motiv der mörderischen Kloster-Aura läuft auf dieser Linie mit, zeigt seine ›Entwicklungsfähigkeit‹ zwischen Bölls Rahel-Geschichte 1933 bis 1942[58] und Reinhold Batbergers ›Auge‹ (1983). Die Daten der Euthanasie, ihre Alltäglichkeit noch in Täter-Zeugenberichten,[59] sind der deutsche Boden unter den Füßen dieser Literatur.

4. Vaterbilder

> Es ist, als ob die Väter mit anderen Stimmen
> weitersprächen
>
> Karl Fruchtmann (1982)[60]

Der durchgesetzte Gattungstitel ist ›Väterliteratur‹. Es handelt
sich um Texte (auch für Theater, Radio, TV, Video) von Töchtern
und Söhnen, publiziert seit 1975, en vogue zwischen 1977 und
1981.[61] Ausgangstext ist der große, Fragment gebliebene Romanessay ›Die Reise‹ von Bernward Vesper (geschrieben 1969 bis
1971)[62] – »⟨. . .⟩ niemand soll sagen, er wisse nicht, woher unser
unversöhnlicher Haß gegen dieses System stammt, der unser
Leben ruiniert hat«[63] –, in dessen Vater-Segmenten Will Vesper,
der Altnazi-Publizist und -Lyriker eine Rolle hat, die begreiflich
macht, daß ›Vatertäter‹ (mithilfe der Mütter) erfolgreich ihre
NS-Mentalität auf die »zweite Generation«[64] abwälzen konnten:
Dieser Sohn entzog sich, ging auf die Reise durch Ablösungsver-
such, Revolte, »marxistische Phase«, Drogen und Selbstklärung
(›Der lange Marsch durch die Illusionen‹)[65] und in den Tod.
Meist sind die Väter tot, wenn das Erzählen losgeht (Ausnahme
Peter Henisch ›Die kleine Figur meines Vaters‹, 1975/1987);
Töchter [→ 267 ff.] schreiben sich durch die Distanz zum Vater
vor oder zurück, die *er* mit dem Dauergestus der Geschlechter-
Unterscheidung gesetzt hatte (»Die Frauenwelt. Die Männerwelt«,
Plessen).[66]
Söhne, die ihre Wunschdistanz zum Vater durcharbeiten wollen, müssen immer gewärtig sein, ›hinter‹ dem Vater-Bild sich selber zu entdecken, scheinlebendig, nicht erwachsen, solange sie
sich dieses Bild nicht durch den Kopf gezogen haben. *Das* wäre
der vorgezeichnete Weg der Gattung, der nur in Ausnahmefällen
gegangen wird; nach Vesper (wirklich) geht ihn noch einmal *bis
zu Ende* (fiktiv) Alois Hotschnig mit ›Aus‹ (1989). Kein ›Täter-
sohn‹ kommt aus einer Gewalt-*Umkehr* im Verhältnis zum Vater
lebendig wieder heraus, so das Ende des Zweikampfes bei
Hotschnig.
Der literarhistorische Ausgangspunkt der En-vogue-Phase
1977–1981: Die Texte sind autobiographische Gattung, haben in

ihrer Zeit somit einen stabilen und zugleich bequemen Wirkungs-
rückhalt im Trend der »Neuen Subjektivität« [→ 404 ff.]. Auf
ihren harten Kontrapunkt, die Ereignisse und Verarbeitungen der
Väterproblematik im »Deutschen Herbst« 1977,[67] gehen sie nicht
ein. (Ausnahme Elisabeth Plessen, auf verschobener Gattungs-
ebene, mit der aktualisierenden Historien-Phantasie ›Kohlhaas‹,
1979). Herbe Kritik kam von der Seite des Objektivitäts-Anspru-
ches unter den Neo-Realisten (Michael Schneider; positiv: Kampf
der »Unerklärlichkeit« der NS-Verbrechen und dem Verdrängen
ihres »gesellschaftlichen Ursachenzusammenhangs«; die Vorwürfe: »depressive Selbstbezogenheit«, »negativer Narzißmus« usw.).[68]
    Es ist eine politische Kritik. Sie trifft die Reflexionsschwäche
der Väter-Mode, nicht aber ihren Subjektivismus an und für sich.
Aus seiner Verketzerung folgt auch bei ernstem Bemühen, wie
das Beispiel M. Schneider zeigt (›Die Wiedergutmachung oder
Wie man einen verlorenen Krieg gewinnt‹, 1977/1985), keine
Literatur, die den subjektgeschichtlichen Schuldzusammenhang
annimmt, in dem die Kinder mit ihren Eltern stehen. Von ihm
lenkt das Programm ›Aufklärung über das gegenwärtige NS-
Kontinuum‹ nur ab. Das führten in letzter Konsequenz zur Zeit
der Vätertexte jene Kinder vor Augen, die in den bewaffneten
Kampf gingen. Dessen Organisationsform drückte die Verdichtung des Leids an einem verengt gewaltpolitisch aufgefaßten NS-
Kontinuum in der *Tat* aus und sein Kampfziel, eben dieses Kontinuum, war in M. Schneiders Metapher »Wirtschaftswunder
Auschwitz«[69] angemessen angegeben. – Geissler hat in einem
angestrengt surrealisierten Sprachstrom (›kamalatta‹, 1988) den
Versuch gemacht, die Gewaltfixierung der Kommandos aus der
Sicht einer sensiblen Vaterfigur literarisch wieder aufzuheben (zu
›romantisieren‹?, zu fetischisieren?) und auch die Versetzungsar-
beit der Intensivprosa in ›Kontrolliert‹ von Rainald Goetz (1988)
– »Was ist das, daß das alte sich in einem derart wiederholt und
rächt, wofür« (216) – versucht, an die Anfänge des Aufbruchs
aus der Vätergewalt zu erinnern, indem sie ihnen einen kontrolliert freien Schriftraum läßt: »wie Hirn Welt hat, glühend, vulka-
nisch, hinaus richtung Tod« (211) ⟨. . .⟩, »so flammte die Geschichte auf und hatte sich erzählt«. (281)

Die Vätertexte sind generell ihrem Ursprungsphänomen ›1968‹ ausgewichen. Jetzt in der literarischen Nachrevolte hätte eine sorgfältige Erinnerung an den faschismus-kritischen Impetus der Revoltezeit verhindern müssen, Widersprüchliches von damals wieder zu vereinfachen. »Klarstellung« der väterlichen NS-Täterschaft war ausgerufen worden (Vesper), dem folgte nicht nur die kraftstrotzende Aufklärungsarbeit am NS-Kontinuum, sondern auch die Selbstbeobachtung der ›Unschuldigen‹.

Die Zeit wird kommen, wo man uns fragen wird: Wo warst Du, Adam? Und das beste was wir dann sagen können, ist, wir haben gegen uns gekämpft, um das reißende Tier, das wir von Geburt an sind, zu fesseln und von der Macht fernzuhalten, alles zu zerstören. (Vesper)[70]

Die Vaterbilder-Gattung bildet Muster der Befreiung aus den Spannungszuständen eines Schuldempfindens aus, knüpft an eine andere ›68er‹ Tradition an: pflegt ein Selbstmitleid, das Autoren wie Brinkmann mit ihrer Opferrolle in der »dumpfen Atmosphäre einer Kollektivschuld« im Nachkrieg empfunden hatten und dessen Stilisierung sie nun für literarische Vergegenwärtigung des Vergangenen hielten (›Rom Blicke‹, 21. 12. 1972). Repräsentativ dafür (Ausnahmen: Ruth Rehmann,[71] Sigfried Gauch, ›Vaterspuren‹, 1979) ist 1980 die Angabe des Schreibmotivs bei Christoph Meckel: »Seit ich seine Kriegstagebücher las . . .«, 1978, neun Jahre nach seinem Tod, wird der Vater zum »Fall« einer deutsch-literarischen Suchübung.[72] Abgetan ist der Zorn der NS-reflexiven Jugendrevolte, der am 2. Juni 1967 in einem Versammlungsausruf Gudrun Ensslins seine authentische Chiffre gefunden hatte: »Ihr könnt nicht mit Leuten reden, die Auschwitz gemacht haben!«[73]
Die Konstellationen im Schuldzusammenhang waren seit den Tagen der Revolte nur noch klarer geworden. Subjektive Überlastung und politische Überforderung auch der Väter wären zu bearbeiten gewesen: Die »Verschwörung des Schweigens«[74] war aufgebrochen, das ›Gespräch‹ zugleich gescheitert. Der ›psychische Apparat‹ der Durchschnittsväter wehrte es ab. Die Urverdrängung ihrer NS-Komplizenschaft 1933 ff.[75] erzeugte die Ener-

gien nicht nur für die Kette der Nachverdrängungen im Nachkrieg, sondern auch für die nun ›1968‹ akut provozierte ›moralische‹ Billigung und Ausübung von *Gewalt gegen Störer.* Die Verschiebung der Schuldgefühle in die deutsche Kriegsklage seit 1945 summierte sich zum väterlichen Systemschutz in aller Öffentlichkeit. Alexander Kluges ›Schlachtbeschreibung‹ ([2]Februar 1968) wollte zur Debatte dieses Phänomens anregen: Besiegt in ihrer Identität als geschichtlich in Gemeinschaft Handelnde, sinnlos geopfert und gedemütigt, so haben die Söhne ihre Väter, wenn überhaupt, zurückbekommen; mit latentem Selbsthaß. Das ›revolutionäre‹ Streben nach einem neuen individuellen Verhältnis zum Weltgeschehen rührte ihn nun auf und verschob ihn, mit der Kraft hysterischer Kriegs*anfangs*erinnerung, auf die Rebellen: Waren die Kinder Kommunisten geworden? Der Überlastung und Überforderung der Väter korrespondierte die ihrer Kinder. Unmöglich die Gleichzeitigkeit von Rebellion *gegen* die Väter und kritischer *Selbstbegegnung* im Gespräch mit ihnen? Unmöglich eine konfrontative Aufklärung *und* enträtselndes Verstehen, Anklage *und* Klage, Haß *und* Liebe, Radikalität der Debatte *und* Muße des Denkens?

Der Versuch, schon 1968 eine Väterliteratur anzuzetteln, wird von der Zwischen-(Hitlerjugend-)Generation unternommen (›Die Väter‹, Anthologie, 1968) – Er ist auf die Mitgliedschaft der zum Schreiben aufgeforderten Autoren in der Gruppe 47 orientiert[76] und bleibt substanzloser Verkäuflichkeits-Test: mit Ausnahme eines Textes von Ror Wolf, Jahrgang 32 (›Mitteilungen aus dem Leben des Vaters‹): Alltags-Memorials, Berührungsangst vor NS-Reflexion oder eitle Schreibskepsis von Ina Seidel über Heißenbüttel bis zu den beiden ›Söhnen‹ Wondratschek und H. C. Buch. Aber ›so früh‹ begegnet auch eine Aufhebung des ›väter-literarischen‹ Vakuums bei den Söhnen – in *väterlichen* Reflexionen: Hans Keilson (geb. 1909, emigr. 1936) und Hermann Kesten (geb. 1901, emigr. 1933) nehmen den gestreßten Ariern das Unmögliche, das Gespräch, das nichts ausläßt, ab. Ihre Versetzungskunst geht weit, bis an die Motive des Schweigens in der Epoche zurück und entziffert sie; nur vor einer Identifikation mit den Tätern, wie später George Steiners Hitler-Monolog sie

vornimmt (›The Portage to San Cristobal of A. H.‹, 1981) schrek-
ken sie zurück.[77]

Das in der antiautoritären Bewegung ›aufgebrochene‹ Zen-
tralphänomen in der NS-reflexiven Literatur überhaupt ist dies:
So wie die äußerste, die offenste NS-Täterschaft, der Vernich-
tungsdienst nach den Selektionen, vor den Gaskammern und
Öfen, nicht von Deutschen getan, sondern den Opfern selber auf-
gezwungen wurde, so fehlt diese letzte Unmittelbarkeit des
›Vaters‹ zu seinen ›Untaten‹ in der Literatur der Söhne. Umso größer ist das Begehren der schreibenden Kinder, sich das
Schweigen der Eltern aufs eigene Verhalten und Schreiben übertragen zu lassen – es ist ein sehr geschwätziges Schweigen – und
diese Passivität als zweites, vermitteltes Opfersein in solcher
Familienverschwörung auszulegen.

So suchen wir auch vergebens nach den Juden in der ›Väter-
literatur‹ und über sie hinaus [→ 121 ff.]. – Ein ›Innerer Emi-
grant‹ und Kriegsteilnehmer, in der Ambivalenz seiner Spät-
Desertion 1944, hat hier einen neuen Ausgangspunkt zum
Schreiben gewählt (Andersch, ›Efraim‹, 1967). Sein Text, findet
Efraim, nimmt etwas »Schielendes« an –

Ich habe herausgefunden, daß es [»das Wort Jude«] von Deutschen
meistens ganz falsch ausgesprochen wird: mit etwas belegter Stimme, als
handle es sich um Ungehöriges. So, als müßten sie sich einen kleinen
Ruck geben, ehe sie das Wort aussprechen. Es klingt immer so, wie wenn
ein Prüder das Wort *nackt* in den Mund nimmt. Das Verhältnis dieser
Leute zu uns hat ja auch wirklich etwas Obszönes angenommen.[78]

Das Wort Jude »ganz natürlich« auszusprechen, wie Anna in
›Efraim‹, ist der namensymbolische Schlüssel zum ›Gespräch‹
nach der Shoah, wenn radikale Literatur aus ihm werden soll. Es
bleibt merkwürdig, daß so wie im opus magnum der Epochenerinnerung (Uwe Johnson, ›Jahrestage‹, 1970–1983) – auch in den
engeren, literarmethodisch aber höchst genau und radikal gear-
beiteten Erinnerungsräumen wie bei Ortheil (Sohn – Mutter,
›Hecke‹; 1983) und Botho Strauß (Tochter – Vater, ›Rumor‹;
1980) – die *Abwesenheit der Juden* (bei Johnson einige signifi-
kante Ausnahmen)[79] die Bedingung einer ›deutschen Reflexions-
gerechtigkeit‹ zu sein scheint: gegenüber der Elterngeschichte *und*

der Kraft der Kinder, sie anzunehmen. Wieviel schwerer haben es jüdische Kinder, die ihre in den Vernichtungslagern ermordeten Eltern ›literarisch‹ suchen wollen; wie George Tabori 1968 im hoch artifiziellen Theaterstück ›The Cannibals‹, dessen deutsche Inszenierung im Berliner Schiller-Theater (1969) auf die deutsche Literatur keinen belegbaren Eindruck gemacht hat. Erst als es am Ende des Gedenkbooms der 80er Jahre (vom selben Regisseur, Martin Fried im Herbst 1987) in Wien neu aufgeführt wird, geht es in die Feuilleton-Katagorie der »Denkwürdigkeit« ein.[80]

Die Tendenz, am Ohr der gutgängigen Parolmixturen auch das kritische Gedenken bloß noch flott zu vermarkten, ist mit den beiden späten Hauptspektakeln von Niklas Frank und Bernhard Sinkel manifestiert –

Juden sind Statisten (»zerballert«) auf dem Schuldkonto des Mörder-Vaters, der voller Haßmitleid imaginativ zerfleischt und nach-entnazifiziert wird:»Ich decke mein aufbrausendes Mitleid zu, immer, mit Bildern aus KZs«[81] oder die Juden verschwinden hinter Neu-Thematisierungen: »Beim Vater-Sohn-Konflikt fasziniert mich, daß seit 1945 etwas Neues hinzugekommen ist, eine neue Qualität, die uns bestimmt: der Feminismus«[82]

Mit dem Jubeljahr 1983 beginnt das Beste, das die Erinnerungsmode hervorgebracht hat: sozialempirische Erhebungen zur Frage an die zweite Generation, »Wie lebt man mit der Schuld der Väter«?[83] Zwar unterhalb des *philosophischen* Niveaus der Frage in Adornos ›Negativer Dialektik‹ (1966), wie im »Schuldzusammenhang« nach Auschwitz *überhaupt* zu leben sei,[84] trat ein *sozialpsychologisches* Symptom am Grund aller Befunde dennoch deutlich zutage: eine Täterkinder-Paranoia. Mit dramatischer Wucht wirbelten die Splitter dieses Symptoms auf, als Nazikinder vor das Tonband-Mikro des fragenden Juden Peter Sichrovsky gesetzt wurden und dann in Buch, Funk, TV und Theater bestverkauft[85] ›vorspielten‹: ein Gewirr von Flucht in die Identifikation mit den Vätern, Flucht in Haß und Revolutionsprogramm, Hilfeschrei, Selbsterniedrigung und Ausmerzungswünsche,[86] Trauer und Liebesunfähigkeit; Verrückung: Nach der »Ausmerzung« des Tätervaters wollte ›man‹ am liebsten selbst ein Jude sein.[87] In dieser Symptoma-

tik, dem Wunsch, an die Stelle der Opfer zu treten, ist die Abwesenheit der Juden *verkörpert:* mit dem Leid an der Abwesenheit des
›helfenden‹ Vaters *verwachsen.* Ein Sein in der »absoluten Leere«.
Die schon längst stattfindenden neurotischen Couch-Offenbarun-
gen der Täterkinder hat die Mode kurz an die Öffentlichkeit
gespült.[88] Zuvor hatte Sichrovsky junge Juden in Deutschland und
Österreich befragt: Zerrissenheit, Isolationsangst, Heimatlosigkeit . . . Die Getrenntheit der Protokolle, der Sprachen, des Lebens –
krasser konnte die Unversöhnbarkeit der hegemonialen deutschen
mit der in ihr (nach-)vernichteten jüdischen Erinnerung nicht zum
Ausdruck gebracht sein.[89] An dieser Kluft wird deutsche Vater-Literatur Sprachpolitik [→ 117 ff.].

Härtling, der einer ›Poetik des Grauens‹ ausweicht und den
harmlosen Charakter der Gattung in ihrem berühmtesten Beispiel
(›Nachgetragene Liebe‹, 1980) festschreibt,[90] erinnert sich an die
Juden im Dreivölkerland Böhmen. Er verlegt den Standardvor-
wurf der Söhne – warum hast du nicht mit mir gesprochen? –
aus dem Nachkrieg in die Objektzeit der Erinnerung: Warum
hast du mir nicht erzählt, was der Jude, den du vor meinen
Augen in die Arme schließt, »wenn auch nur für einen Augenblick«, in Theresienstadt zu erwarten hat? Der für die Vernichtung bestimmte Jude ist *Objekt* in dem Text, der die Arbeit sein
will, den Abstand zum Vater zu verringern, »Satz um Satz«.

5. Unsere Eroberung · Neu-Thematisierungen des Bruchs 1945

Uwe Nettelbeck hat noch im Kreis der Gruppe 47 die ästhetische
Trennungslinie beschrieben zwischen Schriftstellern einerseits, die
sich programmatisch verabreden und firmenmäßig profilieren (er
verweist auf die Beispiele des ›Neuen Realismus‹, der ›Rollen-
prosa‹, der »trüben Idyllik« der Kleinbürger-Romane), und unabhängigen Erzählern wie Hubert Fichte andererseits.[91] Hier das
»Souterrain-Panorama, das abzumalen die deutsche Gegenwartsliteratur mit so viel Fleiß und so viel Hingabe sich müht«, dort
ein sozial offener Vokabel-Kosmos, in dem die Figuren selbstbestimmt kommunizieren und der Autor eine sprachliche Wahrneh-
mungsfreiheit verbürgt, die »noch die entlegensten Obszönitäten,

die kühnsten Konstruktionen abfängt«. Fichte leitet in der Tat
das Gehen auf einer *Prosa-Spur* im Literaturbetrieb ein, die sich
um 1968 dem gepflegt kritischen Feuilleton im Bannkreis der
Gruppe 47, generationsunabhängig, wie man am Fall Andersch
erkennt, entwindet und frei bleibt von den Verknotungen auch
neuer Programmverabredungen nach der Revoltezeit (›Gewerkschaftliche Orientierung‹, ›Neue Subjektivität‹, ›Weiterschreiben‹, ›Neuer Ästhetizismus‹)[92] oder sich aus deren zeitweise auch
für sie verbindlichen Enge befreit (wie Guntram Vesper vom
Neo-Agitprop der Röderbergfraktion);[93] oder spät geboren und
von Anfang an unabhängig jegliche Programmatik übersteigt,
bzw. gestalterisch verabsolutiert (wie Christoph Ransmayr den
Ästhetizismus).

Es handelt sich um eine Literatur, die die NS-Reflexion nicht
zum Hauptthema macht, auch nicht der Gattung nach schon
›Neue Erinnerung‹ wäre, die erst später auftritt [→ 133 ff.]; auch
den großen Epochen-Roman will sie nicht geben, wie Johnson
und Weiss. Zwei Typ-Richtungen bringt sie hervor:

Sie bearbeitet Felder von Gegenwart, in denen Figuren so ›vertieft‹ und so genau im Umgang miteinander gesetzt werden, daß
sich dabei in ihnen und um sie herum die Quellen andauernder
›menschlicher‹ NS-Wirklichkeit und ihrer alltäglichen Erkennung
öffnen. Der Subjekt-Geschichte der Figuren wird dabei nicht als
solcher nachgegangen, wie im Bachmann-Muster, sondern über
die epische Vervielfältigung kommunikativer (Selbst-)Wahrneh-
mung, wobei, in dieser Hinsicht, eher die Arbeitsweise Bölls Pate
steht (Fichte, Stiller, G. Vesper).

Oder sie verlegt die Arbeit an der erzählerischen Erweiterung
der Wahrnehmung in ein methodisches Kalkül: Was vermag
die sprachlich-reflexive Ausschreitung unseres gegenwärtigen
geschichtlichen Raumes überhaupt? Dabei wird der Erkundungs-
gewinn immer — entweder stärker durch experimentelle Geschichtsschreibung (Andersch) oder durch Introspektion (Augustin, Ortheil) — in der Aufsprengung traditionsstiftender Ereig-
nis- und Vorstellungsbegrenzungen gesucht, bis hin zum mythischen Bild-Universum eines Exils, in dem die Ausgegrenzten
kommunizieren (Ransmayr).

Immer aber kann ›Geschichte‹ ohne den NS-Rückraum und seine Schrecken *literarisch gegenwärtig gar nicht entstehen.*

Fichtes Rang in dieser Gattungsgruppe ist singulär. Die Wachhabenden in der ›Gruppe 47‹ Baumgart und Kaiser wehrten die »barocke« underground-Sprache der ›Palette‹ (1968) ab, fanden das gelesene Kap. 72 »ermüdend« und »ohne Leben« im positiven Kunstklima des Clubs. Nur der Vitalist Reich-Ranicki langweilte sich nicht, er verstand die sinnliche »Dynamik«, sorgte sich aber darum, ob dieses Schreiben gutgehen könne.

Nettelbeck dagegen wirbt für diese Sprache: »dem Beschriebenen überlegen, der entworfenen Topographie gewachsen«. Die Perspektive des Autors reiche über eine *Stadt,* um das Heranwachsen des Kleinsten in ihr sichtbar machen zu können.[94] Tatsächlich entwickelte Fichte in den Romanen ›Die Palette‹ und ›Detlevs Imitationen »Grünspan«‹ (1971), nach der Vorauserzählung ›Das Waisenhaus‹ (1964), eine Stadt-Monade von Geschichten und Erinnerungen aus der bi-personalen Zentralperspektive (Detlev-Jäcki) eines gebildeten, gebrochenen Vagabundentums in der BeatPopPorno-Szene. *Die Kinder der Geschichte* leben gegen die Versteinerung der Gegenwart ›von unten‹ an, treffen dort unten aber auch auf ihr epochales Väterschicksal, *erproben* es ohne narzißtische Verbissenheit und Selbstretter-Attitüde – »‹. . .› kann ein Halbjude mit zwanzig Jahren einen Sturmführer der Leibstandarte Adolf Hitler zum Vater haben?« (P, 245)[95] –, heben Denk- und Wahrnehmungsverbote auf. Die Bilder aus den Vernichtungslagern werden eingebunden in die Recherchen nach den Trauma-Spuren der »Terrorangriffe«, die Shoah ist sozial konkreter als bei Bachmann und Hildesheimer allgegenwärtig und wird in der »Sensiblerie« des sinnlichen Randmilieus der Stadt vor den Relativierungen und sprachpolitischen Zurichtungen durch die ›Erwachsenen‹ abgeschirmt: »Standpunkte« des Gedenkens müssen im Vorstellungs-Kosmos der Palette-Gäste »durcheinandergeraten«, »Nachauschwitzprinzipien« verlieren ihre Sicherheit (P, 207 ff.). Der Kinderblick *nach 1945* genießt das höchste Prestige, noch heute unterwirft er sich den erinnerten Abbildzwang der Umerziehungspädagogik. Ein britischer Lagerfilm wurde gezeigt, die Freunde saßen *hinter* der Leinwand.

Von den Leichenbildern auf der Leinwand kriegten sie nur verschieden dicke, helle und dunkle Flecken mit. Jäcki sah die gleichen Flecken auf Gerd Wilhelms Gesicht. – Das war die Pubertät (P, 204).

Andererseits birgt die literarisch subtil verteilte Anschauung kontinuierlicher NS-Vorstellungen als sozialer Stoff eine Intimwelt einzelmenschlicher Gebärden und Visionen, die die unberührbare Wahrheitsfähigkeit des Erinnerns in Bildern vor ihrer Medialisierung durch Faszinationsästhetik und »optische Entnazifizierung«[96] bewahrt und »Standpunkte« wieder zusammenführt. Die dergestalt ›positiven‹ Erwachsenen werden dabei geschont und kritisiert zugleich.

> Keine Skelette – skelettförmige Leichen.
> – Laßt die Zeitung nicht in die Hände des Kindes fallen.
> . . .
> Oma drückt ihn an sich und küßt ihn naß:
> – Leg es weg, sieh es dir nicht länger an. Vergiß es schnell wieder.
> Ein Kind muß nicht alles wissen. Jetzt leben wir im Frieden! (D, 101)

Fichtes Hamburgbücher nehmen ihre Sonderstellung in der NS-reflexiven Literatur nicht zuletzt deshalb ein, weil sie das Deutsche Wörterbuch nach 1945 erweitern, indem sie *konkret* regenerative Sprachgeschichte schreiben. Im Beat-Vokabelkosmos werden anders als bei Brinkmann, der wilder in ihm haust, mit Jäckis Bewußtheit Wörter wieder heimisch, die in der Hochsprache der Restauration keine Chance mehr hatten, nachdem sie von den Nazis vernichtet worden sind. Sie werden hier aber mit den Mikro-Konsensmedien der gesamtsozialen Nazi-Umgangssprache gegenwartstreu und hochsprachig gemischt: »Das Wort kernig hat einen Stahlhelm auf. Das Wort abschnallen schläft über ihm. Andre Wörter kommen mit Kerze und Kreuz und Gasofen und wollen nach Ostland reiten.« »Einige Wörter kommen aus der Emigration zurück«. Andre haben wieder »die Koffer schon für die Emigration gepackt«. (P, 49 f.) Das Programm der NS-reflexiven Spracharbeit im Nachkrieg, wie Franz Mon es 1963 formuliert hatte, hat kein *Erzähler* so »radikal mit den Sinnen, mit dem Verstand aber skeptisch« (Jürgen Manthey)[97] verwirklicht wie Fichte:

Das Vernichtungs-KZ der Nazis war 〈. . .〉 ›Sprache‹, ehe es in die ›Realität‹ einschlug. 〈. . .〉 Die KZ sind *ein* Beispiel für das fatale Verhältnis zwischen Sprache und Realität, und sie werden uns, je länger es dauert, desto weniger zur Ruhe kommen lassen 〈. . .〉. Es ist eine geschlagene Sprache, bedenkt man, woran sie beteiligt war und ist. Aber welche Wahl haben wir . . .[98]

Gemessen an *diesem* Programm und seiner neu aufgenommenen Abarbeitung bei Fichte haben die folgenden Beispiele dieser Textgruppe keinen leichten Stand. Es scheint, das Experimentieren mit noch ›möglichem‹ Realitätsbezug des Erzählens hat die Autoren von radikaler Befragung der »geschlagenen Sprache« abgehalten.

Andersch vollendet in ›Winterspelt‹ (1974) seine Erzählkunst in einer Haltung zum NS-Staat, die der Ideologie der ›Inneren Emigration‹ noch immer nahe steht, aber nun in die Nähe gerückt ist zu wirklich Exilierten und zu wirklichem Widerstand. Und – am Rande des Krieges, wo es Kriegshandlungen bloß noch gibt als Mythogramme, der Landschaft eingraviert, die ins Totenreich verschoben ist, – eine Frage wird durchgespielt: Warum haben deutsche Heerführer, so sehr sie es phantasierten zu tun, den millionenfachen Mord und Tod des Kriegsschlusses nicht verhindert, indem sie ihre Truppen im Sommer 1944 den Gegnern übergaben? Die Antwort ist Romanhandlung: Die *Fiktion* einer Übergabe an der Westfront vor der sogenannten Ardennenoffensive der NS-Wehrmacht im Dezember 1944 schlägt in *Dokumentation* um – Alliierte und deutsche Generale versäumten gemeinsam einen rechtzeitigen Kriegsschluß –: *Das* ist für Andersch die Geschichtsmaterie, deren ›realistische‹ Rekonstruktion den Möglichkeits-Rahmen für *Erzählungen im Sandkasten* setzt. Wie Fichte arbeitet Andersch, begrenzt auf das Sandkastenspiel, das Käthes »Reise in den Westen« begründen soll, gegen die Entsinnlichung der Sprache.

»Hitler ist für den Kapitalismus untragbar geworden. Er diskreditiert die bürgerliche Gesellschaftsordnung, zeigt ihre Grundlagen zu offen.« 〈. . .〉. Sie stieß sich an dem Wort *untragbar*. »Du meinst *unerträglich*«, sagte sie. »Meinetwegen«, sagte er, irritiert. »Es ist ein großer Unterschied«, sagte sie, »ob man jemand für untragbar hält, oder ob einem

100 VERGANGENHEIT IN DER GEGENWART

jemand unerträglich ist. Für meinen Vater zum Beispiel war Hitler einfach unerträglich.« (32 f.)[99]

Mit seinem Verfahren der dokumentarischen Fiktion, der fiktionalen Umverteilung der ›realistischen‹ Denkanstöße und mit der
bildästhetischen Integration des Erzählens steht Andersch zwischen
Kluge und Weiss, die wie er den dogmatischen Realismus aufheben. Das Dokumentarische rührt ans Protzige, belegt auch die
männliche Faszination an der Kriegskommunikation. Die Bildarbeit
im Roman aber ist ›heimlicher‹, der Text ist reflexiv zu einem
Bild komponiert, das der Exulant, der »durch die Linien geht«, aus
dem Städelschen Kunstinstitut gerettet hat und in der Höhle des
Marxisten aufbewahrt, Paul Klees »Polyphon umgrenztes Weiß«.

Diese Bewegung von einem dunklen Rand in ein helles Innere ⟨. . .⟩ das
durchfallende Licht nahm nach der Mitte hin zu, bis es in dem weißen
Rechteck aufgehoben wurde, das vielleicht eine höchste Lichtquelle war,
vielleicht aber auch bloß etwas Weißes, ein Nichts. (S. 270 f.)

Käthe geht (dem Bombenblitz in Berlin entronnen) durch diese
Lichtmitte des Romans dann ab. Heraus aus der »ihr höchst peinlichen Rolle einer Überlebenden« (245). Ihr Ausweg nach Westen
– durchs Niemandsland und über den Bruch 1945 hinweg – ist
»Triebrichtung« (259). Mit einem Rebus-Zeichen läßt der Autor
den Lehrer ihres »politischen Bewußtseins« (257 ff.), den »alten
Marxisten«, sie verabschieden (580 ff.): »Waldveilchen und Salo-
monssiegel, Schlafmoos und Aronstab«. In der deutschen Literatur kommt dieser ästhetisch-magische Schluß nicht an. Hat in der
Atempause nach der Vernichtung *niemand* mehr in Deutschland
die Überlebenden-Rolle beanspruchen dürfen? Ist die Pause
inzwischen verspielt, in der das deutsche Selbstverstehen nach
dem Zeichen Gottes in der *Tora,* nach dem erblühenden Stab
Aarons sich hätte zu entfalten beginnen können: als kriegerische
Friedensbotschaft an Israel?[100] Oder war das Urteil über Deutschlands politische Geschichte schon unwiderruflich, das der amerikanische Germanist als Nachrichtenoffizier ins Sandkastenspiel
eingebracht hatte, als er Ausschau nach dem in diesem Land
Selbstvernichteten hielt, nach dem Deutschen Wörterbuch der
Brüder Grimm, und um seine Rettung vor den *Bomben* bangte?

NEU-THEMATISIERUNGEN DES BRUCHS 1945   101

G. Vesper und Stiller, in den Bruch hineingeboren (Jahrgang 41), für den das wirkliche Dorf Winterspelt das endsprachliche Zeichen ist (»Schattenhaft. Lautlos«, 597), haben biographisch die Voraussetzung zu einer idealisch-symbolischen Aufhebung deutscher Geschichte nicht. Ihr Kinderblick wurde ganz beansprucht von der sprachlich stabilen Kontinuität in der Gesellschaft auf dem Lande und konstituiert so noch ihre literarische Erinnerungsarbeit. Vesper kommt auf seiner Reise nach Westen nicht weit; seine Schreibweise mischt und verfremdet die realen Dorftexte in Westdeutschland um gleichbleibende Kerne herum: »einsilbige Wörter ⟨. . .⟩, unumstößliche Wahrheiten«, Waffenwörter im provinziellen Klassenkampf und ewigen Faschismus. Der erwachsene, marxistische Blick auf die Kämpfe wird gebrochen von Verstörung, ihm erscheint die Sozialgeschichte zeitlich zusammengeschoben zu einer Topographie, voller Abgründe, durchzogen, wie es im I. Stück der ›Laterna Magica‹ (1985) heißt, von der

Kette der Gewalt, die sich, eine andere Geschichte der Heimat, von Haus zu Haus, von Straße zu Straße, von Ort zu Ort und durch die Jahre, Jahrzehnte zieht, ich sehe die Bilder wieder und neu, sie gehören zusammen, Seite um Seite schlage ich auf in dem Buch mit unserer Beschreibung.

Die alten Mordgeschichten,

Sie steigen aus Höhlen auf, die dicht unter der Erde oder in uns gähnen, als geheime Drohung. ⟨. . .⟩ die großen Höhlen, du weißt schon, aus denen es Tag und Nacht nur einen Namen schreit, der unserem ganz ähnlich klingt: die immer wachsende unendliche Schuld (›Unten im Schwarzwald‹, 1978)[101]

Vespers Arbeit ist ein Beispiel für das literarische Problem, *wie* in einer Geschichtssicht, die aus erlebter Angst vor der ewigen Gewalt der Klassenkämpfe kommt, »die Nacht des vergangenen Jahrtausends« (die NS-Zeit), spezifisch reflektiert werden könne.[102] In dem resümierenden Gesamttext seiner historisierenden Methodik (›Nördlich der Liebe und südlich des Hasses‹, 1979), schlägt das Problem der historisch unspezifischen Gewaltkritik, an dem andere (konservative) Bücher von vornherein scheitern (beispielhaft Hans Joachim Schädlich, ›Tallhover‹, 1986), von einer linkspazifistischen Position aus um in subjektive Ohnmacht und Zermürbung, als nach der erzählten Versetzung in das Gewalt-Telos einer Kohlhaas-Figur im 19. Jahrhundert der Erzähler schließlich mit der Polizeistaat-Bedrohung nach 1977 ganz hautnah fertig werden muß. Die ästhetische *Präzisierung* der Frage, wann alles angefangen hat (»Jedes Datum kommt in Frage« — ›Nördlich‹, 219 ff.), gelingt erst in den lyrischen Sprechklagen, weil dort das *Gefühl* von der »Vergangenheit und Zukunft unseres Landes, der übergroßen Vernichtungsanlage«,[103] dem prosaischen Meinen, das »historisch Böse« sei immergleich, widerspricht und die Texte als »Kette« von *Metaphern* durchzieht, die die »dröhnenden Bilder vom Abgrund« genau datieren.[104]

Stiller bearbeitet die literarische Reflexion des NS-Kontinuums in klar voneinander abgesetzten Textgattungen. Den Versuch, wie Fichte in *einem* epischen Vokabelkosmos die Aufschreibsonde herumzuführen, macht er nicht, dennoch bleiben Reminiszenzen daran, wie konkret der Nationalsozialismus im Erinnerungsraum Provinz ausgedrückt wurde (wie z. B. die Verfolgung der Juden zum klerikal-faschistischen Denken der Nazikatholiken gehörte), nicht künstlich isoliert als moralischer Gestus des Autors (dazu gibt es genug Beispiele),[105] sondern ›natürlich‹ in erzählter nicht beendeter Vergangenheit. Stiller erzählt im ländlichen Spannungszustand einer Blend-Kultur ohne Schuld im Schuldzusammenhang, wie Vesper, zuvorkommender aber als dieser auf das Vertrauen in die Erfahrungen achtend, die auch seine Leserschaft machen konnte, als der Krieg zu Ende war. Wird sie dem Autor das Vertrauen entgelten? Es wird im Natürlichkeitsschein der ruhig ironisierten Alltagsgespräche so belastet wie bei Fichte und Vesper: Erbärmlich der soziale Stand der wenigen widerständigen Menschen im alltagspraktischen Inhumanum der Gemeinde, wenn sie, wie der Pfarrer Hübsch im ›Heiligen Jahr‹ (›Wie die Westheimer den Winter vergaßen‹, 1986),[106] der für die Juden und Zigeuner predigte, überlebt haben und sich nun unter denen bewegen müssen, die den gesellschaftlichen Nicht-Widerstand fortsetzen! Der Kinderblick reicht unter die Oberfläche dieser konstanten Sozialnatur der Erwachsenen und über den Bruch 1945 zurück, erblickt das Grauen, macht geheimnisvolle Funde.

Das Deutsche Wörterbuch bearbeitet Stiller intensiver als im Epos mit Mitteln dokumentarisch-parodistischer Versetzung an authentische Sprechstellen, wo das ›Unheil‹ ausgebrütet oder später umgearbeitet wurde und wird: Noch einmal hören wir Hitlers »hypnotische Trance« (G. Steiner),[107] in der sein massenästhetisches Programm der Zucht und Vernichtung sich ausgesprochen hatte, unzugänglich und unversöhnlich im kompilierten Monolog (›H. Protokoll‹, 1970), oder sind gezwungen, dem offiziersmäßigen Beschwichtigungsjargon eines Weihbischofs zu lauschen, der ein gewalttätiger NS-Komplize war (›Tagebuch eines Weihbischofs‹, 1973). In Goethes Faust-Knittelversen versucht Stiller, den Terrorismus nach der Studentenbewegung in der ›ersten Generation‹ parodistisch zu historisieren und die Blindheit in der Gesellschaft und der gewerkschaftlich organisierten Linken für die NS-reflexiven Motive der strafverfolgten »Baader-Meinhof-Bande« wenigstens literarisch aufzuheben (›Drei Szenen aus dem Stück »Die Räuber««, 1973).[108]

Ortheil (Jahrgang 51) läßt in der Erzählung ›Hecke‹ (1983)[109] auf die Zeit des Dritten Reiches und seiner Beendigung nicht einmal mehr mit der *Ahnung* eines eignen Kinderblicks zurückblikken. Doch immer noch ist Begreifen vordefiniert. Erwähnungen rundum und »die Bilder der verwüsteten Städte, der Toten, der Vergasten« (37). Abstand genug, alles zurechtzudeuten – für die Erwachsenen. Die Repetitionen ihres Erzählens scheinen durch Abstand gesichert – und durch die Abwehr der Kinder, ihnen wirklich zuzuhören. Die Alten inszenieren ihr Vergessen – den Jungen aber wird dergestalt, vor der Wand des gefestigten Definierens, die sie selber vor dem Grauen schützt, das leibhaftigste historische Material zugespielt; wie nimmt man es auf: das Familiengespräch, das Subjektsein der Eltern in der NS-Zeit, ihre Geheimnisse, die Ordnung des Diskurses. Ortheil geht im streng komponierten Sohn-Text in der Tat von Diskurstheorie geleitet vor. Die Erzählung der Mutter von ihrer Verhaftung im Februar 1933 ist wie ein Dorftext,[110] aufdringlich, um ein ›Besondres‹ kreisend, verspannt, künstlich, falsch. »Der Wert von Anspielungen, Symbolen, Metaphern war ins Unermeßliche gestiegen . . .« (77)

Wovon auch immer sie erzählen, die Geschichten hinterlassen keine Spur. Die Erzähler ⟨. . .⟩ wühlen sich wie Erdmäuse immer tiefer ins Dunkel. Erst spät habe ich bemerkt, daß man nur auf diese Weise vergessen kann. ⟨. . .⟩ Meine Mutter vergißt, indem sie erzählt; aber nur indem sie erzählt, beherrscht sie ihr Vergessen (23).

50 Jahre ›danach‹ erobert sich der Sohn die Spur in der Geschichte der Mutter zurück, begegnet auch *seiner* sprachlichen Neigung, Vergangenheit zu verklären; wie mühsam, ihr *nicht* davonzulaufen. Als das Erzählkonstrukt in sieben Tagen Recherche und Schreibarbeit nachvollzogen und berichtigt ist, ist ein Bann gebrochen: Der Sohn hatte mit seiner *Geburt nach dem Krieg* die Rolle bekommen, den ›Verzählungen‹ der Mutter ›ewig‹ zuzuhören: damit sie beginnen konnte zu vergessen. Das war nun vorbei. »⟨. . .⟩ Am Ende fänden wir vielleicht zu einem Gespräch . . .« (302)

Auch Augustin (Jahrgang 27) arbeitet an deutscher Real-Orientierung aus dem Erinnerungspunkt unserer Eroberung 1944/45. Schwerin, mit der Knarre am Ufer des Peene-Kanals beim Einmarsch der Roten Armee (›Raumlicht: Der Fall Evelyne B.‹, 1976), eine stille Chaussee in Mecklenburg, der kleine Junge, Amerikaträumer, im Visier eines US-amerikanischen Jagdbombers (›Der amerikanische Traum‹, 1989).[111] Es scheint, als habe die Befreiung aus Ost gen Westen und aus West gen Osten den NS-Faschismus von der Bildfläche verschwinden lassen und ›aufgehoben‹. Er ist aber ins Innerste, fast Mythische ›indirektisiert‹. Die Romane des Psychiaters Augustin stellen die Gewaltfrage neu. Das Ende 44/45 birgt das Recht auf einen neuen Anfang. Er wird mit Gewalt zerstört. Woher kommt sie, ist sie heilbar? Schon vor der faktischen Landbefreiung waren die Träume und (›antifaschistischen‹) Raumphantasien da. Das Kind begehrt und ergreift mit Herz und Bewußtsein die Bilder einer schönen Welt, Amerika. Die Raumspiegelungen zwischen Bild und Welt schaffen den *wirklichen Innenraum:* »ungeheuerliche nicht gelebte Möglichkeiten« (22 f.). Sie zu leben, hätte dem Kind die *Zeit* gelassen werden sollen.

In einem Traumkitsch-Experiment erfüllt sich der ›Amerikanische Traum‹ doppelbödig: (1) im Zeitblitz seiner Verkörperung in verselbständigter Gewalt (ein Hebeldruck in der Bordkanzel, der Junge ist zerfetzt), die dort weitermacht, wo die NS-Faschisten aufzuhören soeben gezwungen werden, und (2) – Inkarnation der sterbenden Kinderseele! – im Rachehandeln des Buchtraumhelden, der den Mördern bis in die Sümpfe des Amazonas folgt (während das Vorderrad des umgestürzten Fahrrades sich noch dreht – »ein bißchen langsamer inzwischen«) (239). Eine ›philosophische‹ Aufkündigung des Westmodells an der Schwelle zur neuen Ost-West-Wendung 1989, während andere Autoren die Töne des Westpatriotismus verstärken [→ 373 ff.], ein Buch der verzweifelten (spinozianischen) Denkstrenge und einer phantastischen alttestamentarischen Gerechtigkeit und so schön geschrieben wie kein zweites in seiner Art.

Die Schreie, die Verschlingungen, und nicht enden wollende Gewalttätigkeit der Götterschlachten, die Ovids Mythologie in den ›Metamorphosen‹ verewigt hat, übersetzt Ransmayr sensationell in ein ›letztes‹ Epos (›Die letzte Welt. Mit einem Ovidischen Repertoire‹, 1988).[112] Während das Buch sofort ein großer, bald ein Welterfolg wird, dessen Kaufzwangfolgen eine genaue, tiefgehende Lektüre zu verschütten drohen, stöhnt die einst ›linksliterarisch‹ organisierte Realismusschule an den Stammtischen der Literaturkritik auf. Das sei nun das Letzte an Gegenaufklärung in geschichtsschreibender Gegenwartsliteratur.

Im Exilkosmos der eisernen Stadt Tomi leben die Abgedrängten, Gestrandeten, Gescheiterten, Überlebenden, Verbannten, Desertierten, Ausgebooteten, Entrechteten, Geflohenen und Geschändeten, am Rande der Versteinerung und des Wahnsinns und jenseits der Grenze der Zivilisation noch im gesuchten oder entbehrten *Bezug* zur Zivilisationsmetropole Rom. Ihn zerreißt Ransmayr mit den Mitteln der Rückverwandlung der antik-epischen, raumgreifenden Staatsidee Ovids in eine metaphorisch auf dem Abseits-Ort aufgetürmte, steinerne Endzeitlichkeit. Das deutsche Wörterbuch ist in letzter Präzisionsarbeit an Vokabel-Ästhetik und topographischer Elementar-Poetisierung ausgeschöpft und zugleich legitimiert als Instrumentarium, die ewige Menschenvielfalt auf die Schaubühne des »Schuldzusammenhangs« zu stellen, wo die Umkehrung des Mythos gespielt wird, der einmal auf Zivilisation und Erlösung verwiesen hat. Der zerschlagene Körper des deutschen Soldaten, der in Tomi als Arzt lebt – Pluto-Figuration, ›Thies‹ –, verkörpert den *Zivilisationsbruch*.[113] Das Kriegsende, vor seiner Desertion, hatte er vor einer Lagerhalle erlebt, die er öffnen mußte: einer Gaskammer. Ein Leichenhaufen, die Schwachen als Treppenstufen für die Stärkeren, die noch nach oben gekrochen waren ... Als er die Torflügel öffnete, sah er diese »Ordnung der Menschheit auf sich zustürzen ...« (262).

So wirksam sich seine Arzneien und Tinkturen auch erweisen, in seinem Innersten bleibt er doch davon überzeugt, daß den Lebenden nicht mehr zu helfen ist. Allein in den Gesichtern der Toten glaubt er manchmal einen Ausdruck der Unschuld zu entdecken, der ihn rührt und den er mit bitteren Essenzen zu konservieren versucht, bis er die Schrecken des Verfalls mit Erde und Steinen bedeckt. Obwohl er an seinem Heimweh nach den kalkweißen Sandbänken Frieslands schlimmer zu leiden hat als an den Folgen seiner Verwundung, ist er von seiner Verlobten Proserpina weder zu einer Reise nach Rom noch zur Rückkehr in seine Heimat zu bewegen. Nach so vielen Toten, die er gesehen, und so viel Vernichtungswut, die er erlebt hat, glaubt er den Weg zurück zu den Küsten seiner Herkunft für immer verloren; nichts kann wieder werden, wie es war (264 ff.; 319).

6. *Widerstand, Gedächtnis · Uwe Johnson und Peter Weiss*

Ernst Bloch bestreitet 1939 in dem Exiltext ›Der Nazi und das Unsägliche‹[114] im ganzen die Fähigkeit einer literarischen Ästhetik, dem Nationalsozialismus ›gerecht‹ zu werden; wahrscheinlich könne er »nur als Folie zum großen sozialistischen Befreiungsroman dargestellt werden, nicht an sich selbst«. Im Geschichtsgang seit 1938/39 sind die Voraussetzungen für solche Ermunterung des Sozialistischen Realismus gründlich verkehrt worden. Die drei großen NS-reflexiven Projekte in der deutschen Nachkriegsliteratur, Bachmanns ›Todesarten‹, Johnsons ›Jahrestage‹ und Weiss' ›Ästhetik des Widerstands‹, handeln vom Unsäglichen, von Spiegelungen NS – Stalinismus – Viet Nam und vom Widerstand. – Befreiung?

Epochenbild · Raumspiegelung

> »Unverhofft und ungeplant
> ein Buch gefunden in New York.«[115]

Im April 1967 beginnt für Johnson die Arbeit an den ›Jahrestagen‹. Auf den Straßen New Yorks begegnet er Gesine Cresspahl aus den ›Mutmaßungen über Jakob‹ (1959). Sie ist mürrisch und mißtrauisch gegen ihren Autor; bemüht, die in Deutschland geschlagenen Wunden zu kurieren, sich selber ein Exil und ihrem Kind Marie eine Heimat einzurichten, macht sie dem »Genossen Schriftsteller« zu schaffen. Wie gebrochen, verschoben ist deutsche Gedenkarbeit in der neuen Konstellation? Wie erkennbar, wie darstellbar die Wahrheit der Wirklichkeit in der Epoche jetzt, wie unscharf? – Was motiviert noch zur großen reflexiven Epochendarstellung, da hier ein anderes Leben beginnen will? Mit »Übungsnotizen« wird der Arbeitszusammenhang ›Jahrestage. Aus dem Leben von Gesine Cresspahl‹ eröffnet. Schreibbeginn 29. Januar 1968. Der erste Band erscheint 1970: Warum geht Heinrich Cresspahl, Gesines Vater, ein uriger Typus von Widerständigkeit, 1933 nach Deutschland zurück?[116]

Die 470 Seiten verschwinden, von einer Ausnahme abgesehen, die auch nichts bewirkt, in der Rezensionsroutine.[117] Auf den Gang der deutschen Literatur haben sie keinen Einfluß; er wäre nötig gewesen. Eine *Debatte* über Johnsons Mühen um die Gedächtnis-Funktion Erinnerung (J, I 63),[118] über seine Einübungen in ein Gedenken, das den Weg zurück in die Vergangenheit *nicht* »umsetzt in Wissen«, wobei es erstarrt (J, I 339), und *nicht* einem deutschen Gedächtnis überläßt, in dem sich ›von selbst‹ nichts Belastendes mehr »meldet« (J, I 234), hätte dem bundesdeutschen Geistergespräch über ›Realismus‹ nach 1968 aber wohl zuviel zugemutet. Sie fand nicht statt.

Eine spinozianische Denkfigur, nämlich den Raum im Abschied zu denken und ihn in den Abschied mitzunehmen, prägt die Methode der Raumspiegelung in den ›Jahrestagen‹. »Vergessen« und »Behalten« sind in Gesines Gedenkarbeit paradox verbunden.

Ihr kam es an auf eine Funktion des Gedächtnisses, die Erinnerung, nicht auf den Speicher, die Wiedergabe, auf das Zurückgehen in die Vergangenheit, die Wiederholung des Gewesenen: darinnen noch einmal zu sein, dort noch einmal einzutreten. Das gibt es nicht. (J, I 62 f.)[119]

Gesine nimmt die Lasten, die sich beim Erinnern türmen, mit auf den Weg nach Prag, wo sie im Auftrag ihres Bankherrn ein Investitionsgeschäft einleiten soll und damit »ihren letzten Versuch« verbinden will, »sich einzulassen mit der Alternative Sozialismus«. (B, 422; 450)

Die Vergangenheit ist offener, wenn sie nicht auf die Horizonte autobiographisch realen Erfahrungswissens eingeschränkt und nicht bloß aus der Perspektive erinnert wird, die subjektiv ›authentisch‹ aus einem der drei großen Kritikprojekte (oder ihrem Wettstreit) zu gewinnen waren, welche einer politischen Intelligenz in der Epoche *positionell* offenstanden: »Antifaschismus«, »Antistalinismus«, »Antiimperialismus«. Das Subjekt in den ›Jahrestagen‹ als verantwortliches für die »Funktion des Gedächtnisses, die Erinnerung« *ist drei Personen.* Das Alter des Kinds Marie ist dem des »Genossen Schriftstellers« zugeordnet; er war 1945, als der Sozialismus seine Befreiungschance hatte, so alt wie sie jetzt, da sie mit Hilfe der beiden Erzählenden ihre Geschichts-Erkennung im Alltag New Yorks aufbaut: kein mythisches Tableau des Immergleichen, nicht ›Posthistoire‹, sondern paradoxe Dehnung des Gedenk- und Lebens-Standorts in einer offenen Gewaltgeschichte, der Marie den Rücken zuzukehren lernt, den Erzählungen zugewandt wie Benjamins Engel der Geschichte. Am Tag des Einmarsches der Truppen des Warschauer Pakts in Prag am 20. August 1968 ist ihr Gedächtnis ›fertig‹.

Heinrich Cresspahls Charakter ist, bis in die Schreckenszeit im NKWD-Lager Fünfeichen, weniger an seinen Handlungen als an seinem Sprechen/Nichtsprechen, bis ins Verstummen, aufgelesen und zum Gesamtbild einer Widerstandsfigur entfaltet, an die die deutsche Schuldfrage zu richten das Komplizierteste ist. Und weil Johnsons Schreiben/Sprechen eine Arbeit in der *Unmöglichkeit ist, wirklich im Vergangenen anzukommen,* aber als notwendig aufgeboten bleibt in der hegemonialen deutschen Nachkriegskultur des Vergessens und der schrecklichen Vereinfachungen, wird das Gedenken in deutscher Sprache dem Autor immer mehr zum psychischen Block. Die Arbeit an Cresspahls zweieinhalbjähriger Lagerzeit (1208-1516) und am *daran* Erwachsenwerden Maries – »Mach Cresspahl unschuldig, Gesine. Wenn du ein wenig lügen könntest«, sagt das Noch-Kind (J, III 1216) – scheint gerade noch durchzustehen zu sein: während sich der historisch-moralische Vergleich mit den NS-Lagern – den ersten hatte Cresspahl 1933 keine weitere Bedeutung beigemessen (J, I 391 ff.) – nun angesichts des geschundenen Leibs des Gefangenen unabwendbar aufdrängen will. Gesine will im Nachexil ganz heraus aus dem deutschen Wörterbuch (vgl. J, II 738 ff.). Nur gebrochen und als Auslösung von Schmerz ist die Muttersprache ihr für die Erinnerungsarbeit verfügbar. Der »Genosse Schriftsteller«, nach Erscheinen des dritten Bandes 1973, steckt im Sommer 1975 endgültig in einer Schreibblockade fest. – ›Die Ästhetik des Widerstands‹ beginnt zu erscheinen.

Dialektische Bilder des Widerstands

> Ihr, die ihr vor diesem Bild steht, so sagte der Maler, seid die Verlorenen, denen, die ihr verlassen habt, gehört die Hoffnung (II, 27)[120]

Anders als Johnson ist Weiss auf die Revolte aktiv zugegangen, sprach auf dem Vietnam-Kongreß am 17. Februar 1968 an der FU, demonstrierte mit, saß in Arbeitsgruppen des SDS, doch meist ist er sich in solchen Situationen selber fremd, hört sich sprechen wie »nicht zu mir gehörig«. Er merkt immer wieder, daß er »von ganz wo anders her« kommt – »Vielleicht dies alles nur Versuche, die Emigration zu überwinden. Verspätet. Oder zu spät.«[121] Ähnlich wie Johnson, intensiver noch *wegen* seines Engagements nähert sich Weiss dem Arbeitszusammenhang des großen Werks in einem inneren Widerspruch zu den bürgerlichselbstsicheren Ausdrucksformen in der Revolte, deren Ziele er teilt und deren Nähe er braucht – und vice versa. L. Baier beschreibt rückblickend 1979 in einer Reflexion zu ›Meine Ortschaft‹ die Signalwirkung, die von Weiss um 1968 hat ausgehen können: Die Revolte habe gezeigt, daß die Realität doch veränderbar, Peter Weiss habe gezeigt, daß in dieser Sicht auch die Kunst aus der Deckung allzu eng gefaßter Autonomie hinauszuführen sei.[122]

Weiss hat sich mit seinen politischen Stoffen 1965–1970, zwischen ›Die Ermittlung‹ und ›Trotzki im Exil‹, ganz anders auseinandergesetzt, als es das (nicht nur) linke Klischee bis heute will (›Dokumentarist‹ und ›Internationalist‹ um 1968), nämlich selbstanalytisch: nicht nur in gründlichen Quellenstudien und reisend (»Fliegender Holländer, Ewiger Jude«, N, 717), sondern auch ›vertikal‹ mitgenommen von den »Schocks der Wiedererkennung«, die von erinnerten »Bildern aus den frühesten Ablagerungen« hervorgerufen werden (N, 830 f.). Text entstehe »aus Meditation ⟨...⟩, aus Erinnerungen ⟨...⟩, Spiegelungen historischer Situationen«. Textschreiben sei

ein Gewebe, sehr leicht zerreißbar, jähen Schwankungen und Sprüngen unterworfen, eher Traum als Realität ⟨...⟩: So gesehen, als Gedankenkomplex, als Reflexion, manchmal starke Form gewinnend, manchmal fast zerfließend, verwehend, fast untergehend, dann wieder sich assoziativ erweiternd, voll von konzentriertem Lauschen, manchmal welkend, modernd, wieder aufflammend, schließlich jäh ausgelöscht, so könnte es sich darstellen als das, was der Autor während des Schreibens vor sich sah ... (N, 717 f.)

Der ›Trotzki‹-Schock (Verweigerung einer Auseinandersetzung in Ost und West)[123] hatte Weiss vor die »Grenzlinie« seines politischen Theaters geworfen und alte Bilder freigesetzt, die er in Überlegungen zur bisherigen Arbeitsweise und in Traumtexten bearbeitet, die den Grund seiner politischen Ästhetik freilegen. Im Juli/August 1970 schreibt er plötzlich im neuen Rhythmus der jetzt inkubierten ›Ästhetik des Widerstands‹.[124] So schreibend führt er sich an den Ausgangspunkt 1964 seiner ›68er‹ Phase zurück: Ortstermin im Vernichtungslager, Auschwitz-Prozeß,

Ermittlung 1965. Schon im Mai/Juni 1968 auf der Reise durch das bombardierte Viet Nam, wo Weiss »lernen will, was Widerstand ist«, hatte er zuerst gelernt, mit dem Zusammenschießen der Bilder im Innern fertig zu werden: »erstarrt, hingeworfen, weggeschmissen dazuliegen unter dem irrsinnig rasenden Giganten, erloschen unter dem Gewicht der Todeszivilisation ...« (N, 803). In ›Meine Ortschaft‹, »für die ich bestimmt war und der ich entkam«, ist festgehalten, wie das Bewußtsein stillsteht, wenn die Bilder, die man seit 1945 kennt, an ›ihrem‹ Ort aufgesucht – *begraben* bleiben und in dieser *Unerreichbarkeit* das Bewußtsein in gegenwärtige, krisenhafte Bewegung setzen.[125]

Ohne erkennbares Ende arbeitet die *bild*-primäre Historisierung in der Literatur »... Für kein Grab reicht dein Trauern aus und der Blick in die großen Gruben« (N, 789). So war Weiss seit dem Viet Nam-Besuch an seinen »Arbeitsort«, »in das Abgelegte und Vergessene«, zurückgeholt worden (N, 836), dem er durch *Traum*arbeit bei seinen Bemühungen um die Erfassung der »Außenwelt« stets verbunden geblieben war: »in mein Theater, in dieses Grotten-Theater, dieses Urwelt-Theater, in dem ich Regisseur und Schauspieler war« (N, 780 f.). Hier im Totenreich war nun das »Wirklichkeitsbild« des imperialismus-kritischen Welttheaters zu korrigieren, das die »deutsche Misere« bloß implizierte. Die »Grundsituation für ein Buch« war erreicht, das Deutschland zum alleinigen Thema haben mußte.[126]

Am »Arbeitsort« des Blicks in den Abgrund der Shoah zeigten Johnsons und Weiss' Projektanfänge eine dramatische Nähe, aber zugleich ein Auseinanderstreben der Arbeitsziele. Johnson über*nimmt* die Last, die sich für den Deutschen noch weniger unmittelbar tragen läßt als für den Juden, in die Erzählarbeit in New York und über*trägt* die Alpträume, »die blinde, vergebliche Gegenwehr des Schlafenden im Kampf mit etwas, das in keinem Aufwachen ganz verschwinden wird«, auf sein alter ego Gesine. Er und Sie, ›Vertragspartner‹ im Erinnern, haben in der SBZ bald nach den ersten Lager-Bildern aus Bergen-Belsen 1945 in ihrer neuen sozialistischen Erziehung viel vom Kapitalismus-Kontinuum gehört, das »diese [der Erzähler stockt] ... diese Dinge erklärt«. Der Autor zwingt ›seine‹ Gesine jetzt noch einmal in eine Gegenwärtigkeit der Lagerbilder, deren Schockwirkungen nicht aufhören. Sie machen die Stärke eines inneren Widerstands in Deutschland *1933-1961* an seiner Schwäche meßbar, jetzt im ›Nachexil‹, in der Nähe zu den hier Überlebenden.

Die Auswanderin Cresspahl trat vorsichtig und rasch weg und zurück aus einer Imbiß-Stube am Union Square in New York, als sie die Sprache der Wirtsleute erkannte als Jiddisch (232 ff.).

Gesines Verstörtheit macht es auch dem Genossen Schriftsteller nicht leicht, rational, wie er möchte, damit umzugehen, daß er »zu einer nationalen Gruppe« gehört, »die eine andere Gruppe abgeschlachtet hat«.[127] Obwohl Weiss den Mordschauplatz Deutschland leibhaftiger und im Präsens eines traumatischen Bilderflutens erlebt, das ihn zu kritischen Eingriffen in die »Alltäglichkeit der Lüge«, die das Vergangene zudeckt, nur immer weiter hätte veranlassen können,[128] wendet er sich nun stofflich von der Jetztzeit, wie schon im ›Trotzki‹, endgültig ab und dem Anschein nach in den Bänden I und II auch vom Wissen der Shoah.[129] Die Politisierung seiner Kunstauffassung war in den wenigen Jahren der revolutionären Interventionen auf der Oberfläche so tief schon wieder unterhöhlt worden, daß er sie erst einmal von Grund auf historisch überprüfen wollte. Mit Johnson teilt er das Schockerlebnis Prag 20. August 1968,[130] *subjektiviert* aber in der Folge stärker seine Ent-Täuschungs-Arbeit. »Ich suche mich zum Ausgangspunkt zurück« (15. 2. 1971). Diese subjektgeschichtliche Überprüfungsarbeit findet statt im Horizont der geschichtlichen Totale (Geschichte der Arbeiterbewegung, ihre Kontroversen und Verbrechen, ihre kulturelle Problematik in der Weimarer Republik und im NS-Untergrund, bis zur Hinrichtung der Widerstandsgruppe Schulze-Boysen in Plötzensee) und schießt zusammen, entäußert sich in die Möglichkeit, den Roman nun zu beginnen, als Weiss am 23. Juni 1972 den Pergamon-Altar in Berlin besucht. In der Marmorhalle entscheidet sich der Autor zur Rückverkörperung seines krisengeschüttelten Augenblick-Ichs in die Realfiktion des jungen konspirativen Elite-Proletariers, der an der Seite Hans Coppis und Horst Heilmanns am 22. September 1937 vor den Pergamon-Fries tritt. »Unser Lebensfries« (Heilmann in der Todeszelle, III, 200).

> Die hallenden Stimmen der umhergehenden Menschen, ein Meer, ein einziges Klingen in dieser gewaltigen Schlacht –
> ein Ertragen – der Schmerz zu umfassend, als daß er noch identifizierbar wäre – eine einzige Zusammenballung von Schmerz unter unmenschlicher Gewalt – doch kein Dulden, eine fortwährende Auflehnung, ein fortwährendes Widerstreben, eine fortwährende bis zum äußersten gespannte Wucht, ein Angreifen, in der Verteidigung, doch keine Entscheidung, *noch* keine Entscheidung[131]

Die Perspektive des Noch-nicht ist an die Heldengestalt Herakles geknüpft, dessen Abbildung durch die Herrschenden die Freunde nicht hinnehmen wollen (I, 317), und eingezogen in den Ich-Monolog, der im alltäglichen Bilder- und Gedankenstrom des Autors gründet und im Material schier unermeßlicher Studien- und Gesprächsergebnisse seinen Raum gewinnt.[132] Weiss hat stets betont, daß dieses proletarische Ich, das ihm die bürgerliche Kritik nicht verzeihen konnte, auch seine eigene Identitätsentwicklung nachzeichnet, die sich in der Widersprüchlichkeit und Ausgesetztheit des »intellektuellen Proletariats« und einer noch ›unpolitischen‹ Emigration erfahren hat. Der Monolog »wühlt und forscht« sich durch die Zeitgeschehnisse 1919–1949, in deren *Räume* noch HEUTE Personen zurückgewünscht werden, die dem Sprecher ähneln, der seine Sprache *sucht:* »der ständig alles in Zweifel setzt und trotzdem nie eine Sache verrät«.[133]

Ganz anders als die ›Jahrestage‹, die mit einer Nicht-Debatte und Kaum-Lektüre beantwortet worden sind, löste ›Die Ästhetik des Widerstands‹ eine oft bestaunte Vielfalt der Wirkung und Debatte aus, als der erste Band 1975 erscheint. Stellen wir beiseite die Rezensionen im tonangebenden Feuilleton West, wo entweder der ›Fall Weiss‹ fortgeschrieben oder die Abwehr der Gruppe 47 etwa gegen Fichtes Unterklassen-Konstruktivismus auf Weiss übertragen wird,[134] auch die verordnete Nichtaufnahme in der DDR[135] – so ist in der Tat die Breite der Lektüren in der BRD ein soziales Phänomen: Lesegruppen, die z. T. noch heute bestehen (und noch immer nicht bei Plötzensee angelangt sind), Lesungen und Streitgespräche in kleiner und großer

Öffentlichkeit (Akademien, Gewerkschaftliche Freizeit, Kirchen, Buchhandlungen, alternative Kultur, Rundfunk, internationale Symposien, Fortbildungseinrichtungen und politische Publizistik) und ein ›Einbruch‹ in die Seminare der linken Germanistik.

Ein auffallender Zug in der Rezeption der ersten Jahre ist Ungenauigkeit in den Lektüren. War die Neue Linke ohne Zweifel ein für den Autor wichtiger Adressatenkreis, so fiel gerade in ihm auf, daß über den subjektiven Ausgangs- und Kernpunkt des Werkes hinweggelesen und -geredet wurde, über die Ohnmacht des einzelnen nämlich, die er mit seiner ganzen Lebendigkeit und seinem sozialen und künstlerischen Identitätsbegehren im *vergeblichen* Widerstand gegen *diesen spezifischen* NS-Faschismus begreifen, durchqueren und zur Sprache bringen muß. Plötzlich schienen die alten reduktionistischen Konzepte, die nach 1968 der Literatur nahegebracht, aber bis zur Hülsenhaftigkeit entleert worden waren, mit Blick auf Weiss wieder Substanz bekommen zu haben: Literatur als Widerspiegelung der Wirklichkeit und Einübung kollektiven Handelns.[136] Den pauschalen antifaschistischen Utopismus, an dem das Realismus-Konzept nicht nur der organisierten Nazizeit-Prosa laborierte, nun auf die ›Ästhetik des Widerstands‹ zu übertragen, bedeutet, den Zentralmonolog und die Stimmen derer, die dort in der ständig bedrohlicher werdenden »Nähe einer tödlichen Gefahr« (I, 27) als schon *Besiegte* ›mitten‹ im Dritten Reich um ihren utopischen Horizont zu kämpfen begannen, dogmatisch kleinzupolitisieren. Es war, als hätte die dogmatische Linke nur ins ungestaltete Material, das der Autor für die Zeit vom inneren Widerstand über den Spanischen Bürgerkrieg bis in das Widerstands-Exil während des Krieges bearbeitet hatte, ästhetisch unsensibel hineingegriffen, um sich eines rational-aufklärerischen Antifaschismus wiederzuversichern. Der aber war längst gescheitert, ja als Verdrängungsideologie erfahrbar geworden. Und der kunstgeschichtliche Aspekt: die Arbeit der Romanfiguren an der Geschichte der Unterdrückung und der Klassenkämpfe und an sich selber in Bildern, er diente, wenn man überhaupt über die Lektüre des ersten Bandes hinausgelangte, einer Neurechtfertigung des Glaubens an den Transport »des kulturellen Erbes« an die Enterbten per Literatur.

Es gab auch die »Feier« des Romans, so bei Geissler, der eine Textdroge schrieb, die Mut machen sollte zum Widerstand mit menschlichem Antlitz angesichts von Plötzensee und Stammheim.[137] – Allmählich dann, in den frühen 80er Jahren, wurde die rein politische Bandbreite in der Rezeption ergänzt und differenziert, die dogmatische Enge aufgesprengt; in den Lesegruppen, in Examensarbeiten, auch in der Fachliteratur.[138] Vor allem aber macht jetzt der Roman Geschichte in der Literatur selber, kommt es dahin, wozu Kritik und Debatte (oder sekundäre Hindeutungen wie hier bei uns) nicht befähigt sind: zu angemessener ästhetischer Verwirklichung und Weiterführung der Lektüre (Birgit Pausch, Anne Duden, Ransmayr). In der ›Ästhetik‹ konnte eine neue Literatur der Erinnerung in die Schule gehen. Der besiegte Spanienkämpfer ist ins Innere des »Abgelegten und Vergessenen« geworfen, muß sich durcharbeiten durch »Ablagerungen, die sich so dicht ineinander verschoben und versponnen hatten, daß jede Bewegung gleichsam ein Knirschen und Beben hervorrief«: »Ich« und der Schreiber selber überlassen sich dem Rhythmus, der nun den Bildern vor einer Beschreibung, die die Geschichte nicht mehr angemessen fassen kann, den Vorzug gibt; Sprachbilder wie:

> Nicht nur Bildnetze, Knäuel von Geschehnissen umgaben mich, es war, als sei auch die Zeit zerborsten, und als hätte ich sie, indem ich mich durch ihre Schichten wühlte, zwischen den Zähnen zu zermahlen, (II, 15)

und Bilder selber werden kom-poniert, der Rhythmus schließt sie ineinander: Die Jüdin Marcauer im Spanientext sagt, im Gegensatz zu »Ich« und den anderen, in Anwesenheit des stalinistischen Kommissars ihre Meinung über die Liquidierung des unabhängigen Revolutionärs Andrés Nin im Bilde:

> Wir versuchten, Marcauer zum Schweigen zu bringen, sie vor ihren eigenen Worten zu schützen. Doch wenn wir von unserm Krieg sprechen, sagte sie ⟨. . .⟩ Ich bin dort gewesen, sagte sie. Ich habe die Sandgrube gesehn, in der er hingerichtet wurde. Goya hat diese Böschung gemalt und den Blick in die Gewehrmündungen, dieser Blick läßt mich nicht los. Niemand mehr konnte Marcauer beistehn, als ihre Arretierung angeordnet war. ⟨. . .⟩ Doch dabei wußten wir schon, daß wir den Gedanken an

sie ⟨. . .⟩ verdrängen würden ⟨. . .⟩ und nur der Eindruck hielt sich noch, wie sie unten in der Halle der Villa Candida den Sand beschrieb, zu fahlem Gelb beleuchtet von der abgestellten Laterne, das Weiße in den aufgerissenen Augen . . . [Goya: Der 3. Mai 1808 in Madrid, 1814] (I, 313 f.)

»Alles«, was sich in »diesem weltweiten Netz« der besprechbaren Erfahrungen um die Worte legte, »übermächtig wurde und nach einer Überprüfung, einer Klärung verlangte«, das Geschichtsmaterial im Wörterbuch und im Gedächtnis der Jetztzeit, wird in visueller Kontemplation verdichtet, so ausgesprochen und – angehalten. »Wie schwer zu beschreiben – es war alles anders!« (9. September 1969)[139]

Der Umschlag vom dominant politischen in ein dominant ästhetisches Interesse an Weiss in der *wissenschaftlichen* Literatur zu Beginn der 80er Jahre hat aber auch etwas wie Einäugigkeit hervorgebracht. Es wird weitgehend verdrängt, daß der Autor noch in seinen dichtesten rhythmischen Synthesen von Sprache und Bild in der Schrift *sein Thema,* das ihn seit dem Auschwitz-Prozeß bewegt, nicht ausgesperrt hat: das unversöhnte individuelle Sein im großen und subtilen Klassenkampf, die Konfrontation mit sich selbst *im Stoff der Geschichte.* Die Krisenzeit 1968–70 hat das Thema in eine Dynamik des Fragens, d. i. die Schreibweise der ›Ästhetik‹, hineingetrieben. Die Frage für die Schiffbrüchigen der antifaschistischen Kämpfe bleibe, wie sie aus der Vereinsamung ihrer geschichtlichen Lage tätig heraustreten und im »neuen, schwelenden Krieg« auch als Schreibende, um ihren Stil Besorgte *die Politik durchqueren* könnten, ohne in der Arbeit zu ermüden, »von den künftigen Einsichten her das Frühere zu klären« und dem Sehenden dabei, »dem, der sich besinnt«, näher zu sein als dem »damaligen Ich«: »Denn dies ist ja das Wesen der Zeit, daß wir uns fortwährend entwerfen.« (I, 314; III, 261 f.)

Klaus Briegleb
Negative Symbiose[1]

1. Sprachpolitik

Der Zusammenhang von NS-Reflexivität und bewertender Literaturbetrachtung nach 1968 hat seinen Zentralpunkt dort, wo wir uns fragen müssen, welche Literatur denn nichts weiter sei als Sprachpolitik mit ähnlichen Mitteln? Die Beachtung dieses Punktes ist im Artikel über die Vergangenheit in der Gegenwart insofern vorbereitet, als dort Werturteile stets vermittelt wurden über den Versuch, Erinnerungstätigkeit an ihrer Radikalität, Genauigkeit *und* ästhetischen Verfahrensbewußtheit zu messen; also daran, ob Erinnerung sich in die Gegenwart so eingräbt, daß sie bis zum Ursprung deutscher Tathaftung, zum massenhaften Einverständnis mit der ›Judenpolitik‹ der NS-Faschisten, durchdringt; ob sie auch Begegnung der Erinnernden mit sich und ihrer Sprache ist; und ob sie die darstellerischen Probleme mitdenkt, die sie mit ihren Lasten und Überforderungen selber erzeugt. Ein ungebrochenes Dahinerzählen kann das Verschweigen durch Reden, die glatte Geschichtslüge schon anzeigen, welche die Erinnerung in Deutschland auch ist.

Deren Agentur ist die Sprachpolitik. Im Nachkrieg hatten noch andere Instrumente *(Medienzensur, Heimatfilm* und *Antikommunismus)*[2] die Hauptarbeit einer Verdrängung übernommen, die ›von oben‹ gelenkt, ›unten‹ in der »Psyche der Bevölkerung«[3] ihre Raster hatte. In den Grundzügen aber war auch eine öffentliche *Rhetorik* der Versöhnung schon eingespielt. In den Wochen der Brüderlichkeit hatte sie ihre Feiern und in Adenauers Wiedergutmachungspolitik ihren Halt; jedoch sprach sie noch mit Hemmungen, da man wußte, daß die westdeutsche Bevölkerung den Entschädigungszahlungen an die überlebenden Juden 1952 nur zu 12% zugestimmt hatte. Zu ihrer ganzen »Geschäftigkeit« (Hannah Arendt)[4] fand die politische Versöhnungsrede erst, als der Konsens der deutschen Selbstbezogenheit und ›Ruhe nach dem Sturm‹ bei beginnender antiautoritärer Bewegung und in der wirtschaftlichen Rezession 1966 zu zittern begann und der Nachhilfe bedurfte.

Ein signifikantes Ereignis ist der Auftritt des deutschen Bundestagspräsidenten Eugen Gerstenmaier vor der 5. Plenarversammlung des Jüdischen Weltkongresses in Brüssel am 4. August 1966. Er sprach zum Tagesordnungspunkt »Deutsche und Juden – ein ungelöstes Problem«,[5] und traf den richtigen Ton. Er stellte dar, wie westdeutsche Politik sich die Lösung des Problems vorstellt. Bis heute, über den sogenannten Historikerstreit,[6] zur deutschen Wende 1989/90 und zum zweiten Golfkrieg sind die von ihm festgelegten *Kriterien und Metaphern* einer Aussöhnungsdiplomatie stabil geblieben, die das größte Verbrechen in der deutschen Geschichte wie ein gesellschaftlich verträgliches und jeden aufkommenden Verbrechensdiskurs als Störung der deutschen Versöhnungsbereitschaft erscheinen lassen möchte:

— »Über den schrecklichen Abgrund zwischen Juden und Deutschen hinweg menschliche Stimmen vernehmbar« machen;
— im deutschen Wörterbuch der Erinnerung Schuld durch »Scham« und Verbrechen durch »Schande« ersetzen;
— die Zeit der Barbarei aus der deutschen Geschichte hinausverlegen als »Erscheinen des wahrhaft Bösen«, das »im deutschen Denken und Fühlen nicht angelegt« gewesen ist;
— das »andere Deutschland« von der »Herrschaft Hitlers« trennen, ohne die es »Krieg und Judenmord« nicht gegeben hätte;
— Friedhofsschändungen als das Werk von »Lausejungen« hinstellen (eine »belegte Tatsache«);
— immer »davon reden wollen« und »den Tränen der Scham, des Herzeleides und der Liebe« Ausdruck geben und
— die nationale Selbstversöhnung an die Rede über »die Opfer« binden.

Das ideologische Zentralmotiv dieser Sprachpolitik ist, die »sturmfeste Normalisierung« des deutschen Selbstbildes dadurch zu erreichen, daß »das Gleichgewicht zwischen Deutschen und Juden« wiederhergestellt werde. Verrät das Motiv einerseits das klarste politische Bekenntnis zur nationalen Schuld, so bedarf es andererseits einer auch von den Juden anerkannten geschichtlichen Rückerinnerung und Unterstützung. Die *positive* »deutsch-jüdische Symbiose« vor 1933 soll dies leisten. Die Einwände jüdischer Gelehrter gegen dieses Geschichts-Bild einer gemeinsam gewordenen Kultur, die nur wiederherzustellen sei, ja ihre historische Widerlegung zum Beispiel durch Gershom Scholem, der ebenfalls zum Thema in Brüssel spricht,[7] räumt Gerstenmaier in rüdem Tonfall als »falsch« beiseite. »An die Adresse Gerhard Scholems«: Die deutsche Jugend strebe eine »neue Symbiose« stürmisch an und es müsse »begriffen werden 〈. . .〉«, daß »der andere bei aller Ehrerbietung vor seiner Individualität und der geschichtlichen Besonderheit seiner Existenz doch schließlich ›ist wie DU‹.« Die deutsche Sprachpolitik diesen Musters funktioniert nur in Korrespondenz mit der »Massenseele«.[8] Sie wurzelt in ihr subjektgeschichtlich und mit all ihren Versprechern. Mit Freuds Verdrängungstheorie lassen sich die sozialen Sprachdienste der Versöhnungsdiplomatie gut aufklären. – Der Schock 1945 ist: *konfrontiert* mit einer ungeheuren Schuld, *erinnert* an 1933 ff., als man sich in eine Übereinstimmung mit sich selber in einem Kollektiv hatte führen lassen, das diese Schuld *nun* tragen sollte. Dieser Schock kostete die Anstrengung einer Verdrängung, die möglicherweise schon 1933 eingesetzt hat und nun als »Urverdrängung« dauerhaft Energien zur Nachverdrängung, d. i. zum fortlaufenden Schutz vor neuen Erinnerungsreizen verbrauchte.[9] Bis etwa 1966 war die Abwehr der Kollektivschuld stabil, von den Juden brauchte keine Rede zu sein – jetzt, da der Reizschutz in die Krise kam, reichte der »Instinkt« (Gerstenmaier) bei den Nutznießern der sozialen Verdrängung aus, zu erkennen, daß man nun von den Juden reden mußte, um die Abwehr der Kollektivschuld(these) weiterhin politisch zu gewährleisten. Indem man das trügerische Geschichtsbild von der deutsch-jüdischen Symbiose aus der Verdeckung während der Restauration hervorholte, leitete man die Seele des Staatsvolkes an, die beiden Objekte seiner Verdrängungstätigkeit, *das Andere und das Eigene,* einander *anzugleichen* und somit den Verschleiß kollektiver Triebenergien, den der Daueraufwand der »Urverdrängung« des vernichteten Anderen erfordert hatte, nunmehr *auszugleichen.* Dem Nachkriegs-Gedächtnis der Shoah im Täterkollektiv wird die Möglichkeit gewährt, sich mit Bildern einer künftig wieder versöhnbaren Opfer-Täter-Beziehung ›gegenbesetzen‹ zu lassen und in der neu erforderlichen Abwehr gegen die antifaschistischen Unruhen im Lande eine neue soziale konservative Perspektive zu sehen.

Dieses neugestärkte Verdrängungs-Kontinuum hatte 1966/67 offenkundig seine Diskursprobe bereits bestanden, als die Brüsseler Texte an prominenter Stelle auf den Markt kamen,[10] denn sie blieben ohne nennenswertes kritisches Echo. Ja auch die Studentenbewegung begehrte nicht auf gegen die Sprachpolitik der Verdrängungsförderung, sondern war selbst in diesem Trend, der über das konkrete Vergangene hinwegspricht. In einem ›Historikerstreit‹, den sie auf der Ebene der gewerkschaftlich orientierten Realismus-Konzepte und des späteren konsequenten Mißverstehens der ›Ästhetik des Widerstands‹ am Ausgang der Revolte geführt hat,[11] ist die Übereinstimmung mit dem konservativen Vermeidungsduktus auch akademisch fixiert. Das linke »Nie wieder Auschwitz« ist prinzipiell nicht geschützt vor einer Ähnlichkeit mit der Sprache Gerstenmaiers. Diese führt geradenwegs in die spätere ›Historikerdebatte‹ der 80er Jahre, als sich in einem ›konservativen‹ Schlußwort über das »Land des Westens«, Deutschland, auch linke Positionen vertreten fühlen dürfen:

⟨. . .⟩ Einerseits war der Schock der Niederlage ungleich größer als 1918. Andererseits hat sich die Staatwerdung in einem kontrollierten Verfahren entfalten können ⟨. . .⟩ Von Beginn an war dies ein Staat mit Fortüne. Kein prinzipieller politischer Konflikt, keine ökonomische Krise hat das Land bisher auf eine ernsthafte Probe gestellt. (Joachim Fest in der FAZ am 29. 9. 1990)

Dies ist bloß noch Bannungsrhetorik gegen »die langsame, tief in den Volkskörper eindringende Erkenntnis dessen, was man da blutig veranstaltet hatte . . .« (Jean Améry).[12]

Wenige Stimmen in kleiner Öffentlichkeit hatten sich gegen Gerstenmaiers Sprache aufgelehnt (Ludwig Marcuse, Peter Szondi).[13] Sie konnten die Machtfrage im gestärkten National-Diskurs nicht stellen, ebensowenig wie die Diskursgegner selber (Arendt, Karl Jaspers, Scholem),[14] deren Wort für eine andere, in Deutschland »nicht populäre«[15] Erinnerung eingelegt worden war.

Nur im Eingedenken des Vergangenen, das niemals ganz von uns durchdrungen werden wird, kann neue Hoffnung auf Restitution der Sprache zwischen Deutschen und Juden, auf Versöhnung des Geschiedenen keimen. (Scholem)[16]

2. Juden in der Literatur

> Du hast das auch gemalt,
> diese Trauer. Wir sind ein
> Massenmörderland bis auf
> den Grund der Seen.[17]

Daß Juden in der deutschen Literatur nach 1945 ›eigentlich nicht‹ vorkommen, läßt sich auch für die Zeit seit 1968 schwer widerlegen, wenn man die Ausnahmen nicht gegen die Regel aufbieten möchte. Doch das ist kein Problem der ausgleichenden Mengenbetrachtung. Vielmehr ist die allgemeine Abwesenheit jüdischer Schriftsteller und jüdischer Kunstfiguren im Sozialspektrum des literarischen Bewußtseins zwischen Schulkanon, Buchwerbung, Leserbefragungen, Germanistik und Feuilleton ein struktureller, ja konstitutiver Mangel in der Literaturgeschichte des Nachkriegs. Unter diesem Aspekt sind auch die Ausnahmen anzusehen. Schon der Artikel über die Vergangenheit in der Gegenwart hat Mangel und Ausnahmen mehrfach in den Blick gerückt.[18] Andersch und Böll stehen für Deutsche, die ihre Vergeßlichkeit revidiert haben, Andersch zudem für die Revision des ideologischen Bilds von der ›deutsch-jüdischen Symbiose‹ und für die analytische Schärfe in der Textarbeit am aufgerissenen Vakuum (›Efraim‹, 1967) und die an Scholem erinnernde Behutsamkeit neuer symbolischer Verknüpfung des »Geschiedenen« (›Winterspelt‹, 1974). Hubert Fichte steht (einsam) für eine deutsch-jüdische Unbefangenheit des Schmerzes, die als Schreibmotiv das ›Schicksal‹ des Überlebens in einem differenzierten Menschenbild des sozialen Unterlebens erschließt.[19] Bachmann für einen individuell zu tief gebrochenen Schmerz, der solche Unbefangenheit nicht zuläßt und literarisch das Ringen mit der Befangenheit und ihren Symbolen bezeugt. Wolfgang Hildesheimer für deutsche Juden, die ihre Rückkehr aus dem Exil nicht betonen, ihre Identität im Literaturbetrieb bedeckt halten und in der Textarbeit integrativ-mythisch verhüllen und nur im Blick auf die Täter (»Häscher«, ewige NS-Gewalttäter) aus der Verdeckung ganz herausgehen. Peter Brückner (›Abseits als sicherer Ort. Kindheit und Jugend zwischen 1933 und 1945‹, 1980) für den politischen Intellektuellen, dessen Lebensbericht (Sohn einer Jüdin und Hitlerjunge) unter dem abgetragenen Gewicht der kritischen Theorie zur Literatur wird und alle ›Elternliteratur‹ (und eine andere unter dem Motto ›Auch ich war in der Hitlerjugend‹) vergessen machen kann. Peter Härtling, nach dem Identifikationsfiasko in der ›Nachgetragenen Liebe‹ (1980), für den gutmeinenden Deutschen, der es mit sich selbst besonders gut meint: Ein »positiver Jude«, der den Deutschen verzeiht (Guttmann), »repräsentiert die Sehnsucht nach einer Wiederkehr der Normalität ⟨. . .⟩, die nie bestanden hat« (Jack Zipes).[20] Grass für Verallgemeinerung, Chr. Geissler und H. Schödel für die konkrete Recherche nach den mörderischen Beziehungen der Deutschen zu den Juden in der Topographie gegenwärtiger Reisen in die Provinz.[21] Guntram Vesper für den deutschen Lyriker, der sich die Unvorstellbarkeit des Grauens nicht von jenen aufschwatzen läßt, die das deutsche Verbrechen im Relativitäts-Kontinuum aller nachfolgenden und noch drohenden unter-bringen möchten.[22] Peter O. Chotjewitz für anklagende Dokumentarfiktion (›Saumlos‹, 1982),[23] Niklas Frank für ekstatischen Rache-Narzißmus.[24] Klaus Stiller und manche andere für die alltagshistorische Wahrheit, daß es Deutsche gab und gibt, die wirklich keine Antisemiten sind, obwohl sie von ideologischen Milieus geprägt worden sind, in denen, wie im klerikalen Antijudaismus, der NS-Antisemitismus ›nichts anderes‹ war als eine an die Herrschenden delegierte Haßlatenz und ›natürliche‹ Judenfeindschaft.[25]

Die ›Typologie‹ ließe sich weiter differenzieren; die Belege zumal sind unvollständig. Sie könnten eine Erörterung der brennendsten Fragen aber zureichend begründen. Zum Beispiel: Ist die Spezifik dargestellter (eingenommener) Widerstandshaltungen, Haltungen gegen die NS-Ideologie klar oder vage? Wo liegen bei Deutschen die Grenzen zwischen einer quasi sprachpolitischen Nonchalance (Beschwichtigung, Vertauschung, Problemfaulheit, Geschichtslüge) und literarischer Qualität (Vergegenwärtigung

der Shoah durch leibliche Personendarstellung und Ingangset-
zung eines literarmethodischen, sprachlichen Problembewußt-
seins anstatt seiner Stillstellung gerade dann, wenn es um Juden
und ihre Vernichtung geht)? Wo liegen die Unterschiede in den
deutschsprachigen Texten von Juden und Deutschen, die die
Shoah ›thematisieren‹? Was bedeuten die Gradunterschiede, wie
die Shoah *mehr* oder *weniger* im Hintergrund der Textschau-
plätze bleibt in allen bisherigen Beispielen? Wie weit verbietet es
sich für einen Deutschen, eine jüdische Existenz zu phantasieren:
in der Vernichtung, ›danach‹?

Typologie und Fragen sind auch auf hier noch nicht genannte
Arbeiten anwendbar. Zum Beispiel: Wolfdietrich Schnurre umkreist mit seiner moralischen Rigorosität die zerstörte ›deutsch-
jüdische Symbiose‹ (deren Wirklichkeit vor 1933 auch er voraussetzt) im Gesamtwerk. Das bringt seine an sich konventionelle
Erzählkunst zum Vibrieren, vor allem im Roman ›Ein Unglücks-
fall‹ (1981). Seit den 50er Jahren wird in verschiedenen Ansätzen
die ›Fabel‹ erprobt: wie da ein Berliner Glaser unerbittlich mit
sich selbst konfrontiert wird, als er daliegt zum Sterben, weil er
bei den Wiederaufbauarbeiten in der Großen Synagoge abge-
stürzt ist. Er hatte seinen alten jüdischen Meister und dessen Frau
vor den Deportationen versteckt und muß sich nun im To-
desdialog mit dem Rabbi, auf dessen Beistand am Sterbebett er
die Anwesenheit seines Lehrherrn im Wahn überträgt, Schicht
um Schicht sein verstelltes Gedächtnis aufreißen lassen bis er
erkennt, daß seine Hilfe die Form einer Einkerkerung angenommen hatte, aus der das alte Paar sich nur in einem Akt souveräner
Selbsthilfe retten konnte. Es kehrt an seinen in Deutschland
›natürlichen‹ Ort zurück, Friedhof bei Eiseskälte; und läßt sich
erfrieren. Hermann Lenz (›Andere Tage‹, ›Neue Zeit‹; 1968,
1975) baut sich eine Lebensgeschichte des inneren Widerstands
gegen die Nazis an der Seite einer jüdischen Freundin/Frau und
rettet das ruhig atmende epische Erzählen vor der Gegenüberstellung mit der ästhetischen Alternative: in den »schrecklichen
Abgrund«[26] seines Landsmannes Gerstenmaier wirklich hinabzu-
blicken. Die Flüchtigkeit, mit der Botho Strauß in seinem bedeutendsten Stück ›Trilogie des Wiedersehens‹ (1977), einer Vernis-

sage-Groteske über die Absurdität des Bilder-Sehens und Bücher-Lesens, NS und Shoah streift, ist als Abwehr intellektueller Selbstbegegnung lesbar.

Sechs Millionen Arbeitslose, das ist bekannt. Genauso wie sechs Millionen Juden hinterher. Das kann man sich leicht merken. Aber damit ist nichts gesagt. Das Faktum selber können wir uns gar nicht vorstellen 〈...〉 Wo ein Bild ist, hat die Wirklichkeit ein Loch. Wo ein Zeichen herrscht, hat das bezeichnete Ding nicht auch noch Platz (27; 42).[27]

In einem Straußschen ›Theater der Anwesenheit‹ ist eine ästhetische Unruhe uneingeschränkten Erinnerns noch nicht entstanden. Entweder Versöhnungsideologie, Ausgrenzung oder Skandal decken diesen Tatbestand zu.

Der Hauptskandal: Rainer Werner Fassbinder, ›Der Müll, die Stadt und der Tod‹, Ganoven-Milieu, in einer schamlos-rotzigen Sprache geschrieben 1975 für das Theater am Turm in Frankfurt am Main; seine Nichtaufführung einer der Gründe, daß das Projekt ›Fassbinder am TAT‹ platzte; danach gescheitert noch weitere Aufführungsversuche (unter der Regie von Peter Palitzsch, Wilfried Minks, Johannes Schaaf, Adolf Dresen und zuletzt Ulrich Schwab) bis 1984. Am 31.10. 1985 sollte es unter der Intendantur von Günther Rühle im Kammerspiel der Städtischen Bühnen uraufgeführt werden. Im Bühnen-Textbuch war als Hauptrolle, namenlos aber ortsgebunden, »Der Reiche Jude« vorgesehen. Sein Gegenspieler, ein »ewiger« Faschist, sollte Müller ›heißen‹.[28] Als jüdische Demonstranten die Aufführung durch eine Bühnenbesetzung verhindern, kommt es zu einem der aufwühlendsten Theaterskandale im Nachkrieg.

Eine *Debatte* hatte schon 1976 aufgrund eines Angriffsartikels von Fest in der FAZ (10. April) begonnen, wurde aber an der Schwelle zur großen Medienöffentlichkeit nach einer Diskussion im Bochumer Schauspielhaus (Volker Canaris mit Jean Améry, Karl Dietrich Bracher, Erich Fried und Gerhard Zwerenz[29])[30] von der aufnehmenden Fernsehanstalt abgewürgt. Diese ›Vordebatte‹ hatte alle Probleme aufgeworfen (Figurenmythos, Stereotypen im philosemitischen Diskurs, linker Antisemitismus, Zensur, Theater-Auftrag und den Faktenhintergrund: Zerstörung des Frankfurter

Westends durch gesetzwidrige Stadtplanung, Bankenherrschaft und Bodenspekulation), die nun 1985 nach dem seither schwelenden Skandalzustand in die politische Sphäre hochgeschleudert wurden und sich hier gruppieren konnten. Jean Améry hatte eine *politische* Diskussion gefordert; und in der Tat spielt der Text, den die meisten Sprecher gar nicht kennen,[31] jetzt kaum eine Rolle.

Es ging (1) um Offenkundiges: Das alte Wohnkultur-Viertel (vor der Emigration und den Deportationen überwiegend von der jüdischen Stadtbourgeoisie bewohnt) ist bereits zerstört. Der Bankenmarmor steht. Unter den »Konjunkturrittern«,[32] die per *Sonderbewilligungen* den An- und Verkauf der Grundstücke abgewickelt haben (Ausgangspunkt für Hausbesetzungen, Schlachten mit der Polizei und Abrißaktionen, durch Kluges Film ›In Gefahr und größter Not bringt der Mittelweg den Tod‹, 1974, landbekannt), waren auch jüdische Spekulanten. Mit einem sarkastischen Bericht darüber, einer Probe auf den Heine-Stil ihrer journalistischen Arbeiten (›Wir reichen Juden in Deutschland‹, 1981),[33] führte sich Irene Dische in Westdeutschland ein. Auf der anderen Seite kommunizierte der antisemitische Pöbel in der Stadt anläßlich der Unruhen über sein ältestes Thema.

Es ging also (2) um die Wiederkehr des Verdrängten. Deutsche Stimmen für eine ›unbefangene‹ Aufführungsfreiheit täuschten sich über die Haltbarkeit einer rationalen Dialogstruktur und Aufklärung auf der Bühne, jüdische Gegendemonstration erwartete nichts von »Sensibilität und Intelligenz des Theaterpublikums« (J. Améry)[34] angesichts eines Juden, der zwar an deutscher Stadtzerstörung verdient und deshalb gehaßt werden *dürfte,* als reicher *Jude* aber nach dem Holocaust nicht gehaßt werden *darf.* »Schuldgefühl lag tonnenschwer über dem Raum. Schuld ist Haß in gefrorenem Zustand ‹. . .› Auf der Waagschale der Schuld hat die Freiheit keine Chance.« (Benjamin Korn).[35] Die Besetzer auf der Bühne und die Befürworter im Parterre spielten das Spiel ›deutsch-jüdische Symbiose‹ in den Positionen der *wirklichen* Konstellation des Vergangenen, dessen Bild die Deutschen nicht ertragen wollen, die Juden aber ertragen müssen. Insofern haben *sie* Recht im Streit, wenn sie nicht bloß versöhnungsideologisch mit denen verbunden sind, um die es (3) gegangen ist:

Die Gruppen der Heuchler, allen voran die führenden Verwaltungspolitiker, nutzten Gefühle in der Jüdischen Gemeinde für ihr sprachpolitisches Süppchen. Man hatte sich im Fall Goethe-Preis an Ernst Jünger soeben (1982) mit dem kulturellen Antisemitismus der Vergangenheit versöhnt,[36] hatte das Westend zerstört und nun sollten die etwa fünftausend Juden, die in Frankfurt leben und »sich wieder zu Deutschland bekennen«(!) (OB Walter Wallmann), nicht brüskiert[37] und sollte der »Aussöhnungsprozeß zwischen Juden und Nichtjuden« nicht gefährdet werden (Kulturdezernent Hilmar Hoffmann).[38]

Zur ›Unbefangenheit‹ würde gehören, daß die Rede über Opfer und Täter nicht voneinander getrennt sei (und getrennt in sprachpolitischen Versionen von Versöhnungsideologie keine Verwendung finden könnte), sondern sich der Anstrengung unterzöge, das Denken der jüdisch-deutschen Symbiose als *negativer* zu fördern, auch in der Literatur. Dan Diner hat im zeitlichen Anschluß an den Frankfurter Skandal dieses Denken in grundsätzlichen Studien eingeleitet.[39] Die liberale Forderung an die Juden in Frankfurt, kein Denkverbot auszusprechen,[40] müßte dann ersetzt werden vom Gebot, die Symbole zu achten, die, wie es in unzähligen Zeugnissen aus Alltag und Therapie seit Charlotte Beradts Traumsammlung (›Das dritte Reich des Traums‹, 1966) niedergelegt ist, die jüdisch-deutschen Beziehungen seit 1933 wahrheitsgetreu kennzeichnen. Sie bedeuten, wie unheilsam und nötig es ist, den Scholemschen Gedanken einer langwierigen Aussöhnung *des Geschiedenen* vor der Pranke der deutschen Selbstaussöhnung zu schützen.

Der Skandal um Fassbinders Reichen Juden hat für die Literaturgeschichte nach 1968 eine kritische Sonde zur Hand gegeben. Sie macht sichtbar: In einer *Konfrontation* zerstieben Illusionen. Die Erkenntnis, daß Lessings Nathan, ›ein reicher Jude in Jerusalem‹, nach Auschwitz seine ästhetische Unschuld, wenn er sie denn je besaß, verloren hat, ist möglich geworden.[41] Dazu sind Wege zurück in die Geschichte nötig. Vergleiche in der deutschsprachigen Elternliteratur machen deutlich, in welchem Maße solche Wege den Juden versperrt sind, den Deutschen nicht. Ihre Väterbilder sind eingebettet in ihre deutsche Kultur *weit zurück*

im eigenen Land; nicht immer weichen sie Auschwitz aus, nämlich in diffusen Schuld-Bilanzen der *Väter,* die von den *Kindern*
aufgestellt werden. Diese selber suchen ihre Befreiung von der
Tätervergangenheit an Auschwitz vorbei zu gewinnen. Nicht nur
in den kleinen Texten; in den großen ist dies allerdings komplex
historisch erarbeitet, nicht narzißtisch reduktiv: Johnson stellt
Gesines Flucht aus der Schuld auf dem Erinnerungsweg zurück
als *Arbeit* einer sich Schämenden dar und bekennt für sich selber
eine notwendig gewordene Spät-Konfrontation mit der Shoah
ein, »denn auch der Schriftsteller Johnson hatte etwas nicht
begriffen« (J, I 253 ff.).[42] Auch Weiss hat bei seiner Arbeit an der
›Ästhetik‹ die Nach-Auschwitz-Reflexion erst am Endpunkt der
Schrift einholen können. Als die Sozialistin Mutter, deren primäre politische Gefühlsübertragung auf den Sohn den Weddin-
ger »Blutmai« zum Inhalt hatte (I 131 ff.), im Exil sich »zur Jüdin
erklärt« und dann als solche behandelt wird (I, 189), beginnt der
grauenvolle Weg in das letzte Erkennen, das der Sohn als die *von*
nun an primäre Nachricht verstehen lernt.[43]

›Konfrontation‹ mit der Kultursperre »Auschwitz« ist aber pri-
mär-historisch (auch in der Literatur) das Erkennungszeichen
dafür, ob ein Ausharren in der »negativen Symbiose« in der Epoche nach dem »Zivilisationsbruch«[44] Thema geworden ist. Im
breiten Strom des »Weiterschreibens« [→ 340 ff.] ist den deutschen Schriftstellern aber auch nach Frankfurt in aller Regel
nicht aufgefallen, daß jüdische Autorinnen und Autoren, ob sie
aus Osteuropa oder aus der mitteleuropäischen Diaspora kommen, sich eine Fassbindersche Unbefangenheit nicht leisten können. Ihre Literatur hat es vor Disches ›Frommen Lügen‹ (1989)
auch zu keiner Prominenz gebracht [→ 93 f. Jurek Becker ist eine
Ausnahme, die darin begründet ist, daß sein ›Jakob der Lügner‹
(1969) eine Gestalt von weltliterarischem Rang ist und nicht als
Herausforderung durch eine *Vater*figur des *Ghettos* verstanden
zu werden brauchte; auch kam Becker in der BRD der DDR-Dis-
sidenten-Bonus zugute [→ 230 ff.]. Und der Autor, der dem
Ghetto entkommen ist, ist nie betont »als Jude« aufgetreten.[45]
Das brachte ihm merkwürdigerweise von Hildesheimer, der in
Hamburg und Mannheim aufgewachsen ist und sich ähnlich ver-

hielt, die Anmerkung ein, »sein eigenes Judentum nicht erfaßt« zu haben.[46]

Und doch bezeugt Beckers Trilogie (mit ›Jakob‹: ›Der Boxer‹, 1976; ›Bronsteins Kinder‹, 1986), die als ›Vaterliteratur‹ lesbar ist, konstitutiv, daß die jüdische Existenz nach Auschwitz in die negative Symbiose mit den Deutschen führen *mußte*.[47] Symbol dafür ist auch der Umstand, daß der Autor die deutsche Sprache erst mit 8 Jahren zu lernen beginnen konnte.[48] Die Vernichtung der ›Shtetl-Kultur‹ *nicht* die Voraussetzung seines Schreibens? Ist, sie durch erzählerische ›Verpackung‹, Nachkommentar und Verweigerung deutsch-jüdischer Gespräche niederzuhalten, der unvermeidliche Preis dafür, den positiven Schein nicht zu stören, assimiliert im Kulturbetrieb zu sein? Anderen in deutscher Sprache oder für den deutschen Buchmarkt schreibenden Juden ist es um diesen Schein nicht gegangen. Sie bezahlten allerdings mit innerem oder äußerem Nachexil. Hier arbeiten sie noch eine Zeit an den Symbolen der negativen Symbiose: Celan, Rose Ausländer.

Mit uns, den
Umhergeworfenen, dennoch
Fahrenden:

der eine
unversehrte,
nicht usurpierbare,
aufständische
Gram.

Paul Celan[49]

Umgestülpte Stadt:
Aus Kellern und Krügen
tropfen Sterne die
nicht versiegen.

Rose Ausländer[50]

Bei Celan können wir zudem die Konfrontation eines Juden im Nachexil mit deutscher sozialistischer Befreiungsgeschichte nachlesen, ›Wintergedicht‹ Westberlin, 22./23. Dezember 1967.[51] Grete Weil, die als Deutsche schreibt wie die Vielen, die der NS-Faschismus erst zu Juden gemacht habe, erzählt in einer Weise, die den Anschein zerstört, die Themen, die von Juden und Deutschen bearbeitet werden (das Schweigen der Eltern, Spätfolgen, traumatische Unlustabwehr usw.), seien die gleichen, weil sie den Wörtern nach und im klinischen therapeutischen Prozeß vergleichbar sind. Als gleiche können sie auch nicht konkret (wahrhaftig) literarisiert werden. (›Tramhalte Beethovenstraat‹, 1963; ›Meine Schwester Antigone‹, 1980; ›Generationen‹, 1983; ›Der Brautpreis‹, 1988). Juden träumen anders wenn die Eltern von der Shoah geschwiegen haben, und gar, wenn sie selber ›entkommen‹ sind (Jean Améry, ›Weiterleben – aber wie?‹).[52] *Eine U-Bahnfahrt nach Auschwitz* wäre in nichtjüdischem Text schon gleich ›Literatur‹; nicht bei Jane E. Gilbert, die als Kind Überlebender in USA nach Deutschland geht, sich im Land der Täter selbst zu ergründen (›Ich mußte mich vom Haß befreien. Eine Jüdin emigriert nach Deutschland‹, 1989). Sie träumt das wirklich. Wie übrigens auch Adorno.

Auch die den umgekehrten Weg gehen, wie Cordelia Edvardson (Berlin-Auschwitz-Schweden-Israel), schreiben über ein Existieren, das dem Bann der Vernichtung nicht entweichen kann; in bedingungsloser, oft und zunehmend kalter Klarheit gegen sich selber sind sie es, die in die deutsche Literatur die Genauigkeit hineintragen, die man im Kollektiv der Täter sich (auch) abverlangen müßte.

> »Hepp, hepp, Jude, lauf!« Wir laufen, darum leben wir. Wir holen uns selber ein und reißen uns in Stücke, darum leben wir.[53]
> Wir können ⟨...⟩ keine Umwege machen, unsere selbstauferlegte Sisyphosarbeit befiehlt uns, jedes Hindernis zu nehmen, jeden Stein auf dem Weg aufzuheben – aber natürlich ekeln wir uns dabei vor Kellerasseln und schaudern vor den Gebeinen der Toten. Doch unserer Aufgabe, Schmutz bei uns und anderen aufzuspüren und über die saubergekratzten Zeichen der Vergangenheit nachzudenken, bleiben wir treu.[54]

Das ist eine andere ›Kälte‹, als die im Bestseller des Hans-Frank-Sohnes geübte posthume Vorführung des Vaters, die erst mit dem Blick auf das Leid der Opfer Farbe bekommt. Daß beide Literaturen inzwischen modisch werden konnten, kennzeichnet den Schamverschleiß auf dem Buchmarkt, nicht die ›Akzeptanz‹ der jüdischen.

Die Literaturgeschichte der Klappentexte gibt unverstellt Auskunft: Nach 1968 kommen Bücher aus der *zweiten Generation* Überlebender. Jeannette Lander, ›Auf dem Boden der Fremde‹

(1972); Lea Fleischmann, ›Dies ist nicht mein Land. Eine Jüdin verläßt die Bundesrepublik‹. Mit einem Nachwort von Henryk M. Broder (1980); Esther Dischereit, ›Joëmis Tisch. Eine jüdische Geschichte‹ (1988) – Erzählt, gedichtet wird vom Leben(wollen) im Westdeutschland des Aufbruchs und der Neuen Linken. Konkrete Empirie und Anamnese bringen ›Geschichte‹ an den Tag, die subjektgeschichtlich ›unweigerlich‹ in die Erkenntnis der ›negativen Symbiose‹ hineinführt.[55] Ja die Konkreta der antiautoritären Bewegung entpuppen sich als Voraussetzung für diesen Weg. Die Bücher treffen auf die ›Genossen‹ in den Lektoraten oder – in den Lektoraten in der Regel jetzt nicht auf Gegner der Revolte, sondern auf entwickeltes Verhalten ›danach‹. Das Resultat sind Werbetexte, die die Radikalität der Erkenntnisprozesse zuzudecken, ja sie zu vernichten trachten.[56] Das krasseste Beispiel ist das früheste, der Klappentext 1972 zu Lander; 1988 dann, zu E. Dischereit, ist das Schlimmste vorüber (»Wie sieht diese Frau als deutsche Jüdin Deutschland, Israel, Palästina?«).

Landers Yvonne, eine Intensivfigur der Nichtvermeidung problematischer Erfahrungen, stülpt die 68er-Liberalität ihres deutschen Akademiker-Mannes und die Orthodoxie ihrer Familie in den USA um und spiegelt, was sich zeigt, einander. Fast zerrieben im Gehversuch zwischen beiden ›Fronten‹, strahlt sie die Kraft aus, die in der Versöhnungsgeschichte *alles* Geschiedenen (im Zukunftsmoment der Verfolgungsgeschichte) gebraucht wäre, auch und gerade, um nicht die Täter, sondern die Opfer auf dem »Schlachtfeld« der Diaspora mit sich selber zu konfrontieren. Die Täter hätten endlich zu warten, anstatt weiter und wieder ›die Politik‹ zu machen: den »großen Weltapparat«; »was sollen die Maschinen? Deren Wartung Todeswache ist. Wartung auf den Tod« (177, 203). Aus diesem ersten konkreten Schriftstück einer Jüdin auf dem Feld der negativen Symbiose macht der deutsche Verlag: Der Roman *gebe nur vor,* »die Geschichte eines jüdischen Mädchens aus Amerika zu sein ⟨. . .⟩, gibt vor, die Eindrücke und Erlebnisse ⟨. . .⟩ im Nachkriegsdeutschland zu erzählen, seine Versuche . . .« In Wahrheit sei alles Existential-Artistik: »Der Roman ist aber die Geschichte von zwischenmenschlichen Beziehungen, die zu bloßer Form erstarren ⟨. . .⟩, Bindungen in der modernen

Welt« (Klappentext). Der Literaturbetrieb sorgt für seine Abdichtung gegen die Versuche in der Literatur von Juden, sich den Deutschen mitzuteilen! Ja selbst, daß man da ein bedeutendes Sprachformexperiment verlegt, wird mit dem Kommentar zugedeckt, das Mädchen werde »durch den Schwund des Inhalts heimatlos«.

Yvonnele:
Wie kann ein Jude
in Deutschland
leben?

Wie kann ein Jude in Deutschland leben, Yvonne?
Wo?
Wohinwo?
Woherwo?
Wo? Wo soll ein Jude denn leben? Wo soll ein Jude? Warum Jude? Wo ein Mensch? Warum nicht Mensch? Wo soll ein Jude unter Menschen, wenn nicht Menschen unter Juden, wenn nicht Menschen unter Menschen, wo leben soll man, hin, her, wo?

Um in Deutschland leben
zu können, Yvonne, muß
man vergessen, daß man
Jude ist.

Vergesse ich, Jerusalem, dein ... (197)

Edgar Hilsenrath kann mit verschmitzter Grandezza über den Tatbestand hinwegsprechen, daß seine beiden ersten Bücher erst nach Millionenauflage in englischer Übersetzung auf dem westdeutschen Markt durchgesetzt werden konnten. Nicht literarästhetische Einwände (dies erst in den ›großen‹ Verrissen),[57] sondern Philosemitismus und umgekehrter Antisemitismus in den Lektoraten waren der Grund.[58] ›Nacht‹, Roman aus dem Ghetto Mogiljow-Podolski (1964, 1978), verletzt alle versöhnungsideologischen Gefühlskonstrukte und beantwortet die Frage nach dem Endpunkt des Humanismus wie alle radikale Lagerliteratur: Wie die entmenschlichten Opfer mit ihren »erloschenen Augen« sich selbst gesehen haben, so ist der Mensch. Mit diesem Blick in diesem Spiegel haben wir meisten Deutschen uns Mitte der 70er Jahre noch nicht konfrontieren können. In ›Der Nazi & der Friseur‹ (1971, 1979) treibt es Hilsenrath auf die Spitze, was zu denken er in Deutschland erzwingen wollte: Am Brennpunkt der Shoah ist auch und zuerst die jüdische Erzähltradition vernichtet worden; dorthin, ins »Schlachthaus«, wohin die Schlächter ihre Opfer sich selber zu führen geheißen haben, kann nur noch das Kunst- und Menschenunmögliche hinreichen. Die Vernichtung des Assimilationsglaubens an eine deutsch-jüdische Symbiose *dort* wird als *Beginn* der negativen Symbiose ›gefeiert‹. *Satire* versucht, die Deutschen dorthin zu bringen, wo sie ›nicht dabei waren‹.[59] Der Massenmörder Max Schulz hat das Glück, so häßlich auszusehen ›wie ein Jude‹ (Froschaugen). Auf einem seiner unzähligen Sonderkommandos im Osten erschießt er auch Itzig Finkelstein, mit dem er, am gleichen Tag geboren, in Deutschland eine symbiotische Kinderfreundschaft verlebt hat, und übernimmt, als die »Idealisten« den Krieg verloren und die Juden ihn gewonnen haben, Itzigs Identität. Mit einem Sack Goldzähne, aus den Lagern, einer KZ-Nummer anstatt seiner SS-Tätowierung beginnt er das Leben eines Juden zu führen, als Schwarzhändler, antisemitischen Angriffen ausgesetzt, schließlich als Kämpfer mit der Exodus ausgewandert nach Palästina. Seine doppelte Identität dialogisiert in ihm. Zum Gott der Juden spricht er deutsch. Natürlich reißt die satirische Fiktion auch auf. Massenmörder Itzig sieht Totenvögel im Gebälk über seinem Bett, die Schatten seiner lieben Opfer stehen an der Reling.

> Was sagst du, Itzig? Was fragst du? Warum manche Leute schreien . . . in der Nacht . . . warum sie schreien? – Das sind die Überlebenden, lieber Itzig, die aus unseren Konzentrationslagern. Ich weiß nicht, warum sie noch schreien, obwohl doch längst alles vorbei ist. Vielleicht bloß Angstträume? Ich weiß es wirklich nicht. Ja, lieber Itzig. Und die Säuglinge plärren. Die auch. (182)[60]

Als Guter Jude auf der Fahrt nach Erez Isreael holt er auch die ganze Exilgeschichte des auserwählten Volkes in diese Rückkehr ein. »Wir hatten fast 2000 Jahre auf diesen Augenblick gewartet« (211). Und als guter Zionist schwingt er Hitler-Reden und kämpft als Terrorist. Die Bilder der Doppelexistenz verdichten sich, die Toten in den Inbildern kriegen ihn »nicht weich« (267), aber der »Wald der 6 Millionen« zieht ihn schließlich in die »Wahrheit« der Mörderidentität und vor den Gottrichter. Am Ende verzagt der Autor vor der letzten Konfrontation mit dem deutschen Publikum: Den Schluß der englischen Übersetzung läßt er im Deutschen dann weg. Der Angeklagte hatte den Spieß umgedreht und den Gott seines Volkes nach seiner Schuld als Beobachter der Shoah befragt.

And the One and Only climbed down from his seat of judgement and placed Himself next to me at my side. And so we both wait! For a just sentence! But who is there who can pronounce it?

3. »Unsere Vergeßlichkeit«[61] · Neue Schreibweisen des Erinnerns

> »Letzte Nacht haben Sie wieder
> geschrien!« (285)
> »Immer die alten Bilder, ich weiß
> nicht warum.« (185)

In den Jahren 1979/81 arbeiten Johnson und Weiss am Abschluß ihrer großen Gedächtnisprojekte (›Jahrestage. 4‹, 1983; ›Ästhetik. 3‹, 1981)[62], entwirft Gert Hofmann ein neues (›Fuhlrotts Vergeßlichkeit. Portrait eines uns bekannten Kopfes. Erzählungen‹, 1981), liegt mit Birgit Pausch ›Bildnis der Jakobina Völker‹ (1980) schon eine Erzählung vor, die den Anfang einer neuen Schreibweise des Erinnerns vollendet verkörpert, während der gewerkschaftlich organisierte historische Realismus zu Ende geht und die Vaterbilder-Mode ihren Höhepunkt gerade überschreitet. Einerseits sehen wir im Gemenge der literarischen Ungleichzeitigkeiten, wie sich die Spur einer neuen subjektgeschichtlichen Intensität der NS-Vergegenwärtigung ausformt, die an Bachmann und Weiss erinnert, wenn nicht anknüpft, und den hier vorgestellten Texttypus bestimmt. Andererseits ist diese Novität das Zeichen einer *allgemeinen* Intensivierung primärhistorischer Selbstbegegnung in deutscher Literatur [→ 74 ff.], ja einer neuen Erinnerungskultur im Westdeutschland der 80er Jahre, in deren Kontext sie ›nur‹ eine kleine Arbeitslinie einleitet. Sie hat größte Mühe, gefördert und öffentlich bemerkt zu werden, gerade im Literatur*betrieb*. Hier folgt man dem Boom, also einem Kalkül, das bald auch wieder das neue Erinnern in leichte Ware zu verwandeln versteht.

So ist denn auch 1979 nirgends vermerkt worden, welchen Bruch in der ›Entwicklung‹ zwei zugleich erscheinende Erzählungen markieren. Chotjewitz' ›Saumlos‹ und Hofmanns ›Denunziation‹. Dort noch die längst allseits akzeptierte Methode der anklagenden Dokumentation, die nicht viel herausbekommt und die Dokumentaristen selber stets so auffallend ungeschoren läßt (im Visier die Schweigekrusten eines antisemitischen Dorfes), hier in nuce der Beweis, daß nicht ›die‹, aber mehr Wahrheit über das gesellschaftliche NS-Kontinuum aufgeschrieben werden kann, wenn die Analyse aufgerissen wird in die subjektiven Vertikalen der Verstörung im Tätervolk. Hofmann führt das Kafkasche Prinzip des kalten literarischen Anti-Narzißmus wieder ein. Er radikalisiert, bis zur Apersonalität, das Johnsonsche Verteilen des Erzählsubjekts und ›entpolitisiert‹, stellt still das Weiss'sche Individuum, das in den Raum des Widerstands aufbricht. Weder soziale Klasse noch intellektueller Dialog erwarten ›liebende Personen‹ in einem ›guten Kreis‹, in dem ein Epochenspiegel noch stehen könnte. Die Person überhaupt findet auf dem ›Grund‹ dieser Epoche kein Bild mehr, das zur identifikatorischen Selbstbetrachtung einlüde. Sollen wir uns lieben wie wir unsre Nächsten ›geliebt‹ haben? In Hofmanns Texten sind die Voraussetzungen dafür, das sprachpolitische Ziel der *kollektiven* Selbstversöhnung zu verfolgen, vollends unauffindbar. Vielmehr: Abschied von den Orten, wo eine positive Menschen-Symbiose primäre Wahrheit wäre, aufnahmefähig für ›andere‹ Menschen in den Augenblicken der Gefahr. Selbst also Utopien auf dem Rückzug – wie die New Yorker Cresspahl-Monade und die Freunde Coppi, Heilmann, Ich in der ›Ästhetik‹ – sind aus dem Programm genommen. Mit letzter Anstrengung wird Schrift auf sich selbst bezogen: »der Raum dahinter ist ganz leer«. (V, 28)

Die leere Topographie ohne Außenspiegel (ohne Bedarf an Widerspiegelung) ist in der ›Denunziation‹ perfekt entworfen: der Monologkopf als Schauplatz, auf dem das Verdrängte wiederkehrt; der Auftritt anderer Köpfe dort, in denen »nicht vergessen wird«; die Desillusionierung der ›68er‹ Befreiungsideen im negativen Monolog; der alles sehende unmögliche Kinderblick: ein über Fichte-Jäckis Vater-Psychologie[63] noch hinausgehendes, nichtbiographisches »Verfahren der Vaterfindung« und die dabei variierte Destruktion der deutschen Ideologie von der positiven Symbiose mit den Juden; die Begegnungsform der aneinander vorbeiredenden Doppelgänger; das Überlebenden-Syndrom in der zweiten und dritten Generation nach Auschwitz und Plötzensee; Körpersymptomatik als Widerstand; Nachexil, Nachverfolgung und das deutsche Wörterbuch, das »gefürchtetste von der ganzen Welt« (D, 58).[64] Der geheime Standort des Erzählens in Hofmanns Welt ist das absolute Ineins von Rand und Mitte der Epoche: SS-Deutschland und der Regenwald (›Vor der Regenzeit‹, 1988), Limbach in Sachsen (Trilogie ›Unsere Eroberung‹, 1984; ›Veilchenfeld‹, 1986; ›Der Kinoerzähler‹, 1990) und das Bellevue-Hospital in New York (›Denunziation‹), die zona morta und Ich (›Auf dem Turm‹, 1982). So kann der Autor im Kinderblick verschwinden. Das ist in keiner Weise schmeichelhaft für ihn. Die Schizophrenie in den Kindern Hitlers (Jahrgang um 1933) ist bloß abgekühlt. Sie haben der Menschenvernichtung zugeschaut und mußten erobert werden, um ›davon‹ *nicht* loszukommen; und darüber sind sie sarkastisch geworden wie die Schrift des Autors. Nachdem der Kinderblick in der deutschen Nachkriegs-Erinnerungsliteratur sich leergelaufen hat [→ 89 ff.], denkt Hofmann ihn zu Ende: Alles sehend frißt er sich in die Nazi- und Nachnazizeit, ins Totenreich, hinein bis zur Angleichung an das Gesehene. Im ›Turm‹ sieht Ich der *Opferung* des Kindes während einer »Todesnummer« in der Stadt der Gerechten Dikaiarchaeia (die natürlich eine touristische Ruinenstadt ist) gähnend zu. Dieser Ausgang versteht sich von selbst: »Das Kind mit dem Totenschädel im Kopf« (127),[65] zum *Handeln* im Totenreich gezwungen, endet tödlich. Ein Ausweg für unsere Gefühle, den der Autor verrät, wäre nicht die *Rhetorik* der »Scham«[66] sondern mehr: »Ekel, Trauer, Scham und Übelkeit« (133). In ›Unsere Eroberung‹ bringen die Kinder »unseren Edgar«, den sie unwillig, und natürlich nicht gerecht, miternähren, in den Tagen der Befreiung gähnend zum Verschwinden (196 ff.).[67] Er hätte sie in die »Geheimnisse« der eroberten Stadtmenschen von Limbach einführen können. »Langsam läßt er ein Wort nach dem anderen aus seinem Mund heraus, und wir, den freien Kopf schräg gelegt, sehen ihnen besorgt entgegen« (195). Das Schicksal des mysteriösen Jungen, des Souveräns im Roman, ist den Lesern nur angedeutet. Wahrscheinlich Kind eines jüdischen Vaters. Die am Rande der Stadt ausgesiedelte Mutter von den Bomben der Alliierten getötet, die Stadt verschont. In ›Unsere Vergeßlichkeit‹ ist der Kinderblick vernichtet und dergestalt verewigt: verschüttet, zugebaut, nicht wieder »hochgeholt« in die Marmorstadt »F«, Banken- und Versicherungsstadt Ludwig Börnes am Main.[68]

Mit königlichem Sarkasmus, dessen ästhetischer Schliff die Lektüre den Überlebenden erträglich machen mag, gewiß aber im Volk der Täter als »schwebende Heiterkeit« aufgefaßt wird, die das Wegsehen deckt,[69] ›wiederholt‹ Hofmanns Erzählweise die vergangene Erbauung und Lust an den Taten, die im Land der Täter einmal gemeinschaftsstiftend waren. Und ›plötzlich‹ dann, dergestalt mimetisch heute aufgeschrieben, hat der Text die Lektüre an die »Punkte« geführt, wo »Indifferenz und Eiseskälte« des im Gedächtnis *erstarrten* Vergangenen von allen Papieren ausgehen, die es an die Gegenwart überbringen (D, 47). ›Eigentlich‹ müßte der Blick auf diese »Punkte« in den Köpfen der Erwachsenen (der Blick auf die Erinnerungskatastrophen) noch heute tödlich sein. Literatur als angemaßter Racheakt? Schriftsteller als Racheengel? Um dieser Vereinfachung zu entgehen, bettet Hofmann den literarischen Sarkasmus in das Erkenntnismodell der »transgenerativen Traumatik« ein,[70] das in seiner *nach*geschichtlichen Binnenlogik auf beiderlei *Opfer in ihrer negativen Symbiose* sieht und die Differenz zwischen geschichtlich ›gut‹ und ›böse‹ insoweit aufhebt, als es die *Krankheit* der Opfer zu erkennen lehrt. Aber mag es die Opfer-Ähnlichkeit zwischen Opfer- und Täterkindern geben, diese Beziehung gab es zwischen den Vätern nicht. Schuld ererbt sich auf die Söhne, neue Väter, die sich dieser Sicht (Schizophrenie) der negativen Symbiose verweigern: nicht ›wieder‹ in sie hineinsehen wollen wie im Kinderblick. »Für mich heißt es: Weggelegt in das Gedächtnis der Natur!« (Monologkopf in der ›Denunziation‹, 31).[71] Der Übergang vom Sarkasmus zur nachverfolgenden Bösartigkeit: Als diese Väter Kinder waren, hatten sie gegähnt, wenn Opfer zu reden begannen, als Väter gähnen sie wieder, wenn sie *nicht selber* über »unsere Opfer« reden dürfen. Diese neuen Väter müssen erst einmal bloßgestellt werden.

So sprengt Hofmann die Idylle der deutschen Naziväter-Literatur mit dem Gestus auf: Es gibt in deutscher NS-reflexiver Literatur keine Liebesobjekte. Der Spiegelungs-Raum der negativen Symbiose ist ihre ›positive‹ Garantie; hier bewegt sich die übriggebliebene *Differenz:* jüdische und deutsche Erinnerung, die sich durch jeweilige Eigen-Schärfe annähern; sich gegenüberstehend dann ohne Entlastungswünsche unter der Last der Schuldgefühle, die extremer unterschieden nicht sein können als am erinnerten Ort ihrer Entstehung: auf der Aktiv- oder Passivseite des Selektionsverbrechens des einen Volkes gegen das andere. Deutsche Literatur kann nicht philosemitisch sein heute nach der Vernichtung gestern.

Hofmanns Meisterwerk, ›Unsere Vergeßlichkeit‹, deckt den letzten Grund des deutschen Philosemitismus auf. In seiner Entstehungszeit 1981–1987 hat es die literarische Gedächtniskunst soweit an den Verantwortungsort der Epoche zurückgeführt, daß dabei nicht nur das epische Kontinuum, das ohne Dialog mit Juden weiter fortgezogen wird, sondern ebenso die anekdotische Pflichterscheinung von Elementen des Holocaust in den Formen philosemitischer Zerknirschung durchkreuzt werden. Im hier angesprochenen, mit wenig Texten belegten neuen literarischen Erinnerungsprogramm sind die Deutschen mit ihrem Täterwerk allein gelassen. Sie sollen es reflektieren. Es ist nicht beendbar, wenn ihm nicht, in letzter Konsequenz in subjektiv allein übernommener Anstrengung, auf den Grund gegangen wird. Hofmanns Marionettenwerk um den deutschen ›Untermenschen‹ Fuhlrott und um das gegen ihn anschreiende Leidens-Gedächtnis herum verfremdet das subjektive Innere der geschichtlichen Vertikale deshalb so weit bis in eine marionettenhafte Konstellation, »weil es sich nicht erzählen läßt«: »So daß ich ⟨. . .⟩ ganz verständlich und nichtssagend bleibe« (297). In diese sprechende Leere sind nur Deutsche eingeladen wie in den übrigen Schriften Hofmanns, auch wenn in ihr Gedenken verfolgte Juden treten (›Veilchenfeld‹). Sie sind nicht ›echt‹: kein Alibi.

Ihr Auftritt an und für sich, gar ihr Bildobjektsein in nichtjüdischem Text sind noch kein Kriterium für literarische Qualität. Eine Vermeidung oder ›Indirektisierung‹ jüdischer Rollen im Reflexionsgeschehen einer Literatur, die sich in den Raum der »negativen Symbiose« gestellt hat, kann im Gegenteil ein Merkmal ästhetisch qualifizierter Oppositionsstellung im deutschen Literaturbetrieb sein. Als Hindeutung auf diesen Gesichtspunkt ist immer die Frage zu verstehen, wie intensiv eine subjektgeschichtliche Arbeit an »primärer Historisierung«[72] und wie sehr sie Kunst geworden sei. ›Kunst‹: das Gegenstück zu ›Normalisierung‹.

Pausch hat zwei Kinder mit der Täuschungsgewalt der Symbiose-Ideologie in Beziehung gesetzt. Sie erhalten auf ihre Fragen keine oder stereotyp nazideutsche Antworten. Eine symbiotische Kindheit zerbricht tödlich an der Symptomatik des eingefleischten mütterlichen Antibolschewismus, der den Kindern *absolut* unbegreifbar ist und sie in der Transgeneration erstarren läßt. »Wie kann man das erschießen lassen, was man geliebt hat« (58):[73] Das Mordkontinuum wiederholt sich (an der geheimnisvollen Gespielin) als Tod in der Verschweigungsstarre.[74] Die kindliche Wiedererkennung des Eigenen im Fremden und dann das Entsetzen über den Tod des symbiotischen Anderen (die Kinder waren verschmolzen im vokalischen Reimspiel) wollen von der Mutter-Nazine durch »Befehle, zu vergessen« (95), in ihrer eigenen Starre gehalten werden. Die Lösung von der Mutter ist Lösung aus dem NS-Kontinuum. Und macht aus dem »überlebenden« Kind (48) die erwachsene Jakobina, die sich über ›1968‹ und eine nicht-narzißtische Durchquerung der gewalttätigen ›Tendenzwende‹ danach ihr eigenes, ein ›Reflexions-Kontinuum‹ erarbeitet. Sie gewinnt, in einen Archiv- und Bildraum der Geschichte gestellt, Souveränität gegen ein »klobiges und undifferenziertes« Deutschland. Der Text, angelehnt an Klassenmodell und Rhythmus der ›Ästhetik des Widerstands‹, liest sich wie eine Parodie auf die politische Voraussetzung, die Geschichte der Deutschen ließe sich hinter den Zivilisationsbruch Auschwitz zurück überhaupt noch einem *revolutionshistorischen* Blick öffnen. Doch gilt das nur bedingt; nur für den männlichen Blick zurück, der zu kurz ist und nach der gescheiterten ›68er‹ Konzeption eines »Marsches durch die Institutionen« gekränkt ins Innere geht, das von einem noch immer sich politisch nennenden resignativen Reformismus eingeschnürt wird. Jakobina sieht am Freund, wie aus dieser Art, nur halbwegs genaue Folgerungen aus Geschichte und Geschichts-Illusionen zu ziehen, ein Geschichtsblick gebildet wird, der *wieder* an der *absoluten* Niedergeschlagenheit der in Deutschland Besiegten (an der Shoah) vorbeigeht und an Vätern haften bleibt, von denen sich diese Söhne nicht lösen können. Beide stecken sie im ›sozialdemokratischen‹ Kontinuum einer ›Befreiung‹ 1945 fest, die keine in sich selbst, keine aus einer politischen Radikalanalyse war. Jakobina sieht es so, *versteht* es (erlebt solchen ›Vater‹ nicht so wie den Erfahrungsblock an ihrer NS-Mutter), muß sich aber auch von dieser ›politischen‹ Eltern- und Freundschaft, bei der sie in die Lehre gegangen war, lösen. Im Erfahrungsraum ›1977‹ war klar geworden, daß jede ›Halbwegs‹-Befreiung in *Wiederholungsgewalt* ihre Struktur findet. »〈. . .〉 vielleicht verbrauchten sich seine Kräfte unter der Last des Verleugneten, und dann nahmen sie eine furchtbare Macht an.« (Jakobina über den ›Vater‹, 32)

Jakobinas Versuch zu überleben in einem Land, das seine Identität auf der Geschichtsspur seiner Konterrevolutionen, Unterwürfigkeitskultur und Unterdrückungsbereitschaft in Ordnung gebracht hat, ist eine Arbeit der rückgewandten *Rettungen* im Gedenken an die Geschichte der Niedergeschlagenen. »Ich brauche etwas, das ich unserem Sturz entgegenstelle« (49). Gelöst aus der Starre ›oben‹ im nicht befreiten NS-Kontinuum wird der Blick sehend für die Bilder und Doppelgängerinnen in der Geschichte ›unten‹. Dort, »im Abgebrochenen und Unvollkommenen, im Gesteigerten und Visionären« (49), in »einer allgemeinen Kindheit« (16) hat Jakobina die Ausgangspunkte für die Bild-Erkennungswege, die nicht an Auschwitz vorbeigehen. Eine gewiß ›messianische‹ Einstellung des Kinderblicks auf die vernichtenden Trennungen und Verschüttungen in der Epoche; kein ›sarkastischer‹ Blick wie bei Hofmann. Er ist nicht weniger genau. Die durch das Buch gehende Erregung über die Entdeckung im Archiv – es war Mord – ist am Schluß den Bildern in

Venedig zurückgegeben: »Wie sollte sie es ihnen sagen . . .« (114). Anders als bei Bachmann die subjektive Öffnung der Sprach-arbeit in die Realgeschichte der Kämpfe, *neben* Weiss ein konzen-triertes Bilddenken, das auch die jüngsten Gegenwartserfahrun-gen in den Geschichtsraum stellt.

Sollte sie es hinausrufen auf die sich verdunkelnde Lagune: *übrigblei-ben* werden die Plätze, die sich winkelnden Gassen, die Einbuchtungen in den Treppenstufen auf den Brücken, die schmalen Häuserreihen, die Säulenschluchten, die sich ineinander verschlingenden Körper auf den Leinwänden in den Bildersälen, die Tücher, die sich über den Gefolterten öffnen. (114)

4. Der Weg in die absolute Prosa · Peter Weiss, Anne Duden

> Für uns
> ist jetzt alles Vergangenheit
> (Heilmann, III 200)

Wir haben gesehen, daß literarisches Operieren mit einer unbe-fangenen Vorstellung von deutsch-jüdischer Beziehung zur Zeit nicht möglich ist, konkretes Sicheinlassen vorausgesetzt. Der deutsche Blick auf die Gefolterten der Shoah, auch wenn er kein nazistischer mehr ist, kommt aus dem Volk der Täter. Und wann immer deutsche Schrift am sich öffnenden Blick haftet, bleibt sie primär befangen in der Sprache, die an den »Tüchern« mit gewirkt hat, die eine ganze Volksgemeinschaft über ihre Verant-wortung für die Vernichtung der Juden gebreitet hat. Diesem Blickwinkel öffnet sich der kulturelle Raum der Negativen Sym-biose. Am Ausgangspunkt besteht eine Proportionalität zwischen Schreiben in der Verantwortung und Befangenheit, und vice versa zwischen Unbefangenheit und Selbsttäuschung im Kollektiv. Wir haben auch gesehen, daß eine kulturelle Selbstwahrnehmung im Gedenken an die Shoah bei seinen neuen Anfängen – zunehmend nach 1968, bei ›deutschen‹ Juden früher als bei ihren Partnern in der Konstellation der »Geschiedenen«, und mit letzter Konse-quenz erst mit Beginn der 80er Jahre – sich als Opposition zur Allgemeinheit der zugleich immer bequemer werdenden Artikula-tionen von ›Verantwortung‹ entdeckt.[75] In dieser Stellung wird eine neue Intensität gegen die Versöhnungs- und Normalisierungsideologie aufgeboten.

Unter anderem sind folgende ›Bewußtseinskerne‹ einer dergestalt neuen Erinnerung in literarkultureller Arbeit dargelegt worden:

— Literarische Grabungen nach Vergangenheit in der Gegenwart gelingen nicht nach dem Prinzip eines ästhetischen laissez faire, laissez aller.[76]

— Um so größer die Nähe der Schreibenden zu den Orten der Folter war, bleibt oder wieder wird, desto »kälter« wird das Signifizieren und werden die Signifikate der Schreibenden.[77]

— An jenen Orten ist mit der jüdischen Kultur auch die jüdische Erzähltradition vernichtet worden, aus dem »Schlachthaus« geht kein ungebrochenes ›Weitererzählen‹ davon.[78]

— Die Konfrontation mit der ›gemeinsamen‹ Begründung der Negativen Symbiose in den Vernichtungslagern ist ein Generationenproblem: die kulturelle Arbeit in ihr wird immer schwerer.[79]

— Dies drückt auf die Stilfreiheit; deutsches Erzählen im Nachkrieg ist besetzt von Kriegserfahrungen, von denen man sich erzählend befreien kann; die aus diesem Erfahrungs-Erzähl-Zirkel ausbrechen, Erinnerungsarbeit nicht mehr an Auschwitz vorbeiführen, werden von der im Zeitgang erfahrungsintensiver werdenden negativen Dialektik der Epochenerinnerung belastet: Bruch oder Blockade des Erzählvermögens müssen sie durchqueren, mit der Möglichkeit des Verstummens.[80]

Paradoxerweise nun stellt sich für ein Schreiben in der Negativen Symbiose die Aufgabe, Unbefangenheit der Schrift unmittelbar zur Vorstellung der Vernichtung nicht zu scheuen, *wenn* eine stilistische Annäherung an sie proportional zur Genauigkeit des Blicks auf die Gefolterten sich nicht ›abwerben‹ läßt von den Mustern der Verschiebung und Ästhetisierungen. Der Weg, den solche stilistische Annäherung an jene vorgestellten Urszenen geht, könnte die Richtung haben, die Scholem einer wahrhaftigen Kommunikation der »Geschiedenen« gewiesen hat.[81] Letzte Textentwicklungen zeigen, daß es ein Weg zu absoluter Prosa ist. Der Ursprung der ›Ästhetik des Widerstands‹ vor dem Pergamon-

Fries am 23. 6. 1972,[82] d. i. die politische, in die Traumsprache fallengelassene Bildraumerfahrung, hält ein schönes Erzählen, das zur Gattung tendiert, schon im Ansatz nieder. »Viel wäre zu erzählen gewesen . . .« (I, 133).

Nach dem Ereignis »Kafka« in der Literaturgeschichte, der die »kürzeste Wegstrecke« literarisch nicht bewältigen zu können wähnte, scheint auch Weiss dieselbe Panik am Erzählen zu hindern (I, 130). Zwar hat im Monologkopf, der uns über knapp 1000 absatzlose Folioseiten seine Geschichte aufzwingt, eine große Zahl ›erzählter‹ Menschenmonaden ähnlich wie in den ›Jahrestagen‹ Platz und lädt uns gemäß der ältesten Gattungsregel der Eposkultur in ein Einvernehmen mit der Menschengeschichte. Aber, wie bei Johnson, zu einem Binnenkreis »guter Menschen« in der Epoche, auf denen der Blick mit Wohlgefallen ruhen bleibt über die Schnitte von Tötung und Trauer hinweg, kann dieses Schreiben nicht verhelfen.[83]

Im dritten Band der ›Ästhetik‹ ist, aus dem Nullpunkt der Trostlosigkeit und Lähmung heraus, eine Gegenbewegung zum vierten der ›Jahrestage‹ zu beobachten, der am Konzept der relativen Erzählbarkeit (›Flüssigkeit‹) der Epoche des NS-Faschismus festhält und am Ende *sich mit ihr* verabschiedet. Als sei mit dem Zerfall des Sozialismus-Versprechens auch die Oppositionsstellung des Schreibens in *dieser* Epoche beendet. Anders in der ›Ästhetik‹. Sie hält die Epoche *in Bildern* fest und schreibt *vor den Bildern* und in sie hinein. Also *auch dann,* wenn die »Hand auf dem Papier« erlahmt (III, 267), bezeugt sie noch ihre Kenntlichkeit als oppositioneller Kunstort. Vor den Bildern sein: Es ist diese Topographie der künstlerischen Zeugenschaft seit 1933, der das Absolutwerden der Prosa gemäß ist.

Die absolute Prosa reagiert nicht auf Themenlisten der Bewußtseinsgeschichte nach Auschwitz. Sie operiert nicht am Abgrund des Wissens, indem sie ›dorthin‹ blickend die Nüchternheit der Überlieferung sucht und das eine und andere dokumentarische Stück integriert. Auch hat sie sich aus dem Zirkel einer Aufklärung, die die Marter verdrängt, indem sie über das Material den endlichen Diskurs legt, konsequent verabschiedet. *Sie individuiert das Wissen,* Weiss zeichnet den Menschen des Widerstands im ›guten Kreis‹ (in dem nicht alle illegalen Kämpfer per se stehen), wenn sie 1945 überlebt hatten, keine festen Stellen im »neuen, schwelenden Krieg« mehr zu. Im »Entsetzen« über die Niederlage des Widerstands treten keine neuen Kämpfercharaktere aus den Bildern der Kämpfe hervor. Der Zeuge des illegalen Kollektivs erhebt die Stimme der Ent-Täuschung (III, 262 ff.).

Rahel im Exil ist nach der »Mutter« das letzte Figurenbild, dem *gegenüber* die Schrift erarbeitet werden kann. Es ist zuletzt unmittelbar herangestellt an die Leerstelle im Fries, an den fehlenden Herakles der kommenden Kämpfe (III, 267 f.), ein Bild, das nicht aufgeht im letzten Verschmelzungspunkt des Romans, als der trauernde, überlebende, übriggebliebene Freund vor den Pergamon-Altar tritt. Rahel-Lotte Bischoff geht in das Exil nach 1945, das Überleben heißt. 1945 wird ihr die mythische Rolle zugerufen, die ihr von der Schreibtätigkeit her erdacht ist: Sprechende dem künftig Zuhörenden, Schreibenden. Eine Trauernde, »die noch lange Zeit den Schmerz über den Verlust von so vielen mit sich tragen müßte«: »*unbemerkte Wanderin* ⟨. . .⟩ *auf den neu erbauten, lärmenden Straßen.*« Ein Figurenbildnis als Perspektivpartner später absoluter Prosa. Hier legt die Schlußpassage des Romans eine unauffällige Spur aus ihm hinaus, die Überlebende sieht ihrem Gefährten Fritz Bischoff nach, einem der nicht-prominenten Besten im Widerstandskreis, der im Todeszug der 7000 Häftlinge von Neuengamme und Belsen in der Aktion »Cap Arcona« am 3. Mai 1945 noch den Tod gefunden hat.

An dieser Nahtstelle zwischen letzter Aufblendung des »Lebensfrieses« und dem Ende eines antifaschistischen Lebensbündnisses im Abgrund des letzten Höllenkreises,[84] wo man neue Kräfte braucht und jegliches Erzählen erstarrt, ist der Lektüre des 3. Bandes zugleich noch einmal eine Brücke zurück zum Verständnis der Romanlinie gebaut, auf der die parteiförmig nicht disziplinierbare Integrität wirklicher geschichtlicher Personen mit dem Wissen der Shoah zusammengeführt wird: Radikaler negativ kann der symbiotische Charakter der Todesmärsche, die von der SS zum Zwecke der Spurenbeseitigung aus den Lagern der »Endlösung« hinaus im Frühjahr 1945 durchgeführt worden sind,

nicht pointiert werden, als sie in ihrem letzten Ereignis zu über-
liefern, der Versenkung der Häftlingsschiffe durch britische
Bombenflugzeuge in der Lübecker Bucht. Der literarische Ver-
knüpfungsgestus steht gegen den bundesdeutschen Hoheitsträger,
der Verknüpfung abstrakt mit Hilfe einer Geschichtslüge zum
Lebenszeichen umzudeuten trachtete, das sich sprachpolitisch
fortzeugen sollte.[85]

Lotte-Rahel steht am Rande des Wegs. Der Figurenversuch,
eine Identität in der negativen Symbiose im *Zentrum* des Romans
vorzustellen, ist die »Mutter«.[86] Sie hat die Rolle, das Wissen der
Shoah zu individuieren. Sie ist die Person, die mit den Juden
1939/40 nach Osten mitgeht und diese Primärerfahrung des
Anfangs der Deportationen und Massaker visionär in seine Fol-
gerung, die geplante Ausrottung, vorausschaut und sie durch
Verstummen und Verlöschen verkörpert.

Dies ist ein linguistischer Anfangsgedanke! Der 3. Band setzt
mit absoluter Prosa ein (III, 7 ff.). Ein Jahr »dunkelster Wanderung« beginnt. Sie hatte die Hadeswanderung 1939 auf einem
Fluchtweg begonnen, der kein ›Erzählweg‹ mehr ist; »schlürfend«
die Gangart, wie sie später von den Lager-Häftlingen erinnert
wird, »durch die blühenden Landschaften«, eine Metapher, welche Rudolf Höß in seiner Auschwitz-Erzählung dann nicht außer
acht lassen wird,[87] »schon einer Maschinerie entgegen ⟨. . .⟩ als
eine Herde, die auf billigste Art abgeschlachtet werden sollte.«
(III, 11)

Die ›Mutterlinie‹ im 3. Band ist der Etappenweg einer
»Erleuchteten«, die »mehr, weiter, tiefer geblickt als wir« (N 3,
782), die im Stande der ›Geretteten‹ die Informationen von den
tatsächlich in Gang gekommenen Vernichtungsplanungen nur
noch als Bestätigung hört, die sie erneut und endgültig in Erstarrung versetzt (III, 116 ff.). Sie war immer »mitgegangen«, der
Weg, über den sie sich noch geäußert hatte, war an den Orten
vorübergegangen, wo 1941 die ersten ›Experimente‹ mit der Ver-
gasungstechnik beginnen würden.[88] In der ›Ästhetik des Widerstands‹ ist ein Prosagedanke erarbeitet, der eine *absolute* Schrift-
art im geschichtlichen Tätervolk begünstigt. Sie transzendiert im
selben Maße das konkret-poetische Experiment, wie sie sich in

die Dimensionen des Epochenmaterials *introspektiv* (monologisch) *ausdehnt*.[89] Es sind dann die traumatischen Zerreißproben am Rande des Verstummens, die der »Kunde« von der Unermeßlichkeit der Verbrechensschuld ungeteilt als Kunde der Shoah, d. i. in Vergegenwärtigungen *gemeinsam erfahrener Ereignisse*[90] Ausdruck geben können, »auch wenn nur ein dünner Schleier, nichts Aufschlüssiges«, von ihnen selber bleibt (N 3, 859).

Anne Duden hat in ihren Arbeiten den Gedanken der absoluten Prosa, der bei Weiss an materialer Unermeßlichkeit operiert, ästhetisch radikalisiert: Der *Blick auf die Geschehnisse* ist aufs äußerste verknappt. Das individuierte Wissen der Shoah konstituiert ihre Texte, Schreiben wurde ausgelöst (›Übergang‹, 1982), als die Zunge gelähmt war – nicht in übertragenem Sinn oder von sekundären Affekten, die unser allgemeines Bilderwissen vom NS-Terror hervortreibt, sondern von erfahrener Gewalt gegen den Kopf der Person, die schreibt. Mit kalter Strenge ist die Einsicht vermittelt, daß gegenwärtige Erfahrung von Gewalt durch Erinnerung des *Phänomens,* nicht durch Identifikation mit den Opfern der Ausrottungsmaschinerie »Auschwitz« ihren Zusammenhang bekommt. Die den zerstörerischen Schlag geführt haben, waren buntgekleidete schwarze GIs, eine Männergruppe (wie die Jabo-Besatzung bei Augustin), die im Text jeglicher ideologischer Klassifikation entzogen bleibt. Wie denn überall, wo diese Prosa in ihrer eigenen Gegenwärtigkeit das Erinnerte berührt und unsere Blicke in die Nähe der *bekannten Bilder* ziehen will, diese Bilder *nicht* mehr ausgebeutet werden: Die seit Bachmann in der Literatur der verantwortlichen Introspektion kursierenden Chiffren *Rampe, Waggons* usw. sind bewußt ersetzt,[91] der Abstand in der Zeit ist auch der Abstand zu den Bildern; ihre Faszination wird unterbunden, ihre Verantwortung aktiviert. Das Eingestehen ist zur Sprache zu bringen, daß der schöpferische Handgriff, der das Ich mit der Außenwelt in Einklang bringt (»Arbeit«), bis ein Leben zu Ende geht in schönem Tod, ›den Menschen‹ nicht mehr repräsentiert. Es war Arbeit, die Leichen herzustellen. Diese Arbeit »macht frei«. Das ist ohne weiteres zum *allgemeinen* Wissen geworden, die Zivilisation geht weiter (Restauration der Arbeit) nach dem Zivilisationsbruch, als die Opfer selber die Arbeit zu machen gezwungen worden sind. Aber im Eingestehen dieses zivilisatorischen Todeszirkels nun krümmt sich die Person auf sich selber zurück, der Kopf wiederholt alle Marter am eigenen Leib: er zerlegt das Wissen. Die Person ist zum Bewußsein ihrer selbst gekommen als Deutsche. Die Landsleute konnten schon ein Lautwerden des individuierten Wissens nicht aushalten, als Ich noch ein Kind war. Das ›Übergang‹-Buch beginnt:

> Ich bin ständig auf der Flucht vor anderen Menschen. Sie haben nur eins im Sinn: mich auszubeuten oder umzubringen. Sie fangen immer mit ein und derselben Sache an. Erst reißen sie mir die Augen aus ⟨. . .⟩
>
> Sie wissen natürlich ⟨. . .⟩ nicht, daß ich einen verborgenen Raum in mir habe, in den nichts eindringen kann, selbst wenn Poren und andere Körperöffnungen und Sinnesorgane schon alles durchgelassen haben. Es ist eine Art manchmal schwimmender, manchmal schwebender Krypta, ein Unterdauerungsraum. Dieser Raum hat sich selbstverständlich langsam herausgebildet und wurde erst im Lauf von Jahrzehnten fertiggestellt. Das Baumaterial dafür aber ist von Anfang an gehortet worden . . .

Die Spannungslage der Person im Land des »Vernichtungs-Antisemitismus«[92] ist kraß gegen die literarische Allgemeinheit einer Gesinnungs-Epik vom Härtling-Typus[93] abgesetzt. Das bekommt die Autorin als weitreichende Abwehr im Literaturbetrieb und Aggressivität bei ihren Lesungen zu spüren. Ihre Prosa trifft ins Herz des kollektiven Traumas: Wir wissen doch alles, um jeden Preis Ruhe nach dem Sturm – der sich aber in einen Dauerzustand inneren Rumorens verwandelt hat. Daran nicht rühren! Was man im besänftigten Gesinnungsklima besonders verübelt ist ein Eingestehen, das die Person in Dudens Text nicht schont. Es ist bedrohlich den Übertragungsängstlichen, wird als (verdeckt: »jüdische«) elitäre Selbstzerfleischung denunziert. »Eingestehen« – »nämlich daß es um Ausrottung ging« (›Übergang‹, 68; 76) – entfesselt in der Tat Zerfleischung beim Lebendigbleiben. Wahrscheinlich gewinnen wir von dieser Beobachtung aus einen verstehenden Zugang zu Dudens Introspektions-Poetik.[94] Es geht um das Verhältnis Kopf–Körper und um die linguistische Integration des ›gehorteten Baumaterials‹. Wie entstehen Neubauten auf dem

Grund individuierten Wissens: Zustände der Person, Bilder? –
Und wie ist der Stand der Dinge in Bildern? Dudens Prosa
schreibt das ›Mündigwerden‹ der zu Kopfe steigenden körperlichen Hervorbringungen auf (Sprechen über das Blut unter den
Schlägen, den »Blutsumpf«, »Masse noch lebenden Aufruhrs« ...),
der Kopf gewinnt die ihm gemäße Existenz *im Körper;* Fleisch
von seinem Fleisch, Kehle, Stimmbänder, Sprachrohr aus der
Qualstätte des Gedächtnisses. »Mein Gedächtnis ist mein Körper«
(Ü, 141).

Das Schlußstück des ›Übergangs‹ (›Die Kunst zu ertrinken‹,
135 ff.) ist lesbar als ein poetologischer Aphorismus über die
Balance-Existenz der schreibenden, zum Schreiben gebrachten
Person unter dem »Benennungszwang« des Kopf-Körper-Verhält-
nisses, Existenz *im Element,* das sie »ständig zerlegen« muß (Wasser, Meer, Flut, Ozean); Balance zwischen der »eiskalten Allgemeinheit« und »minimaler Bewegung«; ein Zustand, weder
untergegangen noch aufgetaucht zu sein.

Noch zu ihren beharrlich sich hinziehenden Lebzeiten unter Wasser
wurde in den Grabstein dieser Person ein sehr langer Satz gemeißelt, dessen Anfang schon zur Unlesbarkeit verwitterte, als an sein Ende noch
überhaupt nicht zu denken war.

Nicht unbedingt autonom im konventionell-begrifflichen Sinn
ist Dudens absolute Prosa. *Absolut* sind der Archivraum
Geschichte und die in ihn gesperrte verantwortliche Wahrnehmung. Nur bedingt autonom kann also sein, wie die Prosaperson
›ihre‹ schon beschriebene Körpertafel in eigene Bearbeitung
nimmt. Die alte philosophische Kategorie »Wahrnehmung« (Per-
zeption), die die ›Monade Mensch‹ im Grundbild einer verantwortlich Erleidenden *(vis aktiva)* denkt, lenkt die Reflexionsar-
beit im individuellen »Nachkrieg«-Sensorium. Der Kopf, autonom
also unter den Bedingungen des Körpers, ist gedehnt bis zum
Zerreißen (J, 32) und bildet dergestalt den monadischen Raum,
in dem der *zerstückelte* Körper (das gehortete Baumaterial seiner
Genese) metaphorisch durch- und umgearbeitet wird in Varia-
tionsflügen, die ins Unendliche gehen. Außen ist innen, innen ist
außen. Eine Erkenntnis-Werkstatt, abgedichtet gegen Normalität.

Das »Leben« selber im Zentrum dieses leibhaftigen Absterbens des Körpers im Metaphernflug bringt sich um seine »Luft«. Das ist die Selbstrepräsentanz der literarischen Kunst »an den Rändern« der Lebensfähigkeit nach Auschwitz. »⟨. . .⟩ Die Versuchspersonen brüllen (!), wenn sie sehr frieren« (Sigmund Rascher).[95] Der metaphorische Moment des Schreibens im Normalen repräsentiert das Überspringen des Wissens ins Sprechenkönnen, das keine Befreiung ist. Denn will es keine bloße Verleugnung des deutschen Wörterbuchs der Mörder arrangieren, sondern für »Ausrottung«, »Ausmerzung« usw. einstehen an sich selber, dann ist es Sprechen, das sich über das auch ihm ›eigene‹ Lexikon nicht täuscht.

Freisein wäre Freisein vom Todestrieb, das der Aufenthalt in den Gemälden in Augenblicken der Geschichts-Unterbrechung gewährt; nicht ein Erzählen mit dem Fortgang der Zeit, sondern wenn der Bildraum textualisiert erscheint, als konkreter Raum in der Schrift. Als verlöre sich der Wissens-Druck des Mordwörterbuchs beim *Zurückspringen* des Sprechens ins alte Bild. Dudens Prosa bezeichnet literarhistorisch den kritischen Punkt des Schreibtriebs: wo er zwischen Erstarrung der Person vor dem Dokument und ihrer leibhaften Niedergeschlagenheit unter den Geschossen der Erinnerung[96] den Rückraum des *alten* Wissens zu öffnen sucht. Die Blicke, die von den alten Bildern aus »auf die Geschehnisse« gewendet werden, sind noch immer – Hier und Heute – nicht erschöpft; die Apotheose des Konjunktivs Futur II im Epilog der ›Ästhetik des Widerstands‹ war davon ein Ausdruck. Dort war die Konstellation »Wir stehen vor dem Bild« am Ende aufgelöst (N 3, 781 f.). Eine Aufhebung der Text-Bild-Differenz *angesichts der Geschehnisse* (Weiss hat es die Ablösung der Textästhetik von der »Ausdrucks-Analyse« genannt (N 3, 781) ist im ›Übergang‹ ausgearbeitet und im ›Judasschaf‹ auf die Probe der Unmittelbarkeit zur ›Ortschaft‹ des Zivilisationsbruches gestellt.

Der einzigartige ästhetische Standard des ›Judasschafs‹ ist begründet durch die tragende Grammatik, die das Unmittelbarsein der Gemäldetexte zur Dokumentar-Wahrheit in eine Reihe bringt, die wie die Malkunst der Häresie (Carpaccio) die Marter säkularisiert, das Zerstückelte komponiert, den Blick des im Zeitenbruch individuierten Wissens über die Schädelstätte der Menschheit zu streifen heißt und ihre Ordnung gegen den Todestrieb setzt. »Aus dem dunkelsten Winkel der Marter der Zehntausend möchte ich mich, entgegen aller Wahrscheinlichkeit gerade noch verschont, fortschleichen und nicht bei der Marter der Gegenwart ankommen« (J, 43). Ein Aufenthaltswechsel von Carpaccios »Marter der Zehntausend« zur »Geburt Mariä« desselben Malers könnte, gegen den Todestrieb, dem freien im Bild-sein-Wollen Aufschub im Genuß gewähren – doch der »unverdrossenen« Ruhe und »samtenen Schwärze« in diesem wunderbar fraglos-menschlichen, anderen Bildraum opponiert die Balance des Textes, der sich ja nicht entfernt aus der Unmittelbarkeit zur Tötungsmoderne. Unerbittlich wägt er Aufschub ab mit der Inkarnation des *Tötungstriebes* der Moderne in Gestalt des SS-Versuchspersonen-Dokuments. »Hochverehrter Reichsführer! . . .« In solcher Strukturopposition erst wird das Tertium glaubhaft: daß die Hingabe an den Todestrieb Erlösung sein werde angesichts der Marter der Gegenwart. Dieses Tertium aber (wie Tod zu lesen sei) gestaltet zu haben, *darf* nur dem alten Bild zugestanden sein: hier in Carpaccios »Meditation über die Passion Christi«.

Bisweilen sind die Gesichter der erst Gefolterten und dann Umgebrachten so vollkommen vorwurfslos und entspannt wie dieses hier, der Erleichterung des Totseins auf immer hingegeben.
Ich allerdings muß es an mir selbst erledigen. Keiner tut es mir an. Zuerst schneide ich mir die Lieben aus meinen Eingeweiden. Da sie auch draußen weitermachen, muß ich sie erwürgen, ausmerzen, die Reste begraben und dann täglich kalt über sie hinweggehen (J, 65).

In dieser Sicht der Dinge ist die Gleichstellung von Prosa und Bild ästhetisch verifiziert, vergleichbar und austauschbar allein noch mit Musik,[97] und mit Lyrik, der einzigen Gattung, die als konventionelle noch ein Kunst-Kontinuum vorfindet, das der Formschwelle nach Auschwitz gewachsen war. Dudens Prosa erzeugt die Konstellation eines bewußten Blickens: Der Dualismus ist unvermeidbar, aber er spannt nicht Ich und Tat, wie in der Erzählung, in einen Reflexionsbogen, sondern Ich und Ort. Das Sprechen *über und als Opfer* ist allein in solcher Mühe legitimiert; ›mono-dialogisch‹; *Vorstellung* des Orts als Basis eines zeitlichen Seins *nach* ihm.

Weiter-Erzählen an und für sich kommt einer Suche nach Freiheit und nach einer Lust an der Imagination neuer Orte nach Auschwitz gleich.[98] Insoweit aber festgehalten wird an einem Erzählen, das an der Shoah nicht vorbeiblickt und sich um die Dehnung des verwundeten ›Kopfes‹ innen, des Gedächtnis-Ortes bemüht, wird es zwangsläufig satirisch oder grotesk im Stile Hilsenraths, Hofmanns; es bleibt im Bannkreis der Negativen Symbiose.

Zweiter Teil
Bewegungen und Kulturen

Gundel Mattenklott

Literatur von unten – die andere Kultur

In den zwei Jahrzehnten seit 1968 ist das programmatische Stich- und Schlagwort einer *Literatur von unten* nie ganz verstummt, aber in verschiedenen Phasen auf sehr unterschiedliche Weise ausgelegt worden. Entsprechend weit ist das Spektrum der Texte, die darauf Anspruch erheben, eine solche *andere* Literatur zu realisieren.

Für die Protestbewegung um 1968, die vom politischen Engagement zahlreicher Autoren mit vorbereitet und begleitet wurde, stand die politische und soziale Bedeutung einer ›Literatur von unten‹ außer Frage: Sie sollte die Realität der Arbeiterklasse in der Bundesrepublik zur Sprache bringen, die Lebens- und Arbeitsbedingungen von Bevölkerungsschichten, die in den traditionalistischen Literaturkonzepten der fünfziger Jahre nur als gesichtslose Massen präsent waren.

In den sechziger Jahren hatte die Dortmunder ›Gruppe 61‹ die »literarisch-künstlerische Auseinandersetzung mit der industriellen Arbeitswelt der Gegenwart« und die »geistige Auseinandersetzung mit dem technischen Zeitalter« in ihr Programm geschrieben.[1] Mit dieser Gruppe kamen Autoren aus einer bisher in der bundesdeutschen Literaturszene kaum vertretenen Schicht zu Wort: »Von 28 Autoren sind 20 Lohnarbeiter, darunter 12 Industriearbeiter.«[2] Im Selbstverständnis der Gruppe zählte jedoch nicht die berufliche Herkunft ihrer Mitglieder, sondern ihre literarische Auseinandersetzung mit dem Thema Arbeitswelt. Nicht Arbeitern beim Schreiben zu helfen, war ihr Hauptinteresse, sondern die Förderung des Gesprächs zwischen sachlich und literarisch kompetenten Autoren gleich welcher Provenienz. Seit dem Wirtschaftskrisenjahr 1966/67 wurde in der Gruppe die Diskussion um dieses Selbstverständnis lauter. Mit wachsender Schärfe artikulierte sich ein anderes Konzept mit dem Ziel einer politisch eingreifenden Arbeiterschreibkultur.

1. Werkkreis Literatur der Arbeitswelt

1967 gründet Josef Büscher, Mitglied der Gruppe 61, die ›Literarische Werkstatt Gelsenkirchen‹, »nachdem er festgestellt hat, daß es in der Gruppe nicht möglich ist, schreibende Arbeiter zu schulen und zu betreuen«.[3] So die Chronik des ›Werkkreises Literatur der Arbeitswelt‹ zur eigenen Vorgeschichte. Es folgt 1968 die Gründung einer ›Hamburger Werkstatt schreibender Arbeiter‹ durch den Schriftsteller Peter Schütt und den Bauschlosser Rainer Hirsch. Damit sind die ersten Schritte zum Werkkreis gemacht, der sich 1968 als praxisbezogene Arbeitsgemeinschaft in der Gruppe 61 konstituiert. Zu ihm gehören u. a. die Autoren Günter Wallraff, Erika Runge, Angelika Mechtel und Erasmus Schöfer. Es folgen die Gründungen weiterer Werkstätten. 1970 kommt es zur Spaltung der Gruppe 61, die seit 1972 als aufgelöst gilt. – Mit seinen Schreibwerkstätten steht der Werkkreis am Beginn einer bis heute lebendigen *Schreibbewegung,* die sich zwar in ihren späteren Phasen von den politischen Zielsetzungen des Werkkreises und den aus ihnen abgeleiteten ästhetischen Prinzipien gründlich distanziert, dennoch mit ihm eines gemein hat: die »Stoßrichtung« gegen die traditionellen Grenzen zwischen Autor und Leser. [→ 281 ff.]

In den Schreibwerkstätten des Werkkreises sollten »schreibende Arbeiter und Autoren gemeinsam Texte einer Literatur der Arbeitswelt produzieren«.[4] Drei Prinzipien prägen die Werkstätten: Die Zusammenarbeit zwischen Autoren und Arbeitern ist als wechselseitiger Lernprozeß zu verstehen (Prinzip der Kooperation); für die individuellen Erfahrungen und Schreibweisen fungiert die Gruppe als »kritisches Korrektiv« (Prinzip der Kollektivität); außerdem stärkt sie den Einzelnen, damit er den Bestrebungen des bürgerlichen Kulturbetriebs widerstehen kann, »der ständig versucht, einzelne Kollegen herauszulösen und sie so lange zu präsentieren, bis sie genügend Rendite abgeworfen haben« (Prinzip der Solidarität).[5] Der Werkkreis wollte nicht verwechselt werden mit einer Institution zur Förderung von Nachwuchsautoren aus sozialen Schichten, denen der Zugang zum Literaturmarkt traditionell erschwert ist. Im Programm von 1970 heißt es:

Seine Aufgabe ist die Darstellung der Situation abhängig Arbeitender, vornehmlich mit sprachlichen Mitteln. Auf diese Weise versucht der Werkkreis, die menschlichen und materiell-technischen Probleme der Arbeitswelt als gesellschaftliche bewußt zu machen. Er will dazu beitragen, die gesellschaftlichen Verhältnisse im Interesse der Arbeitenden zu verändern. ⟨. . .⟩ Der Werkkreis hält eine entsprechende Zusammenarbeit mit den Gewerkschaften, als den größten Organisationen der Arbeitenden, für notwendig.

Die im Werkkreis Literatur der Arbeitswelt hergestellten Arbeiten wenden sich vor allem an die Werktätigen, aus deren Bewußtwerden über ihre Klassenlage sie entstehen. Die kritischen und schöpferischen Kräfte der Arbeitenden, deren Entfaltungsmöglichkeiten behindert werden, versucht der Werkkreis durch theoretische Anleitung und praktisches Beispiel wirksam zu unterstützen.[6]

Ein Problem bei der Realisierung dieser aufklärenden, auf politische Veränderung zielenden Literatur *von* Arbeitern *für* Arbeiter *über* Arbeiter war die geringe Beteiligung der Hauptpersonen: der Arbeiter. In den ersten Jahren, in denen die Neue Linke in der Bundesrepublik einen gewissen Einfluß hatte, bestanden die Werkstätten immerhin aus 40% Arbeitern, 30% Angestellten und: »rund ein Viertel der Kollegen sind Studenten, Schüler, Journalisten, Schriftsteller und (bildende) Künstler, Lehrer, Wissenschaftler« (Stand April 1972).[7] Das Verhältnis verschob sich aber in den Folgejahren immer mehr zugunsten der Akademiker: »Ein erster Überblick Ende 1978 ergibt fast ein Verhältnis von 50:50.«[8] 1984 in einem Gespräch zwischen Schöfer, Siegfried Grundmann, Michael Tonfeld, Klaus Konjetzky und Friedrich Hitzer klingt Resignation an:

Der Werkkreis hat sich nicht zu einer Organisation proletarischer Autoren entwickelt, sondern zu einer Laien-Autorenvereinigung, in der vor allem Studenten, Lehrer, Hausfrauen, Schüler (des 2. Bildungswegs) ein Sprungbrett in den Literaturbetrieb suchen und ihren Traum vom »freien Schriftsteller« verwirklichen möchten.[9]

Immerhin konnte der Werkkreis im Jubiläumsjahr 1979 auf einige Erfolge hinweisen. Zwar war die Mitgliederzahl kaum über 200 gestiegen (Stand 1977), aber über 30 Bücher waren veröffentlicht worden, davon die meisten in einer eigenen Reihe im Fischer-Taschenbuch-Verlag (seit 1972). Die Gesamtauflage dieser Reihe betrug im März 1979 637 500. Sie ermöglichte also anfangs dem Werkkreis, eine breitere Öffentlichkeit zu erreichen. In den folgenden Jahren stagnierte der Verkauf, die Auflagenhöhen sanken drastisch. Im Verlagsprogramm 1987 war die Reihe noch mit 33 Titeln vertreten, davon zwei Neuerscheinungen. Zum 1. Januar 1988 wurde der Vertrag zwischen Werkkreis und Verlag nicht mehr verlängert, der letzte Band erschien im Januar 1988: ›Bis unter die Haut. Verletzungen am Arbeitsplatz‹.

Im Rahmen der Diskussion, die vom Ende der sechziger Jahre bis weit in die siebziger hinein über ›operatives Schreiben‹ geführt wurde und in der die Neue Linke sich mit Positionen Benjamins, Tretjakows und Brechts auseinandersetzte, legte auch der Werkkreis Wert auf die operativen Genres: Reportage, Flugblatt, Betriebstagebuch, Protokoll, Dokumentation, Montage. Am konsequentesten trat Wallraff für sie ein:

> Wir wollen nicht Literatur als Kunst, sondern Wirklichkeit. ⟨...⟩ Die genau beobachtete und registrierte Wirklichkeit ist immer phantastischer und spannender als die kühnste Phantasie eines Schriftstellers.[10]

Der Werkkreis orientierte sich in der Folge jedoch zunehmend an einem Literaturverständnis, das dem ›Sozialistischen Realismus‹ nahe steht. Traditionelle fiktionale Erzählformen waren stärker vertreten als operative Darstellungsweisen, wie sie z. B. in Helmut Creutz' ›Betriebstagebuch‹ ›Gehen oder kaputtgehen‹ oder in einigen Reportagesammlungen realisiert wurden.[11] Es entstanden auch Mischformen wie der ›Betriebsroman‹ ›Elephteria oder die Reise ins Paradies‹ von Hermann Spix, ein Produkt der Werkstatt-Kooperation, »unter Mitarbeit der Werkstatt Düsseldorf und des Werkkreis-Lektorats« 1975 herausgegeben.[12] Hier ist die Dokumentation eines Arbeitskampfes eingebunden in die Geschichte der griechischen Gastarbeiterin Elephteria, die sich im fremden Land zurechtfinden muß. [→ 208 ff.] Mit manchmal zärtlichen, manchmal derb-komischen Szenen aus dem Eheleben Elephterias und ihres Mannes bemüht sich der Autor, die Betriebsgeschichte aufzulockern, ein Gleichgewicht zwischen

Information, Agitation und Unterhaltung herzustellen und damit der Zielsetzung des Werkkreises gerecht zu werden:

> Generelles Ziel des Werkkreises ist eine parteiliche, realistische Literatur, die »schön, unterhaltend, spannend, komisch, pointiert, kräftig ausgemalt, zupackend, einfach, nicht vereinfacht« ist ⟨. . .⟩[13]

Nichtsdestoweniger ist Vereinfachung eine der großen Schwächen der Werkkreisprodukte. Viele Geschichten wirken wie schematische Umsetzungen des Programms. Über manchem eindrucksvollen Detail, besonders in der Darstellung von Arbeitsprozessen, ist der immergleiche Handlungsablauf nach dem Muster des Erweckungstraktats nicht zu übersehen: Der Held oder die Heldin erfährt in schwierigen Situationen den klugen und engagierten Beistand eines gewerkschaftlich organisierten Kollegen, bis er/sie durch Wort und Tat selbst zum Gewerkschaftseintritt motiviert ist. Dadurch werden zwar nicht alle Probleme gelöst, aber die solidarischen Aktionen ermutigen zum Widerstand gegen Ungerechtigkeit und Ausbeutung. Diese schematisierte Moral und Praxisanleitung findet sich noch in den jüngsten Veröffentlichungen, wie in Richard Limperts ›Manni macht es anders‹ oder in Horst Werders ›Streik‹.[14] Doch stehen diese kurzen, schlichten Geschichten, die ihren Propaganda-Charakter nicht verleugnen, an bevormundender Penetranz weit zurück hinter den Herausgeber-Kommentaren zu den ›Texten zur Emanzipation der Frau in der Bundesrepublik‹, die, 1973 von der Westberliner Werkstatt unter dem Titel ›Liebe Kollegin‹ herausgegeben, zu einem Werkkreis-Bestseller wurden (Gesamtauflage 1979: 52 500):»Frau Eßler und ihre Freundin überlegen den richtigen konsequenten Schritt.« oder: »Frau Sczcygiel in ›Wie ist mein Arbeitsplatz‹ hat einen ersten Schritt getan, sie trat in die Gewerkschaft ein.«[15]

Dem starren Handlungsschema entspricht häufig die undifferenzierte Personendarstellung. Der so farblosen wie *positiven* Gerda in ›Elephteria‹ hängen die Gewerkschaftssprüche und -floskeln wie Papierstreifen aus dem Mund, ohne daß sie selbst die geringsten individuellen Züge trüge. Mit der griechischen Heldin steht es nicht viel besser. Einer der auflagenstärksten

Romane des Werkkreises ist Margot Schröders ›Ich stehe meine Frau‹,[16] 1975 zum günstigsten Zeitpunkt erschienen: mit der ersten Welle der neuen feministischen Literatur [→ 245 ff.], (Gesamtauflage 1979: 42 500). Als innerer Monolog der Heldin konzipiert, fällt das Buch aus dem Rahmen der überwiegend den traditionellen Erzählhaltungen verpflichteten Werkkreis-Literatur. Ungewöhnlich ist auch, daß der Protagonistin negative Eigenschaften zugeschrieben werden – allerdings in minimaler Dosierung. Damit sind die individuellen Merkmale des Romans erschöpft. Ohne die programmgemäß auftretende Gewerkschafterin geht es auch hier nicht. Schwerer wiegt, daß die Probleme, die gelöst werden sollen, der Kampf, der gekämpft wird, als aufgeblasene Nichtigkeiten erscheinen. Nicht daß die Themen: Überforderung der berufstätigen Mutter, Isolierung und Abhängigkeit der Frauen, Wohnungs- und Spielplatzkonflikte – unwichtig wären. Der Wörterfluß aber, der sich aus »Charlis« Kopf auf das Papier ergießt, aneinandergehängte Floskeln und Redensarten, ein forcierter Misch-Jargon aus Unterschichts- und Studentenbewegungssprache, bringt nicht das ›Banal-Alltägliche‹ zur Darstellung, sondern verdoppelt es hilflos als triviales Gerede. Die zerstörende Gewalt gerade des Unbedeutenden, Minimalen, die es gelte evident zu machen, zerbröselt unter eitlem Pathos, statt daß im Geringfügigen die leisen Zersetzungsprozesse aufgespürt werden.

Ihre Stärke hat die Werkkreisliteratur in unprätentiösen Darstellungen des Alltags, die auf die politische Nutzanwendung verzichten können, weil sie für sich sprechen – Mitteilungen aus einer Welt, die auch heute wieder über weite Strecken literarisches Niemandsland ist. – Seine politische Engstirnigkeit und ästhetische Anspruchslosigkeit haben – neben der veränderten politischen Gesamtlage – dazu beigetragen, den Werkkreis in den achtziger Jahren ins Abseits zu bringen. Siegreiche Konkurrenten waren die zahlreichen offenen Gruppen der Schreibbewegung, die ihre Mitglieder weder auf eine politische Linie und Thematik, noch auf traditionelle Formen verpflichten.

2. Neue Kinderliteratur der frühen siebziger Jahre

Einen bedeutenden Einfluß hat die Arbeitswelt-Literatur der Dortmunder und des Werkkreises auf die Kinder- und Jugendliteratur gehabt. Die von der antiautoritären und neuen linken Bewegung ausgelösten Impulse im pädagogischen Bereich hatten um 1970 die Entstehung einer neuen und anderen Kinderliteratur befördert, die sich entschieden absetzte von der überwiegend kindertümlichen und häufig unverhohlen repressiven Tradition, in der noch zahlreiche bereits im Dritten Reich beliebte Autoren den Ton angaben.

Neben der antiautoritären, oft kollektiv-anonymen Bilderbuchproduktion aus dem Umkreis der sozialistischen Kinderläden entstehen kritisch-aufklärerische, realistische Kinder- und Jugendbücher, die den Themenkreis entschieden erweitern. Die größte Wirkung erzielte wohl ab 1973 Dieter Süverkrüps Ballade ›Vom Baggerführer Willibald‹.[17] Die einprägsam gereimte und vertonte, bei Erwachsenen und Kindern der Studentenbewegungsgeneration gleichermaßen beliebte Geschichte umreißt mit wenigen Worten die Arbeitswelt des Baggerführers und erzählt von seinem Entschluß zum Kampf für eine gerechte und humane Welt. Sie endet mit der Vision eines menschenfreundlichen Schwimmbads, in dem sich die Leute naßspritzen und sogar das Produktionsmittel Bagger am sozialistischen Spaß teilhat.

Ernstere, häufig sehr bedrückende Texte entstanden im Bereich des Kinder- und Jugendromans. Unterschichts- und Heimkindheit, die Alltagswelten von Hauptschülern, Lehrlingen und jungen Arbeitern, Jugendliche im Obdachlosenmilieu werden dargestellt – nicht mehr aus der betulich mitleidigen Perspektive der bessergestellten Kinder, sondern aus ihrer eigenen – der von unten. Autoren und Titel dieser neuen Kinder- und Jugendliteratur sind u. a.: Ursula Wölfel mit ›Die grauen und die grünen Felder‹, 1970 im neu gegründeten Anrich-Verlag erschienen, der später auch einige Werkkreis-Bücher verlegte; der dem Werkkreis nahestehende Wolfgang Gabel mit ›Orte außerhalb‹ (Anrich 1972); Angelika Kutschs ›Man kriegt nichts geschenkt‹ (1973); der Werkkreis-Autor Frank Göhre mit ›Gekündigt‹ (1974); Wolfgang Körner von der Gruppe 61 mit ›Ich gehe nach München‹ (1977); Leonie Ossowski, die sich als VS-Mitglied mehrmals für den Werkkreis eingesetzt hat, mit ›Die große Flatter‹ (1977) und Frieder Stöckles ›Ich bin Susanne Häusermann‹ (1979).[18]

Auch die Diskussion über die operativen Genres ist nicht ohne Einfluß auf die Kinder- und Jugendliteratur geblieben. In der hoffnungsvollen Aufbruchstimmung der frühen siebziger Jahre gibt es Ansätze zur Veränderung der literarischen Formen und Ausdrucksmittel. Es entstehen ›faktographische‹ Bücher: Protokolle und Interviews nach dem Vorbild Runges (z. B. Susanne Kilians ›Na und? Tagesläufe von Kindern‹ 1972; ›Heike Hornschuh – ich bin dreizehn‹ und ›Thomas L. – ich bin zwölf‹, 1974 und 1975).[19] Bemerkenswert ist Ingeborg Bayers Unternehmen, das Leben in einer Wohngemeinschaft von deren Mitgliedern selbst darstellen zu lassen. Acht Bewohner der ›Johannesgasse 30‹[20] (so der Titel des 1975 erschienenen Buchs) und die Autorin als Koordinatorin kommen abwechselnd zu Wort. Eines der seltenen Fälle, in denen Literatur wirklich »eingreifend« ist: Mit der Fertigstellung des Buchs hat die Gruppe sich eine neue, krisenhafte Situation erschrieben.

Neben den neuen Verlagen Weismann und Anrich, Uwe Wandreys rotfuchs-Reihe bei Rowohlt und der Ravensburger ›Jungen Reihe‹ mit Hans Christian Kirsch (Pseudonym Frederik Hetmann) als Lektor, spielt in der neuen Kinder- und Jugendliteratur der siebziger Jahre Hans-Joachim Gelberg eine zentrale Rolle. Als Lektor bei Arena und Bitter hatte er in den sechziger Jahren auch mit der ›Gruppe 61‹ zusammengearbeitet. 1971 übernahm er im Beltz-Verlag die neu gegründete Reihe Beltz & Gelberg, deren Inhalte er allein verantwortet und die der neuen kritisch-realistischen Kinder- und Jugendliteratur wichtige Verbreitungsmöglichkeiten bot.

3. Underground – Subkultur – »Scene«

Während der Werkkreis mit penibler Sorgfalt seine Vereinsstatuten ausarbeitete, begannen Texte und Autoren aus einem anderen Unten die literarische Szene zu erobern. Ihr Kultbuch wurde die

1969 von Rolf Dieter Brinkmann und Ralf Rainer Rygulla herausgegebene Sammlung von Texten aus der ›neuen amerikanischen Szene‹: ›ACID‹.[21] Die dort versammelten *underground*-Poeten waren so wenig Arbeiter und Angestellte wie ihre jungen deutschen Bewunderer. Sie waren Akademiker, Künstler, Filmemacher, Herausgeber von kleinen und größeren Zeitschriften u. ä. Ihre Texte waren gleichwohl ›Literatur von unten‹, mindestens in einer Hinsicht: aus der Körperregion »unterhalb der Gürtellinie«, aus der Anal- und Geschlechtssphäre. Sie sprachen das gesellschaftlich und individuell Verdrängte aus; ja, ES kam hier geradezu explosionsartig zu Worte. Ihren Formenreichtum schöpfte diese Literatur, die die Grenzen der Künste übersprang, aus dem vom Bildungsbürgertum verpönten Arsenal der Massenkünste, aus dem ›Schmutz und Schund‹ der Comics, der Pornohefte und -filme. Die ›Flickerbilder‹ der Werbung inspirierten sie wie die Halluzinationen im LSD-Rausch. Ihre literarischen Ahnen waren DADA und Surrealismus, ihr jüngster Vorgänger Fluxus.

In die Bundesrepublik kam ACID zum richtigen Augenblick, um diejenigen zu faszinieren, die das bürgerliche Establishment im gleichen Maße verabscheuten, wie sie der Theorie-Debatten in Seminaren und Versammlungen überdrüssig waren. Brinkmann schrieb aggressiv gegen konservative *und* fortschrittliche Politik und Literatur, gegen Theorie und »Kunstkunst«. Hier begann die Entmischung der Studentenbewegung, die anfangs noch Witz, Poesie und politischen Protest in einem kurzen Vers zusammengebracht hatte: »Schlagt die Germanistik tot,/ macht die blaue Blume rot.«[22] Während die einen nun den langen und kulturell unattraktiven Marsch durch die Institutionen antraten, begannen die anderen als ›Spontis‹ und ›undogmatische Linke‹ ihre eigene Subkultur zu entwerfen, eine Innenwelt und ›Szene‹ auszugestalten, die für die bürgerliche Welt »oben« und »draußen« das ganz Andere, das Ganz-Außen war, für die Insider, die zugleich Outsider und Aussteiger waren, aber die große Alternative. Ihrer Literatur hat Brinkmann im Nachwort zu ACID das erste Programm geschrieben:

Bekannte literarische Vorstellungsmuster verwischen sich: der Raum dehnt sich aus, veränderte Dimension des Bewußtseins. Das Rückkopplungssystem der Wörter, das in gewohnten grammatikalischen Ordnungen wirksam ist, entspricht längst nicht mehr tagtäglich zu machender sinnlicher Erfahrung,⟨. . .⟩ (381) – Vermischungen finden statt – Bilder, mit Wörtern durchsetzt, Sätze, neu arrangiert zu Bildern und Bild-(Vorstellungs-)zusammenhängen, Schallplattenalben, aufgemacht wie Bücher. . . etc. (384) –

Einem Statement Jack Kerouacs von 1959 folgend, wendet sich in Brinkmanns Programm »jede einzelne Forderung gegen den Oberbegriff ›Literatur‹ = Kunst« und spricht

für den versinnlichten Ausdruck und das Vorzeigen des Persönlichen – eine Forderung, den tabuisierten Privatbereich, diese schöne Illusion wie eine vergilbte Daguerrotypie in einem wurmstichigen schönen alten Rahmen, aufzulösen und die individuellen Bedingungen öffentlich hinzustellen, die von dem, was als ›objektiv Gedachtes‹ fungiert, selbst bei gesellschaftskritischer Intention verschleiert wird. (385) – alle Formen stehen jedem jederzeit zur Verfügung und können jederzeit beliebig abgewandelt werden oder ›verletzt‹, ohne daß der Autor gegen seine vermittelten intellektuellen Skrupel, die ihm vom gesellschaftlichen Verständnis ›Literatur‹ aufgedrängt werden, angehen müßte. . . (387) – Die Beschränkung auf die Oberfläche führt zum Gebrauch der Oberfläche und zu einer Ästhetik, die alltäglich wird. (388) – Intellektuelle Spontaneität wird mit körperlicher Spontaneität gekoppelt – das Aufflackern erneuten sinnlichen Bewußtseins (oder bewußter Sinnlichkeit) versucht, neue sinnliche Ausdrucksmuster zu schaffen – der Ausgangspunkt des Schreibens ist das Subjekt, Kopf und Körper zusammen, – eine nach innen und nach außen schwingende Tür. . . (390) – Die Auflösung bislang geltender starrer Gattungseinteilungen ⟨. . .⟩ muß im Zusammenhang mit der Auflösung starren sexuellen Rollenverhaltens gesehen werden. (394)

Brinkmann wird hier so ausführlich zitiert, weil sein ›Film in Worten‹ bereits alle Stichworte enthält, die Programm geworden sind, sowohl für die frühe subkulturelle Literatur als auch für die erfolgreichen und marktbeherrschenden Autoren und Bücher der siebziger Jahre, und nicht zuletzt für die alternative und bürgerliche Schreibbewegung bis heute: Verwerfung der »anerzogenen grammatikalischen Reglementierung« (397), Auflösung literarischer Formen und Gattungen, der traditionellen Geschlechtsrol-

len, Veröffentlichung des Privaten, Alltags-Ästhetik, Spontaneität, Subjektivität und Sinnlichkeit. Der Heros dieses Programms ist der geniale, androgyne Dilettant, sein Werk das
Leben als großes Gesamtkunstwerk.

Wie Brinkmanns Programm einer Ästhetik der Oberfläche in
der deutschen Subkultur realisiert wurde, belegen besonders eindrucksvoll zwei Bücher: ›Deutsche Gedichte‹ von Peter Handke,
damals noch enfant terrible des Literaturbetriebs, ganz unklas-
sisch, und die ›Anthologie von vielen für alle‹, herausgegeben von
Benno Käsmayr.[23]

Jost Hermand, einer der wenigen Literaturwissenschaftler, die
sich intensiver mit der ›Popliteratur‹ auseinandergesetzt haben,
beschreibt, ohne allerdings seine Ekelanwandlungen ganz unter-
drücken zu können, Handkes ›Deutsche Gedichte‹ von 1969: Sie
bestehen aus lauter zugeklebten Briefumschlägen, in die »Rekla-
men, Dramentitel, Börsenkurse, Jubiläumsglückwünsche und
Lottozahlen« gesteckt sind. »Wenn irgend etwas, so ist dies die
ideale Wegschmeißkunst, die Kunst der geplanten Obsolenz, die
sich im Akt des Konsumierens von selbst aufhebt und damit
jeden Anspruch auf Ewigkeit von vornherein eliminiert.«[24] Ewigkeit war allerdings das letzte, woran die Underground-Literaten
dachten. »Die Gegenwart«, so endet Brinkmann sein ACID-Nach-
wort, »stellt nur einen Sinn in ihrem Begriff dar, der äußerst pro-
fan ist und daher radikal: nämlich Zukunft werden zu wollen«
(399). In diesem Sinn ist Handkes ›Gedichtsammlung‹ Kunst =
Leben, Gegenwart, die im Augenblick des ›Lesens‹ das Gelesene
zerstört, verbraucht, um der Zukunft Raum zu geben.

Zu ›Selfmade‹, der Anthologie Käsmayrs, der mit seinem 1970
gegründeten Maro-Verlag eine wichtige Rolle in der damals jungen Alternativpresse spielte, schreibt Thomas Daum, der Litera-
turgeschichtsschreiber der Subkultur:

Der Band erschien in einer Auflage von 150 Exemplaren (geplant
waren 200), jeder Autor sollte seinen Beitrag selbst 200fach herstellen
und an den Verlag schicken. ⟨. . .⟩ Die konkrete Poesie wurde zur plasti-
schen erweitert. ⟨. . .⟩ Die Anthologie enthält auch bedrucktes Toiletten-
papier, Stoffetzen und Heftpflaster. ⟨. . .⟩ ›Selfmade‹ kann also als *die*
experimentelle Anthologie der Szene gelten.[25]

›Selfmade‹ ist nicht nur als Gesamtkunstwerk und »syntheti-
sches Cino« eine späte Antwort auf den dadaistischen Aufruf
»Dilettanten erhebt euch!«[26]; es ist auch ein eindrucksvolles Beispiel für die subkulturellen Kommunikations- und Distributionsformen. Die fixierten Rollen von Autor und Leser, Produzenten
und Konsumenten wurden hier aufgehoben. Der Leser ist Mit-
Autor des Textes auf sehr viel direktere, praktische Weise, als es
die zur gleichen Zeit in der Literaturwissenschaft einflußreiche
Rezeptionstheorie von Hans Robert Jauss postuliert. Rolf Kieser
schreibt ›Prosa zum Weiterflechten‹,[27] E. A. Richter schickt seinen
Lesern Texte »in lieferungen von 15–20 seiten ⟨. . .⟩ interessenten
⟨. . .⟩ können dann ihr individuelles buch jeweils am jahresende,
nachdem sie ihre auswahl aus den texten getroffen haben, von
mir gebunden zurückbekommen.«[28]

Von diesen Produkten ist das prominenteste der ›Postversand-
Roman‹ von Peter Faecke und Wolf Vostell, der Versuch eines
literarischen Happenings. Der wichtigste Teil des vom Luchterhand Verlag aufwendig edierten ›Romans‹ ist die Gebrauchsan-
weisung, in der der Leser/Autor aufgefordert wird: »Kleben Sie
hier Zeitungsausschnitte ein, oder ihre Bankauszüge.«[29] Das unge-
löste Problem des Werkkreises, »die Zusammenarbeit von Berufs-
autoren und Laienautoren«, die Schöfer 1984 als eine Illusion
von Anfang an bezeichnet,[30] stand hier nicht zur Debatte, weil
diese Begriffe selbst abgeschafft waren. Bedingung dafür waren
allerdings die geschlossenen Gesellschaften der Insider.

> Schreiber, Verleger und Leser bilden oft genug einen engen Kreis, in
> dem jeder jeden kennt: Unerkannte junge Dichtertalente versorgen sich
> gegenseitig, und so ist sichergestellt, daß man unter sich bleibt.[31]

Die ›Neue freie Presse‹ in Wien versteht sich als »eine zeitung
zum mitmachen, unsere leser sind unsere schreiber«.[32] Weitergeführt hat diese Tradition der kollektiven Literaturproduktion bis
heute Rolf Schwendter, der Theoretiker der Subkultur und ihrer
Ästhetik,[33] der im Rahmen des ›Forschungsprojekts Soziale Innovation‹ unter dem Titel ›Kollektive Kopfarbeit‹ Versand-Schreib-
spiele initiiert. Für jede Runde gilt ein Stichwort, ›Leben‹, ›Denken‹, ›Ich‹, ›Tod‹ u. a., zu dem jeder Teilnehmer einen kurzen

Beitrag liefern kann: »ein Thesenpapier, eine kurze theoretische Erörterung, einen Kurzessay, ein Protokoll, eine Erzählung, Zitat, Aphorismus, Gedichte, Montagen«.[34] Alle Beiträge werden kopiert und zum Selbstkostenpreis an die Teilnehmer verschickt. Von den 1985/86 im Verteiler registrierten 160 Personen haben ca. 140 Beiträge geschickt und Kopien bezogen.[35]

Produktion, Zirkulation der Produkte und Kommunikation durch und über sie sind in diesen literarischen Prozessen wichtiger als das Werk – ein weiterer Begriff, der hier bedeutungslos wird. Wo es keine Autoren, keine Werke und keine Leser mehr gibt, statt dessen eine literarisch kommunizierende Gruppe, gibt es auch den in der Neuen Linken so heftig kritisierten Warencharakter der Kunst nicht. Was Hermand als »Wegschmeißkunst« bezeichnet, ist vielmehr Literatur als Geschenk. Flugblätter verteilt man kostenlos, Gedichte werden zum Selbstkostenpreis abgegeben. Christoph Schubert, einer der Aktivisten der Szene, ruft eine literarische Verschenkaktion ins Leben,[36] die allerdings schnell – mit der »vitalen Begabung zur Selbstkritik«, die Klaus Sander der Szene bescheinigt[37] – als »blendende Variante des Spätkapitalismus« entlarvt wird: »nicht der Konsument, sondern der Produzent bezahlt das Produkt. Christoph Schubert bezahlt die Dienstleistungsbetriebe.«[38] In der später entstandenen bürgerlichen Schreibbewegung ist der Begriff des »Schreibgeschenks« kürzlich wieder aufgetaucht in den Diskussionen des ›Segeberger Kreises‹.[39]

Literatur als Geschenk muß billig hergestellt werden, Kommunikation erlaubt keine langfristig geplante Produktion. Die alternative Literatur ist eine »Wachsmatrizenkultur«.[40] In ihrer kleinen Welt verwirklicht die Alternativkultur sich den Wunschtraum von der Aufhebung der Arbeitsteilung und von der Aneignung der Produktionsmittel durch die Dichter:

viele autoren haben sich die produktionsmittel – umdruckgeräte, offset-maschinen – selbst angeeignet und eine produktivität und produktion entfaltet, von denen sich der literaturmarkt kaum eine vorstellung machen kann. der zusammenfall von produktion und publikation im selbstverlag schafft eine bislang kaum erreichte aktualität im bereich alternativer literatur.[41]

Jeder ist nicht nur, gut dadaistisch, »sein eigner Fußball«,[42] sondern auch sein eigner Autor, Verleger, Drucker, sein eigner Vertrieb. Daß er leider auch meist sein eigner und einziger Leser ist, die viel beschworene Kommunikation sich oft genug als eine unter lauter Spiegelbildern erweist, ist eine Schwäche, die auch die spätere Schreibbewegung prägt.

Von 1969 an ist in Bottrup Josef Wintjes, ein Dilettant und Autodidakt im besten Sinn, mit seinem ›Ulcus Molle Info Dienst‹ *das* literarische Informationszentrum der Alternativen. Weit mehr als »ein Vertrieb für die literarischen und publizistischen Publikationen alternativer Kleinverlage und Pressen, ⟨. . .⟩ ein spezialisierter Buch- und Zeitschriftenversand«,[43] ist ›Ulcus Molle‹ (das lateinische Wort für »weicher Schanker«) das Forum einer »Selbstverständnisdiskussion«[44] zwischen den vielfältigen, auch untereinander häufig zerstrittenen Gruppen und Einzelautoren – ein publizistisches Netzwerk avant la lettre.

Wo das aus dem Leben auf- und wieder in das Leben zurücktauchende Gesamtkunstwerk nicht gleich gelingt, bevorzugen die alternativen Literaten die Gattungen und Inhalte, die auch in der weiteren Literaturszene an der Tagesordnung sind, wenn sie sie – wie recht häufig – nicht gar selbst inaugurieren. Lyrik ist die bevorzugte Gattung, zu mehr ist erklärtermaßen kaum Zeit und Ruhe (so Ossip Ottersleben 1973[45]). Zuerst sind es, mit fließenden Übergängen zu den Graffiti und Demonstrations-Slogans und zur politischen (Agitprop-)Literatur, Epigramme, kurze Texte, Wortspiele, in denen die Sprache selbst denkt, enthüllt, aufklärt. Arnfried Astel ist einer der bekanntesten Autoren solcher Kurzgedichte, Vorbild vieler jüngerer Epigrammatiker; 1968 bewegt er sich bereits zwischen Subkultur und Literaturbetrieb. ›Toleranz‹ erscheint im Kursbuch 15:[46]

Die Kirche läßt mich kalt.
Sie verbrennt mich nicht mehr.

Um die Mitte der siebziger Jahre kommen »die Epigramme und die experimentellen Texte aus der Mode.«[47], und mit den ›Lyrischen Selbstportraits‹ ›Ich bin vielleicht du‹, 1975 herausgegeben von Peter Engel,[48] hat sich das von Brinkmann propagierte

Vorzeigen des Privaten und Alltäglichen durchgesetzt in den Alternativpressen wie auf dem Literaturmarkt. Eigenartig und charakteristisch für die ›Scene‹, die sich in vielerlei Gruppen und Grüppchen zerfranst, in ›Anarchos‹, ›Ökos‹ und ›Müslis‹, in Stadtindianer und Anhänger indischer Gurus, in Esoteriker und Neureligiöse, ist ein Heft von Rolf Brück. Er ist einer der Initiatoren des ›besonderen Kommunikationsprozesses‹ und hat sich, Daum zufolge, »innerhalb der Prosa-Autoren der alternativen Literaturszene durch Kontinuität« und »einen persönlichen Stil« ausgezeichnet.[49] ›Lotus millefolia oder hauptkraut‹ hat er, anders als seine übrigen selbstverlegten Texte, 1977 als Nr. 53 der Reihe ›Grüner Zweig‹ herausgebracht.[50] Neben seinem Namen wird eine zweite Verfasserin genannt, ›Zelline Root‹, die er als seine Schwester bezeichnet; diese »Zelle Wurzel« ist die Schwester in ihm.

> mühe- und pausenlos stecken wir fester ineinander als geschwister im inzest, und die dauer unserer beischlafs berechtigt schon lange zur platinernen hochzeit. selbst aneinandergewachsene zwillinge kommen uns nur nahe, wenn sie mit ihren rücken so verschweisst sind, dass der steiss des einen am kopf des andern sitzt. es ist eine heirat von nervenstrang und nabelschnur. von kopf und bauch. bruchlose fortsetzung des rückenmarks als nabel. dazu ist ein wesen nötig, das einen männlichen oberkörper und einen weiblichen unterkörper hat. das ist der status, in dem ich mit meiner schwester lebe: eine ehe, ehe hochzeit, verlobung, verlangen, bewusstsein eines geschlechts auftauchen können; ⟨. . .⟩ (30 f.)

Die androgyne Utopie (in der der Frau allerdings wie eh und je der Unterleib, dem Mann das Gehirn zugeschrieben wird) ist das Thema, die von Brinkmann parallel geforderte Auflösung der literarischen Gattungseinteilungen kennzeichnet die Form von ›Lotus millefolia‹: eine alphabetisch-lexikalische Auflistung wunderbarer Pflanzennamen, ein großer und ein kleinerer Essay mit einem Motto von Artaud, diversen Fußnoten und biologischen, kulturhistorischen, mythologischen Informationen, zahlreiche Illustrationen, lateinisch beschriftete Zeichnungen verschiedener Gehirnteile, Wiedergabe von Mikroskopien, mittelalterliche Darstellungen von Alraunen und vieles andere mehr. Dies Heft ist ungemein reizvoll, es ist ein Essay, wie Brinkmann ihn sich gewünscht hat: »eine zeit-adäquate Form, die heterogenstes Material zu einem Thema sammeln und miteinander verbinden kann, ⟨. . .⟩ collagenhaft, mit erzählerischen Einschüben, voller Erfindungen, Bild – ⟨. . .⟩«,[51] es ist zugleich aber auch das Gegenteil seiner Vorstellung von »Oberflächenbeschreibung«, vom Alltäglichen, Urbanen, Profanen. Hier hat sich die Alternativkultur in grundlose Tiefen zurückgezogen. Im gleichen Jahr, in dem in ›Deutschland im Herbst‹ die Tode von Stammheim das Ende eines Weges der Protestbewegung besiegeln, setzt ›Lotus millefolia‹ von anderer Seite einen Schlußpunkt unter den politischen Text der Subkultur.

4. Schreiben als Therapie

In der Studentenbewegung herrschte Verachtung literarischer (und auch anderer künstlerischer) Aktivitäten, die sich nicht als politisch eingreifend legitimieren konnten. Selbst in der Subkultur, die sich absetzte von den theoretisierenden Politikern, dominierten Anfang der siebziger Jahre die politischen und sachorientierten Schriften. Erst Peter Schneiders ›Lenz‹ verhalf 1973 der Literatur wieder zum Durchbruch: Die Generation der Studentenbewegung begann ihre jüngste Vergangenheit zu reflektieren und literarisch zu verarbeiten. Daß die vielberedete Wiederauferstehung der 1968 totgesagten Literatur nicht beschränkt blieb auf den kleinen Kreis der professionellen Schriftsteller und derer, die es nun wurden, sondern daß in der zweiten Hälfte der siebziger Jahre eine breite *Schreibbewegung* entstand, hat mehrere Gründe.

Zuerst sei ein schlichter, aber nicht unbedeutender Faktor genannt: der technische Fortschritt der Produktionsmittel, die immer leichter zugänglich, zudem auch für Laien handhabbar wurden. Der Umstand mit den Wachsmatrizen erübrigte sich. Für größere Auflagen war Offsetdruck erschwinglich – und ästhetisch ein großer Fortschritt gegenüber den hektographierten Blättern. Für die kleinen alltäglichen literarischen Bedürfnisse reichte die Fotokopie. Sie bot nun auch genügend technischen Spielraum für ein reizvolles Layout, für graphische Experimente und schnell zusammengeklebte Illustrationen. Der Preis einer Fotokopie sank auf -,10 DM und darunter. Das war selbst für finanzschwache Dichter zu verkraften. Die Aneignung der Produktionsmittel konnte die Vorstellung nähren, den sozialistischen und anarchistischen Zielen der Studentenbewegung näher zu kommen. Ein anderer Impuls dieser jüngsten Vergangenheit wirkte, eher verborgen, nach: der antiautoritäre. Man wollte sich nichts vorschreiben lassen. Ermutigend waren zudem Erfolg und Charakter der neuen Literatur, vor allem der Lyrik von Jürgen Theobaldy, Nicolas Born, F. C. Delius, Godehard Schramm u. a. Ihre Gedichte waren alltäglich, verständlich, weckten den Eindruck: das kann ich auch. Die da veröffentlichten, das waren die Genossen von gestern, in ihren Texten konnte man die eigenen Erfahrungen gespiegelt finden. [→ 430 ff.]

Andererseits war die eigentlich politische Szene eher entmutigend. Die Hoffnungen der Studentenbewegung, im Proletariat den revolutionären Funken entfachen zu können, hatten sich verbraucht. Wenige nur noch waren weiterhin bemüht, sich den Arbeitern als Bündnispartner einer sozialistischen Politik zu empfehlen. Die DKP verbuchte nach einem kurzen Auftrieb zu Beginn der siebziger Jahre immer geringere Wählerzahlen. Und auch die andere dogmatische Linke, die sogenannten »K-Gruppen«, zerbröckelte während der siebziger Jahre. Die vorher reizvoll eindeutige Gegenüberstellung ›Ihr da oben – wir da unten‹[52] verlor ihre Anziehungskraft. Den kurzen Zwischenspielen vor den Fabriktoren folgte die lange Rückbesinnung der Intellektuellen auf sich selbst. Konnten sie sich weder als einem sozialen Unten zugehörig verstehen, noch auch sich mit ihm verbünden, so waren sie doch Außenseiter der bürgerlichen Gesellschaft.

Die Schreibbewegung der zweiten Hälfte der siebziger Jahre geht von Randgruppen aus, in denen die im engeren Wortsinn politischen der undogmatischen Linken, die den Underground der frühen siebziger Jahre geprägt hatten, zurücktraten im gleichen Maß, wie Ökologie, Psychotherapie, Feminismus und schließlich die Friedensbewegung das Engagement für Klassenkampf und Revolution ablösten.

›Außenseiter‹ und ›Randgruppen‹ sind schillernde Begriffe: Sind die, die sich außen und am Rande zusammenfinden, vom gesellschaftlichen Normal-Zug aus freiem Entschluß abgesprungen? Haben die anderen nachgeholfen oder gar zuerst gestoßen? Und ist im letzten Fall der »Aussteiger« nur einer, der geschickt zu fallen versteht? Die objektiven Gründe – wachsende Arbeitslosigkeit, die vielen, auch den jungen Akademikern, das Hineinwachsen in die Gesellschaft von vornherein unerreichbar machte – und die subjektiven – die moralische Ablehnung der vom harten Konkurrenzkampf, von Leistungszwang, Profitgier und Konsumsucht geprägten arbeitsteiligen Gesellschaft – spielen wohl zusammen.

Aus der Perspektive »vom Rande« ist die Gesellschaft ein Gefängnis. Das *Schreiben* erscheint als Schlüssel und Weg aus seinen geschlossenen Innenräumen. Frauen versuchen sich freizuschreiben aus ›Haushalts- und Eheknast‹, Schüler und mehr noch (weil zu ›lebenslänglich‹ verurteilt) Lehrer aus dem ›Schulknast‹,[53] Homosexuelle aus den Zwängen des Mimikry und der scheinhaften Anpassung an die heterosexuell geprägte Umwelt. Die Gefängnisse und die geschlossenen Abteilungen der psychiatrischen Kliniken werden zu heimlichen Zentren der Schreibbewegung. Hölderlins »Komm! ins Offene, Freund!« stellt Theobaldy 1974 als Motto über seinen vielbeachteten Gedichtband ›Blaue Flecken‹, und er läßt im Eingangsgedicht gleich noch Goethe brüllen: »Ins Freie!«[54] Die Sehnsucht ins Ungebundene ist einer der stärksten Impulse der frühen Schreibbewegungsphase. Ihr entspricht – entgegen den festumrissenen Zukunftsvorstellungen der explizit politisch motivierten Projekte wie dem Werkkreis – ihre Ziellosigkeit. Michael Rutschky bezeichnet in seinem Essay ›Erfahrungshunger‹ die »neue Utopie ⟨...⟩ vom literarischen Schreiben« als »eine Utopie der Unbestimmtheit, des Vagierens, der Strukturlosigkeit und Entgrenzung« und beschreibt sie als »hungrige Suchbewegung«.[55] Die Flucht aus der Enge ist mit Schmerz erkauft, ja dieser ist sogar bitter nötig, um den Fliehenden den Schwung zum Absprung zu geben. Es werden unzählige Trennungsgeschichten geschrieben. Daran hat die alte Werther-Wahrheit, daß »der Dichter singt,/ Den Tod zu meiden, den das Scheiden bringt«,[56] ebenso Anteil wie das von Rutschky betonte Bedürfnis nach der Wirklichkeit, und sei es der im Schmerz

SCHREIBEN ALS THERAPIE

erfahrenen; nicht zuletzt sind die in den Texten dokumentierten Trennungen Versuche, sich selbst *ins Offene* zu reißen. Das Schreiben ist oft genug die Bedingung der Möglichkeit solcher schmerzhaften Lösungen.

Mag die Sehnsucht immer ins Ungebundene gehen, die Angst davor hält ihr die Waage; für die Sich-frei-Schreibenden bot die Innenwelt der Außenseiter, boten die Frauen-, Schwulen- und diversen gemischten Schreibgruppen neue Geborgenheit. Hier fanden die Schmerz- und Krisengeschüttelten den Trost derer, denen es wie ihnen ging. Das Modell der ›Verständigungstexte‹ – dieser Begriff taucht als neue Genrebezeichnung 1978 bei Suhrkamp auf – beschreibt Reinhard Baumgart so: »Einer erzählt anderen von sich, damit auch den anderen ihre eigene Geschichte erzählbar wird.«[57] Die Schreibgruppen als Spiegelsäle.

Einen großen Anteil an der neuen Schreiblust hatte die Frauenbewegung, die in den Jahren nach 1970 kontinuierlich eine Frauen-Gegenöffentlichkeit aufbaute, in der die Literatur kein geringes Gewicht hatte. Verena Stefans ›Häutungen‹[58] (1975) wurden nicht nur viel gelesen und diskutiert, sie regten auch die literarische Produktivität der Frauen kräftig an. Solche Geschichten hatten viele zu erzählen. »Schreib das auf, Frau!« forderten die Berliner Autorentage 1976; frau zögerte nicht, der Aufforderung nachzukommen. In München, Köln und Bremen fanden 1976/1977 und 1978 die ersten ›Treffen schreibender Frauen‹ statt. Im Anschluß an sie bildeten sich in den Großstädten Gruppen, ein Team Bremer Frauen gibt – ab November 1977 – die ›Frauenliteraturzeitung‹ ›Schreiben‹ heraus. Nach und neben den theoretisch anspruchsvolleren Literaturzeitschriften ›Mamas Pfirsiche‹ und ›Die schwarze Botin‹ bietet ›Schreiben‹ ein Forum für die literarisch weniger ambitionierten Laien. Da darf Elfi Hartenstein ihr »Alltägliches Gefühl am Wochenende« in allen Einzelheiten darstellen, bis hin zur Frage, warum sie eigentlich gelbe Socken anzieht anstatt braune oder schwarze: »weiß nicht warum ausgerechnet die, die ich sonst kaum trage«.[59] – Im allgemeinen wird sie für ihre treffende Darstellung weiblicher Alltäglichkeiten gelobt, nur ein paar Courage-Frauen sind verstimmt, weil »solch bloße Reproduktion uns langweilt, nichtssagend erscheint, unsere begrenzte Zeit und Energie unnötig in Anspruch nimmt«, weil sie die Sockenfrage auch nicht beantworten können und weil es »auch uninteressant (ist), so wie es da steht«.[60] Sicher ist es das – aber den flinken Augen der termingehetzten Journalistinnen entgeht andererseits, genau wie den kunstrichterlich scharfen der männlichen Literaturwelt, die auf solche Texte mit Verachtung reagierte, welche Funktion sie für die schreibenden und zuhörenden Frauen hatten. Die ausschweifenden Niederschriften von Kleinigkeiten kommen dem Bedürfnis der Hausfrauen und Mütter entgegen, ihre spurlos zerfließende, mit Nichtigkeiten angefüllte Zeit im Spiegel der Schrift zu bannen und sie anzusehen. Die zum Ornament geronnene Erfahrung gewinnt eine eigentümliche Konsistenz, die dem Leben gerade fehlt. *Gespiegeltes* hat als Bildausschnitt, als Gerahmtes, als Flächig-Scheinhaftes eine andere Aura als das Wirkliche. Der kleine polemische Schlenker der Courage-Frauen zur Frage der gelben Socken deutet bereits gegensätzliche Positionen an, die in der Frauenbewegung dem Schreiben gegenüber häufig vertreten werden: frau nimmt sich das Recht, sich selbst und ihr Leben wichtig zu nehmen und der Niederschrift wert zu erachten; darin fürchten andere Frauen den Ansatz zu einem neuen, diesmal selbst gewählten Kult der Weiblichkeit als eines privaten Abseits, das für die Öffentlichkeit belanglos bleibt. [→ 245 ff.]

Viele Texte in der ›Frauenliteraturzeitung‹ sind Reflexionen über das Schreiben. In ihnen artikuliert sich die Sehnsucht nach intrauteriner Geborgenheit im Schreiben und in der Frauenliteraturgruppe, aber auch der Vorsatz, sich die Sprache zu erobern, sich ihr als einer fremden Macht nicht länger mehr zu unterwerfen, sie vielmehr zu verändern, den eigenen »Inhalten und Bedürfnissen anzupassen«.[61]

Das mag als Motto auch für die homosexuellen literarischen Salons stehen, die Ende der siebziger Jahre im Umfeld der schwulen Emanzipationsbewegung entstanden. 1978 fand in Berlin der erste ›Workshop Schreibender Homosexueller‹ statt, ›eine schwule literarische Werkstatt‹. Raoul Hübner:

Für sie steht obenan der Selbstausdruck, individuell oder kollektiv, der von keiner Außenmacht beherrscht sein soll; er bedarf keiner Vorentscheidung über die Form: die wird sich im Zuge der Ausdrucksbemühung schon von selbst ergeben, je authentischer desto eigenständiger das Ausgesagte ist.[62]

Anders als diese von den ›Betroffenen‹[63] selbst organisierten, gleich auch theoretisch reflektierten und gern öffentlich dargestellten Institutionen, verlangt das Schreiben der real Eingeschlossenen, der Häftlinge, viel Hilfe und Unterstützung von außen. Lange bevor das Schreiben draußen zu einer verbreiteten Mode, ja Sucht wurde, bemühten sich Autoren – unter ihnen die bekanntesten: Martin Walser und Ingeborg Drewitz – um die Veröffentlichung von Gefangenen-Texten und korrespondierten mit Insassen,[64] organisierten andere, so z. B. Paul Schuster und Jan Christ, Schreibgruppen, Lesungen, förderten die Redaktion von Zeitschriften und die Zusammenstellung von Anthologien.

Die Funktion der Schriftsteller bei der Literaturarbeit mit Häftlingen ist nicht in erster Linie Fürsprache (wenn sie auch eine große Rolle spielt), sie besteht vor allem darin, die Gefangenen selbst zum Sprechen zu bringen. Sich schreibend des eigenen Lebens zu bemächtigen, einen ersten Schritt darauf hin zu tun, sich zum Subjekt zu machen – das bedeutet Schreiben auch und gerade unter den Bedingungen der Haft:

⟨...⟩ Den existentiellen Grad von Texten erfährt der Insasse in der Regel nur an Hand seiner Anklageschrift und diverser Behördenpost, in existenzvernichtender Weise. Eigene Texte zu verfassen und gar veröffentlichen zu können, setzt dieser Existenzvernichtung etwas entgegen, was das im empfindsamen Glauben des Schreibers auch immer sein mag.[65]

Die literarische Arbeit im Strafvollzug fand Ende der siebziger Jahre stärkere Beachtung – sicher auch deshalb, weil Schreiben im Gefängnis den *metaphorischen* Innenräumen und dem existentiellen Eingeschlossensein, auch dem nicht selten leichtfertigen Spiel mit diesen Motiven, eine ernste düstere Wirklichkeit gegenüberstellte.

Allen hier vorgestellten nicht-professionell Schreibenden ist gemeinsam, daß ihre literarische Produktivität von dem *Mangel* geprägt ist, dem sie entspringt, Mangel an Selbstwertgefühl, Selbstbewußtsein, Selbstbestimmung, kurz dem schmerzhaften Empfinden, ein Selbst noch nicht zu sein. Das Schreiben ist der Versuch, dieses Selbst zu entwerfen. »ICH VERFASSE MICH SELBST.« So stellte im Handbuch 1973 Pit Eickhoff seine literarische Arbeit vor.[66] Der (oft süchtigen) Leidenschaft für Psychotherapien aller Art, die in den siebziger Jahren und bis heute herrscht, konnte die therapeutische Funktion solcher Produktivität nicht entgehen. Viele Mitglieder von Schreibgruppen suchten Therapie mehr als das literarische Gespräch. Nach der bildenden Kunst und der Musik wurde nun das Schreiben auch professionell als therapeutisches Mittel eingesetzt. Inzwischen gibt es Schreibtherapien wie Atem- und Urschreigruppen.[67]

5. Oral history und autobiographisches Schreiben: Geschichte und Kultur von unten

Die Schreibbewegung der siebziger und frühen achtziger Jahre reicht weit über die Grenzen der subkulturellen Szene hinaus, und sie ist auch kein isoliert literarisches Phänomen. Sie ist in engem Zusammenhang mit den Bürgerinitiativen zu sehen, die als Folgeerscheinung der Protestbewegung der späten sechziger in den siebziger Jahren zu einem beachtenswerten politischen Faktor wurden. Mit dem Engagement für die nahe Umwelt, für den Schutz kultureller und Natur-Traditionen wuchs auch das Interesse für die Geschichte der eigenen Stadt, des Stadtteils, der Siedlung. Was manchmal wie eine Renaissance der durch den Nationalsozialismus kompromittierten Heimatkunde aussieht, ist meist zu verstehen als der (antifaschistische) Versuch, die engere Umwelt diesem fatalen Traditionszusammenhang zu entreißen, das Totgeschwiegene endlich zu Wort kommen zu lassen, die stummen Zeugen der mörderischen Vergangenheit zum Sprechen zu bringen. Geschichtswerkstätten wurden gegründet, rufen seitdem in kleinen Publikationen, in Stadtrundfahrten und -spaziergängen die Erinnerungen wach an Stätten des Widerstands, des Mordes, der Deportation. Sie versuchen, Geschichte ›von unten‹ zu schreiben und eine Geschichte des Alltags zu entwerfen. Die

seit den dreißiger Jahren in den USA entwickelte Methode der
›oral history‹ wurde jetzt auch in der Bundesrepublik aufgegriffen und praktiziert. Die Grenzen zwischen Geschichte und Literatur sind im Konzept der oral history fließend. Die Schwierigkeit,
Fakten von Fiktion zu unterscheiden, wird im historischen
Bereich selten deutlich wie hier, wo Erinnerung eine zentrale
Rolle spielt. Die oral history trägt dem *subjektiven Faktor* nicht
nur Rechnung – »Es gibt keine objektive Erinnerung«[68] –, er ist
es, dem ihr besonderes Interesse gilt. Als Erforschung individueller und kollektiver Lebenserfahrung versucht sie, die ganze Person als »das wahre Gedächtnis ihres Lebens« zu begreifen. Die
Interviews und vom Tonband transkribierten erzählten Lebenserinnerungen, die in den kleinen Broschüren der Geschichtswerkstätten zu finden sind, manchmal aber auch in Buchproduktionen
ein größeres Lesepublikum finden,[69] setzen die Tradition subjektiver literarischer Geschichtsschreibung in Tagebüchern, Autobiographien, Briefwechseln und Memoiren fort und unterscheiden
sich nicht prinzipiell von Tretjakows in den zwanziger Jahren
praktizierter Faktographie, von der Literatur der Reportagen und
Bio-Interviews.

Mit dem Interesse für die Alltagsgeschichte geht das Bedürfnis, sich ein Selbst zu erschreiben, eine produktive Verbindung
ein. Dieses Selbst ist ja nicht nur ein zu entwerfendes Zukünfti-
ges, sondern auch eines, das sich erst in der Erinnerung konstituiert. ›Ich habe mir eine Geschichte geschrieben‹ – so lautet der
Titel von Inga Buhmanns 1977 erschienener Autobiographie.[70]
Die vieldeutige Formulierung ist glücklich gewählt und könnte
über manchem autobiographischen Versuch stehen, der wie Buhmanns Buch sich bemüht, die Spannung zwischen allgemeiner
und individueller Geschichte zu dokumentieren. Der in der Literatur seit langem unbeliebte Begriff des *Erzählens* gewinnt in diesem Zusammenhang neues Interesse. Man beginnt wieder, den
Älteren und Alten zuzuhören und ihre Geschichten aufzuschreiben – als historische Quellen geraten die im antiautoritären
Affekt abgelehnten zu neuem Ansehen. Auf dem literarischen
Markt haben zur gleichen Zeit die »Väter-Bücher« Konjunktur.

Ein wichtiger Anreger zum autobiographischen Schreiben ist

Schuster in seinen Berliner Schreibkursen.[71] Einfache Regeln setzen hier das Spiel der Erinnerung in Gang. In der Folge solcher Schreiberfahrungen wird eine vergessene literarische Tradition des Bürgertums wiederbelebt, die der Familienchroniken und der an die Nachkommen gerichteten Lebenserinnerungen und Rechenschaftslegungen. Gegen die Bedrohung durch Katastrophen, die mit der Gattung unser aller individuelle und allgemeine Vergangenheit auslöschen können, setzen sich mit bescheidener Zähigkeit die Spurensicherungen zur Wehr, dieses Knüpfen von Fäden zwischen den Generationen, dieser Schutz des Vergangenen und Vergehenden.

Dem neuen Geschichtsbewußtsein entspricht ein verändertes *Kultur*verständnis. 1976 veröffentlicht die Unesco eine Empfehlung über die Teilnahme und Mitwirkung aller am kulturellen Leben.[72] Der Zugang breiter Bevölkerungsschichten zu den Kulturgütern soll gewährleistet werden. Alle sollen genießen und aktiv teilnehmen können. Die Unesco regt regionale und lokale Initiativen an, der Begriff der »kulturellen Animation« wird geprägt. In der Bundesrepublik entstehen zahlreiche Kulturzentren, allerdings trotz der Unesco-Empfehlung nur dank zäher Kämpfe um Räume, Finanzen, Personalmittel. In diesen Zentren verbinden sich nicht selten die Interessen von Bürgerinitiativen mit denen einer Subkultur-Szene anarchistischer Tradition. Ihre Devisen sind: *Kultur von unten, Kultur zum Selbermachen.* In die Programme mit den Mal- und Fotokursen, dem Laien-Theater, den Masken-Workshops und Musikkreisen integrieren sich problemlos auch die Schreibgruppen. Im unbekümmerten Zugriff der Laien verwischen sich die Grenzen zwischen den Künsten.[73]

Progressive politische Vorstellungen von der Überwindung der arbeitsteiligen Gesellschaft gehen hier mit alten Ganzheitsideologien und den neuen sozialpolitischen Reaktionen auf die ständig zunehmende Freizeit eine schwer aufzudröselnde Verbindung ein. Die Vermarktung von Kunst als Konsumartikel zur Freizeitgestaltung ist wohl die größte Gefahr dabei. Sie ist auch in der alternativen Szene nicht gebannt, deren informelle Arbeits- und Gesellschaftsstrukturen eine kulturelle Quacksalberei begünstigen (vergleichbar der auf psychotherapeutischem Gebiet), die die künstlerische Produktivität und kulturelle Emanzipation von Laien nicht selten an eine Schwundstufe von Kunstgewerbe verrät.

6. Initiativen, Institutionen, Diskussionen

Die Schreibbewegung ist von 1976 an ein Flickwerk aus vielen unterschiedlichen Gruppen und Institutionen. Mit den älteren Underground-Kleinverlagen und Autorengruppen haben sie wenig zu tun, auch wenn sie von den vorhandenen Strukturen profitieren und an das größer werdende Netzwerk der alternativen Kultur anknüpfen.

An den ersten Treffen schreibender Frauen nahm auch Frederike Frei teil, die weit über die Frauengruppen hinaus zur vitalsten Akteurin der Schreibbewegung wurde. Schon 1976 war sie auf der Frankfurter Buchmesse und der ›documenta 7‹ aufgefallen, weil sie ihre Gedichte in einem Bauchladen mit sich trug und auf Bestellung auf Lesezeichen abschrieb; als ihr eigener Vertrieb suchte sie direkten Kontakt zum Lesepublikum. Sie plädierte 1978 in der ›Courage‹ gegen »Literatur als Kunst« für »Literatur als Kommunikation«. Die Vorstellung von Literatur als *Post,* ein Motiv schon der frühen Underground-Literatur (»Briefkultur ist mir wichtiger«, so Dieter Karl-Erich Walter im Handbuch)[74], nahm Frei beim Wort und gründete mit zwei anderen Frauen 1981 in Hamburg das ›Literaturpostamt‹.

Hier treffen sich Schreibgruppen, es gibt Lesungen von ›Alltagsschreibern‹, Texte werden gesammelt, nach Themen in große Briefumschläge sortiert und an Interessenten verschickt, die dann direkt den einzelnen Autoren, deren Adressen ihren Texten beigefügt sind, antworten und ihre eigenen Gedichte und Geschichten schicken können. Außerdem gibt es in der ›Literaturpost‹ Schreibsprechstunden, ein ›Volkslektorat‹, Textschaukästen und Lesegruppen.

Ähnliche Initiativen entstanden bald in anderen Städten. Das Interesse der vielen kleinen Vereine ist es, das Schreiben von jederfrau/jedermann zu fördern, Raum für Lesungen unbekannter Autoren und für Diskussionen zu bieten. Über die Grenzen des Stadtviertels und der Stadt hinaus bekannt wurde das ›Literaturcafé‹ im Berliner Bezirk Schöneberg, 1981 hervorgegangen aus einer oral-history-orientierten Erzähl- und Schreibwerkstatt der stadtteilnahen Volkshochschule, die Lutz von Werder hier aufgebaut hatte.[75] Seit 1978 organisiert das Münchener ›Literaturbüro‹ Autoren- und Lektoratsgespräche, archiviert Münchener Literaturzeitschriften, gibt Anthologien heraus. Das ›Literaturbüro‹ Nordrhein-Westfalen bietet seit 1980 in Düsseldorf individuelle Autorenberatung an sowie Animationsveranstaltungen – »Haben Sie schon einmal zu schreiben versucht?« –, es kümmert sich außerdem um die Sicherung literarischer Nachlässe.

Einen lebhaften Austausch von Anregungen gibt es seit Mitte der siebziger Jahre zwischen Schule und Schreibbewegung. Die Entdeckung der in Frankreich tradierten Reformpädagogik Célestin Freinets durch engagierte Grund- und Hochschullehrer spielte dabei eine große Rolle, denn in Freinets Unterrichtskonzept steht das *freie Schreiben* und Drucken im Mittelpunkt. Um den Dialog zwischen den verschiedenen schulischen, universitären und außerschulischen Initiativen zu fördern, organisierten seit 1982 Joachim Fritzsche und Thomas Bütow an der Evangelischen Akademie Bad Segeberg (und an anderen Tagungsorten) regelmäßig Tagungen, die zur Gründung des ›Segeberger Kreises‹ führten. Das Interesse dieser Gruppe gilt vor allem didaktischen Aspekten des Schreibens. Um die Jahrzehntenwende 1979/80 hatte die Schreibbewegung mit ihren verschiedenen Gruppenaktivitäten breitere öffentliche Aufmerksamkeit gefunden. Zur gleichen Zeit setzte die Reflexion ein, theoretische Diskussion und erste Bestandsaufnahme. Außer in Zeitschriften- und Zeitungsartikeln fand sie statt in den Publikationen von Rutschky,[76] Boehncke/Humburg[77] und Mattenklott,[78] in der 1979 gegründeten Zeitschrift ›Literatur und Erfahrung‹ und, mit dem breitesten Spektrum an Wortmeldungen und Aspekten, 1979 in Rowohlts ›Literaturmagazin 11: Schreiben oder Literatur‹. Im Editorial wird betont, daß »das ›oder‹ im Thema nicht disjunktiv gemeint« ist.

Es geht nicht darum, für Schreibtexte gegen literarische Texte zu votieren und umgekehrt. Jede der beiden Literaturen hat ihre Funktion, die derzeit von der jeweils anderen gar nicht erfüllt werden kann (noch will).[79]

INITIATIVEN, INSTITUTIONEN, DISKUSSIONEN 179

Diese freundliche Einstellung zum Schreiben von Laien prägt auch die einzelnen Beiträge des Buchs, so Delf Schmidts Parteinahme für die *Exentrik* der ›authentischen Literatur‹ oder auch Ursula Krechels kritischen Essay zum ›Authentischen in der Literatur‹: ›Leben in Anführungszeichen‹, in dem sie klarsichtiger als viele andere die Problematik des Schreibens als eines ›Beiproduktes des Lebens‹ darlegt.

Das hier dokumentierte Wohlwollen von Kritikern und Autoren hat nicht lange angehalten. 1982 kam es beim Hamburger Literatur-Festival ›Literatrubel‹ zum Konflikt zwischen professionellen Literaten und der Schreibbewegung. In einem Offenen Brief wehrten sich daraufhin einige jüngere, zum Teil selbst gerade erst zu »Profis« gewordene Schriftsteller gegen »›Autoren‹, die sowenig Autoren sind wie ein Schuster, der am Wochenende sein Knack-und-Back im Ofen aufgehen läßt, ein Konditor ist«.[80] Ein erstaunlich schneller Sinneswandel mancher Unterzeichner dokumentiert sich hier, so bei Hermann Peter Piwitt, der noch 1979 im ›Literaturmagazin 11‹ ein ›Plädoyer für den Gelegenheitsschriftsteller‹ veröffentlicht hatte. Natürlich ging es ums Geld, um die ohnehin mageren Subventionen für die verschiedenen Literaturzentren und für Lesungshonorare; und es ging um den Status des *Autors,* den man nicht mit jeder schreibenden Hausfrau teilen möchte. In seiner Dokumentation des ›Dilettantismusstreites‹ hebt Fritz Peter Dölling hervor, daß hier auch Männer (keine Frau hat den Offenen Brief unterschrieben) ihre Position gegen die aus ihrer Stummheit heraustretenden Frauen verteidigen und Gewerkschafter sich wehren gegen die unorganisierte Basisöffentlichkeit der Bürgerinitiativen.[81] Die Literaturpost sieht die Hierarchie von oben und unten wieder zementiert: »Euer Brief« – so ihre Entgegnung – »ist ein Passepartout für die, die oben sind und denen unten eine Lektion erteilen wollen.«[82]

Literatur und *Schreiben* schließen einander wieder aus. Daß es in der Folge dabei bleibt, daß es in der Kritik kaum noch wohlwollende Äußerungen zur Schreibbewegung gibt, ist sicher auch darin begründet, daß sie in den achtziger Jahren zunehmend verbürgerlicht. Da ist kaum noch eine Kleinstadt, die nicht ihren Schreibzirkel und Literaturverein hat. Subversiv ist an deren

Arbeit im besten Fall der mehr oder weniger heimliche Aufstand der Hausfrauen gegen den abstumpfenden Haushalts- und Ehealltag. Sonst schreibt man, wie man singt oder kegelt, mit der Sehnsucht, einmal in der Sonntagsnummer der Lokalzeitung eine Geschichte zu veröffentlichen. Das ist vielleicht der zur Zeit erreichbare Stand einer Kultur, die von allen gemacht wird, aber keine reizvolle Szene für eine kritische Avantgarde. Auch in den Großstädten, wo es weniger altfränkisch zugeht, mehren sich noch die Schreibgruppen, aber die öffentliche Aufmerksamkeit scheint eher abzunehmen. Beim ersten bundesweiten Treffen von Schreibwerkstätten und Literaturorganisationen in Hamburg 1984 wurde deutlich, wie häufig diese Gruppen doch das Sprungbrett zur ersehnten Literatenkarriere bieten sollen, wie wenig Konsens herrscht über das oft propagierte ganz andere Literaturverständnis, demzufolge die Schreibenden die kleine überschaubare Öffentlichkeit der Gruppen dem anonymen Markt vorzögen.

Darüber hinaus hat das Konzept ›Authentizität‹ seine Faszination eingebüßt. Nach so viel Geschriebenem, das auf der Identität von Text und Person insistierte, wird die *ästhetische Differenz* wieder stärker beachtet. Der *warme Nebel* der siebziger Jahre erscheint spätestens im Licht von Richard Sennetts Kritik an der ›Tyrannei der Intimität‹[83] nicht mehr eindeutig positiv. Dagegen werden Spiel, Kostümierung, Ironie reizvoll. Indizien dafür sind z. B. die Resonanz, die Italo Calvinos Romane in den letzten Jahren in Deutschland fanden, und die einhellige Begeisterung, mit der Hans Magnus Enzensbergers ›Wasserzeichen der Poesie‹[84] aufgenommen wurde. Sprache, literarische Form und Schrift werden als Möglichkeiten einer sinnvollen Distanzierung wiedererkannt, während Gerhard Rupp sie noch 1981/82 für einen »Anachronismus der alten Kultur« hielt, denn: »Die authentischen Texte ⟨. . .⟩ wirken quasi über elektromagnetische Felder auf Körper in den Kopf.« Nicht jeder wünscht nun noch beim Lesen gleich »ein existentielles Überwechseln in das Leben des anderen«. Nicht jeder wird dem emphatischen Appell folgen wollen: »Füllen wir den Graben zwischen Germanisten und Freunden!«[85] Ist es nicht zuzeiten gut, zwischen Freunden, Kollegen, Studenten zu

INITIATIVEN, INSTITUTIONEN, DISKUSSIONEN 181

unterscheiden? Textberührung, die Devise einer Tagung des ›Segeberger Kreises‹,[86] schafft nicht automatisch ersehnte Intimität, sie kann auch als indiskretes Eindringen in die Bannmeile des Individuums erfahren werden. Daß Nähe und Berührung nicht allein schon liebevolle Kommunikation garantieren, sondern durch die Beliebigkeit von *Beziehungen* sozialen Streß auslösen können, hat die Praxis des allgemeinen *Du* ebenso gezeigt wie die der sexuellen Freizügigkeit. Zu beobachten ist ein wachsender Überdruß am Dilettantischen und an der Bescheidenheit *armer* Kultur. Perfektion und Prachtentfaltung werden wieder geschätzt. Sie setzen als Bedingung ihrer Möglichkeit die Trennung zwischen Bühne und Publikum voraus, die Distanz zwischen Autor und Leser, die Differenz zwischen Kunst und Leben.

Dennoch ist die Diskussion über eine Literatur von allen noch längst nicht an ihrem Ende. Zwei Motivstränge zeichnen sich in der letzten Zeit ab: Mit der Auffassung der Literatur als Spiel im Spannungsfeld von Regel und Zufall, wie sie die französische Gruppe OULIPO um Raymond Queneau, wie sie Calvino und Ingold vertreten, stellt sich die Frage nach einer literarischen Zukunft mit Computern, »welche dem Benützer 〈...〉 die nie dagewesene Chance bieten, seine Kreativität im operativen Dialog mit anderen Benützern zu entfalten, es (sic) spielerisch in ein permanent sich vollziehendes kollektives Schaffen einzubringen«.[87] Das andere Diskussionsthema betrifft die Kehrseite des ersten: Wir erleben zur Zeit das Schwinden aller gesellschaftlichen Funktionen der Handschrift. Vieles deutet darauf hin, daß sie, entlastet von den Aufgaben, die sie traditionell in Wirtschaft, Recht und Politik zu erfüllen hatte, als zweckgebundene Tätigkeit untergeht und als zweckfreies, jedem zugängliches Spiel aufersteht, Spiel der Spuren, des verkörperlichten Denkens und Fühlens, des zur Form erstarrenden Lebens, das begehrt, sich selbst anzusehen und darzustellen. In der Bewegung des Schreibens, die alle vollziehen können, wäre dann zugleich ein großes Menschheitsmotiv aufgehoben.

Sigrid Weigel

Literatur der Fremde – Literatur in der Fremde

Wird die Literatur ›deutscher Autoren‹ über die Fremde und
andere Kulturen üblicherweise getrennt von der deutschsprachigen Literatur von ›Ausländern‹ untersucht, so soll hier der Blick
in beide Richtungen im Zusammenhang gerichtet werden. Die
Schrift-Züge heimischer Autoren in die Fremde und die literarischen Bewegungen von kulturellen Minoritäten im Lande werden
gleichermaßen berücksichtigt und befragt im Hinblick auf
Aspekte von kultureller Identität und Kulturkontrasten, auf das
Verhältnis von Eigenem und Fremden und von Mehrheits- und
Minoritätenkulturen.

I. Multikultur

Die unter dem Stichwort ›Multikultur‹ geführte Diskussion hat
gegen Mitte der achtziger Jahre sichtbar gemacht, wie weit fort-
geschritten die *Polarisierung* in der öffentlichen Bewußtseinsbildung und Haltung der Deutschen gegenüber kulturellen Minoritäten und Ausländern in der Bundesrepublik heute ist. Als
Begriff, der auf das Neben-, Mit- oder auch Gegeneinander von
Menschen verschiedener nationaler Herkunft und unterschiedlicher Verhaltens- und Lebensweisen zielt, bezeichnet er für die
einen den Entwurf einer sozial und ethnisch differenzierten
Gesellschaft, in der die Existenz kultureller Differenzen als notwendig und sinnvoll, die Einwirkung ›fremder‹ Kulturen auf
deutsche Traditionen und Gewohnheiten als Herausforderung
und – wenn auch konfliktreiche und schwierige – Chance
betrachtet werden, während die anderen mit demselben Begriff
die Gefahr einer sogenannten Überfremdung an die Wand malen.
Angesichts eines Bevölkerungsanteils der ›Ausländer‹ von sieben-
einhalb Prozent fürchtet man um das Selbstverständnis der Bundesrepublik »als eines deutschen Staates«:

MULTIKULTUR

Die gemeinsame *deutsche* Geschichte, Tradition, Sprache und Kultur verlöre ihre *einigende* und *prägende* Kraft. Die Bundesrepublik Deutschland würde sich nach und nach zu einem *multinationalen* und *multikulturellen Gemeinwesen entwickeln,* das auf Dauer mit den entsprechenden Minderheitenproblemen belastet wäre. Schon im Interesse der Bewahrung des *inneren Friedens,* vornehmlich aber im *nationalen Interesse,* muß einer solchen Entwicklung bereits im Ansatz begegnet werden.[1]

So heißt es 1988 im vorerst wieder zurückgezogenen Referentenentwurf des Innenministeriums für ein neues Ausländergesetz, der mit dieser Argumentation an einen neuen nationalistischen Diskurs anschließt. Bedroht scheint nicht so sehr der Bestand der ›deutschen Kultur‹ an sich, sondern ihre ›Hegemonie‹ über Minderheiten, sowie ihre befriedende Funktion für andere als kulturelle Differenzen und für soziale Konflikte und Unterschiede. Dagegen ist im oppositionellen, staatskritischen Diskurs mit der Rede von der Multikultur aber gerade, schon im Begriff selbst, der Bruch mit einer Dominanz der deutschen Perspektive beabsichtigt, die selbst noch in der Kritik und Analyse von ›Ausländerfeindlichkeit‹ und auch in der Thematisierung der ›Ausländerproblematik‹ fortbesteht. Die Ausländer sollen nicht länger als »Problem« behandelt und damit zum Objekt der Debatten degradiert werden, statt dessen ist eine Arbeit und Auseinandersetzung gefordert, an der Ausländer und ›Inländer‹ – so der Wortgebrauch für die deutschen Eingeborenen – gleichberechtigt und mit gleicher Anstrengung teilhaben. Die Polemik ›Betroffener‹ bringt es auf den Begriff:

Vielleicht sollten Begegnungsstätten für Deutsche – eine Art »Deutschenarbeit« – gegründet werden, um die deutsche Bevölkerung beim Versuch zu betreuen, sich von den eigenen Vorurteilen und ethnozentrischen Gedanken zu befreien?

Indem Mehmet Tekin und Yaron Matras vom Hamburger ›Verein für Einwanderer‹ den Spieß umdrehen und ihrerseits eine Arbeit mit »anpassungswilligen Deutschen« vorschlagen,[2] setzen sie eingefahrene Denkmuster in der Behandlung des Themas außer Kraft und konfrontieren auch wohlmeinende Vertreter/

Autoren einer sogenannten Ausländerarbeit/-thematik mit unbewußten paternalistischen und eurozentrischen Tendenzen, die
selbst einer aufklärerischen oder linken, im Selbstverständnis
›antirassistischen‹ Betrachtungsweise immanent sein können. Der
Blick zurück auf das ›Eigene‹, der durch die Konfrontation mit
dem ›Fremden‹ provoziert wird, deutet denn auch eine bedeutungsvolle *Verschiebung* an, die sich im linken Diskurs mit dem
Stichwort der Multikultur verbindet. Exemplarisch zu studieren
ist dieser in der Nummer zehn der Zeitschrift ›kultuR-Revolu-
tion‹ mit dem Titel ›fata morgana multikultur?‹ (1985). Und
symbolisch manifestieren sich Blickwechsel und Gegenstandsver-
schiebung in der Tatsache, daß einer der Exponenten der 68er-
Bewegung, Daniel Cohn-Bendit, dem ersten in einer bundesdeutschen Großstadt eingerichteten ›Amt für multikulturelle Angelegenheiten‹ (und eben nicht für Ausländerfragen) vorsteht, in
Frankfurt am Main, wo die Ausländer heute 25 Prozent der Einwohner stellen.

Bemerkenswert ist, daß die Kontroverse über die Wirkungen
der Migration in der Bundesrepublik erst relativ spät Konturen
gewann, nahezu drei Jahrzehnte nach Abschluß des ersten
Anwerbeabkommens mit Italien (1955), zwanzig Jahre nach dem
Anwerbeabkommen mit dem Land, aus dem heute die größte
Gruppe kommt, mit der Türkei (1963), und bald ein Jahrzehnt
nach einem generellen Anwerbestop (1973). Das läßt sich nicht
nur mit der Tatsache begründen, daß nach 1973 vorwiegend
Frauen und Kinder die Zahl der Ausländer weiter erhöht haben
(von 4 auf 4,7 Millionen, d. h. von 6,4 auf 7,6 Prozent der Bevölkerung) und daß heute über die Hälfte zehn Jahre und länger
hier sind und 60 Prozent der Kinder und Jugendlichen in der
(alten) Bundesrepublik geboren wurden, so daß die *Familien-* und
Alltagskultur der Ausländer unübersehbarer geworden ist, während früher das Los des einzelnen, entwurzelten Arbeitsemigranten im Mittelpunkt der Aufmerksamkeit stand. Das hängt ebenso
mit veränderten Perspektiven, Themen und Diskursformen in der
Kritik wie auch der Literatur zusammen – der Literatur, die ja
traditionell ein Forum der Auseinandersetzung mit ›fremden Kulturen‹ und ein Artikulationsfeld für Erfahrungen von Kulturkon-

trasten, -passagen und -brüchen darstellt. Ein Bewußtsein für die eigene *Verwicklung* in kulturspezifische Machtverhältnisse und Betrachtungsweisen hat sich erst aus den Erfahrungen der 70er Jahre mit politischer Opposition und literarischer Kritik unter den Leitbegriffen von ›Kapitalismus‹ und ›Imperialismus‹ heraus entwickelt; und zwar als Konfrontation mit dem aus solchen Äußerungsformen und Schreibweisen Ausgeschlossenen.

1. Von der Reportage- zur Migrantenliteratur

Zwar wurde auch schon früher über die Situation der sogenannten Gastarbeiter berichtet und diskutiert, insbesondere im Kontext der ›Arbeiterliteratur‹ und der Reportagen über die Arbeitswelt, doch wurde dabei den kulturellen Eigenarten der Betroffenen und/oder Befragten wenig Beachtung geschenkt. Publikationsbeispiele hierfür sind denn auch aus der Öffentlichkeit der Arbeiterliteratur heraus entstanden, so z. B. die von dem Mitbegründer der ›Dortmunder Gruppe 61‹ Max von der Grün besorgten Interviews ›Leben im gelobten Land. Gastarbeiterporträts‹ (1975) und der von Horst Kammrad herausgegebene ›»Gast«-Arbeiter-Report‹ (1971), der in Zusammenarbeit mit der Westberliner ›Werkstatt Literatur der Arbeitswelt‹ erstellt wurde.[3] Der Report enthält kurze politische ›Gastarbeiter‹-Lebensläufe, deren Aufbau und Präsentation sich sichtlich am Aufklärungsziel des Bandes, der Information über die Lage der ›industriellen Reservearmee‹, orientiert. Einer der Texte darin berichtet über ein Stück zum ›modernen Sklavenhandel‹, das vom ›Kreuzberger Arbeiter- und Straßentheater‹ aufgeführt wurde, ein Beispiel dafür, daß sich verschiedene Gruppierungen der nach 68 entwickelten Arbeiterkultur in ihren kapitalismuskritischen Agitprop- und Reportage-Genres thematisch *unter anderem* der Lage der ›Gastarbeiter‹ widmeten, wobei das fast regelmäßig mit einer sprachkritischen Wendung gegen diese Bezeichnung verbunden war.

Der besonderen Ausbeutungssituation der ausländischen Arbeiter sowie der ausländerfeindlichen Presse war auch Günter Wallraffs Reportage unter dem Titel ›»Gastarbeiter« oder der gewöhnliche Kapitalismus‹ gewidmet, die in seinen ›Neuen Reportagen, Untersuchungen und Lehrbeispiele‹ (1972) enthalten ist. Daß derselbe Autor vierzehn Jahre später in seinem Erfolgsbuch ›Ganz unten‹ (bis zum Ende des Erscheinungsjahres 1986 waren bereits 1,6 Millionen verkauft), für dessen Recherchen er in die Rolle des Türken Ali geschlüpft ist, von vergleichbaren, eher noch katastrophaleren Mißständen im Bereich der Arbeitsbedingungen von oft illegal beschäftigten Migranten berichten muß, sowie die Tatsache, daß – obwohl Wallraffs Enthüllungen in der Presse und bei Politikern einen großen Wirbel ausgelöst haben [→ 283 f.] – drei Jahre nach Erscheinen des Buches von der Gewerbeaufsicht in NRW eine unveränderte Fortdauer der skandalösen Zustände in Leiharbeit-Firmen festgestellt wurde, zeigen aber die Grenzen der Reportageliteratur, deren erhoffte *Wirkung,* konkrete Veränderungen durch die ›Herstellung von Öffentlichkeit‹, immer wieder enttäuscht wird. Statt dessen ist durch die Konflikte, die in der Folge von ›Ganz unten‹ zwischen Wallraff und seinen türkischen Mitarbeitern öffentlich ausgetragen wurden, die Frage entstanden, ob nicht durch die unternehmensförmigen Produktionsbedingungen und die sensationsförmige Verbreitung derartiger Publikationen, bei denen Arbeitsemigranten die Rolle von Befragten, von Zuarbeitern und im Endprodukt anonymisierten, verstummten oder verschwiegenen Helfern zukommt, Herrschaftsverhältnisse reproduziert werden, gegen die die Reportageliteratur gerade angetreten war.

Auch mit der Verlagerung der Thematik von der *Betriebs*reportage zur Ermittlung des *alltäglichen* Rassismus sind die strukturellen Probleme der Gattung nicht beiseite geräumt. Z. B. schlüpfte 1983 Marlene Schulz, nach dem Vorbild von Gerhard Kromschröders ›Stern‹-Reportage ›Als ich Türke war‹ (4. 11. 1982), in die Verkleidung einer türkischen Frau, um am eigenen Leibe Erfahrungen von offener und subtiler Diskriminierung gegenüber dieser extrem benachteiligten Ausländergruppe zu sammeln, und veröffentlichte ihre tagebuchartigen Aufzeichnungen unter dem Titel ›Mein Name Keskin‹ (1985). Da weder ihre Erlebnisse noch ihre Darstellungsweise einen Erkenntniszugewinn zum Bestand medial verbreiteten Wissens über einschlägige Diskriminierungsformen erbringen, liegt die Bedeutung der Aufzeichnungen vor allem in der Selbsterfahrung der Verfasserin mit ihrer kurzfristig eingenommenen Rolle. Die Konfrontation mit der eigenen Bereitschaft zur Passivität bzw. Opferhaltung wird aber nicht mehr auf ihr Komplement, auf die eigene Normalrolle, die von Schulz ja sonst eingenommene Position der Deutschen, hin reflektiert. Problematischer noch ist aber, daß der ›Selbstversuch‹ geprägt ist durch ihre *eigene Vorstellung* von ›der türkischen Frau‹, die sie mit abgelegten, aus der Mode gekommenen Kleidern, mit Kopftuch und einer automatisch eingenommenen Demuts-Körperhaltung identifiziert. In dieser Verkleidung begibt sich die Verfasserin zudem in Situationen und an Orte, in und an denen Türkinnen in traditioneller Kleidung höchst selten und selten allein angetroffen werden, da diese sich – weil die ›Multikultur‹ in der BRD noch Mangel und Entwurf zugleich ist – überwiegend in Konstellationen und Stadtteilen aufhalten, in denen sie sich auf Zeichen der ihnen vertrauten Kultur beziehen können. Ansätze zu einer gründlicheren Auseinandersetzung deuten sich an im abschließenden Bericht der Verfasserin über eine Gesprächsrunde mit türkischen Frauen, womit sich für das Genre des *Erfahrungsberichts* einmal mehr bestätigt, daß er erst in seiner Funktion als *Gesprächsanlaß* seine eigentliche Wirkung entfaltet.

Zu fragen bleibt aber, wie es gelingen kann, einen wirklichen Austausch zwischen Angehörigen verschiedener Kulturen in Gang zu setzen. Voraussetzung wird wohl sein, daß Deutsche nicht länger die Position der Herausgeber, Interviewer oder Autoren einnehmen, um Ausländer und ihre Situation zum Gegenstand der Darstellung zu machen, daß sie statt dessen ihre *eigenen* kulturellen Normen, Handlungsmuster und Werturteile befragen und vor allem eine Neugier entwickeln zum Entziffern und zur Lektüre der Zeichen anderer Kulturen – daß sie z. B. das Kopftuch nicht bloß als Erkennungsmerkmal von Deklassierten begreifen, sondern danach fragen, welche Bedeutung es im Kontext einer ihnen fremden Kultur hat. Gelegenheit dazu bot z. B. eine Ausstellung über ›Die Sprache der Kopftücher‹, die 1986 von Oya Ergin konzipiert wurde. Zu einer derartigen Veränderung in der

Anordnung von Positionen, Perspektiven und Themen gehört auf der anderen Seite, daß die Ausländer selbst sich zu Worte melden und Ausdrucksformen für ihre eigenen Stimmen entwickeln, denn *Vielstimmigkeit* ist eine der Grundbedingungen von Multikulturen. Insofern ist es wohl kein Zufall, daß das Konzept der Multikultur in der BRD zu einem Zeitpunkt entsteht, da – ungefähr seit Ende der siebziger Jahre – eine eigene, in deutscher Sprache publizierte ›Migrantenliteratur‹ Konturen gewonnen hat. Zur gleichen Zeit deuten sich in den Debatten der linken Öffentlichkeit Ansätze zu einer veränderten Behandlung des Themas an, ablesbar z. B. an den Schwerpunktthemen wichtiger Kulturzeitschriften: von ›Gastland und Getto. Bundesrepublik Deutschland‹ (›Kürbiskern‹ 3/79) zu ›Vielvölkerstaat Bundesrepublik‹ (›Kursbuch‹ 62, 1980) und ›Zwischen Kulturen. Deutsche, Türken ... Probleme der Vermittler‹ (›Ästhetik und Kommunikation‹ 44, 1981). Wenn auch deutsche Stimmen hier noch in der Überzahl sind, so wird doch in der Ä. u. K.-Nr. und besonders in dem genannten ›Kürbiskern‹-Heft das Bemühen deutlich, ausländische Autoren selbst zu Wort kommen zu lassen. Und in der Titelformulierung von Ä. u. K. werden auch die Deutschen explizit zum Thema gemacht, ein wichtiger Schritt, um den Diskurs über die sogenannte Ausländerfrage oder -problematik zu überwinden. Mit ›Inländer/Ausländer‹ (›vorgänge‹ 6/1984) wird dann der Versuch unternommen, zumindest in der Themenstellung, eine Gleichberechtigung der Perspektive herzustellen; dem wird allerdings in diesem Falle durch die fast ausschließlich deutsche Verfasserschaft des Heftes widersprochen.

2. *Texte kultureller Minoritäten*

Gleichzeitig mit der zunehmenden Aufmerksamkeit für die kulturelle Identität der Migranten und mit der in diesem Zusammenhang laut werdenden Kontroverse über die Konzepte von ›Integration‹ und ›kulturellem Traditionalismus‹ entstehen Texte über und von kulturellen Minderheiten unter den in diesem Lande Aufgewachsenen, Kindern von Überlebenden. Damit werden einerseits die Erfolge wie auch grundsätzlicher der Sinn tradierter

*Assimilations*ideen in Frage gestellt, und damit geraten andererseits die vom Nationalsozialismus verfolgten Minoritäten nunmehr auf eine *andere* Weise in den Blick: nicht mehr nur als Opfer des Faschismus, sondern als Subjekte einer eigenen Kultur, an deren Eliminierung den Nazis im Interesse einer rein-›arischen‹ Nation gelegen war. Ebenso wie eine Orientierung der Kritik am Begriff des Gesellschafts*systems* die Wahrnehmung von und Auseinandersetzung mit der *kulturellen* Herkunft der Migranten verstellt, hat die Analyse des politischen Faschismus und die Aufklärung über seine Opfer lange Zeit eine Reflexion über die je eigene kulturelle, religiöse oder ethnische Identität der Betroffenen tabuisiert. Die Kritik am (politischen oder ökonomischen) ›System‹ aber ist dazu angetan, das Phänomen des Rassismus dem/r jeweiligen Autor/in buchstäblich vom Leibe zu halten. Einem solchen ›Antirassismus‹, der sich den Blick auf unterschiedliche Gebräuche, Verhaltensweisen, Normen und auch auf das unterschiedliche Aussehen ethnischer Gruppen versagt, entspricht die berechtigte Furcht vieler Angehöriger von Minderheiten vor einer rassistischen Definition von Andersartigkeit, die sie dazu motiviert, den Ausdruck und die Erörterung ihrer eigenen kulturellen *Differenz* gegenüber der Mehrheit zu vermeiden. Einer Gesellschaft unter Integrations- bzw. Assimilationsgebot, in der keine anderen *sichtbaren* Zeichen als die der Mehrheitskultur zugelassen sind, korrespondieren dann *hermetische* Kleinöffentlichkeiten religiöser Gruppen oder ethnischer Traditionalisten.

In ihrem Buch ›Wer wirft den Stein? Zigeuner sein in Deutschland‹ (1985), das sie im Untertitel ›eine Anklage‹ nennt, verwehrt sich Luise Rinser z. B. auf Bitten ihrer »Sinti-Freunde« die Thematisierung von deren Eigenheiten. Was bleibt, ist der Versuch, »Verständnis für das Schicksal«, nicht aber für die Geschichte und Lebenspraxis »der mit uns lebenden Sinti und Roma zu wecken«, und das Bemühen, Vorurteile zu widerlegen: »Hat man ihr ⟨der ethnischen Minderheit⟩ denn die Integration möglich gemacht?« »Ob Sinti und Roma wirklich diesen ›eingewurzelten Hang‹ ⟨zum Umherziehen⟩ haben, ist noch zu erörtern.« »98% haben einen festen Wohnsitz«. Während Rinsers Buch auf diese Weise einen weiteren Beitrag zur ›Zigeuner*frage*‹ darstellt, erscheinen zur gleichen Zeit, meines Wissens erstmalig in der deutschsprachigen Literatur nach 45, Lebensberichte von Roma bzw. Sinti-Autoren.

In ›Wir leben im Verborgenen. Erinnerungen einer Rom-Zigeunerin‹ (1988) erzählt die Wienerin Ceija Stojka ihre Lebensgeschichte bis hin zur Befreiung aus dem KZ, bis zum Ende des Faschismus; mit ihrem Buch hat sie sich über vierzig Jahre danach erstmals öffentlich als Romni identifiziert. Von der Kontinuität der Ausgrenzungserfahrungen *nach* 45 handelt dagegen der Bericht von Latscho Tschawo (Ps.) ›Die Befreiung des Latscho Tschawo. Ein Sinto-Leben in Deutschland‹ (1984), ein Text, der im Gefängnis geschrieben wurde, in einer Lage also, von der aus sich die Rede von der Befreiung im Buchtitel nur als Ironie verstehen läßt. Die lakonisch-ironische Haltung des Autors entspringt der Erfahrung extrem gegensätzlicher Zuschreibungen und deren Folgen für seine Existenz: in der DDR als mit Privilegien ausgestatteter ›ehemaliger Verfolgter des Naziregimes‹ und in der BRD als immer noch diskriminierter ›Zigeuner‹. Mit der ersten Anthologie von Texten afrodeutscher Frauen meldet sich dagegen eine Minorität zu Wort, deren Präsenz in der Bundesrepublik bislang überhaupt nicht im Bewußtsein war. In ›Nicht weiß und nicht schwarz. Afrodeutsche Frauen auf den Spuren ihrer Geschichte‹ (1986)[4] reflektieren Frauen, die überwiegend aus Verbindungen von schwarzen Männern und weißen Frauen hervorgegangen sind, von ihren Schwierigkeiten und Irritationen bei der Suche nach einer kulturellen Identität und einem Ort in der bundesrepublikanischen Gesellschaft, wobei das *sichtbare* Zeichen ihrer Andersartigkeit, die dunklere Hautfarbe, sich als dominantes Thema darstellt.

Allein als *Opfer* betrachtet, waren die Juden in der deutschen Nachkriegsgeschichte weitgehend *stumm* und unsichtbar, war die sogenannte Juden*frage* ein Problem des in diesem Verständnis vergangenen Faschismus. Das institutionalisierte Gedenken an die Opfer hat dabei zum aktiven Vergessen der lebenden deutschen Juden – bzw. der in der BRD lebenden Juden – beigetragen. Vor allem Autoren/innen der jüdischen Nachkriegsgeneration in der BRD haben diesen Diskurs in jüngster Zeit durch ihre Publikationen brüchig gemacht. Indem sie aus dem Verborgenen jüdischer

Existenz im Nachkriegsdeutschland heraustreten, die Frage ihrer *kulturellen* Identität öffentlich literarisch artikulieren und die Mehrheit derart mit der *Gegenwart* von Juden und dem fortbestehenden Antisemitismus konfrontieren, stören sie diejenigen, die sich – selbst in kritischen Gesprächen über den Antisemitismus – als ›*die* Deutschen‹ begreifen, im eingefleischten kulturellen Selbstverständnis auf. Schon die verbreitete Rede über das »Verhältnis von Juden und Deutschen« signalisiert ja, daß die Juden dabei aus dem *Begriff* ›deutscher Kultur‹ ausgeschlossen sind und allenfalls als Minorität geduldet – oder gar ›toleriert‹ – werden sollen, anstatt daß sie als *eine* Gruppierung in einer *multi*kulturellen Gesellschaft in der BRD angesehen würden.

Das Spektrum der Publikationen von Autoren der jüdischen Nachkriegsgeneration in der BRD ergibt, natürlicherweise, kein einheitliches Bild. Es zeigen sich verschiedene Wege, oder ›Lösungen‹, im Umgang mit dem widerspruchsgeladenen und konfliktreichen Aufenthaltsort als Jude/Jüdin in einer ›postfaschistischen‹ deutschen Gesellschaft. [→ 121 ff.]

Als Forum ›jüdischer Intellektueller‹ wurde 1986 die Zeitschrift ›Babylon. Beiträge zur jüdischen Gegenwart‹ gegründet. Daß sie ihre »Herkunftspartikularität reflektierend überschreiten wollen, ohne sie zu leugnen«, wie es im Editorial der ersten Nummer heißt, bedeutet für die Herausgeber,[5] im Feld zwischen »universalistischer Denkweise« und Besonderheit zu arbeiten, d. h. an den aus ihrer spezifischen Geschichte erwachsenen Widersprüchen im gegenwärtigen Verhältnis zu Nicht-Juden. Eine programmatische Absage an die deutsche Gesellschaft hat dagegen Lea Fleischmann in ihrem vieldiskutierten Buch ›Dies ist nicht mein Land. Eine Jüdin verläßt die Bundesrepublik‹ (1980) formuliert. Die Einsicht, daß sie als Jüdin in der BRD nicht leben kann, leitet die Autorin vor allem aus ihren Erlebnissen mit subtilen Formen institutionalisierten Denkens ab, dem sie in ihrer Arbeit als Lehrerin begegnet ist. Diese Einsicht dient als Telos der dargestellten Entwicklung, auf das hin eigene frühere Überlegungen als Illusionsbildungen über die Perspektive und Möglichkeiten jüdischer Normalität in der BRD gewertet werden, um sich im Ergebnis und Ende eindeutig als Nicht-Deutsche zu identifizieren. Die Emigration nach Israel schließlich bestärkt diesen Identifizierungsakt.[6] Bemerkenswert ist, daß sowohl Fleischmann als auch Esther Dischereit, die Autorin von ›Joemis Tisch. Eine jüdische Geschichte‹ (1988), ihre Situation mit der von ›Türken‹ oder ›Ausländern‹ in Verbindung bringen. »Ich werde mir keine Verständnisfloskeln für Ausländer und Juden mehr anhören« (Fleischmann). »Ich werde Türke – mindestens« lautet ein Satz-Entwurf von Dischereit, deren Text damit beginnt, daß sie ihre, kulturell unspezifische (und männlich formulierte) Identifizierung als »ein normaler Linker« aufkündigt, ohne allerdings eine andere eindeutige und sichere Identität an deren Stelle setzen zu können. Ihre Geschichte erinnert Kindheitsbilder und Eindrücke, aus denen sich keine klare Position ableiten läßt und die auch nicht in die Form einer kontinuierlichen Entwicklungslogik und einer einheitlichen Erzählperspektive gebracht sind. Sie besteht statt dessen aus einzelnen Situationen, viele mit der Mutter, die eine Mischung aus Befremden und Faszination gegenüber deren zwischen Konservierung und Verheimlichung angesiedeltem Umgang mit jüdischen Riten und Symbolen zum Ausdruck bringen. Der behutsame Versuch, einen Ort als ›deutsche Jüdin‹ einzunehmen, setzt genau jene Spannungen in Gang, die sich aus der Geschichte dieser zusammengesetzten Benennung herschreiben.[7]

Einen Roman, der multikulturelle Kindheitserinnerungen kunstvoll in Spracharbeit umsetzt, schuf schon zehn Jahre vorher die erst 1960 aus der amerikanischen Emigration ihrer Eltern in die Bundesrepublik übergesiedelte Autorin Jeannette Lander mit ›Ein Sommer in der Woche der Itke K.‹ (1971).

> Itke mit krausem Haar, mit dunklen Augen, lebt in einem Kreis in einem Kreis in einem Kreis. Der innerste ist jiddisch. Der mittlere ist schwarzamerikanisch. Der äußere ist weißprotestantisch-amerikanisch tief im Süden.

Mit dieser kulturellen Topographie beginnt der Roman über einen Sommer in der Kindheit der vierzehnjährigen Heldin (»Itke-ich«) in den vierziger Jahren, in dem es Lander eindrucksvoll gelingt, mit Hilfe poetischer Nachahmung, übersetzt in die deutsche Sprache, die Sprechweisen von mit- und nebeneinander lebenden Minoritäten, die Atmosphäre im rassistischen Süden der USA sowie den sich regenden schwarzen Widerstand literarisch zu vergegenwärtigen. Der Roman stellt ein frühes Beispiel für die Möglichkeit poetischer Multikultur dar, greift dabei allerdings auf Erfahrungen in einem Lande zurück, in dem kulturelle und ethnische Differenzen eine längere und für die ganze Gesellschaft fundamentalere Tradition haben. In ihrem Roman ›Auf dem Boden der Fremde‹ (1972) setzt sie dieses Schreibprojekt, bezogen auf eine jüdische Existenz im Berlin der 68er, fort.

II. Deutsche Autoren über/in der Fremde

1. Topographie des Politischen

Während sich in der Schreibweise von Landers Romanen kulturelle und politische Erfahrungen nicht ausschließen, war die Bezugnahme auf andere Länder in der Literatur, die im Kontext der 68er Bewegung entstand, ›politisch‹ motiviert. Kuba, Vietnam und Spanien z. B. waren gleichsam symbolische Orts-Namen in einer politischen Topographie, die aus der Perspektive von Revolutionsgeschichte oder ›Internationalismus‹ entworfen wurde. Es ging um die ›Dritte Welt‹ und um die Frage, welche Haltung europäische Intellektuelle zu den dortigen (Klassen-) Kämpfen einnehmen könnten. Schon die zweite Nummer des ›Kursbuchs‹ (1965) brachte einen Schwerpunkt zur Lage in der ›Dritten Welt‹ und löste die bekannte Kontroverse zwischen Peter Weiss und H. M. Enzensberger aus, in der es um die Notwendigkeit, mehr noch aber um die Möglichkeit einer Parteinahme für den nordvietnamesischen Reisbauern und den angolanischen Grubenarbeiter ging, nachzulesen im ›Kursbuch‹ 6 (1966), das sich speziell mit den revolutionären Verhältnissen und dem Krieg in Indochina beschäftigt. Während in Weiss' Betrachtungsweise sozialer Kämpfe politische Beurteilungen dominieren, die dazu geeignet scheinen, Entferntestes mit einem ›wir‹ zu verbinden, geht Enzensberger von der Erfahrung eines »furchtbaren Risses«

aus, der ihn von *jenen* trennt – ihn zugleich aber auch aus der
Verantwortung zu entlassen scheint.

Die Aufgabenstellung, die Weiss hier für den westlichen Intellektuellen formuliert (historische Analyse, Erklärung der Ursachen von Unterdrückung, Aufklärung), hat er dann in seine,
überwiegend kritisch aufgenommenen Versuche dokumentarischen Theaters eingebracht. Der ›Gesang vom Lusitanischen
Popanz‹ (1967), der vom portugiesischen Kolonialismus in
Angola handelt, will einen *Modellfall* des Kolonialismus vorstellen. Die Schauspieler agieren als Rollen- bzw. Maskenträger, sie
»sprechen abwechselnd für Europäer und Afrikaner«, womit auf
eine, allzu leicht zum Exotismus neigende, *Milieustudie* verzichtet
wird. Heiner Müller hat dieses Verfahren 1979 in seinem Stück
›Der Auftrag. Erinnerung an eine Revolution‹ aufgegriffen, allerdings mit genau umgekehrter Wirkung. Wenn seine Spieler
zunächst ihre Rollen als Emissäre Frankreichs (zwei Weiße und
ein Schwarzer) einstudieren, um dann das »Theater der weißen
Revolution« zu spielen, in dem sie Szenen aus der literarischen
Geschichte der Französischen Revolution nachspielen, so widerspricht das Stück damit der Übertragbarkeit europäischer Revo-
lutionskonzepte auf andere Kulturen. Der Schwarze Sasportas
kann zwar seine Maske im Revolutionsspiel absetzen, nicht aber
seine Haut wechseln (auch wenn natürlich ein weißer Schauspieler den Schwarzen *spielt*). Das Spiel der Masken ist hier kein for-
males, dramaturgisches Verfahren, es rekonstruiert unterschiedliche Positionen in Geschichte und Revolutionsszenerie.[8]

Im ›Viet Nam Diskurs‹ (1968) hat Weiss dann versucht, sich
einem Land der ›Dritten Welt‹ direkt zuzuwenden und die
Geschichte Vietnams während zweieinhalb Jahrtausenden auf die
Bühne zu bringen. Hier hebt er den Charakter der Figuren als
Träger bzw. Repräsentanten von Tendenzen und Interessen noch
deutlicher hervor; dieser Zug ins Abstrakte wird durch den Ort
der Handlung, der dem Kompaß folgend aufgeteilt und benannt
ist, noch bestärkt. Das Beispiel einer Geschichte, deren einzelne
Etappen als Spirale von Ausbeutung und Widerstand bis in die
Kolonisierung hinein vorgeführt werden, erscheint so als *Mecha-
nik* einer universellen Revolutionsgeschichte. Die Szene unter dem

Titel ›Weltrevolution‹ im folgenden Stück des Autors, ›Trotzki im Exil‹ (1970), das wiederum »keine Milieuschilderung. Kein⟨en⟩ Hinweis auf geographische Lage« enthält, liest sich wie ein Einspruch gegenüber diesem Modell, allerdings nur in revolutionstheoretischer, nicht aber in dramaturgischer Hinsicht. Die Szenerie führt Trotzki im Disput mit Studenten verschiedener Herkunft (afroamerikanischer, lateinamerikanischer, französischer und deutsch-jüdischer) vor, die mit ihren je eigenen Erfahrungen sein Programm einer internationalen, vom städtischen Proletariat ausgehenden Revolution in Frage stellen, ohne daß das Stück eine Antwort für die benannten Widersprüche bereit hält.

Wird in Enzensbergers dokumentarischem Theater ›Das Verhör von Habana‹ (1970) noch eine vergleichbare Problematik sichtbar, da das Interesse für Kuba durch das an der Entlarvung der Invasoren und der US-amerikanischen Politik überdeckt ist, so wendet er sich in dem Roman ›Der kurze Sommer der Anarchie. Buenaventura Durrutis Leben und Tod‹ (1972) einer europäischen Geschichte zu und setzt sich in seiner Schreibweise mit den Voraussetzungen historischen Gedächtnisses auseinander. Die Geschichte des legendären spanischen Anarchisten wird von ihm nicht als Dokumentation, sondern als fiktiver Roman präsentiert, der sich aus Facetten und Episoden von erzählter Erinnerung verschiedener Personen zusammensetzt. »Die Geschichte ist eine Erfindung, zu der die Wirklichkeit ihr Material liefert.« Damit wird nicht nur einem reinen Dokumentarismus, sondern auch dem Aufklärungskonzept einer an universalistischen Revolutionstheorien orientierten Literatur widersprochen. »Wer die Gewißheit liebt, den kann die Geschichte des spanischen Anarchismus leicht zur Verzweiflung bringen. Wo er Tatsachen sucht, werden ihm Versionen entgegentreten.«[9] Insofern handelt Enzensbergers Roman auch von der Entstehung einer Heldenlegende.

Erst mit dem nach einem schwarzen Widerstandskämpfer benannten Roman ›Morenga‹ (1978) von Uwe Timm, der eine Episode aus der Geschichte des deutschen Kolonialismus erzählt, ist die Darstellung fremder Kulturen oder in der Ferne sich ereignender Aufstände in der Gegenwartsliteratur auch beim Blick auf das Eigene angekommen, auf eine der Urszenen deutschen Rassismus nämlich. Der Roman bezieht sich auf ein authentisches historisches Ereignis, auf die Vernichtung der Eingeborenen durch deutsche Truppen, die Anfang des Jahrhunderts gegen aufständische Hereros und Hottentotten in dem ›Deutsch-Südwestafrika‹ benannten Gebiet eingesetzt waren. Er montiert, für die Rekonstruktion der Geschichte des Aufstandes bis zur Erschießung seines »Haupthelden« Morenga, historische Dokumentation – die Timm auch in dem Bildband ›Deutsche Kolonien‹ (1981) fortgesetzt hat –, ethnologische Beobachtungen und fiktive Elemente in einer für die Leser sichtbaren Weise und kann damit auch als Arbeit an der Zerstörung von Genremustern des historischen und des Kolonialromans betrachtet werden. In den Tagebuchnotizen der fiktiven Figur, eines am Feldzug teilnehmenden Deutschen, der sich innerlich immer stärker von seiner Aufgabe distanziert, ist hier schon eine Problematik angedeutet, die in einem folgenden Roman Timms, ›Der Schlangenbaum‹ (1986), ausgeweitet wird. Aber diese Geschichte eines Ingenieurs, der die Leitung einer Baustelle in einem unter Militärdiktatur stehenden südamerikanischen Staat übernimmt und dabei an den ihm fremden Gewohnheiten und der Natur des Landes scheitert, wodurch er verunsichert und in seiner Denkweise total erschüttert wird, liest sich allzu sehr wie eine Neuauflage des drei Jahrzehnte zuvor publizierten ›Homo faber‹ von Max Frisch, der selbst schon die Grenze zum Exotismus-Klischee empfindlich überschritten hatte. In der apokalyptischen, symbolträchtigen Schlußszenerie von ›Schlangenbaum‹ mischen sich politisches und ein durch sintflutartigen Regen hervorgerufenes Chaos ›wilder Natur‹.

Einen erzählerisch sehr interessanten Versuch, mit der Geschichte des *Exotismus* umzugehen, stellt dagegen Hans Christoph Buchs Roman ›Die Hochzeit von Port-au-Prince‹ (1984) dar, der in seinen drei ›Büchern‹ nacheinander die Genremuster des historischen Romans, der Dokumentation und des Familienbzw. Entwicklungsromans listenreich unterläuft. Gegenstand sind drei historische Stationen aus der Geschichte Haitis und der europäischen Verwicklung in diese Geschichte, ein Thema, dem der Autor sich auch in anderer Form gewidmet hat: mit der materialreichen Dokumentation ›Die Scheidung von San Domingo. Wie die Negersklaven von Haiti Robespierre beim Wort nahmen‹ (1976) und mit Berichten und Reportagen aus der heutigen Karibik, versammelt in dem Band ›Karibische Kaltluft‹ (1985). Der Titel des Romans variiert die schon im Titel der Dokumentation praktizierte Anspielung auf Heinrich von Kleists Erzählung ›Die Verlobung in St. Domingo‹, deren dramatisches Geschehen zur Zeit der haitianischen Sklavenaufstände in der Folge der Französischen Revolution angesiedelt war, und vergegenwärtigt im ersten Buch jenen verlustreichen und erbitterten Kampf zwischen Schwarzen und Weißen, auf den sich auch Müllers ›Auftrag‹ – mit Umweg über Seghers' ›Karibische Geschichten‹ und Büchners ›Dantons Tod‹ – bezieht. Dem Wissen, daß sich ein Aufstand der Schwarzen schwerlich aus der Perspektive eines weißen Autors rekonstruieren und erzählen läßt, versucht Buch dadurch gerecht zu werden, daß er die Perspektiven mischt und (europäische) Berichte über den Verlauf der Ereignisse mit haitianischen Mythen durchkreuzt, während sich die reine Dokumentation einer diplomatischen Affäre deutscher Kolonialpolitik im zweiten Buch wie ein Possenstück liest. Das Verhältnis von europäischer und fremder Kultur wird hier nicht nur thematisch, sondern auch im Erzählmodus differenziert reflektiert. Sein Roman begründet den Mythos der Fremde im kolonialen und Exotismus-Begehren europäischer Weißer, verwirft die Möglichkeiten ›objektiven‹ oder ›realistischen‹ Erzählens in ironischer Weise und setzt mythische Überlieferungen einer anderen Kultur dagegen – ohne diesen wiederum einen Wahrheitsgehalt zuzusprechen.

Einen grundlegenden Zweifel an der Bedeutung europäischer Berichterstattung über fernes Kriegsgeschehen hat auch Nicolas Born in seiner Kritik am Blick und Gestus journalistischer Reportage im libanesischen Bürgerkrieg in seinem Roman ›Die Fälschung‹ (1979) formuliert. Der Aufbruch des Helden zu seiner Aufgabe in der Ferne, die, ähnlich wie beim Helden von ›Schlangenbaum‹, auch Flucht vor den eigenen, privaten Verhältnissen ist, konfrontiert ihn – in der Topographie Beiruts – mit seiner eigenen Rolle und Beteiligung an den öffentlichen und persönlichen »Fälschungen«. Eine ähnliche Kritik an der journalistischen Elends- und Kriegsästhetik hatte vor Born schon Ingeborg Bachmann in der Erzählung ›Drei Wege zum See‹ (in ›Simultan‹, 1972) formuliert. Während aber bei Born im *literarischen* Text eine Darstellung der konkreten Ereignisse und Topographie erfolgt, die er für den *journalistischen* Bericht verwirft, situiert Bachmann ihre Erzählung in der *Erinnerung* ihrer Heldin, einer erfolgreichen Fotojournalistin, die, ebenso wie Borns Held, von ihrem Beruf Abstand nimmt. Damit erhält die Schreibweise *topographischer* Darstellung eine konsequent andere Bedeutung [→ 253 ff.] Wenn es im Vorspann von Bachmanns Erzählung heißt, »der Ursprung dieser Geschichte liegt im Topographischen«,[10] dann verweist das auf eine imaginäre Topographie, in der Gedächtnisstrukturen und konkrete Orte und Wege vielfältige Korrespondenzen verzeichnen.

2. Italien und andere mythische Orte
   Reisen in die eigene Geschichte

Schon Anfang der siebziger Jahre ließ eine kritische Abkehr von der Internationalismus-Thematik politischer Literatur nicht lange auf sich warten. Daß das ›Kursbuch‹ »irgendwo zwischen Wittenau und Nordkorea steckengeblieben« sei, war eine der Begründungen im Rundschreiben, mit dem das ›Literaturmagazin‹ 1973 aus der Taufe gehoben wurde – um selbst zunächst u. a. in Italien anzukommen. In der ersten Nummer ist z. B. ein ›Brief an Born in Berlin‹ zu lesen von F. C. Delius, der sich gerade in Rom (in der Villa Massimo) aufhält. Vom Bund finanzierte Stipendienaufenthalte in Italien als Alternative zum revolutionshistorischen Blick über Kontinente? Im Bewußtsein, daß der eigene Rom-Aufenthalt durch die »wie sagt man in Berlin, lohnabhängigen Massen bezahlten Schecks« (153) ermöglicht wurde, vermittelt Delius dem Daheimgebliebenen seine Eindrücke in Form eines politischen Panoramabildes der Stadt, das sich ganz im Rahmen eines *linken Italien-Mythos* bewegt: ein Nebeneinander von Kirche, Faschisten und Genossen – die Frauen nicht zu vergessen. Dazu passend ist der Vorabdruck von Passagen aus Peter Schneiders Erzählung ›Lenz‹, die im selben Jahr noch auch als Buch herauskommt.

Dort erscheint am Ende das gleiche Italienbild, noch stärker idealisiert in der Betonung von Sinnlichkeit und einem dem Alltag zugewandten Leben, und zwar nachdem der Held seiner politischen Aktivität in Berlin den Rücken gekehrt hat: Italien als Projektionsbild einer *anderen* Politik, aus der die Lust nicht ausgeschlossen ist.

Auch die Heldin von Birgit Pauschs Erzählung ›Die Verweigerungen der Johanna Glauflügel‹ (1977) geht nach Italien, doch die Verhältnisse, die *sie* dort antrifft, unterscheiden sich nicht grundlegend von denjenigen, denen sie entflohen ist, sie sind ihr nur in ihrer Sichtbarkeit leichter zugänglich. Die Bilder, aus denen die Heldin Hoffnung schöpft, entstammen weniger einer geographischen Topographie als der Geschichte, sondern einem Film über den Aufstand der Wollentucharbeiter im vierzehnten Jahrhundert. Damit berührt Pauschs Erzählung sich mit einer Tradition deutscher Italien-Literatur, in der einzelne *Bilder* und *Gestalten* aus der italienischen Geschichte mythischen Charakter angenommen haben und in Form von Umdeutungen und Re-Inszenierungen immer wieder neu angeeignet werden. Die Bandbreite der Aneignungsmöglichkeiten läßt sich exemplarisch studieren, wenn man die historischen Erzählungen von Klaus Stiller, ›Die Faschisten. Italienische Novellen‹ (1976), in denen sich der Autor mit einigen Berühmtheiten des italienischen Faschismus, u. a. mit D'Annunzio beschäftigt, vergleicht mit den Szenen, die Tankred Dorst 1983 über dieselbe schillernde Gestalt geschrieben hat, unter dem Titel ›Der verbotene Garten: Fragmente über D'Annunzio‹. Versucht Stiller seinem Negativhelden, dem gefeierten Nationalhelden, im Moment seines Abstiegs mit einiger Ironie beizukommen, so gestaltet Dorst in einer Reihe surrealistisch anmutender Szenen eine Art Totentanz, dessen Personal der Kunst *und* dem Leben des Dichters entstammt und von Faszination *und* Abwehr getragen ist.[11] Doch in beiden Fällen ist es der legendäre Villen-Garten des Dichters am Gardasee, der den Ort der Handlung abgibt.

Italienische *Landschaften, Städte* und *Architekturen* sind nicht
selten die – noch heute sichtbaren und verfügbaren – Faszina-
tionsmomente, von denen historische oder fiktionale Gänge literarischer Phantasie in die Geschichte ausgehen. So z. B. die mau-
soleumsartige Engelsburg in Kuno Raebers Roman ›Sacco di
Roma‹ (1989), in deren (literarischen) Räumen sich Gestalten
unterschiedlichster historischer Epochen und mythischer Herkunft, wie in einem Zustrom zur letzten Zuflucht, versammeln,
womit der Roman – ähnlich wie schon Raebers ›Alexius unter
der Treppe oder Geständnisse vor einer Katze‹ (1973), dessen
Erzähltext neben Rom noch Konstantinopel, Florenz und New
York durchquert – eine Re-Inszenierung von mythischen und
historischen Legenden in sprachlich eindrucksvoller Weise präsentiert. Für das Verhältnis zwischen *Eigenem und Fremden* hält
der deutsche Italienmythos – von dem ein deutschsprachiger
Schweizer Autor wie Raeber nicht grundsätzlich abweicht – eine
spezifische Konstellation bereit.

Als Anziehungsort in der Fremde bedeutet Italien den
Ursprungsort eigener, nämlich abendländischer Vorgeschichte,
liefert es eine historische Topographie, manchmal auch nur die
Kulisse, für die Mythen europäischer Kulturgeschichte, in denen
Rom als ›Ewige Stadt‹ das vor-moderne Zentrum bildet, um
dann von Paris, der Hauptstadt der Moderne, abgelöst zu werden. Als eine Lektüre dieser Geschichte in umgekehrter Richtung
kann Christoph Ransmayrs Roman ›Die letzte Welt‹ (1988)
betrachtet werden. Aus dem Zentrum der Macht aufbrechend,
macht sich sein Held auf die Suche nach dem nach Tomi verbannten Dichter Ovid, ans Ende der (römischen) Welt, um dort
anstelle des Gesuchten das mythische Figurenszenario aus dessen
›Metamorphosen‹ anzutreffen. So wie Tomi, das Irgendwo, die
eiserne Stadt der Kälte, einen Ort am Rande der Zivilisation bzw.
am Übergang zur Wildnis markiert, bewegen sich die Gestalten
dort am Übergang zwischen Leben und Versteinerung, buchstäb-
licher Erstarrung und jener in der Schrift Ovids; und inmitten der
leibhaftig gewordenen Schrecken des Mythos bewegt sich der
Römer Cotta als »der Fremde«. Mit diesem Roman hat Ransmayr
den zeitgenössischen Diskurs über ›das Andere der Vernunft‹ in

einer mythischen Topographie abgebildet und damit eine Kehrseite des Italienmythos geschaffen: das Andere von Rom.

Eine solche, dem Italienmythos entgegengesetzte Richtung, den Aufbruch eines in Wien lebenden Italieners, hatte schon Ransmayrs vorausgegangener Roman ›Die Schrecken des Eises und der Finsternis‹ (1984) eingeschlagen, dessen Held sich für die Berichte einer Nordpolexpedition begeistert, um diese dann selbst zu wiederholen; die Geschichte eines doppelten Scheiterns. Anders der Held von Sten Nadolnys Roman ›Die Entdeckung der Langsamkeit‹ (1983), dessen Held sich aufgrund seiner langsamen Wahrnehmungs- und Bewegungsweise in der eigenen Kultur als Fremder empfindet und bei seinen Nordpolexpeditionen die Arktis gleichsam als »geometrischen Fluchtpunkt der Statik und Unendlichkeit«[12] entdeckt. In beiden Texten aber ist das Eismeer, das eine ›wilde Natur‹ *jenseits* des Exotismus beschreibt, als Kontrapunkt zu einer Geschichte des Fortschritts gesetzt.

Daneben bleibt das Bild von Rom als Flucht- und Rettungsort stabil, wie etwa in Thomas Bernhards ›Auslöschung. Ein Zerfall‹ (1986), wo die Stadt eine Gegenwelt zur verhaßten österreichischen und familiären Umgebung des Ich-Erzählers darstellt. Daß die Darstellung Italiens auch in der Gegenwartsliteratur nicht ihre Bedeutung verloren hat, läßt sich (nur) zum Teil damit erklären, daß die Villa Massimo-Stipendien bundesrepublikanischer Schriftsteller/innen dieserart Aufenthalt in der Fremde eine gewisse Kontinuität verleihen, so daß Rom ein mehrfach privilegierter Reflexionsort für das ›Ich in der Fremde‹ ist, für den

Versuch, sich in der Fremde als Fremder zu begegnen, mit dieser kleinen Distanz zu sich, zu den Freunden, zu den Gewohnheiten, zur Sprache, um sich selbst auf lustvolle, neugierige, spielerische Weise in Frage zu stellen, von außen zu sehen, und somit der Macht des Faktischen ein Schnippchen zu schlagen, nicht auf Dauer, eine Zeitlang, bis man sich wieder eingerichtet hatte.[13]

So heißt es in ›Vogel, friß die Feige nicht. Römische Aufzeichnungen‹ von Uwe Timm (1989), der sich allerdings auf eigene Faust in Rom aufhielt. Er formuliert den nicht immer ausgewiesenen Sinn, der den meisten Aufbrüchen in die Fremde zugrunde liegt: das *eigene Subjekt,* die Hoffnung auf eine andere Begegnung mit sich selbst – die dann in der ›Toscana-Therapie‹ eine, dem ›Zeitgeist‹ unterworfene, teilweise kommerzialisierte Form angenommen hat.[14]

Im Bewußtsein der Macht solcher Vorstellungen hat die aus der DDR nach Italien emigrierte Schriftstellerin Christine Wolters ihrem Roman ›Stückweise leben‹ (1980), der von der Italienreise einer ein Team von Filmleuten begleitenden Dolmetscherin handelt, eine Widerrede gegen Goethe unterlegt, sowie eine Zerstörung der klassischen Konzepte von ›Bildungsreise‹ und ›Bildungsroman‹, die mit Vorstellungen von Ganzheit, Vollkommenheit und Kohärenz verbunden sind. Dagegen setzt sie die Konfrontation mit zersplitterten Bildern, mit Episoden, mit dem Fragmentarischen des Augenblicks. »Stückweise leben, auch in den Stücken war Sinn.«[15]

Im Gegensatz dazu erscheint Italien in Maria Erlenbergers Erzählung ›Hoffnung auf Erinnern‹ (1982) noch einmal als Land, in dem sich – wenn auch abseits des beschriebenen Dichtertreffens in Ostia – Begehren und Poesie vereinigen. Der Text liest sich wie eine umgedrehte ›Männerphantasie‹, die z. B. in den Rom- und Paris-Büchern von Paul Nizon ihren reinsten Ausdruck gefunden hat. War noch in ›Canto‹ (1963) Rom als Geburtsstadt des ›Autors‹ entworfen, wobei das Begehren des Ich-Erzählers zwischen Einverleibung der Stadt und Umschlungenwerden schwankt, zwischen Vaterstadt und Mutterterritorium,[16] so wiederholt der Autor dasselbe Motiv, bezogen auf Paris, in dem Roman ›Das Jahr der Liebe‹ (1981), indem der Vorgang der Sexualisierung des Stadtkörpers noch verstärkt und die Stadt nun eindeutig als Frau imaginiert ist.[17] Ähnliche Assoziationen wecken einige Collagen in den 1972/73 entstandenen Romanaufzeichnungen von Rolf Dieter Brinkmann, die 1979 posthum unter dem Titel ›Rom, Blicke‹ veröffentlicht wurden. Dieses wohl bekannteste Rom-Buch der Gegenwart bringt eine totale Negation der *historischen* Bedeutung und Topographie der Stadt zum Ausdruck. Als Abfallhaufen der abendländischen Kultur betrachtet Brinkmanns Text, der im Gestus radikaler Subjektivität geschrieben ist, die Stadt, ihre heutige Gestalt mit Ruinenstätten und Verkehrschaos als abstoßend und häßlich. Und dennoch ist die Schrift Brinkmanns von einer negativen Faszination getragen. Kein Ende des Italien-Mythos also!

Neben Italien sind Frankreich – wie z. B. in Lothar Baiers Erzählung ›Jahresfrist‹ (1985), Klaus Voswinckels ›Sonntag, Paris‹ (1985) oder Ginka Steinwachs' Montageroman ›marylinparis‹ (1978) – und die Vereinigten Staaten häufigere Aufenthaltsländer deutschsprachiger Schriftsteller, nach deren Reisen literarische Publikationen nicht lange auf sich warten lassen. ›Der kurze Brief zum langen Abschied‹ (1972) von Peter Handke, Martin Walsers Roman ›Die Brandung‹ (1985), welcher wenig verschlüsselt Eindrücke von einem Berkeley-Aufenthalt des Autors verarbeitet und mit einer trivialen Liebesgeschichte vermischt, und die in New York entstandenen Tagebuchaufzeichnungen von H. C. Buch, ›Der Herbst des großen Kommunikators. Amerikanisches Journal‹ (1986) sind Beispiele für die Versuche und die Schwierigkeiten, mit den Klischee-Bildern Amerikas umzugehen.

3. Reisen in die Ferne – Asien und Lateinamerika

Eher eine Ausnahme bildet dagegen Barbara Frischmuths Roman ›Das Verschwinden des Schattens in der Sonne‹ (1973), in dem die Autorin ihre Konfrontation mit der fremden Kultur nach einem einjährigen Studienaufenthalt in Istanbul verarbeitet. In der Romanhandlung verstrickt sich die Ich-Erzählerin in ein Geflecht von Beziehungen, hinter deren Zauber und Gegenwärtigkeit die alten Schriften, in denen sie studiert, immer mehr zurücktreten. Dort, wo die Grenzen *Europas* oder die der westlichen Kultur überschritten werden, betritt die Literatur Gebiete, in denen die ›Fremde‹ eine andere Bedeutung erhält, die nicht unabhängig von der langen Geschichte des *Exotismus*- und *Orientalismus*-Diskurses[18] mit seinem vielfältigen und -farbigen Bilder-Repertoire zu begreifen ist. Z. B. Sibirien als Kindheitstraum, den Helga Novak in ihrem Poem ›Legende Transsib‹ (1985) noch einmal auferstehen läßt. »Sibirien ist dann die Leinwand meiner Träume geworden.«[19] Da ihr das Visum für die

Reise mit der Transsibirischen Eisenbahn quer durch die UdSSR
verweigert wurde, hat sie eine lyrische Reise durch die Legenden
und Vorstellungen geschaffen, die sich für sie an das Traum-Wort
Sibirien geheftet haben. Dieser Text einer ›Reise im Kopf‹ unterscheidet sich nicht grundsätzlich von der Erzählung einer wirklichen Reise auf dieser Strecke, welche die in der BRD lebende
Japanerin Yoko Tawada in umgekehrte Richtung angetreten ist,
besteht doch ›Wo Europa anfängt‹ (1989)[20] aus einem vielschich-
tigen Gewebe von Erzählungen, welche durch den Aufbruch und
die Reise der Ich-Erzählerin verknüpft sind. Markiert bei Tawada
›Moskau‹ jenes Wort, mit dem Europa *anfängt,* so bildet mit
umgekehrter Blickrichtung derselbe Ort den *Ausgangspunkt* der
verhinderten Reise Novaks. Als *Fluchtpunkt* von Liebesbegehren
und Kindheitsträumen erscheint Moskau dagegen in Natascha
Wodins Roman ›Die gläserne Stadt‹ (1986), ist es doch Aufenthaltsort des Geliebten, eines russisch-jüdischen Schriftstellers, in
dem sich die Rußland-Sehnsucht der Ich-Erzählerin verkörpert,
die, Kind russischer Emigranten, im Nachkriegsdeutschland als
›Fremde‹ aufgewachsen ist.

Um eine Rekonstruktion der Entstehung eurozentrischer Bilder fremder Kulturen und ihrer kolonialistischen Funktion haben
sich in den achtziger Jahren eine Reihe großer Ausstellungspro-
jekte bemüht: ›Die Mythen der Neuen Welt. Zur Entdeckungsge-
schichte Lateinamerikas‹ (1982), ›Europa und die Kaiser von
China‹ (1985) und ›Europa und der Orient 800−1900‹ (1989),
die sämtlich im Rahmen der Berliner ›Horizonte‹-Festspiele organisiert wurden, bei denen die hiesige Öffentlichkeit auch mit zeitgenössischer Kunst und Literatur außereuropäischer Kulturen
bekannt gemacht wurde. Ein anderes Großunternehmen war die
achtteilige Ausstellung ›Exotische Welten‹ 1987 in Stuttgart.
Ging es hier vor allem darum, den europäischen Blick als konstitutiv für die Bilder des Fremden zu beschreiben und die Genese
dieses Blicks zu rekonstruieren, so lastet dieses Erbe dem/r einzelnen Reisenden oder Schreibenden jeweils auf den Schultern,
wenn er/sie Europa verläßt.

Da bleibt Dieter Kühns Erzählung ›Festspiel für die Rothäute‹
(1974) lieber gleich in Europa und wirft einen kritischen Blick

auf die überzogene Selbstrepräsentation kolonialer Herrschaft anläßlich des Besuchs von vier Indianer-Häuptlingen Anfang des 18. Jahrhunderts in England.[21] Und der Held in Michael Krügers ›Warum Peking? Eine chinesische Geschichte‹ (1984), die im Fahrwasser expandierender China-Kulturdiplomatie Anfang der achtziger Jahre entstanden ist, kommt gar nicht erst dazu, sein Hotel in Peking zu verlassen und sich ein konkretes Bild Chinas machen zu müssen. So kurzfristige Aufenthalte wie zu einer Kongreßreise (des Helden und des Autors) geben dafür wohl auch keine genügende Voraussetzung ab. Während Rinser nach einer mehrwöchigen Reise durch Nordkorea, gleichsam in ideologischer Mission, in ihrem ›Nordkoreanischen Reisetagebuch‹ (1981) sich nicht vor dem Anspruch scheut, »die Wahrheit« über Nordkorea zu sagen.

Die Erzählung ›Kina Kina‹ (1988) von Hermann Kinder dagegen ist das Ergebnis eines einjährigen Aufenthaltes in Shanghai als Lehrbeauftragter. Gerade weil seine Geschichte vom Germanistikprofessor in der fernen Zwölfmillionenstadt den Wirkungen der brutalen Konfrontation mit der fremden Realität zunächst ungeschminkt Ausdruck verleiht und Abscheu, Befremden und Hilflosigkeit artikuliert, gelingt es dem Text, sehr behutsam und allmählich eine andere Achtung und Sympathie für die Chinesen, denen der Besucher begegnet, entstehen zu lassen, eine Sympathie, die nichts mehr mit den gängigen China-Klischees gemeinsam hat. Ein halbjähriger Indien-Aufenthalt ging dem Buch ›Zunge zeigen‹ (1988) von Günter Grass voraus, mit dem er dorthin zurückgekehrt ist, wo auch schon die imaginierte Reise des Lehrerpaares in ›Kopfgeburten oder die Deutschen sterben aus‹ (1980) und das Kalkutta-Kapitel des ›Butt‹ (1977) hinführten. Die tagebuchartigen Aufzeichnungen in ›Zunge zeigen‹ bemühen sich nicht, das Befremden und die Unmöglichkeit von Verstehen aufzulösen, um das Entsetzen über das Wahrgenommene präsent zu halten. Leitmotiv ist dabei die Gestalt der Göttin Kali, die für den Autor die Scham symbolisiert – der allerdings durch die aufwendige Gestaltung des Buches widersprochen wird, mit der die Präsentation des Themas hier wieder einer Ästhetik der Armut verfällt. Im Angesicht von Medienkonkurrenz und Alltäglichkeit,

mit der das Elend der ›Dritten Welt‹ in die Wohnstube der Fern-
sehzuschauer einbricht, kommt der Literatur nicht mehr die
Information über fremde Kulturen zu, sondern umgekehrt die
Zerstörung der Informationssprache und -zeichen, um ein *Erstau-
nen* über die Fremde überhaupt erst freizusetzen und Neugier
und Wahrnehmungsbereitschaft zu ermöglichen. Traditionell vertraut die Literatur hierbei auf die Effekte der Subjektivität; nur
ist die Vorstellung von ›Subjektivität‹ immer schon in eine Beziehung zum Anderen bzw. Fremden eingebunden, ist doch die
Fremde bevorzugter Ort zur Profilierung und Intensivierung von
Subjektivität – auf seiten des europäischen Autors bzw. Helden.

»Das Exotische an sich bedeutet mir nichts« läßt Bodo Kirchhoff einen seiner Ich-Erzähler in ›Ferne Frauen‹ (1987) formulieren.[22] Es macht den Eindruck, als sei ihnen mit dem Erotismus,
dem Zwillingsmotiv des Exotismus, das Motiv für den Aufenthalt in der Fremde überhaupt abhanden gekommen, während die
Gewohnheit und die Suchbewegungen geblieben sind. In der
›Mexikanischen Novelle‹ (1984) war es dem Helden noch gelungen, in ein anderes, an Genetsche Welten erinnerndes Leben zu
gleiten, nachdem er sich auf eine nicht ungefährliche Beziehung
zu einer verführerischen, einheimischen Frau eingelassen hatte
und in eine Situation geraten war, in der er als Unschuldiger
eines Mordes verdächtigt wurde. Erscheint die Frauengestalt wie
eine Allegorie des fremden Landes und läßt sich diese(s) nicht
ungestraft einnehmen, so gelangt der Mann durch diese Erlebnisse endlich zum Gefühl seiner Selbst und zur Erfahrung seiner
Homosexualität. Insofern ist das ferne Land hier sichtlich bedeutungsvoll nur im Hinblick auf die Freisetzung eigener Subjektivität. Daß das Geschlecht im Hinblick auf die Fremde eine wichtige
Bedeutung hat, geht in ganz anderer Weise in die Erzählungen
von Katja Behrens ein, die ihre Ausgangsposition schon im Titel
›Die weiße Frau‹ (1978) benennt. Als solche ist die in Lateinamerika Reisende in ihren Bewegungen und Wahrnehmungen zwei-
fach festgelegt. Behrens Titel verweist auf die Position der
Hauptfigur von Bachmanns Romanfragment ›Der Fall Franza‹
bei ihrer Reise durch die Wüste, die zugleich eine Reise durch
ihre Krankheit beschreibt. Die Dekonstruktion ›weiblicher Sub-

jektivität‹ wird hier zwar in eine außereuropäische Topographie versetzt, nicht aber in die Umgebung einer fremden Kultur. Die Wüste bedeutet für Bachmann einen Ort des Nichts, frei von Bestimmungen, von symbolischen Einschreibungen. Die Erlebnisse ihrer Heldin an diesem Ort korrespondieren mit ihrer Erinnerung an Erfahrungen in Wien, dem symbolischen Zentrum europäischer Wissens- und Machtformen.

Die eindringlichsten Einblicke in fremde Kulturen aber hat Hubert Fichte in seinen ethnopoetischen Schriften ›Xango‹ (1976) und ›Petersilie‹ (1980) erarbeitet, deren Verfahren aus einer Kritik an herkömmlicher Ethnologie entstanden ist. Thema sind die afroamerikanischen Religionen Lateinamerikas und der Karibik. Der Montagetechnik der Texte entspricht eine Vielfalt von Beobachtungs- und Erfahrungsmodi zwischen Dokumentation und Interview einerseits und der Teilnahme an rituellen religiösen Praktiken und magischen Zeremonien andererseits, so daß es Fichte gelingt, die Oberfläche der Ansichten zu durchbrechen und sowohl die soziale und politische Realität zu erfassen als auch eine Ahnung von anderen Vorstellungs- und Lebensformen zu vermitteln. Dies wird dadurch erreicht, daß sich das Subjekt dem Unbekannten radikal *aussetzt* und den eigenen Körper in die Erforschung der fremden Kultur miteinbezieht.

III. Migrantenliteratur

Daß die Deutschen so begeisterte Reisende sind, sich die Fremden in der Nähe aber lieber vom Leibe halten, ist eines der Kritikmotive der Migrantenliteratur. Wenn man dieses Mißverhältnis hinsichtlich der betroffenen Kulturkreise differenziert, dann trifft es für die touristische Reisetätigkeit der Deutschen und die konkreten Ausländergruppen in der BRD tatsächlich zu, zählen doch die Herkunftsländer der größten Migrantengruppen Türkei, Jugoslawien, Italien, Griechenland, Spanien, Portugal[23] auch zu den beliebtesten Zielen des bundesrepublikanischen Tourismus. Für die *Literatur* aber zeigt sich, mit Ausnahme von Italien, eine Ungleichzeitigkeit. Während *einheimische* Autoren vor allem über

Italien und Frankreich, die USA und Länder Asiens und Lateinamerikas schreiben, stammt die Literatur von *ausländischen*
Autoren in der BRD überwiegend von Türken und Italienern.
Andere Herkunftsländer sind zwar in etlichen Anthologien zahl-
reich vertreten, nicht aber mit einer größeren Zahl von Autoren
eigener Publikationen.

1. Zur Entstehung der ›Migrantenliteratur‹

Daß es eine eigenständige Literatur von Ausländern gibt, die in
der Bundesrepublik – und auch in der Schweiz, wo der Anteil
von Ausländern übrigens doppelt so hoch ist – leben und schreiben, wurde dem Literaturbetrieb erst Ende der siebziger Jahre
bewußt, als eine größere Zahl deutschsprachiger Publikationen
von Ausländern erschien. Zwar gab es auch schon in den sechziger und siebziger Jahren einzelne Titel, mit einiger Kontinuität
vor allem die mit ›Disteln für Blumen‹ (1970) beginnenden
Gedichtbände des Berliners Aras Ören. Doch im Jahr 1978 kam
gleich eine ganze Reihe von Titeln heraus, und zwar von Autoren
unterschiedlichster Herkunftsländer.[24] Seither aber sind diese –
zunächst unter dem Namen Gastarbeiterliteratur bekannt gewordenen – Publikationen von Jahr zu Jahr zahlreicher geworden
und zugleich einem größeren Leserkreis zugänglich. Etliche weitere Autoren und auch andere Nationalitäten sind hinzugekommen, z. B. Autoren aus dem Libanon, dem Iran, aus Griechenland
und Spanien sowie Exilschriftsteller aus osteuropäischen Ländern. Und seit Anfang der achtziger Jahre haben sich auch große
Taschenbuchverlage für diese Literatur interessiert. Die These von
Yüksel Pazarkaya, einem ihrer rührigsten Organisatoren, daß
Künstler und Autoren mit ausländischen Namen benachteiligt
werden, 1984 formuliert,[25] trifft im Hinblick auf die Veröffentlichungsmöglichkeiten und die Beachtung, die ihre Texte erfahren,
heute wohl nicht mehr zu. Statt dessen ist eine krasse Diskrepanz
entstanden zwischen dem Interesse an der Migranten*literatur*
einerseits und der Kontinuität von Abwehr- und Diskriminie-
rungsäußerungen gegenüber Angehörigen und Lebensweisen kultureller und ethnischer Minderheiten andererseits. Zudem schützt

der relative Erfolg einer als Sondersparte betrachteten Literatur nicht vor subtileren Formen deutscher Hegemonie, wie sie sich in den Zugriffs- und Behandlungsweisen äußern, die dieser Literatur zuteil werden. Dabei sind deren Produzenten und Promoter am Zustandekommen problematischer Widersprüche nicht unbeteiligt. Wie den Literaturen anderer marginalisierter Gruppen auch, erwachsen der Migrantenliteratur mehr und mehr Belastungen aus der Ambivalenz des Besonderen als *Bonus* bzw. Marktwert und *Stigma* zugleich, trifft sie auf jene strukturellen Probleme, die stets beim Zusammentreffen selbstorganisierter Öffentlichkeiten mit dem ›allgemeinen‹ Literaturbetrieb entstehen.

Die Konstitution der Migrantenliteratur als Bestandteil der ›Gegenwartsliteratur‹ fällt zeitlich damit zusammen, daß ausländische Autoren dazu übergegangen sind, ihre Texte in deutscher Sprache zu veröffentlichen, teilweise auch zu schreiben. Zu Recht weisen sie selbst aber darauf hin, daß die *Anfänge* ihrer Literatur in diesem Lande weiter zurückliegen. Für die *Italiener* wurde diese, von der deutschen Öffentlichkeit nicht bemerkte, Vorgeschichte von Franco Biondi und Gino Chiellino beschrieben:[26] Nach einer längeren Phase, während der einzelne Texte in italienische Migrantenzeitungen (z. B. ›Il Corriere d'Italia‹, Frankfurt; ›Incontri‹, Berlin) aufgenommen wurden, gewann ihre Schreibbewegung mit der Herausgabe einer eigenproduzierten Literaturzeitschrift, ›Il Mulino‹, sowie hektographierter Gedichthefte durch den Elektriker A. Pesciaioli eine profiliertere Gestalt. Gedicht- und Prosawettbewerbe verschiedener Organisationen gaben einen zusätzlichen Anreiz. Mitte der siebziger Jahre dann begann ›Il Dibattito‹ über Perspektiven und die Stellung dieser Bewegung im Verhältnis zur Literatur Italiens und Deutschlands (im ›Corriere d'Italia‹), in der sowohl die Gewichtung von literarischen und politischen Akzenten, eine mögliche Bezugnahme auf das italienische Literaturerbe als auch die Kooperationsmöglichkeiten mit anderen Nationalitäten kontrovers diskutiert wurden. Biondi und Chiellino, die hier für eine Zusammenarbeit mit Migranten anderer Herkunftsländer in der BRD plädierten, gehörten dann zu den Gründungsmitgliedern des ›Polynationalen

Literatur- und Kunstvereins‹, kurz PoLiKunst, im Herbst 1980. Beim Gründungstreffen waren zwölf verschiedene Herkunftsländer vertreten; man beschloß ein internes Info, regional wechselnde Veranstaltungen und die Herausgabe eines Jahrbuches. Die Schwerpunktthemen der Jahrbücher – ›Ein Gastarbeiter ist ein Türke‹ (1983), ›Der Tanz der Fremden‹ (1984) und ›Lachen aus dem Ghetto‹ (1985) – dokumentieren die Reflexion verschiedener kultureller Ausdrucksformen in der Migration, die in einem Rezensionsteil durch Ansätze zu einer autonomen Literaturkritik konkretisiert werden konnten.

Gleichzeitig wurde mit der Reihe ›Südwind gastarbeiterdeutsch‹ im Bremer CON-Verlag ein *Publikationsforum* geschaffen, das Kontinuität ermöglichte. Die Zusammensetzung der Herausgebergruppe – neben dem Italiener Biondi waren es Yusuf Naoum aus dem Libanon und die beiden Syrer Rafik Schami und Suleman Taufiq – und der Reihentitel sind Programm: die Schaffung eines polynationalen Literaturforums, das die Erfahrungen der Arbeitsemigranten zum Ausdruck bringt und ihre Interessen organisiert. Erschienen sind in dieser Reihe mehrere deutschsprachige Anthologien.[27] In einem programmatischen, folgenreichen Artikel von Biondi/Schami[28] wurde der Begriff der ›Gastarbeiterliteratur‹, der die Mißtöne in der Bezeichnung als *Gast*arbeiter ironisch zitieren soll, mit dem Konzept der ›Betroffenheitsliteratur‹ verbunden. [→ 168 ff.] Priorität haben dabei politische Ziele, insbesondere der Zusammenschluß von Migranten unterschiedlicher Herkunft sowie ihre Gemeinsamkeit mit deutschen Arbeitern. In kritischer Abgrenzung gegenüber einer Reduzierung der kulturellen Identität von ›Gastarbeitern‹ auf folkloristische Momente und mit der Zuordnung ihrer Texte zur ›oppositionellen Literatur‹ profiliert sich dieses Programm als Entwurf einer *Gegen*öffentlichkeit.

Von der Gemeinsamkeit mit deutschen Arbeitern ist in der Folge dann nicht mehr so häufig die Rede, wohl nicht nur deshalb, weil die erwünschte Solidarität zwischen in- und ausländischen Arbeitern vielfältig enttäuscht wurde, sondern auch weil unter den schreibenden Migranten selbst die Arbeiter keine dominante Rolle spielen. Wenn auch in den Anthologien, die seit

1980, dann auch in anderen Verlagen, kontinuierlich und immer zahlreicher erschienen sind, Texte von ›Gast*arbeitern*‹ anzutreffen sind, so bilden unter denjenigen Autoren, die sich relativ durchsetzen konnten, Arbeiter wie z. B. der Italiener Giuseppe E. Dill'Elba und die Türken Habib Bektaş und Fethi Savaşçi die Ausnahme. Hierin unterscheidet sich die Migrantenliteratur nicht von der einheimischen; die meisten ihrer Autoren haben eine akademische Ausbildung, auch wenn sie oft vorübergehend, nämlich in der Anfangszeit ihres Aufenthaltes in der BRD, ihr Geld als ›Gastarbeiter‹ verdient haben. Unter ihnen sind Lehrer und Pädagogen (wie die Italiener Carmine Abate, Guiseppe Giambusso, die Türkinnen Saliha Scheinhardt und Hülya S. Özkan), Philologen (wie Pazarkaya, sein Landsmann Güney Dal, wie Salvatore A. Sanna und Chiellino) und Psychologen (wie Biondi, die ebenfalls aus Italien kommende Lisa Mazzi-Spiegelberg und der Iraner Abdolreza Madjderey). Einige sind als Journalisten tätig (wie Ören, Pazarkaya und die Griechin Eleni Torossi) oder leben heute als freie Schriftsteller, so etwa Dal, Naoum, Schami, Taufiq, der Italiener Fruttuoso Piccolo und der Iraner Said.[29] Als eine Konsequenz dieser Entwicklung haben die Herausgeber der Reihe ›Südwind gastarbeiterdeutsch‹ bei ihrem Wechsel zum Neuen Malik Verlag in Kiel 1983 auf den problematisch gewordenen Zusatz verzichtet und nennen sich nun ›Südwind-Literatur‹. Bezugsgruppe sind jetzt, wie im Vorwort der ersten dort veranstalteten Anthologie ›Das Unsichtbare sagen!‹ (1983) zu lesen, *die* Ausländer, ohne daß damit auf den Anspruch verzichtet wurde, daß diese Literatur »Ausdruck des Widerstands« sei.

2. Zwischen Gegenöffentlichkeit und Vereinnahmung

Tatsächlich läßt sich die Geschichte der Migrantenliteratur, seitdem sie sich innerhalb des Literaturbetriebs als eigenständige Literatur profiliert hat, als zunehmende Etablierung ihrer Öffentlichkeit und als *Professionalisierung* einzelner ihrer Autoren beschreiben. Es sind im wesentlichen die im PoLiKunst-Verein organisierten Autoren, die auch in den Projekten anderer Verlage begegnen – so etwa im ›Werkkreis‹-Band ›Sehnsucht im Koffer‹

(1981) und in dem, für ›Atelier im Bauernhaus‹ von Christian Schaffernicht zusammengestellten, Titel ›Zu Hause in der Fremde‹ (1981), an dem auch einheimische Autoren beteiligt sind – oder neue, eigene Reihen begründen.[30]

Am deutlichsten traten die Widersprüche des Vereins PoLiKunst bei der, im Sinne einer Selbstrepräsentation der Migrantenkultur erfolgreichsten, Veranstaltung zutage, und zwar in einer heftigen Kontroverse über eine kulturelle Großveranstaltung, die im Frühjahr 1985 in München anläßlich der Jahrestagung von PoLiKunst mit Hilfe städtischer Gelder organisiert worden war.[31] Die tieferen Gründe dafür, daß es in der Folgezeit so still um den Verein geworden ist, müssen aber wohl nicht in dieser Kontroverse, sondern in strukturellen Unvereinbarkeiten gesucht werden, da sich die Perspektiven einer *Gegen*öffentlichkeit mit den Strukturen einer *repräsentativen* Öffentlichkeit und der Interessenvertretung eines Schriftsteller- und Künstlerverbandes schwerlich in Einklang bringen lassen. Das Konzept der ›Gastarbeiterliteratur‹ hatte die Migrantenliteratur in ein Fahrwasser geführt, in dem der einzelne Autor Gefahr läuft, nurmehr als Sprecher der Migranten oder gar als ›Repräsentant der Ausländerproblematik‹ betrachtet, und seine Produktion lediglich als Beiwerk politischer Manifestationen rezipiert zu werden. In diesem Sinne hat Ören sich gegen das Ansinnen und die an ihn gerichteten Erwartungen »deutscher Kulturmissionare« gewandt, die seine Literatur gerne als ›Kulturprogramm‹ für politische Veranstaltungen verplanen.[32]

Für die Entwicklung der *türkischen* Migrantenliteratur müssen einige besondere Voraussetzungen berücksichtigt werden, die von Pazarkaya ausführlich dargestellt worden sind.[33] In diesem Fall reicht die Vorgeschichte der in der BRD entstandenen Literatur mehrfach in das Heimatland ihrer Autoren zurück. Dazu gehört einerseits die ›Deutschland-Literatur‹, in der die türkische Gegenwartsliteratur sich der Situation ihrer Auswanderer widmet, aufgrund von Erzählungen und Erfahrungen Zurückgekehrter oder aber eigener Kurzbesuche. Zum anderen ist der Anteil exilierter *Schriftsteller* unter den Türken besonders groß; nach dem Militärputsch 1980 siedelten u. a. Fakir Baykurt, Dursun Akçam,

Gültekin Emre und Aysel Özakin in die Bundesrepublik über. Bei ihnen, aber auch bei schreibenden Migranten hat das Türkische als *Literatursprache,* auch für die in diesem Land entstandenen Texte, eine größere Bedeutung beibehalten. ›Anadil‹, d. h. Muttersprache, ist der Titel ihrer zeitweilig von Pazarkaya herausgegebenen Zeitschrift. Ören, der 1969 nach Berlin kam, schreibt stets auf Türkisch, und der bereits seit 1958 in der Bundesrepublik lebende Pazarkaya bestätigt diese Praxis für seine *literarischen* Texte.

Die stärkere Bindung an die ›Muttersprache‹ – deren Bewahrung Ören übrigens auch als kulturpolitische Aufgabe gegenüber der ›zweiten Generation‹ begreift – erklärt sich auch durch die Sonderstellung der türkischen Migranten, die mit eineinhalb Millionen die größte Minorität darstellen, wodurch ihnen in gewissen Grenzen ein Leben in eigenen kulturellen Zusammenhängen möglich ist.[34] Diese stehen für die Literatur in Form der Verlage ›Ararat‹ und ›Express-Edition‹ in Berlin und ›Dağyeli‹ in Frankfurt zur Verfügung. Besonders der Ararat-Verlag, der viele zweisprachige Ausgaben herausbringt, bindet die Literatur der Migranten in ein Programm ein, das die türkische Literaturtradition hierzulande bekannt machen möchte. Und türkische Theatergruppen spielen neben Stücken, die die Situation der Migranten in Szene setzen, gern auch Texte türkischer Autoren, oder sie knüpfen an volkstümliche Theatertraditionen ihres Landes an.[35] Das heißt aber nicht, daß es nicht auch unter den aus der Türkei stammenden Autoren solche gäbe, die auf Deutsch schreiben; zu ihnen zählen beispielsweise Scheinhardt, der Satiriker Sinasi Dikmen und die Angehörigen der ›zweiten Generation‹ wie Levent Aktoprak und Akif Pirinçci.[36]

Auch andere Minoritäten haben ihre eigenen kleinen Verlage, die Griechen z. B. den ›Romiosini‹-Verlag in Köln und die Iraner den ›perspol‹-Verlag in Hamburg, Institutionen, die deutlich machen, daß sich die Zielsetzungen polynationaler Kulturarbeit mit dem Ringen um die eigene kulturelle Identität verschiedener Minoritäten nicht in jedem Punkt zur Deckung bringen lassen. In einer multikulturellen Gesellschaft muß es neben den Orten des Austausches verschiedener Kulturen auch solche für spezifische

Minoritäten geben, in denen diese Gelegenheit zur Reflexion ihrer Vergangenheit und ihres Eintritts in eine anderskulturelle Gegenwart haben. Welche Aspekte stärker gewichtet werden, ist dann Ausdruck verschiedener Strategien im Konflikt zwischen ›Integration‹ und ›eigener Kultur‹. Der reine Wunsch nach Bewahrung kultureller Identität, der nicht selten zum konservierenden Traditionalismus führt, da er sich am Bild einer bereits vergangenen Kultur orientiert, von derer Gegenwart die Migranten ja gerade abgeschnitten sind, verkennt dabei die Konstellation der Migration ebenso, wie es das Konzept vollständiger Integration tut.

Der Austausch zwischen verschiedenen Minoritäten kann für diesen Konflikt ein wichtiges Korrektiv gegenüber der Hegemonie deutscher Kultur sein. Er kann aber auch, wie in der ›Südwind‹-Reihe, zu einer Vernachlässigung der *Differenzen* zwischen den jeweiligen Herkunftskulturen führen, wenn der Blick auf die deutsche Literatur dominierend wird.[37] So heißt es im Vorwort zu ›Zwischen Fabrik und Bahnhof‹ etwa, daß die »Gastarbeiterliteratur ⟨. . .⟩ faktisch ein Teil der deutschen Literatur geworden« sei. Noch stärker ist diese Orientierung an der *deutschen* Literatur in den Projekten, die vom Münchner Institut für ›Deutsch als Fremdsprache‹ veranstaltet werden: Literatur-Wettbewerbe für diejenigen Autoren, die in ihrer Zweitsprache Deutsch schreiben. In Zusammenarbeit mit dem Deutschen Taschenbuchverlag sind daraus eine Reihe von Anthologien hervorgegangen.[38] Mit Hilfe dieser Bände, durch die Organisierung von Kolloquien wie z. B. 1985 in Bad Homburg[39] und durch die Anregung eines Literaturpreises für »Beiträge zur deutschen Literatur von Autoren mit nichtdeutscher Muttersprache«,[40] der nach Adelbert von Chamisso benannt ist, hat das Münchner Institut faktisch eine zentrale Funktion für die Migrantenliteratur erhalten, die insofern nicht unproblematisch ist, da nun deutsche Akademiker als Förderer deutscher Literatur von Ausländern an die Stelle einer selbstorganisierten Öffentlichkeit treten. Und mögen die betreffenden Wissenschaftler auch noch so sehr im Interesse einer Unterstützung der betroffenen Literaten aktiv werden, so ist doch die Gefahr des Paternalismus nicht von der Hand zu weisen.[41]

Die Veranstaltung von Wettbewerben deutschsprachiger Texte für Schreibende nichtdeutscher Muttersprache, unabhängig von Aufenthaltsort und Herkunft, berühren sich mit kulturpolitischen Maßnahmen deutscher Sprachpflege. Sie werden hier aber vor allem dadurch prekär, daß das Münchner Institut für den Literaturbetrieb der Migrantenliteratur eine Schlüsselstellung erhalten hat und die Betonung *nationalliterarischer* Aspekte dabei so dominant ist. Dem Selbstverständnis einiger Migrantenautoren als ›deutscher Autor‹ korrespondieren von dieser Seite deutliche Eingemeindungsgesten, an denen besonders der Begriff der ›deutschen ⟨nicht: deutsch*sprachigen*⟩ Literatur‹ irritiert. War es, aufgrund der politischen Grenzen nach 1945, längst üblich geworden, von vier deutschsprachigen Gegenwartsliteraturen zu reden (der BRD, DDR, der Schweiz und Österreichs), so will Harald Weinrich die ›Gastarbeiterliteratur‹ in der Bundesrepublik der ›deutschen Literatur‹ zuordnen und bemüht sich, dafür den Nachweis zu führen, »Wie sehr die Gastarbeiterliteratur ⟨. . .⟩ deutsch ist«.[42]

Das Münchner Institut, die Exponenten von ›Südwind‹ bzw. PoLiKunst und Pazarkaya erscheinen heute im Literaturbetrieb als die bekanntesten Vertreter der Migrantenliteratur. Dabei ist auffällig, daß bei einigen Autoren in jüngerer Zeit die Betonung künstlerischer bzw. ästhetischer Aspekte an Bedeutung gewinnt, daß die Identifikation als ›Künstler‹ in den Vordergrund tritt und auch dazu dient, sich von der Masse unliterarischer Produktionen abzugrenzen, so z. B. in einigen der Interviews, die Chiellino unter dem Titel ›Die Reise hält an. Ausländische Künstler in der Bundesrepublik‹ (1988) veröffentlicht hat. Drückt sich darin das berechtigte Anliegen aus, sich von einengenden und abwertenden Zuschreibungen zu befreien, so erhalten solche Umorientierungen dort schiefe Nebentöne, wo die ehemaligen Organisatoren und Sprecher einer Schreibbewegung sich von eben dieser abgrenzen, um sich selbst als ›Künstler‹ zu konstituieren. Die literaturtheoretische Diskussion von Perspektiven der Migrantenliteratur wird auch dort problematisch, wo sie in der Form von »Entscheidungen« verkündet wird, wie Chiellino das tut, wenn er von dem genannten Kolloquium des Münchner Instituts berich-

tet und als »Ergebnis« des Treffens von 20 Autoren festhalten
möchte, daß die Phase der ›Gastarbeiterliteratur‹ bzw. der
›Betroffenheit‹ historisch überholt sei.[43] Es macht den deutlichen
Eindruck, daß einige der Exponenten der Migrantenliteratur
Mehrfachrollen übernommen haben, wodurch ihr Status als
Stellvertreter sich noch verstärkt. Neben der Herausgebertätig-
keit, dem Übersetzen, der Kritik und der eigenen literarischen
Produktion versuchen einige Autoren gleichzeitig auch noch, die
Geschichte der Migrantenliteratur zu schreiben, wobei sie sich in
die Positionen eines Literaturhistorikers und eines jener Autoren
aufspalten, über die in dieser Geschichte zu berichten ist, ohne
daß diese bemühte Rollenrede immer glücken will.[44]

Bald nachdem die Migrantenliteratur als solche sichtbar
geworden war, setzte nämlich auch eine rege Sekundärbeschrei-
bung dieses ›neuen Phänomens‹ ein, sowohl auf seiten der
Betroffenen selbst als auch in der Wissenschaft, besonders der
Germanistik, der dadurch ja auch ein neues Aufgabenfeld zuge-
wachsen ist – in Zeiten einer Legitimationskrise der Geisteswissenschaften. Insofern wurde die ›Gastarbeiterliteratur‹ zu Recht
als »umstrittenes Territorium« bezeichnet.[45] Über die »spärliche
Reaktion auf die Literatur der Ausländer« (Chiellino)[46] auf *dieser*
Ebene kann sie sich eigentlich nicht beklagen. Die Frage ist wohl
eher, ob mit dieser und der von den Sprechern der Migrantenliteratur entfalteten Geschäftigkeit ihrer Entwicklung nicht ein
Bärendienst erwiesen wird, da die Literatur selbst unter dem Berg
der »über«-Texte zu verschwinden droht.

3. Metaphorik der Migration

Die Situation der Migration wird in sehr vielen Texten in *topo-
logischen* Vorstellungen gefaßt und mit Raum-Metaphern in
Verbindung gebracht: als eine Existenz im ›Dazwischen‹, der
Migrant als »Pendler zwischen zwei Ländern, zwei Kulturen«.[47]
›Zwischen zwei Giganten‹, ›zwischen Maschine und Kantine‹,
›zwischen zwei Stühlen‹ ist der Ort des Migranten, ein ›Seiltanz
zwischen zwei Welten‹. Dabei erhält diese Situierung verschiedene
Schattierungen, die zwischen einem positiv formulierten *sowohl-*

als-auch und einem *weder-noch* schwanken – wobei beides durchaus auch nebeneinander stehen kann: »Ich bin weder noch, ich bin beides.«[48] Wenn auch der Titel der Anthologie ›In zwei Sprachen leben‹ rhetorisch eher eine positive Konnotierung nahelegen möchte, so tendieren die darin versammelten Texte doch eher zur anderen Seite. »Zweisprachig leben. Das ist ein Gefühl, als ob man an unsichtbare Fäden gebunden in der Luft schwebt. Der eine zieht dahin, der andere dorthin, und dazwischen hänge ich« (19). Als Wunschbild erscheint die Vorstellung, wie ein Kind, »zwei ganz unterschiedliche, aber gleich vollendete Bilder zu malen« (227), die aber überwiegend enttäuscht wird: »anstelle der so gepriesenen Zweisprachigkeit hätte ich mir also nur eine doppelte Halbsprachigkeit eingehandelt« (195).

Im Hinblick auf die Identität wird dieses *Dazwischen* mit dem Gefühl von Zerrissenheit in Verbindung gebracht: »Kann es sein, daß DER AUSLÄNDER zwei Persönlichkeiten hat. ⟨...⟩ Immerwiederkehrende ZWEIDEUTIGKEIT des Verhaltens« (241). Ähnlich auch der aus Spanien kommende Antonio Hernando, »zwei Menschen sind der Emigrant«,[49] oder Chiellino, »vom rechten Auge / über den Mund / geht ein Riß / messerscharf / durch meine Gedanken«, und Giambusso, »Zwischen mir / und mir / ist eine unfühlbare / Leere«.[50] Diese Erfahrungen von Zerrissenheit oder Spaltung – als Bild für die Unmöglichkeit einer einheitlichen kulturellen ›Identität‹ – werden oft auch als absoluter Mangel beschrieben. Weder Italiener noch Deutscher zu sein, wird dann zum Ausdruck von Leere oder Nicht-Existenz bzw. Existenz als ›Nichts‹ oder ›Keiner‹. »Ich bin / also was / und bin auch wieder nichts«, so Ören in ›Deutschland, ein türkisches Märchen‹.[51] Autoren der *zweiten* Generation formulieren das besonders oft: »Ich schwanke nicht einmal so in der Mitte. Eigentlich bin ich gar nichts«, so der Erzähler in Pirinçcis Roman ›Tränen sind immer das Ende‹ (1980). Dabei ist zwar noch sagbar, daß ›Etwas‹ abhanden gekommen ist, nicht mehr aber, *was* dieses sei. »Auch in der Türkei könne er jetzt das ›Etwas‹ nicht mehr finden«, schreibt Bektas in seiner Erzählung ›Etwas‹.[52]

Sehr häufig erscheint das Dazwischen auch als ständiges ›Unterwegs-sein‹, als wechselnder – konkreter und imaginärer –

Aufenthalt in zwei Kulturen, als ›tägliche *Reise*‹ zwischen hier und dort; so in dem Gedicht ›Dazwischen‹ von Alev Tekinay: »Und jeden Tag fahre ich / zweitausend Kilometer in einem imaginären Zug / hin und her, / unentschlossen zwischen / dem Kleiderschrank / und dem Koffer, / und dazwischen ist meine Welt«.[53] In seiner Erzählung ›Passavantis Rückkehr‹ hat Biondi eine solche Hin-und-her-Bewegung als mehrfachen Orts-Wechsel zwischen Italien und der Bundesrepublik für seinen Helden inszeniert, um dessen zunehmende Entfremdung von beiden Kontexten darzustellen. Mit den Motiven der Reise, des zerstückelten Spiegelbildes, des Koffers und der aneinander vorbeifahrenden Züge verwendet der Autor dabei beliebte Symbole der Migrantenliteratur.

Eine andere Bildkette, die an diese anschließt, arbeitet mit dem Begriff der *Heimat*. Das Gefühl der Heimatlosigkeit, in beiden Ländern nur Gast, aber nicht zu Hause zu sein, bezeichnet wiederum einen Ort im ›Dazwischen‹, hier aber als Verlust gekennzeichnet auf der Folie eines positiv besetzten Begriffs. In der Wortkombination mit fremd oder *Fremde* geht es dann wieder um Fragen der ›Identität‹, um den Ausdruck von Fremdheits- und Entfremdungsgefühlen, für die der Begriff der *Entwurzelung* und daraus abgeleitete Wurzel- und Baum-Metaphern gebräuchlich sind. Wenn in anderen Texten auf den Heimatbegriff verzichtet wird, dann tritt die ›Fremde‹ oft in Verbindung mit ›zu Hause‹ auf: ›Zu Hause in der Fremde‹ oder ›Die Fremde ist auch ein Haus‹, wobei dieses Haus sich nicht selten in einen »Käfig« oder eine »Falle« verwandelt.

Sehr üblich ist auch eine *Gegenüberstellung* von Herkunftsland und Bundesrepublik, in der das Heimatland – gern als ›Mutterland‹ imaginiert – Geborgenheit verspricht, während die BRD als »Kaltland« oder »Bitterland« erscheint, in dem Wärme im konkreten und übertragenen Sinne vermißt wird. Dabei bedeutet diese Entgegensetzung eine exakte Umkehr der Idealisierung Deutschlands als ›gelobtes Land‹ der Emigration, an der die Rückkehrer und vor allem die ›Migranten auf Heimaturlaub‹ nicht unwesentlich beteiligt sind, da negative Erfahrungen, als ehrverletzend betrachtet, weitgehend tabuisiert werden. Auf diese illusionären Bildproduktionen beziehen sich Titel von Ören wie ›Paradies kaputt‹ und ›Deutschland, ein türkisches Märchen‹.

Ein großer Teil der Gedichte, Berichte und Erzählungen geht über solche Darstellung und *Verbildlichung* der Migranten*situation* und eine abstrakte »symbolisierende Wahrnehmung der deutschen Welt«[54] nicht hinaus. Die Erfahrungstexte schreibender Migranten sind mit den programmatischen Ansprüchen an die Migrantenliteratur, einen Beitrag zur Veränderung der deutschen Kultur zu leisten – sei es im Konzept der ›Multikultur‹ oder der ›Synthese‹ –, wohl auch überfordert. Neuerdings hat Pazarkaya seine Zielsetzung der ›Synthese‹ dahingehend konkretisiert, daß von einigen wenigen Autoren der »großen literarischen Szene«, die sich eingehend mit der deutschen Literatur beschäftigt haben, beide Traditionen zusammengebracht werden sollen.[55] Die so formulierte Aufgabe ist aber implizit wiederum an die Vorstellung gebunden, in beiden Kulturen zu Hause zu sein bzw. über beide Traditionen zu *verfügen*. Zudem ist mit dem Konzept einer ›Synthese‹ eine voreilige Versöhnung und Harmonisierung der Kontraste und Differenzen derjenigen Kulturen nahegelegt, die es zunächst einmal wahrzunehmen und zu ›verstehen‹ gälte.

4. Schreibweisen einzelner Autoren zwischen Kulturen

Indem er sich in der Schreibweise seiner Erzählungen auf die Gestaltung verschiedener Perspektivwechsel konzentriert, versucht Biondi je unterschiedliche *Konstellationen* darzustellen, in denen die Differenzen, die aus dem Kontrast von Kulturen erwachsen, mit anderen, z. B. sozialen, politischen oder auch geschlechtsspezifischen Differenzen einen jeweils eigenen Konfliktzusammenhang ergeben. In der Erzählung über die Konflikte eines italienischen Migrantenpaares ›Die Trennung‹ (1981) geschieht das durch den Wechsel zweier Stimmen, einer männlichen und einer weiblichen. In der Erzählung ›Die Tarantel‹ (1980),[56] die durch einen realen Vorfall, bei dem ein ausländischer Jugendlicher von deutschen Jugendlichen erschlagen wurde, motiviert ist, baut Biondi ein komplexes Beziehungsfeld auf, in dem er die Denk- und Sprechweise der beiden Gruppen, die am Ende des Geschehens aufeinandertreffen, vergegenwärtigt, aber auch innere Spannungen, Unterschiede und Mißverständnisse im gemeinsamen Agieren der jeweiligen Gruppe herausstellt. Leitmotivische Funktion hat dabei die Musik und ihre verschiedene historische und soziale Bedeutung, die sie für die einzelnen Individuen hat. In der ersten längeren Arbeit Biondis, dem als ›Novelle‹ bezeichneten Buch ›Abschied der zerschellten Jahre‹ (1984) erzählt der Autor dann die Geschichte eines Angehörigen der ›zweiten Generation‹, dem, obwohl er hier geboren ist, das Aufenthaltsrecht verweigert wird. Zuschreibungen als Ausländer bzw. Fremder und das Selbstbild des Helden, der sich mit den inländischen Jugendlichen identifiziert, strukturieren die Konfliktlage. Wenn Biondi über diesen Text sagt, daß für seine Figur »die Nationalität unerheblich geworden ist. Entscheidend für ihn sind seine Erfahrungen, und die sind unabhängig von seiner Herkunft. In diesem Sinne ist die Erzählung polynational«,[57] dann muß allerdings gefragt werden, ob nicht die so präsentierte ›Erfahrung‹ sehr stark durch das *Konzept* polynationaler Migrantenliteratur geprägt ist.

Um der Reproduktion des Opferstatus von Migranten in der realistischen Beschreibung ihrer Situation zu entgehen, bedienen sich einige Autoren *satirischer* Formen. Der bekannteste unter ihnen ist Sinasi Dikmen mit dem Buch ›Wir werden das Knoblauchkind schon schaukeln‹ (1983) und seiner Ulmer Theatergruppe, die als Kabarett einige Beachtung erlangt hat. Dabei hält Dikmen den Deutschen gerne einen Spiegel vor und spart auch nicht mit Kritik an seinen Landsleuten, besonders dort, wo sich bemühtes Anpassungsverhalten zur satirischen Darstellung geradezu anbietet. Auch wenn die satirische Form dazu geeignet scheint, sich im Entlarvungswitz aus der Zwangsjacke bestehender Hierarchien zu befreien und lamentierende Töne zu vermeiden, so bleibt sie doch inhaltlich auf dieselben Themen und Topoi wie die übrige Migrantenliteratur fixiert. Einen selbstkritischen Blick auf seine Landsleute und eine teils ironische Kritik an den Verkehrsformen und Überlebensstrategien, die in der heutigen Migrantenkultur ausgebildet worden sind, hat auch Dal, besonders in seinem zweiten Roman ›Europastraße 5‹ (1981), entwikkelt. Die Verbindungsstraße zwischen der Türkei und ›Almanya‹ greift das beliebte Reisemotiv auf und zeichnet den realen Verbindungsweg hier als *symbolischen Ort,* an dem sich interne Machtverhältnisse und die Händel von Migranten zwischen zwei Kulturen offenbaren.

In den Arbeiten von Ören hat Berlin eine ebensolche symbolische Bedeutung, allerdings nicht als Zwischenraum, sondern als Stadt, in der multikulturelle Lebensformen vielleicht die längste Geschichte haben. In seiner bekannten Berlin-Trilogie[58] hat Ören das Panorama eines deutsch-türkischen Ortes entworfen, verdichtet in den Geschichten der Naunynstraße und ihrer Bewohner. Wird dabei der Biographie und den je unterschiedlichen Erlebnissen der Individuen Raum gelassen, so ist ihre Gegenwart doch an Erinnerungsbilder und Träume gebunden, die historisch strukturiert sind: und zwar durch Einblicke sowohl in die deutsche Vorgeschichte dieses Arbeiterquartiers, an dessen Genretradition des Arbeiterstraßen-Romans[59] er u. a. anknüpft – als auch in die türkische Vergangenheit ihrer heutigen Bewohner. Eine eindrucksvolle Präsentierung des Zusammentreffens verschiedener Geschichten und Kulturen in Berlin-Kreuzberg gelingt Ören vor allem durch seine Spracharbeit, die die Sprach- und Wahrnehmungsweisen und die Träume der Naunynstraßen-Bewohner poetisch verdichtet, ohne eine Romantisierung ihres Alltags vorzunehmen. Der besonderen Phantasiearbeit von Migranten, die sich neben ihrem meist grauen Alltag oft gleichzeitig in einer ganz anderen, imaginären Welt aufhalten, hat Ören sich dagegen in seinen Prosatexten gewidmet, z. B. in den Erzählungsbänden ›Manege‹ (1983) und ›Paradies kaputt‹ (1986), aber auch in seinem ersten Roman ›Eine verspätete Abrechnung‹ (1988). Ören ist wohl derjenige Autor unter den Migranten, bei dem die Erfahrungen mit zwei Kulturen am deutlichsten in seine *literarischen* Ausdrucksweisen Eingang gefunden haben – ähnlich wie in die Bilder des türkisch-Berliner Malers Akbar Behkalam.

Mit Hilfe der Gattung *Märchen,* der eine spezifisch *orientalische* Erzähltradition nachgesagt wird, versucht dagegen der Syrer Schami, seine eigene kulturelle Tradition in die Literatur der Migranten einzubringen. Dabei erinnert er besonders an die Praxis des *mündlichen* Erzählens, wie er sie in seiner syrischen Kindheit noch erlebt hat. Als Sprecher für eine Wahrung ›kultureller Identität‹ und für eine polykulturelle Gesellschaft, mit der er »das Recht auf das Anderssein«[60] verbindet, dient ihm die Märchenform dazu, seine deutschen Zuhörer oder Leser mit der Vorstellungswelt und mit dem Alltag seines Herkunftslandes bekannt zu machen. Gleichzeitig verfolgt er aber auch gesellschaftskritische Absichten. Dabei geraten ihm viele Texte im aufklärerischen Gestus, besonders in ›Das Schaf im Wolfspelz‹ (1982) und ›Das letzte Wort der Wanderratte‹ (1984), zur politischen Parabel mit allzu durchsichtiger Botschaft, womit die dem Märchen eigenen mythischen Darstellungsmodi zugunsten pädagogisierender Züge in den Hintergrund treten, so daß seine Texte reibungslos an jüngere deutsche Märchentraditionen anschließen. Dies könnte eine Begründung für die große Verbreitung seiner Publikationen sein, in der das ›Andere‹ dann Gefahr läuft, bloß noch mit den orientalischen bzw. exotischen Bestandteilen der Erzählungen gleichgesetzt zu werden.

Daß die mündliche Form der Überlieferung gerade in der Migration eine ganz eigene, aktuelle Bedeutung erhält, ist eine Erfahrung der zweiten Generation, deren Angehörige oft nur über die Erinnerung ihrer Eltern oder Großeltern Zugang zu einer Kultur erhalten, die ihre familiäre Umgebung in der von den Eltern als ›fremd‹ definierten Umgebung wesentlich prägt. Den notwendig fragmentarischen Charakter derartiger Erinnerungsbilder reflektiert der in Zürich geborene Dante Andrea Franzetti in seiner Erzählung ›Der Großvater‹ (1985).

5. Eine andere Migrantenliteratur
oder eine andere Frauenliteratur

Eine besondere Popularität hat die Migrantenliteratur *weiblicher* Autoren erlangt, in der sich die Widersprüche in der Position zwischen verschiedenen Kulturen durch die thematisierten Geschlechterverhältnisse wesentlich verschärfen.[61] Nachdem diese besondere Perspektive bereits durch Publikationen von Özakin und Scheinhardt Gestalt angenommen hatte, erschienen in den Jahren

1984/85 gleich mehrere »Frauen-Anthologien«.[62] Hier überschneiden sich Schreibweisen der frühen ›Frauenliteratur‹ mit denen der beginnenden Migrantenliteratur.

Der erste Titel von Scheinhardt, ›Frauen, die sterben, ohne daß sie gelebt hätten‹ (1983) stellt einen Übergang zwischen Reportage und fiktionaler Autobiographie dar. Der authentische Fall einer wegen Mordes an ihrem Mann inhaftierten Türkin, auf dem die Darstellung basiert, ist im Buch mitdokumentiert. Analytisches Vorwort und Auszüge aus der Urteilsbegründung umrahmen die Geschichte der Suna S., die in Form von fiktiven Gefängnisaufzeichnungen präsentiert wird. Die hier erprobte Schreibweise der Übersetzung recherchierter weiblicher Lebensläufe in fiktive autobiographische Berichte[63] hat die diplomierte Pädagogin Scheinhardt auch in ihren beiden folgenden Titeln, ›Drei Zypressen‹ (1984) und ›Und die Frauen weinten Blut‹ (1985), praktiziert, wobei Aufklärungsgestus und Anthentizitätsanspruch notwendigerweise in Konflikt miteinander geraten. Bei ihrer Darstellung eines türkischen Frauenalltags zwischen Diskriminierung, Isolation und der Fesselung durch tradierte Rollenbilder und Moralvorstellungen erscheinen die Ich-Erzählerinnen sämtlich als gedemütigte Opfer und ihre Lebensgeschichten als Fallbeispiele sozialer und sexueller Unterdrückung. Lichtblicke aus dieser Düsternis existieren nur im idyllisierenden Rückblick in die anatolische Heimat und im Ausblick auf eine, an westlichen Mustern orientierte ›Emanzipation‹.

Es ist zu vermuten, daß das leicht eingängige Opfer-Täter-Schema, das diesen Lebensläufen zugrunde liegt, zu einer popularisierenden Verbreitung eingeladen hat – wie in der Verfilmung von Scheinhardts erstem Buch als ›Abschied vom falschen Paradies‹ durch Tevfik Basar geschehen, dessen erster Film ›40 Quadratmeter Deutschland‹ schon einem ähnlichen Schema gefolgt war. Basars Filme und Scheinhardts Texte zielen auf eine komplexe und komplizierte Problematik, da in ihnen die notwendige Kritik am Frauenbild der türkischen Kultur, das in der Fremde oftmals besonders restriktiv konserviert wird und sich in Formen offener Gewalt gegen die Betroffenen wendet, sich mit verfestigten anti-islamischen Vorurteilsstrukturen in der westlichen

Öffentlichkeit berührt. Die filmische Rezeption in einer von Deutschen dominierten Öffentlichkeit macht hier einen grundsätzlichen Unterschied gegenüber Rezeptions-Zusammenhängen, an die die Autorin, wie das Vorwort von ›Drei Zypressen‹ belegt, zunächst gedacht hatte. Im Gespräch der Betroffenen über diese literarisierten Erfahrungsberichte mögen die Texte ihren Anregungsgehalt entfalten können, ohne zugleich Überlegenheitsgefühle von vermeintlich nicht betroffenen (deutschen) Rezipienten zu bestärken.

Das jüngste Buch von Scheinhardt wirkt denn auch wie eine Gegenrede oder Wiedergutmachung am ›türkischen Mann‹. In ›Von der Erde bis zum Himmel Liebe‹ (1988) wird das Schicksal eines im türkischen Gefängnis zu Tode gefolterten Mannes, der als Inbegriff von Lebendigkeit und Warmherzigkeit geschildert wird, aus der Perspektive seiner Frau, seines Bruders und anderer Angehöriger erinnert. Auch wenn seine Vorstellungen von der Frauenrolle sich nicht strukturell von denen der männlichen Figuren ihrer vorausgegangenen Texte unterscheiden, erhalten sie doch durch seine sonstige Charakterisierung und dadurch, daß er selbst Opfer ist, eine gänzlich andere Gewichtung.

Eine ähnliche Konstellation hatte schon die aus dem Iran emigrierte Autorin Torkan in ihrem Buch ›Tufan. Brief an einen islamischen Bruder‹ (1983) bearbeitet. In diesem autobiographischen Roman geht es um den inneren Konflikt der Ich-Erzählerin zwischen ihrem Haß auf den Bruder von damals, der in ihrem terroristische Züge tragenden ›Kindheits-Gefängnis‹ in Teheran eine zentrale Rolle gespielt hatte, und der Trauer um denselben, im Gefängnis erschossenen Bruder. Dabei haben die Rück- und Einblicke in die durch wechselnde Gewaltregime beherrschte iranische Heimat auch die Bedeutung eines Abschieds. Insofern kann sich ihre Bezugnahme auf die eigene Kultur in den folgenden Publikationen ›Kaltland. Wah'schate Ssard‹ (1984) und ›Allnacht. Roya und Alp-Traum‹ (1987) auch nur noch auf mythische Überlieferungen stützen.

An der Literatur türkischer und iranischer Autorinnen wird deutlich, daß der Entwurf eines *positiven* Bildes des Heimatlandes, der in der Migrantenliteratur sonst oft als Schutz gegen den hiesigen Alltag aufgeboten wird, für Frauen sehr viel schwieriger ist. Daß der Verlust des Bodens unter den eigenen Füßen damit noch bedrohlicher wird, mag die bemühte Konstruktion eines neuen Ortes von Zugehörigkeit in Özakins Text ›Die Leidenschaft der Anderen‹ (1983) erklären. In dem Bericht einer Lesereise, der dem Anspruch ›authentischer Literatur‹[64] folgt, verschiebt Özakin den Gegensatz von Heimat und Fremde auf den Kontrast zwischen einem abweisenden, ›großen‹ und einem ›anderen Deutschland‹, das sie mit der linken, alternativen Szene gleichsetzt und mit Erwartungen von Freundschaft und Vertrauen besetzt, »ein weiches und vertrauliches Netz von Beziehungen«.[65] Der angestrengte Selbst-Entwurf dieses Textes, dem eine deutliche Legitimationsrhetorik zugrunde liegt, und die Konstruktion dieses nur aus flüchtigen Begegnungen auf einer Lesereise entstandenen Bildes vom ›anderen Deutschland‹[66] stehen in einem auffälligen Kontrast zur komplexen Komposition ihres noch in der Türkei geschriebenen Frauenromans ›Die Preisvergabe‹ (1982 i. dt. Üb.), der die Emanzipationsgeschichte türkischer Frauen dreier Generationen aus der Perspektive einer Schriftstellerin und ihres Romans im Roman bearbeitet und auf diese Weise eine Fülle von Widersprüchen zur Darstellung zu bringen vermag. Die (In)Stabilität der realen Verankerung der Autorin in der jeweiligen kulturellen Ordnung und die (Un)Möglichkeit einer differenzierten Erzählposition im literarischen Raum scheinen in diesen beiden Titeln Özakins in einem je umgekehrten Abhängigkeitsverhältnis zueinander zu stehen.

Daß diese Relation nicht immer wirksam sein muß, zeigen die Texte der Japanerin Tawada, deren Spracharbeit sich ganz auf die Ebene von Schrift- und Vorstellungsbildern und auf (kulturell) verschiedene Möglichkeiten und Weisen der Bedeutungsproduktion konzentriert. In ›Nur da wo du bist da ist nichts‹ (1987) werden gewohnte europäische Lesepraktiken irritiert und der orientalische Diskurs spielerisch ver-kehrt und auf Europa zurückgespiegelt: »Eigentlich darf man es niemandem sagen / aber Europa / gibt es nicht.«[67] In ihrer Erzählung ›Das Bad‹ (1989), in der verschiedene Ebenen der Wahrnehmung phantastisch übereinander geblendet sind, flüchtet die Ich-Erzählerin aus ihrer Rolle als Dolmetscherin, die ihr körperlich unerträglich geworden ist – »Ich müßte ihn ⟨den Abfall⟩ kauen, schlucken und in anderen Worten wieder ausspeien. ⟨. . .⟩ Alle redeten durch meinen Mund.«[68] – ebenso wie sie sich nicht in die Rollen der ›Typistin‹ und des ›Photomodells‹ fügt: sie wird z. B. ihrer Zunge verlustig und ihr Bild erscheint nicht auf dem Photo. Es handelt sich dabei übrigens sämtlich um weibliche Funktionen, in denen die Frau als *Medium* innerhalb eines ›männlichen‹ Schöpfungsmythos oder Kunstmodells erscheint. Als Frau und Ausländerin ist sie doppelt in der Position der Über-Setzerin situiert, in der ihr Übertragungen und Verkörperungen zugeschrieben werden, aber keine originäre Sprache. Der Text Tawadas stellt in seiner Schreibweise u. a. eine Verwerfung des in solchen Vorstellungen impliziten Bedeutungskonzepts dar.

6. *Fünf deutschsprachige Literaturen*
oder für eine ›kleine Literatur‹

Tawadas Satz, daß es Europa nicht gibt, liest sich wie ein ironischer Kommentar nicht nur auf den seit Mitte der achtziger Jahre wiederbelebten *Europa*-Diskurs,[69] sondern auch darauf, daß selbst einige der Migrantenautoren auf das Konzept ›Europa‹ setzen.

> Wir erleben, glaube ich, eine einmalige Entwicklung in Europa. Die Zeit der Nationalstaaten ist endgültig vorbei, ⟨. . .⟩ Europa wandelt sich in eine multikulturelle Gesellschaft ⟨. . .⟩ Und durch die Vermischung bildet sich meiner Meinung nach in Europa ein riesengroßer babylonischer Turm. (Ören)[70]

Mag das Liebäugeln von Migranten mit einem multikulturellen Europa durch die Hoffnung motiviert sein, daß sich mit einer territorialen Ausweitung die Konfliktlage zwischen Mehrheit und Minderheiten in der Bundesrepublik relativiert, so verbinden sich mit dem Stichwort Europa ansonsten eher andere Perspektiven, denen durchaus nationalstaatliche Züge anhaften. Abgesehen vom Unterschied zur Europa-Rede der Politiker, fällt an der Europa-Debatte der Intellektuellen die Konzentration auf einen

Begriff von ›Mitteleuropa‹ bzw. auf das östliche Mitteleuropa auf, d. h. auf jenes Gebiet, in dem auch in der Vergangenheit die Grenzziehungsarbeiten gegenüber dem ›Orient‹, dem ›osmanischen Reich‹, dem ›Islam‹ oder auch einfach ›dem Osten‹ stattgefunden haben. Insofern verbinden sich in der Neuentdeckung des östlichen Mitteleuropas durch westeuropäische Intellektuelle durchaus Züge der Eingemeindung mit solchen der schärferen Abgrenzung gegenüber dem näheren Orient, während gleichzeitig ›fern‹östliche Philosophen eine große Popularität erhalten, sei es in der ›new age‹-Bewegung, in der Popularphilosophie Peter Sloterdijks (›Kopernikanische Mobilmachung und ptolemäische Abrüstung‹, 1987) oder in Referenzen auf den Taoismus, wie in den jüngeren Texten Peter Handkes zu beobachten.

Diese Blicke in die Ferne stehen jedenfalls in einer deutlichen Beziehung zu einer kulturspezifisch gestuften Abwehr des ›Fremden‹ *im* Lande. So werden Autoren aus osteuropäischen Ländern, die in der BRD leben, selten im Zusammenhang der ›Migrantenliteratur‹ genannt, oft sogar quasi als ›deutsche‹ Autoren gehandelt, so etwa die aus der CSFR emigrierte Autorin Libuše Moníková, und das, obwohl in ihren Texten durchaus eigene kulturelle Traditionen zur Sprache gebracht werden. Ein anderes Beispiel ist die im Vergleich zur ›Migrantenliteratur‹ unterschiedliche Situierung, die etwa die Autoren der ›rumäniendeutschen Literatur‹ in der bundesrepublikanischen Öffentlichkeit erfahren. Mit der Entdeckung einer oppositionellen rumäniendeutschen Literatur von Autoren wie Herta Müller, Richard Wagner und Rolf Bossert ist die deutschsprachige Literatur im Ausland, deren Pflege sich sonst eher konservative Kreise angenommen hatten, auch für die kritische literarische Öffentlichkeit in der Bundesrepublik attraktiv geworden. Ist die Tatsache, daß diese Autoren so leicht der *deutschen* Literatur zugeschlagen werden, allein dem Umstand geschuldet, daß ihre *Literatursprache* Deutsch ist und daß sie, wenn sie in die Bundesrepublik emigrieren, gleichsam in das politisch-kulturelle Territorium dieser Sprache ›heimkehren‹? Während die Migranten, selbst wenn sie zur Literatursprache Deutsch übergehen, zwar ihr Eintrittsbillet in die deutsche Literatur, aber noch keinen Sitzplatz darin erworben haben. Wenn der

Satz Wilhelm von Humboldts, »die wahre Heimat ist eigentlich die Sprache«, der im Zusammenhang der deutschsprachigen Literatur im Ausland so gerne zitiert wird,[71] noch Geltung haben soll, denn dürften die Deutschen mit der deutschsprachigen Migrantenliteratur eigentlich keine Probleme haben. Doch ganz offensichtlich kommen bei dieser Frage noch andere Aspekte ins Spiel. Wenn Weinrich z. B. angesichts des Romans von Pirinçci, der der ›zweiten Generation‹ angehört, fragt, was an diesem Roman (noch) ›türkisch‹ sei,[72] und sich darin mit der Deutung Pazarkayas trifft, der den Helden als einen »nur dem Namen nach türkischen jungen Mann«[73] bezeichnet, dann spielen hier etablierte, aber unausgewiesene *Vorstellungen* davon, was ›türkisch‹ und was ›deutsch‹ sei, eine größere Rolle als die Literatursprache. Und damit wäre die Migrantenliteratur als vorübergehendes historisches Phänomen entschärft, das mit der ›dritten Generation‹ dann gänzlich verschwunden sein wird.

Andererseits bezieht man sich im Interesse einer Aufwertung der Migrantenliteratur gerne auf Literaturtraditionen der Zweisprachigkeit, z. B. mit der Benennung des entsprechenden Literaturpreises nach Adalbert von Chamisso; oder in der Berufung Pazarkayas auf Rilke und Ivan Goll,[74] ohne allerdings die radikalen Konsequenzen einer ›Exterritorialität‹ mitzudenken, wie George Steiner sie etwa am Beispiel des »unbehausten« Schriftstellers Nabokov und der ›Fremdheit‹ und dem ›polysemischen Wesen‹ im Gebrauch seiner Sprache reflektiert hat.[75] Wohl nur dort, wo die *Brüche* und *Widersprüche,* die aus dem Schreiben zwischen verschiedenen Kulturen und Sprachen entstehen, zum Ausdruck gebracht und nicht durch proklamierte Eindeutigkeiten unsichtbar gemacht und geglättet werden, eröffnen sich literarische Perspektiven aus der Position der Minorität oder der Migration – die, so ist zu hoffen, auch in Zukunft als Bedingung der Möglichkeit zu schreiben anerkannt sein wird: Perspektiven einer ›kleinen Literatur‹, die nicht aus der realen Möglichkeit, sondern aus dem Bewußtsein der Unmöglichkeit zu schreiben erwächst; – wie Kafka für die Pragerdeutschen Juden beschrieben hat:

Sie lebten zwischen drei Unmöglichkeiten ⟨. . .⟩: der Unmöglichkeit, nicht zu schreiben, der Unmöglichkeit, deutsch zu schreiben, der

Unmöglichkeit, anders zu schreiben, fast könnte man eine vierte Unmöglichkeit hinzufügen, die Unmöglichkeit zu schreiben, ⟨. . .⟩ also war es eine von allen Seiten unmögliche Literatur, eine Zigeunerliteratur, die das deutsche Kind aus der Wiege gestohlen und in großer Eile irgendwie zugerichtet hatte, weil doch irgendjemand auf dem Seil tanzen muß.[76]

Wäre es da also nicht, anstelle darüber zu streiten, ob die Migrantenliteratur der deutschen Literatur zuzuschlagen sei oder ob sich mit ihrer Entstehung die Zahl der deutschsprachigen Gegenwartsliteraturen von vier auf fünf[77] erhöht habe, produktiver, von ihr als einer ›kleinen Literatur‹ zu sprechen, nicht von der »Literatur einer kleinen Sprache, sondern einer Minderheit, die sich einer großen Sprache bedient«,[78] nicht einer groß-wertigen Sprache, sondern der Sprache einer großen Sprachgruppe bzw. der Mehrheit?

Werner Irro
Hier drüben –
Literatur ehemaliger DDR-Autoren

Postskriptum (nach der Wende)

Es geht in diesem Beitrag nicht um Autoren der »ehemaligen DDR«, sondern tatsächlich um ehemalige DDR-Autoren, d. h. um Schriftsteller, die die DDR verlassen haben, als sie noch existierte.

Mit den tiefgreifenden innen- und außenpolitischen Veränderungen in der DDR nach dem Sturz Erich Honeckers im Oktober 1989 hat sich innerhalb weniger Wochen auch für die Autoren eine vollkommen neue Situation ergeben. Mit diesen Veränderungen sind die genannten Bedingungen und Schreibweisen historisch geworden. Zugleich verändert sich damit sofort auch die Beschreibungsperspektive.

Die Gefahr vor Augen, daß nun das kleine und große Umschreiben des Vergangenen Konjunktur bekommt, betrachte ich es als glücklichen Umstand, diesen Beitrag zu einer Zeit konzipiert und zu Papier gebracht zu haben, als die gegenwärtige Entwicklung noch undenkbar war. Vielleicht sind auf diese Weise in ihm – unwissentlich – einige Voraussetzungen eines literarischen Zwischenraums festgehalten, die schon heute unter einem veränderten Blickwinkel betrachtet werden. Spontane Korrektur- und Ergänzungswünsche, die beim Lesen des Beitrags entstehen, mögen darauf hinweisen. Jede nachträgliche ›Korrektur‹ des Beitrags verbot sich daher.

1. »November 76«

Als Maßnahme gegen künstlerische Ausdrucksfreiheit bildete die Ausbürgerung des Autors und Liedermachers Wolf Biermann im November 1976 die folgenreichste kulturpolitische Handlung in der Geschichte der DDR bis Ende 1989. Was hier zum Ausdruck kam, besaß eine andere Qualität als jene Mechanismen, die schon zuvor die künstlerische Arbeit begleitet, formiert, gefördert oder aber an den Rand gedrängt und totzuschweigen versucht hatten. Mit diesem Akt wurde ein Exempel statuiert gegen Denkvielfalt und künstlerisch freie Produktivität, um öffentlichkeitswirksam die auf dem IX. Parteitag der SED im Mai 1976 geforderte Vertiefung der »sozialistischen Integration« (Kurt Hager) auch im künstlerischen Bereich einzufordern. Der Spielraum für eine literarische Arbeit, die als ihre Voraussetzung begreift, Realität mit ästhetischen Mitteln offen, vielfältig und kontrovers darstellen zu können, war mit einem Mal auf Null reduziert. Die vorsichtige Entwicklung der Öffnung für mehr künstlerische Gestaltungsfreiheit seit dem VIII. Parteitag 1971 war endgültig zu Ende.

Die Autoren, die daraufhin sofort oder später in die Bundesrepublik übersiedelten,[1] wurden, vor allem in den direkt darauffolgenden Jahren, als Überbringer ›authentischer Nachrichten‹ aus dem anderen deutschen Staat empfangen. Gefragt waren die eindeutigen Botschaften, die eine Reihe von Texten ja auch übermittelte. Selten hingegen wurde eine Rezeptionsperspektive eingenommen, die sich mit den Texten als literarischen Werken, in denen eine Auseinandersetzung gestaltet war, hätte befassen wollen. Aufs neue wurde deutlich, daß Literatur aus der DDR immer noch in erster Linie als ›Belegliteratur‹[2] gelesen wurde; nicht ihr selbst galt die Aufmerksamkeit, sondern dem Staat DDR. Der Neuigkeitswert solcher Nachrichten erschöpfte sich freilich bald, das Interesse an den literarischen Arbeiten dieser Autoren normalisierte sich wieder: bekannten Autoren wurde es weiterhin entgegengebracht wie in den Jahren zuvor (etwa Jurek Becker, Sarah Kirsch, Günter Kunert), einige Autoren wurden neu entdeckt (etwa Thomas Brasch oder Hans Joachim Schädlich), und einer ganzen Reihe von Autoren wurde zwar literaturkritische Aufmerksamkeit zuteil, ihre Bücher sind bis heute gleichwohl wenig präsent in der literarischen Diskussion. Der einzigartige Vorgang, daß zur Literatur eines Landes innerhalb kurzer Zeit eine große Zahl von Autoren mit einer bemerkenswerten Vielfalt von Schreibweisen hinzukamen, wurde bislang kaum reflektiert. Eine relativ große Anzahl literarischer Werke von DDR-Autoren wurde allein in westlichen Verlagen veröffentlicht;[3] viele verweigern sich einer selbstverständlichen Zuordnung in Kontexte westdeutschen Schreibens.

Es ist ein Kennzeichen der besonderen *Zwischenstellung* dieser Literatur – die einerseits topographisch ganz auf die Realität in der DDR fixiert ist und bleibt, andererseits in dieser scheinbar begrenzten Auseinandersetzung literarisch avancierte Verfahren erarbeitet hat, die im Kontrast dazu die westdeutsche Gegenwartsliteratur als erstaunlich uninspiriert erscheinen lassen –, daß sie so gut wie keine Resonanz erfährt. In der DDR kann eine Diskussion über diese Texte nicht stattfinden, hierzulande besteht offensichtlich kein Interesse an einer echten Auseinandersetzung. Die Autoren beteiligen sich ihrerseits nur zurückhaltend an aktuellen Diskussionen. Eine Debatte findet allein *in* den Arbeiten der Autoren statt, auf der Ebene vorgelegter Beispiele, nicht aber in einem theoretisierenden Austausch von Argumenten. Das verleiht dem Vorgang einen schützenden Rahmen: das stattfindende Gespräch wird kaum als Diskurs über Fragen des Schreibens unter restriktiven Bedingungen wahrgenommen.

Den November 1976 als Ausgangspunkt in einem engen Sinne für diese Beschreibung zu setzen, erscheint sinnvoll, da seit diesem Zeitpunkt die Schreibsituation für Autoren in der DDR grundsätzlich verändert ist, und zeitgleich damit in der Bundesrepublik ›Literatur aus der DDR, die nur im Westen erscheinen kann‹, zu einer eigenen Rezeptionskategorie geworden ist. Die in der Regel damit verbundene Kennzeichnung der Autoren als ›Dissidenten‹ ist bestimmt von einer ideologischen Interpretation des Sachverhalts, daß ein Manuskript in der DDR nicht veröffentlicht werden konnte bzw. ein Autor die DDR verließ. Auf der Textebene gestalten manche dieser Autoren jedoch eine Auseinandersetzung sowohl mit literarischen als auch mit gesellschaftlichen Mustern, die als genuine Form *literarischer* Dissidenz gelesen werden kann. In diesem Beitrag soll versucht werden, einige Aspekte dieser Schreibweisen nachzuzeichnen.

Das Problem des Transfers von Literatur aus ihrem lebensgeschichtlichen Kontext in ein anderes Gesellschaftssystem besteht freilich bereits, seit es zwei deutsche Staaten gibt. Schon in den fünfziger und sechziger Jahren reagierten DDR-Autoren auf ideologische Ausgrenzungen, deren konkrete Folgen Veröffentlichungsverbot und Arbeits- und Schreibbehinderung waren, mit dem Weggang in die Bundesrepublik (beispielsweise Uwe Johnson, Walter Kempowski, Heinar Kipphardt, Helga M. Novak, Christa Reinig, Gerhard Zwerenz). Durchaus nicht alle diese Autoren wollten damit ihre Vorstellung von einem ›freiheitlichen Sozialismus‹ begraben, woraus für sie neue Konflikte mit der westdeutschen Situation entstanden. Die prägende Erfahrung der Auseinandersetzung mit einer sich selbst absolut setzenden staatlichen Macht führte schon damals manche dieser Autoren zu eigenständigen Ausdrucksformen literarischer Reaktion, die sich von bundesrepublikanischen Mustern gesellschaftlicher oder literarischer ›Opposition‹ unterschieden. Johnson etwa schuf bereits ab 1959 eine ganz eigene Formensprache, die die deutsch-deutsche Situation sowie die Faschismus- und Nachkriegszeit reflektiert darstellt. [→ 10, 290 ff.]

Diese subtil abweichenden, eher mittelbar wirksamen literarischen Arbeiten sind auch vor 1976 durchaus als Versuch zu lesen, Alternativen zu entwickeln zu ›realistischen‹ Schreibweisen, die entweder Realität lediglich verdoppeln oder aber das Schema von Aktion und Reaktion, von Staat und Opposition, wiederholen. Wie konkret die Anstrengungen der DDR-Führung waren, Autoren und Intellektuelle als Feindbilder im eigenen Land aufzubauen, läßt sich z. B. im Herbst 1968 anläßlich der Okkupation der Tschechoslowakei durch die Armeen der Warschauer Pakt-Staaten belegen, als Arbeiten von Biermann und Robert Havemann als konterrevolutionär gewertet und »in die psychologische Kriegführung des Imperialismus«[4] eingereiht wurden. Die Ereignisse im November 1976 haben eine lange und wechselhafte Vorgeschichte. Einzigartig werden sie allein durch die vollständige Verfestigung ideologischer Positionen zu diesem Zeitpunkt und die dadurch ausgelöste Ausreisewelle von Autoren aus der DDR sowie die literarisch vielfältige Reflexion dieser Situation nach 1976.

2. Klartext

Als müsse sich eine Literatur, in der alltägliche Sorgen, Auseinandersetzungen bei der Arbeit oder politische Konflikte lange Jahre nicht als offene Probleme thematisiert werden konnten, zunächst einmal der gesamten Breite ihrer Gegenstände versichern, erscheinen 1976 und danach in der Bundesrepublik eine ganze Reihe von Texten aus der DDR, in denen Erfahrungen und Eindrücke erstmals ungefiltert und unzensiert festgehalten werden. Sie werden rezipiert als eindringliche, ungeschönte Schilderungen des ›eigentlichen‹ Lebens im ›anderen‹ Teil Deutschlands. Diese Lesart wird noch verstärkt durch die willkürliche und schikanöse Behandlung, die diese und andere Autoren in der angespannten Situation vor und unmittelbar nach der Biermann-Ausbürgerung erfahren.

In der Prosa des bereits etablierten Reiner Kunze sowie in den Debütbänden von Jürgen Fuchs und Gerald K. Zschorsch steht die Information über Erlebtes ganz im Vordergrund. In den Formen der Prosaminiatur, des Protokolls, des kurzen, pointierten Gedichts wird Realität möglichst direkt wiedergegeben. Der genau gewählte Ausschnitt, der sparsame Szenenaufbau, die wenigen, nüchternen Worte sollen das Beschriebene wirkungsvoll und sich selbst entlarvend darstellen. Kunzes ›Die wunderbaren Jahre‹, im September 1976 veröffentlicht, war die erste und zugleich die erfolgreichste Publikation dieser Art. Die zumeist sehr kurzen Prosastücke schildern, wie Kinder auf Feindbilder fixiert werden, sie zeigen bürokratische Reglementierungen, sinnentleertes Verteidigen von Prinzipien o. ä. Thematisch begrenzter sind die ›Gedächtnisprotokolle‹ (1977) und ›Vernehmungsprotokolle‹ (1978) von Fuchs, der selbst von November 1976 bis August 1977 in Haft war. Es sind Aufzeichnungen gegen das Vergessen, wie die Mechanismen der Macht, sei es in Gestalt der Partei, der politischen Polizei oder der Staatssicherheit, funktionieren.

Bei Fuchs wie bei Kunze geht es um das Festhalten von Sachverhalten, um das Benennen von wiederkehrenden Mustern gesellschaftlicher und staatlicher Verhaltensregelungen. In einem größeren epischen Rahmen wurde von einigen Autoren der älteren Generation der Versuch unternommen, mögliche Reaktionsweisen auf ein inszeniertes Ereignis vergleichbar der Biermann-Ausbürgerung durchzuspielen. Die Romane von Klaus Poche ›Atemnot‹ (1978), Stefan Heym ›Collin‹ und Rolf Schneider ›November‹ (beide 1979) können, verglichen mit den Prosaskizzen, vor allem die subjektive, alltägliche Verdrängungsleistung ihrer Protagonisten glaubhaft machen. Zu einem veränderten Blick auf die Realität tragen diese konventionell erzählten Romane weniger bei.

3. Auflösung von Grenzen

Nur wenige Autoren konnten in den sechziger und siebziger Jahren in Verlagen der DDR eigene Positionen, die von Realitätsdarstellungen nach Art des erwünschten ›sozialistischen Realismus‹ abwichen, zur Veröffentlichung bringen. Das vorhandene Ausdruckspotential war wesentlich breiter als das Spektrum der publizierten Literatur, wie eine ganze Reihe von Arbeiten beweist, die nach 1976 von bis dahin unbekannten Autoren in der Bundesrepublik veröffentlicht werden. Eine Literatur mit neuen, eigenen Stimmen tritt nun mit einem Mal an die Öffentlichkeit – eines anderen Landes. Die Texte befassen sich ausnahmslos mit DDR-Realität, jedoch, in Erweiterung der auf direkte Darstellung zielenden Protokolltexte, mit ausgeprägten literarischen Intentionen. Eigenständige Kunstformen werden aufgegriffen, neue Zugänge zu den Themen und Gegenständen gesucht. Dabei ergibt sich kein einheitliches Bild einer Entwicklung. Autoren wie Thomas Brasch, Wolfgang Hilbig, Monika Maron und Gert Neumann greifen in ihren späteren Arbeiten andere literarische Verfahren auf als in früheren Texten, und durch jüngere Autoren sind manche Ansätze zu unterschiedlichen Zeiten immer wieder neu präsent.

In Braschs Erzählungen ›Vor den Vätern sterben die Söhne‹, Anfang 1977 erschienen, gibt es keine einheitliche Perspektive mehr. Während (in der Erzählung ›Fliegen im Gesicht‹ z. B.) die ältere Generation angesichts des historisch Erreichten bereit ist,

Mißstände zu akzeptieren, ist für die Heranwachsenden die Unzufriedenheit über verweigerte Möglichkeiten dominierend. [→ 11, 311 ff.] Als Ausdruck nonkonformer Haltung der Jugendlichen erhalten künstlerische Protestformen von Musik und Lyrik (Rock'n'Roll, Jazz, amerikanische Beatlyrik) besondere Bedeutung. Brasch selbst entgrenzt seine Darstellungsweise in dem nur ein halbes Jahr später erscheinenden Band ›Kargo. 32. Versuch auf einem untergehenden Schiff aus der eigenen Haut zu kommen‹ mit der Öffnung auf die Medien Film (szenische Darstellung) und Fotografie. Die Öffnung der Sinne für fremde Blickwinkel und differente Wahrnehmungen verändert als Suche nach einer angemessenen Sprache auch die Beschreibung von Realität. Der Betrachter bekommt zu seinem Gegenstand ein verändertes Verhältnis, das Moment der Selbstbefragung fließt stärker in die Beobachtung der Realität ein. Noch konsequenter zerlegt Frank-Wolf Matthies in seiner Prosa ›Tagebuch Fortunes‹ (1985) einen Gesamtzusammenhang zu einzelnen Stimmen und Gedankensplittern. Während dabei in der Form einer Collage ein neues Bild zusammengesetzt wird, bilden in seinen ersten Prosaarbeiten ›Morgen‹ (1979) und ›Unbewohnter Raum mit Möbeln‹ (1980) noch Wahrnehmungsketten und Handlungsabläufe die strukturierenden Momente.

Auf eine vollkommen andere Art löst Schädlich Wahrnehmungsbegrenzungen auf. Gleichsam wie mit dem Seziermesser legt er in dem Prosaband ›Versuchte Nähe‹ (1977) Schicht um Schicht von Abläufen und Ereignissen frei, die als bekannt gelten können. In vollkommen sachlichen, emotionslosen, in ihrer Präzision auf den ersten Blick umständlich wirkenden Sätzen hält er fest, was sich einem unvoreingenommenen Beobachter bei genauem Zusehen jenseits der Tatsachen zeigt. Jedem Sinn wird dadurch zunächst die gewohnte Grundlage entzogen, Handlungen erscheinen in ihrem Charakter als Ritual, deren Ziel einzig in der Absicherung einer bestehenden Ordnung und in der Wiederholung von Verhaltensmustern zu liegen scheint. ›Realität‹, so zeigt Schädlich, wird immer neu akzeptiert und für gültig erklärt. Im Erkennen dieser Verfahren geraten auch Möglichkeiten zur Verweigerung bzw. von Gegenbewegungen in den Blick.

AUFLÖSUNG VON GRENZEN 237

Maron thematisiert in ihrem ersten Roman ›Flugasche‹ (1981) DDR-Realität noch ganz konkret und direkt. Am Beispiel einer Journalistin, die über ein veraltetes Kohlekraftwerk eine Reportage schreiben soll, von der sie während des Schreibens schon weiß, daß sie nicht erscheinen wird, wird exemplarisch die Frage nach einem selbstbestimmten Leben durchgespielt. Während die Journalistin stellvertretend für die Möglichkeit zu einem eigenen Leben noch um ihre Reportage, ihre eigene Sprache kämpft, erkennt sie, daß sie nicht über die Mittel verfügt, die übermächtigen sozialen, gesellschaftlichen und ideologischen Determinationen aufzubrechen. Sie muß akzeptieren, vor dieser Realität »sprachlos«[5] zu sein, so daß ihr nur der Rückzug aus diesem ›falschen‹ Leben bleibt. Dieser Rückzug wird in dem zweiten Roman ›Die Überläuferin‹ (1986) fiktiv zur positiven Gestaltungsmöglichkeit erhoben. Leben wird zum Gedanken- und Phantasiespiel, dessen Grundlage reale Erlebnisse, Personen und Erinnerungen bilden. Die Inszenierung Marons wird kompromißloser, das Spiel wird konsequent als Imagination auf mehreren Ebenen aufgebaut. Der Ort des Geschehens, Ost-Berlin, ist kenntlich, aber unwichtig. Wichtig sind allein die unterschiedlichen Formen der Spielanordnungen, in denen die Erzählerin ihre Ich-Suche gestaltet: als Aneignung fremder Biographien, als Traum, als theatralische Gerichtsverhandlung, als Verhör, als Gesprächserinnerung. War in ›Flugasche‹ das Ziel noch eindeutig benennbar gewesen als: Beschreiben, was ist und Sagen, was wahr ist, ohne falsche Rücksichtnahme, so wird das Vorhaben jetzt anspruchsvoller und damit weniger griffig: »Es gibt kein Wort für das, was ich suche.«[6] Maron zeichnet einen großen Spannungsbogen: am Ende der ›Reise zu sich selbst‹, die ein anderes Ich, ein anderes Denken hervorbringen soll, findet sich die Erzählerin wieder dort vor, wo sie zu ihrem Gedankenflug angesetzt hatte, in ihrem vertrauten Zimmer, im Sessel, bewegungslos. Entwicklung vollzieht sich als Reflexion von Erinnerung, im Erkennen und Überwinden bestehender Grenzen.

Beispielhaft für eine Literatur, die Realität nicht verdoppelt bzw. wiederholt, sondern als Möglichkeit des einzelnen setzen will, stehen die Texte von Wolfgang Hegewald. In seinem ersten

Buch mit dem programmatischen Titel ›Das Gegenteil der Fotografie‹ (1984) wird die Differenz zu konventionellen Erzählungen bzw. Erfahrungsberichten deutlich markiert. Ein junges Paar wird an der Ost-West-Grenze wegen Verdachts auf versuchte Landesflucht kurzzeitig inhaftiert. Entscheidend ist die besondere Perspektive der beiden Protagonisten: sie reflektieren in der Situation ihrer 24stündigen Inhaftierung beide ihre eigene Geschichte und ihr Verhältnis zueinander und rufen sich dabei wichtige biographische Erlebnisse in Erinnerung. Die Bedeutung der stattfindenden Handlung, die in ihrem Fortgang zugleich die Erinnerung antreibt, tritt damit zurück: die beiden übernehmen selbst die Initiative, das Geschehen für sich zu deuten, unabhängig von dem objektiven Ablauf und der staatlichen Interpretationsgewalt. Konfrontiert mit dieser Extremsituation, beginnen beide den Eigen-Sinn ihrer Geschichte zu erinnern.

In den folgenden Arbeiten des Autors[7] tritt der spielerische Umgang mit Realität weiter in den Vordergrund. Hegewald erzählt Geschichten mit eigenwilligen Figuren, denen ein zunehmender Entfaltungsspielraum zugebilligt wird. Grenzen sind dazu da, um über sie hinwegzusehen, die Lebenden sprechen mit den Toten, den Nüchternen antwortet ein Narr – und umgekehrt. Eine auf den ersten Blick ähnlich eigenwillige Personenkonstellation tritt in Katja Lange-Müllers Erzählung ›Kaspar Mauser – Die Feigheit vorm Feind‹ (1988, geschrieben 1984) auf. Die Autorin forciert den Sprachwitz und die Groteske noch, ihr Thema, die Erfahrung des Übergangs von Ost nach West wird dadurch aber nur scheinbar verspielter. Die Sozialisation in der DDR und die Erfahrung mit diesem Land bleiben dabei stets der unverkennbare Ausgangspunkt: Literatur als Verwandlung von Topographie in eine fiktive, nicht-reale Wirklichkeit. Das Motiv der Grenze ist in dieser Art Literatur um seine *metaphorischen* Bedeutungen erweitert, als Arbeit an verinnerlichten Grenzen, Grenzen der Sprache und des Denkens. Das Moment abweichender literarischer Wirklichkeitsgestaltung gegenüber der konkreten, anerkannten Realität tritt dadurch in den Vordergrund.

4. Die Suche nach dem Subjekt

In einer Reihe von Titeln werden Ende der siebziger und in den achtziger Jahren in der DDR Situationen von Entfremdung thematisiert und im Bild einer gespaltenen Persönlichkeitsstruktur gestaltet. Die Formen dieser Texte unterscheiden sich stark voneinander, wie auch die konkreten Ansatzpunkte des Schreibens für die Autoren weit auseinander zu liegen scheinen. Von der ›neuen Subjektivität‹ trennt diese Arbeiten ein ausgeprägtes Sprachbewußtsein sowie ein Interesse am Entwickeln eigener, spezifischer Darstellungsformen.

Als 1979 Hilbigs erster Gedichtband ›abwesenheit‹ erscheint, wird der Ton mancher Gedichte (»wir werden nicht vermißt«, »wie lang noch wird unsere abwesenheit geduldet«) als treffender Ausdruck der Stimmung nicht nur der Literatur jener Jahre empfunden.[8] Der Autor, der das Titelgedicht 1969 geschrieben hatte, war zu der Zeit bereits einige Schritte weiter. Hilbigs Entwicklung als Schriftsteller führt ihn über die Wahrnehmung der Unbestimmtheit des gesellschaftlichen Orts, an dem er sich als schreibendes Ich befindet, zur Erfahrung einer doppelten, sich gegenseitig ausschließenden Identität als Arbeiter und Schriftsteller. Am Ende steht die Rekonstruktion der Spuren gesellschaftlicher Verdrängungen in der eigenen Biographie. Mit den Stilmitteln einer an Vorbildern wie der schwarzen Romantik, Mallarmé, Poe oder Kafka geschulten Sprache gestaltet der Autor eine gespenstisch konkrete, doppelbödige Beschreibungsebene. Zusätzlich verdichtet durch einen hohen Grad an Reflexivität legt Hilbig dabei die verschiedenen Segmente seines Ich frei. Ein dem »Kopf entsprungenes zweitgeborenes Ich«[9] macht das Entstehen von Identität an sich unmöglich. Das Schreiben, zugleich Akt eines nochmaligen Sich-selbst-Erschaffens, deckt unerbittlich die Verdrängungen auf, an sich selbst und bei anderen. In den Erzählungen ›Angst vor Beethoven‹ (in ›Der Brief‹ 1985, geschrieben 1981) und ›Die Weiber‹ (1987, geschrieben 1982) werden Faschismus und historische Schuld als Teil des eigenen Ich dargestellt und in verschlungenen Personenkonstellationen – jeder ist zugleich auch Teil des anderen – thematisiert. Im Bild einer notwendig kranken Sprache, über die allein verfügt werden kann, findet die Erkenntnis der Bedingungen der eigenen Sozialisation zu einem Ausdruck, der über die Person des Autors hinausweist.

Einen ganz anderen Weg beschreitet Neumann. In dem Prosaband ›Die Schuld der Worte‹ (1979) formuliert er sein Konzept einer »zweiten Wirklichkeit«.[10] Schreiben als konsequenter Versuch, sich der Diktatur einer Sprache zu entziehen, die nur die geltenden Deutungen der Realität wiederholt, führt den Autor zu einer Art von Kunstsprache. Ihr Ziel ist es, durch das Zur-Sprache-Bringen eines in der Regel verborgenen Subtextes einen neuen Kontakt *mit* den Dingen, *mit* den Menschen herzustellen. In den tagebuchähnlichen Aufzeichnungen ›Elf Uhr‹ (1981) wendet der Autor dieses »positive« Gesprächsprinzip auf seine alltägliche Arbeit als Handwerker in einem Kaufhaus an. Mit den täglichen Notizen, die das Vorhandensein von Deutungsmöglichkeiten der Realität außerhalb der vorgesehenen Sinnzusammenhänge beschreiben, konstituiert er sich zugleich auch als mit sich identisches Subjekt neu. Neumanns Arbeit wird getragen von dem Gedanken, der Sprache eine positive, kreative Funktion zurückzugewinnen, in der die durch die verordnete Sprachordnung entstandene »Schuld der Worte« getilgt ist. Über das Erkenntnismittel Sprache werden damit auch den Realitäten ihre verdrängten Möglichkeiten wieder eröffnet. Diese »zweite Wirklichkeit« bleibt unbestimmt. Der Raum ihrer Existenz wird in ›Die Klandestinität der Kesselreiniger‹ (1989) als »Schweigen«[11] bezeichnet, ihre Existenzform als Gespräch. In einem weiterem Schritt löst der Autor dabei auch den herkömmlichen Subjektbegriff auf: wenn in der Bewegung des Schreibens, des Lesens, des Arbeitens die Subjekte eins werden mit ihren Suchbewegungen, wird auch die Abkehr von einem dialektischen Subjekt-Objekt-Verhältnis angezeigt. Mit diesem Entwurf hat die Literatur Anschluß gefunden an die literaturtheoretische Debatte der Infragestellung des Subjektbegriffs.

Die Form des Selbstgesprächs, die in diesen Arbeiten wie in denen Marons und Hegewalds auf unterschiedliche Art gestaltet ist, wird von Brigitte Burmeister in ihrem Roman ›Anders oder Vom Aufenthalt in der Fremde‹ (1988) konsequent eingesetzt zur Darstellung einer einzigen Entwicklung: aus einem Funktionär wird ein Subjekt, ein Ich. Aus der gewissermaßen natürlichen Distanz, die der Protagonist seiner neuen Umgebung entgegenbringt – er wurde für ein Jahr aus der Provinz in die Hauptstadt versetzt –, entwickelt die Autorin in Anlehnung an den französischen nouveau roman das Prinzip des genauen Sehens, das einzelne Vorgänge und Dinge losgelöst von ihren Bedeutungen wahrnimmt. Über diese bald frei zusammengestellten Elemente löst sich der Funktionär unmerklich von seinem gesellschaftlichen Bewußtsein: die Dinge und ihre Bedeutungen sind offensichtlich nicht unlösbar miteinander verbunden, sie können variiert werden. Die Entfernung vom Rollendenken beginnt, der Protagonist erlebt sich als ein Akteur, der spielerisch mit Dingen umgehen kann. Er erfindet Biographien, denkt sich Geschichten aus, nimmt unterschiedliche Perspektiven ein. In seinen Briefen, die den Roman bilden, entwickelt er immer neue Variationen von Denkmöglichkeiten und Lebensentwürfen. Der Empfänger der Briefe ist kein anderer als er selbst: er führt sich diese Möglichkeiten selbst vor Augen, und im Entdecken seiner Phantasie erfährt er sich als Subjekt. Aus einer streng formalisierten Perspektive heraus zeigt die Autorin die Entfaltung eines kreativen Ich aus einer reduzierten, angepaßten Persönlichkeit. Der Roman, der auch in der DDR erschienen ist, endet offen. Er kann zeigen, wie weit sich die Literatur in solchen Arbeiten vom »November 1976« entfernt hat. Mit der Aufspaltung literarisch entworfener Biographien in unterschiedliche Identitäten, gesellschaftlich gebildete und daraus hervorgegangene, fiktiv gestaltete, wurde die damals per Dekret festgeschriebene gesellschaftliche Spaltung in unterschiedlichen Formen einer freien Nachzeichnung thematisiert. Die Autoren schufen damit zugleich einen neuen, eigenen Raum für freie Wirklichkeitsgestaltung, die über die DDR als Ort und Thema deutlich hinausweisen.

5. Wiedergewinnung literarischer Vielfalt

Lediglich in manchen frühen der hier erwähnten Texte werden Konflikte zwischen Personen und übergeordneten Instanzen ›realistisch‹ dargestellt. Wie eng bloßes Oppositionsdenken und

Sanktionsmaßnahmen zusammengehören, läßt Jurek Becker, der selbst zu den in ihrer Spracharbeit sehr genauen, aber eher konventionellen Erzählern gehört, in dem Roman ›Schlaflose Tage‹ einen Lehrer sagen:

> Wenn ich die Umstände real einschätze, dann bleibt mir nur, meine Gedanken zu Papier zu bringen und bei der Direktion abzugeben, um kurze Zeit später ein Disziplinarverfahren am Hals zu haben, das Gott weiß wie endet.[12]

Die eigentliche Leistung dieser Texte besteht in der Entwicklung einer literarischen Formensprache, die das Schema ›Opposition – staatliche Reaktion‹ außer Kraft setzt, und dabei grundlegende Konflikte einer veränderten Betrachtungsweise zuführt. Sowohl DDR-spezifische Themen als vor allem auch speziell ›deutsche‹ Themen werden so aus neuen Blickwinkeln dargestellt. In den Arbeiten Hegewalds hat die Konfrontation der politischen Systeme in Ost und West mitsamt ihrer scheinbaren Gegensätzlichkeit und ihren strukturellen Entsprechungen einen neuen Ausdruck gefunden. In der Ortsbestimmung des »hier drüben« sind die politische Realität beider deutscher Staaten und die Unmöglichkeit einer gemeinsamen Identität auf ihren knappsten Nenner gebracht. Das Thema des ›Mißbrauchs von Sprache‹ wird bei Maron und Burmeister als Auseinandersetzung um journalistisches Schreiben und als Suche nach einer eigenen Ausdrucksform behandelt. Neumann verleiht ihm durch seine sprachphilosophische Realitätsinterpretation eine noch prinzipiellere Bedeutung. Faschismus als Thema der Gegenwart bildet ein wichtiges Motiv des Schreibens u. a. von Brasch und Schädlich. Bei Hilbig (geb. 1941) gehört der Faschismus als mit der Muttermilch aufgesogene Ideologie zu den konstitutiven Elementen der eigenen wie der gesellschaftlichen Identität.

Kein einheitlicher Literaturbegriff verbindet diese Autoren. Gemeinsam ist ihnen das Moment des gestaltenden Suchens und nicht die Formulierung von Erkenntnissen. Suchen als Selbstvergewisserung tritt an die Stelle einer endgültigen Aussage. Die Mittel, die dazu eingesetzt werden, sind keineswegs neu, erscheinen vor dem Horizont der deutschsprachigen Gegenwartsliteratur jedoch als eher ungewöhnlich. Es sind Mittel aus dem Archiv der Moderne, Antwortversuche auf die Erfahrung des mit sich selbst nicht identischen Subjekts: Skepsis an der Gültigkeit von Realität, Phantastik als Realitätsüberhöhung, Reflexivität statt Handlung, Schreiben als Handlung, Sprachkritik. Im Unterschied zur literarischen Moderne werden diese Mittel hier jedoch nur bedingt mit einer Hinwendung zur Abstraktion verbunden. Das Spannungsverhältnis aus ›konkretem Realitätsbezug‹ und literarischer Konstruktion einer ›zweiten Wirklichkeit‹ macht die spezifische Form *literarischer Dissidenz* aus, die hier entwickelt wird. Die Literatur ist frei in der Wahl ihrer Mittel, entzieht sich durch ihre ausschließlich ästhetische Reaktion ideologischer Vereinnahmung oder Ausgrenzung, unterscheidet sich aber von rein utopischen Entwürfen durch ihr Festhalten an gesellschaftlich konkretisierbaren Prägungen.

Ein solcher Raum literarischer Auseinandersetzung, wie er hier von Autoren geschaffen wurde, die in der Mehrzahl nicht mehr zur DDR-Literatur, noch weniger jedoch zu einer Literatur, die unter den Bedingungen der Bundesrepublik entstanden ist, zählen, ist für beide deutsche Staaten und Literaturen neu. Innerhalb weniger Jahre entsteht nicht nur eine relativ breite Palette von Schreibweisen; in der Entwicklung der Autoren zeichnet sich darüber hinaus eine zunehmende literarische Radikalisierung ab. Ein produktives Moment dieser Schreibweisen liegt in ihrer Mehrschichtigkeit: die Suche nach der verlorengegangenen Identität wird zugleich als Auseinandersetzung mit der ungenügenden gesellschaftlichen Praxis gestaltet. Dafür wird eine beide Elemente einbeziehende Form entwickelt, das Ich wird nicht als Abgrenzung von Realität, diese nicht als Wunschbild entworfen. Eine besondere Bedeutung erhält dieser Prozeß der Rekonstruktion eines neuen Ich vor dem Hintergrund des ›sozialistischen Gemeinschafts-Ich‹, das dem Staat zu einer Identität verhelfen sollte, den einzelnen aber mit sich alleine ließ.

Literatur gewinnt hier die Funktion eines Mediums zurück, das weder Weltflucht noch Rückzug auf Privatheit meint. In der hohen Formanstrengung drücken sich die Ernsthaftigkeit ebenso wie das spielerische Niveau der Auseinandersetzung mit Gesellschaft und Subjektivität aus. Nirgendwo geht es in diesen Entwürfen um die Entwicklung konkreter Möglichkeiten von Realität. Autoren, die sich an einem Ort *zwischen* verschiedenen gesellschaftlichen Systemen befinden – oder diese Spaltung bzw. Heimatlosigkeit in sich wachhalten –, scheinen in einem besonderen Maße dafür sensibilisiert zu sein, trotz der Bedingungen des erzwungenen Rückzugs aus ihrer sozialen Umwelt die Beschäftigung mit ihrem Thema als verbindliches Spiel der Phantasie weiterzuverfolgen. Sie tun dies praktisch ohne Öffentlichkeit.[13] Nachdem das politisch motivierte Interesse an Autoren in der Rolle von ›Dissidenten‹ nach den Ereignissen 1976 bald abgeflaut war, um, ausgelöst durch neue Zensurakte der DDR, von Fall zu Fall wieder aufzuflackern, entfalten diese Autoren ihre kreative Praxis der Dissidenz weitgehend unbeobachtet.

›Frauenliteratur‹ – Literatur von Frauen

Sigrid Weigel

I. Zum Verhältnis von politischer, literarischer und theoretischer Entwicklung

1. Ungleichzeitigkeiten 1 – Politik und Literatur

Daß sie »von der ganzen Emanzipation nichts hält«, bekannte Ingeborg Bachmann in einem Interview anläßlich des Erscheinens ihres Romans ›Malina‹ und fuhr fort: »Die pseudomoderne Frau mit ihrer quälenden Tüchtigkeit und Energie ist für mich immer höchst seltsam und unverständlich gewesen«.[1] Man schrieb das Jahr 1971 und befand sich nicht nur allgemein in politisch bewegten Zeiten, sondern auch inmitten der Anfänge einer neuen ›Frauenbewegung‹. Mit dem Aufstand des weiblichen Teils der politischen Avantgarde, dem ›Aktionsrat zur Befreiung der Frau‹ im SDS, 1968 gegen die bestehende Ausbeutung von Frauenarbeit und die Ausblendung des sogenannten Privaten in der großen Politik und auch in den eigenen Reihen,[2] und mit den Kampagnen gegen den Abtreibungsparagraphen 218 Anfang der siebziger Jahre, in denen sich erstmals wieder größere Frauen-Öffentlichkeiten organisierten und auch in den Medien ihren Niederschlag fanden (vgl. den ›Stern‹-Artikel 1971 ›Ich habe abgetrieben‹, in dem sich prominente Frauen zu dieser Straftat bekannten), waren spektakuläre Zeichen für den Neubeginn einer Bewegung gesetzt, die vielfach unter dem Namen ›Emanzipationsbewegung‹ gefaßt wurde. Diese hatte, als ›Malina‹ erschien, auch im Literaturbetrieb schon erste Spuren hinterlassen. Das für die kulturpolitischen Debatten federführende ›Kursbuch‹ widmete seine Nummer 17 dem Thema ›Frauen – Familie – Gesellschaft‹ (Juni 1969). Und im selben Jahr machte Erika Runge mit ›Frauen. Versuche einer Emanzipation‹ den Anfang mit der Übernahme der *Reportage-* und *Protokollliteratur* durch die Frauenbewegung, die in dem 1975 von Alice Schwarzer herausgegebenem ›Der kleine Unterschied und seine großen Folgen.

Frauen über sich. Beginn einer Befreiung‹ ihr wohl wirkungsvollstes Beispiel gefunden hat.

Doch Bachmann, deren Roman ›Malina‹ in den *achtziger* Jahren als gelungenste und radikalste Gestaltung eines weiblichen Ortes in der deutschsprachigen Gegenwartsliteratur gelten sollte, grenzte sich 1971 nicht nur von der ›Frauen-Emanzipation‹ ab, sondern auch von den literaturpolitischen Debatten nach ›68‹: indem sie eine Übernahme politischer ›Themen‹ und ›Begrifflichkeit‹ in den literarischen Text verweigerte und die Arbeit am *literarischen* Ausdruck gegen die Sprache der Wissenschaft und der Politik, vor allem gegen die Äußerung von Meinungen oder *Absichten* verteidigte.[3] Sie hielt ihr Buch, das den ersten Teil ihres ›Todesarten‹-Zyklus darstellen sollte, darum für nicht weniger politisch und betrachtete ihr Schreiben als gegen die herrschenden Gewaltverhältnisse gerichtet: »Ich hatte das Gefühl, daß ich gegen etwas schreibe. Gegen einen andauernden Terror. Man stirbt ja auch nicht wirklich an Krankheiten. Man stirbt an dem, was mit einem angerichtet wird.«[4] Damit vertrat sie eine fundamentale Kritik am herrschenden Politikbegriff, an der Öffentlichkeit, ihren Diskursformen sowie den darin eingeschriebenen, strukturellen Ausgrenzungsmechanismen, die bis in die oppositionelle Redeweise hinein fortwirken, und begründete so ihre literarische Analyse einer Gesellschaft im allgemeinen Kriegszustand: »Die Gesellschaft ist der allergrößte Mordschauplatz.«[5]

Verdankt sich diese radikale Kritik – und Bachmanns Aufmerksamkeit für den in der Nachkriegsgesellschaft »vergessenen« Fortbestand von Denkmustern und Gewaltverhältnissen, die im Faschismus sichtbar geworden waren – ihrer Konzentration auf die *unmögliche* Perspektive einer weiblichen Erzählposition, auf das in der Flut der Redensarten, Nachrichten und Diskussionen Ausgeschlossene, das *in* der Sprache Verschwiegene, so vertraute die ›neue Frauenbewegung‹ dagegen gerade auf die Möglichkeiten der Aufklärung und des öffentlichen Wortes. Die Ver-Öffentlichung von einzelnen weiblichen Lebensläufen, von individuellen Erfahrungen ›weiblicher Unterdrückung‹ zielte stets darauf, einen gemeinsamen Nenner sichtbar bzw. bewußt zu machen. Mit Blick auf die Verallgemeinerbarkeit von Einzelerfahrungen mußte sich

ENTWICKLUNG/POLITIK UND LITERATUR 247

in der *Dokumentation* von Frauen-Erlebnissen der Anspruch auf
›Authentizität‹ mit dem Beispielcharakter des Einzelfalls verbinden. Neben Publikationen, die sich an interessenidentische Gruppen wandten, z. B. an Arbeiterinnen oder an ledige Mütter,[6] versprach die Thematisierung von Konflikten mit dem § 218, von
Sexualerfahrungen und jenen den für Frauen *typischen* Problemen der Doppelbelastung den größten Verallgemeinerungs- und
Solidarisierungseffekt. Und obwohl die neue Frauenbewegung
sich in Opposition zur ›Neuen Linken‹ konstituierte, waren ihre
Äußerungs-, Aktions- und Organisationsformen doch von dieser
[→ 21 ff.] geprägt, zumindest in ihrer *vorliterarischen Phase,* in
der ersten Hälfte der siebziger Jahre. Das gilt auch für die Argu-
mentationsmuster, mit denen der im Entstehen begriffene feministische Diskurs sich gegen die geltenden Hierarchien von Bedeutungen behauptete – um dabei neue Hierarchien zu errichten. Als
›Feministin‹ profilierte sich in diesen Jahren, wer, wie z. B.
Schwarzer, der Kategorie des ›Geschlechts‹ vor der der ›Klasse‹
den Vorzug gab. »Nichts, weder Rasse und Klasse, bestimmt so
sehr ein Menschenleben wie das Geschlecht. Und dabei sind
Frauen und Männer Opfer ihrer Rolle – aber Frauen sind noch
die Opfer der Opfer.«[7]
    Dieselbe Argumentation findet sich im ersten *literarischen*
Text der Bewegung, in Verena Stefans ›Häutungen‹ (1975).[8] Der
Text markiert im Modus *subjektiver* Aufzeichnungen den Über-
gang zu einer neuen Phase der Frauenbewegung, die im Zeichen
der ›Selbsterfahrung‹ steht und in der die Literatur eine zentrale
Bedeutung erhält. Mitte der siebziger Jahre dann wird der
Begriff der ›Frauenliteratur‹ als Ausdruck eines Mangels und als
Programm gebildet, möglich *und* notwendig geworden durch die
Existenz einer politisch geprägten neuen Frauenbewegung in den
vorausgegangenen Jahren. Hatten die Exponentinnen einer Bewegung, die mit Frauengruppen, regionalen Zeitschriften, Demonstrationen und Veranstaltungen/Aktionen rasch eine lebendige
feministische Öffentlichkeit ausgebildet hatte, dabei häufig für
die Frauen, als Repräsentantinnen also, gesprochen, so entfaltete
sich die Debatte über ›Frauenliteratur‹ im Kontext eines allgemeinen Wechsels von kollektiven, politischen zu subjektiven

248 LITERATUR VON FRAUEN

Betrachtungsweisen, auch in der ›Neuen Linken‹. Und die Thematisierung ›weiblicher Subjektivität‹, um die die ersten Entwürfe zur ›Frauenliteratur‹ kreisten, verbindet deren Entstehungsgeschichte mit dem Trend der ›Neuen Subjektivität‹, der mit Peter Schneiders ›Lenz‹ (1973) eingeläutet wurde. [→ 392 f., 404 ff.]

Doch sind mit der Genese der ›Frauenliteratur‹ seit ca. 1975 die *Ungleichzeitigkeiten* zwischen politischer und literarischer Bewegung des Feminismus nicht aufgehoben.[9] Die Nichtbeachtung der *vorhandenen* Literatur von Frauen, für die der Fall Bachmann eines der sprechendsten Beispiele ist, setzte sich nämlich zunächst fort. Indem die Debatten über und die Forderungen nach ›Frauenliteratur‹ einen existierenden Mangel voraussetzen und damit im Hinblick auf die literarische Tradition von Frauen von einem *Nullpunkt*-Bewußtsein ausgehen, wird aus der Nichtbeachtung eine explizite Ausblendung – kein intentionaler, bewußter Vorgang, sondern Ergebnis von erkenntnisleitenden und wahrnehmungsstrukturierenden Interessen und Begriffsbildungen. Denn die vorhandene Literatur von Schriftstellerinnen gab für eine Lektüre unter den Leitbegriffen von ›Emanzipation‹ und ›Befreiung‹ wenig her.

2. Ungleichzeitigkeiten 2 – Theorie und Literatur

Während der Entwurf der neuen ›Frauenliteratur‹ an die Vorstellung vom Aufbruch zu einer autonomen weiblichen Identität gebunden war, handelt jene, damals von der Frauenbewegung nicht beachtete, heute besonders intensiv rezipierte Literatur von Bachmann, Unica Zürn, Marlen Haushofer und anderen,[10] die Ende der sechziger, Anfang der siebziger Jahre erschienen war, eher von den Kränkungen und Schädigungen weiblicher Existenz und von deren Verstrickungen in die Muster und Mythen von ›Weiblichkeit‹ und weiblicher Sexualität. Jenseits der Schreibweise realistischer Beschreibungsliteratur werden die Spuren und Einschreibungen der Gewaltzusammenhänge am Körper, in den Wünschen und Phantasien von Frauen dargestellt – ohne daß eine Alternative oder gar die konkrete Utopie eines anderen

THEORIE UND LITERATUR 249

Frauenbildes entworfen würde. Statt dessen sind hier *Schreibwei-sen* ausgebildet, die geeignet sind, Erkenntnisse über die kulturelle Konstruktion der Geschlechterverhältnisse, über die Orte und Bedeutungen von ›Weiblichkeit‹ und ›Männlichkeit‹ in der Geschichte, Sprache und Sexualität, vor allem aber über die ›Todesarten‹ des Weiblichen in einer Geschichte des Fortschritts, sichtbar zu machen – Schreibweisen, an die Autorinnen der achtziger Jahre z. T. anschließen und sie fortschreiben.

Dabei stehen *paradigmatische* Konstellationen oder Situationen, *topographische* Darstellungen, Sprach*regelungen* und Blick-*inszenierungen* oder Verhaltens- und Wahrnehmungs*muster* im Vordergrund. Bachmanns Erläuterung zu ihrem Fragment gebliebenen Roman ›Der Fall Franza‹, daß »die wirklichen Schauplätze, die inwendigen, von den äußeren mühsam überdeckt«[11], woanders stattfänden, kann auch für andere Texte Geltung beanspruchen. Ist in ›Franza‹ die Reise durch die Wüste *zugleich* als Reise durch die Krankheit der Heldin und als Durchquerung und Wiederholung ihrer Genese zu lesen, so wechselt die Ich-Erzählerin in Haushofers Roman ›Die Mansarde‹ (1969) in ihrem Haus zwischen den Wohnräumen ihrer bürgerlichen Frauenexistenz, in der ihr die Hausarbeit zur Verdrängung gefährlicher Gedanken dient, und dem Mansardenzimmer, in dem sie eigene Schriften aus einer Vorzeit entziffert, die sie mit der Erinnerung an eine Zeit draußen »in den Bergen« konfrontieren, wo sie sich während einer vorübergehenden Taubheit aufhielt, während ihr Mann in der Stadt damit beschäftigt war, »eine Existenz aufzubauen«. Als Ort einsamer weiblicher Erinnerung innerhalb der sozialen Ordnung korrespondiert die Mansarde derart mit einem exterritorialen Ort,[12] an dem der Schrecken für die Erzählerin wieder laut werden konnte. Mit dem Verweis auf eine mythische Szenerie nutzen solche topographischen Schreibweisen die in Mythen zur Darstellung gebrachte Erinnerung von Ausschluß- und Verdrängungsvorgängen, denen sich die Begründung unserer sozialen Ordnung verdankt. Mit der *Dar*stellung von *Vor*stellungen mehr als von Ereignissen und Tatsachen, einer Schreibweise, die im Traum-Kapitel von ›Malina‹ am deutlichsten ausgeprägt ist, schafft diese Literatur sich einen Zugang zu den subtileren, unsichtbaren

Formen der Macht. Ganz im Bereich der Imagination ist z. B. die Erzählung ›Dunkler Frühling‹ (1969) von Zürn angesiedelt, die die psychosexuelle Entwicklung eines Mädchens, mit tödlichem Ende, in einer Reihe von paradigmatischen Erlebnissen rekonstruiert. Ihr, wie auch Bachmanns Erzählungen in dem Band ›Simultan‹ (1972), könnte man als Motto das Vorwort Benjamins zu seiner ›Berliner Kindheit um neunzehnhundert‹ zur Seite stellen, wo er sein Verfahren erläutert, in dem biographische Züge zurücktreten, um statt dessen jener »Bilder habhaft zu werden, in denen die Erfahrung« (in seinem Falle: »der Großstadt in einem Kinde der Bürgerklasse) sich niederschlägt«.[13] Ein Paradox, welches die genannten Titel insbesondere betrifft, besteht darin, daß die neue Frauenbewegung, die in ihren Anfängen zu deren Mißachtung beigetragen hat, in ihrem weiteren Verlauf überhaupt erst die Voraussetzung zu einer wirklichen Aufnahme dieser radikalen literarischen Kritik von Frauen geschaffen hat.[14]

Andere Publikationen dieser Jahre standen weniger ihrer Schreibweise, sondern eher ihrer Thematik wegen im Widerspruch zum frühen feministischen Diskurs. Z. B. Ingeborg Drewitz' Roman ›Oktoberlicht‹ (1969), in dem eine Frau anläßlich einer Krankheit ihr Leben Revue passieren läßt, Caroline Muhrs ›Depressionen. Tagebuch einer Krankheit‹ (1970), oder auch Johanna Moosdorfs Roman ›Die Andermanns‹ (1969), der die Erinnerung an den Faschismus mit einer globalen Kritik an der ›Männerwelt‹ verbindet und Momente der später populär werdenden Vaterbücher vorwegnimmt. Sie alle behandeln *Themen,* die im Verlaufe ihrer weiteren Entwicklung für die ›Frauenliteratur‹ bestimmend werden sollten. Dagegen finden sich in der *Poetologie* so anerkannter Schriftstellerinnen wie Ilse Aichinger und Marie Luise Kaschnitz Formprinzipien und Sprachreflexionen, die in den späteren Diskussionen um Prinzipien einer ›weiblichen Ästhetik‹[15] wieder auftauchen sollten. In dem vielleicht nicht zufällig 1968 entstandenen Text ›Meine Sprache und ich‹, in dem Aichinger sich ihrer eigenen Sprache versichert, nennt sie zunächst einen Gesichtspunkt, der an die Ökonomie der Nähe bei Hélène Cixous denken läßt: »Es ist aber eine kleine Sprache. Sie reicht nicht weit. Rund um, rund um mich herum, immer rund um und so fort.«[16] Und in einem der kurzen Prosatexte des Bandes ›Schlechte Wörter‹ (1976) erörtert sie den Zusammenhang von Hierarchiebildungen, Blicken und Wahrnehmungsveränderungen. Und Kaschnitz kommentiert die Textgestalt ihrer Aufzeichnungen ›Orte‹ (1973), in denen sie Topographien ihrer Erinnerung versammelt, damit, daß sie diese nicht in eine Ordnung habe bringen wollen. Ihre Texte sind Beispiele autobiographischen Schreibens, das nicht in das Gattungskonzept der ›Autobiographie‹ mit seinem spezifischen, teleologischen Entwicklungsmodell einmündet.

Wenn die Texte dieser Schriftstellerinnen, die vor oder auch jenseits feministischer Debatten geschrieben haben, heute gelesen werden, verbindet sich mit vielen ihrer einzelnen Beobachtungen, Bilder, Textpraktiken und Sprachwendungen jetzt eine entfaltete Theorie weiblichen Schreibens, die wesentlich durch die Semiotikerinnen und Psychoanalytikerinnen Julia Kristeva, Luce Irigaray und Cixous beeinflußt ist. Bei aller Unterschiedlichkeit untersuchen doch alle drei den Ort von Frauen in der symbolischen Ordnung bzw. der Sprache und die Bedeutung des Weiblichen in der Konstitution des Subjekts und nehmen eine ver-kehrte Relektüre der Freud-Lacanschen Psychoanalyse vor, ver-kehrt insofern, als sie deren aus der Perspektive *des* Infans entworfenes Modell auf das daraus ausgeblendete Schicksal des weiblichen Subjekts hin befragen. Die Rezeption des (Post-)Strukturalismus war durch die Studentenbewegung in der Bundesrepublik weitgehend unterbrochen worden,[17] und so wurden viele Leser/innen zum ersten Mal mit dieser Denkrichtung konfrontiert, als die ›alternative‹ 1976 einige Aufsätze der genannten französischen Theoretikerinnen unter dem Titel ›Das Lächeln der Medusa‹ versammelte. Voraussetzungen zum Verständnis ihrer Thesen bestanden kaum, zumal ihr Subjektbegriff im krassen Gegensatz zu dem gerade im Entstehen begriffenen Programm der ›Frauenliteratur‹ stand, deren Kernbegriff ›weiblicher Subjektivität‹ auf Identitäts- und Autonomievorstellungen ausgerichtet war.[18] In der Rezeption der französischen Theorie hatte Cixous zunächst die größte Wirkung, weil ihre Gegenüberstellung einer ›männlichen Ökonomie‹ der Konservierung, der Unbeweglichkeit, des Todes und einer ›weiblichen Ökonomie‹ der Verausgabung, der Lebendigkeit[19] am leichtesten zugänglich schien und der tradierten Kritik an der bestehenden, als männlich bewerteten ›Ordnung‹ am meisten entgegenkam. Die Auseinandersetzung mit Irigarays Theorie über den doppelten Ort von Frauen, innerhalb und außerhalb der Sprache, verstärkte dann – vor allem durch ›Das Geschlecht, das nicht eins ist‹ (dt. 1979) und ›Speculum. Spiegel des anderen Geschlechts‹ (dt. 1980) – die Aufarbeitung der zugrunde liegenden Sprach- und Subjekttheorie, während im Fortgang der Diskussionen und Lektüren Kristeva heute die wichtigste Bedeutung gewonnen hat. Ihre dialektische Konzeption des Sinngebungsprozesses – das Zusammenspiel von symbolischer Setzung und Einbruch des Semiotischen in die Sprache[20] – und ihre Untersuchung verschiedener Funktionen und Orte der Geschlechter in der Sprache[21] sind geeignet für eine Lektüre, die sich für die Bedeutung der Geschlechterdifferenz in der Textpraxis männlicher und weiblicher Autoren interessiert.

In dem Roman ›Malina‹ sind die von Kristeva theoretisch formulierten Erkenntnisse bereits in *literarischer* Gestalt und poetischer Sprache vorgebildet. Wohl nicht zufällig hat der Roman, ebenso wie das psychoanalytische Subjektmodell, eine triadische Konzeption, in der das Geschlechterverhältnis sowohl auf der Ebene der Vernunft und des daraus Ausgeschlossenen – in der Beziehung Ich-Malina – als auch auf der Ebene der Liebe – in der Beziehung Ich-Ivan – zur Darstellung kommt. Von den jüngeren Autorinnen ist es vor allem Elfriede Jelinek, die von vergleichbaren Einsichten ausgeht, sich nun aber, so in ihrem Stück ›Krankheit oder Moderne Frauen‹ (1987), explizit auf die *theoretischen* Arbeiten beziehen kann, die in der Zwischenzeit entstanden bzw. rezipiert worden sind. Hier wie auch in der Literatur von Anne Duden, Ginka Steinwachs, Elfriede Czurda, Ria Endres, Christa Wolf und anderen berühren sich in den achtziger Jahren *literarische* und *theoretische* Tendenzen, die sich in der Zwischenzeit getrennt voneinander entwickelt hatten.

II. Weiblichkeitsentwürfe:
Schreibweisen und Konstellationen

1. Frauen-Geschichten, Topographien

Die literarische Produktion konnte zunächst nicht Schritt halten mit dem Bedürfnis nach und den Debatten über ›Frauenliteratur‹, die im Kontext einer rasch sich entfaltenden Frauenkultur artikuliert wurden. Die Jahre 1974 bis 77 mit der Gründung der Zeitschriften ›Frauen und Film‹ (1974), ›Courage‹ (1976), ›Emma‹ (1977), des Verlages ›Frauenoffensive‹ (1975) und schließlich der Reihe für populäre Frauenliteratur im Rowohlt-Verlag ›die neue frau‹ (1977) markieren den Zeitraum, in dem sich das Interesse an kulturellen Produktionen von Frauen durchsetzte.

Neben dem Leitmotiv der ›weiblichen Subjektivität‹ spielt in den Anfängen der ›Frauenliteratur‹ das Postulat ›das Private ist politisch‹ eine zentrale Rolle, wobei die einzelnen Texte sich dann doch danach unterscheiden, ob sie das Augenmerk mehr auf subjektive Selbstbehauptung werfen, wie beispielsweise Karin Struck in ›Klassenliebe‹ (1973) und Stefan in ›Häutungen‹, oder auf die politische Aktion, wie Margot Schröder in ihrem Roman ›Ich stehe meine Frau‹ (1975), der von einer berufstätigen Ehefrau und Mutter handelt, die zudem noch mit großem Engagement eine Mieterkampagne initiiert. Eine ideale Synthese schien erreicht, wo das politische Aktionsfeld selbst feministisch definiert war, wie in Schröders zweitem Roman, dessen Heldin am Kampf einer Frauengruppe um die Erhaltung eines Frauenhauses teilnimmt.[22]

Daß die Verbindung von individueller Entwicklung und politischer Praxis eine Fülle von Widersprüchen erzeugen kann, mit manchmal recht schwerwiegenden Folgen für die einzelne Frau, davon zeugen die Bücher Inga Buhmanns, die Rekonstruktion ihres Weges in die antiautoritäre Bewegung in ›Ich habe mir eine Geschichte geschrieben‹ (1977) und ihre späte Aufarbeitung militanter Politik in der autobiographischen Erzählung ›1971: Makedonischer Grenzfall‹ (1984), auch Marianne Herzogs Bericht über ihre Inhaftierung ›Nicht den Hunger verlieren‹ (1989). Während Buhmann und Herzog den Ort von Frauen in der ›linken‹ Politik reflektieren, orientieren sich andere Autorinnen an autonomen Frauenöffentlichkeiten, so Stefan an der Frauengruppe ›Brot ♀ Rosen‹. Immer aber werden hier die Beziehungen von Frauen untereinander zu einem Versprechen weiblicher Selbstbehauptung und einer möglichen anderen, befreiten Identität.

Die negative Bilanz der Beziehungen zu Männern – schon 1972 in Bachmanns Erzählung ›Drei Wege zum See‹ ausgesprochen, »und es sollten die Frauen und Männer am besten Abstand halten, nichts zu tun haben miteinander«,[23] und siebzehn Jahre später von Jelinek wiederholt, »das Gespräch zwischen Frauen und Männern ist im Augenblick nicht möglich«,[24] – diese *Negation* wird dort in den Entwurf einer *positiven* Alternative umgemünzt. So hat der zweite Teil von ›Häutungen‹, in dem körperliche/sexuelle Beziehungen von Frauen im Kontext einer trivialen Naturmetaphorik als Utopie erscheinen, auch besonders kontroverse Reaktionen hervorgerufen, nicht wegen der programmatischen Darstellung lesbischer Liebe, sondern wegen der daran gekoppelten Naturideologie. Bei Johanna Moosdorf dann in ihrem Roman ›Die Freundinnen‹ (1977) erhält die Bindung zweier Frauen durch die Auseinandersetzung mit matriarchaler Mythologie eine kulturgeschichtliche Orientierung. Von Lebens-, Alltags- und Konflikterfahrungen gleichgeschlechtlicher Liebe handeln dagegen Judith Offenbachs (Ps.) ›Sonja. Eine Melancholie für Fortgeschrittene‹ (1981) und Christa Reinigs ›Die Frau im Brunnen‹ (1984), Texte, die auch als Desillusionierung weitgesteckter Ziele und Veränderungshoffnungen gelesen werden können, deren kultur- und sexualpolitische Bedeutung aber darin besteht, das Bewußtsein für die Normalität anderer als heterosexueller Lebensgemeinschaften zu befördern.

Strukturelle Gleichförmigkeit *und* krasse Unterschiede zwischen einzelnen weiblichen Lebensläufen sind das Thema, dem in anderen Texten die Darstellung von Frauenbeziehungen dient. In der Form der Entgegensetzung und Spiegelung werden in Muhrs Roman ›Die Freundinnen‹ (1974) zwei Lebensläufe derart aufeinander bezogen, daß sie im Verhältnis von Möglichkeit und Un-Möglichkeit miteinander verbunden erscheinen. »Jeden von uns gibt es doppelt: als Möglichkeit, als Un-Möglichkeit«, wie Christa Wolf in ›Nachdenken über Christa T.‹ (1968) formuliert hatte. In Jeannette Landers Roman ›Die Töchter‹ (1976) sind es drei (nach 45) sehr verschiedene jüdische Lebensläufe, die mit Hilfe ihres jeweiligen kulturellen Kontextes – West-Berlin, Israel, USA – als Kontrastbilder profiliert werden und doch auf ein gemeinsames Ursprungserlebnis in der Kindheit bezogen bleiben: den ungewissen Tod des Vaters in Warschau. Die Wiederkehr des Gleichen in der Veränderung von Frauenleben durch fünf Generationen hindurch prägt die Darstellung in Drewitz Roman mit autobiographischem Hintergrund ›Gestern war heute. Hundert Jahre Gegenwart‹ (1978). Während die etablierte Geschichtsschreibung jene Erlebnisse, die sich in weiblichen Lebenszusammenhängen ereignen, weitgehend ausblendet, konzentriert die Gestaltung historischer Erfahrung aus subjektiver Perspektive sich hier auf eine weibliche Genealogie, auf eine ›Her-Story‹ von Müttern und Töchtern. Noch schärfer akzentuiert ist dieser »Kreislauf der Wiederholungen«[25] in dem Roman ›Die dreizehnte Fee‹ (1983) von Katja Behrens. Darin ist mit der Konstruktion einer Namenssymbiose »Hannamarieundanna« aus der Perspektive der Jüngsten diese weibliche Genealogie auch als Konfliktfeld weiblicher Identitätsbildung markiert. In der Thematisierung der Mutter-Tochter-Beziehung können die Mütter durchaus als Täterinnen auftreten, so in dem ersten Teil von Helga Novaks Autobiographie ›Die Eisheiligen‹ (1979), in der die Adoptivmutter den sprechenden Namen »Kaltesophie« und den Charakter einer gnadenlosen Dressurinstanz erhält. Ähnlich wie die Mutter in dem Roman ›Die Klavierspielerin‹ (1983) von Jelinek, der die Mutter-Tochter-Symbiose gleichsam mit einem psychoanalytischen Seziermesser, dem vielbemühten kalten, bösen Blick der Jelinek, als Abgrund beschreibt und die psychosexuelle Genese eines in Gewaltzusammenhänge verwickelten weiblichen Begehrens in einer Serie von Urszenen vor Augen führt.

Am häufigsten aber kommen weibliche Lebensläufe im *autobiographischen* Schreibmuster zur Darstellung. Literaturgeschichtlich ist Ende der siebziger Jahre in der Verbindung mit der ›autobiographischen Mode‹ für die ›Frauenliteratur‹ der Schritt zur Popularisierung getan. Das Genre wird überwiegend im Vertrauen auf die ›Authenzität‹ der eigenen Erinnerung genutzt, sei es von älteren Autorinnen, die auf ihre Kindheit oder Jugend während der Nazizeit zurückblicken – wie Luise Rinser in ›Den Wolf umarmen‹ (1981), Dorothea Zeemann in ›Einübung in Katastrophen. Leben von 1913–1945‹ (1979) oder Margarete Hannsmann in ›Der helle Tag bricht an. Ein Kind wird Nazi‹ (1982) – sei es von der Generation, die in der Nachkriegszeit aufgewachsen ist und den gewaltsamen Wiederaufbau bürgerlicher Normalität – oft symbolisiert in der Rückkehr des Familienvaters – auch am eigenen Leibe erfahren hat, wie etwa Angelika Mechtel ›Wir sind arm wir sind reich‹ (1977), Maria Wimmer ›Die Kindheit auf dem Lande‹ (1978) und Monika Streit ›Eine Kindheit nach dem Krieg‹ (1984). Ihre Bedeutung entlehnen solche Lebensberichte der Nachkriegsgeneration – wenn nicht über den Vater geschrieben wird, wie von den männlichen Altersgenossen auch – der Bewertung der eigenen Erfahrungen als ›zeittypisch‹, wie oft schon die Titelgebung verrät. Einige Autorinnen, wie Karin Reschke mit ihren ›Memoiren eines Kindes‹ (1980) und Hanna Johansen mit ›Die Analphabetin‹ (1982), versuchen, sich ganz in die Perspektive des Kindes (zurück) zu versetzen, mit dessen Blick dann die Verdrängungsarbeit der Erwachsenen bei Kriegsende dargestellt wird.

Als kritischer Gegentext zum weitgehend unbefangenen Erzählen von autobiographischen Erinnerungen in der ›Frauenliteratur‹ liest sich Christa Wolfs ›Kindheitsmuster‹ (1976), ein Roman, in dem Wolf die Beziehung zwischen der heute Schreibenden und dem »Kind, das ich einmal war«, in einer komplexen Erzählsituation, die das Ich ausspart (Erzählperspektive der zweiten und dritten Person), zur Darstellung bringt, verschiedene Zeitebenen miteinander konfrontiert und ihren »Medaillons der Erinnerung«, »blank poliert beim häufigen Erzählen«, mit größter Skepsis begegnet, um so der in der *eigenen* Erinnerungsarbeit eingeschlossenen Verdrängungen habhaft zu werden. Statt um die individuelle Geschichte, die als repräsentativ oder typisch bewertet wird, geht es in Wolfs Roman um die *Muster* der Kindheit, um die Strukturen von Erfahrungen – und zugleich auch um die Genremuster der Autobiographie. Noch deutlicher hat Bachmann mit ›Malina‹ dieses Genre in Frage gestellt. Spielt ihr Text schon mit dem Personenregister am Anfang auf Formen der erkennungsdienstlichen Personenerfassung an und stellt das Genre so in die problematische Tradition des Bekenntnisdiskurses,[26] so lautet eines der Leitmotive der Ich-Erzählerin: »Ich will nicht erzählen, es stört mich alles in meiner Erinnerung«,[27] wobei sie die verschwiegene Erinnerung, für die das *Erzählen* störend wirkt, von der gewöhnlichen Erinnerung – das ist »Zurückliegendes, Abgelebtes, Verlassenes« – unterscheidet. Mit ihrer »von seiner klaren Geschichte« abgesonderten und abgegrenzten »unvermeidlichen dunklen Geschichte, die seine begleitet, ergänzen will«,[28] stößt die namenlose, weibliche Stimme in Malina auf die sie tötenden Strukturen der etablierten Redeweisen und Erzählformen – und die Autorin zugleich auf die Unverträglichkeiten von Genretraditionen und weiblicher Erinnerung. Anstatt die zusammenhängende, fortlaufende, identische Entwicklungsgeschichte einer Frau zu beschreiben, hat Bachmann in ›Malina‹ mit dem Verschwinden eines jenseits der linearen Zeit, im »heute«, lebenden weiblichen Ichs die Voraussetzungen (männlichen) Erzählens gestaltet. Er, Malina, der Erzähler, ist der Überlebende dieser Geschichte. In ›Der Fall Franza‹ wird er als Martin, der ebenfalls gegenüber Franza den Platz des Überlebenden einnimmt, zum Leser und Übersetzer ihrer Zeichen und Ausdrucksformen.

Eine Auseinandersetzung mit der Sprache und den Erinnerungs- und Erzählformen tritt auch in der Geschichte der Literatur von Frauen seit Entstehung der ›Frauenliteratur‹ in den Vordergrund. Als Alternative zum Entwicklungsmodell der Autobiographie werden oft *topographische* Darstellungsweisen gewählt. Schon dem ersten Roman Gertrud Leuteneggers, ›Vorabend‹ (1975), der jenseits der Debatten über ›Frauenliteratur‹ entstanden ist, liegt eine topographische Konzeption zugrunde. Die Straßenzüge, durch die ein Demonstrationszug am nächsten Tag gehen wird und denen die Ich-Erzählerin am Vorabend folgt, bilden den Anlaß für Assoziationen, Reflexionen und Erinnerungen, die derart als Gewebe von Gleichzeitigkeiten gestaltet sind. Ihr Antrieb und Interesse gilt dabei den aus den erstarrten Lebenszusammenhängen ausgeschlossenen Sehnsüchten. In Johansens erstem Roman ›Die stehende Uhr‹ (1978) ist es eine imaginäre oder unendliche Zugfahrt, die einen Stillstand der Zeit bzw. eine Bewegung im Stillstand gestaltet und damit eine Reise des Bewußtseins ermöglicht. In solchen Kompositionen korrespondiert die äußere Bewegung mit einem Bewußtseinsstrom oder den Spuren des Gedächtnisses und macht diese darstellbar, ohne sie einer anderen Logik oder Ordnung zu unterwerfen.

Andere Möglichkeiten, die Linearität des Erzählens zu unterlaufen, probieren z. B. Lander, die in dem Roman ›Ich, allein‹ (1980) Tagebuchaufzeichnungen eines Zeitraumes vervierfacht und als Parallelgeschehen anordnet, und Gerlind Reinshagen, die in ihrem Roman ›Die flüchtige Braut‹ (1984) die Stadt Berlin — in Anlehnung an das romantische Programm der Synpoesie — zum Ort eines vielstimmigen, polyperspektivischen Textes macht. Zeitliche und räumliche Topographien dienen in diesen Texten vor allem der Synchronie des Geschehens und der Erinnerung.

Die politische Bewegung ist dagegen Ausgangspunkt der topographischen Schreibweise Birgit Pauschs. In ›Die Verweigerungen der Johanna Glauflügel‹ (1977) wird die zum Stillstand gekommene Protestbewegung durch eine Übersiedlung nach Italien in eine innere Bewegung der Heldin transformiert. Vielfältige Bewegungen, Ortswechsel, auch Wechsel der sozialen Orte und ›Gesellschaften‹, Reisen, auch imaginäre und solche in Archiven, Bildern und Schriften, und eine symbolische Fahrt in die Luft kennzeichnen auch die folgenden Publikationen von Pausch, ›Das Bildnis der Jakobina Völker‹ (1980) und ›Die Schiffschaukel‹ (1982). Die Metaphorik ihrer Texte hat dabei, besonders in ›Jakobina Völker‹, Anteil an einer Dialektik von Stillstand und Bewegung, von Ordnung und Fließen, von Jetztzeit und Gewesenem. Die Städte der Nachkriegszeit, aus denen die Trümmer beseitigt wurden — »Aber aus dem neuen Gehen wurde ein Fortsetzen der alten Wege. Ein Weitermachen und Aneinandervorbeisehen, ein Schutzsuchen vor den breiten Strömen in den Städten.«[29] — werden zu symbolischen Orten von Wiederaufbau und

Verdrängung – wie schon in Haushofers ›Mansarde‹ und in Bachmanns Wiener Gesellschaft in ›Malina‹.

Nicht selten suchen Texte von Frauen bzw. ihre Figuren *exterritoriale* Orte auf. Wie in Haushofers ›Mansarde‹ sind es in Leuteneggers Erzählung ›Meduse‹ (1988) die Berge, die ein Außerhalb der Zivilisation und der sozialen Ordnung symbolisieren und vor-bürgerliche Begegnungen zwischen den Geschlechtern erinnern, ähnlich wie das Grenzland Galizien und die Wüste in Bachmanns ›Franza‹. Von einem Ort außerhalb bzw. vor der Stadt bricht dagegen die Stimme eines weiblichen Ich in Ulla Berkéwicz Prosatext ›Michel, sag ich‹ (1984) auf, um den Geliebten zu suchen. Der Aufbruch in die Stadt ist hier ein Weg über den Fluß in ein Totenreich, in dem die Frau aber niemals auf den Geliebten, sondern immer nur auf die Spuren seiner Abwesenheit trifft. Auch wenn die Stadt Frankfurt genannt wird und der Text auf konkrete historische Ereignisse (wie mit Rudi auf die Studentenbewegung) anspielt, dominiert eine mythische Topographie. Anders als Orpheus aber gelingt der Ich-Stimme, zurück an ihrem Platz auf dem Lande und wieder verbunden mit der Erde, die Rückholung des Geliebten. Doch diese positive Umkehr in der Lektüre von Mythen ist eher eine Ausnahme. Ansonsten steht die Bezugnahme auf Mythen oft im Zusammenhang mit einer Suche nach den aus der herrschenden Geschichtsschreibung ausgeschlossenen Überlieferungen, wie in der Romantrilogie Barbara Frischmuths,[30] oder mit einer *Um*schreibung der autorisierten Schriften, wie in Mechtels Roman ›Gott und die Liedermacherin‹ (1983). Wenn aber in topographischen und mythischen Konstellationen die für Frauen so folgenreichen Grenzziehungen, die Ein- und Ausschlußverfahren unserer Zivilisationsgeschichte sichtbar gemacht werden, wie in Texten von Pausch, Duden, Haushofer und Bachmann z.B., dann ist darin eine Schreibweise zu sehen, die mit dem *doppelten Ort* von Frauen – innerhalb und außerhalb der sozialen Ordnung, beteiligt und ausgegrenzt zugleich – arbeitet.

2. Körpertexte · Wider den männlichen Schöpfungsmythos

Wird dieselbe konfliktreiche Position von Frauen im Hinblick auf die Sprache thematisiert, dann wird das in der Sprache ›Unsagbare‹ oder Verschwiegene dabei häufig mit anderen Ausdrucksmodi, vor allem mit denen des *Körpers,* in Verbindung gebracht. Am deutlichsten ist dies in den Krankheitsberichten, in denen die Symptom-Sprache des Körpers zum Anstoß für die Reflexion der eigenen Situation und ›Identität‹ als Frau wird. In der Folge von Muhrs ›Depressionen‹ und im Kontext der ›Betroffenenliteratur‹ unter dem Leitbegriff der ›Authentizität‹ sind in den siebziger Jahren eine Reihe von Texten vor allem über Depression und Magersucht – als spezifisch weibliche Krankheit – entstanden,[31] wie Maria Erlenbergers ›Hunger nach Wahnsinn‹ (1977) u. a. Ein zentrales Motto der ›Frauenliteratur‹ – »Mit dem Körper schreiben« oder »den Körper schreiben« (Cixous) – wird hier in der Form des Schreibens *über* den Körper realisiert, wobei die den schriftlichen Aufzeichnungen vorausgehenden Symptome als eine primäre Ausdrucksweise verstanden werden und der Körper so tendenziell als Ort einer ›wahren‹ Sprache erscheint. Umgekehrt wird in Maja Beutlers Roman ›Fuß fassen‹ (1980) die (Krebs-)Krankheit der Ich-Erzählerin zum Anlaß, ihre eigene Sprache – sie arbeitet als Journalistin – ebenso wie ihre verkrusteten Lebensformen neu zu überdenken. In den Krankheitsberichten von Frauen geht es vielfach um jene Verhaltensweisen und Eigenschaften, die dem ›weiblichen Sozialcharakter‹ angehören und die in ihren Rückwirkungen auf die Subjekte, die dieses Frauenbild ver*körpern,* als kränkend oder krankmachend erlebt werden. Der kranke Körper macht dann die Kränkung sichtbar.

»Der Körper hat es dann auszubaden«, hatte Zürn schon 1959 geschrieben, aber auch: »Meine Krankheit, die meine Rettung und Wiedergeburt ist.«[32] In der gleichen Ambivalenz werden Körper und Krankheit in der neueren Literatur von Frauen thematisiert, die sich dabei von autobiographischen Schreibweisen entfernt und den Körper als eingebunden in ein komplexes Symbolisierungssystem begreift. Ist der Körper der Leidtragende, so erhält seine Schädigung zugleich eine Bedeutung für mögliche Erkenntnisse, Auf- und Durchbrüche. Im Bruch mit einem Leben in Normalität ist es der geschädigte Körper, von dem aus die Normen der bestehenden Ordnung ins Wanken geraten. In diesem Sinne wird in Anne Dudens Prosaband ›Übergang‹ (1982) der nach einem Überfall zerstörte Körper als Materialisierung früher schon empfundener Zustände erlebt, die ja gerne in Körper-Metaphern beschrieben werden, als Leben in einem zerbrochenen Gehäuse z. B., während die sichtbare Zerstörung durch die Angleichung des äußeren Bildes an die Verfassung der Person zugleich die Verkennungen im imaginären Bild der Ganzheit, dem Leben im ›Bild der schönen Seele‹, auflöst. Besonders der bei der Behandlung zugedrahtete Mund evoziert Erinnerungen eines früheren Sprachzustandes, einer »Sprache im Traumzustand, jenseits der Sinn- und Formenschwelle«.[33] Damit kehrt der Text Dudens den Vorgang der Symbolisierung, der ansonsten mit dem und am Körper vorgenommen wird, um. Als Wahrnehmungsorgan wird der Körper auch in ihrem Buch ›Das Judasschaf‹ (1985) zum semiotischen Körper, werden in ihm die Gewaltverhältnisse der äußeren Geschichte ohne Reizschutz eingeschrieben. Dabei kommen besonders die Übergänge zwischen innen und außen, Tag und Nacht, Körper und Sprache in den Blick, vornehmlich jener Moment, in dem die Äußerungen zur artikulierten Sprache werden, indem sie sich vom Körper trennen: »Oder sie sagte selber Sätze, aber die hatte sie alle einzeln und nacheinander innen von ihrem Fleisch zu pflücken und nach außen zu transportieren.«[34]

Andere Texte operieren mit Körpersymptomen oder -symbolisierungen. Z. B. Libuše Moníkovás ›Pavane für eine verstorbene Infantin‹ (1983), deren Ich-Erzählerin sich in einen Rollstuhl, den symbolischen Ort der Behinderung, setzt und damit ihre sonst unsichtbar bleibenden Kränkungen und Schädigungen in Szene setzt und durchquert. In Pola Vesekens ›Altweibersommer‹ (1982), einem Text, der den Techniken einer Psychoanalyse folgt, ist die Symptomsprache des Körpers in eine vielgestaltige Sprache des Unbewußten, wie Assoziationen, Versprecher, Träume eingebunden. Die *äußere Gestalt* des Körpers ist dagegen Ausgangspunkt einer grandiosen Inszenierung in Ulrike Kolbs Roman ›Idas Idee‹ (1985), dessen Heldin sich planmäßig und durchaus mühevoll einen voluminösen Leibesumfang zulegt und mit diesem aus der Form geratenen Körper in ihrer Umgebung jene Phantasien und Begierden entfesselt, die im normalen Gebrauch der Lüste gebändigt sind. Der Roman re-inszeniert in komplexer Weise das Spiel der Blicke und Bilder, in die der weibliche Körper eingebunden ist. Die verdrängten präödipalen Wünsche, die im Anblick des üppigen weiblichen Körpers freigesetzt werden, wenden sich dabei häufig in aggressiver oder auch zerstörerischer Form gegen diesen.

Es sind die Körpererfahrungen, mit denen in der neueren Literatur von Frauen die Heldinnen oder Erzählerinnen am extremsten auf ihre ›Weiblichkeit‹ und eine unterlegene Position verwiesen erscheinen, nicht zuletzt deshalb, weil Sexualität oft als Gewalt erlebt wird, etwa in der Erzählung ›Dieser Tage über Nacht‹ (1984) von Karin Reschke und in Jelineks ›Lust‹ (1989), einem Text, der eine am Frauenkörper sich ausagierende Gewaltmechanik als Muster männlicher Sexualität präsentiert und diese in drastischer Sprache und mechanischer Schreibweise nachahmt. Eine umgekehrte Aggression, die der Heldin allerdings mehr unterläuft, als daß sie sie ausübte, ist Gegenstand der Erzählung ›Die Schwerkraft der Verhältnisse‹ (1978) von Marianne Fritz. Ihrer kleinbürgerlichen Medeagestalt dient die Tötung der Kinder einzig der Bewahrung ihrer idealen Bilder vor der schlechteren Wirklichkeit, der »Angleichung an das Ideal« – einer im Vergleich zu Dudens ›Übergang‹ genau umgekehrten Angleichung. In Fritz' Erzählung wird die dem Ideal stets innewohnende, latente Tötung manifest, vergleichbar dem Bild des »schönen, toten Mädchens« am Ende von Zürns Erzählung ›Dunkler Frühling‹.

Eine moderne Medea hat auch Jelinek geschaffen in der Figur der Carmilla in ihrem Theaterstück ›Krankheit oder Moderne Frauen‹ (1987), wo diese zusammen mit der Krankenschwester und Schriftstellerin Emily – eine Anspielung auf Emily Brontë – ein vampirhaftes Doppelgeschöpf bildet. Mit Carmillas Satz, »Ich bin krank, daher bin ich«,[35] bezieht Jelinek sich auf ein Frauenbild, in dem die Krankheit als Metapher für Weiblichkeit steht, und verkehrt dieses Bild mit ihren Vampirgestalten, ihren weiblichen Untoten, in einen ›Angriffswitz‹, in eine Satire. Derartige *satirische* Schreibweisen sind bei Schriftstellerinnen nicht häufig anzutreffen. Denn zum einen sind die Frauen traditionell eher in der Rolle der *Ver*lachten, und noch die an sich lächerlichen Rituale des herrschenden Männlichkeitswahns können sich plötzlich derart gegen sie richten, daß ihnen das Lachen im Halse stekkenbleibt. Und zum anderen haben, aufgrund ihrer instabilen Position im Symbolischen, Frauen, wie Kristeva sagt, »nichts zu lachen, wenn die symbolische Ordnung zusammenbricht«.[36] Dort aber, wo satirische Züge zum Tragen kommen, wie bei Jelinek und in Reinigs Roman ›Entmannung‹ (1976), richten sie sich auf die Bilder und Inszenierungen der bestehenden Geschlechterverhältnisse und befördern die darin verborgene Gewalt zutage, so daß sie oft ein schauderndes Lachen hervorrufen.[37] In Jelineks ›Moderne Frauen‹ trägt auch der Text selbst vampiristische Züge, indem er in Form einer parodierenden, entstellenden *récriture*[38] eine Fülle von Texten, von der Bibel über Descartes bis zu Irigaray, zitiert. Im verkehrenden Zitat aber identifizieren die Frauen sich nicht mit den Bedeutungen, die sie beim Eintritt in die symbolische Ordnung erlernen (müssen).

Damit richtet der Text sich gegen einen männlichen Schöpfungsmythos, inklusive der damit verbundenen Vorstellungen von Originalität, Werk, Genie und Autor, wie ihn auch Ria Endres am Beispiel von Bernhard in ›Am Ende angekommen‹ (1980) untersucht hat. Er steht im Zusammenhang einer ganzen Reihe von Publikationen, in denen Autorinnen ihr Augenmerk auf Orte und Rollen von Frauen in der Kunst- und Kulturgeschichte richten. Geht es hier grundsätzlich darum, die Überlieferungsgeschichte, die sich weitgehend als Genealogie männlicher Subjekte, Autoren und Heroen präsentiert, gegen den Strich zu bürsten, so haben sich dabei verschiedene Interessenschwerpunkte herausgebildet. Da sind zunächst die Texte, die sich jenen Frauen widmen, die von der etablierten Literaturhistorie als Nebenfiguren behandelt werden, den Musen, Mitarbeiterinnen, Partnerinnen und den ›Schwestern berühmter Männer‹,[39] ohne deren psychische und materielle Unterstützung, zuweilen auch intellektuelle Kreativität, die Werke vieler ›Autoren‹ und Künstler nicht zustande gekommen wären. Als Frauen-Opfer männlicher Kunstproduktion erscheint so Hebbels Geliebte Elise Lensing in Sybille Knauss' Roman ›Ach Elise oder Lieben ist ein einsames Geschäft‹ (1981), während Reschke der Selbstmordgefährtin Kleists, für die sich die Kleist-Forschung bislang erstaunlich wenig interessiert hat, mit ›Verfolgte des Glücks. Findebuch der Henriette Vogel‹ (1982) eine ganze Lebensgeschichte erfunden hat, mit dem problematischen Effekt, daß die Lücke geschlossen, der blinde Fleck in gefälligen Farben ausgemalt wird. Die Konstellation in Endres' als Brief bezeichnetem Buch ›Milena antwortet‹ (1982) ist dagegen eher durch die Identifikation mit der *Position* der Briefpartnerin Kafkas als mit der *historischen* Milena Jesenská und insofern doch mehr durch ein Interesse an Kafka geprägt.

Andere Texte sind als subjektive Aneignung mythischer oder mythisierter Heldinnen aus der (Literatur-)Geschichte konzipiert, vor allem vom Typus der reinen Märtyrerin, die ihr Leben für eine Idee oder heroische Tat opfert. Solche Aneignungen bewegen sich zwischen den Polen erneuter Heroisierung, wie in Knauss' Roman über die vielgepriesene Marat-Mörderin ›Charlotte Corday‹ (1988), und Entheroisierung, wie in Grete Weils Roman ›Meine Schwester Antigone‹ (1980), in dem die Ich-Erzählerin, eine überlebende Jüdin, ihre Identifikation mit der Gestalt der Antigone in einem schmerzvollen Destruktionsvorgang auflöst und sie als handlungslähmendes Vorbild für sich verwirft.

Die tödliche Wirkung, die der männliche Schöpfungsmythos häufig auf Frauen ausübt, hat dagegen Erica Pedretti in einer paradigmatischen Konstellation beschrieben, die sich auf den Fall des Schweizer Malers Ferdinand Hodler und der von ihm gemalten kranken bzw. sterbenden Geliebten bezieht. ›Valerie oder das unerzogene Auge‹ (1986) zitiert zwar aus Schriften Hodlers, Pedretti beschreibt darin aber Muster, die weit über diesen Einzelfall hinaus gültig sind. Während sich der Künstler durch seine Techniken und Produktionen das Leben vom Leibe hält — sinnbildlich dargestellt in der zwischen Maler und Modell plazierten Dürer-Scheibe — verlischt das Leben des Modells in dem Maße, wie das Werk entsteht, durch das sich der Malende als Künstler konstituiert. Mit der Bild-Werdung der Frau unter der Herrschaft des männlichen Blickes[40] thematisiert Pedretti eines der zentralen Motive einer Re-Lektüre der Kulturgeschichte aus weiblicher Perspektive, in der sich die Arbeiten von Wissenschaftlerinnen und Künstlerinnen in den achtziger Jahren immer mehr berühren. Wie wenig allerdings deren Kritik in der Öffentlichkeit aufgenommen wird, belegt die Tatsache, daß diese erst reagierte, als die von Frauen immer wieder diskutierte These von der ›Tötung des Weiblichen in der Kunstproduktion‹ noch einmal mit Klaus Theweleits ›Buch der Könige‹ (1988) in einem opulenten Werk männlicher Autorschaft entfaltet wurde.

Auch die Heldin in Jelineks Theaterstück ›Clara S.‹ (1981) – gemeint ist Clara Schumann – ist Opfer des männlichen Schöpfungsmythos; zugleich setzt der Text die Unmöglichkeitsbedingungen weiblicher Kunstproduktion in Szene. Sonst sind es eher historische Schriftstellerinnen, auf die sich das Interesse ihrer heutigen Kolleginnen richtet, entweder auf die Situation schreibender Frauen überhaupt, wie in Ursula Krechels Hörspiel ›Der Kunst in die Arme geworfen‹ (1984), oder auf einzelne Autorinnen. Dabei begegnen tendenziell identifikatorische, biographisch motivierte Spurensuchen, so in Christa Moogs Roman über Katherine Mansfield ›Aus tausend grünen Spiegeln‹ (1988), ebenso wie Aneignungsweisen, die sich gegen geschlossene Bildproduktionen sperren. So destruiert Ginka Steinwachs in ›George Sand. Eine Frau in Bewegung, die Frau von Stand‹ (1980) das zur Statue erstarrte Bild ihrer Heldin und setzt statt dessen einige Episoden aus deren Schriften und Leben in Szene. Das Verhältnis der *Intertextualität,* welches sie hier zu den Schriften Sands einnimmt, bestimmt auch die Schreibweise von Jelineks Stücken, eine Alternative zur Tradition des männlichen Schöpfungsmythos. Ähnlich wie Jelineks Verfahren des entstellenden Zitats verwirft Steinwachs' Schreibweise die Vorstellung von Originalität; sie versteht jedes Schreiben als »Niederschrift einer Wiederschrift« oder bezeichnet die Dichterin ironisch als »Originalkopistin«.[41] Damit im Zusammenhang steht ihr Verständnis des Schreibens als Lektüre, das sie besonders in dem Montageroman ›Marylinparis‹ (1978) erprobt hat.

Wenn auch die Verabschiedung des Originalitätsanspruchs und

das Verfahren der Intertextualität zu den Essentials einer ästhetischen Moderne gehören, so erhalten sie doch für die Kulturgeschichte der Weiblichkeit eine besondere Bedeutung, da Autorinnen und Theoretikerinnen heute davon ausgehen, daß die Frau immer schon in der Rolle der *Mimin* plaziert ist. In dem Maße, wie die Flut der Frauenbilder und Weiblichkeitsmuster als kulturelle Konstruktionen betrachtet werden, hinter denen nicht mehr ein Bild der ›wahren‹ Frau gesucht wird, erscheint die Geschichte der Weiblichkeit als Rollentheater, als große Inszenierung, in der die Frau die Aufgabe hat, die Bilder von Weiblichkeit zu mimen oder zu verkörpern. Wenn nun Schauspielerinnen als neue Heldinnen in der Literatur von Frauen auftauchen – wie schon in Reinshagens Stück ›Doppelkopf. Leben und Tod der Marylin Monroe‹ (1971) und in ihrem jüngeren Text ›Die Clownin‹ (1985) oder in einigen der Porträts in Gisela von Wysockis ›Die Fröste der Freiheit‹ (1980) und in der Hamburger Inszenierung ihres Stücks ›Schauspieler, Sänger, Tänzerin‹ (1989) –, dann bezieht sich die dargestellte Situation nicht nur auf den *Berufs*stand der Schauspielerin. Clara S. und die anderen Frauengestalten in den Stücken Jelineks und Steinwachs' sind ebenfalls Miminnen. Und von der Büchnerschen Tänzerinnengestalt Rosetta nimmt auch Wolfs ›Büchner-Preis-Rede‹ (1980) ihren Ausgang, um mit einem Reigen von Frauennamen die widersprüchliche Geschichte vom Eintritt der Frauen in die »Zitadelle der Vernunft« zu beschreiben, von »Rosetta unter ihren vielen Namen«. Die Schauspielerin in Reinshagens ›Clownin‹ trägt den bedeutungsvollen Namen Dora und wird im Dialog mit Emily (Brontë) vorgeführt.

Nicht die Identität und Einmaligkeit einer Frau stehen also im Mittelpunkt der neueren Literatur von Frauen, sondern die Muster und Inszenierungen von Weiblichkeit. Dies mag ein Grund dafür sein, warum szenische, Theater- und Tanztheaterformen für weibliche Ausdrucksmöglichkeiten immer mehr an Bedeutung gewinnen.[42] Das Verfahren der Darstellung von Vorstellungen verbindet diese mit Texten, die vor der ›Frauenliteratur‹ entstanden sind. Während aber die stumme Rolle, die sie im Theater unter dem Gesetz des Vaters zu spielen habe, der Ich-

Erzählerin in ›Malina‹ als tödlich erschien – »Ich habe die Aufführung gerettet, aber ich liege mit gebrochenem Genick zwischen den verlassenen Pulten und Stühlen«[43] – beginnen die neuen Heldinnen ihre Rolle zu schauspielern, ihre Mimesis der ›Weiblichkeit‹ zu mimen, werden sie zu Miminnen *zweiten Grades,* deren Bewegungen nicht in einer einfachen Nachahmung aufgehen.

Regula Venske
III. Kritik der Männlichkeit

1. »*Männerwelt*« – »*Mörderwelt*«

»Die Frau ist die Heimat des Mannes. Ist der Mann die Heimat der Frau?« fragte Hilde Domin in ›Das zweite Paradies‹ (1968).[44] Dieser »Roman in Segmenten« wurde erst sieben Jahre nach seiner Fertigstellung veröffentlicht, in aktualisierter Form, das heißt mit einmontierten Zitaten aus dem Nachrichtenmagazin DER SPIEGEL von 1967/68. Durch Anspielungen auf Themen wie neonazistische Umtriebe in der Bundesrepublik, Hippie- oder Studentenbewegung sollte ein höheres Maß an Objektivität hergestellt werden. Dennoch rügten Rezensenten diesen Roman einer Ehekrise, in dem der Mann eben nicht als Heimat der Frau erscheint, sondern als »Knabe ⟨...⟩, der sich in den Schutz der Frau stellt«, der sie als »Rammbock gegen die Wirklichkeit« benutzen und in das »Prokrustesbett seines Traums« zwingen will,[45] dem Erwartungshorizont der 1968er Zeit entsprechend, als Privatsache. Bei einer Neuauflage im Jahr 1986, wie auch schon in der Taschenbuchausgabe von 1980, wurden diese aufgepfropften Fremdkörper wieder fortgelassen, sie seien, so hieß es im Klappentext, »durch die Wechselbäder unseres politischen Klimas heute überholt«.

Ebenfalls im Jahr 1968 erschien in zweiter Auflage ein Roman, der zwar schon 1963 erstmals veröffentlicht worden war, der aber erst bei seiner Neuausgabe 1983 Furore machte: Haushofers ›Die Wand‹. Darin übte die Autorin eine weitreichende Kritik an der Arbeitsteilung zwischen den Geschlechtern, wie sie sich unter den Bedingungen des Patriarchats durchgesetzt hat: Lieben versus Töten. Während sich der Mann, gegen den sich die Ich-Erzählerin des Romans zur Wehr setzen muß, als ganz normaler Repräsentant der bürgerlichen Ordnung einerseits und als »Mörder« andererseits entlarvt: »Ihr Haß auf alles, was neues Leben erschaffen kann, muß ungeheuer sein.« – hält die Frau an ihrer Utopie fest: »Es gibt keine vernünftigere Regung als Liebe.«[46] Auch in Moosdorfs Roman ›Die Andermanns‹ (1969) wurde die »Männerwelt« als »Mörderwelt« bezeichnet,[47] eine Kritik, die die Autorin in ›Die Freundinnen‹ (1977 erschienen; seit etwa 1970 hatte sich Moosdorf um eine Veröffentlichung bemüht) noch fortsetzte: »Die verstehen nur eins: Trennen. Auseinanderreißen. Töten, um zu erkennen. Es ist ja dann aber nur das Tote, das sie erkennen.«[48]

Die Trauer über die ›männliche Unfähigkeit zu lieben‹ – Männer lieben die Frau nur als Bild, das sie sich von ihr machen, und als Besitz, sie sind unfähig, die Frau *wirklich* zu erkennen – war ein kaum verschlüsseltes, dennoch auf bemerkenswerte Weise ignoriertes Thema in vor-feministischer Literatur, neben den hier genannten Beispielen auch zu finden etwa bei Geno Hartlaub, Kaschnitz oder Bachmann, in deren Roman ›Malina‹ (1971) die »Krankheiten« der Männer als unheilbar bezeichnet wurde.[49] In der kritischen Rezeption entledigte man sich des Themas der Männlichkeitskritik, indem man es in den Bereich der Individualpathologie einer Autorin zurückverwies. Es bedurfte des öffentlichen Diskurses der Frauenbewegung, um die Männlichkeitskritik aus weiblicher Feder vom Vorwurf übersteigerter Subjektivität zu befreien. Bevor allerdings den Texten von Bachmann oder Haushofer eine literarische Renaissance zuteil werden konnte, vollzog die sogenannte ›Frauenliteratur‹ zunächst einen Rückschritt gegenüber dem in den früheren Texten bereits erreichten Stand der Kritik. Dort konnte Männlichkeit als kulturelles Konstrukt verstanden werden, als ein historisch gewordenes, und das hieß eben auch: überwindbares Produkt. Demgegenüber fingen die seit 1975 publizierten Texte aus dem Kontext der Frauenbewegung in ihrer Kritik an den Männern ganz von vorne an: nur mehr auf individuell-biographischer Ebene. Die Kritik an männlicher Liebesunfähigkeit zieht sich allerdings wie ein roter Faden auch durch die für die zweite Hälfte der siebziger Jahre typischen Paargeschichten und Trennungstexte, angefangen bei Stefans ›Häutungen‹ (1975) über Karin Petersens ›Das fette Jahr‹ (1978) oder Herrad Schenks ›Abrechnung‹ (1979), bis hin zu Christine Wolters ›Stückweise Leben‹ (1980) und den im selben Jahr veröffentlichten Aufzeichnungen von Judith Jannberg (Ps.) ›Ich bin ich‹ und Svende Merians ›Der Tod des Märchenprinzen‹. Mit dem Jahr 1980 schien der Kulminationspunkt dieses Genres erreicht zu sein, mit Ausnahme des nach gleichem Erfolgsrezept verfertigten Nachzüglers ›Das kleinere Unglück‹ von Sybil Wagener (1984), der noch einmal die typischen Ingredienzen aufweist: eine in ihrer bürgerlichen Ehe unbefriedigte Frau mittleren Alters, einen möglichst unsympathischen Ehemann, der über seinem beruflichen Erfolg gefühlsunfähig geworden ist, einige jugendliche Liebhaber, die die Trennung vom Ehemann erleichtern helfen sollen, sowie eine ins Lager der Frauenliebe übergelaufene beste Freundin; das Ganze gewürzt mit Kindheitserinnerungen an Drittes Reich und Nachkriegszeit und Gedanken über die bundesdeutsche Entwicklung von 1968 bis zum ›deutschen Herbst‹ 1977, abgerundet durch einen gescheiterten Selbstmordversuch und eine kleine Reise der Protagonistin.

Ob nun Hannelies Taschau in ›Landfriede‹ (1978) den Ehemann als einen pragmatischen Realisten charakterisiert, der stets zum Ausgangspunkt zurückkehrt, »ohne sich verausgabt oder etwas preisgegeben zu haben«,[50] oder ob es in Brigitte Schwaigers Ehescheidungsgeschichte ›Wie kommt das Salz ins Meer?‹ (1977) über den Mann heißt, daß er immer »auf Nummer Sicher« gehe: »Was er hier einsetzt, bekommt er dort wieder zurück«:[51] In all diesen Texten wurde die männliche Libido verstanden als eine, die auf der »Ökonomie der Erhaltung«[52] beruht: »Vielleicht läuft er deswegen von einer Frau zur nächsten, weil er nur so lange, wie er nichts geben muß, bleiben kann?« (Jannberg).[53] Und auch in nicht-bürgerlichen Beziehungstexten wurde kaum eine andere Bilanz gezogen, wie etwa ›Die Geschichten der drei Damen K.‹ von Helke Sander (1987) veranschaulichen, und zuvor auch ihr

Film mit dem programmatischen Titel ›Der Beginn aller Schrecken ist Liebe‹ (1983).

Ob bedrohlich wirkend wie in Leuteneggers ›Gouverneur‹ (1981) oder ironisch dargestellt wie in Johansens Roman ›Trocadero‹ (1980), allemal galten Männer als Repräsentanten eines mörderischen Systems. Als Kontrastpunkt zu den oben erwähnten Paar- und Trennungstexten kann Jelineks Roman ›Die Liebhaberinnen‹ (1975) gelten, der einen satirischen Blick auf die trivialen Ehe- und Liebesmythen, die von den Protagonistinnen des Romans geteilt werden, wirft. Die an marxistischem Denken geschulte Analyse und die präzise Sprache lassen die »Liebhaberinnen« dabei dennoch nicht als Opfer erscheinen. Auch in diesem Aspekt unterschied sich Jelineks Roman von den autobiographischen Trennungstexten, in denen die Kritik am »kaputten Rationalismus« und der »Gefühlskälte« der Männer[54] wie ein Bumerang auf die Frauen zurückschlagen konnte, waren sie es doch schließlich selbst, die ihre Abhängigkeit und Unterdrückung noch mit reproduzierten. Auffällig war die Beschreibung weiblicher Liebesbereitschaft als »Sucht«, zum Beispiel bei Petersen, Schenk und Merian, und die Ersetzung dieser Sucht durch die Sucht des Schreibens. Exemplarisch ist diese Struktur in den Texten Karin Strucks zu finden. In ›Klassenliebe‹ (1973), ›Die Mutter‹ (1975), ›Lieben‹ (1977), ›Trennung‹ (1978) und ›Kindheits Ende‹ (1982) wirkte »Trennung als Motor des Schreibens«.[55] Der Versuch, wenigstens im Schreiben mit dem Beschriebenen/dem Mann eins zu werden, ließ nicht nur im Text eine Symbiose mit dem Mann fiktiv entstehen, sondern zeitigte ein Verhältnis zum Text, das selbst symbiotisch genannt werden kann. Der ›Männerhaß‹ – so der Titel des Entwurfs zu einem Einakter, unter kruden Anspielungen auf Bachmanns Text ›Undine geht‹ (1961), in ›Kindheits Ende‹: »Ihr Männer, ihr seid Meerungeheuer; gefräßige, dickbauchige Stinkmorcheln; wabbelige Schopftintlinge...«[56] – bleibt insofern rhetorisch, als er sich als Projektion entlarvt. Die »Sucht nach Symbiose, Zwillingsdasein, Abhängigkeit« meint nicht nur den Mann, sondern auch »die mit der Mutter nie durchlebte Einheit«.[57]

Nicht den Müttern, sondern den *Vätern* gewidmet war jedoch

eine Gruppe von Texten, die eine Sonderform der individuellen
Abrechnung mit dem Männlichen darstellen: die Vaterbücher, zu
denen Elisabeth Plessens ›Mitteilung an den Adel‹ (1976) den
Auftakt bildete. Ebenso wie ihr Text sind auch Brigitte Schwaigers ›Lange Abwesenheit‹ oder Barbara Bronnens ›Die Tochter‹
(beide 1980) autobiographisch motiviert und beschwören die
väterliche Abwesenheit und Unerreichbarkeit. Diese bildete zwar
keinesweg ein originäres Motiv in den Tochtergraphien, war
doch die Abwesenheit des Vaters bereits in Peter Weiss' ›Abschied
von den Eltern‹ (1961) beklagt worden, und Alexander Mitscherlich hatte ihr in seiner Analyse der ›vaterlosen Gesellschaft‹ theoretischen Status verliehen.[58] Dennoch unterschieden sich die Vaterbücher der Töchter doch deutlich von denen der Söhne, die
ebenfalls Anfang der achtziger Jahre populär waren [→ 89 ff.]
Im Unterschied etwa zu Peter Härtlings Roman ›Nachgetragene
Liebe‹ und Christoph Meckels ›Suchbild. Über meinen Vater‹
(beide 1980) oder Thomas Mitscherlichs Film ›Vater und Sohn‹
(1984), die deutlich vom »Konkurrenzkampf unter Männern«[59]
handeln, erfolgt die Auseinandersetzung mit den Vätern von seiten der Autorinnen eher im Modus der Annäherung oder gar
Identifizierung. Eine gelungene Vermittlung zwischen Nähe und
Ferne, Subjekt- und Objektposition im Schreiben und gegenüber
dem Beschriebenen, findet sich in Jutta Schuttings Erzählung
›Der Vater‹ (1980). Auch hier legitimiert sich das Erzählen
jedoch in gewisser Weise vom Vater her, dessen Jagd- und »Räu-
bersgeschichten«[60] die Tochter erzählt und dessen Jagdleiden-
schaft sie ihre Erzählsucht gleichsetzt. Es bleibt problematisch in
den Vatertexten von Autoren beiderlei Geschlechts, daß sie dem
Vater gerade in seiner *Abwesenheit* noch Macht verleihen. Im
Grunde handeln diese Texte von der Anwesenheit der Abwesenheit des Vaters, während die Abwesenheit der Mutter nicht
beklagt, sondern literarisch noch fortgeschrieben wird. Trotz
aller Kritik benötigen die ›Tochtergraphien‹ den Vater als Instanz
ihres Schreibens; ohne ihn bestünde ihre Schrift nicht.

Während die Texte von Plessen und Schutting durchaus
kokette Inzestanspielungen enthalten, findet sich bei Schwaiger
und Struck auch eine Übertragung der Vatermacht auf einen

272   LITERATUR VON FRAUEN

Geliebten als Ersatzvater dargestellt. Von einer solchen Struktur kann, trotz gegenteiliger Beteuerungen im Text, auch bei Sigrid Brunks Roman ›Der Magier‹ (1979) ausgegangen werden. Von diesen, wenn auch literarisierten, Klischees sind solche Texte zu unterscheiden, in denen ein realer Vater/Tochter-Inzest, besser gesagt, der sexuelle Mißbrauch der Tochter durch den Vater, literarisch und/oder therapeutisch aufgearbeitet wird. Aus der Sicht der quasi betrogenen Ehefrau und Mutter geschieht dies in Christel Dorpats Text ›Welche Frau wird so geliebt wie Du‹ (1982), aus der Sicht der Tochter in Liane Dirks Roman ›Die liebe Angst‹ (1986).

Eine Kritik am Vater als dem symbolischen Vertreter der Macht und des Gesetzes findet sich besonders in solchen Texten, die nicht autobiographisch operieren. Die Entwicklung reicht von Bachmanns grundlegender Auseinandersetzung mit dem *symbolischen Vater* im zweiten Kapitel von ›Malina‹ über Jutta Heinrichs aggressive Anklage patriarchalischer Gewaltverhältnisse in ›Das Geschlecht der Gedanken‹ (1977) und ›Mit meinem Mörder Zeit bin ich allein‹ (1981) über Knauss' eher ironische Sicht auf das Patriarchat, das eigentlich schon abgedankt hat, in ›Das Herrenzimmer‹ (1983) und ›Erlkönigs Töchter‹ (1985), zu einem bloßen Spiel mit den Klischees, den literarischen Versatzstücken und Zitaten in Elfriede Czurdas Abenteuerroman ›Kerner‹ (1987). Ihre Charakterstudie des seine elfjährige Tochter mißbrauchenden Titelhelden als »Supporteur, Benützer, Pflegling, Günstling, Matador und Vorgesetzter, Kalfaktor, Charakter«[61] entledigt sich mit dem Respekt vor dem Vater zugleich auch der Kritik, wenn nämlich Sprachkritik stellenweise in puren Nonsens umschlägt.

2. »Amoritäten«[62]

Czurdas zwei frühere größeren Prosaveröffentlichungen, ›Diotima oder die Differenz des Glücks‹ (1982) und ›Signora Julia‹ (1985), können zu einer Gruppe von Liebes-Texten gezählt werden, wie sie in erster Linie aus der Feder österreichischer Autorinnen stammen. In ihnen wird, oberflächlich den ›symbiotischen Texten‹ vergleichbar, ein abwesender Geliebter durch ein anwesendes, da schreibendes weibliches Ich beschworen. Dabei wird die männliche Unerreichbarkeit quasi zur U-topie eines weiblichen Begehrens, das in erster Linie auf den schönen Text zielt. Die in den symbiotischen Texten naiv abgebildeten Projektionen werden hier als Konstruktionen bewußt reflektiert. In ›Diotima oder Die Differenz des Glücks‹ führt die Autorin ein intellektuelles und ironisches Spiel mit der sonst von Männern vorgenommenen Bildproduktion und -projektion vor, wobei der Entwurf des idealen Geliebten zugleich eine Utopie als auch deren Verhinderung bedeutet:

> Eine Verbindung (Fusion?) von Konstruktions- und Alltagswirklichkeit ist ausgeschlossen: In dieser Konstruktion von Glück stelle ich an dich keine Erwartungen, und deshalb erfüllst du sie alle. . .[63]

So, wie in Czurdas ›Signora Julia‹ männlicher Protagonist und weibliche Hauptfigur nie an einem Ort zusammentreffen, meiden die Texte, um die es hier geht, insgesamt die Begegnung mit dem Gegenüber – und sparen damit auch die Gewalt in den Geschlechterverhältnissen aus. In Anlehnung an Friederike Mayröcker, in deren »Erfindungsbuch« ›Die Abschiede‹ (1980) es heißt, das Schreiben komme »einer Entleibung gleich« – »hingerissene Sprechmaschine vom Wahn befallen 〈. .〉 der schöne Stil«[64] – könnte man sie als ›entleibte Texte‹ bezeichnen. Es findet, wie auch in Mayröckers nachfolgenden Texten ›Reise durch die Nacht‹ (1984) und ›Das Herzzerreißende der Dinge‹ (1985), eine höchst artifizielle Entgrenzung in Sprache statt, in der das Begehren jedoch letztlich steckenbleibt oder aber sich gänzlich verflüchtigt. Auch das Liebesobjekt löst sich auf: in eine nur mehr ästhetische Existenz, in das Wunschobjekt Text.

Auch in Frischmuths ›Entzug – ein Menetekel der zärtlichsten Art‹ (1979) – einem Text, der aus dem übrigen Œuvre der Autorin etwas herausfällt – wird die Leidenschaft der Sehnsucht unterworfen:»Seidenpapier, darunter die haarscharfen Töne einer Trennung, darüber Verlangen. . .«[65] Wenn fast ein Jahrzehnt später Ingrid Puganigg mit ›Laila‹ (1988) wiederum eine Liebesbrief-Fiktion vorlegt, in der »der angeredete und angeschriebene andere nie zur Sprache (kommt), aber immer auf verblüffende Weise anwesend« ist,[66] so ist dies nur als ein weiteres Kapitel dieses einen großen österreichisch-weiblichen Entzugs- und Sehnsuchtstextes zu lesen – von »Zitate(n) einschläge(n)« ist die Rede![67]

Eigenwilliger trieb Jutta Schutting in ›Liebesroman‹ (1983) das Spiel mit dem Liebescode. Gezeigt wird die Umkehrung, auch Aufhebung des Geschlechterkampfes in der Liebe; der liebende Mann ist hier das Liebesopfer. In überreichen Bildern werden die Positionen von Weiblichkeit und Männlichkeit immer aufs neue von innen und außen zugleich betrachtet und durchgespielt. Wenn es überhaupt sinnvoll ist, von einer ›androgynen‹ Erzählposition zu reden, so ließe sich die männliche Figur als Funktion der Erzählperspektive in diesem Roman als gelungenes Beispiel dafür begreifen.

Zum Schlagwort einer inhaltlichen Utopie wurde ›Androgynität‹ in Teilen der Frauenbewegung, und zwar von der weiblichen Seite aus gedacht wohl vor allem deswegen, »weil es schwer war, eine Frau zu sein«,[68] und in bezug auf die Männer, weil eine *postphallische* Männlichkeit nur als Feminisierung vorstellbar schien. In der Literatur von Frauen wurde die Besänftigung des Geschlechtergegensatzes und die Sanftheit des Mannes vor allem im Bild des Bruders, häufig auch Zwillingsbruders, beschworen. Ob Drewitz vom »Urwunsch, nicht getrennt zu sein, MannFrau, wie siamesische Zwillinge aneinandergewachsen« schrieb[69] oder Barbara Bronnen auf die »altmodische Sehnsucht nach hermaphroditischer Siamesenzwillingszweisamkeit« anspielte:[70] Die Brüder waren in der Regel keine mit Leben gefüllten, sondern bloße Rede-Figuren, Chiffren für den Wunsch nach Nähe und Vertrautheit, nach »Treue: zu e i n e r Mutter gehören«.[71] Eine Ausnahme bildet Margrit Schribers Roman ›Muschelgarten‹ (1984), in dem die Kritik und Demontage einer Bruder-/Schwester-Symbiose erfolgt – inhaltlich vergleichbar, wenn auch in anderer Stillage, mit Hartlaubs Erzählung ›Der Mond hat Durst‹ (1963), die 1986 neu herausgegeben wurde. Neben den Brüdern konzentrierten sich die utopischen Hoffnungen der Frauen vor allem auf die Söhne – und blieben damit im Rahmen des Familienmodells befangen, das Frischmuth in ›Kai und die Liebe zu den Modellen‹ (1979) hinterfragt. (Vgl. auch Ayzel Özakin, ›Das Lächeln des

Bewußtseins‹ (1985), und die schon erwähnten Titel von Bronnen und Struck.)

Zwar ist der *Ausnahmemann* in der feministischen Umgangssprache zum Topos avanciert und die Forderung, das Land brauche *Neue Männer,* hat sich in der Popkultur und in den Feuilletons längst herumgesprochen, wie diese jedoch aussehen könnten, dazu finden sich in der Literatur kaum Imaginationen. Die Chance, daß Literatur als privilegierter Ort genutzt werden könnte, um in der historischen Position des »Nicht mehr und noch nicht« zu einem »Noch nicht und doch schon«[72] zu gelangen und eigene Bilder, auch kritische Utopien von Männlichkeit zu entwerfen, wird bislang kaum wahrgenommen. In den siebziger Jahren erschien als vordringliches Ziel in der Literatur von Frauen eine ›Entmannung‹ – so der Titel von Reinigs Roman aus dem Jahr 1976, womit allerdings nicht die Kastration des Helden, sondern die Überwindung des Männlichkeitswahns in den Frauen, auch der Autorin selbst, gemeint war.

Ende der achtziger Jahre scheint eine abermalige *Be-mannung* stattzufinden, wie sich exemplarisch an der Entwicklung der in deutscher Sprache schreibenden Tschechin Libuše Moníková zeigen läßt. Ihr erstes Buch ›Eine Schädigung‹ (1981) handelt auf der inhaltlichen Ebene von männlicher Gewalt und weiblicher Gegengewalt. (Bezeichnenderweise handelt es sich bei dem dargestellten Vergewaltiger um einen Polizisten, also einen Mann in Uniform; ähnlich bei Gertrud Seehaus, ›Gruß an Ivan B.‹ (1987), wo zwei französische Polizisten eine vermeintliche deutsche Terroristin vergewaltigen, und in Dudens ›Übergang‹, der Darstellung eines Überfalls schwarzer GIs in West-Berlin auf die Ich-Erzählerin und ihre Begleiter.) In Moníkovás ›Eine Schädigung‹ tötet das Mädchen den Vergewaltiger mit dessen eigenem Schlagstock, übernimmt damit also die vorgegebenen Mittel und bleibt den aufgezwungenen Strukturen der Gewalt letztlich verhaftet. In Moníkovás nachfolgender Veröffentlichung, ›Pavane für eine verstorbene Infantin‹ (1983), wird die Notwehr auf der literarischen Ebene selbst verübt, geht es doch um die Befreiung der Ich-Erzählerin von den literarischen Vorbildern, ihren »Widersacher(n)« und »Stützen« Franz Kafka und Arno Schmidt.[73] Auch hier erfolgt die ›Entmannung‹ im

vorgegebenen Medium, wenn die Ich-Erzählerin schließlich Kafkas
›Schloß‹ weiterschreibt. Die von Kritikern hierzu geäußerte Frage,
ob es sich dabei um »Anpassung an die Männerliteratur oder Auseinandersetzung damit«[74] handele, muß nach Moníkovás preisge-
kröntem Roman ›Die Fassade‹ (1987) eher zugunsten des ersteren
entschieden werden: Hier sind die Helden – und man kann sie
durchaus so bezeichnen – vier Männer, und auch der Blick auf die
weiblichen Figuren ist ein männlicher.

Während die Kritik an Männern und Männlichkeit gerade
auch in der Trivial- oder gehobenen Unterhaltungsliteratur oft –
im buchstäblichen Sinne – nichts zu wünschen übrig läßt – ein
Beispiel ist etwa der Roman ›Alsterblick‹ von Brigitte Blobel
(1979) – läßt sich in ästhetisch ambitionierten Neuerscheinungen
vor allem in der zweiten Hälfte der achtziger Jahre eine Tendenz
beobachten, in der Männlichkeit auf subtile Weise erneut idealisiert wird; bei gleichzeitig erfolgender eher denunzierender Sicht
auf Frauen und Weiblichkeit zum Beispiel in Brigitte Kronauers
›Rita Münster‹ (1983), ›Berittener Bogenschütze‹ (1986) und
›Die Frau in den Kissen‹ (1990).

Beispiele für abermalige Be-mannung der Erzählperspektive in
der Literatur von Frauen bieten auch die Erzählungen ›Au Con-
traire‹ von Angela Praesent oder Strucks ›Bitteres Wasser‹ (beide
1988). Und in ›Ein Bild der Unruhe‹ (1986) versucht Undine
Gruenter, das Konzept des Flaneurs der Moderne literarisch nach-
zuahmen, indem sie sich mit einiger Anstrengung auch in dessen
sexuelle Begehrensstruktur hineinphantasiert. Ob es sich bei der
Gestaltung männlicher Figuren und männlicher Perspektive um
Nachahmung oder Aneignung, Bemächtigung oder sogar Überwindung handelt, wird die weitere Entwicklung zeigen müssen.

Einen Verlust hat die Literatur von Frauen seit dem Herbst
1989 jedenfalls zu beklagen: Jutta Schutting ließ in einer Presse-
erklärung verlautbaren, daß sie/er künftig auch vor dem Gesetz
als Mann gelte. Ihre Texte werden nun, auch in Literaturgeschichten, dem Autor Julian Schutting zu verdanken sein. Mag
der Verlust eine Chance bergen: daß die Frage nach dem
Geschlecht des Autors irgendwann einmal nur mehr spielerischer
Natur sein wird.

Dritter Teil
Realismus

Keith Bullivant
Literatur und Politik

1967 führten Alexander und Margarete Mitscherlich die Unfähigkeit der Deutschen, sich auch in der Literatur aktiv mit der
Nazi-Vergangenheit auseinanderzusetzen, darauf zurück, daß der
»Abgrund zwischen Literatur und Politik in unserem Lande ⟨...⟩
erhalten geblieben« war.[1] Zwar überrascht diese Stellungnahme
angesichts der Aufarbeitung des Nationalsozialismus im dokumentarischen Theater [Bd. 10, 379-402], doch ist sie insofern
berechtigt, als zum einen das sozialkritische Engagement westdeutscher Schriftsteller in den frühen sechziger Jahren »nie
besonders politisch«, sondern eher moralischer Art war,[2] und zum
anderen die ›Politisierung der Literatur‹ erst wirklich in der zweiten Hälfte des Jahrzehnts zustande kam. Nicht nur vertraten
Martin Walser und Hans Magnus Enzensberger noch 1965 bzw.
1966 eine eindeutig antiideologische Haltung, auch Peter Weiss
war noch 1964 gesellschaftspolitisch »von Zweifeln und Unsicherheit behindert«.[3] Für ihn, Walser und andere war die Entwicklung des Vietnam-Krieges von entscheidender Bedeutung für
ihre ›Politisierung‹. Hinzu kamen weitere wichtige Impulse
(Große Koalition 1966-69, Debatten um eine Notstandsgesetzgebung 1967/68, wirtschaftliche Rezession 1966-67, Pariser
Mai-Unruhen 1968) [→ 26 ff.]. Für die Studentengeneration übte
die Entdeckung der Schriften des frühen Marx, von Freud, Herbert Marcuse, Adorno, Brecht, Benjamin und anderen Theoretikern einen großen Einfluß auf ihre Auffassung von der politischen Funktion der Literatur aus. Das vielseitige Phänomen der
›Politisierung der Literatur‹ um 1968 schloß manches Widersprüchliche ein, z. B. die Ablehnung der ›bürgerlichen‹ Literatur
zugunsten operativer Formen wie Agit-Prop und Straßentheater,[4]
anarchische Träume der Beat-Bewegung und ihre Kritik, aber
auch ihre »revolutionäre« Würdigung bei Betrachtung der Graffiti im ›Pariser Mai‹.[5] Auch Helmut Heißenbüttel schrieb seiner
Auffassung von Literatur eine »immanente politische Bedeutung«

zu.[6] Allen Richtungen vage gemeinsam war der Wunsch nach Veränderung des Bestehenden.

Eine Überprüfung der um 1968 artikulierten Vorstellungen des politischen Potentials der Literatur fing sehr früh an, schon vor der Enttäuschung der revolutionären Ziele.

Doch noch in dem späten Text ›Die Phantasie im Spätkapitalismus und die Kulturrevolution‹ von Peter Schneider, geschrieben im Winter 1968/69, veröffentlicht im Kursbuch 16 (März 1969), wird anhand der Kategorien »agitatorischer« und »propagandistischer« Funktionen der Beitrag der Literatur zur Umwälzung des Bestehenden diskutiert.

1. ›Agitatorischer‹ Dokumentarismus, Literatur der Arbeitswelt

Als 1968 auf der Höhe der Protestbewegung die sog. ›bürgerliche‹ Literatur Gegenstand der Debatten wurde, waren alle Kontrahenten sich mehr oder weniger darin einig, daß die ›operative‹ einflußreichste literarische Methode der *Dokumentarismus* sei. Enzensberger in ›Kursbuch‹ 15 empfahl u. a. Wallraffs Industriereportagen (1966), Ulrike Meinhofs ›konkret‹-Kolumnen (seit 1959) und Georg Alsheimers Vietnambericht (1968), während Walser Erika Runges ›Bottroper Protokolle‹ (1968), Ursula Traubergs ›Vorleben‹ (1968) und Wolfgang Werners ›Vom Waisenhaus ins Zuchthaus‹ (1969) unterstützte. Diese Berichte oder das von anderen propagierte Straßentheater beanspruchen gegen die »immer neuen Umschreibungs- und Verschleierungsformen« der etablierten Literatur, die Dinge »beim Namen ›zu nennen‹, um sie dingfest zu machen, und stellen die gesellschaftlichen Verhältnisse so dar, wie sie sind«.[7] ›Faktizität‹ sollte auch der Kommunikation zwischen Autor und Leser dienen und dadurch Solidarität erzielen.[8] Diese Auffassungsrichtung fand ihren sichtbarsten Ausdruck, als die ›Dortmunder Gruppe 61‹ [Bd. 10, 403-19] sich auflöste, was zur Gründung des ›Werkkreises Literatur der Arbeitswelt‹ im März 1970 führte. [→ 154 ff.]

Im Vorwort zum ›Almanach der Gruppe 61 und ihrer Gäste‹ (›Aus der Welt der Arbeit‹, 1966) betonte der Mitbegründer der Gruppe, Fritz Hüser, daß die Gruppenmitglieder »nicht als Arbei-

LITERATUR DER ARBEITSWELT 281

ter für Arbeiter« schreiben, sondern »einen Beitrag ⟨. . .⟩ zur literarischen Gestaltung aller drängenden Fragen und Erscheinungen
unserer von Technik und ›Wohlstand‹ beherrschten Gegenwart«
leisten sollten.[9] Diese vor allem von Hüser und Bernhard Boie
vertretene ›bürgerlich-literarische‹ Linie der Gruppe wurde in
den folgenden Jahren scharf angegriffen. Auf der Herbsttagung
1968 faßten Erika Runge, Angelika Mechtel, Peter Paul Zahl,
Erasmus Schöfer, Peter Schütt u. a. den Entschluß, regionale
›Schulen für schreibende Arbeiter‹ »nach dem Vorbild der Arbei-
terkorrespondentenbewegung in den zwanziger Jahren« zu gründen, um »die Basis der proletarischen Literatur« zu erweitern.[10]
Exemplarisch für den neuen Ansatz waren für Schütt – Initiator
der Gruppe ›Hamburg linksliterarisch‹ und Mitbegründer der
›Hamburger Werkstatt schreibender Arbeiter‹ – die auf dieser
Tagung vorgelesenen Reportagen von Wallraff, Runge und
Mechtel:

Das dokumentarische Verfahren, das die drei Autoren auf verschiedene Weise aber mit gleichen Zielen anwenden, entspricht den derzeitigen Erfordernissen einer proletarischen Literatur ⟨. . .⟩ Sie muß es als ihre
Aufgabe sehen, dem Arbeiter seine eigenen Existenzbedingungen kritisch
vor Augen zu führen, damit ihm die Klassensituation bewußt und Notwendigkeit und Möglichkeit gesellschaftlicher Veränderung deutlicher
wird.[11]

Um eine solche Literatur zu fördern, wurde von den genannten Kritikern der Gruppe ein Reportagewettbewerb ausgeschrie-
ben: der Arbeitsalltag sollte »in einer *unliterarischen, einfachen
Sprache,* aus eigener Erfahrung wirklichkeitsgetreu beschrieben
werden«.[12] Im Herbst 1969 legte Schöfer im Namen der Arbeitsgemeinschaft ›Werkkreis Literatur der Arbeitswelt‹ eine Zusammenfassung der Kritik der Gruppe vor, die vor allem »Wirksamkeit« und »Wahrheit des literarischen Werkes« anstatt »formaler
Originalität« und »formaler Qualität« betonte.[13] Die Weigerung
der Gruppe 61 auf einer internen Tagung im Januar 1970, eine
Reform im Sinne von Schöfers Kritik vorzunehmen, führte im
darauf folgenden März zur Gründung des selbständigen ›Werkkreises Literatur der Arbeitswelt‹, der zuerst aus neun örtlichen

Werkstätten bestand. In den ersten zwei Jahren erschien eine Reihe von Sammelbänden mit dokumentarischen, z. T. durch Wettbewerb angeregten Texten – ›Ein Baukran stürzt um‹ (1970), ›Lauter Arbeitgeber‹ (1971), ›Schrauben haben Rechtsgewinde‹ (1971) und ›Ihr aber tragt das Risiko‹ (1971) – die Walser als »die wichtigsten Anthologien seit 1945« bezeichnete.[14] Obwohl die literarische Produktion des Werkkreises in den siebziger Jahren seinem Vorsatz entsprach, »alle erprobten und neuen Formen realistischer Gestaltung« zu benutzen,[15] und obwohl der Dokumentarismus nur in der ersten Phase dominierte, stellten weitere dokumentarische Texte und Sammlungen noch nach 1973 einen beträchtlichen Anteil an der Werkkreis-Reihe in der Fischer-Bücherei dar.[16]

Michael Scharang, für den – wie für den Werkkreis – »in Richtung dokumentarischer Literatur zu arbeiten ⟨. . .⟩, nur unter politischen Gesichtspunkten Sinn haben« konnte, fand die um 1970 erschienenen Lebensgeschichten methodisch suspekt. Ihre Befürworter (»Gesinnungslinke«) sähen in der Dokumentation »*die* Alternative zur Erlebnis-Kunst« und machten »aus ihr eine ästhetisch-ideologische Konstruktion, die nur als Ersatz für die alte Konstruktion dient«.[17] Gemeint war wohl in erster Linie Walser. Es gelte, »gegen den herrschenden reproduktiven einen produktiven Begriff von Dokumentation zu entwickeln«. Lebensberichte oder Tagebücher könnten Leser, »je nach Klassenzugehörigkeit«, zwar auf ihre eigenen »ähnlichen Probleme« aufmerksam machen, erzählten aber letzten Endes »von der Schlechtigkeit der Welt, nicht vom schlechten Gesellschaftssystem«, dokumentierten also die Resignation der Autoren, »zur Genugtuung und zum Spott der bürgerlichen Leser«. Den geringen »gesellschaftlichen Gebrauchswert« solcher Dokumentation führt Scharang auf die Methode zurück: »Das Ziel, etwas möglichst authentisch wiederzugeben, ist nichtssagend«, der Gebrauchswert eines dokumentarischen Werks sei nur garantiert, »wenn er in die Richtung einer Emanzipation und Politisierung der Beteiligten wirkt«. Für Scharang mußte es demzufolge darum gehen, »den Massen eine Möglichkeit zu schaffen, sich auszusprechen ⟨. . .⟩ Es kann das nur eine Gegenöffentlichkeit zur bürgerlichen sein«.[18] Ähnliche

LITERATUR DER ARBEITSWELT

Gedanken (bzw. Zweifel) beschäftigten den Werkkreis in den ersten Jahren nach seiner Gründung, und die Publikation der Werkkreis-Taschenbuch-Reihe in einem ›bürgerlichen‹ Verlag (S. Fischer, 1973) war immer ein strittiger Punkt.[19]

Scharangs Wunsch, eine dokumentarische Technik zu entwikkeln, die die Resignation des einzelnen Arbeiters in ein »Erkennen der gesellschaftlichen Gründe dieser Resignation« verwandele, führte ihn zu den ›O-Ton‹-Hörspielen ›Das Glück ist ein Vogerl‹ (1972) und ›Einer muß immer parieren‹ (1973). Im ersten wurden die Vorstellungen des Autors über den Alltag der Arbeiter von Arbeitern als »Mitautoren« kritisiert und durch ihre Lebensgeschichten ergänzt, die dann wiederum von anderen Mitautoren aufgegriffen und korrigierend weitergeführt wurden. In seiner Auswertung von Erfahrungen mit diesem ersten Stück stellte Scharang dann fest, daß die »Unerfahrenheit der Coautoren, in und außerhalb ihrer Arbeit mit Wörtern zu arbeiten«, zu groß gewesen sei.[20] ›Einer muß immer parieren‹ wurde daher mit Arbeitern realisiert, die bereits Erfahrung mit ›Öffentlichkeitsarbeit‹ hatten (Vertrauensleute, Betriebsräte usw.). In diesem Fall wurde das Thema – »die Art des Einsatzes von Menschen und Maschinerie in der Produktion« – anhand eines von allen Beteiligten entwickelten Arbeitsplans stofflich aufgearbeitet und in Zusammenarbeit mit dem Redakteur sendefertig gemacht. Das Verfahren entsprach den Ideen, die Scharang in seinem Essay ›Zur Emanzipation der Kunst‹ (1971) formuliert und dort vor allem aus Benjamins ›Der Autor als Produzent‹ (1934) hergeleitet hatte.[21] Eine wahre Gegenöffentlichkeit, einer der Träume der Studentenbewegung, ließ sich jedoch nicht erreichen; Scharang mußte sich auf die Bereitschaft des Kölner Hörspielredakteurs Klaus Schöning verlassen [→ 586 ff.], am Experiment teilzunehmen. – Die Hörstücke wurden sowohl vom Österreichischen Rundfunk als auch von mehreren bundesdeutschen Rundfunkanstalten gesendet.

Mit dem Namen Günter Wallraff [→ 185 f., 546 f.] vor allem wird die dokumentarische Prosa-Literatur der Bundesrepublik seit Mitte der sechziger Jahre verknüpft. Von den ersten Reportagen an, die 1965 und 1966 in der Gewerkschaftszeitschrift

›Metall‹ erschienen, beabsichtigt Wallraff, »das Ungeheure des Alltags« in der kapitalistischen Industriegesellschaft zu zeigen. Es ist für ihn durch persönlich erlebte »winzige Katastrophen« gekennzeichnet, nicht durch »die geschichtemachenden großen Dinge«.[22] Ihm ging es immer darum klarzumachen, daß diese Katastrophen »keine Einzelfälle« sind, keine einfach wegzuretuschierenden Mißstände, vielmehr systemimmanente Zustände.[23] Daß seine Reportagen auch von seinen Opponenten in diesem Sinne verstanden wurden, darauf deutete die 1973 vom Institut der deutschen Wirtschaft veröffentlichte Broschüre ›Dichtung als Waffe im Klassenkampf, am Beispiel Günter Wallraff‹, die seine Reportagen als gefährliche »sozialpolitische Hetze« und »Klassenkampf-Machwerke« bezeichnete.[24] Die frühen Reportagen, gesammelt unter dem Titel ›Wir brauchen dich‹ (1966) und ›13 unerwünschte Reportagen‹ (1969) basierten alle auf seinem Geschick, verkleidet in einer Rolle Informationen zu sammeln, die ihm als Reporter oder Schriftsteller verschwiegen worden wären: ›Wir brauchen dich. Als Arbeiter in deutschen Industriebetrieben‹ (1966; Massenauflage als ›Industriereportagen‹ ab 1970); aus den Bereichen Asyl, Sozialfürsorge, Polizei, Bundeswehr, Kirche: ›13 unerwünschte Reportagen‹ (1969, ergänzt 1971). Der umstrittenste Text, ›Wehe wenn sie losgelassen‹, deckte die geheime Aufstellung und Ausbildung paramilitärischer Trupps im Zusammenhang der Notstandsgesetzgebung auf. Dies wurde amtlicherseits öffentlich bestritten. Es kam zu einem Prozeß wegen »Amtsanmaßung«, in dem Wallraff freigesprochen wurde.

Obwohl er in der literarischen Praxis nicht »Literatur als Kunst, sondern Wirklichkeit« verlangte[25] und eine bedeutende Rolle in der Sezession des ›Werkkreises Literatur der Arbeitswelt‹ der ›Gruppe 61‹ spielte, entfernten sich Wallraffs weitere Reportagen oft vom unmittelbaren Bericht und persönlichen Erlebnis und wurden methodisch ambitionierter. Als »hervorragendes Mittel der Dokumentation« empfahl er Anfang der siebziger Jahre die Montage, die »über die bloße Wiedergabe von zufälligen Realitätsausschnitten« hinausgeht:

So kann sich der Zusammenhang für den Leser ⟨...⟩ durch die Anordnung und Kombination der Realitätspartikel herstellen. Vor allem das Mittel des Kontrastierens, das auf Widersprüche und Brüche der Realität hinweist, setzt den Leser in die Lage, selbst aus dem ausgebreiteten Material Schlußfolgerungen zu ziehen.[26]

Dieses Programm, das den Forderungen Heißenbüttels nach »Materialzitat« nahekommt,[27] praktizierte Wallraff in den ›Neuen Reportagen. Untersuchungen und Lehrbeispiele‹ (1972). Es sind die anspruchsvollsten Texte des Autors, sie dürften aber weniger »Öffentlichkeit« hergestellt haben – ein Kriterium, das Wallraff immer betonte – als die noch weiterhin angewendete verdeckte Methode der Anfänge (Gerling-Report ›Als Portier und Bote‹, 1975).[28] Der Gerling-Bericht über die Ausbeutung der kleinen Angestellten und den »geradezu feudalherrlichen Führungsstil« des Konzernchefs, erregte großes Aufsehen in den Medien.[29] Darüber hinaus legte die Gesellschaft Katholischer Publizisten Deutschlands beim deutschen Presserat Beschwerde gegen Wallraff ein, und 1975 wurde durch den Geschäftsführer der ›Deutschland-Stiftung‹, Kurt Ziesel, ein Prozeß gegen ihn wegen Urkundenfälschung und Ausweispapiermißbrauchs während seiner getarnten Arbeit im Gerling-Konzern eingeleitet. Er wurde zu einer Geldstrafe verurteilt, in der Revision 1976 aber freigesprochen; ihm wurde »Verbotsirrtum« zugestanden. Obwohl ›Ihr da oben, wir da unten‹ Wallraff endgültig zum Bestseller-Autor machte, meinte er um 1974 bei seiner Arbeit einen Punkt erreicht zu haben, »wo der lange Atem fehlte, die Puste ausging, der Faden riß«.[30] Seine Griechenland-Aktion 1974 (wegen der Verteilung von Flugblättern gegen die Militär-Junta auf dem Syntagma-Platz in Athen wurde er zu vierzehn Monaten Haft verurteilt und erst nach dem Machtwechsel freigelassen) und seine Enthüllung der Putsch-Intentionen des portugiesischen Generals Spinola 1976 waren vor allem Ausdruck seines Wunsches, sich ›als Person einzubringen‹. Er fühlte, daß er

entrückt war von meinem Ausgangspunkt und es deshalb nötig hatte, meinen Standpunkt neu bestimmen zu können, um meine Empörung, auch meine Wut, wieder umsetzen zu können, die allzu abstrakt geworden war.[31]

Die Publikationen in diesem Zusammenhang, ›Unser Faschismus nebenan. Griechenland gestern – ein Lehrstück für morgen‹ (1975) und ›Aufdeckung einer Verschwörung. Die Spinola-Aktion‹ (1976) waren dann kaum mehr als eine Abrundung der bereits medienwirksam ausgeführten Aktionen, kennzeichnen aber das Bestreben, ›Einsatz‹ und Literatur in ungeteilter Subjektivität zu praktizieren.[32] Die späteren Reportagen ›Der Aufmacher. Der Mann der bei »Bild« Hans Esser war‹ (1977; Fortsetzung: ›Zeugen der Anklage‹, 1979) und ›Ganz unten‹ (1985), kehren zur ursprünglichen Methode der Tarnung ganz zurück. Das Buch von 1985, spannend erzählt, erreichte innerhalb eines Jahres eine Auflage von zwei Millionen; seine außergewöhnliche Popularität (es führte u. a. zu Maßnahmen gegen die Subunternehmer) wurde unterstützt durch den gleichnamigen Video-Film. 1986 meinte Simone Sitte, Wallraff habe die Rolle des 1985 gestorbenen Heinrich Böll – der 1976 in seiner Aussage als Sachverständiger im Gerling-Prozeß die gesellschaftliche Funktion von Wallraff als »tatsächlich unverzichtbar« bezeichnet hatte – in der Öffentlichkeit übernommen.[33]

2. ›Propagandistische‹ Literatur · Politischer Entwicklungsroman

Für P. Schneider lag die Funktion der operativen Literatur in der direkten Konfrontation mit dem Gesellschaftssystem, d. h. dem ›Spätkapitalismus‹; die politische Aussage allein war wichtig. Die Bilder der propagandistischen Literatur dagegen, als Platzhalter utopischer Wünsche, sollten »weiter in die Zukunft, nämlich auf die neue Gesellschaft zeigen« und müßten daher »eine stärkere Formung als die der agitatorischen Kunst« erhalten.[34] Beide Formen hatten für Schneider ihre Berechtigung, Hans Christoph Buch trat dem entgegen,[35] auch Reinhard Baumgart[36] diskutierte schon bald kritisch den kulturrevolutionären Ansatz Schneiders; beide Autoren trugen zur Debatte der Krise des Erzählens [→ 302 ff.] mit politischen Argumenten bei. Für sie gilt die Formel: statt »Literarisierung der Politik« könne »jetzt« an einer »Politisierung der Literatur« gearbeitet werden. In ähnlichem Sinne plädierte Walser für einen »sozialistischen Realismus«, der

POLITISCHER ENTWICKLUNGSROMAN   287

»Macher einer besseren Welt« anstatt »Krüppel« zeigen sollte; und
ein Statement von Franz Xaver Kroetz verdeutlicht, daß vor
allem Baumgarts Appell an das »utopische Bewußtsein« den Nerv
einer ›positiven‹ Realismus-Auffassung getroffen hatte, wie sie
die Diskussionen im Werkkreis, innerhalb der DKP und in verwandten politischen Kreisen beherrschte:

> In einem Dutzend Stücke habe ich die Ränder der Gesellschaft der
> Bundesrepublik ganz klar porträtiert. Das reicht mir. Ich bin bei der
> DKP. Ich bin politisch tätig; deshalb reizt es mich auch, jene Modelle zu
> liefern, die weiterführen. Es müssen positive Gestalten auftreten, und die
> müssen reden können ⟨...⟩ Das ist mein spezielles literarisches Problem,
> und unser Realismus-Problem.[37]

Eine der DKP nahestehende Autorin, Gisela Elsner, hielt dagegen an ihrer negativen, nämlich *satirischen* Aufklärung fest. Mit
den Mitteln der Groteske und der Satire wird in ihren Romanen
– nach dem Erfolgsroman ›Die Riesenzwerge‹ (1964) folgte ›Der
Nachwuchs‹ (1968) – bürgerliche Gesellschaft ›vorgeführt‹. Und
im ›Berührungsverbot‹ (1970) desillusioniert sie den angeblichen
Aufbruch einer »sexuellen Revolution« in einem in kleinbürger-
lichem Milieu spielenden Anti-Porno.

Die Diskussionsbeiträge von Schneider, Buch und Baumgart,
die mit der Literaturtheorie Dieter Wellershoffs mehr oder weniger in einer Reihe standen,[38] lassen sich als Antizipation des subjektzentrischen Erzählens verstehen, das den Roman der zweiten
Hälfte der siebziger Jahre prägte [→ 333 ff.]. Und Baumgarts
Vorstellung, die Zukunft einer politischen Literatur könnte »in
der Weiterführung drastischerer, trivialerer Erzählformen« liegen
– schon 1967 in seinen Frankfurter Poetik-Vorlesungen erörtert –,
nahm das Programm des ›Werkkreises‹ und der ›AutorenEdition‹
z. T. vorweg. Dort knüpfte man dann an die ›Rote-Eine-Mark-
Reihe‹ des ›Bundes Proletarisch-Revolutionärer Schriftsteller‹
(BPRS) der Weimarer Republik und den Romantypus des ›Bit-
terfelder Wegs‹ an.[39] Auch Max von der Grüns Roman ›Stellenweise Glatteis‹ (1972), der dem proletarischen Helden in der
Literatur wieder Geltung verschaffen sollte, wurde vielfach als
neues Modell für ein populäres, sozialkritisches Erzählen
betrachtet.[40]

1972–74 wurde in den Spalten der ›Literarischen Hefte‹ und des ›Kürbiskerns‹ eine Reihe von Aufsätzen veröffentlicht, die die literarische Richtung der 1972 innerhalb der Verlagsgruppe Bertelsmann gegründeten AutorenEdition ausarbeiteten und zur Neulegitimation des Entwicklungsromans in den maßgebenden Publikationen der Gruppe beitrugen. Ausgangspunkt der theoretischen Erörterungen Uwe Timms etwa, des Mitbegründers dieses verlegerischen Modells, war die Ablehnung der etablierten, ›bürgerlichen‹ Literatur als politisch »quietistisch«. Für Timm hatte sie vor allem eine ästhetische Abwehrfunktion, weil die Literatur »das Überzeitliche, das Höhere, das Eigentliche, das Allgemeingültige, das nicht auf das Tagesgeschehen Gerichtete, etc.« sei.[41] Es sei mit Maßstäben zu brechen, die Qualität mit geringem Verkaufserfolg gleichsetzten. Die sog. Trivialliteratur sei nicht nur wegen des traditionellen Erzählstils erfolgreich, sondern vor allem wegen ihrer Inhalte, »in denen geschickt systemkonforme Wünsche mit solchen, die einem echten Bedürfnis entspringen, kombiniert werden«. Aber anstatt wie dort »eine anheimelnde Unmittelbarkeit« zu erzeugen, solle aufklärerische Literatur die Entlarvung dieser Unmittelbarkeit »als falsch« zur Wirkung bringen. Da für Timm »die meisten Genüsse heute noch keine menschlichen, sondern vom Kapital bestimmte sind, da auch sie den Warencharakter tragen, verdinglichte Genüsse sind«, habe die Literatur die Aufgabe, durch spielerische Phantasie *das* zu artikulieren, was »den Kapitalismus« *in Frage* – »die Entfaltung menschlicher Fähigkeiten« in *Aussicht* – und sich »der deformierten Wirklichkeit« *entgegen* stellen könne; so würde Literatur eine Utopie artikulieren und »konkrete Arbeit« an Veränderung und Wandel im politischen Bewußtsein und in der menschlichen Sinnlichkeit leisten. »Handlung« wird zur literarischen Grundkategorie in Darstellungen eines erreichbaren Glücks. »Die Handlung müßte zentrieren um die Problematik Individuum und Gesellschaft«, nicht mehr um die Entfaltung eines extremen Individualismus. »Politischer« Entwicklungsroman heißt »negativer« Entwicklungsroman: der den Weg eines Individuums zu beschreiben habe, »das aus seiner borniert Vereinzelung zu einem kollektiven Bewußtsein gelangt, in einem Kollektiv lebt und arbeitet«.

»Selbstverständlich«, sagt Timm, müssen »die Schwierigkeiten beim Beschreiben einer widersprüchlichen komplizierten Wirklichkeit sich auch in der realistischen Literatur niederschlagen, will sie nicht simplifizieren«.[42] Während »Realität« von einer ›experimentellen‹ Literatur als »von einem alles durchwaltenden Abstraktum bestimmt« aufgefaßt werde, sei es die Aufgabe einer realistischen Literatur, »das Wesen einer Gesellschaftsform, das heißt der Wirklichkeit, aus deren Erscheinungsform heraus darzustellen«.

Der *politische* Realismus bemühe sich, »Wirklichkeit als gesellschaftlich bedingt und als veränderbar [zu] zeigen«: »eine bewußte Veränderung dieser Gesellschaft« herbeizuführen, indem versucht werde, »gesellschaftliche Bedingungen durch und in der Sprache transparent zu machen«: an »modellhaften Einzelschicksalen«.

Der Autor von heute könne sich aber nicht, wie seine Vorgänger, auf seine Intuition verlassen, sondern sollte »sich zugleich um wissenschaftliche, insbesondere um gesellschaftswissenschaftliche Erkenntnisse bemühen«. Naturwissenschaften gäben nichts über die Realität als Erlebtes her.[43] Verbunden mit der *Auf*arbeitung modellhafter Einzelschicksale in Texten sollte die *Ein*arbeitung der historischen Dimension erfolgen, in der Absicht, die Ableitung von Gesetzmäßigkeiten, d. h. der Kräfte, die das scheinbar isolierte Einzelerlebnis bestimmen, zu ermöglichen.[44]

Ihren literarischen Niederschlag finden diese theoretischen Überlegungen in den ersten Publikationen der AutorenEdition: Gerd Fuchs, ›Beringer und die lange Wut‹ (1973); Timm, ›Heißer Sommer‹ (1974); Roland Lang, ›Ein Hai in der Suppe oder Das Glück des Philipp Ronge‹ (1975) und Franz-Josef Degenhardt, ›Brandstellen‹ (1975).[45] Das Echo auf den sozialistischen Entwicklungsroman in Sympathisantenkreisen war gut. Im »angeblich antiquierten Verfahren« einer solchen Form biete es sich an – so Elvira Högemann-Ledwohn im ›Kürbiskern‹ –, »die eigene Geschichte im Lichte neuer Erfahrungen zu entdecken und unter einem Klassengesichtspunkt zu problematisieren«; darüber hinaus sei von den Autoren »die Frage des Adressaten ⟨. . .⟩, die Frage der konkreten und historisch erkennbaren Biographie des Helden, die Frage der Utopie in einem greifbaren demokratischen Sinn« in die aktuelle Diskussion um Literatur gebracht worden.[46] Für *die Kritiker* der AutorenEdition lagen die Schwächen dieser Romane dagegen in der Anwendung einer überholten Einfühlungstechnik aus dem Roman des neunzehnten Jahrhunderts, der, statt sozial-ökonomische Gesetzmäßigkeiten zu erhellen, »an der schmalen Rollenperspektive eines Helden und seiner Seelenreise« festhalte.[47] Für andere kamen »die schrecklichen Vereinfacher aus dem Hause Bertelsmann« nie über »Klippschulenrealismus« und »kleinbürgerliche Kolportage« hinaus (Buch).[48]

Während das *kritische* Feuilleton die Rezeption dieser Romane weithin bestimmte, wurde P. Schneiders thematisch verwandte Erzählung ›Lenz‹ so »einmütig positiv aufgenommen«,[49] daß Peter Laemmle fragte, ob denn die Kritik wegen Büchners Schatten blind und befangen sei »für die offensichtlichen Schwächen des Buchs, für die Sentimentalität, für die gelegentliche Grenzüberschreitung zum Kitsch«? Laemmle und auch Klaus Hartung wiesen auf die Ähnlichkeiten des ›Lenz‹ mit dem Entwicklungsroman deutlich hin. Lenzens Lernprozeß fängt an, als die Begriffssprache der Studentenbewegung desillusioniert wird. Einer zunehmend existentiellen Verunsicherung und neurotischen Lebensweise – hierin besteht die bewußte Parallelität zu Büchners ›Lenz‹ – kann er durch Flucht nach Italien entkommen, die Kluft zwischen Begriffen und Gefühlen wird bei Arbeitern in Trento aufgehoben, wo Lenz »eine herzliche Humanität des Alltags« (Michael Schneider) kennenlernt.[50] Aus Italien ausgewiesen, kehrt er geheilt nach Berlin zurück, wo er nun zu »bleiben« gedenkt. Hartung bemängelte an diesem Schluß einen »koketten Lakonismus« wie an der Erzählung überhaupt »die Flottheit dieser Prosa, ihren Mangel an Schattentiefe und Taubheit gegenüber der Geschichte jener Zustände, an denen sie vorbeigleitet«. Die Schwächen des ›Lenz‹ waren für Hartung – wie für die Kritik an den genannten Romanen der AutorenEdition – verursacht vor allem durch die Wahl des Entwicklungsromans, und zwar in einer Form, die taub bleibe für den Zusammenstoß der Diskurse ›Privatheit‹ und ›Politik‹ in der linken Kultur und die Figur Lenz »auf die reine Bewegung seiner Idiosynkrasien im engen Feld der politischen Meinungen seines Autors« reduziere.[51]

3. Ansätze zu einem neuen politisch-historischen Roman

›68‹ brachte, durch die Auseinandersetzung mit der Geschichts-leere der Adenauerzeit[52] und eine neue Aufmerksamkeit für die deutsche Entwicklung zum faschistischen Staat, ein neues histori-sches Bewußtsein mit sich, das u. a. im Interesse für die soziale Entwicklung Deutschlands im neunzehnten Jahrhundert, für die Kolonialzeit und die gescheiterten Revolutionen von 1848 und 1917–19 zum Ausdruck kam. Die Bearbeitung dieser Themen in den akademischen Dissertationen und Publikationen der frühen siebziger Jahre sollte dazu beitragen, die Vorgeschichte des Nationalsozialismus zu erklären. In der Literatur zeigte sich nach 1968 dieses Bewußtsein auch in Gestalt essayistisch-dokumenta-rischer Untersuchungen des NS-Alltags (z. B. bei Walter Kem-powski, von der Grün und Engelmann)[53] oder des unaufgearbei-teten Erbes der Nazi-Zeit [→ 86 ff.] und im Wiederaufgreifen des historischen Romans; dabei wird diese Gattung leider redu-ziert auf die Darstellung der Vergangenheit als konkrete Vorge-schichte der Gegenwart.

Uwe Timms ›Morgena‹ (1978) versuchte z. B., die immer noch existierenden menschenunwürdigen Umstände im Südafrika zu Beginn dieses Jahrhunderts zu veranschaulichen und so auf die heute geringen Veränderungen dort hinzudeuten. Auch Elisabeth Plessen verstand ihren Roman ›Kohlhaas‹ (1979) als »nur schein-bar der Vergangenheit zugewandt«. Z. B. durch Anachronismen sollte ein Bezug zur Gegenwart hergestellt werden: »Im 16. Jahr-hundert wurde anders gefoltert als heute – nach wie vor gibt es jedoch die Folter«; auf der Höhe des ›Deutschen Herbstes‹ bot es sich an, den objektiv aktuellen Schock und das eigene Erzählen-können an historischen Stoff zu binden.[54] Ein späteres Beispiel eines solchen Romans stellte Hans-Joachim Schädlichs ›Tallho-ver‹ (1986) dar, der die Überwachung des einzelnen Bürgers durch den staatlichen Apparat in einen historischen Kontext versetzte. Ähnliche Intentionen dürften der Wahl der Roman-Chronik bei Kempowski, Horst Bienek, Manfred Biehler oder August Kühn zugrunde gelegen haben. Hinter der Romanreihe ›Deutsche Chronik‹ von Kempowski steckt der Anspruch, das deutsche Schicksal aus der Sicht der siebziger Jahre zu interpretieren.

In ›Zeit zum Aufstehn‹ (1976) präsentierte Kühn hundert Jahre soziale und politische Geschichte am Beispiel einer Münchner Arbeiterfamilie in der Form eines Gegengeschichtsbuchs für Arbeiter; durch ständiges Rück- und Vorblenden zwischen Vergangenheit und Gegenwart sollte die Relevanz der familiären Vorgeschichte (und, eng damit verbunden, der Arbeiterbewegung) für das Verständnis des Loses der Arbeiter in der Bundesrepublik deutlich werden. Auch Peter Härtling versteht seine einschlägige Romanarbeit als Spielart des gewandelten historischen Genres: »Geschichten gegen die Geschichte« des zwanzigsten Jahrhunderts.

Eine andere Kategorie des politischen historischen Romans, der *Zeitroman,* der die unmittelbare Vorgeschichte der Gegenwart veranschaulicht, ist von einer Roman-Serie aus den siebziger und frühen achtziger Jahren realisiert. Man geht hier mehr oder weniger von Kindheitserfahrungen der Autoren aus: Ingeborg Drewitz erzählt in ›Gestern war heute‹ (1978) »hundert Jahre Gegenwart« und setzt das Problem der weiblichen Ich-Werdung in den allgemeineren Kontext des langen Kampfes um Menschenrechte; Härtlings ›Hubert oder die Rückkehr nach Casablanca‹ (1978) zeigt die Auswirkungen der Nazizeit auf die Psyche des Protagonisten, verdeutlicht darüber hinaus die allgemeine Verdrängung dieses Kapitels deutscher Geschichte in der Adenauer-Ära; Peter O. Chotjewitz' ›Saumlos‹ (1979) untersucht die im Bewußtsein eines hessischen Dorfes längst verdrängte Vertreibung der Juden im Dritten Reich.

Andere politische historische Romane wie Degenhardts ›Zündschnüre‹ (1973) oder Fuchs' ›Stunde Null‹ (1980) suchen die verpaßten politisch-geistigen Chancen für den Wiederaufbau Deutschlands in der entscheidenden Zeit um 1945 zu veranschaulichen und die Bedeutung dieser Situation für das Verständnis der späteren Entwicklung der Bundesrepublik zu belegen.[55] Alfred Anderschs letzter Roman, ›Winterspelt‹ (1974) und Hannsferdinand Döblers ›Kein Alibi‹ (1980) arbeiten an Versionen der Verformung von Individuen durch militärisches Denken im Zweiten Weltkrieg; Andersch demonstriert darüber hinaus mit Hilfe komplexer Personalbeziehungen die Schwierigkeiten widerständigen Handelns. Chotjewitz' ›Der dreißigjährige Friede‹ und Hans-Dieter Baroths ›Aber es waren schöne Zeiten‹ (1978) und ›Streuselkuchen in Ickern‹ (1980) versuchen, die durch Mythisierung verschleierte frühe Geschichte der Bundesrepublik zum besseren Verständnis der Gegenwart in populär-»antibürgerlicher« Form richtigzustellen.

4. Schriftsteller und ihre Republik

Die Etablierung der sozial-liberalen Koalition im Oktober 1969 bedeutete für die Schriftsteller, so Heißenbüttel, »Abkehr vom Restaurativen, In-Ausschau-Halten des sozialen Staates«;[56] für Baumgart war die Wahl einer Regierung, »die Politseelsorge nicht braucht«, eine Zäsur: die Rolle »des Dichters als ›Gewissen der Nation‹« ist *leergespielt*.[57] Noch 1972 meinte Walser, »die sogenannten führenden Geister« der Republik seien »offenbar mit diesem Staat sehr zufrieden«.[58] Aber der sog. Radikalenerlaß vom 28. 1. 1972 einerseits und die Reaktionen des staatlichen Apparates auf den Terrorismus jener Jahre andererseits brachten eine radikale Änderung im Verhältnis vieler Schriftsteller zum Staate mit sich. Als Bundespräsident Scheel auf dem Zweiten Kongreß des Schriftstellerverbandes 1974 von der »schriftstellerischen Mitverantwortung am gesellschaftlichen Geschehen« sprach, antworteten Walter Jens und Wallraff mit Aufrufen zur radikal republikanischen Verteidigung der Bürgerrechte.[59] Wallraff meinte bei dieser Gelegenheit, die Reaktion des Schriftstellers auf wachsende Unfreiheit im Staat müsse sein, sich als »Radikaler im öffentlichen Dienst« zu betrachten.

Die erste literarische Antwort auf die Fahndungsatmosphäre in der Bundesrepublik in der ersten Hälfte der siebziger Jahre war Heinrich Bölls Erzählung ›Die verlorene Ehre der Katharina Blum oder Wie Gewalt entstehen und wohin sie führen kann‹ (1974). Hier, wie schon in seinem 1972 im ›Spiegel‹ veröffentlichten Artikel ›Will Ulrike Meinhof Gnade oder freies Geleit?‹, einem Protest gegen die Dämonisierung dieser Illegalen durch die

Springer-Presse, ging es ihm darum, »die Eskalation der terroristischen wie der polizeilichen Gewalt zu bremsen und einen gesellschaftlichen Denk- und Lernprozeß ⟨...⟩ einzuleiten«.[60] Bölls »Berichterstatter«: der Fall Katharina Blum sei »mehr oder weniger fiktiv«, aber »Ähnlichkeiten« mit den Praktiken der ›Bild‹-Zeitung seien »weder beabsichtigt noch zufällig, sondern unvermeidlich«.[61] Im aktuellen Kontext führt die Erzählung Bölls eigenstes Thema, das Spannungsfeld zwischen Individuum und Macht, weiter und konkretisiert zugespitzt die Einschränkung individueller Freiheit durch die Institutionen Presse und Polizei. Doch so deprimierend die in die Erzählung geholten Sprachverdrehungen, Übertreibungen und Unwahrheiten der Presse und der Polizei anzeigen, daß Bölls »Suche nach einer bewohnbaren Sprache in einem bewohnbaren Lande«[62] wohl realiter noch lange dauern werde, so bietet der humorvoll gebrochene Stil des »Berichterstatters« den Lesern doch auch die Möglichkeit zu distanzierter Lesehaltung an; ähnlich wie im folgenden Buch Bölls zum Thema Überwachungsstaat, ›Berichte zur Gesinnungslage der Nation‹ (1975).

Die Verschärfung der ›Sympathisanten-Hatz‹ in den Mittsiebzigern machte den Überwachungsstaat dann zu einem Hauptthema literarischer und publizistischer Arbeiten in der zweiten Hälfte der Dekade. Zur politischen Unkultur im Kontext des Radikalenerlasses kamen jetzt zeitweise Überwachungsmaßnahmen gegen ungezählte führende Intellektuelle wie Enzensberger, K. M. Michel, Luise Rinser,[63] Volker Schlöndorff, Elsner, Helga M. Novak, Wallraff, Böll usw. und öffentliche Verunglimpfungen von Schriftstellern in den Medien und in der politischen Arena. Die »geistigen Helfershelfer der Anarchisten« gehörten ins politisch-rhetorische Repertoire von Abgeordneten und Hoheitsträgern, Böll und andere fanden sich »zu den geistigen Wegbereitern der roten Killer« gerechnet; zum Standardzitat avancierte der Anwurf des Bayerischen Landeskriminalamtes gegen die Autoren der AutorenEdition, »eine bessere Ausbildung im Umgang mit Kalaschnikows« zu haben »als in der Handhabung der deutschen Sprache«.[64] Ihren Höhepunkt erreichte die Spannung zwischen Schriftstellern und Staat 1977. Terrorakte der RAF führten zu noch einmal verschärfter Einkreisung einer oppositionellen Intelligenz, die sich motiviert sah, die demokratische Grundordnung des Landes zu verteidigen. Böll, Günter Grass, Nicolas Born, Jens, Siegfried Lenz, Walser und andere schrieben Beiträge zum Sammelband ›Briefe zur Verteidigung der Republik‹ (1977);[65] Bölls ›Gesinnungslage‹ wurde im selben Jahr neu aufgelegt, ergänzt durch Wallraffs ›Berichte zur Gesinnungslage des Staatsschutzes‹, die aus Protokollen des Bundesnachrichtendienstes, der offiziell keine innenpolitischen Aufgaben hat, zur Überwachung Wallraffs bestanden.[66] Ein weiterer, sehr differenzierter und zugleich atmosphärisch dichter Versuch, die Gewalt der Staatsräson akut zu deuten, war der Film des Autoren-Teams Alexander Kluge, Rainer Werner Fassbinder, Volker Schlöndorff, Edgar Reitz ›Deutschland im Herbst‹ (1977).

Mit Blick auf das Wechselverhältnis von Staats- und individuellem Terror bemängelte H. Ch. Buch 1975 in seinem Essay ›Die Literatur nach dem Tod der Literatur‹, »die Herausforderung, die der Terrorismus bedeutet«, sei von der jüngeren Schriftstellergeneration nicht aufgenommen worden.[67] (Ausnahme und nicht besonders starkes Vorbild sei Bölls ›Katharina Blum‹). Buch rechnet die Literatur zum Radikalenerlaß, die soeben in Blüte kommt, ausdrücklich nicht zur Terror-Bearbeitung (vgl. P. Schneiders prominente Trend-Erzählung ›... schon bist du ein Verfassungsfeind‹, 1975, oder die nicht weniger verbreiteten Epigramme Arnfried Astels u. a. auch zu diesem Thema).[68] Mit der Eskalation der Gewalt im Staat wird Buchs Differenzierung verwischt; z. B. schreibt Degenhardt in seinem zweiten Roman ›Brandstellen‹ (1975) über Terrorismus und Überwachung, Böll wiederum versucht im Roman ›Fürsorgliche Belagerung‹ (1979), den Systemvertretern und der RAF ›menschlich‹ gerecht zu werden. Das schön erzählte Buch wird mit gemischten Gefühlen rezipiert. Ein früherer, ähnlich gearteter, aber eher parteilich geschriebener Versuch löste einen der bekanntesten Zensur-Skandale der BRD aus: Die AutorenEdition im Hause Bertelsmann, die das Romanfragment ihres Mitglieds Chotjewitz ›Die Herren des Morgengrauens‹ herausbringen will, überreizt damit die vertraglich garantierte Toleranz des Konzerns. Der lehnt die Ausgabe ab und kündigt dem Herausgeberteam, das vergeblich auf Vertragstreue pocht. Der Vorgang zieht sich über 1977/78 hin. Das Buch erscheint schließlich 1978 bei Rotbuch.

›Die Herren des Morgengrauens‹ basieren direkt auf Chotjewitz' eigenen Erfahrungen; als Wahlverteidiger von Andreas Baader hatte er in einem Rundschreiben an Kollegen im Schriftstellerverband versucht, auf die Haftbedingungen der sich im Hungerstreik befindenden Terroristen in Stammheim aufmerksam zu machen. Wegen eines dem Schreiben beigefügten Statements der Gefangenen wurde gegen ihn ein Verfahren »wegen öffentlicher Aufforderung zur Begehung von Straftaten« eingeleitet, das erst nach zwei Jahren eingestellt wurde. Der Roman handelt von der zunehmenden Ratlosigkeit Fritz Buchonias, eines inkriminierten Anwalts. Am schlimmsten ist für ihn die Abstemplung als Terroristen-Sympathisant durch eine inoffizielle Meldung des Bundeskriminalamtes an die Medien, die zu seiner zunehmenden Isolierung von der Umwelt und von der Bevölkerung des Dorfes führt, in dem er lebt. Auch die keineswegs als unmenschlich geschilderte Staatsanwaltschaft kann hier, wie in anderen Situationen, nur ihre Hilflosigkeit vor der unpersönlichen ›Behörde‹ zeigen. Die dokumentarische Machart des Romans hat ihn nicht vor dem Vorwurf schützen können, er habe durch den deutlichen Bezug zu Kafkas ›Der Prozeß‹ die Verfolgungsapparate spiritualisiert, paranoische Verfolgtenmentalität erzeugt und »die Wirklichkeit verfehlt«.[69]

Elsner, der ebenfalls – vor allem in ihren frühen Texten – eine deutliche Kafka-Abhängigkeit nachgesagt wurde, hat die Erfahrung von Verfolgung und Überwachung aus subjektiver Perspektive in einem subtilen Psychogramm beschrieben (Titelerzählung von ›Die Zerreißprobe‹, 1980).[70] Die Ich-Erzählerin reagiert auf die Spurensicherung der Fahnder in ihrer Wohnung mit spiegelbildlichen Ermittlungen. In dieser Beobachtungs-Beobachtung setzt sich die Politik der Überwachung nicht einfach im Subjekt fort; sondern aus einer totalen Verunsicherung heraus – auch der eigenen Realitätswahrnehmung – gewinnt die Betroffene darin wieder Fassung: eine Fassung, die als Gleichzeitigkeit von Wut und Ruhe beschrieben wird.

Mit einigem Abstand zu den ›Ereignissen‹, Anfang der 80er Jahre, erscheinen neben dem Beitrag Elsners noch eine Reihe anderer Texte, die sich mit dem ›deutschen Herbst‹ oder mit der Vor- und Nachgeschichte von ›Stammheim‹ auseinandersetzen. Aufzeichnungen subjektiver Befindlichkeit und Reflexion aus der Perspektive einer Schriftstellerin, die von einer Lesereise nach dem Tod der Gefangenen in Stammheim in die BRD zurückkehrt, prägen z. B. den Roman ›Erfinder des Glücks‹ (1981) von Hannelies Taschau.

Einen Perspektivwechsel, nämlich die Innenansicht eines Funktionsapparates der ›inneren Sicherheit‹, d. h. des Machtstaates und seiner Geschichte, versucht dagegen F. C. Delius mit seinem Roman ›Ein Held der inneren Sicherheit‹ (1981). Er enthält eine mehrschichtige Darstellung des Apparats der westdeutschen ›Vereinigung der Arbeitgeberverbände‹, ausgehend von der Entführung Hanns-Martin Schleyers im Jahre 1977. Büttinger, der Chef, »eine Modellfigur ⟨...⟩, kein literarischer Abklatsch« Schleyers,[71] ist Fixpunkt im inneren Monolog seines Redenschreibers nach der Entführung. Der Text rekonstruiert keine ›Aktionen‹, sondern reflektiert im Machtbezirk einen psychischen Ort, wo die »innere Sicherheit« nach dem Verschwinden des »Vaters« neu ausgebrütet wird. Hinter den Kulissen der Gewaltkonflikte wird ein unbeeindruckt von »Leben« agierendes, den Schreibangestellten emportragendes Perpetuum des Machtbegehrens gezeigt: lauernd konkurrierende Unterwerfung unter die abwesende Vaterfigur des »Menschenführers« und die Sprache als Ideologie. Delius' folgender Roman ›Mogadischu Fensterplatz‹ (1987), ›gesehen‹ aus der Sicht der Geiseln im 1977 entführten Lufthansa-Jet ›Landshut‹, ist ein ähnlicher Versuch dieses politischen Prosaisten und Lyrikers, der 1966 als Dokumentar-Erzähler mit ›Wir Unternehmer. Über Arbeitgeber, Pinscher und das Volksganze‹ debütiert hatte.

Die Facettierung der Perspektive-Möglichkeiten im Blick auf die politische Situation der 70er Jahre wird noch erweitert mit Eva Demskis Roman ›Scheintod‹ (1984), der zehn Jahre zurückliegende Ereignisse thematisiert und sich − wie die Texte von Chotjewitz und Elsner auch − auf autobiographische Erlebnisse stützt. Durch Namen und konkrete Ereignisse wird auf die Situation der Fahndung nach der Baader-Meinhof-Gruppe angespielt. Die Spurensuche gilt hier der ›Identität‹ eines verstorbenen linken Anwaltes aus der Frankfurter Szene, erzählt aus der Perspektive seiner »unechten Witwe«, die – obwohl sie schon länger von ihm getrennt lebte – sich nun mit seinem ›Erbe‹ konfrontiert sieht und dabei selbst in die Klemme zwischen ›Staatsschutz‹ und Solidaritätsdruck mit den Verfolgten gerät. Damit beschreibt Demski vielleicht paradigmatisch eine Erfahrung vieler nur mittelbar Beteiligter in einem sich verschärfenden Gewaltklima der 70er Jahre.

Ende der 70er Jahre begann das Verhältnis zwischen einem Teil der literarischen Intelligenz und dem Staat sich zu entspannen. Während die terroristischen Anschläge zurückgingen, versuchte die SPD, die Isolierung der Schriftsteller aufzuheben. Helmut Schmidt beriet sich noch auf der Höhe des ›Deutschen Herbstes‹ mit literarischer Prominenz (Böll, Max Frisch, S. Lenz) über die Lage der Nation; Frisch hielt im selben Jahr eine Rede auf dem Hamburger SPD-Parteitag. Seit 1978 wurde der Radikalenerlaß in SPD-regierten Bundesländern etwas vorsichtiger angewandt. Die Themen ›Berufsverbot‹ und ›Sympathisanten‹ sanken an der literarischen Börse im Kurs, die Frage der Kernenergie und andere ökologische Probleme rückten jetzt eher ins Interesse kritischer Schriftsteller. Im September 1977 unterzeichneten Born, Buch, Grass, P. Schneider, von der Grün u. a. m. ein Plädoyer ›Keine Atommülldeponie in Gorleben und anderswo‹, 1979 veröffentlichte H. C. Buch sein Gorlebener Tagebuch ›Unruhe‹.[72]

Die Frontstellung gegen den ›Atomstaat‹ schließt auf neuer Stufe die Kritik am ›Überwachungsstaat‹ durchaus ein und knüpft für ältere Schriftsteller bei ihrem Engagement gegen den ›Atomtod‹ in den 50er Jahren an. Die jüngeren definieren diesen Zusammenhang offensiv, z. B. Born, der sowohl den Überwachungsstaat als auch die Atomgefahr als zusammengehörende Bestandteile der »totalitären zweiten Wirklichkeit« beschreibt, die von der autonom gewordenen »Megamaschine« der modernen Industriegesellschaft produziert und mit einem »*angemessenen* Gesetzeswerk ausgestattet« werde.[73] Auf ähnliche Weise graut es

Fritz Tolm, Bölls Präsident der Arbeitgeberverbände in ›Fürsorgliche Belagerung‹, vor einem gleichgeschalteten Staat, in dem durch Überwachung und enge Kooperation aller Interessenverbände das Individuum dem System preisgegeben werde.[74]

Die Entscheidung der Außen- und Verteidigungsminister der Nato-Länder im Dezember 1979, ihr nukleares Arsenal zu modernisieren und Pershing und Cruise-Missiles auf ihren Territorien zu stationieren (»Nachrüstung«), löste eine neue Stufe des Protestes durch die Friedensbewegung aus, an der sich auch viele Schriftsteller beteiligten. 1980 verfaßten Grass und drei Kollegen einen schließlich von über hundert Künstlern unterzeichneten Appell an Bundeskanzler Schmidt, worin er zur Arbeit für den Frieden ermuntert wurde. 1981 wurde, weiter links auf der politischen Skala, der ›Krefelder Appell‹ formuliert, im Dezember desselben Jahres fand das erste gesamtdeutsche Friedenstreffen der Schriftsteller in Berlin-DDR statt, führend initiiert von Grass und Stephan Hermlin. 1982 folgte das internationale Haager Treffen, 1983 die zweite Berliner Begegnung im Westen der Stadt, in der es darum gehen sollte, »den Frieden zu erklären«. Im selben Jahr veröffentlichte Grass in der Raketenfrage einen Offenen Brief an die Abgeordneten des Deutschen Bundestages. Außerdem fand das Heilbronner Schriftstellertreffen statt, mit einem Aufruf an Reservisten der Bundeswehr, den Kriegsdienst nachträglich zu verweigern.[75]

Daß die Raketen trotzdem aufgestellt wurden, führte dazu, daß dieser Einsatz in Sachen Frieden von den jüngeren Schriftstellern als bloß gutgemeint kritisiert wurde. Nicht nur habe, so Buch, »die rituelle Beschwörung des Weltuntergangs« durch gewisse Kollegen von den »realen Krisen der Gegenwart« abgelenkt,[76] sondern, so Hanns-Josef Ortheil, der Mangel an Erfolg (der an der Friedensbewegung beteiligten Autoren) bedeute auch einen »Erwartungsverlust« für die engagierte Literatur: »Plötzlich waren auch die Schriftsteller enttarnt. Sie standen da als die sorgenvollen, kummerbeladenen Bürger, zu denen sie in diesen Zeiten ⟨...⟩ geworden sind«.[77] Ihre »linke Unschuld« wirke, so Michael Buselmeier, »angesichts dessen, was wir über die Machtpolitik wissen (können), traurig komisch«.[78] Schon 1981 schrieb

Ulrich Greiner in der ›Zeit‹ über ein Verstummen der literarischen Intelligenz: ihre Macht »als aufklärerische, auf Moral und Wahrheit pochende Gegenöffentlichkeit« sei wegen ihrer Verstrikkung in die Meinungsindustrie und ihrer Nähe zur SPD obsolet.[79] Und H. M. Enzensberger erklärte nach dem Tode Bölls den schriftstellerischen Individualprotest für überholt; die Rolle des Schriftstellers als moralischer Polit-Autorität habe ausgespielt.[80] Für Buselmeier war die Zeit der »Berufsaufklärer« überhaupt abgelaufen. Sie seien »Relikte der Adenauer-Ära, in der sie ⟨...⟩ ihre Begründung hatten«.[81]

1987, in der 5. Folge des seit 1985 neu erscheinenden LiteraturMagazins, kommentieren Martin Lüdke und Delf Schmidt in der Editorischen Notiz zu einer »literarischen Umfrage« (»Warum sie schreiben wie sie schreiben«)[82] den Generationswechsel auf dem polit-literarischen Feld mit den Worten:

⟨...⟩ Andersch und Böll, Hans Werner Richter und Arno Schmidt, Enzensberger, Walser, Lettau, Rühmkorf und Co. ⟨...⟩ haben Literatur nie nur als Literatur begriffen, sie haben sich öffentlich geäußert, wann immer es nötig war. Sie haben ein Stück Demokratie verwirklicht – und sind aber heute, wie es scheint, vorzeitig in den republikanischen Ruhestand getreten. ⟨...⟩ Die Verhältnisse haben sich geändert. Heute weiß jeder, woher der Wind weht. Das hat auch ästhetische Konsequenzen ...

Grass nimmt an der Wahlkampagne 1987 nicht mehr teil. Böll, Andersch und Weiss sind tot. Zuletzt hatte Böll seine Art des politischen Engagements nur noch als Notlösung verstanden. Eigentlich, so meinte er, hätte er längst in den politischen Ruhestand treten müssen, so 1977 im Gespräch mit Hans-Peter Riese.[83] Sein Einsatz im Rahmen einer außerparlamentarischen Opposition in den siebziger Jahren sei dadurch bedingt gewesen, daß das politische Leben der Republik, »nach vorübergehenden relativen Differenzierungen«, auf das für ihn »nicht diskutable« Niveau der Adenauer-Ära zurückzusinken drohte. Sein Dilemma beim »freischwebend intellektuellen Utopienentwickeln« sah er so: Man könne »in einer parlamentarischen Demokratie nicht verantwortlich auf die Dauer außerparlamentarisch opponieren ⟨...⟩ oder außerparteilich«; politische Intoleranz habe dazu geführt, daß es eine »sozialistische Partei, in die man eine Utopie bringen könnte«, nicht gibt. Werde es also nicht notwendig sein, »eine weitere politische Kraft zu bilden, in Form einer Partei möglicherweise«?

Zunehmend führte die Parteinahme für Friedensbewegung und neue Ökologie Böll und seine Freunde in die Nähe zu den Grünen; in seiner Rede auf einer großen Bonner Friedensdemonstration am 22. Oktober 1983 rief er aus: »Wir [!] haben inzwischen eine Partei im Parlament.« Ähnlich äußerte sich 1985, im Todesjahr Bölls, Walser, der in und nach den 68er Jahren parteipolitisch zunächst eine andere Alternative, als Böll sie suchte, bevorzugt hatte, eine eher orthodox marxistische. Walser, neben Enzensberger und Grass im öffentlichen Bewußtsein so etwas wie ein Mitstreiter Bölls seit den Tagen der Restauration vor ›68‹, verbindet mit seinem (endgültigen?) Rücktritt vom politliterarischen Sprechamt den selbstironisch getönten Appell, das Feld notwendigen Handelns anderen zu überlassen:

Die Leute sollen nach Mutlangen gehen – und ich selber bin nicht in Mutlangen. Und daß ich nicht dabei bin – ich war immer dabei, Vietnamundsoweiter, 70er Jahre –: am Mikrophon in einer größeren Versammlung sprechend, habe ich mich nicht wohlgefühlt, es war nicht mein Element, sondern ich habe es für notwendig gehalten.

Ich bin in der Hinsicht eigentlich sehr froh, daß die Grünen entstanden sind, daß also unser Herumempfinden einen politischen Ausdruck oder eine politische Form gefunden hat. Mich entlastet das.

Ich bin sozusagen das Hinterfeld, das da seinen Stimmzettel abgibt.[84]

Ins Vorfeld war längst die Generation getreten, die, wie Thomas Schmid es 1981 formulierte, das Erbe der 68er Bewegung den Intellektuellen eines alten »liberalen und linken« Zuschnitts aus der Hand genommen hatte.[85]

Keith Bullivant und Klaus Briegleb

Die Krise des Erzählens – ›1968‹ und danach

> »Es läßt sich nicht mehr erzählen,
> während die Form des Romans
> Erzählung verlangt.«
> (Theodor W. Adorno, 1954)[1]

1. Die ›bürgerliche Literatur‹ wird wieder einmal in Frage gestellt. »Adorno-Folgen«

Das ›Kursbuch 15‹ vom November 1968 verdankt seine symbolische Bedeutung für die Literaturdebatte in der antiautoritären Bewegung den unabhängig voneinander entstandenen Beiträgen, die sich mit der Parole »Tod der Literatur" bzw. »Tod der bürgerlichen Literaturkritik« auseinandersetzen: Yaak Karsunke, ›Anachronistische Polemik‹; Karl Markus Michel, ›Ein Kranz für die Literatur‹; Hans Magnus Enzensberger, ›Gemeinplätze, die Neueste Literatur betreffend‹ und Walter Boehlich, ›Autodafé‹ [→ 42 ff.]. Die Parole benennt eine kritische Stimmung im Land, die von den Beiträgen eher gebrochen als gefestigt wird. Einen angreifenden und aktuell destruktiven Gestus trägt allein das ›Autodafé‹ vor, das als ›Kursbogen‹ auch für plakative Zwecke bestimmt war. Alle vier Verfasser schreiben nicht theoretisch isoliert, sondern im allgemeinen Erfahrungs-Rahmen von kulturrevolutionären Ereignissen, vor allem des ›Pariser Mai‹ 1968 (Michel), und miterfaßt von der kritischen Unruhe im Literaturbetrieb: Krise der ›Gruppe 47‹, Zweifel an der gesellschaftlichen Funktion schriftstellerischer Arbeit (Enzensberger). Auch Boehlichs Frage, ob wir nicht eine andere Literaturkritik haben können, wurde von vielen gestellt. Und das Funktionsproblem war vor allem von Theaterleuten längst praktisch in Angriff genommen worden, und viele hielten es in diesem Gattungsbereich für gelöst: durch das Dokumentartheater, das politisch und aufklärend wirke [Bd. 10, 379 ff.], und durch die ›neuen Volksstücke‹ eines Martin Sperr oder Rainer Werner Fassbinder, denen zugetraut wurde, das »poetische und absurde Theater« zu verdrängen.[2]

Die ›Gemeinplätze‹ Enzensbergers stecken dagegen einen kaum eingeschränkt *skeptischen Horizont* ab: Zwar lasse sich angeben, welchen »begrenzten, aber nutzbringenden Beschäftigungen« Schriftsteller nachgehen können, die in sozialkritischen Gattungen arbeiten oder deren Grenzen überspielen (Fritz Teufels Kommune-Ästhetik), aber solche Arbeit breche nicht die kulturelle Hegemonie der Bourgeoisie. So richtig die Kritik am Scheincharakter und legitimatorischen Zweck der einst revolutionären bürgerlichen Literatur sei, so bleibe diese Kritik selbst, auch im radikalen Gewand des sozialistischen Realismus, »bürgerlich bestimmt«. Das festzustellen, sei nicht neu und sprenge nicht den Rahmen, der in der bürgerlichen Kultur für antibürgerliche Kunst und Kritik vorgesehen ist.[3] Das ›Kursbuch‹ selbst war angetreten, die kleinen Spielräume, die der kritischen Belletristik zumal unter den Vorzeichen der technologisch entfalteten Bewußtseinsindustrie noch bleiben, zu nützen und erweitern zu helfen:

> Unser literarisches Bewußtsein ist begrenzt; es ignoriert weite Zonen der zivilisatorischen Realität. Wo die literarische Vermittlung versagt, wird das Kursbuch den unvermittelten Niederschlag der Realien zu fassen suchen: in Protokollen, Gutachten, Reportagen, Aktenstücken, polemischen und unpolemischen Gesprächen. (›Ankündigung einer neuen Zeitschrift‹, 1965)[4]

Enzensbergers skeptische Haltung scheint sich nach den Literatur-›Gemeinplätzen‹ aufzulösen; in die Literaturdebatte greift er allerdings dann ersteinmal auch nicht mehr ein. In der radikal politischen Phase, in die er eintritt,[5] geht es um Fragen, wie der bürgerlichen Gesellschaft mit anderen als den mittelbaren Waffen der Literatur zuzusetzen sei. Jetzt auch sind die Unterschiede zur ›Vietnam-Opposition‹ bei Peter Weiss, über die man sich vor kurzem noch entzweit hatte,[6] aufgehoben.

In ähnlicher Weise hat um 1968 Walser seine antibürgerliche Haltung und Literatur zugespitzt, bis hin zu einer eher simplen Positionsbestimmung in Zusammenarbeit mit der Deutschen Kommunistischen Partei: 1963 war von Literatur als einer Avantgarde die Rede, die dem gesellschaftlichen Zustand so weit voraus ist, wie die Galionsfigur dem Schiff. Sie schreibe naiv vor sich hin und bestätige so das Bestehende. Der Versuch, diese Lage zu ändern: Selbstzweifel. Durch die Verbindung des Schreibenden mit der Bourgeoisie werde daraus ein unter »unseren Schirm-herrn« *verteilter* Zweifel.

⟨...⟩ Wegen unseres sozusagen unverschuldeten Zusammenhangs mit den oberen Hunderttausend sind wir in der Lage, die ganze Corona zu erschüttern, dadurch daß wir uns selbst in Frage stellen. ⟨...⟩ Wir bleiben hinter unseren Möglichkeiten zurück, wenn wir die Sprache nicht anstrengen zu solchen Experimenten des Zweifels.[7]

1968/69 dann fordert und fördert Walser eine unmittelbar proletarische Schreibweise.[8] Das hat ›1968‹ und danach für einige Schreibende und kulturpolitisch Interessierte in der Neuen Linken eine starke und vorbildliche Plausibilität und überdeckt eine Zeit lang das ästhetische Problem der sogenannten operativen Literatur. »Neuer Proletkult«, sagt Hans Christoph Buch.[9]

Dieser jüngste unter den ›Berliner Studenten-Schriftstellern‹, die von ihrem Engagement aus SPD-Nähe (Wahlkontor 1965)[10] in die kämpferische Aktionsöffentlichkeit der Studentenbewegung 1966/67 geführt worden waren, gehört zu den ersten Achtundsechzigern, die das Erwachen aus ihren sozialrevolutionären Träumen distanziert durchdenken und zu Felde ziehen gegen einen literarischen Durchhalte-Realismus sozialistischer Provenienz, der glaubt, so diszipliniert weiter erzählen zu sollen, wie es die »reine Lehre« verlangt.[11] Buch stellt seine Kritik an der »Sozialromantik«, die seit 1933 keinen Eingang in die Literatur mehr hätte finden dürfen, in den zeitlichen Zusammenhang mit dem Zorn in der Frührebellion auf eine »spätbürgerliche Kunst, die ihren gesellschaftlichen Auftrag längst ›ad acta‹ gelegt hat«: Aus dem Zorn aber seien illusionäre Folgerungen gezogen worden. »Die vulgärmarxistische Soziologie feiert Wiederauferstehung.« Der Literatur aber stünde es gut an, »auf dem utopischen Potential der [»auch bürgerlichen«] Literatur zu insistieren«.[12] Mit dieser in politischer Rücksicht gewiß realistischen Wende, die jene »illusionären Folgerungen« aber nur auf die »verkümmerten« Ideen über eine utopische Literatur (Enzensberger) wieder zurückverschob, war indessen der Krise des Erzählens nicht beizukommen, die in den Literaturdebatten 1967/68 zum Ausdruck gekommen und vielerorts analysiert worden war. Eine Diskrepanz zwischen den Debatten zur Revoltezeit und den Literaturessays einiger Rebellen ›danach‹ (Buch, P. Schneider prototypisch) tut sich auf; anstatt Ableitung und Anschlußdiskussion: Bruch, Schweigen. So gesehen, beanspruchen die aufklärerischen Praktiken Walsers, Runges oder Wallraffs den begrenzten und von ›studentischer‹ Wendediskussion unbeeinträchtigten Nutzen, den Enzensberger aus der Krise abgeleitet hatte.

Für einen Augenblick des Innehaltens verweisen Autoren wie Walser darauf, daß ihr Zweifel an »bürgerlicher« Kreativität im elenden Zustand der modernen Gesellschaft begründet ist. Sie entfernen sich von ihrem Schreibtisch, animieren andere – Arbeiter, einsitzende Frauen, Lehrlinge und Heimzöglinge – zum Schreiben; verwandeln ihre *Zweifel* in den *Glauben* an die Authentizität direkter Aussagen. In seinem Nachwort zu Ursula Traubergs ›Vorleben‹ (1968) sagt Walser, dieses autobiographische Protokoll repräsentiere für ihn den potentiellen Wiedergewinn eines relativ naiven, dem bürgerlichen Schriftsteller abhanden gekommenen realistischen Erzählstils. Der bürgerliche Roman in den letzten 150 Jahren habe »uns den Geschmack an Lebensläufen fast verdorben«, hier aber werde, wozu der Roman sich nicht mehr herablasse, »endlich einmal berichtet, nichts als berichtet«.[13] In umgekehrter Richtung als bei Buch wird mit dieser Rhetorik, die die Wahrheitsfrage als beantwortbare so überdeutlich versteckt, die Auseinandersetzung mit der Erzählkrise ebenfalls nur verschoben. Es ist zu vermuten, daß der männlich geprägte ›Diskurs 68‹ durch seine Fixierung auf ›Wahrheit‹, ›Wissen der Wahrheit‹, sich als Diskurs des »Fragens«, gar des »Selbstzweifels« selbst blockiert hat. Im Augenblick, als man im proletarischen Autoprotokoll oder in der Sozialreportage nichts als die Wahrheit befördert sah, wurde die Diskussion über andere Schreibweisen, die ›nichtbürgerlich‹ zu sein beanspruchten, erst gar nicht aufgenommen. Dies gilt z. B. für Helga Novaks Versuche, gerade bei der Arbeit an einer Rekonstruktion *sozial*sprachlicher Verständigungsprobleme zu zeigen, daß dort (dort ›unten‹) kein Grund für eine Lösung der Erzählkrisen an Schreibtischen

306 · DIE KRISE DES ERZÄHLENS

zu entdecken ist (›Geselliges Beisammensein‹, 1968; später: ›Aufenthalt in einem irren Haus‹, 1971).

Im Ergebnis trifft Walsers Ablehnung des fiktionalen bürgerlichen Romans sich mit anderen kritischen Positionen in der Literaturdebatte um 1968. Handke z. B., so eingenommen er zeitweise vom ›Straßentheater‹, und so »bürgerlich« selbstkritisch er dann auch gegen das »Theatertheater« gestimmt war [→ 36 f.], äußert sich zwischen 1966 und 1969 nicht weniger resolut gegen die Romanliteratur als Walser. Bei ihm aber ist eine zum politischen Diskussionsklima schroff gegensätzliche Problematisierung des »Engagements« in der Literatur nachzulesen. Zu keiner Zeit gibt Handke den »literarischen« Boden unter seinen Füßen preis. Das hat ihn in manche Konfrontationen mit der Studentenbewegung geführt.

⟨. . .⟩ Engagieren kann man sich nur mit Handlungen und mit als Handlungen gemeinten Wörtern, aber nicht mit den Wörtern der Literatur ⟨. . .⟩ Eine engagierte Literatur, sollte es jemals eine solche geben, müßte jedes spielerische, formale Element aus der Literatur entfernen: sie müßte ohne Fiktion auskommen, ohne Wortspiel, ohne Rhythmus, ohne Stil. Dazu aber wäre erst eine neue Definition der Literatur nötig. Eine solche Literatur wäre eine ernste, eindeutige, zur Wirklichkeit gehörende: und nur für sie wäre das Wort ›realistisch‹ zutreffend.[14]

Seit seinem meist nur wie eine Anekdote überlieferten Auftritt in der ›Gruppe 47‹ im April 1966 in Princeton, der gegen den »zur Zeit sehr trivialen Realismus« der sogenannten Beschreibungsliteratur gerichtet war und den er in der Folge z. T. schonungslos personifiziert wiederholt (Reich-Ranicki, Jens, Herburger, Grass u. a.),[15] arbeitet Handke seine Position in einigen Texten sorgfältig aus (vor allem in den Manifesten ›Die Literatur ist romantisch‹, 1966, und ›Ich bin ein Bewohner des Elfenbeinturms‹, 1967).[16] Dabei sind Adressaten der Kritik Autoren wie Peter Weiss, später die Autorengruppe der neosozialistischen Realisten oder Franz Xaver Kroetz, während ihm Thomas Bernhard oder Ernst Augustin als Bundesgenossen im Kampf gegen den falschen Wirklichkeitsschein auf dem Roman-Markt willkommen sind. Eigene Texte in diesem kritischen Kontext sind ›Die Hornissen‹ (1966) und ›Der Hausierer‹ (1967).

Literaturhistorisch bezeichnet Handkes Kritik den Kreuzungs-punkt in der Situation ›1968‹, an dem gegen die allgemeine Rede, wie »politisch bedeutungsgeladen« die Dinge und Geschichten seien, seine durchaus politisch gemeinte ästhetische Gegenstimme laut wird: Die Methode, wie eine Geschichte (realistisch) erfun-den wird, sei verbraucht. »Die Methode der Geschichte ist für mich nur noch anwendbar als reflektierte Verneinung ihrer selbst: eine Geschichte zur Verhöhnung der Geschichte.«[17]

Eine ähnliche Abkehr von den traditionellen Erzählformen hatte Ror Wolf schon mit ›Fortsetzung des Berichts‹ (1964) begonnen. 1967 folgt ›Pilzer und Pelzer‹. »Der ironisch-spieleri-sche Umgang mit den Techniken des konventionellen Romans« täuscht »die Kontinuität des traditionellen Erzählens« nur vor.[18] Das vielleicht extremste Beispiel für den Verzicht auf »jene letzten bürgerlichen Extravaganzen ‹. . .›, die man Geschichten nennt«,[19] ist Wolf Wondratscheks ›Roman‹ (1970), in dem die rebellische Stilrichtung um 1968, die allein auf »den Satz« setzt, auf den Punkt gebracht zu sein scheint.[20] Zugänglicher, verspielter ist sie bei Handke erläutert: »Ich möchte gar nicht erst in die Geschichte ›hineinkommen‹ müssen, ich brauche keine Verkleidung der Sätze mehr, es kommt mir auf jeden einzelnen Satz an.«[21]

Die Tatsache, daß eine materialistische, bourgeoisie-kritische Ästhetik um 1968 eine so vielbesprochene Bedeutung hatte, auch für Schriftsteller, die sich darüber in den klassischen Quellen nicht eigens kundig machten, ist den verschiedensten Bruchstellen im kulturellen Konsens dieser Krisenzeit geschuldet. Überall dort, wo in der theoretischen Tradition konkret gedacht wurde, stellte sich diese Bedeutung als Neupolitisierung des *Hegelschen* Den-kens dar. Und in diesem Kontext ist Adornos Stellung, der Hegels Verabschiedung der Kunst in bürgerlicher Gesellschaft neu analy-siert, einzigartig und *konträr* zur politischen Neubestimmung realistisch-erzählerischer Konventionen. Neben Adorno (etwa zwischen dem Radio-Essay ›Standort des Erzählers im zeitgenös-sischen Roman‹, 1954, und der ›Ästhetischen Theorie‹ 1970) wirkt Herbert Marcuses Kulturtheorie auf die antirealistischen Denkrichtungen in der Literaturdebatte ›1968‹ noch nachhalti-ger. Da er mit seinen Texten zum ›Affirmativen Charakter der

Kultur‹ (dt. 1965) gerade auch die jungen Autoren im Wirkungs-
bereich der Studentenbewegung besonders stark geprägt hat,
wirkte er zugleich als latentes, tadelndes Über-Ich überall dort,
wo ästhetisch unreflektiert (›affirmativ‹) neuer politischer Realismus proklamiert und praktiziert wurde. Da sich aber Adorno in
Frankfurt, als er 1968 mit ›direkten Aktionen‹ konfrontiert
wurde, offen gegen den Scheincharakter der »bürgerlichen« Radikalität der Studenten ausgesprochen hatte, Marcuse dagegen, der
aus den USA nicht wirklich zurückkehrte, das Image des führenden, entfernten Vaters der Kritischen Theorie behielt, wurde der
anwesende Adorno zum Buhmann seiner enttäuschten Schüler,
auch in der Literatur. Was bei Marcuse störte und vor allem in
die philosophisch-revolutionstheoretische Debatte der Zeit aufgenommen wurde,[22] schob man in den eher oberflächlichen, politisch populären Diskussionen im Literaturbetrieb der demotivie-
renden Rolle Adornos zu, vor allem dann, wenn man von
Adornos konkreter literaturtheoretischen Radikalität in eigener
Praxis sich provoziert und überfordert sah. Walser hat diese
mehr oder weniger unwillkürliche Verschiebung später, 1987, als
alles vorbei ist, ungeniert gekennzeichnet: »Damals ⟨. . .⟩ wurde
man eben als ›affirmativ‹ bezeichnet, wenn man Realist war. Das
sind die Adorno-Folgen.«[23] Adorno aber hatte im ›Standort‹-
Essay gesagt:

> Will der Roman seinem realistischen Erbe treu bleiben und sagen, wie
> es wirklich ist, so muß er auf einen Realismus verzichten, der, indem er
> die Fassade reproduziert, nur dieser bei ihrem Täuschungsgeschäfte
> hilft.[24]

Adornos Überlegungen stehen nicht nur in der Hegelschen,
sondern auch in der Tradition der europäischen Literaturavant-
garde, in deren Programmen die Probleme künstlerischen Reali-
tätsbezugs nicht gelöst aber bewußt gemacht werden. Das wissen
auch die Schüler Adornos. Die jungen Autoren unter ihnen (wie
Wondratschek, Ror Wolf, Botho Strauß) antworten folgerichtig
auf die »universale Entfremdung und Selbstentfremdung«
(Adorno, ›Standort‹-Essay) nicht mit ungebrochenem Literatur-
Realismus, gehören aber durchaus der politischen ›68er‹-Litera-

tur an. Auch unter den Prominenten im bürgerlichen Feuilleton, die, geboren kurz vor dem NS-Beginn, seit Anfang der 60er Jahre einflußreich schreiben und nun zu den liberalen Mittlern zwischen Kunst und politischer Öffentlichkeit gehören, finden sich Adorno-Schüler (wie Joachim Kaiser oder Reinhard Baumgart). Baumgart, ein Aktivist der ›Literaturdebatte 1968‹, widmet seine Frankfurter Poetik-Vorlesungen ›Aussichten des Romans oder Hat Literatur Zukunft?‹ (1967) dem Lehrer und argumentiert im Bann des ›Standort‹-Essays. Allerdings fasziniert ihn auch der Veränderungswille der Studentenbewegung, und so sucht er sich von der negativen Dialektik des Meisters zu ›befreien‹, sucht nach einer progressiven Literaturfunktion: Zwar reiche, so noch mit Adorno, das erzählende Individuum an »das Verhängnis«, d. i. an eine Erfahrbarkeit der ›ganzen‹ Moderne nicht mehr heran, aber zu widersprechen sei einer unentrinnbaren Fesselung des realistischen Erzählens an das »Täuschungsgeschäft« der gesellschaftlichen Fassade:

⟨. . .⟩ Sobald, wie in der möglicherweise nun beginnenden Literatur, die Fassade Fassade genannt wird und nicht etwa für das Ganze steht, wenn Sprache nicht mehr als Instrument zur Errichtung erzählter Fiktionen gebraucht wird, sondern sich selbst, ihren und der Zeit Zustand ausspricht, dann täuscht sie nicht mehr, dann demonstriert sie, was sie ist.[25]

Diese Aufkündigung der Adornoschen Denkstrenge sollte nun nicht einem neuen Roman, sondern nur dem politisch-literarischen Dokumentarismus, auch dem filmischen Erzählen, zu einer theoretischen Legitimation verhelfen. Und hier dann die 68er Emphase: Wer auch dem dokumentarischen Realismus, der zu Recht auf die *Notwendigkeit* von Veränderungen dringe, mit Mißtrauen begegnet, der postiere sich nur rhetorisch »im Abseits« einer »steifen, negativen Würde«.[26] Zwar sind solche Wendungen Fehllektüren Adornos, doch befinden sie sich im Trend einer feuilletonistischen Versöhnung der kritischen Theorie mit der Aufbruchsstimmung, wie man sie empfand. Am Beispiel Baumgarts ist aber über die gutgemeinte Sympathie mit der ›Bewegung‹ hinaus, die er einige Zeit durchhält, die grobe ›philosophische‹ Verkürzung zu erkennen, die als progressive poetologische

Adorno-Kritik ausgegeben wird: War das »antirealistische Moment des neuen Romans« im ›Standort‹-Essay an Proust und Joyce orientiert, deren Autorität auch Baumgart nicht antastet (Adorno: »konsequent hat Joyce die Rebellion des Romans gegen den Realismus mit einer gegen die diskursive Sprache verbunden«[27]), so tauscht der politisch Progressive die »erzählte Fiktion«, die (mit Adorno) nicht mehr zu halten sei, schlicht gegen »politisch interessierte Erzählung« aus und so läßt sich im Handumdrehen Erzählen wieder poetologisch reflektieren und näher bestimmen: Man durchsetze Dokumente mit Prosa, stelle Erfahrungscharakter her kraft »angelieferten« wortwörtlichen Zitatmaterials, reduziere das Soziale in der Literatur (mit Heißenbüttel) auf ein »Äußerliches des Menschen«, usw. Ein Informationen zitierender Realismus greife »über individuelle Erfahrung der Autoren hinaus ⟨. . .⟩. Stoffkenntnis [»als Sprachstoff verstanden«] könnte bald der zweite und zeitgemäße Name für Erfahrung werden.« So entspräche dann das Erzählen noch immer »dem kritischen Maßstab schlechthin« und der »Wahrscheinlichkeit«, einer »belegbaren Authentizität aller Mitteilungen«; und es sei daher »die letzte, ehrlichste Konsequenz allen Realismus«.[28] – In den ›Sechs Thesen über Literatur und Politik‹ (1970)[29] schließt dieser »letzte« Realismus Baumgarts dann schon auch so verschiedene Erzähler wie Handke und Kluge bedenkenlos ein.

2. Die Dokumentarliteratur und die Krise des Erzählens

Die Bandbreite, auch offene Beweglichkeit der Überlegungen Baumgarts zum dokumentarisch-informativen Prinzip einer neuen Erzähl-Literatur um 1968 geht immerhin theoretisch über das hinaus, was als Prosa-Dokumentarliteratur in der Regel nur ausgearbeitet wurde (Wallraff, Runge – Werkkreis Literatur der Arbeitswelt) und bei einer Reihe von Autoren als politisch angemessene Reaktion auf die Anzweiflung des traditionell realistischen Erzählens gegolten zu haben scheint. – Enzensberger, ebenfalls ein literarischer Adorno-Schüler, durchbrach mit seinem Roman ›Der kurze Sommer der Anarchie. Buenaventura Durrutis Leben und Tod‹ (1972) kraft historischer Energie auf Anhieb die

DOKUMENTARLITERATUR

literarische Trivialität des politischen Prosa-Dokumentarismus. Um Durrutis Leben »erzählen« zu können, müsse man sich als »Erzähler« verleugnen. Er sei »Nacherzähler« eines »kollektiven Mundes«.

> Der wissenschaftlichen Recherche, die sich interesselos dünkt, verdanken wir vieles; doch sie bleibt Schlemihl, eine Kunstfigur. Einen Schatten wirft erst das wahre Subjekt der Geschichte. Es wirft ihn voraus als kollektive Fiktion.[30]

In ähnlicher Weise, wenn auch weiträumiger, spielt in Johnsons ›Jahrestage‹ das durchlaufende Exzerpt aus der ›New York Times‹ eine wichtige Rolle beim Zusammenfügen von Gegenwart (Viet Nam-Krieg, New York City, ›Prag 1968‹) mit der Vergangenheit in »Jerichow«. Eine Assoziation von narrativen mit dokumentarischen Elementen liegt auch der Struktur von Grass' ›Aus dem Tagebuch einer Schnecke‹ (1972) zugrunde. Die Hauptmotive Schnecke (»der Fortschritt im Stillstand«) und Melancholie werden ausgebreitet und vertieft durch die dokumentarischen Stränge des Tagebuchs. Das wohl wichtigste Element dokumentarischer Veranschaulichung ist die detaillierte Geschichte des Antisemitismus in Danzig und der Emigration der Juden in den dreißiger Jahren. Ihr Leben und Leiden werden aber nie in ihrem Besonderen belassen, sondern durch kontrastive Dokumentation oder Biographie im gesellschaftlichen und geschichtlichen Kontext, z. B. in dem der Intoleranz, aktualisiert und verallgemeinert.

Durch den Verzicht auf eine auktoriale Stimme traditioneller Prägung in ›Gruppenbild mit Dame‹ (1971) habe Böll, so Heißenbüttel, an Objektivität gewonnen, er erzähle sogar »wie die Dokumentarautoren« Wallraff, Runge oder Per Olaf Enquist.[31] Dem ist entgegengehalten worden (Hans Schwab-Felisch), daß hier keine »objektiv erfaßbaren soziologischen Relationen« gezeigt sind; die Recherchen des »Verf.« bewiesen eher, daß ihm »eine sehr komplexe, in sich widersprüchliche und psychologisch aufgefächerte ›wirkliche‹ Wirklichkeit« begegne, kaum aber mehr *die* Wahrheit, auf die doch die ›Dokumentarliteratur‹ so treuherzig zusteuert.[32] Heißenbüttel wollte Bölls Lernen bei den Dokumentaristen und Sprachmaterial-Realisten »an der Wende zu den siebziger Jahren«, das seine Unsicherheit bei der Darstellung weiblicher Rollen[33] nun im ›Gruppenbild‹ methodisch quasi bestätigte, auf Ironisierung des Gelernten festlegen. Böll hat sich um solche Aspekte methodenimmanenter Literaturdebatte nicht gekümmert. Angesichts seines langen Schweigens als Romancier liegt die Bedeutung des ›Gruppenbilds‹ zunächst auch darin, daß ihn die − wie ernsthaft auch immer geführte − Auseinandersetzung mit jenen Methoden der Fiktionsverfremdung, die das Erzählen prinzipiell nicht in Frage stellen, zum Weiterschreiben motiviert haben mag, ihn jedenfalls daran nicht gehindert hat. Unter diesem Aspekt sieht Kurt Batt diesen Roman. In Bölls Textpraxis sei die Erzählkrise reflektiert und, im Vergleich zu den früheren Werken des Autors, mit höher entwickelter epischer Vielgliedrigkeit beantwortet worden.[34]

Unstrittig ist, daß weder in Grass' ›Tagebuch‹ noch in Bölls ›Gruppenbild‹ ein im strengen Sinn dokumentarisches Programm steckt.[35] Es scheint aber, beide Arbeiten seien ein Beleg dafür, daß das dokumentarische Verfahren, das mittels seiner Materialbeziehungen so nah an ›die Geschichte‹ herankommen kann und dabei als handwerkliche Technik in sich selbst kaum theoretische Zweifel am Wert des Materials aufkommen läßt, eine schreibmotivierende Hilfe ist in Zeiten, wenn die subjektive Kreativität der Schriftsteller unter dem Erfahrungsdruck der modernen Welt und, wie ›1968‹, unter akuten politischen Herausforderungen zu erlahmen droht. So gesehen ist es gar kein Paradox, daß wir, entgegen allem dokumentarischen Anspruch in der Theorie, in Grass' Text wie in keinem anderen dieses Autors mit persönlicher politischer Auffassung der Gegenwart und in Bölls Text mit neuer »erzählerischer Souveränität und Ausgelassenheit« konfrontiert werden (Batt).[36]

Die dokumentarisch-erzählende Mischform, zu der Grass 1980 mit seinem Romanessay ›Kopfgeburten oder Die Deutschen sterben aus‹ wieder zurückkehrt, wird auch in ›Einladung an alle‹ (1972), einem eher vernachlässigten Roman Wellershoffs praktiziert. Obwohl er zu einem erheblichen Teil aus authentischem Quellenmaterial gearbeitet ist, erhebt er keineswegs den Anspruch, eine schlüssige Interpretation des Falls Bruno Findeisen (d. i. Bruno Fabeyer, der sog. Moormörder) zu sein. Angeboten wird eine zögernde Analyse, die mit dem wissenschaftlichen Positivismus des verantwortlichen Polizeikommissars kontrastiert. Wellershoff belebt das Material mit seinen »Vorstellungsmöglichkeiten«: »Ich erprobe ⟨sie⟩ an den Fakten. Und natürlich überschreitet der Roman auch die Grenze zum Subjektiven.«[37] Auf diese Weise könne das subjektive Erzählen »innere und äußere Vorgänge sinnlich aktualisieren ⟨. . .⟩, die im dokumentarischen Material nur angedeutet sind«.[38] Gemäß seinen theoretischen Aussagen zum ›Neuen Realismus‹ [Bd. 10, 460-68], der entwickelt werde aus »subjektiven, begrenzten, momentanen und bewegten Perspektiven«, wodurch eine sich wechselnde Optik erzielt werden könne, sind in der ›Einladung‹ die eindeutig subjektiven Überlegungen der auktorialen Stimme durch eine Reihe anderer Standpunkte komplementiert; das Resultat ist eine mehrschichtige Gleichzeitigkeit, ein sprachliches Kaleidoskop, das eher der Komplexität ›des Ganzen‹ entspricht als die simplifizierende Grundhaltung kriminalpolizeilichen Denkens, welches im Roman also nicht nur wertneutral mitspielt, sondern kritisiert wird.

3. Die ›Avantgarde‹ und der Sprach-Realismus [→ 455 ff.]

Die Anknüpfung an Bertolt Brechts Realismus-Konzept, das jetzt in seiner Gegenstellung gegen die Theorie des großen sozialistischen Realismus bei Lukács und in seiner Verträglichkeit mit dem epischen Modell ›Ulysses‹ (Joyce) und ›Berlin Alexanderplatz‹ (Alfred Döblin) neu entdeckt wurde, ist als politisches Moment in der Literaturdebatte ›1968‹ signifikant. Mit Berufung auf den formbewußten Realisten Brecht konnte gegen entpolitisierte Brecht-Rezeption gefochten werden, wie sie etwa im konservativen Literaturgespräch oder in der ›Gruppe 47‹ vertreten war.[39] Die Fronten verliefen jedoch nicht nach einem starren Schema ›politisch-unpolitisch‹, absichtlich schon gar nicht. Daß in einer Welt, deren industriell-technischer Fortschritt stürmisch ist, sich auch die literarischen Darstellungstechniken verändern müßten, war ein übergreifender Gemeinplatz. Ihn vertrat beispielsweise auch Heißenbüttel, die Symbolfigur der Realismus-kritik schon vor der Revoltezeit. In popularisierter Form führte er Wittgensteins Philosophie, die konstitutiv war für den theore-tischen Kontext der Konkreten Poesie [Bd. 10, 420 ff.], in die Realismusdebatte um 1968 ein. Auf dem Feuilleton-Forum der ›Süddeutschen Zeitung‹, sodann seit 1969 gut verbreitet als Taschenbuch, gibt der Briefwechsel Heißenbüttels mit Heinrich Vormweg in der ›Situation 68‹ darüber Auskunft, wie man den geflügelten Satz 5.6 aus Wittgensteins ›Tractatus logico-philoso-phicus‹ erzählkritisch, und fern von der Militanz der ›Kurs-buch‹-Linken oder auch Handkes, literaturförderlich variieren kann: »*Die Grenzen meiner Sprache* bedeuten die Grenzen meiner Welt.«

Unser Bewußtsein ist vom Geist der modernen Wissenschaft geprägt. Nur wer sich mit »Relikten herumplagt«, anstatt aufs Ganze zu sehen, stellt sich heute die Wirklichkeit nicht »wissenschaftlich-statistisch« vor. »In die Welt einzudringen« sei keine Sensibilität mehr in der Lage, jeden-falls nicht »sinngebend und ordnend«: »es sei denn im Sinne der sozial-wissenschaftlichen Statistik oder der Fotografie«. Sich-*Zurechtfinden* ohne allgemeingültige Entscheidungsmuster zu haben, bleibt uns übrig. Also ist eine bewußt subjektive literarische Darstellungsweise obsolet, und: Die »Auflösung des subjektiven Bezugspunktes« holt einen »gesell-schaftlichen Grund der Literatur« wieder ein. Ferner: »Realistisch« sind heute nicht mehr die herkömmlichen Gattungen, denen man eine objek-tive Vermittlung der »Außenwelt« nachsagt, sondern eine Literatur, die ihren Grund nicht *außerhalb der Sprache* sucht, vielmehr sich auf Spra-che konzentriert, auch destruktiv; jedoch nicht destruktiv im Sinne des Surrealismus. »Bewußt« im Verhältnis zur Gesellschaft der Epoche ist allein eine Literatur, die mit Materialzitat arbeitet. Sie »objektiviert« dann »die Undurchdringlichkeit der Wirklichkeit«: verdoppelt sie im »abgelösten Sprachzitat«.[40]

Nicht zufällig erinnern solche Erörterungen an Baumgarts Anschluß an Heißenbüttel in seinen Poetik-Vorlesungen. Die Popularisierung der Wittgensteinschen ›Sprachwelt‹-Kategorie verliert im epigonalen Verschleiß immer mehr den Rückbezug zur originalen philosophischen Strenge.

Heißenbüttels und Vormwegs Erörterungen stehen dem

sprachrealistischen Diskurs, der stark akademisch geprägt ist, näher als den Praktiken der Konkreten Poesie.[41] Die Konkreten arbeiten lebendiger in den Traditionen des Surrealismus und Dadaismus, auch der Situationisten. Dennoch sind die definitorischen Wirrnisse repräsentativ für die Vielfalt der Methodiken, die unterm Zeichen des Sprachexperiments stehen. Einige Beispiele aus dem Kontext, auf den sich der Begriff ›Sprachrealismus‹ anwenden läßt:[42]

Der ›Sprachrealist‹ »kann nicht Realität aufs Papier bringen, sondern nur, was es zur Realität zu sagen gibt, was es über die Realität zu erzählen gibt« (P. Bichsel, 1968).[43] Nicht mehr die Abbildung der Wirklichkeit steht zur Debatte, sondern die literarische Auseinandersetzung mit der die Realität *vermittelnden* Sprache. ›Phantasie‹ oder ›Sprachschöpfung‹ besagen nichts; der Autor hat keine »eigene« Sprache, sondern »übernimmt« sie: »als etwas Vorgegebenes ⟨...⟩, so, wie sie heute mündlich und vor allem schriftlich vorkommt und verkommt« (Baumgart, 1967).[44] Der ›Sprachrealist‹ möchte keinesfalls mit einer Sprache arbeiten, »die von der Wirklichkeit losgelöst ist« (Bichsel).[45] Für Franz Mon (in ›Collagetexte und Sprachcollagen‹, 1970)[46] ist die Literatur Arbeit »mit den Brocken aus der nur zu bekannten Realität«, mit Hilfe der Sprache »wird Realität geordnet, werden ihre Zusammenhänge aufgedeckt«. Als exemplarische Praxis einer solchen Literatur verweist Mon auf Döblins ›Berlin Alexanderplatz‹ – das Werk wird als der wichtigste Vorläufer zeitgenössischen Sprachrealismus' diskutiert. Dort werde durch die einmontierten sprachlichen Realitätsfragmente die »Erzählgemütlichkeit« des Romans durchlöchert und der Leser »aus der angenehmen Fiktion auf die eigene banale Realität« gestoßen. Heißenbüttel über die eigenen Arbeiten: die »Realitätsspur«, die in der Sprache »aufbewahrt« ist, aus ihr *herauslocken!*[47]

Gemäß seiner theoretischen Erörterungen stellt Heißenbüttels ›Projekt Nr. 1‹ ›D'Alemberts Ende‹ (1970) eine radikal gemeinte Ironisierung der üblichen Romanform und deren Konventionen dar (Bezug: Goethes ›Wahlverwandtschaften‹). Indem sich der Text auf einen Freundeskreis Hamburger Journalisten an einem bestimmten Tag, dem 26. 7. 1968, konzentriert, wird ein begrenzter Sprachraum hergestellt, in dem durch hauptsächlich im Montageverfahren zusammengestellte Gespräche der ritualisierte Sprachduktus der Gruppe kritisch dargestellt werden kann. Die

Reporter und Rundfunkkorrespondenten treffen sich in Bars, führen in ihren Büros Gespräche über verschiedene geplante Projekte und kommen am Abend in einer Wohnung zusammen, wo sie sich über Ereignisse des Tages unterhalten. Später wird d'Alembert ohne Toupet tot aufgefunden. Die Todesursache ist nicht festzustellen, und das Toupet wird schließlich auf dem sich drehenden Teller des Plattenspielers entdeckt. Die karge Handlung an sich und das ›Milieu‹ aber sind unwichtig: »Was an Story erkennbar geworden ist, hat verknüpfende Funktion, keine Bedeutung.«[48] Angestrebt hatte der Autor eine sprachliche Spiegelung diverser, gleichzeitig existierender Dimensionen der Wirklichkeit, wobei das Leben des Einzelnen nur als ein winziger Teil eines unüberschaubaren Ganzen erscheint. Gemäß Heißenbüttels Auffassung des Subjekts als eines »Bündels ⟨von⟩ Redegewohnheit« (›D'Alemberts Ende‹, 387)[49] existieren die Figuren nicht als authentische Persönlichkeiten, sondern als Sprecher von Zitaten und als Teilnehmer an ritualisierten Gesprächen. – War ›subjektives Erzählen‹ widerlegt?

Am Ende einer Entwicklung, in der Heißenbüttel sich immer weniger doktrinär und immer offener in seiner Verunsicherung durch das wissenschaftliche Zeitalter geäußert hatte, wird eine Kritik wiederaufgenommen, die in der Revoltezeit von Renate Matthaei vorgetragen worden war.[50] Bernd Scheffer 1986:

Entgegen der Erwartung Heißenbüttels kann Literatur gar nichts anderes versuchen, als immer wieder neu – durchaus auch mit neuen Verfahren – die ›Erlebnisfähigkeit des Subjekts zu belegen‹. Was denn sonst? Literatur ist Sprach*gebrauch* ⟨. . .⟩ Und Sprach*gebrauch* übersteigt Sprache.[51]

Auf ›D'Alemberts Ende‹ ist diese Kritik angemessener anzuwenden – man beachte den Materialschutt der Zitate und Anspielungen, die Perspektivschwäche der ›Satire auf den Überbau‹ – als auf den Gesamtkomplex der mit ›Sprachmaterial‹ experimentierenden Prosa etwa seit der ersten Fassung der ›Schlachtbeschreibung‹ von A. Kluge, 1964. Auf die Anfänge dieser Entwicklung zielte 1974 Kurt Batt, der dort schon, »wenn auch unter anderem Vorzeichen«, praktiziert sah,[52] was wir als

SPRACH-REALISMUS

den theoretischen Geltungsanspruch der Erörterungen Baumgarts oder Heißenbüttels zum Ansatz einer erzählerisch-dokumentarischen Prosa kennengelernt haben. Auf diesem Feld teilen Kritiker und Kritisierte dieselbe schlichte *Voraus*setzung: »Zwar ist Sprache im Umgang mit der Literatur das Medium, mit Hilfe dessen ›Welt‹ – zunächst – überhaupt präsent wird . . .«[53] Dieser Ansatz und Baumgarts literaturpolitisch gemeinte Hinweise auf Kluge und Heißenbüttel am Ende der Revoltezeit stecken den Rahmen ab, in dem die Nähe Kluges zum ›sprachrealistischen‹ Literaturkonzept gesehen werden kann.

Alexander Kluges [→ 548 f., 560 f.] 1964 geschriebene ›Mischprosa‹ ›Schlachtbeschreibung‹ (in 3. Fassung 1969),[54] die, zusammen mit seinen ›Neuen Geschichten‹ (1977), in den siebziger Jahren das ›Literaturgespräch‹ stark geprägt hat, entsprach den Forderungen Heißenbüttels und den ›68er‹-Thesen Baumgarts. Zugleich demonstriert die multiperspektivische Darstellung der diversen Aspekte der Schlacht um Stalingrad *in der Sprache,* trotz ihrer offenen Verwendung, wie schwierig es für die Beteiligten war und für die Leser noch ist, das Phänomen in seiner Komplexität zu *verstehen.* Die offene Form des Erzählens zielt auf eine Freisetzung der Phantasie des Subjekts, das Träger eines »Realismus des auf die Wirklichkeit umformend reagierenden menschlichen Hirns« ist,[55] sie bietet ein »Gitter«, »an das sich die Phantasie des Lesers anklammern kann, wenn sie sich in Richtung Stalingrad bewegt«.[56] Sie stellt ein Beispiel des »angreifenden Realismus als aggressiver Montage« dar,[57] sowohl subjektiver als auch objektiver Art, ein Beispiel, das durch Kompilation von Informationen aus Archiven, Akten, Berichten von Rückkehrern und privaten Befragungen hergestellt wurde. Gleichzeitig reproduziere, sagt Baumgart 1967, diese Art von dokumentarischer Literatur die Sprachdokumente nicht nur, sondern *inszeniere* sie:

> Schnitt und Montage halten bei Kluge das Material in Bewegung, erfinden Zusammenhänge, stiften also Erzählung. Kurze aphoristische Kommentare, die den Ablauf unterbrechen wie Zwischentitel den Stummfilm, bleiben neben und über den Vorgängen stehen, wollen sich nicht mehr hineinintegrieren wie die Reflexion in frühere Romane. Hier spricht ohne Verlegenheit, über die Geschichte hinweg, der Autor ansa-

gend zum Leser. Das Erzählte dient als Exempel und weist die Einfühlung ab.[58]

Wie ›Schlachtbeschreibung‹, die hier in Anlehnung an Batt als
früh-›68er‹-Roman des ›Sprachrealismus‹ in die ›Literaturdebatte 68‹ noch einmal eingestellt wurde, bietet auch Dieter
Kühns erster Erzähltext ›N‹ (1970) eine Kombination »mögli-
cher«, d. i. historischer und fiktiver Geschehnisse. Er bedient sich
des Mediums einer Biographie (Napoleon). Das dokumentierte
Material wird durch fiktive biographische Alternativen gebrochen und gegen den Strich monoperspektivischer Revolutionshi-
storie witzig und hypothetisch aufgemischt.[59] Zu erzählerischen
Experimenten mit personaler Nichtidentität wird dieses Verfahren im nächsten Buch ›Ausflüge im Fesselballon‹ (1971) weiterentwickelt. Wie denn auch die fernere Arbeit Kühns das Verfahren analytisch und ›informationell‹ gebrochenen Erzählens entfaltet und in die verschiedensten Vorstellungsbereiche hinein-
treibt. U. a. erschließt die Aneignungsfreude des gelernten Germanisten und Musil-Adepten Kühn nicht nur die Literaturgeschichte
des deutschen Mittelalters für die Gegenwartsliteratur (›Ich Wolkenstein‹ 1977; ›Herr Neidhart‹ 1981 und ›Liederbuch für Neidhart‹ 1983; ›Der Parzival des Wolfram von Eschenbach‹ 1986,
›Neidhart aus dem Reuental‹ 1988), sondern ebenso Ökonomie,
Wirtschaftsverbrechen und Wachstumsideologie (›Die Präsiden-
tin‹ 1973), Kriegsdiskurs (›Luftkrieg als Abenteuer‹ 1975) oder
die exakten Wissenschaften und die Gesetze der Modernisierung
(›Das Gauß-Programm‹ 1980). Konsequent unterwirft Kühn viele
seiner ›Erzählungen‹ dem Medienwechsel [→ 536 ff.], wie ›Josephine. Aus der öffentlichen Biographie der Josephine Baker‹
(1976) oder ›Stanislaw der Schweiger‹ (1973, 1975).

Zu Kühns Perspektivfülle ist Hubert Fichtes figurenzentrische
Erzählweise ein Gegenstück. Aber auch er experimentiert mit
Realbiographien, Materialzitat; darüberhinaus mit Erinnerungs-
strömen und fiktionaler Zeitverdichtung. Seine Welt, eine Beat-
Topographie »Hamburg«, ist eine szenesprachlich universalisierte
Gedächtnis-Monade. Die Vielschichtigkeit seiner Wirklichkeitser-
fahrung, sagt Fichte, könne nicht linear erzählt werden. ›Die
Palette‹ (1968) sei der Versuch, diese Unmöglichkeit selber litera-

risch zu objektivieren. Er arbeite aus sich selbst als »Versuchsperson«, sie sei ihm am besten bekannt; von ihr habe er das »langsam zur Oberfläche geschwemmte Material« und die »Freiheit, das Diskrepante zu schreiben«.[60]

Ein früher Versuch in der Gattung *literarischer Spurensuche,* die erst in den späten 70er Jahren, im Zuge der Söhne-Väter-Literatur [→ 89 ff.] und der Literatur aus der Frauenbewegung [→ 245 ff.], den Buchmarkt für sich gewinnen wird, ist Manfred Frankes ›Mordverläufe‹ (1973). Mit dem Untertitel ist das methodische Problem des ›Sprachrealismus‹ in der Version, die hier beleuchtet ist, angerissen: ›9./10. 11. 1938. Ein Protokoll von der Angst, von Mißhandlung und Tod, vom Auffinden der Spuren und deren Wiederentdeckung. Roman‹. Der politische Autor, Jahrgang 1930, wollte über die Reichspogromnacht in seiner rheinischen Heimatstadt (im Buch anonymisiert), in der es angeblich brutaler als sonstwo »zugegangen war« (Verlagsnotiz), »nach den Dokumenten *erzählen*«, erkannte aber im Arbeitsverlauf (er hatte am 4. 10. 1970 zu schreiben begonnen), daß dies unmöglich sei; denn er fand Tatsachen »aufs engste an die überlieferte Sprache gebunden«.[61] Er setzte neu an, kombinierte die Sprache der eigenen Erinnerung mit Zeitungsausschnitten, mit »zusammengesetzten« (Vernehmungs)Protokollen (NS-Kripo), Worten von »Zeugen als Erzählern« usw., z. B. in solchem vorläufigen ›Erzähl‹-Stil:

Am 10. 11. 1938 konnten die Abonnenten der VOLKSSTIMME lesen ⟨. . .⟩ Da wußten sie, warum das geschehen war, was sie gehört und gesehen hatten; und sie wußten, wie sie darüber auszusagen hatten. Meistens schwiegen sie ⟨. . .⟩ Grete Stender sagt: Aus lauter Angst sagte ich damals, daß ich keinen der Täter erkannt hätte, obwohl ich wußte ⟨. . .⟩ Gefragt wurde ich: Sie haben doch niemanden erkannt? . . . (›Mordverläufe‹, 5)[62]

So hebt der Text die Regionalsprache ins Allgemeine der Goebbels-, Speer- usw.-Texte (z. B. ›Mordverläufe‹ 21: »Zeitungsprotokoll 1938, zugleich ausgewählte Erinnerungen Albert Speer«).[63] Auch Franke ist Adorno-Schüler. Er stellte seinen literar-methodischen Versuch nach Fertigstellung 1973 unter einen Satz aus dem Anfang der ›Elemente des Antisemitismus.

Grenzen der Aufklärung‹ von Adorno, Max Horkheimer und Leo Löwenthal (aus der ›Dialektik der Aufklärung‹ 1944): »Für die Faschisten sind die Juden nicht eine Minorität, sondern die Gegenrasse, das negative Prinzip als solches; von ihrer Ausrottung soll das Glück der Welt abhängen.« Daran, daß Franke seinen Aufklärungsversuch nicht beliebig, sondern an der Sozialgeschichte des Antisemitismus in Deutschland ›sprachrealistisch‹ dokumentiert, erkennen wir, wie *unmittelbar am Thema,* das Adorno mit der Wendung: ›an das Verhängnis heranreichen‹ in die ›68er‹ Roman-Debatte gestellt hatte, die Krise des Erzählens sich den Schriftstellern aufzwingen konnte.

Aber Verleger und Rezensenten ahnten erst, daß die ›Mordverläufe‹ auf einer Arbeitsspur waren, in die der Verlauf der Sozial- als *Erinnerungs*geschichte selbst auch die politische Literatur um 1968 längst objektiv gedrängt hatte: in die gestalterische Reflexion des deutschen Faschismus in der Gegenwart [→ 73 ff.]. Wozu allerdings die Mittel des konventionell erzählenden Aufklärungs-Realismus offenkundig nicht taugten.

Nicht um dogmatisches Festhalten am Prinzip ›Authentizität‹ konnte es in der weiteren Entwicklung der nach-›68‹-Literaturgeschichte gehen, sondern darum, daß dann, wenn das Mittel der Dokumenten-Montage gewählt wurde, man nicht hinter den Standard der Reflexion, der in anderen Gattungen schon erreicht war (etwa in den Romanen Bachmanns, Hildesheimers[64] und Fichtes[65]) in eine bloß episch eingekleidete »parteiliche Wahrnehmungsmontage« oder in eine »Redundanz des Diskurses und der Verselbständigung der Zitate« zurückfiel.[66]

4. Es darf wieder erzählt werden. ›1968‹ ist vorbei?

Daß wieder erzählt werden dürfe, diese 1972 aus dem Haus Suhrkamp kolportierte Werberichtlinie[67] mag als ironischer Gestus gemeint gewesen sein, der die dogmatischen Dispute auskehren wollte, auch als betriebslogische Moral der jüngsten Literaturgeschichte. Gegen den paradoxalen Satz des großen Hausautors Adorno, der über diesem Krisenkapitel steht, war es gewiß

ES DARF WIEDER ERZÄHLT WERDEN 321

nicht gerichtet: »Es läßt sich nicht mehr erzählen, während die Form des Romans Erzählung verlangt.«

Diese Paradoxie beschreibt tatsächlich, was sich in den ›68er‹-Debatten und -Praktiken auch abgespielt hat: ein erneuertes altes Problembewußtsein, das in der epischen Moderne seit Proust, Joyce, Beckett[68] allgegenwärtig ist. Auch Adorno hat im Standort-Essay, und in seiner Ästhetik überhaupt, da angeknüpft. *Darüber hinaus* steht sein Satz von der unmöglichen Möglichkeit des Romans im Kontext der ästhetischen Reflexion ›nach Auschwitz‹. Das Merkwürdige nur ist, daß die Diskussionen um die Erzählkrise seine Reflexionen, die ja nicht ›68‹-spezifisch sind, exakt nachzusprechen scheinen, aber vom ›Nach-Auschwitz‹-*Denken* (überhaupt von der *späten* Kritischen Theorie) nur am Rande berührt sind. Das erklärt vielleicht auch, daß nach der Protestbewegung die dominanten Debatten um die Frage ›Wie weiter, wozu Literatur‹ weithin politisch-historisch oberflächlich und im besten Fall historisch-akademisch im Rahmen tradierter Gattungsprobleme geführt wurden. Sie erscheinen wie ›Überbau‹ überm Marktgeschehen. Kurzsichtige Datierungen und Bestimmungen von Entwicklungsschritten nach ›68‹ waren die Folge und haben bald das Bild jener Jahre bestimmt. Es ›erfaßt‹ eine breite Palette literarhistorischen Redens: vom verbreiteten Klischee, die sogenannte Tendenzwende 1972/73 (Stichwort: Berufsverbotepolitik) habe, verbunden mit den persönlichen Enttäuschungen in der Protestgeneration, das Erzähl-Ich und plane Erzählweisen wiederauferstehen lassen (Stichwort: Neue Subjektivität, Paradebeispiele Peter Schneiders ›Lenz‹ 1973 und Karin Strucks ›Klassenliebe‹ 1973), bis hin zu differenzierteren Erörterungen der Tendenzwende als ›Problemhorizont der nachavantgardistischen Kunst‹.[69]

So könnte literarhistorisch schon jetzt im Ausgang aus ›1968‹, auch und gerade im Blick auf die Folgen der schon klassifizierten Krisendebatten in der deutschen Literaturgeschichte (›Vormärz‹ und ›Naturalismus‹ im 19., ›Kriegsexpressionismus‹, ›Dadaismus‹/›Surrealismus‹, ›Proletkult‹, ›Neue Sachlichkeit‹ und ›Schreiben im Exil‹ im 20. Jahrhundert), die Kategorie »Weiterschreiben« vorgeschlagen werden; auch als Titel des Kapitels

›Debatte‹. Weder die Problematisierung des Erzählrealismus noch
die Beschwerde über das Weiterschreiben, als stünden keine
(›68‹-spezifischen) Infragestellungen ins Haus,[70] haben das
Erzählen aufhalten können. Doch mußte sich die Flüssigkeit in
der Theorie und Praxis des Weitermachens erst ›freiarbeiten‹; die
›Bewegung 1968‹ hatte auf dem Felde der Literatur nicht bloß
Neu-Verunsicherung der bürgerlichen Schreibform-Traditionen
und bald wieder Beruhigung gebracht, sondern Verunsicherung
als nun eigene Tradition in die Literaturdebatten ›danach‹ getragen. So zerstreut, und oft beiläufig nur, das Debattieren sich auch
ausnimmt – es war auch dem schielenden Blick zurück auf
›1968‹ und der nachmotivierten Bemühung um *›Rück-Versiche-
rung‹* geschuldet.

Alle historischen Realismus-Debatten zeigen, wie zeitlich
begrenzt sie als politische Belastungsproben sind, wie bald wieder, oft schon an ihren Höhepunkten, nach Auswegen gesucht
wird, die Entspannung bringen und zum »Spezifischen«, ja
gesamtkulturell »Beiläufigen« und Luxuriösen zurückführen. Der
Spannungsgehalt der Probleme bleibt aber erhalten, und so werden die Debatten immer wieder von vorne beginnen und notorisch aufflackern. Die Antwort, die Hellmuth Karasek den ›Kursbuch‹-Provokationen vom November 1968 schon im Dezember
erteilt, belegt diese Debattenpsychologie. So verspielt ›links‹
Karasek zur Zeit nur ist – er deutet sogar an, »von der gleichen
marxistischen Voraussetzung auszugehen« wie die Berliner SDS-
Studenten im Streit um die Kunst als Ware[71] –, so stellvertretend
doch auch für wirklich linke Positionen in den Debatten, erinnert
er frühzeitig an die Sehnsucht nach dem »Spezifischen« der literarischen Ästhetik.[72] Die Rede von den »utopischen Potentialen« bei
Buch, auch Baumgart,[73] gehört in diesen Kontext. Er verbindet
bruchlos dogmatische Debattenzentren mit den verschiedenen
Übergängen aus ihnen hinaus nach vorn. So wird bereits in
P. Schneiders Phantasie-Artikel vom März 1969 (der für die
ruhmreiche ›68er‹-Nummer 15 des Kursbuches nicht mehr fer-
tiggeworden war[74]) der »revolutionären Kunst« der Auftrag
erteilt, »die Wünsche« herauszusprengen sowohl aus ihrer Schein-
befriedigung, Verdrängung und Verformung im Spätkapitalismus

ES DARF WIEDER ERZÄHLT WERDEN　　323

(agitatorische Funktion der Kunst) als auch sie wieder hervorzu-
holen aus ihrer Aufbewahrung in den alten Formen und Bildern
der Kunstüberlieferung (propagandistische Funktion). Das ästhetische Arbeitsziel kulturrevolutionärer Utopie: »die konkreten Bilder der Wirklichkeit gegen die konkreten Bilder der Möglichkeit«
halten, die im Wirklichen »stecken und ersticken«, und die Wünsche und Sehnsüchte aus ihrem Versteck in den überlieferten Bildern »wieder hervorholen, um sie endlich der Verwirklichung
zugänglich zu machen«.[75] Erst im Kursbuch 20 dann, März 1970
(›Über ästhetische Fragen‹), ist die Kategorie des Utopischen zum
Argument *gegen* das verlassene linke Debattenzentrum geworden:
Buch, Schneiders Kampfgefährte, wendet sich gegen Enzensbergers Empfehlung, mit Hilfe von Dokumentation und Reportage
lasse sich eine kleine Alternative zur Agonie der bürgerlichen
Kunst suchen.[76] Solcher »Nutzen« könne »doch niemals Ersatz
sein ⟨. . .⟩ für literarische Techniken komplexerer Art«. Undenkbar
jetzt, aus Propaganda einen literarischen Utopiebegriff abzuleiten![77]

Baumgart, der in den Jahren des Abgesangs auf die Revolte
besonders häufig die Krise des realistischen Erzählens bespricht,
vertritt eine liberale Linie der »Enttäuschung«. Hochgemute
Kampfsätze gegen das mörderische kapitalistische System hatte
er jetzt nicht abzuschwächen, und Berufungen auf das utopische
Prinzip der Literatur klingen bei ihm nicht wie letzte Ausflüchte,
eher wie alter Glaube. Deutlich aber auch bei ihm die Zurücknahme allzu optimistischer Erwartungen an die Integration des
politisch-dokumentarischen Verfahrens in die erzählende Literatur. In der Zeit zwischen seiner ›Theorie einer dokumentarischen
Literatur‹ in den oben besprochenen Poetik-Vorlesungen 1967
und des Kölner Rundfunktextes über die ›Literatur der Nicht-
Autoren‹ (›Sogenannte Dokumentarliteratur‹, 1970) verschiebt er
die »Tendenz zur Utopie«, weg von der These eines »neuen
Anfangs« durch »politisch interessierte Erzählung«, hin auf eine
Neubewertung »belletristischer Praxis«, deren Voraussetzungen
»neu zu überprüfen« seien: Vermag sie noch Autoren-Literatur zu
sein und Realismus zu konzipieren?[78] Baumgart greift auf damals
›klassische‹ Muster der »Interviewerzählung« und der autobiogra-

phisch-dokumentarischen Aufzeichnung zurück (Danilo Dolci, ›Umfrage in Palermo‹, 1956, und Oscar Lewis, ›Die Kinder von Sánchez‹, 1961), lockert so die Bindung der Argumente an ›1968‹ und kann die Kritik an Runge (›Bottroper Protokolle‹, 1968) und Walser (Mentor von Ursula Traubergs ›Vorleben‹, 1968) allgemeiner halten. Die Abwertung des dokumentarischen Prinzips aber ist eindeutig und geht zusammen mit einer Restauration der Utopie-Bindung an formal-ästhetische, die »eigentliche« Gestaltungsarbeit.

Anstatt über die Gründe nachzudenken, weshalb das Vertrauen, »Gegenwelten« in realen Kämpfen zu entwerfen, wieder einmal zusammengebrochen ist, wird eine *Bekehrung* der Literatur legitimiert: »Bekehrt durch die Frustration ihrer realistischen Anbiederungsversuche an die Wirklichkeit« und einer »peinlichen Wirklichkeitstreue«, solle sie ihre Kraft wieder einsetzen, »einer repressiven Gegenwart eine befreite Zukunft vorzuentwerfen«. Politische Literaturdebatte endet hier in starren Gegensätzen wie: »dokumentarische Schreibweise« vs. »ästhetischer Mehrwert«, purer »Wille zur Aufklärung« vs. »Sinnlichkeit«; während von der Seite der Sinnlichkeitserwartung her, gegründet auf das »Blochsche Noch-Nicht«, ein neuer Literaturbegriff aufscheint, der die Gegensätze versöhnen werde. Er soll den »realistischen Auftrag« der Literatur neu formulieren können: Aufsprengen der »in jedem Einzelnen einprogrammierten Schein-Rationalität der Gesellschaft ⟨...⟩ durch Provokationen der Phantasie".

Von Amerika herüber[79] biete sich eine Bestätigung dieses Ansatzes an (Leonard Cohen, Ken Kesey, Donald Barthelme); dort scheine »traditioneller Realismus schon abgetan als nur eine weitere Methode der Affirmation«. Deutsche Beispiele: Brinkmanns Gedichte und Anthologie ACID, der neue Chotjewitz (›Die Insel‹, 1968), Herburgers Jesus-Projekt (›Jesus in Osaka‹, 1970). – Baumgarts Text formuliert aspektfreudig und signifikant den Übergang aus einer politischen Debatte um die möglichen Verfahren literarischer Wirklichkeitskritik hinüber in eine entpolitisierte Utopie-Diskussion; er hält den Blick auf dokumentarisch-fiktive Mischformen ›realistischer‹ Aufklärung *noch offen,* wenn die gebrauchten Beispiele auch deutlich desavouiert werden bis hin zu

Handke und Weiss, deren kritische Methoden um 1968, so Baumgart,»die Sinnlichkeit«und»den ästhetischen Mehrwert«*liquidierten* und die versteinerten Verhältnisse bloß *reproduzierten*. Nach 1970 dann werden Baumgarts Positionen im Realismus-Streit formelhafter und, im politischen Gehalt, denunziatorischer.

›1968‹ ist vorbei, auch für den aufgeschlossenen Liberalen, dessen produktive Teilhabe am Neuen notorisch ist: »unversehens« sei er »hineingeraten«: in Polemik, Perspektiven, Widersprüche mit sich selbst, und er habe sich »bald merkwürdig gehemmt, nur zögernd, fragend, verwischt, bald gereizt und energisch« durch die Debatten bewegt. Nun jedenfalls, 1972/73, kann definitiv resümiert werden:

Wieder einmal (wie schon gegen Ende des vergangenen Jahrhunderts) hatte der Realismus die Kraft zur *poetischen Abstraktion* verloren und begann sich aufzulösen in die bloße Reproduktion und Montage von Faktizität, in einen neuen ›Naturalismus‹, positivistisch noch reiner, linguistisch trainierter.

Das soll, wiederum, die radikale politische und radikal linguistische Kritik, am Beispiel vom ›neuen‹ Weiss und ›alten‹ Handke, zugleich treffen. Zu diesem Zweck wird die Protest-Perspektive der Studenten literarhistorisch in die 70er Jahre hinüberzuretten versucht: *Wichtig an der Wut und Enttäuschung von 1968* bleibe, daß »auch der engagierte Realismus, der sich immer als kritisch und politisch verstanden hatte, zum Papiertiger ernannt worden« war.[80] (Anspielung auf »Pulvermühle« [→ 47]). Der feuilleton-interne Richtungsstreit um die richtige literarische »Radikalität« (Baumgart) stützt sich von nun an auf *auswählende Erinnerung an ›1968‹*. Baumgart entscheidet sich für die *reine* literarische Radikalität eines Kafka, Beckett »oder auch Thomas Bernhard«;[81] doch die radikale Negativität dieser Realismus-Spur in der Moderne und dabei auch den Einfluß des Theoretikers dieser Spur, Adorno, dem die Begriffswörter noch verpflichtet bleiben, hält er seinen positiven Folgerungen zugleich fern: Der Halt am Utopischen wird nicht mehr preisgegeben.

Ein Realismus, der sich nur an den *Fassaden* des Faktischen »entlangbuchstabiert« (Adorno im Standort-Essay: der Fassade »bei ihrem Täuschungsgeschäfte hilft«), erreiche die *Distanz* nicht, »aus der in das Bestehende erst etwas radikal Anderes als Möglichkeit hineingesehen werden kann«. Adorno hatte am Beispiel Kafkas entwickelt, wie es das Gebot der Form des modernen »antirealistischen« Romans sei, die ästhetische Distanz zur Wirklichkeit *einzuziehen* und *nichts* in sie hineinzulügen. *Mit* Adorno die vernichtende Kritik am Fassaden-Realismus der ›Literatur der Arbeitswelt‹, *ohne ihn* aber, und seine Theorie an dieser zentralen Stelle umkehrend: der Glaube an die utopischen Möglichkeiten *der Wirklichkeit,* die so im Salto mortale wieder zur positiven Standort-Instanz der »eigentlichen« Literatur erhoben ist. Die Kritik an der Literatur der Arbeitswelt gehorcht dieser Halbherzigkeit einer Literaturtheorie des künftig Möglichen: einerseits schreibe man kraft- und formlose Protokolliteratur, »vollkommen handzahm, wahrhaft sozialdemokratisch«, andererseits »aufrichtig« der sozialen Basis ihrer Verfasser verbunden: Artikulationskampf in einer Gesellschaft, die der proletarischen Erfahrung sich verschließt.

Wären »Formanstrengungen« aus dieser sympathetisch berufenen Andererseits-Perspektive in der neuen Arbeiterliteratur erkennbar gewesen, Baumgart hätte ihr seine positive theoretische Begleitung gewiß nicht versagt: gegen dogmatischen Realismus ansprechend, der die »unterdrückten Phantasien der Erniedrigten und Beleidigten« in *aller* Trivialliteratur »als etwas Reales« nicht anzuerkennen vermag und nicht zum Gegenstand seiner Ausdrucksarbeit macht. Die positiven Beispiele müssen nolens volens wieder nur aus der ›bürgerlichen‹ Literatur abgerufen werden: Bölls ›Gruppenbild‹, Walsers ›Gallistl'sche Krankheit‹ (1972) und, Handke nun doch nach seiner nichtästhetischen Periode auf dem rechten Weg erkennend: ›Der kurze Brief zum langen Abschied‹ (1972).[82]

»Das kulturrevolutionäre Beben«, so Baumgarts Resümee, ist vorbei. In seiner Rückblick-Interpretation hatte es »tatsächlich nur diese Alternative« gelassen:

entweder die Literatur aufgeben, aus schlechtem politischen Gewissen, oder sie fortsetzen ohne jedes schlechte Gewissen, den ästhetischen Spielraum des Schreibens wieder voll und frei ausnützend.[83]

So einfach ist es ›danach‹, die Kategorie des Politischen zu trivialisieren. Der am Beispiel Baumgart skizzierte Übergang von den politischen zu den nicht mehr politischen Debatten um einen neuen Realismus hat Anfang der 70er Jahre eine breite kulturelle Öffentlichkeit gehabt. Zeitgenossen konnten von den ›Gesprächs‹-Formen des Podium-Typus, von den Ausstellungen, Vereinsdebatten, Zeitschriften-Sondernummern, Foyer-Plaudereien, Akademie-Symposien, Nachtprogrammen usw. nicht genug bekommen, aber nur einen Bruchteil wahrnehmen; als Beispiele seien herausgegriffen 1972: ›Befragung der Wirklichkeit‹ auf der ›documenta 5‹, Vortrag Walsers vor der 4. Delegiertenversammlung des Werkkreises ›Literatur der Arbeitswelt‹ über ›Realistisches Schreiben als Methode der Gesellschaftskritik‹ und Arbeitskreis ›Realistisch schreiben‹ im 2. Bildungsseminar des Werkkreises, oder noch 1975: ›Realismus und Realität‹ beim 11. Darmstädter Gespräch und ›Auf dem Wege zu einem neuen Realismus‹ (Jahrestagung der Dramaturgischen Gesellschaft).[84]

In den übersehbaren Quellen ist im ganzen die Entwicklung ausgeprägt, die der Liberale Baumgart persönlich vollzogen hat; die Realismus-Problematik verliert an Spannung, nur bedeutende Autoren wie Bachmann, Kluge, Weiss, Andersch, Johnson arbeiten weiter am ›politischen‹ Kernpunkt der Problem-Überlieferung, die in der ›Situation 1968‹ sich verdichtet hatte: an der Verwandlung des Dokuments, am »antirealistischen Moment des Romans« (Adorno, Standort-Essay). En gros setzt sich eine literarische Praxis durch, aus der sich die methodische Anstrengung an dokumentarischem Material verliert. Symptomatisch dafür ist es, daß die Arbeit am Material des NS-Faschismus, die in jenem »Abseits« der Revoltezeit geleistet wurde [→ 74 ff.], jetzt nicht nur keine Spuren hinterläßt, sondern daß sie sehenden Auges abgeblockt wird. So stellt nicht einmal Baumgart selber, als er Bachmanns ›Malina‹-Roman 1971 rezensiert,[85] eine Verbindung zwischen seiner Lektüre und seinen ›aktuellen‹ Essays her! War es kein Schock im Räsonnement über den »Sogenannten Dokumentarismus«, daß hier »Belletristik« vertieft bis zur Shoah-Unmittelbarkeit der »Vergasungen« dokumentarisch erzählt?[86]

Eine Fraktion stellte sich zur Entpolitisierung im Übergang

zur Nachrevoltezeit noch quer. Schreibende aus dem Kreis der AutorenEdition. [→ 288 ff.] blieben ihren Prinzipien treu und lösten eine *Schein*debatte über den Realismus aus: auf einem deutsch-französischen Dichtertreffen in Mondorf/Luxemburg und beim ›Steirischen Herbst‹ in Graz 1974. Wie konnte man einen Programmsatz ernst nehmen, der allen Büchern der Edition eingedruckt wurde und alle Problemdebatte um eine realistische Schreibweise plump oder naiv unterlief: »Nicht die Schreibschwierigkeit des Autors angesichts einer widersprüchlichen Realität, sondern die Realität selber ist das Thema der Autoren Edition«?

Die Erklärung ist, daß der so genannte *politische Realismus* dieses Autorenkreises auf dem unpolitischen Markt und im entpolitisierten ›Kulturgespräch‹ einen Diskussionszusammenhang kontrovers auffrischte und dabei kostenlos einigen emporstrebenden Vertretern des Literaturbetriebs die Chance zuspielte, unter dem Deckmantel eines problembewußt ästhetik-spezifischen Grundkonsenses eine linke Fraktion, die aus der Studentenbewegung mehr oder weniger orthodox marxistische Schlüsse zog, politisch zu isolieren. Es ist objektiv so, daß dies gelang, weil das geringe ästhetische Niveau der AutorenEdition dem Vorschub leistete. Die Debatte ist in einem von Peter Laemmle herausgegebenen Buch dokumentiert, das zwar von einer wenig aufregenden Konfrontation gerahmt ist (Uwe Timm – Jörg Drews, Uwe Friesel – H. L. Arnold), dessen Inhalt aber eine repräsentative Auswahl der Pro- und Contra-Argumente bietet, die nach der ›Trendwende‹ zur Realismus-Frage kursierten: ›Realismus – welcher? Sechzehn Autoren auf der Suche nach einem literarischen Begriff‹ (1976). U. a. sind folgende Autoren vertreten: Wellershoff, Joseph Peter Stern, Ludwig Harig, Buch, Aurel Schmidt, Harald Sommer, Helmut Eisendle, Karlheinz Braun, Michael Scharang, Fitzgerald Kusz. Die Aktualität wird im Buch an die »Ursprünge der Realismusdiskussion« zurückgebunden u. a. in einem Aufsatz von Hans-Jürgen Schmitt.[87] – Werfen wir einen kurzen Blick auf drei Beiträge zur Kontroverse, die im engeren Sinn das Programm der AutorenEdition betrifft.

Ihr Mitherausgeber Timm möchte einen Realismus haben, der

Menschen »als handelnde Personen« schildert und das Moment der Veränderung »inhaltlich an den dargestellten Figuren ⟨...⟩ als Veränderung ihres Bewußtseins, ihrer Sensibilität und schließlich ihrer Praxis« zeigt. Gegen Timms Plädoyer für den Entwicklungsroman als zeitgemäße realistische Schreibweise, das man in den Wendejahren häufiger hören konnte, stellt Drews Ideen, die hauptsächlich von Adorno hergeleitet und an Heißenbüttel angelehnt waren. Die moderne Gesellschaft sei zu komplex ...[88] Die »literarische Ästhetik« eines Realismus, der hinter die Errungenschaften der modernen Romanpoetik zurückfällt, sei »ein lachhafter Anachronismus«, »neunzehntes Jahrhundert«, eine Ästhetik für »Bestseller-Schinken«, für einen Simmel, der wie Wallraff denkt (139 ff.).[89]

Lothar Baier argumentiert ähnlich (›Über den Putschismus in der Literatur‹), jedoch im Kontrovers-Stil seriös. Die Realismus-Debatte sei gegenstandslos geworden, weil die Literatur selber, ihre Produktionsmittel, von der »totalen gesellschaftlichen Arbeitsteilung« erfaßt sind: »Der Zeichenvorrat, aus dem die Literatur schöpfen kann, hat sich in seiner Zusammensetzung verändert, die Ordnung der Zeichen hat sich in viele Einzelordnungen aufgelöst, die kaum mehr integrierbar sind.« Daher verweise die Literatur »nicht mehr mit der Bedeutung jedes ihrer verwendeten Zeichen« auf die Realität, »sondern mit der Bedeutung der Methode, wie sie Zeichen verkoppelt«.

Mit Vorschlägen zur *Angemessenheit* künstlerischer Verfahren, die das »fiktive Universum« der Zeichen, die sich vor ›die Realität‹ geschoben haben, als »Ebene der Bedeutungsherstellung« zur Voraussetzung ihres Realismus haben, steckt Baier seine Kritik an dem Programm der AutorenEdition ab, das »putschistisch« *unerfüllbare Forderungen* gegen die realen Tendenzen der sozialen Prozesse durchsetzen wolle. Eine Produktion bis hin zur kleinbürgerlich-idyllischen Realitätslüge sei die Folge. (118; 124 ff.)

Es ist festzuhalten, daß auch diese Debatte von Adornos Standort-Essay überfordert ist; Timm weist ihn hilflos und ohne Argument zurück, er stelle die realistische Darstellungsmethode »in Frage«. Es mag noch einmal die Stärke der Verdrängung bezeichnen, die in der Literaturdebatte um und nach 1968 das

Realismus-Problem auf einem niedrigen historischen Bewußt-
heitsgrad festhält, daß selbst heftige Gegner im Streit, wie Buch
und Timm, sich einig sind im hier mehrfach referierten Utopie-
Begriff, der, im »Umgang mit Realität« erkannt, die »Humanisie-
rungsfunktion« von Literatur (Timm) begründe (»utopische Möglichkeiten aufzeigen«!, Buch); einig ebenso in der Gewichtung der
›Subjektivität‹ für eine ›authentische‹ literarische Realitätsbezie-
hung. (Timm, 139 ff.; Buch, 36 ff.) Wir finden keine Auseinandersetzung mit der »Negativität des Positiven« in Adornos Denken nach Auschwitz. Im Hin und Her über die »Schreibschwierigkeit«, die ein Autor der AutorenEdition nicht hat, kein Reflex auf
den Satz über Subjektivität im Standort-Essay:

> Vor jeder inhaltlich ideologischen Aussage ist ideologisch schon der
> Anspruch des Erzählers, als wäre der Weltlauf wesentlich noch einer der
> Individuation, als reichte das Individuum mit seinen Regungen und
> Gefühlen ans Verhängnis noch heran, als vermöchte unmittelbar das
> Innere des Einzelnen noch etwas: die allverbreitete biographische
> Schundliteratur ist ein Zersetzungsprodukt der Romanform selber. [Ein
> Hinweis auf Leo Löwenthals grundlegende Untersuchungen zur biogra-
> phischen Mode.][90]

Den Debatten nach ›1968‹, die überwiegend von (männlichen)
Kritikern und *Theoretikern* bestritten werden, geht eine eher
monologische Selbstverständigung von *Romanciers* einher. Ein
besonders auffallendes Beispiel gibt Wellershoff. Früh schon
führt er den Begriff ›Neuer Realismus‹ ein (auch ›Kölner Realismus‹ genannt); [Bd. 10, 460-68]: »ein grober Unterscheidungsbe-
griff«, sagt er nun, mit dem er sich vor allem von der grotesken,
und auch von der »metaphysischen« Literatur habe abgrenzen
wollen.[91] Seine literaturkritisch-theoretischen Äußerungen um
1970 (in ›Literatur und Veränderung‹, 1969, und ›Literatur und
Lustprinzip‹, 1973) sind ein auf ›68‹ nachgemünztes Plädoyer
für eine ›subjektive‹ Erzählweise trotz und in ihrer Infragestellung. Die Aufgabe der Literatur sei, so zehn Jahre später, auch
wenn ihre frühere Repräsentativität verloren ist, »wie eh und je
die Darstellung des gesellschaftlichen und des individuellen
Lebens, die Darstellung der Kämpfe und Irrtümer der Menschen
bei der Gestaltung ihres Lebens«.[92] Heute erfahre die *handelnde*

Person als vereinzelte alles »augenblickshaft, ungeordnet und subjektiv«. Die wiederum nur wenig neue Antwort auf dieses Zurückgedrängtsein ins eigene Selbst ist: totaler Einsatz der Subjektivität, Perspektivierung des Erzählvorgangs. Der Autor hat sie dann, nach seinem Roman-Debüt ›Ein schöner Tag‹ (1966), in ›Einladung an alle‹ (1972) praktiziert. Sie sei angelehnt an die Schreibweise des ›nouveau roman‹, versetzt mit filmästhetischen Erfahrungen. Während beispielsweise in der ›Avantgarde‹ »die Logik des gesellschaftlichen Produktionsprozesses unbefragt [!] reproduziert« werde, so daß »das abgedrängte Leben nicht mehr zu Wort kommt«, tendiert, so Wellershoff, sein Realismus dahin, das Etablierte in Frage zu stellen und »neue, bisher verbannte Erfahrungen zu ermöglichen«: als Platzhalter einer Utopie. Sprengen des linearen Erzählens, eine »Technik der Dissoziation, Isolierung und Häufung der Realitätselemente« sollen dem subjektiv perspektivierten Erzählen assistieren.[93] Die ›Debatte‹ um die Idee des ›Sprachrealismus‹ wiederholt sich, vervollständigt um das Postulat, in einem lebensweltlich »nebenpraktischen Bereich« in der allgemeinen Komplexität »auch die fremden, gefährlichen, abweichenden ⟨. . .⟩ Möglichkeiten durchzuspielen«.[94] In Wellershoffs literarischer Praxis, die in unmittelbarer Beziehung zu seiner Theorie steht, heißt das: Darstellung als Abweichung von Normalität und Handlungserwartungen. Des Autors Originalität im Kontext des ›Sprachrealismus‹ ist ein Schreib-Moment, das das tautologisch gewordene Theoretisieren ergänzt: Er stellt zunehmend Neurosen und Krisen der Menschen dar, Thema werden Verdrängungsmechanismen; Wiederkehr des Verdrängten. Seine selbständiger gewordene Romanpraxis (›Die Schönheit des Schimpansen‹, 1975; ›Die Sirene‹, 1980) folgt einer Gattungsvorstellung, die in seinen Hörspielen immer schon wirkte: einem an Freud und R. D. Laing orientierten *psychologischen* Realismus.[95]

Das Beispiel Wellershoff weist zugleich über sich hinaus. Was sich in den Vorschlägen etwa P. Schneiders oder Baumgarts zur Sinnfrage an die Literatur schon im Ausgang aus ›1968‹ vorformuliert findet, nämlich eine der subjektiven Erzählarbeit zugeschriebene Widerstandskraft[96] (bis hin zur Radikalität psychotischer Texte), das wird als Programm-Gedanke ›nach der

Ent-Täuschung‹ nun breiter diskutiert. Man kann von einer der vielen Langeweile-Phasen im Debattenklima Westdeutschlands sprechen. Die Kritik an der Langeweile eines neu versuchten sozialistischen Realismus im Kreis der AutorenEdition kreuzt sich mit ironischen Reflexionen der ›Langeweile nach 68‹ überhaupt und mit neuen literarischen Hoffnungen auf intentionale Widerständigkeit und utopische Schreibpraxis.

> Wie sehr sich ⟨. . .⟩ die Ästhetik des Staates [Selbstversöhnungs-Ästhe-tik] mit diesem Milieu berührte! Wie die aus einer quasi metaphysischen Freßsucht kommende Trübnis sich auf das große, nie endende Palaver ihrer Kolloquien und Lesungen gesenkt hatte! ... (Bohrer, 1984)[97]

Im ›Tintenfisch‹ 8 (1975) versuchen die Herausgeber Michael Krüger und Klaus Wagenbach, den zurückgewichenen Erwartungen an eine ›Literatur-*Debatte*‹ neue Gestalt durch Fragen an Autoren zu geben. »Die literarische Diskussion ist ermüdet, zu viele sind erschöpft, frustriert, wollen in Ruhe gelassen werden mit ihrer Arbeit oder mit sich. Auch das hat seine Gründe . . .« (82). Man regte ein gutes Dutzend Autoren dazu an, »Arbeits-platzbeschreibungen für Leser« zu geben, und benützte gescheite Fragestellungen von Helga Gallas und Christian Enzensberger, zusammengefaßt unter dem Thesentitel: »Literatur ist Widerstand mit vielleicht veralteten Mitteln«. Der Titel ist einer Äußerung Wellershoffs (89) in seiner Antwort auf die Frage nachgebildet: »Welches ist die Stellung der Literatur nach dem Scheitern der sogenannten Avantgardebewegungen? Können deren radikale Intentionen von einer heutigen Literatur noch einmal aufgenom-men werden, in Deutschland, 1975?« (88) (Wellershoff hatte »Waffen« geschrieben). Nur sieben Autoren antworteten; neben Wellershoff Ernst Jandl, Stiller, Johannes Schenk, Lettau, Scha-rang, Piwitt. Das letzte Wort erhielt Stiller:

> Eine literarische Diskussion findet zur Zeit bei uns nicht statt. Das hat verschiedene Gründe. Die Gesellschaft, in der wir leben, interessiert sich nicht für Ideen. Der Literaturbetrieb ist korrumpiert. Die Verlage setzen aus blinder Geschäftemacherei auf kurzfristige Renner (und werden daran ersticken). Die Manager der Kulturscene haben keinen Sinn für

Qualität, und die übriggebliebenen Autoren keinen Mut zur Solidarität. Und selbst die wenigen Linken fangen an zu stinken. (90)

Mittendrin Wellershoff: »Ein Ich zu haben ist heute ein Potential des Widerstandes« (84). Oder Scharang: »Weg mit der Ichverstörung! Schluß mit der sadistischen Literatur!« (87) Stillers Arbeit setzt auf das, was eine ›Tintenfisch‹-Frage der »sogenannten Avantgardebewegung« [→ 455 ff.], die gescheitert sei, rückblickend zuschreibt: »radikale Intentionen«. Damit ist eine literarische Reflexion auf ›1968‹ angesprochen, die sich nun tatsächlich öffnet in jene ichperspektivische, erzählfreudige Durcharbeitung der Epoche (Wellershoff), die sich aus dem Diskurs des ›Sprachrealismus‹ befreit und auch die sogenannte Literatur der Studentenbewegung[98] allmählich in sich aufnimmt und als besondere vergessen macht. Es wird in weitem Sinn sozialkritisch und immer deutlicher in Formen des Erinnerns erzählt, formal im allgemeinen moderat modern: »eine Synthese von experimentellem und vertrautem Erzählen«.[99] Genannt seien einige Beispiele: Peter Härtlings Prosa-Arbeiten seit ›Zwettl‹ (1973),[100] Hans Jürgen Fröhlichs ›Anhand meines Bruders‹ (1974) und ›Im Garten der Gefühle‹ (1975), Margot Schroeders ›Ich stehe meine Frau‹ (1975), Walsers ›Jenseits der Liebe‹ (1976), Heiner Kipphardts ›März‹ (1976), Günter Steffens ›Die Annäherung an das Glück‹ (1976), Gabriele Wohmanns ›Frühherbst in Badenweiler‹ (1978), Hermann Peter Piwitts ›Die Gärten im März‹ (1979), oder Uwe Timms ›Kerbels Flucht‹ (1980).

5. Neuer ›bürgerlicher Realismus‹? –
Flucht ins deutsche Familien-Museum

Ehe eine Literaturkritik, die die Erinnerung an die Debatten ›1968‹ nicht abgedrängt hatte, sich bald wieder gegen die Entwicklung ›naiven‹ Erzählens ins Zeug legen wird, erlebt der westdeutsche Buchmarkt einen Boom von Produktionen, aus denen die ästhetischen Spannungen, die nicht zuletzt der politischen Herausforderung an die Literatur der vergangenen Jahre geschuldet waren, schließlich ganz gewichen zu sein scheinen. Dafür war

334 DIE KRISE DES ERZÄHLENS

ein klar gesetztes Zeichen der Auszug Heißenbüttels und Mons aus dem Programm des Luchterhand Verlages und der Einzug so wenig ›ichverstörter‹ Autoren wie Scharang oder Max von der Grün. Auch der Taschenbuch Verlag S. Fischer zeigte sich wenig beeindruckt von der kritischen Debatte – bis er seine Ware nicht mehr absetzen konnte.[101] Aus der Erschöpfung dieser Gattung wird sich, auch aus der Krise der AutorenEdition, wieder ein relativ reflektiertes Erzähl-Ich erheben und die Tradition des sozialkritischen ›Negativen Entwicklungsromans‹ und des Historischen Romans aus der Perspektive der Volkskämpfe fortsetzen.[102] Doch mischt sich Mitte der 70er Jahre auf dem Markt in die sozial ambitionierte Inhalts-Literatur und die formbewußtere der »radikalen Intentionen« ein Fluß ichzentrischer Erzählweisen ein, der deutlich an die Gattung des bürgerlichen Entwicklungsromans erinnert. Die breite Wirkung dieses Romantyps, von der auch eine Autorin wie Wohmann profitierte, die gewiß keine intentional ›bürgerlichen‹ Schreibtendenzen hatte, rührt aber auch daher, daß ehemals exponiert ›marxistische‹ Autoren wie Walser oder sozialdemokratische wie S. Lenz das Publikum nun mit wenig strapaziöser Lektüre versorgten, die alle politischen Kämpfe vergessen machen konnte.

Die zweite Karriere des veränderungsfreudigen Autors Walser beginnt nun. Schon immer in seinen Romanen war Subjektivität, bis hin zu Handlungshemmung und Nichtlebenkönnen, gebrochen durch einen eindringlich verstörenden »Sozialzusammenhang« [Bd. 10, S. 295 ff.], doch nun, nach dem Gang des Schriftstellers durch ›1968‹ und die ›Tendenzwende‹ wirkt sein Erzählstil geläutert und entspannt. Der Literaturkritiker Reich-Ranicki, dessen Einfluß auf den Meinungsmarkt nun in den Zenit tritt, feiert nach viel Krach mit Walser nun endlich die Erzählkunst des Autors bei Erscheinen der Novelle ›Ein fliehendes Pferd‹ (1978): »Glanzstück deutscher Prosa unserer Jahre«. Baumgart z. B. stimmt ein: Walser sei jetzt »an die erzählende Objektivierung seiner Subjektivität gekommen«, an »etwas ganz und gar Politisches ⟨. . .⟩: ein soziales System, das keinen Lebenssinn [für die »Opfer«!] mehr hergibt«. Solche Werbung für die neue Ich-Literatur nach allen Verunsicherungen kann unmittelbar

Neuer ›bürgerlicher Realismus‹

als Verlagswerbung dem Buch hinzugefügt werden.[103] Die Balance zwischen Liebe und Weltflucht ist hergestellt, der Weg zum Trivialroman frei. Es folgen u. a. ›Seelenarbeit‹ (1979), ›Das Schwanenhaus‹ (1980), ›Brief an Lord Liszt‹ (1981). Die literarische ›Politik‹ mit Subjektivität im Roman ist bei Eröffnung der neuen Kunst 1976 auf die Allerweltsformel gebracht: »Verhältnis von einem menschlichen Bewußtsein zu der Umgebung, die dieses Bewußtsein andauernd konditioniert.«[104] Am Ende ist »Seelenarbeit« am Leiden in der Außenwelt auf dem Campus einer kalifornischen Elite-Universität angesiedelt (›Brandung‹, 1985); folgerichtig nutzt die Werbung am Buch in der ersten Tb-Auflage 1987 exponiert das Urteil eines Altkritikers aus der Adenauer-Zeit, Hans Egon Holthusen, der in der Tageszeitung ›Die Welt‹ findet, das Buch habe »den Anspruch auf Weltdarstellung mustergültig erfüllt«.

Der neue Walser erzählt wieder in der Er-Form wie zur ›Kristlein‹-Zeit, hat nun aber die ironische Subjekt-Reflexion verfeinert. Der enge Fokus der Er-Form kann dem Leser verdeutlichen, wie eine egozentrische Person Außenwelt als Innenwelt verarbeitet, während tiefer innen eine von den Schäden des Außenlebens abgeschirmte ›wirkliche‹ Person gepflegt wird. Knüpft man an ältere Äußerungen des Autors an,[105] könnte man das Weiterwirken eines kritischen Konzepts der politischen Sozialerzählung unterstellen. Wie weit geht das sympathisierende Verständnis des Erzählers für die »Herabwürdigung der Erscheinung zugunsten der Seele«, diese fatale »Kleinbürgertendenz«? Ist es beabsichtigt, mit Hilfe eines an den späten Raabe erinnernden, perspektivisch raffiniert subjektzentrischen Realismus die ›Neue Innerlichkeit‹ der 70er Jahre zu kritisieren und den Weg des deutschen Romans nach innen auf die Probe zu stellen? Walsers *Selbst*verständnis, Anti-Helden eine negative Utopie verkörpern zu lassen, scheint sich jedenfalls nicht entscheidend seit den Äußerungen, die noch unter dem Eindruck der literar-politischen Debattenzeit standen, verändert zu haben.

Ähnlich wie Walser ist Härtling ein Erzähler, der ein Thema immer wieder bearbeitet; sein Realismus ist der Gattung nach Spurensuche nach dem Einzelnen innerhalb der geschichtlichen

Bewegung. Stilistisch entfernt er sich von einer vor 1970 extrem experimentellen Romanmethodik hin zum Sozialroman relativ konventionellen Schlages. ›Zwettl‹. Nachprüfung einer Erinnerung‹ (1973) hat noch die Perspektivbrechung des Formexperiments, vielleicht beeinflußt von Arno Schmidt; *erzählt* wird im Blockverfahren. ›Eine Frau‹ (1974) ist der chronologisch aufgebaute ›Roman einer Generation‹. Anders als in ›Zwettl‹ und im später erarbeiteten Vaterroman ›Nachgetragene Liebe‹ (1980) *fiktionalisiert* hier die Darstellung das Leben einer Mutter aus deren Blickwinkel; ein episch-sozialhistorisches Bild der Zeit 1902-70 wird hergestellt. ›Hubert oder Die Rückkehr nach Casablanca‹ (1978) veranschaulicht ebenso subjektzentrisch Leben und Leiden eines Anti-Helden, dem es nicht gelingt, den Ballast einer Kindheit unter den SS-Zeichen des Vaters abzuwerfen und sich im Land des Wirtschaftswunders selbst zu finden. Der Roman ›Das Windrad‹ (1983) ist dann ganz traditionell; Ausstieg des Protagonisten aus dem bürgerlichen Leben, perfekte Integration in ein schwäbisches Dorf; das liest sich wie eine Annäherung an den ›positiven‹ bürgerlichen Entwicklungsroman, Sektion Heimatroman.

Bei einer literarhistorischen Linienführung unter dem Gesichtspunkt des Rückhalts an einer Heimat, den ›realistisch‹ und ›subjektiv‹ erzählende Roman-, auch Film-Autoren ihren Figuren und Lesern/Sehern gönnen oder auferlegen, treten größere und prominente Werkzusammenhänge in ein Licht der Ähnlichkeit mit dem Regionalen, die unter anderen Gesichtspunkten ›höher‹ bewertet werden mögen als die politisch regredierenden Strukturen bei Walser (Bodensee), Härtling (Schwaben) oder Edgar Reitz (Hunsrück):[106] die Romane von Siegfried Lenz, Grass' Danzig- [Bd. 10, S. 292 ff.] und Horst Bieneks Gleiwitz-Trilogie, später Gerhard Roths Dorfzyklus ›Die Vergessenen‹. Bieneks Prosa ist zudem ein Beispiel für eine Praxis, die beim Austritt aus ›68‹ von vielen Autoren gewählt wird: aus ästhetischer Enge experimentellen Schreibens, das seinen eigenen ›avantgardistischen‹ Anspruch nicht durchhält, ›erlöst‹ das räumliche Erzählen.

Einige Experimentelle sind diesen Weg nicht gegangen (Mon, Jürgen Becker; Ror Wolf); andere haben elegante Übergänge zum

›größeren Roman‹ gefunden (Handke) oder verstummen, wie seit Jahren schon ›beinahe‹ Heißenbüttel, oder Wolfgang Hildesheimer [→ 345 ff.]. Einen unvermittelten Bruch führte z. B. der bedeutende Formspieler und Hörspiel-Konkrete Wolfgang Harich vor (›Ein Blumenstück‹, 1969 — ›Sprechstunden für die deutsch-französische Verständigung und die Mitglieder des Gemeinsamen Marktes‹, 1971), dessen weitere Entwicklung im modischen Trivialepos mündet.[107] Bieneks experimentelle Anfänge in der DDR *wurden* gebrochen (1951-55 DDR-Kerker und Gulag; ›Traumbuch eines Gefangenen‹, 1957), nach seiner Entlassung und Übersiedlung in die BRD aber weicht er vor der Aufgabe, seine Erfahrung formskeptisch auf engerem Rahmen zu bearbeiten, vorerst nicht zurück. Existenzmetapher *und* Erzählstruktur dieser Arbeit, die immer ›episch‹ bleibt, sind dann 1968 durch den Titel ›Die Zelle‹ benannt: Erzählen in der Zelle, erzählte »Zellenzeit«, inneres Exil; Versuch, geformt zu *schreien*. Nach weiterer, z. T. gemischt dokumentarischer ›Engarbeit‹ (Beispiele ›Vorgefundene Gedichte. Poèmes trouvés‹, 1969, ›Bakunin, eine Invention‹, 1970), dann 1975 der fertige erste Teil der Trilogie, ›Die erste Polka‹. Nach dieser ›literarischen‹ Biographie blieb zumindest die *thematisch*-historische Strukturierung der neuen Großraum-Prosa der Bewußtheit der früheren Stilarbeit verpflichtet. Bieneks künstlerische Strenge des Heimatbezugs mündete nicht in *provinzieller* Enge. Bei Weiss, der ebenfalls eine Frühphase ›avantgardistischer‹ Kleinarbeit hatte, kam ohnehin niemand auf den Gedanken, ihn nach ›1968‹ der Flucht aus der politisch gebrochenen Textanstrengung zu bezichtigen, als die ›Ästhetik des Widerstands‹ 1975 zu erscheinen begann. Gegen sie stand umgekehrt eine Mauer des ästhetischen Verdachts: man mißtraute dem sozialistischen Erzählsubjekt [→ 113 ff.]. Aus diesem *Ressentiment* konnte das paradoxe Bonmot vom ›neuen Heimatroman der Linken‹ geboren werden und schließlich auch ironisch in der Linken selber kursieren. Bei Walter Kempowski wußte die Kritik dagegen zunächst nicht so recht, ob der Gestalter der eigenen Familie im geschichtlichen Raum ihrer sozialen Klasse seinen bürgerlichen Lesern einen neuen Geborgenheitskult oder ein monströses Sprachspiel der Selbstdistanzierung anbiete.

Kempowskis Anfänge sind vergleichbar mit denen Bieneks. Acht Jahre DDR-Zuchthaus, nach Entlassung 1956 Bundesrepublik, literarische (allerdings unveröffentlichte) Experimente; der Erstlings-Titel ›Im Block‹ (1969) zeigt zugleich auf die Gattung ›Haftbericht‹ und auf das stilistische Programm: eine Konzeption, die von der Wirklichkeit in Blöcken Notiz nimmt so, wie sie sich in der Isolierung des Kopfes im Knast abbildet, und sie sprachlich reproduziert, ohne kenntliche Deutungsschichten einzubauen. Das bald bestverkaufte erste Stück des realistischen Familienwerks ›Tadellöser & Wolff. Ein bürgerlicher Roman‹ (1971) verfeinert dieses Verfahren.[108] Den numerierten Teilen, die aus thematisch oder assoziativ gebündelten Blöcken bestehen, fehlen Überschriften im alten Stil, doch sie gewähren die schöne Weitschweifigkeit des Erzählens und die in der Familienchronik erwartete Fülle der Informationen. Der Autor hat sie sorgfältig zurechtgeschnitten (man kann das Sammelsurium im häuslichen Museum besichtigen), ehe sie in der Erzählung organisiert werden. *Anders* aber als bei den geliebten Vorbildern Galsworthy und Thomas Mann (im Roman ›Herzlich willkommen‹, 1984, berichtet der Autor über diese Liebe[109]) – zumal die Ironie der ›Buddenbrooks‹ geht dem Autor ab – werden die montierten Realien nicht im neuen Sprachelement des Erzählflusses eingeschmolzen. Die Leser können bis zu ihnen vordringen und dergestalt fast unmittelbar über das Vorgezeigte reflektieren. Vor allem linke Kritiker hat diese Absenz des urteilenden Autors irritiert.[110] Das Verfahren bleibt als Muster für die folgenden Bände stehen. Aber der ›Tadellöser‹ ist von einem, der selbst miterlebt hat, gemacht, die autobiographische Sicherheit (›Authentizität‹) kann von keiner Realien-Mimikry vertuscht werden; erzählte Zeit ist, fortgesetzt in ›Uns geht's ja noch gold‹ (1972), die Epoche seit der Weimarer Republik bis zur Verhaftung Kempowskis 1948 in der DDR. Mag der ›bürgerliche Durchschnittsleser‹ das Reflexionsangebot mit nostalgischem Gefühl beantworten, die Kind- und Jugend-Stimme Walters kann dem noch dissonant entgegenwirken. In den folgenden Bänden, die nun erst zurückgehen bis 1900 (›Aus großer Zeit‹, 1978 und ›Schöne Aussicht‹, 1981, usw.), die wiederum sorgfältig recherchiert wurden, aber von

Neuer ›bürgerlicher Realismus‹   339

›eigener‹ Perspektive nicht mehr gesichert werden konnten, verliert sich die theoretische Möglichkeit einer kritischen Wirkung dieser versunkenen deutschbürgerlichen Romanwelt auf die Leser in einer fasziniert-wohlwollenden Großstimmungslage, in der eine neonationale *Austreibung* schonungsloser Erinnerung an das ›herrliche‹ Selbsterkennen des deutschen Bürgertums im Nazistaat, unüberprüfbar für Autor und Kritik, ›realistisch‹ lesend sich nun ab-spielen kann.[111]

Klaus Briegleb

Weiterschreiben!
Wege zu einer deutschen literarischen
›Postmoderne‹?

I. »Das Elend des Realismus« (Hildesheimer) oder
Die nicht mehr geführte Debatte

Man ist vom Literaturbetrieb gewohnt, daß ›naturwüchsige‹
Züge unaufhaltsamer Schreibpraktiken ›plötzlich‹ angehalten
oder unterbrochen werden. ›Von oben herab‹ werden alte Parolen als neue ausgegeben. Debattenfragmente ›von einst‹ (z. B.
›1968‹), längst ohne Kontext in einem literaturpolitischen
›Klima‹, werden zur Geltung gebracht, ohne neu begründet oder
wenigstens motiviert zu werden; gleichwohl sind sie jetzt aktuell
geltendes Kriterium, für aufmerksame Leser nicht weniger unvermittelt als für die kritisierten Autoren. Das kann in einer Sprache, die zur geschichtlichen Wirklichkeit ein »fatales Verhältnis«
hat (Franz Mon [→ 46 ff.]), zur Folge haben, daß das Kontinuum
des Vergessens durch *Wiederholung* undurchschaubarer Mythen
und Ressentiments erfolgreich fortgeschrieben wird. Lothar Baier
hat 1984 einen solchen Fall lakonisch demonstriert:[1] Anläßlich
eines neuen Romans aus der Wellershoff-Werkstatt, einer erzähl-
analytisch zerpflückten miesen Umsteigekarriere (›Der Sieger
nimmt alles‹, 1983), läuft eine Verrißkampagne in überregionalen Feuilletons an und möchte die Gattung des leidlich durchre-
flektierten, essayistisch gebrochenen Erzählens, wofür der ›Sieger‹ ein Beispiel ist, aus dem Verkehr ziehen: Zu viel Wissen oder
gar Intelligenz seien einer Literatur schädlich, die erzählen, d. i.
»wirkliches Leben«, »Tiefe«, »Fleisch und Blut« usw. haben soll;
anderenfalls werde man es in der neuen Literatur nie wieder zu
einem großen Romancier (einem neuen Fontane/Balzac) bringen.
Die Verrisse führen keine Urteilsgründe am Buch selber vor —
auch Baier will das nicht nachholen —; der Fall funktioniert als
Ventilation abstrakter Größevorstellung. Es ist wahr, die reflek-

tierte Selbstbehinderung des Erzählens, ein Phänomen der epischen Moderne und ihrer Krise [→ 302 ff.], kann jederzeit zur Brechung oder Verkleinerung der Texte, ja zum Schreibstop führen. Dann kreuzen sich literaturpolitisch die Subjektgeschichten in der Literatur mit den öffentlichen Interessen am Weiterschreiben, wie sie von Großkritik und Marktkalkül vertreten werden. Wie der hier gewählte Fall zeigt, sind solche Kreuzungspunkte als Austragungsorte modellhafter Konflikte ›lesbar‹: *Offensichtlich* werden Produktivitätseinbußen im literarischen Sektor als Bedrohung des Anspruchs auf Lesevergnügen nicht in Kauf genommen. Die Sprache, die im Konfliktfall gesprochen wird, offenbart ihren Grund im Unbewußten der Sprecher; das Vokabular, das sie benutzen, verweist dorthin. Es ist bis zur Aliterarizität vereinfacht und schwimmt, ideologiegeschichtlich gesehen, im Strom der trivialen Echtheits- und Vitalitätsmythen, auf welche das literarische Arbeiten immer wieder zurückverpflichtet wird. Dies ist die »Fatalität« einer Sprache, die, indem sie weiterläuft, *ohne gebrochen zu sein,* den ›konkreten‹ Dichter Mon in Sorge versetzt. Wo er ein »unzentrisches Gemurmel« wahrnimmt, dort hat sich Kritik aus der Verantwortung radikaler sprachlicher Erinnerungsarbeit weggestohlen; die unbeschwerte Bedürftigkeit nach einem »leidenschaftlichen« Wirklichkeitsverhältnis der Autoren bekommt das Sagen; es wird ›oben‹ verabredet: wo Kritiker und Autoren gleichermaßen um Anteile am ›mächtigen‹ Stimmenensemble kämpfen, das über die erzählerische »Originalität« und »poetische Prägnanz« neuer Texte entscheidet; wo *kein Ort* ist, über die Geschichtlichkeit eines Triebs im Unbewußten nachzudenken, der nach der ›großen, einfachen‹ Literatur verlangt. Baier nennt diesen Unort die »Oberliga der bundesdeutschen Publizistik«. Dort herrscht die kritische Leere, das Unvermögen am Konkreten, das »Analphabetentum der Literaturkritik«; dort »weckt, wer ⟨...⟩ aus der Reihe tanzt, keine Neugier, sondern Strafwünsche«. (Baier)

Der skizzierte Fall verdeutlicht ein strukturelles Politikum der Literaturkritik der 80er Jahre, das über seine polemische Beleuchtung hinweg im folgenden ein ›mitgehender‹ Gesichtspunkt ist. Eine Literaturdebatte, die in Schreiberfahrungen gegründet wäre, wird nicht mehr geführt, wenn der ›Beruf zur Literatur‹ als uneingeschränkte *Urteilskompetenz* von ›oben nach unten‹ mediensoziologisch festgeschrieben wird. Berufskritik verheißt eine Mitspielrolle, die auch viele Autorinnen und Autoren anzieht und sie im überregionalen Feuilleton zu Konkurrenten macht: Sie gewinnen dort ihren Einfluß auf die Kriterien der Literaturentwicklung ›vor aller Augen‹ auf dem unterhaltungsintensiven Kampfplatz, wo man erreichte Positionen nach unten festtritt. Hier ist man stark. Und hier *kann* nicht anders über Schreiben ›philosophiert‹ werden als in Kategorien seiner unendlichen Fortsetzung. Gründe, die gegen das organisierte Weiterschreiben sprechen könnten, dringen in diese Mechanik nicht ein. Sie ist die mobile Börse des Marktes, die den Trend bestimmt. – ›Von unten‹ gesehen: Eine Aufmerksamkeit auf nicht im Trend Tritt fassende Literaturerfahrungen, auf Gegenläufiges, ›Eigenes‹, auf Persönlichkeiten, denen man Bedeutung, die auf der Börse ermittelt wird, nicht aufschwatzen kann, die sich aber möglicherweise verstört von den realen Sozialerfahrungen ›beeinträchtigen‹ lassen und ihnen sensibler ausgeliefert sind, als es im Betrieb opportun wäre – sie ist auch im Literaturbetrieb wohl wünschenswert. Er verlöre dann etwas von seiner Beliebigkeit und Segmentierung, trüge zu ungeteilter kultureller Geistesgegenwart des Feuilleton-Publikums bei. Und rechtzeitig, vielleicht ein wenig dauerhaft, und unmittelbar nah an jenen Erfahrungen mit Literatur *und* Gesellschaft würde dann die Diskussionslust, die sich hier im gewählten Beispiel am reflektiert fortschreibenden »Waffen«träger Wellershoff entzündet hat, auf ein ›neues‹ wirkliches Problem der ›realistischen‹ Literaturentwicklung gelenkt werden können, wie es sich in einer Einzelnen (Bachmann) oder einem Einzelnen (Hildesheimer) schon lange unabweisbar gestellt hat [→ 74 ff.].

1. *The End of Fiction*

Hildesheimer hatte im Literaturbetrieb keine Resonanz gefunden, als er eine im April/Mai 1975 in Irland gehaltene (Seminar-) Rede,[2] ›The End of Fiction‹, zum Jahresbeginn 1976 den deut-

»DAS ELEND DES REALISMUS« (HILDESHEIMER)   343

schen Intellektuellen zugänglich machte. Darin ist die These aufgestellt, fiction has met its end.[3] »Wer sie anficht«, sagt Hildesheimer im Vorspann zu seiner deutschen Übersetzung im ›Merkur‹,
»hat möglicherweise recht. Bisher allerdings haben die Gegenar-
gumente – meist Optimismus, Selbsterhaltungstrieb und Ideologie – meine Ansicht eher gefestigt als erschüttert.«[4] Fiction has
met its end.

Die *Beziehung* zwischen zwei Endpunkten der Literaturgeschichte ist in dieser These aktualisiert, nicht diese Endpunkte
selbst: Joyce' Kunst und die Rede des Genossen Radek ›Die
moderne Weltliteratur und die Aufgaben der proletarischen
Kunst‹ auf dem antifaschistischen Schriftstellertreffen in Moskau
1934 (I. Unionskongreß).[5] Während wohl Joyce – mag es bis ans
Ende der Literatur noch manches Meisterwerk geben – den absoluten Höhepunkt einer Lebensanalyse markiere, die *von einem,
der über sich selbst schreibt,* geleistet werden kann,[6] sei andererseits der individuell verantwortliche Sozialrealismus auf dem
Kongreß 1934 gestorben. Denn im Zeichen eines sozialistischen
Antifaschismus sei ein Programm institutionalisiert und gegen
Joyce und Proust abgeschirmt worden, das die realistische
Schreibweise unter politische Direktive stellt und dafür sorgen
sollte, daß ›Individualismus‹ zu einem Term des Kunstmiß-
brauchs wird. Unbenommen der moralischen Haltung in Moskau, die sich gegenüber dem 1934 offenbar gewordenen fürch-
terlichen Realitätsgehalt der nazi-faschistischen Bedrohung von
selbst rechtfertige, macht Hildesheimer *jetzt* 1975/76 mit Blick
auf die noch laufenden nach-›68er‹-Debatten in Westdeutschland
klar, was er von den Fortschreibungen des antifaschistischen Rea-
lismuskonzepts als literaturpolitischer Direktive hält. Sie seien
widersinnig, unwahr und, das schlimmste, unaufrichtig.

In *keiner* sozialen Wirklichkeit mehr könne ein Schriftsteller
sich selbst so weit zurücknehmen, daß er soziale ›Objektivität‹
von *innen* erfährt, denn das (erkenntnistheoretische) Schema des
*Arbeiter*kampfes als Direktive des empirisch ausgewiesenen
Schreibens über den Prozeß der Realität sei längst abgelöst von
einer *wissenschaftlich* gesteuerten Vervielfältigung voneinander
getrennter Wirklichkeitserfahrungen, die *sich wechselseitig fiktio-*

nalisieren und dem Schriftsteller die Kontrolle darüber aus der Hand gedrängt haben, ob er adäquat zu ›der‹ (ganzen) Wirklichkeit schreibe oder nicht.[7] Humanity will soon be what science makes of it.[8]

Im Hinblick auf den Humanismus möchte Hildesheimer mit der diagnostizierten Unvereinbarkeit von Wissenschaft und Literatur den Schriftstellern in Westdeutschland einschärfen, was er vom »Elend des Realismus« (rückübersetzt aus ›The decline of fiction‹) hält.[9] Mit der an vielen Stellen veränderten deutschen Version geht er in Konfrontation zu drei Positionen der laufenden Selbstverständigung übers ›realistische‹ Weiterschreiben und bietet drei Fragestellungen dagegen auf: Was ist vom Wallraff-Typus der Reportage, vom neuen Arbeiter-Reportageroman, vom Ich-Realismus Handkes zu halten – angesichts der Erkenntnis, daß die realistische Literatur die Kontrolle über ihre Fähigkeit verloren hat, *mit ihren Mitteln ein adäquates Äquivalent der Realität zu finden?* [10]

Ein Schriftsteller reiche nicht an den gesuchten Erfahrungsgehalt heran, wenn er sich den harten Bedingungen der körperlichen Arbeit eine Zeitlang selber unterwirft, um das Reale dann zu erzählen. Daneben sei der authentische Realismus eines Arbeiters, der selber erzählt (Beispiel Peter Neumeiers ›Akkord ist Mord‹, 1972), gar keine Literatur, so sehr Schriftsteller und Kritiker, wie Walser, uns das einreden wollten.

Aber was immer es sei, es ist eine wahre, und überdies eine tragische Aussage. Mehr noch: es ist eine direkte Anklage der Gesellschaft ⟨...⟩, wie Literatur sie gar nicht ausdrücken kann. Daher degradieren jene Kritiker ihre Aussagekraft, indem sie eine solche Stimme in die Literatur verweisen ...

Andererseits falle das Schreiben Handkes oder Karin Strucks (›Die Stunde der wahren Empfindung‹, ›Die Mutter‹, beide 1974) hinter das Maß an Arbeitsanstrengung, das von moderner Literatur zu erwarten ist, weit zurück: neurotische Literatur ohne Anschluß an die Erforschung der Neurose, des Unbewußten; vergeßlich abgeschottet gegen die Erkenntnisse, die vom großen Roman der Moderne erarbeitet wurden: Proust, Joyce, Kafka ...

Die (nach-›68er‹) textöffentliche Neurosenpflege gehe gegen
die Wirklichkeit in die verkehrte Rolle narzißtischen Opferseins;
»Wehleidigkeit« sei die neue historische Bindung des Schriftstellers an das soziale Leid. Anstöße aus der korrumpierten Gesellschaft seien nur allzu willkommen, um die *Wirkungen* des Leids
im Spiegel der depressiv selbstverliebten und aufgewühlten eigenen Seele betrachten zu können: sie mit den sozialen *Ursachen* zu
identifizieren. »Die Mehrzahl unserer heutigen Fiktionen sind
Zeugnisse intensiver Selbstidentifikationen.« So sei der Objektivi-
täts-Anspruch introspektiven analytischen Erzählens an die bürgerliche Distribution verkauft, sei verkommen zum

> Flirt mit dem entzückten Leser, der dieselbe Art der Depression schon
> verspürt haben mag, sie aber nicht in Worte fassen konnte, während er
> gewiß niemals die Depression des jungen Arbeiters verspürt hat, dessen
> Leben aus völlig anderen Gründen beschissen ist.

Hildesheimer faßt seine Kritik im Diktum zusammen, die Literatur des »Wehleids« dieser Jahre sei mittelmäßig und anachronistisch, könne sich nicht einmal mit den frühen psychologischen
Romanen im 19. Jahrhundert messen. – Damit aber ist die sozialgeschichtliche Stellung seiner Einrede in die Literaturszene noch
nicht zureichend beschrieben.

2. *Aufhören als Ich-Metapher*

Zuspitzende Einfügungen in der deutschen Version des Textes
belegen, daß ›The End of Fiction‹ die Regeln eines Krisengeplau-
ders unter Vielschreibern nicht nur mißachtet – die kleinen Profis, die zu »Wert und Gültigkeit der Fiktionen« ihre Kontroversen
organisieren: warum wagen sie nicht »den endgültigen Schritt
und geben die Literatur auf«?[11] –, sondern *darüber hinaus* das
Arrangement fortgesetzter Realismus-Diskussionen überhaupt
aufkündigt. Der erzählenden (»bürgerlichen«) Literatur wird eine
radikale und existentielle Version und Überprüfung der Wittgensteinschen *Hypothese* anempfohlen: Wenn nichts mehr zu erzählen ist, muß man aufhören.

In den selbstreflexiven Äußerungen des Problemvortrages,[12] die auf jenes ›man muß aufhören‹ zugehen und bei *diesem* Gang die Wirklichkeit erklären, werden die eigenen letzten Versuche deutlich vorangekündigt. Schon sieht Marbots »bares Entsetzen über unsere Zeit und unsere Lage« den Schriftsteller an, ehe ›Marbot‹ (1981) noch selber in Sicht ist und seine Ästhetik der absoluten, letzten Abstraktion formulieren wird. Diese self fullfilling prophecy Hildesheimers hat ihren Grund darin, daß er 1975 längst erkannt hat, daß die Voraussetzung zu einer Marbot-Erfindung, das Ende der Fiktion, für ihn nicht mehr zu hintergehen ist und daß Realitätsdruck und individuelles Am-Ende-Sein zusammenwirken. Die literaturtheoretische Resultante heißt (nur in der deutschen Version:) Der Schriftsteller kann seine Aussage nicht wählen, sie wählt ihn, »und wenn sie es nicht tut, so ist er gescheitert«.[13]

Exkurs zum ›Verfahren Marbot‹

Hier ist der Punkt der *literatur*geschichtlichen Paradoxie in der Moderne berührt; eines ihrer Ursprungsphänomene. Bedeutende formalästhetische Anstrengungen, der übermächtigen und grauenvollen Wirklichkeit eine konstruktive oder destruktive ›Wortordnung‹ abzuringen, werden abgebrochen, während an einer Grammatik, ihr von neuer phantastischer Tiefe her beizukommen, schon gearbeitet wird. Für die Gegenwartsliteratur nach 1968 ist das z. B. zu studieren an der Konstellation Hildesheimers zu P. Weiss und den neuen Schreibweisen des Erinnerns auf den Wegen zu absoluter Prosa [→ 117 ff.]. Dieselben »Schächte des Schreckens« [→ 78 ff.], aus denen diese Wege kommen, reflektiert Hildesheimer 1975/76 in seinem ›Privatdiskurs‹ des Scheiterns. Er trifft spontan, wie die neue Poetik des Erinnerns später, auf Unaufmerksamkeit und Geschwätz. Das mag als die angemessene Reaktion des Literaturbetriebs auf einen geahnten Zusammenhang betrachtet werden: Die Erfahrung des Scheiterns ist auf eine eigentümliche ›unterirdische‹ Weise mit einer gestalteten Erfahrung in der ›Ästhetik des Widerstands‹ verbunden, mit dem Erlöschen der Erzählung in der Shoah, mit dem Verstummen – mit der Leere im »potentiellen Ich« (Hildesheimer im Gespräch mit Dierk Rodewald 1971):

Hildesheimers Literaturverständnis kreist um dieses Ich, das als »verarbeitendes Ich« in der Gegenstellung zur ›Wirklichkeit‹ durchprobiert wird und sich als »sehr weiträumig« erwiesen hat: »so eine Art Hohlform von Ich«. Ein Jahr vor ›The End of Fiction‹, 1974 im Hörspiel ›Hauskauf‹, konnte man hören, wie es eine literarische *Arbeit des Scheiterns* sei, die von solchem Literaturverständnis angetrieben wird: [→ 598 ff.] »Ich« verliert sich, aus-gearbeitet, bis zum Verschwinden in seiner Hohlform, weil »das Scheitern der Welt« als *politische* Ursachen-Erfahrung ›draußen‹ bald keine anderen Ich-Begegnungen mehr erwarten läßt: Konfigurationen in beschreibbarer Welt, als *Übermacht* der »Häscher«, »Ausrotter«, Totalfahnder und Vernichtungswissenschaftler. Das weist auf die Real-Fiktion der herrschenden deutschen *Alt*faschisten im monologischen Erzählkunst-Höhepunkt ›Tynset‹ (1965) zurück; sie ist soeben, 1973, im Roman ›Masante‹ fort und zu Ende geschrieben worden. Diese Figuren bedrängen die Hohlform »Ich« permanent, verschmelzen in der Anschauung der Wirklichkeit mit den Verantwortungsfiguren der *nach*faschistischen Zeit auf dem Weg der Erde in die Vernichtung. Diese Konfiguration übermächtigt das bedrückt reflektierende »Erzähl-Ich«: wird zum »Scheitern meiner künstlerischen Aktivität überhaupt« führen. Der Prozeß, den diese Äußerungen von 1971 ansprechen, ist 1975/76 im wesentlichen abgeschlossen. Zudem ist in ›The End of Fiction‹ das avisierte Verstummen des Erzählers an eine theoretische Grundannahme geknüpft, die sich subjektiv erfüllt haben mag. Die Rechtfertigung fiktionaler Schreibarbeit, nämlich »einer großen humanen Sache zu dienen«, müsse von der Hoffnung des Autors getragen sein, »daß seine Aussagekraft, als der wesentliche Bestandteil seines inneren Mikrokosmos, sich automatisch und unbewußt in seinem Werk manifestiere.« Der Alptraum der Häscher-Wirklichkeit aber sei imstande, die sprachliche Ich-Welt-Beziehung am Ort ihrer Durcharbeitung, im schöpferischen Unbewußten, zu ersticken. Die »imaginative power«, die »Begabung« eines Einzelnen, wie es in der deutschen Fassung heißt, ist dann aufgebraucht.

Als ›The End of Fiction‹ 1976 deutsch erschienen war, mochten gar nicht einmal »Optimismus, Selbsterhaltungswunsch und Ideologie« die Debatte verhindert haben, sondern das Betriebstempo. Es spült weg, was als bloßes Meinen aufgefaßt wird. Und Weitererzähler, die sich von der prominenten Einrede bloß in ihrer professionellen Sinnstellung irritiert fühlten, fanden vorerst noch beim Autor selber Trost; denn er verfocht zugleich erst einmal weiter die Verpflichtung einer *Erkenntnis auf dem literarischen Feld* (not to turn truth into fiction but to turn fiction into truth: to condense truth out of fiction), arbeitete noch ein Stück weit mit dem ›authentischen‹ Erzählprinzip, das kraft ingeniöser und spektakulärer Produkte (vor den Marbot-Texten 1981 ff. noch ›Mozart‹, 1977) einem subjektiv verantwortlichen Realismus-Konzept [→ 320 ff.] neu gerechtfertigt auf die Beine zu helfen schien. Keine kritische Debatte mit Hildesheimer stellte sich einer ungebrochenen Breitenwirkung der Walser, Härtling, Wellershoff oder Kempowski quer.

Erst als sein Abschied vom Erzählberuf 1984 kurz zum Interview-Reißer und Illustrierten-Spektakel geworden ist und in seinem Aussagekern – Absage an literarischen ›Humanismus‹ überhaupt – hätte diskutiert werden müssen, greift das andere Schriftsteller und Publizisten doch an. Der *Gestus,* nicht die Begründung besorgte das. Die Kollegen, die den Abschied nicht wahrhaben wollten und, um eine prominent qualitative Stütze ihrer Profi-Identität besorgt, geradezu zärtlich um Weiterschreiben warben – allen voran, wie wir sehen werden, Härtling –, mißverstanden den Ernst der Beweggründe, die der Autor des ›Marbot‹ vor allem im Blick auf diese letzte fiktive Arbeit ins Gespräch brachte. War, was die erfundene Person Marbot zu sagen hatte, wirklich so mißverständlich, daß eine ›intellektuelle‹ deutsche Rede: so ernst müsse man es nicht nehmen, darübergezogen werden konnte? Marbot ist eine destruktive Konstruktion, und zwar absolut und unwiderruflich; konstruktiv ›nur‹ als gescheitertes »Ich«, letzter Romantiker. Dies sei auch er, sagt Hildesheimer 1982 in den ›Arbeitsprotokollen des Verfahrens »Marbot«‹. »Ich bin auch der, der eine negative Beziehung zum Leben hat [...] und ich weiß, daß ich mir mit ihm die Möglichkeit ver-

stellt habe, jemals wieder ein erzählendes Buch zu schreiben.« –
Die Wirklichkeit, die nicht mehr erzählt werden kann, ist ersetzt
worden durch den Mikrokosmos Marbot, über den *alle Quellen*
bekannt, weil erfunden sind. Nichts stimmt nicht. Die »Mischung« aus Wirklichkeit und Phantasie zur absoluten Monade
hat nicht mehr, wie beim Erzählen mit Dokumenten, für den
Autor den vernünftigen Zweck, ›Wirklichkeit‹ (Material) und die
Methode ihrer Interpretation zu differenzieren und einem opti-
mistischen (handelnden) *Verhältnis* zur Gesellschaft dienlich zu
sein, sondern einzig den Sinn, *endlich allein* zu sein. Kein inten-
tionales Spiegelbild, keine Verzeichnung einer realen Person vermitteln noch mit Welt. Es gibt nichts Reales zu vermitteln. Nichts
zu erinnern. Der letzte Romantiker erneuert die Weltformel Ich
= Nichtich.

[...] für mich läßt sich Marbot schon lange nicht mehr aus der Realität wegdenken, d. h. ich betrachte mich schon lange nicht mehr als seinen Erfinder, sondern als seinen designierten Biographen, von meinem
Helden gewählt:

Nicht ein aus Realem Abstrahiertes, sondern das unwirkliche
Abstraktum selber wählt seinen Biographen, der ihm wirkliches
Leben gibt. Absurdes Theater! Marbot liest Schopenhauers *Die
Welt als Wille und Vorstellung;* doch um sich auch von diesem
real existierenden Denksystem, dem System seines Herzens, dem
echten Pessimismus als *Lebens*lehre, nicht abhängig zu machen,
muß sein Biograph zeitlich *vor* der Schopenhauer-Lektüre die
Kernsätze Marbots über einen ästhetischen Abschied vom ästhetischen Realismus aufschreiben:

Bei dem Bild, das Erkennbares wiedergibt, mögen wir leicht dieses
Erkennbare begehren. Vermittelt es aber Ungekanntes und Unkenntli-
ches, so begehren wir das Bild selbst, nicht als Besitz, sondern als dau-
ernde Quelle einer Erleuchtung, deren Wirken in Worten nicht zu fassen
ist.

★

Seit Hildesheimers Lese-Reise mit ›Marbot‹ im Herbst 1981 nimmt das Gerücht Gestalt an, der Autor höre »mit dieser Form des Bücherschreibens« auf.[14] Aus Geburtstagsempfängen und Vernissagen 1981 kolportierte Äußerungen über das Glücksgefühl bei seiner Collagenarbeit und über die Angst vor der Schreibmaschine geben im Feuilletonflug weiterer Lese- und Ausstellungsreisen in den schweizerisch-deutschen Südwesten das Geleit und haben sich 1982 zur festen Form der Zitierfähigkeit verdichtet. In der verbindlichen Form seines Akademievortrags über das ›Verfahren Marbot‹ am 25. 5. 82[15] liefert Hildesheimer dem Gerücht schon früh eine seriöse Quelle, beginnt zugleich aber eulenspiegelig mit der Öffentlichkeit zu spielen. Mit seinem düster-komischen, verdeckt sprachanalytischen Abschiedstext ›Mitteilungen an Max über den Stand der Dinge und anderes. Mit einem Glossarium und 6 Tuschzeichnungen‹ (1983) bestreitet er seit November 1982 (Ausgangspunkt: Hotel Römerbad Badenweiler) eine Reihe von Lesereisen, die den Schriftsteller im gern gesuchten *offenen* (auch Diskussions-)Kontakt mit seinen *Lesern* halten. Doch die Interviewer wollen es genau wissen. Auch Eulenspiegel, der mit »Verzweiflungskomik«[16] herumgeistert und keine Romanware mehr abliefert, muß, ist er prominent, literaturbetriebsfähig bleiben. Hildesheimer nutzt die Gelegenheiten zu definitiver Auskunft. Was ihm seit dem ›Fiction‹-Text klar war,[17] (daß die realistisch erzählende Literatur den Wettlauf mit der Wirklichkeit verloren hat) das wollte er nun, wie er später sagt,[18] in Aufklärungserfolge ummünzen.

Meine Entscheidung sollte beispielgebend für andere sein, um das Publikum durch den Akt des Nichtschreibens zum Nachdenken zu bringen ⟨. . .⟩. Die Konstellationen des Romans haben sich erschöpft; es ist aus.

›Gegriffen‹ hat das Interview im ›Stern‹, 12. Mai 1984. Aus ihm wird (bald nur noch aus zweiter und dritter Hand) am meisten zitiert. Hildesheimer stemmt sich da gegen das *Odium,* als »Prophet des Unheils bezeichnet« und dazu benutzt zu werden, über die Apokalypse und nicht über die Probleme gegenwärtigen Erzählens reden zu können. Es wird nichts helfen. Aus seinen

Antworten, die mit Hilfe zugespitzter ökokritischer Allerweltsformeln –

> Ich glaube, daß in wenigen Generationen der Mensch die Erde verlassen wird ⟨. . .⟩. Die Katastrophen unserer Tage sind irreversibel,

– dem Interviewer den literar-geschichtlichen Sinn der Aufhör-Metapher vergeblich nahezubringen suchen, wird man nur dies oder jenes klauben, das dramatische *Subjekt-Objekt-Thema* nicht! Wie Kritiker und andere Schriftsteller über den subjektiven, Marbot-Hildesheimerschen Mitteilungskern hinweggehen –

> Wenn ich am Arbeitstisch sitze und Collagen mache oder zeichne, dann verliere ich das Gefühl für jede Zeit und auch für unsere Zeit. Wenn ich aber am Schreibtisch sitze und nachdenke, dann guckt mich das bare Entsetzen an über unsere Zeit und unsere Lage, so daß ich absolut gelähmt bin,

– und wie sie dabei ihre eigene Stellung zum Realismusproblem zu bestimmen versuchen, das kennzeichnet das ›politische‹ Niveau, auf dem in die 80er Jahre hinein nun nur noch debattiert und ›realistisch‹ weitergeschrieben wird: man bringt sich vor dem Ich-Erzähler, der aufhört, in Sicherheit. Ähnliche Beobachtungen drängen sich in den Fällen Wolfgang Koeppen oder Uwe Johnson auf. Im Literaturbetrieb wird öffentliches Meinen in Formen der Einweg-Kommunikation zerstreut. Autoren werden befragt, äußern sich, Rezensenten äußern sich, – die zusammenlaufenden Äußerungen: ein Warenpaket. Autoren, die sich nicht verstanden fühlen, können sich umstandslos dem Warenfluß entziehen. Tun sie es nicht, wirken sie an der Warenförmigkeit ihrer Meinungen mit. Verbindliche, andauernde, stillhaltende Gesprächsbeziehungen zwischen Autoren gibt es nicht, die wenigsten Kritiker bemühen sich darum, so etwas zu organisieren. Mediengeilheit und Medienpräsenz haben die Literaturdebatte vom politischen Wunsch nach allgemeiner Öffentlichkeit abgedrängt. Hildesheimers Provokation ist nicht nur viel zu individuell und *verantwortet,* sondern zugleich viel zu ›wahr‹ und ›geschichtlich‹, als daß man in dieser Lage eine Veränderung der Substanzen und Sinnmodelle, die im Betrieb hin und her geschoben werden, hätte erwarten können.

3. »Auslöschung« · Verschobenes Debattieren

Der öffentliche Bedarf, über »Weiterschreiben« zu diskutieren, wird im Feuilleton konstant und vielstimmig unterstellt, Grüblerisches dazu geschluckt. So war es 1976 nach ›The End of Fiction‹. 1982/83 dann dominiert ein ›apokalyptischer Ton‹, und plötzlich scheint der literarische Markt ›reif‹ zu sein für eine Hildesheimersche skeptizistische Debatte. Aber sie mündet nur wieder, wie gereinigt von Negativität, im Austausch über Gründe und Motive zum Weiterschreiben. Eine öffentliche Stimmung ist Grund genug, das Negative in Positivität, Endzeitgefühle in Ökodebatte umzudenken. Könnte es nicht ein quasi religiöses »Schlüsselerlebnis« gegeben haben, mutmaßt der pfiffige ›Stern‹-Frager? In seine Wunschstrategie paßt Hildesheimers Antwort nicht:

> Nein ⟨...⟩, eher eine Schlüsselentwicklung in der Hinsicht, daß das Absterben des Menschlichen, die Auslöschung unserer Lebenselemente immer mehr sichtbar und spürbar wird.

Hier sperrt sich eine geschichtliche Erfahrung, in ein ›apokalyptisches‹ Diskurrieren einbezogen zu werden, dessen *visionäre* ›Eröffnungen‹ der verschiedenartigsten »Enden« sich gut eignen, ein *altbekanntes* ›Verlangen nach Offenbarung‹ zu verstecken (Derrida).[19]

In Hildesheimers Satz »Ich habe aufgehört«[20] spricht sich kein solches Verlangen aus, sondern eine subjektgeschichtlich erarbeitete (»aktualisierte«)[21] »ubiquitäre Furcht«: 1976 hatte er einige Äußerungen, die das kulturelle Erbe in die »furchtbare Dimension« dieser Furcht einbeziehen, nicht in die deutsche Version des ›Ends of Fiction‹ übernommen;[22] vielleicht aus Sorge vor einer Vereinnahmung durch den ›deutschen Diskurs‹, der »Auslöschung« nicht in der Vergangenheitsform aussprechen kann? Jetzt, da ein solcher Diskurs Konjunktur hat, stellt Hildesheimer in seine Hauptveröffentlichung 1984, die Sammlung seiner Redetexte aus 25 Jahren, das englische Original ein.[23] Und so ist erstmals unverändert nachzulesen, welche *absolute* Vorstellung von ›Untergang‹ er 1975 an das Erlöschen des ›humanistischen‹ Erzählkonzepts in der Epoche des Faschismus geknüpft hatte: Das NS-Kontinuum »Häscher«-»Ausrotter« [→ 78 ff.] könnte uns zwingen, unser kulturelles Erbe überhaupt preiszugeben, wenn wir auf den puren Überlebenskampf gedrängt werden.[24] Der nazifaschistischen Vernichtung des Humanismus lasse die moderne Vernichtungswissenschaft (z. B. die Genetik) seine Wiederauferstehung in einem Universum folgen, in dem die Individuen endgültig die Kontrolle über ihr Leben verloren haben.[25]

1984 hätte zur Debatte stehen sollen, ob Hildesheimers Vorstellung vom »Schrecken«, der auf uns *warte,* sich noch unterscheiden lasse vom Gedenken der Shoah. Denn diese Unterscheidung scheint nicht immer klar, wenn der aktuell Geängstete vom NS-Faschismus spricht, der in einem modernen Kontinuum der Vernichtung überhaupt aufgehoben erscheint. Das öffentliche Interesse richtete sich aber an der Frage aus, ob Hildesheimers über Jahre vorgetragene Argumente für sein sukzessives literarisches Scheitern plausibel seien,[26] als handle es sich nicht um einen Dichter, dessen Verstummen zu seiner Sprache gehören könnte.

Ist es öffentlich nicht besprechbar, wie ein Einzelner seine eigenste Geschichte zu erkennen gibt? Wie er von der Leere nach Auschwitz, an die er sein Erzähl-Ich verloren hat,[27] und von den ›nachgeschichtlich‹ aufblitzenden Gründen, die erzählende Literatur zu beenden, eingeholt worden ist? Die dabei geleistete *Arbeit* des Scheiterns (»Scheitern ist eine anstrengende Tätigkeit«[28]) mag, unter Berufung auf Adornos ›Negative Dialektik‹, eine *ohnmächtige* Fehde gegen »den Schatten des Dinghaften« und eine *bloß dualistische* »Guckkastenmetaphysik« des Subjekts heißen,[29] da sie die »gescheiterte Welt«[30] zwar negiert und ihr mit einem »Partitursystem des Negativen« noch ein Stück weit folgt,[31] nicht aber die große (letzte) Ästhetik aufbietet: die »Negation der Negation«, das Kunstwerk, das im dialektischen Bezug zur schlechten Wirklichkeit ›gut‹ und ›total‹ wird. Dem Aufhören aber unter dem Verfolgungsdruck der »Häscher«-»Ausrotter«-Realität als Antwort auf die Frage, ob nach Auschwitz noch erzählt werden könne,[32] eignet eine Konsequenz, die über Adornos paradoxale *Idee einer Form gegen die Wirklichkeit* hinausgeht: die Konsequenz einer gelebten Erfahrung und der subjektiven Erschöpfung. »Die Mitteilung lohnt sich nicht mehr. Bevor sie verstanden wird, hat die Sache selbst uns erreicht.«[33]

II. Deutscher Katastrophismus 1983–1985

> ... Antwort auf eine Verfassung der Welt, in der die kontemplative Haltung zum blutigen Hohn ward, weil die permanente Drohung der Katastrophe keinem Menschen mehr das unbeteiligte Zuschauen und nicht einmal dessen ästhetisches Nachbild mehr erlaubt.   Adorno[34]

Die *Denkbarkeit* der »Sache«, dessen was auf der Erde der Fall ist, dementiert der literar-empirisch Erschöpfte nicht. Der Staub, den Hildesheimers Austrittserklärung im Club der Erzähler aufgewirbelt hat,[35] deutet aber auf den philosophischen Abstand hin, der ein politisch ›sachliches‹ von dem bloß geschwätzigen ›Sehen‹ auf den katastrophischen Zustand der Menschheit trennt. Hildesheimer selber vermeidet als Denker der Zerstörung 1984 vorsichtshalber *jeglichen* methodischen Bezug auf ›eine schreckliche Zukunft‹ und tritt seither weder mit politischer noch philosophischer Analyse (also etwa an der Seite von Günter Anders oder George Steiner) in den ökologischen Diskurs wirklich ein; schon gar nicht hat er sich vereinnahmen lassen auf dem ideologischen Diskursfeld des »Katastrophismus«, etwa als Vorsprecher einer »Rhetorik der Vergeblichkeit«.[36] Für *kein angemessenes* ›Verfahren‹ ist dieser Schriftsteller noch ein Zeuge, auch nicht mehr für ein Weiterschreiben im Absurden. Doch aus der Geschichte aktiver Literatur in der Gegenwart ist er deshalb nicht ausgeschieden. Denn mit seinem Namen verbindet sich seither die Frage, ob die Aufkündigung einer selbstbezogenen erzählerischen Verständigung mit ›Realität‹ nicht den faktischen Evidenzverlust realistischer Literatur in der Mediengesellschaft, anstatt ihn zu verschleiern, mit einem angemesseneren ästhetischen Denk*anstoß* beantwortet habe, als es der fortgesetzte Disput um legitimiertes Weiter-Erzählen vermag.

Die aktuelle Literaturkritik sah das anders. In den drei Jahren seit Hildesheimers Aufhör-Signalen, 1983–85, schwillt das ewige Legitimationsgemurmel auf den Foren des Literaturbetriebs deutlich an; dort geht es den Wortführern zumeist nicht mehr »um den Realismus«,[37] sondern um eine Restauration, bestenfalls Neufassung alter, klassisch-romantischer Vorstellungen von Kunstautonomie, an die man die in Verruf geratenen Verheißungen des Realismus-Programms nun zurückgibt, während man andererseits von dorther die Autorität für Erörterungen leiht, die das Standardproblem literarischer ›Weltbeziehung‹ und ›Sinnproduktion‹ nun einer angemessenen *aktuellen* Lösung wieder einmal anempfehlen: Weiter-Erzählen unter der Last der für sozialrepräsentativ (realistisch) gehaltenen Überlebensängste im Weltzustand. Die grassierende Formel heißt: »Schreiben um zu überleben«!

1. Die Kritik an Hildesheimer

Härtling kontert Hildesheimers Schlußsätze im ›Stern‹ hilflossentimental in der ›Frankfurter Allgemeinen Zeitung‹ (5. 5. 1984): ›Widerspruch aus Liebe‹.

Hildesheimer:
Wie gesagt: Der Mensch wird in Bälde die Erde verlassen haben. Mag sein ⟨. . .⟩, es bleiben auch einige übrig. Aber diese Übriggebliebenen werden sich nicht gerade um Shakespeare oder Mozart kümmern.
Härtling:
Dennoch wird, ich bin sicher, die eine oder der andere unter ihnen gegen alle Ödnis ein Lied erfinden, ein Gedicht und so der Phantasie nachgeben, ohne die wir aus der Welt wären. ⟨. . .⟩ Zwar mehren sich die apokalyptischen Zeichen, nimmt der Frost zu und wird die Freundlichkeit weniger, aber können Wörter nicht wärmen und Sätze nicht Welt entwerfen? ⟨. . .⟩ Schreiben wir denn, um nachzuleben? Schreiben wir nicht vielmehr, um zu überleben? Und ist das nicht ein Impuls, der sich jedem Ende widersetzt?

Während sich das mechanisch-introvertierte Selbstbewußtsein des Literaturbetriebs in den ›führenden‹ Medien im ganzen durch Schweigen oder durch Hereinnahme der Provokation in ein lässig kommentiertes On dit bekundet, und in ›nicht führenden‹ Organen[38] Kritiker den erschöpften Erzähler begriffsstutzig weiterrezensieren, ironisieren oder sich beeilen, »die Berechtigung der Literatur überhaupt« nicht in Frage gestellt zu sehen, läßt ein prominenter Gegenredner, dem die »Liebe« Härtlings abzugehen scheint, alle Haltung fahren: Walsers ›Plädoyer gegen das literarische Verstummen‹ im ›Rheinischen Merkur‹ (5. 10. 1984)[39] schulmeistert über Hildesheimers Motive berührungsängstlich hinweg (»hingesagt« sei des Resignierten Angst, Düsternis, Trostlosigkeit!) und zieht die ästhetische Provokation des Verstummens ins Lächerliche (»hingesagter Abschied ... hingesagter Ladenschluß«).

Andererseits: Hildesheimers Trauer bleibt unwiderlegbar. Es ist, wie wenn ich auf dem Weg zum Tennisplatz einer Beerdigung begegne. Ich geniere mich. Ein bißchen. Ein bißchen schon. Aber nur ein bißchen. Nach dem ersten Ballwechsel interessiert mich dann nichts mehr als dieser hin- und herfliegende Ball. Er mobilisiert Illusionen. Freundliche. Es gibt furchtbare Illusionen. Ich bin auf der Seite der freundlichen. Ich bin parteiisch. Freundliche Einbildungen sind gesünder. Mir liegt an Gesundheit. Im Augenblick. Von einem Augenblick zum anderen. Prophetie ist unwiderlegbar. Tennisspielen auch.

Ein Echo solchen Privatisierens der Probleme wirft ›Die Zeit‹ zurück. Dort regt Walsers eigene Probe aus dem Vergeblichkeits-Diskurs, sein Spiel mit ›Meßmers Gedanken‹ (1985), den Rezensenten (Fritz J. Raddatz) auf der ersten Seite der Oster-Literaturbeilage 1985 zu etwas »kaum Erklärbarem« an: zu einem »fast jähen Hunger nach Literatur«; einer Gier wie nach »Schokolade oder Rollmöpsen«. Das Zeugnis spontaner Vitalität auf dem ›Zeit‹-Forum verdeckt seine literaturpolitische Abgrenzungsschärfe im nummernübergreifenden Kontext: Zwei Großbesprechungen haben die Ästhetik des Weiterschreibens am Beispiel Handke, ›Der Chinese des Schmerzes‹ (Hamm, 16. 9. 1983), und Strauß ›Der junge Mann‹ (Raddatz, 24. 8. 1984), feierlich gewürdigt.

Handkes Erzählen ⟨...⟩: Philosophisches Schreiben ⟨...⟩, doch in dem Sinne, daß Gedachtes nicht als Denken vorgeführt wird, sondern wieder in die bedachten Dinge eingegangen ist – als ihre Erwärmung oder auch ihre Erleuchtung. Warm und einleuchtend wird dabei die Welt wieder ⟨...⟩

Und was sonst könnte die Welt noch retten als dies, daß sie wieder einleuchtet, statt uns nur abzuschrecken und zu umnachten? Was sonst könnte friedenstiftend sein, als eine wieder einleuchtend gewordene Welt? (Hamm)

Botho Strauß' Antwort und Frage zugleich gegenüber dem eigenen Kunststreben ⟨...⟩: Des sterbenden Amfortas Werk ist zerbrochen. Der in den gläsern-marmornen Gral ⟨...⟩ gereiste Parsifal weiß, daß man, je älter man wird, um so weniger Folgerichtigkeiten liebt; das Verhältnis der Dinge zueinander wird zufälliger und nur loses, spielerisches Erleben vermag ihre geheimen Gesetze noch aufzuspüren. (Raddatz)

Diese Sicht der »Dinge«, die den beiden Schriftstellern hier zugeschrieben wird, ist auf dem ›eigenen‹ Forum nicht in einen Zusammenhang gebracht, in dem Hildesheimers Denkanstoß hätte aufgenommen und kritisch durchdebattiert werden können. Im ›pluralisierten‹ Literaturbetrieb wird für Frontlinien gesorgt, nicht für Debatte. Das Mitspiel der ›Zeit‹ fällt auf, da sie den Ruf eines Forums zu *verlieren* hat, auf dem der Zeitgeist liberal verhandelt wird. Die Redaktion bestellt eine Besprechung der ›Reden aus fünfundzwanzig Jahren‹, die Hildesheimers These vom ›End of Fiction‹ beiläufig beerdigt, und läßt das passieren. Der Rezensent findet, an der These sei »einiges ›dran‹« und macht dergestalt, gegen allen Zusammenhang bei Hildesheimer, mit ihr sein Stück Literaturpolitik: ›Am Ende‹ seien die *kleinen* Romanciers; ein ›naturwüchsiges‹ Erzählen sei seit 1975 »regelrecht ins Kraut geschossen«: *trivial.*

Die Literatur ist darum noch nicht am Ende, das zeigt Handke, das zeigt Botho Strauß und Thomas Bernhard, das zeigt nicht zuletzt Wolfgang Hildesheimer selbst, mit diesen Reden aus fünfundzwanzig Jahren, die ja auch ein Stück großer Literatur sind.[40]

Baumgart ist da unverblümter; in der ›Frankfurter Allgemeinen Zeitung‹ (24. 11. 1984) erledigt er den Störfall Hildesheimer unbeeindruckt professionell. Er wendet das Mittel an, vorgetragene Argumente zu psychologisieren und so abzuwehren. Hildesheimer, in allem übrigen natürlich wie immer zu loben, sei in

›The End of Fiction‹ theoretisch nicht kompetent, weil im erlöschenden eigenen »Kreativitätszentrum« verunsichert. Besprochen wird ein »Dokumentarphantast« (gemeint ist das ›Verfahren Marbot‹), dessen Blick auf die Vernichtung »sich in den Problemdunst zwischen Fiktion und Realität verliert«. Angezeigt wird eine Möglichkeit der Bewahrung, nämlich Weitermachen wie vor dem Entschluß aufzuhören: »Heimisch im Absurden«.

Denn daß wir, auch und gerade angesichts einer vernichtungswilligen Welt, weiter leben, arbeiten, schreiben, etwas produzieren, ist zwar absurd, aber gerade deshalb, wie uns doch Hildesheimer erklärt hat,[41] menschenwürdig. Hoffen wir, daß er dieser bitteren frühen Einsicht nicht so spät und verbittert den Rücken kehrt.

Man hat übersehen, daß Hildesheimer fortan *Würde* nicht mehr literarischem, sondern ›direktem‹ »Überlebens«-Handeln zubilligen wollte, die »Würde des Verlierers«.[42] Er habe eine zuvor nicht genutzte Zettelnotiz in seiner ›Nachlese‹ untergebracht . . .:

VERZWEIFLUNG ist heute die einzige würdige Grundhaltung, alles andere ist frivol, törichte Verdrängung, der Situation unangemessen, Schopenhauer nennt es »ruchlos«.[43]

2. »*Ebbe in der literarischen Debatte*«[44]

Es widerspricht sich nur scheinbar, daß Hildesheimers Konsequenz abgewehrt, zugleich aber die »Misere« der Gegenwartsliteratur vielstimmig umstritten wird.[45] An der Schwelle zum Zeitabschnitt 1983–85 ist zunächst einmal »der große Jammer« angezeigt.[46]

Redaktionen holen Prognosen aus dem Betrieb ein unter dem Motto: »Unzufriedenheit in der Literatur«;[47] nur noch sich selbst tragende Sätze von der Art: »Der Lärm, der um die Literatur gemacht wird, legt ihre Richtung fest: Sie ist auf dem Rückzug«[48] werden eingesandt, häufen sich und erzeugen ein Feuilleton-Klima, in dem ein diffus-negatives Zeitgefühl ausgedrückt werden kann und Prominente dafür geradestehen, daß es authentisch sei. Die hier nicht darstellbare Masse der Äußerungen belegt, daß über den ›Realitätsverlust in der Realität‹[49] nirgends auf dem Niveau diskutiert wird, das Hildesheimer mit seinen Gründen,

»Ebbe in der literarischen Debatte«   359

weshalb mit dem Erzählen ein Ende sei, vorgegeben hat.[50] Das
›Literaturgespräch‹ wirkt eingeschüchtert. Lektoren schelten
noch immer, wie in den frühen ›nach-68er-Jahren‹, ihre Klientel
im ganzen »entsetzlich langweilig« – »trostloses Gelärme der
Marketender« –, beschwören nun aber, merkwürdig abstrakt und
optimistisch geworden, eine erhoffte (alte) Neue Literatur;[51] Literaturkritiker wiederum, in übellaunig hochgespielter Verzweiflung über Kunstverfall und mangelnde Abarbeitung an ›der‹
Wirklichkeit, schlagen rundum, gegen Handke bis Wilhelm Genazino;[52] die Leitfigur individuellen Überdauerns im Literaturbetrieb, Heißenbüttel, läßt zunehmend auf die allerorten angerich-
tete Magazin- und Podiums-Frage: »Wie weiter« geknickt verlau-
ten: »Ich weiß nicht.«[53] Aber wer sich im Betrieb unentbehrlich
gemacht hat, hat immer zu tun, auch wenn er nicht weiter weiß.
Im Laufe der drei Jahre unseres Zeitabschnitts wird schließlich
zur Gewißheit, daß von den Erzählern, die seit der Adenauer-Ära
auf höchster Prominenzstufe schreiben, Böll, Grass, Walser, die
neue Poesie »auf schwankendem Grund« (Krüger),[54] oder eine
›Zehnte Sinfonie‹ nicht mehr kommt. Böll wird geschont (er
stirbt 1985), an Grass gemäkelt, um Walser hin und her gezankt.
Koeppen scheint nach ›Jugend‹ (1976) wirklich nichts mehr fer-
tigzukriegen, schon 1972 hat er mitgeteilt, »die Public Relations
des Todes« im täglichen Medienverband (Beispiel My Lai) könnten »den Erzähler verstummen lassen«.[55] Die tatsächlich große
politische Erzählprosa (Weiss und Johnson) überfordern nicht
nur den Betrieb, sondern auch, von Ausnahmen abgesehen
[→ 106 ff.], die literarpraktische Nachwirkung. (Eine Umfrage,
welche deutschen Schriftsteller diese Werke gelesen haben, gibt es
nicht).

Mit der Bonner Wende 1982 und der Raketenstationierung
kann die Einschüchterung und Verunsicherung auf dem Erzähl-
feld des Literaturbetriebs schwerlich unmittelbar in einen kausa-
len Zusammenhang gebracht werden, wahrscheinlich aber mit
der ›Diskursbeunruhigung‹ im Lande anläßlich der beiden NS-
Gedenkjahre 1983 und 1985 und der Kontroversen um ›Bitburg
und Bergen-Belsen‹: Schon im 8. Jahrhundert v. u. Z., sagt Koeppen, sei die Krise des Romans pessimistisch diskutiert worden.

»Was kümmerte es Homer?«[56] Möglich aber, daß deutsche ›Normal‹-Literatur nach Auschwitz, die schon immer nur um den Preis der Trivialität unbefangen historisch fabulierte – und dieses ›Schicksal‹ bedrohte gerade die epische Prominenz, die sich ›an die Themen‹ wagt (Grass, Bieler, Lenz, Kempowski . . .) –, *jetzt* erst, mehr oder weniger bewußt und im Durchschnitt, einen *entscheidenden* Selbstvertrauensbruch ›als realistische‹ Literatur erfährt und in ihrem Sozialbezug dergestalt verunsichert wird. Denn sie ist konfrontiert damit, daß die Bewußtseinsordnung der ›modelldeutschen‹ Verdrängungsgesellschaft in Bewegung geraten ist. Vielsprachig wird nach neuen Ausdrucksformen für nationale Identität gesucht, dabei setzt sich ein »neuer Diskurs« der Geschichtsaustreibung durch, unterbrochen von Versprechern des Typs, der historische Schuldangst verrät.[57] Wenn es so ist, dann muß der Einfluß der neueren Katastrophenstimmung und -ästhetik auf den literarischen Erzählwillen und seine Themenwahl auch in dieser Perspektive gesehen werden. Was wird ›gesagt‹, was verdrängt? Literarisierte Vernichtungsängste bis hin zum Opfer-Narzißmus verallgemeinern ›Auschwitz‹, heben die Shoah der Juden auf in ›unsere‹ Zeit als ›Vision‹ universaler Selbstzerstörung der Menschheit. In den Sonntagstexten literarischer Prominenz nimmt diese Verschiebung die Form diskursförmiger Politik an.[58] Im Feuilletonsektor der Medien konkurrieren warenförmig die kriegerischen Geschmackskämpfe mit ökoliterischer Friedensseligkeit (die sich problemlos auf Ernst Jünger berufen kann.[59]) – Symptomausdrücke ein und derselben Verschiebungsarbeit und Verkäuflichkeit: nur ihre Formen schließen sich gegenseitig aus. Das diskurrierende Getümmel, das diese Widersprüchlichkeit der Ausdrucksformen widerspiegelt, scheint die Literatur, die ihr eigentlich auf den Grund gehen müßte, in sich aufzuheben. Es bleibt merkwürdig, daß eine *Kritik* dieses Getümmels im Jahr 1985, die, anders als Baier im Fall ›Der Sieger nimmt alles‹ (1983), bis auf die NS-Zeit gar nicht zielt, Krisenzeichen in der Literatur jetzt dennoch auf ihre *nationale* Symptomatik hin untersucht (M. Krüger):[60] Nicht 1968, *jetzt* sei es soweit! Ein »Loch« anstatt »der Sache« in der »deutschen« Literatur! *Sie* der »große Verlierer« und keine Debatte um das Warum!

»Ebbe in der literarischen Debatte«   361

Daß es darauf ankommen könnte, die Widersprüche und Krisen des gegenwärtigen Denkens und Fühlens, die ja auch in der Literatur ihren Ausdruck finden, auszuhalten und ihre Gründe zu benennen – darauf kommt kaum einer aus der Literatengesellschaft 〈. . .〉 Nicht eine Epoche, wohl aber ein Zeitabschnitt ist zu Ende gegangen.

Ein *produktiver,* sich öffnender Augenblick der Kritik unmittelbar zur Epoche des NS-Faschismus? Die »Literatengesellschaft«, herausgefordert vom neuen ›apokalyptischen Diskurs‹: Ist sie fähig geworden, das Ende der bürgerlichen Literatur zu begreifen? Kommt endlich ›Erleuchtung‹ aus der zuletzt ›1968‹ reflektierten *Leere* im ›spät‹-bürgerlichen Bewußtsein? Auf dem Feld, wo sich das abzeichnen müßte, keine Debatte um Hildesheimer und seine »literarische« Existenz in Deutschland! Der prominente Außenseiter, Jahrgang 1916, der erst *nach* Exil und Leben in Palästina (1933–1946) und *nach* seiner Tätigkeit als ›Beobachter und Dolmetscher‹ im Büro des Hauptanklägers vor dem Nürnberger Militärtribunal und *nach* Versuchen als Maler dreißigjährig »plötzlich«, mit traditionsparodistischen Texten (den ersten ›Lieblosen Legenden‹), seine deutschsprachige Textarbeit aufnahm,[61] steht in der westdeutschen Gegenwartsliteratur für ein monologisch zu Ende reflektiertes Ineinandergehen von Verfolgungs- und Vernichtungsangst, aber zugleich für das Ende eines Fluchtwegs, der ihn auch aus der katastrophischen Literatur hinausgeführt hat! *Keine* Fiktion mehr! *Keine* Illusion! *Kein* finaler Erzähler-Satz über das letzte Finale! Keine Eschatologie! Die Ästhetik der Aufhör-Metapher ist: Kein *guter* Satz mehr entsteht dem Erzähl-Ich in der Kette der Sätze vom Wandel der Welt seit den Anfängen der Philosophie (Anaximander).[62] So steht es *im* Finale des Weggangs von Cal Masante, des letzten Romans *1973.*[63]

Den Punkt setzen, den Schlußstrich ziehen, meine Zeit ist vorbei. In Zukunft wird nicht mehr gesungen: es gibt keine Tonarten mehr zur Wahl. Nur noch eine. Nein, zwei: Befehl und Schrei.

Hildesheimers Nachsatz zur ›untergründigen‹ Hildesheimer-Debatte *1985:*[64] »Wer sagt, daß ich aus der Realität ausgestiegen bin, hat recht.«

Was immer 1983–85 aus der »Literatengesellschaft« über das Verhältnis von moderner Realität und Literatur verlautet, deutet darauf hin, daß es auch ein untergründiges besonderes Deutschsein ist, das in den Schreibmotiven geistert und als Ende des *potenten* Ich, in Bildern wie »Loch«, »Leere« ins Bewußtsein drängt, oder ver-drängt rumort [→ 67 ff.].

3. Kein Literaturgespräch über Todeszeichen. Hildesheimer vs. Handke

Hildesheimers erste Herausforderung Handkes hatte sich im *allgemeinen* Desinteresse am End-of-Fiction-Text von 1975/76 verloren; und kein lohnendes Öffentlichkeits-Kalkül lockte den Herausgeforderten zur Auseinandersetzung. Wie keine andere Figur der deutschsprachigen Gegenwartsliteratur aber bietet sich Handke an, die nicht geführte Debatte mit Hildesheimer wenigstens nachzustellen: Denn an dem Autor, der auf der ›68er‹-Bühne dank vitaler Geistesgegenwart und Selbstinszenierung überrepräsentiert gewesen war, ist seitdem, auch wenn er selber sich zunehmend zurückzog und aus der Stille seine Öffentlichkeitsbegabung spielen läßt, kein Träger literaturbetrieblicher Funktionen mehr achtlos vorbeigegangen.[65]

Als der »junge Mann« (Hildesheimer über Handke) seine Attacken gegen die Beschreibungsliteratur einstellte und zu erzählen anfing, attestierte ihm der große Vereinfacher Reich-Ranicki, er habe sich vom Einfluß der Revoluzzer emanzipiert (»von der querköpfigen Negation des Vorhandenen«). Darüber hinaus prophezeit der Kritiker dem Dichter einen langen Weg der Heimkehr zum »natürlichen Erzählen«, *wenn* er erst einmal seine *Angst* davor überwände. Die ersten Schritte (›Wunschloses Unglück‹, 1972) seien getan: »Was er sagen will ⟨...⟩, gerät ihm zur Geschichte.« (›Frankfurter Allgemeine Zeitung‹, 15. 9. 1972). Dieser Weg bleibt heftig umstritten, führt zur Lagerbildung in der Kritik, zuletzt für und gegen den »vornehmen Ton« in der deutschen Literatur.[66] Im hier skizzierten, epochal ›letzten‹ Krisenabschnitt des Realismus geht der Zank z. B. um den ›Chinesen des Schmerzes‹ (1983): »hohe Absichten, leeres Pathos« (Baum-

gart)[67] oder Hommage an den »nicht mehr Verneinenden«
(Hamm).[68] Wen der umstrittene Ton nicht stört, der sieht Handke auf dem richtigen Weg, wiederaufnehmend die »Beschreibung
der Urgeschichte von Subjektivität«, gehend auf dem »schmalen
Grat zwischen vormodernen Lebensformen (›sanftes Gesetz‹) und
spätbürgerlichem, meinetwegen postmodernem Bewußtsein«
(Lüdke).[69] Man hätte über die Verniedlichung der NS-Geschichte
reden können und über die betuliche Selbstsicherheit angesichts
der modernen Vernichtungsgeschichte, wie es nachzusehen ist in den
»Heimkehr«-Aufzeichnungen Handkes seit 1976.[70] Dort dann auch
verdeckt eine bissige Quittung für Hildesheimers Provokation:

> Sicheres Zeichen, daß einer kein Künstler ist: wenn er das Gerede von
> der »Endzeit« mitmacht ⟨. . .⟩ Ein Nicht-Schriftsteller (besser: der Als-Ob-
> Schriftsteller) ist auch daran zu erkennen, daß für ihn der Begriff »Illu-
> sion« von vornherein etwas Abfälliges ist.

Diese Äußerungen und eine zweite, »Was kann ich gegen das
Jahrhundert haben? Es gibt doch mich«,[71] greift Hildesheimer im
›Stern‹-Interview folgenlos, weil unbeantwortet aus dem Wust
der Aufzeichnungen heraus und gibt zurück:»Dieser junge Mann
ist weit davon entfernt, unsere Realität zu erfassen. Er will einfach nicht begreifen, daß wir tatsächlich in der Endzeit leben.«
Bis zu welchem Punkte doch, meint er noch, »der Narzißmus
gehen kann« – und dann hat der Interviewer die Kontroversstel-
lung der beiden Schriftsteller beiseite geschoben und möchte lieber noch ein wenig diskutieren, ob die Literatur nicht gerade das
»Grauen unserer Tage adäquat in einer fiktiven Handlung schildern« solle – womit die Anknüpfung ans verschiebende Gerede
des Betriebs vollzogen ist.

Hildesheimer hat im Dezember 1986 noch einmal nachgefaßt.
In diesem Jahr war er, wie früher nie, in dramatischer Kunstform
persönlich in die Öffentlichkeit getreten: mit sieben Gegenreden
gegen Mozarts Requiem während einer Aufführung zum Toten-
sonntag in der Klosterkirche von Königsfelden/Schweiz am
23. 11. 1986, aufgezeichnet vom schweizerischen und westdeutschen Fernsehen (ARD – Radio Bremen): »Laß dies kein Requiem
für sie sein, Herr! ⟨. . .⟩ Sie werden das letzte Wort behalten, und

die letzte Tat, und die letzten Dinge«,[72] die Schuldigen der Erdver-
nichtung. Aus der Erfahrung solcher *möglichen* künstlerischen
Repräsentation des »universalen Mißtrauens« und der zornigen
Trauer kann sich Hildesheimer literarische Tätigkeit noch vorstellen,[73] und vor diesem Hintergrund greift er Handkes Satz
vom sicheren Zeichen, daß einer kein Künstler sei, am 5. Dezember auf dem ›Zeit‹-Forum an: ›Endzeit – nur ein Gerede?‹[74]
Handke *verstecke* sich in seiner Verachtung des Geredes. Er *ziele*
aber gegen die »Beharrlichkeit« und »Wahl des Themas selbst«
und seine Unhintergehbarkeit. »Darin ist der Satz unreflektiert,
unqualifiziert und affektgebunden.« Dem *Künstler* zwinge sich
die Zeichendeutung des Natur*sterbens,* im Bruch mit allen Ver-
drängerrhetoriken, *in Permanenz* auf, er überläßt diese Arbeit
nicht der Sprachpolitik, sondern tut sie selbst und setzt seine
Kreativität dabei aufs Spiel.

Wer in den Nadelwäldern die ›Angsttriebe‹ sieht, dieses Wachstum als
Todeszeichen, dem erschließt sich eine ungeahnte Variante materiege-
wordener Poetik.

Bedeutungsvoll ist das *Aufblitzen* einer Poetik der »Frist«, des
Seins in der Zeit,[75] der ›eingezogenen Distanz‹[76] aus der Kritik
eines Satzes. Hildesheimer betont diese Begrenzung auf einen Satz
– andernfalls hätte er die Auseinandersetzung mit Handkes Poetik vertiefen müssen. Also auch von ihm kein Beitrag zur Hebung
des Debatten-Niveaus? Oder hätte es sich nicht gelohnt? Nach
seinem »Es gibt doch mich« hatte Narziß weiter notiert:[77]

Durch das Schreiben gelingt es mir zu behaupten, daß ich bin, was ich
einmal gewesen bin
⟨...⟩ Auf alle gängigen Meinungen und Aussagen über den aktuellen
Zustand der Welt frag einfach gegen: »Wer sagt das?«[78]
⟨...⟩ Für mich bin ich ja oft alles. Aber vor anderen muß ich darüber
hinwegtäuschen, daß ich nichts bin

Erinnerung: ich blättere langsam
in den Menschen
Ich weiß jetzt, wer ich bin: und schreibe
Wort für Wort
Ich will die Weltherrschaft: um alles
lieben zu können

Aus dem Gegrübel über mich selbst habe ich aber schon die freundlichsten Gedanken über das Schicksal des Menschen auf Erden bezogen »Ich erforschte mich selbst« (Heraklit). – Ich erforschte mich selbst, bis ich nicht mehr wußte, wer ich war, endlich![79]

Solche Aufzeichnungen kokettieren mit einem Herumirren der Selbstversicherung im Weltzustand, ja mit Nichtigkeitserfahrung, die dann fürs ungebrochen belletristische Figurenbeschreiben im repetitiven Werk täuschend kompensiert werden. Der Chinese des Schmerzes: »Hier mein anderes Wort für die Wiederholung: Wiederfindung!«[80] Das Weiterschreiben an sich garantiert dem Autor, daß es »philosophisch« sei: »Mein Versöhnungs-Wille ist Sprach-Bemühung.«[81] Dabei ist »Leere« umgewandelt in »wärmende Leere ⟨...⟩; keine Leere, sondern ein Leer-Sein; weniger mein persönliches Leersein, als eine Leer-Form. Und die Leerform hieß: Erzählung.«[82] – Ein ähnliches Kunststück gelingt Walser mit seiner (»Meßmers«) vom fiktionalen Schreiben *abgespaltenen* »Entblößungsverbergungssprache« im »kalifornischen Klima«; so kann ›Die Brandung‹ entstehen, »anstelle der wirklichen Wirklichkeit«.[83] Wie steht es um das schreibende Ich?: »leerer kann nichts sein. Der Äußerungsdrang ist phantomhaft«.[84] Hildesheimer dagegen hat die Erfahrung der Leere in sein letztes Erzählen des Wegs in die Wüste *hinein*genommen, sie dort ästhetisch reflektiert, nicht ›verdichtet‹, nicht ›entsorgt‹:

Ich stelle fest: die Bilder kommen schnell und willig, und ebenso schnell schwinden sie wieder, das macht die Leere: nichts hält sie auf. ⟨...⟩

Letzte Augenblicke der Kunst, in Cal Masante:

⟨...⟩ vor dem leeren Blatt: nichts. Und doch waren die Augenblicke in sich selbst gut ⟨...⟩ Die Gegenstände gewannen neue Bedeutung, belebten sich, umrissen sich schärfer, hatten plötzlich mehr Körper, boten Raum ⟨...⟩ Ich schlüpfte in manches Fach, um es endlich von innen kennenzulernen, oder um es zu kontrollieren, und überall fiel es mich an, mit ungewohnter Schärfe ⟨...⟩

Das Erlöschen dieser Augenblicke der erleuchtenden Leere in der Kunst: The End of Fiction. Auch: »Verstörung«. (1973)[85] Die Hereinnahme des Schopenhauerschen Pessimismus in die Befreiungsgeschichte der Menschen und die konkrete »Nazikonstellation« in Deutschland haben das »Generalthema« des Schriftstellers und seine fiktive Trägerperson – »Ich selbst. Ein potentielles Ich«[86] – mit allem konkreten Stoff *überfüllt,* für den sich zu engagieren, d. i. den genau und zeitgemäß auszudrücken sich gelohnt hat.[87]

Gern wäre ich einer von denen gewesen, die fahnenschwingend über Barrikaden springen, ein Befreier unter Befreiern. Aber wer sind die, wer waren sie? Ein Mythos, ein schönes Märchen. Ein großes Ziel verkünden, – ja, doch wo hätte es seine Verbreiter überlebt, wo hält es sich und überwindet seine Beschmutzer und Zerstörer? Die falschen Ordnungen sind eingesessen, eingesengt; wer sagt, daß sie ausrottbar seien, der irrt. Der kennt sie nicht, die Häscher, die Sbirren, Schergen, agentes in rebus und ihre Herren.[88]

Das Engagement ist abgetragen. Unter dem Anwesenheitsdruck der »Häscher« in der befristeten Gegenwart des Ich*seins* ist die Ausdrucksarbeit des Icherzählers »erledigt«. Er ist dem Schriftsteller in der gesuchten Wüste, die nicht, wie begehrt, leer ist, sondern sich als »voll« mit Erd- und Menschengeschichte offenbart, verloren gegangen. »Ich kann ihn nicht ⟨. . .⟩ zurückholen. ⟨. . .⟩ Das ist eine bestimmte psychologische Entwicklung und nun bin ich dieser Person ledig, ich habe sie nicht mehr, sie ist weg.«[89] »Vielleicht« geht die Frist des Verlöschens im kleinlichen Zeitmaß des Flugsands vorüber?

über meine böse Stunde hinweg und weiter ⟨. . .⟩/
Ich sehe nichts, das ist immerhin etwas.

III. Schreiben in der Leere

1. »Wer spricht?«

> der ursprüngliche,
> unvertraute Ausdruck?[90]

Vergleichbar unabhängig von »Phasen« im ›Nach-68er‹ Literaturbetrieb und ebenso durch keinen politischen Diskurs ›objektiv‹ abgelenkt vom eigenen Blick in die Leere ist ein ›68er‹ Autor, Rolf Dieter Brinkmann (kurz vor seinem Tod 1974) mit seiner Schreibsituation schon umgegangen.

Die Geschichtenerzähler machen weiter, die Autoindustrie macht weiter, die Arbeiter machen weiter, die Regierungen machen weiter ⟨. . .⟩, Wind weht altes Zeitungspapier über einen leeren grauen Parkplatz ⟨. . .⟩. Hier sitze ich, an der Schreibmaschine, und schlage Wörter auf das Papier, allein ⟨. . .⟩. Nun erinnere ich mich, an mich selbst, und da gehe ich eine lange Strecke zurück ⟨. . .⟩. Auch die Interpretationen machen weiter ⟨. . .⟩. Mag sein, daß deutsch bald eine tote Sprache ist ⟨. . .⟩. Der Raum macht weiter. Ich mache die Augen auf und sehe ein weißes Stück Papier. (1974)[91]

Solcher ›Weltblick‹ auf die Leere des Papiers, das auf neue Fiktionsgehalte, auf Weiterschreiben wartet, gehört auch im Literaturbetrieb der Phase 1983–85, die hier betrachtet ist, zu den Eigenheiten von Außenseitern, die den Betrieb nicht aufhalten; doch ist die Unauffälligkeit solcher ›Positionen‹ nun bis zur Neutralisierung eines Interesses an ihnen vollendet. Das ›Debattieren‹ mit Hildesheimer hat auf neuer Stufe die Leere einer literarischen Kultur bestätigt, die den Schein inhaltlicher Auseinandersetzungen aus Gründen marktgerechter Positionssicherungen aufrechterhält. Wie soll im ›Literaturgespräch‹ über »Realitätsverlust« und Ende des Realismus noch unterschieden werden zwischen *reflektierter* Endzeiterfahrung und geschwätzigem Themaverbrauch en vogue? Literaturkritik versucht, da und dort zu sortieren.

Thomas Bernhard zum Beispiel, mit einem neuen Stück in der Serie seiner absurd-pessimistischen Schreibweise (›Beton‹, 1984), wird von Wolfram Schütte als der bedeutende Monologist des Scheiterns gewürdigt, der in seine Schlußphase eintritt und die ›alte‹ Verstörung (das Buch dieses Titels, 1967, haben die ›68er‹ lesen können) nun ins Extrem der Wahrhaftigkeit und »Selbstspekulation« treibt: in die Autobiographie der Einsamkeit und Lähmung.[92] Rainald Goetz steigt mit wütenden Ironien gegen das »todesmäßige« Diskurrieren in die Szene ein und möchte »logisch weinend und schreiend davon« (›Irre‹, 1983). Cora Stephan schreibt über den 3. Teil des Erstlings: »Wunderbar, dieses sprachgewaltige Geschimpfe, dieses delirante, eitle, zerquälte Gerede«,[93] Hanns-Josef Ortheil (›Hecke‹, 1983) über Klaus Hoffers ›Bei den Bieresch‹ (1983): »Hoffers Roman kündigt den Vertrag des hechelnden Erzählers mit dem geilen Identifikationsbetrieb des Lesers auf, der Leser ist allein – und da beginnt, was (in unseren Tagen) allein noch Lesen genannt zu werden verdient.«[94] Bodo Morshäuser (›Berliner Simulation‹, 1983) schreibt nach Baudrillard (›Le System des Objets‹, 1968, ›Agonie des Realen‹, 1978) die Metropole der ›68er‹ und ›nach-68er‹ Kämpfe in »Ghosttown« um: »Krebs des Identischen ⟨. . .⟩ auf dem weiten alltäglichen Feld der Simulation«; ›Zeichenkampf ums Realitätsprinzip‹, den die ›nach-68er‹-Figuren *verlieren:* »Die Polizei, die Kameras sind schneller als die Tatsachen.«[95] Sibylle Cramer über die Erzählung: »Sprung aus der narzißtischen Selbstbespiegelung des Intellektuellen in die Geschichtsreflexion«.

Der Zugzwang solcher ansatzweise authentischen ›Postmodernität‹ in der Literatur verteilt sich in diesen Jahren ins galoppierende *Darüber-Diskurrieren* und gerät dergestalt in die Allgemeinheit der Rede über ›anything goes‹ und ›Post-Histoire‹. Ein postmodernes Geschichtsverhältnis in seiner Vielschichtigkeit, auch in seinem theoretischen Anspruch, stellt sich nicht schon ein, wenn man »Personen« aus »Texten« verschwinden läßt und das Spiel mit postmodernen Vorstellungen nur benutzt, den veralteten Lieblingsgedanken von Textautonomie und »selbstvernichtendem« Schreiben en vogue zu halten.[96] In der Unbefangenheit, wie ›Vernichtung‹ dergestalt metaphorisiert wird, ist auch die Erinnerung nicht anwesend, daß die westdeutsche Literatur seit ihren Anfängen nach 1945 die Überlebenden aus Verfolgung und Exil nicht in sich aufzunehmen imstande war.[97] Viele jüngere Autoren schirmen sich jedoch vor einer Redeweise ab, die so viel Unerledigtes mit sich weiterträgt. Sie tun das ohne Hochmut und Besserwisserei; sie reden bloß nicht mit. Sie wissen, daß es die unbefangene Weiterredeweise in Wahrheit nicht gibt. Bodo Kirchhoff z. B. verschanzt sich hinter einem »epigonalen Sarkasmus«, weil er das Elend des Schreibens wirklich kennt. Aber er »kann nichts anderes«; deshalb schreibe er. Er hat, wie keiner seiner Generationskollegen, seine literarischen Anfänge von der modernen psychoanalytischen Theorie abhängig gemacht; das hält seine Arbeit weit entfernt von der »quasi« tödlichen Sinnfrage angesichts der modernen Realität,[98] wie andererseits seine sprachanalytische Schärfe ihn von einem *deutschen* Natur-Begehren des Österreichers Handke absolut trennt. Durch ihn ist der Krisendiskurs 1983–85 literarpraktisch verknüpft mit Jacques Lacans Idee von der Produktivität des Mangels an *gesehener Originalerfahrung.* »Wer schreibt?«:

> Nur das Unbewußte kann auf Subjektivität verweisen – sofern dieser Begriff dann überhaupt noch zutrifft. Nur die Arbeit des Unbewußten setzt etwas frei, das auf den, der träumt oder spricht, zurückweist.[100]

›Dame und Schwein‹ (1985) ist gemischt geschrieben aus Versprecher- und Begehrens-Imitation, Trauma und Banalität. Wend Kässens über die Geschichten und ihr Motto, »Sprache, was sonst?«: »Wo wir zu wissen glauben, wer spricht, ist es ein anderer«, und, »In diesen Erzählungen passiert nichts, während über alles geredet wird.«[101]

2. Fragen und eine Antwort: Weiterschreiben!

Zu fragen ist, auch im Vergleich mit Hildesheimers materialer Poetik, der »die Psychoanalyse gleichsam inhärent ist«,[102] ob die junge Literatur, die nur noch mit Überbewußtheit an die modernen Stufen verfeinerter, psychoanalytisch begründeter Wahrnehmungstheorie anknüpfen kann, mit ihrer Hilfe den Niedergang der Erzählkunst im Horizont des Katastrophismus aufhalten kann bzw. aufhalten *wollen* müßte. Historisch verschlungen und paradox, auch bedrohlich für mittlere Talente zeigt sich reflektiertes Weiterschreiben als schon *sekundäre* Epigonalität: Moderne Sprach- und Geschichtstheorie seit Nietzsche in den großen Zusammenführungen bei Benjamin und der neuen französischen Schule[103] oder bei George Steiner wurzeln, insofern sie Wahrnehmungstheorie sind, auch und oft primär in *Lektüren* klassischer End-Exempel der europäischen Realismus-Krise (Hölderlin, Baudelaire, Flaubert, Mallarmé, Lautréamont, Rimbaud, Proust, Valéry, Joyce, Kafka). Musil erst, und bislang ohne Beispiel in der deutschsprachigen Literatur, ›erzählt‹ simultan zu Theorie und Auseinandersetzung mit ihr. Ist aber mit seinem Beispiel das Problem der umwegreichen Wechselbeziehungen zwischen theoretisch reflektierter Willkür im Schreibprozeß und *unwillkürlichem Schreiben* – das Quelle großer Theorie geworden ist – in der Folge aufgehoben? Haben ›Romanessay‹ und ›analytisches Erzählen‹ die Chance der dauerhaften Selbst-Legitimation, um auch die ›Postmoderne‹ zu überleben?[104] Bernward Vesper, Alfred Andersch, Bachmann, Peter Brückner, P. Weiss, Erwin Stengentritt u. a., auch, was von ›Avantgarde‹ geblieben ist [→ 455 ff.], wären daraufhin zu betrachten; aber auch Koeppen oder Hildesheimer, die keine Theoretiker sein wollen und in der Proust-/Joyce-Tradition stehen.

Eine zweite, *andere* Frage ist, ob das reflektierte ›Sichzusichverhalten‹ der jüngeren Autoren den Exaktheits-Maßstäben einer Sprachanalyse in der Wittgenstein-Tradition genügt und genügen soll? Wie weit entfernt ist das literarästhetische Selbstverhältnis, das hier zwischen Handke und Kirchhoff als Legitimationsinstanz der Erzählkunst unter dem Eindruck der Aufhör-Metapher Hildesheimers zu skizzieren war, von der philosophischen Klarheit, die an der Schwelle zu den achtziger Jahren z. B. Ernst Tugendhat, zurückgehend auf den späten Wittgenstein, auch auf Heidegger und G. H. Mead, vorgibt? Die Analyse der Wahrnehmung in den Fesseln des konventionellen Subjekt-Objekt-Modells, die Tugendhats ›Selbstbewußtsein und Selbstbestimmung‹ (1979) vornimmt,[105] hält ein für die Literaturkritik wichtiges Kriterium bereit: die radikale Verwerfung sprachlich-visionärer (orakelnder) Ich-Welt-Beziehungen.

Sie werden aus dem Feld *konkreter* sozialer Verständigungen und aus dem Geltungsbereich von Verantwortlichkeitsbegriffen und der Wahrheitsfrage ausgeschlossen, weil sie weder kontrolliert sind an der wirklichen »Verwendungsweise der Wörter« noch begründet werden dürfen von einer Kategorie »geistigen Sehens«, die unbeeindruckt bleibt von ihrer sprachanalytisch evidenten Nichtwirklichkeit.[106] Es muß hinzugefügt werden, daß die visionären Ich-Welt-Beziehungen einem geschichtlichen Gedächtnis nicht standhalten, das über alle ästhetischen Traditionsschienen und philosophischen Bruchstellen hinweg zurück auf die vernichtenden Inhalte deutscher Visionen blickt.

Möglich, daß vielen Weiterschreibern und Sprechern der

blindewigen literarischen Selbstermunterung solche Fragen zu unpraktisch hoch gestellt sind. Günter Herburger radelt die Isar hinauf und »die gerade herrschende Autonorm verliert fortwährend an Bedeutung«,[107] Silvio Blatter lädt diejenigen, die seine Sehnsucht nach dem Unverbrauchten teilen und nicht in der Züricher Jugendszene versumpfen wollen, zur Besichtigung seiner »ganz vollständigen Welt«, dem schweizerischen Freiamt ein (›Kein schöner Land‹, 1983),[108] Härtling verkleinert »die alternative Bewegung 〈. . .〉 genau um ihren Kopf« (Cramer über ›Das Windrad‹, 1983,[109] Peter Rühmkorf setzt Elfenzauber gegen eine Raketenabschußzentrale ein, das sei kein Gegengift, so der wohlwollende Rezensent Hartwig Suhrbier, »gegen das Gift der Verniedlichung einer mörderischen Wirklichkeit«;[110] auch gegen solche Trivialitäten gilt Hildesheimers Aufhör-Metapher nichts; auch bei Jürgen Becker nicht, der gegen Hildesheimers Gedicht ›Ganz recht, ich sagte . . .‹ ironisch anmerkt: »Ob Krieg kommt oder Frieden, irgend eine Katastrophe hängt immer in der Luft«.[111] Auf höherem Niveau machen sich ›alt-68er‹-Autoren in der Angst vor Vernichtung Mut – so Kroetz: Erzählen, »damit ich nicht ersticke« (›Der Mondscheinknecht‹ Teil II, 1983, Bernd Wilms wünscht sich Kroetz noch ein wenig mehr wie Goetz: »schroffer, unverschämter«[112]) – oder lassen sich ›nach-68er‹ gehen – wie Klaus Modick: »〈. . .〉 fühle mich immer weicher werden. Ein feuchter Anhauch umkreist mich, durchfeuchtet mich. Ich bin kühl.« Ein Moos-Botaniker löst sich auf (›Moos‹, 1984).[113] Und der ewige Kunstvorbehaltstrost wird modernisiert; z. B. Helmut Schödel und M. Krüger im Gespräch zur Buchmesse 1983, »Poesie? Eine Macht?«

> Außerhalb des Kunstwerks ist es enger geworden, auch für die Phantasie 〈. . .〉 Bei zunehmendem Realitätsverlust wächst der Literatur eine Realität zu 〈. . .〉 Ein möglicher Umschwung, der noch nicht begriffen worden ist. (Die Zeit, 14. 10. 1983)

»Weiterschreiben!« sagt Reich-Ranicki in Klagenfurt, Sommer 84. »Ich würde das alles umstellen«, findet Jens. »Ich habe den Verdacht, daß das alles nicht gut ist«, resümiert Reich-Ranicki.

»Keine Experimente unter den Augen der Weltliteratur« satirisiert Benedikt Erenz das müde Treiben für ›Die Zeit‹.[114]

H. Ch. Buch trägt zum Weitermachen in verdeckter Aufputsch-Manier mit einem Stück Baudrillard-Übersetzung bei: »Kultur« stehe schon deshalb fruchtbar zirkulär gegen »Kultur«, weil ihr Begriff entweder imperialistisch ist oder faszinierend gegenfaktisch gegen sich selbst: »Kampfansage einer Gesellschaft gegen sich selbst und ihre tonangebenden Werte«.[115] Das wäre in New York zu haben.[116] Im deutschen Feuilleton ist man zufrieden, wenn Handke 1983 wie Handke 1982 oder wenn Bienek wie Brecht und Weiss in die Abenteuer ihres »Arbeitsprozesses« einführen: aphoristisch. (Canetti nicht zu vergessen![117]) Wenn man ›Aufzeichnungen‹ drucken läßt, nachdem die Ware Roman auf dem Markt ist.[118] Oder wenn Gerhard Zwerenz beim neuesten Katastrophenknüller (wieder einmal) auf »Kunst« verzichtet hat zugunsten »literarischer Behandlung eines aufrüttelnden Stoffs«.[119] Oder wenn Kluge, und, wie ein Rezensent meint, auch Herbert Achternbusch, den Leuten unentwegt »Utopie in die Köpfe ziehen«.[120] Eine neue Hoffnung am Ende des Krisenabschnitts, Gerhard Köpf (1. Preis in Klagenfurt 1983, Villa Massimo 1985), der mit einem Erzählbeitrag zur sprach-›gehenden‹ Erinnerungstätigkeit (›Die Strecke‹ 1985) eine Gegen-Hildesheimer-Wendung praktiziert, wird bald, als er dies und seine »republikanische« Kämpfergesinnung auch als diskursfähiges literarisches Selbstverhältnis kenntlich gemacht hat, im »LiteraturMagazin« in die Reihe Handke, Strauß aufgenommen werden. (Dort getauscht gegen Bernhard:) »meinetwegen Köpf«.[121] »Erzählen ist Widerstand« (wieder einmal! [→ 333]):

> Es gilt (wie stets) die veränderte Situation des Schreibens mitzuschreiben und nicht ins kostbare Abseits von Trotz, null Bock oder dem Ende der Fiktionen auszuweichen. Der schon alltägliche Kernkraft- und der Rüstungswahn, die neue erstarkende Rechte, Unrat zuhauf: dies fordert den republikanischen Schriftsteller.[122]

Fädelt sich ›politisches‹ Erzählen dieserart wieder in die ›geistige‹ Systemopposition ein, wo es einst vor ›1968‹ schon seinen Ort hatte, so korrespondiert damit der neue Ästhetizismus nicht bloß ›inhaltlich‹, sondern auch als verbundenes *Interesse am schönen Buch* und schönem *Auto,* wie es der clevere Verleger Franz Greno und der BMW-Werbetexter H. M. Enzensberger mit dem an bibliophile Neigungen appellierenden Novitätsschlager des Jahres 1985, der ›Anderen Bibliothek‹, und mit dem neuen Automobil zufriedenstellen. In der Anderen Bibliothek wird 1988 das nach Wallraffs ›Ganz unten‹ (1985) und Süsskinds ›Parfüm‹ (1985) erfolgreichste westdeutsche Buch des Jahrzehnts erscheinen, Ransmayrs ›Die letzte Welt‹, und im Anderen Auto fährt es sich, wenn nicht schön, so doch ›gut‹. »Aber was ist gut.«[123]

Auch auf der *Organisationsebene* der Krisenüberwindung finden unter den besseren Schriftstellern die älteren das rechte Wort:

> In dreißig Jahren Ausdrucksgewerbe habe ich keine Erfahrung gemacht, die deformierender, verheerender, krankmachender gewesen wäre als die Erfahrung der Ohnmacht [→ 62 ff.]

sagt der Festredner auf der Gründungsversammlung der ›IG Medien – Druck und Papier, Publizistik und Kunst‹, Kristlein Walser, am 3. 12. 1985; deshalb, Kollegen, schaffen wir eine Gegenmacht gegen das »Beeinflussungspotential« der Medienmanager! »Der Grund zur Organisierung ist unsere Ohnmacht als einzelne!«[124]

3. »Gorbi«-Zeitalter und Nationaldiskurs. *Der Wahn von der überstandenen Erzähl-Krise*

Natürlich geht das alles so weiter. Zu Anfang des Jahres 86 bittet die Redaktion der ›Neuen Rundschau‹ den Vorzeige-Realisten Ludwig Fels – der ›aus dem Arbeitsleben‹ kommt und nun, aus Erfahrung klug, erst lange denkt, ehe er schreibt – zum Werkstattgespräch.[125] Fels ist ein Autor, der solidarisch ist mit seinen erfundenen Sozialfiguren (›Ein Unding der Liebe‹, 1981). »〈. . .〉 Es gibt da ein Gebot, das ich beim Schreiben befolge: Nie so tun, als wüßte *ich* einen Ausweg.« Seit dem ›Betonmärchen‹ (1983), dessen Schmerzhaftigkeit und Sinnlosigkeit so groß waren, daß der Autor seinen Heimatort verließ, um ›neu anzufangen‹, häufen sich die Anzeichen, daß irgendwann einmal die Literatur, für *ihn,* »erledigt« sei. Die Zeiten des Wartens auf »etwas gänzlich Neues« aus dem ›eigenen‹ Innern hervor werden länger ... Das letzte Buch (›Die Eroberung der Liebe – Heimatbilder‹, 1985) war ein Haßprojekt, Verkehrung des grassierenden »Heimat«-Diskurses. Doch es gibt genug Leute, die mit Liebe immer wieder einspringen, wenn real existierender »Wahn« in den diversen Heimaten die Einzel-Ichs an ihren Rand drängt: Höllerer fährt ins Fränkisch-Oberpfälzische und redet über

> Heimat, wiedergesucht: Was sich an den Rand gedrängt sieht – ist es dabei, sich zusammenzufinden? – ist es dabei, *wir* zu sagen? *gegen* den tödlichen Wahn, der sich in unseren Gegenden einnisten will? Sind wir dabei, *wir* zu sagen *mit dem Lebendigen* um uns, mit dem sich zu leben lohnt?[126]

Der Literaturbetrieb hat das alte Lied angestimmt, das von den Nischen singt, wo wir unsere Wunden lecken; der Diskurs, der von dorther angezettelt werden kann, steht nur mittelbar zum Schrecken, und dies *noch* beruhigender als die Vergeblichkeits-Rhetorik, die nun bald ausgeläutet hat. Denn aus den neu entdeckten Wurzeln zieht der Diskurs eine alte Kraft hoch: das Bewußtsein, eine Nation zu sein, und das Gefühl, zur eigenen Geschichte »stehen« zu können: gegen den Schrecken.

Der ist nun auch bald selbst gemildert, einige Raketen ziehen ab, »Gorbi« greift; war es gar nicht die universelle »selbstverschuldete Zerstörung« der »zivilisierten Materie«,[127] sondern bloß, wie zu Adenauers Zeiten, der Bezug zum Krieg, der den deutsch-globalen Katastrophismus ausgebildet hat und *nun,* beim Abbau der Raketenangst, die geschichtliche Nähe des ›betroffenen‹ Landes zu sich selbst ›erneut‹ entlastet von der besonderen ›anderen‹ Erinnerung? Ein nationaler Kriegsfolgen-Diskurs jedenfalls setzt ein, dessen Fragestellungen ideologisch (›Hitler = Stalin = Auschwitz = Gulag‹) und politisch (›deutsche Teilung‹) auch Literaten zum Populismus, zu allgemeiner Verständlichkeit laden. P. Schneider z. B., längst trainiert im Wegerzählen erfahrener sozialer und politischer Widersprüche, hat die nationale Frage 1982 in der gesamtberlinischen Prosakomödie ›Der Mauerspringer‹ literarisch früh eingeholt (›Sprache ist nicht teilbar‹) und ist auch 1987 Pilot für Gefährten, die, um in den neonationalen Diskurs miteinfahren zu können, beim Einstieg die deutsche Schuldfrage endlich lösen wollen; »mit und gegen Heiner Geißler ⟨. . .⟩ trotz und mit Franz Josef Strauß«: dergestalt, »daß wir unschuldig sind«.[128] Walser, eine Leitfigur im Realismus-Komplex seit ›1968‹, steigt 1987 mit ›Dorle und Wolf‹ ein, einer gesamtdeutschen Agentennovelle. Die literaturgeschichtliche Bedeutung des Buches wird im linken Feuilleton auf den Begriff gebracht: Die Vorstellung »Katastrophe« im Land verdiene an ihre nationale Wurzel (!) zurückgebunden zu werden, die schmerzende Teilung. Walser, der sich laut ›Welt‹-Interview vom 29. 9. 86 mit ihr nicht abfinden kann, leiste dies und träume gegen die politischen Reaktionäre aller Farben an, die an ihr nicht mehr »drehen« wollen. Die Novelle, heißt es, enttarnt verdrängt Eigentliches in unseren »verhärteten Normalseelen«. Gegen den »Ausrutscher«-Vorwurf Heinrich Vormwegs in der ›Süddeutschen Zeitung‹ wird der Realismus von ›Dorle und Wolf‹ wie folgt geltend gemacht:

Nie kalt und zynisch, sondern immer warm und komisch ⟨. . .⟩ modern, aber für jedermann verständlich, spannend aber nicht trivial, handfest aber auf weltliterarischem Niveau,

und weniger abstrakt, zum 5. Kapitel (im Hotel),

Wie da nach einer souveränen Introduktion mit argwöhnischer Beiläufigkeit Gäste beobachtet werden ⟨. . .⟩ und wie da schließlich gevögelt wird – was verdammt noch mal will man denn mehr von der Literatur![129]

Der Weg solchen verständlichen Realismus' von den Vietnam-Kongressen um 1968 über die Kulturparteitage der DKP hinüber auf den »fabelhaften« Campus[130] in Berkeley führt 1985 ff. folgerichtig ins »vollkommen feindschaftsfreie Gespräch« mit den Spitzenpolitikern einer staatstragenden Regionalpartei, »hinter verschlossenen Türen« und beim Schafkopfspiel (Januar 1989),[131] das der Vorsitzende als »faszinierend, ungewöhnlich gut, intellektuell interessant«,[132] der Schriftsteller »sehr sympathisch« fand: »Es wäre schnöde, wenn ich sagen würde, da gäbe es etwas zu bedauern«. Zum Gesprächsthema deutsche Einheit (Januar 1989):

Ich habe keine andere Chance, als die Teilung für etwas zu halten, das überwunden werden muß. Diese beiden Staaten müssen wieder einer werden. Man kann nicht Geschichte liquidieren, etwas, was so lange unterwegs war, kann nicht enden in diesem Bestrafungsprodukt deutsche Teilung.[133]

Auf Forum-Niveau zuvor (November 1988):

Seit Gorbatschow fällt es leichter, so etwas zu sagen ⟨. . .⟩; daß es unblamiertes Deutsches noch gibt. Vor der Literatur. Ihr zugrunde liegend.«[134] [Und gegen den »Einfluß der Meinungsmacher auf die Literatur«:] Sie preisen und verwerten am liebsten das, was jeder tut, was sie selber tun: urteilen, Meinung machen, à la ›Die Deutschen sind alle Nazis‹!

An der Kreuzungsstelle politisch regredierender Literatur mit dem Nationaldiskurs wird, vor der Aufhebung jener durch diesen, eine Differenz nur noch proklamiert. ›Dorle und Wolf‹ aber schon ist bloß meinungspolitische Vorleistung zum Mitspiel beim Diskurs*wechsel:* Ob Katastrophismus oder Nationalismus – die besprochene ›Sache selbst‹, die causa (Ursache) ist in den ›Folge‹-Rhetoriken nicht ausgearbeitet, sondern im nur noch geborgten Gestus der literarischen Beglaubigungs-Rede *beschwichtigt.* – Gegen das Verschwinden literarischer Kompetenz in publizistischer Anpassung an das arme bestrafte ›Volk‹, das man nur einmal wieder ›oben‹ vertritt, bietet solche ›heimatliche‹ Realismus-Konzeption keinen Widerstand. Da ›hilft‹ keine publizistische Replik Jurek Beckers,

Nationalistisches Geschwafel wird ja nicht dadurch erträglicher, daß der Redner zuvor einige schöne Bücher geschrieben hat. Umgekehrt: Ich muß mich dagegen wehren, daß mir diese Bücher nicht plötzlich in einem neuen Licht erscheinen[135]

ebensowenig wie der Versuch, dem vorwärtsweisenden Diskurswechsel mit einem Romanessay über die Universal-Apokalypse gegenzuarbeiten (Grass, ›Die Rättin‹, 1986), denn eine *litera*rästhetische Debatte, die *politisch* gegen den Diskurs gerichtet wäre und solchen Einsprüchen einen *form*geschichtlichen Zusammenhang geben könnte, findet nicht statt.

Zeigen möchte ich Ihnen, daß die Tendenz einer Dichtung politisch nur stimmen kann, wenn sie auch literarisch stimmt

— eine klassisch-vergebliche Intervention in den kritischen
Katastrophendiskurs, formuliert von Walter Benjamin im Jahr
des Moskauer Unionskongresses 1934.[136] Wenn das Scheitern der
Gattung des Romanessays am Realmaß moderner Vernichtungs-
politik nicht anders ›kritisiert‹ wird als mit dem Lese-Eindruck,
wie »weitgehend verschwätzt« diese ›Rättin‹ sei, und ein Scheitern
nicht mehr in die Literaturgeschichte zurückgedacht, sondern in
neueste Marktwert-Verschiebungen und Fraktionswechsel-Kal-
küle eingebracht wird (Grass nicht mehr ›in‹),[137] dann ist im
Betrieb der Versuch, mit Literatur eine gegen die politischen Dis-
kursordnungen gerichtete Bewußtseinsarbeit zusammenzuhalten,
eben am Ende.

4. Zwischen ›Zeichenrealismus‹ und Selbstaufgabe im ›politischen Diskurs‹ · Ausblick

So wird es auch künftig immer wieder denselben ›realistischen‹
Weitererzähl-(Förder-)Betrieb geben. Ein Preisvorschlag zugunsten eines Kandidaten im Ingeborg Bachmann-Wettbewerb 1989
war schlicht begründet: »Er arbeitet an der Wirklichkeit«.[138] Das
Literatursymposion zum ›Steirischen Herbst‹ 89, mit Autoren
»vor allem der jüngeren Generation«, stand unter dem Motto
»Weiterschreiben«. Es war einladend in fragende Tonart gesetzt.
»Bedeutet Weiterschreiben ⟨...⟩ Komplizenschaft mit der schrecklichen Wahrheit? Oder ist die schreckliche Wahrheit der Motor
des Weiterschreibens ...«[139]
   Von ›der‹ deutschen Literaturwissenschaft ist vorerst und im
allgemeinen kein Beitrag zur kritischen Sondierung der Unterschiede zwischen ›politisch-diskursiver‹ und ›literarischer‹ Sprache zu erwarten. Es fehlt ihr, um gegen den Zeitgeist zu stehen,
wie stets die Philosophie; hätte sie doch wenigstens eine
geschichtlich reflektierte Methodik, die die beiden Arten, unsere
gegenwärtige ›verzeichnete‹ Wirklichkeit wahrzunehmen, die
ästhetische und die politische Art, erklärend zusammendenkt! So

überläßt sie den Werbetextern das Feld, die unsere Wahrnehmungen auf die Käuflichkeit des Wahrgenommenen zurückphilosophieren können, die dazu ein integratives Verfahren entwickelt haben, das sie nicht ohne empirischen Grund als die fortgeschrittenste Ästhetik anpreisen; Kriterium: ›Optisches und verbales Gesamt-Umfeld‹, Zeichenrealismus.

In der Regel arbeitet der Künstler nur mit *einem* Medium, sei es Sprache oder visuelle Medien, er verwirklicht eine eindimensionale Auffassung. Der Werber dagegen muß mit mehreren Medien zugleich arbeiten. Der Kreative, der zum Beispiel in einer Anzeige Text und Bild zusammenbringt, gestaltet mehrdimensional ⟨. . .⟩. Alles, was uns umgibt, ist doch für uns Werber ein gefundenes Fressen.[140]

Hinter dem Vorzeichen ›Weiterschreiben!‹ verbirgt sich natürlich nicht bloß eine Auffassung von ›Umfeld‹, die es mit dieser unbefangenen Alles-Freß-Text-Doktrin aufnehmen kann; »gemarterte Zeugen« (G. Steiner)[141] arbeiten weiter an der Gestaltbarkeit des Schreckens und Nichtentschlüsselbaren/Unvertrauten, auch als Erzähler. Westdeutschen Autoren und Kritikern ist es *nicht durchweg* entgangen, daß die ästhetische Reflexion in der wohl nun *endgültig letzten Phase* des hundertjährigen *Dérèglements* eines »traditionellen und unschuldigen Realismus« in Europa (G. Steiner)[142] angelangt ist. Das hat zur Debatte nicht gereicht, aber wir können es beschreiben:

Das literarische (bürgerliche) Subjekt, das die moderne Welt noch auf öffentliche Geltung hin zu interpretieren wagt, hat in den Metamorphosen der Literatur ausgespielt. Erzählprogramme, die nicht radikal mit der ›Unschuld‹ epischer ›Archetypen‹ brechen, deren angeblicher Bestand alles Gerede von der Krise des Erzählens Lügen strafe,[143] können nicht darauf zählen, gerechtfertigt zu werden von einem Begriff des Weiterschreibens, wie ihn Canetti in seiner Münchner Rede 1976, ›Der Beruf des Dichters‹ – einem Gegenstück zu Hildesheimers ›End of Fiction‹ – erläutert hat: »Leidenschaft der Verwandlung«.[144] Falsches Vertrauen in die Wirklichkeit, sagt Canetti, und ihre Verkennung entsprechen sich.

›Zeichenrealismus‹ · Ausblick   379

Auch gibt es keine größere Nähe zu Ereignissen, keine tiefer eingreifende Beziehung zu ihnen, als sich für sie schuldig zu fühlen. ⟨...⟩ Daß man in der Trauer wie in der Verzweiflung ausharrt ⟨...⟩, aber nicht aus Verachtung des Glücks, das den Geschöpfen gebührt, obwohl sie einander entstellen und zerreißen.

Eva Demski, blaß dagegen und kühl-politischer in der Sprache des Betriebs, sagt im Rückblick auf die »literarische Gerontologie«[145] der Berichtszeit 83–85:»Angesichts dessen, was die Literatur heute herausfordern müßte, sind die Übereinkünfte, sich nicht herausfordern zu lassen, erstaunlich.«[146]
Das zielt kritisch wenigstens noch auf den Diskurssog, der ins soziale bergende und Geltung verschaffende Vergessen von allem und jedem führt, indem man ›darüber‹ übereinkommt.
In die Krisenjahre wird vereinzelt ein neues ›Erzählen‹ hineingetragen, das diesem Sog nicht nur widersteht, sondern ihn reflexiv literarisiert. Eine Literatur *über das Erzählen im Sog,* mit dem ›realistischen‹ Generalthema: *soziale Wahrnehmungs- und Sprachvereinheitlichung.* Es ist Literatur über das Über-alles-Erzählen: das Erzählen ›unten‹. Dessen ›handelnder‹ sprachlicher Realismus wird von den Diskurssprechern ›oben‹ den Moden angepaßt und der Medienrationalisierung überantwortet; Ortheil hat ihm eine kunstvoll erzählende kritische Soziologie gewidmet (›Hecke. Erzählung‹, 1983):

Die Knippener prosten sich mit ihren Geschichten zu. »Zum Wohl, schluck mit mir«, so könnten sie sagen, wenn sie anfangen zu erzählen ⟨...⟩ Erst spät habe ich bemerkt, daß man nur auf diese Weise vergessen kann.[147]

Dergestalt sozialbabylonisch kleinerzählte Vergangenheit ›paßt‹ in der Gegenwart: in ihr wird, wie über »Geschichte«, so über ihre selbstverschuldete »Zerstörung« gesprochen: ›beherrscht‹. Das erzählt-erzählende ›man‹ ist immer schlau und gewitzt gewesen; es siegt über die Ordnung des gesellschaftlichen Diskurses in den alltäglich kleinen freien Reden *immer,* auch im NS-Alltag, ehe es »in der Menge der Schweigenden« bald wieder verschwindet: *Verschwiegen dann, verschämt* redet die kleine Erzählung (nach ›45‹) weiter, »von verklärender Ausschmückung wie von einem Pilz befallen«, doch so, als sei sie nicht von ›eigenem‹, sondern vom Willen ›der Geschichte‹ diktiert. *Nie* hatte man, um keinen Preis, »ins Abseits geraten wollen«.[148] Das ist monströse Anwesenheit wirkender Geschichte im sich selbst erzeugenden sozialen Nationaldiskurs, im ideologischen Rückschein der alltäglichen ›Abrede‹.

Eine belastete, ›schwere‹ Literatur arbeitet unter diesen Bedingungen; Erinnerungsliteratur [→ 117 ff.], oft Texte in den Städten (Anne Duden, Paul Wühr, Jörg Leaderach, Elfriede Jelinek, Marianne Fritz, G. Hofmann, Reinhold Batberger . . .). Sie zeugt gegen den Beitrag, den Idyllentexte (Beispiele Ludwig Harig oder Hermann Lenz) zur Harmonisierung des Erzählens ›unten‹ und ›oben‹ leisten. Sie arbeitet – im Ordnungsklima der Vergeßlichkeit, einer »interpenetranten« Diskurspolitik[149] und opportunistischer Unterhaltungsintelligenz – an einem Erzählen im »unendlichen Spannungsfeld« personaler Wahrnehmung: »bei lebendigem Leibe informiert« (Duden, ›Das Judasschaf‹ 1965). Eine Literatur, die nicht vergessen kann.[150] Literatur im Bilde.

Hier jetzt der stillstehende Ort, der alles aufgespeichert hat, für einen letzten anhaltenden Augenblick.

⟨. . .⟩ Ich komme an und werde wegen der herrschenden Lebensgefahr jetzt nicht mehr ich sagen.

⟨. . .⟩ Die Welt ist vollständig hier und nicht mehr bloß ein Lebensabschnitt. Beharrlich schweigt das Bild sich aus. ⟨. . .⟩ Sie ist angekommen und sie zählt nicht mehr. Ave verum corpus. Endlich kann sich das Wissen über den ganzen Körper verteilen, ausgestreckt und verteilt über das ganze Bild.

⟨. . .⟩ Auf drei hintereinandergestaffelten Ebenen in heißer, versandender Landschaft, teils Geschichtswüste, teils Friedhofssteppe, spielt sich menschliches Leben ab . . .[151]

Die aus psychoanalytischer Theorie begründete, von Maurice Blanchot in die Literaturtheorie eingeschriebene Frage:[152] »Wer schreibt« ist bei dergestalt neuer sozialer Oppositionsstellung der Literatur um eine politische Belastungsprobe ergänzt: belastet vom ›politischen Diskurs‹ *und* von der Ausgrenzung durch die Mehrheit der Schriftsteller, die ihm zuarbeiten, gelockt von den ›politischen‹ Rollen dort oben, aber *funktionierend* wie die Klein-

» WER schreibt? «

erzähler unten. Auch in diesem Streben nach oben, in die kleine Freiheit der Teilhabe am Konsens der Weitermacher, offenbart sich, in der sozialen Dimension des Kollektivs, daß das Unbewußte sprachlich strukturiert sei – eine Sichtweise, die seit Benjamins Literaturkritik der 20er Jahre einer politischen Literaturtheorie angetragen ist.[153] Textarbeit, die sich diesem kollektiven Unbewußten aussetzt, »das Vorwärts umgekehrt anspringend«, vornüber fallend »in die spurenlos zertretene Vergangenheit«, ist nicht nur bedroht von der Abwehr der Kritik und der Vergeßlichkeit des Publikums, sondern von Schreibkampf und Einsamkeit »in der Mechanik der Welt« (Duden).[154]

Wie populistisch, wie vorverkauft an das Publikum muß eine Literatur werden, bis sie in der Mechanik der Welt nicht mehr stört? Eine diskurskritische und subjektgeschichtliche Erzählliteratur bekommt es inzwischen alltäglich mit der ihr konkurrierenden hochwirksamen Überzeugungskraft technisch und sozialstaatlich medialisierter Zeichenkontrolle zu tun. Diese spiegelt dem Individuum die Freiheit zu *privat*bildkräftiger Geschichtserinnerung wie eine Freiheit zum Kauf schöner Waren vor und suggeriert ihm die Sicherheit, mit ›all‹ seinen naiv-oppositionellen Einstellungen zu augenblicklich und ebenso ›einstmal‹ unliebsamen Zumutungen von oben (›Obrigkeit‹) ›alles in allem‹ immer schon in einer Gesellschaft zu leben, die es ihm überläßt, sich auf *all das* eine ›eigene‹ Geschichte zu machen, – die dann ›paßt‹ in die Mechanik der Welt.

Vierter Teil
Literaturkonzepte:
Kontinuitäten und Brüche

Hermann Schlösser

Literaturgeschichte und Theorie in der Literatur

1. Politik, Literatur, Theorie

Literaturhistorische Überblicksartikel schreiben die Geschichte
der sechziger Jahre meist als einen Prozeß fortschreitender Politisierung:[1] Schriftsteller veröffentlichten ihre politischen Ansichten
und vertraten engagiert ihre Berufsinteressen. Aber das haben
einige in den fünfziger Jahren schon getan, andere tun es noch
heute.[2] Bedeutsamer zur Charakterisierung der späten sechziger
Jahre ist deshalb, daß Politisierung auch in Erweiterungen der
literarischen Techniken selbst zum Ausdruck kam.

›Dokumentarliteratur‹ verzichtete auf fiktionale Einkleidun-
gen, um die Realität der Arbeitswelt nackt und ungeschönt zu
präsentieren. Erika Runges ›Bottroper Protokolle‹ (1968) und
Günter Wallraffs ›Industriereportagen‹ (1970 als Neuauflage
eines Buchs von 1966) sind dafür bekannte Beispiele. Einen etwas
anderen Anspruch verfolgten Agitprop, Happening, Straßentheater. Hier wurde durch unmittelbare Aktion der symbolische
Raum autonomer Kunst aufgesprengt. Mit dem Gebrauch solcher und ähnlicher Formen veränderte sich aber auch der *Literaturbegriff.*[3] Die Grenze zwischen Spiel und Ernst, zwischen Bild
und Begriff, aber auch zwischen Kunst und Leben wurde verschoben. ›Grenzverschiebung‹ heißt denn auch eine gewichtige
Anthologie, die 1970 literarische und theoretische Dokumente
der sechziger Jahre versammelte.[4]

Auch die berühmt gewordene Proklamation des ›Todes der
Literatur‹ kann man als spektakuläre Aktion an der Grenze von
Kunst und Politik auffassen. Karl Markus Michel, Hans Magnus
Enzensberger, Walter Boehlich, an anderer Stelle Peter Schneider
rieten von einer Beschäftigung mit Literatur ab.[5] Sie begründeten
die Ablehnung theoretisch, mit den politischen, psychologischen,
moralischen und erkenntnistheoretischen Defiziten dessen, was
man im Vokabular der Sozialwissenschaften ›bürgerliche Institution Kunst‹ zu nennen gelernt hatte.

Solche Angriffe auf die Kunst unterbrachen das Kontinuum der Literaturproduktion und -rezeption nicht,[6] sie trugen aber bei zu einer Veränderung der literarischen Ausdrucksweisen. Die »Bildungssprache«, in der Jürgen Habermas auch die Sprache der Belletristik lokalisiert,[7] veränderte sich in den sechziger Jahren beträchtlich. Die existentialistisch getönte Rede, die man nach Theodor W. Adornos Heidegger-Polemik als ›Jargon der Eigentlichkeit‹ (1964) bezeichnen konnte, verschwand. Sie wurde durch Begriffe aus den Sozialwissenschaften ersetzt, die rationaler waren, aber auch zeitgemäßer zu sein schienen.[8]

Essays, etwa von Dieter Wellershoff (›Literatur und Veränderung‹, 1969), Reinhard Baumgart (›Die verdrängte Phantasie‹, 1973) oder Hans Magnus Enzensberger (›Palaver‹, 1974) reflektieren die gesellschaftliche Rolle der Literatur, bzw. der Phantasie in einer Sprache, die deutliche Spuren einer Beschäftigung mit soziologischen, psychoanalytischen und geschichtsphilosophischen Theorien zeigt. Dieselbe Veränderung illustriert auch der Wechsel literarischer Vorbilder: Gottfried Benn, die übermächtige Figur der Nachkriegs- und Restaurationszeit,[9] verlor an Attraktivität. Wichtiger wurde die Auseinandersetzung mit dem Gesamtwerk Bertolt Brechts, das 1967 erschien. Auch das weist darauf hin, daß die kritiklose Orientierung an Leitbildern ersetzt wurde durch einen Begründungszusammenhang, vor dem auch die Literatur sich legitimieren mußte.

Die Theoriebildung der Zeit war, vor allem an den Universitäten, von einer intensiven Rezeption des Marximus bestimmt. Nicht nur Marx, Engels und Lenin wurden neu gelesen. Es erschienen auch zahlreiche Neudrucke ›linksradikaler‹, vor allem anarchistischer Texte, mit denen die Studentenbewegung ihre Theorie-Diskussionen bereicherte.[10] Im Lichte sozioökonomischer Ableitungen offenbarte sich der Dichter als Wortproduzent und sein Werk wandelte sich vom interpretierbaren Kunstgegenstand zur Ware. In der ›Zeit‹ vom 29. 11. 1968 erschien der Artikel ›Kunst als Ware der Bewußtseinsindustrie‹, geschrieben von der Berliner SDS-Arbeitsgruppe ›Kunst und Revolution‹. Der Artikel zeigt die Abhängigkeit der Künstler von den Mechanismen des Marktes, unter deren Diktat als einzig gültiger Wert des Kunstwerks der Tauschwert bleibt. In der Folge dieses Artikels wurde der Warencharakter der Kunst zum umstrittenen Thema historisch-materialistischer Literaturtheorie.[11] Zugleich wurde aber auch, im Anschluß an Brecht und den ebenfalls (selektiv) wiederentdeckten Walter Benjamin, versucht, die Rolle des ›Autors als Produzent‹ zu definieren, der kritisch in den Produktionsapparat eingreift.[12]

Die Aneignung des Marxismus bedeutete aber nicht nur eine Politisierung der Literatur, sondern auch eine Verwissenschaftlichung der Kunstformen. Kunst wurde als Kampfform, aber auch als Mittel der Erkenntnis gedacht, das sich wohl in einzelnen Verfahren, nicht aber im Prinzip von der *Wissenschaft* unterscheidet. Diese Affinität zu wissenschaftlicher Sachlichkeit läßt sich nicht nur an marxistisch inspirierten Texten wie Erich Frieds Lehrgedichten (›Zeitfragen‹, 1968) erkennen. Auch Helmut Heißenbüttels ›Textbuch‹ (1970) oder Jürgen Beckers Prosabände ›Felder‹ (1964), ›Ränder‹ (1968) und ›Umgebungen‹ (1970) arbeiten mit der Klarheit und Unpersönlichkeit des wissenschaftlichen Stils. Sie beziehen sich freilich nicht auf den Marxismus, sondern auf den Strukturalismus, d. h. die Linguistik, die sich neben dem Marxismus als theoretisches Paradigma an den Universitäten zu etablieren begann.[13]

Der Prozeß der Verwissenschaftlichung der Kunstformen ist nicht erst seit 1968 Anlaß zu kunsttheoretischer Reflexion. Er gehört zu den Konstitutionsbedingungen der Neuzeit und als solche ist er der literaturhistorischen Forschung auch immer zugänglich gewesen.[14] Da aber hier nur die Literatur in der Bundesrepublik Deutschland nach 1968 betrachtet wird, gilt es, nach den kleineren, spezifischen Ausformungen der großen Prozesse zu suchen.

2. Literaturdidaktik und didaktische Literatur

Die Veränderungen des sozialen und kulturellen Lebens in der Bundesrepublik stellten die Literaten vor eine Reihe neuer Aufgaben von gesellschaftlicher Relevanz. So versuchte man, unterdrückten und vergessenen Traditionen zu dem Ansehen zu verhel-

388 LITERATURGESCHICHTE UND THEORIE

fen, das sie in der konkurrierenden DDR schon länger hatten.
Der politische Promotor dieser fortschrittlichen Geschichts- und
Traditionspflege war Gustav Heinemann, der am 5. 3. 1969 zum
Bundespräsidenten gewählt wurde.[15]

Kritische Traditionsaneignung vollzog sich in Lesebüchern und
Anthologien, die verschollene Texte demokratischer Tradition
wie der deutschen Jakobiner, des Vormärz, der antifaschistischen
Exilliteratur ans Licht brachten.[16] Die Titel zweier Lesebücher
dieser Art: ›Versäumte Lektionen‹ (1965) von Peter Glotz und
Wolfgang Langenbucher und ›Klassenbuch‹ von Enzensberger
u. a. (1972), spiegeln den didaktischen Impetus der Bemühungen
ums literarische Erbe. Zielgruppe für die neuen Lesebücher waren
die Lehrer und Schüler der reformierten Oberstufen und Gesamt-
schulen, die in einigen Bundesländern neu eingeführt wurden. Im
Rahmen vielfältiger Bildungs- und Schulreformen, deren oberstes
Ziel immer ›Emanzipation‹ hieß, wurde auch ein anderer
Umgang mit Literatur proklamiert. Literaturunterricht als wert-
freie Lehre von den literarischen Gattungen, wie ihn Hermann
Helmers in den sechziger Jahren noch konzipierte,[17] wurde überholt durch den freien, kritischen Umgang mit Texten aller Art.
Lesebücher neuen Typs, wie die stark angefeindeten ›drucksachen‹, machten auch für die Schule ernst mit der Abschaffung
ästhetischer Eigenwelten. Zwischen einem Gedicht und einer Zei-
tungsannonce macht das Buch keinen prinzipiellen Unterschied.
Alles ist ›Drucksache‹, der mit ideologiekritischem Instrumentarium zu begegnen ist.[18]

Die neuen Konzepte im Bildungssektor fanden im Bereich der
Belletristik Entsprechungen. Günter Grass' Romanessay ›Aus dem
Tagebuch einer Schnecke‹ (1972), der mit der Wahl Heinemanns
zum Bundespräsidenten beginnt, will den beiden Söhnen des Verfassers die deutsche Geschichte erklären und ihnen Glück und
Melancholie des langsamen Fortschritts nahebringen. Auch aus
Arbeiten anderer linksliberaler Autoren sprechen didaktische
Absichten. ›Deutschstunde‹ von Siegfried Lenz war ein Bestseller
des Jahres 1968. Max Frischs ›Wilhelm Tell für die Schule‹
(1971) stellte die Fiktionsleistungen eines Klassikers ideologiekritisch in Frage, ebenso Adolf Muschgs Drama ›Die Aufgeregten

von Goethe‹ (1970). Noch Jean Amérys Text ›Charles Bovary, Landarzt. Porträt eines einfachen Mannes‹ (1978) gehorcht einem moralisch-aufklärerischen Impuls, wenn er dem Autor Flaubert vorwirft, er habe eine seiner Figuren ästhetisch brillant, aber allzu mitleidlos beschrieben. Auch die Arbeit von Peter Weiss verfolgt didaktische Zwecke. Im Rahmen eines theoretisch fundierten, ästhetisch komplexen und politisch radikalen Konzepts greift Weiss aber weit über andere Ansätze zur pädagogisch gewissenhaften Traditionsaneignung hinaus.

3. Widerspruch und Widerstand: Peter Weiss

In den Dramen der sechziger Jahre wollte Weiss das Bestehende dadurch dokumentieren, daß er es unter der Perspektive seiner Veränderbarkeit darstellte. Dialektische Erkenntnistheorie ist auch hier am Werke: These und Antithese lassen sich erst völlig erkennen, wenn man dialektisch aus ihnen die Synthese entwickelt hat. Weiss hat, nach surrealistischen Anfängen (›Der Schatten des Körpers des Kutschers‹, 1960), Marx-Studien betrieben. An seiner gleichzeitigen Beschäftigung mit Dantes ›Divina commedia‹ zeigt sich aber, daß den Kunstformen als Träger von Wahrheit keine geringere Bedeutung zukommt als der Philosophie. In der ›Vorübung zum dreiteiligen Drama divina commedia‹ und im ›Gespräch über Dante‹ (beides 1965) artikuliert Weiss Prinzipien seiner Arbeit, indem er sie mit Prinzipien Dantes vergleicht. Ziel dieser Vergleichung sollte ein dreiteiliges ›Welttheater‹ sein, das den heutigen Weltkreis ebenso umgreift wie Dantes ›Divina commedia‹ den damaligen. Dantes Religiosität und Moral, seine Liebesmystik und stoische Pose werden dabei in Frage gestellt. Der realistische Zug der Welterschließung, der künstlerische Ernst, der sich nicht zuletzt im bewußten Formgebrauch zeigt, und das politische Engagement des Emigranten Dante sollten dagegen ihrer tradierten Form entrissen und in zeitgemäßer Anwendung neu entworfen werden.

Weiss hat sein großes Welttheater nicht vollendet. Die ›Gesänge‹ des Oratoriums ›Die Ermittlung‹ (1965) und ›Gesang vom Lusitanischen Popanz‹ (1967) folgen den Spuren Dantes, des politischen Realisten, das geschlossene Sinngefüge der ›Divina commedia‹ als Weltdeutung wird aber nicht erreicht. Auch Weiss war ein Künstler der Moderne und ging mit der Politik, der Wissenschaft und der Tradition in individueller Anverwandlung um. Der Phantasie des Schriftstellers hat Weiss damit eine Rolle im Geschichtsprozeß zugetraut, die derjenigen des Politikers und der des Philosophen gleichwertig ist, sich aber in den Ausdrucksformen unterscheidet. Die säkularisierte Trinität von Dantes Text ließ sich nur in der Imagination des vereinzelten Schriftstellers in den dialektischen Dreischritt These–Antithese–Synthese überführen. Was auf der Schaubühne nicht gelang, glückte in der Epik. Die Trilogie ›Ästhetik des Widerstands‹ (1975 ff.), geschrieben als Autobiographie eines fiktiven Helden, wurde von Weiss ausdrücklich als ›Divina commedia‹-Roman annonciert.[19]

In seinem Roman wollte Weiss unter anderem auch Manifestationen des Wahnsinns, des Verstummens, der artistischen Vereinzelung in Formen übersetzen, in denen sie tauglich würden für eine Verbesserung des politischen Kampfes. Schon im Drama ›Hölderlin‹ (1971) hatte Weiss versucht, einem Dichter die glaubhafte Form des Widerstands zuzuschreiben. Die Philosophen und Politiker in Hölderlins Nähe richten sich alle im schlechten Bestehenden ein, während seine erst poetische, dann wahnhafte Rede als einzige unbestochen auf Opposition besteht. Die Methode des dialektischen Materialismus sollte mit dieser Aufwertung des ästhetischen Widerstands nicht in ihrer systematischen Wahrheit bezweifelt werden. ›Hölderlin‹ schließt mit einem Auftritt des jungen Karl Marx, der die visionäre Rede aus dem Tübinger Turm in eine praktisch gewordene Philosophie auflöst.[20] Theorie und Dichtung verbünden sich im gemeinsamen, revolutionären Impuls. Viele Kritiker hielten dieses Bündnis für reines Wunschdenken und deshalb das Drama ›Hölderlin‹ für mißglückt.[21] Tatsächlich identifizierten sich viele Zuschauer und Leser leichter mit dem leidenden Hölderlin als mit Marx, Dante oder anderen Überwindern persönlicher Bedingtheiten. Aber Peter Weiss war nicht der einzige, der Sensibilität und politische Tätigkeit zusammendenken wollte.

4. Die ›neue Sensibilität‹

Theoretisierende Literaturaneignung wirkte als *ein* Element einer Veränderungsbewegung, die sich jedoch im wesentlichen anderen Antrieben verdankte: Freie Sexualität, Drogen und Rockmusik mobilisierten die Menge und führten zu einer Entgrenzung der Persönlichkeit. Die spektakulären Aktionen etwa der ›Kommune 1‹ in Berlin setzten die Tabu- und Regelverletzungen fort, die Dadaisten und Surrealisten in der ersten Jahrhunderthälfte begonnen hatten.[22] Des Kommunarden Rainer Langhans öffentliches Bekenntnis zu Orgasmusschwierigkeiten gab dem, was bis dahin in öffentlicher Rede tabu war, eine Form. Die Sprecher des marxistischen Flügels der APO stellten sich dagegen als Persönlichkeiten dar, deren Subjektivität aufgehoben war im Kampf um die Emanzipation der Gattung Mensch. Selbstdarstellungen der damals sogenannten »Chefideologen« wie Rudi Dutschke oder Hans-Jürgen Krahl[23] beeindrucken auch heute noch durch die Einheit von Gesellschaftstheorie und Lebenspraxis, als ob es da keine Widersprüche geben könne.

Herbert Marcuses ›Versuch über die Befreiung‹ (1969) fand für alle Befreiungsbewegungen der Welt die vereinende Formel von der ›neuen Sensibilität‹. Das Gemeinsame liegt für Marcuse in der »großen Verweigerung« des Bestehenden und in einem »Sieg der Lebenskräfte über Aggressivität und Schuld«.[24] So betrachtet gab es zwischen den Ekstasen eines Rock-Festivals und einer Theorie-Debatte im Hörsaal keinen prinzipiellen Unterschied. Daß darin eine Täuschung liege, haben Gegner der Bewegung wie Joachim Fest, Karl Heinz Bohrer, aber auch Peter Handke schon damals behauptet.[25] Sie sahen nur falsche Stilisierungen und angemaßte Posen, wo die Beteiligten ›authentische‹ Sensibilität empfanden. Spätestens beim Zerbrechen der einheitlichen Bewegung in viele kleine Sekten und Gruppierungen wurde auch linken Intellektuellen bewußt, daß die ›neue Sensibilität‹ unter den noch immer herrschenden gesellschaftlichen Verhältnissen nicht so rein entstehen kann, wie nicht nur Marcuse geglaubt hatte.

1977 wurden Andreas Baader, Gudrun Ensslin und Jan-Carl

Raspe in ihren Gefängniszellen in Stuttgart-Stammheim tot aufgefunden. An der Frage, ob sie sich selbst getötet haben oder ob sie in staatlichem Auftrag ermordet wurden, spaltete sich die Linke der Bundesrepublik. Da unumstößliche Beweise für die eine wie die andere Annahme fehlten, wurde das Ende der ›Roten Armee Fraktion‹ zum letzten großen Meinungs- und Richtungskampf der Protestbewegung. Distanzierungserklärungen zahlreicher öffentlicher Bediensteter, die sich bis dahin als links deklarierten, gehörten ebenso zur Realität des Jahres 1977 wie trotzige Selbstbehauptungen linksradikaler Identität.[26] Zur selben Realität gehört auch die entschiedene Mehrdeutigkeit einer Literatur, die politische Parteinahme ersetzte durch vielfältige Äußerungen betroffener Subjekte.

5. Subjektivität und Tendenzwende

Im Verlauf der siebziger Jahre traten die Literaturproduzenten wieder als »Subjekte« ins Zentrum, was sie als Verfasser dokumentarischer und theoretischer Texte gerade nicht wollten. ›Subjektivität‹, ›Betroffenheit‹, sogar ›Innerlichkeit‹ hießen die neuen Trendbezeichnungen. Sie waren nicht synonym mit der ›Sensibilität‹ im Sinne Marcuses, denn kein utopisch-theoretisches Konstrukt legitimierte sie, sondern das Bedürfnis nach unmittelbarer, persönlich erlebter Wahrheit. ›Theorie‹ stand dieser Wahrheit im Wege, ›Literatur‹ nicht. In B. Vespers ›Die Reise‹ [→ 91; 412 f.], deutlicher noch im vergleichbaren Text ›Rom, Blicke‹ (geschrieben 1972, postum veröffentlicht 1979) von R. D. Brinkmann erscheint Theorie als bedrohlich und lebensfeindlich, Dichtung dagegen als nützlich und schön, weil sie zur Herstellung eigenen Denkens und Fühlens zu verhelfen scheint.

Diese ›Neue Subjektivität‹ mit ihrer Aversion gegen das Begriffliche und politisch Verbindliche, mit ihrer Liebe zu den »Dichterhelden«[27] der Literaturgeschichte, wurde etwa von Hans-Christoph Buch, Hugo Dittberner oder Roman Ritter[28] als auch politisch notwendige Erweiterung eines bloß begrifflichen Zugangs zur Welt gerechtfertigt. Stephan Reinhardt dagegen kritisierte alle Versuche dieser Art als »narzißtischen« »Weltschmerz«,[29] und M. Schneider beschrieb 1981 die Literaturentwicklung der siebziger Jahre als »Kulturzerfall«, also als ästhetisch und vor allem politisch fatalen Rückzug ins Unverbindliche.[30] Wie auch immer man das Phänomen ›Subjektivität‹ beurteilte, in jedem Falle war es Indiz für eine Verschiebung im Verhältnis von Literatur, Theorie und Politik, und zwar zugunsten der ersteren. Etwa seit 1973 taucht zur Bezeichnung dieser Verschiebung der Begriff ›Tendenzwende‹ auf.[31] Die Auseinandersetzung von Literaten mit Figuren der Literaturgeschichte stellte allerdings auch weitreichende Fragen.

Peter Härtlings Roman ›Hölderlin‹ (1976) unterscheidet sich von Weiss' Drama dadurch, daß er die persönliche Anteilnahme am Leben und Leiden Hölderlins als Bauprinzip in den Text hineinnimmt, während Weiss sie aus dem Drama fernhält und ihr nur in seinen ›Notizbüchern 1960–1971‹ (1982) Raum gibt. Ist aber Härtlings ›Hölderlin‹ dadurch schon unpolitischer als der von Weiss, oder nähert er sich auf persönlich glaubwürdige Weise demselben politischen Hölderlin, den Pierre Bertaux' Buch ›Hölderlin und die Französische Revolution‹ (1969) den Deutschen nahegebracht hat? – Waren die Lesebücher, die nicht mehr ›versäumte Lektionen‹ nachholen, sondern zeigen wollten, was Lektüre bei Lesern bewirken kann, wirklich schöngeistig unverbindlich, weil sie ›subjektiv‹ waren? Hubert Fichte, der 1976 die Reihe ›Mein Lesebuch‹ eröffnete, in der Autoren ›ihre‹ Texte der Weltliteratur präsentieren, behauptete das Gegenteil: Lesen sei unverzichtbarer, und damit auch politisch wirksamer Teil des persönlichen Lebens.[32] – Ist Tankred Dorsts Drama ›Eiszeit‹ (1973) eine politisch verfehlte Ehrenrettung Knut Hamsuns, der mit den Nationalsozialisten kollaborierte und dennoch interessante Romane geschrieben hat? Oder schreibt das Stück an tabuisiertem Material weiter, was Dorst schon in ›Toller‹ (1968) bearbeitete: Die Zwielichtigkeit des Dichters, der plötzlich mit realen Folgen dessen konfrontiert wird, was für ihn doch nur ein Spiel der Imagination war? – Zieht Günter Grass sich aus der politischen Aktualität zurück, wenn er ein Treffen von Barock-Poeten beschreibt? (›Das Treffen in Telgte‹, 1979). Oder zeigt er sie im Spiegel der Vergangenheit gerade besonders deutlich vor? –

394   LITERATURGESCHICHTE UND THEORIE

Schließlich: Wird der Sänger Oswald von Wolkenstein enthistorisiert oder führt uns Dieter Kühns romanhafte Biographie (›Ich, Wolkenstein‹, 1977) an die historischen Ursprünge politisch subjektiver Lyrik?

Einer hermeneutischen Text-Philologie wären solche Fragen als Hauptseminars- und Dissertationsthemen willkommen. Aber gerade in den siebziger Jahren war das Verhältnis zwischen Literatur und zugehöriger Wissenschaft nicht so harmonisch, daß die Philologen sich auf Textauslegung hätten beschränken wollen. Ein Beispiel mag das zeigen: Peter Rühmkorf, der lange an einem Bündnis von Poesie und Politik gearbeitet hatte, polemisierte 1978 scharf gegen Eindeutigkeits- und Parteilichkeitsforderungen linker Literaturwissenschaftler,[33] durch die er sich in seiner Produktivität mehr eingeschränkt sah als etwa durch Auswirkungen der ›Tendenzwende‹ in Funkhäusern und Verlagen. In seinem Essay-Band ›Walther von der Vogelweide, Klopstock und ich‹ (1975) hatte Rühmkorf schon vorgeführt, wie er sich Literaturgeschichte vorstellte: Als Ich-Bespiegelung in großen Vorbildern. Walther und Klopstock erscheinen bei Rühmkorf als listige Verweigerer, die mit poetischen Mitteln jeder Gängelung entwischen.

Rühmkorfs Polemik gegen die Germanisten mag sich auf manch zutreffende Beobachtung gestützt haben. (Ähnliche Polemiken gibt es von Hans Magnus Enzensberger gegen die Didaktiker.)[34] Dennoch war gegen Rühmkorf wie gegen manchen anderen mit Grund einzuwenden, er verbünde sich mit falschen Freunden gegen ehemalige Genossen zu einem Zeitpunkt, an dem es opportun war, sein ›Linkssein‹ nicht mehr ganz ernst zu nehmen.[35]

Nun unterscheiden sich Autoren und Literaturwissenschaftler nicht so grundsätzlich voneinander, wie es in den Standpunktdebatten der siebziger Jahre den Anschein haben konnte. Immerhin beliefern sie dieselben Medien und arbeiten nach den Usancen desselben literarischen Betriebs. Dies ist für ihre Produkte nicht ohne Einfluß und erfordert bzw. ermöglicht Allianzen in einem weiten Feld *zwischen* Wissenschaft und Literatur.[36]

6. Zwischen Wissenschaft und Literatur

1979/80 setzte Uwe Johnson mit seiner Vorlesung ›Begleitumstände‹ nach zehnjähriger Unterbrechung die ›Dozentur für Poetik‹ an der Universität Frankfurt fort. Sie ist seither wieder ein vielbeachtetes akademisches Forum für Autoren, die sich begrifflich über ihre Arbeit äußern wollen. Andererseits gibt es Professoren wie den Soziologen Urs Jaeggi, der mit Romanen wie ›Brandeis‹ (1978) versuchte, Evidenz und Glaubwürdigkeit seiner Wissenschaft zu fördern. Was marxistische Theorie ›den subjektiven Faktor‹ nennt, wird hier mit literarischen Mitteln beschrieben. Der promovierte Naturwissenschaftler Walter E. Richartz schrieb Essays über das Mißverhältnis zwischen Wissenschaft und Literatur (›Vorwärts ins Paradies‹, 1979), er kritisierte aber auch in seinen Romanen, vor allem in dem letzten Buch vor seinem Freitod (1980: ›Reiters westliche Wissenschaft‹), den entfremdeten Wissenschaftsbetrieb. Der Psychologe Peter Brückner nahm sein eigenes Leben zur Grundlage abstrahierender Reflexion und machte daraus den Bericht ›Das Abseits als sicherer Ort. Kindheit und Jugend zwischen 1933 und 1945‹ (1980). Damit wird nicht das Private verallgemeinert; sondern das Gesellschaftliche – die Auswirkungen nationalsozialistischer Herrschaft und die Möglichkeiten, sich ihnen durch scheinbare Anpassungen zu entziehen – konkretisiert. – Dichtende Germanistikprofessoren schließlich hat es, von Wilhelm Grimm über Max Kommerell zu Walter Höllerer, immer schon gegeben. Hermann Burger hat über die besonderen Schwierigkeiten dieses Standes, dem er selbst angehörte, Auskunft gegeben.[37]

In einem anderen historischen Kontext würden derartige Bemerkungen vielleicht auf eine Untersuchung sogenannter ›Doppelbegabungen‹ hinauslaufen. In den späten siebziger und achtziger Jahren lassen sich daraus eher Auskünfte ablesen über eine Denkweise, die dem erweiterten Literaturbegriff ebenso Rechnung trägt wie dem Plausibilitätsverlust sozialwissenschaftlicher Globalbegriffe, der mit der sogenannten Tendenzwende einherging.[38]

Alexander Kluge, der als Literat und Filmemacher nicht nur

zwischen Theorie und Literatur, sondern auch zwischen den unterschiedlichen Medien Buch und Film pendelt, [→ 536 ff.] hat immer wieder zwischen den ›subjektiven‹ Formen der Literatur und den Modellen der Wissenschaft zu vermitteln versucht. In seinen ›Neuen Geschichten‹ beschreibt er, wie Einzelaktionen sich als Widerstand gegen die Tendenz globaler Vernichtung artikulieren, auch wenn sie (wie beim ›Luftangriff auf Halberstadt‹[39]) nichts mehr bewirken können. Das theoretische Werk ›Geschichte und Eigensinn‹, 1981 zusammen mit Oskar Negt verfaßt, präsentiert Geschichte unter der Kategorie »Gewalt des Zusammenhangs«.[40] Schon die formale Anlage des Textes als Montage vieler kleiner Einzelbilder und -geschichten sorgt aber dafür, daß sich Besonderheiten der postulierten Gewalt des Zusammenhangs »eigensinnig« entziehen. Gesellschaftlich vernünftig organisierte Produktivität würde schließlich beides zusammenfügen: Zusammenhang und Eigensinn müßten keine Widersprüche sein. Der theoretische Begriff, der das umfangreiche Werk zusammenhält, ist also ein traditionell marxistischer: die menschliche Arbeit.

Damit steht der Text von Kluge und Negt quer zum Kontext neuerer theoretischer Texte, die sich eher um den Begriff der Rezeption als den der Produktion gruppieren. Ästhetik, im Sinne einer Lehre von den *Wahrnehmungen* ist das zentrale Interesse vieler neuerer theoretischer Texte. Auch darin mag sich das Ende des soziologischen Paradigmas spiegeln.

Ein neuer Typus von ästhetischer Kulturgeschichte sucht wohl noch Auskünfte über das Ganze der Gesellschaft, aber nur in aussagekräftigen Einzelheiten. Die Studien von Wolfgang Schivelbusch, vor allem seine ›Geschichte der Eisenbahnreise‹ (1977), schreiben sich methodisch von Ansätzen der ersten Jahrhunderthälfte her, also von der Phänomenologie Simmels, und deren kritischer Fortsetzung durch Siegfried Kracauer und Benjamin. Die essayistischen Zeitdiagnosen Michael Rutschkys (›Erfahrungshunger‹, 1980, ›Wartezeit‹, 1983, ›Zur Ethnographie des Inlands‹, 1984) beziehen sich auf psychoanalytische und ethnologische Methoden, aber suchen zugleich die Auswirkungen dieser Methoden im Bewußtsein derer auf, die sich ihrer bedienen. Auch das könnte man als Phänomenologie bezeichnen, die sich der

Realität dadurch versichert, daß sie fragt, wie sie sich in Bewußt-
seinsformen abbildet. Einen literarischen Konstitutionsrahmen
fand eine derartige Phänomenologie, in der bloßes Beschreiben
ebensowenig angestrebt wird wie abstraktes Erklären, in Erfahrungen der Reise, wie sie z. B. von Peter Handke (›Der kurze Brief
zum langen Abschied‹, 1972) oder von Gerhard Roth (›Der
große Horizont‹, 1974) in einem Typus Reiseroman in theoretischer Absicht bearbeitet wurden.[41]

Entwürfe dieser Art relativieren oder überwinden nicht nur
die Grenzen der Wissenschaft und Literatur. Auch das traditionell
erkennende Subjekt, das sich selber hervorbringt, indem es sich
die Objekte durch Erkenntnis unterwirft, soll sich durch neue
Anschauungsformen verändern. Der Übergang von Formen sub-
jektivistischer Phänomenologie zu Formen mythischen Denkens
vergangener oder nicht-europäischer Kulturen liegt sehr nahe.
Hans Peter Duerrs vielgelesene Studie ›Traumzeit‹ (1978) hat ihn
in der Untersuchung verschiedener Hexenzauber vollzogen.[42] Bei
französischen Theoretikern wie Claude Lévi-Strauss, Michel Leiris oder auf andere Weise Michel Foucault hat dieses Denken am
Übergang vom »Innen« der Rationalität ins »Außen« des wilden
oder wahnhaften Denkens seine anspruchsvollste Theoretisierung
gefunden.[43] Eine ausführliche und artikulierte literarische Form
in Deutschland fand es in den Arbeiten Hubert Fichtes.

7. Lösung im Ritual: Hubert Fichte

In Fichtes Texten führen Imitation, bewußtes Zitat, das Sprechen
in verschiedenen Stimmen, dazu, daß das Material, das man auch
zur Begründung einer stabilen Forscher- oder Künstler-Identität
hätte benutzen können, arrangiert wird zum Ich-durchkreuzen-
den Ritual. Damit werden Vorgänge darstellbar, ohne daß das
bloße Darstellen schon Aussagen über den Sprecher beinhalten
müßte. Die *identifizierende* Rede, der immer auch ein Moment
der Bejahung anhaftet, wird durch die *imitierende* vermieden.
Sachverhalte und Gefühlszustände öffnen sich neuen Deutungen.
Schon Fichtes Romane (›Das Waisenhaus‹, 1965, ›Die Palette‹,
1968, ›Versuch über die Pubertät‹, 1974, ›Detlevs Imitationen

Grünspan ‹, 1971) inszenieren ihre komplexen Identitätsdiffusionen in Reisebewegungen. In den Büchern ›Xango‹ (1976) und ›Petersilie‹ (1980) wurde die Reise vollends zur Erkenntnisform. In der ästhetischen Übung des Reisens und des Schreibens imitiert der Autor Rituale der afroamerikanischen Religionen. Empfindliche Reaktionen eines allseits offenen Betrachters sprechen so auf Entgrenzungserfahrungen an, die andere in ihrer religiösen Trance erleben. Das Ergebnis der Fichteschen Forschungen, von lateinamerikanischer Religiosität ebenso beeinflußt wie von der Literatur des europäischen Barock,[44] ist ein komplexer Synkretismus, der sich von akademischer Ethnologie ebenso unterscheidet wie von schlichter, leicht konsumierbarer Kunst.

Hubert Fichte ist 1986, im Alter von 50 Jahren, gestorben. Die ersten beiden Teile seines neunzehnbändigen Romanprojekts ›Die Geschichte der Empfindlichkeit‹ sind 1987 postum erschienen. Fichtes Arbeit läßt sich einordnen in eine Denkbewegung, die darstellt, daß Gefühle, Körpererfahrungen, mythische Denk- und Ausdrucksformen, die der Prozeß der abendländischen Zivilisation auszuschließen versuchte, auf Dauer nicht tabuisiert werden können und in Formen wiederkehren, die man am allerwenigsten erwartet hätte. Diese ›Wiederkehr des Verdrängten‹, die mit einem partiellen Vergessen des Manifesten einhergeht,[45] wird in der Wissenschaft unter poststrukturalistischen Vorzeichen diskutiert. In der Kunst, der Architektur, der Lebensweise drückt sie sich in Phänomenen aus, die man vereinheitlichend und vage als »Postmoderne« bezeichnet.[46] Auch die Veränderung der Rollen, die die Autoren sich und ihrer Literatur zuschreiben, kann man als Prozeß der Wiederkehr eines Vergangenen auffassen.

8. Die Wiederkehr alter Posen und Gattungen

Handke, der als junger Mann die Tradition der Nachkriegsliteratur mit verabschiedete (›Publikumsbeschimpfung‹, 1966), der dann in den siebziger Jahren die Literatur der ›neuen Subjektivität‹ in artifiziellen Formen reflektierte (›Die Stunde der wahren Empfindung‹, 1975), begann 1979 seine Romanfolge ›Langsame Heimkehr‹, in der er Wiederannäherungen an die Kindheit, die

ALTE POSEN UND GATTUNGEN

Heimat, die klassische Literatur vorführte. Er knüpft dabei an die tradierte Übermittlungsform der *Lehre* an, die der zweite Band der Reihe ›Die Lehre der Sainte-Victoire‹ (1980) ausdrücklich im Titel trägt. »Lehre« meint hier mystische Initiation, nicht didaktisch operationalisierte Unterrichtseinheit. Seher- und Künderposen werden also von Handke ausdrücklich übernommen, zu einem Zeitpunkt, an dem Medieninszenierungen und Theorien der Dekonstruktion des Subjekts die Möglichkeiten des repräsentativen Sprechens in Frage stellen.[47] Dichtung, die mehr sein will als ein Reflex der Kulturindustrie, setzt ihren Anspruch in einen – teils bewunderten, teils belächelten – ›hohen Ton‹ um, den neben Handke auch Botho Strauß anschlägt: Strauß, der in früheren Prosatexten (›Theorie der Drohung‹, 1975; ›Paare Passanten‹, 1981) Alltagszustände des derzeitigen Lebens aufmerksam analysierte, griff in seinen späteren Texten auf Traditionen der poetischen Verwandlung der Welt durch das magische Wort zurück. (›Der junge Mann‹, 1984, ›Diese Erinnerung an einen, der nur einen Tag zu Gast war. Gedicht.‹ 1985) Mit der Tonlage der Lehrer ändern sich die Inhalte der Lehren. Was bei Fichte noch zu Formen weltoffener Erfahrung führte, erstarrt bei Handke, und noch mehr bei Strauß, zunehmend in Formen eines elitären Traditionalismus.

Traditionalismus, wenn auch nicht unbedingt elitärer, zeigt sich auch in der Wiederkehr tradierter Gattungsnormen. Walser schrieb seinen Text ›Ein fliehendes Pferd‹ (1978) als ausdrücklich so benannte Novelle. Es folgten Novellen Bodo Kirchhoffs (›Ohne Eifer, ohne Zorn‹, 1979), M. Schneiders (›Das Spiegelkabinett‹, 1980) – und vor allem Gert Hofmanns Novellenband ›Gespräch über Balzacs Pferd‹ (1981), der das ›subjektive‹ Interesse an Dichterhelden in das tradierte Gattungsmuster der *Künstlernovelle* überführt: Wendepunkte im Leben großer Literaten sind das Thema des Buches. Im fiktiven Rahmen verwischt sich freilich die Grenze zwischen dem, was war, und dem, was hätte sein können. Die Phantasie des Autors will auch hier mehr, als Historie zu illustrieren, sie will die Dichtung als konkurrierendes Muster der Welterklärung und -deutung gegen die Folgerichtigkeit und restlose Erklärbarkeit des Geschichtsverlaufs erhalten.

Da Hofmanns Novellen Augenblicke darstellen, in denen Künstler scheitern, wahren sie aber auch eine gewisse Reserve gegen die Fiktion von der Macht der schönen Kunst. In ähnlicher Weise beschreiben Karin Reschke (›Verfolgte des Glücks. Findebuch der Henriette Vogel‹, 1982) und Ria Endres (›Milena antwortet. Ein Brief.‹ 1982) zwei Frauen, die man nur als Schatten großer Literaten kennt. Kleists Freundin Henriette Vogel, Kafkas Geliebte Milena Jesenská erheben Einspruch gegen das Wahnsystem Kunst, dessen andauernde Faszination sie gleichwohl dokumentieren. Frauen erscheinen so als Mittlerinnen zwischen den Formen der Kunst und denen des Lebens.

Wolfgang Hildesheimer, der mit seiner Biographie ›Mozart‹ (1977) beweisen wollte, daß man von ›Leben‹ gar nicht mehr reden kann, wenn einer nur aus Kunst besteht, präsentierte 1981 in ›Marbot‹ das Reversbild der perfekten Künstlerbiographie, deren Objekt, der Kunsttheoretiker Marbot, allerdings eigens zum Zweck der Biographie erfunden wurde. In derartigen Reprisen alter Posen, alter Gattungen und alter Kunstansprüche erlebt die Phantasie eine Aufwertung auf Kosten der dokumentierbaren Realität, deren Relevanz somit in Frage gestellt wird. [→ 340 ff.]

Andere Autoren dagegen konstruieren die Plausibilität ihrer Texte gerade aus dem Vertrauen in die Erkennbarkeit historischen Geschehens und setzen Forschungen der gleichzeitigen *Kulturgeschichte* in die althergebrachte Form des populären, historischen Romans um. Elisabeth Plessen hat, am Beispiel ihres eigenen Romans ›Kohlhaas‹ (1979), über die Schwierigkeiten dieser Gattung im heutigen Kontext gesprochen.[48] Sten Nadolnys Roman ›Die Entdeckung der Langsamkeit‹ (1983) schreibt Historie am Beispiel des Polarforschers Franklin und rekonstruiert eine Eigenschaft, die der sich beschleunigenden Moderne zunehmend abhanden kam. Somit leitet er eine Alternative zur Fortschrittsgeschichte aus der Moderne selbst ab. Dieter Hildebrandt schreibt Kulturgeschichte anhand der Geschichte der Klaviermusik, (›Pianoforte. Der Roman des Klaviers.‹ 1985) und Patrick Süskind präsentiert das, was Alain Corbin in einer kulturwissenschaftlichen Studie über den menschlichen Geruchssinn darlegte,[49] im preziös geschriebenen Kriminalroman ›Das Parfüm‹ (1985).

Was in der Präsentation wissenschaftlicher Kulturgeschichte zum Aufsprengen historischer Kontinuität führen sollte, das wird in den konventionell erzählten Romanen wieder in den ruhigen Verlauf des chronologischen Geschehens eingegliedert. In derzeitigen Ausprägungen sehen sich Kunst und Wissenschaft so ähnlich, daß sie austauschbare Funktionen in Erkenntnisprozessen übernehmen können. ›Anything goes‹, die Parole, die der Wissenschaftskritiker Paul Feyerabend ausgab,[50] scheint mittlerweile in einem weiten Bereich zwischen exakter Wissenschaft und rein fiktionaler Literatur befolgt zu werden. Wenn freilich »alles geht«, dann geht nichts mehr in völligem Ernst. Peter Sloterdijk hat in einer aufwendigen »Kritik der zynischen Vernunft« (1983) dargelegt, daß man das Schlechte, das man einst in aller Unschuld habe tun können, nun mit Wissen und Verantwortung tun muß: Diesem Dilemma entspringt der Zynismus, den Sloterdijk für eine Grundbefindlichkeit der Moderne hält. Diese philosophische Ausarbeitung eines Bewußtseinszustands fand viel Zuspruch bei einem zeitgemäßen Typus des Intellektuellen, der die Rolle des aufgeklärten Wissenschaftlers ebenso beherrscht wie die des aufklärungsskeptischen Poeten. Wer seine Arbeit verschiedensten Medien und Publikationsorganen anbieten muß, weil keines alleine ihn ernähren will, der muß Haltungen und Denkformen verschiedener Traditionen verwenden, indem er sich zu keiner im Sinne einer ernsten ›Option‹ bekennt, sondern sie alle in verkäuflichen Formen simuliert.

9. Ende in der Simulation?

Bodo Morshäusers Erzählung ›Die Berliner Simulation‹ (1983) erzählt eine merkwürdig verschobene, unsexuelle Liebesgeschichte, in der ein deutscher Schriftsteller und ein englisches Mädchen sich treffen, zusammenleben und auf den Straßen tanzen. Aber alles, was sie erleben, ist ›Simulation‹. Glück, Unglück, Liebe, Haß und politische Aktion sind nur noch als Zitate vergangener Glücks-, Liebes-, Aktivitätserfahrungen möglich. Zusammengehalten werden sie durch Lektüreerlebnisse. Christopher Isherwoods Berlin-Roman liefert das Muster, dem alles Geschehen sich einordnet. In durch und durch synthetischer Aktion setzen einige Leute am Ende des Textes die Feuerlöschanlage im ›Kaufhaus des Westens‹ in Gang und freuen sich an der Panik, die das hervorruft. Auch dieser Akt ist ein Zitat, das auf den Anfang dessen verweist, was 1977 zu Ende ging [→ 32 ff.]. Mit einem Kaufhausbrand 1968 begannen Andreas Baader und Gudrun Ensslin ihren Weg in die Illegalität. In den achtziger Jahren wird Feuer nur noch als Simulation des Feuers zugelassen, wobei der Begriff ›Simulation‹ den französischen Theoretiker Jean Baudrillard zitiert, der behauptet, Realität sei uns nur noch als Simulation längst vergangener Wirklichkeiten zugänglich.[51] Gelöscht wird freilich auch bei Morshäuser immer weiter, und seine Attentäter tanzen einen ›unbekannten Tanz‹. Die Szene und das Buch enden mit dem Satz: »Wir sind nicht mehr empört.«[52] – So könnten auch viele andere Bücher enden.

»Die neue Unübersichtlichkeit«[53]: Mit diesem Schlagwort hat Jürgen Habermas 1985 die Situation griffig und mediengerecht bezeichnet. Als ihren Grund aber gab er einen Mangel an Selbstbewußtsein in der westlichen Kultur an. Den Befürwortern der Unübersichtlichkeit erscheint in ihr dagegen gerade ein positiv antiautoritäres Moment, das sich jeder Disziplinierung entzieht und zur Disziplinierung anderer nicht taugt.[54] Für pädagogisch-moralisches Engagement ist in der neuen Unübersichtlichkeit nur unter anderem, nur in ironischer Brechung Platz. Gegen nichts und niemand polemisiert der junge Autor Rainald Goetz in seinem Buch ›Irre‹ (1983) heftiger als gegen die gewissenhaften, gesellschaftlich verantwortlichen Repräsentanten der fortschrittlichen Linken. In der Abneigung gegen Moral bildet sich vielleicht am deutlichsten die Veränderung ab, der die Denk- und Schreibvoraussetzungen zwischen 1968 und heute unterlagen:

Geschichtsphilosophisch inspirierte Begriffe, die einem starken gesellschaftlichen Konsens entsprachen, haben sich mit ihm aufgelöst in Gesten individueller Traditionsaneignung, in Empfindungsintensitäten, in kulturgeschichtliche Detailanalysen und in Stil- und Gattungszitate. Neudefinitionen der Beziehung zwischen Literaturgeschichte, Theorie und aktueller Literaturproduktion wurden so in Hülle und Fülle möglich: Mensch – Natur,

Mythos – Aufklärung, Fortschritt und Regression, Sinnlichkeit und Intellektualität heißen die Themen, die durch Auseinandersetzungen mit älterer Literatur und durch Neuformulierungen alter Geschichten in neue Beziehungen gesetzt wurden. Die Erfahrungsformen, in denen diese unterschiedlichen Themen wahrgenommen werden, lassen sich wohl alle als ›ästhetisch‹ beschreiben, wenn man damit etwas meint, das auf Anschauung und individuelle Erfahrung vertraut und in kontemplativer Aneignung entsteht. Die Frage, ob in ästhetischen Erfahrungen dieser Art ein Schlüssel liegen könnte, der die Tür zur politischen Aktion wieder so öffnet wie in den sechziger Jahren, ist durch die Lektüre literarisch-theoretischer Texte nicht zu beantworten.

Hermann Schlösser

Subjektivität und Autobiographie

1. Selbstdarstellung und Öffentlichkeit

Wer publiziert, liefert zugleich ein Bild seiner selbst, das vom
Publikum übernommen und modifiziert wird. ». . . jedes Ich, das
erzählt, ist eine Rolle«[1] sagte Max Frisch 1961 über sich in einem
Rundfunk-Interview. Aber diese rollentheoretische Bestimmung
des Ichs wollte er nicht auf den Schriftsteller beschränkt sehen.
1964 wiederholte er sie wörtlich in seinem Roman ›Mein Name
sei Gantenbein‹, der die verschiedenen Identitäts-Entwürfe eines
Mannes durchspielt. Auch im Schauspiel ›Biografie. Ein Spiel‹
(1967) bearbeitete Frisch den Zwiespalt von Rolle und Identität.
Hier aber stellte er dar, daß kein Mensch willkürlich seine Rollen
wähle. Vielmehr seien bestimmte Muster verbindlich vorgegeben,
innerhalb derer die Akteure nur geringfügig variieren könnten.
Analog dazu bestimmte Frisch in seinen Reden und Statements,
die 1967 unter dem Titel ›Öffentlichkeit als Partner‹ erschienen,
seine eigene Existenz als bedingtes und begrenztes Rollenspiel.
Indem der Schriftsteller dem Publikum Rollenangebote mache,
die vom Konventionellen abweichen, trage er potentiell zur Libe-
ralisierung der Gesellschaft bei. Allerdings denkt Frisch sich diese
Verabredung auf partnerschaftlicher Basis, mit wechselseitigen
Pflichten und Ansprüchen. Rollen, die vom Publikum nicht
akzeptiert werden, wollte Frisch nicht übernehmen. Mit seiner
kalkulierten Mischung aus Provokation und Kompromiß profilierte er sich als Prototyp des zeitgemäßen Intellektuellen.

Auch Günter Grass prägte der Öffentlichkeit sein Bild ein,
indem er sich eine politische Rolle zuschrieb. Als 1959 die ›Blechtrommel‹ erschien, gab er sich noch als Bürgerschreck. Von 1965
an bekannte er sich zur SPD und verlangte von sich und anderen
Intellektuellen ein sachliches Verhältnis zur Politik.[2] Dennoch
schrieb er weiterhin Romane (›Der Butt‹, 1977; ›Die Rättin‹,
1986), die zwar nicht unpolitisch sein sollten, aber doch mehr
intendierten als Eingriffe ins tagespolitische Geschehen. Ob im

politisch engagierten Roman, wie Grass ihn schreibt, die Kunst-
form politisiert oder die politische Aussage romanhaft gestaltet
wird, ist eine Frage, an deren Beantwortung sich entscheidet, wel-
chen Wert man engagierter Literatur zugesteht. Theodor
W. Adorno hat gegen Sartres Theorie und Praxis des engagierten
Schreibens eingewandt, daß ungeachtet aller guten Absichten des
Autors ein Moment des Unernstes und der Unverbindlichkeit ins
Spiel komme, wenn er seine Philosophie in leicht konsumierbare
Dramen umsetze.[3] Bei Grass wäre eher das umgekehrte Phäno-
men zu beobachten: Das Bild vom ernsten, engagierten Sozialde-
mokraten drängte schließlich die Leistungen des Literaten in den
Hintergrund.

Als wichtigster Repräsentant engagierter Literatur galt lange
Heinrich Böll, obwohl er selber den Ausdruck ›Engagement‹ auf
sich nicht anwandte. In seinen ›Frankfurter Vorlesungen‹ (1966)
nannte er sich vielmehr einen »gebundenen« Autor, der für all
diejenigen spreche, die in der herrschenden Bildungskultur keine
Stimme haben. Entschiedene politische Stellungnahmen – etwa
zu einem »freien Geleit für Ulrike Meinhof«[4] – ließen ihn in seinen letzten Jahren vor seinem Tod 1985 zur umstrittenen politischen Figur werden. War er für die einen ein ›geistiger Wegbereiter des Terrorismus‹, so war er für die anderen das ›Gewissen der
Nation‹, eine Rolle, die er besonders glaubwürdig verkörperte,
weil er sie sich nicht selber anmaßte. Essayistische Schriften sind
für die Präsentation einer solchen Rolle das geeignete Medium.
Bölls letzter Roman ›Frauen vor Flußlandschaft‹ (1985) wurde
von der Kritik als Kunstprodukt kaum noch ernstgenommen. Der
politische Kommentator Böll hatte den Romancier schließlich
überholt.[5]

In Formen öffentlicher Rede: Ansprache, Vortrag, Interview
entwarfen Frisch, Grass, Böll und andere dem Schriftsteller also
eine Rolle, die sich in der Öffentlichkeit zu spielen lohnte. Freilich lenkten sie dabei die Aufmerksamkeit des Publikums von
ihren Texten ab, hin auf ihre Selbstdarstellung. Literaten, denen
es mit der Kunst ernster war als mit der Öffentlichkeit, mußten
deshalb dieses Rollenspiel verweigern.

2. Verweigertes Rollenspiel und poetische Lizenz

Ingeborg Bachmann fürchtete in ihren ›Frankfurter Vorlesungen‹ (1959/60), das Ich des Autors werde »formal und rhetorisch«,[6] sobald es sich öffentlich äußere. In einer Sprache stilisierter Leidenschaft versuchte sie, nicht nur in dieser Vorlesung, inmitten all der vereinnahmenden Redeweisen, ein »Ich ohne Gewähr« zu suchen. Bachmanns Roman ›Malina‹ (1971) spürte dann den Stimmen nach, in denen ein weibliches Ich sprechen kann. Somit bildet der Roman nicht einfach eine als bekannt vorausgesetzte Identität ab, sondern inszeniert sie als kontrapunktische Vielfalt unterschiedlicher Sprachen. Dabei kommen nicht so sehr die sozial akzeptierten Sprachen zu Wort, als vielmehr diejenigen, die in der öffentlichen Rede ausgeschlossen und tabuisiert werden. Eine solche Konstruktion des Ausgeschlossenen kann freilich weniger Zugeständnisse an ein Publikum machen als die wirkungsorientierten Äußerungen eines engagierten Autors.

Wolfgang Koeppen publizierte in den sechziger Jahren fast nichts. Es wurde nur bekannt, daß er zwar weiterhin schreibe, publizierbare Formen ihm aber nicht mehr gelängen. 1976 erschien ›Jugend‹, ein schmaler Prosaband, der auch seines autobiographischen Charakters wegen zu den wichtigsten Texten des Jahrzehnts gerechnet wurde. Koeppen lieferte hier nicht die ›Memoiren‹, die man 1976 von einem Autor des Jahrgangs 1906 hätte erwarten können. Hier blickt kein Vollendeter zurück auf eine geglückte Identitätsgründung. Nur ein paar Fragmente sind dem Vergessen entrissen. Sie zeigen, warum es glücklicher nicht ausgehen konnte. Koeppens zeitkritische Romane wie ›Das Treibhaus‹ (1953), seine Reiseberichte wie ›Nach Rußland und anderswohin‹ (1958) offenbaren von diesem Ende her gesehen unter ihrer eleganten Oberfläche mehr Brüche und Leerstellen, als den Lesern der fünfziger Jahre auffallen mochten. Gerade durch diese Brüche wurde Koeppen auch für jüngere Leser interessant.[7]

Als sich der Lyriker Paul Celan 1970 das Leben nahm, galt er schon als veralteter Autor. Ein neuer, unmittelbarer Ton war in die Lyrik eingezogen, der jedem etwas sagen wollte.[8] [→ 430 ff.] Aus Celans Lyrik kommt dagegen kein Autor seinen Lesern vertraulich entgegen. ›Fadensonnen‹ (1968), ›Lichtzwang‹ (1970), ›Schneepart‹ (postum 1971) und ›Zeitgehöft‹ (postum 1976): Schon die Titel der späten Gedichtbände stehen bezugslos da und ermöglichen dem Leser kein Verständnis durch Vergleichung mit der vertrauten Wirklichkeit. Zwar klingen in den Gedichten auch die Themen an, die Celans engagierte Zeitgenossen bearbeiteten: Die Ermordung der Juden in deutschen Konzentrationslagern, die atomare Bedrohung, der Vietnamkrieg und schließlich die Jugendproteste dagegen. Aber auch diese bekannten Themen sprengen den hermetischen Raum der Gedichte nicht auf. Celans Gedichte protestieren gegen den Zustand der Welt schon durch die Verweigerung der Leichtverständlichkeit. Auch Texte von Bachmann oder Koeppen sind dem Leser gewiß nicht gefällig, aber ihre Sprache ist ihm doch geläufig. Celans lyrisches Idiom dagegen muß man fast wie eine Fremdsprache lernen.[9]

In unterschiedlichen Formen bestanden Bachmann, Koeppen und Celan also darauf, daß es Wahrnehmungen und Ausdrucksweisen gibt, die nicht jederzeit an jeden weiterzugeben sind. Eine ähnliche Haltung kann man auch Günter Eichs Prosaband ›Maulwürfe‹ (1968) unterstellen. Gerade in der Artikulation schwer kommunizierbarer Augenblicke sahen die genannten Autoren nach wie vor die Aufgabe des Schriftstellers, der somit zwar durchaus *von sich selbst* sprechen kann, aber dabei zugleich im unklaren läßt, *wer* er selbst denn wäre. An ihrem Künstlertum haben Bachmann, Koeppen, Celan und Eich freilich keine Zweifel gelassen. Ihre Texte nähern sich dem Verstummen an, bleiben aber auch darin noch Kunst. Damit machen alle vier Autoren Gebrauch von einer »poetischen Lizenz«,[10] die die Gesellschaft der Kunst erteilt. Als Literat, im Schutze literarischer Formen, darf man noch manches sagen, was sonst tabuisiert ist.

3. Revolutionierung des Subjekts

1969 entlarvte Dieter Wellershoff die Formel »zu privat«, mit der im Kulturbetrieb unliebsame Ansichten zurückgewiesen wurden, als »Kategorie der Verdrängung«:[11] Weil die moderne, zweckrationale Gesellschaft keine Verwendung für subjektive Besonderheiten habe, mache sie alles Persönliche zur Privatangelegenheit, über die in der Öffentlichkeit nicht geredet werden dürfe. Als einen Ort, an dem dies verdrängte Private doch noch zur Sprache kommen könnte, sah auch Wellershoff die Literatur. Aber nicht nur Literaten erweiterten im Schutz der poetischen Lizenz die Möglichkeiten des Sagbaren. Im Anschluß an Herbert Marcuse arbeiteten Teile der antiautoritären Protestbewegung an einer Gegenkultur, in der die Revolutionierung der Gesellschaft durch Revolutionierung ihrer Mitglieder möglich werden sollte. Dabei sollte nichts mehr dem Verdikt »zu privat« verfallen: Sexualität, Aggressivität, Sentimentalität, alles, was man in gutbürgerlichen Kreisen als unfein verdrängte, sollte als Ausdruck ›neuer Sensibilität‹[12] ernst genommen und dadurch öffentlich werden.

Der Literatur fiel in diesem gegenkulturellen Kontext eine ähnliche Rolle zu wie den Drogen: Beides sollte zur Erweiterung der Wahrnehmung und des Bewußtseins beitragen.

Rolf Dieter Brinkmann übersetzte 1969 zusammen mit Ralf Rainer Rygulla zu diesem Zweck Lyrik des amerikanischen Underground (›ACID‹). In seinen eigenen Gedichten (›Die Piloten‹, 1968) ahmte er seine amerikanischen Vorbilder fast plagiathaft nach. In enthusiastischen Essays (›Der Film in Worten‹, postum 1982) proklamierte Brinkmann schließlich Frank O'Hara und William S. Borroughs als wahrhaft zeitgenössische Schriftsteller. Auch das Cut-up, die Collage-Technik, die Borroughs erfunden hatte, verwendete Brinkmann.

Aber formale Innovation war nicht das Hauptziel dieser Beschäftigung mit amerikanischer Literatur. Das Programm hieß auch bei Brinkmann: neue *Sehweisen*. Der neue Blick, den Brinkmann vermittelt, ist ein Blick des Einzelnen auf das Detail. In ›Keiner weiß mehr‹ (1968) steht ein junger Mann inmitten seiner Eindrücke. Kein Bezugsrahmen, kein übergeordnetes Prinzip zeigt an, welcher Eindruck wichtig, welcher unwichtig wäre.

Allerdings zeigt dieser Text noch eine gewisse literarische Ambition. Er ist als ›Roman‹ ausgewiesen. Was Brinkmann später schrieb, fügt sich nicht mehr unter einen Gattungsbegriff. Collagen und Notizen wandern vielmehr als »gleitende Prosa«[13] von einem Eindruck zum anderen. Kein Vorwissen soll entscheiden, was richtig oder falsch ist. So sollen Prioritäten und Hierarchien schon im Wahrnehmungsvorgang selbst abgebaut werden. Wie ein Motto dieser revolutionären Sehschulen klingt der Titel eines der Textbücher Brinkmanns: ›Erkundungen für die Präzisierung des Gefühls für einen Aufstand‹ (postum 1982).

Brinkmanns Mobilisierung der Sinneseindrücke hatte zunächst in spontanen und subjektiven Aktionen der Protestbewegung ein praktisches Äquivalent.[14] Mit der Akademisierung des Protests, die nach 1969 eintrat, konnte Brinkmann sich nicht identifizieren. In seinen letzten Arbeiten, dem Prosaband ›Rom, Blicke‹ (postum 1979) und dem Lyrikband ›westwärts 1 & 2‹ (1975) suchte er das wirklich Neue nur noch in Momenten einsamer Erleuchtung.[15] [→ 435 ff.]

1975 kam Brinkmann bei einem Autounfall ums Leben. Durch seine letzten Texte, aber auch durch diesen Tod, wurde er zu einer Kultfigur derer, die ihrer unmittelbaren Subjektivität mehr vertrauten als jeder Form sogenannter Objektivität.

4. Brüche und Kontinuitäten

Das theoretische Paradigma der akademischen Protestbewegung war der historische Materialismus in der Tradition von Marx, Engels und Lenin. Zu seinen Erkenntnisinteressen gehört es, die gesellschaftliche Funktion auch eines Schriftstellers nicht aus seinem subjektiven Selbstverständnis heraus zu erklären, sondern aus seiner objektiven Stellung zum Produktionsprozeß, bzw. im Klassenkampf. In diesem Sinne ›objektiv‹ begründeten marxistische Kritiker auch ihre Einwände gegen antiautoritär revoltierende Subjekte vom Typus Brinkmanns. Hans G. Helms, dessen hermetisches Poem ›FA: M'AHNIESGWOW‹ 1960 noch Anlaß einer Adornoschen ›Note zur Literatur‹ war,[16] schätzte in ›Fetisch Revolution‹ (1969) den größten Teil der Studentenbewegung als kleinbürgerlich ein. Mit dem Instrumentarium der Klassenanalyse leitete er ab, daß der objektive Träger der Revolution auch im Spätkapitalismus noch das Proletariat sei. Und Leo Kofler wies in seiner Streitschrift ›Haut den Lukács‹ (1977) nach, daß Herbert Marcuses Essay ›Die Permanenz der Kunst‹

(1977) subjektivistisch und damit »objektiv« gegenrevolutionär sei.

In expressiven Gebärden brach die seit 1972 so genannte ›neue Subjektivität‹[17] mit diesem Stil des Einordnens, Ableitens und Nachweisens. Der Held in Peter Schneiders ›Lenz‹ (1973) besiegelt seine Selbstfindung damit, daß er das Marx-Poster über seinem Bett mit dem Kopf nach unten aufhängt. Welcher Leser hätte das damals nicht verstanden als ironische Revision des Marxschen Anspruchs, Hegel vom Kopf auf die Füße gestellt zu haben? Und Bruno, der Germanist in Hermann Kinders Roman ›Der Schleiftrog‹ (1977), feiert seine Befreiung, indem er alle gesellschaftskritischen Paperbacks aus seinem Bücherregal entfernt, seine Dissertation über ›Probleme des Realismus‹ abbricht und eben jenen Roman zu schreiben beginnt, den der Leser gerade beendet hat.

Diese Szenen aus zwei Romanen beleuchten den *Paradigmawechsel,* der sich etwa von 1972 an vollzog. Das öffentliche Interesse an historisch-materialistischer Theorie und Praxis ging signifikant zurück.[18] Psychologie, Ethnologie, strukturale Anthropologie traten an ihre Stelle. Aber diese Ablösung eines herrschenden Theoriemodells durch andere war nur *ein* Aspekt eines weitergehenden kulturellen Wandels. Eine neue emotionale Intensität ergriff die Lebensformen und Ausdrucksweisen. Zur Bezeichnung dieser Intensität hat sich schließlich der Ausdruck ›neue Subjektivität‹ durchgesetzt. Zunächst aber wurden daneben eine Reihe von anderen Begriffen benutzt, die alle als etwa gleichbedeutend angesehen wurden, obwohl sie unterschiedlichsten theoretischen und historischen Kontexten entstammten: Authentizität, Sensibilität, Glaubwürdigkeit, Spontaneität, Betroffenheit, aber auch Innerlichkeit, Nostalgie und Romantik.[19] So vielfältig wie diese Vokabeln waren auch die dadurch bezeichneten Verhaltensweisen: Drogenerfahrungen, Beziehungsdiskussionen, Therapieworkshops, der Rückzug aufs Land, das ›Aussteigen‹ in die ›Wildnis‹ oder in die Spiritualität fernöstlicher Religionen, schließlich auch politische Spontanaktionen, die sich als Konsequenz unmittelbarer Betroffenheit rechtfertigten. All diesen Verhaltensweisen liegt eine Suchbewegung zugrunde, die

BRÜCHE UND KONTINUITÄTEN 411

erst zum Stillstand käme, wenn ein ›wahres‹ Ich jenseits gesellschaftlicher Zwänge gefunden wäre.[20]

Deutlichster literarischer Ausdruck dieser Suchbewegungen
war eine Fülle von Texten *autobiographischen* Charakters. Mit
dieser Bezeichnung sind nicht nur Autobiographien im Sinne der
Gattungstradition gemeint, sondern alle Texte, die sich – auf
welche Art auch immer – auf das eigene Leben des Verfassers
beziehen.[21]

Die Zahl solcher autobiographischer Texte stieg in den siebziger Jahren kontinuierlich an. Der Gipfelpunkt wird in der zweiten Hälfte des Jahrzehnts erreicht, um 1980 flacht die Kurve
ab.[22] Der Autobiographie-Boom wurde mehrfach als das wichtigste literarische Ereignis der siebziger Jahre aufgefaßt. Allerdings
wurde er sehr unterschiedlich bewertet. »Selbstbeobachtung,
Selbsterfahrung, Selbstdarstellung« hielt Marcel Reich-Ranicki
1979 für »dominierende Kennzeichen« des gerade vergehenden
Jahrzehnts. Nicht jeder Text gefiel ihm, aber im ganzen sah er in
der neuesten Entwicklung eine Überwindung der Objektivitätsan-
sprüche, die in Form von Politisierung, Dokumentarliteratur und
Theoriezwang in den späten sechziger Jahren die Literatur »ruiniert« hätten.[23]

Michael Schneider hielt dagegen 1981 das neue Interesse an
der eigenen Person für ein Symptom des »Kulturzerfalls«.[24] Er
entlarvte die ›neue Subjektivität‹ vor allem als opportunistische
Anpassung an die sogenannte ›Tendenzwende‹, die begann mit
dem ›Radikalenerlaß‹ aus demselben Jahr 1972, das auch als
»Jahr der Biographen« in die Literaturgeschichte eingegangen
ist.[25]

Reich-Ranickis ästhetisch motivierte Zufriedenheit und
Schneiders politisch begründete Kritik haben, bei allen sonstigen
Unterschieden, eines gemeinsam: Die ›neue Subjektivität‹ wird als
reiner Gegensatz zu den Literaturverhältnissen der sechziger
Jahre verstanden. Von diesem Gegensatz überzeugt, übersehen
beide Kritiker, daß sich unter dem Vorzeichen ›neuer Subjektivität‹ auch manches fortschrieb, was vorher in anderen Kontexten
auftauchte. Die Literatur der siebziger Jahre war nicht durchgängig die Kampagne des Vergessens, der Verdrängung und der

Anpassung, als die Michael Schneider sie beschrieb. Unter den oberflächlichen Brüchen wirkten vielmehr untergründige Kontinuitäten, die bis in die sechziger Jahre und weiter zurückreichten.

Das ist sozusagen polizeilich bestätigt: In seinem Erinnerungsbuch ›Wie alles anfing‹ sagte sich der Anarchist Michael ›Bommi‹ Baumann 1975 ausdrücklich von seiner terroristischen Vergangenheit los. Trotzdem wurde das Buch beschlagnahmt und seine Auslieferung gestoppt, weil die Absage an die Gewalt von der gewalttätigen Sprache durchkreuzt wurde, in der Baumann seine Sprengstoffattentate und Bankeinbrüche beschrieb. Das Verbot von Baumanns Buch führte auch bei vielen, die sich nicht mit ihm identifizierten, zur Solidarität. Ein Zusammenschluß zahlreicher Verlage und Einzelpersonen bewirkte, daß das Buch 1976 wieder zugänglich gemacht werden konnte (›Ein Buch wird verboten. Bommi Baumann Dokumentation‹, 1979).

Noch deutlicher als Baumanns Text agieren andere Autobiographien den Konflikt zwischen Bruch und Weiterführung der Vergangenheit aus. Rücksichtslose Darstellungen des eigenen Scheiterns streiften zwar die Form theoretischer Gesellschaftskritik ab. Der kritischen Intention blieben sie aber in subjektiv zugespitzter Weise treu.

5. Radikale Innerlichkeit

›Die Reise‹ (1977) von Bernward Vesper setzte stilistisch die Experimente der Moderne und der amerikanischen Pop-art fort. Innere Monologe, erlebte Reden, Assoziationsketten des Drogenrauschs und Cut-up-Techniken lassen einen disparaten Text entstehen. Aber nicht um literarische Techniken drehten sich die Diskussionen, die das Buch auslöste. Seine Dringlichkeit entstammte dem beschriebenen Leben, nicht dem beschreibenden Text. Vesper war der Lebensgefährte der späteren Terroristin Gudrun Ensslin, hatte aber ihren Schritt in die militante und kriminelle Aktion nicht mitgemacht. Sein Buch ist trotzdem von Gewaltphantasien durchzogen. Sie richten sich gegen die deutsche, bürgerliche Nachkriegsgesellschaft, der Vesper die Schuld an seinem Leben gibt. Vespers Vater war der nationalsozialistische Lyriker Will

Vesper, aber der Sohn legt Wert darauf, daß seine nationalsozialistisch geprägte Erziehung kein Einzelfall war. Er stellt sie vielmehr als repräsentativ dar. Im Zustand schwerster psychischer Verstörung nahm Vesper sich schließlich das Leben, dessen Verfehltheit er mit seinem Buch beweisen wollte. 1977, als Vespers ›Reise‹ erschien, eskalierten die terroristischen Aktionen der RAF in Entführungen und Morden. Viele Linke distanzierten sich zwar von solchen Aktionen, wollten aber dem moralischen Ernst, den sie der RAF weiterhin unterstellten, die Treue halten. In dieser krisenhaften Lage erschien Vesper, der zwar ein radikales Buch geschrieben, aber Hand nur an sich selbst gelegt hatte, als eindrucksvolles Vorbild. Wer so lebte und so gestorben ist, der mußte glaubwürdig wirken.

Auch ein Buch ganz anderer Art bezog seine Wirksamkeit vor allem daraus, daß der Autor nicht lange lebte. Ein schweizerischer Gymnasiallehrer aus bestem Hause, der 1977 an Krebs starb, veröffentlichte unter dem Pseudonym ›Fritz Zorn‹ das Buch ›Mars‹ (1977). Seine Krankheit war ihm Metapher für das Scheitern seines Lebens, und dieses Scheitern selbst Metapher für den desolaten Zustand der bürgerlichen Gesellschaft. Vesper und Zorn markieren einen Extrempunkt der Literatur: Sie bezogen ihre Autorität und Legitimation vor allem daraus, daß sie von Leiden und Sterben sprachen. Wer sich mit dem Tod beschäftigte, war in den späten siebziger Jahren glaubwürdig, und besonders glaubwürdig war, wer wirklich starb. Diese »Todesdrohung« hat Michael Rutschky 1978 als eine Regel des zeitgenössischen Schreibens und Redens identifiziert.[26]

Als adäquater literaturkritischer Umgang mit solchen Texten empfahl sich die Psychologisierung. Mögliche Spuren literarischer Tradition wurden unkenntlich gemacht, der Text übertrug nur noch ein getreues Abbild der Seele des Autors. Das Vorwort, das Adolf Muschg für ›Mars‹ schrieb,[27] führt eine solche psychologische Textkritik mustergültig durch. Andere Modelle lieferten schon früher amerikanische Kritiker. Susan Sontag beschrieb 1968 das Verstummen, die Erweiterung der Sehweisen, die pornographische und gewalttätige Phantasie unter dem Oberbegriff »Styles of radical will«.[28] Und Frederick J. Hoffman formulierte eine psychologisch fundierte Theorie der Kunstformen, die Form als »Grenze der momentanen Wahrnehmung«[29] zu begreifen sucht. In solchen Ansätzen tritt die gesellschaftliche Institution Literatur mit ihren Gattungen, Topoi und Schreibkonventionen aus dem Blickfeld. Ins Zentrum rückt ›Die erdabgewandte Seite der Geschichte‹, die Nicolas Borns Roman von 1976 schon im Titel trägt.

Das Subjekt, mit seinen Rätseln und Untiefen, erscheint als dunkle *Kehrseite* des historischen Prozesses. Erhellung dieser Kehrseite wird nur dem zugetraut, der die Ausdrucksformen der Subjektivität ernst nimmt. Und dieses Ernstnehmen hieß für den Leser ›subjektiver‹ Texte meist: Er reagiert ›authentisch‹ auf ›authentische‹ Ausdrucksakte. So jedenfalls ließe sich der Vorgang umschreiben, den Hans-Christoph Buch als »Hervortreten des Ichs aus den Wörtern«[30] anschaulich bezeichnet hat.

In seinem Gorlebener Tagebuch ›Bericht aus dem Inneren der Unruhe‹ (1979) hat Buch selber versucht, aus den Wörtern hervorzutreten. Er begründete sein Engagement gegen die Atommülldeponie in Gorleben nicht mehr objektiv politisch, sondern beschwor vielmehr die emotionalen Qualitäten des Widerstands. So sollte die ›kalte‹ politische Aktion jene ›Wärme‹ annehmen, durch die sich Betroffenheit von Engagement unterscheiden möchte.[31] Buchs Tagebuch ist kein Text des Leidens und des Todes. Es will vielmehr die »Errungenschaften«[32] der Protestbewegung darstellen und repräsentieren. Gerade dadurch aber fehlt ihm, was die Bücher Vespers, Zorns, oder auch Maria Erlenbergers (›Der Hunger nach Wahnsinn‹, 1977) auszeichnet: die beunruhigende Evidenz lebensgeschichtlicher Katastrophen. Aber darf man denn von einem Literaten verlangen, daß er dem Wahnsinn und dem Selbstmord nah sein muß, damit er ein Buch schreiben kann, das den betroffenen Leser zufriedenstellt?

Mit dieser Frage ist eine Problematik angedeutet, die nicht nur im Kontext der Literatur wichtig ist. Zur ›neuen Subjektivität‹ gehörte auch ein Kultus des Leidens, wie er sich in zahlreichen Selbsterfahrungs- und Therapiegruppen organisierte. Im Austausch von Leidenserfahrungen wurde allerdings auch eine Sucht nach diesem Austausch erzeugt, die einer Befreiung vom Leiden durchaus im Wege stand. Die Therapiegespräche setzten sich an die Stelle der Heilung. Das hat jedenfalls der Psychotherapeut Jörg Bopp für viele Therapieformen befürchtet.[33] Und der Arzt und Schriftsteller Ernst Augustin, der in ›Raumlicht‹ (1976) eine schizophrene Frau porträtierte, karikiert in ›Eastend‹ (1982) die Therapie-Gruppen für Besserverdienende als Institutionen, die die Probleme erst schaffen, die sie zu kurieren vorgeben. Die Person, die dagegen auf Nicht-Therapierbarkeit beharrt, ist ein Schriftsteller. ›Eastend‹ ist ein Roman und redet von Kunstfiguren. Und mit *Kunstfiguren* geht der Leser anders um als mit Autoren wie Vesper und Zorn, die in ihren Texten nur von sich selber sprachen. Ein Blick auf die weitere literarische Produktion der siebziger Jahre zeigt aber auch, daß die Autoren selbst sozusagen zu Kunstfiguren werden, wenn sie ihre Krisen und Nöte mit literarischen Mitteln beschreiben.

6. Kurze Typologie der Krisen

Als Rutschky 1980 den Seelenzustand der siebziger Jahre charakterisierte, sprach er noch von einem »Panorama der Desorientierung«.[34] Später konnte man sich in diesem Panorama gut zurechtfinden. Die individuellen Äußerungen betroffener Subjekte haben sich zu literarischen Formen geordnet, die Wissenschaft erkannte das, und die Krisenzustände stehen einer Typologie des autobiographischen Schreibens als Ordnungsschema zur Verfügung.[35]

Eine Reihe von Büchern bearbeitet den Tod eines nahen Verwandten, meist des *Vaters*: Peter Henisch: ›Die kleine Figur meines Vaters‹ (1975), Elisabeth Plessen: ›Mitteilung an den Adel‹ (1976), Christoph Meckel: ›Suchbild‹ (1980) und viele andere. Als ›Väter-Boom‹ war diese Literatur leicht zu etikettieren und auf die nationalsozialistische Vergangenheit der deutschen Familie zurückzuführen. [→ 89 ff.]

Eine zweite Kategorie von Büchern bezieht ihre Evidenz aus dem Zerbrechen von *Liebesbeziehungen*: Traurige Männer reisen durch die Welt bei Peter Handke (›Der kurze Brief zum langen Abschied‹, 1972) und bei Gerhard Roth (›Winterreise‹, 1978). Eine verlassene Frau erscheint in ›Klassenliebe‹ (1973) von Karin

Struck, bei Hannelies Taschau (›Landfriede‹, 1978) rafft sich eine Frau nach langem Kampf zur Trennung auf.

Andere Texte beziehen ihre ›Authentizität‹ aus den Folgen einer *Sucht,* etwa des Alkoholismus (Hans Frick: ›Tagebuch einer Entziehung‹, 1973, Ernst Herhaus: ›Kapitulation‹, 1977). ›Vorleben‹ (1969) von Ursula Trauberg, ›Die Verrohung des Franz Blum‹ (1974) von Burkhard Driest, ›Treibjagd‹ (1978) von Michael Holzner u. a. bringen sogenanntes *Devianzverhalten* zum Ausdruck. Erziehungsheime und Gefängnisse sind die Sozialisationsinstanzen dieser Autoren. Weiterhin gibt es Aufzeichnungen und Erinnerungen von Autoren, die anhand ihrer eigenen Lebensgeschichte darlegen wollen, wie *politisches* Geschehen das *Privatleben* formt (Gerhard Zwerenz, ›Kopf und Bauch‹, 1971, Peter Rühmkorf, ›Die Jahre, die ihr kennt‹, 1972, Inga Buhmann, ›Ich habe mir eine Geschichte geschrieben‹, 1977, schließlich als kunstvoll fingiertes Tagebuch: Guntram Vesper, ›Nördlich der Liebe und südlich des Hasses‹, 1979).

Auch Theorie und Praxis eines spezifisch weiblichen Schreibens reflektieren die Möglichkeiten und Grenzen autobiographischer Schreibweisen. [→ 245 ff.] Bachmanns ›Malina‹, aber auch ›Kindheitsmuster‹ (1976) von Christa Wolf arbeiten mit dem autobiographischen Genre. Der einstmalige Bestseller ›Häutungen‹ (1975) von Verena Stefan bedient es: In den Armen einer Geliebten hörten die Probleme des Lebens auf. Auch im Roman des 19. Jahrhunderts war immer schon ›alles gut‹, wenn zwei sich kriegten. Neu bei Verena Stefan war immerhin, daß hier zwei Frauen ein Paar bildeten. Von den Errungenschaften der letzten zwanzig Jahre ist die Enttabuisierung gleichgeschlechtlicher Liebesbeziehungen nicht die geringste.

Eine solch kursorische Auflistung von autobiographischen Schreibhaltungen ist zweifellos ungerecht gegen einzelne Texte, die durchaus nicht alle schematisch die Betroffenheiten des Zeitgeistes durchhaspeln. Dennoch illustriert sie, daß der Ausdruck krisenhafter Subjektivität auf Dauer seine Evidenz des Unmittelbaren verliert und zum Stil wird. Ursula Krechel, Reinhard Baumgart und Wolfgang Müller-Funk haben aus verschiedenen Blickwinkeln diesen Vorgang beschrieben und das ›authentische‹

Schreiben kritisiert.[36] Sie empfehlen dagegen eine bewußte Arbeit an den literarischen Formen und ein Kunstbewußtsein, das zwischen der Unmittelbarkeit des gelebten Lebens und der Vermitteltheit des literarischen Schreibens unterscheiden kann.

7. Zur Schrift gewordenes Ich

1972 erschien Handkes Erzählung ›Wunschloses Unglück‹. Sie handelt vom Selbstmord der Mutter des Erzählers. Diese Thematik paßte genau ins Repertoire der gerade entstehenden ›neuen Subjektivität‹. Dennoch unterschied sich Handkes Text von anderen Mutter- und Vaterbüchern durch die Distanz, die der Autor zu seinem Text und dessen Lesern wahrt. Äußerungen unmittelbarer Betroffenheit, die auf ebenso unmittelbare Anteilnahme hoffen, verweigert Handke. Im kommunikativen Ritual soll die Trauer nicht aufgehoben werden: »... denn man braucht das Gefühl, daß das, was man gerade erlebt, unverständlich und nicht mitteilbar ist ...«[37] Der literarische Text allerdings ist verständlich und mitteilbar, weil das, ›was man gerade erlebt‹, in ihm nicht zur Sprache kommt. Die Schrift verweist darauf als auf ein Abwesendes. So lehrt es die strukturale Poetik.[38] Aber auch Handkes Schreiben geht von diesem Befund aus, obwohl der Titel eines seiner Romane eher das Gegenteil zu behaupten scheint: ›Die Stunde der wahren Empfindung‹ (1975) ist zwar aus Augenblicken zusammengesetzt, in denen Keuschnig, die Hauptfigur des Romans, seiner selbst schlagartig bewußt wird. Aber diese Augenblicke werden als sprachlose beschrieben. So bleibt die Distanz gewahrt.[39]

Aber Handke scheint am Zwiespalt von Sprache und Gefühl, der so zum Ausdruck kommt, zu leiden. Seine neueren Romane (›Der Chinese des Schmerzes‹, 1983, ›Die Wiederholung‹, 1986 u. a.) und seine lyrischen Dramen (›Über die Dörfer‹, 1981, ›Das Spiel vom Fragen‹, 1989) stellen sich der Aufgabe, Gefühl und Wort wieder zu vereinen. Die Lösung dieser Aufgabe traut Handke einem *Erzählen* zu, das sich an Vorbildern aus schriftlosen Kulturen orientiert. In ihm wäre nicht nur die Differenz zwischen Schrift und Gemeintem, sondern auch die zwischen Autor und Leser aufgehoben: »Erzählung, würfle die Lettern frisch, durchwehe die Wortfolgen, füg dich zur Schrift und gib, in deinem besonderen, unser gemeinsames Muster.«[40] So heißt es in der ›Wiederholung‹. Aber schon die Appellstruktur dieses Zitats zeigt, daß die reine Erzählung nicht gelingt. Sie ist durchzogen von Posen des Künders und Sehers, Rückgriffen auf ältere Literatur und einer forciert unzeitgemäßen Sprache. Die erwünschte Einheit von Autor, Text und Leser ist nicht vorhanden und muß deshalb in jedem Text neu herbeigeschrieben werden. Das belegen auch die Tagebücher, die Handke regelmäßig veröffentlicht (›Das Gewicht der Welt‹, 1977, ›Phantasien der Wiederholung‹, 1983 u. a.). Hier schreibt sich der Autor ständig die Rolle des Zusammenhangstifters zu, als ob er ihr außerhalb des Geschriebenen nicht recht Glauben schenken könne.

Ähnliche Formen erschriebenen Selbstbewußtseins kennzeichnen die Texte von Botho Strauß. In seiner älteren Prosa analysierte er die Konstitutionsbedingungen der Subjektivität. Scheinhafte Projektionsverhältnisse (›Marlenes Schwester‹, 1975) oder vegetative Schwundformen (›Rumor‹, 1980) beschrieb Strauß als Endzustand jener langen abendländischen Bemühung ums autonome Subjekt.[41] An diesem Endzustand hat freilich nicht er weitergeschrieben, sondern Bodo Kirchhoff, der sich in seiner Prosa radikal auf Schwundstufen der Subjektivität beschränkt. In den Texten ›Ohne Eifer ohne Zorn‹ (1979), ›Die Einsamkeit der Haut‹ (1981) und ›Zwiefalten‹ (1983) folgen die Figuren einem Begehren, dessen Logik sie weder kennen noch kennen wollen. Was ihnen widerfährt, bleibt Oberflächenreiz, sichtbar an Fetischen und Körperspuren. Innenleben ist ersetzt durch ›Body-Building‹, wie eine Textsammlung des Jahres 1980 heißt. Der literarische Text, der diese Ersetzung vornimmt, verweist aber auf das Unbewußte gerade dadurch besonders deutlich, daß er es nicht zum Sprechen bringt, sondern sein Wirken an der Außenhaut des Körpers aufzeigt.

Botho Strauß wollte sich mit dieser Art von poetischer Psychographie nicht zufriedengeben. In seinen Texten ist eine gegenläufige Bewegung zu erkennen: In phantasmagorischen Bildern tauchen große Einzelne auf, die der verkümmerten Subjektivität ein neues, edles Menschentum entgegensetzen. Sie füllen die Leerstellen, die das verabschiedete Subjekt hinterließ.

Die Texte von Handke, Kirchhoff und Strauß beschreiben nicht das Leben ihrer Autoren. Folglich sind sie auch nicht im engen Sinne autobiographisch. Aber sie erschreiben den Autoren die Möglichkeit, in einem eigenen, unverwechselbaren Stil sprechen zu können. Freilich steht – trotz der Emphase, mit der Handke und Strauß das Gegenteil behaupten – dieser Stil nicht mehr als Zeichen für die Stimme des Subjekts, sondern als »erkaltete Herzensschrift«[42] von Schriftstellern, die davon ausgehen, daß ein zur Schrift gewordenes Ich nie identisch sein kann mit der unmittelbaren empirischen Person. Die Sprache steht als unhintergehbar Objektives zwischen den Gefühlen des Autors und den gedruckten Seiten, die dem Leser vor die Augen kommen.

Die ›neuen Subjektiven‹ wollten diese Behauptung mit lauter Stimme übertönen. Autoren wie Handke, Kirchhoff und Strauß arbeiten sich an ihr ab. Zur gleichen Zeit schreiben ältere Schriftsteller auch autobiographische Texte im Sinne der Gattungstradition. Sie versöhnen dabei den persönlichen Ausdruck mit den »narrativen Strukturen«[43] der Autobiographie.

8. Der Formbestand autobiographischen Schreibens

Elias Canettis groß angelegte Darstellung seiner Jugendzeit umfaßt drei Bände. Ausführlichkeit ist allerdings kein Kriterium für Wert oder Unwert einer Autobiographie. Was Canettis Text interessant macht, ist die analytische Konstruktion, die das Material gliedert und rechtfertigt. An Widerständen und Ermutigungen, in traumatischen Momenten und Augenblicken des Triumphs entwickeln sich die Qualitäten, durch deren Besitz Canetti sich als Schriftsteller rechtfertigt: Die Sprachfähigkeit (›Die gerettete Zunge‹, 1977), die Hör- und Ausdrucksfähigkeit (›Die Fackel im Ohr‹, 1980) und schließlich das Seh- und Differenzierungsvermögen (›Das Augenspiel‹, 1985).

Nicht jeder arbeitet seine Selbstdarstellung zu einem anspruchsvollen Kunstwerk aus. Die Entwicklung der techni-

420   SUBJEKTIVITÄT UND AUTOBIOGRAPHIE

schen Medien bietet andere Möglichkeiten. Als neueste Weiterentwicklung des Buchtyps ›Gespräche mit Goethe‹ von Johann
Peter Eckermann muß also das »autobiographische Interview«
genannt werden, in dem Autoren Stellung beziehen zu ihrem
Leben und Schreiben.[44]

Andere Autoren wiederum machen Aussagen über ihr Leben
nur in *Momentaufnahmen* und Skizzen. Marie Luise Kaschnitz
bezeichnete etwa nur die Orte, in denen sie einmal wohnte
(›Orte‹, 1973). Die vage Analogie zur Photographie, die man diesem achronologischen Verfahren unterstellen kann, sprach Wolfdietrich Schnurre schon im Titel seiner autobiographischen Prosa
aus: ›Der Schattenfotograf‹ (1978). Diese Formulierung benennt
aber nicht nur die Analogie zwischen Schreiber und Photograph,
sondern auch den Unterschied. Mit Worten kann man auch das
noch abbilden, was dem Lichtbild sich entzieht: Phantasien, Wünsche, Erinnerungen.

Auch *Tagebuchaufzeichnungen* gehören in den Umkreis des
autobiographischen Schreibens. Sie referieren gewöhnlich keine
Fakten und Ereignisse, sondern geben innere Ansichten preis, die
sich zu einer geistigen Physiognomie des Autors verbinden. Ernst
Jüngers Alterstagebücher (›Siebzig verweht I und II‹, 1980/81)
stilisieren sorgfältig das Bild eines ›Anarchen‹, der das Tagesgeschehen nur noch aus weiter Ferne registriert. Alfred Andersch,
Karl Heinz Bohrer und andere halten Jüngers geistige Physiognomie für eine der bedeutendsten unserer Zeit.[45] 1982 wurde Jünger mit dem Goethe-Preis der Stadt Frankfurt geehrt. Proteste,
die an Jüngers elitär faschistisches Politikverständnis erinnerten,
bewiesen ihm nur, was er schon immer wußte: Daß der ›geistige
Mensch‹ nirgends so unfrei lebt wie in der Demokratie. Auch die
Prachtausgabe seiner Tagebücher wird wohl an dieser Überzeugung nichts ändern können.

Dem Tagebuch nahestehend, aber in Einzelheiten verschieden
– so beschreibt Sylvia Schwab das ›Bewußtseinsprotokoll‹.[46] Sie
nennt ›Masante‹ (1973) von Wolfgang Hildesheimer, aber auch
›Lefeu oder der Abbruch‹ (1974) von Jean Améry. In seiner
Autobiographie ›Unmeisterliche Wanderjahre‹ (1971) hatte
Améry dargestellt, was ihn prägte: Studium in Wien, Verfolgung

und Folterung durch Nationalsozialisten, lebenslanges Exil in Belgien. Den psychischen Schäden, die diese zerstörte Lebenszeit hinterließ, näherte sich Améry im Schutz der Fiktion. Der Emigrant Lefeu, der früher Feuermann hieß, geht mit dem abbruchreifen Haus zugrunde, in dem er wohnt. Das große Attentat auf die Welt, von dem er träumte, verübt er nur gegen sich selbst. Auch dieser Selbsthaß ist ein Produkt seiner Lebensgeschichte. Lefeu war Häftling in einem Konzentrationslager. Man konnte auch schon vor Amérys Freitod 1978 vermuten, daß autobiographische Momente in diesen Text eingegangen sind. Aber ausgesprochen werden sie nicht. Hier schreibt ein Schriftsteller ›authentisch‹, gerade weil er nicht direkt über sich schreibt.

Elemente des Fiktionalen fehlen zwar in autobiographischen Texten nie völlig. Max Frischs Prosatext ›Montauk‹ (1975) etwa macht davon eingestandenermaßen Gebrauch.[47] In manchen Büchern aber sind sie sogar unerläßlich, damit eine Erinnerung überhaupt zu Wort kommen kann. Alfred Anderschs Erzählung ›Der Vater eines Mörders‹ (1980) beschreibt eine Schulstunde in einem Münchener Gymnasium, dessen Direktor der Vater Heinrich Himmlers war. Der Schüler, der unter diesem Direktor zu leiden hat, heißt in der Erzählung Franz Kien. Im Nachwort ergänzt Andersch, daß er selber dieser Schüler war, aber eine dritte Person gebraucht habe, um seine Erinnerungen ausdrücken zu können. Das ist das Verfahren des ›autobiographischen Romans‹,[48] das z. B. auch Walter Kempowski zur Herstellung seiner Erfolgsromane ›Tadellöser & Wolff‹ (1971), ›Uns geht's ja noch gold‹ (1972) u. a. m. angewandt hat.

Als »Darstellung des eigenen Lebens« mit literarischen Mitteln definiert das Lexikon die Autobiographie.[49] Die vielen Spezifikationen dieser allgemeinen Bestimmung ergeben sich nicht nur aus den verschiedenen Lebensläufen, sondern auch aus den Regeln des autobiographischen Schreibens. Nicht jede persönliche Erfahrung kann in jedem Text zum Thema gemacht werden.

Politikermemoiren etwa dürfen noch weniger Privates ausplaudern als eine literarische Autobiographie. Die Bücher der beiden Bundeskanzler der siebziger Jahre, Willy Brandt (›Links und Frei‹, 1982) und Helmut Schmidt (›Menschen und Mächte‹,

1987) legen Rechenschaft ab über ihr politisches Wirken, nicht über ihr Privatleben. Damit stehen sie dann auch am Rand dessen, was als Autobiographie rezipiert wird. Zwar erreichten beide Bücher Spitzenplätze auf den Bestsellerlisten, aber nicht in der Rubrik ›Belletristik‹, sondern in der Abteilung ›Sachbuch‹.

Der Formbestand des autobiographischen Schreibens wäre somit umrissen. Alle Texte, die diesen Formbestand illustrierten, erschienen nach 1970. Aber keiner wäre rechtmäßig unter der Rubrik ›neue Subjektivität‹ zu verzeichnen.[50] Vielmehr drücken sich hier noch immer Formen einer älteren Subjektivität aus. Sie legitimiert sich nicht durch die Abweichung von Normen, sondern durch deren überlegte Erfüllung. Das fortgeschrittene Alter der Autoren ist nicht Ursache, sondern ein weiteres Indiz für diese Erfüllung. Die Autobiographien von Canetti, Kaschnitz, Améry sind Rückblicke sozusagen nach getaner Arbeit. Aber damit sind sie nicht einfach individualgeschichtlich am rechten Platz. Auch nach den Konventionen der älteren Autobiographik gehörte es sich nicht, Erinnerungen vor vollendetem vierzigstem Jahr aufzuschreiben. Benvenuto Cellinis ›Vita‹ (1558) weist ausdrücklich auf diese Regel hin. Und Johann Gottfried Seume begründete in ›Mein Leben‹ (1810) seinen Verstoß gegen die Regel mit seinem angegriffenen Gesundheitszustand, der ihm für derartige Anstandsfristen keine Zeit ließ.

Die meisten Autobiographen der ›neuen Subjektivität‹ hatten dieses schickliche Alter noch nicht erreicht, als sie anfingen, autobiographische Formen zu benutzen. Sie schrieben auch nicht nach getaner Arbeit. Die Darstellung des eigenen Lebens *war* die Arbeit. Als originelle neue Lösung der Erzählerproblematik hat man ihre Beschäftigung mit dem Ich literarhistorisch gedeutet.[51] Aber die wirkungsvollste Legitimation für verfrühte Autobiographien entsprang nicht eventuellen literarischen Innovationen, sondern dem Versuch, persönlich, oder individuell, oder privat gegen die Reglementierungen des Schreibens und Publizierens vorzugehen. Dieser Versuch ist auch in früheren Zeiten immer wieder unternommen worden – und ist letztes Endes immer gescheitert. Trotzdem war er nicht umsonst. Diese Behauptung verlangt eine Begründung.

9. Zwischen Bedingtheit und Unbedingtheit

Was man ›Literatur‹ nennt, entsteht nach Maßgabe von grammatischen Regeln und stilistischen Vorschriften. Und selbst wenn günstige Zeitumstände es – wie in den sechziger und frühen siebziger Jahren – möglich machen, gegen allzu rigide Zwänge zu rebellieren, bleibt immer noch als letzte Begrenzung die Struktur des Sprachsystems selbst. Sie ist schon da, bevor überhaupt ein Sprech- oder Schreibakt stattfindet. Durch Determinierungen und Ausschlüsse bestimmt sie, welche Äußerungen zu einem bestimmten Zeitpunkt möglich, welche unmöglich sind. So beschrieben, erscheint die Literatur als gesellschaftliche Institution, die nur anonymen Regeln und Prozessen zu gehorchen scheint. Immer wieder haben Literaturtheoretiker behauptet, daß der *Autor* und seine subjektiven Besonderheiten keine notwendige Bedingung der Literaturproduktion seien.[52] Trotzdem versuchen einzelne Autoren immer wieder, in Texten autobiographischen Charakters und anderen Selbstdarstellungen die Wichtigkeit künstlerischer Subjektivität zu behaupten. Während also in unterschiedlichen Theoriemodellen das Verschwinden des Autors in den übermächtigen Strukturen analysiert wird, stellen Schriftsteller ihre Subjektivität als wesentliches Ferment des Schreibens dar. In diesem Gegensatz sieht Uwe Japp »zwei rivalisierende Poetiken oder Theorien des Schreibens« am Werk, »die den Autor einerseits im Schatten seiner institutionellen Bedingtheit, andererseits im Lichte seiner individuellen Unbedingtheit zeigen«.[53]

Für diese gleichzeitige Existenz zweier rivalisierender Theorien gibt es Gründe, die jenseits der Alternative ›richtig‹ oder ›falsch‹ liegen. Denn die Instanzen der Normierung im Denken, Sprechen und Schreiben sind zwar überall wirksam, aber sie diktieren dennoch nicht den Wortlaut eines jeden Textes. In der Befolgung der strukturellen Vorgaben herrscht eine relative Freiheit. Und damit sind unter anderem auch Spielräume für Präsentationsformen unterschiedlicher Subjektivitäten gegeben.[54]

Michael Braun

Lyrik

1. Vom politischen Gedicht zum ›Kampftext‹

Als markante Zäsur in der westdeutschen Lyrikgeschichte kann
das Jahr 1965 gelten, das Jahr, in dem Walter Höllerers ›Thesen
zum langen Gedicht‹ erschienen und die Grundfesten eines, vor
allem durch Gottfried Benn und Hugo Friedrich zementierten,
konservativen Lyrik-Begriffs erschütterten.[1] Im gleichen Jahr
gründete Hans Magnus Enzensberger das ursprünglich als literarische Zeitschrift konzipierte ›Kursbuch‹, das sich ab Heft 2 der
politischen Alphabetisierung Deutschlands verschrieb. Parallel zur
ersten großen ökonomischen Krise nach Gründung der Bundesrepublik begann sich 1965 auch die Politisierung der westdeutschen Studenten deutlich abzuzeichnen. [→ 19 ff.]

Mit dem Aufbruch der ›Studentenbewegung‹, an deren politischer Theoriebildung das ›Kursbuch‹ entscheidenden Anteil hatte,
erfährt auch das politische Gedicht, das bis dahin in der Nachkriegslyrik ein eher marginales Dasein führte, eine grundlegende
Neudefinition: Es gilt fortan als ein Instrument der politischen
Aufklärung und Bewußtseinsbildung. Das neue politische Gedicht
verzichtete weitgehend auf die metaphorisierenden und ver-
schlüsselnden Redeweisen traditioneller Lyrik und versuchte sich
im direkten sprachlichen Zugriff auf politische Sachverhalte.
Seine stilistischen Mittel entlehnte es vornehmlich dem Bereich
der didaktischen Dichtung: Spruch, Aphorismus, Epigramm,
Parabel, Satire, Chanson, Ballade und Parodie waren die bevorzugten Formen. Gedichte von Erich Fried (›und Vietnam und‹,
1966), Friedrich Christian Delius (›Abschied von Willy‹, 1966)
und Yaak Karsunke (›Kilroy & andere‹, 1967) formulierten
repräsentativ das politische Credo der Studentenbewegung und
die Motive ihres Protests. Peter Hamm erinnerte in seiner
Gedichtsammlung ›Aussichten‹ (1966) an die Forderung Brechts,
daß auch die Lyrik etwas sein müsse, »was man ohne weiteres auf
den Gebrauchswert untersuchen können muß«.[2] Die »neue gegen-

ständliche Lyrik«, die Hamm fordert, zielt auf die »Veränderung der herrschenden Zustände«, indem sie »die Widersprüche bundesrepublikanischer Wirklichkeit immer deutlicher hervortreten« läßt. Peter Rühmkorf erhob schließlich das Gedicht zum »Lügendetektor« und »Dechiffriergerät ⟨...⟩, geeignet, herrschende Einwickelverfahren nachhaltig zu durchleuchten und somit ein Stück künstlich verdunkelter Welt zur Kenntlichkeit zu entwickeln«.[3]

Die Bildung der großen Koalition zieht 1966 einen Radikalisierungs- und Polarisierungsprozeß nach sich, der 1967 zur Auflösung der Gruppe 47 unter dem Druck der Studentenbewegung und der APO führt. Auf dem Höhepunkt der Revolte gerät auch die Lyrik unter Ideologieverdacht, wird ihre Tauglichkeit für ein operatives Literaturkonzept vehement in Zweifel gezogen. Im Gegensatz zu Enzensbergers Theorem vom Gedicht als »Produktionsmittel«, mit dessen Hilfe »beschränkte Wahrheiten produziert« werden können,[4] verwirft Peter Hamm nur ein Jahr nach dem Erscheinen seiner Anthologie ›Aussichten‹ das Gedicht als »sozusagen dem Stand der Produktionsmittel nicht angemessen«.[5] Brechts Anspruch auf den ›Gebrauchswert‹ der Lyrik münzen Hamm und nach ihm die Propagandisten des Agitprop um in die rigorose Forderung nach unmittelbarer politischer Wirksamkeit. Die entschiedene Absage an das Autonomie-Postulat der bürgerlichen Ästhetik verbündet sich mit einem voluntaristischen Insistieren auf politischer Praxis. Der tief idealistische Traum vom Geist, »der zur materiellen Gewalt wird, indem er die Massen ergreift« (Karl Marx), beflügelt auch die Konzeptionen der Autoren, deren »Kampftexte« sich in den Dienst revolutionärer Tendenzen zu stellen versuchen. Rekurrierend auf ein Diktum von Walter Benjamin, daß literarische Texte »neben und vor ihrem Werkcharakter eine organisierende Funktion besitzen (müssen)«,[6] postulieren die Agitprop-Texter die funktionelle Eingliederung der Literatur in politische Praxis. Das »ästhetische Gedicht« gilt ihnen als »eine sublimierte Form der Ausbeutung«, als ratlos gewordener bürgerlicher Individualismus.[7] Die Anti-Poetik des Agitprop zielt so nicht nur auf die »Entthronung der Kunst«, sondern auch auf die Selbstaufhebung der Poesie in der politischen Tat. Konsequent

schließt ein Gedicht einer Anthologie ›gegen den krieg in vietnam‹ mit den Zeilen: »Keine Gedichte gegen den Krieg in Vietnam!/AKTIONEN!!«[8] Der Liedermacher Franz-Josef Degenhardt
hat den Frontalangriff auf repressive gesellschaftliche Verhältnisse, der die Negation der bürgerlichen Literatur einschließt, auf
eine bündige Formel gebracht: »Zwischentöne sind bloß Krampf/
im Klassenkampf«.[9]

In einer direkten Replik auf Peter Hamm plädiert Karsunke
1968 für ein Festhalten an politisch reflektierter Literatur. Die
vermeintlich revolutionäre Kapitulation der Lyrik vor der Politik
ignoriere die Erkenntnispotentiale einer gesellschaftskritischen
Kunst:

> In Wirklichkeit wird damit nämlich der bürgerlichen Kunst kampflos
> das Schlachtfeld geräumt – lediglich nach Einbruch der Dunkelheit
> schleichen die radikalen Produktionseinsteller heimlich und einzeln dort-
> hin zurück, um im bleichen Licht des Mondes in lyrischen Neuerschei-
> nungen zu blättern ⟨...⟩ Auch ihre radikale Verneinung wird der bürger-
> lichen Kunst aber ihren Sonderstatus nicht zurückgewinnen können,
> dem ihre enttäuschten Liebhaber nachtrauern. Man wird sie nicht aus
> der Geschichte heraushalten können, indem man sie abschafft – sie wird
> aufgehoben werden, und nicht allein mit literarischen Mitteln.[10]

Widerspruch erntete das kulturrevolutionäre Programm der
Agitprop-Autoren aber auch von seiten jener Autoren, die auf
immanenter Reflexion des Kunstwerks und dem poetischen
Mehrwert des Gedichts beharrten. Die Polemiken von Peter
Härtling und Günter Grass gegen die Parteilichkeit der politischen Dichtung zielen zugleich auf die politische Fundamental-
kritik der kulturrevolutionär orientierten Intellektuellen am
Gesellschaftssystem der Bundesrepublik. Das politische Gedicht
eines Fried, so argumentiert z. B. Härtling, beruhe auf Wirklichkeiten aus zweiter Hand. Grass mokiert sich in zahlreichen Essays
und Gedichten über die »Ohnmacht des Protestgedichts« und die
»revolutionären Sandkastenspiele der Literatur«. So auch in seinem Gedicht ›Irgendwas machen‹:[11]

Wie Stahl seine Konjunktur hat, hat Lyrik ihre Konjunktur.
Aufrüstung öffnet Märkte für Antikriegsgedichte.
Die Herstellungskosten sind gering.

Man nehme: ein Achtel gerechten Zorn,
zwei Achtel alltäglichen Ärger
und fünf Achtel, damit sie vorschmeckt, ohnmächtige Wut.
Denn mittelgroße Gefühle gegen den Krieg
sind billig zu haben
und seit Troja schon Ladenhüter.

2. Der Scheintod der Literatur

Ästhetische Autonomie versus politische Relevanz: Im Verlauf der
Diskussion über poetisches Engagement, über Agitprop und
»Kampftexte« verschärft sich der Widerspruch zwischen beiden
Positionen zum unaufhebbaren Gegensatz. Exemplarisch läßt sich
dieser Konflikt auch an Hans Magnus Enzensbergers literaturtheoretischen Essays studieren, an den Modifikationen und
Selbstkorrekturen, denen sie der Autor im Laufe der Jahre unterzogen hat.[12]
   Im Blick auf die Instrumentalisierung des Gedichts in den »finsteren Zeiten« politischer Diktatur, in denen »politisch Schlechtes
ein künstlerisch Schlechtes wird und umgekehrt«, nahm Enzensberger 1962 in seinem grundlegenden Essay ›Poesie und Politik‹
ästhetische Theoreme T. W. Adornos auf, die jegliche Parteinahme
negieren und sich auf das ästhetische Postulat zurückziehen, die
Kunst urteile durch »Enthaltung von Urteil«.[13] Dabei werden Poesie und Politik als autonome und antagonistische Sphären begriffen, um aus dieser Gegenüberstellung den politischen Auftrag des
Gedichts abzuleiten, »sich jedem politischen Auftrag zu verweigern«. Texte, die explizit politische Zwecke verfolgen – ob poetisches Herrscherlob oder gesellschaftskritisches Gedicht –, hält
Enzensberger ungeachtet ihrer politischen Differenzen für objektiv austauschbar und antipoetisch. Der authentischen Poesie
erkennt er a priori, in ihrem »bloßen Dasein«, subversive Qualitäten zu:

Das Gedicht ist, in den Augen der Herrschaft ⟨...⟩ anarchisch; unerträglich weil sie darüber nicht verfügen kann; durch sein bloßes Dasein
subversiv. Es überführt, solange es nur anwesend ist, Regierungserklä-
rung und Reklameschrei, Manifest und Transparent der Lüge.[14]

Diese Hoffnung auf die subversive Kraft ästhetisch avancierter Gebilde hat Enzensberger sechs Jahre später verloren. In seinen berühmt gewordenen ›Gemeinplätzen, die Neueste Literatur betreffend‹[15] diagnostiziert er nicht nur die Harm- und Funktionslosigkeit literarischer Kunstwerke, sondern auch das Scheitern revolutionärer Literatur-Konzepte:

> Eine revolutionäre Literatur existiert nicht, es wäre denn in einem völlig phrasenhaften Sinn des Wortes ⟨. . .⟩ Die bisherigen Versuche, gleichsam mit Gewalt aus dem Ghetto des Kulturlebens auszubrechen und ›die Massen zu erreichen‹, etwa mit den Mitteln des Agitprop-Songs oder des Straßentheaters, sind gescheitert. Sie haben sich als literarisch irrelevant und politisch unwirksam erwiesen.

Einer Übereinkunft der Literaturwissenschaft zufolge hat Enzensberger im ›Kursbuch 15‹ den »Tod der Literatur« proklamiert.[16] Eine genaue Lektüre seines Aufsatzes widerlegt diese plakative Interpretation. Enzensberger weist nicht nur nach, daß die Rede vom »Tod der Literatur« eine literarische Metapher ist, sondern benennt auch die Gründe für das Wiederaufleben dieser Metapher. Die illusionären Hoffnungen der Intellektuellen auf die aufklärerischen Wirkungen der Literatur schlagen – so Enzensberger – jetzt in Enttäuschung um:

> Die Literatur sollte eintreten für das, was in der Bundesrepublik nicht vorhanden war, ein genuin politisches Leben ⟨. . .⟩ Und je mehr die westdeutsche Gesellschaft sich stabilisierte, desto dringender verlangte sie nach Gesellschaftskritik in der Literatur; je folgenloser das Engagement der Schriftsteller blieb, desto lauter wurde nach ihm gerufen.

Daß Enzensberger nie in den Ruf nach dem »Tod der Literatur« mit einstimmte, zeigt auch seine Warnung vor dem »revolutionären Gefuchtel«, das »in der Liquidierung der Literatur die Erleichterung für die eigene Ohnmacht sucht«:

> Statt den Verfassern schmaler Bändchen ein Hände hoch! zuzurufen, müßten die militanten Gruppen gegen die mächtigen kulturellen Apparate vorgehen, deren gesellschaftliche Funktion im Gegensatz zu der von Poesie und Prosa nur allzuklar erkennbar ist, und ohne deren Herrschaft Herrschaft insgesamt nicht mehr gedacht werden kann.

Als 1971 eine Gedichtsammlung von Enzensberger erschien, die Texte aus den Jahren 1955 bis 70 versammelt, zeigte sich, daß er auch auf dem Höhepunkt der Debatte über den »Tod der Literatur« Gedichte geschrieben hatte. Wie ein Fazit der Debatte liest sich sein Gedicht ›Zwei Fehler‹:

Ich gebe zu, seinerzeit
habe ich mit Spatzen auf Kanonen geschossen.

Daß das keine Volltreffer gab,
sehe ich ein.

Dagegen habe ich nie behauptet,
nun gelte es ganz zu schweigen.

Schlafen, Luftholen, Dichten:
das ist fast kein Verbrechen.

Ganz zu schweigen
von dem berühmten Gespräch über Bäume.

Kanonen auf Spatzen, das hieße doch
in den umgekehrten Fehler verfallen.

Der Streit über die Aufgaben der Literatur im Spätkapitalismus war noch nicht verstummt,[17] da setzte sich schon angesichts der massenhaften Produktion fließbandreifer »Kampftexte« die Einsicht durch, daß es sich beim Agitprop um »ein äußerst künstliches Schulungsmaterial handelt, das weniger den Sozialismus ausbreiten hilft als vielmehr die Epigrammaticitis«.[18] Tatsächlich aktiviert der Agitprop strukturell nicht die politische Reflexion, sondern fordert nur das blinde Einverständnis des Lesers oder Hörers. Die programmatische Ausnüchterung der Sprache zum didaktischen Lehrmaterial führt zu phrasenhafter Rhetorik und zur Ausblendung von Subjektivität und sinnlicher Erfahrung.[19] Brechts Kritik an den pseudolyrischen Parolen seiner Kollegen, formuliert in den dreißiger Jahren, liest sich wie eine Antizipation der ästhetischen Defizite des Agitprop:

Flach, leer, platt werden Gedichte, wenn sie ihrem Stoff seine Widersprüche nehmen, wenn die Dinge, von denen sie handeln, nicht in ihrer lebendigen, d. h. allseitigen, nicht zu Ende gekommenen und nicht zu

Ende formulierenden Form auftreten. Geht es um Politik, so entsteht dann die *schlechte* Tendenzdichtung ⟨...⟩ Man bekommt mechanische Parolen, Phrasen, unpraktikable Anweisungen.[20]

Um nicht in die Falle der »schlechten Tendenzdichtung« zu gehen, versuchten schon ab 1967 die als »Alltagslyriker« apostrophierten Poeten im Gedicht die »bürgerliche Ressortteilung zwischen privat und politisch«[21] aufzuheben. Nachdem um 1970 die Hoffnungen auf unmittelbare revolutionäre Praxis zerbrochen waren, erschien bald vielen Autoren, die zuvor der Literatur Erkenntnis- und Wirkungsvermögen abgesprochen hatten, die Lyrik wieder als ein Ort, an dem die konkrete Utopie weiterleben konnte. Im ›Kursbuch‹ revidierte Hans Christoph Buch 1970 die kulturrevolutionären Verdikte gegen die Literatur.[22] Im gleichen Jahr registrierte er das Auftauchen einer lyrischen Schreibweise, die nach den hohlen Deklamationen des Agitprop zu einer geglückten Balance zwischen begrifflichem Denken und sinnlicher Erfahrung finden wollte.[23]

3. Die Poetik des Alltagsgedichts

Was als Lyrik der ›Neuen Sensibilität‹ oder ›Neuen Subjektivität‹ ab etwa 1975 in der literarischen Öffentlichkeit kontrovers diskutiert wird, hat als Formulierung eines poetischen Programms in den Jahren 1965 bis 1968 begonnen. Nach Abzug aller explizit polemischen Definitionen bietet sich für die vorherrschende lyrische Schreibweise in den siebziger Jahren der Begriff ›Alltagslyrik‹ an, den Michael Buselmeier vorgeschlagen und der sich mittlerweile in literaturwissenschaftlichen Studien durchgesetzt hat.[24] Als Sammelbezeichnung für die Gedichte, in denen ein von der ›Studentenbewegung‹ geprägtes Subjekt seine »alltäglichen Gedanken und Erfahrungen, Stimmungen und Gefühle« (Jürgen Theobaldy) thematisiert, erscheint dieser Terminus brauchbarer als die vage Formel »neue Subjektivität«.[25]

Höllerer hat mit seinen ›Thesen zum langen Gedicht‹ nicht nur die Grundrisse einer »offenen Poetik« entworfen, sondern gleichzeitig die alltagslyrische Rebellion gegen das Nachkriegsgedicht vorbereitet. Sein Plädoyer für eine Lyrik »mit freierem Atem« enthält poetische Maximen, die in der Lyrik-Diskussion der siebziger Jahre zum Gegenstand heftiger Auseinandersetzungen wurden. So betont Höllerer z. B. den kommunikativen Impetus der »langen Gedichte« und plädiert für die Zurücknahme emphatischer Gebärden:

Alle Feiertäglichkeit weglassen ⟨. . .⟩ Im langen Gedicht will nicht jedes Wort besonders beladen sein ⟨. . .⟩ Das lange Gedicht gibt eher Banalitäten zu, macht Lust für weiteren Atem ⟨. . .⟩ Subtile und triviale, literarische und alltägliche Ausdrücke finden somit notgedrungen im langen Gedicht zusammen, spielen miteinander – wie Katz und Hund.

Die Kritik Höllerers am kurzen, hermetischen Gedicht zielte jedoch nicht auf die radikale Negation eines obsoleten Gedichttypus. Er verstand vielmehr das »lange Gedicht« als dialektische Gegenbewegung zum kurzen bzw. »aristokratischen« Gedicht; seine Thesen waren Vorschläge zur Erweiterung der lyrischen Ausdrucksmöglichkeiten. Der apodiktische Tonfall in den Programmschriften der Alltagslyrik, in denen der »Bruch mit der Tradition« oder das »Ende der hermetischen Lyrik« beschworen wird,[26] unterscheidet sich deutlich von der anti-normativen Geste Höllerers. »Es wäre also absurd zu fordern«, schreibt Höllerer in seiner Antwort auf die Kritik Karl Krolows,[27] »daß ein Gedichttyp allgemein einen anderen ›ablösen‹ solle.«

In seinem ironischen Essay ›Dogmatisches über Gedichte‹[28] verschärft Günter Herburger 1967 Höllerers Kritik an einem Lyrik-Begriff, der das Gedicht in eine weihevolle Sphäre des Erhabenen entrückt. In seinem Verdikt gegen die »blattvergoldeten Worte« metaphernschwerer Dichtung preist Herburger die »kleinen ungenauen Worte« und die »Sprache, die mit dem Allernächsten beginnt«. Gedichte charakterisiert er nicht wie weiland Gottfried Benn als exorbitante Produkte künstlerischer Metaphysik, sondern als »Kleinigkeiten«:

Kleinigkeiten würde ich sagen, Gedichte macht man nebenher. Man läßt ab und zu ein wenig Dampf ab, schreibt ein paar Linien, die nicht wie üblich von einem Rand zum andern reichen, über ein Thema, zu dem einem nicht mehr einfällt. Wer Verstopfung hat, nimmt Abführpillen, wer glaubt, eine Idee zu haben und Zeit sparen will, der macht ein Gedicht.

Eine Neudefinition des Gedichts in Richtung auf einen poetischen Alltagsrealismus unternimmt auch Nicolas Born, der in seinem ersten Gedichtband ›Marktlage‹ (1967) die »rohe, unartifizielle Formulierung« proklamiert.[29] Wie Herburger lokalisiert auch Born die Poesie »in den Rissen des Materials«:

Weg von der alten Poetik, die nur noch Anleitung zum Poetisieren ist; weg von Symbol, Metapher, von allen Bedeutungsträgern; weg vom Ausstattungsgedicht, von Dekor, Schminke und Parfüm. Die Gedichte sollen roh sein, jedenfalls nicht geglättet; und die rohe, unartifizielle Formulierung, so glaube ich, wird wieder Poesie, die nicht geschmäcklerisch oder romantisierend ist, sondern geradenwegs daher rührt, daß der Schreiber Dinge, Beziehungen, Umwelt direkt angeht, das heißt also, Poesie nicht mit Worten erfindet.

In den Sätzen Herburgers und Borns kristallisiert sich die Leitthese der alltagslyrischen Poetik: Eine von *allen traditionellen Stilmitteln,* Metaphern und Symbolen befreite Gedichtsprache soll den *unmittelbaren* Zugriff auf alltägliche Erfahrungswirklichkeit ermöglichen. In ihren ersten Gedichtbänden versuchen Born (›Marktlage‹, 1967; ›Wo mir der Kopf steht‹, 1970) und Herburger (›Ventile‹, 1966; ›Training‹, 1969) sich vom Formenrepertoire der poetischen Tradition freizuschreiben und demonstrativ alltägliche Erfahrungen zu thematisieren. Im Mikrokosmos des lyrischen Subjekts soll das Allgemeine eines gesellschaftlichen Zustands aufscheinen. Die Schlußzeilen von Herburgers Gedicht ›Training‹ illuminieren sein spontanes und assoziativ-montierendes Schreibverfahren:

Meine Rache wird ein Formulierungstraining sein,
denn die Sachen, les choses, things, dingsbums oder wie man dazu sagt
sie sind da, vermehren sich, rempeln, wollen Namen, Beziehung, Kalkül
stolz segle ich im Sog, lerne Sanskrit und Rätoromanisch
und benütze wie viele ein leckes Boot. Die Metapher zieht Wasser.
Mir fallen Beliebigkeit und Zufall ein, die in Wirklichkeit
den Sack vollmachen, den man Schicksal nennt, ich sage Zeit, Schnitt,
Kino,
Wechsel, Impuls und Programm und schwimme mich lärmend frei.

Die Poetik des Alltagsgedichts 433

Die Kritik an der abstrakten Begriffskultur der Studentenbewegung wurde ab 1973 im ›Literaturmagazin‹ vorgetragen, in dem Born, Delius, Buch, u. a. Gedichte und Essays publizierten. Mit griffigen Formulierungen faßt Buch 1974 das Programm einer Literatur der persönlichen Erfahrung zusammen:

〈. . .〉 Hören wir auf, die idiotische Trennung von persönlicher und politischer Erfahrung mitzumachen und begreifen wir unsere persönliche Erfahrung als politisch und unsere politische Erfahrung als persönlich 〈. . .〉 Hören wir auf, uns hinter dem Rücken der Arbeiter zu verstekken und die Literatur in ein Unterdrückungsinstrument zu verwandeln, das nur unsere kleinbürgerlichen Schuldgefühle und unsere Verachtung der Arbeiter ausdrückt; hören wir auf, stellvertretend für andere deren Erfahrung zu beschreiben, die wir nur aus Büchern oder aus ein paar Wochen Fabrikarbeit kennen. Schreiben wir über unsere eigenen Erfahrungen! Und werfen wir endlich den theoretischen Ballast über Bord, den wir in unseren Köpfen aufgehäuft haben und der uns daran hindert zu denken und zu fühlen, so daß wir anstatt Literatur nur noch Literaturtheorie produzieren!

Der alte Dualismus ästhetische Autonomie/politische Relevanz kehrt hier wieder als unversöhnlicher Gegensatz von Erfahrung und Theorie. Buch macht sich zum Sprecher einer literarischen Bewegung, deren Programm er nie einzulösen vermochte.[30]

Als sei durch den literarischen Rekurs auf die alltägliche Lebenswelt automatisch die Wahrheit des poetischen Sprechens verbürgt, zieht sich auch die Alltagslyrik auf private Erfahrungen und Erlebnisse zurück. Das Bedürfnis nach einer »neuen Subjektivität« und nach »eigenen Erfahrungen« prägt den Gestus der Gedichte: »Gespenstische Alltagserfahrungen« und ihr oft krasser Widerspruch zu theoretischen Reflexionen und politischen Utopien avancieren zum poetischen Leitmotiv.[31] Die Versessenheit aufs kleine und nahe Detail und den privaten Erfahrungsbereich wird jedoch fast immer begleitet von einem vitalen Interesse an der Vermittlung gesellschaftlicher Realität samt ihrer Widersprüche. In seinen programmatischen Essays ›Das Gedicht im Handgemenge‹ (1975) und ›Veränderung der Lyrik‹ (1976) hat Theobaldy, von der Kritik immer wieder als Repräsentant der Alltagslyrik gelobt und geschmäht, die Maximen von Born, Her-

burger und Buch bekräftigt: Die spezifische Qualität des Alltagsgedichts will er mit seinen ›authentischen‹ Gesten, der »Unmittelbarkeit der gesprochenen Sprache« und dem »Glanz des einfachen
direkten Ausdrucks« fundieren.[32]

In dieser Prämisse alltagslyrischen Dichtens verbirgt sich ein
naives Selbstmißverständnis. Denn die Protagonisten der Alltagslyrik zeigen sich blind gegenüber den Stilisierungen, die auch
einer umgangssprachlichen Redeweise im Gedicht innewohnen.
Es gibt in der Literatur kein natürliches oder ›unmittelbares‹
Sprechen. Wo Umgangssprache verwendet wird, erscheint sie in
einem ›künstlichen‹, weil poetisierten Kontext. Was einfach hingesagt scheint, wird auf dem Papier zur Pose von Spontaneität.
Wenn Theobaldy positiv hervorhebt, daß die Sprache der »persönlichen Erfahrung« die Möglichkeit bietet, »Verläßliches, Über-
prüfbares zu sagen angesichts der öffentlichen Parolen«,[33] übersieht er, daß gerade die *Umgangssprache* für ideologische
Sprachmuster anfällig ist. Peter Handke hat anläßlich einer Polemik gegen die Prosaschriftsteller der ›Kölner Schule‹ das naive
Sprachvertrauen ›realistischer‹ Literatur scharfsinnig analysiert:

> Die Sprache wird nur benützt. Sie wird nur benützt, um zu beschrei-
> ben, ohne daß aber in der Sprache selber sich etwas rührt. Die Sprache
> bleibt tot, ohne Bewegung, dient nur als Namensschild für die Dinge
> ⟨. . .⟩ Es wird vernachlässigt, wie sehr die Sprache manipulierbar ist, für
> alle gesellschaftlichen und individuellen Zwecke ⟨. . .⟩ Indem man die
> Sprache nur benützt und nicht *in* ihr und *mit* ihr beschreibt, zeigt man
> nicht auf die Fehlerquellen in der Sprache hin, sondern fällt ihnen selber
> zum Opfer.[34]

Solche Sprachreflexion verweigert Theobaldy, wenn er sich in
das flinke Wortspiel flüchtet, »daß heute Gedichte nicht aus Verzweiflung vor der Unzulänglichkeit der Sprache geschrieben werden, sondern vor der Unzulänglichkeit der Welt«.[35]

Von der Sprachnaivität der Alltagslyrik, wie sie Theobaldy für
eine ganze Lyriker-Generation reklamiert, haben sich Nicolas
Born und Rolf Dieter Brinkmann, die wohl sprachmächtigsten
Vertreter des neuen Gedichts der siebziger Jahre, am weitesten
entfernt. Um sich den manipulativen Vorprägungen, die sowohl
den Fach- und Wissenschaftssprachen, als auch der Umgangs-

sprache inhärent sind, zu entziehen, versuchen sie in ihren letzten Gedichtbänden zu einer hochkomplexen Gedichtsprache zurückzufinden.[36]

4. Die Trümmer der Utopie: Rolf Dieter Brinkmann

Noch 1968/69 adoptierte Rolf Dieter Brinkmann euphorisch die hedonistischen Konzeptionen der amerikanischen Schriftsteller Frank O'Hara, William Seward Burroughs, Ted Berrigan, Ron Padgett und Charles Bukowski, den eigenwilligen Erben der Beat-Generation.[37] Im Anschluß an ihre aggressiven Poetologien forderte er die Hinwendung des Gedichts zu den Verfahrensweisen der filmischen Montage (›Der Film in Worten‹, 1969) und seine Öffnung gegenüber Trivialmythen und anderen Reizmaterialien der Kulturindustrie, um so das Gedichteschreiben zu popularisieren und die »Mystifikation ›Dichter‹ abzuschaffen«[38] [→ 160 ff.]. In der poetologischen Notiz zu seinem Gedichtband ›Die Piloten‹ (1968) proklamiert er den totalen kulturellen Kahlschlag und entwirft seine Vision lyrischer »snap-shots«, die im Gedicht zu einer beliebig verlängerbaren Reihe künstlicher Bilder zusammengefügt werden sollen:

> Ich bin keineswegs der gängigen Ansicht, daß das Gedicht heute nur noch ein Abfallprodukt sein kann, wenn es auch meiner Ansicht nach nur das an Material aufnehmen kann, was wirklich alltäglich abfällt. Ich denke, daß das Gedicht die geeignetste Form ist, spontan erfaßte Vorgänge und Bewegungen, eine nur in einem Augenblick sich deutlich zeigende Empfindlichkeit konkret als ›snap-shot‹ festzuhalten.[39]

Um 1970 sieht sich Brinkmann seiner Amerika-Utopie, seiner Hoffnungen auf den Aufbruch einer progressiven Subkultur, beraubt und rückt vom Konzept der von ihm herausgegebenen Anthologien mit amerikanischer Literatur (›Acid‹, 1969; ›Silverscreen‹, 1969) wieder ab. In den Gedichten des Bandes ›Westwärts 1 & 2‹ (1975) erarbeitet er sich eine negative Poetik, »die in sich die Verneinung der Sprache enthält«.[40] Diese negative Poetik basiert auf universal gewordener Sprachkritik.

Die »Schattenbegriffe« der wissenschaftlichen Fachsprachen und die »angestellten Sprachautomaten« der Massenmedien macht Brinkmann verantwortlich für die »Zerstörung des Ausdrucks« und die Vernichtung der Phantasie.[41] Im Bewußtsein des Zerfalls von Natur und Geschichte fixiert sich sein Haß abstrakt auf »die Gesellschaft«, die als allmächtiger Leviathan jede Lebensregung zu ersticken scheint. Die undifferenzierte Gleichsetzung von ›Gesellschaft‹ und ›Staat‹ und die Weigerung, zwischen den herrschenden »Monstern«, der »Herdenmentalität« und der »herumwildernden ideologischen Gruppen« zu unterscheiden, brachten ihn auch in Distanz zu den Denktraditionen der ›Studentenbewegung‹. Die Fluchtpunkte, die Brinkmann aufsucht, um der dröhnenden »Gedankenmaschine« und dem »Mumientanz der Begriffe« zu entgehen, führen ihn in wortlose Zustände jenseits des Zwangssystems Sprache, verloren »in einigen ganz privaten Eindrücken, Regungen, die unterhalb der Wortschwelle liegen«.[42] Einzig in der sprachlosen Unmittelbarkeit sinnlicher Erfahrungen bzw. »zärtlicher Körperempfindungen« erlebt er die Möglichkeit zu intensivem Leben fern vom »Gespensteralltag«.

Die Utopie einer Poesie ohne Wörter[43] und die Suche nach rauschhafter Natur- und Körpererfahrung werden auch im ›Fragment zu einigen populären Songs‹ (1974) programmatisch zusammengeführt. Der Text setzt ein mit Zitat-Bruchstücken und flüchtigen Impressionen, nimmt diese aber nur zum Anlaß, um in langen reflexiven Passagen die sinnliche Unmittelbarkeit einzufordern, gegen die »Gespensterbegriffe« und die »gesellschaftlichen Formeln«, die »das dreckigste Bild« des Lebens produzieren:

& wenn wir sprechen, wo fangen die Mauern an? Die Mauern sind Wörter,
kein Zweifel, die Mauern sind
          Wörter, die   (ist dieser
     Mauer ist das   Park morgens um
     Verständnis,   halb neun still
                  genug? Die Bäume
& jetzt sprechen wir nicht.   Jetzt,   tropfen.)
        da dieses Gedicht endet, jetzt
    da wir »durch diesen totgesagten Park« gehen,
  jetzt, da die vielen toten Gesichter und Augen in den
        UBahnschächten sich aufgelöst haben in einzelne Blicke,
am Morgen, am Morgen, wo jetzt das Licht nicht mehr durch Fenster

> gefiltert ist, jetzt,
> und jetzt, (da die Beziehungen
> nicht mehr länger durch Wörter hergestellt sind)
> & jetzt, da »Mehr« durchschaut ist als das lächerliche
> Furchtbare »Weniger« (in diesem sogar blassen,
> zärtlichen Morgenlicht, das diese Tagesbreiten ausfüllt, Erdlöcher, Bag-
> ger, Hochhäuser, Aufzugschächte, ein altes Spinngewebe und die Gewebe
> der Radar-Strahlen, Tagmond und Regenwolken)/kommentarlos zieht
> das Lichtgewebe über die Rasenfläche, wir gehen freundlich, ohne
> Angst, in diesem Augenblick,
> der jetzt ist:
> frisches Morgenlicht zwischen den Reklamewänden
> & Apartments, und woran haben dich nicht alle
> Rock'n Roll Lieder wieder erinnert, die gesungen worden sind, Früh-
> stück, Rolläden hoch, dieser kleine Park mit den tropfenden Bäumen im
> Morgenlicht.

Der ungeheure Verrottungszusammenhang, als der die westliche Zivilisation in Brinkmanns Poesie erscheint, manifestiert sich
formal in der zerrissenen Struktur seiner Gedichte. Momentaufnahmen aus Städten und Landschaften, Erinnerungen, Reflexionen über das Schreiben, alogisch-assoziative Fügungen und literarische Zitate werden zu einer neuen offenen Form verknüpft. Die
konventionellen Verszeilen werden aufgelöst und typographisch
zu Langzeilen aufgefächert, die mehrspaltig nebeneinander liegen.
Der ungeordneten Vielfalt und chaotischen Gleichzeitigkeit der
sinnlichen Bewußtseinsreize, die auf das lyrische Subjekt einströ-
men, entspricht die Zerschlagung der geschlossenen Gedichtform.
Nicht nur der formale Text-Zusammenhang, auch der Sinn-
Zusammenhang wird in diesen »Collagen des alltäglichen langsamen Irrsinns«[44] aufgesprengt: Einige Gedichte (›Westwärts‹,
›Rolltreppen im August‹ etc.) wuchern aus zu gigantischen Text-
fragmenten, in denen nur noch die unregelmäßige Wiederkehr
einer Leitvokabel einen inhaltlichen Zusammenhang signalisiert.

Rolf Dieter Brinkmanns Gedichte haben die tradierten Lyrik-
Begriffe am nachhaltigsten erschüttert und zugleich das Konzept
der »rohen, unartifiziellen Formulierung« über sich hinausgetrieben: Die verzweifelte Wut des Lyrikers Brinkmann rettet sich in
Artistik.

5. Die Lyrik-Diskussion: Dogma und Argument

Die totale Rebellion der ›Alltagslyrik‹ gegen die »Poetologien der Altvordern« (Born) hatte ab etwa 1975 den massiven Protest von Literaturwissenschaft und Literaturkritik herausgefordert. In der Lyrik-Debatte der Zeitschrift ›Akzente‹ formulierten die Kritiker mit polemischem Furor vernichtende Urteile, um eine Lyrik pauschal der Lächerlichkeit zu überantworten, deren Autoren sich ihrerseits mokierten über »Spezialisten, Professoren und sonstige Ohren« (Theobaldy) und zugleich »immanent poetologische Diskussionen« für obsolet erklärten.[45] Die wütenden Angriffe der Kritik auf die »eindimensionale Poesie« (Harald Hartung), auf das »Tagebuch im Stammel-Look« (Peter Wapnewski), auf die »Wegwerflyrik« (Hans-Jürgen Heise) oder gar die »Laberlyrik« (Roman Ritter) offenbaren ein elementares Defizit an hinreichenden Kriterien zur Bestimmung poetischer Qualität. Der poesiegeschichtliche Formenkanon und die tradierten poetologischen Maximen (von Goethe bis Benn) wurden nur apodiktisch herbeizitiert, ohne sie auf ihre historische Reichweite und kategoriale Geltung hin zu überprüfen. Jede texttheoretische Anstrengung, objektive »Differenzqualitäten« zwischen Alltagssprache und Gedichtsprache zu bestimmen (»Gedichte sind genaue Form«: Wapnewski), mußte aber vor einer Lyrik versagen, für die es zur Selbstverständlichkeit geworden war, »alltägliche Gedanken und Erfahrungen, Stimmungen und Gefühle« mittels der »Unmittelbarkeit der gesprochenen Sprache« zu transportieren. Bei aller gebotenen Skepsis gegenüber vorschnellen Globalisierungen ist jedoch zu konstatieren, daß sich mit der öffentlichen Etablierung des Alltagsgedichts um 1975 zunehmend poetische Standard-Posen einschleichen. Das lyrische Ich in den Gedichten von Jörg Fauser, Christoph Derschau, Wolf Wondratschek u. a. kultiviert die eigene Misere oder bemüht angestrengt lässige Sprachgesten und Vokabeln des subkulturellen Jargons, um die Banalität seines Alltags zu poetisieren. Dieses Verfahren erscheint mitunter als die Vollendung des Versuchs, sich die sprachliche und gedankliche Reflexion auszutreiben.[46]

In ihrer Kritik des alltagslyrischen Subjektivitätsentwurfs hat

Hiltrud Gnüg ausführlich dargelegt, daß Theobaldys Konzept einer »Demokratisierung« des Gedichteschreibens die Tendenz zu einer fatalen »Entsublimierung«, zur Erosion ästhetischer Widerstände, in sich birgt.[47] Eine »unartifizielle« Gedichtsprache, die sich »unmittelbar« ihren Gegenständen nähern will, verkommt zuweilen zur Tautologie des Trivialen. Das lyrische Subjekt löst sich auf in ein vielstimmiges »Dividuum«, das sich ganz in seinen Wahrnehmungsreizen vergegenständlicht, zum rezeptiven Medium sich überlagernder Stimmen und Bewußtseinsreize wird. Das photographische Sehen in den Gedichten Jürgen Beckers, in denen ein »multiples Ich«[48] versucht, sich seiner selbst in der Evidenz sinnlicher Wahrnehmungen zu vergewissern, spiegelt sehr genau die Veränderungen im Erfahrungsmodus des modernen Subjekts wider: die Punktualisierung der Wahrnehmung und die Dissoziation einer konsistenten Identität. Durch den Verzicht auf eine organisierende poetische Subjektivität verharrt die Alltagslyrik, so das Fazit Gnügs, in ihrer selbstverschuldeten Eindimensionalität.

6. Der Erfahrungshunger nach der Revolte: Politische Regression?

Theobaldy betont im Nachwort zu seiner repräsentativen Anthologie ›Und ich bewege mich doch . . .‹ (1977), die »Gedichte vor und nach 1968« enthält, daß viele Alltagsgedichte »*mit* der Bewegung geschrieben worden sind«, die »die Politisierung aller Lebensbereiche« propagierte. Tatsächlich belegen die ersten Gedichtbände von Born, Herburger und Brinkmann, daß die Alltagslyrik nicht erst mit der »Tendenzwende« beginnt, sondern sich zunächst als lyrische Gegenbewegung zum sprachmagischen und monologischen Gedicht der sechziger Jahre konstituiert. Aber erst nach der Niederlage der Studentenbewegung und dem politischen Rollback, das die kulturrevolutionären Utopien in unerreichbare Ferne rückte, wird in verstärktem Maße die poetische Konzentration auf den »objektiven Faktor Subjektivität« zur programmatischen Formel erhoben.

Theobaldys Bekenntnis zu einer »Poesie als Widerstand, als Gegenwehr gegen nivellierende gesellschaftliche Zwänge« zog dabei den Argwohn der linken Kritiker auf sich: Die Hinwendung auf Alltägliches in der Lyrik sei Ausdruck einer politischen Regression – so lautete das Argument. So versuchte z. B. Jörg Drews die vermeintliche Poetik des ›Widerstands‹ als Flucht in Innerlichkeit und Resignation zu decouvrieren:

> In der Lyrik der ›Neuen Sensibilisten‹, ob sie Hoffnungen von 1968 noch im Bewußtsein haben oder nicht, schlägt sich die Wendung von Zuversicht und Aktionismus zu Enttäuschung und Skepsis gegenüber allem politischen Tun nieder; günstigsten Falles steigt damit die Chance der Reflexion, schlimmstenfalls wird das Denken und Fühlen der Subjekte so muffig und perspektivlos wie ihre Situation. Die Lyrik der ›Neuen Sensibilität‹ ist in hohem Maße eine Poesie der Handlungshemmung.[49]

Der Vorwurf der »Handlungshemmung«, der in zahlreichen Varianten wiederkehrt, mogelt sich um eine präzise Bestimmung des Verhältnisses von Literatur und Praxis herum. Denn jeder literarische Text ist zunächst das Resultat einer »Handlungshemmung«, verdankt sich primär einem Akt der Individuation und Selbstverständigung.[50] Die Argumente der linken Essayisten, die pauschal die Literatur der ›neuen Subjektivität‹ als Rückfall in ein »solipsistisches und eskapistisches Lebensgefühl«, in »Weltschmerz« und apolitischen Quietismus disqualifizieren,[51] basieren nicht auf dialektischen, sondern auf dualistischen Denkfiguren. Nur dort, wo auf die Parallelen zwischen sozialgeschichtlicher und literaturgeschichtlicher Entwicklung verwiesen wird, gewinnen die kritischen Thesen zur Alltagslyrik an Plausibilität: Aus dieser Perspektive stellt die Lyrik des Alltags einen resignativen Reflex dar auf die konservative Politik des Pragmatismus, die nach 1972 die kurze Reformperiode der sozialliberalen Koalition ablöst. Die vielbeschworene ›Tendenzwende‹ hat die von der ›Studentenbewegung‹ beförderten Demokratisierungsprozesse wieder rückgängig gemacht: Eine ökonomische Krise und die Reetablierung autoritärer Strukturen (»Radikalenerlaß«, »Verfassungsschutz«-Gesetze etc.) markieren den politischen Wandel. Dem Rückzug der frustrierten Kulturrevolutionäre aus der Politik folgt die melancholische Rückkehr zum Schreiben. Daß die Alltagslyrik auf diese politische Situation nur mit programmatischer

Selbstbescheidung, mit der Verabsolutierung der »persönlichen Erfahrung« reagiert, macht ihre konstitutive Schwäche aus:

> Der alltagslyrische Programmpoet schreibt im Wahn, das Große, das ihn kaputtmacht, sich vom Leibe halten zu können ⟨. . .⟩ Die abgetötete Neugierde auf den Kosmos der erschreckenden Weltwahrheit – Geschichte – ist in dieser Gebärde ersetzt worden durch eine professionelle Überschätzung der einzigen Tatsache: daß man schreibt.[52]

Gegen die Diagnose des Politikverlusts lassen sich produktive Momente der alltagslyrischen Schreibweise geltend machen: Die poetische Wiederentdeckung des Subjekts und der sinnlichen Erfahrung bildet in einem historischen Augenblick Anfang der siebziger Jahre das notwendige Korrektiv zur abstrakten Theoriebildung der ›Studentenbewegung‹. Aus der Konfrontation der theoretischen Einsichten mit den »gespenstischen Alltagserfahrungen« erwächst eine Skepsis, die sich nicht in Fatalismus niederschlägt, sondern nach neuen Perspektiven für politische Praxis sucht. Ursula Krechels poetische Bilanz der Revolte zeigt an, daß nicht nur kulturrevolutionäre Theorie-Leidenschaft und Aktions-Euphorie verloren gegangen sind, sondern auch das vorschnelle kollektive Einverständnis, das elitäre Denken und die naiven Illusionen. Das solidarische »Wir« der Demonstrationen, Straßenkämpfe und Kommunen, das eben noch den »Arbeitern« und »Hausbesitzern« die Revolution predigte, wird zurückgeworfen auf die schmerzhaften Erfahrungen der Sinne, so in

›Jetzt ist es nicht mehr so‹:

> ⟨. . .⟩ Jetzt ist es nicht mehr so
> daß wir jedem Arbeiter
> der aus der U-Bahn steigt mit Mütze
> gleich sagen können, was ihm fehlt
> und unserem Hausbesitzer auch.
>
> Jetzt haben wir plötzlich Zeit
> zu langen Diskussionen in den Betten.
> Verschwitzt, aber kalt bis in die Zehen,
> sehen wir zum ersten Mal das Weiße
> in unseren Augen und erschrecken.[53]

442 LYRIK

In seinem ›Essay über die siebziger Jahre‹ (1980) hat Michael Rutschky den Prozeß beschrieben, der nach dem Verlust der »Utopie der Allgemeinbegriffe« zur Ausbreitung der »Utopie der Unbestimmbarkeit, des Vagierens, der Strukturlosigkeit und Entgrenzung« führt. In den autobiographischen Texten der siebziger Jahre diagnostiziert er eine tiefgreifende Desorientierung der Autoren, deren diffuse Suchbewegungen nach dem »eigentlichen Leben« er »Erfahrungshunger« nennt. Auch in der Alltagslyrik tritt an die Stelle politischer Reflexion oft die Evidenz sinnlicher Erfahrungen. Der Erfahrungshunger manifestiert sich in einer diffundierten Wahrnehmung, der Zersplitterung jeder Totalität und dem Herausbrechen von beliebigen Realitätsfragmenten aus der privaten Empirie. Auch im Alltagsgedicht wird der Gedanke übermächtig, »daß es aus der Unwirklichkeit der siebziger Jahre nur einen Ausweg gibt; nämlich den in das Schreiben«:

> Die siebziger Jahre sind eine Zeit des Nebels, nicht eines kalten, eher eines warmen. Es wird etwas ersehnt, das ihn vertreibt ⟨...⟩ Denn in den siebziger Jahren ging es uns weniger darum, die Wahrheit zu sagen, eher ging es uns darum, die Wirklichkeit zu berühren, die sich im Nebel zu verlieren drohte. Es ging darum, endlich eine Erfahrung zu machen – dabei ist die Frage nach der Wahrheit eigentlich ebenso suspendiert wie die nach der Moral, dem richtigen Handeln. Und: es ist das Schreiben, was diese Erfahrung eröffnen soll; Schreiben erscheint als die einzige Handlung, die überhaupt ausgeführt zu werden verdient.[54]

7. Die Selbstbehauptung der experimentellen Poesie

Hans Bender hat von der »pluralistischen Situation« der Lyrik nach 1945 gesprochen und damit das zeitliche Nebeneinander der verschiedenen poetischen Stile und Schreibweisen bezeichnet.[55] Mit der ›Neuen Subjektivität‹ der Alltagslyrik konkurrierten in den siebziger Jahren traditionelle poetische Ausdrucksformen, die in der Lyrik-Diskussion nach 1975 vernachlässigt wurden. Das lakonische Gedicht von Karl Krolow oder Walter Helmut Fritz konnte sich neben der Alltagslyrik ebenso behaupten, wie die sprachmagische Dichtung von Rose Ausländer und Peter Huchel oder die sinnlich-imaginative Poesie eines Christoph

Meckel oder Hans-Jürgen Heise. Und angesichts der repressiven Formierung der bundesdeutschen Gesellschaft erlebte eine explizit politische Dichtung mit operativer Wirkungsabsicht im ›deutschen Herbst‹ ihre Wiedergeburt. (Vgl. 8.) Daneben stehen die Versuche, an die Traditionen der experimentellen Poesie anzuknüpfen. Auch wenn Hartung bereits 1975 die »Erstarrung« der Konkreten Poesie und ihrer verschiedenen Ableger konstatierte,[56] ist bis in die Gegenwart hinein das »bislang radikalste Experiment mit Sprache als Material« (Siegfried J. Schmidt)[57] kreativ fortgeführt worden.

Wie die politischen Lyriker reklamieren die Vertreter einer experimentellen respektive sprachschöpferischen Poesie die subversive Qualität ihrer Arbeit für sich. Gemäß dem Lehrsatz »dichtung der revolution ist revolution der dichtung« vertritt etwa Chris Bezzel die Überzeugung,

daß ein revolutionärer schriftsteller nicht der ist, der semantisch-poetische sätze erfindet, die die nötige revolution zum inhalt und ziel haben, sondern jemand, der mit poetischen mitteln dichtung als modell der revolution selbst revolutioniert.[58]

Von Heißenbüttel stammt das Diktum, seine sprachlich-schöpferische Arbeit könnte mehr bewirken als alle Kriege der Reaktion und alle Proteste der Progressiven zusammen.[59] Von den positivistischen Sprachspielen seiner »Reihen« und »Kombinationen« über die experimentellen Großformen und Zitatcollagen der siebziger Jahre ist Heißenbüttel weitergeschritten zu »Gelegenheitsgedichten« und offenen Formen des »Textbuchs«. Im ›Textbuch 8‹ (1985) erfindet er einen satirischen Typus des Gelegenheitsgedichts: Es sind lose geflochtene Erlebnisgedichte, die wie zufällig Beobachtungen, Zitate und Erinnerungsbilder verknüpfen und sich teilweise des Reims bedienen – aber nur, um sich über den Reim als Stilmittel zu mokieren. Auch umgangssprachliche Muster mit all ihren Redundanzen fließen ungefiltert in die Texte ein. Jenes bewegliche, experimentierende und prozeßhafte Arbeiten mit dem Sprachmaterial, das neben Heißenbüttel auch Franz Mon, Paul Wühr und Oskar Pastior in unterschiedlichen Akzentuierungen vorantreiben, wird von einer jüngeren Poeten-

Generation in den achtziger Jahren enthusiastisch aufgenommen. In den Texten von Peter Waterhouse (›passim‹, 1986) oder Thomas Kling (›geschmacksverstärker‹, 1989) regiert nicht mehr die strenge Systematik von Eugen Gomringers »Konstellationen« oder »Permutationen«, sondern ein offener, anarchistischer Gestus. Für diese Autoren geht es darum, das System der öffentlichen Rede, die geordnete Welt aus sprachlichen Fertigbauteilen in subversive Unordnung zu bringen. Die Fragmentarisierung des Homogenen, das Aufbrechen fester Identitäten, das Auflösen erstarrter Sprachsysteme hält Waterhouse für den einzigen Weg, den avancierte Dichtung gehen kann [→ 455 ff.]. Nur dort, wo jedes Wort »ein unverfestigtes Etwas« bleibe, könne der Impuls des Poetischen überleben. Das Poetische im Sinne von Waterhouse setzt feste Bedeutungen und Sinnzusammenhänge außer Kraft, verweigert endgültige Benennungen: »Sprache als Richtung nach nirgendwo.«[60]

Auch Klings Texte arbeiten an einer Erschütterung des »Subjektsystems«. Das lyrische Ich seiner Gedichte präsentiert sich als ein komplexes Bündel aus Redeweisen, Floskeln und Zitaten. Kling arrangiert die Sprachbruchstücke nach Art eines »Diskurs-Mischers« (Klaus Theweleit): Aus Zeitungsschlagzeilen, Dialogen, zufällig aufgeschnappten Radiostimmen, Film- und Fernsehbildern gewinnt er das Material für seine Montagegedichte. Der fragmentierten Wahrnehmung des dissoziierten lyrischen Subjekts, dem Verlust seiner Erlebnisunmittelbarkeit entspricht die zerbrochene Form seiner Gedichte: »das . . .sprachwerk. . ./ schbrachwerg. . .zeug geht indie binsn«. Die Welt zerbricht in Scherben, splittert auf in Sprach-Partikel, die quer durchs Gedicht treiben.

8. Metamorphosen des politischen Gedichts

Der kollektive Traum der politischen Lyrik, mit »kühner«, »eindringlicher« und »kompromißloser« Poesie (Klaus Konjetzky)[61] unmittelbar in die geschichtliche Wirklichkeit einzugreifen, ist in den siebziger Jahren oft ernüchtert worden. Die zahlreichen gesellschaftskritischen Gedichte, die vom Radikalenerlaß, von

Hausdurchsuchungen, Straßensperren oder der Neutronenbombe handeln und vor allem in Hans Benders Anthologie ›In diesem Lande leben wir‹ (1978) und im ›Lyrik-Katalog Bundesrepublik‹ (1978) gesammelt sind, kursierten vor allem innerhalb eines linken Publikums und dienten dort der kollektiven Selbstverständigung. Über ein eng begrenztes Zielgruppenpublikum, das sich vor allem aus Schülern, Studenten, Lehrern und Angestellten der Kulturindustrie rekrutierte, gelangten weder die Gedichte von Delius, Karsunke oder Roman Ritter, noch die politischen Lieder von Biermann, Degenhardt oder Walter Moßmann je hinaus. Nur zwei Gedichte dieses Jahrzehnts schufen sich eine Öffentlichkeit jenseits dieses minoritären Zirkels literarisch Gebildeter: Alfred Anderschs Gedicht ›Artikel 3 (3)‹ und Frieds poetischer Nachruf ›Auf den Tod des Generalbundesanwalts Siegfried Buback‹. Beide Gedichte wurden zu einem ästhetischen und politischen Skandalon in einer vermeintlich liberalen Öffentlichkeit. Auf diese Gedichte, die beide mit konventionellen lyrischen Redeweisen und etablierten Sprachregelungen radikal brechen, reagierten die Wortführer des Feuilletons mit moralischer Denunziation der Autoren. Öffentlicher Rufmord trat an die Stelle kritischer Auseinandersetzung. Die öffentliche Fahndung nach abweichender Sprache kulminierte schließlich in der Forderung nach Bücherverbrennung und ministeriell legitimierten Praktiken der Zensur.[62]

Andersch hatte im Januar 1976 auf eine Umfrage der ›Frankfurter Rundschau‹ zum Thema »Gibt es überhaupt noch eine öffentlich-kontroverse Diskussion, eine fortlaufende Kulturdebatte?« mit dem Gedicht ›Artikel 3 (3)‹ geantwortet. Es thematisiert die verheerenden politischen Folgen des im Februar 1972 von den Ministerpräsidenten der Länder proklamierten ›Radikalenerlasses‹, der die Fernhaltung »verfassungsfeindlicher Kräfte« vom öffentlichen Dienst festschrieb. Andersch erkannte in dieser Maßnahme Parallelen zu den staatlichen Praktiken der Nationalsozialisten:

(...)
das neue kz
ist schon errichtet
die radikalen sind ausgeschlossen
vom öffentlichen dienst

also eingeschlossen ins lager
ins lager
das errichtet wird
für den gedanken an
die veränderung
öffentlichen dienstes

die gesellschaft
ist weiter geteilt
in wächter
und bewachte
wie gehabt

ein geruch breitet sich aus
der geruch einer maschine
die gas erzeugt

Diese vehemente Kritik an den Berufsverboten, vorgetragen in einer »schwach rhythmisierten Prosa« (Andersch), verglich der Feuilleton-Chef der FAZ mit der Sprache des nationalsozialistischen Propagandablatts ›Der Stürmer‹.[63] Die öffentliche Präsentation von Anderschs Gedicht in einer Literatursendung des Fernsehens wurde vom zuständigen Intendanten untersagt. Andersch betonte in seiner Replik auf die Vorwürfe, er habe bewußt auf »ästhetische Rückbezüge« verzichtet, um die Aufmerksamkeit der Öffentlichkeit auf die Praxis der Berufsverbote zu lenken: »Es ist konkret, ich bin wirklich der Meinung, daß wir augenblicklich in Deutschland bereits Formen des KZs und Formen der Folter haben.«[64]

Fortan sah sich Andersch einem vorübergehenden Boykott durch Teile der Medien ausgesetzt.

Der publizistische Verleumdungsfeldzug gegen gesellschaftskritische Lyrik gipfelte im Jahr 1977 in den Attacken gegen Fried und sein Gedicht ›Auf den Tod des Generalbundesanwalts

METAMORPHOSEN DES POLITISCHEN GEDICHTS 447

Siegfried Buback‹. Anläßlich der Ermordung Bubacks am 7. 4. 1977 hatte Fried ein Gedicht verfaßt, das »scharfe Kritik am Wirken des Ermordeten . . . mit Absage an den politischen Mord und Klage über das Ermorden von Menschen zu verbinden« hoffte.[65] Von Frieds Gedichtband ›So kam ich unter die Deutschen‹, der mit dem Gedicht auf Buback endet, war noch kein einziges Exemplar ausgeliefert, als am 13. 5. 1977 der Leitartikler der ZEIT Frieds Gedicht eine Diktion »wie im ›Stürmer‹« unterstellte und den Autor als »dichtenden Verschwörungsneurotiker« bezeichnete. In den folgenden Monaten häuften sich im Rahmen der öffentlichen Kampagne gegen »Sympathisanten« des Terrorismus die verdeckten und offenen Angriffe auf Fried. Im Oktober, inzwischen war der Präsident des Arbeitgeberverbandes, Hanns Martin Schleyer, von einem Kommando der RAF entführt und ermordet worden, resümierte die FAZ:

Derzeit entsteht eine neue Art politischer Poesie. Sie gibt sich lyrisch, im Brecht-Ton, aber sie ist zynisch, inhuman und gemein. Sie nährt sich an den Gewalttaten, sie liebäugelt mit dem Mord – ist aber (wegen § 88 a?) natürlich doch nicht ganz dafür ⟨. . .⟩ Erich Frieds Ode auf den Tod des Generalbundesanwalts Buback ›dieses Stück Fleisch glaubte Recht zu tun und tat Unrecht . . .‹) ist eine Art Prototyp dieser Dichtkunst. Alfred Anderschs Gedicht ›Artikel 3.3‹ ist – obwohl es mit seiner verantwortungslosen Metaphorik der Mörder-Poesie das Feld bereitete – dagegen noch ein diskutierbares Objekt.[66]

Um eine geistige Mittäterschaft Frieds an den terroristischen Morden zu suggerieren, verfälschten seine Kritiker durch sinnentstellendes Zitieren die Intentionen seines Gedichts. Exemplarisch hierfür ist der demonstrative Hinweis auf die vermeintlich menschenverachtende Formel »Dies Stück Fleisch«. Im Gedichtkontext handelt es sich um eine Bibel-Paraphrase: Der biblische Wortgebrauch von »Fleisch« signalisiert die Hoffnung auf eine unverletzbare Menschlichkeit.[67]

Dies Stück Fleisch
war einmal ein Kind
und spielte

Dieses Stück Fleisch
war einmal ein Vater
voll Liebe

Dieses Stück Fleisch
glaubte Recht zu tun
und tat Unrecht

Dieses Stück Fleisch
war ein Mensch
und wäre wahrscheinlich

ein besserer Mensch
gewesen
in einer besseren Welt
⟨...⟩

Fried selbst berief sich auf ein Shakespeare-Zitat, nämlich auf
Marc Antons Klage um Cäsar (»thou bleeding piece of earth«),
um den Trauercharakter seiner Verse zu erläutern.[68] Als Reizfor-
mel wurde aber »Dies Stück Fleisch« weiterhin selektiv zitiert, um
eine rationale Auseinandersetzung mit dem Gedicht zu sabotie-
ren. Zwar entging Fried der Strafverfolgung. Dafür wurde politischer Druck auf Lehrer ausgeübt, die sein Gedicht im Deutschunterricht behandeln wollten. Im Januar 1978 verfügte schließlich
das bayerische Staatsministerium für Unterricht und Kultus, daß
Gedichte von Fried – neben Texten von Biermann, Fichte und Wallraff – aus den Schulbüchern des Freistaats zu entfernen seien.
    In Novaks Gedichten – der Band ›Margarete mit dem
Schrank‹ (1978) umfaßt die Jahre 1976–78 – verdichtet sich das
Fahndungsklima im ›deutschen Herbst‹ dagegen in sparsamen
Bildern, etwa im Bild der »Septembernächte«, das den Zustand in
»Erwartung ihrer Rache« sprachlich zu vergegenwärtigen sucht.
Die Texte von Andersch und Fried gehören zu den wenigen herausragenden Beispielen des politisch-operativen Gedichttypus,
dessen allmähliches Verschwinden sie jedoch nicht aufhalten
konnten. Im Schlepptau der neuen sozialen Bewegungen hatten
sich ab 1978/79 Schwundformen des politischen Gedichts etabliert, die einzig Gesinnungstüchtigkeit und abstraktes Bescheid-

wissen demonstrierten, ohne sich je um die poetische Organisation ihres Stoffes zu kümmern. Was auf der Welle der »Ökolyrik« und »Friedenslyrik« nach oben getragen wurde, waren in der Regel Kalendersprüche und Merkverse von überwältigender Gedankenlosigkeit und Spracharmut.[69] Mit dem Niedergang der ›Alltagslyrik‹ stellte sich auch ein Überdruß an Texten ein, »in denen zum hundertsten Mal der Klassenkampf als Ballade geboten und die Moritat von den 68ern gesungen wird«.[70]

In den achtziger Jahren werden politische und geschichtliche Themen und Motive nicht mehr konkretistisch-plakativ dargeboten. Die Zunahme an Reflexivität und Komplexität und eine Differenzierung der Formensprache läßt sich an den Gedichten von Guntram Vesper (›Die Inseln im Landmeer‹, 1984), Günter Herburger (›Makadam‹, 1982), Gregor Laschen oder auch Helga M. Novak (›Legende Transsib‹, 1985) beobachten; von Autoren also, die schon in den siebziger Jahren originäre Stile entwickelt haben. So erscheint 1984 den Herausgebern des ›Luchterhand Jahrbuchs der Lyrik‹ »die Frage nach dem Verbleib des politischen Gedichts« bereits wieder anachronistisch:

»Geschichte und Gegenwart, Bewußtsein und Gefühl, Öffentliches und Privates sind im Gedicht wieder als dialektische Einheit vorstellbar.«[71]

9. Die Wiederaneignung der Tradition

Nach der inflationären Ausbreitung der »rohen, unartifiziellen Formulierung« erstarrte der rebellische Gestus des Alltagsgedichts um 1978/79 zur Attitüde. Ein lyrischer Lässigkeits-Code war verfügbar geworden, gekennzeichnet durch die Fetischisierung kunstloser Vokabeln und zufälliger Alltagsimpressionen. Der provokative Versuch, die Differenz zwischen Gedichtsprache und Alltagssprache zu minimieren, endete in der Wiederkehr der immergleichen Posen und Sprachgesten. Die Literaturkritik diagnostizierte um 1979/80 das Ende der Alltagslyrik und die »Wiederkehr der Formen«.[72] In der Literaturkritik formierten sich die Propheten der ästhetischen Restauration. Nirgendwo artikuliert sich die Sehnsucht nach einer Wiederkehr der Formen emphatischer als in den prunkenden Sentenzen eines Botho Strauß, der die »blattvergoldeten Worte« (Herburger) wieder inthronisiert, denen die Alltagslyrik endgültig entkommen schien:

Daß die hymnische Schönheit, wenn sie nur tief genug, auf dem krausesten Grund entsteht, zu jeder Zeit das höchste Ziel der Dichtung sei, die das Gerümpel sichtende Schönheit, davon möchte man sich immer aufs neue überzeugen, wenn man den Angstträumen des Alltags entfliehen will, in den geschredderten Formen der Gegenwartslyrik keinen Halt findet, wohl aber in den Rilkeschen Elegien.[73]

Aus dem Unbehagen an diesen »geschredderten Formen« erwuchs auch Harald Hartungs Plädoyer für eine Renaissance des Gedichts »unter dem Primat der Form«, für die Rückkehr zur Artistik im Zeichen von Benn und Nietzsche.[74] Dagegen warnte Hans-Dieter Schäfer vor einem falschen Traditionalismus als »scheinbarer Antithese zum lässigen Daherreden des Parlando-Gedichts«: »Ein erneutes Verschanzen hinter feste Formen könnte ein Warnzeichen sein, daß die Melancholie abermals einem unlebendigen Ordnungsdenken entgegentreibt.«[75] Ulla Hahn leitete mit ihrem ironisch kaum gebrochenen Bekenntnis zu einer klassisch-romantischen ›ars poetica‹ ein neues lyrisches Jahrzehnt ein: »Danke ich brauch keine neuen/ Formen ich steh auf/festen Versesfüßen und alten/Normen Reimen zu Hauf«. (›Herz über Kopf‹, 1981) Nach den alltagslyrischen Bemühungen, im Gedicht die »bürgerliche Ressortteilung zwischen privat und politisch« (Karsunke) aufzuheben, schuf Ulla Hahn einen Gedichttypus, der die harmonische und geschlossene Form rehabilitierte, das lyrische Urthema ›Liebe‹ in den Mittelpunkt rückte und die Bezirke des Politischen zu Marginalien verkommen ließ. Die Bewunderer der kommerziell erfolgreichsten Poetin der achtziger Jahre[76] loben ihre handwerklichen Tugenden: ihr ironisches Spiel mit den kanonischen Formen deutscher Lyrik-Tradition; ihre Reminiszenzen an den Minnesang, an Goethe, Eichendorff und Heine; ihre Vorliebe für Märchenmotive und biblische Stoffe; die kunstvoll verhakte Syntax und paradoxale Struktur ihrer Texte.[77] Der »souveräne Umgang mit der lyrischen Tradition«, der ihr zugeschrieben wird, erweist sich aber in der Regel als braves Repetieren des Formenkanons, von dem sich nach 1965 eine ganze Lyriker-Generation befreit hatte. Hahn restauriert die klassische Volksliedstrophe, das Rondeau oder das Sonett, ohne den Zerfallsprozeß zu markieren, der diese Formen in den letzten zweihundert Jahren erfaßt hat. Die süße »Musik der Worte«, die Emil Staiger 1946 zum Prinzip des »Lyrischen« dogmatisierte,[78] soll noch einmal triumphieren. Hahns Gedichte simulieren eine heile Welt des »Lyrischen«, die real zerfallen ist. Damit die »Flut der Stimmung« (Staiger) richtig trägt, werden die Gedichte mit Gefühligkeit überschwemmt – mit »glückseliger Musik von Amseln und alten Meistern«[79] und anderem Edelkitsch aus den Truhen des Biedermeier.

Nach der Erschöpfung der alltagslyrischen Schreibweise sind es Autoren wie Rolf Haufs, Jürgen Becker, Peter Hamm oder Michael Krüger, die dem Gedicht den notwendigen ästhetischen Widerstand zurückgeben; Autoren also, die man in den siebziger Jahren pauschal der ›Neuen Subjektivität‹ zugeschlagen hat, ohne die individuellen Stile und formalen Eigenheiten ihrer Gedichte zu beachten. Nach seiner Rückkehr zur Poesie schreibt Hamm autobiographisch grundierte Erzählgedichte, die Orte und Leidenserfahrungen der Kindheit wachrufen: Das Gedicht wird zum Medium melancholischer Selbstbesinnung. Eine fast schon eschatologisch zu nennende Erwartung spricht aus den Gedichten des Bandes ›Die verschwindende Welt‹ (1985), die im Sprachschatz und »Bildersaal« der Religionen die emphatisch verstandene »Wahrheit« zu finden hoffen.

Ein melancholisches Subjekt beschwört in den Gedichten von Haufs (›Juniabschied‹, 1984; ›Felderland‹, 1986) die heillose Verfassung des Menschengeschlechts. Der Abschied wird zur beherrschenden Urszene dieser Dichtung, Vergeblichkeit ihre zentrale Botschaft. Der pessimistischen Klage über die Heillosigkeit der Welt entspricht die offene Form der Gedichte. Die lyrischen Erinnerungsbilder, sinnlichen Wahrnehmungen oder persönlichen Beobachtungen werden nicht syntaktisch linear verknüpft, sondern in schroffer Fügung, mittels elliptischer Aussparung und lakonischer Andeutung, nebeneinandergestellt. Krügers Gedichte (›Aus der Ebene‹, 1982; ›Die Dronte‹, 1985) beschreiten den »Weg in die Bilder«, in einen Erfahrungsraum, der, im Gegensatz zu Natur und Geschichte, noch nicht okkupiert scheint von der Maßlosigkeit der Vernunft. Bevorzugter Ort dieser Gedichte ist das Museum, in dem ein lyrisches Ich über die Entzauberung der Welt räsoniert und sehnsüchtig die Geschichte der Einbildungskraft und der Wünsche beschwört.

Auf den Zusammenbruch des kulturrevolutionären Geschichtsoptimismus und den Verlust theoretischer »Zentralperspektiven« (Rutschky) folgt in der Lyrik der achtziger Jahre die negative Utopie: Die Gedichte nehmen melancholisch Abschied von einer »verschwindenden Welt«, für deren Zukunft sie keine Hoffnung mehr haben. Hamm, Haufs, Buselmeier (›Auf, auf, Lenau!‹, 1986), Elisabeth Borchers (›Wer lebt‹, 1986) oder Sarah Kirsch (›Katzenleben‹, 1984) richten ihre Aufmerksamkeit auf scheinbar ephemere Gegenstände und Natur-Dinge, um sie noch ein letztes Mal zum Leuchten zu bringen. Nach dem endgültigen Zerfall der antiautoritären Fraktionen der Studentenbewegung, mit denen sich Alltagslyriker wie Theobaldy, Delius oder Buselmeier u. a. verbunden fühlten, steht auch dem lyrischen Ich des Alltagsgedichts, das sich in den siebziger Jahren zur »sozialen Größe«[80] stilisierte, nur noch der Weg in die Kunst offen, in das Refugium der Poesie. Herausgefallen aus den politischen Kollektiven, kehrt der Alltagslyriker den politischen Tageskämpfen den Rücken zu.

Die neuen Vorbilder der poetischen Kunstanstrengungen heißen jetzt nicht mehr Frank O'Hara, Lawrence Ferlinghetti oder Jim Burns,[81] sondern Catull, Sappho, Mörike, Hölderlin oder Lenau. Aus dem lockeren Spiel mit den tradierten Formen ist das ernsthafte Ringen um poetischen Kunstanspruch geworden. Der Affront gegen Dichtung als elitäre Beschäftigung wird abgelöst durch eine fast ehrfürchtige Verehrung der »Institution Kunst« (Peter Bürger).[82] Die mühsame Wiederaneignung der poetischen Traditionsbestände, die in den Jahren der Revolte als Fetische bürgerlicher Kultur verworfen worden waren, legitimiert sich nun als Widerstand gegen die Kultur-Zerstörung durch eine bloß funktionalistische Vernunft.

In zahlreichen Gedichten der Bände ›Die Sommertour‹ (1983) und ›Midlands‹ (1984) praktiziert Theobaldy das »metrisch reflektierte Schreiben«.[83] Die Natur- und Stimmungsgedichte werden ebenso wie die poetologischen Poeme in Jamben und Trochäen, in Blankverse und versteckte Hexameter, in alkäische, sapphische und catullische Elfsilber eingebunden. Das Szenarium der Alltäglichkeit und die politische Motivik bleiben erhalten, aber sie sollen poetisch objektiviert werden durch den Gebrauch antiker Formen. Der Autor bemüht sich um die Abweichung von den historischen Mustern, will die überkommenen Formen im Gedicht selbst unsichtbar machen. Sein Dialog mit der poetischen Tradition zielt nun darauf ab, das Gedicht nach dem Ende der Alltagslyrik zu stabilisieren und nicht nur »der zerstörerischen Objektivität zertrümmerte Strukturen entgegenzusetzen«.[84]

Der ruhige, prosanahe Erzählton der frühen Alltagsgedichte Buselmeiers, in denen die Verklammerung privater und politischer Erfahrungen, die Tagträume eines skeptisch gewordenen Linken beschrieben werden, hat sich in ein unruhiges, poetisch verknapptes Sprechen verwandelt. Nun werden die Verse durch die freie Variation der antiken Odenstrophe aufgerauht, die Syntax splittert auf, assoziativ gereihte Bilder treten in schroffer Fügung hintereinander. Aus alltäglichen Erzählgedichten sind fragmentarische Montage-Gedichte geworden, die nicht mehr der Kommunizierbarkeit als primärem alltagslyrischen Kriterium verpflichtet sind, sondern den Klangwerten der Einzelwörter und der evokativen Kraft der poetischen Bilder. (›Auf, auf, Lenau!‹, 1986)

Buselmeiers poetologisches Statement von 1984 reflektiert die ›posthistorische‹ Situation der Lyrik, in der ein Lyriker nur noch die Trümmer der Tradition vorfindet und diese Trümmer in die eigene Poesie nur als Fragment oder historisches Fundstück hinüberretten kann, um nicht harmonisierende Glättungen vorzunehmen. Die achtziger Jahre werden als eine Phase des Übergangs beschrieben, als eine Zeit der Experimente, in der es primär den Ausverkauf der Tradition zu verhindern gilt. Der Lyriker befindet sich im Wartestand und bekräftigt die unversöhnliche Opposition von Poesie und Politik:

Für den Lyriker geht es darum, Formen zu erproben, mit denen er auf die Umwälzungen der Zeit subversiv reagieren kann ⟨...⟩ Der Lyriker sucht sich im Steinbruch der Vergangenheit die Sätze, Formen, Töne,

Stimmungen zusammen, die er braucht – es gibt keinen Kanon mehr – um sie, in Konfrontation mit gegenwärtig Erfahrenem, ein Stück weiterzuschreiben. Er kann überall anknüpfen, in der Antike, bei Eichendorff, Rimbaud, Pessoa, Auden, Brecht oder Enzensberger. Nur muß er aus dem, was in Trümmern herumliegt, und sich aufheben läßt, etwas Eigenes machen ⟨...⟩ Wir sind nicht am Ende, sondern am Anfang der Experimente.[85]

Bettina Clausen / Karsten Singelmann
Avantgarde heute?

I. Zur Brauchbarkeit des Begriffs

1. Die Probleme der Praxis

»Wehe, die wankenden Reihen des Geistes!: / Brecht stirbt; Benn ist tot; macht ein Kreuz / hinter Riegel ‹. . .›« –:[1] Noch Mitte der 50er Jahre ließ sich die Hinfälligkeit der literarischen Avantgarde im Hohen Ton antikischer Klage und in subtil plazierten Gefechtsbildern betrauern. Dies von einem Autor, der als geschworener Antimilitarist selbst jenen artistischen ›Vorkämpfern‹ zugerechnet wurde und sich lebenslang auch als einer der ihren verstand – von Arno Schmidt.[2] Doch nicht nur das Pathos, mit dem hier der Dezimierung der ›Ritter vom Geist‹[3] gedacht wurde, mehr noch die unmißverständlichen militärischen Konnotationen der Gedichtsprache weisen auf ein Begriffsverständnis von artistischer ›Avantgarde‹, das noch unmittelbar am Vorbild der grenzüberschreitenden, geländesichernden Vortrupps älterer Marschordnungen orientiert war – am ursprünglichen ›Avantgarde‹-Begriff also, am Muster jener ebenso hoch motivierten wie gefährdeten ›Vorhut‹, die dem ›Gros‹ erst den Weg bahnt.

Derart strenge Reminiszenzen an den militärischen Wirtsbegriff waren allerdings vordem schon ungewöhnlich: Selbst dort, wo ›Avantgarde‹ ihren literaturhistorisch unbestrittenen Geltungsort hat – in den ›Ismen‹-Bewegungen vom frühen Expressionismus bis hin zum späten Finismus und Ultimismus der 50er Jahre[4] – schon dort wurde nur wenig mehr als die vage Force des Herkunftsbegriffes reklamiert. Dieses freilich in einem noch entscheidenden Punkt: Unverleugnet erhielt sich hier immer noch die Einsicht in die Notwendigkeit des mentalen Schulterschlusses derer, die in – empirisch und ästhetisch – Ungebahntes vorzudringen suchten. Die künstlerische Praxis der vereinten Kraftanstrengung knüpfte somit noch eng an jenes militärische Konzept an, nach dem ein einzelner Avantgardist nur denkbar war als Glied in einer möglichst festen ›Reihe‹ Vorwärtsdringender.

Doch inzwischen ist auch dieser letzte stringente Begriffsbezug weitgehend suspendiert worden, ohne freilich, daß das Schlagwort selbst dabei an Reiz verloren hätte. Im Gegenteil. Die Wortmünze ›Avantgarde‹ scheint gegenwärtig schneller und glitzernder denn je umzulaufen, in ihrer irisierenden Attraktivität schier unbegrenzt-beliebig eintauschbar. Bereits die markenfreie Billigsocke für die Dame kann heute ›Avantgarde‹ = »feminin, elegant und kostbar« sein;[5] zu schweigen ganz von der forcierten werblichen Begriffsausbeutung seitens marktbeherrschender Groß- (= Automobil-, Möbel-, Kosmetik-, Mode-)Industrien.[6] Wie sich die Wirtschaftswerbung ihrerseits der Aura des Avantgarde-Etiketts bemächtigte bis tief in den Kulturbetrieb hinein, so verlor der tradierte Begriff seinerseits an Aussagekraft für die Beschreibung normsprengender Verfahrensweisen im Artistischen. Auf die unweigerlichen »Aporien der Avantgarde« hatte, zeitgeistempfindlich, H. M. Enzensberger bereits 1962 hingewiesen,[7] und in nur schlüssiger Verlängerung der Abwirtschaftung des Begriffes drängen heute gerade literarisch-kommerziell besonders risikoreiche Textangebote mit einem dezidierten »kein Avantgarde-Scheiß«-Versprechen[8] auf den Markt. Distanz also scheint geboten, strenge Abstinenz bis hin zum offensiven Widerstand sogar. Denn das alte Begriffssubstrat erweist sich nachgerade nicht nur als bis ins Beliebige verwahrlost, sondern befindet sich, noch einmal militärisch formuliert, längst operativ als Waffe in der Hand des Gegners — als willkommenes Mittel zum Eintrainieren einer marktlich immer noch zu optimierenden Systemkonformität. ›Avantgarde‹ heute? — An seiner historischen Substanz gemessen ein ›Überläufer‹-Begriff also, für Charakterisierungsversuche literarischer Vorgehensweisen ebenso verdorben wie für alle anderen ästhetischen Verfahren, deren Fokus marktabgewandt liegt?

Unbrauchbar droht ihn hier nicht allein seine korrupte Umadressierbarkeit zu machen. Die alteingebaute Sollbruchstelle des Begriffes — sollte er denn überhaupt je tauglich für die Beschreibung künstlerischer Offensiven gewesen sein — liegt in seinem teleologisch ausgerichteten Bedeutungskern. Was noch im 19. Jahrhundert in die militärische Avantgarde-Vorstellung selbstverständlich eingeflossen war, die Orientiertheit auf ein zwar festbestimmtes, prinzipiell aber weltweit hinausschiebbares, imperialistisches Kampf-›Ziel‹, konnte für kunstinterne Explorationsverfahren zu keinem Zeitpunkt Geltung haben; denn: Es setzte dies jenen dreifach falschen Glaubenssatz voraus, nach dem es, erstens, in den Künsten ähnlich wie in den vorangetriebenen Prozessen einer technopolitisch-naturwissenschaftlichen Entwicklung stets ›voran‹ gehe; daß, zweitens, in der Kunstentwicklung ein ›Vorn‹ stets auszumitteln wäre, und drittens, daß, qualitativ gesehen, ›Spitzenkünstler‹ jeweils der sei, der erkennbar in der ›ersten Reihe‹ produziere – unhaltbare Prämissen durchweg.[9]

Die Brauchbarkeit des Begriffs wäre also vorab schon doppelt widerlegt, von den Schalen wie von seinem Kern her? Der folgende Versuch, ihn dennoch in erkenntnisförderlicher Absicht wieder aufzunehmen, trägt seiner kontemporären Popularität genauso Rechnung, wie er darauf abzielt, seine womöglich nur suspendierte Tragkraft wiederherzustellen, um diese für die Offerierung außer-ordentlicher Strategien des Literarischen zu nutzen. Zunächst jedoch sind weitere, theoretische Einwände dagegen ins Auge zu fassen.

2. Die Probleme der Theorie

Wenn also der Begriff der ›Avantgarde‹ als Beschreibungskategorie untauglich scheint, so ist dies nicht lediglich auf seine werbestrategische Inanspruchnahme zurückzuführen, sondern ebenso auf immanente theoretische Probleme. Die Auskunft lexikalischer Standardwerke[10] unter dem Stichwort ›Avantgarde‹ verrät von solchen Problemen freilich wenig. Es werden dort sowohl diverse künstlerische Bewegungen (zumal Futurismus, Dada, Surrealismus) als Avantgarden identifiziert, als auch ein seit dem 19. Jahrhundert wirksamer »Avantgardismus« ausgemacht, der als künstlerische Praxis formal beschreibbar ist: Der Drang nach dem Neuen, das Verwerfen der künstlerischen und gesellschaftlichen Tradition und die ständige Neuschaffung der ästhetischen Mittel kennzeichnen den ›avantgardistischen‹ Künstler. Gegen dieses Avantgarde-Konzept gibt es vielfältige Einwände:

(1) Die unversöhnlichste Kritik ist die seit über 25 Jahren vorliegende von H. M. Enzensberger.[11] Sie läuft darauf hinaus, der Übertragung der Metapher aus dem Bereich des Militärischen in den des Künstlerischen jeglichen Sinn abzusprechen. Zum einen sei die Vorstellung einer künstlerischen Vorhut, also einer streng organisierten, hierarchisch disziplinierten Kampftruppe, absurd. Zum andern werde das »avant«, anders als im militärischen Herkunftsbegriff, zeitlich verstanden, als Vorwegnahme der Zukunft. Diese Vorstellung aber verdamme auch das avancierteste Werk dazu, überholt und erledigt zu werden, nämlich dann, wenn die von ihm vorweggenommene Zukunft erreicht sei. Da der Weg ins Unbekannte gehe, könne zudem immer erst nachträglich bestimmt werden, was »vorne« gewesen sei. Schließlich werde das Pathos, mit dem die Avantgarden aufträten, von einem erschlichenen Anspruch bezogen, dem des Revolutionären, Grenzeinreißenden, Freiheitskämpferischen, was alles aus dem Begriff schlechterdings nicht abzuleiten sei.

(2) Man könnte Enzensbergers Einspruch als einen rein »philologischen« abtun, der lediglich das begriffliche Etikett betreffe, die (recht verstandene) Sache aber im Prinzip unversehrt lasse. Indessen ist schon seit längerem eine Ermüdung des Kampfes gegen die Tradition unübersehbar geworden. Ebenfalls aus den 60er Jahren schon stammt die Vermutung, daß sich »das revolutionäre Prinzip der Kunst ... inzwischen zu Tode gesiegt haben könnte«.[12] Das Aufbegehren gegen die Konventionen renne ja längst offene Türen ein und werde von den vermeintlichen Trägern der Tradition sogar subventioniert, da dergleichen sich harmonisch in das Selbstdarstellungskonzept moderner, aufgeschlossener Machteliten füge. »Wenn Schock Schulfach wird«,[13] wenn die »Entfesselung der ästhetischen Mittel« prüfungsrelevanter Übungsstoff sei, dann habe sich dieses Prinzip künstlerischer Produktion »endogen erschöpft«. Was bleibe, sei schließlich »die unendliche Langeweile moderner literarischer Tabuverletzung«.[14]

(3) Scheint sich der Avantgardismus also einerseits selbst abzuschaffen, indem er sich in einer Tradition des Traditionsbruchs

ZUR BRAUCHBARKEIT DES BEGRIFFS 459

verfängt, so wird andererseits auch der ihn in erster Linie tragende Fortschrittsglaube zunehmend angefochten. Die Ernüchterung gegenüber dem Fortschritt schlechthin erfaßt auch die Künste; die geschichtsphilosophische Prämisse der Vorstellung von offensiven Vorhuten wird deutlich und zugleich fragwürdig:

> Auch der ästhetische Avantgardismus war mittelbar einer säkularen Idee von Heilsgeschichte verpflichtet. Er partizipiert an Programmen humaner Selbsterlösung im Geist der bürgerlichen Arbeitsanthropologie und in der Hoffnung auf die expressive Entfesselung des einzelnen.[15]

Doch im Konkreten wird die Orientierung auf den Fortschritt immer unglaubwürdiger, und – im ständigen Vorantreiben amimetischer Darstellungsweisen, des Zurücktretens von Dargestelltem überhaupt zugunsten des Verweises auf die Mittel der Darstellung (›Autoreflexivität‹), »bis hin zum Verstummen oder zur leeren Seite«,[16] so daß schließlich der theoretische Kommentar das unmöglich gewordene Werk vertreten muß – verfällt der Avantgardismus sogar dem Verdikt, teilzuhaben am westlichen Logozentrismus.[17] Das Projekt der ›Postmoderne‹ ist nicht zuletzt auch als ein Versuch zu verstehen, diesem Dilemma der avantgardistischen Moderne zu entkommen.[18]

(4) Gibt es »ein geheimes Einverständnis zwischen dem Kapital und der Avantgarde«?[19] Nun, sofern es der (auch die Produktwerbung kennzeichnende) Innovationszwang ist, der ›Avantgarde‹ ausmacht, ist der Zusammenhang ganz offensichtlich; zumal die Kulturindustrie hört nicht auf, das Neue und Ungewöhnliche aufzuspüren, um es zu vermarkten. So werden manche Essentials der Avantgardebewegungen nunmehr im Lichte ihrer Affinität zur Absatzpolitik der Großindustrie gesehen,[20] so z. B. der universalisierende, totalisierende und zentralisierende Impetus, der dem Konzept der Avantgarde selbst zugrunde liege; so das in Technologie und Modernisierung gesetzte (und den Public Relations so kommode) Vertrauen, sowie die Angriffe auf Vergangenheit und Tradition, verbunden mit der Verherrlichung einer Gegenwart, die sich auf dem Sprung in die Zukunft befinde (kenntlich in der werblich induzierten, ständigen Veralterung technisch noch funktionierender Produkte).

(5) Nicht zuletzt ist hinzuweisen auf die feministische Pointe des Einspruchs gegen das vorrangig von Männern getragene Avantgarde-Projekt: Die Ambition, jederzeit an »der vordersten Front des Geschichtsprozesses zu stehen, zu wissen wos lang geht, schreibend zu antizipieren, was morgen und übermorgen der Fall sein wird«,[21] sei eine entschieden männliche. Der Kampf gegen die Tradition sei zu verstehen als ein Aufbegehren der Söhne gegen eine ästhetische Ordnung, die das Gesetz des Vaters repräsentiere, und der Versuch, künstlerische Freiheit zu gewinnen, bliebe – so darf man wohl ergänzen – solang vergeblich, solange die Verwerfungsrituale auf ebenjene Ordnung fixiert blieben.

Allen diesen Einwendungen gegenüber unterscheidet sich der ausgreifendste Versuch einer begrifflichen Grundlegung, Peter Bürgers ›Theorie der Avantgarde‹,[22] von den bisher verhandelten (und verbreiteteren) Auffassungen dadurch, daß Avantgarde nicht mehr als eine kunstinterne Praxisform verstanden wird. Zunächst spricht Bürger nicht mehr von ›Avantgardismus‹, sondern von »historischen Avantgardebewegungen«, vor allem Dada und Surrealismus, nach denen es allenfalls noch – unauthentische – Neo-Avantgarden geben könne. Ihm zufolge ist ›Avantgarde‹ eine Reaktion auf den entfalteten Status der Kunst zu Beginn dieses Jahrhunderts. Die Spannung zwischen dem Status der Autonomie – der Entbindung von politischen Zwecken – und der Bezogenheit auf das gesellschaftliche Reale wird aufgelöst, wenn sich der Spannungscharakter beider im Ästhetizismus verliert, wenn Kunst nur noch Kunst sein will. In diesem Moment wird die gesellschaftliche Funktionslosigkeit als das Wesen der Kunst in der bürgerlichen Gesellschaft enthüllt und deren Selbstkritik herausgefordert. Diese Selbstkritik habe die historische Avantgarde geleistet, indem sie die für die autonome Kunst wesentlichen Bestimmungen negiert habe: Abgehobenheit von der Lebenspraxis, individuelle Produktion und davon getrennte individuelle Rezeption. Sie intendierte die Aufhebung der Kunst, genauer: ihre Überführung in Lebenspraxis. Ein solch kulturrevolutionäres Projekt sei in den 20er Jahren jedoch ebenso gescheitert wie bei seiner Neuauflage in den 68er Jahren.

Ob eine Verschmelzung von ›Kunst‹ und ›Leben‹ überhaupt

denkbar ist, erscheint zweifelhaft.[23] Zu erwarten ist mit Habermas[24] eher, daß, wenn die Gefäße einer eigenwillig entfalteten kulturellen Sphäre zerbrechen, die Gehalte zerfließen; vom entsublimierten Sinn und der entstrukturierten Form bleibt nichts übrig, geht eine befreiende Wirkung nicht aus.[25]

Ist man so pessimistisch nicht, so wird die Frage wichtig, welche Handhabe Bürgers Konstruktion des Avantgardebegriffs für die Beurteilung gegenwärtiger, nichtaffirmativer Literaturleistungen bieten mag. Seine Antwort wäre, daß es keine Avantgarde mehr geben könne: Nachdem die Aufhebung der Kunst in Lebenspraxis nicht hat gelingen können, ihre spezifische Institutionalisierung damit bekräftigt worden sei, sei es eigentlich gleichgültig, nach welchen ästhetischen Mitteln gegriffen werde; notwendig fiele sie hinter das Projekt der seinerzeit maßgebenden Bewegung zurück – einem Projekt, dem nurmehr trauernd nachgeblickt werden könne. Aber auch Bürgers spätere Wendung, das Scheitern der Avantgarde zu relativieren[26] – »Scheitern ist der Modus, in dem der Avantgardist sich der utopischen Qualität seines Projektes versichert, das als verwirklichtes immer ein anderes wäre« – ist ebenfalls kaum geeignet, aus der Sackgasse herauszuhelfen, in die seine spezifische teleologische Konstruktion der Kunstgeschichte geführt hat.[27]

Alle hier referierten Einwände gegen die, wie auch immer verstandene, Avantgarde führen bezeichnenderweise nur selten dazu, den Begriff ganz zu verwerfen.[28] In den inhärenten Vorbehalten lassen sich zwei Wege der Relativierung des Avantgardeprojekts unterscheiden:

(1) Historisierung – was heißt, ›Avantgarde‹ habe ihre Zeit, ihre Verdienste oder zumindest ihre historische Funktion gehabt, sei nunmehr aber abzulösen durch andere Strategien, die ihren Widersprüchen Rechnung trügen. Solch neue Strategien werden zumeist unter dem Stichwort ›Postmoderne‹[29] diskutiert, wobei es sich um einen ›Paradigmenwechsel‹, um die Ersetzung des Avantgardekonzepts durch ein »zeitgemäßeres« dann handelt.[30]

(2) Entdifferenzierung – was Versuche meint, die Avantgarde zu ›retten‹; diese stützen sich zumeist auf das Postulat, die ›Kanonisierung der Avantgarde‹[31] zurückzunehmen: Es wäre gewisser-

maßen ein Kompromiß zu schließen zwischen Avantgarde und Postmoderne – die Avantgarde hätte sich dazu ihres vereinheitlichenden, normativen Anspruchs zu entledigen, ihre Errungenschaften könnten dann bewahrt werden und neue Verbindungen eingehen.[32] Wie aber eine solchermaßen entschärfte Avantgarde davor bewahrt bleiben könnte, im unübersichtlichen Ausstellungskatalog der Postmoderne unterzugehen und gänzlich unkenntlich zu werden, bliebe erst noch zu zeigen.

3. Ausweg: Die Neubestimmung

Der Anlaß für einen Versuch, Avantgarde als Beschreibungskategorie für literarisch außer-ordentliche Verfahren der Gegenwart wieder operationsfähig zu machen, liegt mithin auf der Hand. Er ergibt sich aus der unbefriedigenden Lage ihrer doppelten ›Patt-Stellung‹ – aus dem konstatierten Dilemma der Fachwissenschaft, den Begriff weder ganz aufgeben noch produktiv nutzen zu können einerseits, andererseits aus seinem unspezifischen, aber nichtsdestoweniger beharrlichen Alltagsgebrauch: Denn, wo ›Avantgarde‹ als allgemein kurrente Chiffre sich so resistent zeigt, daß weder die verschiedentlichsten Ansätze ihrer theoretischen Widerlegung noch die umfassende Kompromittierung zum bloßen Schlagwort ihre Präsenz im Vokabular unserer Umgangs- und Fach-Sprachen haben beenden können,[33] da bleibt zur Befreiung der Begriffsfigur aus dem Patt nur der Weg, diese neuerlich so zu konturieren, daß sie – nunmehr in Anerkennung ihrer unbestreitbaren Lebenskraft – wiederum manövrierfähig, d. h. trennscharf aussagekräftig werden kann. Daß ein solcher Neubestimmungsversuch, der weitgehend auf der Basis der oben referierten Begriffskritik fußt, notwendig eigenmächtige Züge trägt, versteht sich.

Indes, als historisch vermittelte und insofern nicht umdeutbare, sondern lediglich auf ihre Essentials hin reduzierbare Begriffsgröße, begrenzt ›Avantgarde‹ den Spielraum ihrer willkürlichen Auslegung selbst. Unser Vorschlag des ›Auswegs‹ gründet sich – hierin reduzierter als die vielfach in Aporie geratenen Einsprüche gegen das überaus konnotationsreiche ›Avantgarde-

Projekt‹ – nur auf das vordringlichste und erheblichste Essential von ›Avantgarde‹: Bereits aus der axiomatischen, nicht hintergehbaren Generalstruktur ihrer *Gebundenheit an das Gros* einerseits, wie aus der ebenso tradierten *Abgelöstheit ihrer Strategien von den Vorgehensweisen des Gros* auf der anderen Seite, ließen sich vier, der Orientierung hinreichend dienende, Kriterien-Komplexe ableiten:

(1) Deren allgemeinster umfaßte, daß die Forderungen an eine Literatur der *Avantgarde* über die normativen Forderungen an eine Literatur der *Moderne* erkennbar hinauszureichen hätten. Das heißt, wo sich ›Modernität‹ bestimmt durch die Übereinkunft, daß sich der je ›moderne‹ literarische Sinnverständigungsprozeß auf der »Höhe der Zeit«[34] befinde und diesen Zeitgeist des Gros mit den je verfügbaren Mitteln objektiviere – dort hätte ›Avantgarde‹ sich ihrerseits darüber zu definieren, eben diesen »Geist der Zeit« in den Formen seiner temporären Erstarrung zu verlassen und das in ihm reduzierte bis unterdrückte Potential nichtkonformer (Überschuß-)Wahrnehmungen zu befreien.

(2) ›Avantgarde‹ hätte also Erkenntnis-Überschüsse hervorzubringen, und dies, indem sie ihre ästhetischen Aktionen sowohl auf das gesellschaftliche Reale als auch auf den aktuellen Stand der kunstinternen Ausdrucksmittel verpflichtet. An diese »doppelte Referentialität«[35] ist das Überschuß-Handeln von ›Avantgarde‹ genauso gebunden wie das literarische Handeln des ›Gros‹ im Literatursystem; die vom Gros nicht abgetrennt denkbare Avantgarde impliziert damit durchaus eine strukturale ›Ähnlichkeit‹ beider Handlungskonzeptionen im Symbolsystem der Literatur, nicht jedoch deren oft vermeinte, und vielfach antagonistisch verstandene, substantielle ›Andersartigkeit‹.

(3) Umgekehrt genauer hieße dies: Ästhetische Operationen, die diese »doppelte Bezüglichkeit« verweigern (ohne diese im Akt der Verweigerung wiederum pointiert zu realisieren),[36] wären nicht mehr sinnvoll in dies Konzept von ›Avantgarde‹ integrierbar. Bestimmte Ausprägungen mit nur »einfacher Referentialität« – wie *Agitprop* etwa auf der einen, oder reine Formen der *Konkreten Poesie*[37] auf der anderen Seite – bedürften einer je eigenen Definition, soll der Begriff von ›Avantgarde‹ nicht in vagen,

längst überzeugend widerlegten Teleologismen untergehen. Weder also programmatische Negierungen des ›Ästhetizismus‹[38] noch betont-artistische Formen des ›Sinnentzuges‹, demonstrative Effekte von ›Unverständlichkeit‹ oder gar forcierte Signalisierungen des unbedingt ›Neuen‹ ergäben für sich allein Kriterien für die Bestimmung von Avantgarde-Leistungen – auch wenn der common sense diese vornehmlich an solchen Merkmalen festzumachen sucht. Nicht einmal das populärste und vermeintlich sicherste Kennzeichen, die Nicht-Kommerzialisierbarkeit avantgardischer Kunstanstrengungen, könnte hier verläßlichere Anhaltspunkte liefern.[39] Die allgemein beobachtbare Reduzierung des Begriffs auf scheinformale, eindeutige »Nenner« absorbiert vielmehr seine normativ nicht vorwegnehmbare, inhaltliche Aussagekraft; denn ›Avantgarde‹ ist, prinzipiell, an keinen vorgefertigten Etikettierungen erkennbar.

(4) Das Problem der Erkennbarkeit ergibt sich daraus, daß den Produktionen der Avantgarde – als den »Geist der Zeit« nicht repräsentativ fixierende, sondern ihn aufbrechende Leistungen – ihr spezifisch ›Avantgardistisches‹ gerade nicht äußerlich ist: daß es sich von seiten des Rezipienten vielmehr nur über den Weg der eigenen, gleichfalls doppelt referentiellen Einsicht erschließen kann, oder gar nicht. Denn, gegenüber dem normativ gebundenen literarischen Handeln des – auf bereits geklärtem Terrain operierenden – ›Gros‹, ist der Spielraum von ›Avantgarde‹ per definitionem uneingegrenzt, sind ihre Überschußleistungen, bis hin zum Anschein der Unkenntlichkeit,[40] vielgestalt. Somit läßt sich auch nur die Triebfeder, nicht aber der faktische Formenreichtum avantgardistischer Vorgehensweisen erfassen, nur ihr Impetus selbst: die zur Darstellung drängende »Potentialität des Unverwirklichten«.[41] Vollendet aber wäre solch Avantgarde-Projekt erst, wenn die anvisierte und zur Gestaltung gelangte »uncreated conscience« (Joyce) als *neu erschlossene Wirklichkeit* im Kopf des Rezipienten Platz gegriffen hätte. Für diese Realisierungsprozesse jedoch lassen sich Verlaufsvorschriften oder Ergebnisse von keiner Instanz vorwegbestimmen.

Da präskriptiv-äußere Anhaltspunkte als Orientierungshilfen also versagen und der Bezugsrahmen für die (geboten subjekti-

ZUR BRAUCHBARKEIT DES BEGRIFFS

ven) Erkenntnischancen ein bloß struktureller sein kann, können auch die folgenden Werk-Beispiele für die literarischen Handlungen einer gegenwärtigen Avantgarde nur den Charakter von Vorschlägen haben. Dafür jedoch, was dieser Bezugsrahmen trennscharf ausgrenzen muß, und das, was er prinzipiell einbeschließt, dafür verdeutlichend noch einmal zwei Beispiele:

Ausgeschlossen ist das derzeit immer noch prominenteste, dem »Geheimtip« verschriebene, teleologische Begriffsverständnis mit dem diktatorischen Gestus:

> Ziel: Sehgewohnheiten verändern. Ein Schritt: die Kamera [resp. das Leser-Auge] auf dem Fußboden montieren. Der nächste Schritt durfte nicht sein, daß hundert Leute die Kamera auf dem Fußboden montieren, sondern, daß einer sie am Kronleuchter aufhängt. Irgendwann ⟨...⟩ würde man einen Film ohne Bilder [resp. ein Buch ohne Text] machen, aber so weit sind wir noch nicht. Noch nicht.[42]

Ein solches, ausschließlich dem radikalen »Imperativ des *Weiter*«[43] verhaftetes, permanent auf der Flucht nach vorne befindliches Konzept verfehlt dramatisch, was ›Avantgarde‹ substantiell anzubieten vermag. Nicht um die Diktatur der jeweils »brandneusten« Einstellung unserer Optiken geht es, sondern um die Offerierung unerschlossener Bewußtseinsräume, die zu begehen dem Leser anheimgestellt werden. Wie wenig die avantgardistische Kardinalkategorie des ›Unerschlossenen‹ aufgeht in der des ästhetisch-»Brandneuen«,[44] ja, wie diese Kategorien einander ausschließen können sogar, belegte – und dies das andere Beispiel – vor anderthalb Jahrhunderten bereits Ludwig Börne in seiner Trauerrede auf den Avantgardisten Jean Paul: »Er aber steht geduldig an der Pforte des zwanzigsten Jahrhunderts und wartet lächelnd, bis sein schleichend Volk ihm nachkomme.«[45] Auch an der Pforte noch des kommenden Jahrhunderts wird er stehen; beispielhaft. Zumal in der ergreifenden Behauptung Börnes: »Aber eine Zeit wird kommen, da wird er allen geboren«, erweist sich ein letztes hier leitendes Kriterium für avantgardistische Literaturarbeit, nämlich eine stets auf *Erfüllung des Utopischen* – und nicht auf dessen unablässige Perpetuierung – bedachte Kunstanstrengung.

466   AVANTGARDE

II. Zur Pluralität avantgardistischer Gegenwartsliteratur

1. Die Fragmentierung der Lebenswelt
Der ›Zerfall des Subjekts‹

Anhaltspunkte für die wachsende ›pluralistische‹ Bewußtseins-
verfassung des Individuums der Moderne sind bereits bis in die
Jahre nach dem Ersten Weltkrieg zurückzuverfolgen;[46] sozialphi-
losophisch durchsetzbar jedoch, ja populär zu machen, war das
Konzept des dissoziierten, sich beliebig facettenreich ausspielen-
den Subjekts erst unter den Vorzeichen der gegenwärtig ›radikalen Moderne‹,[47] angesichts einer, einheitsstiftende Orientierungs-
formen mehr und mehr aufgebenden, hochfragmentierten Lebenswelt. Den poststrukturalistischen, zwischen Diagnose, Prognose und Vision noch changierenden und weitgehend abstrakt
bleibenden Subjekt-Konzepten stehen, selbständig, indes längst
hochentwickelte literarische Konkretionen gegenüber, die den
›Zerfall des Subjekts‹ an zentraler Stelle, auf dem Schauplatz der
Sprache, verfolgen; bis hinein in das einzeln gesprochene, sich
zunehmend vieldeutiger, ungewisser erweisende Phonem.

Die Schockerfahrung, Sprache als Institution selbstverständli-
cher Sinn- und Bedeutungsvergabe versagen zu sehen, traf am
empfindlichsten Schriftsteller aus der *Generation noch vor dem
Zweiten Weltkrieg,* insbesondere die intrinsisch motivierten
Sprach-Experimentatoren der frühen Nachkriegszeit – Autoren
und Autorinnen also, die wie Arno Schmidt (★ 1914), Friederike
Mayröcker (★ 1924) und Ernst Jandl (★ 1925) bereits in den 50er
Jahren als namhafte Avantgardisten galten. Doch erst in den
Spätwerken dieser »oberste(n) Sprachmeister« – so Mayröcker
1988 über Schmidt[48] – in deren virtuos beherrschter Altersprosa
der 70er und 80er Jahre, wird die schwindende Verfügungsge-
walt des Ichs über sein Sprechen zum dominierenden, hohe formale Anstrengungen herausfordernden, literarischen Thema.

Zu den hier aufsehenerregendsten, bereits vom Erscheinungsbild her provokantesten Textproduktionen der 70er Jahre zählen
fraglos die späten Typoskript-Werke Arno Schmidts.[49] Zumal
Umfang, Konstruktionsform und Schreibtechnik des achtbändi-

gen Großromans »Zettel's Traum« (1970)[50] widersetzten sich den gewohnten Rezeptionsweisen in einem Maß, das auch die Aufnahmekapazitäten professioneller Leser weit überstieg und damit zu Vorurteilsbildungen beitrug, die den Autor als elitären ›Solipsisten‹ und das Werk als »unzugängliches, menschenabweisendes Gesteinsmassiv«[51] zugleich abwiesen und mythisierten. Der Rang als Autor der ›Avantgarde‹, den ihm nicht zuletzt seine frühen, rigorosen Angriffe auf das Adenauer-Restauratorium eingetragen hatten,[52] wurde ihm von einem durchaus absichtsvoll brüskierten Lesepublikum[53] gerade für diejenige Arbeit streitig gemacht, mit der er nach eigener Maßgabe unter »viel tausendstündiger Mühsal« am weitesten vorangeschritten war: in der Entwicklung einer Darstellungstechnik, die es erlaubte, »die Texte mit zunächst unmerklichen, suggestiven, Silben und Buchstaben (so zu) ›beschicken‹, . . . daß stets mehrere ⟨. . .⟩ Bedeutungen beim Leser ankämen«.

Mit dieser »speziellen OberflächenBehandlung« des nunmehr vieldeutig und typographisch oft doppelschichtig arrangierten Wortmaterials war der Versuch unternommen, jegliches Sprechen als unbewußt-mehrfachdeterminiertes zu demonstrieren und das redende Subjekt als seiner Sprache nur begrenzt ›mächtige‹ Instanz »bewußt-artistisch« zu gestalten. Daß dieser Vorstoß in eine neue literarische Praxis noch weitgehend scheitern mußte, lag an der Unterschätzung ihrer theoretischen, an der Freudschen Instanzen-Lehre orientierten Prämissen. Denn »Herr im Hause« der eigenen Sprache konnte demnach auch das, dem Unbewußten gleichermaßen unterworfene, Schriftsteller-Ich nicht sein – ein professionelles Dilemma, dem sich etwa Mayröcker und Jandl in den späten Arbeiten der 80er Jahre (s. u.) konsequenter aussetzten als der Vorläufer Schmidt, der selber aber, bis zu seinem Tode 1979, nach immer weiter reichenden ästhetischen Strategien des Entkommens suchte.

So wird dem ›Zerfall des Subjekts‹, der in der mehrspaltigen und vielstimmigen Schreibweise der ›Zettel's Traum‹-Prosasprache bereits angelegt war, formal immer entschiedener Rechnung getragen: Die nachfolgenden, kaum Spuren des Prosa-Erzählens mehr tragenden ›Novellen-Comödien‹ und ›MärchenPossen‹

(›Die Schule der Atheisten‹, 1972; ›Abend mit Goldrand‹, 1975; sowie das ›Julia‹-Fragment, postum 1983) zeigen das Gewirr der fortgesetzt durcheinander-redenden, aneinander geratenden »Stimmen« der Persönlichkeitsanteile nunmehr analytisch getrennt – als verselbständigte, oft genug antagonistisch handelnde, aber stets gleich berechtigte ›Bühnen‹-Figuren. Aufgespalten in weib- und männliche, juvenile und senile, korrumpierte wie unberührbare Subjekt-›Rollen‹ wird deren wechselseitige Durchdringung zunehmend artistischer – zu einem wiederum unentwirrbaren Komplex – organisiert. So poetologisch-entschieden damit jede übergeordnete, die Stimmenvielheit noch souverän fokussieren-wollende Erzählhaltung verabschiedet ist, so wenig wird die spezifische ›Autor-Subjektivität‹ als generierende Instanz dieser Dissoziationen geleugnet: Das quer durch die Zeiten reichende, das abgelagerte Wissen mehrerer Generationen immerfort revozierende Sprach-Spiel der tief im Mythischen, ja Prähistorischen verankerten Figuren-Konstruktionen weist auf seinen Schauplatz einzig im Kopf, im ›Gedächtnis‹, des Autors hin, jegliches weiterreichende ›Realitäts‹-Konzept konsequent suspendierend.

Mit dem artistischen Mittel »eines quer durch die Zeiten huschenden Stils«,[54] einer das Gleichzeitige des Ungleichzeitigen ebenfalls evozierenden Prosasprache, war das Thema – »das sich spaltende zerfallende Ich«[55] – bereits in Hans Wollschlägers (* 1935) früher entstandenen ›Herzgewächse(n) oder Der Fall Adams‹ (I, 1982) ins Zentrum der literarischen Erforschung gerückt worden. Als Grundierung des Zerfallsprozesses regiert noch der zweistimmig-zwiespältige Faust-Mythos die Schichtungen des Romans: Eingefaßt in den Rahmen der politischen Gegenwart des »Schicksalsjahres 1950« fungiert die äußere Erzählzeit zugleich als metaphorischer Raum für einen zeitlosparadigmatischen, innersubjektiven Widerstreit, dessen Strukturen sich paranoisch verzweigen bis in eine orchestrale Klangstimme hinein, die zuletzt nur mehr »wie absolute Musik gehört werden möchte«.[56]

Von Baugesetzen musikalischer Formen wird, etwas ähnlich, auch die Grundarchitektur einer Avantgarde-Prosa bestimmt, die Ernst-Jürgen Dreyer (* 1934), gleich Wollschläger musikwissenschaftlich professionell, für ein Romanwerk entwickelte, das »Die Spaltung« bereits in seinem Titel (1979)[57] anzeigt. Aus dem Bodensatz der politisch gespaltenen deutsch/deutschen Realität des Jahres 1959 läßt der Autor eine, dem Romanhelden und Leipziger Studenten »Landmann« inkorporierte, Prosa-Sprachstimme erwachsen, die aber nicht mehr nur die fiktive Kunst-Figur vertritt, sondern vielmehr die unter Druck entgrenzbare, ins Haltlose reichende ›Subjektivität‹ selber. Die objektive Grenzlinie zwischen Ost und West – weiter zerspalten in eine Myriade kleiner und kleinster Alltags-Barrieren, die wiederkehren als Splitter in den Organen der subjektiven Wirklichkeitswahrnehmung, als Strich zumal durch die Rechnung einer auf Vereinigung zielenden Liebesbemühung – zerrüttet die identitätsverheißenden Orientierungskräfte. Und sie entriegelt Sperren der vernunftpraktischen Sicht- und Erlebensweisen: Die entbundenen Assoziationen des inneren Monologes überfluten die Grenzen zwischen Realitätsbewußtsein, Tagtraum und Traum und brechen sich in einer virtuos gehandhabten Vielheit von literarischen Stillagen und Formsprachen, bis hinein in die alle grammatischen Regeln außer Kraft setzende, pur-phonetische Schreibweise der mundartlich-sächsischen, breiteren Leserkreisen erst jetzt verständlicher werdenden, kompaßlosen Alltagsgeschwätzigkeit. »Die brennende Grenze« – und dies gilt über das Faktum eines durchlässigen Brandenburger Tores hinaus – hält hier nicht nur das Roman-Ich,[58] sie hält das Prosakunststück selber zusammen.

Die Anfechtung trennscharfer Identitäten ist in Paul Wührs (* 1927) ›Das falsche Buch‹ (1983) nicht nur Erzählgegenstand, indem das vorgestellte Personal nicht festlegbar ist auf Namen, Sprachausstattung, Geschlechtszugehörigkeit oder eine kontinuierliche Handlungslogik, auch das Erzählen selbst bleibt nicht der Kontrolle einer demiurgischen (Autor-)Instanz unterworfen, sondern vervielfältigt sich in ein Gewirr von einander ins Wort fallenden Stimmen. Der in einer solchen Polyphonie sich konstituierende poetische Text verhält sich zur systemstarren Alltagswirklichkeit in einer Weise, die im paradoxen Gegeneinanderführen des »Richtigen« und »Falschen« exemplarisch durchgespielt wird. Nicht ein beruhigtes Niederlassen im »richtigen Falschen« ist gefordert, eine dialektische Bewältigung des Gegensatzes also, sondern das Aufsuchen des unsauberen Dazwischen, das Ertragen der grundlegenden, identitätsverweigernden Ambivalenz.

Das artistische Erwirken simultaner Verweisungszusammenhänge anstelle narrativ-linearer Entwicklungszusammenhänge trägt der überindividuellen Krise des Selbst- und Weltverständnisses[59] Rechnung auch dort, wo sie autorseits als individuelle Leid-Erfahrung artikuliert wird; stellvertretend dafür Arno Schmidt: »Natürlich ist so ein Buch im Grunde der erschütternde Versuch, die rapide Auflösung der eigenen Persönlichkeit aufzuhalten; die Maschen – alle noch einmal zusammenzustricken . . .«[60] Wo derart das Postulat des »Zusammenstrickens«, des Montierens der dissoziierten »Fasern« zur Sprache gebracht wird, stellt sich als Zwischenfrage, welchen Status ein »altavantgardistisches« Kunstmittel wie das der Montage nach 50 Jahren heut noch besitzt.

In Bürgers Analyse der Montage als Kategorie zur Beschreibung des avantgardistischen Werks[61] ist die Zerstörung des organischen Kunstwerks als der entscheidende Einschnitt gekennzeichnet. Das künstlerische Subjekt verzichtet darauf – oder erklärt sich für außerstande – die Gestaltung des Werkes so weit zu beherrschen, daß sich alle Elemente sinnhaft auf das Ganze beziehen und umgekehrt. Dieser Negation der Synthesis auf produktionsästhetischer Ebene entspricht rezeptionsästhetisch der Verzicht auf Versöhnung, auf ein einheitliches Sinnangebot. Obwohl der durch Sinnentzug verabreichte Schock zu keiner Zeit dazu verholfen hat, die Trennung von Kunst und Lebenspraxis wie geplant aufzuheben, bestehen noch heute Neigungen, die Montage – als das »entscheidende künstlerische Erbe der Avantgarde«[62] – für das der Gegenwart womöglich angemessenste Verfahren zu erachten.[63] Als Kronzeuge einer solchen Einschätzung dient naheliegenderweise Alexander Kluge (*1932), der nicht nur von Fall zu Fall das Mittel der Montage »benutzt«, sondern seine sämtlichen filmischen und literarischen Angebote (als work in progress) jeweils für Anschlüsse offenhält und gegen Organizität absichert[64] [→ 548 f., 560 f.].

Kluges erweiterte Montageform,[65] seine »ästhetische Produktions-Maschinerie« scheint durchaus geeignet, »der Dissoziation des Wirklichkeitszusammenhangs aus der Perspektive eines gleichfalls von Dissoziation bedrohten und dennoch ›sinnsuchenden‹ Subjekts Ausdruck zu geben«. Wo aber liegen die Auswege aus dem vorgeführten Verhängnis, wo die Perspektiven, die Kluge erklärtermaßen weisen will?[66] Wenn man die Verlegenheit auch der sympathisierenden Berichterstatter angesichts dieser Frage beobachtet, die etwa darin Zuflucht nehmen, die latente Kraft der unaufgesprengten (montierten) Elemente[67] zu beschwören, dann liegt es nahe, in dem Projekt Kluges ein grundlegend defensives zu vermuten. Dem »Terror wirklicher Verhältnisse«[68] unentwegt auf der Spur zu bleiben, um dem weiteren Wuchern des »Abstraktionsprinzips« Einhalt zu gebieten und die Kräfte des Zusammenhangs, der Wieder-Assoziation zu fördern, das mutet eigentlich wie die Arbeit einer »Arrière-Garde« an.[69] Die in der Analyse erkennbare und überprüfbare Leistung der Klugeschen Methode ist es, die Übermacht des Trennenden, der »toten Arbeit« zu vergegenwärtigen. Sofern man allerdings darauf insistiert, die vorwärtsweisenden Aspekte solcher Arbeit herauszustellen, begibt man sich wiederum in eine teleologische Konstruktion. Literatur ist, wie alle Kunst, bei Kluge nur eine abgeleitete und reduzierte Form menschlicher Sinnlichkeit. Sie kann für sich, als Literatur, nicht vollständig werden, keine symbolischen »Erlösungen« inszenieren, sondern müßte ihrerseits darauf harren, aufgehoben zu werden in dem von Kluge und Negt durchprobierten Begriff der »lebendigen Arbeit«.[70]

Unerschütterbar programmatisch spricht sich bei diesen beiden noch aus, was andere, lang bewährte und nun alternde, gealterte, Avantgardisten der 50er Jahre – die Harnische ästhetischer Ideologeme lösend, ja preisgebend – anstelle der hochgetriebenen Zirkuskuppel-Artistik sahen: die schlichte Lebensgefahr. Die Identität des avantgardistisch operierenden Subjekts selber steht auf dem Spiel:

Die Geschichte von dem alten Maler gehört so hierher, der seinen Freunden sein letztes Bild zeigte. Ein Park war darauf zu sehen, ein schmaler Weg, der sanft hindurchführte, an Bäumen und Wasser vorüber, bis zu der kleinen roten Tür eines Palastes. Aber wie sich die Freunde zu dem Maler wenden wollten, das seltsame Rot, war dieser nicht mehr neben ihnen, sondern im Bilde, wandelte auf dem schmalen Weg zur fabelhaften Tür, stand vor ihr still, kehrte sich um, lächelte, öffnete und verschwand.[71]

Nicht nur der alternde Autor Arno Schmidt hatte in seinem letzt nachgelassenen Fragment diese metaphorische Figur des Entkommens, oder Fortschreitens, bedacht.[72] Als ein Resultat des nicht länger mehr erzählerisch Darstellenkönnens, ja »der Not, überhaupt noch etwas zu formulieren«, ist auch das poetische Spätwerk Jandls zu lesen,[73] als Zeugnis der dauernden Versuchung zur ›lösung‹ des Ichs;[74] ein Lösungsversuch, »in dessen Verlauf sich das Ich bis ins Adjektiv verkrümelt«.[75] Insbesondere Jandls Stück ›Aus der Fremde‹[76] thematisiert in diesem Sinn das Banale des Problems eines alternden Autors. Die Iterationen der permanent vergeblichen Subjekt-Suche im Sprechen verdeutlicht eine (nichtsprachliche) Darstellung Jandls, seine Zeichnung nämlich eines Herrn, dem – von diesem selbst – statt des Mundes nur ein neuerlicher Kopf vorgesetzt wird, dem wiederum anstelle des Mundes . . . (usf.).[77]

Diese kreiselnden Iterationen der Subjekt-Suche als literarisches Erkenntnisprogramm dürften nirgendwo kunstvoller – und konsequenter – gestaltet sein als in Mayröckers letztem großen Ein-Satz-Roman ›mein Herz mein Zimmer mein Name‹ (1988). Das Avantgardistische ihrer Texte erweist sich in

ihrer Hinwendung ⟨. . .⟩ auf ein bislang noch nicht sprachgewordenes, in der Zukunft angesiedeltes Bewußtsein, das die Welt in ihrer ganzen Widersprüchlichkeit wird aufnehmen müssen (zum Beispiel auch in der Unvergleichlichkeit weiblicher und männlicher Gefühle, einem Hauptgrund solcher Widersprüchlichkeit, um den die meisten Texte von Friederike Mayröcker kreisen).[78]

Daß zu ihren Ahnen gleichwohl Hölderlin und Jean Paul zählen, widerlegt nicht, sondern bestätigt eher, daß hier der klassische Avantgarde-Strang über den Expressionismus, Dadaismus und Surrealismus bis hin zu den Konkreten nicht als Irrweg abgetan oder gar totgesagt wird, sondern eine »qualitative Weiterentwicklung versucht: Moderne-Evolution statt Post-Moderne auch hier«.[79] Inthronisiert erscheint nunmehr ein Subjektives, dem

gegenüber die Opposition des »Objektiven der Dinge« alle Kraft
verloren zu haben scheint, so daß kein übergeordneter Zusammenhang, »weder als natürliche noch als gesellschaftliche, historische oder kulturelle Sinnstruktur«[80] die gewohnte Narration der
Literatur mehr befördert. Daher die Widerstände Mayröckers:

> wenn ich merke, daß sich da so etwas wie ein Erzählen, eine Erzählhaltung einschleichen will, sage ich, wenn ich merke, daß sich da so
> etwas abzeichnen will, fahr ich dazwischen, reiß ich das Steuer herum,
> zerstöre ich alles, das weiter in diese Richtung zu streben verlangt.[81]

Und weiter:

> Einmal in einem Gespräch zwischen uns, von dem ich jedes Wort erinnere, sagtest Du WENN DU SCHON GEGEN DIE STORY BIST,
> WIE DU IMMER BETONST, SO MUSST DU DICH NOTWENDIGERWEISE FÜR EINE NICHT-STORY AUSSPRECHEN, UND DAS
> GANZE DURCH THEORIE UNTERMAUERN: SONST GEHT
> ÜBERHAUPT NICHTS –.[82]

Die poetisch/poetologischen Offerten einer Autorin wie Ginka
Steinwachs (* 1942) scheinen indes unabhängig von derlei Prüfgrößen. Schier basislos-gewandt spielt die Autorin mit den uns
vertraut scheinenden, aber unzuverlässigen Phonemen – stets
insistierend auf die »Aufhebung der Grenzen innerhalb des Subjekts«: als Autorin spielend die »universa-lilie (da steckt universalie drin)«,[83] so heißt es.

Ob es also notwendig theoriebildnerische Kräfte sein müssen,
die ein derart storyfernes Erzählen zu untermauern hätten, steht
in Frage. Zur Debatte steht, wie weit bereits der ›scharfe Blick‹
alleine reicht:

Vierzehn Jahre bereits vor Mayröckers Roman ›mein Herz
mein Zimmer mein Name‹ (1988) erschien, programmatisch
betitelt, ›Der unvermeidliche Gang der Dinge‹ (1974)[84] als erste
Prosapräsentation Brigitte Kronauers (* 1940), einer Autorin, die
aus dem Stand die hintersinnige Struktureigentümlichkeit allen
Erzählens (des literarischen wie des alltagsgewohnten) zum
unscheinbaren, aus der Architektur ihrer Texte und Textkombinationen stets aber ersehbaren Gegenstand ihrer Prosa machte.[85]
Dies freilich nie in einem autoreflexiven Sinn, ja nicht einmal

menschliches Erzählen als »anthropologische Konstante«[86] in Frage stellend, seine Funktion literarisch analysierend aber; denn:

> Das was wir erleben, sind keine Geschichten, die Realität ist anders. Ohne Zweifel! Das, was sich die Leute im Bus erzählen, hat Anfang und Ende, Höhepunkt und Pointe, das was wir automatisch tun, wenn uns etwas zustößt, ist das Herausputzen der Details zu Symptomen, das Herstellen einer Geschichte. Was dabei entsteht, ist nicht die Realität. Ohne Zweifel! Dieses Zurechtlegen jedoch auf Sinn, Zusammenhang, Hierarchie der Fakten ist eine Realität, zweifellos! ⟨...⟩ Immer ist dies die Frage: Kriegen wir die Geschichte (Raster, Klischees, Schlußfolgerungen) in den Griff oder sie uns![87]

Die von der Literaturkritik immer wieder hervorgehobene Einzigartigkeit der Kronauerschen Erzählprosa[88] bestünde somit vor allem im Beharren auf den Weisen des (klassisch-avantgardistischen) Auskundschaftens, Erkundens, Aufklärens unserer anthropozentrisch gerichteten Wirklichkeitsmodelle und deren Alternativen, zuletzt offeriert in ›Die Frau in den Kissen‹ (Roman, 1990).

Doch auch an den Seiten so unterschiedlicher literarischer Such-Strategien zeigen sich weitere Vorstöße in die Bezirke der ›uncreated conscience‹.

2. Der Formenreichtum literarischen Sprechens im ungesicherten Raum

In Ror Wolf (* 1932) begegnen wir einem Autor, der die Unsicherheit der Zuordnung im vage abgesteckten Begriffsfeld von (Neo-)Avantgarde, experimenteller Literatur, konkreter Poesie exemplifiziert.[89] An dieser Stelle soll uns interessieren, daß er sich eines Montage- bzw. Collageprinzips bedient, das von anderen poetischen Voraussetzungen ausgeht als etwa Kluge und zu gänzlich anderen Ergebnissen führt. Die Texte Wolfs[90] bieten sich dar als eine Zusammensetzung aus Vorgefundenem: Aufgegriffene Redeweisen (vorzugsweise aus dem Bereich des sog. ›Trivialen‹), Bilder, Handlungsmuster etc. werden dabei strikt nach formalen und gestischen Gesichtspunkten aneinandergefügt, nicht aber im Sinne finaler oder kausaler Bezüge, einer stimmigen Psychologie eingeführter Personen, räumlicher und zeitlicher Ordnungen.[91] Es gibt in diesen Texten keine dramaturgischen Höhepunkte, keine hierarchische Anordnung der Teile in Hinsicht auf ein sinngewährendes Ganzes, sondern rein rhythmisches Pulsieren »zwischen Dehnung und sich überstürzender Fülle«,[92] in dem das konventionell Banale und das konventionell Bedeutungsvolle gleichermaßen aufgehoben sind.

Soweit hätte man es bei Ror Wolf mit den in der modernen Literatur gut eingeführten Verweigerungen zu tun: Absage an das Subjekt, Absage an die (Erzähl-)Geschichte, Absage an den Sinn. Es kommt Wolf auf diese Negationen aber gar nicht an:

> Ich habe diese Zertrümmerung ⟨einer in sich geschlossenen, bedeutungsvollen Fabel⟩ schon vorausgesetzt, denn ich bin nicht der erste Zertrümmerer. Seit ein paar hundert Jahren zertrümmert man die Literatur und macht aus den Trümmern wieder was.[93]

Zu bedenken ist zunächst, daß bei der Verarbeitung der Trümmer nicht die (ja offensichtliche) Disparatheit der einzelnen Teile noch einmal betont, sondern im Gegenteil scheinbar verdeckt wird: »Es ist für mich selbstverständlich, vorgefundene Stücke so zu gebrauchen, als wären sie von mir erfunden.« Angesichts dieser Wendung verfehlte der Hinweis auf eine zunehmende Konventionalität des Montageprinzips das Wolfsche Verfahren. »Es hilft nicht, wenn man die Technik beschreibt, man muß die Wirkung beschreiben.«[94] Brigitte Kronauer ist es gelungen, eben dies zu tun:

> Es entsteht eine Gegenwelt aus den Teilen der uns gewohnten Welt und ist dadurch untrennbar mit dieser verbunden, fähig also, auf die vertraute zurückzustrahlen. Wolfs Realität ist in der unseren plötzlich zu entdecken. Die Erfahrungen werden nicht gedehnt und gerafft um einer wilden Phantastik willen, sondern um die Distanzen unserer Wirklichkeit in unserem Bewußtsein als Empfindung zu straffen ⟨...⟩ Plötzlich fängt unsere eigene, ausgeleierte Welt an, sich zu konzentrieren, ihre Wörter und ihre Dinge ⟨...⟩ Die angeblich verspotteten Bedürfnisse werden aktualisiert, die erste Erwartung an Literatur, das Gewohnte ungewohnt, das Ungewohnte vorstellbar zu machen, wird in Mengen erfüllt.

Wollte man das Verhältnis der neuerfundenen zur altvertrauten Welt mit einer thematischen Pointe verdeutlichen, so könnte man mit Eckhard Henscheid[95] darauf hinweisen, wie die in immer neuen Anläufen dargelegte ›apokalyptische‹ Szenerie, die von Unwettern und Katastrophen aller Art anscheinend unwiderruflich geprägt ist, im Exzeß ihrer Beschwörung mit einem Mal etwas Beruhigendes, gar Beseligendes gewinnt. Wenn in diesem Zusammenhang die Rede ist von dem durch Wolf realisierten »Humoristischen«: nämlich der »Schwebe von naiver und gespielter, sprachlich hochelegant verifizierter ›Frömmigkeit‹«, die »alles Unglück letztlich aufsaugt«, so mag das als eine riskant spekulative Wendung erscheinen, welche aber ihrerseits die Schwebe hält, anstatt die komplexe referentielle Anordnung der Wolfschen Texte allzu unbedenklich aufzulösen, zugunsten ihrer Vereinnahmung für eine »Perspektive auf eine von ihren Zwängen befreite Gesellschaft, in der jeder einer nicht entfremdeten Arbeit nachgehen kann«.[96]

Einer solchen wenn auch freundlichen Indienstnahme, einer Subordination unter begrifflich ausgeführte Zwecke, entziehen sich Wolfs Texte unbedingt, was besonders sinnfällig wird angesichts seines umfangreichsten (wenig bekannten) Werks ›Raoul Tranchirers vielseitiger großer Ratschläger für alle Fälle der Welt‹ (1983), einer Art Lexikon der Sittenlehre und Lebensbewältigung unter Verwendung authentischer Texte aus der einschlägigen Traktatliteratur des 19. Jahrhunderts. Wiederum verwendet Wolf seine Fundstücke wie eigene Erfindungen, und es ist kaum die Bruchstelle erkennbar, an der durch eine nur kleine Zuspitzung dem Ratschlag der Boden der realen Lebenssituation entzogen wird, auf die sich zu beziehen er die beflissensten Anstrengungen unternimmt. Wenig ratsam erscheint es aber, hier Ironie, Parodie oder dergleichen zu konstatieren. Der Text inszeniert und hält eine prekäre Balance zwischen der Referenz auf eine Wirklichkeit, in der man sich regelgeleitet verhält, und deren Auflösung in ein referenzloses Zeichenspiel. Seine Komik beruht darin, daß er in diesem Spannungsfeld immer wieder das Unerwartete hervorkehrt.[97] Erst in dieser nicht aufzulösenden Ambivalenz behauptet sich die Unverfügbarkeit des Wolfschen Textes,[98] seine nachgerade metaphysische, genauer: pataphysische Qualität.[99]

Die ›Pataphysik‹ ist die Wissenschaft von den Phantasielösungen, von den Ausnahmen, von dem, was nicht systematisierbar ist.[100] Wesentlich ist ihr, daß ihr Gegenstand nicht begrifflich fixiert werden kann. Die Pataphysik ist dort zuständig, wo die Gegensätze von Konkret und Abstrakt, Wahr und Falsch, Aktiv und Passiv, Ja und Nein suspendiert sind, wo es keine Handhabe gibt, das Wertvolle vom Nutzlosen, das Interessante vom Belanglosen zu scheiden. Eingeführt von Alfred Jarry um die Jahrhundertwende und seitdem eher im Verborgenen wirksam, hat die Pataphysik eine Aktualisierung erfahren durch neuere sozialphilosophische Vorstellungen, etwa der Simulationstheorie Jean Baudrillards, die − sehr kurz gesagt − das Ende der Unterscheidungsmöglichkeit von Realität und Fiktion, Wahrheit und Lüge allgemein konstatiert.[101] Der Pflege und Weiterentwicklung des pataphysischen Erbes widmen sich die ›Folia Patafysica‹,[102] zum einen durch Auseinandersetzungen mit dem Vorbild Jarry, zum andern aber auch durch gänzlich freie Erkundungen, etwa Jan Philipp Reemtsmas (* 1952) ›Antifüsiek. Beiträge zu einer einheitlichen Theorie aller Fänomene‹ (1986), in der u. a. unwiderleglich nachgewiesen wird, daß der andere Socken immer weg ist, und daß Niemand parterre wohnt.

Die Pataphysiker zumal lenken neuerlich die Aufmerksamkeit auf jenen Aspekt des historischen Avantgarde-Begriffs, der ein noch kohärentes »Gruppenhandeln«, die Aufklärungsarbeit einer fest verbündeten ›Vorhut‹, zum Fokus erklärt hatte. Zwar war gerade diesbezüglich die metaphorische Verklammerung von künstlerischer Tätigkeit mit militärischer Disziplin sauer aufgestoßen,[103] wir sind aber eigentlich nicht gezwungen, uns literarische »Garden« in jedem Falle als hierarchisch strukturiert und disziplinarischen Sanktionen unterworfen vorzustellen. Es ist freilich vorab zu vermuten, daß taktische und strategische Zusammenschlüsse von einzelnen Künstlern gegenüber dem Kulturbetrieb nur für begrenzte Zeit oder punktuell erfolgen können, wollen sie nicht ihrerseits neuen Verhärtungen und Unbeweglichkeiten verfallen.

Als ›Neue Frankfurter Schule‹ (NFS) wurde in den 80er Jahren eine Gruppe von Satirikern, Zeichnern und Schriftstellern aus dem Mitarbeiterkreis der Zeitschrift ›Titanic‹ vorstellig. Der

Name spielt gewissermaßen mutwillig[104] auf jene ältere Frankfurter Schule um Horkheimer und Adorno an, als deren Erben sich die Jüngeren präsentieren, mit einer Geste freilich, die sich als eben dies, als Geste nämlich, darbietet und somit, jegliches akademische Pathos abweisend, das zugleich Komische und Angemessene eines solchen Anschließens einbegreift, das dem Wandel der Zeit Rechnung zu tragen und der scheinbaren Inkommensurabilität der Genres und Ausdrucksmedien zu trotzen hat.[105] So mißverständlich es mithin wäre, die Gemeinsamkeiten von NFS und Kritischer Theorie analytisch auszubreiten,[106] so unverkennbar ist andererseits, daß die NFS die Auseinandersetzung mit der Kultur- und Bewußtseinsindustrie wiederaufnimmt und zum Fokus ihrer Aktivitäten macht. Die satirischen Interventionen gehen dabei von der theoretischen Einsicht aus,[107] daß die herkömmliche (und auch heute noch vorherrschende) Satire in ihrem Bestreben, eine als schlecht erkannte Wirklichkeit auf der Grundlage eines unzweifelhaften Wertebewußtseins anzuzeigen, massiven Verkennungen und Illusionen aufsitzt. Wo Wirklichkeitsinszenierungen im Rahmen des Medienverbundes, wo Wertorientierungen angesichts »technokratischer Sachzwänge« zunehmend disponibel werden, da erweist sich der entlarvende, moralisch argumentierende Gestus des Satirikers als obsolet. In einer als Talkshow arrangierten Öffentlichkeit, die tendenziell und potentiell jedermann nicht nur anbietet, sondern ihn nachgerade nötigt, seine ›Meinung‹ über was auch immer zu verkünden (unter der Voraussetzung, daß sogleich auch eine andere ›Meinung‹ zum Zuge kommt und die erste neutralisiert), ist jede Entlarvung, jede Aufklärung nur wieder noch eine andere ›Meinung‹, ein weiterer Beitrag zum Pluralismustheater.

Die NFS-Satire bezieht sich aus diesem Grunde meist auf Wirklichkeitsdiskurse. Die polemische Aufmerksamkeit richtet sich darauf, wie Wirklichkeitsbehauptungen und Selbstdarstellungen sprachlich bzw. medial inszeniert werden, wobei die betreffenden Inszenierungen in der Regel nicht ideologiekritisch traktiert, sondern zugespitzt und verlängert, gewissermaßen also bis hin zur kenntlichen Absurdität »überboten« werden. Es liegt in der Logik der geschilderten Ausgangslage, daß zu Objekten

der satirischen Attacken nicht lediglich jene jederzeit erwartbaren
Politiker und sonstigen Vertreter der Herrschenden werden,
denen Kritik längst eher zum Legitimitätsausweis als zur Bedrohung gereicht,[108] sondern ebenso solche Exponenten des – ja
eigenen – ›fortschrittlichen Lagers‹, welche ihre – häufig pene-
trant ausgestellte – gute Gesinnung durch Denkfaulheit und
Wehleidigkeit diskreditieren. Demgegenüber versucht die NFS,
jene auf Morgenstern sich berufende »Helligkeit und Schnellig-
keit« zu bewähren, die eben nicht Resultat von Gesinnungsfestig-
keit ist, sondern durch Artistik erzielt wird, im Verfügen über die
vielfältigen Formen des Sprechens.[109] Allein diese, zumal mit der
Kraft des Komischen[110] verbündete, dezidierte Künstlichkeit –
d. h. hier: Kunstfertigkeit – kann noch hoffen, der Nivellierungs-
dynamik des Kulturbetriebes zu widerstehen.[111]

Haben wir bisher bei der Beschreibung der ›journalistischen‹
NFS-Strategie notwendig ein wenig von den Eigentümlichkeiten
der einzelnen Autoren abstrahiert, so ist es nunmehr unumgäng-
lich, im Hinblick auf die jeweiligen poetischen Aktivitäten Differenzen zu konstatieren, die insoweit die Annahme einer Schulenbildung relativieren. Die Zeichnungen von Friedrich Karl Waechter (∗ 1936) haben schon im Rahmen der ›Titanic‹ einen etwas
erratischen Status. Der satirische Impuls tritt häufig ganz zurück,
wird allenfalls dann sichtbar, wenn ›realistische‹ soziale Konstellationen abgebildet bzw. nachgestellt werden, um aber zugleich
auf eine allgemeine, gleichsam archetypische Ebene erhöht zu
werden, auf eine Weise freilich, die dem Archetypus jenen Sinn,
den er herkömmlich birgt, aufbläst bis zum Zerplatzen.[112] Die
Zerstörung sinnhafter Muster wird meist als ›Nonsense‹ rubri-
ziert, die NFS-Zeichner zumal firmieren unter diesem Signum
bzw. reklamieren es selbst für sich.[113] Es wäre aber verkürzend,
wollte man bei Waechter nur die Bewegung des Abbaus von Sinn
erkennen. Besonders in seinen Märchen, z. B. ›Kiebich und Dutz‹
(1984) wie ›Die Mondtücher‹ (1988), ist zu verfolgen, wie
Waechter zwar überkommene Erzählmuster deutlich als solche
aufgreift, sie jedoch mit einer Tiefenschicht und Selbstverständlichkeit revitalisiert, die jenseits von Naivität, aber auch jenseits
von jeglicher parodistischer Distanzierung liegt.[114]

Robert Gernhardt (* 1937) scheint demgegenüber die satirisch-parodistische Haltung auch in seine literarischen Texte übernommen zu haben. Zumal in seiner Prosa[115] inszeniert er immer wieder den Widerspruch des Nach-68er-Intellektuellen: einerseits ist diesem die Ideologie- und Zivilisationskritik gleichsam habituell geworden, andererseits ist er auf Schritt und Tritt in vielfältige Formen des Mitmachens verwickelt und muß sich zudem eingestehen, daß ihm auch kein privates Reservat authentischen Lebens bleibt, denn die Alternativkultur, die solches zu ermöglichen ausersehen war, erweist sich als ebenso anfällig für modische Trends und als ebenso warenförmig organisiert wie die offizielle. Hinzu tritt der für den Künstler speziellere Widerspruch, das eigentlich Kunstfeindliche der Kulturbetriebsamkeit zu durchschauen und zu verachten, ohne letztlich doch auf die Anerkennung und den Zuspruch, den deren maßgebliche Instanzen nach anscheinend willkürlichen Kriterien gewähren, verzichten zu wollen. Eine differenziertere und originellere Behandlung dieses Problems politischer Identität und kulturellen Selbstverständnisses als die Gernhardts läßt sich schwerlich denken. Eine mögliche Begrenzung seines Ansatzes wäre aber darin zu sehen, daß er in der bloß kritischen Reflexion zwar sich voll »auf der Höhe des Problems«[116] bewegt, diesem aber auch verhaftet bleibt, zumal der Widerspruch nicht lösbar erscheint und dem kritischen Gestus nichts anderes übrig bleibt, als zwischen Melancholie und Ironie zu schwanken.[117] Zumeist aber übersteigen seine Texte die Ebene des wenn auch höchstintelligenten diskursiven »Problematisierens«, indem sie radikal auf sich selbst – als Text – verweisen. In dem Roman ›Ich Ich Ich‹ (1982) etwa sind die vorgestellten Figuren, jegliches Geschehen, sowie alle reflexiven (z. B. poetologischen) Passagen auf eine Weise ineinander verschachtelt, daß eine Hierarchie der Verknüpfungen nicht erkennbar ist, in der sich alle Aussagen (über die Kunst, das Leben, die Wirklichkeit) als abhängig von einem zentralen Sinn – und dessen Erzeuger – erweisen. Mit der ihm eigenen Komik (die, da sie das literarische Sprechen gleichsam grundiert und sich nicht lediglich auf die Gegenstände bezieht, eben doch nichts von einer sog. »milden Ironie« besitzt) und mit der durchgängig realisierten Artistik des

SPRECHEN IM UNGESICHERTEN RAUM 481

Formenspiels[118] distanziert Gernhardt die Anmutung jener ›Betroffenheitsliteratur‹, die in den 70er/80er Jahren Konjunktur hatte.[119]

Von allen Autoren der NFS (Waechter ausgenommen) ist Eckhard Henscheid (* 1941), dem äußeren Anschein entgegen, der am wenigsten satirisch arbeitende. Selbst in seinen ›Titanic‹-Beiträgen ist vielfach zu beobachten, wie der in Angriff genommene Gegenstand zunächst sehr erwartbar und korrekt mit den einschlägigen formalen Manövern traktiert wird, dies aber dann bis über den Punkt hinausgetrieben wird, wo sich die Form verselbständigt, gleichsam »heißläuft«, so daß sich der Gegenstand verflüchtigt, der satirische Gestus zusammenfällt und nur das gänzlich ungebundene, quasi delirierende Sprechen übrigbleibt. Dieses Verfahren läßt schon hier auf ein poetologisch komplexeres Projekt eher als auf ein nur-satirisches schließen. Die Erzählprosa Henscheids mag – zumal in den frühen Romanen – an ihrer Oberfläche einige satirische Elemente mit transportieren, dennoch ist sie eine grundsätzlich ›realistische‹.[120] Die große Popularität der ›Trilogie des laufenden Schwachsinns‹ (1973-78) beruht insoweit auf einem offensichtlichen Rezeptionsirrtum, dem nämlich der Identifikation der Leser mit dem erzählten Gegenstand, d. h. auf einer Mißachtung der Perspektive, die die Darstellung auf das Dargestellte hin entwickelt. In allen drei Romanen der ›Trilogie‹ wird vom jeweiligen Ich-Erzähler eine soziale Szenerie vorgestellt, in der die Arbeit bzw. der Gegensatz von Arbeit und Freizeit verschwindet, beide sich in die bloßen Zeichen ihrer selbst auflösen und gegenseitig austauschbar werden.[121] Wenn man nun davon ausgeht, daß Arbeit den Menschen als zentrale Quelle der Sinngebung dient,[122] dann wird deutlich, worin der »laufende Schwachsinn« in Wahrheit besteht: Nicht um kuriose Exzesse einer randständigen ›Szene‹ geht es hier, sondern darum, daß dem Leben der vorgestellten (für die bundesrepublikanischen 70er Jahre sehr wohl repräsentativen) Figuren der Sinn entzogen wird, also allenfalls noch »schwach« nachdämmert und unter oft großen Anstrengungen simuliert werden muß.[123] Ob diese »Freisetzung« der Menschen (von der Arbeit, aber dadurch auch tendenziell von der Entfremdung, vom »›Widerstand‹ der Welt«

(Hannah Arendt)) als eher faszinierend oder aber als fürchterlich zu sehen sei, ob die erzählte Welt also (in symbolischer Erweiterung) das ›Paradies‹ oder die ›Hölle‹ darstelle, ist nicht zu sagen, denn dies setzte einen Ort der Betrachtung voraus, der von der Dynamik des Betrachteten nicht affiziert wäre. Tatsächlich besteht das Projekt der Ich-Erzähler[124] darin, dem »laufenden Schwachsinn« voyeuristisch zu erliegen und sich gleichzeitig darüber zu erheben, ja sogar – in der literarischen Aufarbeitung – daraus für sich souveränen Sinn zu schlagen. Unvermerkt sind sie aber längst von der denunzierten Geistesschwäche selbst erfaßt bzw. geben sich ihr am Ende »bewußt« anheim.[125]

Deutet sich in dieser Gestaltung der Erzählperspektive bereits an, daß die entstandene Sinnlücke nicht einfach (durch Literatur) »auffüllbar« ist, so wird die Wahrnehmung des Sinnverlusts noch durch die symbolische Doppelkodierung des erzählten Geschehens vertieft. Noch das scheinbar banalste Zeichen verweist nicht nur auf empirisch Reales, sondern ebenso auf das mythologische System im Katholizismus. Indem dieses hochgradig sinnhafte System mit der gänzlich indeterminierten Struktur kurzgeschlossen wird, verfallen zum einen die theologischen Zeichen ihrerseits der Indetermination, weitet sich zum anderen der Sinnentzug über das Soziale hinaus ins Metaphysische.[126] Ergänzend und kontrastierend zu dieser, die Dynamik des gesellschaftlichen Erfahrungsverlustes tendenziell noch überbietenden[127] Perspektive entwickelt Henscheid in der Idylle/Novelle ›Maria Schnee‹ (1988) einen Blick auf die Welt, der gewissermaßen vom andern Ende der Geschichte herkommt. Diesmal ist die die Wahrnehmung des Helden strukturierende »Geistesabwesenheit« Ausdruck eines unschuldigen (»kindlichen«) Gemüts, einer Unberührbarkeit durch alles Unheil hindurch. Hüllt der naive Blick die, im Grund, trostlosen Vorkommnisse auch versöhnlich ein, so sind sie darunter doch um so schärfer, ohne jede Abstraktion, erfaßt und zur Sprache gebracht. Dies ist die humoristische Qualität der Idylle: die begütigende Auffassung der Welt durch den Helden wird als eine – nach Maßgabe von ›Realitätstüchtigkeit‹ – verfehlte kenntlich, ohne jedoch denunziert zu werden. Denn auch ihre Leistung wird ja deutlich: Der Leser »kann durch diesen Helden

nicht mehr und nicht weniger als einen vielleicht vergessenen Teil
– oder besser noch: Kernbereich seines Welterlebens wieder kennenlernen«.[128]

So stellen sich die erzählerischen Projekte Gernhardts und
Henscheids nunmehr recht unterschiedlich dar. Gernhardts
Thema ist der öffentliche Diskurs, der nicht zuletzt von »seines-
gleichen«, der kritischen Intelligenz, geführt wird. In seiner ständigen Vervielfältigung und Beschleunigung wird er gleichzeitig
immer beliebiger und folgenloser und erfaßt schließlich keinen
Gegenstand, keine Wirklichkeit mehr. Diesen in auswegloser Zirkulation wuchernden Diskurs läßt Gernhardt sich an strengen
Formmustern komisch brechen, um damit doch eine – wenn
auch uneigentliche – Möglichkeit des Sprechens zu bewahren. Bei
Henscheid ist der Verfall des Diskurses noch weiter fortgeschrit-
ten, und der Satiriker führt auch »das Erstorbene in seiner Absurdität vor«, während der Erzähler das Problem gleichsam hinter
sich gelassen hat und sich der »melancholischen und unendlich
geduldigen Suche nach den Resten dieses aussterbenden Lebens«[129] verschreibt. »Nichts Geringeres erstrebt Henscheid, als das
vorbegriffliche Leben, das von der Sprache meist zerstört wird,
in der Sprache hörbar zu machen.«[130]

Das die NFS zur ›Garde‹ Verbindende – gegenüber anderen
Projekten, die ansonsten formal durchaus ähnlich zu beschreiben
wären – mag in ihrem Vertrauen in das Komische zu sehen sein:
Komik ist ein Luxus, den sich leisten kann, wer will. Sie »entzieht
sich der Weltverbesserung« und erhebt damit den gleichen
Anspruch wie jede Kunst als »institutionalisierte Unerreichbarkeit«. Sie schafft »vorletzte Dinge« und kann auf die Art »den
Ernst der Wirklichkeit zum Moment herunterspielen, weil sie
sich mit dem verbündet, was ihn an Ernst überbietet: dem eigenen Tod« (Marquard). Dieser Kunstanspruch ist richtig und wichtig, »denn die leichteste Weise der Erkenntnis ist die Kunst«
(Brecht). Kunst ganz im Sinne Adornos, als ein »Absterben der
Alternative von Heiterkeit und Ernst, von Tragik und Komik,
beinahe von Leben und Tod«.[131]

484 AVANTGARDE

3. Angriff auf die Kultur – Literarische ›New Wave‹

Zwar haben wir den Avantgarde-Begriff prinzipiell von der Kategorie des ›Neuen‹ abgekoppelt, auch von demonstrativen, gleichsam ritualisierten Akten der Verwerfung des Bestehenden. Aber wird man nicht immer von der jeweils jungen Generation von Schriftstellern am ehesten erwarten, daß sie unerwartete Perspektiven einführt, in denen sich die Erstarrungen des Zeitgeistes auflösen? Tatsächlich hat es auch in den 80er Jahren eine programmatisch grundierte Umorientierung gegeben, die ihre Optik durchaus generationsspezifisch ausrichtete. Es betraf dies eine Generation, deren Angehörige das Pathos der 68er Bewegung nicht mehr am eigenen Leib verspürt hatten, die auch keinen Anlaß sehen konnten, deren Aufarbeitung angesichts der enttäuschten Hoffnungen zu ihrem Problem zu machen. Das Welterklärungsmodell der 68er, sowie die daran geknüpften Werte, waren für diese Generation (der ab Mitte der 50er Jahre Geborenen) nur ein Angebot unter anderen, das zudem im Zuge der Etablierung vieler alter 68er durchaus offiziösen Charakter angenommen hatte und in der Folge – etwa im Lehrer-Schüler-Verhältnis – auch machtgestützt auftrat. Die Errungenschaften des politischen Aufbruchs – das ›kritische Bewußtsein‹, politische und soziale Verantwortung – erschienen den Jüngeren als Integrationsfalle.

Aus dem Verlust weltanschaulicher Verbindlichkeiten, aus dem Abgleiten der Wirklichkeit in simulierte Realitäten, waren Konsequenzen zu ziehen:[132] Nicht das (trauernde oder polemisch: nörgelnde) Beschwören der verlorenen oder bedrohten Traditionsbestände konnte mehr Gegenstand der literarischen Tätigkeit sein, sondern die vorbehaltlose Konfrontation mit der neuen, emphatisch als ›modern‹ wahrgenommenen (Schein-)Welt:

Technik, Urbanität, Massenunterhaltung, gleißende Werbefassaden, das Rauschen der technischen Medien, Sounds, Starkult, Modediktate, die Überproduktion von Meinungen, Identifikationsmustern und leuchtenden Bildern, der gesamte nicht mehr (literatur-)schriftliche, sondern tendenziell elektronisch gesteuerte Zeichenraum ist ihnen nicht mehr Bestätigung eines Bildes fehlgeleiteter Zivilisation, sondern Material, mit dem Literatur umzugehen hat ⟨. . .⟩[133]

›NEW WAVE‹   485

Außerdem war der gesellschaftliche Status der Literatur zu bedenken: einerseits ist sie medial veraltet, d. h. keinerlei machtrelevante gesellschaftliche Verständigung läuft noch über das Medium des Buches, andererseits wird ihr die Aufgabe zugeschrieben, die Verwüstungen des Produktionsprozesses zu kompensieren, indem sie ›Kultur‹ schafft, faßlichen Sinn und bleibende Werte. Genau diese Funktionszuweisung zu verweigern,[134] ist seit den frühen 80er Jahren Hauptbestreben von jüngeren Autoren, die sich dabei von einem ähnlichen ›Paradigmenwechsel‹ im Bereich der Rock-/Pop-Musik inspirieren ließen. Vorbild wurde ihnen der ›Pop‹ gerade in jenen Merkmalen, die der Kulturkritik als minderwertig gelten: der Aufmerksamkeit für die Oberfläche und das Äußerliche, der Grellheit, dem affirmativen Überschwang, der Flüchtigkeit und vor allem: in der bewußten Unoriginalität, der schamlosen Übernahme bekannter Motive. So schienen kurze, in Sammelbänden[135] plazierte Texte geeignet, auch literarisch »Strategien zwischen rabiater Ablehnung/ und offensiver Affirmation«[136] zu erproben. »Schnittig,/ schräg,/ witzig./ Treffend« sollten sie sein. Freilich litt das Pop-Konzept mit der Zeit nicht nur daran, daß der Kulturbetrieb schließlich auch dafür Verständnis hatte, es widerstand auch kaum der Gefahr, einer gewissen Beliebigkeit zu verfallen, in der ›subversive‹ von planer Affirmation nicht mehr zu unterscheiden war.[137]

Wir wollen abschließend noch exemplarisch auf einige Autoren mit Affinitäten zur Pop-Subkultur hinweisen, die subtiler anmutende Ansätze verfolgen, um der zum zeitgeistgemäßen Klischee geronnenen fröhlichen Hinnahme des Verlustes verläßlicher Orientierungen entgegenzuarbeiten, ohne sich vereinnahmenden Sinnzuschreibungen auszuliefern.[138]

Gegenstand von Thomas Meineckers (* 1955) kurzen Prosastücken ›Mit der Kirche ums Dorf‹ (1986) sind Diskursszenen. Eine Gruppe von Personen mit offenbar akademischem Hintergrund tauscht sich über Angelegenheiten ihres Alltags aus, in betont ›diskursiver‹ Form. Diese Personen sind mit Namen, aber nicht mit Psychologie noch Identität ausgestattet und fungieren nur als Sprecher ihrer Reden, in denen kurrente Interpretationsmuster, politisch-kulturelle Einsichten floskelhaft ausgeführt werden. Der Erzähler erhebt sich nicht über das defiziente Bewußtsein seiner Figuren, er ›entlarvt‹ sie nicht als Schuldige an der Trivialisierung authentischer Ideen, denn dies setzte voraus, daß es die Möglichkeit eigentlichen Sprechens gäbe, das die (heruntergekommenen) Bewußtseinsinhalte in ihrer wahren Dignität erstrahlen ließe. Daß der Text dennoch nicht in dem von ihm beschriebenen Zusammenhang versinkt, ist dadurch garantiert, daß er ihn nicht nur inhaltlich abbildet, sondern auch formal auf den Punkt bringt – im narrativen Kreisen um die sinnentleerte Mitte.[139] In der überaus kunstvollen Anordnung der Alltagsszenen, in der gerade hier wirksamen Komik, bewährt sich denn doch ein Wahrnehmungs- und Gestaltungsvermögen, das zwar nicht das Abgeleitete auf ein Originäres zurückführen, jenes aber *zeigen* (statt begrifflich aufheben) und damit distanzieren kann.[140]

Joachim Lottmann (* 1954) stellt in seinem Roman »Mai Juni Juli« (1987) einen Ich-Erzähler vor, der Schriftsteller sein möchte, aber offenbar nichts zu sagen hat, was dadurch deutlich wird, daß er unentwegt Erzählversuche in allen denkbaren Genres vorführt, die abgebrochen werden müssen, weil die Erzählmuster – klischeehaft zugespitzt – den ihnen zugedachten Sinn nicht tragen können. Dargestellt wird der Autor als eine gesellschaftliche Figur, die ihrerseits keinen Sinn mehr trägt und nur noch die Stereotypen des Dichtermythos reproduziert (z. B. die Entbehrungen, die vor den endlichen Erfolg gesetzt sind). Die gesellschaftliche Funktion der Literatur repräsentiert nur mehr der Verleger, der selbstgewiß und routiniert über den Gegenstand verfügt, während dem Schriftsteller kein anderer Ausweg mehr bleibt, als sich von der Literatur zu distanzieren und die »Lust des Lebens« zu beschwören. Indem die perfekte Konformität des »Literaturbetriebs« sich in der Figur des Ich-Erzählers ballt, wird zwar dessen Projekt – Schriftsteller zu sein – unmöglich, es ist aber gleichsam hinter seinem Rücken eine Möglichkeit des literarischen Sprechens (über die Gegenstände, die der Ich-Erzähler stets verfehlt) entstanden, die Lottmann nicht zuletzt durch seinen gänzlich unangestrengten, auf demonstrative (satirische) Gesten verzichtenden Witz realisiert.[141]

›New Wave‹   487

Auch die Arbeit von Rainald Goetz (*1954) ist vor dem Hintergrund der Übermacht des Überbaus, der Kultur, zu sehen. So deutlich wie bei keinem anderen Autor wird in seinen Texten die Empörung gegen die Überwältigung der Wirklichkeit durch die auf sie bezogenen Diskurse thematisiert. In dem Roman ›Irre‹ (1983) hat sich die Empörung des Helden an der bei psychiatrischer Arbeit gewonnenen Einsicht entzündet, daß der therapeutische Diskurs das Leiden der Patienten in keiner Weise erreicht. Dieses stumme, aber körperlich erkennbare Leiden erscheint ihm als Spur des in der Rede verdeckten Wirklichen; und er versucht zeitweilig, sich dem sprachlosen Wahn anzugleichen, z. B. durch Eintauchen in die Punk-Szene mit alkoholischen Exzessen bis zur Bewußtlosigkeit. Der Sprachlose, der Irre, ist aber stets nur Opfer. Der vormalige Arzt begibt sich daher (nunmehr als Ich-Erzähler) in die Kultur, also dahin, wo die verhaßte diskursive Ordnung gepflegt und ausgebaut wird. Hier inszeniert er ein scheinbar unkontrolliertes Gemisch aus polemischen Ausfällen gegen Kulturträger aller Art und aus emphatischen Huldigungen der Pop-Szene. Die paradoxe Anstrengung des Ich-Erzählers, mit literarischen Mitteln die Literatur (als bedeutungsvolle Kunst) zu zerstören, deutet auf die grundlegende Bewegung in Goetz' Texten: die Zuspitzung auf ihren Ereignischarakter hin. »Ausgedachte« Geschichten (Phantasie) werden von vornherein nicht angeboten, diskursive (Verständigungs-)Inhalte mit polemischen und komischen[142] Mitteln aufgelöst. Die Bedeutung, an die entschärfende Sinnzuschreibungen sich heften könnten, zieht sich zurück. Nicht was gesprochen wird, sondern daß gesprochen wird – das ist der Text.[143]

Fünfter Teil
Literatur, Theater, Medien

Justus Fetscher
Theater seit 1968 – verspielt?

1. Revolte im Erziehungshaus
   (Mitbestimmung und Emanzipation)

Theaterleute sehen die Welt gern als Bühne, die Historie als Aufführungsgeschichte. Die revoltierenden Studenten von 1967/68 schienen manchen von ihnen vor allem aufzunehmen, was das dokumentarische Theater in der Mitte des Jahrzehnts thematisiert hatte. Was nun in die Hörsäle und auf die Straße getragen wurde, das »Theatertheater« gesellschaftlicher Provokation, von dem Peter Handke schwärmte,[1] stellte sich einem Regisseur im Rückblick dar als Konsequenz aus den legendären Erlanger Studententheatertreffen der sechziger Jahre.[2]

Die Dramatiker suchten Verbindung zu der Revolte, indem sie die schon stattgehabten Revolutionen aufs Theater brachten, so vor allem Peter Weiss mit ›Trotzki im Exil‹ (1970) und ›Hölderlin‹ (1971). Das den Historiendramen vorgegebene Scheitern zumal der deutschen Aufbrüche seit den Bauernkriegen (Dieter Forte, ›Martin Luther und Thomas Münzer oder Die Einführung der Buchhaltung‹, 1970) kontrastierte aber mit der aktuellen Veränderungseuphorie. Tankred Dorsts ›Toller‹ (1968) verwies auf die chancenlose Leichtfertigkeit theatralisch-schwärmender Revolutionäre – noch bevor Gaston Salvatore, die doppelbödige ›Hölderlin‹-Dramaturgie aufgreifend, das Verenden der Revolte in ›Büchners Tod‹ (1972) personalisierte.

Revolution auf Theater zu bringen, schien vielen unter dem Eindruck der Studentenrevolte ohnehin ein müßiges Tun, solange die Macht- und Produktionsverhältnisse in den Häusern nicht selbst revolutioniert seien. Die als feudales Relikt sich ausnehmende Herrschaft des Intendanten, seine Bestimmungsgewalt über Spielplan und Engagements, die Autorität des Regisseurs über die Konzeption und die ästhetischen Mittel einer Inszenierung, die Ausrichtung des Schauspielers auf konformes Proben-, pünktliches Spielverhalten und deren ideologische Kompensation im Boheme-Elitarismus und Irrationalismus des Schauspielunterrichts – sie wurden kritisiert mit Analogieschlüssen aus der Kritik der politischen Ökonomie im allgemeinen und der Kritik an der Kulturindustrie im besonderen. Ihr Ohnmachtserlebnis in Schauspielschule und Provinzbühne provozierte die jungen Schauspieler Barbara Sichtermann und Jens Johler zu einer Polemik ›Über den autoritären Geist am deutschen Theater‹, die eine heftige Debatte über die Reformwürdigkeit der Strukturen in den subventionierten Häusern auslöste.[3]

So mechanisch hierbei die fetischisierten Vokabeln und Organisationsmodelle der Neuen Linken zitiert wurden, der Leidensgrund des Protests war konkret. An den seinerzeit erfolgreichsten bundesdeutschen Sprechtheatern wurden zur Zeit dieser Debatte zwei Aufführungen abgesetzt, weil sie dem Theaterverständnis der Intendanten widersprachen. Den Mitwirkenden an dem Bremer Projekt, Aristophanes' ›Frauenvolksversammlung‹ kollektiv zu inszenieren, blieb die Präsentation ihrer unfertigen Arbeit und der Versuch, sie durch Diskussion mit dem Publikum zu ergänzen, ebenso untersagt wie dem Ensemble des von Peter Stein an den Münchner Kammerspielen aufgeführten ›Viet Nam-Diskurses‹ eine Spendensammlung für den Vietcong, die aus dem Gezeigten die Konsequenz ziehen sollte. Der Gang auf die Straße, zu dem die Verwaltung die Sammelnden nötigte, bevor sie die Aufführung doch vom Spielplan nahm, markierte für Günther Rühle den Übergang des politischen Protests vom dokumentarischen Theater zur Studentenbewegung.[4] Als akzeptabel galt vielen allenfalls noch das Straßentheater.[5]

Die Strukturdiskussion über eine *Mitbestimmung* des Regisseurs an den Entscheidungen des Intendanten, der Schauspieler an den Entscheidungen beider hatte für manche Schauspieler bald den Punkt erreicht, an dem ein Engagement in den subventionierten Häusern und dann das Theaterspielen selbst verabschiedet wurde – als untauglich, das politisch Intendierte zu erreichen. Noch spielerisch, aber verachtungsvoll genug hatte 1968 ein Schauspieler im Protokoll seiner Probenarbeit den Ausbruch skizziert:

warum eigentlich theater wir gründen die ché guevara universität drehen einen popfilm gegen den kapitalismus die mittel brutal szenen der wochenschau eingeblendet montagen zitate harte farbkontraste acryl rot einfach rot ein signal sinnlich konkret keine aura nichts seelisches kein ethischer begriff kein symbol das geschichtsbewußtsein auslöschen das menschenhirn umprogrammieren eine mutation das wäre die befreiung.[6]

Zwei Jahre später folgert der Autor, daß die bestehenden Bühnen unrettbar hierarchisch organisiert und affirmativ dem Bestehenden integriert seien. Mit Jean Paulscher ›Logik‹ ruft er dazu auf, die Theater erstens abzuschaffen, zweitens auf Agitprop-Wirksamkeit umzustellen und drittens als bürgerliche zu belassen, jedoch zu demokratisieren.[7]

Zu dieser Zeit engagierten sich an mehreren Bühnen jüngere Schauspieler und Regisseure für diese letzte Option. Mitbestimmungspapiere erschreckten Intendanten und Gewerkschaftsfunktionäre, fanden jedoch Unterstützung bei Theaterkritikern. Den konservativen Verdacht, in solchen Vorsätzen sei ein gesamtgesellschaftliches Projekt impliziert, wendete Peter Iden ins Offensive, indem er die Mitbestimmung am Theater zur Probe auf die Reformfähigkeit seiner Umwelt erklärte:

Intendanten, um die es viel weniger geht als um die Reorganisation von Arbeitsweisen, der sie im Weg stehen, vertreten eine Gesellschaftsordnung. Wer ihre Befugnisse eingrenzt, geht übers Theater hinaus. Die Gesellschaft finanziert aber in einem Teilbereich ihres Überbaus nicht Veränderungen, gegen die sie im Unterbau prozessiert. Die Intendanten behaupten nicht nur die Macht am Theater, sondern sie vertreten die Berechtigung von Herrschaft schlechthin.

Dem setzte er die Richtergewalt der Kritik über Erfolg oder Mißerfolg von Theaterarbeit entgegen:

Aufführungen werden weniger wichtig als die Voraussetzungen, unter denen sie zustande kommen. ⟨. . .⟩ Ich werde angesichts der Leistung von Schauspielern auf der Bühne nicht mehr wegdenken können, was sie von sich selber und vom Theater denken.[8]

Diese Drohung erinnerte daran, daß der Mitbestimmungsplan der Regisseure Claus Peymann, Dieter Reible und Peter Stein auch am Widerstand des Ensembles vom Schauspiel Frankfurt gescheitert war. Das Projekt setzte einen Reflexions- und Politisierungsgrad der zu Beteiligenden voraus, den viele Schauspieler ihm nicht entgegenbrachten. Mit vorerst glücklicher Ironie ließ sich die vielerorts geforderte Mitbestimmung schließlich gerade in Frankfurt doch einrichten. 1972 gelang es einigen Frankfurter Kritikern und Kulturpolitikern, den in Stuttgart als politischen Regisseur beachteten Brecht-Schüler Peter Palitzsch für diesen Versuch zu engagieren. Um ihn gruppierten sich ähnlich denkende Theaterleute. Ein Dreierdirektorium, dem ein gewählter Ensemblevertreter angehörte, leitete das Theater; Vollversammlungen diskutierten die Spielplan- und Personalentscheidungen. An keinem anderen öffentlich subventionierten Haus ließ sich Vergleichbares installieren. Ein Durchbruch war erzielt und – blieb folgenlos.

Rasch nämlich sprach sich der organisatorische, nervliche und schließlich psycho-somatische Verschleiß herum, den das Experiment den Beteiligten verursachte. Als sich die Gruppe 1980 auflöste, galt sie als heldenhaft gescheitert. Trotz formaler Gleichberechtigung waren im Haus Gagen- und vor allem Autoritätsgefälle entstanden, die sich um mehr konkurrierende als kooperierende Regisseure und Dramaturgen zentrierten. Politisches Rechthaben diente intern der Kompensation künstlerischer Erfolgsunterschiede. Der auch missionarische Glaube, vom eigenen Kunst-Betrieb aus die bespielte Gesellschaft zu verändern, schlug in die Erfahrung zurück, auch in einem mitbestimmten Theater von deren Verhaltensnormen nicht frei zu sein. Die Schauspielerin Elisabeth Schwarz hat in der tapferen Buch-Dokumentation dieser Zeit rückblickend gefragt, ob man vielleicht nur Revolutionstribunale nachgespielt habe.[9] Der selbe Band vermittelte aber auch den Vorsatz, die Frankfurter Vorstellungen und Lehren an andere Bühnen weiterzugeben.

Darauf, daß in einem künstlerischen Prozeß die Fortschrittlichkeit der Ergebnisse durch die Vergesellschaftung ihrer Entstehung noch nicht garantiert sei, mithin auf die ästhetische Unterbestimmtheit der Mitbestimmungspläne, hat von Beginn an der damalige Dramaturg und Theaterkritiker Ernst Wendt hingewiesen. In mehreren Texten, zuerst in seiner zusammen mit dem Münchner Schauspieldirektor Hans Lietzau verfaßten Entgegnung auf Sichtermann und Johler, klagte er die Beachtung der Fragen ein, was, wie, für welches Publikum denn gespielt werden solle. Seiner an Adorno gewonnenen Überzeugung zufolge kann das Theater »nur seine Mittel ⟨. . .⟩ revolutionär verwenden«.[10] Das Programm ist: »Die Form zeigen. Sie ist, als manifestes Bewußtsein, politischer Ausdruck, der Vorgang des Zeigens demnach ein gesellschaftlich wirksamer.«[11] Wendts Stellung blieb jedoch minoritär, da die deutsche Linke zwischen Kunst und Gesellschaft entweder keine oder nur die kürzesten und also scheinbar direktesten Übersetzungen gelten lassen wollte.

Freilich, die heute darüber klagen, daß von dem momentlang starken Impuls zur Emanzipation der Schauspieler nur ausgegangen sei eine neue Macht-Herrlichkeit der jungen Regisseure, jener Revolteure gegen die alten Intendanten, die inzwischen selbst in die Direktionen aufgestiegen sind – solche Ankläger übersehen, daß in den achtziger Jahren die am Theater beschäftigten Frauen die Forderungen von 1968 übernommen und verwandelt haben. Als organisatorische Kraft gegen die bis jetzt fortwirkende Unterrepräsentanz von Frauen in allen leitenden Theaterpositionen gründete sich 1983 die Gruppe ›Frauen im Theater‹.[12] Ab der Mitte des Jahrzehnts nahm die Zahl der regieführenden Frauen deutlich zu. Die Inszenatorinnen kamen damit aus dem Ghetto separater Frauenaufführungen, die sich die meisten Betriebe zur Gewissensberuhigung inzwischen einmal pro Spielzeit leisteten, heraus.[13]

Zur Veränderung des Blicks auf die klassischen Heldinnen des Theaters hatten auch männliche Regisseure beigetragen. Eine der spektakulärsten feministischen Lesarten eines klassischen Dramas zeigte Hans Neuenfels' »Medea« (27. 9. 76, Schauspiel Frankfurt). Das Skandalon des Stücks: die als Mutter und verlassene Frau mordend sich Rächende, wurde umgewertet in einem Plädoyer für die Täterin. Seither wurde die »Medea« neben Kleists »Penthesilea« zum meistbedachten klassischen Bühnen-Modell der Frauenbefreiung.

Den größten Erfolg unter den bundesdeutschen Regisseurinnen hat bisher Andrea Breth gehabt. Beim Theatertreffen 1985 erwies sich ihre Freiburger Inszenierung von »Bernarda Albas Haus« (19. 5. 1984) als die überzeugendste und geschlossenste Vorführung des ganzen Festivals, mithin wohl der zurückliegenden Theatersaison. Repression der mentalen wie physischen Freiheit demonstrierte diese Inszenierung als die gesellschaftliche Praxis des Francismus. Vehement wandte sich die Regisseurin gegen die Zuweisung, ein »Frauenstück« aufgeführt zu haben. In der Unterdrückung der Töchter der Bernarda Alba konkretisierte der Abend beispielhaft das Wesen von Unterdrückung selbst.

Andrea Breths bevorzugte Stücke blieben solche mit reichem Personal und psychologischen Motivationen. Für ihre Inszenierung von Julien Greens ›Süden‹ (21. 2. 1987, Bochum, Schauspielhaus) erhielt sie 1987 den von ›Theater heute‹ gestifteten, erstmals vergebenen Fritz-Kortner-Preis.[14]

2. Stichwort Handke

Mit seinen theoretischen Überlegungen und der daraus abgeleiteten Aufführungspraxis hat Peter Handke in seinen frühen Stükken vieles begründet und vorexerziert, was an neuem Umgang mit dem Drama, dem Theater und der Bühnensprache seit Ende der sechziger Jahre in Erscheinung getreten ist. Im Rückblick war der junge Handke für den Kritiker Günther Rühle für »eine kurze Zeit *der* Theaterautor«.[15]

Die Zurücknahme der Erwartungen an ein Drama gibt das Muster der umfassenden Aufkündigung von Theaterkonventionen, welche die ›Publikumsbeschimpfung‹ (UA 8. 6. 1966, Frankfurt/Main, Theater am Turm) ausspricht. Ausgesprochen, also verraten werden hier jene vom Publikum stillschweigend und unbedacht vorausgesetzten Verabredungen, gegen die das Konzeptions- und Regietheater der kommenden Jahre immer wieder angehen wird: die größtenteils konsumistische Rezeptionshaltung der Zuschauer, ihre voyeuristische Verschanzung im Dunkeln, ihre fordernde Erwartung von Figurenpsychologie, Stückhandlung und Fiktion einer vierten Wand, schließlich ihre ans Geschmäcklerische grenzende Richterattitüde gegenüber dem

Dargebotenen. Das Stück liest sich heute als implizites Manifest gegen die in der nun folgenden Aufführungspraxis attackierten Konstituenten des alten kulinarisch-konventionellen Theaters. Handkes dichter Text über Theater ist aber ein nur einmaliger Theatertext, Absichtserklärung, die sich nicht wiederholen muß noch darf. Bei seiner Uraufführung brachte er den Regisseur Claus Peymann ins Gespräch: den an jedwede Öffentlichkeit appellierenden Dramatiker als Medienereignis. Zum Schlußapplaus wurde Handke von den Schauspielern auf dem abgehobenen Dach des Souffleurkastens über die Bühne getragen, spektakuläre und kokette Präsentation dessen, der das Gesagte aus untergeordneter Position aber doch eingegeben hatte.

Das Offensive der ›Publikumsbeschimpfung‹ lieh diesem Text eine Dramatik, die den anderen Handkeschen Stücken abgehen mußte. Zwar expliziert der folgende ›Kaspar‹ (UA 11. 5. 1968, Frankfurt/Main, Theater am Turm) das Drama der Sozialisation als Demonstration der Überhebung der Sprache erst über die Wirklichkeit, dann über den, der sie um den Preis der Entfremdung erwirbt. Die Konsequenz der Vorführung konnte jedoch aufgrund ihres abstrakten Modellanspruchs der Monotonie nicht entgehen. Zunehmend entfaltete sich zudem, daß Handkes Leiden an sprachlicher Konformität ein Leiden an Gesellschaftlichkeit überhaupt impliziert. Peymanns Regie zwang den Text durch formalisierte Sequenzierung wieder zu einem Bühnenerfolg – der nicht dauern konnte. Handkes Stücke wirkten im folgenden auf dem Theater nur, wenn sie von der Inszenierung auf Konflikte zugespitzt wurden, welche ihr Autor entweder übersehen oder verdeckt hatte. Hellmuth Karasek, Handkes wirksamster Förderer und Trommler in der Theaterkritik, bemerkte im ›Der Ritt über den Bodensee‹ eine regressive Opposition gegen den Bewußtseins-Zwang zur Bedeutungs- und Ursachenerschließung. Der »legitime Trick« der Uraufführung des Stückes durch Stein (23. 1. 1971, Berlin, Schaubühne am Halleschen Ufer) möge darin gelegen haben, daß sie »dieses narzißtische Element wiederum als typischen, denunziatorisch einsetzbaren bourgeoisen Selbstausdruck deutete«.[16] Solchem Beobachtungsgewinn entspricht der Konfliktgewinn der bundesdeutschen Erstaufführung von Handkes vorerst letztem Theatertext ›Über die Dörfer‹. Was hier als eine triviale Erbschaftsverteilung unter Geschwistern geheiligt werden soll mit der Berufung auf die kultischen Kräfte des zu erneuernden Aischyläischen Theaters, entdeckte Niels Peter Rudolph (30. 10. 1982, Hamburg, Deutsches Schauspielhaus) als mörderischen Familienzwist, der von der schließlich verkündeten frohen Botschaft nur unter den Gebetsteppich gekehrt worden war.[17] Handkes Aggressionen mußten von der Regie erst entbunden werden.

3. Erlaubt ist – was? (Die Klassiker)

Am 22. 3. 1969 hatte am Bremer Theater Goethes ›Torquato Tasso‹ Premiere in der Regie von Stein. Die Aufführung wurde zum Prototyp (und schwer erreichbaren Ausnahmefall) eines neuen Umgangs mit klassischen Dramen. Im Verlauf der Probenarbeit rückte der Text den Beteiligten aus seiner kanonischen Unverbindlichkeit und wurde zum aktuell modellhaften. Stein und sein Dramaturg Yaak Karsunke haben ihre Sicht auf das Stück beschrieben:

> Goethes ›Torquato Tasso‹ ist das Drama von dem überflüssigen (d. h. luxuriösen) Zuckerguß der Hohen Kunst, mit der das unnötige Elend überzogen wird, um es genießbar zu machen. Hergestellt wird diese Konditorware von einem Produzenten, den man für frei Kost und Logis einquartiert hat, und dem in der konventionell formalisierten Feudalgesellschaft die Rolle des Emotionalclowns zufällt. Seine Spezialbegabung sichert dem Tasso die materielle Existenz – der Preis dafür ist in Anpassung zu entrichten. Anpassung an die verschleiernden Stilprinzipien der Hohen Kunst, die er mit seinem Werk – und Anpassung an das Bild des Künstlers, das er mit seinem Leben zu bedienen hat.

Die Bündigkeit dieser Aussage wandte sich sowohl gegen Goethes Drama als auch gegen die, die es aufführten. »Ähnliche Erwartungen«, hieß es daher weiter, »wie die höfische ihrem Dichter, bringt die bürgerliche Gesellschaft ihrem Theater entgegen. Wir wissen, daß wir mit unserer Inszenierung diese Erwartungen befriedigen: wir verhalten uns damit wie Goethes Tasso und wie Goethe selbst.«[18]

DIE KLASSIKER

Das Ereignishafte der Bremer »Tasso«-Inszenierung zeigte sich dann darin, daß diese zwei Kritikebenen nicht verschränkt werden konnten. Das Goethesche Drama wurde realisiert als stilstrenge Studie über die Verzerrungen, welche das kulturelle und soziale Reglement von Ferrara an denen ausübt, die es ergreift. Das Fremd-Zwanghafte der Vorstellung trat schon zutage durch die mikrologische Isolation von Sätzen, mit denen sich einzelne Figuren vor Beginn der Stückhandlung als Typen vorstellen. Tasso probiert zudem Dichterposen, sein sich quälender Körper zitiert Tischbeins berühmtes Goethe-Portrait, bis er hintüber fällt – auf den Boden der Realität, die aber in der Bühne von Wilfried Minks selbst als hochartifizielle erkennbar wird. Die Figuren bewegen sich auf einem Kunstrasen-Teppich, in beherrschter und täuschend imitierter Natur. Plexiglasscheiben begrenzen den Raum, auf dem fast immer alle Figuren präsent sind als eine geschlossene, sich selbst kontrollierende Gesellschaft. Sie erscheint ihren Zuschauern um so fremder, je unausweichlicher sie sich in ihre Kunstübung hineindrillt.

Literatursoziologisch, dramaturgisch, szenisch und schauspielerisch war damit etwas Neues gewagt. Goethes Text wurde erfüllt und bloßgelegt durch ihm adäquate, subtile und bewußt eingesetzte Kunstmittel. Die Bewunderer der Aufführung sahen in ihrer abgerückten feudalen Kostbarkeit eine Wendung gegen die Bourgeoisie und ihre Imitation feudalen Lebensstils: »Indem hier das Theater das ihm angetragene bürgerliche Schönheitsbedürfnis gleichsam zynisch in aristokratischer Übersteigerung erfüllt, vermag es dann wiederum auch, den Bürger in seinem Pläsir irre zu machen«,[19] schrieb Botho Strauß. Den Opponenten des Abends war Goethe einem überheblichen, leichtfertigen Gelächter preisgegeben. Solcher Einspruch erhob sich allerdings erst gegen ein Gastspiel der Inszenierung vor einem Publikum, das sich zur Avantgarde zählte und das Gezeigte sofort als Einladung zur Erheiterung mißverstand. Die Stilbalance des Abends verrutschte – ein Zeichen seiner Empfindlichkeit.

Im Maße, wie es Stein gelang, seine Schauspieler von der Reichweite dieses ›Tasso‹-Konzepts zu überzeugen, wuchs in der Gruppe die Skepsis gegenüber dem institutionellen und gesellschaftlichen Kontext ihrer Arbeit. Dieser drohte ihre Tendenz zu neutralisieren. Die Geschlossenheit sowohl der Goetheschen Vorlage wie ihrer Steinschen Wendung ließen für eine Explikation dieser Vorbehalte im Rahmen der Aufführung keinen Platz. In der Pause der Premiere wandte sich das ›Tasso‹-Ensemble deshalb mit einem Fragenkatalog an das Publikum:

> Abend für Abend verkaufen wir Ihnen Kunst. – Brauchen Sie Kunst? Wenn ja: wozu? Wenn nein: warum kaufen Sie Kunst? ⟨. . .⟩ Es heißt, daß im Theater die Schauspieler für die Zuschauer spielen. – Spielen wir für Sie? – Spielen wir gegen Sie? – Überspielen wir Sie? – Wir haben das Bedürfnis, Theater zu spielen. – Was für Bedürfnisse haben Sie? – Kennen Sie Ihre Bedürfnisse?[20]

Ivan Nagel, der wohl dezidierteste Anwalt der ›Tasso‹-Aufführung, hat sich mit gleicher Insistenz gegen diesen Pausenbeitrag gewandt. Die hohe ästhetische Sinnfälligkeit des Gezeigten schien ihm durch die unterbrechenden Rückfragen zu Unrecht und am unrechten Ort dementiert. Die ästhetischen »Forderungen der formalen und inhaltlichen Substanz«, welche die Aufführung zu erfüllen im Begriff stand, hätten die Beteiligten, »vom Zwang politisch aufgerührter Tage verleitet, ⟨. . .⟩ als die der bloßen ›Genießbarkeit‹ ⟨. . .⟩ ab(getan).« Nagels Beobachtung: »Mit diesem Mißverständnis – fast: Verrat – machte das ›Tasso‹-Ensemble die ›Tasso‹-Aufführung schutzlos.« Da in ästhetischen Dingen »Bedeutung, die nicht durch Substanz vermittelt wird, niemals schlüssig sein« könne, ließ die »anrührende Echtheit der Klage ⟨. . .⟩ höchstens bedenken, wieviel klüger Aufführungen zu uns reden können als jene, die sie hergestellt haben«.[21]

Nagels klug-beschränkendes Askesegebot warnte davor, aus der ästhetisch hergestellten Öffentlichkeit unvermittelt in eine politisch-diskursive überzuwechseln. Für die Beteiligten selbst markierte die Arbeit einen Einschnitt in ihrer Reflexion und Intention auf szenische Wirkung. Stein und die Schauspieler Edith Clever, Bruno Ganz, Jutta Lampe und Werner Rehm suchten ein neues, auf ihre Fragen und Vorsätze zugeschnittenes Engagement und fanden es 1970 in der Berliner Schaubühne am Halleschen Ufer, wo sie bis heute arbeiten.[22]

So eindrucksvoll und ermutigend der Erfolg dieses ›Tasso‹ für

DIE KLASSIKER · 501

eine junge Generation von Regisseuren auch war, das Stück selbst schien jetzt für weitere Versuche gesperrt. Von den bekannteren Regisseuren hat erst Peymann es, gut zehn Jahre später, wieder aufgegriffen. Als Goethe-Inszenator hatte er sich am Württembergischen Staatstheater Stuttgart mit ›Faust‹ (beide Teile, 26./27. 2. 1977) und ›Iphigenie auf Tauris‹ (11. 11. 1977) profiliert. Die Frechheit seines inszenatorischen Witzes verdankte sich noch seiner Prägung durch das Studententheater. In der Eröffnungsinszenierung seiner hochgepriesenen Bochumer Direktion[23] knüpfte er das ›Tasso‹-Geschehen an die ökonomischen und ideologischen Gründerjahre der Bundesrepublik und bezog sein Publikum und dessen Erinnerungshorizonte in die Vorstellung ein. Respektlos und unbekümmert setzte sich der szenische Kontext, die pubertär-wohlständigen fünfziger Jahre, in eine anachronistische Spannung zur Klassizität und Historizität des Dramas.

Zwei Jahre später stellte an den Münchner Kammerspielen E. Wendt seinen ›Tasso‹ gegen die Inszenierungen Steins und Peymanns, welche ihm »auch als radikale Verengungen des Textes erschienen waren«.[24] Wendts vorherige Regieweise war freilich selbst von szenischen Entgrenzungen und Assoziationen, vom Forcieren und Umbrechen klassischer Dramaturgien bestimmt gewesen. Als der Kritiker Peter Iden im Sommer 1978 das Ende eines trivialisierenden Umgangs mit Klassikern gefordert hatte, war Wendt daraufhin eingetreten für solche

Produktionen ⟨...⟩, die sich aus ›Betroffenheit‹ ⟨..⟩ an der alten Kultur, die fraglos eine untergehende ist, immer noch und immer wieder wundstoßen und dann diese Wunden vorzeigen, als Abdruck eines wütenden Kampfes mit dem, was sich entziehen will.[25]

Nicht Trivialisierung, sondern eine zitierende und verletzte Antwort auf Trivialität habe man versucht. – In Wendts Einstudierung des ›Tasso‹ verlegte sich die Antwort nun auf Verweigerung, indem sie die Subtilität des Goetheschen Klassizismus zu rekonstruieren und abzudichten strebte gegen eine ihr entfremdete Gegenwartskultur. Ohne bildliche oder gestische Manifestationen oder Aktualisierungen wurden die Konflikte des Dramas wahrgenommen und verzeichnet fast ausschließlich durch Vibra-

502   THEATER

tionen in der Sprache. Wendts Aufsatz zur Inszenierung zeigt ihn
als den vielleicht genauesten und intelligentesten Leser unter den
deutschen Regisseuren seiner Zeit. Die Konflikte zwischen und in
den Goetheschen Figuren, schreibt er,

> müßten explodieren, würden sie nicht vom Versmaß gerade noch
> zusammengehalten. Aber sie sind ja da, unter einer Eisdecke des schönen
> eloquenten Sprechens, und immer stemmen sich die Schauspieler, wenn
> sie die Wahrhaftigkeit ihrer Figuren behaupten wollen, gegen diese Elo-
> quenz.[26]

Wendts Lesart sah die Entsagungen und verdinglichenden Ver-
gesellschaftungen der Figuren in den klassischen Jamben aufgehoben. Iden verteidigte dieses Wendtsche Regiekonzept nun, da es
der Vorstellung des Kritikers entsprach, wonach das Theater zur
herrschenden Gegenwartskultur einen ästhetischen Widerspruch
formulieren müsse.[27]

4. Zerbrochener Spiegel (Die Skandale)

Viele Zuschauer und auch einige Feuilletonisten ließen sich von
dem historistischen Vorurteil, daß eine Inszenierung »werktreu«
sein müsse, nicht abbringen.[28] Für sie war ein Kanon des Klassischen gültig geblieben, der in den griechischen Tragödien, dem
Shakespeareschen Werk und den Dramen der Weimaraner
bestand. Sowie eines dieser Stücke nicht mehr wiederzuerkennen
war, erhob sich Protest, schien den Theaterleuten Provokation
oder Skandal geglückt. Das Publikum war also erreicht, seine
passive, konsumistische, indifferente Haltung aufgestört, ein für
das kulturelle Selbstverständnis der Gesellschaft signifikantes
Tabu berührt. Auf diesen Hoffnungen basierte eine szenische
Arbeit, welche die Theatergeschichte der letzten zwei Jahrzehnte
fast als Skandalgeschichte zu schreiben erlaubt.

Der erste Provokateur des bildungsbürgerlichen Publikums
war in dieser Zeit Peter Zadek. Aus England zurückgekehrt,
wohin sich seine Familie vor der Shoah geflüchtet hatte, beunru-
higte er in den frühen sechziger Jahren das kleinstädtische Ulm
mit Präsentationen eines poetischen Chaos. Der Ulmer Intendant
Kurt Hübner brachte ihn als Hausregisseur nach Bremen, wo er

1962 Intendant wurde und dort ein Ensemble versammelte, das ab Mitte der sechziger Jahre die in der Bundesrepublik avancierteste und meistbeachtete Theaterarbeit zeigte.[29] Zadek war frei von dem landesüblichen Ehrfurchtsverhältnis gegenüber der klassischen Theaterliteratur. Seine Aufführung von ›Maß für Maß‹ (Bremen, Theater am Goetheplatz, 19. 9. 1967) begründete für das bundesdeutsche Theater eine neue, drastisch-direkte Umsetzung von Dramaturgie und Spielsituation in Körperlichkeit.[30]

Die Regie opponierte gegen Unterwerfung und Belehrung zugleich. Weder bediente sie die freilich schon von Shakespeare als zynisch-kalkuliert vorgeführte Herrschermoral noch mochte sie deren Rigidität ersetzen durch eine bestimmt-negierende Lehre, welche jenseits des vorgeführten Zeichensystems didaktische oder theoretische Konsistenz aufwiese. Botho Strauß hat vorgeschlagen, diese ›Maß für Maß‹-Inszenierung als die einzige anzusehen, »die ihrer ästhetischen Konzeption durchdringend von emanzipatorischen und antiautoritären Kräften bewegt wurde«.[31]

Zadeks ›Othello‹-Aufführung, neun Jahre später vorgestellt, löste von allen seinen Shakespeare-Arbeiten die heftigsten Proteste aus, weil sich ihre Widersacher dieses Stücks ganz gewiß glaubten. Dieser Bestimmtheit setzte die Inszenierung eine doppelt provokante Verbindung von Konkretion und Improvisation entgegen. Volker Canaris, Zadeks deutlichster Bewunderer in der deutschen Theaterpublizistik,[32] erkannte den meistbeachteten Skandalmoment der Inszenierung als Evokation der im Stück angelegten, im Bewußtsein des weiß-zivilisierten Publikums bereitliegenden wirksamen Vorurteile:

Dieser Nigger in seiner Operettenuniform hat die Gestalt, den Gang, den Habitus von Kingkong – und das freundliche, augenrollende, zähnebleckende, rotmäulige Gesicht des ›Sarotti‹-Mohren. ⟨. . .⟩ Zadek [scheute] ⟨. . .⟩ sich nicht ⟨. . .⟩, das Klischee einer Außenseiterrolle so zu benennen, daß ihre Realität sichtbar wurde: als dialektischer Zusammenhang von eigenem Bewußtsein und Projektion der anderen ⟨. . .⟩. Wenn Wildgrubers Othello den halbnackten Körper von Eva Mattes' Desdemona an sich zieht ⟨. . .⟩, dann ist nicht nur im Aneinanderkleben der beiden dicklichen, schwitzenden Körper die physische Anziehungskraft, die diese Beziehung ausmacht, kraß und klar zu sehen – zugleich wird auch das Peinliche und Skandalöse dieser ›Verbindung‹ signalisiert: die schwarze Schminke färbt ab, es bleibt etwas von Othellos Schwarz an der weißen Haut der Desdemona hängen.[33]

In der Verweigerung idealischer Theaterästhetik macht sich der Regisseur zum Anwalt der gegenwärtigen Kultur, aus der heraus Shakespeare erzählt werden muß. Zadek hat in vielen Arbeiten ein geduldig-genaues Interesse an der Mentalität seiner Zeitgenossen gezeigt. Er erprobte den Stand des öffentlichen Bewußtseins etwa vom deutschen Antisemitismus, ohne aber an Anklagen interessiert zu sein, sondern an Verstrickungen, Komplexen, Erscheinungsweisen (Joshua Shobol, ›Ghetto‹, 12. 7. 1984, Berlin, Freie Volksbühne; ›Der Kaufmann von Venedig‹, 10. 12. 1988, Wien, Burgtheater). Mit Gerechtigkeitssinn suchte er die wo auch immer Verurteilten in ihr partielles Recht zu setzen. An Dorsts ›Eiszeit‹ (UA Bochum, Schauspielhaus, 15. 3. 1973) zeigte er den schuldbeladenen Starrsinn des alten Hamsun, der die Vorwürfe gegen seine Kollaboration mit den Nazis nicht anerkennt, wie auch die Freiheit eines Todesnahen, der von keinem Gesetz mehr zu belangen ist.

Hinter den neuen Klassikeraufführungen stand die Einsicht, daß veränderte historische Horizonte, neue ästhetische Erfahrungen, gewandelte kulturelle Normen die Sicht und damit das Bühnen-Bild dieser Texte betreffen. Wer den geschichtlichen Prozeß als dialektischer Materialist versteht, nimmt in Schillers späteren Dramen andere als die gewohnten idealistischen Motive wahr. Hansgünther Heymes ›Wallenstein‹-Inszenierung verteilte entsprechend die zumeist gestrichenen Szenen von ›Wallensteins Lager‹ über die ganze Feldherrn-Handlung (9. 11. 1969, Köln, Schauspielhaus).[34]

Das Interesse der Theatermacher am Skandal verringerte sich gegen Ende der siebziger Jahre. Zur Enttäuschung der Inszenatoren blieben die meisten Provokationen ohne Echo. Sie verstummten vor der bald auch aufs Äußerste eingestellten Indolenz des Publikums, oder sie blieben unverstanden, weil die nachgewachsene Zuschauer-Generation eine Vorstellung der klassischen Dramen, an der man sich hätte abarbeiten können, nicht mehr mitbrachte.[35] Die Suche nach wirksamen Darstellungsformen ließ eher solche szenischen Enttabuisierungen versuchen, deren thematischer Verstörungswert zugleich von der szenischen Argumentation gebunden und beglaubigt war. Zadeks großartige ›Lulu‹ entfesselt zwar ein Spektakel der enthemmten bürgerlichen Sexualität, dies aber in einem so strengen, irrwitzig-künstlichen Sprechtempo, daß es dem schockierten Buh-Ruf den Atem verschlägt (13. 2. 1988, Hamburg, Deutsches Schauspielhaus).

Die beiden letzten Bühnenskandale waren denn auch nicht mehr Reaktionen auf Theateraufführungen. Günther Rühle, der Leiter des Frankfurter Schauspiels, setzte für den Herbst 1985 Fassbinders ›Die Stadt, der Müll und der Tod‹ auf den Spielplan. Das Stück handelt von den stadteigenen Bau-Boom-Korruptionen der siebziger Jahre. Protest zog es auf sich, da es auf wenigstens fahrlässige Weise antisemitische Stereotype ins Spiel zieht [→ 124 ff.] – als zeitgeschichtliches Zitat, zugleich aber auch als effektsteigerndes Kolportage-Moment. In der bald eskalierenden Auseinandersetzung um die angekündigte Uraufführung verbündete sich mit dem Widerstand vieler Frankfurter Juden auf befremdliche Weise die konservative deutsche Abneigung gegen die neuere Theaterentwicklung. Zumal in der ›Frankfurter Allgemeinen Zeitung‹, deren Feuilletonleiter Rühle gewesen war, bevor er ans städtische Theater überwechselte, wurden nun alte innerredaktionelle Ressentiments veröffentlicht. Das Blatt, das sich wenig später zum Forum der ›Historikerstreit‹-Thesen macht, konnte in seiner Beteuerung, die Sache der Frankfurter Juden zu vertreten, nicht glaubwürdig sein. Doch die wenigsten sahen ein, daß »die Umarmung von bundesdeutscher Sauberkeit und jüdischer Verstörung von Übel ist« (Sibylle Wirsing).[36] Den Kollegen hätte klar sein dürfen, daß Rühle, eben noch der historisch versierteste und ernsthafteste deutsche Theaterkritiker und hauptbeteiligt an der wissenschaftlichen Wiedergewinnung des republikanischen Theaters vor den Nazis, kein Förderer des Antisemitismus ist. Die Premiere der Inszenierung Dietrich Hilsdorfs wurde schließlich von friedlichen Demonstranten verhindert, die Aufführung nach einer geschlossenen Pressevorführung zurückgezogen. So endete die seit Hochhuths ›Stellvertreter‹ heftigste westdeutsche Kontroverse um ein Theaterstück.[37]

Das antisemitische Potential rumorte dann in der Aufregung um die Uraufführung von Thomas Bernhards ›Heldenplatz‹ am Wiener Burgtheater (4. 11. 1988). Weder das inszenierte Drama als Drama noch die von der Kritik anerkannte Regie Peymanns waren hier skandalträchtig, sondern die subventionierte Erwähnung des verleugneten österreichischen Anschlusses auch an die Ideologie des ›Dritten Reichs‹. Empört, weil getroffen, wehrte sich ein reaktionär instrumentierter Zorn gegen die als Volksausgabe des Stückes in Umlauf gebrachte Figurenaussage, wonach es im gegenwärtigen Österreich mehr Antisemiten gebe als 1938.

Bernhards Text hätte als literarischer so viel Erregung nicht rechtfertigen können. Nach zwei mit dramaturgischer Kunst komponierten Akten fällt das Stück stark ab. Darin protokolliert es die sich destabilisierende Physis des Autors. »Wenn ich die Kraft hätte/ über diesen Zustand der heute hier in dieser Stadt herrscht/ ein Buch zu schreiben/ aber diese Kraft habe ich nicht mehr.« Bernhards Gegner hätten diesen Satz gegen ihn wenden können, wenn sie ihn nicht selbst widerlegt hätten. Was ›Heldenplatz‹ nämlich als Literatur verfehlte, realisierte das Drama als Inszenierung. Die vom Wiener Burgtheater herausgegebene Presse-Dokumentation zeichnet nach, wie das Gerücht dieses Textes und das Herannahen seiner Aufführung in einer Institution, die die nationale Kultur Österreichs repräsentieren soll, die Öffentlichkeit der Alpenrepublik zunehmend auf ihr bekämpftes Selbstbild hin veränderte.[38] Aus der Beschimpfung war eine Beschwörung geworden, aus der Erfahrung einer Dramenfigur die Selbstenthüllung des Bezeichneten in der gesellschaftlichen Realität. Dieser Erfolg überschattete die ›Heldenplatz‹-Einstudierung und ihre Wahrnehmung. Das Mißverständnis dieser zwei letzten Skandale lag also jedesmal, theaterfeindlich, darin begründet, daß in der Öffentlichkeit keine Kulturtechnik bereitlag, die Repliken einer dramatischen Figur als fiktionale zu verstehen.

5. Das photographierte Bürgertum

Der republikanische Reichtum des Weimarer Theaters wurde nach dem ›Dritten Reich‹ in der Bundesrepublik nicht wieder hergestellt. Unter den wenigen Außenseiter-Figuren, die etwas von seiner Substanz hinüberretteten, ragt Fritz Kortner hervor, der seinen auf das menschlich und sozial Wesentliche drängenden Realismus an Stein weitergab.[39] Ivan Nagel hat vier der letzten Inszenierungen Kortners zu einem Zyklus erklärt. Mit seinen Ansichten von ›Kabale und Liebe‹ (25. 3. 1964, München, Kammerspiele), ›Maria Magdalena‹ (31. 3. 1966, Berlin, Staatliche Schauspielbühnen), ›Clavigo‹ (23. 11. 1969, Hamburg, Schauspielhaus) und ›Emilia Galotti‹ (29. 4. 1970, Wien, Theater in der Josefstadt) stelle der Regisseur »das Bürgertum vor das Gericht seines eigenen Dramas«. In Nagels Interpretation sah Kortner die frühen bürgerlichen Trauerspiele aus der Perspektive des Hebbelschen Stückes: Nicht aristokratische Übermacht und Frivolität, sondern eine dieser Schicht schon im ersten Aufbegehren einwohnende Trieb- und Selbstunterdrückung bedinge das Leiden der Bürgerstöchter. »Aufgedeckt werden die prüd-rigoristischen Impulse, welche den Aufschwung seines [des bürgerlichen] Selbstbewußtseins ⟨. . .⟩ von Beginn an mittrugen.«[40]

Dieser Perspektive sind viele junge Regisseure gefolgt. Die Auseinandersetzung mit der Bürgerlichkeit der eigenen Institution, die ja programmatisch auf den Autor der ›Emilia‹ zurückgeht, des eigenen sozialen Status, des eigenen Publikums, schließlich der eigenen Psyche stand im Zentrum der Theaterarbeit nach 1968. Sie wurde geführt vor allem anhand der um die Jahrhundertwende entstandenen bürgerlichen Dramatik. Strindberg, Hauptmann, Gorki, Schnitzler und Wedekind wurden in dieser Hinsicht befragt, am intensivsten jedoch Ibsen und Tschechow. Zumal die Entdeckung Tschechows ist das vielleicht markanteste Resultat dieser Beschäftigung. Die Neuübersetzungen Peter Urbans und Thomas Braschs eröffneten einen klareren Blick auf diesen Dramatiker.

Die ersten bedeutenden Tschechow-Aufführungen durch Rudolf Noelte (›Drei Schwestern‹, 26. 1. 1965, Stuttgart, Württembergisches Staatstheater; ›Der Kirschgarten‹, 20. 6. 1970, München, Bayerisches Staatsschauspiel) entfalteten die Wahrhaftigkeit, den Realismus und die Nuancierung seiner als elegische Partituren genommenen Dramen. Noelte hielt sich auf der hier gefeierten Genauigkeit und Sensibilität in seiner gleichfalls hochgelobten Inszenierung des Strindbergschen ›Totentanzes‹ (10. 12. 1971, Berlin, Freie Volksbühne), er blieb, ob er im folgenden Strindbergs ›Totentanz‹, Molières ›Menschenfeind‹ oder Hauptmanns ›Michael Kramer‹ inszenierte, der einzige große Konservative unter den Regisseuren der siebziger und achtziger Jahre und ein minutiöser Portraitist eines in Leid erstarrenden Bürgertums. Aber gerade indem sich Noelte zu der Bürgerlichkeit der von ihm inszenierten Personen bekannte, mußte er diese als ideale konzipieren; und mit ungemilderter Härte notierte seine Regiekunst die Abweichungen von diesem Ideal, jeden Schwenk ins Spießige oder Saturierte. Dem bundesdeutschen Theaterpublikum, das sich mit den Figuren Tschechows leicht identifiziert, mutete er somit doch etwas zu.

Die Regisseure, welche der bürgerlichen Gesellschaft und Kultur kritisch begegneten, entwickelten hingegen keine Innen-, sondern Außenaufnahmen dieser Dramen. Stein schloß seine lange, spielfreudige und spektakuläre Nacherzählung von Ibsens ›Peer Gynt‹ (13. u. 14. 5. 1971, Berlin, Schaubühne am Halleschen Ufer) mit einem beklemmenden Denkbild:

Plötzlich tauchen viele Männer auf ⟨. . .⟩, reißen den Peer weg, schleppen ihn ins Tal, dann auch Solveig; unten schmeißen sie den Körper Peers der wie leblos auf einem Stuhl postierten Solveig übers Knie, von oben kommt der Lärm, mit dem die Hütte zertrümmert wird, die Peer dem Mädchen gebaut hatte, ehe er fortging, ein Fotograf richtet seinen Apparat auf die verknäuelten Leiber der beiden Alten, die nun wie Requisiten aus ihrer Idylle weggezerrt wurden, ein greller Fotoblitz, und das lange Lebensspiel ist zu Ende.[41]

Die Szene resümierte die Befassung mit dem »Selbstverständnis des Kleinbürgertums im 19. Jahrhundert«, wie es in den Protokollen zur dramaturgischen Vorbereitung der Aufführung heißt.[42] Stein und sein Ensemble hatten sich durch die Trivialmythen dieser Epoche durchgearbeitet und so unter der Ibsenschen

Faust-Variation ihren ideologischen Phantasiegrund freigelegt. Um der Suggestion der zum Schauen bestellten ›Peer Gynt‹-Stationen entgegenzuwirken, schickten sie durch die naiv-phantastischen Szenarien Karl Ernst Herrmanns nacheinander acht verschiedene Darsteller der Titelfigur.

Die Alltagstrivialität in der Geschichte des Peer Gynt war nur dann zu demonstrieren und vor dem Mißverständnis zu bewahren, positiv oder heldisch interpretiert zu werden, *wenn man dem Theaterbesucher die Einfühlung verbot.* Steht eine Zentralfigur den Abend über alle Episoden durch, mal jugendlich und mal greisenhaft geschminkt, so ist Anteilnahme unvermeidlich.

Hans Mayers Verständnis dieser achtfachen Besetzung nennt als ihr Demonstrationsziel: »die Substanzlosigkeit der Figur *und* ihre totale Abhängigkeit von den jeweiligen gesellschaftlichen Konstellationen«.[43]

Die zahlreichen anderen Ibsen-Inszenierungen (Peter Zadek, Hans Neuenfels, Nicolas Brieger etwa) bewegten sich zwischen Noelte und Stein, sosehr sie auch andere Momente dieser Texte entdeckten: Die Nervosität dieser Figuren, die surreal wirkenden Übersprungshandlungen bei diesem »Freud des Nordens« (Jan Kott).[44] Mit Steins ›Drei Schwestern‹ schien der Regisseur des ›Peer Gynt‹, nach dem Urteil seiner Kritiker, auf eine sentimentalisierte Noelte-Position zurückzufallen (Berlin, Schaubühne am Lehniner Platz, 4. 2. 1984). Im einzelnen bestätigte aber Steins Arbeit die Eignung dieser Stücke, darstellerische Differenzierung freizusetzen. Ihre tableauhafte Anlage ließ immer neue Ensembleleistungen entstehen, so zuletzt in Harald Clemens ›Onkel Wanja‹ (Mannheim, Nationaltheater, 25. 3. 1983), Andrea Breths ›Süden‹ (von Julien Green, Bochum, Schauspielhaus, 21. 2. 1987) und Jürgen Flimms ›Platonow‹ (Hamburg, Thalia-Theater, 14. 2. 1989).

Dramaturg der kritisch rekonstruierenden Aufnahme bürgerlichen Verhaltens und Bewußtseins, welche die Berliner Schaubühne seit Anfang der siebziger Jahre paradigmatisch leistete, war Botho Strauß. Als ästhetisch wie soziologisch reflektierter Kritiker für ›Theater heute‹ (1967-1970) kam er in der Saison 1970/71 zu dieser Bühne. Nach ›Peer Gynt‹ war er an Steins

Inszenierungen von Kleists ›Prinz von Homburg‹ (4. 11. 1972),
Labiches ›Sparschwein‹ (1. 9. 1973) und Gorkis ›Sommergästen‹
(22. 12. 1973) beteiligt. Strauß' Dramaturgie war eine Praxis des
bezeichnenden Eingriffs in den Stücktext. In seinen Bearbeitun-
gen transformierte sich Kleists Drama zur kompensatorischen
Vision eines zu träumenden, da ausgebliebenen Preußen-Staates,
Labiches Konfektions-Komödie stellte sich als heiter-schreckliche
Entlarvung spießiger Vitalität heraus und Gorkis Szenarium als
Vorausahnung der Aufbrüche und Ermüdungen unter den bundesrepublikanischen Intellektuellen nach 1968. Das Diffuse,
Tastend-Verlangende wie Zaghafte ihrer Befindlichkeit fanden
Stein und Strauß abgebildet in einem Stück, »das eigentlich aus
einem unablässigen Kommen und Gehen, einem einzigen Stim-
menwirrwarr hervorgeht«.[45]
    Diese dramaturgischen wie gesellschaftlichen Einsichten sind
bald auch in Stücke des Dramatikers Strauß eingegangen. Die Dramen dieses im Urteil der Kritik wichtigsten Theaterautors der siebziger und achtziger Jahre sind szenische Versuche über die bürgerliche Alltagskultur der Bundesrepublik, ihre Zustände, Mentalität,
Sozialität. Bezeichnenderweise näherte sich der Dramatiker Strauß
diesem Gegenstand historisch, im zitierenden Rückgriff auf die
dramaturgischen Praktiken der bürgerlichen Bühne – und, bei seinem ersten Stück, durch die Evokation des Jahrhundertbeginns.
›Die Hypochonder‹ (1972) spielen im Amsterdam des Jahres
1901. Kleistisch narzißtische Figuren versichern sich der Realität,
die ihnen entgleitet, und der anderen, die sie lieben sollen, durch
physische Angriffe und intrigante Theatercoups. Strauß' folgende
Stücke versetzten diese Umstände der Ohnmacht, Sehnsucht und
Bewußtlosigkeit in die westdeutsche Gesellschaft selbst: als Medien ihrer Beschreibung wie Kritik. Den Dramen der Jahrhundertwende entnahm Strauß nicht nur die Technik, komplexe Figurenbe-
ziehungen durch Vielstimmigkeit, Irritationen oder Ersatzhand-
lungen zu entwickeln, er erkannte in ihnen auch die Vorgaben von
Gesellschaftlichkeit und Rollenverhalten, der zählebigen Konventionalität, welche zur Frustrationserfahrung seiner Generation
gehörten. Dieses Konventionelle ist in ›Bekannte Gesichter, ge-
mischte Gefühle‹ (1974) formalisiert und metaphorisiert im

Hobby-Sport des Turnier-Gesellschaftstanzes. Die ›Trilogie des Wiedersehens‹ (1976) gestaltet es als Trennungs- und Hoffnungs-Ritual flüchtiger Begegnungen auf der Vernissage-Party eines westdeutschen Kunstvereins.

Strauß' bestes Drama ›Groß und klein‹ (1978) beschreibt die psychische Lage der zeitgenössischen Bundesrepublik. Strauß greift hier auf die bei Strindberg und im Expressionismus bevorzugte Form des Stationendramas zurück, um seine Figur Lotte auf einen erkältenden Durchgang durch dieses Land zu schicken. Ihr begegnet Abweisung, Verstörung, Neurotik, wahnhafte Normalität. Strauß' an Foucault orientierte Wendung gegen die in den Köpfen institutionswirklich gewordene Rationalität findet und formt hier ihr konkretestes Material. Der Ursprung der Stück-Dramaturgie im Passionsweg Christi destruiert dabei die Realitätsebene des bundesdeutschen Szenariums: mit der betend-hadernden Gottesbeschwörung Lottes vor einem allegorischen Buch der Erinnerung.

Von hier aus haben sich Strauß' weitere Stücke auf die Fragen von Mystik und Mythos eingelassen. Beide Risiken, die das impliziert, die Verengung des Dramenbewußtseins ins Zirkelhaft-Private und die Erstarrung der Bühnensprache ins Autoritativ-Pretentiöse, traten in der ›Fremdenführerin‹ (1986) hervor. Der pauschale Vorwurf des Irrationalismus trifft Strauß jedoch nicht. Das Verlangen einer in Perverse und Sektierer zerfallenden Gesellschaft, kultische (oder okkulte) Identität zu erhalten, wird in ›Kalldewey. Farce‹ (1981) und im ›Park‹ (1983) nur vorgeführt, angespielt, benutzt, nicht aber bedient. Das verhindert schon die sperrige, komplexe Anlage dieser Stücke. Verwunderlich nur, daß sich der Dramatiker Strauß den doch gleichfalls von Foucault destruierten Glauben bewahrt zu haben scheint, wonach im Sexuellen die Wahrheit über Individuen verborgen sei. Unter der einschränkenden Voraussetzung, daß Strauß kein Totalpanorama der Gesellschaft zu geben beansprucht, sondern Detailaufnahme und Montagen der ihm nächsten, nächst-sichtbaren oberen Mittelschicht, entscheidet sich die Reichweite seiner Dramatik an der Frage, wie genau und wie gut motiviert seine kulturkritischen Beobachtungen szenisch gefaßt sind. Indexwert haben seine Stücke mit Sicherheit für die Entwicklung der inszenatorischen Sensibilität im Gegenwartstheater. Während Steins Aufführung der ›Trilogie‹ (Berlin, Schaubühne am Halleschen Ufer, 21. 3. 1978) vorgehalten wurde, sie verhöhne die Empfindlichkeiten der Figuren, hat sich in den letzten Jahren Luc Bondy als ein genuin sympathetischer Strauß-Regisseur erwiesen.

In thematischer Nähe zu Strauß' Befragung der heutigen erotischen Befindlichkeit stehen die Stücke von Friederike Roth. Allzu deutlich noch in der Sprache einer Lyrikerin sequenzierten ihre ›Klavierspiele‹ die Überlebens-Ansätze einer Frau, die sich von einer Trennung (nicht) erholen will, indem sie das einmal für den Jazzpianisten gekaufte Instrument zum Verkauf anbietet. Die Uraufführung dieses Stückes (21. 10. 1981, Hamburg, Deutsches Schauspielhaus) litt an den brachialen Überstreckungen, welche der kurz vor der Premiere eingesprungene Regisseur zum textlich nicht intendierten Inhalt des Abends machte.

Obwohl auch die nächste Erstaufführung eines Rothschen Stückes von der Kritik als unglücklich gewertet wurde, erzielte ›Der Ritt auf die Wartburg‹ (1981) eine große Zustimmung. Roths bleibendes Interesse an den unhintergehbaren Ambivalenzen der Attraktionen zwischen Frauen und Männern entdeckte hier seinen konkretesten Ort. Die Darstellung einer in die DDR führenden »Vergnügungsreise« von vier bundesdeutschen Frauen öffnet ein weites Panorama der Zeichen und Reaktionen von Flucht und Mut, Solidarität und Neid, Jammer und Witz. Das resignative Leiden der Reisenden an ihrer sozial und erotisch unglücklichen Situation daheim überschlägt und verdoppelt sich in der Begegnung mit der Fremdheit und Unbedarftheit von Thüringer NVA-Soldaten. Das Drama beobachtet seine Figuren mit Gerechtigkeit, Subtilität, Ironie. Die Repliken der Figuren sind gut »gesetzt«, fast zu gut an jenen Stellen, wo eine demonstrativ-unauffällige Brillanz der Pointen den Szenen in Richtung Kabarett heimzuleuchten scheint. Erstaunlich an diesem Text ist seine Ehrlichkeit, dem Unspektakulären, Unansehnlichen der deutschen Gegenwart und ihrer Moden und Mentalitäten ins Gesicht zu sehen. Doch obwohl seine Figuren keineswegs beschönigt werden, sind sie nicht häßlich gezeichnet, sondern mit Sympathie.

DAS PHOTOGRAPHIERTE BÜRGERTUM · 513

Die äußerst ökonomische und sichere Dramaturgie dieses Stük-
kes hat Roth in ihren weiteren Texten fürs Theater nicht wieder
ins Werk gesetzt. Diese variieren, umkreisen das große alleinige
Thema der Dramatikerin: die triebhafte, animalische, sentimen-
tale und humane Bindung der Geschlechter, den Spielcharakter
der Verführungen und deren immer gewußtes, dennoch mit-
angesteuertes Ende, Trennung und Tod. ›Krötenbrunnen‹ (1984)
arrangiert einen Reigen – schon Schnitzler lehrte ja, daß er eine
Todestanz-Struktur hat – unter müßigen Insidern und out-drops
der westlichen Kulturszene. ›Das Ganze ein Stück‹ (1986) über-
wölbt die Waffengänge und Suchwege zwischen Männern und
Frauen mit Bildern erdgeschichtlicher Dimension, auf diese Weise
die naturhafte Konditionierung der Spezies Mensch historisie-
rend und festschreibend. Während dieser Text lyrische, mithin
weniger dramatische Stärken besitzt, erinnert ›Die einzige
Geschichte‹ (1985), wahr, trivial und ohne Konturen hinsichtlich
ihres Ortes, ans Hörspiel. Der Ausnahmerang des 1983 zum
Stück des Jahres gewählten ›Ritts auf die Wartburg‹ bestand
eben darin, daß Roth die parabolische oder allegorische Allgemeinheit dieser übrigen Texte zurückgenommen hatte zugunsten
einer zeitgeschichtlichen und gesellschaftsanalytischen Darstellung.

Als Verlängerung, Abarbeitung, Überschreibung der bürgerlichen Dramatik um 1900 lassen sich schließlich auch die Stücke
Thomas Bernhards erklären. Die Zuständlichkeit Beckettscher
Endspiele wird darin gleichsam realistisch.[46] Realistisch nicht im
Sinne literarhistorischer oder -typologischer Einordnung, sondern aufgrund des Wiedererkennungswerts, den sie in der Grauzone zwischen Großbürgertum und Künstlervolk heute haben. So
sehr seine Theatertexte formal zum Artifiziellen, inhaltlich zum
Satirischen tendieren, sie bleiben kunstvoll komponierte Variationen über diese Welt. In ›Ein Fest für Boris‹ (1968), seinem ersten
Drama, hat Bernhard die deutlichsten Illustrationen seiner Büh-
nenwirklichkeit gegeben. Die beinlose »Gute«, eine verwitwete
reiche Frau, rächt ihre (drastisch somatisierte) psychisch-mentale
Verkrüppelung in der Demütigung ihrer Dienerin Johanna und
einer entmündigenden Wohltätigkeit gegenüber dem gleichfalls

beinlosen Boris, den sie aus dem Asyl geholt und geheiratet hat. An den Rollstuhl gefesselt, entfaltet sie sprechend, befehlend und arrangierend die phantastische Allmacht des Sadismus. Ihre Bühnenpräsenz besteht in der Vergangenheits-Verhaftung täglich wiederholter, neurotisch eintrainierter Quälereien. Das einzige Neue, in dem diese Welt enden kann, ihre letzte »Premiere«, welche das theaterfeindliche Motto des Stückes verspricht, ist Boris' Tod.

Diese Motiv- und Figurenkonstellation wird in sämtlichen Bernhardschen Dramen durchgespielt: Das in mythischer Strenge gefangene Spiel von Herr und Knecht, als dessen dialektischer Untergrund eine verwehrte Liebesgeschichte ablesbar wird, die deformierende Isolation der Figuren, ihre mono-thematischen, monomanischen Tiraden, der konsequente Ausgang der Stücke ins Böse, Dunkle, in Enttäuschung oder Tod. Mit der Musikalität der Fügung von Figurenreden und Auftritten zeigt sich bald, beginnend mit ›Der Ignorant und der Wahnsinnige‹ (1972), der Gegenstand des Virtuosentums. In den Fällen paradoxen literarischen Gelingens verteilt die Bernhardsche Dramatik die Unvollendbarkeit der Kunst entlastend und equilibristisch[47] auf mehrere Künste, die sich gegenseitig bezeichnen, wie etwa in ›Die Macht der Gewohnheit‹ (1974) die Sprache der Figuren die Arbeit eines Streichquartetts umschreibt. Bernhard reproduziert und destruiert also die Rollen und Konventionen der bürgerlichen Welt, indem er deren letztes emanzipatorisches Residuum leerlaufen läßt, ihre Hoffnung auf *Téchne* sowohl im Sinne aufklärerischer Zweckrationalität als auch im Sinne eines Vertrauens in die Entfremdungsfreiheit von Kunst, wie sie von der Frühromantik begründet und im Künstlerroman objektiviert wurde. Kunst ist bei Bernhard dem Scheitern, sein Antipode, das Leben, dem Tod verfallen. Gelegentlich legt sich dieses Schwarz über die Notenschrift seiner Theatertexte und macht sie monoton und ununterscheidbar. ›Die Jagdgesellschaft‹ (1974) etwa zitiert den Kahlschlag am Ende von Tschechows ›Kirschgarten‹, ohne vermittelt zu haben, wer oder was da um seine (Um-)Welt gebracht wird. ›Der Präsident‹ (1975) dagegen oder ›Der Weltverbesserer‹ (1979) bezeichnen fast heiter und farbig eine hysterische bürgerliche Theatralität, die zugleich als die professionelle Deformation der bohemehaften heutigen Künstler erscheint. Mit tiefer Ironie hat Bernhard dabei die Theaterwelt und die Theaterleute selbst, die Schein- und Zwangslebendigkeit ihres ewigen Sich-Produzierens bloßgestellt. Eben darin haben diese als monologisch, statisch, weltlos verschrienen Stücke ihre doppelbödige Bühnenwirksamkeit.

Auch Bernhards Anhänger konnten freilich nicht übersehen, daß die hohe Produktivität dieses Dramatikers eine schablonenhafte Aushöhlung seiner Texte mit sich brachte. Unverhoffte politische Direktheit erzielte sein Schreiben in ›Vor dem Ruhestand‹, seinem vielleicht besten, einem »starken Stück«, wie ›Theater heute‹ schrieb. Der Text wurde bis zur Premiere geheimgehalten und entfaltete dort (Stuttgart, Württembergisches Staatstheater, 29. 6. 1979) seine Wirkung als triftiger Kommentar zur Vertragskündigung des inszenierenden Schauspieldirektors Peymann durch den als Nazi-Marinerichter desavouierten Ministerpräsidenten Filbinger. Bei Bernhard ließ ein anderer hoher Richter, dessen Karriere sich nach der Kapitulation Hitlerdeutschlands bruchlos fortgesetzt hatte, vor seinem Ruhestand den Geburtstag Himmlers feiern: Mit seiner Schwester – er hat zu ihr ein eingenistetes inzesthaftes Verhältnis – blättert er im Fotoalbum aus seiner SS-Zeit, während seine andere Schwester, Antifaschistin und seit einem alliierten Bombardement im Rollstuhl lebend, KZ-Drillich tragen und das Paar umsorgen muß. Der Premierenabend lebte aus dem Glücksfall, daß Text, Inszenierung und Situation zu aktueller Wirkung zusammenfanden. Darin bestätigte sich die Treue, mit der Peymann in Hamburg, Stuttgart, später noch in Bochum und Wien die Bernhardschen Stücke zur Aufführung gebracht hatte.

6. Die Ingolstädter Schule

Die für die westdeutsche Dramatik seit 1968 folgenreichste Entdeckung verbindet sich mit den Wiederaufführungen der Stücke Ödön von Horváths und Marieluise Fleißers. Horváth stenographierte die Mentalität der Ohnmächtigen und, bald, Machtberauschten, der besitz- und sprachlosen Deklassierten, die Hitler wählten. Seine Szenen erwiesen sich den Brechtschen Modellen gegenüber als sozialhistorisch näher am Gegenstand, als illusionsloser. Handke hat Brecht von daher programmatisch verworfen. Dennoch bedeutete die neue Hochschätzung Horváths kein Ende der Brecht-Rezeption. Die Regisseure bevorzugten jetzt jedoch die vor-orthodoxen, mimetischer und sprunghafter mit der Befindlichkeit der Figuren operierenden Dramen Brechts: Stein (9. 3. 1969, München, Kammerspiele) wie Klaus Michael Grüber (23. 3. 1973, Schauspiel Frankfurt) inszenierten ›Im Dickicht der Städte‹.[48]

Hans Hollmanns Inszenierung von ›Kasimir und Karoline‹ (Basel, Basler Theater, 20. 9. 1968) stand am Beginn einer Serie von Aufführungen, die Horváth zum maßgeblichen Realisten des Gegenwartstheaters erhoben. Horváths Figuren verraten ständig ihre Willen- und Bewußtlosigkeit, ihr dumpfes, resignatives Streben, einer im Sprichwort vermuteten allgemeinen Autorität sich anzuschließen und zugleich am Ansehen der Bildungsschicht zu partizipieren, der zuzugehören sie mit Büchmann-Zitaten prätendieren. Hinter den Sprechmasken einer Allgemeinheit, die es nicht gibt, und eines Bürgertums, das sie ausgestoßen hat, verbergen diese Enteigneten die grausamen und egozentrischen Reflexe ihres Überlebenskampfes.

Die Wiederentdeckung Fleißers war, mit etwas Sentimentalität gesagt, fast ein Märchen. Die Freundin Brechts, deren Dramen am Ende der Weimarer Republik Skandal machten und die in Nazideutschland nur überleben konnte, indem sie im bürgerlichen Geschäftsleben Ingolstadts verschwand, fand nach vierzigjähriger Vergessenheit Leser und Bewunderer im Wuppertaler Dramaturgen Horst Laube, in Günther Rühle und Stein. Nachhaltig wirkten ihre Texte vor allem dadurch, daß drei junge Dramatiker ihr Verfahren fortschrieben, die sozialen, erotischen und patriarchalen Herrschaftsverhältnisse der süddeutschen Provinz auszustellen.

Dies war die Konstellation: als 1966 an der Schaubühne ⟨. . .⟩ ›Der starke Stamm‹ inszeniert wurde (ein Erfolg, ⟨. . .⟩, aber keine Nachwirkungen im Sinne einer Regeneration), kam ⟨. . .⟩ Martin Sperr mit der

Fleißer in Kontakt. ⟨...⟩ Als Rainer Werner Fassbinder seine Fassung der
›Pioniere‹ 1968 ⟨...⟩ am Action-Theater in München inszenierte, spielte
der noch unbekannte Franz Xaver Kroetz den Leutnant.[49]

Rühle skizziert hier, wie jene Autoren zu ihr gekommen waren,
welche Fleißer bald, 1972, als ihre Söhne bezeichnen sollte.[50]
Sperr, seinerzeit einer der wichtigsten Dramaturgen, aktualisierte in seinen ›Jagdszenen aus Niederbayern‹ (1965/66) den
Büchnerschen ›Woyzeck‹ mit Fleißerschen Dialektismen, die er
dann auch in seine Bearbeitung von Edward Bonds ›Saved‹ übernahm. Mit ›Katzelmacher‹ (1969) stand Fassbinder ihren Ingolstädter Stücken noch näher – bevor sich er und seine ›antithea-
ter‹-Gruppe einem manieristisch-pathetischen Stil verschrieben
und so mit der Mitleidsdramaturgie brachen, die Sperr über
Bond in die Fleißer-Nachfolge hineingebracht hatte.
Inzwischen hatte sich Kroetz als der wichtigste Schüler Fleißers erwiesen. Die Uraufführung seiner beiden Kurzdramen
›Hartnäckig‹ und ›Heimarbeit‹ (3. 4. 1971, München, Kammerspiele) markiert daher einen Einschnitt in der bundesdeutschen
Theatergeschichte. Als dann Ulrich Heising ›Stallerhof‹ vorstellte
(24. 6. 1972, Hamburg, Deutsches Schauspielhaus), wurde abseh-
bar, daß Kroetz einmal der meistaufgeführte deutsche Dramatiker nach Brecht werden sollte. Kroetz' frühe Stücke sind genaue-
ste, scharfe Aufnahmen der arbeitend Armen, der sozial oder
regional Marginalisierten in der Bundesrepublik. Sie umreißen
die kommunikative und intellektuelle Hilflosigkeit ihrer Figuren
mit mimetischer Ökonomie. Lakonisch, ohne ein überflüssiges
Wort demonstrieren sie deren Zustand.
Die Wortarmut seiner Personen hatte Kroetz eigenen Beobachtungen entnommen und bei Fleißer dramatisiert gefunden. Deren
»Radikalität des Dialogs« sei »bis heute unerreicht und so noch
immer richtungsweisend«. Mit Brecht, erklärte Kroetz, habe diese
Sprache nichts gemein: Brechts proletarische Figuren

haben ⟨...⟩ immer einen Sprachfundus zur Verfügung, der ihnen de
facto nicht zugestanden wird von den Herrschenden, also als Fiktion
einer utopischen Zukunft verstanden werden muß ⟨...⟩. Es ist die Ehrlichkeit der Fleißer, die ihre Figuren sprach- und perspektivelos bleiben
läßt.[51]

Was Kroetz vom ohnmächtigen Leben bundesdeutscher Fabrik-, Heim- oder Landarbeiter zeigte, blieb naturalistisch, freilich in starker Verknappung. Mit zunehmender Politisierung ist er von solcher Dramaturgie abgerückt. Er suchte längere, damit offenere Handlungsabläufe und begegnete der Gefahr einer exotistischen Wahrnehmung seiner Figuren, indem er sich als Dramatiker dem majoritären Kleinbürgertum zuwandte (›Oberösterreich‹). In dieser Zeit, 1972, trat Kroetz in die DKP ein und konkretisierte die Absichten seiner Theaterarbeit:

> Arbeiteraufklärung mit dem Mittel Theater (hat) nur dann einen Zweck ⟨...⟩, wenn sie mit der Genauigkeit und Durchsichtigkeit von Lohnstreifen gemacht ist. Das aber geht nur im längeren und gezielt pädagogischen Kontakt mit Zielgruppen.[52]

Mit ›Mensch Meier‹ (1977) weitete Kroetz das realistische oder agitatorische Sprechen seiner Figuren ins Metaphorisch-Visionäre. Ein von Frau und Sohn verlassener Familienvater springt, gestisch wie sprachlich, aus den Mustern einer Normalität, durch die er sich bisher geschützt glaubte. Dieser Formwechsel bestimmt dann die Dramaturgie von ›Nicht Fisch nicht Fleisch‹ (1980). Das im Ergebnis ratlose Drama treibt zwei Drucker auseinander, die sich zur Umstellung ihres Betriebs auf Lichtsatz-Technik unterschiedlich verhalten. Der sich nicht anpaßt, entdeckt, regredierend, seine Denaturierung durch Arbeitsprozeß und Gesellschaftsordnung. Handlung und Repliken sind unterbrochen durch widersinnige Sentenzen und surreale Gesichte. Mit diesem Stück verließ Kroetz die kommunistische Partei und gewann das Interesse der stilbestimmenden Regisseure zurück.

Gleichzeitig am Bochumer und am Düsseldorfer Schauspielhaus wurde drei Jahre später (27. 1. 1984) seine Szenenfolge ›Furcht und Hoffnung der BRD‹ uraufgeführt. Der provokative Titel, der auf Brechts Stück über das ›Dritte Reich‹ anspielt, sollte den aufrüttelnden Effekt bestimmen, welchen sich Kroetz davon versprach, die Verstörungen einer öffentlich hingenommenen und verharmlosten Arbeitslosigkeit vorzustellen. Anders als in seinen frühen Dramen entdeckt er jetzt die Abseitigkeiten, Obsessionen und Phantasmen seiner Figuren. Er entbindet deren magisches Denken und füllt es nicht mehr allein mit den Blasen aus Werbung und Massenmedien, sondern mit verbogenen Archaismen, Relikten aus der Märchen- und Traumwelt oder – erneut in Anlehnung an Fleißer – mit Bildern der Christus-Passion. Dabei kündigt sich in diesem abermaligen Plädoyer für die Geschlagenen ein weiterer Umbruch an. Dem Selbstbewußtsein der Figuren, welche die Zurücksetzung in die Arbeitslosigkeit als Schuld internalisieren und sich vor sich selbst entwerten, stand ein Autor entgegen, der sich immer wichtiger nahm.[53]

Auf der Suche nach künstlerischer Autonomie verlegte sich Kroetz jetzt zunehmend aufs Inszenieren eigener Stücke. ›Bauern sterben‹ (1984/85), sein bislang letzter größerer Entwurf, parabolisiert eine Welt der Zerstörung. Ein Geschwisterpaar bricht, gehetzt, tötend, vom Land auf, um in der Großstadt das wahre Leben zu finden – und findet nur wieder einen (hier: betonierten, industrialisierten) Moloch. Was Kroetz sonst ausreizte im Berühren der Tabus, welche die Äußerungen der menschlichen Physis umfassen, verschärft er hier durch Bilder schockierender Brutalität. Geschehen, Szenerie und Figuren sprechen eine Sprache, die zum Expressionistischen tendiert. Es ist Kroetz' heftigster, auch stärkster Text – jedenfalls dort, wo er nicht ostentativ Effekte herbeiruft und aufdringlich nach Anerkennung als literarischer schreit.

Die Wiederentdeckung von Fleißer und Horváth sowie die Erfolge Sperrs und Kroetz' brachten einen sozialrealistischen Grundzug in die bundesdeutsche Dramatik der siebziger Jahre. Der vielgespielte Harald Mueller etwa verblieb in diesem Rahmen, selbst als er mit ›Totenfloß‹ das Szenarium einer nuklear verseuchten Welt entwarf. Der Text, 1986 einen Moment lang als genuine Reaktion der Theater auf die Reaktorhavarie von Tschernobyl gepriesen, erweist aber auch die Unzulänglichkeit eines solchen Realismus, die Deformationen dieses weder mental noch abbildlich antizipierbaren End-Unfalles darzustellen.

Als Gerlind Reinshagen mit ›Doppelkopf‹ (UA 24. 2. 1968, Frankfurt/Main, Theater am Turm) ihren Ruf als Dramatikerin begründete, wurde sogleich sichtbar, daß sie Brecht die Form der Gesellschafts-Parabel, Horváth den Blick für den reduzierten, gleichwohl bezeichnenden Code der Subalternen verdankte. Der Oberbuchhalter Hoffmann strebt, aus der Belegschaft in die Firmenleitung aufzusteigen, und wird daher auf die Bewährungsprobe gestellt, ein Betriebsfest harmonisch, das heißt, ohne daß die sozialen Rangunterschiede (peinlich) spürbar und bemerkt werden, über die Bühne zu bringen. Januskopf Hoffmann, nach beiden Seiten lächelnd, scheitert an der Schwelle in eine ihm besser scheinende Zukunft. Das wird in dem Stück mit einigem Geschick – mehr demonstriert als evident gemacht.

Seit ›Himmel und Erde‹ (1974) vertritt die Autorin einen alltäglicheren und erweiterten Realismus. Alltäglich, weil die Hauptfigur Sonja Wilke dem Tod vorerst nur mit den ohnmächtigen sprachlichen Sozialisationen ihres kleinbürgerlichen Liebes- und Berufslebens begegnen kann. Doch ihre (wie bei Bernhard) interpunktionslos umbrochenen Monologe verraten eine Tendenz zu lyrischer Rhythmisierung. In der ersten ihrer vier (Krankenhaus- und Leidens- und Erkenntnis-)Stationen ist dieses Sprechverfahren stimmig und fast virtuos als Überlebenskantate einer Frau notiert, die sich aus Einsamkeit und Angst heraustönen will. Dann enthebt sich der Text der Wahrscheinlichkeit. Die späte Emanzipation der Sterbenden aus den Verdinglichungen und Lügen, in welchen sie leben mußte, wird phasenweise poetisch im Sinne von »gemacht«. Von hier an wird Reinshagen, als geduldige, humane und emphatische Anwältin ihrer Figuren, deren Recht und Potential verteidigen, anders, mehr und besser zu sein als die Verhältnisse, in denen sie leben.

Dieses Darstellungsinteresse verwies sie auf die Kindheit. In ›Sonntagskinder‹ (1976), ihrem komplexesten Stück, zeigte sie die Weltkriegs-Jahre einer deutschen Kleinstadt um 1939 aus der Perspektive eines 14jährigen Mädchens. Die Verhaltensstrukturen des ›Dritten Reichs‹: Opportunismus, Denunziation, völkisch verbrämte Egozentrik, ideologische Verführung durch Krieg und Gewalt, erscheinen nicht objektiv, sondern subjektiv verfremdet, appellieren gerade so an die Erinnerungen der Zuschauer aus der gleichen Generation. Die junge Elsie erlebt diese Zeit als Pfadfinder- und Greuelmärchen. Ihre intuitive Revolte gegen die ständigen Gewinner äußert sich im Versuch, dem nach der Kapitulation in unschuldiges Zivil gekleideten alten General Belius eine Schere in den Leib zu rennen. Sie wird abgefangen.

›Das Frühlingsfest‹ (1980) nimmt diese Figuren wieder auf, allerdings in abgewandelter Gestalt. Eine Gartenparty zehn Jahre nach Kriegsende in der restaurativen Bundesrepublik stellt eine zur Elsa veränderte 27jährige Frau zwischen ihren Gatten, den Kaufmann Pauly, und dessen Freund, den Schriftsteller Philipp. Wie der Doppelkopf Hoffmann soll hier die Ehefrau als arrangierende Gastgeberin die Seele eines Geschäftes sein. Die Kaufentscheidung des hofierten Großkunden Monk bringt Pauly entweder in die Chefetage oder in die Arbeitslosigkeit. Als Pauly den vermögenden Amerikaner schließlich in einer Nachtbar sozusagen über den Tisch zieht und triumphal in den Garten zurückkehrt, treten finanzieller Erfolg und persönliche Enttäuschung in dem Paar auseinander. Elsa sieht die Lemuren einer in ihren Markt-, Konsum- und Verleugnungsgesetzen aufgehenden Nachkriegsgesellschaft, die Lebenslügen ihrer ökonomischen Prosperität, psychischen Stabilität. Paulys Blick visiert darüber hinweg die offenstehende eigene Karriere. Am Schluß wird das Aufbegehren der Frau abermals kläglich-treffend erstickt. Als Elsa ihren Mann von hinten erstechen will, reicht er ihr in einer blinden Wendung einen Stoß schmutziger Teller zum Abwaschen. Sie läßt das Messer fallen, um den Stapel aufzunehmen.

Was die Dramatikerin vor allem an der autobiographisch vorgeprägten Elsie praktiziert hatte: die abgebildete soziale Realität mit den Wunsch-, Traum- und Möglichkeitshorizonten der Figuren teils zu durchkreuzen, teils zu überformen, wurde immer deutlicher zum dramaturgischen Gesetz ihrer Stücke. Am weitesten ist sie darin mit ›Die Clownin‹ (1985) gegangen, einer Kette von Bildern und Auftritten, die in der Psyche der Schauspielerin Dora erscheinen. In einer depressiven Krise rekapituliert und befragt sie ihre bisherigen Bühnen- und Lebensrollen: als Tochter und Mutter, als Liebende und als Penthesilea. In dem Entschluß, Clownin zu werden, überspringt sie schließlich die sie isolierende Kluft zwischen Spielen und Sein, wird fähig, sich darzustellen, so die Selbstinterpretation der Autorin. Das sprachlich partiell ungeformte und überladene Drama folgt zwar allein den Erinnerun-

522   THEATER

gen, Träumen und Beschwörungen der Dora, »aber die«, bekräftigte Reinshagen, »ist eigentlich die realistischste Figur, die überhaupt je in meinen Stücken existiert hat.«[54]

7. Mauerschau

Das bundesdeutsche Theater der achtziger Jahre ist wesentlich geprägt worden durch die Arbeit von Regisseuren aus der DDR. Diejenigen, die schon in den sechziger Jahren in den Westen gingen wie Peter Palitzsch und Egon Monk, brachten aus eigener Erfahrung ein Stück von Brechts Arbeit am Berliner Ensemble mit. Manfred Karge, Matthias Langhoff, B. K. Tragelehn, Thomas Langhoff, Jürgen Gosch und Alexander Lang aber hatten sich an einer Theaterpolitik abgearbeitet, die vom statischen Brecht-Verständnis seiner Erben bestimmt war. Rühle hat die gemeinsamen Qualitäten dieser Regisseure beschrieben:

> Präzise Durchdringung des Stoffs, dramaturgische Klarheit, deutliche Tableaux und Erkennbarkeit des Charakteristischen von Situation und Konstellation, starke Konturierung der Personen, exakte Führung der Schauspieler ⟨...⟩, Neigung zur Demaskierung von Situation und Person, Tendenz zur Härte, Kälte, Ungemütlichkeit und zur Isolation der Figuren innerhalb der Darstellungsprozesse, Fehlen jeder gesellschaftlichen Unverbindlichkeit, äußerste Distanzierung des Regisseurs von dem, was er zeigt, aber hohe Innenspannung und Innendruck des Gezeigten.[55]

Auf Lang, Gosch und Thomas Langhoff, die als letzte der Genannten in der Bundesrepublik zu inszenieren begannen, trifft diese Beschreibung nicht mehr ganz zu. Unter ihnen hat sich vor allem Langhoff bewährt als ein subtiler und geduldiger Regisseur, der die Spielfreude und das Zusammenspiel von Akteuren freizusetzen half. Damit steht er mehr im Zusammenhang der Beschäftigung mit den psychologistischen Stücken der Jahrhundertwende. Seine Ost-Berliner Inszenierung der ›Drei Schwestern‹, die er dann auch im Westen vorstellte (29. 3. 1980, Schauspiel Frankfurt), brachte Volker Braun auf das Konzept seiner ›Übergangsgesellschaft‹ (1982). Braun, dessen Adressat immer die DDR blieb, transferiert das Tschechowsche Stück in seine

Gegenwart: Bürger, die zu Kleinbürgern werden, ermatten nicht vor, sondern nach dem gesellschaftlichen Aufbruch.

Das Regie-Gespann Manfred Karge/Matthias Langhoff sowie der Regisseur Tragelehn standen seit je in einem Arbeitszusammenhang, der sich in der Kooperation mit dem Dramatiker Heiner Müller hergestellt hatte. Sie brachten seine spezifische Dramaturgie und Theaterästhetik ins Theater der Bundesrepublik. Die früheren westdeutschen Müller-Aufführungen konnten diesen Bezug noch nicht herstellen; er realisierte sich, unvermittelt, als Karge/Langhoff mit Müller als Dramaturgen eine Doppelpremiere herausbrachten, die den ›Prinzen von Homburg‹ in Brechts ›Fatzer‹-Fragment spiegelte (5. 3. 1978, Hamburg, Deutsches Schauspielhaus). Die Regisseure lasen das preußische Stück aus der Perspektive seiner kriegspolitischen Folgen:

> Hier sind schwarze Brandmauern Brand-Mauern und Düsternis ist Kriegsverdunklung; ein ›Zimmer im Dorf‹ (II/4) wird zum Lazarett voller blutiger Krüppel, der Schimmel des Kurfürsten liegt nach der Schlacht mit aufgequollenem Gedärm am Boden, ⟨...⟩ und im Hintergrund schmeißen Soldaten Leichen nach und nach auf einen Schinderkarren. Kartoffeln, über welche die Homburgspieler stürzen und stolpern, liegen immerzu auf dem Bühnenboden, manchmal steckt ein abgerissener Soldatenstiefel in diesem Feld.[56]

Die Position von Karge/Langhoff war nunmehr unübersehbar. Mit Thomas Braschs ›Lieber Georg‹ fanden sie einen Theatertext, welcher ihr Verfahren autorisierte, Fragmente und Szenarien aneinanderzusetzen und so zu transformieren, zu paraphrasieren, was linear erzählt glatt erschienen wäre (Bochum, Schauspielhaus, 2. 2. 1980). Biographie, Zeitgenossenschaft und Werk Georg Heyms wurden durch sprunghafte Vor- und Rückverweise in eine disparate Gegenwärtigkeit gebracht. Brasch wurde als der Autor eingeführt, für dessen Schreiben der thematische wie formale Bezug die Kriegsentsprechung des deutschen Expressionismus darstellt. Der August 1914 blieb terminus ad und post quem seiner Stücke, von der Parabel eines deutschen Kleinbürgers im Gang durch das 20. Jahrhundert (›Rotter‹, uraufgeführt von Christof Nel, 21. 12. 1977, Stuttgart, Württembergisches Staatstheater) bis zu ›Frauen. Krieg. Lustspiel‹ (1987), das Lazarett und

Bordell als die männlich/weiblichen Zeitorte des I. Weltkriegs memoriert. Brasch konnte sich auf dem Theater gegenüber Müller besser behaupten als der ebenfalls in den Westen übersiedelnde Stefan Schütz, dessen Stücke trotz einiger Fürsprache selten inszeniert wurden.

Als der in theoretischer Hinsicht profilierteste Regisseur aus der DDR hat sich Tragelehn vorgestellt. Am Berliner Ensemble, wo er ›Frühlings Erwachen‹ und ›Fräulein Julie‹ inszeniert und als Machtkämpfe durchexperimentiert hatte, blieb ihm kein Raum mehr. Tragelehn setzt gegen das offiziell und museal gewordene Brecht-Verständnis der Erben eine mit Hilfe Walter Benjamins begründete theaterpraktische Identität von ästhetischer und politischer Avantgarde. Sie behauptete sich in einer Proben- und Spielweise, die als Prozeß offen blieb, und in Aufführungen, welche die Gegenwart des Publikums aktivieren sollten. Das Historische der tradierten, zumal der klassischen Texte wurde auf seine derzeitige Triftigkeit hin abgerufen. Nach dem Abbruch seines Ost-Berliner Engagements hat Tragelehn an bundesdeutschen Theatern eine Reihe von Shakespeare- und Molière-Stücken in gleicher Weise befragt. ›Maß für Maß‹ etwa (24. 5. 1979, Stuttgart, Württembergisches Staatstheater) auf seine Einsichten in die zynischen Funktionsweisen von Herrschaft, den ›Tartuffe‹ (10. 10. 1980, Schauspiel Frankfurt) auf das ihm entnommene Portrait einer sich psychisch und sozial zerstörenden bürgerlichen Familie.[57] Die Wirkung dieser Aufführungen muß hinter ihrem theoretischen Anspruch zurückbleiben, solange sich dieser auf die Weisung von Benjamins Thesen über den Begriff der Geschichte beruft, das Revolutionäre des jetzigen Augenblicks freizusetzen.[58]

Heiner Müllers Anspruch und Schreibtechnik war von Beginn, Brecht im Brechtschen Sinne weiterzuführen, d. h. zu verändern. Die Montage des ›Fatzer‹-Fragments für Karge/Langhoff bezeichnet als Einsatzpunkt dafür jenen Ort, wo Brecht seinen Nachgeboren einen Stoff überließ. Als Lehrstücke über die Aufbauphase der DDR und ihre Schwierigkeit, für ein revolutionäres Projekt Subjekte mit revolutionärem Bewußtsein zu finden, zielten Müllers frühe Dramen (›Der Lohndrücker‹, ›Die Bauern‹,

›Der Bau‹) auf gesellschaftliche Wirkung in diesem Staat. Sie blieb ihnen verwehrt. Die dialektische Komplexität ihres Appells wurde verkannt, die Einbeziehung der inneren Widerstände gegen das sozialistische Ziel übelgenommen. Müller wich aus auf die Dramatisierung griechischer Mythen. ›Philoktet‹ (1958/64) bewegt sich auf der Höhe des Anti-Klassizismus von Kleists ›Penthesilea‹. Eine mit äußerster Kunst verknappte, verschränkte und wendig gemachte Sprache erweist sich im Munde des listigen Odysseus als ideologische Gewalt. Clowns durchbrechen die fatalistische Wirklichkeits-Ebene seines Textes und verweisen auf deren Hergestelltes. Den hohen formalen Übersetzungsgrad in Bild und Sprache übertrug Müller, der mit diesem Text eine nicht fortsetzbare Brillanz erreicht hatte, dann in die Dramaturgie seiner Stücke.

Mit ›Germania Tod in Berlin‹ (1965/71) entwickelte Müller seine bis heute verbindliche Sicht auf (deutsche) Historie. Der symmetrische Aufbau parallelisiert Szenen zur Vorgeschichte der DDR seit der Ermordung Karl Liebknechts und Rosa Luxemburgs. Für Müller hat die kommunistische Partei mit diesen Attentaten einen bis in die Gegenwart nicht mehr eingeholten Verlust erlitten. Je neu ansetzende Auftritte lehrstückhaft-realistischer, zirzensischer und visionärer Art fügen sich zu einer Konfiguration von Splittern, die an historische Verletzungen und Hoffnungen erinnern. Eine groteske Phantasmagorie präsentiert Hitlers Suizid im Führerbunker – das ist der andere Tod in Berlin. Am Ende evoziert Hilse, der fatalistisch-ergebene Arbeiter von Hauptmanns ›Webern‹, der hier zum Genossen umbesetzt wird, im Koma die Vorstellung einer siegreichen Revolution. Pathetisch wie präzise, unbedingt engagiert und mit überlegener Kontrolle seiner Schreibtechniken erweist Müllers wahrscheinlich bestes Drama sein illusionsloses und moralistisches Verhältnis zur Geschichte. Es folgt Benjamins Satz, daß auch die Toten vor dem (politischen) Feind nicht sicher sein werden. Das Stück mußte aus offensichtlichen Gründen in der Bundesrepublik, statt in der DDR, uraufgeführt werden (20. 4. 1978, München, Kammerspiele, Regie Ernst Wendt). Müller hatte die Bedenken beiseite geschoben, mit denen Brecht von seinem Plan eines Rosa-Luxemburg-Dramas zurückgetreten war: »Ich hätte in bestimmter Weise gegen die Partei argumentieren müssen. Aber ich werde [mir] doch den Fuß nicht abhacken, nur um zu beweisen, daß ich ein guter Hacker bin.«[59] Müller ist einer.

Als Gegenpol zur Revolutionstreue und Disziplin kennt Müller den hedonistischen Verrat. Verrat als Lust an der zum egozentrischen Selbstzweck gewordenen Macht (›Der Auftrag‹, 1979) und Lust an der sexuellen Befriedigung und Untreue (›Quartett‹, 1981). Diese Vorstellungen sind zu Obsessionen Müllers geworden; ihren zeitgeschichtlichen Grund haben sie in seiner Erfahrung, daß das Scheitern der Revolution anhält und immer unumkehrbarer wird. In ›Hamletmaschine‹ (1977), einer Paraphrase auf die klassischen Dramaturgien von Mythos, Theater und Historie, ist diese Bedrückung deutlich thematisiert. Der Text läse sich als depressiver, hätte nicht Müller sich mit Recht dagegen verwahrt, die Formlösungen seiner Sprache als Sammlungsort von Utopie unberücksichtigt zu lassen.

Gerade mit Texten wie der ›Hamletmaschine‹ identifizierten sich jedoch viele bundesdeutsche Regisseure, da sie ihnen die eigenen Enttäuschungen zu umschreiben schienen. Als sich die konservative Stimmung in der bundesdeutschen Gesellschaft die achtziger Jahre hindurch verstärkte, reagierten und opponierten viele Theaterleute mit Heiner Müller. Gegen Mitte des Jahrzehnts war er, als Autor, Dramaturg, Übersetzer und Bearbeiter die zentrale Figur des westdeutschen Bühnengeschehens. Mit dem Bochumer ›Auftrag‹ zeigte Müller seine erste Inszenierung eines eigenen Stückes im Westen (13. 2. 1982). Die Metaphern in Majakowskis Manier und die grellen Visionen seiner Theatertexte setzte er als Regisseur in andere Bild-Zeichen um, die sich zur Metapher so verhielten wie diese zum Metaphorisierten, beispielsweise als Anachronismus.

Dieses Verfahren zeigte Müllers Nähe zum szenisch assoziativen Theater des Amerikaners Robert Wilson. Müller arbeitete mit ihm zusammen bei ›CIVIL WarS‹ (zur Sommerolympiade 1984 auf mehreren Kontinenten vorgestellt) und ›Death, Destruction and Detroit II‹ (27. 2. 1987, Berlin, Schaubühne am Lehniner Platz), dazwischen bei Wilsons Inszenierung der ›Hamletmaschine‹ (4. 10. 1986, Hamburg, Thalia-Theater). In Wilsons surrealen, traumlogischen Szenen, welche ›Texte‹ allenfalls zur Evokation eines Imaginationsraumes brauchen, sah Müller für eine Zeit die Verwirklichung von Brechts dialektischem Theater. So sehr allerdings beide an deutscher Geschichte interessiert waren (Wilsons ›DDD‹-Visionen umkreisen zuerst den in Spandau einsitzenden Hitler-Stellvertreter Rudolf Hess, sodann die Welt des Franz Kafka), so wenig konkret mochte für Wilson die Hoffnung auf die Verwirklichung der russischen Revolution sein. An das Emanzipative, das Wilsons Theater als Formqualität mit abstrakter Malerei gemein hat, ist ein naives und beliebiges Moment gekoppelt, in dem sich Müllersche Positionen nicht mehr präzise vermitteln lassen.[60]

Müller ist mit ›Wolokolamsker Chaussee‹ (1985-88) zum Schreiben für das Theater zurückgekehrt, auch wenn es zwischenzeitlich so aussah, als würde er öffentliche Wirksamkeit nur noch in Interviews suchen. Öffentlichkeit jedenfalls braucht Müller zweifellos, um den von ihm empfundenen Druck geschichtlicher Last mitzuteilen. Sein an Bloch und Benjamin orientierter Utopie-Begriff sucht in der Vergangenheit jene Momente, die mit der Gegenwart verbunden die verschütteten Versprechen von Zukunft zu einer Explosion bringen sollen, welche das revolutionäre Ende der Geschichte bedeutete.[61] Dabei hat sich Müller jedoch als Antagonist der westlichen Revolutions-Dramatiker zum Dramatiker der (gefürchteten, aber erwarteten) Gegenrevolution entwickelt.

Den sprachlichen und dramaturgischen Sprüngen Müllers sind in der deutschen Gegenwartsdramatik vielleicht nur die neueren Theatertexte Elfriede Jelineks vergleichbar. Wie Müllers ist ihr Paradigma der dramatische Blick auf Geschichten und Geschichte des Nationalsozialismus. Wie er begründet sie ihre avancierte Schreibtechnik aus einem KP-parteilichen Materialismus; und beide, Müller wie Jelinek, kamen von außen zum bundesdeutschen Theater.

Das erste Stück der österreichischen Autorin stand ihren heutigen ästhetischen Positionen noch fern. ›Was geschah, nachdem Nora ihren Mann verlassen hatte‹ (1977/78) war der jüngsten

Theaterentwicklung verschrieben. Der Text berief sich auf das intensivierte Interesse an Ibsen, dessen Drama im Deutschland um 1930 fortgesetzt wird. An Dorsts Fallada-Revue ›Kleiner Mann, was nun?‹ (1972) erinnert (von ferne) der Ansatz, dieses Zeitklima aus einer industriellen Vergnügungskultur zu entwikkeln. Die Deutlichkeit, mit welcher diese Jahre im ›Dritten Reich‹ lokalisiert sind, korrespondiert mit den neueren Regie-Lektüren der Horváthschen Stücke. Mit ›Clara S.‹, einer »musikalischen Tragödie« (1981), beginnt die Autorin ihr seither beibehaltenes Projekt, faschistoide Macht- und Bewußtseinsstrukturen als Destruktionsleistungen der patriarchalen Kultur aufzuzeigen. Diese überschlägt sich schon im Virtuosenkult des 19. Jahrhunderts, welcher Robert Schumann in den Wahnsinn trieb und dabei das Lebensrecht wie die Kreativität seiner Frau verkürzte, was der Stücktitel schon dadurch anzeigt, daß er ihren Nachnamen zum Initial ihres Gatten anonymisiert. Historisch angekommen ist diese Konfiguration in der bombastischen Zitadellen-Villa Gabriele d'Annunzios, der seinen virilitätssüchtigen Vitalismus inmitten eines Hofstaats nachsichtig-ohnmächtiger Frauen zu Tode zelebriert. Faschismus als Ästhetisierung politischer Herrschaft inszeniert auch Jelineks nachfolgendes Drama ›Burgtheater‹ (1982), ihr bestes, bösestes, weil treffendstes Stück (vgl. am Ende dieses Artikels). ›Krankheit oder Moderne Frauen‹ (1984) schließlich setzt Innenräume und Landschaften männlicher Denaturierung von Welt (eine Arztpraxis, Müllhalden, Schlachtfelder) als szenischen Rahmen eines Befreiungsweges zweier Frauen. Indem die Krankenschwester Emily zum Vampir wird und sich panisch-aggressive Männerphantasien zu eigen macht, versucht sie Autonomie, freilich in der Zitierung von Trivialliteratur. Mit der untoten Carmilla, der Frau eines Steuerberaters, welche bei der Geburt ihres sechsten Kindes den Geist (der Willfährigkeit) aufgibt, verwirklicht sie ihre homoerotisch-sanguinische Lusterfüllung. Die verlassenen Männer, der Arzt und der Gatte, bieten das ideologische und technologische Arsenal abendländischer Gewalt auf und erschießen die fremdbedrohliche zweiköpfige Doppel-Figur aus Schriftstellerin (Emily) und Hausfrau (Carmilla) mit einer geweihten Kugel.

Mit der Absage an den Dialog, der agrammatischen Sprachauflösung der ihrer Sinn-Zuweisungen entwaffneten Männer, der assoziativen und konstruktiven Verfügung über Spielorte und mit seinen phantasmagorischen Gesten und Bildfindungen rückt dieses Stück die Dramatikerin Jelinek in die Avantgarde. Es fordert eine neue Denk- und Spielpraxis der Bühnen: »Ich will von dem Theater, das mich bisher zurückgestoßen hat, fortkommen und sehen, ob es mir nachkommt«, erklärte die Schriftstellerin.[62] Diesen »Widerstand, den [die Texte von Jelinek] leisten gegen das Theater, so wie es ist«, hat Heiner Müller als eine Position verteidigt, die seiner eigenen ähnlich ist.[63]

Vier Stücke Jelineks sind seit 1982 von den Bühnen der Stadt Bonn uraufgeführt worden. Damit hat sich eine der wenigen aktuellen Kooperationen zwischen Gegenwartsdramatik und Theater herausgebildet. Die größte Bühnen-Schwierigkeit dieser Texte besteht in ihrer Verweigerung von Entwicklung und Konflikt. Die Sprunghaftigkeit ihrer Sprache und Dramaturgie formalisiert sich leicht als invarianter, fatalistisch gefaßter Manichäismus. Die Stücke sind (seit ›Clara S.‹) von Anbeginn entschieden – in ihrem Engagement wie in ihrer Moralität, daß das schlechte Herrschende herrschend bleiben wird. Spannender wären die Geschehnisse, könnte in ihnen eine Dialektik auch der Geschlechter-Herrschaft zum Tragen kommen, welche die Dramatikerin nur selten andeutet. Der Vorstellung, daß eine solche in ihrem letzten Stück als Befreiungsperspektive angelegt sei, ist sie skeptisch begegnet: »›Krankheit oder Moderne Frauen‹ ist ein ganz verbittertes, hoffnungsloses Stück.«[64] Diese Hoffnungslosigkeit gehört zur literarischen wie zur politischen Rhetorik der Autorin. Sie unterscheidet sie vom Utopisten Müller und ist jedenfalls geeignet, das Klischee von dem neueren Gegensatz zwischen resignativer Männer- und aufbruchsgewisser Frauenliteratur zu widerlegen.

8. Bilder ohne Ausblick?

Die um 1970 intensivierten Versuche, die Mittel eines künftigen Theaters experimentell zu bestimmen, griffen auf Konzepte, Praktiken und Erfahrungen der Bildenden Künste zurück. Die Ästhetik des Happenings lenkte den Blick auf Rezeptionsvorgänge, lehrte oder versprach wenigstens, sie zu antizipieren, zu äffen, zu überwinden in Richtung auf eine Aktivierung der Zuschauer. Förderlich waren derartige Grenzbegehungen zwischen Theater und bildenden Künsten durch gegenseitige Definitionsarbeit.[65]

Die große Absorptionsfähigkeit des Theaters zeigte sich auch in den Lehren, welche die Aufführungen von den *performances* annahmen. So entstand bald nach 1968 ein von symbolischen und surrealen Bildern gekennzeichneter Theaterstil. Er verwirklichte sich zuerst in den Arbeiten des Bühnenbildners – und bald auch Regisseurs – Wilfried Minks'. Seine ›Maria Stuart‹ löste den Schillerschen Text in ein Kontinuum von Imaginationen auf (7. 3. 1972, Bremen, Theater am Goetheplatz). Die wirkten als eine Art Metasprache, die darin zum Ausdruck kam, daß die Funktionen von Kostüm, Dekoration und Requisit ineinander übergingen:

Die Begegnung der Königinnen: Elisabeth auf dem Gipfel einer acht Meter hohen Staatsrobe, Maria unten auf einer grünen Parkwiese. Auf Elisabeth zulaufend, wird die Robe für Maria zum Fels. Elisabeth lüftet den Rock und die grüne Wiese, dieses Stück England, ist ihr Rocksaum. Leicester, der Marias Retter sein soll, hängt wie eine Kordel an Elisabeths Robe. ⟨. . .⟩ Das Bild wirkt so direkt in den Text, interpretierend, steigernd, enthüllend.[66]

Rühle nannte drei um 1980 herum bevorzugte *Bühnen-Metaphern* für den gegenwärtigen Zustand der Welt: den Zirkus, das Schlachthaus, das Eismeer.[67] Im *Zirkus* beschworen die Theaterleute eine vom Zwang linearer Entwicklung und psychologistischer Begründungen freie Volkskultur. Sie suchten die zeichenlose Artistik der Akrobaten, den subversiven Witz der Clowns, die nackte Animalität der Raubtiere. Als *Schlachthaus* erschien die Welt aufgrund der historischen Erfahrungen des Jahrhunderts.

BILDER OHNE AUSBLICK? 531

Die Tötungsmechanik der Historiendramen Shakespeares schien bestätigt und überboten. Müllers ›Macbeth‹-Bearbeitung (1972) zog diese Konsequenz. Blut und Fleisch fungierten in vielen Aufführungen zudem als meist verlegenes Requisit-Zitat der Theaterprogrammatik Artauds.[68] Dessen Versuch, die Präsenz der Bühne als eine der menschlichen Physis neu zu begründen, ging zurück auf den Ursprung der griechischen Tragödie im rituellen Opfer. Steins ›Orestie‹ (18. 10. 1980, Berlin, Schaubühne am Halleschen Ufer) zeigte die blutigen Atridenmorde als schreckliche Untergründe und tödliche Kosten der am Ende der Trilogie eingerichteten Zivilisation, zu der sich die Aufführung gleichwohl bekannte. *Kälte* schließlich erschien als spezifisch westliche Formel für das Erfrieren der Hoffnungen auf eine Humanisierung der Gesellschaft.

Der metapherngebende Regisseur des deutschen Theaters war in dieser Zeit Klaus Michael Grüber. Seine Aufführung von Euripides ›Bakchen‹ (7. 2. 1973, Berlin, Schaubühne am Halleschen Ufer) restituierte den fremden dionysischen Rausch der kannibalischen Selbstentgrenzung und Einverleibung. Hohen Zeichenwert erhielt für die Theaterleute die Szenerie seiner ›Empedokles‹-Inszenierung (14. 12. 1975, Berlin, Schaubühne am Halleschen Ufer). Griechischer Befreiungs-Mythos zerbrach an einer deutschen Kaltfront, die sich erhärtete in der Korrespondenz von Hölderlins und Grübers Gegenwart. Als Ort der zerstörten Utopie zitierte die Bühne Antinio Recalcatis das Eismeer von Caspar David Friedrichs Gemälde ›Die gescheiterte Hoffnung‹. Grüber setzte bei dieser Metapher wieder an, indem er zur Zeit der Terroristen-Fahndung Fragmente aus Hölderlins ›Hyperion‹-Roman dramatisierte und unter dem Titel ›Winterreise‹ als anarchische Poesie in die faschistische Architektur des Berliner Olympiastadions setzte (1. 12. 1977, Berlin, Schaubühne am Halleschen Ufer).

Die Szenarien des bundesdeutschen Theaters wurden in den Tanzabenden von Pina Pausch, Reinhild Hoffmann und Johann Kresnik und durch den Imaginationszauber eines Robert Wilson dynamisiert und dramatisiert. Die Bilddramaturgie Minks' verwandelte sich aus einem Kommentar in einen Text. Sie illustrierte den Dramentext nicht mehr, sondern verdrängte die Sprache als Mittel des Theaters. Weltruhm erspielte sich damit das Tanztheater Bauschs. Es entwickelte eine eigene komplexe Sprache, etwa das Verhältnis der Geschlechter in Szene zu setzen, von Konventionen und Phantasien zu erzählen.

Nagel hat es 1985 als Ausdruck der Resignation gesehen, daß sich die bundesdeutsche Theaterarbeit immer mehr darauf verlegte, Bilder zu entwickeln. »Mich erschreckte«, so erklärt er seine Rückkehr ins bundesdeutsche Theater,

> die Verkleinerung, die Subjektivierung der Themen und des Spiels: ⟨. . .⟩. Eine Reihe von Regisseuren ⟨. . .⟩ befaßte sich nach dem Abschwung des Politischen ⟨. . .⟩ mit ihrem privaten Weh und Ach – und je kleiner die Schmerzen waren ⟨. . .⟩, um so monumentaler die ästhetischen Systeme, die sie darüberstülpten. Ein größeres Weh kam mit einem Bühnenbild für 100 000 Mark aus, ein ganz winziges Wehwehchen verlangte schon 200 000 Mark.[69]

Dem so Kritisierten konnte Nagel freilich, als er 1985 das Württembergische Staatstheater Stuttgart übernahm, allenfalls ansatzweise jenes von ihm geforderte ›Theater mit gesellschaftlicher Relevanz‹ entgegensetzen.

Wendt, Grüber und Stein haben im Laufe der achtziger Jahre die Konsequenz gezogen, ein auf die klassischen Texte gestelltes, im Szenisch-Gestischen minimalisiertes und intensiviertes Theater als politischen Widerstand gegen die ubiquitäre Trivialkultur zu gestalten. Wie in der Bildsprache ist Grübers Regiewerk auch im Wandel seines dramaturgischen Zugriffs paradigmatisch für die (vorderste) westdeutsche Theaterentwicklung. 1971 erklärte er die Destruktion überlieferter dramatischer Formen zur Aufgabe einer emanzipatorischen theatralischen Kritik. Der heutige Klassiker-Regisseur dagegen müht sich, die Formsprache des Theaters zu restituieren. Sein ›Faust‹ (22. 3. 1982, Berlin, Freie Volksbühne) verdunkelte die Dramatik des Entsagungs-Autors ähnlich wie Wendts ›Tasso‹ kurz zuvor.

Zu fragen, was vom Theater der 1968er Jahre geblieben ist, scheint heute nicht verfrüht, sondern verspätet. Die Bücher, mit denen Kritiker diese Zeit resümieren, entdecken in deren Nachfolge keinen Neuansatz mehr.[70] Einige der erfolgreichsten Regis-

BILDER OHNE AUSBLICK?

seure, Peter Stein, Hans Neuenfels, Peter Palitzsch, Dieter Dorn, haben ihre Arbeit für wirkungslos erklärt; und der Theaterwissenschaftler Elmar Buck wies darauf hin, daß das Theater auf längere Zeit nicht politischer sein könne als die Gesellschaft, für die es spielt. Punktuell bestätigt sich auch an den Bühnen der Mechanismus, wonach ein am Gesellschaftlichen desinteressiertes Meinungsklima rechtsradikale Affekte begünstigt, da ihnen keine Ratio mehr entgegensteht. ›Krieg‹, die Trilogie des jungen Rainald Goetz, 1988 von der bundesdeutschen Theaterkritik zum Stück des Jahres gewählt, bezieht ihren Sensationswert aus der Stilisierung von Aggression. Sie bedient sich des bloßen, *tautologischen* Schockwerts, den das schockierend *Brutale* hat. Verbales (repetitives) Protzen mit Zerstörungskraft nähert sich jener gefährlichen Ästhetik, wonach es gelte, »von der Bühne Handgranaten [zu] werfen«.[71]

Zweifellos kennt das hiesige Theater weiterhin auch Erfolge: etwa die Bremer Anfänge von Frank Patrick Steckel und Nicolas Brieger, die Hamburger Intendanz Jürgen Flimms oder das Auftreten der Regisseurin Andrea Breth. Nur hingewiesen sei auch auf den nachhaltigen Eindruck, den das aus der antiautoritären Pädagogik hervorgegangene Kinder- und Jugendtheater auf mehrere Generationen von Schülern (und Lehrern) gehabt hat und weiter hat – mit Hilfe vor allem der Stücke von Friedrich Karl Wächter und Volker Ludwig, dem Hausautor des Berliner »Grips«-Theaters.

Insgesamt hat sich dieses Theatersystem gegen mehrere Subventionskrisen als das bestausgestattete der Welt behauptet. Einer seiner dauerhaften Vorzüge besteht in seiner Anziehungskraft auf die Theaterleute aller Länder. Zu den bedeutendsten Aufführungen der vergangenen zwei Jahrzehnte zählen deshalb mit Sicherheit Samuel Becketts Berliner Inszenierungen seiner eigenen Stücke.[72] Und als die Identifikationsfigur eines sonst unschlüssig gewordenen Theaters erwies sich in den letzten Jahren George Tabori.[73] Ungarischer Jude, dem KZ-Tod, den sein Vater starb, in den USA entgangen, beeinflußt, aber nicht festgelegt von der Begegnung mit den exilierten deutschen Autoren am Pazifik, frei adaptierend die Schauspielschule des Amerikaners Lee Strasberg, zeigt er sich heute als der kosmopolitischste, souveränste Regisseur am deutschen Theater. Das Befreiende an Taboris Arbeiten und Denken ergibt sich daraus, daß es sich jenseits der bundesdeutschen Koordinaten bewegt. Ihn interessiert eine Spieltechnik der Improvisation, die frei zwischen Engagement und Degagement wechselt, Pathos in Ironie, Spiel wieder in Engagement überführt. Nur selten hat Tabori im Zentrum der subventionierten Häuser gearbeitet. Wo er es tat und nicht eine eigene Dramenparaphrase, eine Dramatisierung oder einen eigenen Text aufführte, war die Kritik dankbar. Becketts ›Warten auf Godot‹ (4. 1. 1984, München, Kammerspiele) entfaltete er ohne Interpretationstrick als Spielanlaß; vielleicht als Beschäftigungstherapie einer Gruppe von Schauspielern.

Was durch Taboris Person jedesmal vorgegeben scheint, hat die Theaterarbeit in der Bundesrepublik sonst nur momentweise erreicht. Peymann, zwar oft unter den larmoyant resignativen Regisseuren zu hören, hat während Direktionen in Stuttgart und Bochum die kritischen und utopischen Kräfte des 68er Theaters erneuert. ›Nathan der Weise‹ vermittelte in seiner Regie den Appell zur Humanität durch eine provokative Märchenhaftigkeit (14. 3. 1981, Bochum, Schauspielhaus). Peymanns Wiederentdeckung der ›Hermannsschlacht‹ (10. 11. 1982) setzte der Kriegsagitation Kleists eine friedenskämpferische Spitze auf. Mit ihrem Spielwitz war die Aufführung der brillanteste Beitrag des Theaters zur Nachrüstungsdebatte.

Zugleich stellt Claus Peymanns Theaterlust sich dar als eine der freundlichsten Erscheinungsformen jener Verspieltheit, mit der viele Beteiligte die früheren ästhetischen und politischen Reflexionen weggedrängt haben. Sie bestätigten damit die intellektferne Unmittelbarkeit des Theaterspiels, garantierten seine vitale Kontinuität. Das gesellschaftskritische Engagement des Theaters nach 1967/68 nimmt sich so weniger als Bruch aus denn als Bestätigung der Erfahrung, wie anfällig diese Institution für Zeitstimmungen ist. Die besten Neuansätze aus der Revolte könnten aber für das Theater mit dem Tatbestand erhalten bleiben, daß die Bühnengeschichte der letzten 20 Jahre so gut dokumentiert ist wie keine zweite. Insbesondere jener Inszenierungsstil, der als wissenschaftliche Produktionsdramaturgie erprobt, wenn auch nicht allgemein durchgesetzt wurde, ist durch eine umfangreiche Programmheft-Literatur dokumentiert. Daß diese, als Dokumentation *und* Kontinuität, außerhalb der Theater kaum beachtet wird, belegt lediglich die Beschränktheit eines fast einzig auf den Roman reduzierten Literaturbegriffs und -betriebs.

Bedrückender ist, daß sich in den Häusern selbst der Unterschied zwischen Dramaturgie und PR-Arbeit, Reflexion und Sensation nicht durchgesetzt hat. Er ging nicht ein in das Bewußtsein schauspielerischer Arbeit. Gewarnt aber ist, wer die Rollenbiographien der Mimen verfolgt, welche die Jahre des ›Dritten Reichs‹ hindurch im Lande blieben und weiterspielten. Erst jüngst hat das deutsche Theater angefangen, sich mit dieser seiner Vorvergangenheit zu konfrontieren. Jelineks Stück ›Burgtheater‹ (1986) entwirft ein scheinbar groteskphantastisches, vielmehr aber realistisches Bild von der Lebensweise der österreichischen Staatstheater-Akteure, die nach dem Anschluß 1938 zu Hauptdarstellern der großdeutschen Ideologie wurden. Sie weben ständig an einem Wirklichkeitsmuster der Exaltation. Statt sprechend etwas zu bezeichnen, memorieren sie ihre Rollen für die Bühne oder das Ufa-Kino. Ihr Leben ist Theater, gleich auch, wessen Spiel sie da spielen. Die historischen Vorbilder für Jelineks Figuren haben das Blut-und-Boden-Drama verkörpert und nach der Kapitulation dann in den Erstaufführungen Brechtscher Stücke mitgespielt — beides in der gleichen Überzeugung, daß die Vorhänge hochgehen und sie dabei sein müssen. Das Erschrecken darüber steht dem deutschen Theater merkwürdigerweise noch bevor. Falls es je auftreten sollte.

Ingo Helm
Literatur und Massenmedien

Das angestammte Medium der Literatur, das Buch, ist selbst spätestens seit der Einführung des Taschenbuchs ein Massenmedium. Die Wirkungszusammenhänge zwischen den Massenmedien und der Literatur betreffen deshalb von vornherein die Literatur in ihrem eigenen Entstehungs- und Verbreitungsfeld, wenn auch durch die Entwicklungsprozesse von Fernsehen, Film, Hörfunk oder Zeitschriften die Rahmenbedingungen wesentlich verändert worden sind.[1] Das Bewußtsein dieser Veränderungen ist auf Umwegen in die Literatur eingedrungen.

Im Kontext der Rede vom ›Tod der Literatur‹ beschreibt Karl Markus Michel[2] 1968 die Pinselstriche, mit denen die Studenten in Paris ihre Parolen an die Hauswände schrieben, als Akt der Verweigerung gegenüber den bestehenden Medien, den institutionalisierten Kanälen von Öffentlichkeit. Wir wählen nicht das Papier der Bücher, sondern das unmittelbarste Medium, das uns zur Verfügung steht: die nächste Mauer! lautet der Gestus dieser provokativen Äußerungsform. Auch der Text der Parolen denunziert die etablierte Kultur schlechthin als überlebt und tot.

Liest man einige der Forderungen, von denen diese Demontage begleitet wurde (»Phantasie an die Macht!« – »Wir erfinden die Realität neu!«), aus dem Abstand einiger Jahre, so tritt neben ihren kulturrevolutionären Sinn, der von der deutschen Protestbewegung rezipiert und diskutiert wurde, noch ein anderer: den Verhältnissen, unter denen die Phantasie in Werbung und Unterhaltung mit ihren erfundenen Realitäten tatsächlich eine allgegenwärtige Zeichenmacht geworden ist [→ 377 ff.], wird höhnisch ihre eigene Melodie vorgespielt. In dieser Perspektive richten sich jene Wandparolen nicht allein gegen die bürgerliche Gesellschaft der sechziger Jahre. Sie verwerfen ein festgefügtes ideologisches Konzept von Wirklichkeit, in dem die Frage, was als real/vernünftig zu gelten habe und was als fiktiv/phantastisch, immer schon falsch beantwortet ist. Die alltägliche Erfahrung der Massenmedien und die unbewußte Kritik an ihnen ist eine wesentliche Voraussetzung für die Graffiti von Paris und ihre Nachwirkungen in der deutschen Gegenöffentlichkeit.

1. Öffnung der Grenzen

Bereits vor 1968 hatte die Literatur begonnen, ihre Grenzen aufzuweichen. Seit den frühen sechziger Jahren, lange bevor der *Literaturbegriff* auf Texte aller Art und auf Nichtsprachliches ausgedehnt wurde,[3] amalgamierten multimediale Kunstkonzepte wie ›Fluxus‹ und ›Happening‹ Elemente von Literatur, Theater, Musik, bildender Kunst, Photographie und Film zu einem neuen Genre, das seine provokative Wirkung aus der behaupteten Aufhebung der Grenzen zwischen diesen Medien sowie zwischen ihnen und der sozialen Umwelt bezog.

Der Sammelband ›Happening & Leben‹ von Wolf Vostell (1970), der Entwürfe bzw. Protokolle zahlreicher Happenings und Aktionen in quasi literarischer Form vorlegt, läßt sich als spielerische Reaktion auf die Umwertung von Realität durch ihre mediale Reproduktion lesen. In dem experimentellen Hörspiel ›Rebellion der Verneinung‹ etwa werden vorgefundene alltägliche Textsplitter zu einem rhythmischen Klangbild montiert. Die inhaltliche Beliebigkeit, die dabei entsteht, und die Vostell und anderen von seiten der Protestbewegung – der er sich nach eigenen Aussagen verbunden fühlte – vorgeworfen wurde, ist jedoch ein absichtliches Ergebnis: imitiert wird die Gleichgültigkeit der Medien gegenüber allen Realitäten, von denen sie handeln, und die um so größer ist, je mehr sie den Eindruck erwecken, es gäbe nichts Wichtigeres als ihre momentane Botschaft. Konsequenterweise wird die Selbstdeutung durch programmatische Sätze, die Bestandteil der Montage sind, von der Entlarvung nicht ausgenommen. Die Parole: »Kunst ist Leben – Leben ist Kunst«[4] ist in der Perspektive von Vostell selbst ebenso ein Produkt der Medien wie der entfremdete und künstliche Alltag, dem sie entgegengeschleudert wird.

Während das Happening am Kunstbegriff festhält, sei es, um ihn bloßzustellen, sei es um ihn aus der Asche neubelebt wiedererstehen zu lassen, wird in der gleichzeitig für Deutschland ent-

deckten amerikanischen Underground-Kultur programmatisch
auf ihn verzichtet. Die von Rolf Dieter Brinkmann und Ralf-Rainer Rygulla herausgegebenen Anthologien ›Acid‹ und ›Silver
Screen‹ (1969) versammeln Lyrik, Prosa, Reportagen, theoretische Texte und Bildmaterial zu einem Kontinuum, das im Unterlaufen der offiziellen Kultur Position bezieht.[5] Nicht der Auseinandersetzung mit Normen von Kunst, sondern der Sphäre
jenseits dieser Normen gilt das Interesse. Die bunten Oberflächen
der Reklame, von Film, Fernsehen und Illustrierten, Trivialliteratur, Rockmusik und Pornographie ziehen als Rohmaterial das
Interesse einer Literatur auf sich, die sich in der repressiven Zivilisation eingeengt findet, und versprechen Befreiung.[6] Die Entsublimierung, die in der Trivialkultur, wenngleich unter repressivem
Vorzeichen, stattfindet, wird, häufig in Verbindung mit Drogenerfahrungen, zum Modell einer ästhetischen Praxis, deren schöpferische Kraft – nach dem utopischen Entwurf von Herbert Marcuse u. a. – nicht mehr an die Herrschaft des Leistungsprinzips
und der Triebunterdrückung gebunden ist.[7]

2. Ausgangspunkte

Im Ereignisraum um 1968 tritt auf verschiedenen Ebenen eine
neue Entwicklungsstufe der Massenmedien ins literarische
Bewußtsein. Der Zweifel an einer Wirklichkeit, von der
umstandslos zu handeln sei – ein Zweifel, der zum Grundbestand
der Moderne gehört –, wird verschärft durch die massenhafte
Verbreitung von Informationen und Bildern, die den Konsens
über die Grenzen zwischen Realität einerseits und Fiktion, Inszenierung, Simulation andererseits auflöst [→ 401 ff.]. Prinzipiell
alle Erfahrungsinhalte können zu beliebigen Objekten medialer
Reproduktion verkommen, Kategorien wie Tiefe, Ausdruck oder
Gehalt werden obsolet. Gleichzeitig artikuliert sich Interesse an
den Trivialmythen, Klischees und Codes der Medien: wenn Erfahrungen immer schon für jedermann zugänglich reproduziert sind,
führt an der Auseinandersetzung mit den Produkten und Formen
der medialen Reproduktion kein Weg mehr vorbei. Die Allgegen-
wart der Medien als ›zweite Natur‹ und ihre Tendenz zur Ent-

sublimierung läßt diese Auseinandersetzung geradezu als Beschäftigung mit letzten noch unangefochtenen Dingen, mit dem persönlichen Alltag, erscheinen. Die technische Vermittlung von Erfahrung durch die Massenmedien wird zum Modell, das der zweifelhaft gewordenen Fähigkeit des Autor-Individuums, Schöpfer von Kunstwerken zu sein, einen Ausweg weist. In dieser Perspektive gilt das Interesse an den Medien und ihren Produkten einer Erweiterung der Erfahrungs- und Gestaltungsmöglichkeiten.[8]

Hinzu kommt ein explizit politisches Interesse der Protestbewegung und ihr nahestehender Literaten an den *Massenmedien*. Nachdem Peter Schneider 1969 in seinem Aufsatz ›Die Phantasie im Spätkapitalismus und die Kulturrevolution‹[9] die Massenmedien als Schauplatz der scheinhaften Befriedigung aller Wünsche und Leidenschaften beschrieben hat, ohne daraus jedoch eine bestimmte praktische Haltung zu den Medien abzuleiten, entwirft Hans Magnus Enzensberger ein Jahr später die ausstehende Analyse. Mit seinem ›Baukasten zu einer Theorie der Medien‹ im Kursbuch 20 (1970)[10] versucht er, das Dilemma zwischen der »Medienfeindschaft der Linken« und der »Entpolitisierung der Gegenkultur« kritisch aufzulösen. Neben der im Anschluß an Brecht postulierten, aber nicht weiter ausgeführten Umfunktionierung des Sender-Empfänger-Schemas der jungen technischen Medien in einen wechselseitigen gesellschaftlichen Kommunikationsprozeß gilt sein Augenmerk den Produktivkräften, die den Massenmedien innewohnen. Diese sind für ihn egalitär, indem sie die bürgerlichen Bildungsprivilegien angreifen und Informationen an jedermann verbreiten; sie lösen die Autorität der Traditionen (das »immaterielle Kapital«) sowie die Kunst als überholte Produktionsweise auf; sie sind »für Utopien durchlässig«, weil sie notwendigerweise an die »elementare Kraft tiefer gesellschaftlicher Bedürfnisse« anknüpfen; und sie tragen subversive Möglichkeiten in sich: dazu zählt die unfreiwillige Mobilisierung gegen den Vietnamkrieg durch die bloße Tatsache der massenhaften Berichterstattung ebenso wie das Phänomen, daß zahlreiche politische Aktionen revolutionärer Bewegungen in aller Welt nur durch ihre Planung im Hinblick auf Medienwirkung zumindest

Augenblickserfolge erzielen konnten. Das Übergewicht des Medienechos über das Ereignis selbst wird politisch-offensiv umgedeutet.

Ausgegangen war Enzensberger von einer explosiven Entwicklung der Massenmedien (technische Innovationen ebenso wie Reichweiten betreffend). Und in der Tat scheint im Übergang von den sechziger zu den siebziger Jahren eine neue Stufe erreicht zu sein. Enzensbergers Aufzählung der neuen technischen Errungenschaften[11] enthält bereits alles, was – zum Teil entscheidend weiterentwickelt – 20 Jahre später für den Medienalltag bestimmend geworden ist. Auch einige statistische Daten weisen in diese Richtung: die Expansion des Fernsehens, das 1970 etwa 70 Prozent der Haushalte erreicht (gegenüber 17 Prozent 1960); die Zahl der in der Bundesrepublik uraufgeführten Spielfilme erreicht 1970/71 einen nicht wieder erreichten Höhepunkt; und auch die jährliche Zahl der neuen Buchtitel wird in der zweiten Hälfte der sechziger Jahre annähernd verdoppelt.[12]

3. Grenzübergänge

Von verschiedenen Seiten angestoßen – Entwicklung der elektronischen Produktivkräfte, steigende Informationsdichte im gesellschaftlichen Alltag, politisch-soziale Krise, Kontakt zu Subkulturen des Auslands – beginnt in der Literatur selbst eine kurze Phase des Experimentierens.

Wolf Wondratscheks Text ›Die Rache‹ (1968),[13] der Entwurf zu einem nicht realisierten Film, der als literarischer Text präsentiert wird, arbeitet mit einigen literarischen Techniken, die in dieser Situation entwickelt werden. Das ›filmische Schreiben‹[14] eröffnet dem Subjekt nun, im gesellschaftlichen Kontext der entfalteten Kulturindustrie, einen neuen Zugang zur Wirklichkeit. Zunächst profitiert der Text bereits durch seine mediale Tarnung von dem erneuerten Interesse, das dem Film als Massenmedium entgegengebracht wird. Das knappe Umreißen von Schauplätzen, Personen und Situationen, das der Schreibweise von Drehbüchern entlehnt ist, weist einen Ausweg aus dem Ideologieverdacht gegenüber ausgearbeiteten erzählenden Formen, aus der Idiosynkrasie gegen Stil und Tradition überhaupt, aus der Skepsis gegenüber der Wahrheitsfähigkeit von Sprache. Als (sei es auch nur fiktive) Vorform eines späteren Endprodukts wird der Text vom Zwang, ein abgeschlossenes Kunstwerk zu sein, entlastet: er erhält Workshop-Charakter, der Leser wird zum Regisseur seiner Realisierung.

Wondratschek geht noch einen Schritt weiter: sein ›Drehbuch‹ handelt nicht von unmittelbaren Erfahrungen, sondern ist aus Versatzstücken von Filmen gespeist. Den Ereignissen, die der Text beschreibt, scheint ihrerseits ein unbekanntes, undurchschaubares Drehbuch zugrunde zu liegen, und der Plan, nach dem die Personen handeln, wird durch technische Medien präsentiert: in Filmen, Tonbändern, Fotos usf.

Alfred Behrens nennt seinen Prosatext ›Künstliche Sonnen‹ (1972) im Untertitel »Bilder aus der Realitätsproduktion«. Damit ist das thematische Zentrum von fünf unabhängigen Einzeltexten benannt, die wie Fortsetzungsserien ineinandergeschaltet und durch assoziative Bezüge miteinander verknüpft sind. Im Hin- und-her-Schalten zwischen den verschiedenen Texten und zitierten bzw. imitierten Stilebenen wiederholt sich das Thema der synthetischen Realität, das der Untertitel benennt.

Elfriede Jelinek verarbeitet in ›wir sind lockvögel baby!‹ (1970) und vor allem in ›Michael. Ein Jugendbuch für die Infantilgesellschaft‹ (1972) die Beherrschung des individuellen Alltags durch die Massenmedien. Die scheinbar harmlose Traumwelt der Familienserien des Fernsehens wird mit dem tristen Alltag ihrer Konsumenten konfrontiert, und in polemischer Zuspitzung setzt diese Konfrontation brutale Gewalt frei. Die Parodie der Medien-Jargons wird auf allen Ebenen durchgehalten, so daß die Frage nach Traum und Wirklichkeit zugleich offengehalten und drängend gestellt wird.

Für die Textwelten von Rolf Dieter Brinkmann sind die Massenmedien seit seiner Beschäftigung mit der amerikanischen Pop-Literatur ein wesentliches Element. Er arbeitet in dem Tagebuch- und Materialienband ›Rom, Blicke‹ (postum 1979) auch mit visuellen Elementen, wobei eingeschaltete Zwischentitel wie »Insert«, »Cut up«, »Flashback« das Abtragen von Wahrnehmungs-schutt an mediale Zitate koppeln.

Das Abarbeiten an einer künstlichen, von den Massenmedien geprägten oder erzeugten Realität, das durch mimetische Anverwandlung an die Gesetze und Techniken eben dieser Medien geleistet wird, prägt bis in die siebziger Jahre hinein auch weite Teile der Lyrik (Wondratschek, Brinkmann, Theobaldy, Derschau) [→ 430 ff.]. Zahlreiche Autoren, die sich mit diesem Projekt beschäftigen, überschreiten die Grenzen der Buch-Literatur und arbeiten auch in anderen Medien: Wondratschek ist, wie andere Autoren seiner Generation, als Hörspielautor hervorgetreten, ebenso Behrens, der später auch wichtige Dokumentarfilme fürs Fernsehen geliefert hat. Uwe Brandner, dessen Roman ›Innerungen‹ (1968) die von der Pop- und Underground-Literatur entwickelten Mittel zu einer ironisch gefärbten panoramatischen Montage ausbaut, gehört später zu den Vertretern des Neuen Deutschen Films.[15] Der aus Jugoslawien stammende Vlado Kristl hat als Lyriker, Zeichner, Trick- und Realfilmer schon früh multimedial gearbeitet.[16] Seine anfangs der sechziger Jahre entstandenen Filme waren voller Aggressivität gegen einfache narrative Strukturen, gegen kommerzielle Verwertbarkeit und gegen die scheinbar unumstößlichen Erfordernisse des Mediums; auf die daraus resultierende Schwierigkeit, einen Weg zum Publikum zu finden, reagiert er mit dem Buch ›Sekundenfilme‹ (1971, Hg. Wondratschek), das die experimentelle Energie des Autors in die Literatur überträgt und dabei mit dem verweigernden Gestus auftritt, gar keine Literatur zu sein. Peter Handkes Beziehungen zum Film zeigen sich besonders in der Zusammenarbeit mit Wim Wenders, für den er die Vorlagen zu ›Die Angst des Tormanns beim Elfmeter‹ (Buch 1970, Film 1971) und ›Falsche Bewegung‹ (1975, frei nach Goethes ›Wilhelm Meister‹) geschrieben hat. Dabei ist das Verhältnis des Films zum Roman nicht das einer herkömmlichen Literaturverfilmung, der bloßen Übertragung eines Stoffes von einem Medium ins andere. Vielmehr handeln beide mit ihren jeweils spezifischen Mitteln von den Mühen der Wahrnehmung unter den Bedingungen ihrer Gegenwart. Der Film ›Die linkshändige Frau‹ (1978, Erzählung 1976), für den Handke auch selbst als Regisseur verantwortlich zeichnet, führt jedoch nicht zu weiteren Versuchen Handkes mit diesem

Medium, obgleich die Faszination durch den Film auch in seinem erzählerischen Werk ihren Niederschlag gefunden hat.[17]

Für die Autoren der ›Kölner Schule‹ [Bd. 10, S. 463] ist das Interesse an medialen Ausdrucksformen unterhalb der Ebene einer grundsätzlichen Neuorientierung der Literatur ein wichtiges Nebenthema. Dieter Wellershoff sagt von sich selbst, daß seine realistische Schreibhaltung wesentlich vom Modell der Filmkamera angeregt sei;[18] neben Prosa und Theaterstücken schreibt er auch Hör- und Fernsehspiele. Auch Günter Herburger und Günter Seuren schreiben für Film und Fernsehen, letzterer verarbeitet seine Erfahrungen mit dem Fernsehen und seiner Bürokratie wiederum in mehreren Romanen.[19]

4. Der Autor als Medienarbeiter

Schriftsteller, die die Grenzen des Mediums Buch überschreiten und nebenher oder überwiegend in anderen Medien arbeiten, bleiben keineswegs Einzelfälle. Mehr noch als die ästhetische Notwendigkeit, durch Technik vermittelte Erfahrungswelten in der Literatur zu verarbeiten, zwingen die ökonomischen Bedingungen die ›Wortproduzenten‹ zu solcher Mehrfachtätigkeit. Haben schon Autoren früherer Epochen für ihre Äußerungen gelegentlich andere Verbreitungswege gewählt als das Buch allein, so ist der Schriftsteller, der nur durch sein belletristisches Werk existiert, in den siebziger Jahren fast verschwunden. Der typische Autor, prominent oder nicht, bezieht regelmäßig Einkünfte von zwei bis drei Medien, wobei die Tages- und Wochenpresse, der Rundfunk und das Fernsehen die wichtigsten sind.[20] Die ökonomische Situation, in der dies geschieht, ist paradox: auf der einen Seite steigt der Bedarf an Texten, Entwürfen, Ideen aller Art (›soft ware‹), auf der anderen Seite sinkt deren Wert – in Relation zum Aufwand für Produktion, Vertrieb, Verwaltung – oder stagniert auf niedrigem Niveau. Der Urheber-Anteil der ARD-Etats z. B. sank zwischen 1968 und 1974 von 3,8 Prozent auf 2 Prozent,[21] vom Ladenpreis eines Buches erhält der Autor 2 (bei Taschenbüchern) bis zu 10 Prozent.[22] Zwischen dem illusionären oder auch polemisch-programmatischen Festhalten am traditionellen Rollenbild des Dichters am einen und der Preisgabe der literarischen Emphase an den Markt am andern Ende der Skala reagieren die Autoren mit systematischer Mehrfachverwertung[23] eines Stoffes. ›März‹ von Heinar Kipphardt (1975/76) etwa wurde nacheinander als Fernsehspiel, als Erzählung und als Theaterstück veröffentlicht. In der Massenliteratur ist diese Strategie ohnehin seit langem üblich. Das ›Buch zum Film‹ oder zur Fernsehserie ist, über alle literarischen Grenzen hinweg, ein wichtiger Verkaufstypus geworden.

Ebenso wie im Buchhandel spielt der Medienverbund[24] seit den achtziger Jahren auch im Theater eine gewisse Rolle. Hansgünther Heyme konzipierte als Intendant in Stuttgart eine medienübergreifende »Kulturfabrik«.[25] Peter Zadek inszenierte in Hamburg das Musical ›Andi‹ von Burkhard Driest (1987) nach einer Illustriertenserie – ein Filmkomponist und eine Rockgruppe wirkten mit, ein Filmregisseur dokumentierte die Entstehung der Inszenierung fürs Fernsehen.

Das Verhältnis der Prosaautoren zum Fernsehen ist zwiespältig geblieben, obgleich dieses Medium insgesamt ein wichtiger Geldgeber geworden ist. Die deutschen Fernsehspielredaktionen haben in den fünfziger und sechziger Jahren nur in relativ wenigen Fällen mit renommierten Schriftstellern zusammengearbeitet[26] – darunter Christian Geissler, Heinar Kipphardt, Erika Runge, Wolfdietrich Schnurre –, und daran hat sich auch nach 1970 nichts entscheidend geändert, als Originalfernsehspiele gegenüber Literaturadaptionen zu überwiegen beginnen. Die Öffnung des Fernsehspiels für die gesellschaftlichen und politischen Realitäten der Gegenwart, die mit dieser Entwicklung verbunden war, hat es aufs Ganze gesehen nicht vermocht, einen intensiven Austausch mit dem Literaturbetrieb hervorzubringen. Buchautoren wie Jurek Becker, Günter Herburger, Günter Kunert, Günter Seuren, Patrick Süskind, Thomas Valentin, Dieter Wellershoff, Gabriele Wohmann, Jochen Ziem, die auch Fernsehspiele schreiben, sind in der Minderzahl gegenüber jenen, deren Bücher nur als Vorlage für Bearbeitungen in die Programme kommen.

Die Gründe für diese Distanz haben sich seit Beginn des Fernsehens kaum geändert: die Kunstlosigkeit und Trivialität, die dem

Medium aus der Perspektive der Schriftsteller anhaftet, steht im Gegensatz zu deren Selbstverständnis. Der kollektive Entstehungsprozeß eines Fernsehspiels, der zahlreiche redaktionelle, technische und administrative Instanzen umfaßt, scheint sich mit dem Modell des allein schöpferischen Urhebers nur schwer vereinbaren zu lassen. Die Erschütterungen, die die Diskussionen seit 1968 ausgelöst haben, hinterlassen hier keine nachhaltigen Spuren, der »Kompetenzzweifel der Schriftsteller« (Wellershoff)[27] hat im Verhältnis zum Fernsehen keine weitreichende Neuorientierung ausgelöst.

Freilich ist die Zahl der Autoren, die gar nicht primär in Buchform veröffentlichen, sondern für Zeitungen und Zeitschriften schreiben und daneben Fernsehspiele, Theaterstücke, Romane, Sachbücher usw. verfassen, mit der Ausweitung der Medienproduktion erheblich gestiegen.[28] Wenn eine fruchtbare Verbindung der etablierten Literatur mit den Massenmedien, wie am Beispiel des Fernsehspiels gezeigt, nur selten gelungen ist, so entsteht hier ein neuer, im Ansatz multimedialer Literaturzusammenhang, der nur deshalb nicht vom Literaturdiskurs aufgenommen wird, weil er sich den Wertmaßstäben und Denkmodellen der traditionellen Buch-Literatur entzieht.

5. Der Autor als Medienprodukt

Dennoch ist die Literatur in Abhängigkeit zu den Medien geraten, ›mediatisiert‹ worden, und zwar nicht nur gegenüber den Medien als Geldgeber und Forum, sondern auch, weil jene die großen Ströme des Literaturmarktes wesentlich beeinflussen. Die Verbreitung von Literatur in größeren Auflagen ist ohne direkte und indirekte Werbung in den aktuellen Medien, in denen die Trends gesetzt, die Themen gemacht werden, kaum noch möglich.

Der Autor Rainer Werner Fassbinder (der erst später gegenüber dem Filmemacher Fassbinder in den Hintergrund trat) ist durch ein gezielt auf die Medien hin inszeniertes Ereignis bekannt geworden: am Bremer Theater wurden 1969 an einem Tag zwei Filme und zwei Theaterstücke von ihm in einer »Showdown« genannten Veranstaltung den versammelten Kritikern vorgeführt. Fassbinder war als Markenzeichen etabliert, wenn auch im Gegensatz zur kollektiv akzentuierten Selbstdarstellung seiner Theatergruppe.[29] 1985, als die geplante Aufführung von Fassbinders Theaterstück ›Der Müll, die Stadt und der Tod‹ einen Skandal auslöste, übertraf das Medienecho ein weiteres Mal die direkte Wirkung. [→ 124 ff., 505].[30]

Die Sekundärwirkung literarischer Ereignisse durch die Medien, die in diesem Fall deutlich wurde, spielt auch in der Verbreitung der Werke weniger multimedial geprägter Autoren eine Rolle. ›Der Butt‹ (1977) von Günter Grass wurde durch eine beispiellose Kampagne in allen Medien aus dem Stand zum Bestseller gemacht; dabei verfügte der Autor ohnehin längst über hinreichende Prominenz. Rainald Goetz, bis dahin unbekannt, unterstrich beim Literaturwettbewerb in Klagenfurt 1983 den aggressiven Duktus seines Textes durch einen Messerschnitt in die Stirn, den er sich beim Vorlesen vor Kritikern und Fernsehkameras beibrachte, und wurde mit einem Schlag bekannt.[31] Diesen Wirkungsmechanismen widerspricht nur scheinbar die Tatsache, daß die Literatur in den Medien eine geringe und – besonders im Hörfunk – immer geringer werdende Rolle spielt:[32] die Bedeutung der Ereignisse, die die Berichterstattung rechtfertigt, liegt nicht in den Texten, die nur vom lesenden oder zuhörenden Einzelnen erfahren werden können, sondern in Äußerlichkeiten wie Erfolg, Sensation, Überraschung oder Skandal.

6. Massenmedien und Gegenöffentlichkeit: Günter Wallraff

Die Berichterstattung der Massenmedien nicht über Literatur und ihre Gegenstände, sondern über äußerliche Ereignisse in ihrem Umfeld, ist für Günter Wallraff der wichtigste Hebel der literarischen und medialen Wirkung geworden. Seine Technik [→ 283 ff.] hat per se Nachrichtenwert, nicht zuletzt wegen der heftigen Kontroversen über die Zulässigkeit seines Verfahrens, die sie auslöst.

Aus der Erfahrung heraus, daß auch ein kritischer Autor als Bestseller vermarktet, integriert und korrumpiert werden kann, wurde die provozierende Aktion mehr und mehr Bestandteil seiner Praxis.[33] In seinen Rollen erzielte er ein Medienecho, das für die meisten Schriftsteller unerreichbar bleibt. Dabei sind Dokumentarfilme – vom öffentlich-rechtlichen Fernsehen in Deutschland nicht gesendet – integraler Bestandteil seiner Projekte. Das Einbeziehen technischer Medien in die Produktionsmittel des Autors, bereits für Dokumentaristen wie Erika Runge wesentlich, markiert den Verzicht auf den Monopolanspruch des geschriebenen Wortes und die operative Wendung der Literatur. Wallraff erreicht sein Ziel, über Herrschafts- und Gewaltverhältnisse, die als Privatangelegenheiten nach außen institutionell und ideologisch abgedichtet sind, Öffentlichkeit herzustellen,[34] durch listiges Umfunktionieren einiger Wirkungsmechanismen der Massenmedien.

Seine ›begrenzte Regelverletzung‹, eine Methode aus dem Arsenal der Protestbewegung, macht sich die Tatsache zunutze, daß Pannen, Kriminalfälle, Katastrophen von jeher zu den bevorzugten Gegenständen der Massenmedien gehören. Die Rollen, die er spielt, machen nicht nur die Zwangsverhältnisse sichtbar, denen der einzelne in der Gesellschaft unterworfen ist, sondern parodieren zugleich den Rollenzwang, unter dem jede medial zugerichtete Äußerung steht. Das implizit suggerierte Versprechen der Massenmedien, geheime Einblicke zu gewähren, wird von Wallraff wörtlich genommen, indem er tatsächlich Erkenntnisneugier befriedigt. Die glatte, undurchdringliche Oberfläche der Medienprodukte, die die Erwartung ihres Zerspringens mit produziert, macht Wallraffs Zerstörung von Autorität durch Lächerlichkeit um so wirkungsvoller. Wallraff inszeniert Realitäten und entspricht auch darin prinzipiell der täglichen Praxis der Massenmedien. Wenn die Inszenierungen des Fernsehens oder der Illustrierten, die als Realität ausgegeben werden, die bestehenden Verhältnisse unveränderlich erscheinen lassen, dann macht Wallraff in entgegengesetzter Absicht Repräsentanten gesellschaftlicher Macht zu Statisten in seinem Spiel. Wenn literarische Fiktion neben den von den Medien ausgegrenzten Realitäten verblaßt, wenn sie durch die Alltäglichkeit des Unfaßbaren immer schon überholt ist, verlegt Wallraff die Fiktion ›was wäre, wenn . . .‹ in die Realität selbst.

7. Gesellschaftstheorie, Literatur, Film:
Alexander Kluge

Die Auflösung des herrschenden Begriffs von Realität in seine ideologischen Bestimmungen und historischen Wurzeln gehört zu den zentralen Motiven von Alexander Kluge.[35] Als Mitinitiator des ›Oberhausener Manifestes‹ (1962) und treibende Kraft der Filmpolitik im Sinne des ›Autorenfilms‹ über mehrere Jahrzehnte, als Literat und Autor/Regisseur zahlreicher Filme, als Verfasser – gemeinsam mit Oskar Negt – der theoretischen Bücher ›Öffentlichkeit und Erfahrung‹ (1972) und ›Geschichte und Eigensinn‹ (1981), zuletzt auch als Fernsehveranstalter unter dem Dach eines privaten Senders, ist er Autor eines multimedialen Lebensprojektes.[36] Seine Biographie ist einerseits von der Erfahrung des 2. Weltkriegs, der Auseinandersetzung mit Karl Marx und der Kritischen Theorie Theodor W. Adornos, andererseits durch die Faszination durch Kino und Filmemachen geprägt. Zu den Voraussetzungen seiner Produktion gehört außerdem die Tatsache, daß die Gesellschaft, in und von der er handelt, durch eine entfaltete Bewußtseinsindustrie gekennzeichnet ist, die die Untersuchung menschlicher Wünsche sowie der Bedingungen, unter denen sie im sozialen Kontext wirksam – oder unwirksam – werden, notwendig und ertragreich macht.

Kluges Prosatexte ›Lebensläufe‹ (1962), ›Schlachtbeschreibung‹ (1964, 1968 und 1978 in veränderten Neuauflagen), ›Lernprozesse mit tödlichem Ausgang‹ (1973) und ›Neue Geschichten‹ (1977) changieren zwischen Dokument und Fiktion, wobei durchaus das Dokument *erfunden* sein und das Erfundene auf *Tatsachen* beruhen kann. Die Überschreitung der Mediengrenzen, die in seinen Textbüchern mit dem Hereinnehmen von Fotos, Karten und Graphik aller Art beginnt und sich in seinen Filmbüchern fortsetzt, findet ihre Entsprechung auch in den Filmen selbst. Nachdem er mit ›Abschied von gestern‹ (1962) einen der ersten und wichtigsten Filme aus den Reihen des ›Jungen Deutschen Films‹ gedreht hat, tendiert er seit ›Die Artisten in der Zirkuskuppel: ratlos‹ (1967) mehr und mehr zu experimentellen Formen, für die ein komplexes Verhältnis von Wort und Bild, die

Verwendung von Zitaten und die Verknüpfung von dokumentarischen und gespielten Szenen kennzeichnend sind.

Die Auseinandersetzung mit dem MassenmediumFilm in
Gesellschaftstheorie,Ästhetik, Politik und praktischer Arbeit ist
bei Kluge einerseits Kritik an der Medienrationalität, einem Spe-
zialfall jener abstrakten Systeme, die menschliche Möglichkeiten,
»lebendige Arbeit«, »Eigensinn« ausschließen und vernichten.
Andererseits setzt er auf die Sinnlichkeit des Mediums, die subversive Potenzen enthält, weil die repressive Logik der Systeme
nie ohne Rest aufgeht. Der emanzipatorische und aufklärerische
Impuls, der seine Arbeit treibt, kann freilich nicht ohne
Umschweife in Inhalte seiner Filme und Texte umgesetzt werden,
weil er sonst den verfälschenden Mechanismen anheimfiele,
gegen die er sich wendet, und seiner Wahrheitsfähigkeit beraubt
würde.

An diesem Punkt setzt die literarische und filmische *Technik*
Kluges an, die stets Identifikation und vordergründige Verständlichkeit verweigert. Die Überschreitung medialer Grenzen, die
Konfrontation disparater Elemente und Zitate, die Montagetechnik in Film und Text zielen auf die Eigentätigkeit des Publikums,
auf die Rekonstruktion von »Zusammenhang«. Brüche und Lük-
ken werden bewußt kalkuliert, um Assoziationen zu provozieren
– Assoziation in Kluges Perspektive sowohl als Bewegungsform
des Denkens, wie als psychoanalytische, das heißt therapeutische
Technik, wie auch, in begrifflicher Anlehnung an die ›Internationale Arbeiterassoziation‹ von 1864, als Ausgangspunkt politischer Praxis.[37] Diese Methode, die bewußt auf Verwertbarkeit
und Verständlichkeit um jeden Preis verzichtet und damit, gegen
die eigene Intention, Züge einer Geheimsprache für eine geschlossene Gesellschaft von Eingeweihten annehmen kann, schreibt die
Kunsttradition der Moderne fort und stellt sie zugleich in Frage.
Als Filmemacher arbeitet Kluge mit und an einem Medium, von
dessen Trivialität er sich durch vielfältige Experimente abstößt,
als Autor literarischer Texte verläßt er den Rahmen eines Literaturbegriffs, der die Identifikation mit Subjektmodellen und das
Nachspielen von Überlebensstrategien vorschreibt.[38]

8. Film und Literatur

Als Medium einer der Industriegesellschaft entsprechenden Wahrnehmungsorganisation[39] ist der Film eines der ersten Massenmedien überhaupt und auch dasjenige, das der Literatur zuerst das Modell für die Auseinandersetzung mit der formierten Massenkommunikation geliefert hat.[40] Der Anziehungskraft, die der Film seit Beginn des 20. Jahrhunderts als avanciertes Medium auf die Literatur ausübt, steht das Phänomen gegenüber, daß seine Produzenten aus kaufmännischen Gründen von Anfang an zum Rückgriff auf klassische, als gesichert geltende Formen und Inhalte neigen, womit der Film zum vergröbernden Abklatsch des Theaters und der erzählenden Literatur wird. Über diesen Zwiespalt hinaus ist die Rolle des Films seit dem Aufkommen des Fernsehens, und seiner Weiterentwicklungen im Gefolge der Mikroelektronik, problematisch geworden. Er hat weite Teile seines Publikums verloren und pflegt eine Ästhetik, die – wie die der Buchkultur – durch einen mehr und mehr von elektronischer Bild- und Textübermittlung geprägten Alltag laufend überholt wird.

Trotz dieser äußerlichen Parallele ist das Verhältnis der Medien Buch und Film spannungsreich geblieben, wie an der Verfilmung literarischer Vorlagen sichtbar wird. In der Blütezeit des ›Neuen Deutschen Films‹ Ende der sechziger bis Anfang der achtziger Jahre haben *Literaturverfilmungen* einen erheblichen Anteil an der Gesamtproduktion. Die Auseinandersetzung darüber, ob die Verarbeitung literarischer Werke eine Bereicherung oder Verarmung des Films bedeutet, und ob sie den Vorlagen gerecht wird und gerecht werden kann, ist so alt wie der Spielfilm selbst und dauert bis in die Gegenwart an.[41] Dabei wird in Deutschland häufig übersehen, daß neben Werken der Hochliteratur immer auch Stoffe aus dem Bereich der Trivial- und Massenliteratur adaptiert wurden, für die die Maßstäbe dieser Debatte nicht zu gelten scheinen, und daß die Grenze zwischen Originaldrehbuch und literarischer Vorlage fließend sein kann. In der Tat bilden jedoch kanonisierte Werke des 19. Jahrhunderts – etwa von Fontane, Storm oder Eichendorff – einen *Schwerpunkt*

FILM UND LITERATUR 551

der Literaturverfilmungen in den siebziger Jahren. Das hat seine
Ursache nicht allein in der Praxis der bundesdeutschen Filmför-
derungsgremien, sondern auch in der Wertschätzung, die diese
Werke in der Öffentlichkeit nach wie vor als verdinglichtes Bil-
dungsgut genießen – was über die Qualität von Vorlage und
Adaption freilich noch nichts aussagt. Einen *zweiten Schwerpunkt* bildet die Zusammenarbeit von Filmemachern mit Autoren
der Gegenwart: Wim Wenders/Peter Handke, Werner Schroeter/
Wolf Wondratschek (›Neapolitanische Geschwister‹, 1978), Reinhard Hauff/Peter Schneider (›Messer im Kopf‹, 1980) und
andere.

Volker Schlöndorff,[42] dessen Regiearbeiten ganz überwiegend
auf literarischen Vorlagen beruhen, hat insbesondere mit Heinrich Böll (›Die verlorene Ehre der Katharina Blum‹, Film 1975,
Roman 1974) und Günter Grass (›Die Blechtrommel‹, Film 1979,
Roman 1959) zusammengearbeitet. In enger Anlehnung an die
literarische Haltung des Autors gelingt ihm im ersten Fall das sel-
tene Beispiel eines politisch aktuellen, Position beziehenden Films,
der ein großes Publikum erreicht, im zweiten Fall, zumindest
gemessen am Erfolg, der Höhepunkt des Neuen Deutschen Films
schlechthin. Mit den filmischen Mitteln, die Schlöndorff – trotz
einiger Verkürzungen – für die Umsetzung der realistisch-grotes-
ken Erzähltechnik in Grass' epischer Verarbeitung seiner Kind-
heitserlebnisse unter dem Faschismus entwickelt hat, gewann er
bei Publikum und Kritik internationalen Ruhm und verhalf auch
dem Buch zu neuem Erfolg.

›Die Fälschung‹ (1981) nach dem letzten Roman[43] von Nicolas
Born (1979) ist demgegenüber eine Filmbearbeitung Schlöndorffs, die nicht allein eine Medienadaption versucht, sondern
mit der Wahl des Stoffes und der Methode seiner Verfilmung die
grundsätzliche Frage nach der Möglichkeit angemessener Verarbeitung von Realität in den Massenmedien aufwirft. War es in
›Die verlorene Ehre der Katharina Blum‹ um die Kritik an den
böswilligen Machenschaften eines Massenblattes nach dem Vorbild der Bild-Zeitung gegangen, so ist die Hauptfigur der ›Fälschung‹ ein Illustriertenreporter, der, trotz bester Absicht und
Qualifikation, dem Medium und seinen Gesetzen am Ende die

552   LITERATUR UND MASSENMEDIEN

Gefolgschaft verweigert. Im Roman wird durch die Perspektive des Starreporters, der über den Bürgerkrieg im Libanon berichtet, während er im Privatleben mit persönlichen Problemen kämpft, vor die Darstellung aller äußeren und inneren Vorgänge der Zweifel gesetzt: Was ist exakte Beobachtung und was verklärender Blick, was ist erbarmungslose Selbstentblößung und was selbstgefällige Rationalisierung, was ist relevante Reportage und was nur ein Bedienen des gefräßigen Mediums. Das Motiv der »Fälschung« lebt von der Spannung zwischen der Falschheit der medial reproduzierten Information, des Lebens aus zweiter Hand, und dem trotzdem nachdrücklich durchgeführten literarischen Erzählen, das sich seiner selbst gewiß bleibt. Die Verfilmung hat versucht, durch Dreharbeiten an Originalschauplätzen im Beirut des Bürgerkrieges dem Problem der Authentizität nicht auszuweichen. Indem der Film jedoch nicht über entsprechende reflexive Operationen verfügt, die die Funktion von Borns distanzierender Erzähltechnik übernehmen könnten, muß er hinter die Erkundungsstrategie des Textes in eben die Mechanismen zurückfallen, gegen die Born anschreibt. Die Realität des Krieges wird zur Kulisse für den Seelen- und Weltschmerz eines »Herrn aus Deutschland«.[44]

Die Filme von Jean-Marie Straub und Danielle Huillet gehen anders an Texte heran, als der Begriff der Literaturverfilmung suggeriert. Fast immer arbeiten sie sich an vorgefundenen Texten ab, wobei ihre Methode zwischen Prosa, Brief, Tagebuch usw. keinen prinzipiellen Unterschied macht. Jedoch ist es hier nicht mehr das Ziel der filmischen Gestaltung, erzählerische Äquivalente zu den Texten zu finden, vielmehr werden Texte aus kalkulierter Distanz, oft in akribisch erarbeiteter Sprechweise, zitiert und mit ebenso präzise kalkulierten Bildern kombiniert – gerade dann, wenn literarische Texte als szenische Dialoge verwendet werden. Die rigorose und sparsame Ästhetik von Straub/Huillet,[45] die bereits in ›Nicht versöhnt oder Es hilft nur Gewalt, wo Gewalt herrscht‹ (1965), nach ›Billard um halb zehn‹ (1965) von Heinrich Böll, zu erkennen war, bestimmt auch den Film ›Klassenverhältnisse‹ (1984) nach dem Roman ›Der Verschollene‹ von Franz Kafka (unter dem Titel ›Amerika‹, postum 1927). Der Film

FILM UND LITERATUR

verweigert sich den illusionistischen Sehgewohnheiten des herkömmlichen Erzählkinos und ist gerade dadurch eminent filmisch, daß er sein Medium mit jeder Sequenz neu zu erfinden trachtet. Er verzichtet auf die Umsetzung einer von der Rezeptionsgeschichte hervorgebrachten Lesart – sei es eine Reduktion auf die Fabel, sei es die Beschwörung einer ›kafkaesken‹ Atmosphäre – und nähert sich dem Werk, indem er auf der Fremdheit von Bildern und Worten besteht. Zahlreiche Brüche und Verfremdungstechniken verhindern das vorschnelle Entstehen eines bekannten, vertrauten Eindrucks, und die Beschränkung auf strikt äußerliche Beobachtung von Figuren und Situationen läßt das Eigentliche des Films weder in der Reminiszenz an einen Text noch in den Bildern auf der Leinwand, sondern, darin Kluge verwandt, in der Phantasietätigkeit des Zuschauers entstehen.

Der feste Begriff der Literaturverfilmung löst sich auch dort auf, wo literarische Autoren ihre eigenen Texte verfilmen. Insbesondere die Arbeiten von Herbert Achternbusch als Prosa- und Theaterautor, Filmemacher und Hauptdarsteller seiner Filme stellen die Grenzziehungen zwischen den Medien überhaupt in Frage.[46] Seit dem Ende der sechziger Jahre, doch ohne Teilnahme an den politischen Auseinandersetzungen jener Zeit, arbeitet Achternbusch an seinem Opus, das vom Verzicht auf die Ordnungsprinzipien von Gattungen oder Medien lebt. Gegen die undurchdringliche Oberfläche einer Realität, die mit ihrer Reproduktion zusammenzufallen scheint, setzt er die Diskontinuität eines clownesken Phantasie- und Bewußtseinsstroms, der nur von der Figur seines Autors zusammengehalten wird – auch diese freilich aufgelöst in zahlreiche Facetten teils authentischer, teils parodierter und fingierter Rollen. Das Ergebnis dieser Strategie von Programmstörungen ist eine Unmittelbarkeit zweiten Grades, die in seinen tragikomischen Filmen – mit Titeln wie ›Bierkampf‹ (1976), ›Das letzte Loch‹ (1981) oder ›Der Depp‹ (1982) – festgehalten ist.

9. Vom ›Film‹ zum ›Kino‹

Innerhalb der Literatur existieren die experimentellen Ansätze, die um 1968 angestoßen wurden, bereits zehn Jahre später nur noch als schwach nachwirkende Unterströmung. Gegenseitige Befragungen zwischen ihr und den anderen Medien sind bald wieder abgeklungen. Das Paradigma ›Film‹, das bis in die siebziger Jahre hinein für die Suche nach neuen Schreibweisen im Angesicht des Medienalltags bestimmend war, wird danach mehr und mehr vom Leitmotiv ›Kino‹ verdrängt, wie etwa die Anthologie ›Alles Kino‹ (1984) sichtbar macht.[47] Die Literatur fühlt sich nicht länger von der Produktionsästhetik des Films herausgefordert, sondern beschwört die passive, von Ansprüchen entlastete Rezeptionssituation im Dunkel des Kinosaals, die ersehnte Begegnung mit neuen Mythen, die melancholische Selbstpreisgabe an synthetische Realitäten.[48] Der Versuch, einer in die Facetten der allgegenwärtigen medialen Reproduktion zersplitterten Realität entsprechend komplexe Textstrukturen entgegenzusetzen, wird abgelöst vom Spiel mit den Bildern der bunten Medienwelt, bei gleichzeitiger Rückkehr zu konventionellen Erzählhaltungen.

Auch Dietmar Sous bleibt in den Erzählungen und Kurztexten des Bandes ›B-Film‹ (1986) konsequent an der reproduzierbaren Oberfläche der Wirklichkeit; seine Geschichten spielen in der Kluft zwischen der ausweglosen Alltäglichkeit und dem allgegenwärtigen Glücksversprechen der medialen Traumwelten, ohne diesen Widerspruch in ähnlicher Schärfe zuzuspitzen wie in Jelineks ›Michael‹. Der lakonische Tonfall seiner Texte verweist, in ungebrochener Faszination, auf die Selbststilisierung der Hauptdarsteller amerikanischer Gangsterfilme aus den vierziger Jahren. Ebenso verzichtet ›Der rauschende Garten‹ (1983) von Martin Roda Becher[49] völlig auf Montage oder andere formale Brüche in der Erzählstruktur. Er konstruiert aus den Requisiten der Mediengesellschaft Parabeln auf den gegenwärtigen Weltzustand, die mit versteckten Zitaten und Anspielungen auf literarische und theoretische Traditionen durchsetzt sind.[50]

Zwanzig Jahre nach 1968 ist der Befund paradox: während

die Bedeutung der Massenmedien in jeder Hinsicht rapide weitergewachsen ist, geht die Literatur, den neuen Marktbedingungen bei sinkenden Auflagen schlecht und recht angepaßt, zur Tagesordnung über. Die Herausforderung, die die Entwicklung der Medien darstellt, ist, so scheint es, nur während einer kurzen Phase angenommen worden. Die Konkurrenz zwischen den einzelnen Medien ist die eine Seite des Problems – die andere Seite ist die Umwälzung der scheinbar naturwüchsigen Kommunikation und der Organisationsformen von Wahrnehmung im gesellschaftlichen Alltag, der der Literatur ihren Horizont gibt. Der paradoxe Befund läßt sich mit den Mitteln der Literaturgeschichtsschreibung nicht auflösen, da der ans Medium des Buches gebundene Literaturbegriff zu eng ist, um das Problem zu erfassen.[51] Offensichtlich erwachsen auch die ästhetischen Schwierigkeiten der Literatur selbst, die sich angesichts der anderen Medien ergeben, gerade aus diesem Festhalten am Monopol des Buches.

10. Ein neuer ›Tod der Literatur‹?

Die Frankfurter Buchmesse des Jahres 1984 beanspruchte mit ihrem Motto ›Orwell 2000‹,[52] die Rolle der Literatur in der von Medien und Telekommunikation geprägten Gesellschaft zu beleuchten.[53] Die Veranstaltungen zu diesem Thema, darunter ein Referat des amerikanischen Medienwissenschaftlers Neil Postman,[54] standen freilich selbst so sehr unter dem Primat mediengerechter Inszenierung, daß ein Diskussionsprozeß unter Besuchern und Ausstellern kaum in Gang gesetzt wurde. Den Hintergrund dieser Themenwahl bildete die Debatte um die sogenannten ›Neuen Medien‹,[55] die zu diesem Zeitpunkt teils in der Entwicklung, teils bereits eingeführt waren. Die Kernfrage war: Wie beeinflussen die Neuen Medien die Verkaufschancen des Buches? Seit den sechziger Jahren wurde diese Frage am Beispiel des damals ebenfalls relativ neuen Fernsehens kontrovers diskutiert[56] – wobei die pessimistische These, daß das Medium Fernsehen das Medium Buch verdrängt, inzwischen empirisch widerlegt ist. Zumindest quantitativ ist ein entscheidender Einbruch auch heute nicht zu erwarten. Einstweilen sind nur gewisse direkte

Auswirkungen der neuen Erfindungen auf die Buchherstellung (neue Satz- und Drucktechniken, Autorentätigkeit am Computer-Terminal) und auf den Buchvertrieb (laufende Optimierung der Lagerbestände und Umsatzdaten, vorsichtige Einbeziehung neuer Medien ins Sortiment, Konkurrenz auch des Sachbuches zu anderen Medien bis hin zur Datenbank) zu beobachten. Die grundsätzliche Frage, ob und wie das Schreiben und das Lesen von Büchern durch die Entwicklung der Medien beeinflußt werden, kam auf der Buchmesse nicht ins Blickfeld. Eine Theorie, die darauf schlüssige Antworten geben könnte, steht trotz umfangreicher Datenerhebungen zu diesem Thema[57] vorläufig nicht zur Verfügung.

Eine solche Theorie müßte die Kommunikationssituation der in einen Diskurs eingebundenen und dennoch »intimen Zwiesprache«[58] des Lesers mit dem Buch, deren Ende sich abzeichnet, als historischen Sonderfall der Präsentation von Literatur beschreiben, und dies – keineswegs das ›Eigentliche‹ von Literatur schlechthin – zu neuen Präsentationsformen und Kommunikationssituationen der Gegenwart in Beziehung setzen.[59] Selbstverständlich beschränkt sich die technische Revolution der letzten Jahrzehnte, deren soziokulturelle Auswirkungen dabei zu beschreiben wären, nicht auf die Medien – nur in ihrer Beziehung zur Produktionssphäre sind sie zu verstehen, und ebenso wären die technischen Entwicklungen auf ihre sozialhistorischen Voraussetzungen zu befragen. Die Dialektik zwischen der zunehmenden Vereinzelung der Konsumenten und jener Vergesellschaftung der Produktion, der – wie Enzensberger vier Jahre nach seinem Kursbuch-Artikel schrieb[60] – die traditionelle Institution ›Literatur‹ zum Opfer gefallen ist, könnte für die Einbindung der Medienproblematik in eine Sozialgeschichte der Gegenwartsliteratur eine brauchbare theoretische Brücke schlagen.

Gertrud Koch
Film

1. Stichworte zur Filmentwicklung

Die bundesdeutsche Filmwirtschaft, die in den fünfziger Jahren noch eine relative Stabilität verzeichnen konnte, hatte in den sechziger Jahren bereits die ersten schweren Krisen durchlaufen. Die populäre Mischung von Heimat-, Urlaubs- und Schlagerfilm, die den CDU-Staat auf der Leinwand begleitete, war aufgebraucht, die Kinos leerten sich. 1967 bereits führte diese Situation zur Verabschiedung eines »Filmförderungsgesetzes«,[1] das – als Wirtschaftsförderungsmaßnahme geplant – sich als das trojanische Pferd des neuen deutschen Films erwies. Zwar gab es bereits staatliche Fördersysteme für den ›kulturellen‹ Film, mit denen die erste Phase des neuen deutschen Films im Gefolge des Oberhausener Manifestes im Jahre 1962 materiell möglich wurde, aber erst die indirekte Bankrotterklärung der Filmwirtschaft, die von der Einrichtung staatlicher Subventionen sich Aufschub vor dem Zusammenbruch erhoffte, ließ die Projekte und Regisseure des neuen deutschen Films zu den Erben der entstandenen Legitimationslücken werden. Sah das neue Gesetz die Förderung des ›wirtschaftlich erfolgreichen‹ Films vor, so war doch klar, daß die traditionellen Institutionen der Filmwirtschaft nicht mehr zur ›wirtschaftlichen‹ Produktion in der Lage waren. Die Situation schien sich zu öffnen, insofern die Prognosen auf den Erfolg des neuen deutschen Films und seiner international bekannter gewordenen Regisseure wie Werner Herzog, Rainer Werner Fassbinder, Volker Schlöndorff und anderer nicht ungünstiger sich ausnahmen als die von ›Opas Kino‹. Zwar entstanden im Subventionsrahmen des neuen Gesetzes neue Versuche eines populären Unterhaltungskinos in Gestalt der verschiedenen Wellen von Pauker-, Sexfilmen und internationalen Coproduktionen, in denen affirmativ auf die im Zuge der Studentenbewegung erfolgten normativen Erschütterungen reagiert wurde, aber die öffentliche Reaktion war bereits umgeschlagen. Die großen

Tageszeitungen und deren Kritiker schlugen mit die Bresche für den neuen deutschen Film, der zunehmend an Renommee gewann.

Begleitet wurde die tiefgreifende Umstrukturierung des Marktes durch flankierende Maßnahmen im Bereich der Verleih- und Kinoförderung. Mit der Einrichtung ›Kommunaler Kinos‹, die aus dem Kulturetat der Städte finanziert wurden, schließlich auch mit der Gründung von Filmmuseen wurden Film und Kino symbolisch in die staatlich anerkannten Kunstformen aufgenommen. Die *Doppelstellung* des Films in *Wirtschaft* und *Kultur* hat sich freilich erhalten; und die neueren Versuche der achtziger Jahre, mit populären Komödien und Genrefilmen an ältere Formen des Unterhaltungskinos wieder anzuknüpfen, haben noch einmal deutlich gemacht, daß sich das Kino im Konkurrenzdruck zu den neuen Medien als soziale Form noch einmal zu etablieren trachtet. Was sich geändert hat, ist unter anderem der Begriff des ›Populären‹ selbst. Denn im Gefolge der von der Studentenbewegung ausgelösten Debatten um demokratische Öffentlichkeiten hatte sich bereits ein Konzept etabliert, das an Formen des populären Kinos sich kritisch anzuschließen gedachte – freilich im politischen Sinne einer Demokratie von ›unten‹ [→ 153 ff.]. Daß dieses Konzept sich im nachhinein auch als von den problematischen Zügen populistischer Kurzschlüsse geprägt erwiesen hat, kann nicht darüber hinwegtäuschen, daß die Affirmationen von Markt- und Erfolgslogiken im neolibertären Strom der achtziger Jahre kaum weniger problematische Züge aufweisen. Aber dabei geht es eben auch vor allem um den Widerstreit von Konzepten, nicht unbedingt um reale Erfolge »an der Kasse«, ein Topos, der selbst ideologisches Konzept ist.

Der radikale Impetus, der einen großen Teil des neuen deutschen Films antrieb, kam aus dem Bewußtsein für eine alternative Praxis. Und die Praxis der unbekannten Filmemacher, der Experimentalfilm- und Avantgardefilm-Regisseure hinterließ Spuren in der Arbeit der bekannteren Filmemacher. Fassbinder, Herzog, Wenders wechselten in ihrer Arbeit zwischen Produktionen für den internationalen Markt und kleinen Filmen mit persönlicherem Charakter.[2]

Diesen Wechsel zwischen verschiedenen Produktionsformen, zwischen aufwendigen Studiofilmen, internationalen Coproduktionen und Filmen, die der individuierten Vorstellung des ›Autorenfilms‹ verhaftet blieben, vollziehen auch die Regisseure der zweiten Generation des neuen deutschen Film wie z. B. Doris Dörrie, die nach der populären Erfolgskomödie ›Männer‹ (1986), deren internationaler Erfolg ihr einen amerikanischen Vertrag für die Regie von ›Er‹ (1988) einbrachte, den verquälten ›Beziehungsfilm‹ ›Paradies‹ (1987) vorlegte, der keinen von ›Männer‹ überspringenden Erfolg auf sich ziehen konnte.

Durchlässig sind auch die Grenzen zwischen Fernseh- und Filmproduktion geworden. Ohnehin im Bereich der Finanzierung längst aufgehoben, fielen die Grenzen auch im Bewußtsein des Kinopublikums spätestens, als die Fernsehserie ›Heimat‹ (1984) mit Proviantkörben ausgestattete Besuchergruppen in die Nonstop-Aufführungen auf Kinoleinwänden lockte. Rainer Werner Fassbinder hatte mit den Fernsehserien ›Welt am Draht‹ (1973) und ›Berlin Alexanderplatz‹ (1980) die ästhetischen Binnengrenzen bereits durchbrochen. Hatte er mit ›Acht Stunden sind kein Tag‹ (1972) noch die Form der Fernsehserie als spielerischen Rahmen akzeptiert, stellte er sich mit ›Berlin Alexanderplatz‹ explizit gegen die Vereinnahmung ins Fernsehformat.

Die besondere Stellung der öffentlich-rechtlichen Fernsehanstalten im Rahmen der Produktionsstruktur des neuen deutschen Films ist oft hervorgehoben, oft aber auch in ihrer Bedeutung geschmälert worden, um die Trennung von Kino- und Fernsehfilm als ästhetische Differenz im Bewußtsein zu halten. Die filmpolitische Allianz von Film und Fernsehen, die sich bei aller Differenz und allen Konflikten etabliert hatte, wurde in den achtziger Jahren noch einmal problematisiert durch den Konkurrenzdruck, in den die öffentlich-rechtlichen Fernsehanstalten gegenüber der Öffnung dieses Bereichs für private Sender geraten waren.

In den späten achtziger Jahren wird die filmpolitische Debatte um die Folgen geführt, die aus der Vereinheitlichung des *europäischen* Binnenmarktes zu erwarten sind. Die Doppelstellung von Kino und Film als Ware und Kultur wird nun im Zeichen des europäischen Marktes, der den Film als Wirtschaftsfaktor begreift, und der Ansprüche auf eine kulturelle Filmförderung, die im Hoheitsbereich der einzelnen Mitgliedstaaten der Europäischen Gemeinschaft liegt, erneut zum Thema. Dessen rechtsgültige Formulierung ist noch nicht abzusehen und wird vermutlich die filmpolitische Entwicklung der neunziger Jahre bestimmen.

Die rechtlichen und ökonomischen Rahmenbedingungen der Filmproduktion sind freilich immer nur ein Faktor in der sozialen Genese ästhetischer Produktion. Deren Binnenlogik entfaltet sich in der *Bilderwelt* sozialer und individueller, historischer und aktueller Ikonographien, Chiffren sozialer Erfahrung. Das Kino ist dabei mitunter selbst zu einer Chiffre vergangener Erfahrungsformen geworden, eines Typus schwindender Öffentlichkeit, in der anonyme Tagträume jeden einzelnen und alle zusammen zu umschließen schienen.

2. *The long goodbye: Die Wiederkehr der Geschichte*

Als Alexander Kluge 1966 seinem ersten Spielfilm den beziehungsreichen Titel ›Abschied von Gestern‹ gab, war nur am Rande abzusehen, daß es keine zwei Jahre mehr dauern würde, bis dessen appellativer Sinngehalt entfaltet werden würde. In einer Sequenz dieses Film sehen wir die Hauptfigur Anita G. (Alexandra Kluge) auf dem Weg ins Gefängnis, um dort ihr Kind zur Welt zu bringen. Abgesehen von diesem hier nur äußerst verkürzt wiedergegebenen narrativen Schluß des Films sind dieser einen Sequenz so ziemlich alle Dilemmata der (bundes)deutschen (Film)Geschichte so eingeschweißt, daß sie leicht selbst zur Allegorie des neuen deutschen Films werden könnte: Nach dem Zwischentitel »Ich weiß, es wird einmal ein Wunder geschehen«, einem Schlagerzitat des NS-Films, das hier ironisch aufgegriffen wird, sehen wir die verstörte Anita G. fluchtartig durch die Städte und Stätten des Wirtschaftswunder-CDU-Staates huschen. Eine Teilsequenz dieses Schlußteils beginnt mit einer Vogelperspektive auf eine Autobahn, die Anita G. in der folgenden langen Einstellung auf einer Brücke überquert. Die Brücke liegt als dikker schwarzer Balken quer über der horizontalen Achse des Bil-

DIE WIEDERKEHR DER GESCHICHTE · 561

des, Anita G. läuft von links nach rechts, ihr entgegen fahren
Autos, ihr entgegen recken sich die arroganten Giraffenhälse
einer Gruppe von Baukränen, in dem unteren Drittel des Bildes
unter der Brücke machen sich die Neubauten breit. In einer einzigen Fahrt folgt die Kamera den gegenläufigen Aktivitäten der
Anita G., bis schließlich das Geländer der Brücke in einem Sta-
cheldrahtzaun mündet, in einem freien Gelände, Niemandsland
mit einigen geduckten Büschen.

Die sparsam aus der vorfindlichen Wirklichkeit gewonnenen
Zeichen, die Kluge setzt, evozieren einen Gang, eine Fahrt aus der
Zukunft in die Vergangenheit: aus der bundesrepublikanischen
Gegenwart heraus wird die Stacheldrahtrolle zum Ariadne-Faden
in die Vergangenheit. Das *Verhältnis zur Geschichte* wird Teil
eines Diskurses, der seither einen großen Teil der Filme konstituiert. Als direkte Gegenproduktion zu den Geschichtsmythen des
bundesdeutschen Unterhaltungsfilms der fünfziger und sechziger
Jahre entstand eine Reihe kritischer ›Heimatfilme‹.[3] In diesen
wird die archaisierte Welt bäuerlichen Lebens, wie sie der gängige
Heimatfilm – vor dem Hintergrund ins Autoritär-Erhabene
erhobener Natur, als Schicksalsmacht in kathartischer Absicht –
im Anschluß an die Blut-und-Boden-Filme der NS-Zeit entworfen hatte, auf die sozialen und politischen Notlagen der Landbe-
völkerung im Feudalismus oder dem beginnenden Frühkapitalis-
mus rückbezogen. Paradigmatisch für diese Gruppe von Filmen
kann Volker Schlöndorffs ›Der plötzliche Reichtum der armen
Leute von Kombach‹ (1970) gelten.

Schlöndorff greift auf einen überlieferten Fall zurück: Eine
Gruppe verarmter Bauern beschließt einen Überfall auf einen
Geldkarren, verrät sich schließlich durch allzu frühzeitigen Konsum der Beute und wird am Ende hingerichtet. Diese im
Jahre 1821 im Hessischen sich abspielenden Ereignisse erzählt
Schlöndorff in Schwarzweiß, unter völligem Verzicht auf die
romantische Landschafts- und Kostümbildnerei, die sich sonst in
historischen Filmen als Folie der Sehnsucht nach einem vormodernen Leben auf die Bilder legt. Die Gegenstände des täglichen
Gebrauchs in den ärmlichen Stuben werden ohne Assoziationen
an folkloristische bäuerliche Kunst als sparsam gesetzte Zeichen

562 FILM

eines aufs Nötigste reduzierten Lebens vorgestellt. Der ästhetische Bruch mit der filmischen Historienmalerei wird in dem Aufbau der Erzählhandlung fortgesetzt. Die Personen bieten wenig
an Identifikationsaufforderung, werden zusätzlich vorwiegend in
der Interaktion innerhalb der Gruppe und nicht als heroische
Einzelne vorgeführt. Lehrstückhaft auch die unterbrochene, in
Wiederholungen und Ellipsen aufgebrochene Abfolge des Geschehens.

Dennoch stellt sich an diesem Film die Frage, welchen Fokus
auf Geschichte eine solchermaßen paradigmatisch aufgebaute
Narration konstruiert. Der Zeitbezug zumindest läßt sich festma-
chen an den politischen Debatten, die sich im Schatten lateinamerikanischer Filme und der Befreiungsbewegungen der Dritten
Welt verstärkt auf einen klassenkämpferisch konnotierten Volks-
begriff eingelassen hatten. Die eindrucksvollen und wuchtigen
Filme gegen die Unterdrückung von Völkern, die in feudalen
Strukturen gefangen sind, von dem brasilianischen Regisseur
Glauber Rocha, der zur Spiegelung aktueller Freiheitsideen und
Befreiungskonzepte mythische Volkshelden aus den Räuberballa-
den des Sertão einblendete, mögen dazu beigetragen haben, auch
im eigenen Land nach ähnlich populären Figuren und Legenden
Ausschau zu halten. Der ›neue, linke Heimatfilm‹ zerfiel schnell
in die zwei Tendenzen einer sozialromantischen Wiederbelebung
sozialer Rebellen und Räuber einerseits und der sozialkritischen
Milieuschilderung von Geschichte als Lernprozeß andererseits.

›Der plötzliche Reichtum der armen Leute von Kombach‹
gehört mit seiner kargen, fast didaktisch gesetzten Zeichenspra-
che ganz sicher nicht zur romantischen Linie der Entwicklung
des Genres. Schlöndorff hat sich nicht mehr und nicht weniger
vorgenommen, als an einem historischen Fall aus der Entste-
hungzeit des Kapitalismus dessen Gesetzmäßigkeiten aufzuzeigen, denen gegenüber das Scheitern der Gelegenheitsräuber als
Folge ihrer objektiven Rückständigkeit dargestellt werden soll.
Dabei bleibt es völlig offen, ob Schlöndorff damit auch romanti-
sierende Tendenzen in revolutionär bewegten Zirkeln kritisch ins
Licht setzen wollte und deren schiefe Identifikation mit Sozial-
rebellen der Dritten Welt und des frühen Anarchismus, oder ob

DIE WIEDERKEHR DER GESCHICHTE 563

er vor allem auf die didaktische Aufklärung über die Binnenlogik
kapitalistischer Entwicklung setzte. Tatsache ist jedenfalls, daß
Schlöndorff in Verfolgung seiner politischen Ziele auf beispiel-
hafte Weise in eine jüngere Zeit der deutschen Geschichte sich
verwickelte, wodurch unfreiwillig seine guten Absichten durch
reaktionärste Tendenzen romantischer Sozialkritik unterminiert
wurden.

Aus der dramaturgischen Notwendigkeit heraus, eine Figur ins
Spiel bringen zu müssen, die das Treiben der Bauern aus distanzierter und kommentierender Perspektive begleiten kann und die
sich außerdem dazu eignen soll, die Logik des Kapitals zu verkörpern, hat Schlöndorff zu den historisch überlieferten Beteiligten
am unglücklich endenden Geschehen eine Kunstfigur hinzugefügt.[4] Hatte Alexander Kluge in ›Abschied von Gestern‹ die
Kunstfigur der Anita G. mit einer jüdischen Herkunft ausstaf-
fiert, die im Laufe des Films artifizielle aber präzise Positions-
lämpchen in dem vergangenen und gegenwärtigen Verlauf der
deutschen Geschichte zündete, so war Schlöndorff in die Falle
des ›programmatischen Realismus‹ gelaufen. Den fliegenden jüdischen Händler, den er als Kontrastfigur zu den in ihrer Boden-
ständigkeit rückständig bleibenden Bauern erfunden hat, läßt er
bereits in der ersten Einstellung zum Verführer werden, der mit
seiner eindringlich-leisen Beschreibung, wie einfach alles sei, die
beschränkten Dörfler erst auf die Idee zum Geldraub bringt. In
den visuellen Strategien des Bildaufbaus isoliert Schlöndorff die
jüdische Figur deutlich gegenüber der bäuerlichen Gemeinschaft
am Tisch und von den Gesprächen über die Nöte und Wünsche
des Alltags, integriert sie nur dann, wenn es um die gemeinsamen
Geschäfte geht. Auf der Hochzeit schließlich, deren verräterisch
reiche Ausstattung auf die Räuber aufmerksam macht, bleibt es
der jüdischen Figur vorbehalten, in bedächtig-bedeutsamem Tonfall, kontrastreich und prophetisch, Parabeln vom Leben und
Überleben, von Glück und Planung zu erzählen. Die didaktisch
gemeinte Figur des jüdischen Händlers als Repräsentant der kapitalistischen Tauschwirtschaft gegenüber dem bäuerlichem Kon-
kretismus der Scholle wird zum Schluß des Films gänzlich obsolet, ein Griff aus den Giftschränken älterer Klischees: Nach

einigen – den wenigen emotional aufrührenden – Sequenzen von
Gefangenschaft, Marter und Todesangst, wird in einer Parallel-
montage ein nebelverhangener Acker gezeigt, aus dessen perspek-
tivischer Tiefe der jüdische Händler auftaucht, um in einem langen prophetischem Schlußmonolog die Vorteile seiner Existenz
des Ungebundenen auszumalen, den geraubten Schatz unterm
Arm; auf dem Weg nach Amerika.[5] Hier klappt die Falle der
Repräsentation nun endgültig zu: Nicht die kapitalistische Entwicklung in ihrer historischen Überlegenheit wird in einer didaktischen Kunstfigur allegorisch dargestellt, sondern die Kunstfigur
in einer geschlossenen, mit Tod und Flucht endenden Erzählung
wird zur ikonographischen Gleichsetzung von jüdischem Händler
und Kapitalismus. Eine Verschiebung, die zusätzliche problematische Konsequenzen darin nach sich zieht, daß der jüdische Händler und Verführer als Verkörperung des Raubkapitalismus herhal-
ten muß. Mit dieser Art von Kapitalismuskritik als Kulturkritik
hat Schlöndorff, ohne es zu wollen, bereits eine Tendenz des
neuen deutschen Films der zweiten Generation im Umgang mit
deutscher Geschichte vorweggenommen, die in den achtziger Jahren im Konflikt um den Antisemitismus-Vorwurf gegenüber
Fassbinder aufbrach.

Betrachtet man die etwas naßforschen Verkürzungen, mit
denen sich bereits der kritische, politische Film ans Werk machte,
eine ›unbefangene‹ Beziehung zur deutschen Geschichte aufzubauen, dann nimmt es nicht wunder, daß sich in den achtziger
Jahren an den späten Filmen Fassbinders die Debatte um neue
Formen eines sekundären Antisemitismus aufgeladen hat. Der
von Saul Friedländer in seinem Buch ›Kitsch und Tod. Der
Widerschein des Nazismus‹[6] beschriebene neue Diskurs über den
faszinierenden Faschismus hatte fast unbemerkt begonnen. Zwar
waren sowohl Schlöndorffs merkwürdige Konstruktion wie auch
Fassbinders problematische Obsession für jüdische Figuren in
Frankreich und den USA auf Kritik gestoßen, aber in der Bundesrepublik wurden diese Tendenzen entweder nicht wahrgenommen oder, als sie schließlich 1985 mit den Auseinandersetzungen
um das Theaterstück ›Der Müll, die Stadt und der Tod‹ durch die
Presse gingen, auf das eine Stück beschränkt [→ 124 ff.]

DIE WIEDERKEHR DER GESCHICHTE

Daß sich die deutsche Geschichte gegen den heimlichen Mythos von einer ›Stunde Null‹ des ›neuen deutschen Films‹ auch als kulturelles Erbe, als Vorrat unreflektierter Bilder, aufschimmernder Ikonographien immer wieder durchsetzt, zeigt sich auch an so gegensätzlichen Entwicklungen zweier Starregisseure des neuen deutschen Films wie Werner Herzog und Wim Wenders. Während Herzog, der sich bereits 1977 auf einem öffentlichen Symposion zur Situation des Films mit reichlich viel Pathos zur ›nationalen Kultur‹ bekannte,[7] mehr und mehr in der romantischen Vision vom Künstler als Künder und Erleuchteter, vom Pathos des Erhabenen sich angezogen fühlte,[8] steht Wenders mit seiner Filmästhetik ganz in der liebevollen, nostalgisch-kritischen Zitatverpflichtung gegenüber dem klassischen Hollywoodfilm, neuerdings freilich zunehmend auch in der konservativen Tradition konventioneller Konfliktdramaturgien; bei ihm führt der Weg in die Geschichte vornehmlich über die Filmgeschichte.

In ›Der Stand der Dinge‹ (1982) entwirft Wenders eine Endzeit-Elegie der Filmgeschichte als Portrait eines Filmregisseurs in der Krise, ein selbstreferentielles Geflecht aus Verweisen und Zitaten auf die Geschichte des eigenen Mediums und seiner Agenten. Die filmische Sozialisationsgeschichte der Regisseure der Nachkriegsgeneration durch den amerikanischen Film, die sich bereits in Wenders' Film ›Im Lauf der Zeit‹ (1976) als ästhetische Spur einschreibt, das Wiederanknüpfen schließlich an die Regisseure aus der Zeit vor dem Nationalsozialismus, wird in ›Stand der Dinge‹ explizit, in der Narration thematisiert: Der deutsche Regisseur und sein jüdischer amerikanischer Produzent haben im deutschen Stummfilmregisseur Friedrich Wilhelm Murnau (1888–1931) eine gemeinsame Projektionsfigur ihrer filmästhetischen Identifikation aufgebaut. Beide werden am Ende von einer im Produktionsbereich konkurrierenden italienischen Mafia auf einem Parkplatz erschossen. Vorausgegangen ist eine lange Sequenz der Fahrt von Regisseur und Produzent in einem Wohnmobil, das zugleich Fluchtauto, Versteck und Metapher für die Heimatlosigkeit beider im kalifornischen Dschungel um Hollywood herum wird. In zärtlichen, fast intimen Gesprächen ziehen sie die Freundschaftsbande bis zum finalen Liebestod enger. In einem Monolog, mehr als einem Dialogteil, beschwört der jüdische Produzent die Absurdität der Situation: ›Was tue ich hier, ein Jude, mit einem deutschen Regisseur?‹ Wenn er am Ende erschossen wird, dann suggeriert das untergründig den Opfertod für eine untergegangene deutsche Kultur, nimmt die Umkehrperspektive auf den Tod Murnaus in Hollywood auf. Auf einen filmischen, politischen Mythos der Zeit bezieht Wenders den manieristischen Einfall, daß der Regisseur am Ende die Kamera als Waffe gegen die Heckenschützen zückt und dabei seine eigene Erschießung filmt, aus subjektiver Perspektive mit im Fallen kippender Kamera. So wird dieser Filmtod am Schluß von ›Der Stand der Dinge‹ zu einer vielfachen Allegorie: Nostalgische Referenz auf die deutsch-jüdische Symbiose [→ 117 ff.] als kultureller Tradition[9] und Allegorie auf den Tod des Kinos. Zu einer düsteren Allegorie auf den Tod des politischen Dokumentarfilms war im Jahre 1973 eine Filmaufnahme geworden, die aus der Kamera eines Dokumentaristen stammte, der an dem Tag, als der chilenische Präsident Salvador Allende vom putschenden Militär erschossen wurde, auf dem Dach des Präsidentenpalastes seinen eigenen Tod filmte.

Die komplexen Verweise auf das Ende der historischen Konzepte des Films greift Wenders schließlich noch einmal in ›Der Himmel über Berlin‹ (1987) auf, wo er nicht nur mit formalen Anspielungen an den Film der Weimarer Zeit beginnt, sondern die Darstellung der NS-Geschichte ganz als Problem des Films im Film, als Film über das Filmen auflöst. Diese Tendenz zur Selbstreflexivität des Darstellungsproblems von biographischer und kollektiver Geschichte kennzeichnet auch Thomas Braschs Film ›Der Passagier – Welcome to Germany‹ (1988) – freilich ohne die Wenderssche Nostalgie und Verliebtheit in den ornamentalen Reflex. Dennoch ist, was die Repräsentation der NS-Geschichte angeht, auch Braschs Bemühen darum, nicht in den Fallen eines wie auch immer ›programmatischen‹ oder didaktischen Realismus zu verkommen, nicht gefeit gegenüber den verführerischen Angeboten eines Illusionskinos, die ein Studiofilm bietet. Auch in Braschs Film geht es um einen Liebeskonflikt, der sich in den Vordergrund spielt, aber auch um eine kriminalistische Ebene, die

Suspense herstellt. Daß zum Ende der achtziger Jahre auf die eine oder andere Weise Geschichte als multiple Facettierung von Erzählperspektivik aufgefaßt wird, nimmt nicht weiter wunder, bestimmt dieser Topos doch die neuesten Debatten um Historik und Ästhetik.

3. Rekonstruktionen: Geschichte als Biographismus

Die vielbeschworenen ›Wenden‹ der achtziger Jahre sind auch am politischen Film nicht vorbeigegangen. Betrachtet man exemplarisch einige der aufwendigen politischen Filme, die ins Populäre zielen, dann erweisen sich drei Filme des Jahres 1986 als signifikant für einen mehr oder weniger offenen oder auch ungewollten Rückzug aus der Politik ins Private, ohne im Bereich des ›Politischen‹ selbst noch eine soziale Konstruktion zu sehen, wie dies etwa der feministische Film tut.

In demselben Jahr wurden Reinhard Hauffs Film ›Stammheim‹ (1986) als bundesdeutscher Beitrag auf den Berliner Filmfestspielen, Margarethe von Trottas ›Rosa Luxemburg‹ (1986) in Cannes und Markus Imhoofs Verfilmung von Bernward Vespers Roman ›Die Reise‹ (1986) in Venedig präsentiert. Alle beschäftigen sich mit signifikanten Abschnitten der deutschen Geschichte, und es erscheint keineswegs zufällig, daß sie sich alle drei mit dem Scheitern revolutionärer Hoffnungen befassen, wenn auch auf sehr verschiedene Weise. Dabei steht außer Frage, daß alle drei Filme keine neuen filmästhetischen Modelle für die Repräsentation von Geschichte und Politik anzubieten haben, sondern sich explizit auf populäre Strategien einlassen, im Sinne des traditionellen Illusionsraums des narrativen Films. Insofern setzen sie die Linien der siebziger Jahre und ihrer Debatten um den sogenannten ›Politthriller‹ fort, der mit Volker Schlöndorffs Verfilmung einer Erzählung von Heinrich Böll ›Die verlorene Ehre der Katharina Blum‹ (1975) zu einem Kinoerfolg geworden war.

Der Reflex auf das Auslaufen der ersten Protestbewegungen und ihre Zerfransung in dogmatische und terroristische Zirkel, die ein enormes konservatives Rollback (›Radikalenerlaß‹, ›Kontaktsperregesetz‹, Pressekampagnen gegen ›Sympathisanten‹ etc.)

auf sich zogen, setzte sich in eine Reihe von Filmen hinein fort: ›Deutschland im Herbst‹ (1977), ein Gemeinschaftsfilm von Alf Brustellin, Fassbinder, Maximiliane Mainka, Edgar Reitz, Katja Rupé/Hans Peter Cloos, Schlöndorff, Bernhard Sinkel; ›Die dritte Generation‹ (1978) von Fassbinder; ›Messer im Kopf‹ (1978) von Hauff; ›Die bleierne Zeit‹ (1981) von von Trotta.

Mit den achtziger Jahren dann beginnt sich der aktuelle Bezug auf die politischen Repressionen, die in den siebziger Jahren reaktiv aufgezogen waren, zu transformieren in Verarbeitungsformen, die auf Biographismus, ›neue Innerlichkeit‹, und die Artikulation psychischer Befindlichkeiten und Betroffenheiten bezogen sind.

Für Margarethe von Trotta und Markus Imhoof wird Geschichte und Politik zu Rahmen und Hintergrund einer individuellen Biographie einer einzelnen Person. Für Trotta ist dies die bedeutende Frau Rosa Luxemburg, für Imhoof der an den Rändern der ›Roten Armee Fraktion‹ (RAF) vorbeigeschlitterte Bernward Vesper. Beide rekonstruieren die subjektive, individuelle Biographie, die Innengeschichte der Personen, aus biographischem Material der Verstorbenen, aus den Briefen der Rosa Luxemburg, aus dem biographischen Roman Bernward Vespers ›Die Reise‹ (1977, postum). Diese neuen Filme sind Ausdruck und Symptom eines veränderten Politikbegriffs, den sie freilich selbst wieder um seine immanente Radikalität bringen. Mit der Studentenbewegung trat ja das erste Mal eine gesellschaftliche Legitimationskrise auf, die mit der Debatte über neue Lebensformen und neue Formen der Politik beantwortet wurde. Die Normen und Prinzipien der westlichen Demokratien wurden nicht mehr als Staatsform ›von oben‹ begriffen, sondern als diskursive Strategien der Politik und des Alltags. Daß sich aus der Studentenbewegung heraus als kritisches Pendant und Korrektiv die Frauenbewegung und die sexualpolitischen Bewegungen entwickkelt haben, ist keineswegs zufällig gewesen; und abgesehen von den dröhnenden Übertreibungen und omnipotenzseligen Selbstmißverständnissen innerhalb der Studentenbewegung, schuf diese ein Klima, in dem das Reden und Diskutieren, die Infragestellung blind wirkender Traditionen Selbstzweck geworden war. Daß

›Privates‹ gesellschaftlich vermittelt und insofern auch öffentlich diskursiv zugänglich sei, gehörte zu den Einsichten dieser Phase. Nach dem Untergang der kurzen libertären Phase in die getrennten Lager der Orthodoxie, der Ideologie des bewaffneten Untergrundkampfes oder der Innerlichkeit und Betroffenheit wurde der Versuch, Gesellschaftliches und Privates als vermittelt zu analysieren, eingestellt.

Unter dieser voreiligen Trennung leiden noch heute diejenigen Filme, die sich thematisch: *politisch*, strategisch: *innerlich* und ästhetisch: *populär* geben. Man könnte in einer polemischen Zuspitzung des Problems sagen, daß der ›neue politische Film‹ sich in unauflösbaren Zirkeln von Selbstmißverständnissen bewegt: Wo er versucht, das wirklich Individuelle, den harten Kern einer einzelnen, privaten Person aufzudecken, zwingt ihn die populäre Form zum Allerweltsklischee, zur Verallgemeinerung statt zur Individuierung; wo er die osmotische Durchdringung der Privatheit mit sozialen Normen und politischen Rahmenbedingungen kritisch aufspüren möchte, steht ihm der biographische Ansatz dramaturgisch im Weg; wo er politisch im Sinne offizieller Politik werden will (wie im ›Stammheim‹-Film), fehlt die analytische Schärfe. Kurz: Man könnte sagen, daß dieser neue Typus von Filmen an einem Mangel an Vermittlung leidet, die zu leisten er behauptet, ohne die bloße Behauptung sinnlich-ästhetisch einlösen zu können. Gegen-Modelle dazu sind: die radikal ästhetischen Filme der feministischen Avantgarde, die die innere Subjektivität der Weiblichkeit als verletzte Zonen, als gesellschaftliche Wunden aufbrechen lassen – aber auch die Filme Alexander Kluges, in denen sich analytisch-essayistische Schärfe, ästhetische Verfremdung und politischer Zeitbezug nicht vorschnell als populäre Mischung anbieten, sondern die Mühen der Vermittlung auch dem Zuschauer zumuten. Der öffentliche Umschwung wird dadurch markiert, daß Kluge sich mit seinem Film ›Der Angriff der Gegenwart auf die übrige Zeit‹ (1985) einer fast einhelligen Kritik gegenüberfand, die damit das Ende des ›Autoren- und Eassayfilms‹ beschwor – angesichts eines neuen Filmtyps, der euphemistisch ›populäres Kino‹ genannt wurde. Auch die eingangs als paradigmatisch vorgestellten Beispiele des politischen Films der achtziger Jahre konnten zwar eine markante, internationale Öffentlichkeit auf sich aufmerksam machen, wurden aber kaum ›populär‹ im Sinne einer massen-wirksamen Kinoöffentlichkeit. Daß aber die Absicht, populär zu sein, nicht verwirklicht worden ist, enthebt diese Filme keines-wegs der Kritik an den immanenten Modellen und dem Anspruch auf Popularität, den sie repräsentieren.

Margarethe von Trotta gibt in ihrem Film ein Portrait von Rosa Luxemburg (1871–1919), das wesentliche Perspektiven der historischen Figur ausschaltet zugunsten eines Portraits der *Frau* vor der *Politikerin*. Nun hat sich ja gerade der politische Feminis-mus um Analysen bemüht, die aufzeigen, wie Frauen qua biologi-scher Argumentation von der Politik ausgeschlossen werden, wie sie dazu gebracht werden, Politik und Weiblichkeit als tiefe Gegensätze anzuerkennen und zu empfinden, um sich schließlich willentlich, zur Erhaltung dieses Konzepts naturhafter Weiblich-keit, aus den »Niederungen der Politik« herauszuhalten. Die alte, in vielen Spielarten deutscher Ideologie präsente manichäische Aufspaltung von Pflicht und Neigung, privatem Opfer und poli-tischem Martyrium wirkt noch bis in die ästhetische Konstruk-tion dieses Films nach.

Auch bei Trotta wird die konkrete, historische Lebensform einer Revolutionärin im Exil mit all ihren Diskrepanzen, dem Maß an Unglück und realer Bedrohung und Verfolgung als eine private Passionsgeschichte gedeutet: Eine Frau opfert ihre Weib-lichkeit der Politik, mütterlich im essentialistischen Sinne gar die eigene Mutterschaft im Dienste des Friedens für alle. Daß die konkreten Lebensverhältnisse und Äußerungen selbst in ihrem Unglück doch noch sehr rebellische und wilde Zeugnisse des Ver-suchs, ein anderes Leben zu wagen, sind, daß Luxemburg keines-wegs nur die unterdrückte Märtyrerin war, die unterm Weih-nachtsbaum über die Untreue der Männer sinnierte, sondern sich, wenn sie das wollte, den Sohn der politischen Freundin zum Liebhaber nahm, läßt sich dem filmischen Portrait nur auf der narrativen Ebene entnehmen. Was das Portrait bestimmt, ist die tiefe Sehnsucht nach einer Passion, Leiden statt Leidenschaft, die Sehnsucht nach der Reinheit des Opfers. Das weist zurück auf

Trottas Film ›Die bleierne Zeit‹, in der sie die Rebellin und die moralisch Leidende in das Schwesternpaar Ensslin aufspaltet.

Das verbindet aber auch ›Rosa Luxemburg‹ mit Markus Imhoofs Film ›Die Reise‹. Auch hier wird die Geschichte der in den Terrorismus auslaufenden Ränder der Studentenbewegung im Rahmen einer reinen Opferdramaturgie erzählt. Ausgehend von der These der RAF-Terroristen als »Hitlers Kindern«, wie sie in einer oberflächlich popularisierten Deutung der siebziger Jahre bezeichnet wurden, legt Imhoof durch das Material, das Vespers Roman in ruppigen und struppigen Betroffenheitsnotaten ausgelegt hat, einen ebenso biedersinnigen wie manichäischen Pfad. Dieser führt durch die pyromanisch aufgeladene Gegenwart der RAF-Szene und ihrer staatlichen Verfolger in die Kindheit, ins Elternhaus zum Nazi-Dichter. Kurz: Imhoof strickt die losen Enden des nachgelassenen Prosatextes in ein zweiteiliges Zopfmuster um, in dem die Rückblenden in die Nazi-Kindheit immer wieder umschlagen in den Terrorismus der damaligen RAF-Zeit.

Der Opfergang in die deutsche Geschichte, den Imhoof seinen Helden antreten läßt, ist ebenfalls charakterisiert durch die Aufspaltung in das passiv leidende Opfer und den sadistischen Täter, in diesem Falle den überstrengen Vater. Dieser erzieht den Sohn nach den Regeln sadistischer Strafrituale und Mutproben. In diesem Kosmos wird der Sohn als Opfer konstituiert, der dem Vater wie einem fremden Herrscher unterworfen ist. Damit spart Imhoof eben jenen immer wieder aufbrechenden wunden Punkt in der Generationenfolge aus: daß nämlich die Beziehung der ›Kinder Hitlers‹ zu ihren Eltern nicht eine einfache Opfer-Täterstruktur aufweist, sondern durch tiefsitzende Ambivalenzen, Schuldgefühle und narzißtische Kränkungen durch die moralisch-politische Schuld der Eltern vielfach gebrochen ist, daß vielmehr oft gerade die Spaltung des Elternbildes in privat fürsorgliche, zärtliche und politisch aggressive, schuldig gewordene Figuren kaum zu verarbeiten war.

So kann Imhoof an der Oberfläche zwar alle brisanten Themen der deutschen Geschichte von der NS-Zeit bis zum Rückfall in den autoritären Staat des deutschen Herbstes hinein anschneiden, ohne sie allerdings wirklich wirksam werden zu lassen.

Merkwürdig mutet in diesem Film die Weitergabe der Opfer-Stafette von Sohn zu Sohn an, wenn der SohnVater seinen eigenen kleinen Sohn vor dem Zugriff der in die RAF abgedrifteten Mutter bewahren will (die historische Gudrun Ensslin ist gemeint, die auch in Trotta ›Die bleierne Zeit‹ mit ihrem Sohn ein Erbe für die opferbereite leidende Schwester hinterläßt). Die manichäische Sichtweise von Politik ist so stark, daß sie die Regeln der Psychoanalyse, auf die hin der Innerlichkeitstrip dieser ›Reise‹ eigentlich angelegt ist, verletzt: Der brutale Vater erzeugt nicht wieder Brutalität sondern ein sanftmütiges Opfer, das scheinbar noch zum Opfer derjenigen wird, die aus der These von der Bundesrepublik als der nicht nur historischen, sondern auch ideologischen Nachfolgerin des NS-Staates, wie die RAF in ihrer Legitimierung für den bewaffneten Untergrundkampf als Widerstand sie vertreten hat, praktische Schlüsse gezogen haben.

Auffällig bleibt die zwanghafte Suche nach dem reinen Opfer, mit dem sich Identifikation herstellen läßt und das jede Frage nach dem moralisch richtigen oder falschen politischen Handeln zu einer Angelegenheit des besseren Charakters werden läßt. Diese Tendenz ist deswegen so problematisch, weil sie Politik nicht nur zu einem Oberflächenphänomen macht, sondern noch weitergehend Politik und Gefühl in eine abstrakte Opposition rückt, die so als das Ende jeder Möglichkeit von politischem Handeln erscheint. So rückt im Spektrum von ›Rosa Luxemburg‹ diese zur pazifistischen Opponentin des militanten Karl Liebknecht auf, und in ›Die Reise‹ gerät der leidende Sohn zwischen allen Stühlen zum sensiblen Widerpart der terroristischen Kindsmutter. Politik erscheint somit allemal als die Opposition zum Leben, nicht als dessen Strukturierung.

Hauff geht in seinem Film über den Strafprozeß gegen die RAF in ›Stammheim‹ einen weniger abschüssigen Weg, er versucht in der Konzentration auf das in Stammheim abgehaltene Gerichtsverfahren die objektive Struktur von Rechtsfindung und Rechtsverletzung dieses Prozesses aufzuzeichnen. Aber auch er unterliegt der Logik des Zeitgeistes, der Rhetorik der populären Form, verliert sich in dick aufgetragenen Schauspielerauftritten, hebt statt der Logik der Sache die ästhetisch unbefriedigend bleibende Psychologisierung von Details hervor. So kommt die politische Dimension nur wenig zum Tragen, die dieser massive Rückfall der jungen Republik in eine autoritäre Staatsverfassung bedeutet hat, sondern es entfaltet sich jener Gestus des ›human touch‹, durch den alle (vom Staatsanwalt bis zu den Pflichtverteidigern und Richtern) Menschen unter Streß sind:

> Wer sich an den Tod der Gefangenen, an den ›Herbst in Deutschland‹ erinnert, wird wissen, daß die Bewegung weiterging, gerade dadurch angetrieben. In Hauffs Film hört jedoch mit Stammheim die Wirklichkeit auf zu existieren. Das Scheitern wird verklärt, fixiert, ästhetisch zelebriert. Die Apotheose des Scheiterns ist jetzt eine Augenweide, ein Angebot für den Kunstkonsumenten und eine Friedenserklärung. ⟨. . .⟩
> Die Mode und der Schick der späten achtziger Jahre haben Baader und Meinhof vereinnahmt. Irgendwann wird es einen Film geben, ein Video, eine Platte, eine Mode, die den Baader-Look und den Meinhof-Touch kreiert. »Es war Jagd, Krimi, Bonnie und Clyde« [Drehbuchautor Aust]. – Im ›STAMMHEIM‹-Film wird die Action noch ersetzt durch den Blick in die Baader-Meinhof-Seele. Es ist die falsche Aufklärung.[10]

Was in dem Entwurf des obigen Zitats auf den künftigen Film, auf die künftigen Moden bereits vorweggenommen wird, ist die rasche Historisierung der Politik. Zwar folgt man dem konventionellen Muster der geschlossenen Geschichte (bis zum Tod), aber diese letzte geschichtsphilosophische Konstruktion löst sich bereits auf in eine Vielzahl einzelner Geschichten, einer Biographie, eines Prozesses, einer Generationenfolge: »Schmuckstück auf dem Vertiko«.[11] Der politische Film ist in seiner Popularisierung zu Ende gegangen, seine frühen Intentionen sind derweil zunehmend an den Essay- oder an den Dokumentarfilm übergegangen.

4. Film als ästhetische Opposition: Avantgardefilm, Experimentalfilm

Die wichtigsten Avantgarde- und Experimentalfilmer der Bundesrepublik haben sich, soweit sie sich auf politische Kontextuierung ihrer Arbeit bezogen, in einer komplexen Doppelstellung befunden, die Birgit Hein an einer klassischen Situation aus dem Jahre 1968 folgendermaßen beschreibt:

Als wir 1968 in der unfertigen U-Bahnstation in Köln neben Musik und Dichterlesungen auch Muehls Filme zeigten, wurde diese Veranstaltung von der Polizei gesprengt und die Filme beschlagnahmt. Zum ersten Mal kam Solidarität von seiten der politischen Bewegung auf; die Linke in Köln stellte sich, noch in derselben Nacht, auf unsere Seite und begann mit Demonstrationen. Das war allerdings der einzige Zeitpunkt, an dem sich Avantgardefilm bzw. Avantgardekunst mit der politischen Bewegung zusammenfand. Als diese Aktion vorbei war, waren die Bereiche wieder getrennt. Wir haben zwar versucht, durch X-Screen viele politische Filme zu zeigen, aber wir waren als Filmemacher von der linken Bewegung weiterhin nicht anerkannt. Ihre Unterstützung betraf nur die Organisation von Veranstaltungen, aber nicht die kreative Arbeit. Differenzen bestanden aber auch von unserer Seite aus. So kann ich die linke Kunst, die sich als explizit politisch darstellt, nicht akzeptieren, obwohl ich uns als absolut links ansehe. Aber man muß auf einer tieferen Schicht gegen bestehende Verhältnisse sein, um das in der Arbeit adäquat ausdrücken zu können. ⟨. . .⟩ Die Umformung, die da stattfinden muß, ist viel komplizierter.[12]

Daß sich politisches Bewußtsein und kultureller Wandel nicht einfach durch einen Austausch von Inhalten herstellen ließe, daß sich die Formen des traditionalen Erzählkinos nicht einfach durch das Erzählen neuer Geschichten in ihren impliziten Funktionen auflösen würden, war für die Vertreter des experimentellen Films nicht neu. Vor allem die an der Literatur orientierten Genres des Film, die sich an *Narrativität* halten und den ganzen Vorgang der technischen Produktionsweise des Films (wie Kameraarbeit, Schnitt, Montage und Vorführapparat) in der Herstellung eines zum Kontinuum zusammengezogenen Illusionsraums zum Verschwinden bringen, erscheinen für die Avantgardisten und Experimentellen als eine Ästhetik, die den technischen Voraussetzungen des Mediums zuwiderläuft. Auch wo sich die Filmemacher, die sich von den filmischen Konventionen abgrenzen, selbst auf Erzählmotive einlassen, geschieht dies selbstreferentiell, auf die eigene Subjektposition oder die Erzählweisen des Mediums bezogen. Die wichtigsten Vertreter des experimentellen Films, die sich auf die Avantgardebewegungen seit der Entstehungszeit des Films beriefen, sind Werner Nekes und Dore O., Birgit & Wilhelm Hein, Heinz Emigholz, Klaus Wyborny, Vlado

Kristl, Hellmuth Costard; außerdem die große Gruppe der Wiener Aktionisten um Kurt Kren, Otto Muehl, Gunter Brus; Peter Weibel und Valie Export, Elfie Mikesch und Friederike Pezold haben ebenfalls als Österreicher vorwiegend in der Bundesrepublik ihre Filme produziert, oder doch zumindest co-produziert. Dabei lassen sich fast all diese Filmemacher mehreren Richtungen des Experimentalfilms zurechnen, haben oft mehrere aufeinanderfolgende Konzepte ausprobiert.

Im groben lassen sich folgende Richtungen unterscheiden:

– Der *formale* oder *strukturelle* Film, in dem einzelne Bilder, Fotos, Einstellungen, Dokumentaraufnahmen, aber auch direkt auf dem Filmstreifen aufgeklebte, in ihn eingekerbte Materialien oder Zeichen mit verschiedenen filmischen Techniken seriell strukturiert werden, um dabei den Materialanteil an der Herstellung des Filmbildes herauszupräparieren oder der Wirksamkeit filmischer Bewegungsillusion nachzuspüren. Dabei verfolgen die Filmemacher ganz unterschiedliche Ziele, eine ästhetische Autonomie des Materials oder auch eine selbstreferentielle Dekonstruktion oder aggressive Destruktion der in sich geschlossenen Bilderwelten des dominanten Kinos. So zum Beispiel in den auch als Reaktion auf die politische Kritik an der Identifikationsästhetik des Hollywoodfilms zu verstehenden Filmen von W&B Hein, die Birgit Hein beschreibt als

Durchbruch zu einer eigenen Sprache mit dem außerordentlich aggressiven ›Rohfilm‹ 1968, der die Destruktion der herkömmlichen Bilderwelt darstellt. Auf Blankfilm wird Dreck, Haare, Asche, Tabak, kleine Stücke von Filmbildern, Randlöcher, perforiertes Klebeband aufgeklebt. Dieses wird wieder abgefilmt, da mit dem dicken, beklebten Streifen nur eine einzige Projektion möglich ist. Beim Abfilmen verhakt sich ab und zu das Original in der Filmbühne, so erscheint dasselbe Bild immer wieder, oder Filmbilder schmelzen bei der starken Hitze des nur mit sehr langsamer Geschwindigkeit laufenden Projektors. Das abgefilmte Stück wird dann verschiedensten Reproduktionsprozessen unterzogen und über Video, Schneidetisch, Betrachtungsgerät projiziert und abgefilmt, um die Veränderung allein durch den Reproduktionsprozeß deutlich zu machen ‹...›, so daß Bildstriche und Perforationslöcher, also der Streifen als Material, sichtbar werden. Der Film vermittelt den Eindruck einer ungeheuren Zerstörung. Die Bilder zerplatzen zu einzelnen Teilen, zu Wirbeln riesenhaft vergrößerter Dreckpartikel und Bildreste. Der aggressive Ton steigert die Wirkung und fordert die Zuschauer zu eigenem lauten Schreien heraus, um sich gegen die Übermacht des Films zu wehren.[13]

– Eine interessante Fortsetzung fand der formale Ansatz im *Expanded Cinema*. Das hatte sich nicht mehr nur die Materialien und die Transparenz der Materialität von filmischer Produktionsweise, sondern die Kinosituation als Ganzes in dekonstruktionistischer Absicht vorgenommen. Die Tatsache, daß Film sichtbar wird erst durch die Projektion auf die Leinwand, daß eine Filmvorführung schließlich eine Aktion ist, eine technische Möglichkeit performiert und dabei selbst auf den sonst vor den Zuschauern verborgen gehaltenen Projektionsapparat angewiesen ist, der aus dem traditionellen Kinosaal in die Vorführkabine verbannt wird, um den Illusionscharakter nicht zu stören, wurde die Hauptangriffsfläche für das ›Expanded Cinema‹. Aggressiv wie bei Peter Weibel und Valie Export zum Beispiel in ihrem Film ›Exit‹ (1968):

In ›Exit‹ sehen die Zuschauer einen auf eine Stanniolleinwand, die vor die Kinoleinwand gestellt ist, projizierten Film. Plötzlich schießen laut knallend aus der Leinwand Feuerwerksraketen in das Publikum, das nach kurzer Zeit die Sitze räumt und im Qualm und Gestank den Ausgang sucht.[14]

Die aggressive Bezugnahme auf die Zuschauer erinnert nicht nur an die imaginierten Aktionen der französischen Surrealisten, sie findet sich auch in theatralischen Formen dieser Jahre wie in Peter Handkes Stück ›Publikumsbeschimpfung‹ (1967).

In direktem Kontext der sexualpolitischen Motive der Protestbewegung befand sich der ›Tapp- und Tastfilm‹ (1970), in dem Peter Weibel und Valie Export eine Darstellung des Kinos auf der Höhe der damaligen Sexfilm-Welle durch sein Gegenteil parodierten. Die anonyme Kino-Höhle wurde als Miniatur-Kasten über den Brüsten Valie Exports montiert und durch zwei Eingrifflöcher das Uneinsehbare begreifbar gemacht. In dieser Straßenaktion wurden die Passanten zur Benutzung des ›Tapp- und Tastfilms‹ aufgefordert:

Die taktile Rezeption feit gegen den Betrug des Voyeurismus. Denn solange sich der Bürger mit der reproduzierten Kopie sexueller Freiheit begnügt, erspart sich der Staat die reale sexuelle Revolution.[15]

Das ›Expanded Cinema‹ läßt sich freilich nicht auf dergleichen spektakuläre Formen im Zuge der Happenings, der Öffnung der Kunst zur Straße hin, beschränken. In vielen seiner szenischen Aufführungen, wie zum Beispiel bei Wyborny, wurden mehrere Leinwände so aufeinander bezogen, daß sich die Filmbilder wechselseitig zu antworten schienen. Ein Ansatz, der bereits in vielen formalen Filmen vorweggenommen worden war, wo das Filmbild durch Mehrfachteilungen des Leinwandfeldes aufgesplittert wurde, so daß sich Aktionen in getrennten Bildfeldern aufeinanderbezogen.

Der Einfluß des experimentellen Films ist nicht zu unterschätzen. Viele der visuellen Effekte, die dort ausprobiert und erfunden wurden, sind als optische Ornamente in die Trailer der großen Unterhaltungsfilme des populären Kinos eingegangen, wie zum Beispiel in die Trailer zu den ›James Bond 007‹-Filmen, oder sie gehören zur Vorgeschichte des narrativen neuen deutschen Films. Nicht nur Wim Wenders hat mit experimentellen Studien begonnen, auch einige der berühmten Einstellungen in Filmen von Werner Herzog beispielsweise sind von experimentellen Filmemachern entwickelt worden (für Herzog arbeitete Wyborny). Auf experimentelle Techniken greift auch Kluge in seinen Filmen immer wieder zurück, freilich in einer authentischen ästhetischen Form, die sich nicht einfach ornamental auf die experimentelle Avantgarde bezieht, sondern deren Intention eines auf Experience = Erfahrung gerichteten Kinos für sich selbst ernst nimmt.

Das führt zurück auf die Intention des experimentellen Films und dessen ästhetisches Konzept. Verkürzt ließe sich sagen, daß dort die Vorstellung besteht, die ›Wahrnehmung‹ fungiere als sinnlicher Erfahrungszusammenhang der Welt. Veränderte Perspektiven auf diese sind darum nicht abspaltbar von ihrer ästhetischen Konstruktion, Kritik an ihrer Verfassung ist eine Kritik an ihrer mentalen Repräsentation. Die implizite Chock-Ästhetik vieler experimenteller Ansätze und Filme verweist nicht nur auf ihre

Herkunft aus der ästhetischen Moderne und den Autonomisierungsbewegungen innerhalb der ästhetischen Sphäre, sie verbindet sich ›1968‹, als einem symbolischen Datum der Protestbewegung, mit den gesellschaftlichen Sprengsätzen.

5. Underground als Subkultur der Avantgarde

Unter dem rebellisch aufgeladenen Begriff des »Underground« hatte sich auch der Avantgarde- und Experimentalfilm der späten sechziger Jahre gesehen. Unter diesem Namen begannen aber auch Regisseure wie Werner Schroeter, Rosa von Praunheim und Walter Bockmayr, der in Kölner Hinterhöfen Operntravestien auf Super 8-Film drehte. Schroeter und Bockmayr haben in den späten siebziger Jahren zwar damit begonnen, die Underground-Travestien gegen die größeren Formate einzutauschen. Aber vor allem Schroeter ist dabei seiner Fixierung auf die Welt der italienischen Opern und ihrer groß orchestrierten Emotionen treu geblieben.

Von ›Eika Katappa‹ (1969) bis ›Regno di Napoli/Neapolitanische Geschwister‹ (1978) greift Schroeter auf die Mythologien, auf die Gebärdensprache der Oper, auf deren Grundkonflikte von Liebe und Tod zurück, die zwischen Macht und Mangel geraten. Die Affinität zum Kitsch, die in diesen kulturellen Grundmustern steckt, überhöht Schroeter zu einem expressiven Moment von Gebärden, Tönen und Mimiken, die über musikalische Motive ausagiert werden. Aus der Hochkultur wird der Untergrund der Leidenschaften herausgezogen, die Travestien bekommen einen sexuellen Gehalt, der auf die homosexuelle Subkultur anspielt.

Sehr viel direkter greift Rosa von Praunheim in die neuen sexual-politischen Diskurse ein. Mit seinem polemischen Film ›Nicht der Homosexuelle ist pervers, sondern die Situation in der er lebt‹ (1970/71) wird der Versuch unternommen, die Zirkel der ›repressiven Toleranz‹ (Marcuse) zu sprengen, das soziale Getto der Homosexuellen zu verlassen und die eigene Subkultur selbstbewußt und selbstkritisch zur Diskussion zu stellen. In seinen späteren Filmen, die teils mit Laien, teils mit Selbstdarstellern besetzt sind, entwirft Praunheim Bilder eines anarchisch munteren sexuellen Undergrounds, der ganz in grotesken und burlesken Travestien die sexuelle Differenz als individuierten Entwurf der jeweiligen Charaktere entfaltet. Dem individuierten Anarchismus multipler Lebensentwürfe korrespondiert das Beharren auf ökonomischer Unabhängigkeit. Die oft mit extrem niedrigen Budgets gedrehten Filme stellen sich bewußt gegen die Organisationsstruktur der Filmfinanzierung und -produktion, in der sich Risikovermeidungsstrategien mit der Höhe der Produktionskosten in ästhetischer Hinsicht negativ potenzieren.

Der ›unabhängige‹ Film, der sich in ökonomischen Kategorien als ›Low-Budget-Film‹ verstand, hat in Praunheim seinen konsequentesten Vertreter gefunden. In den achtziger Jahren hat sich gegen den »etablierten Low-Budget-Film« der ersten Generation ein Pool von jungen Filmemachern herausgebildet, die im Hamburger »No-Budget-Filmfestival« ein eigenes Forum des neuen experimentellen und Underground-Films geschaffen haben, das gegen die Verkrustungen und Festschreibungen der etablierten Produktionen der subventionierten Filmkultur eine anarchisch oppositionelle unabhängige Produktionsweise vorschlägt.

6. Die politische Avantgarde: Der Essayfilm

Das kurzzeitige Zusammenfließen politischer und ästhetischer Protestformen hinterließ Spuren im Werk einiger Regisseure, die sich als Filmemacher selbstreflexiv auf die impliziten ideologischen Strukturen von Bildkonstruktionen und deren Konstitution von ›Wirklichkeit‹ bezogen. In essayistischen Filmen, die sprachliche Metaphern politischer Mythologien und Slogans visuell so umzusetzen versuchen, daß die daraus entstehenden »schiefen« Bilder einer visuellen Kritik unterzogen werden können, mischen sich dokumentarische Formen des Kompilationsfilms, formale filmische Dekonstruktionstechniken und inszenierte Passagen.

Harun Farocki untersucht auf diese Weise das Verhältnis der studentischen Protestbewegung zu Vietnam in den verschiedenen Phasen des politischen Engagements in ›Etwas wird sichtbar‹ (1982). Die Kollektivfilme, die weitgehend von Kluge geprägt sind, ›Deutschland im Herbst‹ (1977), ›Der Kandidat‹ (1980) und ›Krieg und Frieden‹ (1982) orientieren sich ebenfalls an der Ästhetik des experimentellen Essayfilms. In diesen Filmen wird besonderes Gewicht auf die Collagierung verschiedener filmischer Darstellungsformen und -techniken gelegt, um durch eine multiperspektivische Dezentrierung die Komplexität der symbolisch strukturierten Wirklichkeit politischen Tagesgeschehens zu durchleuchten, die ästhetische Strategie der visuellen Nachrichten des Fernsehens als präfabrizierte aufzudecken.

Der komplexe Wirklichkeitsbezug dieser Essayfilme reagiert auf die Wirklichkeit des Bewußtseins und nicht nur der Tatsachen und nimmt damit einen innerästhetischen Diskurs über Imagination und Vorstellung(sbild) auf. Auch in seinen anderen Filmen verwischt Kluge die traditionelle Trennung zwischen Fiktion und Dokumentation. In seinen Filmen werden Zitate aus der Filmgeschichte (vorzugsweise des Stummfilms) ästhetisch verfremdet zu Collagen realer Gefühlslagen, während die reportagehaften Eingriffe in vorgefundene Wirklichkeiten konstruktivistisch durch Kunstfiguren vorgenommen werden.

7. Dokumentarfilm

Daß der reine Dokumentarfilm als Abbild der Wirklichkeit selbst eine Fiktion ist, wissen nicht nur die Vertreter des formalen Films, des Essayfilms oder des poetischen Films. Die neuen Dokumentaristen, soweit ihre analytische Abtrennung von den anderen Formen des Wirklichkeitsbezugs überhaupt erlaubt erscheint, teilen sich in zwei Tendenzen: Die erste Gruppe, die sich in den direkten politischen Konflikten der Protestbewegung herauskristallisiert hatte, nahm für sich das Konzept des französischen ›cinéma militant‹ aus dem Pariser Mai in Anspruch, das sich als eine Form der eingreifenden Reportage umschreiben läßt. Aus diesem Konzept entwickelte sich das Modell des »Zielgruppenfilms«, der für ganz bestimmte, konkrete soziale Gruppen konzipiert wurde und deren Kämpfe unterstützen, dokumentieren und diskutieren sollte.[16]

Die zweite Gruppe, deren Ästhetik sich mit den Namen von

Klaus Wildenhahn und Gisela Tuchtenhagen benennen ließe, steht eher in der Tradition des ethnographischen Films, wobei freilich das Konzept des Ethnographen erweitert wird auf Formen der Beobachtung und vorsichtigen Strukturierung der Lebensformen und Arbeitsweisen der eigenen Gesellschaft, oder der Chronologie von Konflikten. Wildenhahn und Tuchtenhagen würden diese Eingemeindung in den ethnographischen Film sicher zurückweisen, da sie ihre Arbeit eher in der Tradition des ›direct cinéma‹ verstehen, als ein durchaus parteiliches Verfahren der teilnehmenden Beobachtung. Da die methodischen Vorgehensweisen eines beobachtenden Verfahrens mittlerweile aber selbst Teil der Sozialethnologie geworden ist, erscheinen sie doch als Vorformen auf den neuen Regionalismus des beobachtenden Dokumentarfilms.[17]

Die Produktionssituation für den Dokumentarfilm ist besonders schlecht, sein Ausschluß aus der Kinoöffentlichkeit fast perfekt. Die ›großen‹, das heißt langen und längere Zeiträume oder entfernter liegende Orte umgreifenden Dokumentarfilme, sind fast alle als Fernsehproduktionen entstanden und werden nur zu besonderen Gelegenheiten wie Festivals oder Retrospektiven im Kino gezeigt. Das gilt auch für den herausragenden Dokumentaristen Eberhard Fechner, dessen Film über den Majdanek-Prozeß ›Der Prozeß‹ (1984) zu den wichtigen Versuchen gehört, allein über verschiedene Aussagen von Opfern und Wachmannschaften dieses Vernichtungslagers, von Anwälten und anderen Beteiligten, nicht nur die Geschichte der Menschen an diesem Ort, sondern vor allem die Systematik von Verdrängung und Erinnerung ins Bewußtsein zu holen.

8. Frauen hinter der Kamera

Der Eintritt der Frauen in die Filmproduktion in merkbarer Anzahl vollzog sich im Zuge der Protestbewegungen der späten sechziger Jahre. Zwar hatten die meisten Regisseurinnen, die sich damals in der Frauenbewegung engagierten, bereits vorher begonnen Filme zu machen, aber sie zogen eine neue Generation nach sich und stellten auch ihre eigenen Filme in den aktuellen politischen Kontext. Der Begriff des ›Frauenfilms‹, der sich dafür einbürgerte, bleibt freilich ungenau. Am einfachsten schien er zu handhaben, wenn er als empirischer Sammelbegriff gebraucht wurde und nicht analytisch im Sinne einer formalen Bestimmung eines neuen Genres oder einer eigenen ästhetischen Schule.

Die Formen, Ausdrucksweisen und Intentionen der Regisseurinnen sind so unterschiedlich wie ihre eigenen Vorstellungen vom Feminismus, der Frauenbewegung, von Weiblichkeit. Was sie unter dem Etikett des ›Frauenfilms‹ vereint, ist die Ähnlichkeit der sozialen Lage, die Erfahrungen von Diskriminierung und Emanzipationsversuchen. Im wesentlichen ließen sie sich auch unter den oben diskutierten analytischen Kategorien und ästhetischen Richtungen wieder finden. Was sie von den männlichen Vertretern des neuen deutschen Films aber da trennt, wo sie gleiche ästhetische Ziele verfolgen, ist eine veränderte Perspektive auf die Geschlechterverhältnisse, andere Akzente in den Narrationen, die darauf verweisen, daß die Erfahrungen, die in die Filmarbeit eingehen, anders gelagert sind. Sexuelle Erfahrungen und die Erfahrung komplexer Verhältnisse von Frauen untereinander bilden eine Folie, die über lange Jahre hinweg es den Regisseurinnen selbst ratsam erscheinen ließ, den ihnen von außen übergestülpten Begriff des ›Frauenfilms‹ von innen her auszufüttern und politisch zu besetzen.

Dabei wechseln viele Regisseurinnen auch im Laufe der Zeit den filmischen Stil. Von Helke Sander gibt es neben den militanten frühen Zielgruppenfilmen der Frauenbewegung, neben dem Versuch einer essayistisch-spielerischen Situationsbestimmung ›Redupers – die allseitig reduzierte Persönlichkeit‹ (1977) auch Komödien, die im Stil der achtziger Jahre gehalten sind wie ›Der Beginn aller Schrecken ist Liebe‹ (1986). Und Jutta Brückner, die mit dem autobiographischen, realistisch gehaltenen Film ›Hungerjahre‹ (1980) die Pubertätsbeziehung zu ihrer Mutter in einer eindringlichen Milieustudie voller Zeitbezüge auf die fünfziger Jahre schilderte, wechselte zu mehr experimentellen Filmen bis hin zu dem choreographisch-theatralisch mit Körpersprache und symbolischen Formen operierenden Film ›Ein Blick und die Liebe bricht aus‹ (1987).

Ihren eigenwillig ornamentalen Stil hat Ulrike Ottinger dagegen nie verlassen. In einer Nummerndramaturgie mit allegorischen Figuren und zahllosen Verweisen auf die Kunstgeschichte und deren Mythen und Symbole hat Ottinger eine in sich autonome ästhetische Welt aufgebaut, die oft auf Widerstände gestoßen ist. ›Madame X – eine absolute Herrscherin‹ (1977) wurde innerhalb der Frauenbewegung eher kontrovers diskutiert und auch ›Bildnis einer Trinkerin‹ (1979) wurde als ›ästhetizistisch‹ und manieriert abgekanzelt. Die Schwierigkeiten, die Ottingers Filme für ein weibliches Publikum boten, das sich vor allem im politischen Kontext der Frauenbewegung für Filme zu interessieren begann und mit den ästhetisch autonomen Zügen des Mediums überfordert war, wiederholten noch einmal das Dilemma des Verhältnisses von politischen und ästhetischen Avantgarden, deren Ausdrucksweisen sich nur in wenigen historischen Momenten wirklich zu treffen scheinen.

Zu den Regisseurinnen, die, wie Ottinger, aus der Malerei oder der Bildenden Kunst kommen, gehören Valie Export, Elfi Mikesch und Friederike Pezold. Diesen ist gemeinsam ein dem experimentellen formalen Film geschuldetes, tieferreichendes Konzept visueller Strategien der Bildkonstruktion und -destruktion. Export hat mit ›Unsichtbare Gegner‹ (1976, in Österreich produziert) experimentelle Techniken in den Film so eingebaut, daß mit ihrer Hilfe der ikonographische Bestand der Kunstgeschichte kritisch dekonstruiert wird. Mikesch, wie Export und Pezold vorwiegend in der Bundesrepublik arbeitende Österreicherin, setzt mit den zwei semi-dokumentarischen Filmen ›Ich denke oft an Hawaii‹ (1977) und ›Was soll'n wir denn machen ohne den Tod‹ (1982) bei den spielerischen und imaginären Potentialen weiblicher und ästhetischer Bildphantasien an, aus denen sie jene Funken schlägt, die aus den nicht-realisierten Entwürfen des Alltagslebens und der Erinnerung überspringen.

Ausgangspunkt vieler filmästhetischer Debatten über die Repräsentation des Geschlechterverhältnisses in einzelnen Filmen und im Kino als sozialer Institution waren die Thesen und Theorien der angloamerikanischen Filmtheoretikerinnen.[18] In deren Analyse der patriarchalen Strukturen des klassischen Erzählkinos, das von seiner Kamera-Ästhetik her eine Privilegierung des männlichen Blicks auf die Frau als fetischisiertes Schauobjekt favorisiert, hatte sich eine Kritik an einer bestimmten Ästhetik formuliert, die in ihrer Konsequenz als Aufforderung zu neuen, experimentellen Filmpraktiken verstanden wurde. Der Übergang von einer politischen Kritik an den männlich dominierten Bedürfnisstrukturen des traditionellen Films zu einer radikalen feministischen, ästhetischen Opposition war fließend. In ›Unsichtbare Gegner‹ beispielsweise arbeitet Export Videobänder ein mit einem Interview mit Sander, die in der ersten Phase des feministischen Films eine herausragende Rolle gespielt hat. Auf Initiative von Sanders, die damals militante Zielgruppenfilme (über die »Pille« u. ä.) gedreht hatte, wurde 1974 die erste feministische Filmzeitschrift Europas gegründet: ›frauen und film‹. In den ersten Jahren wurden darin Untersuchungen publiziert über die Lage der Frauen im Filmbereich, Kritiken und Polemiken zu Filmen, die als progressiv galten, aber doch ein konservatives Verhältnis der Geschlechter zueinander entwarfen. Mit zunehmender Professionalisierung der Filmemacherinnen und der Kritikerinnen zerfiel die enge Bindung von Filmpraxis und -theorie der ersten Jahre. ›frauen und film‹ (die Kleinschreibung wurde bald eingestellt) entwickelte sich wie viele militante Projekte im Verlauf der siebziger Jahre in der Eigenlogik der Professionalisierung. Erst einmal wurden Produktion und Kritik getrennt, die Regisseurinnen machten die Filme, die Kritikerinnen schrieben über sie. Noch weiter entfernte sich das Zeitschriften-Projekt aus den tagespolitischen Debatten, als die Berliner Redaktion das Projekt ganz aufgab. Weitergeführt wird ›Frauen und Film‹ seit Heft 35/1983 in Frankfurt, wo es halbjährlich erscheint und vorwiegend filmtheoretisch an den Problemen einer feministischen Perspektive auf Filmgeschichte und Filmästhetik arbeitet.

9. *Schlußbemerkung*

Ein Überblick über rund zwanzig Jahre Filmgeschichte, noch dazu über einen Zeitraum, der eine enorme materielle und ästhetische Entfaltung umfaßt, hat notwendigerweise auch immer

SCHLUSSBEMERKUNG

etwas falsch Objektivierendes, das auf Auslassungen beruht. Überblicken und Übersehen liegen nahe beinander. Ausgespart sind die ›großen‹ Namen des Autorenfilms und Analysen von Werkmonographien einzelner Regisseure; es fehlen beispielsweise exzentrisch zur Binnengrenze einzelner Schulen und Richtungen stehende Werke, die so unterschiedlich ausfallen können wie das von Hans-Jürgen Syberberg, von Helma Sanders-Brahms oder Jean-Marie Straub/Danielle Huillet. Die exemplarischen Lesearten einzelner Motive, Einstellungen oder Tendenzen verstehen sich eher als zeitdiagnostisch, nicht als einzig mögliche. Das erscheint angesichts einer auf das Autorenprinzip gegründeten Produktion des neuen deutschen Films auf den ersten Blick vielleicht befremdlich, rückt aber doch näher an das Bemühen heran, eine Sozialgeschichte einer noch gegenwärtigen und aktuellen Produktion von Filmen und Kino-Entwürfen zumindest an solchen Motiven festzumachen.

Horst Ohde
Das Hörspiel. Akustische Kunst in der Nische

Über das Hörspiel sprechen heißt von seiner Krise sprechen. Seit Jahren wird das Hörspiel von den einen totgesagt, von den anderen dagegen als immer noch vitale Medienkunstform gepriesen. Für beides lassen sich Gründe finden. Der Gattungsbegriff ›Hörspiel‹ und eine mehr oder weniger präzise Vorstellung von seinen Inhalten hat sich im deutschen Sprachgebrauch eingebürgert. Danach scheint das Hörspiel fester Bestandteil der literarischen Kultur zu sein: es hat eine eigene Geschichte, es nimmt feste Programmplätze ein, beschäftigt Redaktionen, Autoren, einige wenige Kritiker und – in geschwundenen Hörerzahlen – auch ein Publikum. Gerade die letzten Aspekte aber bestimmen andererseits das Lamento vom »Herbst des deutschen Hörspiels«[1] und die Klage, das Hörspiel sei »eine Gattung ohne Echo, eine Gattung im Abseits«,[2] ausgesetzt der Schere von mangelndem Hörinteresse und reduzierten Produktions- und Sendeanteilen.

Zur Krise gehört auch die Diskrepanz zwischen behaupteter Öffentlichkeit (Klaus Schöning: »Akustische Literatur, als Hörspiel über das Massenmedium Radio allen zugänglich, sozialisierte Kunst sozusagen«[3]) und erfahrbarer Nicht-Öffentlichkeit, die der ›normale‹, d. h. nicht zum Apparat gehörende Rezipient kennenlernt, wenn er versucht, Zugang zum Hörspiel und seiner Geschichte zu finden.[4] Solche Erfahrung von Widersprüchen führt sehr direkt auf die Fragestellung nach der sozialgeschichtlichen Wirklichkeit des Hörspiels, die hier durchaus parteilich aus Konsumentensicht skizziert werden soll. Die Trias der Funktionen Produktion, Distribution und Konsumtion ist für das Hörspiel eine besondere, weil die historischen Bedingungen des Massenmediums Radio in der Bundesrepublik ein eigentümliches Modell haben entstehen lassen. Zu den vielfältigen Aspekten dieser Eigentümlichkeit gehört auch die Spannung zwischen der mächtigen und rigiden ›Verwaltungs‹-Struktur dieser Institution und dem liberalen Bild, das sie von sich erzeugt. Dazu gehören auch die forcierten Versuche normierender Geschichtsbildung, wofür vor allem die Begriffspropagierung ›Neues Hörspiel‹ für die vergangenen zwei Jahrzehnte ein Beispiel ist. Auf beides, Strukturzwänge und Normierungsdruck, müssen sich freie und angestellte Autoren/Hörspielmacher einrichten, wenn sie ihre Arbeit im Rundfunk produzieren und senden lassen wollen. Sie tun es mit unterschiedlichen Strategien von Anpassung und Widerstand, deren Ergebnisse nur öffentlich werden, wenn sie erfolgreich in den Medienapparat hineingekommen sind.

Dies Erscheinungsbild ist komplex, und auch die Strukturen dahinter sind es. Das folgende kann nur eine Annäherung sein, die Einseitigkeiten nicht vermeiden will, sofern sie nur nicht falsch abbilden. Unter der Leitfrage, was die offensichtliche Krise des Hörspiels ist und was sie verursacht haben mag, werden einige strukturelle Probleme erörtert. Anschließend wird versucht, die wenig bewegte Hörspielgeschichte der letzten zwei Jahrzehnte auf das ›Neue Hörspiel‹ und seine Ausstrahlung zu konzentrieren, auf die reklamierte Rolle und ihre konkrete Füllung. Autoren und Hörspiele sind hierfür Beispiel und Beleg, in dieser Einschränkung werden sie im folgenden behandelt.

1. Verwaltete Kunst
oder Wie öffentlich ist der Rundfunk?

Jede Ortsbestimmung des deutschen Hörspiels lenkt den Blick auf seine symbiotische Verbindung mit der Institution Rundfunk. Das Hörspiel ist zunächst und vor allem ein Medienprodukt und als solches an die Bedingungen der Medienproduktion gebunden. In Deutschland besitzt dies System eine spezifisch »öffentlich-rechtliche« Form. Ihre gesellschaftliche Anbindung gibt sich zunehmend als unverhohlene politische Außensteuerung zu erkennen, ihre Binnenstruktur ist von Positionskonkurrenz und bürokratischer Immobilität bedroht. In dieser Spannung steht auch das Hörspiel, Alibi-Teil des gesetzlich geforderten ›Kulturauftrags‹ und Objekt einer Programmplanung, die Kultur zur lästigen »Dienstleistung für Minderheiten« degradiert.[5] Der öffentlich-rechtliche Rundfunk als Produktionsmittel und als Marktagentur hat das Hörspiel zwar erst ermöglicht, sichert seine Minimalexistenz, hat es aber aus eben den Gründen auch in eine unauflösbar scheinende Abhängigkeit gebracht.

Die Zwänge sind für das Hörspiel deutlicher geworden, seitdem es nicht mehr zu den Programmhöhepunkten gerechnet werden kann. Als »Nische im multimedialen Feld« (Dieter Hasselblatt) genießt das Hörspiel zwar das Privileg eines protegierten Kunstfreiraums, gerät aber zugleich in die Gefahr, als Minderheitenreservat ausgegrenzt zu werden.[6] Den Zusammenhang von Resonanz- und Funktionsverlust haben die Betroffenen trotz verschiedener Hinweise[7] häufig verdrängen können, und sie haben stattdessen auf die anhaltende Bedeutung für eine Minderheit, vor allem aber für die Kunst und ihre Autoren selber verwiesen. Die Brisanz der Problematik ist überdeutlich geworden, seitdem Bekenntnisse sogar von Autoren selbst in Mode gekommen sind,[8] man würde keine Hörspiele mehr hören. So gesteht Michael Rutschky: »Es ist um die zwanzig Jahre her, daß ich aufgehört habe, ein Hörspiel-Hörer zu sein«,[9] und Ror Wolf bekennt, immerhin anläßlich der Verleihung des Hörspielpreises der Kriegsblinden in seiner Dankesrede: »Ich weiß wenig vom Hörspiel; fast nichts. Die Entwicklung der Gattung, die Hörspielgeschichte, ist mir nahezu unbekannt. Ich habe in meinem Leben allenfalls – und das ist eher zu hoch gegriffen – 30 Hörspiele gehört.«[10]

Dies sind späte Symptome einer lange währenden Erosion. Erst spät, sieht man einmal von den dezidierten, aber folgenlosen Medienkritiken Brechts und Benjamins in den 20er Jahren ab, hat es Versuche kritischer Analysen gegeben. Unter dem Druck der Veränderungen im Mediensektor in den 60er Jahren (wachsende Dominanz des Fernsehens, Mittelkürzungen im Hörfunk) begann man, Bedingung und Rolle des Hörspiels neu zu bestimmen. Man erkannte die »Auftragssituation« (Heißenbüttel), durch die das kulturelle Programm und so auch das Hörspiel bloß als unterhaltsames »Füllsel« einer umfassenden Informationsindustrie, bestenfalls als »akustischer Spiegel von so etwas wie einem öffentlichen kulturellen Leben"[11] definiert wird. So klar man die Abhängigkeiten der Programmkonkurrenz sehen, so deutlich man auch die Gefahr beschwören mag, daß das Hörspiel als aku-

stisches Kunstwerk nur ein scheinautonomes Narrendasein friste,
durch das kulturpolitisches Alibi-Denken befriedigt und ein fal-
scher Glanz bürgerlicher Kulturrepräsentation erzeugt wird, so
überschreitet solche Selbstkritik und ihre produktive Umsetzung
doch fast nie bestimmte Grenzen: das Medium selber wird nicht
– jedenfalls nicht ernsthaft – in Frage gestellt, denn das würde
die eigene Existenzgrundlage antasten. Vor allem wird nicht das
Diktat der Öffentlichkeitsform in Frage gestellt, das jede Hör-
Rezeption von Hörspielen (von den spärlichen Ausnahmen wird
zu sprechen sein) in das Schema des ›Programms‹ zwängt. Hinter
dessen formal anonymer Organisation aber steht die Verfügungs-
gewalt derer, die entscheiden, ob, wann und wo ein Hörspiel
gesendet wird. Dies aber ist ein höchst folgenreiches Faktum,
wodurch das Hörspiel in seiner wichtigsten, der akustischen Realisation abhängig wird von seinen Verwaltern. Es selber wird zur
›verwalteten Kunst‹.

Fast alle Hinweise auf das Problem der fatalen institutionellen
Bindung des Hörspiels an den Rundfunk wollen nicht eigentlich
den Zirkel der Medienkonstruktion sprengen, sondern es sind
allemal nur Überlegungen Beteiligter, wie man mit solcher Voraussetzung leben könne. So ist die Bezeichnung ›verwaltete
Kunst‹ auch keine von außen kommende Zuschreibung. Es ist
Klaus Schöning, Redaktionsleiter beim Westdeutschen Rundfunk
und erfolgreicher Propagierer des ›Neuen Hörspiels‹, der schon
1970 in einem Essay ›Hörspiel als verwaltete Kunst‹ auf das
Dilemma hinweist, allerdings nicht als Selbstanzeige, sondern als
Abrechnung mit Vergangenem und in der Absicht, dagegen
oppositionelle Impulse zu wagen.[12] Ähnliches geschieht öfter. Die
Systemverhaftung bestimmt viele theoretische Texte und öffentliche Aktivitäten, denn die meisten aufs Thema bezogenen Publikationen, Zeitschriftendiskussionen und Veranstaltungen werden
von Vertretern der Rundfunkanstalten selber verfaßt und initiiert,[13] was Schöning so begründet:

> Da es außerhalb des Radios bisher keine Alternativen zu Produktion
> und Distribution von akustischer Literatur gibt und der interpretatori-
> sche Apparat zur weiteren Fundierung des kulturellen Bewußtseins noch
> nicht hinreichend genug vorhanden war, mußte dieser auch histori-

sche Bezüge schaffende Apparat zunächst vom Radio selbst initiiert werden.[14]

Das setzt aber auch einschränkende Markierungen im Feld öffentlicher Bewußtseinsbildung und schafft die Gefahr zirkulärer Abschließung. Es entsteht ein Kunstgetto, in dem ästhetische Debatten ohne oder nur mit geringer Außenwirkung stattfinden. Wie sehr diese Zirkulation bereits abgeschottet ist, zeigt nicht zuletzt das geschwundene Interesse der Literaturkritik an Hörspielen.[15] Das fast völlige Schweigen, mit dem diese Institution des literarischen Lebens das Hörspiel bedenkt, macht besonders deutlich, daß ein öffentlicher Diskurs nicht stattfindet.[16]

Das Fehlen einer unabhängig funktionierenden, kritischen Öffentlichkeit wird auch nicht kompensiert durch verschiedene Anstrengungen des Rundfunks, Öffentlichkeit zu inszenieren. Dazu zählt die Praxis der Preisvergaben, mit der eine gewisse Aufmerksamkeit erregt wird. Unter den jährlichen Ereignissen ragt der 1951 begründete *Hörspielpreis der Kriegsblinden* hervor, auch der *Karl-Sczuka-Preis* des SWF ist seit seiner Umwidmung 1970[17] ein attraktiver Hörspielpreis, auf internationaler Ebene wird vor allem der *Prix Italia* beachtet. Alle sind von den Rundfunkanstalten direkt initiierte oder indirekt unterstützte Veranstaltungen, was schwer unterscheidbar macht, ob es sich um gelenkte Betriebsamkeit oder um die Lebendigkeit eines regen Bedürfnisses handelt. Ähnliches gilt für die Anstrengungen der Hörspielredaktionen in den letzten Jahren, das Publikum mit ›Live‹-Veranstaltungen zu erreichen. Viele Sender präsentieren regelmäßig »Hörspieltage«, kooperieren mit anderen Veranstaltern für öffentliche Abspielungen von Hörspielen und für Diskussionen mit den Autoren und Regisseuren. Doch rühren solche aufwendig finanzierten Aktivitäten kaum an den Kern des Problems oder verdecken ihn mit ihrer Anlehnung an theater- und konzertähnliche Formen.

2. »Ein Hörspiel wird nicht allein schon dadurch öffentlich, daß es gesendet wird«[18]

Diese Situation mit ihren Folgen für das Hörspiel im öffentlichen Bewußtsein läßt sich als Faktum konstatieren. Die Gründe insgesamt sind ungleich schwerer zu skizzieren, erst recht die Möglichkeit einer Veränderung. Überlegungen dazu müßten wohl zuerst im Bereich der Distribution ansetzen, und sie müßten vor allem mit Blick auf den Rezipienten geschehen. Keine Bedingung des Rundfunks wird so wenig in Frage gestellt wie die seiner Distributionsweise. Sie scheint selbstverständlich mit dem Namen ›Rundfunk‹ selber gegeben zu sein. Auf das Hörspiel bezogen aber erweist sich diese Form der Distribution, diese Art der Öffentlichkeit, als alleinige nicht mehr ausreichend. Fest steht, daß das Radio seine Bedeutung für die Alltagswirklichkeit gewandelt hat. Konsum und Nutzung des Programms haben sich verändert. Das Hörspiel als Theaterersatz hat dabei eine der größten Einbußen hinnehmen müssen, denn die Bereitschaft der Hörer, sich für ein Hörspiel zur festgesetzten Zeit in das Radioprogramm eines Senders einzuschalten, ist – dies zumindest können Statistiken von Einschaltquoten belegen – gering. Doch nur die *Sendung* ist der aktuelle Ort für die Rezeption eines Hörspiels, verläßlich angekündigt, aber auch festgeschrieben durch das Programm. Ein Datum, auf das man sich einzurichten hat, ein Ereignis, einmalig oder doch mit nicht absehbarer Wiederholung.

Gerade im Vergleich mit anderen Literaturformen und ihren Medien wird deutlich, wie sehr das Hörspiel in der Domäne des öffentlich-rechtlichen Rundfunks aus den üblichen Bedingungen von literarischer ›Öffentlichkeit‹ herausfällt. Sie ist anders als etwa die von Büchern.[19] Das Hörspiel ist nicht – sieht man von wenigen Ausnahmen ab[20] – als käufliche Ware auf dem Markt zu haben, es steht nicht, wie Literatur, dem freien Gebrauch des Rezipienten (Ausleihe oder Tausch) zur Verfügung –, daran ändert auch die private Mitschnittpraxis in der Grauzone der Legalität grundsätzlich nichts. Die Abhängigkeit von der Sendung ist noch deutlicher geworden, seit für viele moderne akustische

Kunstwerke der lesende Nachvollzug – Hilfe in Zeiten des ›literarischen‹ Hörspiels – entfallen muß, kann doch der Text solcher Hörspiele gar nicht mehr angemessen als literarischer Druck veröffentlicht werden. Die Studiorealisationen – gerade des ›Neuen Hörspiels‹ – sind komplexer als jede Vorlage oder Transkription von Text und Partitur. Damit aber entfällt eine ›traditionelle‹ Verbindung des Hörspiels zur literarischen Distributionsöffentlichkeit.

Die Gefahr, die in solcher Überholung des Lesens durch das Hören und der ›Auslieferung‹ an die Bedingungen eines anderen Mediums liegt, ist schon 1963 von Karl Markus Michel gesehen worden, wenn er warnt, der Text dürfe sich »dem akustischen Bereich, in dem er eine neue Realität finden möchte, nicht rückhaltlos ausliefern, sondern muß in seiner ersten, der literarischen, verankert bleiben, die nur der gedruckte Buchstabe zu hüten vermag«.[21] Solcher Warnung stehen zwar optimistischere Einschätzungen gegenüber, wie die Jürgen Beckers, daß »die Zukunft des Buches als eines intermedialen Objektes erst angefangen hat«.[22] Doch verschütten derartige Prognosen leicht das Problem, das in der Abkopplung der akustischen Rezeption von der ›literarischen‹ liegt. Die Zukunft wird erweisen müssen, ob der »gedruckte Buchstabe« ausreicht oder ob nicht für eine moderne Kategorie ›Buch‹ auch andere »Aufschreibesysteme« (Friedrich A. Kittler), auch akustische, bildliche, ja sogar filmische, mitgedacht werden müssen. Unrealisierbar ist solche Multimedialität nicht. Die rasante Entwicklung der Technik weist auf das Bewußtseinsdefizit, daß »Erfindungen, die nicht bestellt« (Brecht) sind, deshalb auch nicht oder zu spät in den kulturellen Prozeß einbezogen werden. Und werden sie einbezogen, drohen sie herrschenden Kulturmechanismen unterworfen zu werden, gegen die Veränderungen in Bewußtsein und Praxis nur schwer durchzusetzen sind.

3. Tonspur fürs Lebenskino

Die Abhängigkeit der Hör-Öffentlichkeit von der Öffentlichkeit des Rundfunks bezeichnet nur ein Problem. Schwieriger zu beschreiben ist ein anderes, die qualitative Veränderung, die offensichtlich in der Weise des Hörens selber vor sich gegangen ist. Dies ist nicht allein durch die Abwanderung zum Fernsehen zu erklären, sondern mindestens ebenso durch einen veränderten ›Gebrauch‹ des Radios, den die Hörer entwickelt haben. Der oft beklagte ›Konsumwandel‹ in der Nutzung des Radios seit den 70er Jahren markiert nur einen Aspekt geänderter Hörgewohnheiten. Auch die größere Mobilität des Wechselhörens, d. h. die geringere ›Treue‹ zum einmal eingeschalteten Sender ist nur ein Aspekt. Bedeutsamer für die Rezeption von Hörspielen ist eine Erscheinung, die als Begleitung oder als Folge des Vorhergenannten auftritt: Radiohören lebt nicht mehr (wenn es je so war) von der Aura des heimischen Ein-Sessel-Theaters. Die Lautsprecher erzeugen nicht mehr den faszinierenden Illusionssog einer »Inneren Bühne«, sondern eher die unauffällige Atmosphäre eines akustischen ›Teppichs‹. Rutschky hat diese begleitende (aber durchaus nicht nebensächliche) Hintergrundrolle des Hörens bei der Wahrnehmung der Alltagswirklichkeit mit dem einprägsamen Bild von der »Tonspur für das Lebenskino« zu bezeichnen versucht.[23]

Das »gewöhnliche« Hören heute ist selten eine alles andere ausblendende »Sammlung«, sondern eher ein »beiläufiges Bemerken« in der Disposition der »Zerstreuung«, wie Benjamin es schon früh für die Rezeption des ›Kunstwerks im Zeitalter seiner technischen Reproduzierbarkeit‹ formuliert hat. Aber noch immer scheint in schwer korrigierbarer Zähigkeit auch in jüngeren Ansätzen die Ästhetik gerade des Hörspiels von der Notwendigkeit konzentriert gesammelter Rezeption des Gesendeten abzuhängen: »Radio zum Nebenbeihören – welche Perversion!«[24] Das wendet sich in gewollter Gegnerschaft gegen den übrigen Programmfluß des Radios und dessen Konsum: »In solchem Programmumfeld finden Hörspiele keinen Lebensraum, weil sie langen Atem, Geduld, Aufmerksamkeit, Konzentration verlangen.«[25] Ein Versagen vor diesem auratischen Anspruch wird auch heute noch zuallererst dem Hörer angelastet, dem etwa unter Hinweis auf Neil Postmans Analysen eine »Verkümmerung der Hör- und Denkkultur« attestiert wird, die »möglicherweise mit der anthropologischen Erosion eines entscheidenden Sinnesorgans ganz eng verknüpft«[26] sei. Doch bleibt dies als bloß kulturkritische Schelte an der Oberfläche, wenn die beschriebene Art von Apperzeption als korrigierbare Verirrung von Geschmack und Gewohnheit abgetan wird und man nicht ernsthaft erwägt, was diese Veränderung der ästhetischen Wahrnehmung im Bereich des Radios bedeutet und welche Konsequenzen daraus zu ziehen wären.

Rutschkys Ausführungen zum Zusammenhang von Alltagserfahrung und Radio-Wahrnehmung weisen auf Gebrauchsformen des Hörens, die das Konzept von Hörspielen, aber auch das ideologische Konzept ihrer Durchsetzung im Programm betreffen. Bestimmend ist ja hierbei immer wieder der Kunstwerk-Anspruch, womit einerseits ein Programm-Rang behauptet, andererseits aber auch die Abschiebung in die Nischen anspruchsvoller Minderheiten-Sendungen begründet wird. Das »Prinzip des Bastelns«, das Rutschky formuliert (»Nicht mit dem operieren, was der kulturelle Standard und das höchste Niveau der Ressourcen vorschreibt, sondern mit dem, was gerade zur Hand ist, hier und jetzt«),[27] markiert eine ›andere‹ Verbindung von ästhetischem Verfahren und Alltagsleben, als sie das gängige didaktische Kulturkonzept vorschreibt. Was auf diese Weise entsteht, wendet die Rezeption, etwa eines Hörspiels, in die Produktion »lebensweltlicher Collagen« (Rutschky). Der ›Gebrauchswert‹ des Hörspiels wird in solcher Betrachtung von mancher Rechtfertigung entlastet. In dem Maße, wie das Hören zufällig wird, wird auch der Kampf um Programmplätze unwichtiger. Sogar – horribile dictu – eine Aufteilung innerhalb einer Magazin-Sendung müßte so nicht mehr unter Denkverbot gestellt werden. – In der Diskussion um die Krise des Hörspiels mögen immer wieder solche und ähnliche Gedanken und Vorschläge auftauchen. Sie werden folgenlos bleiben, weil die bestehende Struktur des Rundfunks das Hörspiel dem kontrollierenden Diskurs der »normalen« literarischen Öffentlichkeit weitgehend entzieht und es auf das Getto interner Rückkopplungen beschränkt. Zur Normalität kultureller Kommunikation im technischen Zeitalter aber wäre die *freie Verfügbarkeit* des Hörspiels zu rechnen, die sich nicht darin erschöpfen kann, den interessierten Hörer auf das Programm oder einige andere Veranstaltungsformen zu verweisen. Wenn schon – was nicht einmal sicher ist – das Vorbild des Buches für die Lösung des Problems nicht taugt, so wäre das Beispiel erfolgreicher Kassettenproduktionen, von Videotheken mindestens des öffentlichen Nachdenkens wert. Das Hörspiel muß sich auf die Bedürfnisse des Hörers einstellen, sonst muß es auf den Hörer verzichten. Technisch, juristisch (urheberrechtlich) und wirtschaftlich sind die beschriebenen Probleme nicht unlösbar, sie scheinen es nur zu sein in der bisherigen ›öffentlich-rechtlichen‹ Konstruktion des Rundfunks und deren Bedeutung für das Hörspiel.

Die Krise des Hörspiels als Krise des Rundfunksystems kann nicht als vorübergehende Phase in einem historischen Prozeß gesehen werden, sie ist beschreibbar und kritisierbar nur als Kontinuum und essentieller Bestandteil einer gesellschaftlichen Institution. Diese kann in ihrer Erstarrung und will mit ihrer Interessenlage nicht angemessen Veränderungen ihrer eigenen Geschichte bewirken. Diese These steht nicht im Widerspruch zu den auffälligen Aktivitäten, mit denen auch der Rundfunk auf die politischen und kulturellen Wandlungen Ende der 60er Jahre reagierte. Denn immer bleiben dies Bewegungen, die sich an die von der Institution gesetzten Grenzen halten. Das ›Neue Hörspiel‹ ist dabei die offensivste Formel, mit der eine Fraktion sich erfolgreich – für eine gewisse Zeit zumindest – gegen eine ›traditionelle‹ hat durchsetzen können. Die dafür als Zeugen angeführten Hörspiele und Hörspieltheorien bleiben – unabhängig von ihrer Wirkung auf die Apparatbedingungen – eigenständige Leistungen, die als poetische Modelle für Nachfolgen und Widerstände literaturgeschichtliche Bezugspunkte geschaffen haben. Bezogen auf die politische Seite der Mediengeschichte, mögen sie kurzlebige Sensationen geblieben sein, als Beispiele von literarisch-akustischen Schreib- und Produktionsstrategien repräsentieren sie das breite Spektrum der Möglichkeiten, die das Hörspiel bereithält.

Die *Hörspielgeschichte* seit 1967 wurde vor allem durch die Diskussion geprägt, die um das ›Neue Hörspiel‹ geführt wurde. Sie wußte sich in ihren Absichten mit einer gesellschaftlichen

Stimmung von Kritik, Revolte und Aufbruch in Einklang. Die Dichte theoretischer und praktischer Erkundungen des folgenden Jahrzehnts ist bisher nicht überholt worden. Noch die neuesten Tendenzen und ihre definitorische Rechtfertigung stehen unter diesem Einfluß. Der Begriff ›Neues Hörspiel‹ wurde 1969, in Anlehnung an den ›Nouveau Roman‹ und seinen Einfluß, von Schöning geprägt, der als Redaktionsleiter, Veranstalter, Autor und Herausgeber auch sein rührigster Förderer und Propagandist war.[28] Die einflußreichsten programmatisch-theoretischen Begleittexte stammen von Heißenbüttel, der 1968 auf der wichtigen Internationalen Hörspieltagung in Frankfurt das Einleitungsreferat ›Horoskop des Hörspiels‹[29] hielt und auch im folgenden immer wieder mit Beiträgen in die Debatte eingriff. Das literarische Hörspiel und seine Anbindung an eine Ästhetik, wie sie Richard Kolbs ›Horoskop des Hörspiels‹ von 1932 verkündet hatte, war das restaurative Alte, gegen das es sich abzusetzen galt: Handlungsfiktion, Figurenspiel, Verinnerlichung. Dagegen steht das akustische Arrangement des Materials und Technikbewußtsein. Dem Hörspiel eröffnet sich »ein Feld der variablen und freikombinatorischen Möglichkeiten«[30] aus den Materialien der Sprache, aber auch aus Ton und Geräusch und deren technischer Manipulation. Heißenbüttel markiert mit seinem schreibstrategischen Ansatz des Experiments und der »Offenheit« eine ästhetische Position, die sehr verschiedenen Ansätzen Bezugsmöglichkeiten bietet.

Klaus Schöning suchte mit der Klammer ›Neues Hörspiel‹ die verschiedenen Ansätze zusammenzufassen. Damit ließen sich sowohl Sprachexperimente wie die der Konkreten Poesie (Jandl/Mayröcker, Mon, Bense, Rühm) einbeziehen wie auch Arbeiten der im weiteren Sinn dem Sprachexperiment verpflichteten Autoren Jürgen Becker, Ferdinand Kriwet, Peter O. Chotjewitz, Wolf Wondratschek oder Paul Pörtner bis hin zu den Hörspielkomponisten John Cage und Mauricio Kagel. Aber auch betont politisch operierende Experimente wie die O-Ton-Arbeiten Ludwig Harigs oder gar Michael Scharangs schienen dem Begriff ›Neues Hörspiel‹ integrierbar. Die Weite des Spektrums ließ sich kaum auf einen inhaltlichen Nenner bringen. Der am ehesten spezifische scheint noch der des ›akustischen Spiels‹ zu sein, für den Reinhard Döhl folgende Stichworte als wichtigste zusammenfaßt: Schallspiel, Spiel im Studio, Stereophonie, Schnitt und Montage, Musik als Hörspiel/Hörspiel als Musik.[31]

Die Grenzen der Integrierfähigkeit des ›Neuen Hörspiels‹ wurden bald deutlich, etwa an Scharangs systemkritischen Attacken, die sich auch gegen Rundfunkleute wie Schöning richten mußten. Auch der *Zäsur*anspruch des Neuanfangs konnte nicht aufrechterhalten werden. Ähnlich wie für die Debatte nach 1945 muß auch für 68/69 die These vom Neubeginn relativiert werden. Es ist ein Verdienst Reinhard Döhls, die Vereinfachung korrigiert zu haben, die in der Annahme einer Zäsur angelegt ist. Die Dominanz einiger Hör-Beispiele des Neuen Hörspiels im ARD-Spielplan von 1969 demonstriert zunächst nur eine überraschend breite Akzeptanz, die sich vor allem der Verleihung des Hörspielpreises der Kriegsblinden an Ernst Jandl und Friederike Mayröcker im Jahre 1968 verdankt. Beides, die Gruppenharmonisierung unter der Klammer des ›Neuen Hörspiels‹ wie auch die Zäsur eines schnittartigen Neuanfangs sind ideologische Anteile einer Durchsetzungsstrategie, die vor allem zum Ziel hatte, die Fraktion der Alten und ihre ästhetische Position zu stürzen. Traditionen, die in die beanspruchten Modelle hineinwirken, drohten dabei aus dem Blick zu geraten. Dabei dienten der Argumentation oft solche traditionsbezogene Beispiele (wie Becker und Pörtner), deren Werke Ergebnisse langjähriger, bis dahin allerdings weithin unbeachteter Arbeit waren. Auch die Betonung des Bruchs mit dem ›Alten‹ verdeckt, daß die Geschichte des ›Neuen Hörspiels‹ weit weniger abrupt gesprungen ist, als die Programmatik einer Avantgarde es vermuten läßt. So erscheinen hinter der ideologischen Zeichnung von Fronten komplexere Bilder von Gleichzeitigkeiten und Überschneidungen. Sie durchschießen die einfachen Vorstellungen von geschichtlichen Fronten, Brüchen und Abläufen, wie sie bestimmte Schlagwörter suggerieren, und können sie relativieren und korrigieren helfen. Im folgenden sollen exemplarisch solche Stränge verfolgt werden, die für die Positionen um 1970 unterschiedlich bedeutsam gewesen sind.

4. Das Ende der Fiktionen

Die Rigidität, mit der das ›Neue Hörspiel‹ mit dem ›alten‹ Hörspiel abrechnete, unterstellte den ›alten‹ Autoren meist auch die Unfähigkeit, ihre Position zu reflektieren und zu verändern. Dies mag für bestimmte ideologische Positionsvertreter stimmen, gerade für die Autoren und ihr Werk aber muß man das nicht selten korrigieren. So mag es interessant sein, exemplarisch in die ›Geschichte‹ der Angegriffenen hineinzuleuchten. Dabei wird ein Bemühen erkennbar, auf die überdeutliche Krise des Hörspiels und der Literatur zu reagieren, eine Krise, die ja die Autoren unmittelbar betraf. Während der Blick auf das Neue nur den abrupten Bruch sehen mag (»eine neue Ära«, »der Durchbruch«),[32] läßt sich etwa an den späten Texten Günter Eichs und Wolfgang Hildesheimers der Versuch ablesen, die Widerlegung des eigenen Konzepts und Werks in die Konsequenz einer bewußtseins- und schreibimmanenten Logik umzubiegen. Es sind Anstrengungen um Stringenz von Geschichte in Bezug auf das eigene Werk und seinen Träger, die durchaus auch Elemente enthalten, auf die sich die Neuerer berufen.

Eich hat in den hier behandelten Jahren der Wende zum Neuen Hörspiel keine Funkstücke geschrieben. Seine Ablehnung gegen das eigene Werk der 50er Jahre war bekannt, ein neuer Versuch, ›Man bittet zu läuten‹ (1964) war eher verständnislos aufgenommen worden, vor allem, weil es keinen Bezug zum Hauptwerk zu besitzen schien. Gerade die Beziehungslosigkeit aber erweist sich im nachherein als intendierte Botschaft der Absage und Destruktion des alten Modells in Sprache, Personal, Handlungsstruktur, vor allem in der Dramaturgie der ›Inneren Bühne‹. Spät und unerwartet – der Durchbruch des ›Neuen Hörspiels‹ war längst erfolgt – schreibt der Autor 1972 für eine Retrospektive seiner Stücke ein neues Hörspiel, ›Zeit und Kartoffeln‹.[33] Eich spielt hier noch einmal mit den Versatzstücken seiner ›alten‹ Hörspiele, arrangiert sie allerdings zu einem absurden Szenario von Realitätsverweigerung. Es betrifft vor allem das Personal dieses Spiels, das im Kern ein Monolog ist, wie schon Eichs Pförtner-Stück von 1964. In der zuneigungs- und erkenntnissüchtigen Ottilie spricht noch einmal ein alter Ego, das der uneinholbaren Sinnfrage nachspürt in dem Versuch, die »Formel« für Zeit zu finden, und das dabei aus der ›gewöhnlichen‹ Zeit und Geschichte herausfällt, ohne in den Jenseits-Dimensionen auf mehr als alltägliche Banalität zu stoßen. Geschichte im Sinne von Veränderung findet hier nicht mehr statt. Das ›alte‹ Hörspiel klingt in der Thematik der Sinnsuche und in der personalen Struktur der ›Stimmen‹ nur mehr als fernes, überholtes Zitat an. In dieser Weise wird Finalität zur Trauer-Botschaft des späten Eich, wobei ein spielerisch-anarchischer Destruktivismus bestimmend ist, der sich auch gegen das eigene Werk und dessen ›Modell‹ von Hörspiel richtet. Einer der letzten Textentwürfe eines »Maulwurfs« lautet: »Ich kann es fortsetzen, sehr weit aber zu keinem Ende ⟨. . .⟩. Es gibt keine Stelle mehr, die nicht schmerzte. Es gibt keine Stelle mehr, die verschont bleibt.«[34]

Während Eich sein Schreiben dergestalt in einer melancholisch-destruierenden Offenheit enden läßt, setzt Hildesheimer den markanten Schlußpunkt vom ›Ende der Fiktionen‹ (75/76), womit er der eigenen Schreib-Geschichte »die Evidenz eines Zieles«[35] zu geben versucht. Hildesheimer hat sich 1983 nach der ›Marbot‹-Biographie von der Literatur verabschiedet und mit dieser bewußten und öffentlich gemachten Zäsur die Konsequenz aus der Einsicht ziehen wollen, daß für ihn Schreiben seinen Sinn verloren hat: »Die Versuche der Literatur ⟨. . .⟩, unsere Situation anhand fiktiver Modelle in den Griff zu bekommen, sind gescheitert.«[36] [→ 340 ff.] Noch vor dem Ende seiner Prosaarbeiten bricht Hildesheimer auch mit dem Hörspiel und dessen Medium. 1974 wird sein Spiel ›Hauskauf‹ gesendet, 1977 das Hörspiel ›Biosphärenklänge‹ und 1980 als letzte Sendeproduktion ›Endfunk‹.[37] Auch Hildesheimer ist der traditionellen Dramaturgie verpflichtet, der relativen Geschlossenheit ihres personalen Sprechens und der Geschichts- und Handlungsordnung des ›plot‹. In ›Hauskauf‹ werden diese zentralen Strukturelemente in Frage gestellt. Das Personale der sprechenden Stimmen, ihre Identifizierbarkeit als eigenständige Figuren löst sich auf und ebenso die Fiktion von Geschichte erzeugendem Tun, von ›Handlung‹. A und B: ein Dialog, der eine personale Differenz erkundet, um am

Ende zur indifferenten Monolog-Figur ein und derselben Lebensgeschichte zusammenzufallen.[38] Handeln erweist sich darin als Lebenslüge und Versagen, als schlechte Fiktion. So steht eine Absage ans Tun als Schlußgeste: der Aufbruch findet nicht statt, der Hauskauf erledigt sich. Hörspiel als Spiel personal identifizierbarer Stimmen und als Fiktion einer ›Geschichte‹ wird im Hörspiel widerlegt und demontiert.

›Biosphärenklänge‹ ist Hildesheimers Hörspiel vom ›Ende der Fiktionen‹, Stimmen von Mann und Frau in einer finalen Untergangs-Situation. Daß es hierbei um eine ökologische Thematik geht, weist das Hörspiel in dieser Hinsicht als aktueller aus als das Neue Hörspiel. Handlung ist in diesem Endzeit-Stück nur noch Warten, das Geschehen ist die von den »anderen« verursachte, aber von allen zu tragende Bio-Katastrophe.

Sie kündigt sich an als »ein viergestrichenes G«, ein immer unerträglicher werdender Ton, gegen den nur hilft, sich die Ohren zu verstopfen. Vor dem Weltende kommt das Ende sprachlicher Kommunikation. Das Hörspiel schließt:

> MANN Falls wir einander noch etwas in Worten mitzuteilen haben, wäre jetzt der Augenblick gekommen. Gibt es noch etwas zu sagen?
> FRAU Laß mich überlegen. *Pause.* Nein. Ich wüßte nichts.
> MANN Ich auch nicht. *Ton um eine Nuance stärker, dann jäh ausblenden.*[39]

5. Text-Räume, Hör-Spiele: die neuentdeckte Intermedialität

1969 erhielten Jandl und Mayröcker für ihr Hörspiel ›Fünf Mann Menschen‹ den Hörspielpreis der Kriegsblinden. Dies Ereignis und seine Verbreitung durch zahlreiche Sendungen in der ARD gilt als Beginn einer ›neuen Ära‹, als ›Durchbruch‹. Die Jury in ihrer Begründung und Jandl selbst in seiner Dankrede kehren die wechselseitige Beziehung dieses Hörspiels mit der ›Konkreten Poesie‹ und ihrer Sprechpraxis heraus.[40] Das macht auf ein »Vorfeld« (Döhl) literarischer und poetologischer Zuführung auf den ereignishaften Schnitt des Jahres 1969 aufmerksam. Jandls artistische Verbindung von Text und seiner akustischen Darbietung – etwa in der parallelen Publikation von ›Laut und Luise‹ als Buch und als Schallplatte dokumentiert[41] – ist eine dieser Beziehungen. Eine andere, kaum weniger wichtige, wird durch Ludwig Harigs ›Ein Blumenstück‹ dokumentiert und bei der Preisvergabe mit dem zweiten Platz gewürdigt. Es ist eine Collage aus Blumen-Anspielungen (»die deutsche sprache im zustand der naturseligkeit«) mit Tagebuchnotizen des Auschwitz-Kommandanten Rudolf Höß. Dies Verfahren greift auf Doku-mentarismus-Strategien zurück, wie sie schon Peter Weiss' Stück ›Die Ermittlung‹ (1965) anwendet, und überträgt sie auf das Medium Rundfunk.

Diese und andere Schreibformen machen deutlich, daß literari-sche Konzepte, die als Novum unter das Programmetikett des ›Neuen Hörspiels‹ fallen, bereits in den Jahren zuvor vorhanden gewesen sind. Besonders solche Versuche konnten auch in Hör-spiele erfolgreich integriert werden, die als Textform eine ästheti-sche Praxis des Akustischen mitbedenken, wie etwa die Sprechge-dichte Jandls. Nicht überschätzt werden kann hier, vor allem für die Nachfolge durch andere Autoren, die Bedeutung Mons. Er plädiert für »intermediale Versuche mit Text-Räumen und Hör-Spielen«, stellt schon früh programmatisch und experimentierend (z. B. in ›Artikulationen‹, 1959) Arbeiten vor, die bereits damals »eine äußerste Position der zeitgenössischen Literatur« bezeichne-ten,[42] bis er 1969 mit seinem Hörspiel ›das gras wies wächst‹ in die erste Reihe der Autoren des ›Neuen Hörspiels‹ vorstößt.

Eine »intermediale Praxis« für die Literatur fordert ebenfalls schon früh ein anderer, Becker, der zunächst zusammen mit Wolf Vostell (›Phasen‹, 1960; ›Happenings. Fluxus Pop Art Nouveau Réalisme‹, 1965) visuelle Textkonzepte erprobt, bevor er mit ›Felder‹ (1964) und ›Ränder‹ (1968) einen eigenständigen litera-rischen Erfolg hat, der 1967 mit der Preisverleihung (es ist die letzte) durch die Gruppe 47 einen vorläufigen Höhepunkt erreicht. Beckers Texte stehen in dieser Zeit für eine rigoros »offene« Literaturform, die zwar Vorbilder kennt – Becker selbst nennt Heißenbüttel, Butor und Joyce –, die aber vor allem als eigenständige Avantgarde einer jungen Generation verstanden wird. Es ist eine experimentelle Prosa, die sich jeder Gattungszu-ordnung entzieht. Becker versucht damit »eine besondere Art des offenen, unbestimmten und freien Schreibens« zu realisieren. Ein Charakteristikum dieser Literatur ist eine sprachliche Erfahrungsproduktion, die in ihre ästhetische Praxis die akustische Komponente einbezieht: »vieles, was ich schreibe, höre ich; höre ich in der redenden Umgebung ebenso wie in meinem Kopf, und zwar in meinem Kopf als Stimmen eines multiplen Ichs«.[43] Lesetexte als Hörtexte: die Adaption durch das Medium Funk zum geeigneten Zeitpunkt ist da nur konsequent, gleich drei Hörspiele werden 1969 urgesendet und als Texte veröffentlicht,[44] ›Häuser‹ erscheint im gleichen Jahr in der Auftritts-Anthologie ›Neues Hörspiel. Texte Partituren‹ von Schöning und wird damit in einen repräsentativen Rang erhoben. Es vertritt eine avantgardistische literarische Bewegung der 60er Jahre, die mit ihrem Programm von kritischer Gegenwendung (Becker 1964: ›Gegen die Erhaltung des literarischen status quo‹)[45] und beispielgebender Neuformulierung literarischer Aufgaben das Spektrum des ›Neuen Hörspiels‹ maßgeblich bestimmen. Die Kritik, die sich bei Becker zunächst gegen die Schreibweise des traditionellen Romans und seiner Vertreter wendet,[46] läßt sich, kaum verändert, in der Hörspielpraxis auch gegen das dortige Alte vorbringen. Das Unzulängliche der Fabel, der Fiktion überhaupt, der Anachronismus des ›Erzählens‹ und das Ungenüge von Helden »als Modelle für ein Leben«[47] sind genau auch die Kritikpunkte in der Auseinandersetzung des ›Neuen Hörspiels‹ mit dem alten. Bekkers Werk der 60er Jahre und sein Erfolg belegen stellvertretend, daß die literarische Debatte dieser Zeit auch auf die Diskussion um das ›Neue Hörspiel‹ überspringt und wie literarische Avantgarde-Thesen dort die neue Hörspiel-Dramaturgie beeinflussen. ›Konkrete Poesie‹, ›Nouveau Roman‹, ›Free Writing‹ und Versatzstück-Collagen der ›Pop Art‹ sind vor allem Lieferanten der ›offenen‹ Schreibkonzepte, wie sie im ›Neuen Hörspiel‹ der genannten Autoren bis zu Wondratschek mit ›Paul oder die Zerstörung eines Hörbeispiels‹ verfolgt werden.

Der Faden solcher Erprobungen literarischer Konzepte im akustischen Medium zieht sich auch durch die folgenden Jahre. Hier vor allem zeigt sich, daß der Rundfunk immer auch ein Experimentierfeld für parallel verlaufende literarische Avant-

INTERMEDIALITÄT 603

garde-Konzepte gewesen ist, wobei im einzelnen nicht entscheidbar ist, wie weit der Funk als wirklicher Vorreiter oder nur als verdoppelnder Spiegel anderswo sich entwickelnder Strategien fungiert. Interessant unter den verschiedenen Formakzenten und Themenschwerpunkten ist ein neuerer Versuch radiophonischer Umsetzung von literarischen ›Text-Räumen‹, den besonders Ginka Steinwachs in den letzten Jahren vorangetrieben hat. Die Anbindung an Theaterkonzepte galt lange Zeit als indiskutabel, weil daran auch das Defizit des Radios, seine ›Unsichtbarkeit‹ schmerzhaft deutlich wurde (»Theater für Blindenhunde«[48]). Die in Mißkredit geratene Dramaturgie der 50er Jahre, der Illusionsraum der ›Inneren Bühne‹, war ja auch Angriffsziel des ›Neuen Hörspiels‹. Steinwachs kümmert sich wenig um diesen alten Streit. Sie bezieht ihr Konzept in hohem Maß aus surrealistischen Poetikquellen und aus einem selbstbewußten feministischen Engagement. Beides vereinigt sich bei dieser Autorin zu einer Sprach- und Spieldramatik, die ›Theater‹ in einer universal-sinnlichen Bedeutung ist. ›marylinparis. montageroman‹ (1978) dient mit seinem 3. Kapitel als Textvorlage für das Hörspiel ›Schafskopfhörer‹ (1979). Wie schon in ihrem ersten Hörspiel ›Das kleine Ohrensausen‹ (1978) instrumentalisiert Steinwachs hier viele moderne Funkmittel, um Collagen aus sprachspielerischen Assoziationen und fragmentarischen Anspielungen von Rollen-Situationen (etwa männlich : weiblich) zu erzeugen, die in sehr strenger Kombinatorik aufgebaut sind und trotzdem der ›Hör‹-Phantasie einen breiten Spielraum lassen. Ein ›orales Verhältnis‹ zur Welt aus Dingen und Sprache bestimmt dies Schreiben und seine Umsetzung ins akustische Medium. Hörspiel als »Radiotheater« ist für Steinwachs »Gaumentheater des Mundes«,[49] in dem sowohl lautmalerische Sinnlichkeit wie bildungsgeladene Pointen auftreten dürfen, um den »bombistischen Überschwang«[50] zu erzeugen, das erklärte Wirkungsziel dieser ernsthaft-spaßigen Dramaturgie. ›George Sand‹ (1980), Steinwachs' wohl bekanntestes Werk, demonstriert in 12 Szenen die Problematik weiblichen Künstlertums am Beispiel biographischer Episoden der George Sand. 1981 im Westdeutschen Rundfunk als Hörspiel realisiert, wurde es erst 1989 in Bonn als Theaterstück uraufgeführt. Das Medium Rundfunk hat hier offensichtlich den Weg geebnet. Steinwachs erfüllt mit ihrem Werk ganz selbstverständlich alle Kriterien einer ›Intermedialität‹, die literarischen Text, Hörspiel und Theater in ein frei konvertibles Multimedia-Konzept einzubinden vermag.

6. *Die Stunde der Trickmaschinen: Paul Pörtners ›Schallspiele‹*

Bleibt dies gewissermaßen im Rahmen innerliterarischer Auseinandersetzung, durch die vor allem experimentelle und sprachkritische Impulse der 60er Jahre auch für das Hörspiel nutzbar gemacht werden, so läßt sich auch für andere literarisch-radiophonische Bereiche eine schon länger währende Tradition nachweisen, die mit dem ›Neuen Hörspiel‹ zu großer Publizität gelangt. Dies gilt insbesondere für solche Experimente, die den Materialcharakter des Mediums Hörfunk in Anlehnung etwa an Knillis frühe These vom »totalen Schallspiel«[51] über Sprache und Musik hinaus auf das gesamte Spektrum der Ton- und Geräuscherzeugung ausdehnen.

Pörtner gehört sicher zu den wichtigen Akustik-Experimentatoren in der neueren Rundfunkarbeit.[52] Aus der Vielfalt seiner Versuche ragen die ›Schallspielstudien‹ heraus, nehmen sie doch einen bedeutenden und historisch frühen Platz ein in der (deutschen) Geschichte der Spielformen mit Studioelektronik. Pörtner, der als Autor und Regisseur von der Theaterarbeit herkommt, wendet sich in der Rundfunkarbeit schon früh vom ›literarischen‹ Hörspiel ab und radiophonischen Experimenten zu. Er beruft sich dabei auf Stéphane Mallarmé, Gertrude Stein, Kurt Schwitters und auf die ›Poésie sonore‹ aus dem lettristischen Umkreis des Club d'Essai.[53] Schon 1964 sendet der Bayerische Rundfunk Pörtners ›Schallspielstudie 1‹, vier Variationen einer Hörspielszene mit fortschreitenden elektronischen Veränderungen. Ein Jahr später produziert Pörtner die ›Schallspielstudie 2‹, eine akustische Übersetzung von Mallarmés ›Un Coup de Dés‹.[54] In der Fortsetzung dieser Arbeit, nun mit stereophonischer Technik, radikalisiert Pörtner in ›Alea‹ Mallarmés Livre-Konzeption zum ›Schallspiel 3‹,[55] einer »exzessiven Lautdramatik«: »Es handelt von der Zerstörung der Sprache, von einer Katastrophe des Denkens, die sich mit Mitteln des elementaren Schalles kundtut.«[56] In den folgenden Jahren wendet er sich anderen Projekten zu, die sich von radikal formalisierten Schallspielen wieder freieren Sprechspielen annähern, wie die Hörspieladaption von Alfred Jarrys ›Bürger Ubu‹ (1977) oder der Laborversuch ›Dyade‹ (1978). Hier werden mittels der Vocodertechnik die Stimmen der Sprecher zu ›Stimm-Masken‹[57] verfremdet. Die ›akustische Maskentechnik‹ (ebd.) erlaubt Sprechen in verschiedenen Rollen mit dem Reiz je eigener Ausdruckskraft.

Pörtners wichtigste Arbeiten liegen 1968 bereits abgeschlossen vor. Er berichtet über sie u. a. auf der Internationalen Hörspieltagung in Frankfurt. Die Experimente können so für das Programm des ›Neuen Hörspiels‹ als Beleg eingesetzt werden, ebenso seine Thesen zu einem neuen künstlerischen Selbstverständnis:

Ich vertausche den Schreibtisch des Autors mit dem Sitz am Mischpult des Toningenieurs, meine neue Syntax ist der Schnitt, meine Aufzeichnung wird über Mikrophone, Aufnahmegeräte, Steuerungen, Filter auf Band vorgenommen, die Montage macht aus vielen hundert Partikeln: das Spielwerk.[58]

Pörtner hat seine Versuche ausführlich beschrieben und so nachvollziehbar den experimentellen Weg dokumentiert, den er in destruierenden und konstruierenden elektronischen Umsetzungen von Musik und Stimmartikulationen oder der formenden Bearbeitung von Geräuschen geht. Die einfachen Grundoperationen Schnitt, Mischung, Modulation werden mit Hilfe elektronischer Trickmaschinen verfeinert. Das Ausgangsmaterial wird so verfremdet und in der elektronischen Kombinatorik eben zu ›Spielwerken‹ zusammengesetzt, komponiert. Hinter dem scheinbar naiven Spiel mit dem Material steckt ein anspruchsvoller Ansatz, auf den Pörtner in einem Interview mit Döhl zu sprechen kommt:

Der künstlerische Akt besteht darin, daß etwas Rohes, Formloses, etwas, das Angst macht, unheimlich ist, umgesetzt wird: Form gewinnt ⟨. . .⟩. Diese Aneignung des unannehmbar Erscheinenden, Vernichtenden ist das eigentliche ›Ereignis der Form‹[59]

Das künstlerische Spiel mit der Technik erfährt so die Begründung eines magischen Bannungsrituals, hier gegenüber »der ständig ans Ohr brandenden Geräuschwelt mit ihrem Terror«.

Pörtners künstlerische Arbeit gilt vor allem der Medientechnik und ihrer experimentellen Nutzung, aber er behält den Hörer im Blick, geht es ihm doch in didaktischer Absicht darum, »den Gehörsinn zu mobilisieren«, »Inspiration zu erzielen« und »das Selbstbewußtsein des Hörers zu bewegen«.[60] Seine ›Hörerspiele‹ (1. Folge 1974, WDR, 2. Folge 1976, NDR) und andere ›Mitspiel‹-Versuche wollen die »Aktivierung der Hörer«[61] erreichen. Allerdings zielt solche Anstrengung vornehmlich darauf, die alte Utopie vom ›Hörer als Produzenten‹ wenigstens partiell einzuholen, und Pörtner hegt später selber Zweifel, ob nicht »dieses Spielen nur Alibifunktion« habe, das »über die Ohnmacht des Hörerpublikums hinwegtäuschen« solle.[62] 1968 noch – die Zitate stammen aus einem Referat, das Pörtner auf der Internationalen Hörspieltagung vorträgt – postuliert der Autor: »Schallspiele setzen beim Hörer eine andere Einstellung voraus als die des rezeptiven, bloß hinhörenden Verhaltens: sie fordern eine Bereitschaft zum Mitvollziehen komplizierter Hörvorgänge«,[63] aber 1982 stellt er rückblickend fest: »Nach diesen Versuchen kam eine Phase der Resignation. Meine Begeisterung beim Machen entsprach keineswegs der Begeisterung der Hörer.«[64] Der Zweifel am bestehenden Sender-Hörer-Modell wird einen Satz lang sogar radikal. Den entstehenden »Irritationen« der Hörer, so schlußfolgert Pörtner nämlich, ist nur durch »Mehrfachhören« beizukommen. Und er gelangt zu der für einen Rundfunkmann überraschenden Feststellung: »Also wäre hier eine Kassettenproduktion besser geeignet als eine einmalige Sendung.« (ebd.) – Doch bleibt dies eine singuläre Einsicht, ohne die notwendige Konsequenz, über eine andere Distribution eine andere Rezeption möglich zu machen. Insofern steht Pörtner repräsentativ für die exklusive Getto-Logik einer Kunstproduktion, die zwar eine ihrer wichtigsten Motivationen aus der Kritik des Mediums und aus einem avantgardistischen Selbstbewußtsein schöpft, dies jedoch nur immer in den Spielgrenzen der Institution Rundfunk, die selber in ihrer Grundfunktion nicht angetastet wird.

7. O-Ton ist mehr als eine Hörspieltechnik

Der politisch direkteste Ansatz zur Kritik und Veränderung des Mediums geht innerhalb der Verfahrensweisen des ›Neuen Hörspiels‹ wohl von solchen Stücken aus, die mit Originalton-Aufnahmen arbeiten. Als Einstimmung mögen drei Zitate dienen, die sich auf verschiedene Aspekte des hier Behandelten beziehen. Schöning beschreibt den kulturindustriellen Ist-Zustand des Mediums, Scharang postuliert dessen Aufhebung im Zeichen eines politisch engagierten ›O-Tons‹, und Heißenbüttel benennt eine zentrale Ambivalenz des O-Ton-Verfahrens, nämlich die Gleichzeitigkeit von Entpersonalisierung und Authentizität des Gesprochenen im Anwendemodus des ›O-Tons‹:

> Die Rollen Konsument-Produzent sind verteilt und akzeptiert. Die Perfektionierung des Produktionsprozesses hat ihn für Nicht-Fachleute so undurchschaubar gemacht und mit einer Aura des Besonderen umgeben, daß eine Beteiligung daran absurd erscheinen muß. So gilt es als selbstverständlich, daß die einen Kunst und Unterhaltungen machen, während die anderen dies alles konsumieren, vornehmlich in der Freizeit. (Schöning)[65]
>
> Der naheliegende Zweck von O-Ton ist: freies Reden. Und zwar freies Reden nicht in einem beschränkten privaten, sondern im unumschränkten gesellschaftlichen Sinn: die Möglichkeit freien Redens, unmittelbar verbunden mit der Möglichkeit der freien Verbreitung des Geredeten. (Scharang)[66]
>
> Der Aufnahmezustand ist zugleich ein Zustand permanenter Belauschbarkeit. Die Möglichkeit der personalen Rede wird immer mehr als Illusion deutlich. Zugleich nimmt die Erfahrung der Authentizität vom einmal Gesagten immer mehr zu. Die Sprache, die sich über einengende semantische Vorbestimmungen hinweg bewegt, verliert immer mehr den Charakter subjektiv regierbarer Modulationsfähigkeit, sie verliert die Fähigkeit zu sagen, wie mirs ums Herz ist. Zugleich gewinnt jede, auch nur zufällig vom Apparat festgehaltene Äußerung einmaligen Identitätswert. (Heißenbüttel)[67]

Das Verdienst des ›Neuen Hörspiels‹ ist es sicherlich, die Rollenfixierung moderner Massenkommunikation erkannt und versucht zu haben, sie zu durchbrechen. Diese Versuche sind eng mit dem O-Ton-Verfahren verbunden. ›O-Ton‹ ist zunächst ein neutrales technisches Aufnahmeverfahren: Originalton »vor Ort« im Unterschied zur Studioproduktion und der Sprecher-Rede vom Blatt. Als Material ist O-Ton das Magnettonband mit so aufgezeichneten Geräuschen und Stimmen. Erst aus der Nutzung dieses O-Tons als Grundmaterial für Funkproduktionen ergibt sich Chance und Gefahr. Die Brisanz liegt in den Weisen des Umgangs mit dem Aufgezeichneten. Denn das Dilemma aller Kunst, die *dokumentarisch* sein will, kehrt auch hier wieder, die Gratwanderung nämlich, in Auswahl und Präsentation ›Authentizität‹ und Wirklichkeit des Dokuments zu steigern oder im montierten Zitat zu verfälschen.

Ihre satirisch-karikierende Ausprägung findet dies Verfahren, wenn die Sprache der öffentlichen Rede im Radio zu Collagen entlarvender Pathetik und Inhaltsleere verwendet wird. Oft zitiertes Beispiel hierfür ist Ludwig Harigs ›Staatsbegräbnis oder vier Lektionen politischer Gemeinschaftskunde‹ (1969), eine Collage von Tonbandmaterial mit Originalaufzeichnungen vom Begräbnis Konrad Adenauers. Nirgendwo bietet ein zentraler Punkt des Massenmediums, nämlich die Öffentlichkeit der Rede, sich so direkt zum Thema an wie in den O-Ton-Hörspielen. Es geht um die Frage nach den Machtverhältnissen, vor den Mikrophonen sprechen zu können oder eben nicht. Vor allem in der politisch engagierten Diskussion um neue Sendemodelle mit Einbeziehung der ›Konsumenten‹ ist deshalb der Einsatz des O-Ton-Verfahrens bedeutsam gewesen, das gerade der Sprache und dem Reden derjenigen Öffentlichkeit verschaffen könnte, die traditionell davon ausgeschlossen sind. Einflüsse aus den Arbeitskreisen und Werkstätten der ›Literatur der Arbeitswelt‹ sind offensichtlich. Neben der ›offiziellen‹, durch Rundfunk und Fernsehen veröffentlichten und in den Archiven aufbewahrten Sprache (etwa von Politikern oder Radiokommentatoren) gibt es die ›nicht offizielle‹, die nicht veröffentlichte, in den Medien meist nicht zur Sprache kommende Rede (etwa eines anonymen Arbeiters).[68] Während die öffentliche Sprache meist als Zitatmaterial für kritisch-satirische Montage-Verfahren verwendet wird, z. B., wie gesagt, in Harigs ›Staatsbegräbnis‹, stellt der Umgang mit der nicht öffentlichen Sprache besondere Ansprüche, die sich primär nicht nach ästhetischen Gesichtspunkten, sondern nach politisch-emanzipatorischen ausrichtet. Vor allem Scharang hat wiederholt einen Arbeitsanspruch betont, dem es nicht darauf ankommt, die Alltagsdefizite wie beschädigte Sprache, verkümmertes Sprechen oder manipuliertes Bewußtsein zitierend »vorzuführen«, sondern Lernprozesse mit den Beteiligten in Gang zu setzen und zu veröffentlichen. Scharf wendet Scharang sich gegen eine »überflüssige literarische Debatte«, die im O-Ton nur eine unter anderen literarischen Methoden sieht: »O-Ton ist keine Methode, um Literatur zu machen, sondern eine Methode zur Untersuchung der Realität, und zwar auch nicht der Realität schlechthin, sondern der Realität, wie sie der Arbeiterklasse subjektiv erscheint.«[69] Scharang sucht dies in seinen O-Ton-Hörspielen zu verwirklichen. In ›Einer muß immer parieren‹ (1973) bezieht er drei Arbeiter aus der Metallindustrie als gleichberechtigte Co-Autoren in die Produktion ein.[70] Sie sprechen über Probleme ihres Arbeitsalltags aus der authentischen Sicht Betroffener. Das Hörspiel stellt das Ergebnis eines Prozesses von Planung, spontanem Sprechen, Diskussionen und Umformulierungen dar. Es wurde im Westdeutschen Rundfunk gesendet, der Text und ein ›Arbeitsbericht‹ Scharangs wurden im gleichen Jahr veröffentlicht. Das Gesamte ist ein Beleg für die Möglichkeit solcher Kollektivwerke und eine Demonstration ihrer Organisierung.

Scharang macht aus der politischen Zielrichtung seiner Hörspielarbeit kein Hehl. Er weiß aber auch, daß dies ohne den Rundfunk, genauer ohne die »liberalen Medienangestellten« nicht möglich ist. Seine Erfahrungen mit ihnen und dem Linksopportunismus jener Jahre sind konkret, seine Schilderung ist ein repräsentativer Beleg für die Möglichkeit, eingreifende Kunst im Medium Rundfunk durchzusetzen:

Kommt eine Gruppe von Arbeitern (mit oder ohne einen initiierenden Autor) mit Tonbandaufnahmen ⟨...⟩ zu einem linksopportunistischen Redakteur, wird er ihnen sagen, hier werde zwar über etwas berichtet, hier werde zwar etwas kritisiert, wo aber sei die große Alternative. Er spielt sich als Revolutionär auf, in Wirklichkeit aber spricht aus ihm nur Angst und Berechnung ⟨...⟩. Oder aber ⟨...⟩ er würgt die Sache so ab, indem er sie als ästhetisch unbefriedigend erklärt. Hier lehnt er nicht einfach ab, hier wird er aktiv und bringt um. Als ästhetischer Experte, der er ist, degradiert er die Tonbandaufnahmen der Arbeiter zu seinem Material, über das er montierend und collagierend verfügt. So bringt er jenen großen Schwung in die Sache, der sie garantiert unverbindlich macht, politisch und ästhetisch.[71]

Scharang wehrt sich gegen die Vereinnahmung durch die Ästhetik des ›Neuen Hörspiels‹, auch gegen eine Form von O-Ton-Produktionen, »die sich nach irrelevanten Medienansprüchen richten. Sie werden medienintern verwendet als vorübergehender Ersatz für den bisherigen Ersatz-Avantgardismus der Literatur- und Hörspielabteilungen.«[72] Scharang erreicht hier die Grenze. Sie zu überschreiten bedeutet die Gefahr, die Nutzungsmöglichkeiten des Apparats zu verlieren. Der Arbeiter Otto überschreitet diese Grenze trotzig-selbstbewußt:

Wenn diese Aufnahmen nicht gesendet würden, würde ich die Arbeit trotzdem machen, ich würde diese Arbeit auch erweitern. Die Tatsache, daß das gesendet wird und geschnitten werden muß, beschränkt ja auch die Möglichkeiten, sich über verschiedene Dinge zu ergehen, und man kann diese nun zusammengestellten Sendungen, unabhängig, ob sie gesendet werden oder nicht, über ein Kassettensystem an Interessierte vertreiben.[73]

8. *Spuren des ›Neuen Hörspiels‹*

Die elektronische Aleatorik der ›Schallspiele‹ Pörtners und die O-Ton-Produktionen Scharangs markieren Pole der Gesamtbreite, wie Technik als raffinierteste Spiel-Apparatur im akustischen Experiment einerseits und als einfachstes Artikulations-Instrument im politischen Kampf um Medienöffentlichkeit andererseits genutzt werden kann. Beide Extreme stellen wichtige Erprobun-

gen dar, die in direkter und indirekter Weise auf andere Hörspiel-
autoren eingewirkt haben, die aber, auch das gilt für beide gleichermaßen, nirgends eine breite Nachfolge oder gar einen
Publikumserfolg gefunden haben. Der eigentliche Unterschied
aber wird in der Abhängigkeit vom Apparat des Rundfunks
deutlich, die sich auch in der Fähigkeit und Bereitschaft zur
offensiven Kritik an ihm ablesen läßt. Pörtner bleibt weitgehend
auf die apparative (und personelle) Ausstattung der Sender angewiesen, Scharang hält auf Distanz zum Rundfunk: »⟨. . .⟩ er kann
nur ein ergänzendes Verbreitungsmittel sein«.[74] Das kündigt ein
Einverständnis auf, das den Rundfunk als einzigen Existenzraum
für das Hörspiel ansieht. Die Folge ist eine Art Ausgrenzung aus
dem Kreis akzeptabler Ansätze, etwa in der Darstellung Döhls,
dem Formulierungen »unrealistischer, gar utopischer Forderungen«, wie sie Scharang wagt, nicht vereinbar sind mit den »Möglichkeiten, die aus Apparat und Programm heraus gegeben
sind«.[75] Die Verbotssignale sind feine. Die 1968 von Rundfunkmann Heißenbüttel ausgegebene Losung »Alles ist möglich. Alles
ist erlaubt«[76] wird schon bald relativiert, wenn dabei die Grenzen
des Spielfeldes überschritten zu werden drohen. Heißenbüttel
korrigiert sich wenig später mit der gleichsam ontologischen
Erklärung,

daß die Frage, ob eine Neuerung im Hörspiel erlaubt worden sei oder
verboten werden könne, nicht einer konkreten Person oder einem konkreten Gremium zur Last gelegt werden kann, sondern in der Strukturierung des Apparats gesucht werden muß. Auch im Hörspiel, in der Hörspielproduktion der verschiedensten Rundfunksender bildet sich die
Struktur ab, die das Modell kennzeichnet.[77]

Die Funktionstüchtigkeit dieses Modells aber wird gewährleistet durch eine »Verhaltensweise, die – so könnte man sagen –
eine ganz allgemeine ideologische Einigkeit zeigt, die imstande ist,
spezielle Differenzen aufzufangen«.[78] Es ist dies die harmonisierende Innensicht des Problems, welches Spektrum von Hörspiel-
kunst möglich sein soll und auf welche Weise Hörspielproduktion im Verfügungsbereich des Mediums sich selber reguliert
(oder reguliert wird). Solche Beschreibung markiert (und ist

zugleich) auch das ideologische Verfahren, mit dem aus dieser Sicht die Geschichte des Hörspiels geschrieben worden ist.

Ohne Zweifel ist diese Geschichte der vergangenen zwei Jahrzehnte ohne die Nennung des Begriffs ›Neues Hörspiel‹ nicht denkbar. Schönings spielerischer Zweifel – »vielleicht hat es *das* Neue Hörspiel nie gegeben. Ist eine *produktive Fiktion,* in der vieles aufgeht«[79] – will sich mit Hinweisen auf die zahlreichen ›Spuren des Neuen Hörspiels‹ (so der Titel der Aufsatzsammlung) selbst widerlegen. Der Zweifel bleibt trotzdem berechtigt. Die Veränderungen und Entwicklungen sind, wie skizziert wurde, meist auf länger zurückdatierbare Strategien einzelner Autoren zu beziehen. Sie korrespondieren überdies mit parallelen Erscheinungen in anderen Kunstbereichen. Das ›Neue Hörspiel‹ ist vor allem ein *ideologisches* Konzept der Abgrenzung und ein *publizistisches,* das auf öffentliches Echo zielt. Dies denunziert nicht die Leistungen im einzelnen, sondern macht deutlich, daß das Rahmen-Etikett weniger auf präzise (oder gar homogene) inhaltliche Füllung ausgerichtet ist als auf einen Positionsanspruch und seine Rechtfertigung. Der Erfolg ist ablesbar am ARD-Spielplan von 1969. Er macht einen Konsens der Anstalten deutlich, oder auch einen Zwang zur »Anpassung«, wie Knilli in einer Polemik äußert, die sich richtet gegen ein »Neues Hörspiel, das nur das bessere Alte ist« und gegen das Couphafte, das dem Unternehmen »einer neuen Hörspielmannschaft« anhaftet.[80]

Tatsächlich erscheinen die Anstrengungen trotz aufwendiger Spurensicherung Schönings vom heutigen Standpunkt aus verhältnismäßig folgenarm geblieben zu sein, mißt man die Nachfolge am großen Anspruch und fragt nach den traditionsbildenden Leistungen. Heißenbüttels Wiederholung des 68er Slogans »Alles ist möglich. Alles ist erlaubt« klingt zehn Jahre später als alt gewordene Experimentierklausel seltsam leer: »Wofür ich spreche, ist das Nichtfestlegen auf irgend etwas, ist das Offenhalten des Offenen als Selbstzweck...«.[81] Das spektakuläre Ereignis der vehementen Diskussion um das ›Neue Hörspiel‹ Ende der 60er Jahre ist singulär geblieben, die Folgejahre haben keine ähnlichen hervorgebracht. Die Hörspielproduktion hat die vorhandenen Ansätze, vor allem im technischen Bereich mit Mehrkanal-

Stereo, Kunstkopf-Technik und Telcom, ausgebaut und verfeinert.[82] In der Dramaturgie wurden ehemals innovative Verfahren bald der alltäglichen Hörspielpraxis zugerechnet, andere veralteten und verschwanden. Gleichzeitig wurden – parallel zur übrigen literarischen Szene – traditionelle Verfahren aus der Verfemung zurückgeholt: Hörspiele z. B., die Geschichten ›realistisch‹ erzählen. Früher als triviale Unterhaltung abgelehnte Formen wie Krimi und Science-fiction wurden in die Redaktionsplanungen aufgenommen. Der entstandene Pluralismus korrespondiert mit dem ›offenen‹ Konzept des ›Neuen Hörspiels‹ in denkbar schlechtester Weise, denn anstelle innovativer Entwicklungen hat sich so ein Prozeß der Beliebigkeit durchgesetzt, der, von Redaktion zu Redaktion verschieden, Ansätze produziert, die kaum über den Sendebereich der eigenen Anstalt hinauswirken.

In der Geschichte des neueren Hörspiels gibt es keine Höhepunkte, die größere Bewegung in der ideologischen Auseinandersetzung ausgelöst haben, mit Ausnahme vielleicht eines Ereignisses. Es ist 1979 der große Erfolg der amerikanischen Fernsehserie ›Holocaust‹ in der Bundesrepublik, ein Erfolg, der eine rege Diskussion über den Wert solcher Sendungen auslöste. Eine kleine Variante der Realismus-Debatte entwickelte sich in der Entgegensetzung von ›Gebrauchshörspiel‹ und ›künstlerischem‹ Hörspiel. ›Holocaust‹ demonstrierte, anwendbar auch auf das Hörspiel, eindrucksvoll, wie die realistische Erzählweise einer ›soap opera‹ das Publikum ergriff und zugleich zeitgeschichtliches Bewußtsein anzustoßen schien. Der Streit um die Trivialität eines solchen Realismus und die Rolle ästhetischer Qualität überhaupt geriet zur Auseinandersetzung konkurrierender Strategien. Reinhard Lettau[83] bezieht sich in seiner Dankrede bei der Verleihung des Hörspielpreises der Kriegsblinden 1979 ausdrücklich auf das ›Holocaust‹-Ereignis, um daraus eine Legitimation für das Verfahren seines eigenen preisgekrönten Hörspiels ›Frühstücksgespräche in Miami‹ abzuleiten. Er wendet sich gegen eine Kritik, die stets »das Fehlen jeglicher künstlerischer ›Innovation‹« beanstandet: »Die Gefahr einer Ästhetik des Neuen besteht meiner Ansicht nach in der Fetischisierung der künstlerischen Mittel.« Das attackiert indirekt, aber genügend vernehmbar, das ›Neue

Hörspiel‹ und seinen Kunstanspruch, plädiert dagegen für ein Gebrauchshörspiel, für »Hervorbringungen. . ., bei denen es einzig um die Notwendigkeit geht, Kenntnisse zu verbreiten«, wofür man allerdings zugestehen müsse, »daß es etwas gibt, was wichtiger ist als die Kunst, leider«.[84]

Heinrich Vormweg, selbst Jury-Mitglied, besetzt in der Debatte mit einem Beitrag ›Realismus oder Realistik‹ 1982 eine betonte Gegenposition.[85] Für ihn ist ›Holocaust‹ nur ein Höhepunkt des ›gewöhnlichen Realismus‹, wofür er weitere Beispiele auch aus der Hörspielproduktion der 70er Jahre nennt (u. a. Chotjewitz' Hörfolge ›Jelka‹ und die Familienserie ›Wernicke‹) und ausführlich Horst Holzers Aufsatz ›Die realistische Literatur und ihr gesellschaftliches Subjekt‹ zitiert. Vormweg meint einen »sozialhelferischen« Realismus der Parteilichkeit zu entdecken, der als unterhaltende Gebrauchsliteratur von den eigentlichen künstlerischen »Methoden der Realistik«, die sich auf Brecht und Benjamin berufen können, strikt zu trennen sei. Hinter den interpretativen Anstrengungen Vormwegs wird ein Rechtfertigungsplädoyer für das ›Neue Hörspiel‹ und seine »experimentelle Realistik« erkennbar und die sublime Ausgrenzung von Versuchen, auf anderen Wegen aus der von allen anerkannten Hörspielmisere herauszugelangen. ›Holocaust‹ als Warnung vor einem künstlerischen Populismus:

Gewöhnlicher Realismus ist eben bequemer und erfolgversprechender. Er hat auch das freilich schwerwiegende Argument für sich, daß er der Struktur des Alltagsbewußtseins nicht nur der Werktätigen, sondern ganz allgemein von Konsumenten noch immer entspricht.[86]

In den Variationen einer Auseinandersetzung zwischen vermeintlicher Gebrauchsliteratur hier und Kunstliteratur dort, zwischen U-Bereich und E-Bereich, gar zwischen »industrieller Produktion« und »subjektiver künstlerischer Produktion«[87] werden Gegensätze aufgebaut, die angesichts der konkreten Situation des Hörspiels im Rundfunk heute auffällig abseits von den Notwendigkeiten einer angemessenen Reaktion auf die Krise wirken. Verständlich sind sie nur als Fraktionskämpfe um Positionen im Machtfeld der ›verwalteten Kunst‹.

Zur Lebendigkeit des Hörspiels in der Gesellschaft gehöre auch, so bemerkt Schöning einmal in einer Adresse an die Literaturwissenschaft, »die Möglichkeit der Bildung historischer Kontinuität im öffentlichen Bewußtsein«.[88] Die Chancen stehen schlecht, solange die Rundfunkarchive wie Tresore verschlossen bleiben. Die akustische Kunst wird eigene Möglichkeiten finden, denn ein Interesse daran und am Hörspiel ist offensichtlich vorhanden. In der alternativen Szene probieren vor allem die freien Radios (wie etwa das Berliner ›Radio 100‹) in verschiedenen Programmfeldern neue Formen nicht-professioneller Hörspielproduktionen.[89] Vieles spricht dafür, daß dies nur vereinzelte Erscheinungen eines breiteren Interesses am Machen sind, eine latente Produktivität, die sich ihre Wege suchen wird, zumeist außerhalb des Rundfunks. Aber zur Geschichte des Hörspiels gehört der ganze Reichtum des in der Geschichte dieser Literaturform Entstandenen. Die Rundfunkanstalten verwalten diesen Reichtum. Sie sollten ihn endlich austeilen, nicht als dosierte Programm-Gabe, sondern indem sie ihre Archive öffnen, für immer und für alle.

Paul Schuster

Literatur- und Kulturzeitschriften

1. Zeitschriftenmarkt

Das ideologische Postulat, wonach allein kontinuierliches Wachstum den Fortschritt garantiert und Stillstand zwangsläufig Rückgang bedeutet, beherrscht die Literaturproduktion und den Literaturmarkt ebenso wie jeden anderen Wirtschaftssektor innerhalb der nordatlantischen Staatengemeinschaft; auch die Zeitschriftenproduktion insgesamt. In einem Zeitraum von 5 Jahren (1982–1987) ist die Gesamtzahl der auf der Frankfurter Buchmesse ausgestellten Zeitschriftentitel um 39 % von 2598 auf 3585 gestiegen.[1]

Eine Eingrenzung der *literarischen* Zeitschriften bleibt schwierig, auch dann noch, wenn man eine erste naheliegende Grenze zieht und die gesamte Fachpresse und die gesamte Boulevard- oder Regenbogenpresse, also sämtliche Kioskzeitschriften, ausklammert. Von den verbleibenden müßten weitere 80–90 % ausgeschlossen werden, denn »reine« Literaturzeitschriften (die ausschließlich Literatur, Literaturkritik und literarische Essays veröffentlichen) gibt es, zumindest unter den *langlebigen* Kulturzeitschriften, wenige: In der Bundesrepublik ›Akzente‹, ›Neue Rundschau‹, ›Litfass‹, ›Schreibheft. Zeitschrift für Literatur‹, ›Sprache im technischen Zeitalter‹, ›Neue Deutsche Hefte‹, ›Kontinent‹, in Österreich ›Literatur und Kritik‹, ›Manuskripte‹, ›Podium‹, ›Die Rampe‹, in der Schweiz ›Der Rabe‹, ›Orte‹, ›Drehpunkt‹ – dazu noch ein bis zwei Dutzend kleinere von lokaler Verbreitung.

Die bekanntesten Titelverzeichnisse (mit Untertiteln, Adressen und Angaben über Periodizität, Herausgeber und Heftpreis)[2] enthalten im Anhang Übersichten nach Sachgebieten. Diese sind jedoch – betrachtet man den kulturellen Bereich gesondert – nicht eindeutig voneinander abzugrenzen. In allen nachfolgend angeführten Unterverzeichnissen finden sich einzelne Titel, die

auch in den Unterverzeichnissen Literatur (mit insgesamt 209)
und Kunst und Kultur (240) genannt werden:[3]

Anthroposophische (19); Erziehung/Bildung/Unterricht (ca.
350); Europa (43); Frauen (70); Geschichte (100); Heimat- und
Länderkunde/Heimatzeitschriften (200); Jugendzeitschriften
(120); kirchliche (210); Philosophie (75); Politik (200); Psychologie (90); Soziologie (80); Stadtzeitungen (75); Studenten- und
Hochschulzeitungen (60); Zukunftsforschung/Friedensforschung
(13). Viele Literaturzeitschriften weisen im Untertitel zusätzlich
auf allgemeine Interessenfelder hin: Kritik, Gesellschaft, Politik,
Kunst, aber auch auf spezielle bis skurrile – so ›Die Eule‹, ein
›Diskussionsforum für rationalitätsgenealogische, insbesondere
feministische Theorie‹, das ›Heft‹, eine ›Zeitschrift phykosyloma-
nische Literatur‹, ›Der Alltag‹, ein ›Sensationsblatt des Gewöhnlichen‹. Umgekehrt beziehen viele politische, gesellschaftskritische,
also nicht primär literarische Zeitschriften in ihren Untertitel die
Literatur mit ein.

Das Kriterium »literarisch« müßte also auf den Überbegriff
Kultur ausgeweitet werden, und zwar *Kultur* im allerweitesten
Wortsinn, also nicht beschränkt auf »Kunst«, sondern Kultur im
Sinne der Totalität der Institutionen, Traditionen, Wertvorstel-
lungen, Verhaltensnormen einer Gesellschaft; von der Fußball-
WM bis zum klassischen Ballett, von der Familienzeremonie bis
zum Gefängnisalltag, von der Erziehung des Kleinkindes bis zur
Altenpflege, da doch alle diese Bereiche Themen und Reflexions-
objekte auch der Literatur sind.

Würde man nun aber so ausweiten und als Kulturzeitschriften
alle Publikationen bezeichnen, die kulturelle Realität vermitteln,
kommentieren, kritisch untersuchen, dann müßte man auch Zeitschriften wie ›Das Beste‹, die deutsche Ausgabe von ›Readers
Digest‹, ›Playboy‹, ›Brigitte‹, ›Cosmopolitan‹ oder ›Geo‹ mitbe-
rücksichtigen, ebenso die Wochenendmagazine großer Tages- und
Wochenzeitungen (›Die Zeit‹, ›Frankfurter Allgemeine Zeitung‹,
›Süddeutsche Zeitung‹, ›Tagesanzeiger‹, ›Neue Zürcher Zeitung‹),
die regelmäßig Texte von bekannten Autoren und Autorinnen
aus dem In- und Ausland veröffentlichen und – kraft ihrer in die
Hunderttausende gehenden Auflagen – ein weit größeres Publi-

kum erreichen, also weit stärkere Multiplikatoren sind als selbst die bekanntesten Literaturzeitschriften, deren Auflagenhöhe fast ausnahmslos unter 10 000 liegt (in der Regel unter 5000).

2. Vom Entstehen und Vergehen von Zeitschriften

Die Situation entspricht einer allgemeinen literaturgeschichtlichen Entwicklung. Die Domäne der literarischen Zeitschrift ist, in Schüben, geschrumpft. Im relativ friedlichen, bürgerlichen 18. Jahrhundert, der Blütezeit der literarischen Almanache, konnte eine literarische Zeitschrift noch Herz, Gemüt *und* Verstand bedienen, konnte sie enzyklopädische Bildung, Wissenschaft, Information, Kommentar zum Zeitgeschehen, also Unterhaltung *und* Belehrung noch gebündelt an den Leser bringen; dieser enzyklopädische Anspruch war dem technischen Fortschritt und der zunehmenden Spezialisierung der wissenschaftlichen Forschung, aber auch den politisch-sozialen Bewegungen des 19. Jahrhunderts nicht mehr gewachsen; die Zuständigkeit für Wissenschaft, Politik und Gesellschaft mußte an Fachzeitschriften abgegeben, bzw. mit der Tagespresse geteilt werden. Durch die Einführung der allgemeinen Schulpflicht (die Aufhebung des Bildungsprivilegs) ist zugleich das lesende Publikum gewachsen, damit aber auch eine schichtenspezifische Differenzierung entstanden: typisch für die Ausrichtung auf den ›niedrigen Geschmack‹ Scherls ›Gartenlaube‹, für die Ausrichtung auf den ›gehobenen Anspruch‹ S. Fischers ›Neue Rundschau‹, ›Westermanns‹ oder ›Velhagen & Klasings Monatshefte‹, wobei die Verbindung von Unterhaltung und musischer Bildung in beiden Ausrichtungen noch bis zum Beginn des 20. Jahrhunderts fortbestand, wenn auch schon in Konkurrenz mit der neuen Kunst, dem Film, und – nach dem Ersten Weltkrieg – dem Rundfunk. Nach dem Zweiten Weltkrieg, mit dem Einbruch des Fernsehens und – drei Jahrzehnte später – der Videotechnik in die Alltagsfreizeit ist die Sektion Unterhaltung endgültig aus der literarisch-kulturellen Zeitschrift abgewandert, während das Ressort Bildung und Information zunehmend auf real existierende oder eingebildete Interessengruppen abgestimmt wird.

Die Geschichte der literarischen Zeitschriften nach 1968 ist zugleich die Geschichte der Anpassung an diese Konkurrenzverhältnisse, die Geschichte unausgesetzter Suche nach Nischen, die von Film, Fernsehen, Rundfunk noch nicht besetzt sind, im angestrengten Bemühen, »im Trend« zu bleiben, den Moden zu gehorchen. Im Nachruf der Frankfurter Allgemeinen Zeitung auf ›Westermanns Monatshefte‹ (1857–1986) heißt es:

Westermann's Ende ist für die Mitarbeiter schockierend, ⟨...⟩ aber mit seinem letzten Heft reiht sich die Zeitschrift doch nur als prominente Tote in die große Sterbeprozession deutscher Kulturzeitschriften ein. Durch sein Scheitern stellt sich das Kulturmagazin auch der Wahrheit über die Kultur, die sie mit neuen Konzepten illustrieren wollen. Das ambivalente Image der Monatshefte, das sich in der Vergangenheit immer zwischen zahnärztlichem Wartezimmer und protestantischem Gemeindehaussaal hielt, gewann zuletzt etwas von jener neudeutschen Bistrokühle, die man in den einschlägigen ›Zeitgeistmagazinen‹ so gerne mit Frische und Vitalität verwechselt. Von Reformgeist erfüllt, hatte der neue Chefredakteur genau erkannt, daß die alte Mischung von Reisebericht, gehobener Tier- und Berggeschichte und mittelständischem Kulturporträt kein Publikum mehr finden würde. [Die Zeitschrift brachte] nun einen glänzenden Serviceteil, Hinweise, Ankündigungen, Rezensionen, [im Ehrgeiz] das Magazin für Intelligenzler zu werden. Dabei wurde manches übertrieben und verwechselt, vor allem daß eine gut funktionierende Masche schon etwas mit Kultur zu tun habe. Verbrüderungsgesten mit postmodernen Yuppies, einen Hauch von linker Moral und zynischem Snobappeal statt kultureller Phantasie ...[4]

Die Bemühung, sich anzupassen, ist immer zugleich ein Kampf ums Überleben. Wie viele auf der Strecke bleiben, erweist eine Untersuchung von 367 Zeitschriften aus dem gesamten deutschen Sprachraum Europas[5] über einen Zeitraum von 5 Jahren (1982–87): In der Bundesrepublik Deutschland sind 83 von 231 Titeln eingegangen (35 %); in Westberlin 18 von 53 (33 %); in der Schweiz 11 von 30 (36 %); in Österreich 4 von 39 (8,5 %), in der DDR keine.[6]

Die Todesursachen sind unterschiedlicher Natur. ›Scheidewege – Vierteljahresschrift für skeptisches Denken‹, eine 1970 von F. G. Jünger und Max Himmelheber begründete, aus einer Stiftung subventionierte, bei Klett Cotta verlegte Zeitschrift verzich-

620 ZEITSCHRIFTEN

tet auf Rettungsversuche: Seit dem Erscheinungsjahr radikal
engagiert im Kampf gegen geistige und materielle Umweltzerstö-
rung, ist die Zeitschrift nach 12 Jahren mit einem ebenso radikalen Epilog von der Bühne getreten. Die Zeitschrift wußte schon
1970:

⟨. . .⟩ daß und warum ein Umdenken und Umschwenken bei Strafe der
Vernichtung unausweichlich sei ⟨. . .⟩ Was damals Kassiber waren, das
pfeifen heute die Spatzen von den Dächern ⟨. . .⟩ Zeitschriften sind
Schriften für die Zeit – und sie haben ihre Zeit. Die SCHEIDEWEGE
mußten sich auf einem Markt behaupten, auf dem zunächst wenige
etwas vom Scheideweg wissen wollten – und auf dem sich heute die
Drucksachen derart stapeln, daß es immer schwieriger wird, auf ihm zu
überleben. ⟨. . .⟩ Eine vor Jahresfrist gegründete »Initiative«, die den Ruf
»geschützter leben!« auf ihr Panier geschrieben hat, ist keine Bürgerinitia-
tive gegen die Bedrohung durch Cadmium und Quecksilber, sondern ein
PR-Unternehmen des Verbandes der Chemischen Industrie.[7]

Weniger respektabel als die unerwartete, plötzliche Abmel-
dung der ›Scheidewege‹, deren letztes Heft immerhin noch von
gleicher Qualität und Substanz war wie das erste, sind die
Abschiede linker Zeitschriften.

Die 1968 von Mitgliedern der SDS gegründete Berliner Zeitschrift ›alternative‹, die sich als Publikation der »undogmatischen
Linken« durch die erste Anthologie von Literatur aus der DDR,
durch die Veröffentlichung der Texte der Prager Kafka-Konfe-
renz, durch ihr Eintreten für die russischen Formalisten und die
französischen Strukturalisten, vor allem aber durch ihren kritischen Blick auf die Schwächen und die Selbstüberschätzung der
deutschen Linken profilierte, hat in den letzten Jahren ihres
Bestehens vergebens versucht, sich an neue, nicht auf abgestande-
nen Theorien beruhende Bewegungen zu hängen, hing aber bloß
selber noch eine Zeitlang am Tropf, bis sie schließlich mit dem
selbstkritischen Geständnis aufgab:

Die in ihrem Erklärungsanspruch ⟨. . .⟩ erschütterte linke Theorie, wie
›alternative‹ sie mitgetragen hat, hat bei uns keinen Ort und keinen
Reflexionsraum mehr. Die jüngere Generation ist an den Schulen und
Hochschulen einer professionalisierten Linken ausgesetzt. Und die sich

Entstehen und Vergehen 621

innerhalb der sozialen Protestbewegungen zur Wehr setzen, machen keinen Gebrauch mehr von dem, was wir produzieren. Damit verliert eine Zeitschrift wie ›alternative‹ nicht nur ihr Publikum, sondern auch ihre Funktion.[8]

Prometheus (der Vorausdenkende) ist von seinem Bruder Epimetheus (dem Hinterherdenkenden) abgelöst worden. In den Jahren vor und unmittelbar nach 1968 war »Veränderung« das Leitwort aller linken Gruppen (APO, SDS, ASten), bei Einigkeit in der Betrachtung der zu verändernden Objekte, also des Was (Staat, Gesellschaft, Mitbestimmung, Bildungspolitik). In der Diskussion um das Wie (die Mittel und Wege, die Modelle) hat die Linke sich jedoch sehr bald in feindlich gegeneinander stehende Lager zersplittert (Maoisten, DKP-Treue, Trotzkisten . . .). Die Feststellung, »daß beim demokratischen Zentralismus die Demokratie wegfällt und nur noch der Zentralismus übrigbleibt«,[9] gilt auch für die Zeitschriften der jeweiligen parteipolitisch determinierten Orientierungen.

Mitte der 70er Jahre setzt die epimetheische Phase ein, das kritische Nachdenken über den Scherbenhaufen, die Analyse des Weges, der zu den Prozessen von Stammheim geführt hat (die Debatte um die Gewaltfrage, um die RAF, um die Begriffe ›Bande‹ oder ›Gruppe‹). Einst renommierte Zeitschriften mit zuverlässigem Leserstamm versuchten aus der Konkursmasse zu retten, was noch zu retten war, und übersahen dabei, daß sie von neuen Strömungen, neuen gesellschaftlichen und politischen Herausforderungen überrollt wurden: Friedensbewegung, Anti-AKW-Bewegung, Ökobewegung, Feminismus, neue Jugendsekten.

Späte Versuche, sich diesen Bewegungen anzubiedern und peinliche Appelle an Veteranentreue blieben wirkungslos. Mit dem Zerfall parteipolitisch orientierter oder organisierter Gruppen mußten auch deren Organe bzw. periodische Verständigungsschriften eingehen. So haben die später DKP-nahe, '65 begründete Zeitschrift ›Kürbiskern‹ (nach 23 Jahren), die maoistischen ›Berliner Hefte‹ (nach 10 Jahren), die Ende der 70er Jahre begründete ›Linkskurve‹, die an Traditionen der 20er Jahre anzuknüpfen versuchte, und die noch jüngere ›Düsseldorfer Debatte‹ (beide nach jeweils weniger als 5 Jahren) aufgegeben, und nach knapp 10jährigem Erscheinen selbst die seit '76 von so prominenten Gründern wie Heinrich Böll, Günter Grass und Carola Stern herausgegebene SPD-nahe Zeitschrift ›L 76‹, mit dem Untertitel ›Demokratie und Sozialismus‹, die sich, bei Erweiterung des Herausgeberteams um Tomas Kosta, Johano Strasser und Heinrich Vormweg, 1980 in ›L 80 – Zeitschrift für Literatur und Politik‹ umbenannte; den Untertitel ›Demokratie und Sozialismus‹ führte sie noch weiter, ließ ihn bei den letzten Heften fallen und ging trotzdem ein. Auch Wiederbelebungsversuche, die mit der guten Erinnerung an einstigen Ruhm und mit daraus resultierendem Interesse (also auch Verkaufserfolg) rechneten, sind fehlgeschlagen: Die 1948 gegründete Zeitschrift ›Der Monat – internationale Zeitschrift für Politik und Kultur‹, in ihren ersten Jahrgängen Forum und Tribüne der Dichtergruppe 47, ist, trotz prominenter Herausgeber während der letzten Jahre ihres Erscheinens (Peter Härtling, Klaus Harpprecht), 1971 eingegangen; als sie 1979 einen neuen Start unternahm, ist sie von der Medienkritik massiv unterstützt worden – und ist dennoch schon 1985 wieder sang- und klanglos von der Bühne getreten. Die einst sehr renommierte, von Walter Dirks und Eugen Kogon 1945 begründete, parteipolitisch ungebundene Zeitschrift für Kultur und Politik ›Frankfurter Hefte‹, die in ihren frühen Jahrgängen in der Auseinandersetzung mit der Nazizeit, dann in der Kritik restaurativer Tendenzen und in der Debatte um Frieden und Abrüstung eine Wortführerin war, hat ihre Stimme und ihr Profil, knapp vor der Kapitulation, durch Fusionierung mit der von der SPD finanzierten, also SPD-nahen Zeitschrift ›Die neue Gesellschaft‹ retten können, die von so prominenten Größen der Politik wie Hans-Jochen Vogel und Herbert Wehner herausgegeben wird; dadurch aber hat sie sich in eine Abhängigkeit begeben, die auch dann bestehen bleibt, wenn ihr einstiges Profil durch die neue Anbindung nicht berührt wird: die Abhängigkeit von einem finanzstarken Partner.

3. Opposition zu den Medien der Mächtigen

Populäre Kulturzeitschriften (d. h. Zeitschriften, die, im Unterschied zu Fachzeitschriften, kein spezielles Wissen beim Leser voraussetzen) haben wenig Chancen und Möglichkeiten, prometheisch, also der Zeit voraus zu sein. Was einst seinen Platz in der Publikumszeitschrift noch hatte: die sensationelle Entdeckung, der Bericht über die Reise ins Unbekannte, der neueste Stern am Himmel des Künstlerruhms, also alles, was sich als *akute Aktualität* bezeichnen ließe, wird zuerst von den Medien aufgegriffen und durch die Tageszeitung, die Nachrichten am Morgen und die Abendschau ans Publikum gebracht. Die Zeitschriften müssen sich im Bereich der *permanenten Aktualität* einrichten, also ewig alte Themen abgrasen, bei wechselnder Kombination dreier Konstanten: *Konstante 1:* das Oberthema – und deren gibt es nicht viele (Umwelt, Nord-Süd-Gefälle, neue Rechte, new age, Abrüstung, Frauen, soziales Netz, Erziehung, Ost-West-Politik, Terrorismus, technisch-wissenschaftlicher Fortschritt, Sport, Unterhaltung), dabei müssen sie immer wieder auf die akute Aktualität zurückgreifen, aber auch immer erst, wenn diese schon verbraucht ist (Ramstein, Hormonskandal, Mick Jagger, Asylanten und Spätaussiedler, Nobelpreis, Boris Becker, Baghwans Tod, Geiselnahme usw). Sie können Zusammenhängen nachspüren, Ursachen aufdecken, Spekulationen über mögliche Folgen anstellen. *Konstante 2* ist die Perspektive des Autors: man steht links oder rechts oder in der Mitte, mit Gott oder ohne, als Optimist oder als Pessimist. Und in jeder Einstellung gibt es – *Konstante 3* – ein höheres oder niedrigeres Maß an Intelligenz und Sachkenntnis. Man kann sich also von rechts bis links, über dumm bis klug zu jedem Thema so viele Abhandlungen denken, als sich nach diesen drei Konstanten kombinieren lassen, und der Spielraum für die Kombinationen ist eng.

Dieser Spielraum ist zugleich das Konkurrenzfeld, auf dem jede Zeitschrift sich bewähren oder scheitern muß, deren Bestand von ihren Abonnenten und vom freien Verkauf im Buchhandel abhängt, also von einem stabilen Leserstamm, der vor allzu hohem verlegerischen Defizit schützt. Die Kunst, sich in diesem engen zeit- und geldbedingten Rahmen zu behaupten, beherrschen wenige. In der Bundesrepublik Deutschland die ›Blätter für deutsche und internationale Politik‹ (1957 gegründet), ›Das Argument‹ (1958), ›Lutherische Monatshefte‹ (1961), ›Kursbuch‹ (1965), ›Prokla‹ (1971), ›Ästhetik und Kommunikation‹ (1973), ›vorgänge‹ (1973), ›Spuren‹ (1977), ›Konkursbuch‹ (1978), ›Trans Atlantik‹ (1978) ›Freibeuter‹ (1979) ›Merkur‹, ›Lettre international‹ (1988); in Österreich Forum (1953 – heute: ›Neues Forum‹) und ›Wespennest‹.

Das Geheimnis ihres anhaltenden Erfolgs und Prestiges liegt in ihrer parteiunabhängigen, undogmatischen Kritik an alten und neuen strukturellen Mißständen in Staat und Gesellschaft, sie besteht zugleich in ihrer Immunität gegen die von den Medien verkündete (um nicht zu sagen: dekretierte) allgemeinen Tendenzwende, gegen die neue Innerlichkeit, gegen den Zerfall der deutschen Linken und das Auseinanderdriften ihrer einstigen Anhänger: nach unten in den Hochsicherheitstrakt, nach oben ins rein Ästhetische oder in fernöstliche und wildwestliche Esoterik. Man könnte es auf die Formel bringen: Deutlichkeit und Klarheit gegen Verwischung und Vernebelung.

In einer Zeitschriftenrezension des NDR zum 47. Heft der österreichischen Zeitschrift ›Wespennest‹, einem Sonderheft zum Thema Romantik, heißt es:

Flucht in Nostalgie und Utopie scheint, wie schwierig es auch sein mag, den Begriff zu definieren, wohl doch das hervorstechendste Merkmal aller Romantik zu sein. Aber Flucht wovor, Flucht warum und Flucht wohin? So unterschiedliche Ansichten die zehn Beiträge zum Thema vertreten, so lassen sie sich doch auf einen gemeinsamen Nenner bringen: In allen geht es um die »Renaissance romantischer Ideen in den neuen Protestbewegungen«, alle fragen nach dem »Erbe der gegenwärtigen Protestbewegung« – worunter in weitestem Sinne alles zu verstehen wäre, was sich selber »alternativ« nennt oder so genannt wird; alle sind sich einig sowohl in der Feststellung, daß die sich häufenden Krisenerscheinungen unserer profitorientierten Wohlstandsgesellschaft jene massenhafte Flucht ausgelöst haben, als auch in der Feststellung, daß der Sozialismus – als Gesellschaftssystem wie als Theorie – keinen Ausweg aus der Misere bietet. Das Heft beleuchtet aber auch Gefahren und Fehler bei der Untersuchung dieser Komponente. Gert Mattenklott warnt

vor einer romantischen Stilisierung der neuen Opposition, »vor einer ver-
klärenden und ästhetisierenden Deutung, die ihr von den Medien der
Mächtigen aufgeschwatzt wird und die sie sich selbst allzu rasch zu
eigen macht aus einem narzißtischen Bedürfnis nach einer präsentablen
Selbstdarstellung. Die Projektion der lebensweltlichen Protestbewegungen in die romantische Opposition dient der Verharmlosung und geistes-
geschichtlichen Neutralisierung und einer Rückbildung der aktuellen
Probleme ins Folkloristische. Der romantische Mythos soll der Verwei-
gerungsbewegung der siebziger und der achtziger Jahre als eine Zwangsjacke angezogen werden. Sie soll die Interpretation des Unfaßlichen und
schließlich auch dessen Bändigung erlauben, besteht doch die Erwartung, daß dieselbe Generation, die heute noch mit einigem Stolz in die
romantischen Kleider schlüpft, sie in einigen Jahren als Narrenkostüme
empfinden wird.[10]

Die Opposition zu den Medien der Mächtigen ist zugleich das
Kriterium, mit dem der NDR die Unausgewogenheit seiner Zeitschriftenrezension begründet:

Die Forderung nach Ausgewogenheit bei der Auswahl und Präsentation der in der Bundesrepublik Deutschland erscheinenden literarischen
und kultur- und gesellschaftskritischen Zeitschriften ist zwar erfüllbar,
wäre aber ungerecht. (Mit den Tageszeitungen und den Wochenillu-
strierten verhält es sich nicht anders – nur eben umgekehrt: Unter den
Tageszeitungen wird man weit mehr solche finden, die den Nachrü-
stungsbeschluß unterstützen und die randalierende Jugend mißbilligen –
unter den Zeitschriften hingegen verschwindend wenige von gleicher
Einstellung. Wollte man (da) nämlich im Namem der Ausgewogenheit
ebensooft konservative, den status quo vertretende, also nestpflegende
präsentieren, wie linke, diesen Status in Frage stellende, also »nestbe-
schmutzende«, dann müßte man zwangsläufig die wenigen »braven« pro-
tegieren, also öfter zu Wort kommen lassen, und die vielen »aufmüpfi-
gen« benachteiligen. Eine gerechte Unausgewogenheit wird übrigens
ohnehin kompensiert, also wieder ausgewogen durch die Verbreitung –
ein Blick auf die Kioske genügt: eine Unmenge von Tageszeitungen und
Illustrierten, aber so gut wie keine literarischen, kulturkritischen Zeitschriften. Muß man da, wenn schon von Beeinflussung oder Manipulation des öffentlichen Bewußtseins gesprochen wird, nicht einräumen,
daß drei oder vier in Riesenauflagen produzierte, überall erhältliche
Tageszeitungen und Wochenillustrierte mehr ins Gewicht fallen als
50 Zeitschriften von winziger Auflage, die der Laufkundschaft so gut
wie unbekannt sind?[11]

Aber während die Massenauflage sehr schnell zu Makulatur wird, bilden die dem großen Publikum kaum bekannten kultur- und gesellschaftskritischen Zeitschriften von vergleichsweise winziger Auflage (die eingegangenen wie die noch bestehenden) ein eigenes zeitgeschichtliches Archiv. So sind Zeitschriften wie das ›Literaturmagazin‹ (Rowohlt) oder ›Kursbuch‹ (Rotbuch) unentbehrlich für jeden, der den linken Diskurs über die fatalen Entwicklungen vom Niedergang und Zerfall der deutschen Linken bis zur Etablierung der Republikaner, von der Euphorie aus der Blütezeit des Wirtschaftswunders bis zu den apokalyptischen Visionen von der ›Zerstörung der Zukunft unserer Kinder‹ erforschen mag – ausgenommen die Geschichte des Verbandes der Schriftsteller (der Querelen zwischen dem Bundesvorstand und den Landesverbänden). Der stetige, immer steilere Niedergang von den Anfängen der gewerkschaftlichen Organisation der Schriftsteller in der IG Druck und Papier, für die Heinrich Böll, Günter Grass, Bernt Engelmann, Dieter Lattmann eintraten, bis zur ›Schlammschlacht‹ auf dem Berliner VS-Kongreß von 1986 und den seither sich mehrenden Austritten, ist bis heute nicht Thema eines von den literarischen Zeitschriften angeregten und geführten Diskurses geworden. Das gleiche gilt für den Verlust an politischem Profil und Gewicht des Berufsverbandes, der einst das stolze Etikett ›Gewissen der Nation‹ trug (man vergleiche das Engagement für Wolf Biermann und die mit ihm ausgebürgerten Schriftsteller aus der DDR mit der totalen Stummheit angesichts der Veränderungen in der Sowjetunion unter Gorbatschow und der Volksbewegung in den Städten der DDR im Herbst 1989).

4. Das Verschwinden der Literatur in den Literaturzeitschriften

Bei den meisten Zeitschriften von *literarisch-kulturkritischem* Profil fällt das Mißverhältnis zwischen *Belletristik* und *Essayistik* zugunsten der letzteren auf. Das gilt für die ältesten, im ersten Nachkriegsjahrzehnt gegründeten (›Universitas‹ – 1945, ›Merkur‹ – 1947, ›Neue Deutsche Hefte‹ – 1953, ›Akzente‹ – 1953, ›die horen‹ – 1955) wie für die jüngeren und jüngsten, die sich nach 1960 etabliert und behauptet haben (›Sprache im techni-

schen Zeitalter‹ – 1962, ›Ästhetik und Kommunikation‹ – 1973,
›Freibeuter‹ – 1979, ›Konkursbuch‹ 1978, ›Niemandsland‹ –
1988).

Der Hauptgrund für die Überlastigkeit des Essays liegt in den
Marktverhältnissen. Alles, was Schriftsteller, Journalisten, Wissenschaftler schreiben, ist Arbeit. Also auch alles, was in Zeitschriften, durch den Hörfunk und im Fernsehen veröffentlicht
oder ausgestrahlt wird. Geht es um den Lohn, also um Honorare,
dann hat man von den kleinsten Zeitschriften am wenigsten zu
erwarten – sie zahlen gar nichts; die etablierten, selbst die
bekanntesten unter ihnen, zahlen Honorare von 30–40 DM pro
Seite; für Literatur im Rundfunk wird das Fünf- bis Zehnfache
bezahlt; und um ein Mehrfaches höher als beim Rundfunk liegen
die Honorare beim Fernsehen. Man schreibt am liebsten fürs
Fernsehen (Texte für Fernsehspiele, also Prätexte: Literatur als
Vorwand für TV), man versucht, da die Konkurrenz hier am
größten ist, wenigstens beim Hörfunk unterzukommen – und so
ergibt sich zwangsläufig, daß bei allen Zeitschriften der Anteil
der Vorabdrucke oder Nachdrucke von bereits verkauften oder
andernorts erschienenen Texten von Jahr zu Jahr zunimmt, während der Anteil der Originalbeiträge abnimmt.

Die Literatur, zumindest die belletristische Prosa, ist aus der
Literaturzeitschrift ausgewandert. Sieht man von Statements zu
aktuellen politischen Anlässen und von Antworten auf Umfragen
ab, so findet man auch in den bedeutendsten literarischen Zeitschriften kaum noch einen der großen Namen aus der Zeit um
1968 und davor. In den frühen Heften des vor 40 Jahren gegründeten ›Monat‹ sind alle Autoren der ›Gruppe 47‹ und die ganze
übrige literarische Prominenz mit Originalbeiträgen (Erzählungen, Romanfragmenten im Erstdruck) vertreten – in den letzten
fehlen sie gänzlich, woraus sich das Scheitern des 1979 unternommenen Wiederbelebungsversuchs wohl am ehesten erklärt.
Auch der Vergleich der ältesten mit den jüngsten Heften der
›Akzente‹ verdeutlicht diesen Exodus der Schriftsteller aus der
literarischen Presse. Desto auffälliger ist die von Jahr zu Jahr
(von Buchmesse zu Buchmesse) zunehmende, an Reklame für
Markensekt, Kosmetika, Zigaretten erinnernde Verlagswerbung

für Neuerscheinungen in den großen Tages- und Wochenzeitungen.

Die am wenigsten gefragte Ware auf dem Literaturmarkt, darum auch am wenigsten von der Werbung angepriesen, sind das *Gedicht* und der *Essay*. Nach Essays und Gedichten lassen sich auch schlecht Hörspiele oder Verfilmungen machen, Rundfunk und Fernsehen sind schlechte Abnehmer. Da der Essay aber zugleich in einer dubiosen Grauzone zwischen Kunst und Wissenschaft zu Hause ist, tummeln sich in dieser Gattung auch die meisten Dilettanten. Man darf geradezu von einer neuen Krankheit, der Essayitis, sprechen, angesichts des »desolaten intellektuellen und sprachlichen Zustands vieler Manuskripte (auch berühmter Autoren)«,[12] speziell angesichts des Kauderwelschs, das nach Verflüchtigung der großen Ideale aus den Zeiten der APO, des SDS und der Frankfurter Schule bei vielen post-festum-Theoretikern als Bodensatz zurückgeblieben ist.[13]

Am wenigsten angekränkelt von Essayitis ist die 1890 gegründete ›Neue Rundschau‹ (S. Fischer). Sie publiziert als einzige nach wie vor Primärliteratur in Erstveröffentlichungen (Prosa und Lyrik) bei traditioneller Nachbarschaft von bekannten Autoren mit Neulingen. Obwohl sie oft als die »alte Tante« unter den deutschen Literaturzeitschriften apostrophiert wird, bringt eine Veröffentlichung in der ›Neuen Rundschau‹ immer noch ein besonderes Prestige. Die bürgerlich-konservative Zeitschrift ›Neue Deutsche Hefte‹ (1953 – Eigenverlag) hält skeptische Distanz zu den jeweils neuesten Moden und Strömungen in Kunst und Literatur und sorgt, als Forum für Autoren älteren Jahrgangs, dafür, daß deren Stimme nicht in Vergessenheit gerät. Führend unter den nach 1945 gegründeten reinen Literaturzeitschriften ist ›Akzente – Zeitschrift für Literatur‹ (1953 – Carl Hanser), die sich durch Publikation neuester, avantgardistischer Literatur aus dem In- und Ausland, bei wohlausgewogener kosmopolitischer Mischung von Prosa, Lyrik und streng literaturbezogener Essayistik profiliert hat. ›die horen – Zeitschrift für Literatur, Kunst und Kritik‹ (1955 – Wirtschaftsverlag NW), die umfangreichste unter den deutschen Zeitschriften, behauptet einen eigenen Platz durch ihre Themenhefte zu bestimmten gesellschaftlichen und kulturellen Problemfeldern, besonders aber durch ihre aktuellen Anthologien wenig bekannter ausländischer Literaturen (skandinavischer, persischer u. a.). Und das von Rowohlt herausgegebene ›Literaturmagazin‹ liefert, ebenfalls mit Themenheften, regelrechte Handbücher zu aktuellen literarischen, besonders literatursoziologischen Fragen. ›Sprache im technischen Zeitalter‹ (Literarisches Colloquium Berlin) hat in den frühen Jahrgängen mit fast ausschließlich literatur- und sprachwissenschaftlichen Abhandlungen ein relativ kleines Fachpublikum angesprochen, später dann, in Kooperation mit dem Deutschen Akademischen Austauschdienst, durch das Supplement ›Literatur im technischen Zeitalter‹ ihr Spektrum erweitert (avantgardistische Lyrik, experimentelle Bild-Text-Montagen). ›Nachtcafé‹ (Klett-Cotta), ›Schreibheft‹ (nach Fusion mit ›Fenster‹ (Rigodon)) sind Zeitschriften für ein breites, aber anspruchsvolles, an guter moderner Literatur interessiertes Publikum.

Der links-liberale ›Merkur – Deutsche Zeitschrift für europäisches Denken‹ (Klett-Cotta) wendet sich an ein »gebildetes Bürgertum (soweit es das noch gibt) und an die akademische Intelligenz« in radikaler Opposition zur »Kurzatmigkeit und zum wirtschaftlichen und politischen Opportunismus der großen Medien«, »Merkur« sieht seinen »Sinn und seine Funktion in der Vermittlung zwischen Fachwissenschaft und allgemeinem Publikum«.[14] Das gleiche gilt für ›Universitas – Zeitschrift für Wissenschaft, Kunst und Literatur‹ (Wissenschaftliche Verlagsgesellschaft, Stuttgart).

5. Große und kleine Zeitschriften

Die bisher genannten Zeitschriften kann man zu den *bekannten* zählen, wobei das zuverlässigste Kriterium für eine grobe Einteilung in bekannte und unbekannte der Buchhandel bietet: In der Bundesrepublik und in Westberlin gibt es kaum ein Dutzend Buchhandlungen mit einer eigenen Abteilung oder gar einem eigenen Raum, doch in fast allen Buchhandlungen größerer bis großer Städte wenigstens ein Eckchen eines Verkaufstischs (gewöhnlich neben der Kasse) oder zwei, drei Regalböden Stellraum für Zeitschriften, auf denen einige der oben angeführten Titel zu finden sind oder bis zu ihrem Ableben zu finden waren. Einige davon gehören in diesen Buchhandlungen zum obligaten Sortiment; die anderen sind jedem einigermaßen informierten Buchhändler wenigstens vom Hörensagen bekannt.

Bei allen Unterschieden des Profils und der Position haben sie doch eines gemeinsam: Sie werden von großen Verlagen herausgegeben: ›Kursbuch‹ von Rotbuch, ›Merkur‹ und ›Nachtcafé‹ von Klett-Cotta, ›Neue Rundschau‹ von S. Fischer, ›Freibeuter‹ von Wagenbach, ›Akzente‹ von Carl Hanser, ›Literatur-Magazin‹ von Rowohlt, ›Kontinent‹ von Ullstein. Sie gehören niemals zum Standbein, immer nur zum Spielbein, sind ein Nebengeschäft, oft ein Verlustgeschäft, das der Verlag sich aus Gründen der Pietät oder des Prestiges leistet, aber eben nur solange sich die Zahl der Remittenden in Grenzen hält bzw. nicht allzu viele Abonnenten abspringen. Alle sind sie vom Rotstift eines Chefbuchhalters bedroht – so ist ›Hermannstraße 14‹ (1977 – herausgegeben von Helmut Heißenbüttel bei Klett-Cotta) schon nach wenigen Ausgaben, ›Litfass‹ (1976 von Assen Assenov im Selbstverlag herausgegeben – dann zur Rettung aus finanziellen Nöten vom Piper Verlag übernommen) nach 46 Heften vom Verlagsprogramm abgesetzt worden.[15] Niemand, der im Frühjahr abonniert, kann also sicher sein, daß er seine Zeitschrift auch im Sommer noch bekommt.

Die meisten Gräber auf dem Zeitschriftenfriedhof liegen in der Abteilung der *kleinen Zeitschriften* (die auch als *Little Mags* oder *alternative Zeitschriften* bezeichnet werden). Dennoch ist diese Abteilung die lebendigste – auch die am schwersten überschaubare. Man darf ruhig annehmen, daß in der Bundesrepublik Deutschland wöchentlich eine neue Zeitschrift entsteht und wöchentlich eine stirbt. Diese Bewegtheit ist Ergebnis eines zeitgeschichtlichen Novums: Das Bedürfnis, sich selber zu artikulieren und selber gedruckt zu sehen, sei es aus Eitelkeit, sei es aus Protest oder aus dem unbezähmbaren Bedürfnis, andere mit seinen eigenen Ideen zu infizieren, ist sicher nicht größer als vor zehn oder hundert Jahren, noch nie war es jedoch – technisch und finanziell – so einfach, dieses Bedürfnis zu befriedigen, also eine eigene Zeitschrift herauszugeben.

Für den Anschaffungspreis eines Heimcomputers kann man sich schon die halbe Druckerei auf den eigenen Schreibtisch stellen. Mit Hilfe der Fotokopiertecknik kann man bei einer Auflage von 500 Exemplaren und einem Stückpreis von DM 5 schon eine 100–120 Seiten starke Zeitschrift von respektablem literarischem Niveau und ansprechendem Layout herausgeben.

Es bleibt die Frage, ob und wie man sie auch absetzen kann. 500 Freunde und Freundinnen, die sich zu einer regelmäßigen Abnahme verpflichten, hat niemand. Im günstigsten Fall erweist einem ein befreundeter Buchhändler den Liebesdienst, ein Dutzend Hefte auszulegen (nicht auch zu bezahlen), den Vertrieb des Restes muß man selber übernehmen.

›LITERATTE – Göttinger Zeitschrift für Literatur‹ hat eine Auflage von 500 Exemplaren, davon rund 10 % Abonnenten, Rest Freiverkauf, Verbreitungsgebiet: Hamburg/Hannover/Göttingen/Kassel. Zielgruppe: literarisch interessierte Bürger und Bürgerinnen. Eine nichtkommerzielle Zeitschrift kann heutzutage nur aufgrund des Idealismus ihrer Herausgeber existieren und bestehen. In der bescheidenen Form, in der LITERATTE erscheint, ist es allenfalls möglich, sich in Nischen zu begeben, die größere Medien nicht erreichen, und sich an Menschen zu wenden, die auch kleinere Publikationen unterstützen. Hauptprobleme sind a) die Beschaffung qualitativ hochrangiger literarischer Texte von bekannten und unbekannten Autoren und b) das Erreichen des ›richtigen‹ Publikums auch in anderen Regionen der Republik. Generell erweist sich die Herausgabe einer Literaturzeitschrift in einer Provinzstadt wie Göttingen als problematisch, wenn man die eigenen Ansprüche nicht drastisch zurückschrauben möchte. Hinzu kommen finanzielle Schwierigkeiten (keinerlei Zuschüsse). Der Vertrieb ist privat.[16]

Die längst eingegangene Berliner Zeitschrift ›Dialog‹

wurde vorwiegend in Berliner Kneipen und Buchhandlungen, sowie auf dem »Nürnberger Kirchentag« zum Verkauf angeboten. Sechs der acht Autoren haben sich selber bei den Verkaufsaktionen beteiligt. Viele interessante Gespräche sind dabei zustande gekommen, etliche Tips und Anregungen konnten gesammelt werden. Grundsätzlich waren die meisten Angesprochenen sehr offen für einen Dialog. Auf der anderen Seite gab es jedoch auch vereinzelt massive Kritik bis Ablehnung.[17]

Und die ›Entwurfbude – Forum für sensible Alltagsmenschen‹, herausgegeben von der Jungen Aschaffenburger Künstlerinitiative, ist, trotz ihres untertänigsten Dankes an freundliche Sponsoren, gestorben:

Wir danken für finanzielle und anderweitige Unterstützung: Der Stadt Aschaffenburg, die uns die ›Alte Münze‹ als Treffpunkt und Veranstaltungsraum zur Verfügung gestellt hat – zahlreichen Geschäftsleuten und Banken für ihre Inserate, ohne die wir nie hätten die Zeitschrift halten können [es folgt eine sehr lange Aufzählung von Läden, Banken, Gaststätten usw.] – für Naturalien-Unterstützung bei Veranstaltungen: Café ★★★, Bäckerei ★★★ – für den Verkauf unserer Zeitschrift: [es folgt die Aufzählung der Buchhandlungen, Boutiquen, Galerien].[18]

Idealisten und Dilettanten tummeln sich gleichermaßen auf dem Feld der alternativen Zeitschriften. Für sie – und ihre Leser – kann der Mißerfolg, die Pleite, eine heilsame Lektion sein. Aber neben den verschwundenen Erzeugnissen der Dilettanten, denen man keine Träne nachzuweinen braucht, gibt es auch eine Menge wunderschöner, oft von einem unbeirrbaren Don Quixote im Alleingang mit Witz, Phantasie und feinstem ästhetischem Gespür redigierter Zeitschriften, die nach wenigen Heften aufgeben mußten und denen mancher Leser noch lange nachtrauern wird: ›Märzblatt‹, ›Cimarron‹, ›Versuche‹; ›BOA VISTA‹, ›tübinger texte‹, ›Projektil‹, ›Siope‹, ›Aqua Regia‹, ›Formation‹, ›Kaktus‹, ›Manna‹, ›Univers‹ u. v. a. Trotz der hohen Sterblichkeitsrate sind und bleiben diese ›kleinen‹ immer noch für viele Autoren »die erste Anlaufstation des Literaturbetriebs. Sie dienen als Trüffelschweine auf hartem Boden«,[19] wenn auch vor Illusionen zu warnen ist: Es gibt nur ganz wenige unter den ›Little Mags‹,

für die zutrifft, was alle sich erträumen: Sprungbrettfunktion. Sie tun mit Vorliebe so, als pickten die Verlage immer auf der Suche nach neuen Autoren in den ›Little Mags‹ nach guten Texten. Aber von wegen! Den Verlagen sind oft sogar die Tüten zu schade, um die vielen Texte, die ihnen ins Haus kommen zurückzuschicken, vom Prüfen ganz zu schweigen.[20]

In der Zusammenschau und ungeachtet ihrer Sterblichkeit bleiben diese kleinen Zeitschriften ein einziges Unternehmen, eine Zeitschrift, die nie sterben kann; das einzige Publikationsmittel, das nicht unter der Fuchtel eines Herausgebers steht. Das Kommen und Gehen ihrer Redakteure folgt einem demokratischen Gesetz. Niemand kann diese Zeitschrift beherrschen und sich zu ihrem Alleinherrscher machen. Wenn sie an einem Ort eingeht, so entsteht sie an einem anderen unter anderem Namen.[21]

Man könnte einige Dutzend Titel anführen, wenn nicht zwei Erwägungen dagegen stünden: da sich niemals alle erfassen lassen, würde, erstens, die Nennung der einen ein Unrecht an den Nichtgenannten bedeuten; zweitens gibt es keine Sicherheit, daß eine Genannte in der kurzen Zeitspanne zwischen der Abfassung und Veröffentlichung dieses Reports nicht eingeht. Dennoch verdienen gerade diese vielen kleinen besondere Aufmerksamkeit, da sich in ihnen am ehesten Neues und Neuestes manifestiert. Da aber keine in der Lage ist, ein eigenes Vertriebsnetz aufzubauen oder sich kostspielige Werbung zu leisten, sollte jede größere Buchhandlung (zumindest in den Hauptstädten der Bundesländer und in den Hauptstädten der Landkreise), zumindest jeder Buchhändler, der die Kultur noch nicht gänzlich und endgültig vom Geschäft getrennt hat, neben den etablierten Zeitschriften auch den alternativen aus der nächsten geographischen Umgebung eine kleine Nische einräumen. Alkibiades soll einen Athener Buchhändler geohrfeigt haben, weil der keinen Homer auf Lager hatte. Die Little Mags, als »*einziges Unternehmen, das nie sterben kann*«, haben in unseren Tagen eine ähnliche Wachsamkeit verdient.

6. Zeitschriften aus anderen deutschsprachigen Staaten und Gebieten

Produktion, Publikation und Rezeption von Literatur haben sich im deutschen Sprachraum zu keinem Zeitpunkt auf ein Staatsgebiet beschränkt. Ungeachtet aller Erörterungen über Gemeinsamkeiten und Unterschiede deutscher Nationalliteraturen: Für den Autor, den Buchhandel, den Leser existieren keine Staatsgrenzen. Die Österreicher Ernst Jandl und Peter Handke stehen in den Buchhandlungen der Bundesrepublik neben Autoren aus der

DDR, wie Christa Wolf und Stefan Heym, zusammen mit den Schweizern Friedrich Dürrenmatt und Peter Bichsel und den aus Rumänien stammenden Autoren Oskar Pastior und Herta Müller. Und die gleiche grenzenübergreifende, grenzenignorierende Präsenz deutschschreibender Autoren charakterisiert auch die literarischen Zeitschriften, wobei spezifische Eigenheiten nicht zu übersehen sind.

Deutsche Demokratische Republik

Mit der Öffnung der Berliner Mauer am 9. November 1989 und dem Ende des Machtmonopols der SED ergaben sich nicht nur für die literarischen Zeitschriften der (ehemaligen) DDR, sondern für den Zeitschriftenbetrieb in Ost und West neue Perspektiven. Zu erwarten sind (nach 40 Jahren) zum erstenmal wieder gesamtdeutsche Zeitschriften.

Vom Leser allein haben auch in der DDR Zeitschriften nicht existieren können. Aber sie sind in anderer Abhängigkeit erschienen als die Zeitschriften in den anderen deutschsprachigen Staaten: Sie wurden ausnahmslos von staatseigenen Verlagen oder Institutionen herausgegeben und subventioniert und waren zu niedrigen Preisen über den Kioskhandel erhältlich. Die Zahl der Titel ist gering und konstant, dafür wurden sie in Auflagen vertrieben, die selbst die höchsten Auflagen in der Bundesrepublik um ein Mehrfaches überstiegen. Sie sind echte Leserzeitschriften gewesen – ob sie es bleiben, wird nicht allein von den veröffentlichten Beiträgen abhängen, obwohl mit Sicherheit ein neuer und starker prometheischer Schub nun gerade aus dem Gebiet der DDR zu erwarten ist. Mit diesem Schub wird es – ebenso sicher – zu Preissteigerungen kommen; es bleibt abzuwarten, ob und wie lange die Leserschaft mithält.

Die älteste und bis heute bedeutendste unter ihnen ist die 1949 gegründete, von der Akademie der Künste herausgegebene Zeitschrift ›Sinn und Form – Beiträge zur Literatur‹, deren Prestige auf der kontinuierlichen Mitarbeit aller bekannten Autoren der DDR (auch der in die Bundesrepublik abgewanderten) beruht. Die seit 1952 im Aufbau-Verlag vom Schriftstellerverband der DDR herausgegebene monatlich erscheinende Zeitschrift ›Neue

Deutsche Literatur‹ ist Spiegel und Barometer des literarischen Lebens der DDR insgesamt – in der variierende Spannweite zwischen von der Partei Verordnetem, Erlaubtem und Verbotenem. Die jüngste, seit 1975 im Verlag Neues Leben erscheinende Zeitschrift ›Temperamente – Blätter für junge Literatur‹ ist zugleich die frechste, darum auch unter den jungen Lesern beliebteste. ›Weimarer Beiträge – Zeitschrift für Literaturwissenschaft, Ästhetik und Kulturtheorie‹ (1955 – Aufbau-Verlag) und ›ich schreibe – Zeitschrift für die Bewegung schreibender Arbeiter‹ (1958 – Zentralhaus für Kulturarbeit) komplettieren das Angebot.

Bis 1989 hat keine von ihnen um ihren Bestand kämpfen müssen, keine brauchte die Konkurrenz der Medien zu fürchten. Einen Zeitschriftenfriedhof konnte es, solange die Partei die Chefredakteure einsetzte und solange der Staat die Kosten trug, in der DDR nicht geben. Dennoch waren sie keineswegs Ladenhüter. Zwar als Instrumente ideologischer Erziehung geplant und eingesetzt, waren sie doch zugleich die Arena auch für nonkonformistische, sozusagen zwischen den Zeilen gegen Dirigismus und für Individualität eintretende Dichter und Schriftsteller. Das Pikante oder Brisante sprach sich schnell herum, und nicht selten war ein Heft schon am Tag der Auslieferung vergriffen.

Österreich [→ *S. 667 ff.*]
Von den kultur- und gesellschaftskritischen Zeitschriften Österreichs ist das von Günter Nenning gegründete ›FORUM – Internationale Zeitschrift links von der Mitte‹ (Wien – 1953) die im gesamten deutschsprachigen Sprachraum bekannteste. Ebenfalls über die Grenzen Österreichs hinaus bekannt sind ›manuskripte – Zeitschrift für Literatur‹ (Graz – 1960), spezialisiert auf neosurrealistische, experimentelle, avantgardistische Literatur aller Gattungen, und ›Literatur und Kritik‹ (Salzburg – 1966) und ›Wespennest – zeitschrift für brauchbare texte und bilder‹ (Wien – 1969).

Die anderen literarischen Zeitschriften, ausnahmslos jünger, haben auch schon ein vergleichsweise hohes Alter (und Neugründungen gab es in den 80er Jahren kaum). Während die Zeitschriftensterblichkeit in der Bundesrepublik Deutschland und in der Schweiz über 30 % liegt, beträgt sie in Österreich nur 8,5 %.

Der Grund für diese Stabilität ist eine vernünftige Subventions-
politik. Und zwar Subventionen ohne Bedingung. Sowohl die
Zentrale, das Bundesministerium für Unterricht, Kunst und Sport
als auch die Kommunen (die Kulturreferate der Landeshaupt-
städte) stellen einen Teil ihres Etats literarischen Zeitschriften zur
Verfügung – nicht als Unterstützung, sondern zur Förderung im
Sinne des allen gemeinsamen Ziels, »der Kommerzialisierung des
Kulturbetriebs entgegenzuwirken«[22] und den bodenständigen
Autoren und Autorinnen Veröffentlichungsmöglichkeiten zu bieten. ›das Pult – literatur kunst kritik‹ (St. Pölten – 1968),
›Podium – Literaturzeitschrift für Lyrik, Prosa, Essay‹ (Neuleng-
bach – 1971), ›SALZ – salzburger literaturzeitung‹ (Salzburg –
1975), ›LOG – Zeitschrift für internationale Literatur‹ (Wien –
1977), ›Lynkeus – Dichtung * Kunst * Kritik‹ (Wien – 1977) erscheinen viermal jährlich, ›die Rampe – Hefte für Literatur‹ (Linz –
1975) zweimal. Sie sind regionalistisch (durch die Bevorzugung der
Namen aus der näheren geographischen Umgebung) und zugleich
gesamtdeutsch: in allen finden sich mehr oder weniger regelmäßig
Beiträge auch aus der Bundesrepublik, der DDR und der Schweiz.
Typisch für die österreichischen Literaturzeitschriften allgemein
(ausgenommen die akademische ›Literatur und Kritik‹) ist ihre Vorliebe für Lyrik, für skurrile, makabre, surrealistische Texte, für
experimentelle Literatur und die Spannweite zwischen Sehnsucht
nach Welt und Konzentration aufs Hausgemachte.

Daß – umgekehrt – die Beschränkung aufs eigene, streng Heimatliche, die ganze Welt enthalten kann, demonstriert ›das Fenster – Tiroler Kulturzeitschrift‹ (1967) in elitärer Bescheidenheit.
Ihr Konzept könnte als Muster für literarisch-kulturelle Zeitschriften generell empfohlen werden: Tirol ist nicht etwa Dauer-
thema, sondern Bühne, Relais, Startrampe. Nicht Lokalpatriotis-
mus, Image-Pflege, Eigenwerbung bestimmen die Auswahlkrite-
rien, nicht was von Tirolern *über* Tirol geschrieben wurde,
sondern was *in* Tirol geschrieben wurde, nicht die Heimatgrößen,
sondern berühmte Auswärtige aus aller Welt, die sich vorübergehend oder auf lange Zeit in Tirol niedergelassen, aber auch Tiroler, die sich außerhalb ihrer Heimat als Wissenschaftler oder
Künstler einen Namen gemacht haben, bilden den unerschöpf-

lichen Fundus, auf den die Herausgeber zurückgreifen und der dieser ›Provinzzeitschrift‹ eine einzigartige Universalität sichert. In jeder Landeshauptstadt der Bundesrepublik Deutschland und der DDR, in jeder Kantonshauptstadt der Schweiz könnte nach diesem Muster eine konkurrenzlose Zeitschrift erscheinen, wenn die für Kultur zuständigen kommunalen Stellen das Geld dafür locker machten (ohne nach Rentabilität zu fragen). Soviel wie die Städte Linz oder St. Pölten sollten Städte wie Zürich oder Düsseldorf doch auch aufbringen können, und sicher lägen die Jahreskosten weit unter dem finanziellen Aufwand beispielsweise des Berliner Senats für die Aufstellung einer umgedrehten Dampflokomotive auf dem Anhalter Bahnhof. – (Weitere Titel österreichischer Zeitschriften: ›Aspekte‹, ›Eröffnungen‹, ›fettfleck‹, ›Freibord‹, ›Frischfleisch‹ und ›Löwenmaul‹, ›Literaricum‹, ›neue texte‹, ›Sterz‹, ›Texte‹, ›Wortmühle‹)

Die Schweiz [→ 643 ff.]

Die beiden erfolgreichsten und bekanntesten deutschschweizerischen Literaturzeitschriften, die auch in der Bundesrepublik und in Österreich in jeder größeren Buchhandlung ausliegen, ›Der Rabe – Magazin für jede Art von Literatur‹ (1982 – Haffmans Verlag, Zürich) und ›Tintenfaß – Das Magazin für den überforderten Intellektuellen‹ (1984 – Diogenes, Zürich), erscheinen wohl in der Schweiz, lassen sich jedoch strenggenommen nicht als schweizerische Literaturzeitschriften bezeichnen; sie sind ».. . Verlagsalmanache, die sich um das aktuelle literarische Geschehen der Deutschschweiz wenig kümmern.«[23] Aber auch die anderen können sich nur bedingt und nur zum Teil um das rein schweizerische literarische Geschehen kümmern. Sie sind, wie die österreichischen, durch den Umstand benachteiligt, daß die bekanntesten Autoren ihres Landes es vorziehen, in den Verlagen und Zeitschriften von stärkerer Marktposition zu publizieren, und die sind eben in der Bundesrepublik. Hinzu kommt, daß in der Schweiz die öffentliche Hand nichts für Zeitschriften übrig hat. Hier hängt ihre Lebenserwartung von der Ausdauer und dem Idealismus ihrer Herausgeber ab – vor allem aber von einem klaren, eigenen Konzept und Profil.

Die Hauptrichtungen sind – bei spezifisch schweizerischen
Nuancen – die gleichen wie in der Bundesrepublik und in Österreich. Die älteste: ›Spektrum – Internationale Vierteljahresschrift
für Dichtung und Originalgraphik‹ (1958 – Wädenswil) ist
zugleich die gediegenste und konservativste. ›orte – Eine Schweizer Literaturzeitschrift‹ (Zürich – 1973) und ›drehpunkt – Die
Schweizer Literaturzeitschrift‹ (Basel – 1968) nennen ihr Land
im Untertitel – und das hat bei beiden programmatischen Charakter; beide sind Zeitschriften für die Autoren und Autorinnen
der Schweiz, nicht nur der deutschsprachigen, sondern auch der
anderen drei in der Schweiz gesprochenen und geschriebenen
Sprachen (Publikation von Übersetzungen aus dem Französischen, Italienischen, Rätoromanischen) und beide kritische Beobachter und Kommentatoren der Schweizer Gesellschaft und ihres
Selbstverständnisses. ›Affenschaukel – Magazin gegen Hunger
und Arbeit‹ (Zürich) ist die Zeitschrift der literarischen Avantgarde, der modernen wie der klassischen (auch aus Deutschland,
Frankreich, Italien). Ebenfalls von internationalem Zuschnitt ist
›DER ALLTAG – Sensationsblatt des Gewöhnlichen‹ (Zürich –
1978). – (Weitere Titel deutschschweizerischer Zeitschriften:
›Begegnung‹, ›Der Blaue Berg‹, ›Gegenwart‹, ›Naos‹, ›Passagen‹,
›Philodendron‹.)

Luxemburg, Rumänien, Niederlande
Luxemburg ist zu klein, um sich eine eigene literarische Zeitschrift leisten zu können, aber auch in Luxemburg gibt es einige
ausgezeichnete Dichter. Sie haben sich zusammen mit den Dich-
tern aus Trier und dem Saargebiet und mit den deutsch schreibenden Kollegen aus Ostbelgien und Lothringen 1980 ein eigenes
Forum geschaffen: ›Kunststoff – Vierteljahresschrift für Kulturaustausch‹.
In Rumänien erscheint seit 1948 die vom rumänischen Schriftstellerverband herausgegebene ›Neue Literatur‹, in der alle mittlerweile ausgewanderten und in der Bundesrepublik bekanntge-
wordenen rumäniendeutschen Autoren erstmals veröffentlicht
wurden. Sie wird als kulturelles Alibi für die Minderheitenpolitik
der KP vom Staat finanziert, verliert aber durch die massive

Abwanderung der Deutschen aus Siebenbürgen und dem Banat ihr Publikum.

Nicht als Zeitschrift zu bezeichnen ist das seit 1958 in den Niederlanden erscheinende Periodikon ›Castrum Peregrini‹, eine Art literarischer Museumsdienst für Liebhaber vergessener oder verschollener Kostbarkeiten aus allen Literaturen aller Jahrhunderte.

Sechster Teil
Literaturverhältnisse
und besondere Entwicklungen
in der deutschschweizer
und österreichischen Literatur

Martin Zingg
Besuch in der Schweiz

1. »Was schreibt die junge Generation?«

Was schreibt die junge Generation? 〈. . .〉 Ist unser Land für seine
Schriftsteller kein Gegenstand mehr? Und wenn es so sein sollte, warum?
Was heißt das in bezug auf das Land? Literatur ist eine Wünschelrute:
wo sie nicht in Bewegung gerät, da ist keine Quelle. Ist das die Antwort?
Ich weiß es nicht.[1]

Im Jahre 1966 richtet Max Frisch diese Fragen an die nach-
rückende Autorengeneration, bei welcher er eine Auseinandersetzung mit der jüngsten Vergangenheit vermißt. Das Echo ist
erstaunlich, und es ist bedeutsam über seinen Anlaß hinaus. In
den Antworten nämlich, die seine Fragen damals provozieren,
deutet sich bereits vieles von dem an, was in den folgenden Jahren das Bild der deutschschweizerischen Literatur entscheidend
prägen wird.

Die angesprochene »junge Generation« umreißt in ihren Stellungnahmen zwar gegensätzliche Positionen, doch verbindet sie
ein deutliches Interesse, sich schreibend auf die Schweiz als
»*Gegenstand*« einzulassen. So selbstverständlich ist das von Autoren wie Peter Bichsel, Otto F. Walter, Adolf Muschg und Walter
M. Diggelmann bekundete Interesse indessen nicht. Frisch wird
das gespürt haben. In seiner Stellungnahme formuliert beispielsweise Walter Vorbehalte, mit denen ein wesentlicher Teil der
deutschschweizerischen Prosaliteratur grundiert ist:

Wir sind staatspolitisch, ökonomisch und also organisatorisch eine
Einheit, gestützt durch eine Verfassung. Insofern gibt es die Schweiz.
〈. . .〉 Aber darüber hinaus? Sind wir eine Nation? 〈. . .〉 Wie kann dieses
Gebilde, diese Vielheit von Konditionen (und Sprachen), als Ganzes und
als unser Land ein Gegenstand unserer Literatur sein? – Ich stamme aus
dem Kanton Solothurn, aus dem Bezirk Thal, aus der sehr kleinen
Gemeinde Rickenbach, ich wohne im Umkreis von Olten und Aarau.
〈. . .〉 Schweizer bin ich in etwa dritter Linie.[2]

Die erzählerische Beschränkung auf eine enge und überschaubare Welt, die Walter aus seinen konkreten Bedingungen ableitet und zum Programm macht, wird Ende der sechziger Jahre zum Angelpunkt eines Großteils der Schweizer Literatur werden. Schauplätze sind nicht selten fiktive *Orte,* die der Erzähler mit einer Bedeutung aufzuladen versucht, die weit über sich hinausweisen und stellvertretend für schweizerische Verhältnisse insgesamt stehen sollen. »Jammers« heißt dieser Ort in den erzählenden Texten von Walter. Andere Autoren haben den Schauplatz gleich zum Titel ihres Romans gemacht: »Ruch« (ein Anagramm für die bündnerische Kantonshauptstadt Chur) bei Reto Hänny, »Schizogorsk« bei Walter Vogt, »Urwil« bei Ernst Halter, »Schilten« bei Hermann Burger, »In Trubschachen« bei E. Y. Meyer.

Die Wahl eines als typisch schweizerisch deklarierten Schauplatzes, die gewollte Einengung der Erzählbühne, erschöpft sich nicht mit der Erfindung eines modellhaften Ortes und seiner Einwohner, mit denen der Erzähler zeigen will, was für die »Welt« insgesamt gilt. Die thematische Entscheidung zieht oft eine sprachliche nach sich: sie geht einher mit der Wahl einer Erzählsprache, die den Erzählvorwurf bis in die helvetischen Sprachrituale und in die Syntax nachvollziehen soll.

Bichsel, in seiner Antwort an Frisch, sieht das spezifisch »Schweizerische« denn auch nicht primär in der nachprüfbaren Lokalisierung: »Wenn man in einem Buch den Schweizer erkennt, muß man auch um ebensoviel die Schweiz erkennen. Ich wäre stolz darauf. Es ist meine Absicht, als Schweizer zu schreiben.« Und:

Man hat mir in der Schule erzählt, daß der Schweizer Gottfried Keller ein absolut reines Hochdeutsch geschrieben habe. Das erzählt man wohl noch heute und es ist faustdick gelogen, zum mindesten bis in die Grammatik und die Syntax ist Keller schweizerisch. Daß er thematisch ebenfalls schweizerisch ist (und sein kann), darum beneide ich ihn ⟨. . .⟩[3]

Bichsel hat in seinem 1964 erschienenen Erstling ›Eigentlich möchte Frau Blum den Milchmann kennenlernen‹ eine Kunstsprache entwickelt, die, nachdem sie zunächst im Verdacht der Naivität gestanden hat, inzwischen sozusagen, durch Schulenbildung, eine der *Literatursprachen* der jüngeren schweizerdeutschen Literatur geworden ist. An dieser Sprache fällt vor allem das Überwiegen der Parataxe auf: die Sätze werden gleichwertig nebeneinander gestellt, eine lockere assoziative Fügung reiht die unterschiedlichsten Aussagen aneinander. Dahinter steht nicht bloß eine Sprachskepsis [→ 313 ff.], die zur bewußten Reduktion der Sprache rät und mit Aussparungen und Unausgesprochenem, statt es mit Sprache abzudecken, Raum läßt. Der sogenannte ›Wandtafelsatz‹, darin liegt das Neue, nähert sich der mundartlichen Wortkargheit an und wird so auch durchlässig für soziale Problematik. Mit der Durchsetzung dieser Kunstsprache Ende der sechziger Jahre schwindet auch die Scheu vor Helvetismen – was eine, wenn auch unausgesprochene, Absage ist an jahrzehntelang geübte Angleichung an hochdeutsche Normen.

Autoren der Deutschschweiz haben sich seit je diesen Normen unterschiedlich gerne unterworfen; oft stand dahinter eine Bewunderung für ein absolut gesetztes Sprachideal, das die heimatliche Sprache im Wert sinken ließ. Nicht selten aber war die rigide Ablehnung von Helvetismen noch in den sechziger Jahren damit begründet, daß die betreffenden Autoren in der Bundesrepublik verlegt wurden.[4] Der Reduktionismus der literarischen Wandtafelsatz-Sprache ist also auch zu lesen als Ausdruck einer Skepsis gegenüber der Hochsprache. »Hochdeutsch nennen wir in der Schweiz Schriftdeutsch: die Sprache, die man schreibt. Reden und denken tut man schweizerdeutsch.«[5] Beides – sowohl die bewußte Hinwendung zu einem welthaltigen Regionalismus wie auch das von Walter Benjamin mit Blick auf Robert Walser so apostrophierte »keusche, kunstvolle Ungeschick in allen Dingen der Sprache«[6] – wird zu Beginn der siebziger Jahre zum Suchbild eines guten Teils der deutschschweizerischen Literatur gehören.

Diese Entwicklung bleibt allerdings nicht ohne Kritik: in seinem Essay ›Diskurs in der Enge‹[7] formuliert Paul Nizon 1970 eine historisch weit ausholende Absage an diese eben skizzierten Tendenzen:

Dem Künstler stellt sich das Problem der schweizerischen Enge als Stoffproblem.

Die moderne erzählende Literatur unseres Landes leidet eindeutig unter Stoffschwierigkeiten oder – genauer – unter Stoffmangel. Sosehr der schweizerische Schriftsteller die Wirklichkeit seiner Zeit auch zu spüren und – als Welt seines Bewußtseins – auch zu kennen vermeint: wenn er sie im eigenen Alltag sucht, um damit zu arbeiten, scheint sie sich zu verkrümeln. Literatur, wie sie ihm vorschweben mag: »Welt«-Literatur im Sinne von »zeitgenössischer« Literatur läßt sich aus schweizerischen Alltagsmaterialien, läßt sich aus schweizerischen Schicksalen und Figuren und in schweizerischem Milieu nur sehr schwer verfertigen. Jedenfalls nicht in jenem selbstverständlich lebensvollen Sinne, wie er es wohl gerne möchte und wie er es von anderen Literaturen her kennt – etwa (um wiederum ein großes Beispiel zu geben und zwar zu Kontrastzwecken) von der amerikanischen Literatur her kennt.[8]

Als negatives Pendant bleibt Nizons Kritik indessen untrennbar mit seinem Gegenteil, dem programmatischen Regionalismus verbunden: ihren gemeinsamen Hintergrund haben beide Haltungen in der Isolierung, in welche die Schweiz während des Zweiten Weltkrieges auch in kultureller Hinsicht geraten ist. [Bd. 10, S. 651 ff.]

Erst Ende der sechziger Jahre, mit einer neuen Autorengeneration, kommt eine intensive, von Rücksichtnahmen entbundene Auseinandersetzung schweizerischer Autoren mit ihrem Land in Gang – jene Auseinandersetzung, die Frisch im Eingangszitat bei seinen Kollegen vermißt. Ausgangspunkt ist der in jenen Jahren immer deutlicher werdende Widerspruch zwischen dem »offiziellen« Bild der Schweiz, das durch die besonderen Bedingungen nach 1945 nachhaltigen Auftrieb erhalten hat, und der wachsenden Einsicht in die Tatsache, daß diese Sonderkonditionen zu fragwürdigen Privilegien geworden sind.

2. Zweifel am Sonderfall

Noch lange Zeit, bis weit in die sechziger Jahre hinein, bleibt, was in der Schweiz geschrieben wird, indirekt geprägt von den kulturellen Restriktionen, die in der Zeit des Faschismus und des Zweiten Weltkrieges nötig wurden.[9]

Für die Literatur ist das nicht ohne Folgen. So bleibt die deutschschweizerische Literatur noch lange Zeit weitgehend unberührt von den literarästhetischen Diskussionen, wie sie etwa im französischen oder englischen Sprachraum geführt werden. Selbst die Bundesrepublik scheint, was die literarische Diskussion angeht, sehr weit weg zu sein. Das geringe Interesse an formaler und inhaltlicher Innovation, bis hin zur Ausgrenzung jeglicher Avantgarde, hat seine Gründe auch in den äußeren Bedingungen, unter welchen Autoren und Autorinnen noch Ende der sechziger Jahre produzieren. So fehlen beispielsweise – im Unterschied zur Bundesrepublik – größere belletristische Verlagshäuser; es gibt keine überregional bedeutenden Literaturzeitschriften; literarische Gruppierungen in der Art einer ›Gruppe 47‹ existieren nicht, keine dominierenden Schulen, die sich auf eine bestimmte Ästhetik festgelegt hätten und damit zu Widerspruch oder gar Diskussion einladen könnten. Es gibt kein Zentrum, sondern nur eine Anzahl ›Filialen‹ ohne ›Hauptsitz‹.

Nach 1968 wird sich dies ändern. Bedeutender Kristallisationspunkt wird in den frühen siebziger Jahren die ›Gruppe Olten‹ werden, eine 1969 durch Abspaltung vom Schweizerischen Schriftstellerverein zustande gekommene, gewerkschaftlich orientierte Assoziation.[10] Es werden Literaturzeitschriften gegründet (›drehpunkt‹, ›Orte‹ u. a.) und neue Verlage (Limmat, Lenos, eco, Kandelaber, Lukianos u. a.). Die Veränderungen auf institutioneller Ebene gehen einher mit einer neuen Sicht auf die Schweiz. ›Besuch in der Schweiz‹ heißt eine frühe Erzählung von A. Muschg, in welcher eine junge Deutsche ihren Schweizer Freund besucht und dabei die Erfahrung macht, wie beklemmend eng es bei ihrem künftigen Bräutigam zu Hause zugeht. Der Besuch wird zu einem Gang in die unwirtliche *Fremde*. Fremd erscheint dieses Land auch einer Mehrzahl von Autoren, wobei dieses Gefühl keineswegs mit Desinteresse gleichzusetzen ist. Das ökonomische Wachstum hat nicht nur Wohlstand für viele gebracht, sondern auch eine Vielzahl von Problemen. Daß diese nur zögernd wahrgenommen werden, hat auch damit zu tun, daß der nach Kriegsende schnell zunehmende Reichtum das Aufkommen einer ernstzunehmenden politischen Opposition erschwert hat. Das 1937 geschlossene Friedensabkommen zwischen den Sozialpartnern ist auch heute noch in Kraft, und seit 1959 ist die parteipolitische und zahlenmäßige Zusammensetzung der Landesregierung unverändert, eine »große Koalition« der vier stärksten Parteien.

Für eine »literarische Opposition«, könnte man meinen, wäre das der ideale Ausgangspunkt. Aber obwohl die Schweiz von der gesellschaftlichen Umbruchsstimmung, die 1968 Europa wie ein Fieber schüttelt, nicht unberührt bleibt – literarisch hat ›1968‹ [→ 19 ff.] erst mit Verspätung und nur zögernd einen Niederschlag gefunden. Walter strebt in seinen Montageromanen ›Die ersten Unruhen‹ (1972) und ›Die Verwilderung‹ (1977) eine literarische Vielstimmigkeit an, die ineinandergreifende Vorgänge und Diskussionen auffangen kann, wie sie nach 1968 möglich geworden sind. Das erzählerische Arrangement sucht nach Möglichkeiten, ein Kollektiv auch formal adäquat darzustellen und gleichzeitig das mitzuliefern, wogegen das Kollektiv sich zur Wehr setzt. Die erstarrten Verhältnisse in Jammers und die sich dagegen aufbäumenden utopischen Hoffnungen werden gegeneinander geschnitten, in kalkuliert vielfältigen Erzähl- und Wirklichkeitspartikeln, in Wahrnehmungsfetzen und Lektürenotizen. In Rolf Niederhausers (*1951) ›Das Ende der blossen Vermutung‹ (1978) steht die Gründung eines selbstverwalteten Wirtekollektivs im Mittelpunkt: inmitten einer traditionellen, konservativen Kleinstadt entsteht eine Keimzelle sozialer Utopie, an die sich widersprüchlichste Erwartungen knüpfen.

Die gesellschaftlichen Utopien können sich jedoch auch an den gegenwärtigen Verhältnissen brechen. In seinem Roman ›Albissers Grund‹ (1974) entwickelt Muschg (*1934) die psychischen Verstrickungen eines Mannes, der zum Täter geworden ist. Das utopische Denken Albissers wird Schritt für Schritt desavouiert, bis deutlich wird: die biographischen Fesseln geben den Aufbegehrenden nicht frei. Die politischen Ideale – Muschg läßt seinen Protagonisten an den wichtigsten Bewegungen der frühen siebziger Jahre partizipieren – erleben ein kleinlautes Finale, die Prägekraft der Gesellschaft tritt dafür um so deutlicher hervor.

Die erzählte Utopie hat ihr Komplement in der literarischen Darstellung der *Arbeitswelt*. Das Bild einer Gesellschaft ohne Entfremdung mißt sich auch an den gegenwärtigen Arbeitsbedingungen. Was sich unter dem vagen Etikett ›Literatur der Arbeitswelt‹ versammeln ließe, hat in der Schweiz nur eine kurze Blüte erlebt, unter anderem im Rahmen der ›Werkstatt Arbeiterkultur‹, die sich anlehnte an die in der Bundesrepublik tätigen Werkstätten des ›Werkkreis Literatur der Arbeitswelt‹. [→ 280 ff.] Folgenreicher war wohl die Tatsache, daß in diesem Zusammenhang eine Reihe von Autoren und Autorinnen wiederentdeckt wurde, die in der ersten Jahrhunderthälfte eine operativ-eingreifende Literatur gefordert haben. Als wohl wichtigsten Vertreter dieser Richtung kann man Jakob Bührer (1881–1973) bezeichnen. Walter Kauer (1935–1987) reiht sich in diese Tradition ein, mit seinen Romanen ›Schachteltraum‹ (1974) und ›Abseitsfalle‹ (1977). Emil Zopfi (*1943) hat in dem Roman ›Jede Minute kostet 33 Franken‹ (1977) die Computerwelt zum Schauplatz gemacht und damit ein neues Terrain literarisch erschlossen.

Die konkreten Arbeitsbedingungen werden oft auch indirekt geschildert: gespiegelt im Arbeitermilieu, das geprägt ist von kleinbürgerlichen Anpassungszwängen, Aufstiegshoffnungen und Existenzängsten. Werner Schmidlis (*1939) Romane ›Meinetwegen soll es doch schneien‹ (1967), ›Das Schattenhaus‹ (1969) und ›Fundplätze‹ (1974) sind intime Milieustudien. Silvio Blatter (*1946) zeigt in seinen Erzählungen ›Schaltfehler‹ (1972) und ›Genormte Tage, verschüttete Zeit‹ (1976) Stagnation und Selbstzufriedenheit innerhalb der Arbeiterschaft.

Einen anderen Zugriff auf gesellschaftliche Fragen versucht Niklaus Meienberg (*1940) in seinen *Reportagen.* Seine ›Reportagen aus der Schweiz‹ (1974) zeigen die Schweiz von »hinten« und von ihren Rändern her: es sind Recherchen, die weniger aktuellen Vorgängen gelten als vielmehr dominanten Strukturen oder verdrängten historischen Fakten und Personen. Politisches Aufsehen haben viele seiner Reportagen erregt, am größten war wohl die Aufmerksamkeit, die Meienberg mit seiner Arbeit über die Behandlung sogenannter Landesverräter während des Zweiten Weltkrieges erlangt hat, ›Die Erschießung des Landesverräters Ernst S.‹ (1977). Der Reportage haben neben Meienberg auch andere Autoren zu literarischem Ansehen verholfen, etwa Jürg Federspiel (*1931) mit seinem Band ›Die beste Stadt für Blinde‹ (1980), Hugo Loetscher (*1929), Fritz H. Dinkelmann (★1950) mit seinen Gerichtsreportagen und Laure Wyss (★1913) mit ihrer Dokumentation ›14 Frauen erzählen ihr Leben‹ (1974).

In ihren Sozialreportagen leuchten die Autoren Bereiche aus, die der Alltagsjournalismus ignoriert. Eine weitere Variante literarischen Eingreifens stellen die Kolumnen dar, die verschiedene Autoren regelmäßig über einen bestimmten Zeitraum in der Tagespresse und in Wochenzeitschriften publizieren können. Diese Texte finden allein schon wegen der Auflagenhöhe der sie publizierenden Organe oft größere Beachtung als die literarischen Arbeiten ihrer Verfasser – die Möglichkeit wiederum, in einem journalistischen Rahmen eine unabhängige Meinung vertreten zu können, haben sie natürlich aufgrund ihres literarischen Renommees. Neben Muschg, Urs Widmer (★1939), Rolf Niederhauser und Hansjörg Schneider (★1938) muß vor allem Bichsel, der mit seinen Kolumnen bekannt geworden ist, hier erwähnt werden. Sein Band ›Geschichten zur falschen Zeit‹ (1979) ist eine Sammlung von Beiträgen, die er zwischen 1975 und 1978 im Zürcher ›Tages-Anzeiger‹ publiziert hat. In diesen Aufsätzen reagiert Bichsel auf politische Auseinandersetzungen, wobei er diese auf eigensinnige Weise »verhört«. Er führt, was gewöhnlich getrennt ist, überraschend zusammen und unterläuft so eingefahrene Sehweisen. Damit einher geht das Bemühen, der Sprache ihre Offenheit und Mehrdeutigkeit zurückzugewinnen und die Fragwürdigkeit von sprachlichen Übereinkünften in Erinnerung zu rufen. Bichsel tut dies mit Hilfe von Geschichten, in denen er Sachverhalte »überprüft«, für welche die politische Alltagssprache gewöhnlich fertige Formeln bereithält.

Der engagierten Zeitgenossenschaft kommt auch die *Tagebuchform* entgegen. Frisch, dessen ›Tagebuch 1946-1949‹ (1950) nachhaltigen Einfluß auf die heutige Autorengeneration hatte, entwickelt in der Fortschreibung ›Tagebuch 1967-1971‹ (1972) eine Vielzahl von erzählerischen und essayistischen Formen, die es ihm erlauben, auf politische und kulturelle Themen einzugehen. Kurt Marti (★1922) zeigt in seinen Tagebüchern ›Zum Beispiel Bern‹ (1973) und ›Ruhe und Ordnung‹ (1984), wie eng sich Privates und Öffentliches verschränken. Einen tagebuchartigen Fixpunkt nennt Hänny (*1946) bereits im Titel seines Bändchens ›Zürich, Anfang September‹ (1981). Hänny geht darin auf die ›Zürcher Unruhen‹ vom Jahr 1980 ein. In Zürich kam es 1980, im Zusammenhang mit einem 60-Millionen-Kredit für die Renovierung des Opernhauses, zu außergewöhnlich heftigen Auseinandersetzungen zwischen der Polizei und einer Bewegung von Jugendlichen, die ein autonomes Jugendhaus forderten. Die ›Bewegung‹ lehnte alle Tendenzen zur Dogmatisierung und Institutionalisierung ab, verzichtete explizit auf Theorie und bewies in ihrem Kampf gegen die Offizialkultur viel sprachlichen Witz. Die Anliegen der Bewegung erfuhren anfänglich eine große Unterstützung aus Künstlerkreisen. Hänny, der am Rande dieser Unruhe nach einer Demonstration festgenommen wurde, entwickelt in seinem Text Bilder der Befreiung; seine kreisende Sprachbewegung ringt um Einsicht in die Gründe der Revolte und reiht sie ein in eine historische Suche nach immer neuen Formen des gesellschaftlichen Aufbruchs.

3. Mundart und Schriftsprache

In der Deutschschweiz wird erst in der dritten und vierten Klasse der Grundschule jene Sprache erlernt, in welcher alles Offizielle, über die alltägliche Kommunikation Hinausgehende verfaßt ist, nämlich das Hochdeutsche, die Standardsprache. Diese wird denn auch ›Schriftsprache‹ genannt, und schon der Ausdruck markiert deren Distanz zur gesprochenen Sprache. Genau diese Distanz ist es auch, die Ende der sechziger Jahre einige Autoren zum Ausgangspunkt ihrer Arbeit nehmen.

Während des Zweiten Weltkrieges wurde die Mundart vorübergehend als schützendes Element der Abgrenzung angesehen, ohne daß sie allerdings ausdrücklich gefördert worden wäre. Den Ruch des Heimattümelnden hat die Mundart in den sechziger Jahren bereits wieder verloren: Inzwischen herrscht sozusagen eine Zweisprachigkeit, wobei die Entscheidung für die eine oder andere Sprache von der Wahl des Ausdrucksmediums abhängt. Gesprochen wird Mundart, geschrieben die Standardsprache.

Vor diesem Hintergrund, nachdem die Mundart ihren Abgrenzungswert verloren hat, impliziert die Entscheidung für die Mundart (was immer die Wahl einer bestimmten, regional eingefärbten Mundart ist) die Anstrengung, diese als »natürlich« und »unmittelbar« empfundene Sprache zu einer Kunstsprache zu machen. Das heißt auch: nur beschränkt zehrt die Mundartliteratur der jüngsten Zeit noch von einem Vorbehalt gegenüber der Standardsprache. Am Anfang des Mundart-Booms steht Martis 1967 veröffentlichter Gedichtband ›Rosa Loui‹ [Bd. 10, 9. 670]: Gedichte in Berner Umgangssprache, und nicht, was Marti mit Nachdruck betont, Dialektgedichte. Kein Dichten mit der Sprache also, sondern *in* der Sprache. Ähnlich wie die ›Wiener Gruppe‹ [→ 677 f.] betrachtet Marti den Dialekt auch (aber nicht nur) als ein vorgefundenes Sprachmaterial, mit dem man arbeiten kann. Eingefahrene Redewendungen, erstarrte Worthülsen will die neue Mundartdichtung, die hier anknüpft, aufbrechen.

Nicht nur die Berner Umgangssprache, auch verwandte Mundarten sind durch Martis Vorstoß der neuen Mundartdichtung erschlossen worden. Bekannt geworden sind Ernst Eggimann (*1936) mit seinen Bänden ›Henusode‹ (1968) und ›heikermänt‹ (1971), sowie Ernst Burren (*1944) mit ›derfür und derwider‹ (1970), ›I Waud go Fahne schwinge‹ (1974) u. a. Die Tatsache, daß es für Mundarten keine einheitliche Schreibweise gibt, erhöht ihren Reiz als Medium der Opposition gegenüber Offiziellem. In den siebziger Jahren hat es, vor allem im Bereich des engagierten Liedes, eine breite Mundartbewegung gegeben.[11] Diese hat inzwischen ihr kritisches Abgrenzungspotential verloren, wie Muschg meint:

Der Mundartgebrauch, vor zwanzig Jahren noch so etwas wie ein antiautoritärer Akt, hat sich inzwischen als Idiom einer ganzen Generation etabliert und dringt längst auch in die geschriebene und gedruckte Form ein, um so leichter, als es in einer nicht normierten Sprache auch keine Regeln zu beachten gibt. In Zürich braucht ein junger Informatiker neben seinen Computersprachen nur noch Dialekt und Englisch zu beherrschen; an seinem Lokalsender begegnet ihm außer Popmusik nur noch ein – durchaus amorpher – Dialekt, sogar bei Nachrichtensendungen.[12]

LITERATUR DER FRAUEN 653

4. Die Literatur der Frauen [→ *245 ff.*]

Die wohl nachhaltigste Veränderung erfährt das Bild der schweizerdeutschen Literatur nach 1968 durch die hohe Zahl von Autorinnen, die erstmals an die Öffentlichkeit treten. Erica Pedretti (*1930) veröffentlicht 1970 den Erzählband ›Harmloses, bitte‹; Gertrud Leutenegger (*1948) publiziert 1975 den Roman ›Vorabend‹, im gleichen Jahr erscheinen, unter dem Titel ›Häutungen‹, Verena Stefans (*1947) autobiographische Aufzeichnungen. 1976 debütiert Maja Beutler (*1936) mit den Geschichten ›Flissingen fehlt auf der Karte‹ und Margrit Schriber (*1939) mit dem Roman ›Aussicht gerahmt‹. 1977: Claudia Storz (*1948) veröffentlicht den Roman ›Jessica mit Konstruktionsfehlern‹. 1978 folgen die Erstlingswerke von Heidi Nef, Laure Wyss, Hanna Johansen, 1980: Adelheid Duvanel, Rahel Hutmacher, 1981: Mariella Mehr, 1982: Verena Wyss, Eveline Hasler, Ilma Rakusa, Margrit von Dach, 1984: Helen Meier, 1987: Bea Schilling, 1988: Hanna Rutishauser, Maya Bianchi.[13]

Daß ausgerechnet ab Mitte der 70er Jahre so viele Autorinnen zu veröffentlichen beginnen, ist auf verschiedene Gründe zurückzuführen. Immerhin publizieren auch in den Nachkriegsjahren einige Autorinnen, darunter etwa Silja Walter, Erika Burkart, Gertrud Wilker, doch bleiben sie – bei aller Anerkennung, die sie erfahren – innerhalb des männlich dominierten Literaturbetriebes eher marginal. Wenn diese Dominanz nach 1968 allmählich und mit wachsendem Erfolg bestritten werden kann, so ist das auch ein Verdienst der Frauenbewegung, in deren Licht die Tradition weiblicher Kreativität – und hier: des weiblichen Schreibens – neu gesehen und gewertet wird. Hinzu kommt, daß den Frauen im Jahre 1971, nach jahrzehntelangen Auseinandersetzungen, das Stimmrecht auch auf Bundesebene zugestanden wird (auf Bundesebene kennt die Schweiz nur das Stimmrecht, Wahl- und Stimmrecht hingegen in den Kantonen und Gemeinden) –, zu einem Zeitpunkt übrigens, wo den Männern das Stimmrecht nicht mehr so viel wert ist.

Und dennoch: Mit dem überfälligen Ende der politischen Ausgrenzung kann wohl nicht ausreichend erklärt werden, weshalb in so kurzer Zeit so viele bis dahin unbekannte Autorinnen an die literarische Öffentlichkeit treten. Seltsamerweise hat auch die politische Rechtlosigkeit, als sichtbarster Ausdruck gesellschaftlicher Diskriminierung in einer Demokratie, in den literarischen Arbeiten kaum Spuren hinterlassen. Im Zentrum stehen Erfahrungen, die die Frauen auch nach ihrer formalen Gleichstellung machen, wie etwa die Benachteiligungen im Berufsleben, die Belastungen in der Doppelrolle als ›Hausfrau und Mutter‹, sowie die geringe öffentliche Bedeutung der Frau. Das erklärt die thematischen Verwandtschaften, die sich bei aller Vielfalt der Frauenliteratur feststellen lassen. Eine Vielzahl von Werken verweist bereits im Titel auf *räumliche* Enge, die dann im Text zur Chiffre auch gesellschaftlicher Begrenzung wird.[14]

Im Roman ›Aussicht gerahmt‹ von Schriber sitzt die Erzählerin vor den Fenstern ihres Hauses und beschränkt ihre Wahrnehmung und ihre Reflexion auf das, was sie von hier aus sehen kann: Einfamilienhäuser, Ziergärten, Gartenhäuschen; eine lähmende, überaus ordentliche Welt, die kaum Veränderungen kennt, nur die kleinen Sensationen des Alltags, ein Hausbau in Sichtweite etwa, oder den Wechsel der Jahreszeiten. Das Schreiben findet, wie das Leben, »hinter Glas« statt, die Menschen bleiben einander (und der Erzählerin) fremd, unnahbar:

Ich wechsle die Aussichtsfenster. Ich wandre von Glas zu Glas. Tiere, lese ich, weben in Gefangenschaft. Sie schwingen Kopf und Hals seitlich hin und her unter abwechselnder Verlegung des Gewichts auf rechtes und linkes Vorderbein. Das webende Tier mache unbewußte Ausbruchsversuche.

Johansen erzählt in ihrem Roman ›Trocadero‹ (1982) den Versuch einer namenlosen Frau, in einem Haus für eine hinter geschlossenen Türen endlos debattierende Männerdelegation ein Festessen zu bereiten, wofür ihr nur zwei eigens aus Mexiko eingeflogene Fische zur Verfügung stehen. Der Roman, das machen diese Vorgaben deutlich, verzichtet auf alle herkömmliche Plausibilität, er hält keine Erklärungen bereit und folgt dem Eigensinn der Ich-Erzählerin. Erinnerungen und unvermittelte, oft sprunghafte Reflexionen vermengen sich, augenblickliche Beobachtungen und Einfälle durchbrechen eine mögliche Kausalität; diese Verweigerung hält die Ich-Erzählerin in Distanz zu den männlichen Gästen und der von ihnen repräsentierten Welt.

Auch bei Pedretti und Ilma Rakusa, die hier zugleich für andere Autorinnen stehen sollen, findet sich diese radikale *Subjektivität,* die realistische Erzählkonzepte durchbrechen und neue erzählerische Möglichkeiten erkunden will. Dabei wird mit einer kalkulierten Vieldeutigkeit operiert, die mit aufgesplittertem Erzähl-Ich und elliptischem Sprechen immer alles in der Schwebe hält, ohne darum beliebig zu wirken.

»Mein Thema ist, daß ich keines habe«, schreibt Leutenegger in ihrem Erstling ›Vorabend‹. Und: »Ich habe nicht einmal einen fixen Gedanken. Um jeden fixen Gedanken gerinnt die Welt. Ich habe Angst vor den geronnenen, erstarrten Dingen. Sie füllen die Welt auf wie einen Trödelladen. Sie ist muffig geworden von soviel Abgestandenem.« Die programmatische Weigerung, die aus diesen Zeilen spricht, wird im Roman erzählerisch eingelöst: Die Erzählerin, eine junge Frau, schreitet am Vorabend einer Demonstration allein die Straßen Zürichs ab, durch die anderntags der Menschenzug führen soll – von dem sie sich zwar distanziert, aber nicht lossagt. Aus der verweigerten Teilnahme wird, vermittelt über ein assoziatives, dichtes Gefüge von Bildern, die nie auf Rationalisierungen zurückgreifen, eine intensive Auseinandersetzung mit dem eigenen Standort.

Daß die Suche nach einer beschreibbaren weiblichen ›Identität‹ immer auch eine Konfrontation ist mit dem vorherrschenden, zur Formel neigenden Sprachgebrauch, belegen unzählige Werke von schweizerdeutschen Autorinnen. »Beim schreiben dieses buches«, schreibt Stefan in ›Häutungen‹, »bin ich wort für wort und satz für satz angeeckt an der geltenden sprache.«[15]

5. Autobiographische Literatur: Krankheit und Bekenntnis

Viele Texte von schweizerdeutschen Autorinnen haben, auch wenn dies nicht immer offengelegt wird, autobiographische Bezüge [→ 404 ff.]. Schreiben als Standortbestimmung, als Nachprüfung der eigenen Sozialisierung, als Prozeß, den sich jemand macht, um die eigene Identität in der Vielfalt ihrer Bedingungen kenntlicher zu machen. »Literatur als Therapie?«, unter diese Frage hat Muschg seine Frankfurter Poetik-Vorlesungen gestellt, die er 1981 publiziert hat. Ausgehend vom Kompensationscharakter, den das Schreiben für ihn hat, entwirft Muschg eine persönliche Poetik, deren Zentrum der unüberwindliche Widerspruch zwischen Schreiben und Leben ist, der am schärfsten hervortritt beim Versuch, Literatur als heilsames Medium der Selbsterfahrung zu nutzen – nur unter großer Anstrengung, meint Muschg, könne Literatur durchlässig gemacht werden für die Deutung der eigenen Existenz.

Aus den autobiographischen Ansätzen entwickelt sich in den späten siebziger Jahren, ähnlich wie in der Bundesrepublik, wenn auch unter anderen Vorzeichen, eine Spielart der ›Neuen Subjektivität‹. An den Werken, die sich ihr zurechnen lassen, fällt zum einen auf, daß das Verhältnis zur Ich-Form – und damit der Kunstvorbehalt gegenüber dem Material des Lebens – in unterschiedlichem Maße reflektiert wird.[16] Zum andern ist kennzeichnend die Ungezwungenheit, mit welcher Themen aufgegriffen werden, die lange Zeit als Tabu gegolten haben: Sexualität, vor allem Homosexualität, Krankheit und Tod. Im Unterschied zu vergleichbaren Werken aus der Bundesrepublik spielt hier die Auseinandersetzung mit dem politischen Verhalten der Vätergeneration [→ 89 ff.] kaum eine Rolle.

Das in diesem Zusammenhang wohl bekannteste Werk ist ›Mars‹ (1977) von Fritz Zorn (eigentlich Fritz Angst, 1944–1976). Darin erzählt Zorn, im Angesicht seines Todes, »seine Geschichte«, seine behütete Jugend im Schoße einer großbürgerlichen Zürcher Familie:

> Ich bin jung und reich und gebildet; und ich bin unglücklich, neurotisch und allein. Ich stamme aus einer der allerbesten Familien des rechten Zürichseeufers, das man auch die Goldküste nennt. Ich bin bürgerlich erzogen worden und mein ganzes Leben lang brav gewesen. Meine Familie ist ziemlich degeneriert, und ich bin vermutlich auch ziemlich erblich belastet und milieugeschädigt. Natürlich habe ich auch Krebs, wie es aus dem vorher Gesagten eigentlich selbstverständlich hervorgeht.

So beginnt das Werk, und die ironisch abgefederte Verzweiflung, mit der hier einer um sein Leben schreibt, in der Hoffnung, die bloßgelegten Mechanismen seiner Erkrankung könnten den Tumor besiegen, klagt unerbittlich jene Defizite und Verluste ein, die ihm eine frostige, stets auf äußerliche Harmonie bedachte Erziehung eingebracht haben. Indem Zorn seine »Erinnerungen« erzählt, versucht er gleichzeitig auch das Funktionieren einer ganzen Gesellschaftsschicht freizulegen; das autobiographische Erzählen versteht sich hier als ein durchaus repräsentatives Erzählen. Aus der selben Krankheitserfahrung schreibt auch Maja Beutler ihren Bericht »Fuß fassen« (1980), aber sie versagt sich die Erklärungsversuche und Schuldzuweisungen eines Zorn. Anders als dieser, versucht Beutler in einer strengen Kunstsprache die Erfahrungen zu notieren, die ihr erst in der Auflehnung gegen den drohenden Tod möglich geworden sind; die in und mit der Krankheit gemachten Erfahrungen werden in ihrer Subjektivität belassen.

In ›Gebrochenes Eis‹ (1980) untersucht Lukas Hartmann (*1944) seine Herkunft und entwirft ein luzides Bild der fünfziger und sechziger Jahre: kleinbürgerliche Erziehung bis hin zur Rekrutenschule, mit der nach landläufigen Vorstellungen die »Reifung« eines schweizerischen Mannes abgeschlossen wird. Eine Inventur steht auch im Mittelpunkt des Romans ›Glanzzeiten‹ (1980) von Peter Burri (*1950): in jener Nacht, in der er eigentlich eine Theaterkritik schreiben sollte, beginnt der Ich-Erzähler, sein Leben zu erzählen; berichtet wird von der Erziehung und den Versuchen, aus dem Rahmen, den Herkunft und Bildung gesteckt haben, auszubrechen. Christoph Geiser (*1949) hat in seinen Romanen ›Grünsee‹ (1978), ›Brachland‹ (1980) und ›Wüstenfahrt‹ (1984) autobiographisches Material über drei Generationen zu einem repräsentativen Panorama gebündelt: der Ich-Erzähler erzählt mit der privaten Familiengeschichte auch ein Stück Sozialgeschichte; die scheinbar intimen Geständnisse drängen immer wieder ins Exemplarische, geben die Befindlichkeit einer gehobenen sozialen Schicht wieder, in welcher sich der Erzähler in wachsendem Maß als Fremder erlebt. Fremd in der eigenen Familie zunächst, aber fremd auch in einer Gesellschaft, die ihn zum scharf beobachtenden Außenseiter macht. Wie Geiser kann auch Thomas Hürlimann (*1950) nur mit Einschränkungen als Autor autobiographischer Literatur angesehen werden. Sein Erzählband ›Die Tessinerin‹ (1981), worin er vom Tod seines jüngeren Bruders erzählt, nutzt den autobiographischen Rahmen für eine verhaltene Auseinandersetzung mit den »letzten Dingen«.

6. Die erzählten Zweifel am Erzählen

Die eingangs erwähnte Prosa des »Wandtafelsatzes« wird gerne verstanden als spezifisch deutschschweizerische Kunstsprache, sie kann indes auch gelesen werden als Ausdruck eines generellen Zweifels am *Erzählen* [→ 302 ff.]. Die Technik des Aussparens, das Schweigen zwischen den Zeilen, die ›Ästhetik des Unscheinbaren‹ erzählt, so gesehen, zugleich von den Schwierigkeiten, erzählend einer Wirklichkeit beikommen zu können, die sich diesem Zugriff versagt.

Das Mißtrauen gegen Erklär- und Erzählbarkeit äußert sich in der jüngeren schweizerdeutschen Literatur nicht nur in dieser Grammatik des kurzen Telegrammsatzes. Hervorgebracht hat die Skepsis neben der Reduktion auch deren Gegenteil, die Wucherung, die Wortkaskade, den monströsen Satz, die absichtsvolle Redundanz. Erzählt wird nicht trotz der Bedenken, sondern mit ihnen. Was sich in ausschweifenden Relativierungen und Retardierungen äußert, ist nicht einfach bloße Sprachkritik – die Erzähler setzen auf das, was in der Sprache sozusagen eingelagert ist, sie lassen sich ergreifen von deren Eigensinn. Die Dinge werden als Sprachdinge evoziert.

Hier wären Autoren zu nennen wie Jürg Laederach (*1945), Hänny (*1947), Bruno Steiger (*1946), Felix Philipp Ingold (*1942) und Rolf Geissbühler (*1941). Ihnen ist gemeinsam, daß sie eine inzwischen zum Topos avancierte Einsicht zum Ausgangspunkt nehmen: Die Einsicht nämlich, daß *Sprache* ein System ist, das Bedeutungen vorgibt, also Entscheidungen abnimmt. Die eingependelten Bedeutungen der Sprache – und hier setzen die Autoren an – schlagen irgendwann in die falsche Richtung aus, die Übereinkünfte werden mürbe und blind, undurchlässig, sie verkommen zum semantischen Stehsatz.

Den genannten Autoren geht es nun aber nicht primär darum, Sprache gegen den herkömmlichen und meist verbrauchten Sinn zu bürsten, um den Worten die Geläufigkeit auszutreiben. Die Auseinandersetzungen mit der Sprache sind immer auch solche mit dem literarischen *Formenrepertoire* und werden gerne bis an jenen Punkt herangetrieben, wo eine diskursive Begrifflichkeit nicht mehr hinreicht. Zugleich sind die Texte gesättigt mit Reflexionen ästhetischen und philosophischen Inhalts, die die Struktur und Eigenheit des Textes zugleich wesentlich prägen.

Reflexion und Selbstreferenz des Erzählten zeigen, durch Sprachaufwand kaschiert und zugleich bewußt offengelegt, daß nicht nur die Erzählbarkeit der Welt in Frage steht, sondern auch, konsequenterweise, die erzählende Instanz. Deren Identität kann sich gegenüber dem Eigensinn der Sprache nicht auf sicheren Boden retten: es erzählt ein »Ich ohne Gewähr«.[17]

Die Literatur dieser Autoren steht in einer Traditionslinie, die erst in den siebziger Jahren wieder ins Bewußtsein der literarischen Öffentlichkeit gerückt worden ist und deren Wiederentdekkung gleichsam den Rahmen einer Tradition nachgeliefert hat. Gemeint sind einige Autoren der ersten Jahrhunderthälfte, wobei es sich nur zum Teil um »vergessene« Autoren im strengen Sinn handelt. Robert Walser, in diesem Zusammenhang sicher der bedeutendste Autor, war nie vollkommen vergessen, sein Werk hingegen lange Zeit nur schwer und unvollständig greifbar, seine Bedeutung bei weitem unterschätzt und sein Einfluß auf das literarische Schaffen seiner Zeit kaum oder gar nicht spürbar. Erst mit einer großen Verspätung hat Walser den Rang einer literarischen Vaterfigur einnehmen können, über ein halbes Jahrhundert nach seinem Verstummen, gut zwei Jahrzehnte nach seinem Tod im Jahre 1956.

Daß eine Reihe von bedeutenden Autoren der ersten Jahrhunderthälfte erst wieder hat entdeckt werden müssen, zeigt den folgenreichen Kontinuitätsbruch, den die Jahre 1933 bis 1945 auch in der Schweizer Literatur bewirkt haben. Gründe dafür wurden schon genannt, darunter die kulturpolitische Beschränkung auf eine im Grunde rückwärtsgewandte, emotional patriotische Literatur. Einige deutschschweizerische Autoren wie etwa Albin Zollinger (1895–1941) oder Friedrich Glauser (1896–1936) hat dieses Klima um eine mögliche Wirkung nach 1945 gebracht, und erst eine spät einsetzende »Ausgrabungsarbeit« hat ihr Werk nachgereicht. An Walser läßt sich dieser Befund am deutlichsten zeigen; wenn sich sein spätes Werk[18] über große Strecken dem Eigensinn der Sprache überläßt, so liest sich das heute wie eine Vorwegnahme gegenwärtiger literarischer Tendenzen.

Und dennoch: Wenn verschüttete Traditionslinien freigelegt werden, müssen sie keineswegs nur darum interessieren, weil dabei literarische Ahnen zum Vorschein kommen. So können etwa Albin Zollinger (1895–1941), Frischs großes Vorbild, Hans Morgenthaler (1890–1928), Friedrich Glauser (1896–1938) oder Annemarie Schwarzenbach (1908–1942) heute wohl kaum mehr schulbildend wirken; und trotzdem werfen ihre Werke ein besonderes Licht auf die Literatur der Gegenwart, indem sie sozusagen historische Referenzgrößen darstellen können. Das gilt auch für den lange Zeit zum Außenseiter gestempelten Ludwig Hohl (1904–1980) und für das erst in jüngster Zeit in breiterem Umfang bekanntgewordene literarische Werk von Adolf Wölffli (1864–1930), der den größten Teil seines Lebens in einer psychiatrischen Klinik zugebracht hat.[19]

7. Vorschläge zur Unversöhnlichkeit

Die hier vorgeschlagene Skizze der schweizerdeutschen Literatur muß sich, wie jede andere denkbare Einteilung auch, mit ihrer Lückenhaftigkeit abfinden. Im folgenden soll die Rede sein von einigen Autoren, die sich nicht ohne Gewaltsamkeit in das skizzierte Bild der schweizerdeutschen Literatur nach 1968 einpassen lassen. Daß sich in ihrem Fall keine griffige Klammer anbietet und sie nicht zu einer – mehr oder minder kohärenten – Gruppe gerechnet werden können, diese Tatsache verschafft ihnen darum jedoch keine Sonderstellung.

Nizon etwa: er ist bisher nur als Essayist erwähnt worden (›Diskurs in der Enge‹). Weitaus bekannter ist er indes als Erzäh-

VORSCHLÄGE ZUR UNVERSÖHNLICHKEIT 661

ler; neben ›Canto‹ (1963) zählen die Romane ›Stolz‹ (1975) und ›Das Jahr der Liebe‹ (1981) zu seinen bekanntesten Werken. Nizon, der seit Jahren in Paris lebt und damit der von ihm beklagten helvetischen Enge entflohen ist, lebt ein »Poetenleben«. Damit umschreibt er seinen Versuch, Leben und Schreiben aufs engste miteinander zu verbinden; die Nähe zu Walser ist von Nizon durchaus beabsichtigt. Der Roman ›Das Jahr der Liebe‹ erzählt von einer Schriftstellerexistenz, die zwischen Leben und Schreiben hin und her gerissen wird und beides ständig zu verpassen fürchtet. Pendelnd zwischen Vitalität und Lethargie, suchen Nizons Figuren im Schreiben einen Halt. ›Am Schreiben gehen‹, der Titel der Frankfurter Poetik-Vorlesungen aus dem Jahre 1985, umschreibt den Nizonschen Impuls wohl am genauesten. Nizons Werk ist deutlich autobiographisch grundiert, aber keine Autobiographie.

Unter welchem, wie auch immer behelfsmäßigen Etikett wäre ein Gerold Späth (*1939) einzuordnen? Mit dem Roman »Unschlecht« hat Späth 1970 debütiert, mit der wortmächtigen, in Disgressionen wuchernden Entwicklungsgeschichte des Ferdinand Unschlecht, der sich auf über 600 Seiten zum Maximilian Guttmann verwandelt. Dieser Roman (wie auch die nachfolgenden: ›Stimmgänge‹, 1972, ›Die heile Hölle‹, 1974, ›Balzapf‹, 1977, ›Commedia‹, 1981) stellt Späth in die Tradition von Autoren wie Grimmelshausen oder Rabelais, auch Jean Paul könnte man zu den Ahnen rechnen – aber in der schweizerdeutschen Literatur gibt es kein Pendant dazu. Späths Erzählweise, seine Überfülle an Figuren und Geschichten, die er in zyklischen Anordnungen durchspielt, ist gerne mit der Schreibweise von Günter Grass verglichen worden.

Eine unbändige Fabulierlust zeichnet auch das Werk von Widmer aus. Widmer, der lange Zeit in der Bundesrepublik gelebt hat, unter anderem Lektor im Suhrkamp Verlag war, den er 1968 zusammen mit anderen Lektoren verließ, ist einer der Mitbegründer des selbstverwalteten ›Verlags der Autoren‹. Widmers Werk ist, verglichen mit dem von Späth, ungleich abgründiger, gebrochener, voll dunkel getönter Phantasien und immer wieder beschworener Utopien von geglückter Kommunikation. Im

Roman ›Die gestohlene Schöpfung‹ (1984) führt die Handlung von Frankfurt bis nach Brasilien – wo die ersehnte Ursprünglichkeit einer mythischen Welt fernab der übertechnisierten Zivilisation plötzlich die altbekannten Züge Frankfurts trägt.

Matthias Zschokke (*1954) zersetzt im Roman ›Max‹ (1982) mögliche Identitätsvorstellungen schon im Keim: Der Roman einer Entwicklung kann kein Entwicklungsroman werden, weil die Hauptfigur Max sich gegen jede Entwicklung entschlossen zur Wehr setzt. Eine Biographie will ihm nicht gelingen, ein Leben außerhalb der Sprache schon gar nicht. In acht verschiedenen Schlußkapiteln versucht der Autor, seinem Helden noch eine Wende zu ermöglichen, einen Einstieg in die soziale Norm; die Unmöglichkeit dieses Vorhabens schlägt durch bis auf die Form des Romans, der sich selber immer wieder in den Rücken fällt.

Anders Hugo Loetscher: Seit seinem Erstlingswerk ›Abwässer – ein Gutachten‹, einem Roman, der 1963 erschienen ist, vertraut er auf die sinnstiftende Kraft der Parabel. Loetscher, der lange Jahre als Journalist gearbeitet hat und immer noch Reportagen verfaßt, verbindet erzählerische Elemente mit essayistischen. Seine Auseinandersetzung mit der Schweiz führt er indirekt, von der Peripherie her, als einer, der unablässig die Welt bereist, vor allem Brasilien, und sein Schweizertum mitnimmt und dort wiederum auf die Spuren der europäischen Kultur stößt [→ 193 ff.]. Die ständige Relativierung festgefügter Positionen hat Loetscher im Roman ›Der Immune‹ (1975/1985) zum Erzählverfahren gemacht, indem er jedes Kapitel in einem anderen Stil erzählt. Die Biographie des Immunen, des aus Gründen des Selbstschutzes vorsätzlich Immunisierten, erzählt er in unermüdlichen Sprachbewegungen, unter stetig wechselnder Beleuchtung.

Gerhard Meier (*1917) läßt in seiner Trilogie ›Baur und Bindschädler‹ (1979–1985) zwei Figuren, Baur und Bindschädler, im Verlaufe von langen und genau abgezirkelten Spaziergängen erzählen; er macht das Gespräch zur Kunstform, in einer schwerelosen und hintergründigen Weise, die aus der Erinnerung schöpft, zu welcher auf eine selbstverständliche Weise Werke der Literatur, der Malerei und der Musik gehören.

Der Kontrast zwischen Meiers Verhaltenheit und der munter-skurrilen, komischen und bisweilen bösen Schreibweise von Hermann Burger (1942–1989) könnte wohl nicht größer sein. Burger ist vor allem bekannt geworden mit seinem Roman ›Schilten‹ (1976), worin er den Lehrer von Schilten, Schildknecht, an den Schulinspektor schreiben läßt.

Ich habe für die Studie, von der für mich Sein oder Nicht-Sein als Schulmeister von Schilten abhängt, das Verfahren gewählt, daß ich zunächst ganz engmaschig berichte, so konkret wie möglich . . ., um Sie dann, wenn Sie einmal Boden unter den Füßen haben – freilich nur Friedhofboden –, immer tiefer in schilteske Verhältnisse hineinzulocken.

Die anfänglich devote, pedantische Schilderung der Schulverhältnisse kippt denn auch allmählich ins Aberwitzige um. Die zahllosen Details, die Exkurse in alle möglichen Wissensbereiche machen den alles entscheidenden Bericht zu einem verzweifelten Versuch, Boden unter die Füße zu kriegen und einer tödlichen Isolierung zu entkommen.

Den Figuren in E. Y. Meyers (*1946) Romanen ›In Trubschachen‹ (1973) und ›Die Rückfahrt‹ (1977) verspricht bedächtiges Räsonnieren und präzises Wahrnehmen, den Riß zwischen Welt und Erfahrung hinauszuzögern. Ähnlich wie bei Gerhard Meier in ›Baur und Bindschädler‹ ist bei E. Y. Meyer alles Rede. In ›Die Rückfahrt‹ erzählt Albin Berger, die zentrale Figur, wie er dazu gekommen ist, den Lehrerberuf aufzugeben, um sich ausschließlich dem Schreiben zuzuwenden. In verschiedenen intensiven Gesprächen versucht Berger, die eigene Existenz zu ergründen, wobei die autobiographischen Erkundungen von starken Zweifeln gehemmt werden. Diese rühren von einer Kant-Lektüre her, die alle Gewißheiten erschüttert hat; das Erzählen steht nun, wie Berger sagt, im Zeichen der Annahme, »daß eine fortschreitende Wahrnehmung und ein Verstehen der Umwelt nur mittels ästhetischer Muster möglich ist, daß die Erfahrung nur in dem Maße, in dem sie künstlerische Gestalt annimmt, überhaupt Gestalt annimmt und somit verwertet und erinnert werden kann«.
Eine vergleichbare Bedeutung hat das diskursiv-reflexive Element bei Martin R. Dean (*1955), wobei die ästhetische Struktur

seiner erzählerischen Werke nicht im selben Maße wie bei Meyer bis in die Syntax hinein von den diskursiven Suchbewegungen geprägt ist. Im Roman ›Die verborgenen Gärten‹ (1982) wird, im Rahmen eines komplexen Personengeflechts, das Verhältnis zwischen Natur und Geschichte reflektiert. Auch dem Roman ›Der Mann ohne Licht‹ (1988) liegt eine den Erzählrahmen sprengende Fragestellung zugrunde: die Frage nach der kulturellen Bedeutung des künstlichen Lichts führt in eine Auseinandersetzung um die Moderne und deren gefährliche Ambivalenz.

›Zeit und Ewigkeit‹ (1977–1982), die monumentale, sprachmächtige Trilogie von Guido Bachmann (*1940), lebt aus einer Spannung zwischen Mythos und Gegenwart; diese Spannung wird nicht diskursiv ausgetragen, sondern durch immer wieder neu ansetzendes, variierendes Erzählen von Mythen, die gleichsam der Gegenwart die unwahrscheinlichsten Geschichten über sich selbst erzählen. Die Gegenwart hat sich zu messen an dem, was die antiken Mythen an Wissen für sie bereithalten: Erfahrungen, die nicht auf den Begriff gebracht, aber in lebendigen, sinnstiftenden Bildern konzentriert sind.

Die Rückverwandlung der Schweiz in ein mythisch entrücktes Land versucht Franz Böni (*1952): ›Die Alpen‹ und ›Alle Züge fahren nach Salem‹, zusammen ein Roman, dessen Handlung im Zeitraum zwischen 1970 und 1984 spielt, erzählen von Außenseitern, von fliegenden Händlern, Künstlern, Tramps. Die Gelegenheitsarbeiter bereisen eine Schweiz, die nur Angst, Ekel und Verzweiflung zu bieten hat; sie wandern durch enge Täler und essen warme Suppen, die von Sozialhelfern den Obdachlosen ausgeschenkt werden –: die Schweiz wird hier konsequent von unten her gesehen, vom Rande, von ihrer kalten Seite. Bereits die Existenz dieser Menschen ist Kritik an der Schweiz; ihre Darstellung braucht nicht mehr viele Worte zu verlieren, schon gar nicht kritische.

Bisher war hier ausschließlich von Prosa die Rede, in der Hauptsache von Romanen. Wenigstens ein knapper Hinweis soll dem *Drama* gelten, dem sich in der Deutschschweiz nur wenige Autoren und Autorinnen mit der Intensität widmen, die es als ihre bevorzugte Gattung erscheinen ließe. An den großen

Theatererfolg, den Frisch und Friedrich Dürrenmatt schon in den fünfziger Jahren und dann bis in die 70er Jahre hinein [Bd. 10, S. 664 f.] verbuchen konnten, hat kein schweizerdeutscher Autor anknüpfen können. Frisch und Dürrenmatt fanden in den fünfziger Jahren wohl ungleich günstigere Bedingungen vor als die ihnen nachfolgende Generation. Wer heute für die Bühne schreibt, sieht sich in der Regel auf die wenigen schweizerdeutschen Bühnen beschränkt, und denen fehlt für eine konsequente Nachwuchsförderung der notwendige Atem. So ist es bei wenigen Versuchen geblieben, und die wurden meist von Prosaautoren gewagt wie Walter, Loetscher, Walter Vogt, Muschg u. a. Nach einem gewöhnlich entmutigenden Echo haben sie ihre Arbeit für die Bühne wieder aufgegeben. Ausnahmen sind Widmer und H. Schneider, die beide inzwischen ein beachtliches Bühnenwerk vorweisen können. Lukas B. Suter (*1957) hat mit den Stücken ›Schrebers Garten‹ (1983) und ›Spelterini hebt ab‹ (1984) starke Beachtung gefunden, Hürlimann mit ›Großvater und Halbbruder‹ (1980), einem historischen Stück, das die in bürgerlichen Kreisen gehegte, latente Sympathie für den Nationalsozialismus zum Gegenstand hat. Unter den jüngeren, die zunächst mit Prosaarbeiten hervorgetreten sind, zählen Laederach und Jürg Amann (*1947) zu denen, die sich kontinuierlich mit der Bühne beschäftigt haben.

»Was schreibt die junge Generation?«: die eingangs zitierte Frage könnte inzwischen so nicht mehr gestellt werden, und noch schwerer fiele eine bündige Antwort. Als Hauptmerkmal der deutschschweizerischen Literatur wird in jüngster Zeit gerne die »Verweigerung« genannt,[20] wobei die Facetten der Verweigerung am Ende nur deutlich machen, daß ein gemeinsamer Nenner für die deutschschweizerische Literatur nach 1968 nicht auszumachen ist, daß sie also auch eine begriffliche Einhegung verweigert. »Ungeeignet für den Trachtenchor« befand vor Jahren Muschg[21] auf die Frage nach einer schweizerischen Nationalliteratur – der Befund gilt auch für deren schweizerdeutschen Teil, der nach 1968 entstanden ist.

Im Chor wird diese Literatur auch darum nicht auftreten können, weil mehr als nur ihre schrille Vielstimmigkeit sie daran hindert. Der deutschschweizer Literatur fehlt ein Zentrum, ein Angelpunkt; die Institutionen, die sich ihrer annehmen, sind in der Regel finanziell schlecht ausgestattet und von regional eingeschränkter Bedeutung. Es fehlen ihr zudem jene Debatten, jene Auseinandersetzungen um literarische Ausdrucksmöglichkeiten, die mehr sein wollen als nur eine Neubelebung alter Realismusdiskussionen. Zugleich mangelt es der schweizerdeutschen Literatur aber auch an Organen und Gruppierungen, in welchen und zwischen welchen diese Debatten auszutragen wären, Literaturzeitschriften [→ 637 f.] etwa. Und dennoch, trotz all dieser Einschränkungen: die schweizerdeutsche Literatur nach 1968 zeichnet sich aus durch eine enorme Vielfalt und Komplexität, durch einen bisher nie gekannten Reichtum. Daß sich dieser mit handlichen Etiketten nicht beschreiben und ablegen läßt, ist dafür wohl der beste Beweis – und ein angemessener Preis zugleich.

Thomas Rothschild
Österreichische Literatur

In Österreich ist in den letzten Jahren einiges in Bewegung geraten: Es gehört zu den unfreiwilligen Verdiensten des Bundespräsidenten Waldheim, daß er mit der Verheimlichung und Sekundärrationalisierung seiner Vergangenheit eine Diskussion ausgelöst hat, die, bei aller Konfrontation, zu einer Revision des österreichischen Geschichtsbildes geführt hat. Jahrelang unterdrückte Probleme, auch Ressentiments und Aggressionen, drängten jetzt an die Oberfläche und erzwangen, so oder so, ein neues Selbstverständnis der Österreicher. Die kollektive Lebenslüge der Nachkriegszeit, das österreichische Volk sei das erste Opfer, nicht etwa in beträchtlichen Teilen Kollaborateur des nationalsozialistischen Deutschland gewesen, scheint endgültig zusammengebrochen. Es entbehrt freilich nicht eines gewissen Zynismus, wenn just der international gebeutelte Bundespräsident sich der tatsächlichen Opfer als Alibi bediente, als er sich, sehr spät, im März 1988 zu der Formel durchrang: es habe in Österreich Täter und Opfer gegeben. So bleibt alles im Lot. Jeder darf sich aussuchen, zu welcher Gruppe er gehört hat.

1. Österreichische Literatur?

Existiert überhaupt, was hier verhandelt werden soll – eine österreichische Literatur? Die Antworten auf diese Frage füllen mittlerweile Bände, und es besteht der nicht unbegründete Verdacht, daß hier einmal mehr ein Scheinproblem formuliert wurde, das lediglich die Funktion hat, Reisebeihilfen für einschlägige Tagungen an pittoresken Orten zu rechtfertigen. Denn ob ein Teil der deutschsprachigen Literatur ein spezifizierendes Attribut verdient, hängt allein davon ab, welche Unterscheidungskriterien man für wesentlich hält beziehungsweise auf welcher Abstraktionsebene man Phänomene mit gemeinsamen Merkmalen zu Kategorien zusammenfaßt. Gewiß ließen sich ohne große Schwierigkeiten Kriterien benennen, nach denen Heinrich Böll einer rheinischen und Martin Walser einer alemannischen Literatur zuzuordnen wäre. Haben Gerhard Rühm und Peter Turrini einerseits und Helmut Heißenbüttel und Franz Xaver Kroetz anderseits wirklich mehr gemeinsam als Rühm und Heißenbüttel oder Turrini und Kroetz? Die Frage muß erlaubt sein, ob nicht der engagierte deutsche Schriftsteller Heinrich Böll (ästhetisch-literarisch) dem zweifellos ebenfalls engagierten österreichischen Schriftsteller Johannes Mario Simmel näher steht als etwa Thomas Bernhard oder Gerhard Roth und die unterschiedliche Wertschätzung und Rangordnung Bölls und Simmels innerhalb der deutschen respektive österreichischen Literatur Resultat unterschiedlicher Beurteilungssysteme und Qualitätsmaßstäbe für Deutschland und Österreich sind.

Die Verteidiger der These von einer eigenständigen österreichischen Literatur bemühen begreiflicherweise stets Autoren und Werke, die ihre These bestätigen, und sparen andere aus. Lassen sich aber tatsächlich Anton Wildgans und Stefan Zweig, Peter Altenberg und Franz Kafka, Josef Weinheber und Jura Soyfer, Karl Heinrich Waggerl und Theodor Kramer, H. C. Artmann und Herbert Eisenreich, Ernst Jandl und Peter Henisch gleichermaßen für eine »typisch österreichische Literatur« in Anspruch nehmen? Wer genau ist ein Verfasser österreichischer Literatur? Wer, in nicht-deutschsprachigen Teilen der Habsburger-Monarchie geboren, deutsch schrieb (wie Rilke, Kafka, Celan)? Wer, in Österreich geboren, im Exil lebte (wie Erich Fried)? Welcher Verrenkungen bedarf es, um Elias Canetti für die österreichische Literatur in Beschlag zu nehmen? Und wenn, wofür es gute Argumente gibt, die slowenisch geschriebene Literatur Kärntens – etwa ›Die Irrungen des Schülers Tjaž‹ (1972/1981) von Florjan Lipuš – als zur österreichischen Literatur (anstatt zur Literatur Jugoslawiens) gehörend betrachtet wird, ist nicht, analog, die deutschsprachige Literatur Südtirols – etwa ›Die Walsche‹ (1982) von Joseph Zoderer – der italienischen Literatur (anstatt der österreichischen oder gar der deutschen), ist nicht vielleicht sogar Kafka der tschechischen Literatur zuzurechnen? Man merkt: die Verwirrung ist total, ein halbwegs konsistentes System von Kriterien läßt sich kaum benennen.

So wird denn die Kategorie ›Österreichische Literatur‹ immer wieder normativ benutzt, und was der vorweg gegebenen oder auch nur implizit vorausgesetzten Definition nicht genügt, wird, auch wenn es unbezweifelbar von Österreichern stammt, als »nicht so österreichisch« ausgegrenzt. So lenkt etwa die durchaus belegbare und mit einer gewissen Plausibilität ausgestattete These, die österreichische Literatur sei (in einem engen Sinne) weniger politisch als die der Bundesrepublik Deutschland, den Blick weg von Autoren, die diese These in Frage stellen. Sie werden entweder ignoriert, in ihrer Bedeutung herabgesetzt oder – wie Fried, immerhin der produktivste politische Lyriker deutscher Sprache nach Brecht – nicht im Kontext der eigentlich österreichischen Literatur betrachtet.

Für den Gebrauch in diesem Kapitel sei »österreichische Literatur« definiert als Literatur von Autoren, die die österreichische Staatsbürgerschaft besitzen oder besaßen und deren Sozialisation in Österreich stattfand oder die einen entscheidenden Abschnitt ihres Lebens in Österreich verbrachten. (Die Unterscheidung von deutsch und deutschsprachig muß allerdings in Erinnerung gerufen werden, wo Suhrkamp, sei es aus großmächtiger Arroganz, sei es aus Schlamperei, die im Effekt dieser Arroganz – und unfreiwillig den politischen Eskapaden des Rechtsaußen Jörg Haider – sehr nahe kommt, für die Österreicherinnen Friederike Mayröcker und Ingrid Puganigg unter dem Schlagwort »Neue deutsche Literatur« wirbt.)

Historisch betrachtet, war es nicht der Gegenstand, also die Literatur, sondern politische Opportunität, was die Frage nach einer spezifisch österreichischen Literatur forderte. Nach den Erfahrungen der Ersten Republik, in der niemand so recht an die (ökonomische) Überlebensfähigkeit des 1918 geschrumpften Österreich glauben wollte, nach den Erfahrungen auch des Anschlusses, an dem man nicht schuld zu sein begehrte – noch 1987, im Waldheim-Fieber, sperrte sich der sozialdemokratische (!) Wiener Kulturstadtrat Mrkvicka dagegen, bei der für 1988 bevorstehenden Veranstaltung ›Literatur im März‹ den Anschluß Österreichs an das nationalsozialistische Deutschland von 1938 zum zentralen Thema zu machen –, schien die Schaffung eines österreichischen Nationalbewußtseins das Gebot der ›Stunde Null‹ (die es in Wirklichkeit 1945 in Österreich ebensowenig gab wie in Deutschland). Man behauptete nicht nur die Existenz einer im Österreichischen Wörterbuch kodifizierten eigenständigen Sprache (nach dem federführenden Minister als »Hurdestanisch« bespöttelt), sondern bemühte sich auch um Gesichtspunkte, die eine österreichische Nationalkultur einleuchtend erscheinen ließen. Die erst viel später von dem Triestiner Germanisten Claudio Magris gelieferte Formel des »habsburgischen Mythos« war zwar recht griffig auf große Teile der österreichischen Literatur vor 1938 anzuwenden (für Joseph Roth scheint sie optimal), drohte aber, zurechtgebogen, um auf die zeitgenössische Literatur zu passen, ihrerseits zu einem Mythos zu erstarren.

2. Das Stereotyp

Durchgesetzt hat sich in der einflußreichen Literaturkritik der Bundesrepublik Deutschland eine Bewertung, die Ulrich Greiner ausspricht, wenn er inbezug auf die »gesellschaftskritisch-realistischen Schriftsteller« (eine keineswegs zwingende Koppelung zweier Attribute) – gemeint sind Michael Scharang, Elfriede Jelinek, Harald Sommer, Peter Turrini, Gustav Ernst, Helmut Zenker und andere – formuliert:

> Insgesamt jedoch handelt es sich, gemessen an der Menge der avantgardistischen oder antirealistischen Schriftsteller, um eine Minderheit. Ihre Wirkung ist in Österreich wie in der Bundesrepublik begrenzt, und nur wenige ihrer Bücher erreichen dasselbe ästhetische Niveau, dieselbe sprachliche Originalität wie die ihrer Konkurrenten.[1]

Die Katze beißt sich in den Schwanz: Eine Minderheit sind die ›Realisten‹ nur, wenn man einen Maßstab anlegt, der viele von ihnen aus der Literatur ausscheidet, und ihre Wirkung ist unter anderem deshalb begrenzt, weil Greiner und andere, die rezensieren oder darüber entscheiden, was rezensiert wird, sie so bewerten.

Das Stereotyp, von den Kritikern erfunden, prägt auch noch das Selbstbild der Autoren. Es scheint bezeichnend, daß sich eine ganze Reihe von Beiträgern zu einem Band über »Literatur und

Das Stereotyp

Politik in Österreich«,[2] obwohl von unterschiedlicher literarischer und politischer Couleur, aus dem Gegensatz zum Engagement ihrer deutschen Kollegen (genannt werden vor allem Hochhuth, Grass, Böll und Walser) heraus definieren, und zwar zumeist mit dem Anspruch, die eigentlich Engagierten zu sein.

Im Mittelpunkt des Kritiker-Interesses (dort jedenfalls, wo österreichische Autoren ihren größten Marktanteil haben: in der Bundesrepublik Deutschland) stehen seit gut zwei Jahrzehnten jene Autoren, die der sogenannten ›Grazer Gruppe‹ zugerechnet werden. Alfred Kolleritsch prägte dieses Etikett 1967 für eine recht heterogene Gruppe junger, zum Teil miteinander befreundeter Schriftsteller aus dem Umkreis des Grazer ›Forums Stadtpark‹ und der von Kolleritsch begründeten Literaturzeitschrift ›manuskripte‹. Greiner kennzeichnet die »Grazer Literatur« mittels der drei Begriffe Opposition, Verweigerung und Theorieverzicht (wobei er für den letzten Scharang ausnimmt).[3]

Hindurchgegangen durch die Zweifel an der Sprache, hervorgegangen aus der Aussichtslosigkeit politischen Handelns, geprägt von dem melancholischen Bewußtsein vergangener Größe und bedeutungsloser Gegenwart baut sich diese Literatur ein Reich der Phantasie, wo Wirkliches und Unwirkliches ununterscheidbar ineinanderfließen, wo die Alltagslogik entmachtet und die blinde Zweckrationalität technokratischer Provenienz unterminiert wird. Diese Literatur scheint eher imstande als die sogenannte realistische, ein Gegenbild zu entwerfen, in dem unsere Wirklichkeit deutlicher zum Vorschein kommt als in jener bloßen Verdoppelung der Realität, der viele gesellschaftskritisch sich verstehende Autoren aufsitzen.[4]

Die Verabsolutierung der »Grazer Literatur« unterschlägt freilich zugleich mit der »gesellschaftskritisch-realistischen« eine sich selbst als antifaschistisch und antikatholisch begreifende kämpferische Avantgarde, die mit vehementer Aggressivität sowohl auf jeden Ansatz zur Narrativik wie auch auf jeden Versuch einer unmittelbaren Einbeziehung der Politik in die Literatur reagiert. So stammt denn die radikalste Kritik an den »Grazern« nicht von den ›Realisten‹. Reinhard Priessnitz und Mechthild Rausch formulierten sie vom Standpunkt der experimentellen Literatur aus in einem Aufsatz mit dem den Hauptvorwurf vorwegnehmenden Titel: ›tribut an die tradition‹.[5]

Die Tiefe der Kluft zwischen Avantgarde und der vom Salzburger Residenz-Verlag repräsentierten gemäßigten Moderne demonstrierte auch ein Vorfall im Frühjahr 1987, der zwar viel publizistischen Staub aufwirbelte, in Wirklichkeit aber nichts bewies als das Bekannte, nämlich daß Literatur machbar ist. Franz Josef Czernin und Ferdinand Schmatz, Hausautoren der experimentierfreudigen ›edition neue texte‹, hatten dem Residenz-Verlag ein Manuskript angedreht (›Die Reisen. In achtzig Gedichten um die ganze Welt‹ (1987)), dessen Verse bei einer trunkenen Wanderung erblödelt worden waren und mit dessen Einschätzung durch die Verfasser als minderwertig der Residenz-Lektor Jochen Jung nicht übereingestimmt hatte.

Der größte Teil der österreichischen narrativen Literatur kommt im übrigen niemals zu Papier. Er verpufft, gesprochen, in Beisln (dem österreichischen Pendant zu den Berliner Kneipen). Ungebrochener als in der Bundesrepublik (und darin Gepflogenheiten in der Tschechoslowakei und in Ungarn verwandt) lebt eine Tradition der mündlichen Kommunikation, die sich nicht von Terminen und dem Drang nach vorzeigbaren Ergebnissen einengen läßt, wenn es gilt, Realität fabulierend zu (re)produzieren, mal skurril, mal zynisch, mal eifernd, mal kalauernd, aber fast immer skeptisch gegenüber dem Tiefsinn.

3. Das Jahr 68

Das Jahr 1968 war politisch für Österreich, anders als für die Bundesrepublik (aber auch anders als für Frankreich, die Tschechoslowakei oder Polen) kein Jahr der großen Veränderungen. Die Beben der Studentenrevolte in den benachbarten Ländern waren hier nur durch schwache Ausläufer zu registrieren, die eher komischen als revolutionären Charakter hatten. Höhepunkt (und zugleich Querverbindung zwischen Studentenbewegung und Künstlermilieu) war die inzwischen legendäre Veranstaltung zum Verhältnis von Kunst und Revolution an der Wiener Universität unter Mitwirkung des Schriftstellers Oswald Wiener und der als

Wiener Aktionisten bekannten Künstlergruppe, die in einer Verrichtung der Notdurft auf offener Szene gipfelte. Von (deutschen) Beobachtern allzu rasch mit Vorgängen in der BRD parallelisiert und als ›links‹ mißverstanden, hatte die Aktion in Wirklichkeit wenig zu tun mit den marxistisch begründeten Happenings in West-Berlin und der BRD 1967/68 [→ 26 ff.].

Das entscheidende Ereignis, das Bewegung und Veränderung in die österreichische Politik brachte, fand zwei Jahre später statt, als die Sozialdemokraten (SPÖ), die sich in Österreich noch Sozialisten nennen, ohne es in ihrer Mehrheit zu sein, unter Bruno Kreisky bei den Wahlen zum Nationalrat zunächst die relative und eineinhalb Jahre danach die absolute Mehrheit errangen. Nach achtzehn Jahren einer Großen Koalition, die mit einem korrupten Proporzsystem jeden Ansatz zu intellektuellem und gesellschaftlichem Aufschwung im Keim erstickt hatte, nach vier Jahren einer konservativen Regierung, wehte nun plötzlich ein Hauch von Liberalität, wie ihn zwei Generationen nicht gekannt hatten und der das künstlerische, aber auch das soziale Leben, insbesondere in Wien, inspirierte. Auf dem Gebiet der Justiz und auch der Hochschulen kam es zu längst fälligen Reformen, die sich mittelbar auch auf das kulturelle Klima auswirkten. Freilich, daß das Prinzip der Sozialpartnerschaft, der Kooperation von Arbeitnehmerorganisationen und Unternehmerverband, das 1959 mit Gründung der Paritätischen Kommission installiert worden war und jede Austragung von Konflikten verhinderte, Grundlage wurde für die Stillhaltepolitik der Gewerkschaften (und somit Österreich zu einem der streikärmsten Länder der Welt machte), behielt seine Gültigkeit.

Die permanente Ausblendung zentraler Interessenskonflikte in wichtigen Medien diskursiver Bewußtseinsbildung, bei gleichzeitigem Fortbestand des Konfliktpotentials, fordert seinen Preis. ⟨...⟩ Alkoholismus als Volkskrankheit, Selbstmordraten, die Zahl der Strafgefangenen und der Zwangspsychiatrierten pro 1000 Einwohner; auch diese Werte liegen in Österreich deutlich über dem westeuropäischen Durchschnitt.[6]

Dreizehn Jahre lang konnte die SPÖ mit ihrer Alleinregierung das politische Profil Österreichs entscheidend bestimmen. Es gelang ihr, die Arbeitslosenrate etwa halb so hoch zu halten wie die der Bundesrepublik Deutschland. Kreisky erfreute sich einer ungewöhnlichen Popularität und verlieh der österreichischen Außenpolitik, gemessen an der Größe und der Bedeutung des Landes, einen unerwarteten Glanz. 1978 mußte der Bundeskanzler eine Niederlage einstecken, als eine Volksabstimmung mit den vereinigten Voten der Konservativen und der Ökologisten die Einstellung des von ihm geförderten Atomkraftwerks Zwentendorf erzwang. Der Skandal um das Allgemeine Krankenhaus im Jahr 1980 leitete eine Reihe von Korruptionsaffären ein, die dann 1983 schließlich zum Verlust der absoluten Mehrheit und zur umstrittenen Koalition mit der nationalliberalen Freiheitlichen Partei Österreichs (FPÖ) führte.

4. Der Kulturbetrieb

Kennzeichnend für das mangelhafte Funktionieren einer demokratischen Öffentlichkeit in Österreich ist die Tatsache, daß die Pressekonzentration jene in der Bundesrepublik noch übertrifft: Mehr als die Hälfte des Tageszeitungsmarkts wird von zwei Boulevardblättern beherrscht, in denen Meinungskolumnen und Tratsch einen weitaus höheren Stellenwert besitzen als Informationen und Berichte. In ihrer politischen Aggressivität ist diese Boulevardpresse nicht viel weniger schamlos als in der Bundesrepublik die Springer-Presse, aber der Protest gegen sie blieb kaum vernehmbar. Manche Autoren, etwa Wolfgang Bauer, waren sich noch nicht einmal zu fein, dort regelmäßig ihre Standpunkte zu äußern. Ob sich diese Situation entscheidend ändern wird, nachdem das Projekt der Gründung einer liberalen Tageszeitung durch Oscar Bronner, das zunächst an der Finanzierung gescheitert war, dann doch, mit Springer-Geld und einer noch unklaren (politischen) Konzeption, realisiert werden konnte, ist fraglich. Und auch das konkrete Ergebnis einer gerichtlichen Auseinandersetzung zwischen den beiden Eigentümern der ›Kronen-Zeitung‹, die Bewegung in die Presse-Landschaft brachte, in deren Folge mit neuen Massenblättern zu rechnen ist, bleibt abzuwarten. Die vor einiger Zeit erfolgte Beteiligung der WAZ-Gruppe an

›Kurier‹ und ›Krone‹ läßt eine Wendung zum Besseren keinesfalls erhoffen. Eine qualifizierte Literaturkritik findet im überwiegenden Teil der österreichischen Tageszeitungen nicht statt. Schriftsteller sind dort in der Regel allenfalls Gegenstand von Klatsch. Empirische Untersuchungen haben ergeben, daß an einem zufällig gewählten Tag etwa 70 Prozent der österreichischen Bevölkerung zwischen 15 und 70 Jahren mit Rundfunk und Fernsehen, etwa 65 Prozent mit einer Tageszeitung, aber nur zwischen 0,05 und 0,4 Prozent mit einem Buch – Schulbücher ausgenommen – in Berührung kommen.

Die Konzentration der Presse hat ihr Pendant in der Konzentration von Macht in wenigen Händen auf allen Gebieten der Kultur. Der Österreichische Rundfunk (ORF) nutzte sein Monopol für eine konservative, der Regierung Kreisky und erst recht den links von ihr stehenden Kräften feindselige Informationspolitik. Daß die Literatur dennoch im österreichischen Hörfunk einen breiteren Raum einnimmt als in den deutschen Anstalten, verliert seinen Glanz angesichts der skandalös niedrigen Honorare für Autoren. Die katholische Kirche und die straff organisierten Verbände konnten immer wieder Zensurmaßnahmen durchsetzen. Spektakulär war die Kampagne des Bauernbunds gegen Franz Innerhofer anläßlich der Fernseh-Ausstrahlung der (mit dem Grimme-Preis ausgezeichneten) Verfilmung seines Buchs ›Schöne Tage‹ durch Fritz Lehner am 1. Mai 1981. Kennzeichnend für die von autoritärem Denken geprägte antiintellektuelle Stimmung in der Öffentlichkeit (soweit es eine solche gibt) ist ein von Untertanenmentalität strotzender denunziatorischer Kommentar zu einer Anzeige von 300 Österreichern gegen Waldheim. In seiner Kolumne, die am 3. März 1988 zugleich in der ›Neuen Tiroler Zeitung‹, in der ›Salzburger Volkszeitung‹ und in der Klagenfurter ›Volkszeitung‹ erschien, fordert Kurt Markaritzer:

Alle Ministerien, Landesregierungen und Gemeinden müssen überprüfen, ob und inwieweit unter den 300 Vernaderern Empfänger staatlicher Zuschüsse, Subventionen oder Stipendien sind. Ein eventueller Zufluß öffentlicher Mittel muß unverzüglich eingestellt werden.

Die Konzentration von Macht und ihr Mißbrauch personifiziert sich in Wolfgang Kraus, dem Leiter der jahrelang konkurrenzlosen und hoch subventionierten offiziösen ›Österreichischen Gesellschaft für Literatur‹, der zugleich für das Bundesministerium für Auswärtige Angelegenheiten und in zahlreichen Gremien und Jurys tätig war, wo er eine außenpolitisch liberale, nach innen aber reaktionäre Politik verfocht. Einer der vielen Coups des scheinbar unentbehrlichen Kraus war seine Intrige im Zusammenhang mit dem Manès-Sperber-Staatspreis 1987. Nachdem Kraus bereits die Auszeichnung des brillantesten lebenden österreichischen Essayisten, Franz Schuh – der ihn, wie es der Zufall will, einmal scharf und mit guten Gründen angegriffen hatte –, unter anderem durch Denunziation bei der Witwe Sperbers hintertrieben hatte, erreichte er, daß der damals amtierende Bundesminister für Wissenschaft und Forschung unter Umgehung der Mehrheitsentscheidung der Jury den Preis nicht an Oswald Wiener, sondern stattdessen an Claudio Magris verlieh. Der Philosoph Rudolf Burger und der Verleger Erhard Löcker legten unter Protest ihre Funktion als Juroren nieder. Magris nahm den Preis entgegen und Kraus, der das Vermögen des Bundespräsidenten, im Amt zu *bleiben*, teilt, frohlockte. Daß dieser Mann, der noch nicht eine bemerkenswerte Zeile geschrieben hat, z. B. vom Berliner Wissenschaftskolleg hofiert wurde, besagt nur etwas über den Charakter der deutsch-österreichischen Kulturbeziehungen, die oft auf dem Prinzip der gegenseitigen Einladung beruhen und dabei die von den Politikern initiierten Verzerrungen zugunsten offizieller Repräsentation kritiklos reproduzieren.

Die offenbar für ewige Zeiten in die Obhut des von allen Parteien protegierten Kraus gelegte ›Österreichische Gesellschaft für Literatur‹ – und das unterscheidet sie von vergleichbaren Institutionen im Ausland, etwa dem ›Literarischen Colloquium‹ in Berlin – hat die Aufgabe, die Literatur dem Opernball anzunähern. Diese Gesellschaft verlängert die ungebrochene österreichische Tradition einer in Wahrheit jeder lebendigen Literatur feindlichen Repräsentationskultur. Die unverhältnismäßig hohen Subventionen, die von allen Regierungen bestätigt wurden, gestatten ihr einen Rahmen, der dafür sorgt, daß die in Kauf genommene Literatur als Beigabe zur Selbstdarstellung von Politik, Wirtschaft und Kulturmanagement nicht allzu sehr stört.

In diesem Klima einer nachwirkenden unterentwickelten Demokratie hielt sich weitgehend die in den fünfziger und sechziger Jahren in Österreich charakteristische Spaltung zwischen literarischem Diskurs und dem Diskurs der öffentlichen Stellungnahmen. Literarizität konnte als komplementär zu mangelnder Effizienz politischer Bewegungen betrachtet werden. Als Symptom für das Weiterwirken jener Tradition, die die Wiener Gruppe einst gepflegt und selbst gestaltet hatte, ließe sich bewerten, daß die avantgardistische Autorin Ginka Steinwachs in Österreich auf weitaus mehr Interesse und Aufgeschlossenheit stößt als in ihrer deutschen Heimat. Der österreichische Rundfunk brachte gar in seiner seit Ende 1989 von der Einstellung bedrohten Jugendsendung ›Musicbox‹ (am 14. 5. 1986) eine ganze Stunde über Steinwachs, Person und Werk. Kaum vorstellbar, daß eine deutsche Jugendsendung dergleichen wagte.

5. Literarische Richtungen

Der Beginn des Zeitabschnitts, der in diesem Band behandelt wird, läßt sich für die österreichische Literatur mit drei Titeln datieren: ›Magic Afternoon‹ von Bauer und ›Kaspar‹ von Peter Handke (beide 1968) und – ein Jahr später – ›die verbesserung von mitteleuropa, roman‹ von Wiener. Die zwei Theaterstücke und der Roman markieren die Ablösung der Wiener Avantgarde durch die Grazer Gruppe. Bauer und Handke konnten schlagartig auch beim Publikum Erfolge erringen, von denen die Wiener Gruppe – deren eher untypisches Mitglied Artmann vielleicht ausgenommen – kaum träumen durfte.[7] Zugleich signalisiert Wieners epochaler (wenngleich ideologisch höchst ambivalenter) Geniestreich mit seiner Fülle von Verfahren, seinem souveränen Spiel mit vorgetäuschtem Wissenschaftsgestus den Versuch, durch einen Vorstoß in die große Form der Sackgasse zu entrinnen, in die einige radikale, jede Narrativik energisch ablehnende Experimente der Konkreten Poesie geführt hatten.

Zwar verdrängten die Grazer, jedenfalls in der öffentlichen

Resonanz, die Wiener, aber deren gesteigertes Sprachbewußtsein wirkte und wirkt bis heute fort. Es findet sich kaum ein österreichischer Schriftsteller von Format, der, nach Vorbildern und Einflüssen befragt, nicht neben anderen Rühm, Bayer, Wiener oder Artmann nennen würde. Freilich haben manche Verfahren bei ihrer Modifikation durch die jüngere Generation häufig auch ihre Funktion verändert. So unterschiedliche Autoren wie Thomas Bernhard, Gert F. Jonke, Jelinek, Barbara Frischmuth, Marie-Thérèse Kerschbaumer oder die in Westberlin lebende Oberösterreicherin Elfriede Czurda bedienen sich in ihren Werken syntaktischer Manierismen, nicht so sehr, um, wie die Wiener Gruppe, Sprachkritik zu betreiben, nicht um die Sprache in erster Linie zu ihrem Thema, sondern um durch die verfremdete Sprache das durch sie Evozierte deutlicher erkennbar zu machen.

6. Peter Handke

Am Beispiel Handke läßt sich nachweisen, wie sehr die Vermittlung durch die Medien zurückwirkt auf das literarische Leben eines Landes. Handke ist ohne Zweifel neben Thomas Bernhard jener Autor, der das Bild der österreichischen Gegenwartsliteratur im Ausland, insbesondere in der Bundesrepublik prägt. Die Bedeutung Peter Handkes liegt weniger in seinen Büchern als in der Tatsache, daß er als einer der ersten die Möglichkeiten der Massenmedien erkannte und mit großer Konsequenz und Geschicklichkeit auf ihrer Klaviatur spielte. Da Österreich auf dem Gebiet von Presse und Fernsehen als Entwicklungsland einzustufen war, begab er sich denn auch hellsichtig gleich auf das internationale Parkett. Zu einer Zeit, da er mit den wenigen Texten, die von ihm vorlagen, gerade erste Beachtung provoziert hatte, inszenierte er 1966 seinen legendären Auftritt vor der Gruppe 47 in Princeton. Für Handke gilt, was Gilles Deleuze Jahre später über Frankreichs Neue Philosophen sagte:

Denn eins ist wirklich neu, sie haben in Frankreich das literarische oder philosophische Marketing eingeführt, statt eine Schule zu bilden. Das Marketing hat seine besonderen Prinzipien: 1. Man muß umso mehr über ein Buch reden und andere zum reden darüber veranlassen, je weniger das Buch selbst zu sagen hat. Letztlich muß die Vielzahl von Zeitungsartikeln, Interviews, Colloquien, Radio- und Fernsehsendungen das Buch ersetzen, das ganz gut überhaupt nicht existieren könnte. ⟨. . .⟩ Die Journalisten wurden die neuen Autoren, und die Schriftsteller, die sich noch wünschten, Autoren zu sein, mußten das über die Journalisten tun oder ihre eigenen Journalisten werden.[8]

Wie gezielt Handke seine Provokationen setzte, wurde camoufliert durch eine gekonnt gemimte Brummigkeit und Menschenscheu, einen elitären Habitus.

Mit einer schon genialen Intuition für kontrapunktisches Timing deklarierte Handke alle paar Jahre literaturtheoretische Positionen, die er kurz darauf mit seinem eigenen Werk widerlegte. Die Berufung auf die Abnutzung von Verfahren (die viel zitiert wird, obgleich sie weit hinter dem zurückbleibt, was die Russischen Formalisten bereits ein halbes Jahrhundert zuvor erkannt hatten) liefert jedenfalls keine hinreichende Begründung für die Beliebigkeit, mit der Handke seine stets im apodiktischen Ton der Allgemeingültigkeit vorgetragenen Thesen schreibend ignoriert. Eines steht fest: Ohne die gemeinsamen Marketing-Anstrengungen von Handke und Suhrkamp hätte jener innerhalb der österreichischen Gegenwartsliteratur nicht die prominente Stellung, die ihm in der Tat zugebilligt wird. Die sehr österreichischen Phänomene Handke und Karajan beruhen auf ähnlichen Mechanismen. Gemeinsam haben sie, was Handke bei all seinen stilistischen Wandlungen beibehielt: die Erlesenheit von Einfall und Ausdruck, die prätentiöse Selbstfeier, die Schlechtgelauntheit als Preziosität.

Es muß schon Außerordentliches vorfallen, um Handke zu einem tagespolitischen Statement zu verlocken. Solch ein Vorfall war die Kandidatur Kurt Waldheims für das Amt des Bundespräsidenten. Mit ungewohnter Schärfe, freilich nicht ohne Bezüge zur Literatur von Grillparzer bis Kafka und nicht ohne Kritik an Waldheims Sprache, die wirklich nicht das Schlimmste an ihm ist, artikulierte Handke seinen Widerwillen gegenüber einem Gegenstand, der »ein derart unpoetischer, d. h. Worte abstoßender ist«.[9] Freilich, selbst wenn Handke den Bundespräsidenten auffordert, wenigstens von einer Ausstellungseröffnung während der Salzburger Festspiele 1987 zurückzutreten, mischt sich in den Respekt für diese wenn auch wohlfeile und ineffektive Zivilcourage der Verdacht einer verspäteten, aber medienwirksamen Einzelgänger-Aktion. Denn es war schon zuvor gerade der Fall Waldheim, der die unmittelbare Einmischung zahlreicher österreichischer Künstler in die Politik beförderte und etwa so unterschiedliche Autoren wie Frischmuth, André Heller, Jelinek, Kerschbaumer, Peter Rosei, Schutting, Turrini und Peter Weibel bei einer Mahnwache für den österreichischen Widerstand (gegen den Nationalsozialismus) vereinte. Das hindert allerdings nicht, daß man sich um Einladungen balgt, wenn der Bundeskanzler, der Waldheim diplomatisch verteidigt, ein Sommerfest gibt. Österreich ist eben ein Land der Widersprüche. Von der Politik hat man sich in Österreich das Feiern noch nie verderben lassen.

7. Politisches Engagement

Jene österreichischen Autoren, die nicht nur ausnahmsweise das Bedürfnis haben, sich in das politische Geschehen einzumischen, die ihre Rollen als Künstler und als Staatsbürger nicht zu trennen imstande oder gewillt sind, kommen nicht umhin, sich mit ihren Kollegen vom Typus Handke auseinanderzusetzen. Gustav Ernst aus dem Umkreis der Wiener Literaturzeitschrift ›Wespennest‹ analysierte die Situation der Literatur in der Ära Kreisky mit den folgenden Sätzen:

> Wo Widersprüche immer noch geduldet sind in der Literatur, auch von der Sozialdemokratie, ist das Seelische. Wie die Unlösbarkeit der inneren Widersprüche in der Wirklichkeit Folge ist der in dieser Gesellschaft nicht mehr lösbaren äußeren Widersprüche, so wird in der Kunst aufgrund der ästhetisch überzeugend dargebotenen Unlösbarkeit der inneren Widersprüche zugleich die Unlösbarkeit der äußeren Widersprüche überzeugend dargeboten, meist in Form einer Stimmung, einer Tristesse, die der Autor der Gegend verleiht, in der seine unglücklichen Figuren wandern. Wie sie sich fühlt, die arme Seele, so hat die Gegend automatisch zu sein. Damit die Seele sich weiter so fühlt, als eine, die sich Widersprüchen gegenüber nicht anders verhalten kann, als in Form

des Erleidens. Es ist eine Literatur, die, auch wenn sie den kritischen Anspruch hat, den Umgang mit gesellschaftlichen Widersprüchen zu fördern, den Umgang mit Widersprüchen letztlich zu meiden lehrt, weil sie sie darstellt als solche, die keine Kräfte zu mobilisieren imstande sind, nicht anspornen, nur niederdrücken, traurig machen und fürchterlich leidend, die man nicht wegschaffen kann, die uns wegschaffen, so daß es, auch wenn der Autor andere Konsequenzen im Auge hat, besser erscheint, daran nicht zu rühren.[10]

Ernst verfolgt mit seinem Befund natürlich eine polemische Absicht (und verteidigt damit zugleich seine eigene schriftstellerische Position). Aber selbst wenn man seiner implizierten Wertung nicht zustimmt, wird man die Treffsicherheit der Beschreibung nicht leugnen können. Sie läßt sich unverändert übernehmen zur Charakterisierung etwa des »mittleren« Roth von ›Der große Horizont‹ (1974) bis ›Der Stille Ozean‹ (1980) − insbesondere für die ›Winterreise‹ (1978) −, erklärt aber nicht die Faszination, die von diesen Romanen ausgeht. Ihre Ursache läßt sich ja nicht reduzieren auf die »ästhetisch überzeugende Darbietung«. Es ist das sich in einer lakonischen Sprache materialisierende Gefühl der Isolation, der Kontaktunfähigkeit, der Erstarrung, das der Autor im Leser abruft und das als gesellschaftlich bedingtes durchaus erkennbar wird, was diesen Büchern ihre suggestive Kraft verleiht. Und so sagen sie, einen mitdenkenden Leser voraussetzend, schließlich eine Menge aus über die Widersprüche einer die Entfremdung befördernden Gesellschaft und über die Notwendigkeit, sie zu verändern.

Scharang, als Erzähler wie als Essayist gleichermaßen produktiv, hat die Ambivalenz jener Literatur, die auch Ernst im Sinn hatte, mit Verweis auf die Sozialpartnerschaft wie folgt geortet:

In einer Demokratie mit feudalen Zügen, in der das Parlament nur beschließt, was die Herren Sozialpartner ausgehandelt haben, überkommt die betroffenen beziehungsweise übergangenen Staatsbürger das Gefühl, um die Wirklichkeit betrogen zu werden. Es ist eine Stärke der österreichischen Literatur, diesen Wirklichkeitsverlust, dieses ausgedünnte Leben, darzustellen. Ironischerweise gerät die Literatur dabei selbst in den Verdacht, wirklichkeitsfern zu sein.[11]

8. Organisation der Einzelgänger

1971 konstituierten sich der ›Arbeitskreis der Literaturproduzenten‹ und die ›Interessengemeinschaft österreichischer Autoren‹. Damit begannen wie zuvor in der Bundesrepublik auch in Österreich die Schriftsteller, sich zusammenzutun, um ihre soziale und ökonomische Lage zu verbessern. Seit 1973 gibt es Bestrebungen einer gewerkschaftlichen Organisation der Autoren, die aber bei den rechten Sozialdemokraten im Gewerkschaftsbund auf wenig Gegenliebe stießen. Ein Schwerpunkt gewerkschaftlicher Arbeit sollte die Vertretung der Autoren-Interessen gegenüber dem Österreichischen Rundfunk sein. Auch der selbstbewußte Umgang mit Verlagen wurde ein Thema, aber gerade hier wurden die Grenzen der Zuständigkeit deutlich. Die österreichische Literatur war größtenteils ein Exportartikel, die Gesprächspartner von den Verlagen saßen in der Regel in Deutschland, und diese Abhängigkeit nicht nur vom deutschen Markt, sondern auch von den deutschen Produktionsstätten, war für österreichische Autoren eine ständige Quelle des Ärgers und der Gefährdung. Es dauerte lange, ehe sich deutsche Lektoren abgewöhnten, Austriazismen aus den Texten herauszuredigieren, und die andauernde ökonomische Abhängigkeit vom Ausland (auch von den deutschen Rundfunkanstalten, die wenigstens Honorare zahlten, mit denen man überleben konnte) veränderte selbstverständlich das Bewußtsein der »Lieferanten«. All dies nährte die Unzufriedenheit und bereitete den Boden für Initiativen zur Verbesserung der Lage. Kennzeichnend für die widersprüchliche politische Atmosphäre der Kreisky-Ära mag sein, daß der Bundeskanzler beim Ersten Österreichischen Schriftstellerkongreß, in den 1981 all diese Bemühungen mündeten – vorausgegangen war 1979 das ›Mürzzuschlager Manifest‹ –, zu den versammelten Autoren im Festsaal des neugotischen Rathauses sagte: »Lernen Sie von der Arbeiterbewegung. Organisieren Sie sich.« Da wehte ein Hauch Austromarxismus, eine Erinnerung an eine Sozialdemokratie, deren Funktionäre sich noch der proletarischen Tradition und nicht der politischen Karriere verbunden fühlten.

Im übrigen ist den Bemühungen, sich aus der Abhängigkeit von deutschen Verlagen (wie z. B. Suhrkamp, Rowohlt, Luchterhand, S. Fischer) zu lösen, kein Erfolg beschieden. War die Bucheinfuhr Österreichs aus der Bundesrepublik Deutschland 1975 nur rund 40 Prozent höher als die Buchausfuhr in die Bundesrepublik, so war sie 1985 bereits mehr als doppelt so hoch. Selbst der österreichische Handelsdelegierte für die Bundesrepublik Deutschland hegt in einer Presseinformation zur Frankfurter Buchmesse 1986 den Verdacht, das könnte daran liegen, »daß eine Reihe von österreichischen Autoren ihre Werke insbesondere über deutsche Verlage veröffentlichen lassen«.

Das österreichische Kulturleben der siebziger Jahre ist bestimmt von einer relativ großzügigen (verglichen aber mit den Subventionen für die Repräsentationskultur lächerlich bescheidenen) Förderung durch die öffentliche Hand, die jedoch wegen ihrer breiten Streuung in den meisten Einzelfällen weder zum Leben noch zum Sterben reicht. So ist die große Zahl von mehr als hundert Literaturzeitschriften zu erklären, die unter Erfüllung geringer Auflagen und mit geringen Auflagen dahinvegetieren, qualitativ oft beachtlich, aber als Ergebnis einer beträchtlichen Selbstausbeutung. Genannt seien, stellvertretend für viele andere, neben den bereits erwähnten Grazer ›manuskripten‹ und dem Wiener ›Wespennest‹, die auf hohem literarischen Niveau die ganze Spannweite zwischen einer experimentell-materialorientierten und einer gesellschaftskritischen Literatur umfassen, die ebenfalls anspruchsvollen, verschiedene Strömungen innerhalb der österreichischen und der internationalen Literatur repräsentierenden Zeitschriften ›Protokolle‹, ›Neue Texte‹, ›Freibord‹, ›Frischfleisch&Löwenmaul‹, ›Sterz‹, ›InN‹, ›Mladje‹, ›Lesezirkel‹ (die Beilage zur ›Wiener Zeitung‹), sowie die (bis 1990) offiziös-konservative ›Literatur und Kritik‹, Nachfolgerin des 1955-1965 erschienenen ›Wort in der Zeit‹, [→ 635 f.] Haslinger, wie Ernst zugleich Schriftsteller und ›Wespennest‹-Redakteur, faßt denn in einem Rückblick auf das Jahrzehnt 75–85 zusammen:

> Denn kommt so ein Autor nach einem Jahr zurück und sagt, er sei mit dem Manuskript nicht fertig geworden, er brauche noch Geld, so wird er, wenn er sich nicht anständig benimmt, überhaupt Pech haben,

oder es wird ihm klargemacht, daß er zwar nicht für seine Literatur, wohl aber für jede Vermittlungstätigkeit zwischen Staat und Literatur Geld haben könne. Der Autor wird also, um Autor bleiben zu können, irgend etwas organisieren, veranstalten, herausgeben, erheben, zählen, auf jeden Fall wird das Nächste, was er dem Staat vorlegt, nicht die Fortsetzung seines geförderten literarischen Werkes sein, sondern ein völlig unliterarisches Konzept über ein Symposion, eine Ausstellung von Literaturzeitschriften, oder ein Symposion über Symposien, oder eine Ausstellung über vergangene Ausstellungen von Literaturzeitschriften.

Eigentlich ist alles willkommen, wenn es nur nicht Literatur ist. So liegt der bemerkenswerteste Zug der österreichischen Literaturförderung der siebziger Jahre wohl in der Tatsache, daß es dem Staat gelungen ist, die wendigsten und – das ist durchaus anerkennend gemeint, es ist ja auch ein Eigenlob – die besten Kulturfunktionäre aus den Reihen vielversprechender Autoren zu rekrutieren.[12]

Haslinger spricht also deklariertermaßen auch von sich selbst: Es ist ein vielbeschäftigter Veranstalter und war 1986 bis 1989 der bis dahin tüchtigste Generalsekretär der Grazer Autorenversammlung. Diese mittlerweile mit Abstand wichtigste und – mit rund 450 Mitgliedern – stärkste österreichische Schriftstellerorganisation wurde 1973 gegründet.[13] Sie entstand als Gegenorganisation zum völlig überalterten österreichischen PEN-Club. Äußerer Anlaß war der Rücktritt des PEN-Präsidenten Alexander Lernet-Holenia als Protest gegen die Verleihung des Nobelpreises an Böll. Diese spektakuläre Aktion hatte aber nur nach außen deutlich gemacht, wie sehr die politisch wie literarisch Konservativen im österreichischen PEN den Ton angaben. In Österreich fehlt die Generation der Schriftsteller, die unter dem Eindruck des Dritten Reichs zu Antifaschisten wurden. Um die Autoren, die der Anschluß ins Exil gezwungen hatte, bemühte sich der PEN kaum. Statt dessen tummelten sich dort jene, die schon in der Zeit des klerikalen Austrofaschismus reüssiert hatten und denen die Diskriminierung der Dollfuß- und Schuschnigg-Anhänger durch die Nationalsozialisten gleichsam automatisch das antifaschistische Ehrenzeichen umgehängt hatte. In einer scharfen Erklärung, die von Artmann, W. Bauer, Otto Breicha, Helmut Eisendle, Gunter Falk, Frischmuth, Klaus Hoffer,

Jonke, Kolleritsch, Mayröcker, Roth, Rühm und Sommer, später auch von Gerald Bisinger, Scharang, Wiener und – als einzigem aufgeforderten PEN-Mitglied – von Canetti unterzeichnet wurde, verlangte Jandl bereits 1972 die Ablösung der herrschenden PEN-Clique durch jene jungen Autoren, auf die sich das Prestige der österreichischen Literatur im Ausland stützte. Nachdem sich eine Reform des PEN als undurchführbar erwiesen hatte, vereinten sich zunächst 58 Autoren zur Grazer Autorenversammlung, die bis heute den Ort ihrer Gründung im Namen beibehielt, obwohl es sich längst um eine gesamtösterreichische Vereinigung handelt.

9. Kompromisse

Die Mitgliedschaft vieler Autoren in mehr oder weniger gewerkschaftsähnlichen Organisationen kann nicht darüber hinwegtäuschen, daß die meisten Schriftsteller auch in Österreich bei ihrer Arbeit einsam sind, daß sie sich freiwillig oder notgedrungen isolieren und daß die informelle Gruppe von Freunden im Alltag für den einzelnen erreichbarer ist als die große Organisation. Wer nicht in den Groß- und Mittelstädten Wien und Graz, vielleicht noch Linz, Salzburg und Innsbruck lebt, ist ohnedies von den Kommunikationskanälen weitgehend abgeschnitten. Nach wie vor ist die Zahl derer, die sich in einer Weise in die politischen Entscheidungen einmischen, wie man es von bekannten deutschen Autoren kennt, klein. Scharang und Turrini sind meist die Wortführer, was freilich nicht zuletzt auch auf die hohe Qualität ihrer politischen Äußerungen zurückzuführen ist: sie bilden eine Literatur eigener Art.

Eine vorübergehende politische Mobilisierung brachte die ›Arena‹-Besetzung im Sommer 1976 mit sich. Die Gemeinde Wien schickte sich an, den ausrangierten Auslandsschlachthof im Stadtteil St. Marx abzureißen, in dem sich das alternative Kulturzentrum ›Arena‹ etabliert hatte. Kurz entschlossen machten junge Leute, darunter auch viele Künstler, dort ihr Quartier auf. Die Hoffnung, eine Stätte verteidigen zu können, in der sich ein frischer, der geförderten Hochkultur opponierender Geist artikulieren durfte, in der auch diskriminierte Minderheiten wie Drogen-abhängige und entlassene Strafgefangene Ansprache und Hilfe fanden, verleitete zu kämpferischen Euphorien, wie sie ähnlich auch in anderen europäischen Großstädten, in Zürich oder Berlin, zum Ausdruck kamen.

Die Zeiten waren schlecht für autonome Initiativen. Mit dem Entführungs- und Erpressungsfall Palmers erreichte die Terroristen-Welle 1977 Österreich, wenngleich auch in diesem Fall alles etwas kleiner dimensioniert, harmloser, mit einem glücklicheren Ende ausfiel als in der benachbarten Bundesrepublik. Jedenfalls war die SPÖ-Regierung bemüht, die Unruhe in den Griff zu kriegen und durch eine Politik der kleinen (auch ökonomischen) Entgegenkommen eine Radikalisierung zu verhindern. Mittlerweile ist die ursprüngliche ›Arena‹-Konzeption längst Geschichte, der Ansatz in entschärfter Form – nach dem auch anderswo üblichen Rezept der Kastration durch Umarmung – der offiziellen kommunalen Kulturpolitik eingemeindet, und der philosophisch gebildete Kopf der Palmers-Entführung ist ein beliebter Teilnehmer bei öffentlichen Diskussionen.

Nach einer Umfrage von Gerhard Ruiss und Johannes A. Vyoral lebte 1978 die Hälfte von hundert befragten jungen hauptberuflichen Autoren unter dem Existenzminimum. Ein Jahr zuvor hatte das Bundesministerium für Unterricht und Kunst einen Sozialfonds für Schriftsteller eingerichtet. Mit dem ›Kulturservice‹ sollte Autoren Gelegenheit gegeben werden, für ein, allerdings schändlich niedriges, Honorar in Schulen zu lesen und zu diskutieren. Das vorherrschende Verständnis von österreichischer Literatur orientierte sich an einem gewiß wichtigen, aber engen Ausschnitt aus der tatsächlichen literarischen Produktion. Der Salzburger Residenz-Verlag bekam für Österreich zunehmend eine kanonisierende Funktion, die jener vergleichbar ist, die Suhrkamp für Deutschland hat, und in beiden Verlagen war es nicht zuletzt die Rührigkeit ihrer Leiter, die die Grenzen zwischen künstlerischem Qualitätsanspruch und kommerziellem Kalkül verwischte. Es ist diese quasi-monopolistische Stellung des Residenz-Verlags, die Kritik verdient, nicht der Geschmack seines Lektors. 1977 wurde der Ingeborg-Bachmann-Preis geschaffen, eine auf die Medien zugeschnittene Veranstaltung, die von Anfang an wegen der Rolle, die sie den Schriftstellern zuwies, und wegen des Mangels an Menschlichkeit im Umgang mit ihnen scharfer Kritik ausgesetzt war. All dies mag Alois Brandstetter, den unauffälligen, verschmitzten satirischen Erzähler und Klagenfurter Alt-Germanisten, zu der an Nestroy gemahnenden Äußerung bewegt haben: »Schriftsteller in Österreich, das ist gerade so wie Strohhuterzeuger in Lappland.«[14]

Zaghaft versuchte die Sozialdemokratie einzelne Schriftsteller, die 1938 oder in den sechziger Jahren das Land verlassen hatten, zur Rückkehr nach Österreich zu bewegen. Fried nahm schließlich die österreichische Staatsbürgerschaft an, hielt sich auch immer wieder in Österreich auf, konnte sich aber nicht entschließen, seinen Londoner Wohnsitz aufzugeben. Spät ehrte ihn seine Heimat mit einem eigens für ihn geschaffenen Staatspreis. Obgleich sich Fried seine Themen eher in Deutschland suchte als in Österreich, darf sein Name nicht fehlen, wo von österreichischer, zumal von politischer Lyrik die Rede ist. In vorbildhafter Weise machte er das Wortspiel der politischen Reflexion und Agitation verfügbar. In seinen autobiographischen Erzählungen hat er sich zudem an den Ort seiner Kindheit, in das vornationalsozialistische Wien zurückbegeben. Sie leisten literarisch jene Geschichtsaufarbeitung, die die Politik verweigert. Handke ließ sich nach Jahren im Ausland (vorübergehend) in Salzburg nieder. Andere, etwa Wiener oder Rühm, sahen keine Veranlassung, nach Österreich zu ziehen. Ohnedies auf die deutschen Verlage angewiesen, leben nach wie vor eine Reihe wichtiger österreichischer Autoren ständig oder zeitweilig im Ausland.

10. Außenseiter

Wer an Österreich leidet, die Kraft zur Auswanderung aber nicht aufbringt, verfällt häufig dem Alkohol. Der Alkoholismus ist unter österreichischen Schriftstellern eher die Regel als die Ausnahme, und es sind nicht die Unbegabtesten, die an ihm zugrunde gehen. Hier seien vier Autoren genannt, die allesamt vorzeitig verstarben, schwere Alkoholiker alle vier, deren Beitrag zur österreichischen Literatur der siebziger Jahre noch nicht hinreichend gewürdigt wurde: Priessnitz (1945–1985), Falk (1942–1983), Hermann Schürrer (1928–1986) und Joe Berger (1939–1991).

Das Werk, das Priessnitz hinterließ, ist dünn. ›Vierundvierzig Gedichte‹ (1978) und eine Reihe verstreuter Texte und Essays, die postum für Heimrad Bäckers der experimentellen Literatur vorbehaltenen ›edition neue texte‹ gesammelt wurden. Priessnitz war ein hartnäckiger Verfechter eines avantgardistischen Kunstbegriffs, ein Verächter von Schreibweisen, die hinter den erreichten Standard der Materialbehandlung zurückfielen. Sein radikales Kunstverständnis paarte sich wie bei vielen österreichischen Autoren mit einem individualanarchistischen, manchmal auch aggressiven Gestus in politischen und alltäglichen Auseinandersetzungen. Er war, ebenso wie Schürrer, das absolute Gegenstück zu jener telegenen Schickeria, die auch in Österreich den Kulturbetrieb bestimmt. Mit einem spielerischen Unernst, der sehr österreichischen Variante der Verweigerung, ließ er den Gedanken an Vereinnahmung gar nicht erst aufkommen. Verweigerung kennzeichnet auch Priessnitz' Texte. Sie sperren sich dagegen, irgendeine Realität außerhalb ihrer selbst »abzubilden«. Priessnitz geht analytisch vor, sein Prinzip ist das der Destruktion. Seine Sprachskepsis mündet nicht in die Leugnung der Semantik, sondern in die Aktivierung verborgener Konnotationen. Die Verklammerung der einzelnen, oft im Fragmentarischen verweilenden Teile der Texte kann Gesetzen der Assoziation oder der Klangähnlichkeit, des Rhythmus oder des Kontrasts, der Logik oder der graphischen Verwandtschaft, des Zufalls oder der Ordnung, des Spiels oder der Grammatik folgen. Das Zwingende an den Strukturen der Gedichte von Priessnitz ist identisch mit ihrer offenbaren Zufälligkeit. Die Aktualität dieser Dichtung liegt unter anderem in der Tatsache, daß sie einem modischen Phantasiebegriff, der sich meist an idealisierten Regressionen in die eigene Kindheit orientiert und Kitsch mit Beliebigkeit vermengt, einen anderen, produktiveren entgegensetzt, der verborgene oder vergessene Dimensionen der Sprache und des Denkens freisetzt. Der scheinbare Widerspruch von Rationalität und Erfindungsgabe, von Kalkül und uneingeschränktem Spiel verdrängter Bilder wird da aufgehoben. In seiner Prosa benützt Priessnitz Sprache nicht zur Beschreibung einer durch das Bewußtsein gebrochenen Realität, sondern er setzt dieses Bewußtsein unmittelbar in (daher notwendigerweise die syntaktischen Normen durchbrechende) Sprache um, wobei er diesen Vorgang, der sich als reziprok erweist – auch die Sprache, mit ihrer Tendenz zur spielerischen und konstruierten Verselbständigung, setzt sich in Bewußtsein um –, oft ironisch oder essayistisch kommentiert. Priessnitz' Prosatexte sind zugleich Objekt und Subjekt der ästhetischen Reflexion, sie vereinen in sich experimentelles Schreiben und dessen Theorie (und bilden darin wiederum einen Bestandteil der experimentellen Moderne).

Bei Falk, dem Soziologen und Dichter aus dem Grazer Freundeskreis um Bauer, gibt es Texte, die denen von Priessnitz verwandt sind, aber auch knappe, formstrenge Ansätze zu narrativer Prosa, die an den Russen Daniil Charms oder auch an den späten Heißenbüttel erinnern. Für Falk gilt ebenso wie für Priessnitz, daß er keine komplizierten Metaphern zur Auflösung anbietet, daß keine Bedeutung hinter dem Gesagten zu entdecken ist. Der Umgang mit der Tradition erfolgt spielerisch, Erwartungen werden bewußt enttäuscht, und wer den Texten gerecht werden will, muß auf ihre Evidenz vertrauen.

Hat man den Eindruck, daß Priessnitz und Falk durch äußerste Disziplin, durch spartanische Strenge im Umgang mit der Sprache jene innere Unruhe unter Kontrolle hielten, die sich in ihren Alkohol-Exzessen entlud, so läßt Schürrer seiner selbstzerstörerischen Explosivität in seinen Texten freien Lauf. Die Sprachlawinen, mit denen er über weite Strecken seines Romans ›Der letzte Yankee Doodle vor dem Untergang der Vereinigten Staaten. Voräffung einer Liquidation‹ (1981) in Dialogen von Figuren der Geschichte, in Form eines utopischen Weltuntergangstheaters ein gespenstisches Amerika zuschüttet, entziehen sich den gängigen literarischen Kategorien. Auch Schürrers Gedichte, erst 1984 zusammengetragen, sind gekennzeichnet von Maßlosigkeit. Da artikuliert sich eine Begabung, die ähnlich unorthodox und ähnlich vital ist wie die Rolf Dieter Brinkmanns, nur freier noch, unabhängiger, urwienerisch und in der anarchistischen Grundhaltung fern von amerikanischen Vorbildern. Schürrer bevorzugt das Langgedicht, oft nähert es sich der Prosa. Es schreitet assoziativ voran, heterogene semantische Felder stoßen ebenso unvermittelt zusammen wie stilistische Ebenen. Triviale Idiomatik ist ebenso ›poesiewürdig‹ wie gehobener Tonfall, Dialekt ebenso wie Hochsprache, Alltag ebenso wie Philosophie, das Zitat ebenso wie der Neologismus. Das plebejisch Kraftvolle ist Schürrers Welt, nicht der gute Stil der happy few. In diesen Texten gibt es eine Zärtlichkeit der Wut, die ehrlicher und lebendiger ist als jene romantisch geprägte Vorstellung von Dichtung, von der auch noch ein Handke profitiert. Seine Themen findet Schürrer überall: in Städten und Stadtteilen, in Äußerungen der Medien, in der Kulturgeschichte, in Freunden und nicht zuletzt in seinem eigenen Kopf. Jede Pose, die Tiefsinn vortäuscht, ist Schürrer suspekt. Ihn beschäftigt die Praxis.

Mit Schürrer hat Berger gemeinsam, daß er mit seiner ganzen Existenz der Bourgeoisie den Kampf ansagte. Einer puritanischbiederen Kultur war dieser meist alkoholisiert anzutreffende (und daher wenig schreibende) Wiener Bohemien ein Graus. ›Ironische Zettel‹ (1980) nannte er einen dünnen Band mit freirhythmischen Gedichten, die in ihrer sprachlichen und gedanklichen Kühnheit an Bauers von ihm selbst nie mehr übertroffenen ›Mikrodramen‹ (1964) erinnern. Berger entgeht in seinen assoziativen, teilweise aphoristischen Langgedichten einer kitschigen Anhäufung von Metaphern, indem er abgenutzte poetische Strukturen mit Alltäglichem, ja Banalem verknüpft. Die abgründig witzigen Verse halten die Spannung von Impulsivität und Formung in einer Weise aus, die ansonsten vielmehr dem Jazz als der Literatur eigen ist.

Die hier als Außenseiter eingeführten Autoren sind in Wirklichkeit nur besonders auffällige Repräsentanten des österreichischen Paradigmas. Die elende soziale Lage einer Mehrheit der österreichischen Schriftsteller, die sich in ihrer psychischen Verfassung spiegelt und die die Realität, wie im Drogenrausch, als unfaßbar und bedrohlich erscheinen läßt (vergleiche Roseis ›Wer war Edgar Allan?‹, 1977), prädestiniert zu Versuchen, die Welt durch Formalisierung in den Griff zu bekommen (Jonkes ›Geometrischer Heimatroman‹, 1969; Eisendles ›Exil oder Der braune Salon‹, 1977), sie sogar auf ein vom Erzählen befreites sprachliches Universum zu reduzieren (Rühm, Priessnitz), oder aber mit stark antiintellektuellem Unterton ekstatisch aufzugehen in einem anarchischen Chaos, das Max Stirner stärker verbunden ist als Bakunin, Kropotkin, Malatesta, Proudhon oder auch Paul Feyerabend (Bauer, Hermann Nitsch).

11. Problemfelder und Schreibweisen

Von den Außenseitern, die mit ihrer Randexistenz manche Aspekte der gesellschaftlichen Realität genauer kennzeichnen als die Etablierten, gibt es durchaus Querverbindungen zu Autoren, die sich auf dem Markt durchsetzen konnten. Das war im übrigen nicht immer so leicht, wie es im nachhinein scheinen mag. Es ist charakteristisch für die Rezeptionsmechanismen bei Lesern und Vermittlern und akzentuiert einen Unterschied des Literaturverständnisses in Österreich und in der Bundesrepublik, daß sich Verena Stefans larmoyant narzißtische ›Häutungen‹, obgleich in einem kleinen Verlag erschienen, ungeheurer Popularität erfreuten, während Jelineks im selben Jahr (1975) veröffentlichter Kurzroman ›Die Liebhaberinnen‹ lange ein Geheimtip blieb. Jelinek stellt Menschen aus einem Milieu, das sich selbst literarisch nicht zu artikulieren vermag, in den Mittelpunkt ihres Romans, anstatt nur von sich zu sprechen. Durch die Einführung von zwei Protagonistinnen aus dem provinziellen Kleinbürgertum bzw. der Unterschicht demonstriert sie Varianten der Ausbeutung von Frauen, nicht ihre eigenen Mittelstandserfahrungen. Die Frauen werden bei Jelinek auch Komplizen ihrer Ausbeuter, sind nicht zu Erleidenden reduziert. Jelinek findet für die Brutalität der Wirklichkeit eine brutale Sprache, der Anschein von Zynismus ist Ausdruck der Verletzung durch eine unerträgliche Realität, ist die literarische Alternative zu einer Sentimentalität, die sich und damit die Welt schließlich verklärt. Der artifizielle Umgang mit Sprache, die bewußtseinsentlarvende Verwendung von Jargonelementen und formalistischen Verfahren, aber auch die Aggressivität, mit der hier ein simplifizierendes feministisches Täter-Opfer-

Modell ad absurdum geführt wird, all dies ist der Avantgarde und den Außenseitern verpflichtet und zugleich dafür verantwortlich, daß Jelineks Buch ungleich komplexer und künstlerisch interessanter, letztlich auch politisch wahrhaftiger ist als das von Stefan. Die sprachliche Virtuosität hat Jelinek – zum Beispiel in ›Die Klavierspielerin‹ (1983) und in ›Lust‹ (1989) – weiterentwickelt, allerdings mit der Tendenz, die sozial differenzierende Sichtweise der ›Liebhaberinnen‹ von einer anthropologisierenden Auffassung des Geschlechterverhältnisses überwuchern zu lassen. Mit gutem Grund ist Jelinek mit ihren Romanen und Theaterstücken zwar umstritten (weil stets provokativ, politische Tabus zerstörend), jedenfalls aber als Schriftstellerin präsent. Ihre Methode, die bei allem politischen Engagement (und Jelinek äußert sich öffentlich keineswegs nur zu Fragen der patriarchalischen Herrschaft) an der – nicht geschlechtsspezifischen – österreichischen experimentellen Literatur geschult ist, erweist sich als gegenüber dem sich wendenden Zeitgeist doch resistenter als eine Betroffenheitsliteratur mit dem uneingelösten Anspruch einer spezifisch weiblichen Sprache. Das gilt auch für die souverän mit unterschiedlichem sprachlichen Material operierenden Texten von Elfriede Gerstl, die, insbesondere in ihrer Lyrik, Techniken der Wiener Gruppe ironisch und unter Einbeziehung alltäglicher Erfahrungen weiterführt.

Die literarisch radikalste unter den österreichischen Schriftstellerinnen ist nun schon seit längerem Mayröcker. Neben Gedichten schreibt sie Prosa von zum Teil beträchtlichem Umfang. Anders als der harte Kern der Wiener Gruppe, entzieht sie sich nicht dem Erzählen. Sie verweigert aber jeglichen Kompromiß zugunsten einer kulinarischen Lektüre. Ihre rigide Zurichtung der Sprache, die sich bei ihr mit Phantasie durchaus verträgt, auch die Spuren ihrer Belesenheit – die französischen Strukturalisten und Semiotiker waren für sie von Bedeutung – lassen die Texte Mayröckers hermetisch erscheinen. Neben Prosa und Lyrik schrieb sie, wie die meisten österreichischen Autorinnen, eine große Zahl Hörspiele, darunter, zusammen mit Jandl, die mittlerweile »klassischen« ›Fünf Mann Menschen‹ (1968). Auch Frischmuth, im hier behandelten Zeitraum die erfolgreichste unter den österreichischen Schriftstellerinnen, begann im Umkreis der Grazer Gruppe mit experimenteller Literatur. Um 1974 entschloß sie sich zu einer erzählerischen Methode, die Zugeständnisse an die Tradition macht, ohne die Erkenntnisse der Avantgarde zu verdrängen. In ihrem bislang gewichtigsten Werk, der Sternwieser-Trilogie (1976–1979), variiert sie das Thema der Gewinnung von weiblicher Autonomie. Ironisch und mit einer Liebe zu phantastischen Details benützt sie märchenhafte Elemente und nimmt, vor allem im ersten Teil ›Die Mystifikationen der Sophie Silber‹ (1976), auf eine moderne Weise Elemente des Wiener Volksstücks auf.

In Frischmuths Sternwieser-Trilogie wird die Titelfigur von einer Beobachterin zur Handelnden. Der handlungsschwache, sich auf (Selbst-)Betrachtung beschränkende Protagonist ist für die österreichische, speziell für die »Grazer« Literatur der siebziger Jahre (und damit zugleich auch für die gesellschaftliche Befindlichkeit ihrer Autoren angesichts einer scheinbar nicht beeinflußbaren politischen Realität) bezeichnend. Er findet sich bei Rosei ebenso wie bei Jonke, bei Eisendle ebenso wie bei Brandstetter. Paradigmatisch mag die Figur des Ascher in Roths Roman ›Der Stille Ozean‹ (1980) sein, der mit seinen mikroskopischen Beobachtungen zugleich eine Metapher setzt für Roths (und nicht nur Roths) Methode und Literaturverständnis. Charakteristisch ist im übrigen für die meisten der hier genannten Autoren, daß ihre Geschichten auf dem Lande spielen. Die Großstadt als Ort der Handlung ist in der österreichischen Gegenwartsliteratur die Ausnahme und dann, wie etwa in Gernot Wolfgrubers großer Romanstudie des Bewußtseins eines Aufsteigers ›Niemandsland‹ (1978), eher bedrohlich. Für die allerdings von jeder Idyllik und damit vom traditionellen Heimatroman weit entfernte Literatur aus dem bäuerlichen Milieu kann Franz Innerhofers autobiographisch geprägter Roman ›Schöne Tage‹ (1974) als typisch gelten.

Dem Streit um die Eigenständigkeit einer weiblichen Ästhetik entzieht sich durch Mißachtung ›Laila‹ (1988) von Ingrid Puganigg, ein leises Buch, das auf die Magie der Sprache vertraut, auf die Provokation von Sätzen und Tönen, auf den weißen Raum des Unausgesprochenen. Nach einem Gedichtband und zwei Romanen hat die in Vorarlberg lebende Kärntnerin hier einen Briefroman vorgelegt. Doch die Briefe gehen in einer Richtung. Sie bekommen keine Antwort. Sie sind Zeugnisse einer gestörten Kommunikation. Sie reden einen auf schwierige Weise Geliebten an und kreisen doch um weit mehr als die Liebe: Alles und nichts ist ihnen Thema. Manchmal bestehen sie aus einem Satz, seltener aus einer halben Druckseite. Sie entwickeln nicht, sondern assoziieren. Die Empfindsamkeit ist ihnen eine Quelle, der Surrealismus die andere. Denn die Briefe, die sich zu Miniaturen verselbständigen, den Adressaten immer wieder aus dem Auge verlieren, reihen Wörter und Sätze nach dem Prinzip des überraschenden Nebeneinanders, das auch und gerade im Kontrast Bilder von poetischer Schönheit entstehen läßt. Gedichte in Prosa – auch so ließen sich diese Briefe kategorisieren. Reflexion steht neben Beobachtung, Vision neben Selbstentblößung, und stets wirkt die Klammer von Rhythmus und Melodie. Die Form vieler Briefe ist aphoristisch, aber es sind keine Bonmots: Es fehlt ihnen der besserwisserische Habitus, der auf die scharfsinnig scheinen wollende Pointe zuläuft. Das ist es wohl auch, was Puganiggs Sätze und Satzfolgen der (unfreiwillig?) poetischen Sprache Schizophrener annähert: Sie ordnen sich nicht einem Zweck unter, auch nicht jenem, etwas mitzuteilen. Selten gab es in der neueren österreichischen Literatur eine Prosa, die sosehr zugleich aus der Welt gefallen und in der Welt zu sein schien. Daran ist nichts mystisch. Puganigg pflegt vielmehr eine Literatur, die, gäbe es sie häufiger und würde sie mit der notwendigen Anstrengung des Verstands gelesen, den aktuellen Hang zu drittklassigen Mythen überflüssig machte.

Hilde Spiel (1911–1991), die nach 27 Jahren im Londoner Exil 1963 nach Wien zurückgekehrt war, schrieb weiterhin neben Essays und journalistischen Kulturberichten eine Prosa, die sich dem realistischen Erzählen und stilistischer Eleganz verpflichtet weiß, ohne deshalb soziale Realitäten außer acht zu lassen. In Sonntagsreden wird viel von den Verdiensten der ins Exil gejagten Autoren gefaselt. Was von solchen halbherzigen Phrasen zu halten ist, beweist unter anderem der Umstand, daß das österreichische Fernsehen Hilde Spiels die Erfahrungen der Emigration verarbeitendes Drehbuch ›Anna und Anna‹ nicht realisierte. Es bedurfte des Deutschen Claus Peymann, damit dieses, für die Bühne eingerichtet, 1988 am Burgtheater zur Aufführung gelangte.

Mit großer Überzeugungskraft unternahm es Kerschbaumer mit ihrem Zyklus ›Der weibliche Name des Widerstands‹ (1980), Frauen als Handelnde zu zeigen, die eigene Situation als Schriftstellerin mit dem historischen Stoff zu verknüpfen und sich mit einer hochartifiziellen Sprache und Montageverfahren vor einer Überwältigung durch das emotionale Thema zu schützen. Erst 1989 erschienen ihre 1980/81 entstandenen ›Neun Canti auf die irdische Liebe‹. Es sind Liebesgedichte im klassischen Sinne, und sie vergessen keinen Augenblick, daß Literatur andere Gesetze hat als das persönliche Liebesgeständnis, dem jeder Infantilismus verziehen werden muß. Kerschbaumers Canti zeugen von sprachlicher Anstrengung, sie kreisen Gefühl und Aussage zögernd und vorsichtig tastend mit Worten und fragmentarischen Sätzen ein, sie verweigern sich jeder falschen Unmittelbarkeit. Sie gehen von Versen John Donnes und Dantes aus, verarbeiten deren Wortmaterial wie deren Sinn. Kerschbaumer zitiert nicht faul, wie das in der Germanist(inn)enlyrik der letzten Jahre zur Masche geworden ist, sondern benützt Artifizielles, Vorgeformtes, Vorgedachtes, um daran eigene Erfahrung und Gedanken zu entwickeln, um Subjektives zu objektivieren, Gelebtes zu literarisieren. Sie bevorzugt das Verfahren der sprachlichen Destruktion, sie simuliert verbal das anarchische Chaos der irdischen Liebe. Wo sie explizit wird – im siebten Canto – da wird sie auch am schwächsten. Sie überzeugt, wo sie der Kraft der Irritation, der Dekomposition, vertraut. Die ›korrekte‹ Syntax erweist sich als inadäquat für den lyrischen Ausdruck jener Verstörung, die Liebe heißt. Der gestörten Syntax wirken die langen Verse, ihre harmonisierende, die Utopie vorwegnehmende Rhythmisierung und Melodie entgegen [→ 245 ff.].

Ganz anders war die Entwicklung von Scharang, der, einst von Handke gar nicht so weit entfernt, mit ›Schluß mit dem Erzählen und andere Erzählungen‹ (1970) den interessantesten Versuch unternahm, Techniken der Konkreten Poesie mit politischer Analyse zu verbinden. Unzufrieden mit einer Literatur, die jene Schichten nicht erreichte, von denen sich Scharang die Veränderung der Gesellschaft erhofft, bemühte er sich mit dem Roman ›Charly Traktor‹ (1973) um eine moderne österreichische Variante des sozialistischen Realismus [→ 279 ff.]. Scharang hat selbst später dieses Experiment kritisiert, aber die Erfahrung, die er damit machte, war auch für die Entwicklung der österreichischen Literatur fruchtbar und rechtfertigt nicht die süffisante Reaktion derer, denen die ganze Richtung nicht paßt. Bestehen bleibt Scharangs Forderung:

> Unsere Geschichten waren Geschichten, die wir um uns herum in unserer Umwelt gesehen haben. Was dieser Literatur noch fehlt, das ist der große Zug, die historische Dimension. Die zu erarbeiten ist gerade für uns sehr schwierig, aber es ist eine Aufgabe, die mich unerhört reizt.[15]

Dies ist geradezu die Gegenposition zu Handkes Auffassung der Literatur als Lebensform, zu seiner Veräußerlichung der Innenwelt, der Vorliebe für das erlesene Detail, den kostbaren Gedanken. All diesen Kategorien entzog sich Bernhard. Immer wieder verwirrte er Fans wie Gegner durch die Einkleidung einer übellaunigen, menschenfeindlichen, sich der Monomanie nähernden Weltsicht in eine atem- und absatzlose Sprache, deren Sog man sich – ob sie im Roman gelesen, im Theater gehört wird – kaum entziehen kann. Die Suggestivität von Melodie und Rhythmus rückt Bernhards Texte in die Nähe der Musik. »Irrsinn« und »Geistesarbeit« werden ununterscheidbar wie die Rollen Bernhards in der Literatur und im öffentlichen Leben. Seine heftigen Auseinandersetzungen mit heimischen Institutionen, Politikern und Künstlern bildeten den Orgelton zur Sozialgeschichte der österreichischen Literatur unserer Gegenwart. Die Reaktionen von Presse und Politik, denen Bernhard wie Jelinek, Turrini und andere ausgesetzt war, sind allerdings von einem Format, das es selbst Kritikern Bernhards schwer macht, ihm nicht zumindest stillschweigend beizupflichten. Noch kurz vor Bernhards Tod erreichten die Kampagnen der Reaktion einen selbst für Öster-

PROBLEMFELDER UND SCHREIBWEISEN 697

reich unerwarteten Höhepunkt, als chauvinistische Emotionen mobilisiert werden sollten, um die Aufführung des (den Gegnern Bernhards damals unbekannten, weil unveröffentlichten) Stücks ›Heldenplatz‹ (1988) zu verhindern, das Burgtheaterdirektor Claus Peymann zum fünfzigsten Jahrestag des Anschlusses in Auftrag gegeben hatte. Ohne Zweifel ist die Affäre um Bernhards ›Heldenplatz‹ als ein Nachbeben der Erschütterung zu werten, die Waldheim ausgelöst hatte und die noch einmal kollektive Traumata an die Öffentlichkeit brachte. Das Stück spielt im Hause eines jüdischen Wissenschaftlers, der nach der späten Rückkehr aus dem Exil just an jenem Heldenplatz, auf dem 1938 Hitler stürmisch begrüßt wurde, Selbstmord begangen hat. Die Uraufführung plazierte die für Bernhard nicht ungewöhnlichen insistierenden Österreich-Beschimpfungen, die er dem Bruder des Verstorbenen in den Mund legt, in ein kostbares, suggestives Bühnenbild von Karl Ernst Herrmann und schockierte zusätzlich mit der intensiven Darstellung der Rolle des Bruders durch den schon vor Peymanns Direktorium am Burgtheater populären Wolfgang Gasser. Noch aus dem Grab heraus grinste Bernhard über sein gehaßliebtes Vaterland, indem er die Inszenierung seiner Stücke in Österreich testamentarisch untersagte.

Schwer einzuordnen ist auch Rosei – freilich aus anderen Gründen als Bernhard. Blieb sich dieser über Jahre hinweg treu in einer Weise, die viele seiner Texte als Variationen über ein Thema erscheinen lassen, die aber insgesamt keiner der in Österreich als Tendenz auszumachenden literarischen Richtungen zuzuteilen sind, so entzieht sich jener der Kategorisierung durch die Vielfalt der Formen, mit der er – dezidierter noch als Roth – Schreibweisen ausprobiert. Einem unbefangenen Leser käme kaum in den Sinn, daß das formalistische ›Von Hier nach Dort‹ (1978) denselben Mann zum Autor hat wie die atmosphärisch dichte Poe-Beschwörung ›Wer war Edgar Allan?‹. In den achtziger Jahren arbeitete Rosei an fünf wiederum sehr unterschiedlichen Büchern, die nach seinem Willen zusammen eine Art »Flügelaltar« bilden sollen. Verschiedene Perspektiven ergänzen sich da gegenseitig. Rosei spielt in seinen Texten Möglichkeiten durch, sprachliche, gattungsmäßige und solche des Sujets. In der neuen Neuen

Sachlichkeit Roseis kommt der Syntax, dem Rhythmus, der Melodie der Sprache ebenso viel Gewicht zu wie der Semantik. Rosei versteht es, der Sprache ihre Autonomie zu bewahren und zugleich – in den spröden, in ihrer Konstruktion weit ausholenden ›15 000 Seelen‹ (1985) weniger, in dem knappen Kurzroman ›Die Wolken‹ (1986) verstärkt – eine atmosphärisch dichte Stimmung zu erzeugen, die gelegentlich an Antonionis Filme erinnert. Roseis Texte dementieren die Möglichkeit des Idylls, und die Sprache nimmt das Dementi des berichteten Scheins vorweg, noch ehe es zum Thema wird. Es ist die Reibung zwischen dem, was gesagt, und dem, wie es gesagt wird, was die Aussage dieser Texte bestimmt. Mit Bernhard, Handke, Jelinek, Frischmuth oder gar Rühm hat Rosei, der doch ohne Zweifel als eine zentrale Figur der österreichischen Gegenwartsliteratur gelten darf, wenig gemeinsam. Am ehesten sind einige seiner erzählerischen Verfahren noch mit jenen Jonkes vergleichbar.

Eine Literatur, die von den internationalen Erfahrungen des Jahres 1968 geprägt ist, repräsentieren die Romane von Henisch. ›Die kleine Figur meines Vaters‹ (1975/1987) gehört zu den wenigen Büchern, die die Vater-Mode der siebziger Jahre unbeschädigt überstanden haben. [→ 89 ff.]. Mit ›Der Mai ist vorbei‹ (1978) leistete Henisch eine Auseinandersetzung mit der Studentenrevolte. ›Pepi Prohaska Prophet‹ (1986) erzählt das bewegte Leben eines sehr wienerischen Außenseiters aus der Perspektive und in der bewußt umständlichen Sprache seines konservativen Biographen Engelbert. Und ›Steins Paranoia‹ (1988) ist das Buch zum Fall Waldheim, zu der Problematik, die hinter diesem Fall steht und weit über die Person hinausgeht, die ihm den Namen gab.

Hierher gehören auch ›Die Musterschüler‹ (1989) des Vorarlbergers Michael Köhlmeier. Der Roman spielt im Milieu eines katholischen Internats, verweist aber auf Strukturen und Regeln, die unsere Gesellschaft ganz allgemein beherrschen, zum Beispiel auf die grausam disziplinierende Funktion von Ritualen. Er ist, über den konkreten Fall hinaus, auch eine Reflexion über den Umgang mit der eigenen individuellen und kollektiven (historischen) Schuld, über Mechanismen der Verdrängung und der Selbstentlastung.

In der zweiten Hälfte der achtziger Jahre meldeten sich jüngere Erzähler wie Erich Hackl, Norbert Gstrein, Alois Hotschnig zu Wort, die in einer klaren, nüchternen Sprache den Schicksalen von Außenseitern nachgehen, mit einem ausgeprägten Interesse für ihre Figuren und einem Formbewußtsein, das sich weder spreizt noch dem aktuellen postmodernen Eklektizismus anbiedert.

Kaum einzuordnen ist Jandl. In seinen Texten überleben die Erfahrungen der Wiener Gruppe, die er jedoch durch einen sehr spezifischen Humor für breite Leserschichten zugänglich machte. Was auf den ersten Blick wie Spielerei aussehen mag, erweist seine Qualität, vergleicht man es mit den Produkten der zahlreichen Jandl-Epigonen. Immer wieder überrascht der Dichter, dessen Texte zu einem großen Teil nach mündlichem Vortrag, am besten durch Jandl selbst, verlangen, durch Verfremdungen auf verschiedenen Ebenen. Er experimentiert mit den Möglichkeiten des Schriftbilds, tauscht Buchstaben beziehungsweise Laute aus, stellt Wortfolgen um, mischt verschiedene Sprachen, kombiniert entleerte syntaktische Muster und Fragmente, permutierte Silben und Phoneme, Rhythmen und Reime, simuliert defektes Sprechen. Assoziationen werden abgerufen und durch eine unerwartete Wendung, durch eine Pointe uminterpretiert. Hinter dem offensichtlichen Spaß, den Jandls Gedichte machen, verbirgt sich oft eine ernsthafte, auch politische, freilich lakonisch, unpathetisch zum Ausdruck gebrachte Überlegung. Vom Vortrag der Lautgedichte, bei denen Tonhöhen, das relative Eigengewicht der Einzelsilbe und die spezifische Klangfarbe der Stimme eine große Rolle spielen, war es für Jandl nur ein kleiner Schritt zur Kooperation mit Jazz-Musikern, insbesondere mit der Sängerin Lauren Newton. Da entsteht eine Nähe zur musikalischen Avantgarde, etwa zu György Ligetis ›Aventures‹ und ›Nouvelles Aventures‹, die wiederum zurückverweist auf Konzeptionen des Dadaismus vom Gesamtkunstwerk. Mit dem Stück ›Aus der Fremde‹ (1980) verlieh Jandl auch dem Theater neue Impulse.

Wenigstens erwähnt werden soll, daß die neben Ingeborg Bachmann bedeutendste Repräsentantin der österreichischen Nachkriegslyrik Ilse Aichinger auch in den siebziger und achtziger Jahren weiterhin Gedichtbändchen veröffentlichte. Für die jüngeren Autoren ist charakteristisch, daß eine ganze Reihe von ihnen eher durch erzählende oder dramatische Texte bekannt wurde, nebenbei aber auch Gedichte verfaßt. Lyrik und Theaterstücke, allerdings ganz anderer Art als Jandl einerseits oder Bernhard anderseits, schreibt Heinz R. Unger. Einem breiteren, vor allem jugendlichen Publikum wurde er bekannt als Textautor der ›Schmetterlinge‹, insbesondere der von ihnen erfolgreich vertonten und aufgeführten ›Proletenpassion‹ (1976). Nach experimentellen Anfängen näherte er sich (wie auch der Tiroler Felix Mitterer) in seiner Theaterarbeit mit den jüngsten Stücken dem kritischen Volkstheater in der Tradition Ödön von Horváths und Marieluise Fleißers, für deren Wiederaufnahme analog zu den Arbeiten von Martin Sperr, Franz Xaver Kroetz und Rainer Werner Fassbinder in der österreichischen Gegenwartsdramatik Turrini mit seiner ›Rozznjogd‹ (1967/1973) den Ton angab. Oder er setzt sich dialogisch, mittels einer an Friedrich Wolf oder Ulrich Becher anknüpfenden Dramaturgie mit der jüngsten Geschichte auseinander, an der sich die von der Kritik gefeierte Bühnenliteratur zumeist vorbeimogelt. Daß die zeitkritischen Volksstücke von Mitterer, Jahrgang 1948, erst sehr verspätet und in zu geringem Ausmaß am deutschsprachigen Theater beachtet wurden, mag allerdings unter anderem daran liegen, daß sich der Autor sowohl thematisch, wie auch sprachlich, wie auch schließlich inszenierungspragmatisch an seiner engeren Heimat Tirol orientiert. Die Verstörung, die von diesen gegen den Strich gebürsteten Stücken ausgeht, scheint über die Region hinaus wirksam zu sein. Im Zusammenhang mit dramatischer Verarbeitung von Zeitgeschichte wäre auch der gelungene Versuch von Turrini und Wilhelm Pevny zu erwähnen, mit der sechsteiligen Folge ›Die Alpensaga‹ (1974–1979/1980) eine progressive Variante des volkstümlichen Fernsehspiels zu schaffen. In die gleiche Richtung wies die dreiteilige Serie ›Das Dorf an der Grenze‹ (1980–1983) von Thomas Pluch.

Anhang

Anmerkungen

Sekundärliteratur erscheint in den Anmerkungen in Kurzform und kursiv (Autor, Titelstichwort, gegebenenfalls Seitenzahl). Die Kürzel werden in der Bibliographie aufgelöst. Sekundärliteratur mit Quellencharakter, vorwiegend Zeitungsbeiträge, werden vollständig nur in den Anmerkungen bibliographiert. Benutzte Quellenliteratur wird in der jeweils ersten Anmerkung eines Aufsatzes vollständig aufgeführt, in den folgenden Anmerkungen ebenfalls kurz zitiert, jedoch gerade gesetzt. Wenn nötig, wird auf die erste vollständige Nennung verwiesen (»s. Anm.«). Anthologien sind in der Regel unter dem Herausgebernamen aufgeführt.

Abkürzungen

FAZ   Frankfurter Allgemeine Zeitung
FR   Frankfurter Rundschau
SZ   Süddeutsche Zeitung, München
taz   die tageszeitung, Berlin

Einleitung

1 Benjamin, Walter: Literaturgeschichte und Literaturwissenschaft. In *Benjamin, Schriften* III, 290.
2 Schirrmacher, Frank: Abschied von der Literatur der Bundesrepublik. In: FAZ, Literaturbeilage 2. 10. 1990.
3 Das französische Original erschien 1953 unter dem Titel ›Le degré zéro de l'écriture‹.
4 *Barthes, Nullpunkt*, 99.
5 Bachmann, Ingeborg: Wir müssen wahre Sätze finden. Gespräche und Interviews. Hrsg. v. Christine Koschel und Inge von Weidenbaum. München und Zürich 1983, 43.
6 Ebd., 80.
7 *Barthes, Nullpunkt*, 99/100.
8 Vgl. etwa die Thematisierung von ›Postmoderne‹ in der Fiedler-Debatte 1968, in diesem Band S. 56 und Anm. 226. Vgl. auch S. 461 mit Anm. 29. Auf eine gleichzeitige Thematisierung von ›Posthistoire‹ durch Peter Brückner und eine vorausgegangene durch Arnold Gehlen verweist *Niethammer, Posthistoire*.

Klaus Briegleb: Literatur in der Revolte – Revolte in der Literatur

(Der Beitrag wurde im August 1990 abgeschlossen.)

1 *Böckelmann/Nagel, Aktion*, 10.
2 Unsere Ziele und Methoden im Straßburger Skandal. In *Situationistische Internationale*, II, 277.

3 Sie kann hier nur als eine erste Skizze versucht werden; es geht um ›begriffliche‹ Nähen von Revolte und Literatur *und* um konkrete literarische Arbeit
um 1968. Der Versuchscharakter ist allein schon vom angewendeten
Gesichtspunkt angezeigt, der erstmals eingeführt wird. Er achtet auf surrea-
listisch-subversive Textspuren durch die Krisenjahre 1966–1969 und auf
subliterarische Organisationsideen und ist gegen den notorischen Gebrauch
eines orthodoxen Politikverständnisses in politischer Literaturgeschichte
gerichtet. Ebenso aber auch gegen jegliche metaphorische Vermischung von
Revolte und Literatur, etwa in der Erinnerungsrede, die Rebellion um 1968
sei »literarisch bis fast auf die Knochen« gewesen (Reinhard Baumgart in:
Die Zeit, 6. 4. 1990). Eine Ahnung wenigstens von der *materialen* Fülle im
Spannungsfeld ›Revolte und Literatur 1968‹ mag im folgenden entstehen.
Ehe sie nicht empirisch aufgearbeitet ist, bleibt aber jeder Versuch auch im
Quellenbezug bruchstückhaft und interpretatorisch tastend. Zum Zwecke
situativer Rekonstruktionen müssen in den Kommunen die Akten über lite-
rarisch-politische Veranstaltungen erforscht werden; dringender Sichtung
bedürfen die vielerorts existierenden Bestände politischer Flugblattliteratur
auf die offenen Konfrontationspunkte hin, die es zwischen Revolte und
Literatur (vom Typus ›Handke in Berlin‹ oder ›Studenten als Bühnenbeset-
zer‹) gegeben hat; eine systematische Erkundung der Broschur- und Zeit-
schriftenliteratur und der Zeitungen, hier besonders der einschlägigen Klein-
beiträge, Zitatspalten und Notizen, konnte in den Vorarbeiten zu diesem
Artikel nur ansatzweise erfolgen; die Bereiche angewandte Ästhetik sowie
Theater sind fast ganz unberücksichtigt geblieben, die ›Kleinkünste‹ sind
beachtet, aber nicht des Näheren recherchiert – usw. – Ähnlich begrenzt ist
ein älterer Versuch *(Briegleb, Literatur)*. Als Debattenanalyse vgl. *Briegleb,
Debatten;* als weltanschauungskritischen Versuch *Prinz, Utopie.* – Nicht
mehr herangezogen werden konnte die Darstellung der Situationisten: *Ohrt,
Phantom.*

4 *Situationistische Internationale,* II, 435.

5 Unsere Ziele . . . (siehe Anm. 2), 275. Gemeint ist die im wesentlichen von
Mustapha Khayati abgefaßte Schrift: ›De la Misère en Milieu Etudiant . . .‹;
dt. Ausg. *Khayati, Elend.* Das Skandal-Happening, das auf die ganze Stadt
ausgedehnt wurde, war gegen ein akademisches Establishment gerichtet,
dem die Akteure die gewerkschaftlich orientierte Studentenvertretung
UENF zurechneten, die ein »Betrug« sei, weil sie nichts davon wisse, »daß die
Ideen wieder *gefährlich* werden«, und den entschiedenen Kampf gegen »alle
Aspekte der alten Welt« nicht führen könne (›Unsere Ziele‹, 277 u. 274). Die
Berliner Kommune-Zeitung ›Linkeck‹ druckt in Nr. 4 nach dem Pariser Mai
1968 Teile aus dem ›Elend‹ nach und hebt als die zentralen Analyse-Katego-
rien der Situationisten *Bildwelt und Warenfetischismus* hervor.

6 *Böckelmann/Nagel, Aktion,* 151.

7 Chtcheglov, Ivan: Briefe aus der Ferne. In *Situationistische Internationale,* II,
131. Vgl. Khayati, Mustapha: Die gefesselten Worte. (Einleitung zu einem
situationistischen Wörterbuch). Ebd., 201.

8 Quellenzugang und Kommentare: *Böckelmann/Nagel, Aktion* und *Goeschel, Materialien.* Die erste neuere, große ›Gesamt‹-Darstellung der Entwicklung, durch die hier ein ›literarisches‹ Nachgehen versucht wird, gibt *Scheerer, Deutschland* in *Hess u. a., Angriff,* 193 ff.; hier 232 ff. Zur »Viva Maria«-Phase vgl. auch Rabehl, Bernd: Karl Marx und der SDS. In: Der Spiegel 18/1968, 86.

9 Unsere Ziele ... (s. Anm. 2), 271. Zur folgenden Zusammenfassung vgl. *Situationistische Internationale* I, 25 ff., 58 f., 72 ff., 131 ff.; II, 74 ff., 132 ff., 195 f.

10 *Baldeney u. a., Richtlinien* I, 5 f.; 24; 32; II, 23 u. ö. Vgl. auch *Böckelmann/ Nagel, Aktion,* 142.

11 Vgl. Der Deutsche Gedanke. Organ der Situationistischen Internationale für Mitteleuropa, Nr. 1, 19 (mehr nicht erschienen). Zit. nach *Böckelmann/ Nagel, Aktion* 53. Vgl. die Nähe zu Mon, Franz: Vier Räder sind genug. In: Streit-Zeit-Schrift V, 2, September 1966, 58.

12 *Böckelmann/Nagel, Aktion,* 36.

13 *Khayati, Elend,* 30.

14 Ebd., 13.

15 Ebd., 30.

16 Vienet, René: Die Situationisten und die neuen Aktionsformen gegen Politik und Kunst. In *Situationistische Internationale,* II, 279 ff.

17 *Baldeney u. a., Richtlinien,* II, 21.

18 Debord, Guy: Ein bitterer Sieg des Surrealismus. In *Situationistische Internationale,* I, 7.

19 Vgl. *Weihs, Theater,* 20 ff.

20 Vgl. *Baldeney u. a., Richtlinien,* I, 6, 32; II, 27 ff.

21 Vgl. die Adorno-Linie in der Revolte; in diesem Band S. 25, 68 ff.; ihre frühesten Textspuren um 1963 vgl. in *Baldeney u. a., Richtlinien,* I, 17 f.; II, 22 oder im Bad Wiesseer Protokoll (*Böckelmann/Nagel,* 135 ff.) oder in der Aktion »Suchanzeige« (ebd., 145).

22 *Baldeney u. a., Richtlinien,* II, 21.

23 Ebd., I, 5.

24 Ebd., II, 22.

25 Ebd., II, 27.

26 Vienet, Aktionsformen (s. Anm. 16), 279. Dieter Kunzelmann bindet den flottierenden Slogan an die Freudsche Lehre von der Herrschaft in der Kultur und formuliert so schon am Anfang der Revolte ihre in vielen ihrer Segmente tödliche Krise: Verinnerlichung und Herrschaft der Väter, die man ›getötet‹ hat. Vgl. z. B. die Notiz für den Konvent in Wiessee (vgl. Anm. 21), *Böckelmann/Nagel, Aktion,* 134; und Vorwort, ebd., 13 f. Zur Vaterbild-Literatur s. in diesem Bd. S. 89 ff.

27 Vgl. im einzelnen *Scheerer, Deutschland.*

28 *Baldeney u. a., Richtlinien,* I, 17 f.

29 *Böckelmann/Nagel, Aktion,* 137 f.

30 *Baldeney u. a., Richtlinien,* II, 22.

706 ANHANG

31 Debord verschiedentlich in den Anfangstexten der *Situationistischen Internationale,* I, 7 ff.

32 Ebd., II, 134.

33 Ebd., 133.

34 Ebd., 133 ff. und vgl. I, 25 ff., 94 ff.

35 Ebd., II, 418 f.

36 Siehe im Zusammenhang die luzide Übersicht über die ökonomisch-politische Entwicklung bei *Scheerer, Deutschland,* 197 ff.

37 Kogon, Eugen: Der Ausbau des autoritären Leistungsstaates in der Bundesrepublik. In: Frankfurter Hefte 4/1966.

38 Vgl. von Brentano, Margherita: Politikum wider Willen – Zur gegenwärtigen Lage der Universität. In *Leibfried, Untertanenfabrik,* 373 ff.; insbes. 380 ff.

39 Ebd., 378.

40 Ausgangsposition und Arbeit der Studiengruppe für Sozialtheorie (vormals Subversive Aktion), 1967. In *Böckelmann/Nagel, Aktion,* 438.

41 Böckelmann, Frank: Jugendkrawalle in der saturierten Gesellschaft. In: Anschlag, II, November 1964. Zit. nach *Böckelmann/Nagel, Aktion,* 243. Eine ›Definition‹, weil sie unhintergehbar ist für das hier verfolgte Segment der Revolte, sei ungekürzt zitiert: »Was aber heißt das, *Leere?* Sie ist kein Unbeschäftigtsein, sie ist keine Übersättigung, sie ist kein Mangel an Möglichkeiten und keine existentielle Grundbefindlichkeit. Es handelt sich um die konkrete Entwirklichung der Wirklichkeit infolge der ökonomischen und psychischen Ausbeutung aller menschlichen Lebensäußerungen, um eine formale Verdünnung des Bewußtseins und des Weltgefühls, da der eigene Wille von außen kommt und das Ziel ständig ausgetauscht wird, um eine Abstrahierung aller Beziehungen, da sie nicht mehr zu uns gehören, sondern uns angepaßt werden, um eine Ver-rückung der emotionellen und physischen Funktionen, um den Schwund jener ungebrochenen Nähe, um den Verlust des spontanen Raumes, der noch frei von gesellschaftlichen Vermittlungen wäre, um ein langsames Ersticken des Menschen, da ihm kein Ort und keine Stunde mehr bleibt, wo er sagen könnte: dieses Gefühl und diese Bewegung sind neu, denn ich habe sie entdeckt, sie gehören ganz zu mir, ich bin eins mit ihnen, ich werde durch sie, und weil nichts zwischen mir und meiner Tat steht, durch die ich zur Welt und die Welt zu mir kommt, durch die ich und die Welt sich verändern, bin ich frei.« Zu den historischen Erklärungsperspektiven der Kategorien ›Leere‹, ›Unrast‹, ›Suchbewegung‹ vgl. *Scheerer, Deutschland,* 197, 221, 245 ff. u. ö.

42 Vgl. Claessens, Dieter und de Ahna, Karin: Das Milieu der Westberliner »scene« und die »Bewegung 2. Juni«. In: Baeyer-Katte u. a.: Gruppenprozesse. Opladen 1982 (= Analysen zum Terrorismus. 3. Hrsg. v. Bundesminister des Innern). Siehe insbesondere 26 ff. und dort »Das Milieu ›West-Berlin-Mitte‹«.

43 Sontheimer, Kurt: Studenten auf Kollisionskurs. In: Merkur 233, 1967, 702 u. 706. Wortlaut der Empfehlungen: *Jacobsen/Dollinger, Studenten,* 318 ff.

REVOLTE · 707

44 Schon beim ersten Sit-in der deutschen Studentenbewegung am 22. Juni
1966 in der Freien Universität, das zum Teach-in ›souveränisiert‹ wurde, ist
diese Transformation der ›Universitätsreform‹ erkennbar: lebendig *sichtbar*
bis heute in den Fotodokumenten der Berliner Anfänge. Siehe *Ruetz, Typen*
oder *Larsson, Demonstrationen.* Die hier benützte dokumentierende, dar-
stellende, erzählende Literatur s. en bloc in Teil IV der Bibliographie. Ausführlicher s. *Briegleb, Literatur,* II.

45 Vgl. zum Straßburger Happening Anm. 5.

46 Der vielgescholtene Liberale Hans-Joachim Lieber, als Rektor der Sprecher
der akademisch-administrativen Reformfraktion, dessen Seminar-Marxis-
mus Dutschke lächerlich fand, bekundete offen die Bindung seiner prostu-
dentischen Gesprächsdiplomatie an die Technologie-Vorstellungen des Wissenschaftsrates (Immatrikulationsrede am 19.11. 1966) und an ein SDS-
Feindbild (Aktenvermerke); vgl. *FU-Dokumentation* IV, 362. Der Rektor
hatte quantitativ eine breitere Zustimmungsbasis bei den Studierenden als
der SDS. Darüber gibt es keine Erhebungen; es ›lag in der Luft‹ und die
Kommune-Gruppierungen im Herbst 1966 ›wußten‹ das. Deshalb z. B. ihre
›Fachidioten‹-Aktion gegen AStA und Rektor am 26.11. 1966 auf einer
Diskussionsveranstaltung zur Rektorrede; Flugblatt (»Von diesem Gespräch
haben wir nichts zu erwarten«), Mikrophon-Übernahme etc. (*Hager, Rebellen,* 92 ff., *Rabehl, Ende,* 213 f.).

47 Kunzelmann nach Karl Korsch, in *Miermeister/Staadt, Provokationen,* 21.

48 *Otto, APO,* 47 ff., 298 ff.; *Bauß, Studentenbewegung; Schauer, Notstand.*

49 *Miermeister/Staadt, Provokationen,* 22.

50 Gemeint sind hier die Happenings und Demonstrationsformen, die aus dem
Kommune-Konzept unmittelbar hervorgingen und auf das »Herz des Staates« zielten (*Hess u. a., Angriff; Bohrer, Phantasie,* 102), am bekanntesten
geworden das Weihnachtsbaumhappening mit Ulbricht und Lyndon
B. Johnson am 10. Dezember 1967, das Spazierspiel mit der Polizei eine
Woche später und das ›Pudding-Attentat‹ auf den amerikanischen Vizeprä-
sidenten am 5. April 1967 (vgl. Anm. 81); nicht die schon längere Serie seit
der Tschombé-Demonstration am 18.12. 1964 (s. im einzelnen die Chroni-
ken zu ›1968‹ über die Bibliographie Teil IV).

51 Die kritische Kategorie im situationistischen Metropol-Konzept, vgl. *Situationistische Internationale,* II, 133, 271 u. ö.

52 *Larsson, Demonstrationen,* 19. *Bergmann u. a., Rebellion,* 25.

53 Ebd. und *Hager, Rebellen,* 96. *Rabehl, Ende,* 215.

54 Springerpresse und Exekutive ordnen die Aktionen in das surrealistische
Destruktivitätskonzept ein, deuten und behandeln es als kommunistisch
(rotchinesisch) gesteuerte Subversion. Die Kampagne gegen die »Rotgardi-
sten« läuft seit dem ›Fachidioten‹-Störakt, als man Mao-Plaketten gesichtet
hatte. Die ›sprachlichen Umstände‹ der Kampagne sind in allen benützten
Quellen, unabhängig von ihren politischen Interpretationsrichtungen (vgl.
Briegleb, Literatur, II ff.), reichlich dokumentiert. Vgl. zuerst Otto Köhler:
Störenfriede ausmerzen. In: Der Spiegel, 16. 1. 1967. Abgedr. in *FU-Doku-*

708   ANHANG

mentation IV, 389 f. oder *Larsson, Demonstrationen; Brückner, Transforma-tion,* 141 f. usw. Es ist Sprachkrieg. Es geht um »Ausschaltung«, »Ausmer-zung« usw. Vgl. Anm. 61.

55 Heinrich Albertz hatte noch als Innensenator (vor Regierungsantritt als Bür-germeister im Dezember 66) die Polizeitaktik des Ins-Leere-Führens der Stö-rer festgelegt (*Bergmann u. a., Rebellion,* 24), die dann zur »Leberwurst« am 2. Juni führt (vgl. S. 31 und Anm. 65).

56 Berliner Zeitung, 21. 12. 66, Die Welt, 7. 1. 67. Zit. nach *Rabehl, Ende,* 215.

57 Zuerst gedruckt in Lettau, Reinhard: Feinde. München 1968, 36: »Beim Feind ⟨. . .⟩«. In: Paralipomena zum *Feind.* Ebd., 20 ff. Mit leichten Abwei-chungen als ›Bildnis Rudi D.‹ in *Lettau, Hinausschaun,* 225.

58 Zit. nach dem Erstdruck.

59 Mit größtem Erfolg (neben Ernst Augustin: ›Aus dem Leben eines Profes-sors‹, s. in *Tintenfisch* 1, 33 ff. und Anm. S. 109); man jauchzte über die Kunst der Militarismus-Groteske (›Post-Militarismus‹!). Wer die Feinde seien, scheint allein Enzensberger verstanden zu haben; vgl. dagegen die ver-ständnislose Rezension Reich-Ranickis, der mit keinem Wort auf die *Feinde* eingeht: Männchen in Uniform. In: Der Spiegel, 17. 3. 1969. Erstdruck des Princeton-Stücks in: Kursbuch 7, September 1966, 1 ff.

60 Während der gestörten letzten Sitzung der Gruppe 47 in der Pulvermühle; vgl. in diesem Band S. 47 f., Rekonstruktion in *Briegleb, Literatur,* V, 4.

61 »Störenfriede ausmerzen«, Berliner Morgenpost am 11. 1. 1967, Schlagzeile aus einer Leserzuschrift. Dies war *nicht* die erste Zeile dieses Sinns, wie der Springer-Konzern später ausstreut: *Springer, Studenten,* 33; s. über Anm. 54.

62 Lettau, Reinhard: Journalismus als Menschenjagd. In *Lettau, Hinausschaun.*

63 Von der Servilität der Presse. Unter diesem Titel und dem Vermerk: »Nach-schrift des Autors aus dem Gedächtnis und aufgrund einiger Notizen« viel-fach nachgedr., u. a. in *Tintenfisch* 1, 10 ff., *FU-Dokumentation* IV, 413 ff. (dort nach dem Berliner EXTRA-Dienst 4/31. 5. 1967), *Larsson, Demonstra-tionen.* In *Lettau, Hinausschaun,* 93 ff. um die Stellen gekürzt, die aus ›Menschenjagd‹ in der Rede zitiert waren. U. a. gingen offene Briefe an den Regierenden Bürgermeister, auch Grass schrieb (Noch habe der Bürgermei-ster nicht die Befugnisse des Generals Ky. Zit. nach: Fried, Erich: Ist »Ausge-fragt« fragwürdig? In: konkret, Juli 1967, 45); wie auch zur selben Zeit Let-tau in einer aufwendigen Solidaritätsaktion Grass in dessen Springer-Ausein-andersetzungen zur Seite ging *(Voltaire-Verlag, Grass).*

64 Lettau setzt mit seinem Rechtsbegriff zunächst streng im Sinne der Grund-rechte im Straßprozeß an, um die Pressesprache gegen Minderheiten auch im formaldemokratischen Scheincharakter treffen zu können. Handke baut diesen ironischen Kern der Stadtkritik in seiner Gerhart-Hauptmann-Preis-rede konsequent spielerisch aus, fordert am vorläufigen Höhepunkt der Volk-Recht-Identifikation, nach dem Freispruch des Todesschützen vom 2. Juni, Kurras, die Abschaffung der Rechtsfindung. In: FAZ, 8. 12. 1967.

65 Vorgetragen in der Pressekonferenz am 3. 6. 1967. Vielfältig überliefert, hier zit. nach *Ruetz, Typen,* 34 u. ö.

REVOLTE 709

66 *Lettau, Hinausschaun,* 11.

67 Neuss, Wolfgang: Neuss Testament. Eine satirische Zeitbombe. Nach Texten
von François Villon mit Beiträgen von Horst Tomayer, Thierry, Jens Gerlach, Gerd Delaveaux. Reinbek 1966. Vorwort: Chronik aus einem Berliner
Leben, 11; 118. Vgl. auch Lettaus Hinweise in ›Satellitenmentalität‹, in *Lettau, Hinausschaun,* 56 ff.

68 *Ruetz, Typen,* 11.

69 Neuss an Brandt: Neuss Testament, 121.

70 Ebd., 96.

71 Die Berlin-Hilfe-Politik der Bundesregierung war im Kalten Krieg auf diesen
sog. Präferenzen für West-Berlin aufgebaut.

72 Neuss Testament, 112.

73 Vgl. in diesem Text S. 26, 41, 46 f., 52 f., 58, 66 f. u. ö.

74 Siehe Anm. 51.

75 *Scheerer, Deutschland,* 245 ff.

76 So das rasch eingespielte öffentliche Kennwort; vgl. z. B. im Spiegel-
Gespräch mit Dutschke am 10. 7. 1967, siehe Anm. 124.

77 *Rabehl, Ende,* 219.

78 *Miermeister/Staadt, Provokationen,* 23.

79 Vgl. grundlegend *Brückner, Nachruf* und *Brückner, Krisen.*

80 Hauptkomplex von 9 Blättern, April/Mai 1967; zunächst 1–5 zwischen 19.
und 29. April, dann die am 24. Mai verteilten 6–9 (die Maiflugblätter zum
Brüsseler Kaufhausbrand). Vollständig in *FU-Dokumentation* IV, 426–443;
oft auszugsweise, z. B. in *Miermeister/Staadt* oder *Larsson, Demonstrationen.* Die Maiblätter vollständig auch in *Szondi, Freie Universität,* 34 ff. und
in *Langhans/Teufel, Klau mich;* dort auch, wie in *Miermeister/Staadt, Provokationen,* weniger bekannt gewordene Begleit- und Zwischenblätter zum
Brandstifter-Prozeß (siehe in diesem Band S. 35 ff.).

81 Hubert Horatio Humphrey, amerikanischer Vizepräsident, s. Anm. 50.

82 *FU-Dokumentation* IV, 9 ff., 416; *Lettau, Hinausschaun,* 95 f.; *Miermeister/
Staadt, Provokationen,* 86 ff.; *Larsson, Demonstrationen* (Bildindex); *Hager,
Rebellen,* 108 ff.; *Rabehl, Ende,* 216 f. Vgl. auch Wolfgang Eberts Satire
›Pudding-Mörder‹ in: Die Zeit, 14. 4. 1967 oder Otto Köhlers ›Mord‹ in:
Der Spiegel, 17. 4. 1967; beide in *FU-Dokumentation* IV, 412 f. Vgl. auch
Briegleb, Literatur, IV, 4 f.

83 Die studentische Geschichtsschreibung gegen die Kommune-Situationisten
beginnt bereits in den Kommentaren zu den Dezember-Happenings und
setzt sich bis heute fort. Ein Anfangsbeispiel ›Mal Bummeln gehn‹ im FU-
Spiegel vom Januar 1967 ist noch ambivalent, fasziniert. Vgl. die weiteren
Belege in *FU-Dokumentation* IV, 378 ff. Siehe *Fichter/Lönnendonker, SDS,*
100 f.; *Hager, Rebellen,* 93 ff.; *Bauß, Studentenbewegung,* 186 ff. Vgl. auch
Fichter und Lönnendonker in *Ruetz, Typen,* 61.

84 Am 24. 5. 1967. Im Kaufhaus fand eine US-Warenausstellung statt. Der
Polizei wurde unterstellt, die Gerüchte, es habe sich um Brandstiftung durch
Vietnam-Oppositionelle gehandelt, selbst ausgestreut zu haben.

85 Dem amerikanischen Kompanieführer Calley zugeschrieben (Verhöre zum Massaker in My Lai, das erst 1969 bekannt geworden ist); s. den Bericht von Hans Schueler in: Die Zeit, 9. 4. 1971 und vgl. Lettau, Reinhard: Täglicher Faschismus. Amerikanische Evidenz aus 6 Monaten. München 1971, 60 f.; 183 ff.

86 Blatt 8.

87 Blatt 7.

88 Vgl. *Hess u. a., Angriff;* und dort *Scheerer, Deutschland,* Vorwort. Vgl. auch Briegleb, Klaus: Literatur und Fahndung ⟨. . .⟩. München 1979, Vorwort.

89 Debord, Guy: La Société du Spectacle. Straßbourg 1966. Dt. Erstausg. (Die Gesellschaft des Spektakels) übers. v. ›Projektgruppe Gegengesellschaft‹. Düsseldorf [1971]. Autorisierte dt. Neuausgabe Hamburg 1977.

90 Vgl. in diesem Band S. 25, 68 ff., 353.

91 Siehe Blatt 8. Zur Kategorie der Leere vgl. in diesem Band S. 46 ff., 66 ff., 84 f., 95, 137 ff., 366 ff. und Anm. 41 zu diesem Text.

92 *Benjamin, Geschichte,* IV und *Benjamin, Traumkitsch,* 621.

93 Blatt 8.

94 Blatt 7.

95 Wie ›Springer‹ eben schmunzeln kann: ›Blödsinn mit Methode‹. Glosse in: Der Tagesspiegel, 5. Juli 1967.

96 Von Rainer Langhans und Fritz Teufel als »Drehbuch« komponiert, ein Höhepunkt der Kommune-Ästhetik auf Papier: *Langhans/Teufel, Klau mich* [nicht paginiert].

97 Vgl. Theater heute, 4/1968, Foto Ullstein: Fritz Teufel agiert theatralisch auf dem Kurfürstendamm (›Selbstanzeige. Teufel immer in Berlin‹).

98 Siehe zum folgenden *Strauß, Versuch,* 61 ff. – neben *Matthaei, Grenzverschiebung; Daum, 2. Kultur* und *Scheerer, Deutschland* eine der Grundarbeiten über das Thema ›Revolte und Literatur um 1968‹.

99 *Strauß, Versuch,* 62.

100 In den Zeitungen seit dem ›Puddingattentat‹; vgl. auch *Scheerer, Deutschland,* 266.

101 Erich Kuby in *Dollinger, Revolution,* 96.

102 *Linkeck,* 1 (29. 2. 1968).

103 Mayer, Hans: Bildung, Besitz und Theater (1968). In *Mayer, Geschehen,* 94 ff.

104 Straßentheater und Theatertheater (1968). Zit. nach *Handke, Elfenbeinturm,* 54 f.

105 *Schutte, Dichter,* 338. *Klau mich,* Abteilung »Die Gutachter«. Auch dort sind Richter und Grass zusammengestellt.

106 *Brückner, Transformation,* 121.

107 Kursbuch 15. November 1968, 196. Enzensberger hatte sein Nürnberger Preisgeld (›Rede vom Heizer Hieronymus‹, 1967) in Höhe von DM 6000,– zur Unterstützung politisch Verfolgter in Strafprozessen zur Verfügung gestellt; den relativ höchsten Anteil erhielt Horst Mahler für die Verfahrensführung in Moabit, DM 1640,–. H. M. Enzensberger: Staatsgefährdende Umtriebe. Berlin Januar 1968, 40 (= Voltaire Flugschriften. 11).

108 *Bohrer, Phantasie,* 102.

109 *Matthaei, Grenzverschiebung,* 21.
110 Merkur 236, 1967, 1069 ff.
111 *Lämmert, Verantwortung,* 50 f.
112 *Strauß, Versuch,* 62.
113 Lettau, Beim Feind (s. Anm. 57), 37.
114 Dutschke im Gespräch mit Günther Gaus (›Zu Protokoll‹. ARD, 3. 12.
    1967); vielfach in Auszügen nachgedruckt, zuletzt in *Seibold, 68er,* 208 ff.
    Hier zit. nach der nur leicht gekürzten Fassung in *Dutschke, Marsch,* 56.
    Vgl. auch »Wir fordern die Enteignung Axel Springers«. Spiegel-Gespräch mit
    dem Berliner FU-Studenten Rudi Dutschke (SDS). In: Der Spiegel, 10. 7. 1967.
115 Brief Wuermelings, schon nicht mehr im Amt, an den Rundfunkrat des
    NDR nach der Sendung ›Absage an das Leben zu zweit‹ am 10. 1. 1969. Zit.
    nach *Kommune 2,* 25.
116 Thomas Daum hat den Ansatz in seine Geschichte der ›Alternativliteratur in
    der Bundesrepublik‹ eingeführt, s. Anm. 98 und in diesem Band S. 153 ff.
117 *Fichter/Lönnendonker, SDS,* 107; auch *Rabehl, Ende,* 221. Zur Kritik vgl.
    Briegleb, Literatur.
118 So bei Späth, Sibylle: Rolf Dieter Brinkmann. Stuttgart 1989, 42.
119 Enzensberger, Hans Magnus: Berliner Gemeinplätze I (10. Abschnitt). In:
    Kursbuch 11, Januar 1968, 157.
120 *Nadeau, Surrealismus,* 222.
121 In der »2. Juni«-Debatte im Abgeordnetenhaus am 8. 6. 1967 (*Springer, Stu-
    denten,* 29).
122 Die Publizitätsemphase der Konfrontationserlebnisse drückt sich, so wie sie
    sich steigert und bundesweit verteilt, im Buchboom studentischer Darstel-
    lungen in etablierten Verlagen an der Linie der ›heißen Themen‹ progressiv
    aus; sie gipfelt 1968 nach Vietnam-Kongreß und Springer-Kampf. Z. B. *SDS
    Westberlin, Vietnam-Kongreß; Benneter u. a., Februar 1968; Grossmann/
    Negt, Gewalt.*
123 ›Menschenjagd‹, s. Anm. 62.
124 Nr. 29/1967, 32 f., vgl. Anm. 114.
125 Horst Bienek und Rolf Roggenbuck in *Doehlemann, Schriftsteller,* 29.
126 Ebd.
127 Ebd., 28.
128 Siehe Anm. 87.
129 *Doehlemann, Schriftsteller,* 62.
130 Verschiedentlich überliefert und datiert; vgl. zuletzt Thomas Assheuer in: FR,
    16. 4. 88; hier datiert nach *Bohrer, Phantasie,* 10.
131 Die Befragung Doehlemanns ist orthodox sozialempirisch angelegt; sie
    arbeitet mit einer statistisch sauberen Stichprobe, die keine »Unsicherheits-
    faktoren« einschließen durfte, d. i. eine gedacht homogene »soziale Position«
    der Befragten zur Basis genommen hat: daher wurde die »andere« Position
    ›Frau als Autorin‹ ausgeschlossen (*Doehlemann, Schriftsteller,* 15). Vgl. auch
    ders.: Gesellschaftliche Isolierung und progressive Ideologie. Zur Soziologie
    der Schriftsteller. In: Akzente 5/1968, 468 ff.

132 Herburger, Günter: Die gemieteten Köpfe. In *Schutte, Dichter,* 57 ff. Vgl. auch ebd., 330 f. Vgl. dazu in diesem Band S. 42, 62 ff., 304.

133 *Doehlemann, Schriftsteller,* 70 u. 82.

134 Peter O. Chotjewitz ebd., 28. Von den 30 befragten Autoren (wohnhaft in Berlin West 11, München 8, Hamburg 4, Köln und Frankfurt 3, Bielefeld 1) rechnet der Auswerter 10 zur Kategorie der radikalpolitischen. Auch die meisten übrigen, die sich nicht konkret radikal äußern, zeigen sich erbittert und unwirsch gegen die »Ordnung«, wie sie herrscht. Für eine permanente Revolution sind 2. Bienek drückt das z. B. aber (spielerisch-ironisch?) so aus: »Ich liebe Massenaufmärsche, Straßenkämpfe, ich bin ein Gegner der Ordnung.« (ebd., 73).

135 Aber im soziologischen Denkmodell, in dem die Fragen stehen, ist kaum Platz für entsprechende Antworten; meist müssen sie gegen die Logik des Fragens nach »Gesellschaftsbildern und Ideologien« (ebd., 15) durchgesetzt werden. Die 29 Fragen ebd., 87 ff.

136 Vgl. Anm. 119. Bezüge, Daten, Parallelen mit dem Herausforderungstext vom 28. September (s. Anm. 138) deuten darauf hin, daß die ersten noch in Berlin vor der Abreise in die USA niedergeschrieben worden sind.

137 Siehe Anm. 119.

138 Enzensberger, Hans Magnus: The Writer and The Politics. In: Times Literary Supplement, 28. 9. 1967. Zit. nach *Schickel, Enzensberger,* 231.

139 Begünstigt von einer nicht sehr zugänglichen, bzw. einer unübersichtlichen Publikationslage Januar 1968 (s. Anm. 119) und September 1967 (s. Anm. 138) und April 1968 (s. Anm. 254 ff.). Vgl. auch *Briegleb, Debatten,* 363 ff. und s. in diesem Band S. 279 ff.

140 Kursbuch 15, November 1968 (*Enzensberger, Gemeinplätze,* 195).

141 Siehe Anm. 118. Ein Satz wie: Die (bürgerliche) Kunst/Literatur ist tot, findet sich bei Enzensberger nirgends. Vgl. auch in diesem Band S. 302 ff.

142 ›Das eine Buch‹. Kursbuch 10, Oktober 1967, 46.

143 Christian Enzensberger: Größerer Versuch über den Schmutz I, 9. (ebd., 91). Chris Bezzel: straßen und häuser (ebd., 138 f.).

144 Neuss, Wolfgang: Asyl im Domizil. Bunter Abend für Revolutionäre unter Mitarbeit von Thierry und Hans Magnus Enzensberger. Reinbek 1968, 8.

145 (Enzensberger:) Lied von denen, auf die alles zutrifft und die alles schon wissen. Ebd., 26. Auch in: H. M. E.: Fünf verschiedene Gedichte. In: Kursbuch 10, 148.

146 Siehe Anm. 136.

147 *Schickel, Enzensberger,* 231. Vgl. Kursbuch 11, 155 ff.

148 Siehe Anm. 14. Die ›Organisationsfrage‹ durchzieht auf den ›Makro‹- und ›Mikro‹-Ebenen und als theoretische und praktische *Arbeit* die antiautoritäre Bewegung (hat die Revolte »keine angemessenen Organisationsformen entwickelt«?: Herbert Marcuse, 1975, in *Marcuse, Zeit-Messungen,* 39). Sie hat die beteiligten ›Vordenker‹ (Hans-Jürgen Krahl, Peter Brückner, Herbert Marcuse . . .) ebenso beschäftigt wie die Ratgeberprominenz (Habermas: »ob wir eine Organisation werden können . . .«; *Adorno u. a., Autorität,* 24)

(s. dazu Krahl, ebd., 30 f.) und die kleinsten Produktionsorte der Subliteratur (s. insgesamt *Daum, 2. Kultur* und vgl. in diesem Band S. 53 ff. und 153 ff.). Sowohl bei ›Studenten‹ als auch bei ›Literaten‹ ist sie als *Bündnisfrage* hoch abstrakt diskutiert worden (sogar Grass, rein ›theoretisch‹, würde wirkliche revolutionäre Macht im Bunde mit der Mehrheit des Wahlvolkes übernehmen wollen: Keine Revolutionsplanung »ohne Klasse«!, Interview Dieter E. Zimmer [s. Anm. 25]. »Nie mehr soll ohne Macht protestiert werden« [s. Anm. 281]). Im Literaturbetrieb wurde (natürlich) die Frage nicht *konkret* diskutiert, sondern in zugespitzten Situationen und in etablierten Formen (Podium) *spektakulär;* z. B. auf der Frankfurter Buchmesse am 23. 9. 1968 nach den Störungen der Friedenspreisverleihung an den Senegalesischen Staatspräsidenten L. S. Senghor am Vortag: »Autoritäten und Revolution« (Textprotokoll in *Adorno u. a., Autorität,* 9 ff.). Auch in der literarischen Werkstatt ›Subjekt‹ hat die Frage keine Relevanz, wohl aber thematisch in situationsaktiven ›Laufbahnen‹ von Schriftstellern, Typus P. Schneider oder Werkkreisratgeber, s. in diesem Bd. S. 50 f. und 154 ff. Thematische ›Kreuzungspunkte‹ der Organisationsfrage in Revolte und Literatur müßten einmal systematisiert werden. An solchen Punkten verläuft u. a. die Geschichte der Funktional-Vorstellungen über Literatur in revolutionären Konzepten. Meinungsstreite wie zwischen Grass, Krahl und K. D. Wolff am 23. September in Frankfurt verdecken aber das Problem. Dies tun nicht die Fluchtwege einiger Rebellen aus Organisationsexperimenten in die ›Nach-Revolte-Literatur‹. Auch nicht zentrale Revoltedebatten selber wie die um das Organisationsreferat von Dutschke und Krahl am 5. 9. 1967 zum Konzept der europäischen Stadtguerilla, s. *Kraushaar, Staat;* vgl. *Briegleb, Debatten,* 369. Unmittelbar nach dem 2. Juni s. *Bedingungen.* Zur Organisationsfrage vor und nach der Studentenbewegung ›1968‹ vgl. [*Organisationsdebatte im SDS*] und [*Organisationsdebatte II*]. Zur Transformation der Literatur- in die Mediendebatte [→ 536 ff.] s. *Enzensberger, Baukasten;* zur Organisationsanalyse der Öffentlichkeit *Negt/Kluge, Öffentlichkeit.* Vgl. auch ›Bündnisrede‹ in *Briegleb, Literatur,* VI, 1.

149 Siehe Enzensbergers Diskussionsbeitrag im Literarischen Colloquium in Berlin im Herbst 1968. In: Sprache im technischen Zeitalter 31/1969, 226. Siehe auch *Enzensberger, Baukasten,* 186 (Die Massen als »Autoren der Geschichte«).

150 Er habe die Berliner Gemeinplätze in der Hoffnung geschrieben, »daß sie zu deutschen Gemeinplätzen werden«, sie gehörten dem Kollektivum der Berliner Erfahrungen, »weil sie auf den Plätzen dieser Stadt demonstriert worden sind«. Kursbuch 11, 169. Siehe zu den Literatur-Gemeinplätzen Anm. 140.

151 *Steinwachs, Mythologie.* (». . . ein Aktualisierungsversuch«. »Surrealismus in Deutschland, das heißt soviel wie tausend Jahre entartete Kunst.« Vorbemerkung, 1. Aufl.).

152 Kursbuch 15 (s. Anm. 140), 196.

153 Ebd., 187.

154 Kursbuch 14, August 1968, 146 ff. Stark gekürzt in *Seibold, 68er,* 175 ff.

714 ANHANG

155 Kursbuch 15 (s. Anm. 140). Ingeborg Bachmann: Vier Gedichte; Gaston Salvatore: Versuche über Unsereinen. Vgl. auch *Briegleb, Debatten,* 351.

156 Mon, Franz: Sprache ohne Zukunft. In: Sprache im technischen Zeitalter 6/1963, 467 ff.; vgl. in diesem Bd. auch S. 73 ff., 99, 117 ff., 340 f.

157 Lettau über Jürgen Beckers Schreibweise in *Koch, Selbstanzeige,* 85.

158 Die Verdeutlichung dieser Bewertungen durch Namen erst in *Lettau, Überlegungen* (1975). Beim Wiederabdruck dieses Textes in ›Hinausschaun‹ (s. Anm. 160) wieder namenlos.

159 Lettau, Reinhard: Gedichte. Berlin (Literarisches Colloquium) 1968. Wiederholt in: R. L.: Immer kürzer werdende Geschichten. München 1973. Dort die andere Quelle: Sechs Nachrichten. 251 ff.

160 *Lettau, Hinausschaun,* 14 ff.

161 Vgl. Anm. 85.

162 Siehe Anm. 158.

163 Untertitelgeschichte in *Lettau, Hinausschaun.*

164 Meine Sprache und ich. In *de le Roi, Jemand,* 163.

165 Siehe Anm. 159.

166 *Lettau, Überlegungen,* 19 f.

167 Ebd., 20.

168 Vgl. ausführlicher in *Briegleb, Literatur,* VI, 3.

169 Kursbuch 10 (s. Anm. 142 f.), 164 ff.

170 Die Tagung in der Pulvermühle rekonstruiert in *Briegleb, Literatur,* V, 4.

171 Zit. nach der Korrespondenz ›Dichter, Dichter‹ in: Der Spiegel 43/1967.

172 Kursbuch 10 (s. Anm. 169), 168.

173 Enzensberger, Literatur-Gemeinplätze (s. Anm. 140), 195; *Bachmann, Probleme,* 14 f. Vgl. auch Aichinger (s. Anm. 164), 162 u. ö.

174 *Lettau, Überlegungen,* 20.

175 Mon (s. Anm. 156), 469 und Lettau (s. Anm. 157), 82.

176 Siehe *Koch, Selbstanzeige* (s. Anm. 157).

177 Nicht mehr in *Lettau, Überlegungen,* 20.

178 *Koch, Selbstanzeige,* 87.

179 Selbst der Vorzeigeschüler Heißenbüttels, Becker, spricht abgrenzend über den literarischen Einfluß des ›Schulleiters‹: ebd, 85. »Tatsächlichen Einfluß« gesteht er Joyce zu (ebd.). Vgl. auch Beckers ›Gegen die Erhaltung des literarischen status quo‹ (1963). Kritik an Heißenbüttel ist im Männerverein der Rundfunkabhängigen nicht eben notorisch gewesen, das ändert sich erst, als der Moderator seine Leiterstelle im ›Radio-Essay‹ des Süddeutschen Rundfunks Stuttgart aus Altersgründen verliert. Unbeeindruckt dagegen Renate Matthaei, s. Anm. 181 und 98.

180 »Widerstände« in das vorgezeigt Unversöhnliche einbauen ... Vgl. Gespräch mit Peter Hamm in *Simmerding/Schmidt, Werkstatt,* 62.

181 Stellvertretend für die verschwiegen allgemeine kritische Stimmung gegen Heißenbüttel analysiert R. Matthaei diese Position als symptomatisch »für die Unsicherheit einer Literatur, die ihr Selbstbewußtsein als Opponent der Gesellschaft verloren hat.« *Matthaei, Grenzverschiebung,* 21 ff.

182 Alle Zitate aus den von Matthaei versammelten Statements und Proben, ebd. Mit Ausnahme von Bezzel, Chris: zur kunst der revolution (1968). In *Bezzel u. a., Unvermögen*, 12.

183 *Matthaei, Grenzverschiebung*, 337.

184 Ebd., 244.

185 Mon, Franz: herzzero. Darmstadt und Neuwied 1968, 121 ff.

186 Adorno 1969, s. Anm. 339.

187 Vgl. den Rückblick auf eine noch währende Randständigkeit der praktizierenden Konkreten anläßlich des ›Bielefelder Colloquiums Neue Poesie‹ 1987, in *Harmening/Mittler, Wörter*.

188 Prototypisch für diesen narzißtisch-politischen Wahrnehmungstypus ›1968‹ z. B. H. C. Buch (gegen Handke) in *Buch, Wälder*, 101 f., oder P. Schneider (s. Anm. 189 ff.).

189 Über Schneiders Frühphase als Beiträger zu renommierten Kulturzeitschriften/Zeitungen erfährt man von ihm als Selbstherausgeber und auch von seinem Monographen im KLG, Michael Buselmeier, so gut wie nichts.

190 Siehe Anm. 132.

191 Die bei *Larsson, Demonstrationen* zuerst publizierte, dann oftmals nachgedruckte Rede in: Schneider, Peter: Ansprachen. Reden. Notizen. Gedichte. Berlin 1970.

192 rede an die deutschen leser und ihre schriftsteller. In: Kursbuch 16, März 1969. Kursbogen. Auch in *Matthaei, Grenzverschiebung*, 42 ff. (rote Seiten).

193 Ebd.

194 Ebd.

195 Vgl. Schneider, Peter: Die Frauen bei Bosch. Kursbuch 21, Januar 1970. Vgl. auch Herzog, Marianne und Schneider, Peter: Betriebsarbeit. Untersuchungen und Protokolle. Berlin 1969 (= Voltaire Handbuch. 11).

196 *Mosler, Was wir wollten*, 22.

197 *Matthaei, Grenzverschiebung*, Vita-Notiz.

198 Buselmeier (s. Anm. 189), 3 f.

199 Vgl. Franz Mons Beitrag ›An eine Säge denken‹ in der Poetik-Manifestation Hans Benders ›Wie schreibe ich weiter?‹ in: Akzente 5/1968, 429 ff. Auch in *Matthaei, Grenzverschiebung*, 16 ff. (rote Seiten). Dem Hinausdrängen der Ästhetik des Wortes aus dem Antiautoritarismus der Bewegung hat auch Leo Löwenthal zu widersprechen versucht: Der menschliche Dialog. Perspektiven der Kommunikation. In: Kölner Zeitschrift für Soziologie und Sozialpsychologie. Jg. 1969. Unter dem Titel Humanität und Kommunikation in *Löwenthal, Schriften*. Vgl. dazu Briegleb, Klaus: »Vom Rande her . . .«. In: links. Sozialist. Zeitung. Mai 1990, 40 ff; auch in: taz, 3. 11. 90 [Auszug].

200 *Buch, Wälder*, 101 f.

201 *Strauß, Versuch*, 68.

202 Ebd., 65.

203 Siehe Anm. 34. Zu Debord im theoretischen Fundus der Surrealismus-Tradition vgl. auch *Briegleb, Literatur*, I, 2.

204 Hier kann nur auf die weithin noch unerforschte Komplexität der Über-
kreuzungen der Dada-Surrealismus-Traditionen, der Happening-Fluxus-
Intermedia-Praktiken, der Literatur eines Franz Mon (der den Surrealismus
im Bewußtseinsraum des Wort-Hörens weiterwirken sieht) oder der Dichterin Ginka Steinwachs (die die Poesie und Universalität des Surrealismus neu
zu entfalten beginnt), der Freien Theater und antiautoritären Revolte hingewiesen werden. – Zum Begriff »Waffe« siehe Anm. 310.
205 *Bezzel* (s. Anm. 182), 81.
206 Siehe Anm. 156.
207 *Koch, Selbstanzeige*, 82.
208 *Matthaei, Grenzverschiebung*, 325 f.
209 Mitteilungen aus dem Leben des Vaters (1969). In *Borchers, Lesebuch 1*,
311 ff. u. 367.
210 Kriegerdenkmal ganz hinten (1970). Zit. nach *Borchers, Lesebuch 1*, 290.
Vgl. in diesem Band auch S. 101 f.
211 H-Protokoll (1970).
212 there is still(-legungs-)time, brother! In: Spartacus 2/April 68, 11 ff.
213 Supermädchen. Das Ende der Verkäuferin Jolly Boom (1968); s. in *Borchers,
Lesebuch 1*, 173 ff.
214 *Daum, 2. Kultur*, 53 u. ö.
215 Siehe in diesem Band S. 21 ff.
216 Es ist sehr bemerkenswert, daß in Westdeutschland von dieser Dominanz
abstrakt-emphatischer Rezeption der ›Text-und Bild‹-Realität des revolutionären Pariser Mai gesprochen werden muß. Ein Grund ist wohl, daß die
deutsche politisch-soziale Revolte 1968 bereits soweit von ihren ästhetisch-
surrealistischen Ursprüngen abgehoben hatte, daß man nach Spuren literarischer Rezeption des Pariser Mai gar nicht mehr sucht (und vielleicht auch
wenig fündig werden würde). In Frankreich war die Nähe situationistisch-
surrealistischer ›Aufmerksamkeit‹ auf den Mai *und* seine literarische Bearbeitung groß und hat, so umstritten das im einzelnen wird, auch die Nähe
dieser ästhetisch-revolutionären Tradition zur Revolte manifestiert. Vgl.
dazu zunächst die Untersuchung *Eichelberg, Mai '68*; dort 129 f. Vgl.
Bondy, François: Der Rest ist Schreiben. In: Die Zeit, 9. 8. 1968 (grundlegend). Vgl. auch alternative 64/1968 (Frankreich – Mai 68).
217 Vgl. *Michel, Kranz*, 169 ff. Vgl. dazu *Bohrer, Phantasie*, 25 ff.
218 Dieser Tatbestand kann die große Forschungs- und Darstellungsleistung
Thomas Daums in keiner Weise schmälern.
219 *Bingel, Messe*, 11.
220 Zit. nach Karl Riha in *Arnold, KLG*.
221 *Bingel, Messe*, 8 und: Von Pimpfen zum PEN. In *Salis, Motive*, 43 f. Kritisch
Baier, Lothar: Entdeckungen in der Fabrikhalle. In: Die Zeit, 1. 12. 1967.
222 Quelle neben Lothar Baier und Kurznachrichten: Nolte, Jost: Das Dichter-
wort im U-Bahn-Schacht. In: Die Welt, 28. 11. 1967. Wenig nützlich die
schwärmerischen Reminiszenzen in *Mosler, Was wir wollten*, IV f. u. in: taz,
13. 7. 1989.

REVOLTE 717

223 Ausstellungs-Jury: Bingel, Rolf Dittmar, Hans A. Halbey, Mon, Dietrich Segebrecht und Hans Joachim Vogt. Die Messe ist dokumentiert vor dem Hintergrund des einleitend abgedruckten Flugblatts Bingels zur Einführung in die »1. Literarische Pfingstmesse Frankfurt am Main 1963« in *Bingel, Messe,* 7 ff.

224 Ebd., 9.

225 Zur Kritik siehe *Daum, 2. Kultur,* 121 ff. Vgl. auch in diesem Band S. 160 ff.

226 Vgl. die Darstellung in *Briegleb, Literatur,* Einleitung Nr. 6–10. Neben Walser, Martin: Mythen, Milch und Mut. In: Christ und Welt, 18. 10. 1968, vgl. Heller, Peter (Hrsg.): Vorträge und Debatten des Freiburger Symposions »Für und wider die zeitgenössische Literatur in Europa und Amerika«. Heidelberg 1968 und die auf das Symposion folgenden Beiträge in Christ und Welt: Becker (Der Schrei) und Heißenbüttel (Tote Aura, beide 4. Oktober); Reinhard Baumgart (Die Fünfte Kolonne der Literatur. Der Prediger Leslie A. Fiedler streichelt die Furien der Nach-Moderne, 11. Oktober); Wolfgang Hädecke (Fossil mit Vernunft, 18. Oktober); Hans Egon Holthusen (Anti-Helden gegen Troja. Leslie A. Fiedlers seltsame Katzensprünge, 25. Oktober); Robert Neumann (Ritter Kunos ... Fiedler braucht kein Alibi, 1. November); Peter O. Chotjewitz (Feuerlöscher für Aufgebratenes. Was Fiedler ›dufte‹ findet, stinkt und ist bürgerlich, 8. November) und Brinkmann (Angriff aufs Monopol. Ich hasse Dichter, 15. 11. 1968).

227 *Holz, Utopie* und vgl.: Vom Kunstwerk zur Ware. Darmstadt u. Neuwied 1972. Helms, Hans G.: Fetisch Revolution. In *Adorno u. a., Autorität,* 97 ff. und: Fetisch Revolution. Marxismus und Bundesrepublik. Darmstadt u. Neuwied 1969.

228 In den Diskussionen mit Marcuse: *Kurnitzky/Kuhn, Ende.*

229 Helms in *Adorno u. a., Autorität,* 109.

230 Im unmittelbaren Debattenbeitrag 1968 noch durchaus angetan von Fiedlers Ermunterung zum »Kaputtmachen« der alten Literatur und gegen Brinkmann vorsichtig bedeckt (»Pop, das könnte doch ...«) versucht Walser öffentlich für den Begriff Literatur als demokratische Aufklärungsarbeit zu werben (vgl. Anm. 282): »... Stelle mich gern zur Verfügung zur Fortpflanzung und Verstärkung des neuen und hilfreichen Gerüchts: die Kunst ist tot, es lebe aber nicht die Antikunst (denn das ist doch ein ästhetischer Trick), sondern die demokratische Literatur«. (Mythen, [siehe Anm. 226], 17). In die offene und lagerförmige Antithese geht er erst in der berühmten Generalabrechnung: Über die Neueste Stimmung im Westen. In: Kursbuch 20, März 1970, 19 ff. Vgl. auch *Walser, Literatur,* Nachwort, 139 f. u. vgl. in diesem Band S. 375 ff.

231 In der Buchmessendiskussion, s. Anm. 234.

232 Vgl. die Würdigungen in *Jaeggi, Grenzen,* 264 ff. und siehe den Gesamtzusammenhang bei *Hahn, Aktion.* Dazu Hermand, Jost: Inventur. In: Basis 10. Jb. f. dt. Gegenwartsliteratur. Hrsg. v. Reinhold Grimm und Jost Hermand. Frankfurt/M. 1980, 229 ff. Man vgl. in der Rückblickanthologie *Röderberg, Denkzettel* (1977), welche nicht-›revisionistischen‹ Autorinnen

und Autoren dort noch Aufnahme gefunden haben; es müßte nach den bewußt ausgegrenzten gefragt werden, wie R. Lenz.

233 Friesel: »Es gibt keine Ästhetik für Agitprop« (1969), zit. nach *Jaeggi, Grenzen,* 265. Zum Desinteresse an Ästhetik vgl. auch die Ohnmachtsdebatte, in diesem Band S. 62 ff.; dort vor allem Rühmkorf. Friesel ist sich lange treu geblieben, vgl. in diesem Band S. 328. – Bredthauer, Karl (Carlo) Dieter: zwölf thesen über politische lyrik (Oktober 1967). In: Spartacus 4/70, 80 f. Hier ist das politische Denken einer Einheit von Text und seiner Wirkung in der Produktionsöffentlichkeit der Arbeiterklasse, wo das Gedicht »Produkt wie Faktor« ist, streng gefaßt und auf operative Erfahrungslyrik in einer »sozialen, d. h. ökonomischen, politischen und kulturellen Situation« angewendet. Vgl. in diesem Bd. S. 154 f.

234 Siehe das Grundsatzreferat auf der Frankfurter Buchmesse 1968, Benseler, Frank: Über literarische Produktionsverhältnisse. In *Adorno u. a., Autorität,* 51 ff. – Benseler, als Luchterhand-Lektor in der Schlußphase der Gruppe 47 einer der dort im Hintergrund tätigen Marktmitgestalter, zieht die strukturell unverwischbare Grenzlinie zwischen Kapitaleigner (auch wenn dies wie im herausgestellten Einzelfall ein radikal-demokratisch denkender Verleger ist: Siegfried Unseld) und Literaturproduzent (Autoren, Lektoren, Sortimentsangestellte) als Front im Klassenkampf nach und sagt den Kampf auch an. Seine theoretisch gründlich abgeleitete Parole: »Alle Produktion der Intelligenz muß unmittelbar die Funktion haben, Aktionsöffentlichkeit zu organisieren« (ebd., 77).

235 Vgl. im einzelnen *Schwenger, Literaturproduktion* und *Benseler/May/ Schwenger, Literaturproduzenten!*

236 Siehe vor allem ebd., 87 ff.

237 In Benselers Referat ist z. B. von Bingels nicht zu übersehenden Experimenten wie von Auch-Messen, auf der Ebene der großen, gesprochen. In *Adorno u. a., Autorität,* 61.

238 Mit dem größten Aufsehen des sogen. Fall Suhrkamp. Bei Benseler, ebd., 55 ff., als »Schulbeispiel« analysiert. Öffentlich als Krisenspektakel thematisch und personell (vor allem um den Weggang des Cheflektors Walter Boehlich von Suhrkamp) erörtert. Hervorzuheben die Analysen: Bohrer, Karl Heinz: Das Beispiel Suhrkamp. Hintergründe des Konflikts zwischen Verleger und Lektoren. In: FAZ, 13. 11. 1968. Zimmer, Dieter E.: Die Suhrkamp-Revolte. Über die Schwierigkeiten, ein linker Verleger zu sein. In: Die Zeit, 15. 11. 1968. Schütte, Wolfram: Halbzeit eines Endspiels? In: FR, 22. 11. 1968. Weitere Berichte und Hinweise bei Benseler. Bohrers Kurzformel für die Konflikte: ». . . kennzeichnend für die Schwierigkeiten einer linken Theorie mit der Praxis« (FAZ, 7. 11. 1968) und: die Lehre sei die unabänderliche und, am Beispiel Walser exemplifiziert, schweigend hingenommene Abhängigkeit des »angestellten Intellektuellen« und des vertraglich (im Prominenzfall durch Monatsgehalt) gebundenen freien Schriftstellers (FAZ, 13. 11. 1968). Die Verzahnung der Vorgänge mit der Literaturgeschichte ist für ›1968‹ frappant: Die zum gemeinsamen Krisengespräch gerufenen Autoren

standen auf der Seite des Verlegers: Becker (»polemisch«), Günter Eich, Johnson, Max Frisch, Hans Erich Nossack, Walser (Gesellschaftskritiker seit zwei Jahren, »solange es nicht ihn selbst betraf«, nun das Sozialisierungsmodell »durchspielend«) und Jürgen Habermas (es vehement als Wissenschaftler widerlegend: mitbestimmende »Eingriffe in die Investitionsplanung ein Ding der Unmöglichkeit«). Zitate nach Bohrer, FAZ, 13. 11. 1968. Die Ausnahme war Enzensberger, der sich für die Forderungen der Lektoren »stark einsetzte« (Bohrer). Der Kursbuchherausgeber (im Suhrkamp-Verlag) war ein ›Mit-Gesetzgeber‹ in der Debatte um die »Literaturproduktion« (vgl. in diesem Band S. 57, und Benseler, 51 ff.). Zimmer korrespondiert aus Frankfurt, Enzensbergers »Weg von der Literatur in den APO-Untergrund« sei vielen der Suhrkamp-Rebellen »zwingend« erschienen. Bohrer: Die Lektoren kannten ihre Autoren gut . . . – Urs Widmer, der Literatur-Lektor, der zusammen mit Boehlich, Peter Urban und Klaus Reichert den Verlag verließ, über den Konflikt in Widmer, »1968«, 23 ff.

239 Bachmann, Probleme, 14.

240 »meine literatur wird nicht mehr für literaten & künstler gemacht werden können ⟨. . .⟩ meine literatur wird heiss werden müssen wie eine explosion wie in einem rauchpilz wird das sein. wie napalm.« (Matthaei, Grenzverschiebung, 215.).

241 Vgl. zum ›Fall Weiss‹ in diesem Text S. 63 und in Briegleb, Literatur, VII. Seine ›Konversion ins sozialistische Lager‹ brachte die Kategorie des »Partisans« hervor, der zuerst an der Schwierigkeit, die Wahrheit aufzufinden, arbeiten müsse, dann daran, sie zu verbreiten. Diskursiver Anfang der Politisierung seiner literarischen Materialarbeit: Laokoon oder Über die Grenzen der Sprache. In: Weiss, Peter: Rapporte [I]. Frankfurt/M. 1968, 170 ff. Vgl. auch in diesem Band S. 279.

242 Jelinek (s. Anm. 240), 215. (»ich als literaturproduzent . . .«).

243 Bachmann, Probleme, 6 ff.

244 Matthaei, Grenzverschiebung, 243.

245 Schödel, Subkultur.

246 Harmening/Mittler, Wörter.

247 Schödel, Subkultur (über Vlado Kristl).

248 ›Die Macht des Löwengebrülls‹. In Borchers, Lesebuch 1, 7 ff.

249 Schödel, Subkultur.

250 Wir Unternehmer. Über Arbeitgeber, Pinscher und das Volksganze. Eine Dokumentar-Polemik anhand der Protokolle des Wirtschaftstages der CDU/CSU 1965 in Düsseldorf. Berlin 1966. Auszugsweise nachgedr. z. B. in: Spartacus 2/April 68, 19 ff.

251 Das falsche Buch. München 1983. Zit. nach dem Waschzettel. In diesem Band vgl. S. 469 f.

252 »Schreiben als Denkhilfe«. In Salis, Motive, 231.

253 Lettau, Überlegungen, 119.

254 Das Anschlußwort »Tatsächlich«, siehe unten im Text, als Behauptungsgestus an den Anfang gesetzt, wirkte absolut (›Tatsache ist‹) und wurde z. B. von

Grass, der den Kontext sicherlich kannte – oder hätte nachlesen können –, als These genommen und attackiert: Da Enzensberger »beweiskräftige Argumente« fehlten (Argumente für eine »Revolution«), beginne er »klug« mit diesem Wort. Der Spiegel 15/April 1968, 60.

255 Tatsächlich hatte Enzensberger das Literaturkollegium und das Feuilleton mit diesem ›censeo‹ tief gereizt: »diese Musterschüler des Reformismus zwanzig Jahre lang« (Kursbuch 11, Januar 1968, 158); nur hatte er selber sich gar nicht ausgenommen (ebd., 169).

256 Der Text, der als ›Initiale‹ die plumpe These hat, in Deutschland bedeute »erfahrungsgemäß« Revolution »Putsch von rechts«, wird dann doch im Layout (listig?) von der Marginalie flankiert, die wörtliche Ausschnitte aus der druckfrischen (SZ, 23. 10. 1967) Büchner-Preisrede Heinrich Bölls auflistet, der wegen seiner autonomen Radikalität vom SPD-Werber Grass in dessen gleicher Rede ein Jahr zuvor hart angegangen worden war. Bölls Äußerungen (siehe auch unten S. 65) verraten ein ›anderes‹ Revolutionsverständnis.

257 *Busse, Revolution,* 1. Kontext im ›Supplement‹ am 28. 9. 1967 (s. Anm. 138), vgl. *Schickel, Enzensberger,* 230 und Kursbuch 11, Januar 1968, 156 f. Enthält alle Antworten, aus denen Der Spiegel 15/1968, 60 ff., die unterstellt prominentesten auswählt.

258 Siehe in diesem Text S. 42.

259 Nicht im Spiegel.

260 Die einzige Frau, nicht im Spiegel.

261 Nicht im Spiegel.

262 Auch im Spiegel. Unter den jungen Autoren als Preisträger 1967 der Gruppe 47 der prominenteste.

263 Kursbuch 11, 157.

264 Allein Erich Fried versucht die Diskussion auf dieses meaning im Kontext zu verpflichten, *um überhaupt eine Debatte zu ermöglichen.* Fried nicht im Spiegel.

265 Auch im Spiegel.

266 In Die Zeit (s. Anm. 256).

267 Zur Putsch-›Angst‹ in den Antworten siehe im folgenden. Grass geht mit der Putsch-Warntafel 1968 über die Dörfer, vgl. z. B. auf der Frankfurter Buchmesse in der Diskussion mit Krahl und K. D. Wolff (Anm. 234). Dort auch Gunnar Heinsohns Auskunft über Grass' sog. Berliner Diskussionen (*Adorno u. a., Autorität,* 43 ff.).

268 Auch im Spiegel.

269 Davon nur Zwerenz und Wellershoff nicht im Spiegel.

270 Auch im Spiegel.

271 Auch im Spiegel.

272 Im ›Supplement‹, Schickel (s. Anm. 257), 231. Parallelstelle im Kursbuch 11, 158.

273 Streit-Zeit-Schrift VI, 2, September 1968, 104. Insbesondere an den Antworten Heißenbüttels und Härtlings gezeigt.

274 Nicht im Spiegel.

275 Härtling, Peter: Gegen rhetorische Ohnmacht. Kann man über Vietnam Gedichte schreiben? In: Der Monat 224, Mai 1967, 57 ff.

276 Kursbuch 11, 161.

277 Der Spiegel (s. Anm. 257), 65.

278 *Jaeckle, Literaturschock; Höllerer/Miller, Literaturstreit;* dort (in Heft 26) besonders *Pehlke, Polemik.* Vgl. auch Gruenter, Rainer: Der Künstler als »démoralisateur«. Zum Zürcher Literaturstreit. In: Merkur 232, 1967, 655 ff. und Briegleb, Klaus: Zur Geschichte literarischer Skandale. In *Briegleb, Fahndung,* 86 ff.

279 Rekonstruiert in *Briegleb, Debatten,* 333 ff.

280 Im Theatersaal der alten Universität in Freiburg; s. Anm. 226.

281 Bei Grass ist diese zur Selbstreflexion dienliche Beobachtung zynisch gegen Fried gewendet: »Wie Stahl seine Konjunktur hat, hat Lyrik ihre Konjunktur./Aufrüstung öffnet Märkte für Antikriegsgedichte ...«. Irgendwas machen. Im Zyklus: Zorn Ärger Wut. In: G. G.: Ausgefragt (1967). Zit. nach: G. G.: Gesammelte Gedichte. Mit einem Vorwort von Heinrich Vormweg. Darmstadt und Neuwied 1971, 217.

282 Walser, Martin: Praktiker, Weltfremde und Vietnam. In: Kursbuch 9, Juli 1967, 171. (Vortrag am 27. 9. 1966 zur Eröffnung einer Vietnam-Ausstellung deutscher Künstler in der Münchner Neuen Galerie).

283 ›Fragen und Scheinfragen‹ hieß die erste Frankfurter Poetik-Vorlesung Ingeborg Bachmanns; s. Anm. 239.

284 Siehe Anm. 281.

285 *Lettau, Gruppe 47,* 448 f.

286 Vgl. Enzensberger in diesem Text S. 42 ff.

287 Siehe Anm. 241. Zu Weiss' ›privater‹ Stimmung in Princeton vgl. Weiss, Peter: Notizbücher 1960–1971. Zweiter Band. Frankfurt/M. 1982, 489 ff. Die Rekonstruktion der persönlichen Tiefendimension des Debatten-Beginns siehe bei *Briegleb, Literatur,* VII (Die Ohnmachtsdebatte 1966–1968).

288 Härtling, Rhetorik (s. Anm. 275), 60.

289 »Ohnmächtig protestiere ich gegen ohnmächtige Proteste« (Irgendwas machen, siehe Anm. 281). Härtling, Ohnmacht (s. Anm. 275), 57 ff. (»Der Aufruhr endet im Formalen«, »Ich erkenne die Wehrlosigkeit meiner Wörter an«).

290 Rühmkorf, Peter: Haben wir zu viele Vietnam-Gedichte? In: konkret, Mai 1967, 35. Ders.: Die Mord- und Brandsache. In: Der Spiegel, 24. 11. 1967, 166.

291 Plädoyer gegen das Theater-Auschwitz. In: SZ, 4./5. 9. 1965.

292 Rühmkorf, konkret (s. Anm. 290), 168.

293 Hartung, Harald: Poesie und Vietnam. Eine Entgegnung [auf Härtling]. In: Der Monat 226, Juli 1967, 78.

294 Walser, Mythen (s. Anm. 226), 17.

295 Der Spiegel (s. Anm. 290), 168.

296 Ebd., 166 und 168.

297 Ebd., 168.

722 ANHANG

298 Zyklus ›Zorn Ärger Wut‹ (s. Anm. 281), Ged. 1: In Ohnmacht gefallen.
299 Härtling, Rhetorik (s. Anm. 275), 58 und 60.
300 Vgl. Antelme, Robert: L'espèce humaine (1957). Zit. nach der deutschen Übersetzung von Eugen Helmlé: Das Menschengeschlecht. München 1987, 406.
301 Härtling, Rhetorik (s. Anm. 275), 60.
302 Siehe *Nägele, Ordnung*, 183 ff. Beachte hier vor allem die Kategorie ›Strategie der kleinen Differenz‹ (in der von Herrschaft besetzten Diskursordnung), 196 ff. Vgl. in diesem Bd. S. 81 ff.
303 Reich-Ranicki, Marcel: Kein Schreihals vom Dienst sein. Ein Gespräch mit Heinrich Böll. In: Die Zeit, 11. 4. 1967, 12; s. auch Anm. 256.
304 Ebd.
305 Über eine Haltung des Protestierens. In: Kursbuch 9, Juli 1967, 177 f.
306 Stimme der Ohnmacht. In *Kreutzer, Becker,* 63.
307 Walter, Otto F.: Die ersten Unruhen. Ein Konzept. Reinbek 1972, 186.
308 Brinkmann, Rolf Dieter: Keiner weiß mehr. Roman. Köln 1968. Zit. nach Tb.-Ausgabe, Reinbek 1983.
309 Dazu ließe sich stellen Fichte, Hubert: Die Palette. Reinbek 1968. Siehe in diesem Band S. 97 ff.
310 Vostell, Wolf: Happening & Leben. Neuwied 1970 (= Luchterhand-Druck 8, vorgelegt von Otto F. Walter, in der Reihe Luchterhand-Typoskripte, hrsg. v. H. Heißenbüttel und Otto F. Walter). Das Motto S. 3.
311 Der Roman wird 1967 begonnen: Walter in *Lüdke, Umbruch,* 112.
312 Siehe oben S. 32 ff. und Anm. 73.
313 Vgl. in diesem Band S. 26 ff. Zur in Jammers umschlagenden Stimmung von ›liberaler‹ Verständnishaltung in Pogromhaß und Ruhe- und Ordnungstechnik vgl. Negt, Oskar: Studentischer Protest – Liberalismus – »Linksfaschismus«. In: Kursbuch 13, Juni 1968, 179 ff.
314 Das Lexem ›Leere‹, ›leer‹ könnte nur am Computer ausgezählt werden; es ist übers ganze Buch gestreut. Ähnlich die Konnotationen Loch, Fleck usw. Hier vgl. z. B. 102 f. oder 149 f. Zu ›Leere‹ vgl. in diesem Bd. S. 35 mit Anm. 91.
315 S. 173 u. ö.
316 Brinkmann in der Fiedler-Debatte am 15. 11. 1968, s. Anm. 226.
317 »Marx vertagte alle wesentlichen menschlichen Probleme auf die Zeit nach der Revolution, aber es ist nach der Revolution. Klar, Tuli Kupferberg.« (S. 173).
318 Siehe Acid, Nachwort. In diesem Band S. 160 ff.
319 Die Konfrontationen begannen aber schon auf den ›Ursprungslinien‹, s. in diesem Text S. 21 ff. (»Suchanzeige«), brachen nach dem 2. Juni, am 7. Juli 1967 vor dem Auditorium maximum der FU (*Szondi, Freie Universität,* 55 ff.) zwischen Erregung und Unverständnis auf und verhärteten sich im Konfliktsemester Sommer 1968 in Frankfurt (*Zoller, Streik; Wolff/Windaus, Studentenbewegung,* 113 ff.). Der Text, aus dem hier zitiert wird, war für die Vorlesung im Sommer-Semester 1969 bestimmt: Dialektische Epilego-

mena. Zu Subjekt und Objekt. Die Vorlesung wurde gestört und abgebrochen. Danach ist die Erfahrung niedergeschrieben (April/Mai 1969): Marginalien zu Theorie und Praxis. *Adorno, Stichworte*, 169 ff.

320 S. 174; hervorgehoben von mir.

321 *Schoeller, nach Adorno*, 17 ff.

322 Vgl. ›Rückblickend auf den Surrealismus‹ (1956) in: Th. W. A.: Noten zur Literatur [I]. Berlin u. Frankfurt/M. 1958 (hier zitiert nach der Orig.-Ausg.), 153 ff.

323 Böckelmann (s. Anm. 321), 33.

324 Härtling, Rhetorik (s. Anm. 275).

325 *Adorno, Stichworte*, 173.

326 Inga Buhmann: Ich habe mir eine Geschichte geschrieben. München ³1979.

327 *Szondi, Freie Universität*, 55. Und vgl. die Situation in allen Berichten in der Studentengeschichtsschreibung und in den hier zu S. 26 ff. benutzten Quellen; siehe dazu Anm. 44–83 und Bibliographie IV.

328 Am 9. Juli 1967 fuhren die beiden Freunde zum und vom Flughafen aneinander vorbei. Beider Reisen waren seit langem geplant, aber eben nicht abgestimmt.

329 Rundfunkgespräch Adorno/Szondi über die Studentenunruhen am 30. 10. 1967 im WDR, III. Programm. Moderation Roland Wiegenstein; s. Text in *Szondi, Freie Universität*, 88 ff.

330 *Adorno, Stichworte*, 169.

331 *Benjamin, Geschichte*, XVII u. II.

332 Vgl. *Garber, Rezeption*, 121 ff. und *Brenner, Sachwalter*.

333 »Wird aber am Ende Theorie, der es ums Ganze geht, wenn sie nicht vergeblich sein soll, auf ihren Nutzeffekt jetzt und hier festgenagelt . . .« (*Adorno, Stichworte*, 169).

334 *Situationistische Internationale*, II, 113. Siehe in diesem Bd. S. 21 ff.

335 Ebd. und vgl. Anm. 21.

336 Vgl. in diesem Text S. 46 ff.

337 Vgl. *Adorno, Stichworte*, 169 ff.

338 Vgl. in diesem Text S. 22 f.

339 *Adorno, Stichworte*, 179.

Klaus Briegleb: Vergangenheit in der Gegenwart

(Der Beitrag wurde im Januar 1991 abgeschlossen.)

1 Heine, Heinrich: Lutetia. Berichte über Politik, Kunst und Volksleben. XXXVII (11. Dezember 1841).

2 Nicht nur Literatur im engeren Sinne ist gemeint, sondern sprachliche Reflexion überhaupt. Vgl. beispielhaft den frühen Text von Hannah Arendt: Besuch in Deutschland 1950. Die Nachwirkungen des Naziregimes. In *Arendt, Zeit*, 43 ff. Wie sich die Auffassung vom Kontinuum erst *entwickelt*

hat, ist beispielhaft bei Peter Weiss nachzulesen; vgl. als Ausgangspunkt die von einem existentialistischen Verstehenshumanismus grundierten ›Sechs Reportagen aus Deutschland ⟨. . .⟩ (Juni–August 1947)‹ und den Haupttext in: Peter Weiss: Die Besiegten. Aus d. Schwedischen v. Beat Mazenauer. Mit e. Nachwort v. Gunilla Palmstierna-Weiss. Frankfurt/M. 1985.

3 Hörisch, Jochen: Das Vergehen der Gegenwartsliteratur. In: Merkur 502, 1991, 93.

4 Grundlegend dazu *Friedländer, Kitsch* und von Braun, Christina: Die schamlose Schönheit des Vergangenen. In: C. v. B.: Die schamlose Schönheit des Vergangenen. Zum Verhältnis von Geschlecht und Geschichte. Frankfurt/M. 1989, 113 ff. Zur Arbeit von Literatur und Film gegen die Faszinationsästhetik im NS-Kontinuum, gegen eine »Ästhetik des Auslöschens von Imagination und Denkfähigkeit« (von Braun) s. bei Friedländer S. 12, Anm. 8 u. ö., bei von Braun S. 119 ff. Vgl. auch S. Friedländer: Die Shoah als Element in der Konstruktion israelischer Erinnerung. In: Babylon. Beiträge zur jüdischen Gegenwart. Hrsg. v. Dan Diner, Susann Heenen-Wolff u. a., 2/1987, 10 ff. und *Steiner, Metaphorik,* 194 ff.

5 Zit. nach Bachmann, Ingeborg: Werke. 3. Hrsg. v. Christine Koschel u. a. München 1978.

6 Vgl. auch in diesem Bd. S. 94 f., 136 ff.

7 »⟨. . .⟩ hier hat das Jahrhundert, an seinem brüchigsten Ort, einige Geister zum Denken befeuert und es hat sie verbrannt . . .« (99).

8 Gespräch mit Alicja Walecka-Kowalska. In: Ingeborg Bachmann: Wir müssen wahre Sätze finden. Gespräche und Interviews. Hrsg. v. Christine Koschel und Inge von Weidenbaum. München 1983, 130 f.

9 Vgl. Rudolf Höß: Kommandant in Auschwitz. Autobiographische Aufzeichnungen. Eingeleitet und kommentiert v. Martin Broszat. Stuttgart 1958, 124 (Tb.-Ausg. München 1963 ff., 128).

10 Lacans Begriff steht im Kontext der Freudschen Lehre von Verdrängung/Urverdrängung und Massenseele. Vgl. in diesem Bd. S. 31 f., 60 f., 91 f., 117 ff. (Jacques Lacan: Funktion und Feld des Sprechens und der Sprache in der Psychoanalyse. 1953. In: J. L.: Schriften I. Ausgewählt und hrsg. v. Norbert Haas. Frankfurt/M. 1975) 102 pass. Sigmund Freud: Totem und Tabu. Einige Übereinstimmungen im Seelenleben der Wilden und der Neurotiker. (1912–13). Zit. nach: S. F.: Studienausgabe. 9. Frankfurt/M. 1982, 440 ff. Vgl. auch Anm. 22 zu S. 81.

11 *Diner, Symbiose,* 185.

12 Zum Problem s. in diesem Bd. S. 117 ff.

13 Z. B. ›Todesarten‹ (s. Anm. 5), 198. Die Chiffre taucht öfters auf.

14 Höß (s. Anm. 9), 157 (= 161).

15 Gespräch mit Dieter Zilligen. In: Gespräche (s. Anm. 8), 70.

16 Zit. nach Wolfgang Hildesheimer: Tynset (1965). Tb.-Ausg. Frankfurt/M. 1986 und W. H.: Masante (1973). Tb.-Ausg. Frankfurt/M. 1988. Kürzel: T, Seite; M, Seite. Hier M, 199.

17 Die Formulierung Bachmanns auch in: Gespräche (s. Anm. 8), 73.

18 H. Heine: Portia (1838). Zit. nach: Sämtliche Schriften. 4. Hrsg. v. K. Briegleb. München 1971, 265.

19 Die Leere eine Zentral-Chiffre in der hier behandelten Literatur, vgl. auch um 1968, in diesem Bd. z. B. S. 35 mit Anm. 91. In ›Masante‹ z. B. »⟨. . .⟩ die Bilder kommen schnell und willig, und ebenso schnell schwinden sie wieder, das macht die Leere: nichts hält sie auf.« (166). Vgl. auch Hildesheimer über Jürgen Becker, in diesem Bd. S. 66 (*Kreutzer, Becker,* 63).

20 »⟨. . .⟩ Ich bin immer in die Hintergründe der Bilder geschlüpft . . .« (M, 339)

21 Vgl. in diesem Bd. S. 140 ff. und s. *Weigel, Medusa,* 287 ff. und *Duden/Weigel, Schrei.*

22 Vgl. Freud: Das Ich und das Eis. In: Studienausgabe. 3 (s. Anm. 10), 289 ff. In Kürze einführend s. *Laplanche/Pontalis, Vokabular,* 138 ff.

23 Vgl. Gespräch mit Otto Basil. In: Gespräche (s. Anm. 8), 102.

24 Vgl. Jochen Vogt in *Arnold, KLG.*

25 Köln 1971. Zit. nach dieser Ausgabe.

26 Vgl. in diesem Bd. S. 47 und Anm. 60 zu S. 31.

27 Vgl. auch in diesem Bd. S. 293 f.

28 Seine Bewertung klingt hier an, kann aber außer Betracht bleiben. Sie ist auch im jüdischen Vergangenheitsdiskurs nicht einhellig, vgl. die im Vorübergehen ausgesprochene Unbeachtung bei Friedländer (s. Anm. 4), 84, oder die Achtung bei Yoram Kaniuk, die gegen Grass kontrastiert ist (Yoram Kaniuk: Dreieinhalb Stunden und fünfzig Jahre mit Günter Grass in Berlin. In: Die Zeit, 21. 6. 1991 [angekündigt in Buchform, Frankfurt/M. 1991]).

29 Vgl. Foucault, Michel: Sexualität und Wahrheit. Bd. 1: Der Wille zum Wissen. Frankfurt/M. 1977, 27 ff.

30 Vgl. im einzelnen die eindringliche, im Kontext der germanistischen Böll-Interpretationen unvergleichliche Untersuchung von *Nägele, Ordnung.*

31 Ebd., 188.

32 Vgl. in diesem Bd. S. 286 ff., 333 ff., 341 ff.

33 Vgl. *Nägele, Ordnung,* 190 ff., insbes. 196.

34 Vgl. die pointierende Deutung ebd., 197 ff.

35 Läßt man die Text-*Bild*-Konstellation in Bölls Texten mit weniger Gewichtung passieren, hält sich vor allem an die intertextuelle Kategorie einer »Spur des Kontextes, der mitschreibt« (Nägele), um die »transhistorische Perspektive« des Schreibens zu dechiffrieren, kommt man möglicherweise zu einem weniger skeptischen Resümee über Bölls Erinnerungsästhetik.

36 Marsh, David: Deutschland im Aufbruch. Aus dem Englischen von Helmut Neuberger in Zusammenarbeit mit dem Kollektiv Druckreif. Wien 1990. Zit. nach Jürgen Krönig (Rez.): Reich, aber von Ängsten geplagt. In: Die Zeit, 15. 2. 1991.

37 Der Monat 200. Themaheft ›Die Bundesdeutschen‹. Eingeleitet v. Peter Härtling und Hellmut Jaesrich. Beiträger: F. R. Allemann, K. Harpprecht, R. Augstein, G. Gaus, D. Hildebrandt, P. Weiss, J. Bobrowski, H. v. Borch, F. Bondy, H. Vormweg, H. Jaesrich, F. Hepp, H. Krüger, F. Richert, B. Klie, H. Böll, H. Heißenbüttel, J. Gross, M. Walden und H. Gressmann. Rezension

Karl Heinz Bohrer: Die Zwischenwelt der Angepaßten ⟨...⟩. Zwanzig Autoren diskutieren über Deutschland. In: Die Welt, 19.5.1965.

38 Böll, Heinrich: Frankfurter Vorlesungen (1963/64). Köln 1966, II u. III (Über Adler: S. 42 ff.). Böll appelliert ausdrücklich an die Literaturwissenschaft, am Beispiel Adlers die »Lücken« in ihrem Bestand zu überprüfen (»immer noch im Exil«). Nicht nur dort, wie an den einschlägigen Handbüchern zu sehen, verhallte der Hinweis.

39 Erstdruck im Themaheft des Monat, Mai 1965 (s. Anm. 37). Sodann in: Wagenbach, Klaus (Hrsg.): Atlas. Zusammengestellt von deutschen Autoren. Mit 43 Figuren. Berlin 1965 und P. W.: Rapporte [I]. Frankfurt/M. 1968.

40 Harpprecht z. B., dessen Text ›Die Angepaßten‹ (S. 18 ff.) Bohrer das höchste Prestige unter den Beiträgen zumißt, spricht, und zwar alles andere als beiläufig, von den Lagern (»Börne sah man zuletzt in Treblinka ...«, S. 22).

41 Eine Reise (1962).

42 *Peitsch, Faschismusdarstellung.*

43 Was natürlich eine Wahrnehmung des Romans vorausgesetzt hätte. So aber offenbart das Fehlen einer ›Malina‹-Debatte in der Neuen Linken zugleich den Mangel an subjektgeschichtlicher NS-Reflexivität bei den Vertretern dieser Gattung. Denn sie hätten bei einem Vergleich des Romans mit den Rezensionen einen Negativbeweis zur Hand bekommen, wie notwendig und brisant eine solche Reflexivität wäre: Sie wird in der Rezeption vollständig unterdrückt! Von konservativ-liberalen Rezensionen (Baumgart, Die Neue Rundschau 3/1971; Karl Krolow, Nürnberger Nachrichten, 15.3.1971; J. Kaiser, SZ, 25.3.1971; R. Hartung, Die Zeit, 9.4.1971; usw.) oder notorisch schwätzenden (Prototyp Günter Blöcker, Merkur 4/1971) war nichts anderes zu erwarten; doch auch z. B. Hans Mayer (Die Weltwoche, 30.4.1971) schweigt sich über Bachmanns NS-Traumatik in ›Malina‹ aus. Auch die Frauen, die die Rezensionsreihe eröffnen; mit einer Fast-Ausnahme zu Beginn: Angelika Mechtel erwähnt kurz die »Fährte, die in ein Konzentrationslager führen kann«, und geht auf das Erinnerungs-Niveau des Romans ein (FAZ, 30.3.1971); ›beinahe‹ ist bei Wohmann und Hilde Spiel über die NS-Dimension gesprochen (Der Spiegel, 29.3.1971; Literatur und Kritik, 1972, H. 66/67). Vgl. im übrigen Sibylle Wirsing (Neue Deutsche Hefte, 2/1972), Peter Henisch (Wort und Wahrheit, 5/1971), Christiane Muschter contra Georges Schlocker (National-Zeitung, 20.6.1971), Christian Gebert (FR, 31.7.1971), Geno Hartlaub (Frankfurter Hefte, 7/1971).

44 Vgl. in diesem Bd. S. 52 ff.

45 Zit. nach *Peitsch, Faschismusdarstellung*, 82.

46 So Wolfram Schütte: Im Wartesaal und auf dem Ego-Trip ⟨...⟩. In: FR, 28.6.1974.

47 Ebd.

48 Peitsch 88; 91. Kursiviert v. Verf.

49 Grass in der SZ, 30.4.1971.

50 Biermann, Wolf: Der Dra-Dra. Die große Drachentöterschau in acht Akten mit Musik. Berlin 1970. Bölls Symbole für die Machthaber in der herrschenden Klasse s. bei *Nägele, Ordnung*, 195.

VERGANGENHEIT 727

51 Vgl. die Darstellung in *Arnold, KLG;* und vgl. Hellmuth Karasek: Alle für Kipphardt, in: Die Zeit, 28. 5. 1971, und die Stellungnahmen in: Die Deutsche Bühne, 6/1971.

52 Formulierung nach Karasek in: Stuttgarter Zeitung, 7. 10. 1965.

53 Schödel, Helmut: Bruder Eichmann, Bruder Sharon. In: Die Zeit, 28. 1. 1983.

54 In: Geissler, Christian: Die Plage gegen den Stein. Reinbek 1978.

55 Schödel, Eichmann.

56 In: Die Zeit, 23. 3. 1990.

57 In diesem Bd. siehe S. 93, 103 f. und S. 379 f.

58 Siehe S. 81 ff.

59 Vgl. Ernst Klees Forschungen, zuletzt: Der alltägliche Massenmord. Die »Euthanasie«-Aktion war der Probelauf für den Judenmord – Der Kreis der Opfer wurde bis Kriegsende immer mehr erweitert. In: Die Zeit, 23. 3. 1990. Vgl. auch Klee, Ernst u. a. (Hrsg.): »Schöne Zeiten«. Judenmord aus der Sicht der Täter und Gaffer. Frankfurt/M. 1988 und Kogon, Eugen u. a. (Hrsg.): Nationalsozialistische Massentötungen durch Giftgas. Eine Dokumentation. Frankfurt/M. 1983.

60 *Fruchtmann, Zeugen,* 14.

61 Die Gattung zerstreut sich dann in den Pluralismus der 80er Jahre, u. a. in den sentimental-trivialen Familienroman-Typus, der von Verlagen und Kulturdezernenten jetzt als die gut gehende Vater-Literatur privilegiert wird. Beispiel für den epischen Reflexionsverfall schlechthin ist Ludwig Harig: Ordnung ist das ganze Leben. Roman meines Vaters. München 1986. Eine Apotheose der Restauration, des immergleichen »Alltags«, vgl. 359 ff.

62 Ediert 1977; ›Ergänzungen‹ Frankfurt/M. 1979 (aus der Ausgabe letzter Hand 1979). – Vgl. in diesem Band. S. 412 f.

63 ›Ergänzungen‹, 62.

64 Vgl. in diesem Bd. S. 74 ff., 94 f. oder 136 ff.

65 ›Ergänzungen‹, 33: [Teilheft] ›Der lange Marsch durch die Illusionen. Versuch einer Selbstkritik. Ein Notizbuch. Hamburg, 14. 4. 1971‹.

66 ›Mitteilung an den Adel‹ (1976). Tb.-Ausg. München 1980, 146.

67 Vgl. z. B. Boehlich, Walter: Schleyers Kinder. In *Botzat u. a., Herbst,* 120 f. oder Alexander Kluge, Alf Brustellin, Edgar Reitz, Volker Schlöndorff, Bernd Sinkel, Rainer Werner Fassbinder, Renate Mainka-Jellinghaus u. a.: Deutschland im Herbst. Film (1977).

68 Holocaust und Hitler. Versuch über den noch immer unbegriffenen Alptraum der Nation. Und: Väter und Söhne, posthum. Das beschädigte Verhältnis zweier Generationen. In *Schneider, Kulturzerfall,* 80 f. und 53 f.

69 Schneider, Holocaust; Titelformulierung des kürzeren Vorabdrucks in: konkret, Februar 1979.

70 Zit. nach ›Die Reise‹, Ausg. 1977, 60.

71 ›Der Mann auf der Kanzel. Fragen an einen Vater‹ (’79). Vgl. in diesem Bd. S. 271

72 Zit. nach: Suchbild. Über meinen Vater. Mit einer Graphik des Autors. Frankfurt/M. 1986, 44.

73 Erinnert von Ulrich Greiner, siehe: Söhne und ihre Väter. Die Revolte der Nachgeborenen war auch eine Revolte gegen die Täter von Auschwitz. Über die Studentenbewegung als Konflikt der Generationen. In: Die Zeit, 29. 4. 1988, 56.

74 Ulrich, Volker: Mit den Untaten der Eltern leben. Kinder von Nazigrößen offenbaren sich. Die Schuldgefühle der Unschuldigen, die mit der elterlichen Biographie nicht fertig werden. [Rez. von: Dörte von Westernhagen: Die Kinder der Täter. Das Dritte Reich und die Generation danach. München 1987.] In: Die Zeit, 12. 8. 1988.

75 Vgl. in diesem Bd. S. 31 f., 60 f., 76 mit Anm. 10; 117 ff.

76 Härtling, Peter (Hrsg.): Die Väter. Berichte und Geschichten. Frankfurt/M. 1968. Von den 35 ausgewählten Autorinnen und Autoren gehörten 16 zum Kreis der Richter-Gäste, von den übrigen konnten es die meisten nicht sein, da entweder DDR-Autoren, zu jung (= noch nicht eingeladen) oder zum Kreis der Ausgegrenzten, der Altemigranten gehörend; wie Kesten und Keilson (vgl. dazu in diesem Bd. S. 368 und Anm. 97); deren Beiträge: ›Meine unehelichen Söhne oder Die Toten bleiben stumm‹ und ›Dissonanzen-Quartett‹.

77 Vgl. *Friedländer, Kitsch,* 48 ff.; 98 ff. u. ö.

78 Zit. nach der Tb.-Ausg. Zürich 1976, 96; 101.

79 Vgl. in diesem Bd. S. 111 f.

80 Wiener Kurier, zit. nach Müller, Wenzel: Kinder der Opfer und Täter. In: taz, 6. 10. 1987.

81 N. Frank: Der Vater. Eine Abrechnung. München o. J., 214; 246.

82 Zit. nach e. Gespräch mit A. Kluge in: Bernhard Sinkel: Väter und Söhne. Eine deutsche Tragödie [TV-Film, Filmbuch und Anhang]. Frankfurt/M. 1986, 415.

83 Ruge, Uta: Gespräche mit Kindern von Nazis. Über Peter Sichrovskys Buch »Schuldig geboren«. Hörfunkfeature WDR 3, 8. 7. 1987. Ms. S. 2.

84 Vgl. zur Einführung Claussen, Detlev: Auschwitz erinnern. In: D. C.: Grenzen der Aufklärung. Zur gesellschaftlichen Geschichte des modernen Antisemitismus. Frankfurt/M. 1987, 9 ff. und Adorno, Theodor W.: Erziehung nach Auschwitz (1966). In *Adorno, Mündigkeit,* 88 ff.

85 Bereits das Buch ›Schuldig geboren. Kinder aus Nazifamilien‹ (1987) wurde ein Sachbuch-Bestseller: Sofortabsatz 25 000 Exemplare.

86 Vgl. Bachmann in diesem Bd. S. 74 ff.

87 Dieses Symptom am offensten im Geschwisterinterview Sichrovskys (s. Anm. 85), 69 ff.

88 Insbesondere das antisemitische Verhaltenssyndrom des »narzißtischen Kränkungsschutzes«. Auch dazu vgl. Ruge (s. Anm. 83).

89 Sichrowksy, Peter: Wir wissen nicht was morgen wird, wir wissen wohl was gestern war. Wir – Junge Juden in Deutschland und Österreich. Köln 1985.

90 Vgl. in diesem Bd. S. 65. Zit. nach der Tb.-Ausg. Darmstadt u. Neuwied 1984, 103; 75. Vgl. auch: Zwettl. Nachprüfung einer Erinnerung (1973). Darmstadt u. Neuwied 1982. Vgl. in diesem Bd. auch S. 122.

91 U. Nettelbeck: Es war in jeder Weise ein gemischtes Vergnügen. Die Tagung der Gruppe 47 im Rundfunk. In: Die Zeit, 3. 12. 1965.

VERGANGENHEIT 729

92 Vgl. in diesem Bd. S. 288 ff.; 391 ff.; 340 ff.; 377 ff.; 405 f.
93 Vgl. in diesem Bd. S. 156 ff., 280 ff., 449 f.
94 Nettelbeck, Vergnügen.
95 Zit. wird nach den Tb.-Ausgaben Frankfurt/M. 1981 (P, Seite) und 1982 (D, Seite).
96 C. von Braun, Schönheit (s. Anm. 4), 114; 117.
97 Zit. nach »Über dieses Buch« in ›Detlev‹.
98 Sprache ohne Zukunft. In: Sprache im technischen Zeitalter 6/1963, 467 ff.
99 Zit. nach der Tb.-Ausg. Zürich 1977.
100 4. Mose 17.
101 In: Kriegerdenkmal ganz hinten. Prosa. Mit e. Nachwort v. Sibylle Cramer. Frankfurt/M. 1985, 122/124.
102 Vesper, Guntram: Die Illusion des Unglücks. Gedichte. München 1980, 10.
103 Ebd.
104 Ebd., 27. Zum »historisch Bösen« vgl. Brückner, Peter: Über linke Moral. In: P. B.: Vom unversöhnlichen Frieden. Aufsätze zur politischen Kultur und Moral. Hrsg. v. Axel-R. Oestmann. Berlin 1984, 7 ff.
105 Vgl. Köpf, Gerhard: Die Strecke (1985) oder Handke, Peter: Der Chinese des Schmerzes (1983, dort S. 97: »Dieses Zeichen ist das Unbild der Ursache all meiner Schwermut ...«; zum tödlichen Steinwurf gegen einen Hakenkreuz-Schmierer. Zit. nach der Tb.-Ausg. Frankfurt/M. 1986). Vgl. auch Anm. 79 zu S. 364 f.
106 Erster Teil einer geplanten Roman-Trilogie. Zweiter Teil: ›Weihnachten. Als wir Kinder den Krieg verloren‹ (1980).
107 *Steiner, Schweigen,* 134.
108 Fragment. In *Literaturmagazin* 1. Der Verlag kündigt hier (S. 225) das ganze Stück für den Herbst an. Es gab da jedoch gewisse Anrufe ...
109 Zit. nach der Tb.-Ausg. Frankfurt/M. 1987.
110 Vgl. in diesem Bd. S. 88.
111 ›Der amerikanische Traum‹, zit. nach der Originalausg. Frankfurt/M. 1989. ›Raumlicht‹ geht vom gleichen Anfangspunkt 1944/45 aus; »es fehlte noch der Zeitraum ... Mein Rio de Janeiro ...« (Eingangspassagen). Vgl. Briegleb, Klaus: Raumspiegelung. Zum ›Sozialgeschichtsbewußtsein‹ gegenwärtiger westdeutscher Literatur (1981). In: Lauer, Reinhard/Turk, Horst (Hrsg.): Prinzipien der Literaturgeschichtsschreibung ‹...›. Wiesbaden 1988, 213 ff. (Dort zu korrigieren: Der Junge liegt am Peene-Kanal, nicht im Oderbruch!).
112 Zit. nach der Original-Ausg. Nördlingen 1988.
113 *Diner, Zivilisationsbruch.*
114 In: Das Wort, 9/1938, 110 ff. Zit. nach Loewy, Ernst: Literarische und politische Texte aus dem deutschen Exil 1933–1945. Bd. 2: Erbärmlichkeit und Größe. Frankfurt/M. 1982, 698.
115 Johnson, Uwe: Begleitumstände. Frankfurter Vorlesungen. Frankfurt/M. 1980; (hier: B, 416).
116 B, 405; 424. Vgl. auch 411 und pass. Zur »ergiebigen« Frage s. B, 415.

730 ANHANG

117 Blockrezension von Margret Boveri, Rolf Michaelis und Karl Heinz Bohrer
in: FAZ, 22. 9. 1970.
118 ›Jahrestage‹ (J, I Seite . . .) zit. nach der Originalausg. Frankfurt/M. 1970,
(I); und 1971 (II), 1973 (III), 1983 (IV).
119 Vgl. auch Johnson, Uwe: Versuch, einen Vater zu finden. Marthas Ferien.
Hrsg. v. Norbert Mecklenburg. [Text und Tonkassette] Frankfurt/M. 1988,
7.
120 Weiss, Peter: Die Ästhetik des Widerstands. Roman. Frankfurt/M. 1975 (I),
1978 (II), 1981 (III). Zit. nach dieser Ausgabe.
121 Weiss, Peter: Notizbücher 1960–1971. Zweiter Band. Frankfurt/M. 1982,
567 ff., 607, 613, 616 ff. u. ö. Hier zit. als N, Seite.
122 Baier, Lothar: (Kommentar zu Peter Weiss' ›Meine Ortschaft‹). In: Freibeuter 1, 1979, 103 ff.
123 Eindrucksvoll dargestellt in den Notizbüchern; vgl. z. B. 694–719 (West:
Sprengung der Düsseldorfer Trotzki-Aufführung am 20. 1. 1970 durch
Antiautoritäre); (Ost: z. B. 816 ff.).
124 Vgl. z. B. N, 700 ff., 778 ff., 785 ff.
125 Weiss, Peter: Meine Ortschaft (1965). Zit. nach Rapporte [I]. Frankfurt/M.
1968, 114. Vgl. auch N, 835. Vgl. auch Anm. 39.
126 Vgl. N, 537; 617 ff.; 665 ff.; 778 f.
127 Das von Johnson hier (232) benutzte Wort zieht sich als Chiffre durch alle
Ausdruckssituationen (wenn Schriftsteller sie aufdecken), in denen ›Text
über‹ ihr NS-Trauma generiert wird.
128 Traumtext 15. August 1970 (N, 787 ff.)
129 Während der dritte Band mit der ›Mutter-Wanderung‹ in die Höllenkreise
der Shoah beginnt und als ganzer dieses Thema hat. Vgl. in diesem Bd.
S. 142 ff.
130 N, 618.
131 Weiss, Peter: Notizbücher 1971–1980. Erster Band. Frankfurt/M. 1981. Zit.
als N 2, Seite; hier: 105.
132 Siehe für das folgende die Arbeitshinweise in den Notizbüchern und Jour-
nalheften zur Raum- und Wühlvorstellung in I, 135 ff. oder 151 ff. u. ö. und
das besonders ergiebige unter den Gesprächen: mit Burkhardt Lindner. In
Götze/Scherpe, »Ästhetik«, 150 ff.
133 Lindner, Gespräch, ebd., 153.
134 Vgl. die ausführliche Durcharbeitung der Rezensionen in *Vogt, »Ästhetik«.*
135 Vgl. dazu (spätere Entwicklung) Scherpe, Klaus R.: 10 Arbeitspunkte beim
Lesen der »Ästhetik des Widerstands«. In *Dunz-Wolff u. a., Lesergespräche,*
168 ff.
136 ›Sozialistische‹ Sekundärliteratur, die als Abtötungsverfahren gegen subjektgeschichtlich konkrete Geschichtsliteratur funktionierte, ist ziemlich unzäh-
lig geschrieben worden. Als Beispiel vgl. Haiduk, Manfred: Summa. Zur
Stellung der »Ästhetik des Widerstands« im Werk von Peter Weiss. In *Götze/
Scherpe, »Ästhetik«,* 41 ff. oder Metscher, Thomas: Ästhetik des Widerstands. In: Th. M.: Der Friedensgedanke in der europäischen Literatur. Stu-

dien zum Verhältnis von Literatur und Humanität. Mit einem Essay zu Picassos Guernica. Fischerhude 1984, 165 ff.

137 Von der Zärtlichkeit menschlichen Lernens. Von der Härte menschlichen Hoffens. In *Götze/Scherpe*, »*Ästhetik*«, 12 ff.

138 Vgl. den Versuch einer Gesamtdarstellung des Romans: Genia Schulz: »Die Ästhetik des Widerstands«. Versionen des Indirekten in Peter Weiss' Roman. Stuttgart 1986. Kritisch dazu zuletzt Brunner, Berthold: Stahlmann. Herakles, Durruti. Eine Figur aus P. Weiss' »Ästhetik des Widerstands« und Vorbilder. [Mag. Diss.] Hamburg 1991.

139 N, 670.

Klaus Briegleb: Negative Symbiose

(Der Beitrag wurde im Februar 1991 abgeschlossen.)

1 Vgl. den grundlegenden Aufsatz *Diner, Symbiose.*

2 Vgl. das Standardwerk *Kienzle/Mende, Zensur.*

3 So ein pensionierter Bonner Ministerialbeamter, der in jener Zeit Referent in der staatlichen Filmzensurzentrale (Interministerieller Filmausschuß IMF) gewesen ist, die vor allem den Filmimport quotierte, über die geltende Appellationsinstanz: das Volk, das verdrängen dürfen sollte. So fielen z. B. alle ausländischen Streifen, die eine Auseinandersetzung mit dem NS-Okkupationskrieg führten, in Sorge um die Massenseele dem Einfuhrverbot zum Opfer. Zit. nach dem Dokumentarfilm ›Keine Experimente. Film und Politik der Adenauer-Ära.‹ ZDF, 30. 1. 1991.

4 Siehe: Besuch in Deutschland 1950. Die Nachwirkungen des Naziregimes. In *Arendt, Zeit,* 51. Siehe auch in diesem Bd. Anm. 2 zu S. 73.

5 *Melzer, Deutsche,* 73 ff. – Melzer nennt abweichend vom Titel der Publikation das Sektionsthema in der hier zitierten Version (3).

6 Aus einer ersten Distanznahme und aus der Sicht des Autors vgl. Wehler, Hans-Ulrich: Entsorgung der deutschen Vergangenheit? Ein polemischer Essay zum »Historikerstreit«. München 1988. Vgl. zuvor schon Tugendhat, Ernst: Wie weit sind die Positionen von Nolte und Habermas voneinander entfernt?; Narr, Wolf Dieter: Der Stellenwert der Auseinandersetzung mit dem Nationalsozialismus in der gesellschaftlichen Diskussion heute; und Evard; Jean-Luc: Über den Umgang mit Mord in der Geschichtsschreibung; alle in: Niemandsland. Zeitschrift zwischen den Kulturen. 1, 1987. In unserem Zusammenhang vgl. *Friedländer, Kitsch,* 74 ff. und Martin Broszat/ Saul Friedländer: Um die »Historisierung des Nationalsozialismus«. Ein Briefwechsel. In: Merkur 470, 1988, 339 ff.

7 Wiederabgedr. in: Gershom Scholem: Judaica 2. Frankfurt/M. 1982, 20 ff.

8 Gerstenmaiers Rede exemplifiziert Freuds Grundannahmen in ›Massenpsychologie und Ich-Analyse‹ (1921), wonach die Massenseele des Staatsvolks, das sich einen Führer denkt (in dieser erwarteten Erwartung operiert jeder Sprachpolitiker), konstituiert sei von einer »Anzahl von Individuen, die ein

und dasselbe Objekt an die Stelle ihres Ich-Ideals gesetzt und sich infolge-
dessen in ihrem Ich miteinander identifiziert haben«. Zit. nach: Studienausgabe. 9, 108. Vgl. auch ›Eine Stufe im Ich‹, ebd., 120 ff.

9 Zum narzißtischen Kränkungsschutz vgl. in diesem Bd. auch S. 94 f.

10 1967. edition suhrkamp 196.

11 Zentriert in der Zeitschrift ›Das Argument‹.

12 Nachwort zur Fünften Session des Jüdischen Weltkongresses. In *Melzer, Deutsche,* 106.

13 L. Marcuse in: *Tintenfisch* 1, 47 ff.; Szondi am 2. 10. 1967 um 9.50 Uhr im 2. Programm des HR (*Szondi, Freie Universität,* 62 ff.).

14 Hannah Arendts Bericht ›Die Banalität des Bösen‹ kann Gerstenmaier »nicht folgen«; sie war zu jener Zeit nicht nur unter deutschen Versöhnungsdiplo-maten persona non grata. Die flegelhafte Abfertigung »eines Basler Philoso-phen« war ein Akt des Bundestagspräsidenten im deutschen common sense: Jaspers' Sprache in seiner Grußbotschaft an den Kongreß verletzte den Ver-söhnungswunsch. Seit 1945 (»Daß wir leben ist unsere Schuld«!) hatte er sich den Zorn deutscher Politiker zugezogen, zuletzt durch das Buch ›Wohin treibt die Bundesrepublik?‹ (1966), das u. a. vor Neonationalismus in der BRD warnte.

15 Gerstenmaier, s. *Melzer, Deutsche,* 74.

16 Ebd., 33 (u. vgl. Anm. 6).

17 Achternbusch, Herbert: Die Föhnforscher. Frankfurt/M. 1985, 58.

18 Vgl. z. B. S. 83 ff., 88, 92 ff., 102 f., 106, 111 f.

19 Vgl. in diesem Bd. S. 97 ff.

20 Die kulturellen Operationen von Deutschen und Juden im Spiegel der neue-ren deutschen Literatur. In: Babylon, 8/1991, 41 ff. (über P. Härtlings ›Felix Guttmann‹ 1985).

21 Vgl. in diesem Bd. S. 88.

22 S. 101. Vgl. die Disputeinladung des Verfs. an Otto Lorenz: Gedichte nach Auschwitz oder: Die Perspektive der Opfer (in *Arnold, Bestandsaufnahme,* 35 ff.) in *Briegleb, NS-Faschismus,* 41 f. (dort Anm. 33).

23 Vgl. auch P. O. Chotjewitz und Renate Chotjewitz-Häfner: Die mit Tränen säen. Israelisches Reisejournal (1980).

24 Vgl. S. 94.

25 Vgl. S. 102.

26 *Melzer, Deutsche,* 74 u. ö.

27 Zit. nach der Tb.-Ausg. Frankfurt/M. 1980.

28 Fassbinder warf dem Suhrkamp Verlag vor, die probeweise in der Theater-arbeit ›Ein reicher Jude‹ genannte Rolle so ohne seine Zustimmung in den Druck genommen zu haben (Bochumer Debatte, s. Anm. 30).

29 Sein Roman ›Die Erde ist unbewohnbar wie der Mond‹, der zweite Frank-furt-Roman einer geplanten Trilogie, gab Anstoß und teilweise Vorlage zum Stück, das während der Probenarbeiten 1975 zuerst ›Der Müll, die Stadt und der Tod oder Frankenstein am Main‹ heißen sollte.

30 Nach Tonbandfragmenten dokumentiert von der taz am 21. 7. 1986.

NEGATIVE SYMBIOSE

31 Der Verlag hatte die Druckausg. zurückgezogen, zur Skandalzeit kursierte der Text in Fachkreisen in nicht rechtmäßigen Kopien.

32 Im Gespräch mit Ulrich Greiner schlägt Ignaz Bubis, zur Zeit des Skandals Vorsteher der Jüdischen Gemeinde und einer der bedeutenden Beteiligten an den Abrißspekulationen im Westend, die Bezeichnung vor. Er habe sich immer als solchen betrachtet, während er den Begriff »Spekulant« wegen des abschätzigen Beigeschmacks nicht gern möge (Der Jude von Frankfurt. In: Die Zeit, 1. 11. 1985). Siehe dagegen im Gespräch mit Irene Dische, 1981 (s. Anm. 33), »Ich bekenne mich dazu, ich bin ein Spekulant« (S. 22).

33 TransAtlantik 6, 14 ff.

34 Zit. nach taz (s. Anm. 30).

35 Der Schock ist fruchtbar noch. Ein Skandal, mit dem wir nicht fertig sind: Frankfurt und die Fassbinder-Affäre 1985. In: Die Zeit, 28. 10. 1988.

36 Der durch den Börneplatz-Skandal später, Herbst 1987, als OB bekannt gewordene Personaldezernent Wolfram Brück hatte im Vorfeld der Verleihung von Jüngers »Wandlung« gesprochen, die die Preiswürdigkeit untermaure (»Nichts gelesen«. Der Frankfurter Krach um den Goethepreis-Kandidaten Ernst Jünger. In: Der Spiegel, 16. 8. 1982). Im Spiegel-Gespräch (ebd.) hatte Jünger u. a. seinem Antisemitismus diesen Ausdruck gegeben: Die Judenverfolgung sei, »von allem anderen abgesehen, doch absolut schädlich« gewesen: »auch im volkswirtschaftlichen Sinn. Wenn ich an die ungeheuren Mengen von Wagen, von Güterzügen, Truppen und so weiter denke, die dafür benötigt wurden, das war doch irrsinnig. Die Judenverfolgung hat nicht nur zum irreparabel moralischen Verlust des Krieges beigetragen, sondern auch zum ökonomischen und strategischen.« Auf die Frage des SPD-Stadtverordneten Berkemeier, wie die Verleihungsbefürworter die Spiegel-Äußerung vom »ökonomischen Fehler der Vernichtung der Juden« bewerte, verwahrte sich der OB Wallmann dagegen »mit dieser Art aus dem Zusammenhang gerissener Zitierung ehrabschneiderische Vorwürfe zu machen« (FR, 21. 8. 1982). Vgl. auch Helmut Heißenbüttels gewundener Text ›Der Goethe der CDU? Zur Verleihung des Goethepreises an Ernst Jünger‹ in: FR, 28. 8. 1982. – Zum Börneplatz-Skandal 1987 vgl. hier nur »Das Getto war ein Zufluchtsort für Juden«. Die Rede des Frankfurter Oberbürgermeisters Wolfram Brück (CDU) zur Bewertung der Funde am Börneplatz. FR-Dokumentation, 26. 9. 1987, und: Völkisches Geschichtsbild. Antwort der Börneplatz-Initiative auf die Rede von OB Brück. Ebd. Vgl. auch Dieter Ohlmeier: »Geschichten, die man wohl weiß, aber nicht wissen will . . .« Ein psychoanalytischer Beitrag zum Konflikt über die Börneplatz-Bebauung. FR-Dokumentation, 16. 12. 1987.

37 Hauser, Heinz: Ein Theaterstück mit offenem Ende. Der Müll, die Stadt und der Tod. In: taz, 23. 9. 1985.

38 Greiner, Jude (s. Anm. 32), 57.

39 Siehe Anm. 1.

40 Dies das Axiom der Befürworter der Aufführung.

41 Vgl. die Studien zum ›Nathan‹ in *Briegleb, NS-Faschismus,* 212 ff.

734   ANHANG

42 Zur Zitierweise s. Anm. 118 zu S. 107.

43 Die ›Mutterlinie‹ des Romans beginnt also bereits hier, vor dem Aufbruch des Sohnes nach Spanien.

44 Vgl. grundlegend *Diner, Zivilisationsbruch.*

45 Vgl. Jurek Becker in *Schultz, Judentum,* 10 ff.

46 *Schultz, Judentum,* 229.

47 Vgl. Zipes, Operationen (s. Anm. 20), 43.

48 Becker in *Schultz, Judentum,* 12.

49 Aus dem Zyklus ›Eingedunkelt‹ (1966). In: Gesammelte Werke. 3, 151.

50 Schlußstrophe aus ›Tausendflügler Traum‹. In: Im Atemhaus wohnen. Mit einem Portrait von Jürgen Serke. Frankfurt/M. 1981, 26.

51 Siehe Szondis Celan-Studie ›Eden‹. In: Peter Szondi: Schriften. II. Frankfurt/M. 1978, 390 ff. Vgl. auch in diesem Bd. S. 62.

52 Radiovortrag am 8.10. 1970. In: J.A.: Weiterleben – aber wie? Essays 1968–1978. Hrsg. und mit e. Nachwort v. Gisela Lindemann. Stuttgart 1982, 46. Vgl. auch W.G. Sebald: Überlebende als schreibende Subjekte. Jean Améry und Primo Levi. Ein Gedenken. In: FR, 28. 1. 1989, und ders.: Mit den Augen des Nachtvogels. In: FR, 3. 1. 1987.

53 Edvardson, Cordelia: Gebranntes Kind sucht das Feuer (1984). Aus d. Schwedischen v. Jörg Scherzer. München 1988.

54 Edvardson, Cordelia: Die Welt zusammenfügen (1988). Aus d. Schwedischen v. Jörg Scherzer und Anna-Liese Kornitzky. München 1989.

55 Vgl. auch Broder, Henryk M.: Der ewige Antisemit. Über Sinn und Funktion eines beständigen Gefühls. Frankfurt/M. 1986.

56 Zur Verlags- und Pressediplomatie mit Fleischmanns Buch vgl. *Briegleb, NS-Faschismus,* 91 ff.

57 Vor allem Fritz J.Raddatz in: Die Zeit, 29. 9. 1978; über ›Nacht‹ (›Breitwandbuch. Schockierend ohne Schock‹). Diese Rez. beginnt: »So geht das nicht.« Eine vernichtende Sentenz jagt die andere; z.B.: »Statt Grauen zu fixieren, ⟨. . .⟩ statt das Entsetzen zu bannen, ⟨. . .⟩. Das Buch ist eine Katastrophe. ⟨. . .⟩ so erbarmungslos das Schicksal des Edgar Hilsenrath war, so erbärmlich ist sein Buch. ⟨. . .⟩ Nicht-Schriftsteller ⟨. . .⟩. [Er] verwechselt Geschichten mit Geschichte. Er kann ein Buch ⟨. . .⟩ nicht komponieren ⟨. . .⟩. Es ist ohne inneres Gesetz. ⟨. . .⟩ Die Ohnmacht der Sprache versehrt unser Entsetzen. ⟨. . .⟩ Statt der Posaunen des Jüngsten Gerichts nur Wortgeklingel, statt der Stummheit gegenüber dem Unsagbaren unsägliche Beredtheit: ein Nelly Sachs für kleine Leute.«

58 Dokumentiert von Norbert Schachtsiek (›Als der Mensch des Menschen Wolf war.‹ In: Kölnische Rundschau, 24. 8. 1978, und *Arnold, KLG*; vgl. auch: SS-Scherge nimmt die Identität eines seiner 10 000 jüdischen Opfer an. In: Tribüne, 64/1977) und Wolfgang Nagel (›Schon mal von diesem Hilsenrath gehört?‹ in: Zeit-Magazin, 29. 9. 1978). Die Recherche verdanke ich Ursula Hien.

59 Vgl. in diesem Bd. S. 93, 145 f. Vgl. auch Bölls Rez. ›Hans im Glück im Blut. Umgekippte Märchenfiguren: obszön und grotesk‹ in: Die Zeit, 9. 12. 1977.

60 Zit. nach der Tb.-Ausg. Frankfurt am Main 1979.
61 Hofmann, Gert: Unsere Vergeßlichkeit. Roman. Darmstadt u. Neuwied 1987. Zit. nach dieser Ausgabe (V, Seite).
62 Vgl. in diesem Bd. S. 106 ff., 140 ff.
63 ›Palette‹, Kap. 61. Vgl. in diesem Bd. S. 97 f.
64 ›Die Denunziation‹ (1979). Zit. nach der Tb.-Ausg. Darmstadt u. Neuwied 1987.
65 Zit. nach der Tb.-Ausg. Darmstadt u. Neuwied 1984.
66 Das deutsche Tauschwort für Schuld nach 1945.
67 Zit. nach der Orig.-Ausg. Darmstadt u. Neuwied 1982.
68 Vgl. in diesem Bd. S. 125 ff. mit Anm. 36.
69 Vgl. als Muster Schwartz, Leonore: Erinnern und Vergessen. Der Erzähler Gert Hofmann und die deutsche Melancholie. In: Kosler, Hans Christian (Hrsg.): Gert Hofmann: Auskunft für Leser. Darmstadt u. Neuwied 1987, 60 ff. (s. dort 69).
70 Vgl. in diesem Bd. S. 76 f. u. Anm. In der Tradition von *Niederland, Folgen* vgl. zuletzt Werner Bohleber: Das Fortwirken des Nationalsozialismus in der zweiten und dritten Generation nach Auschwitz; Heenen-Wolff, Susann: Psychoanalytische Überlegungen zur Latenz der Shoah. Beide in: Babylon 7, 1990, 70 ff.; Eckstaedt, Anita: Nationalsozialismus in der »zweiten Generation«. Psychoanalyse von Hörigkeitsverhältnissen. Frankfurt/M. 1989.
71 Zitat aus den Eingangspassagen des ›Ulysses‹ (James Joyce: Ulysses. Übers. v. Hans Wollschläger. Frankfurt/M. Tb.-Ausg. 1981, 16.)
72 Vgl. zu der hier gebrauchten Grundkategorie in diesem Bd. S. 76 u. Anm. 10.
73 Zit. nach der Originalausg. Düsseldorf 1980.
74 Vgl. *Weigel, Medusa,* 283 ff., *Briegleb, NS-Faschismus,* 74 f. und Timothy Kyle Boyd: Birgit Pausch: Untersuchungen zur Schreibweise zwischen kritischer Theorie und literarischer Praxis. [Mag. Diss.] Hamburg 1990.
75 Vgl. in diesem Bd. S. 121 ff. und Anm. 18; 369 ff.
76 Vgl. S. 333 ff., 340 ff., 355 ff., 371 ff.
77 Vgl. S. 127, 134 ff.
78 Vgl. S. 131 f.
79 Vgl. S. 76 f. und Anm. 10; 94 f., 136 f. und Anm. 70.
80 Vgl. S. 340 ff. (›Hildesheimer-Debatte‹).
81 Vgl. in diesem Bd. S. 121.
82 Vgl. S. 109 ff.
83 Im 4. Bd. wird dieser Kreis befestigt und gegen die »bösen Menschen« profiliert (vgl. IV, 1488, 1510 f., 1590, 1598 ff., 1749–55, 1838, 1850 f., 1874 oder 1889.
84 Vgl. Dantes 34. Gesang.
85 Gerstenmaier vor dem Jüdischen Weltkongreß am 4. 8. 1966: »⟨. . .⟩ ein kurzes Wort über die Hinterlassenschaft des deutschen Widerstands. Es ist nicht wahr, daß er sich nur dem eigenen Land verpflichtet wußte. Er erhob sich, als das Reich Hitlers noch auf der Höhe seiner Macht war als Rebellion vor allem gegen den Judenmord. Dafür gibt es Zeugen und Beweise.« (*Melzer, Deutsche,* 77).

736 ANHANG

86 Vgl. Weiss, Peter: Notizbücher 1971–1980. Zweiter Band. Frankfurt/M.
1981, 763 (9.11.1978). Zit. hier als N 3, Seite. (Vgl. Anm. 121 u. 131 zu
S. 109 u. 113).

87 Rudolf Höß: Kommandant in Auschwitz (s. Anm. 9 zu S. 75), 129. Anne
Duden, ›Judasschaf‹, 34 (Duden/Höß-Montage); vgl. in diesem Bd.
S. 147 ff.).

88 Sobibor, Chelmno ... schließlich mitgestürzt in eine Grube mit den Leichen
der Erschießungen (III, 10; 124).

89 Zu diesem spinozianisch-monadologischen Gedanken vgl. in diesem Bd.
flüchtig S. 100, 105, 107, u. ö.

90 Zum Begriff der Ereignisgeschichte im Zusammenhang der »Negativen Symbiose« vgl. *Diner, Symbiose*, 185 f.

91 Vgl. den stilistischen Vorgang z. B. ›Judasschaf‹, 49.

92 Stern, Frank: Philosemitismus, Stereotype über den Feind, den man zu lieben
hat. In: Babylon 8, 1991, 16.

93 Vgl. in diesem Bd. S. 65, 95, 122.

94 Vgl. im einzelnen *Weigel, Medusa*, 287 ff. und *Duden/Weigel, Schrei*.

95 Zit. nach Duden, Judasschaf, 45.

96 Vgl. ebd., 43.

97 Vgl. *Greuner, Schmerzton*.

98 Handkes Erzählwege nach der Revolte sind hier repräsentativ. In seine
Attacke gegen die »Beschreibungsliteratur« (Gruppe 47, Princeton, April
1966; vgl. in diesem Bd. S. 306, 434, 678) hatte er das beliebige Erzählen
inklusive über Auschwitz einbezogen. Im nachhinein zeigt sich, daß er
Befreiung von dogmatischen *und* literarexistentiellen Bindungen an das
Symbol des deutschen Zivilisationsbruches meinte. Im Anschluß an die
Steinwurfszene im ›Chinesen des Schmerzes‹ (vgl. Anm. 105 zu S. 102) geht
Handke im Gespräch mit Herbert Gamper darauf ausführlich ein. »Ich bin
ein Ortsschriftsteller«. Peter Handke: Aber ich lebe nur von den Zwischen-
räumen. Ein Gespräch, geführt von Herbert Gamper. Zürich 1987, 16 ff.

Gundel Mattenklott: Literatur von unten – die andere Kultur

(Der Beitrag wurde 1989 abgeschlossen.)

1 Vollständig abgedruckt ist das Programm im Anhang bei *Kühne, Arbeiterklasse*, 294 f.

2 *Kühne, Arbeiterklasse,* 94.

3 *Hensel, Chronik,* 144.

4 *Hensel, Chronik,* 145.

5 *Alberts, Arbeiteröffentlichkeit,* 11.

6 *Fischbach u. a., Werkkreis,* 209.

7 *Hensel, Chronik,* 154.

8 Fischbach, Peter: Der ›Werkkreis Literatur der Arbeitswelt‹. In *Fischbach
u. a., Werkkreis,* 14.

LITERATUR VON UNTEN 737

9 Werkkreis – Wohin, für wen, wie weiter? kürbiskern-Gespräch auf der Grundlage von 7 Thesen über den Werkkreis Literatur der Arbeitswelt 1984. kürbiskern 2, 1984, 103. – Zitat der 2. These. Über alle Thesen herrschte weitgehend Einigkeit (s. Erasmus Schöfer, ebd., 104).

10 *Wallraff, Wirkungen*, 314 u. 316.

11 Creutz, Helmut: Gehen oder kaputtgehen. Betriebstagebuch. Frankfurt/M. 1973; Dorroch, Heiner: Wer die Gewalt sät. Reportagen und Protokolle. Frankfurt/M. 1974; ›Ihr aber tragt das Risiko.‹ Reportagen aus der Arbeitswelt. Reinbek 1971; ›Vor Ort.‹ Betriebsreportagen. Frankfurt/M. 1987.

12 Spix, Hermann: Elephteria oder die Reise ins Paradies. Betriebsroman. Frankfurt/M. 1975.

13 Naumann, Uwe: Die Hamburger Werkstatt. In *Fischbach u. a., Werkkreis*, 84-91, hier 88. Naumann zitiert hier *Alberts, Arbeiteröffentlichkeit*, 95.

14 In: Köpping, Walter (Hrsg. und Einl.): Schichtwechsel – Lichtwechsel. Texte aus der Arbeitswelt. Köln 1988. Dieser Sammelband ist kein Werkkreis-Produkt, die Autoren stehen dem Werkkreis jedoch nahe oder gehören ihm an.

15 ›Liebe Kollegin. Texte zur Emanzipation der Frau in der Bundesrepublik.‹ Hrsg. v. Britta Noeske, Gabriele Röhrer und der Westberliner Werkstatt im Werkkreis. Frankfurt/M. 1973.

16 Schröder, Margot: Ich stehe meine Frau. Frankfurt/M. 1975.

17 Süverkrüp, Dieter/Langenfaß, Hansjörg: Da kommt der Willibald. München 1973.

18 Wölfel, Ursula: Die grauen und die grünen Felder. Mülheim 1970; Gabel, Wolfgang: Orte außerhalb. Neunkirchen 1972; Kutsch, Angelika: Man kriegt nichts geschenkt. Stuttgart 1973; Göhre, Frank: Gekündigt. München 1974; Körner, Wolfgang: Ich gehe nach München. Ravensburg 1977; Ossowski, Leonie: Die große Flatter. Weinheim 1977; Stöckle, Frieder: Ich bin Susanne Häusermann. Ravensburg 1979.

19 Kilian, Susanne: Na und? Tagesläufe von Kindern. Weinheim 1972; Hornschuh, Heike: Ich bin 13. Reinbek 1974; Thomas L.: Ich bin 12. Reinbek 1975.

20 Bayer, Ingeborg: Johannesgasse 30. Baden-Baden 1975.

21 Brinkmann, Rolf Dieter/Rygulla, Ralf Rainer (Hrsg.): Acid. Darmstadt 1969.

22 Peter Mosler bezeichnet diese »Graffiti und Kampfparolen« – sicher zu Recht – als »die einzigen authentischen Texte der Studentenbewegung von literarischem Rang«. Peter Mosler: Die Kunst ist die Umkehrung des Lebens. In *Zeller, Aufbrüche*, 40.

23 Handke, Peter: Deutsche Gedichte. Frankfurt/M. 1969; Käsmayr, Benno (Hrsg.): Selfmade – Eine Anthologie von vielen für alle. Gersthofen 1971.

24 Hermand, Jost: Pop-Literatur. In *Hermand, Literatur*, II, 289.

25 *Daum, 2. Kultur*, 134.

26 Hausmann, Raoul: Am Anfang war Dada. Neuausgabe von Karl Riha und Günter Kämpf. Steinbach/Gießen 1972, 23 u. 27.

27 *Engel/Schubert, Handbuch*, 32.

28 Ebd., 53.

738 ANHANG

29 Faecke, Peter/Vostell, Wolf: Postversand-Roman. Darmstadt u. Neuwied 1970-1973.

30 Werkkreis – Wohin (s. Anm. 9), 112

31 *Daum, 2. Kultur,* 94.

32 Ebd., 88.

33 *Schwendter, Theorie,* 240 ff.

34 Schwendter, Rolf: Rundbrief zum Schreibspiel Kollektive Kopfarbeit Subjektivität. 20. Runde. Wien 1988.

35 Siehe Schwendter, Rolf: Rundbrief des Forschungsprojekts Soziale Innovation, gleichzeitig Feed-Back 24. Kassel, Wien Juli 86-Juni 87, 7.

36 Dokumentiert in *Emig u. a., Alternativpresse.*

37 Ebd., 41.

38 So Peter Salomon 1973. In *Emig u. a., Alternativpresse,* 49.

39 Zum Segeberger Kreis s. u. – Die Formulierung »Schreibgeschenk« stammt von Winfried Pielow; s. dazu die als »Schreibgeschenke« vertriebenen Segeberger Briefe, hrsg. von Joachim Fritzsche, Lüneburg, ab 1984.

40 Den von Hadayatullah Hübsch geprägten Ausdruck zitiert *Daum, 2. Kultur,* 141.

41 *Engel/Schubert, Handbuch,* 1.

42 So der Titel einer Zeitschrift, hrsg. von Wieland Herzfelde. Berlin (Malik) 1919.

43 *Daum, 2. Kultur,* 82.

44 Sie setzte, laut *Daum, 2. Kultur,* 89, mit dem Ulcus Molle Info 3/4 ein, reicht aber weiter zurück. Bei *Emig u. a., Alternativpresse,* ist sie dokumentiert ab 1972.

45 *Engel/Schubert, Handbuch,* 47.

46 Kursbuch 15, 1968, 142.

47 *Daum, 2. Kultur,* 135.

48 Engel, Peter (Hrsg.): Ich bin vielleicht du. Lyrische Selbstportraits. Rastatt 1975.

49 *Daum, 2. Kultur,* 140.

50 Brück, Rolf/Root, Zelline: Lotus millefolia oder hauptkraut. Löhrbach 1977 (= grüner zweig 53).

51 Brinkmann, Acid (s. Anm. 21), 388 f.

52 Ein Titel von Günter Wallraff: Ihr da oben – wir da unten. Köln 1973.

53 Ähnlich großzügig – nivellierend – wie mit dem Wort »Knast«, das in diesen und anderen Kombinationen immer wieder zu hören war, geht z. B. 1985 Fritz Peter Dölling mit dem Wort »Ghetto« um: »Berichte aus den verschiedenen Ghettos unserer Gesellschaft, dem Alter, dem Knast, der Jugend usw. werden, egal in welcher Form, zusammengetragen 〈. . .〉.« *Dölling, Literatur,* 194.

54 Theobaldy, Jürgen: Blaue Flecken. Reinbek 1974, 9.

55 *Rutschky, Erfahrungshunger,* 52 u. 58.

56 J. W. v. Goethe: Trilogie der Leidenschaft: An Werther. Artemis-Ausgabe, Bd. 1, 475.

57 *Baumgart, Leben.* In *Heckmann, Leben,* 21.

58 Stefan, Verena: Häutungen. München 1975.

59 In: Schreiben 3, Mai 1978, 5.

60 Petersen, Karin/Garbe, Christine: Die gelben Socken und ihre Grenzen. In: Courage 7, 1978, 29.

61 Fiedler, Barbara: Was Schreiben soll. In: Schreiben 2, Januar 1978, 50.

62 Hübner, Raoul: Schwule, schreibend und lesend. Zum ersten Workshop in Berlin. In: homosexuelle emanzipation. Jan./Febr. 1979, 27.

63 Eine modische Vokabel, die auch in der Zusammensetzung »Betroffenenliteratur« begegnet.

64 Vgl. hierzu z. B. Drewitz, Ingeborg (Hrsg.): Schatten im Kalk. Lyrik und Prosa aus dem Knast. Stuttgart 1979; Werner, Wolfgang: Vom Waisenhaus ins Zuchthaus. Nachwort von Martin Walser. Frankfurt/M. 1969; Schreiben hinter Gittern. In: Strafzeit. Vom Ausgrenzen und Einsperren. Lesebuch v. Helmut Ortner. Darmstadt 1980, 192 ff.

65 Christ, Jan: Knastschreiber. In *Literaturmagazin* 11, 171.

66 *Engel/Schubert, Handbuch,* 16.

67 Vgl. von Werder, Lutz: . . . triffst du nur das Zauberwort. Eine Einführung in die Schreib- und Poesietherapie. München, Weinheim 1986; ders.: Schreiben als Therapie. Ein Praxisbuch für Gruppen und zur Selbsthilfe. München 1988. – Lutz von Werder hat 1986 auch das Poesietherapeutische Institut Berlin e. V. gegründet, dessen Arbeitsgebiet die »Poesietherapeutische Forschung und Weiterbildung« ist (s. PTI Berlin e. V. Programm 1986/87, hrsg. v. Eduard Blöchl. Berlin 1986). – Ein anderes Zentrum der Schreibtherapie ist die Münchner Schreibwerkstatt von Jürgen vom Scheidt und Ruth Zenhäusern. Zum Programm von Jürgen vom Scheidt vgl. sein Buch: Kreatives Schreiben. Texte als Wege zu sich selbst und zu anderen. Frankfurt/M. 1989.

68 Dies und das folgende Zitat aus: Bertaux, Daniel/Bertaux-Wiame, Isabelle: Autobiographische Erinnerung und kollektives Gedächtnis. In *Niethammer, Lebenserfahrung,* 112 u. 113.

69 Vgl. z. B. Meyer, Sibylle/Schulze, Eva: Von Liebe sprach damals keiner. Familienalltag in der Nachkriegszeit. München 1985; dies.: Wie wir das alles geschafft haben. Alleinstehende Frauen berichten über ihr Leben nach 1945. München 1984.

70 Buhmann, Inga: Ich habe mir eine Geschichte geschrieben. München 1977.

71 Vgl. seinen Aufsatz: Sinnlichkeit und ›Talent‹. Zu einer Hauptbedingung des Schreibens. In *Literaturmagazin* 11.

72 Angenommen von der Generalkonferenz in Nairobi, November 1976. Unterrichtung durch die Bundesregierung im Deutschen Bundestag. 8. Wahlperiode. Drucksache 8/1287 vom 1. 12. 1977.

73 Nicht zufällig kulminiert 1983 das wachsende Interesse an den im besten Sinn dilettantischen Grenzüberschreitungen in Harald Szeemanns großer Ausstellung »Der Hang zum Gesamtkunstwerk«, gezeigt in Zürich, Düsseldorf, Wien und Berlin.

74 *Engel/Schubert, Handbuch,* 67.

740 Anhang

75 Vgl. von Werder, Lutz: »Soll ich Ihnen mal was sagen«. Erfahrungen aus der stadtteilbezogenen Erzählarbeit. In *Merkel/Nagel, Erzählen,* 200-211.

76 *Rutschky, Erfahrungshunger.*

77 *Boehncke/Humburg, Schreiben.*

78 *Mattenklott, Geselligkeit.*

79 Siehe Anm. 65. Unpaginiert.

80 FR v. 8. 9. 1982 unter dem Titel »Schreiben als organisierter Dilettantismus«.

81 *Dölling, Literatur,* 189-208 u. 214 ff.

82 taz vom 19. 9. 1982.

83 Sennett, Richard: Verfall und Ende des öffentlichen Lebens. Die Tyrannei der Intimität. Frankfurt/M. 1983.

84 Das Wasserzeichen der Poesie oder Die Kunst und das Vergnügen, Gedichte zu lesen. In hundertvierundsechzig Spielarten vorgestellt von Andreas Thalmayr. Nördlingen 1985.

85 Rupp, Gerhard: Kurzschlüsse. Versuch über authentisches Lesen und Schreiben in einem Hochschulseminar. In: Informationen zur Deutschdidaktik 1981/82, 70 ff.

86 Vgl. Segeberger Brief 35, 3 (s. Anm. 39).

87 *Ingold, Künstler, 20 f.*

Sigrid Weigel: Literatur der Fremde – Literatur in der Fremde

(Der Beitrag wurde im Sommer 1989 abgeschlossen.)

1 Zit. nach der Dokumentation des Referentenentwurfs in: taz, 27. 7. 88, 3 (H. v. m.). Nachdem erste Veröffentlichungen daraus in der Presse heftige Kontroversen ausgelöst hatten, war das Bundesministerium des Innern auf Anfrage nicht mehr bereit, den Text zu versenden.

2 ›Wie wäre es mit einer Begegnungsstätte für Deutsche?‹ In: taz, 16. 10. 87, Hamburgteil.

3 Weitere und jüngere Beispiele sind die Sozialreportagen von Paul Geiersbach ›Bruder, muß zusammen Zwiebel und Wasser essen! Eine türkische Familie in Deutschland‹ (1982) und ›Wie Mutlu Öztürk schwimmen lernen muß. Ein Lebenslauf‹ (1983) sowie Hermann Spix' Betriebsroman ›Elephteria oder die Reise ins Paradies‹ (1975).

4 Hrsg. v. Katharina Oguntoye/May Opitz/Dagmar Schultz. Berlin 1986. S. auch: . . . und wenn du dazu noch schwarz bist. Berichte schwarzer Frauen in der Bundesrepublik. Hrsg. v. Gisela Fremgen. Bremen 1984. Hierbei handelt es sich um Berichte schwarzer Ausländerinnen in der BRD.

5 Hrsg. v. Dan Diner, Susann Heenen-Wolf, Gertrud Koch, Cilly Kugelmann, Martin Löw-Beer in Frankfurt/M.

6 Zu Fleischmanns Buch vgl. den Abschnitt ›Zum Wiederlesen empfohlen . . .‹ in *Briegleb, NS-Faschismus,* 91 ff.

7 In einen topographisch gestalteten Gegensatz überführt sind derartige Span-

nungen in dem Text Ronnith Neumanns: Heimkehr in die Fremde. Zu Hause in Israel oder Zu Hause in Deutschland? Hamburg 1985. Indem Erfahrungen eines Urlaubs in Israel, wo die Ich-Erzählerin bis zu ihrem zehnten Lebensjahr aufgewachsen ist, beschrieben werden, erscheint Israel – Kindheitslandschaft und biblischer Ursprungsort – als doppelt paradiesischer Ort. – Es sind auffällig viele Frauen unter dieser Autorengruppe. S. auch die Erzählungen von Barbara Honigmann: Roman von einem Kinde. Frankfurt/M. 1986.

8 Vgl. Weigel, Sigrid: ›Das Theater der weißen Revolution ohne Geschlecht.‹ Körper und Verkörperung im Revolutionstheater von Heiner Müller und Georg Büchner. In *Weigel, Topographien*, 43-64.

9 Amsterdam 1971, 13 u. 257.

10 Bachmann, Ingeborg: Werke. II. München 1978, 394.

11 Sein D'Annunzio hat einige Ähnlichkeiten mit dem Auftritt derselben Figur in Elfriede Jelineks Theaterstück ›Clara S.‹ (1981). Vgl. in diesem Bd. S. 528.

12 So Thomas Überhoff in seinem Beitrag über Nadolny in *Arnold, KLG*.

13 Uwe Timm: Vogel, friß die Feige nicht. Römische Aufzeichnungen. Köln 1989, 155.

14 Vgl. dazu das gleichnamige ›Schauspiel in 19 Bildern‹ von Robert Gernhardt (1986) sowie seinen vorausgegangenen Roman über einen aus Frankfurt in die Toscana entflohenen Maler ›Ich Ich Ich‹ (1985), der das Zentrum solcher Bewegungen schon im Buchtitel explizit benennt. Der Wunsch, sich in fremder Umgebung neu zu erleben, ist ja unschwer als zeitgenössische Variante des ›Wiedergeburt‹-Programms zu erkennen, die dem imaginären Italienerlebnis seit Goethe anhaftet.

15 Köln 1980, 198. Der Roman erschien ein Jahr früher unter dem Titel ›Die Hintergrundsperson oder Versuche zu lieben‹ in der DDR. 1988 publizierte Wolters dann Eindrücke ihres (nun) Daueraufenthaltes in der Fremde: Straße der Stunden. 4 Veduten aus dem heimlichen Mailand. Berlin.

16 Hierzu und zu Brinkmann vgl. Günter Samuel: Vom Stadtbild zur Zeichenstätte. Moderne Schriftwege mit Rücksicht auf die Ewige Stadt. In *Scherpe, Unwirklichkeit*, 153-172.

17 Vgl. Sigrid Weigel: Traum – Stadt – Frau. Zur Weiblichkeit der Städte in der Schrift. In *Weigel, Topographien*, 204-229.

18 Zur Analyse des Orientalismus als Diskurs mit dem Gegenstand ›Orient‹ vgl. *Said, Orientalismus;* – Zu Japan vgl. *Hijiya-Kirschereit, Ende*.

19 Darmstadt und Neuwied 1985, 96.

20 In: Reisen. Konkursbuch 21. 1989, 9-23.

21 Die problematische Gegenwart der Indianer ist dagegen Gegenstand von Hanna Johansens Geschichte einer Hopi-Indianerin ›Zurück nach Oraibi‹ (1986).

22 Frankfurt/M. 1987, 96.

23 Hier in der Reihenfolge ihrer zahlenmäßigen Größe genannt. Vgl.: Ausländerdaten. Hrsg. v. Bundesministerium für Arbeit und Sozialordnung. 4/89.

24 Vgl. die Titel mit programmatisch-leitmotivischem Echo: Aras Ören,

›Deutschland, ein türkisches Märchen‹ (Gedichte); Rafik Schami (aus Syrien), ›Andere Märchen‹; Franco Biondi, ›Nicht nur gastarbeiterdeutsch‹; Salvatore A. Sanna, ›Fünfzehn Jahre Augenblicke‹ (beide aus Italien, beide im Selbstverlag); Zvonko Plepelić (Jugoslawien), ›Jedem das Seine oder auch nicht‹; von Marianne Herzog initiiert Vera Kamenko (Jugoslawien), ›Unter uns war Krieg‹ (Autobiographie, im Gefängnis aufgezeichnet); Antonio Skármeta (Chile-Exilant), ›Nixpassiert‹, verfilmt (von Christian Ziewer) mit dem Titel ›Aus der Ferne sehe ich dies Land‹. Skármeta hat durch diese Verfilmung ein größeres Leserinteresse für sein Buch erreicht, Kamenko durch den etablierten Publikationsort Rotbuch-Verlag. Ören war als Autor bereits eingeführt (früher Rotbuch, jetzt Claassen); die anderen Veröffentlichungen blieben zunächst in der ›Teilöffentlichkeit‹, aus der ihre Verfasserinnen und Verfasser kommen.

25 Y. P.: Türkiye. Mutterland – Almanya, Bitterland. In *LiLi, Gastarbeiterliteratur*, 123.

26 F. B.: Von den Tränen zu den Bürgerrechten. In *LiLi, Gastarbeiterliteratur*, 75-100 und *Chiellino, Literatur*. Vgl. auch *Reeg, Schreiben*.

27 ›Im neuen Land‹ (1980), ›Fabrik und Bahnhof‹ (1981), ›Annäherungen‹ (1982), ›Zwischen zwei Giganten‹ (1983) – und die zweisprachigen Gedichtbände ›Wurzeln, hier/Le radici, qui‹, herausgegeben von dem Italiener Giuseppe Giambusso (1982) und ›Nach dem Gestern/Dopo ieri‹, herausgegeben von Chiellino (1983).

28 F. B./R. Sch.: Literatur der Betroffenheit. Bemerkungen zur Gastarbeiterliteratur. In *Schaffernicht, Fremde*, 124-136.

29 Angaben über einzelne Autoren sind am detailliertesten zu finden: für türkische Autoren in *Migrationserfahrung*, für Autoren italienischer Herkunft in *Chiellino, Literatur*. Eine statistische Aufstellung über die soziale Herkunft findet sich in *Hamm, Fremdgegangen*, 176.

30 So eröffnete z. B. Taufiq, der auch als Herausgeber der Zeitschrift ›Fremdworte‹ (Aachen) firmiert, mit der Anthologie ›Dies ist nicht die Welt die wir suchen‹ (1983) die Reihe ›unterwegs‹ im Essener Klartext-Verlag.

31 Vgl. *Reeg, Schreiben*, 88 f.

32 A. Ö.: Von der Würde des Künstlers gegenüber dem missionarisch-bürokratischen Egoismus. In *Ackermann/Weinrich, ›Ausländerliteratur‹*, 90-93.

33 Vgl. Pazarkaya in *LiLi, Gastarbeiterliteratur*; *Pazarkaya, Spuren* und *Pazarkaya, Rosen*.

34 Vgl. *Fohrbeck, Türkische Kulturarbeit* und *Bausinger, Ausländer*.

35 Vgl. Georg Stenzaly: Ausländertheater in der Bundesrepublik und West-Berlin am Beispiel türkischer Theatergruppen. In *LiLi, Gastarbeiterliteratur*, 125-141.

36 Von Pirinçci liegen die Romane ›Tränen sind immer das Ende‹ (1980) und ›Felidae‹ (1989), von Aktoprak der Gedichtband ›Entwicklung‹ (1983) vor.

37 Diese Kritik entwickelt u. a. Peter Seibert: Zur Rettung der Zungen. Ausländerliteratur in ihren konzeptionellen Ansätzen. In *LiLi, Gastarbeiterliteratur*, 40-61.

FREMDE 743

38 Eingeleitet durch die von Irmgard Ackermann veranstalteten Bände ›Als Fremder in Deutschland‹ (1981), ›In zwei Sprachen leben‹ (1983) und ›Türken deutscher Sprache‹ (1984) und fortgesetzt mit ›Über Grenzen‹, hrsg. v. Karl Esselborn; alle München.

39 Publiziert in *Ackermann/Weinrich, ›Ausländerliteratur‹*. Vgl. auch die von der ›Evangelischen Akademie Iserlohn‹ veranstaltete Tagung mit ähnlicher Besetzung. Tagungsprotokolle Nr. 26/85.

40 Zitat aus dem Vorspann zu *Chamissos Enkel*.

41 So die Kritik von Arlene A. Teraoka: Gastarbeiterliteratur. The Other Speaks Back. In *Cultural Critique*, 77-102.

42 H. W.: Gastarbeiterliteratur in der Bundesrepublik Deutschland. In *LiLi, Gastarbeiterliteratur*, 12-22.

43 *Chiellino, Literatur*, 137 ff.

44 Z. B. *Chiellino, Literatur* sowie Biondi und Pazarkaya in *LiLi, Gastarbeiterliteratur*. Eine merkwürdige Rollenrede begegnet auch, wenn Biondi in einem Interview, das Chiellino mit ihm durchführt, von der Anregung durch »meinen Kollegen Gino Chiellino« spricht. *Chiellino, Reise*, 28.

45 Teraoka (s. Anm. 41), 82.

46 *Chiellino, Reise*, 31.

47 *Chiellino, Literatur*, 47.

48 *Ackermann, Zwei Sprachen*, 25.

49 A. H.: Emigration – Emigración. Gedichte – Poesias. Berlin 1989, 57.

50 G. G.: Jenseits des Horizonts. Al di la dell'orizzonto. Gedichte. Bremen 1985, 30/1.

51 Düsseldorf 1978, 90.

52 In H. B.: Belagerung des Lebens. Berlin 1981, 49.

53 In *Biondi u. a., Zwischen*, 59.

54 *Stölting, Migrantendiskurs*, 11.

55 In *Chiellino, Reise*, 108.

56 Beide Erzählungen in F. B.: Passavantis Rückkehr (1982). München 1985.

57 In *Chiellino, Reise*, 34.

58 Eröffnet mit dem Poem ›Was will Niyazi in der Naunynstraße?‹ (1973) und fortgesetzt mit den Bänden ›Der kurze Traum von Kagithane‹ (1974) und ›Die Fremde ist auch ein Haus‹ (1980), alle Berlin.

59 Wie z. B. Willi Bredel ›Rosenhofstraße‹ (1931) oder Jan Petersens ›Unsere Straße‹ (1936).

60 In *PoLiKunst, Lachen*, 18.

61 Zu dieser Problematik vgl. den Schwerpunkt ›Kulturelle und sexuelle Differenzen‹. Feministische Studien 2/1991.

62 U. a. in den beiden für Migrantenliteratur einschlägigen Literaturreihen: ›Freihändig auf dem Tandem‹, hrsg. von Eleni Torossi aus Griechenland und Luisa Costa Hölzl aus Portugal in der ›Südwind‹-Reihe (1985), und ›Eine Fremde wie ich‹, hrsg. von Hülya S. Özkan und Andrea Wörle in der dtv-Reihe (1985). Vgl. daneben den Reportageband von Gaby Franger (Hrsg.): Wir haben es uns anders vorgestellt. Türkische Frauen in der Bundesrepu-

744 ANHANG

blik. Frankfurt/M. 1984; und die anläßlich eines Kongresses in Frankfurt von einer Arbeitsgruppe mit ausländischen und deutschen Frauen veröffentlichten Berichte: Sind wir uns denn so fremd? Ausländische und deutsche Frauen im Gespräch. Frankfurt/M. 1985.

63 Für ›Italienische Frauen in der BRD‹ hat Lisa Mazzi-Spiegelberg dieses Verfahren übernommen in: Der Kern und die Schale. Frankfurt/M. 1986.

64 Zum Problem der Authentizität vgl. *Krechel, Das Authentische.*

65 Hamburg 1983, 36.

66 Zu Özakins Buch vgl. *Frederking, Vorurteile,* 105-127.

67 Tübingen 1987. Motto auf dem Vorblatt.

68 Tübingen 1989. Abschnitt 3. (Der Text enthält keine Seitenzahlen).

69 Vgl. etwa H. M. Enzensberger: Ach Europa! Frankfurt/M. 1987; die Ost- und Mitteleuropa-Debatte in der Zeitschrift ›Lettre International‹, 3/1988 und 4/1989; dazu Erhard Stölting: Ash Efendi und György Bey. In: taz, 19. 6. 1989; außerdem die Nr. 109/1989 der ›Sprache im technischen Zeitalter‹ zum Thema ›Europa von außen‹.

70 In *Chiellino, Reise,* 168/9.

71 Z. B. in *Ritter, Kolloquium,* 8.

72 In *LiLi, Gastarbeiterliteratur,* 16.

73 Ebd., 122.

74 In *Chiellino, Reise,* 101.

75 *Steiner, Exterritorial,* 17-27.

76 F. K.: Brief an Max Brod. Juni 1921. In: Das Kafka-Buch. Hrsg. v. Heinz Politzer. Frankfurt/M. 1979, 211.

77 Woraus nach der Auflösung der DDR und mit dem daraus folgenden Wegfall einer eigenen DDR-Literatur dann wieder vier werden.

78 *Deleuze/Guattari,* 24.

Werner Irro: Hier drüben – Literatur ehemaliger DDR-Autoren

(Der Beitrag wurde im Sommer 1989 abgeschlossen.)

1 Vgl. die Zusammenstellung bei *Emmerich, Literaturgeschichte,* 252 ff.

2 Vgl. die Vorbemerkungen der Herausgeberin in *Brenner, Nachrichten,* 6 ff.

3 Weder Veröffentlichungsort noch Wohnort der Autoren sind ausschlaggebendes Kriterium für die Textauswahl dieses Beitrags. In der überwiegenden Mehrzahl erschienen die Arbeiten bislang jedoch ausschließlich in der Bundesrepublik, wo die meisten ihrer Autoren heute auch leben. Der Beitrag will lediglich einige Schreibweisen diskutieren, die eine besondere Reaktion auf die ›Erfahrung DDR‹ darstellen. Keine »dritte deutsche Literatur« soll damit konstituiert werden, wie von F. J. Raddatz vorgeschlagen. Wie hier eigenständige ästhetische Ausdrucksformen entwickelt werden, die einen gesellschaftlichen und literarischen Ort zwischen der DDR und der BRD markieren, soll jedoch gezeigt werden. Eine umfassendere Einbettung in die

EHEMALIGE DDR-AUTOREN/LITERATUR VON FRAUEN   745

Literaturen beider Staaten wäre wünschenswert, kann hier aber nicht geleistet werden. Zum Kontext der DDR-Literatur s. *Emmerich, Literaturgeschichte*, 242 ff. und *Schmitt, Literatur der DDR.*

4 Klaus Gysi, zitiert nach SZ, 4. 9. 1968.

5 Maron, Monika: Flugasche. Frankfurt/M. 1981, 198.

6 Maron, Monika: Die Überläuferin. Frankfurt/M. 1986, 214.

7 ›Hoffmann, Ich und Teile der näheren Umgebung‹ (1985); ›Jakob Oberlin oder Die Kunst der Heimat‹ (1987); ›Verabredung in Rom‹ (1988).

8 Eine Gedicht- und Prosaauswahl Hilbigs erschien in der DDR unter dem Titel ›Stimme Stimme‹, Leipzig 1983.

9 Hilbig, Wolfgang: Der Brief (Titelerzählung). Frankfurt/M. 1985, 166.

10 Der Band erschien nach langen Verzögerungen 1989 auch in der DDR.

11 Neumann, Gert: Die Klandestinität der Kesselreiniger. Frankfurt/M. 1989, 9 ff., 38.

12 Becker, Jurek: Schlaflose Tage (1978). Frankfurt/M. 1980 (Taschenbuchausgabe), 134 f.

13 Um Öffentlichkeit werben einige andere Autoren, die sich in der Rolle des Opfers von DDR-Repression eine neue Identität schaffen. Exemplarisch für diese ideologische Haltung vgl. Faust, Siegmar: Menschenhandel in der Gegenwart. Literatur der DDR im Zeugenstand. Asendorf 1986.

Regula Venske und Sigrid Weigel: ›Frauenliteratur‹ – Literatur von Frauen

(Der Beitrag wurde im Sommer 1989 abgeschlossen.)

1 Bachmann, Ingeborg: Wir müssen wahre Sätze finden. Gespräche und Interviews. Hrsg. v. Christine Koschel/Inge v. Weidenbaum. München, Zürich 1983, 109.

2 Die Dokumente dieser Aktionen sind nachzulesen in *Miermeister/Staadt, Provokationen*, 218 ff.

3 Bachmann, Gespräche (s. Anm. 1), 90 ff. u. 113.

4 Bachmann, Gespräche, 110.

5 Bachmann, Ingeborg: Werke. Hrsg. v. Christine Koschel, Inge von Weidenbaum, Clemens Münster. München, Zürich 1978. Bd. 3: Malina, 276.

6 ›Ledige Mütter. Protokolle‹, hrsg. v. Freia Hoffmann. Frankfurt/M. 1976. ›Liebe Kollegin. Texte zur Emanzipation der Frau in der Bundesrepublik‹, hrsg. v. Britta Noske u. a. Frankfurt/M. 1973.

7 Schwarzer, Alice (Hrsg.): Der kleine Unterschied und seine großen Folgen. Frankfurt/M. 1975, 178.

8 ›Sexismus geht tiefer als rassismus als klassenkampf‹. München 1975, 34.

9 Ausführlicher dargestellt und belegt ist diese Geschichte und auch die weitere Entwicklung der Literatur von Frauen in *Weigel, Medusa.*

10 Zur verspäteten Rezeption dieser ›vor-feministischen‹ Autorinnen vgl. z. B. *Duden u. a., Haushofer; Stephan/Venske/Weigel, Tradition; Bachmann, Sonderband.*

11 Bachmann, Werke, III/342.

12 Ähnlich dem Schauplatz ihres vorausgegangenen Romans ›Die Wand‹ (1963). Hier wie dort begegnet ihr der Mann als Aggressor in unverstellter Gestalt.

13 Benjamin, Walter: Berliner Kindheit um neunzehnhundert. Frankfurt/M. 1987, 9.

14 Zur verkennenden Rezeption in der zeitgenössischen Literaturkritik, in der diese Literatur gern als weiblich-neurotisch gewertet oder auf die Ebene von Liebesgeschichten reduziert wurde, vgl. den Fall Haushofer, den Regula Venske untersucht hat, in *Duden u. a., Haushofer,* 43-66.

15 Vgl. *Bovenschen, Frage.*

16 Aichinger, Ilse: Meine Sprache und ich. Erzählungen. Frankfurt/M. 1978, 219.

17 Auch hierfür ist das ›Kursbuch‹ ein wichtiger Indikator. In ihm sind *vor* der Studentenbewegung etliche Texte von Foucault und anderen französischen Theoretikern in Übersetzungen vorgestellt.

18 Zu den Debatten über ›Frauenliteratur‹ vgl. das Kapitel ›Frauenliteratur als Programm‹ in *Weigel, Medusa;* auch *Schmidt, Frauenliteratur.*

19 Vgl. *Cixous, Zirkulation* und *Cixous, Weiblichkeit.*

20 Vgl. *Kristeva, Revolution.*

21 Vgl. den Beitrag von Kristeva in: alternative 108/109, 1976 und *Kristeva, Chinesin.*

22 Schröder, Margot: Der Schlachter empfiehlt noch immer Herz. München 1976.

23 Bachmann, Werke, II/450.

24 Jelinek, Elfriede: ›Ich will kein Theater – Ich will ein anderes Theater‹. In: Theater heute, 8/1989, 31.

25 Katja Behrens im Gespräch über ihren Roman. In: Die Zeit, 14. 10. 1983.

26 Zum Zusammenhang von Autobiographie und Bekenntnisdiskurs vgl. *Schneider, Herzensschrift.*

27 Bachmann, Werke, III/27.

28 Ebd., 22/23.

29 Pausch, Birgit: Das Bildnis der Jakobina Völker. Düsseldorf 1980, 97.

30 ›Die Mystifikationen der Sophie Silber‹ (1976), ›Amy oder Die Metamorphose‹ (1978), ›Kai und die Liebe zu den Modellen‹ (1979).

31 Auch Opitz, Elisabeth: Horch in das Dunkel. Ein Bericht über Depression (1979), Katharina Havekamp: . . . und Liebe eimerweise (1977).

32 Zürn, Unica: Das Weisse mit dem roten Punkt. Berlin 1981, 92.

33 Duden, Anne: Der Übergang. Berlin 1982, 70.

34 Duden, Anne: Das Judasschaf. Berlin 1985, 46/47.

35 Jelinek, Elfriede: Krankheit oder Moderne Frauen. Köln 1987, 44.

36 *Kristeva, Chinesin,* 257.

37 Vgl. dazu das Kapitel über satirische Schreibweisen in *Weigel, Medusa.*

38 So Erdle, Birgit: Die Kunst ist ein schwarzes glitschiges Sekret. Zur feministischen Kunst-Kritik in neueren Texten Jelineks. In *Frauen-Fragen,* 323-341.

LITERATUR VON FRAUEN 747

39 Vgl. den gleichlautenden Titel, hrsg. v. Luise Pusch. Frankfurt/M. 1983. Christine Brückner erfindet in ›Wenn du geredet hättest, Desdemona. Ungehaltene Reden von ungehaltenen Frauen‹ (1983) widersprechende Texte, die sie historischen wie literarischen Frauengestalten in den Mund legt.

40 Vgl. Ecker, Gisela: Der andere Blick? Zu Erica Pedrettis Roman ›Valerie oder Das unerzogene Auge‹, in *Weigel, Leibraum*. Vgl. auch *Weigel, Verdoppelung*.

41 Steinwachs, Ginka: Die Meisterschläferin. In: literatur konkret, 1987, 51.

42 Siehe den Zusammenschluß von ›Frauen im Theater‹ (FiT) in der Dramaturgischen Gesellschaft und deren Dokumentationen 1984, 1985 und 1986/87. Vgl. auch *Theaterautorinnen*.

43 Bachmann, Werke, III/189.

44 Domin, Hilde: Das zweite Paradies. Roman in Segmenten. München 1986, 73. (1968). Zu den folgenden Ausführungen vgl. grundlegend und weiterführend *Venske, Mannsbilder*.

45 Domin, Paradies, 80, 110 u. 114.

46 Haushofer, Marlen: Die Wand. Düsseldorf [2]1983, 162 u. 238.

47 Moosdorf, Johanna: Die Andermanns. Stuttgart 1969, 79.

48 Moosdorf, Johanna: Die Freundinnen. München 1977, 41; Taschenbuchausgabe Frankfurt/M. 1988, 37.

49 Vgl. Bachmann, Ingeborg: Malina. Frankfurt/M. 1971, 283.

50 Taschau, Hannelies: Landfriede. Frankfurt/M. 1980, 38. (1978).

51 Schwaiger, Brigitte: Wie kommt das Salz ins Meer. Reinbek 1979, 33. (1977).

52 Vgl. *Cixous, Zirkulation*, 27 ff., *Cixous, Weiblichkeit*, 69.

53 Jannberg, Judith (Ps.): Ich bin ich. Aufgezeichnet von Elisabeth Dessai. München 1980, 90.

54 Vgl. Merian, Svende: Der Tod des Märchenprinzen. Roman, Reinbek 1983, 116 u. 113. (1980).

55 Struck, Karin: Trennung. Frankfurt/M. 1982, 24. (1978).

56 Struck, Karin: Kindheits Ende. Journal einer Krise, Frankfurt/M. 1982, 148.

57 Struck, Karin: Lieben. Frankfurt/M. 1981, 360 (1977); u. Kindheits Ende, 190.

58 Vgl. *Mitscherlich, Gesellschaft*.

59 Vgl. Mitscherlich, Thomas: Vater und Sohn. Film, BRD 1984.

60 Schutting, Jutta: Der Vater. Reinbek 1983, 119. (1980).

61 Czurda, Elfriede: Kerner. Ein Abenteuerroman. Reinbek 1987, 26.

62 Vgl. Mayröcker, Friederike: Das Herzzerreißende der Dinge. Frankfurt/M. 1985, 66.

63 Czurda, Elfriede: Diotima oder Die Differenz des Glücks. Reinbek 1982, 30.

64 Mayröcker, Friederike: Die Abschiede. Frankfurt/M. 1980, 18 u. 245.

65 Frischmuth, Barbara: Entzug – Ein Menetekel der zärtlichsten Art. Pfaffenweiler 1979, 7.

66 Vgl. den Klappentext; Puganigg, Ingrid: Laila. Eine Zwiesprache. Frankfurt/M. 1988.

748 ANHANG

67 Puganigg, Laila, 21.

68 »Androgyny was only attractive because it was too difficult to be a woman.«
Lippard, Center, 4. Vgl. auch Hilde Domins Postulat »Wir sind alle Her-
maphroditen.« ›Über die Schwierigkeiten, eine berufstätige Frau zu sein‹, in:
H. D.: Von der Natur nicht vorgesehen. Autobiographisches. München
1974, 42.

69 Drewitz, Ingeborg: Gestern war heute. Hundert Jahre Gegenwart. München
1980, 276. (1978).

70 Bronnen, Barbara: Die Tochter. München 1982, 59. (1980).

71 Struck, Lieben (s. Anm. 57), 160.

72 Die Formulierungen erfolgen in Anlehnung an Julia Kristeva und Hermann
Broch.

73 Moníková, Libuše: Pavane für eine verstorbene Infantin. Berlin 1983, 146.

74 Heißenbüttel, Helmut: Inwendige Traurigkeit. In: FR, 10. 3. 1984.

Keith Bullivant: Literatur und Politik

(Der Beitrag wurde im Herbst 1988 abgeschlossen.)

1 *Mitscherlich, Unfähigkeit,* 57.

2 *Bohrer, Phantasie,* 90.

3 Weiss: »Ich habe seitdem viel an dieser Unsicherheit gearbeitet«, s. *Gerlach/
Richter, Weiss,* 58 f. Vgl. auch in diesem Zusammenhang *Durzak, Gegen-
wartsliteratur,* 299-313, sowie *Thomas/Bullivant, Literatur,* 44-86. Und s.
Schnell, Bundesrepublik, 168 ff.

4 Siehe *Schütt, Asphalt-Literatur* und *Hüfner, Straßentheater.*

5 M. Walser: Über die Neueste Stimmung im Westen. In: Kursbuch 20, 1970;
Michel, Kranz.

6 Heißenbüttel, Helmut: Die Irrelevanz des Erfolges in der Beziehung zwischen Literatur und Leser, Kunst und Publikum. In *Ramseger, Buch,* 327.

7 *Schütt, Asphalt-Literatur,* 6.

8 Siehe hier das Nachwort zu Schütze, Bernhard (Hrsg.): Rosalka oder Wie es
eben so ist. Frankfurt/M. 1969, 141.

9 Hüser, Fritz/von der Grün, Max (in Zusammenarbeit mit Wolfgang Pro-
mies): Aus der Welt der Arbeit. Almanach der Gruppe 61 und ihrer Gäste.
Neuwied und Berlin 1966, 26.

10 Schütt, Peter: Tagung der Gruppe 61. In: Die Zeit, 29. 11. 1968.

11 Ebd.

12 *Kühne/Schöfer, Schreiben,* 333.

13 Schöfer, zit. nach *Arnold, Gruppe 61,* 193.

14 Wie und wovon handelt Literatur, Referat gehalten auf einer Delegierten-
Tagung des Werkkreises im Mai 1972. In *Walser, Literatur,* 125. Zur Grün-
dungsgeschichte des ›Werkkreises‹ s. im einzelnen *Hahn, Aktion,* 111 ff. und
Fischbach u. a., Werkkreis.

POLITIK 749

15 Programm des Werkkreises, beschlossen am 7. 3. 1970. In *Kühne/Schöfer, Schreiben*, 335.

16 Siehe u. a. hier *Hahn/Naumann, Gebrauchswert*, 155 ff. und *Fischbach u. a., Werkkreis*, 181.

17 Scharang, Michael: Zur Technik der Dokumentation. In: Einer muß immer parieren. Darmstadt u. Neuwied 1973, 21.

18 Scharang, Michael: Die Arbeit selbst kommt zu Wort. In: Scharang, Parieren, 72.

19 Siehe *Fischbach/Meyer-Puschner, Arbeiterklasse*, 305 ff.

20 Scharang, Michael: Arbeitsbericht zu dem O-Ton-Stück ›Einer muß immer parieren‹. In: Scharang, Parieren, 92 f.

21 Scharang, Michael: Zur Emanzipation der Kunst. Neuwied und Berlin 1971. Siehe auch: Scharang, Parieren (Anm. 17), 68.

22 Wallraff, Günter: Vom Ende der Eiszeit und wie man Feuer macht. In *Linder, Wallraff*[2], 256.

23 *Wallraff, Wirkungen*, 156.

24 Zit. nach *Linder, Wallraff*[2], 112.

25 *Wallraff, Wirkungen*, 152.

26 Ebd., 155.

27 Siehe *Vormweg, Lesart*, 54, und in diesem Bd. S. 313 ff.

28 In: ›Ihr da oben, wir da unten‹ (1973), zus. mit Bernt Engelmann. Gerling-Report als Ergänzung in den folgenden (Massen-)Auflagen. Vgl. Alfred Schüler in *Linder, Wallraff*[2], 103.

29 Wallraff-Dossier des Munzinger-Archivs. In *Linder, Wallraff*[1] 14.

30 Wallraff, Günter: Ich gehe ein Risiko ein, mißverstanden zu werden. Interview mit Christian Linder. In: Frankfurter Rundschau, 15. 8. 1974.

31 Zit. nach *Linder, Wallraff*[2], 355.

32 *Hahn/Töteberg, Wallraff*, 89.

33 In *Linder, Wallraff*[2], 167. 1987 wurde das Renommee Wallraffs sehr in Frage gestellt, zum einen durch Kritik seiner türkischen Mitarbeiter an ›Ganz unten‹, zum anderen durch die Unterstellung von Hermann Gremlitza, Herausgeber von ›konkret‹, Wallraff habe kein einziges Werk allein geschrieben. Siehe in diesem Zusammenhang: konkret, 11/1987 und Hermann, Kai: Ein Wallraff kommt selten allein. In: Stern, 8. 10. 1987.

34 *Schneider, Phantasie* in *Schneider, Atempause*, 156.

35 *Buch, Funktion* in *Buch, Wälder*, 77.

36 Baumgart, Reinhard: Sechs Thesen über Literatur und Politik. In *Tintenfisch* 3, 1970. Wiederabdr. in *Baumgart, Phantasie*, 15-16.

37 Zit. nach: Walser, Martin: Theater als Öffentlichkeit. In: Kürbiskern 4, 1973, 723. Walsers Bemerkungen ebd.

38 Siehe *Wellershoff, Lustprinzip*.

39 Siehe *Hahn/Naumann, Gebrauchswert*, 155 f. und *Kühne, Arbeiterklasse*, 195-96.

40 Siehe Högemann-Ledwohn, Elvira: Ein proletarischer Held 1972. In: Kürbiskern 4, 1973, 790 ff. Hier setzte sich die Autorin mit der These Günter

Stacks auseinander, der positive Held sei im zeitgenössischen Arbeiterroman anachronistisch; s. *Stack, ›Akkord ist Mord‹*, 130-36.

41 Timm, Uwe: Zwischen Unterhaltung und Aufklärung. In: Kürbiskern 1, 1972, 79 und passim.

42 Dieses und weitere Zitate aus: Timm, Uwe: Realismus und Utopie. In *Laemmle, Realismus*, 139-50.

43 In einer Seminardiskussion im Department of German Studies, University of Warwick (England), Februar 1981.

44 Vgl. auch *Ploetz, Arbeiterklasse*, 795.

45 Zu diesen Romanen s. Piwitt, Hermann Peter: Rückblick auf heiße Tage. Die Studentenrevolte in der Literatur. In *Literaturmagazin* 4, 37-45; *Hosfeld/ Peitsch, Aktionen*, 92-126; *Denkler, Langer Marsch*, 132 ff.

46 Högemann-Ledwohn, Elvira: Von der Handlungsfähigkeit des Romans. In: Kürbiskern 4, 1975, 24 ff.

47 Piwitt, Rückblick, 44.

48 *Buch, Hervortreten*, 87-88.

49 *Laemmle, Schatten*, 469 ff.

50 *Schneider, Radikalität*, 329.

51 Siehe *Hartung, Repression*, 59, sowie: Schneider, Michael: Väter und Söhne, posthum. Das beschädigte Verhältnis zweier Generationen. In *Schneider, Kulturzerfall*, 11 ff., sowie Elias, Norbert: Gedanken über die Bundesrepublik. Herbst 1977. In: Merkur 439/440, 1985, 733-55.

52 Siehe hier *Hartung, Jugend*, 187.

53 Siehe in diesem Zusammenhang: Kempowski, Walter: Haben Sie Hitler gesehen? Deutsche Antworten. München 1973; W.K.: Haben Sie davon gewußt? Deutsche Antworten. Hamburg 1979; von der Grün, Max: Wie war das eigentlich? Kindheit und Jugend im Dritten Reich. Darmstadt u. Neuwied 1979; Engelmann, Bernt: Im Gleichschritt marsch. Wie wir die Nazizeit erlebten 1933-1939. Köln 1982; B. E.: Bis alles in Scherben fällt. Wie wir die Nazizeit erlebten 1939-1945. Köln 1983.

54 *Plessen, Schwierigkeiten*, 201.

55 Zur Kritik der »falschen Anschaulichkeit« dieser Romane s. *Peitsch, Faschismusdarstellung*, 81 ff. Und vgl. in diesem Bd. S. 86 ff.

56 Zit. nach *Müller, Republik*, 137.

57 Baumgart, Reinhard: Die Hofnarren schweigen. In: Der Spiegel, 34/1971. Wiederabdruck in *Baumgart, Phantasie*, 24.

58 Walser, Martin: Heimatbedingungen. In *Walser, Literatur*, 92.

59 Siehe *Bingel, Dokumentation*.

60 J. Vogt in *Arnold, KLG*.

61 Böll, ›Katharina Blum‹, zit. nach der Tb.-Ausg. München 1975, 5.

62 Böll, Heinrich: Frankfurter Vorlesungen. München 1968, 45.

63 Die Erfahrungen der Erfolgsschriftstellerin Luise Rinser waren für viele am zugänglichsten. Rinser, Luise: Kriegsspielzeug. Tagebuch 1972-78. Frankfurt/M. 1978, 167-72.

64 Artikel in der Nürnberger Zeitung im Herbst 1977. Zit. nach Fuchs, Gerd:

Die Maske fällt: Es wird der Putsch geprobt. In: literatur konkret, 1977, 8. Vgl. FAZ, 30. 9. 77.

65 Hrsg. v. Freimut Duve, Heinrich Böll und Klaus Staeck. Vgl. ferner dieselben: Briefe zur Verteidigung der bürgerlichen Freiheit. Reinbek 1978 u.: Kämpfen für die Sanfte Republik. Reinbek 1980.

66 Böll, Heinrich/Wallraff, Günter: Berichte zur Gesinnungslage der Nation/ Berichte zur Gesinnungslage des Staatsschutzes. Reinbek 1977.

67 *Buch, Hervortreten,* 23.

68 Neues (& altes) vom Rechtsstaat & von mir. Alle Epigramme. Frankfurt/M. 1978 und vgl. Arbeitskreis Theater Frankfurt (Hrsg.): Theaterstücke zum Radikalenerlaß. Offenbach 1977. Dieser Band enthält u. a. P. Schneiders ›Alte und neue Szenen zum Thema Radikale‹. Vgl. insgesamt *Kienzle/Mende, Zensur.* Zum Bertelsmann-Skandal vgl. auch *Peitsch, Faschismusdarstellung.*

69 *Hartung, Repression,* 67.

70 Der autobiographische Bezug dieser Erzählung wird deutlich in Elsners Beitrag zu *Faecke, Entfernung.*

71 Baier, Lothar: Wie Macht wirkt. In: Die Zeit, 24. 4. 1981.

72 Buch, Hans Christoph: Unruhe. Jossa 1979. Zur Kritik an Gorleben s. *Wagenbach u. a., Vaterland,* 313.

73 Born, Nicolas: Die Welt der Maschine. Reinbek 1980, 23.

74 Böll beschrieb im Interview mit Heinz Ludwig Arnold »die Mechanisierung der Welt« als »eine Erscheinungsform des Faschismus«. Siehe Böll, Heinrich: Interviews I, 1961-78. Köln 1979, 170-71.

75 Siehe zu diesem Problemkreis: Krüger, Ingrid (Hrsg.): Mut zur Angst – Schriftsteller für den Frieden. Darmstadt und Neuwied 1982; die Protokolle der Berliner Begegnungen: Berliner Begegnung zur Friedensförderung. Darmstadt und Neuwied 1982, und: Zweite Berliner Begegnung – Den Frieden erklären. Darmstadt u. Neuwied 1983, sowie Grass, Günter: Widerstand lernen. Darmstadt u. Neuwied 1984.

76 Buch, Hans Christoph: Die Zukunft der Literatur ist ihre Vergangenheit. In *Literaturmagazin* 19, 32.

77 Ortheil, Hanns-Josef: Das Kalkutta-Programm. Ebd., 91.

78 Buselmeier, Michael: Die poetische Ansicht der Geschichte. Ebd., 35.

79 Greiner, Ulrich: Verlust der Wahrheit. In: Die Zeit, 18. 9. 1981.

80 Enzensberger, Hans Magnus: Die Gesellschaft ist keine Hammelherde. Interview. In: Der Spiegel, 4/1987, 76. Vgl. Baumgart 1971, Anm. 57.

81 Buselmeier, Ansicht (s. Anm. 78), 35.

82 Lüdke, Martin/Schmidt, Delf: Editorische Notiz. In *Literaturmagazin* 19.

83 Böll, Heinrich/Riese, Hans-Peter: Schriftsteller in dieser Republik. In: L 76, 6/1977, 5-37, hier 8.

84 Walser, Martin: Der Lächerlichkeit die Würde zurückerobern. Gespräch mit Ulf Erdmann Ziegler. In: taz, 30. 9. 1985.

85 Schmid, Thomas: Gute Leute und böse Zeiten. In: FR, 18. 7. 1981.

Keith Bullivant und Klaus Briegleb: Die Krise des Erzählens – ›1968‹ und danach

(Der Beitrag wurde im Sommer 1989 abgeschlossen.)

1 *Adorno, Standort*, 61. Hier zit. nach der Orig.-Ausg. Noten zur Literatur [I]. Berlin und Frankfurt/M. 1958.

2 *Hamm, Kritik* und *Kässens/Töteberg, Fortschritt*, 30.

3 *Enzensberger, Gemeinplätze*, 194 ff.

4 ›Ankündigung einer neuen Zeitschrift. Kursbuch, herausgegeben von Hans Magnus Enzensberger im Suhrkamp Verlag.‹ Wiederabdr. in: Kursbuch [Reprint]. I. Frankfurt/M. 1976.

5 Vgl. in diesem Bd. S. 42 ff., 52 ff., 59 ff.

6 Peter Weiss und Hans Magnus Enzensberger. Eine Kontroverse. In: Kursbuch 6, 1966, 165 ff.

7 Walser, Martin: Freiübungen. Der Versuch, ein keltisches Muster anzupreisen. In: M. W.: Erfahrungen und Leseerfahrungen. Frankfurt/M. 1965, 94 ff.

8 Vgl. in diesem Bd. S. 44, 308, 324, 327, 334, 344, 375 ff.

9 *Buch, Postscriptum*, 85 ff. und zuvor.

10 Vgl. in diesem Bd. S. 41 und Anm. 132.

11 Vgl. S. 56, 328, 718 (Anm. 233) u. ö., zu Friesel u. a.

12 Buch, s. Anm. 9. Der Autor bezieht sich auf sein eigenes Umfeld, den Campus der FU, zit. jetzt aus einem Papier der Roten Zelle Germanistik (Rotzeg) Berlin.

13 Zit. nach Trauberg, Ursula: Vorleben. Mit einem Nachwort von Martin Walser (›Ein Nachwort zur Ergänzung‹). Frankfurt/M., 269 f.

14 Die Literatur ist romantisch. In *Handke, Elfenbeinturm*, 50.

15 Vgl. in diesem Bd. S. 150 und Anm. 98.

16 Beide in P. H.: Prosa Gedichte Theaterstücke Hörspiel Aufsätze. Frankfurt/M. 1969.

17 Ebd., 269/70.

18 Wolf, Ror: Meine Voraussetzungen. In *Baier, Wolf*, 21.

19 Wondratschek, Wolf: Roman. In: W. W.: Ein Bauer zeugt mit einer Bäuerin einen Bauernjungen, der unbedingt Knecht werden will. München 1970, 15.

20 Vgl. dazu die Tel Quel-Nummer der alternative 66: Revolutionäre Texttheorie. Berlin 1969.

21 Handke (s. Anm. 16), 24.

22 Vgl. in diesem Bd. S. 56

23 Walser im Gespräch mit Heinz D. Osterle. In *Osterle, Bilder*, 222.

24 *Adorno, Standort* (vgl. Anm. 1), 64.

25 *Baumgart, Aussichten*, 75.

26 Ebd., 76.

27 *Adorno, Standort*, 62.

28 *Baumgart, Aussichten*, 112; *Baumgart, Phantasie*, 126 und pass. (›Was wird aus der Belletristik?‹), 161.

29 *Tintenfisch* 3. Berlin 1970, 29 ff.

KRISE DES ERZÄHLENS 753

30 Zit. aus der ›Ersten Glosse. Über die Geschichte als kollektive Fiktion‹, 13.
31 *Heißenbüttel, Wie man*, 912 f.
32 Ebd., 915.
33 Vgl. in diesem Zusammenhang *Matthaei, Madonna*.
34 *Batt, Exekution*, 79. Zur Strukturdeutung des Romans siehe grundlegend *Nägele, Ordnung*.
35 Siehe *Miller, Prolegomena*. Vgl. hier auch Baumgart: Die Literatur der Nicht-Autoren. In: Merkur 268, 1970, 737 ff., und *Heißenbüttel/Vormweg, Briefwechsel*, 66 f.
36 *Batt, Exekution*, 79.
37 *Wellershoff/Linder, Jagd*.
38 Wellershoff in einem Brief an Stephen Lamb vom 28.7. 1974 (unveröffentlicht).
39 Vgl. z. B. Erich von Kahler: Untergang und Übergang der epischen Kunstform (1952). In: E. v. K.: Untergang und Übergang. München 1970. Vgl. auch *Jens, Plädoyer* und *Jens, Gegenwart*.
40 Vgl. *Heißenbüttel/Vormweg, Briefwechsel*, 28 ff., 65; *Vormweg, Lebenshilfe*, 785; *Heißenbüttel, Literatur*, 202.
41 Vgl. in diesem Bd. S. 46 ff.
42 Vgl. im ganzen *Eggers, Aspekte*. Vermutlich hat Eggers den Begriff »Sprachrealismus« geprägt.
43 *Bichsel, Geschichte*, 409.
44 *Baumgart, Aussichten*, 51 f.
45 *Bichsel, Geschichte*, 409.
46 In: Texte über Texte. Neuwied u. Berlin 1970, 123, 130.
47 *Heißenbüttel, Tradition*, 51.
48 *Heißenbüttel/Vormweg, Briefwechsel*, 28.
49 Zit. nach Heißenbüttel, Helmut: Projekt Nr. 1: D'Alemberts Ende. Neuwied und Berlin 1970, 387.
50 Vgl. in diesem Bd. S. 49 und Anm. 179 ff.
51 *Scheffer, Literatur*, 573 ff.
52 *Batt, Exekution*, 66.
53 *Scheffer, Literatur*, 567.
54 ›Schlachtbeschreibung‹, Olten und Freiburg 1964, erschien 1968 in einer überarbeiteten Tb.-Ausgabe, Frankfurt/M., und als: Der Untergang der Sechsten Armee – Schlachtbeschreibung. München 1969.
55 Kluge, Alexander: Gelegenheitsarbeit einer Sklavin. Zur realistischen Methode. Frankfurt/M. 1975, 218.
56 Kluge, Alexander: Schlachtbeschreibung. Frankfurt/M. 1968, 237.
57 Ebd., 216 ff.
58 *Baumgart, Aussichten*, 52.
59 Vgl. Baier, Lothar: Wie die Macht wächst. In: FAZ, 27. 10. 1970.
60 Zit. nach Bekes, Peter: Hubert Fichte. In *Arnold, KLG*.
61 *Franke, Dokumente*.
62 Zit. nach der Tb.-Ausg. Frankfurt/M. 1986.

63 Vgl. *Briegleb, NS-Faschismus,* 16 ff. (Anm. 8 und 12).

64 Vgl. in diesem Bd. S. 74 ff.

65 Vgl. S. 95 ff.

66 Vgl. *Miller, Prolegomena,* 96 ff.

67 Ähnliches war nun ›plötzlich‹ vielstimmig, z. B. am 29. 9. 1972 in Die Welt oder am 4. 10. 72 in der National-Zeitung, Basel, zu lesen.

68 Vgl. über Register und zu Hildesheimer in diesem Bd. S. 342 ff.

69 Siehe *Kreuzer, Neue Subjektivität* sowie *Roberts, Tendenzwenden*[2].

70 Vgl. z. B. Wondratschek, Wolf: Über den größeren Teil und den kleineren Teil einer Gesamtbevölkerung. Zugedacht dem größeren Teil. In: Stuttgarter Zeitung, 17. 4. 1971.

71 Hellmuth Karasek: Alles oder nichts. In: Die Zeit, 6. 12. 1968. Vgl. auch in diesem Bd. S. 62

72 H. K.: Tod der Kritik, gutbürgerlich. Ein paar Gemeinplätze – das jüngste ›Kursbuch‹ betreffend. In: Die Zeit, 20. 12. 1968.

73 Vgl. in diesem Bd. S. 309, u. ö.

74 Angekündigt in Kursbuch 15 als ›Versuch über die Kulturrevolution in Europa‹ (»wird in einem späteren Kursbuch erscheinen«).

75 Zit. nach *Schneider, Atempause,* 154 f.

76 Vgl. in diesem Bd. S. 44 ff.

77 *Buch, Funktion,* 47 ff. Dieser Aufsatz (mit den Abschnitten: ›Vor Ästhetiken wird gewarnt‹, ›Abschaffung der Kunst?‹, ›Ökonomismus‹, ›Historischer Exkurs‹, ›Agitation und Propaganda‹, ›Utopie‹) eignete sich wohl als Schullektüre über: 1968 und ›Wende aus sich selbst‹.

78 *Baumgart, Phantasie,* 128 f.

79 Vgl. auch Baumgarts Beitrag zur Fiedler-Debatte (in diesem Bd. S. 56): Die Enkel von Thomas Proust und Marcel Mann. Zehn Anmerkungen zu Thesen von Leslie Fiedler. Erweiterte Fsg. des Forumbeitrags in: Christ und Welt, 11. 10. 1968. In *Baumgart, Phantasie,* 130 ff.

80 Vgl. Baumgart: Das Poetische, seine Tradition und Aktualität; und: Der blinde Realismus. In und Nachwort zu *Baumgart, Phantasie,* 158 ff. und 226 ff.

81 Das Poetische, 163.

82 Vgl. ähnlich Reich-Ranicki, in diesem Bd. S. 362

83 Das Poetische (s. Anm. 80), 164.

84 Vgl. dazu Karl-Heinz Bohrers satirische Pointe *Das ewige Gespräch* in der Erzählung ›Die Ästhetik des Staates‹; in: Merkur 423, 1984, 14.

85 Siehe in diesem Bd. Anm. 43 zu S. 86.

86 Vgl. in diesem Bd. S. 75 f.

87 Siehe dazu *Schmitt, Debatte.*

88 Vgl. in diesem Bd. S. 313 ff.

89 Zit. nach *Laemmle, Realismus.*

90 *Adorno, Standort,* 63. Und vgl. Kap. V und VI in: Leo Löwenthal: Literatur und Massenkultur. Teil 1. In *Löwenthal, Schriften* I.

91 *Wellershoff, Veränderung,* 64.

KRISE DES ERZÄHLENS/WEITERSCHREIBEN

92 *Wellershoff, Wahrheit*, 76.
93 *Wellershoff, Veränderung*, 65 ff.
94 *Wellershoff, Lustprinzip*, 140.
95 Der hier angedeuteten Wertungstendenz im Wellershoff-Referat kann entgegengelesen werden mit Linder, Christian: Der Tag der Drachentötung. Über Dieter Wellershoff. In *Linder, Wunschmaschine*, 146 ff. Vgl. auch unten S. 340 ff.
96 Das Poetische (s. Anm. 80), 171.
97 Ästhetik (s. Anm. 84), 7.
98 In diesem Bd. nicht als ›Gattung‹ gefaßt; vgl. S. 49 f., 168 u. ö.
99 Vgl. dagegen die Radikalisierung des Erinnerns, S. 133 ff.
100 Vgl. S. 65, 336, 95 u. ö.
101 Vgl. S. 156.
102 Exemplarisch vgl. Gerd Fuchs' ›Schinderhannes‹ (1986). Vgl. in diesem Bd. auch S. 86 ff.
103 So geschehen. Hier zit. nach dem Klappentext der Erstausgabe im 142. Tausend, 1979.
104 Walser-Interview in: Marburger Blätter 4/5, 1976, 27.
105 Z. B. in: Goethe hat ein Programm, Jean Paul eine Existenz. In *Literaturmagazin* 2, 108 f.
106 16stündiger Fernsehfilm, produziert vom WDR und SFB, Redaktion Joachim von Mengershausen und Hans Kwiet, Sendung Herbst 1984. Zur Heimat-Debatte *vor* diesem Massenerfolg vgl. Hermann Unterstöger: Der Trotz gegen die Kraken. Das neue Heimatgefühl – ein Bedürfnis oder nur Mode? In: SZ, 8./9. 5. 1982.
107 Vgl. in diesem Bd. S. 601; 689 und Anm. 61.
108 Es wird von Manfred Dierks in *Arnold, KLG* ausführlich beschrieben.
109 Kempowski, Walter: Herzlich willkommen. München und Hamburg 1984, 227-28.
110 Vgl. Gert Fuchs in: konkret, 3/1971.
111 Vgl. grundlegend *Friedländer, Kitsch*.

Klaus Briegleb: Weiterschreiben! Wege zu einer deutschen literarischen ›Postmoderne‹?

(Der Beitrag wurde im Sommer 1989 abgeschlossen.)

1 Baier, Lothar: Ceterum censeo: Wellershoff ist zu verreißen. In: Merkur 425, 1984, 360 ff.
2 24. 4. 1975 University of Dublin and German Institute of Dublin, 29. 4. Cork, 1. 5. Galway. Vgl. *Hildesheimer, Ende*, 273.
3 ›The End of Fiction‹, ebd., 119.
4 Merkur 332, 1976 (im folgenden nur noch: Merkur 332), 57.
5 Ebd., 63 ff. Karl Radeks Referat in ›Internationale Literatur‹ 5/1934, 3 ff.

6 Merkur 332, 59.

7 Ebd., 68 f. und Neumann in *Hildesheimer, Text + Kritik,* 24 f.

8 Merkur 332, 70; hier mit dem Zusatz gegenüber ›The End‹ (s. Anm. 3), 121: »Wir [simuliert: die Genetiker] können ihr zum Beispiel die Furcht nehmen«.

9 Ebd., 65 (und ›The End‹, 114).

10 Ebd., 62-69.

11 Ebd., 64.

12 Vortragseröffnung und öfters.

13 Merkur 332, 61.

14 Von der dpa verbreitetes Gesprächszitat, bezogen auf ›Masante‹ (vgl. in diesem Bd. S. 78); in Berichten über den 65. Geburtstag des Autors (9. 12. 81) in der Regionalpresse häufig verwendet. Der Informationshintergrund hier ist u. a. der Ausschnittsammlung der Dortmunder Stadtbibliothek verpflichtet.

15 Frühjahrstagung der Deutschen Akademie für Sprache und Dichtung in Lüneburg. Erstdruck im ›Jahrbuch‹ der Akademie. Heidelberg 1983.

16 So bei einer Lesung während seiner Köln-Bonn-Reise Dezember 1988 laut General-Anzeiger, 8. 12. 1988. Vgl. auch 1982-1984, in: Nachlese. Frankfurt/M. 1987, 59; und vgl. Lüdke, Martin: Verzweiflung ist die einzige würdige Lebenshaltung. Gespräche über Komik mit Dürrenmatt, Hildesheimer und Widmer. In: FR, 15. 8. 1987; und öfters.

17 Ebd.

18 Gespräch mit Karl-Josef Kusche. In: Publik-Forum, 19. 5. 1989.

19 Dazu grundsätzlich Derrida, Jaques: D'un ton apocalyptique adopté naguère en philosophie (1983), dt. von Michael Wetzel in *Derrida, Apokalypse,* [I:] Von einem neuerdings erhobenen apokalyptischen Ton in der Philosophie. Graz u. Wien 1985. Hier 61 f.

20 Im Gespräch mit Frank Berberich auf dem Frankfurter Joyce-Symposion 1984, in: taz, 19. 6. 1984.

21 Vgl. in diesem Bd. S. 74 ff., 137 ff.

22 Merkur 332, 68. Vgl. dort 65 unten mit ›The End‹ (s. Anm. 3), 115 unten.

23 *Hildesheimer, Ende,* 103 ff.

24 Dieser Aspekt (»nur noch mit unserem Überleben beschäftigt«) durchzieht alle Interviews und Gespräche.

25 ›The End‹. Schluß und Gespräch zwischen einem Genetiker und einem Romancier, Merkur 332, 69 ff., und ›The End‹, 120 ff.

26 Vgl. über ›Zeiten in Cornwall‹ im Gespräch mit Rodewald in: Rodewald, Dierk (Hrsg.): Über Wolfgang Hildesheimer. Frankfurt/M. 1971, 141 ff. Gegen diese Plausibilität vgl. z. B. Baumgart in diesem Bd. S. 323 ff., 331, 357 f.

27 Siehe *Durzak, Gespräche,* 286; und vgl. zu ›Masante‹ in diesem Bd. S. 78 ff.

28 ›Hauskauf‹. Ein Hörspiel. Frankfurt/M. 1974, 56.

29 Adorno, Th. W.: Gesammelte Schriften. 6. Hrsg. v. Rolf Tiedemann. Frankfurt/M. 1973, 143. Vgl. auch *Adorno, Standort,* 67, zit. nach der Orig.-Ausg. Noten zur Literatur [I]. Berlin und Frankfurt/M. 1958, und in diesem Bd. S. 302 ff.

30 ›Hauskauf‹ (s. Anm. 28), 56. [→ 598 ff.]

WEITERSCHREIBEN 757

31 Gespräch mit Rodewald (s. Anm. 26), 151.

32 Siehe hier den Komplex der Adornoschen Philosophie in der Negativen Dialektik (s. Anm. 29): Teil III. Meditationen zur Metaphysik, 354 ff. *(Adorno, Auschwitz)*; s. dazu *Claussen, Auschwitz.*

33 ›Biosphärenklänge‹. Ein Hörspiel. Frankfurt/M. 1977, 10. Gesendet über BR, R. Bremen, RIAS, WDR am 22. 7. und 22. 8. 1977.

34 *Adorno, Standort,* 69 f.

35 So wurde sie rhetorisch gefaßt – meist erst später! Vgl. Kusche im Gespräch 1989 (s. Anm. 18).

36 Zu diesem ideologischen Komplex s. Schneider, Michael: Die Intellektuellen und der Katastrophismus. Wider den Kultus der Angst und die Rhetorik der Vergeblichkeit. In: FR, 14. 7. 1984; Wiederabdruck in *Schneider, Fische.*

37 *Lukàcs, Realismus; Schmitt, Debatte.*

38 Zum Beispiel Deutsches Allgemeines Sonntagsblatt, 14. 10. 1984; Die Welt, 17. 3. 1987; Stuttgarter Zeitung, 7. 6. 1985; taz, 24. 4. 1987; Deutsche Volkszeitung, 7. 12. 1984.

39 Als Kolumnist dieser Zeitung; nicht aufgenommen in die Buchsammlung der Kolumnen vom September 1983 bis Oktober 1985 in Weltwoche und Rheinischer Merkur: Geständnis auf Raten. Frankfurt/M. 1986.

40 30. 1. 1984. Der Kritiker W. M. Lüdke, dem mit dem ›Literaturmagazin‹ ein Medium zur Verfügung stünde, eine ernsthafte Debatte zu versuchen (vgl. in diesem Band S. 300), verpaßt dazu auch die Gelegenheit im Gespräch. Er möchte es unbedingt über Hildesheimers »Komik« führen und dabei en passant anhand von Texten, die wirklich 1984 enden (›Nachlese‹, siehe Anm. 16), »ein Moment der weiteren Wirksamkeit eines Schreibimpulses, kurz gesagt, einen Widerspruch zu Ihrer Absicht, nicht mehr zu schreiben« konstruieren. Hildesheimer zuvor höflich: Es sind Zettel aus dem letzten Zettelkasten, »ohne Schwindel 1984 abgeschlossen«! In: FR, 15. 8. 1987. Vgl. auch Gespräch mit Frank Berberich auf dem Frankfurter Joyce-Symposion 1984, in: taz, 19. 6. 1984: »Ich habe aufgehört.«

41 ›Über das absurde Theater‹ (Rede auf der ›Internationalen Theaterwoche der Studentenbühne‹ in Erlangen 1960), in *Hildesheimer, Ende,* 9 ff.; ›Die Wirklichkeit des Absurden, und Das absurde Ich‹ (Frankfurter Poetik-Vorlesungen 1967, 1 und 3), in: Interpretationen: James Joyce. Georg Büchner. Frankfurt/M. 1969. Vgl. dazu Blamberger, Günter: Der Rest ist Schweigen. Hildesheimers Literatur des Absurden, in *Hildesheimer, Text + Kritik,* 33 ff.

42 So, häufig mit Verweis auf die Greenpeace-Aktionen, die er mitfinanziert, in Interviews, z. B. mit Christiane Korff, General-Anzeiger, 19./20. 10. 1985; Brigitta Ashoff, FAZ-Magazin, 12. 12. 1986.

43 Nachlese (s. Anm. 16), 59; am Ende des Gesprächs mit Lüdke verwendet (s. Anm. 40), die FR-Version: ». . . daß Verzweiflung heute die einzige wirkliche Lebenshaltung ist, alles andere ist unwürdig.«

44 Im Rückblick Michael Krüger in Akzente 1/1986, ›An die Leser‹. Hier und im folgenden zit. nach dem Vorabdr. FR, 7. 1. 1986.

45 Ein Krisenstreit wie 1968 mit kurzem Gedächtnis; vgl. die ff. Belege.

758 ANHANG

46 Michael Krüger in: »Der fragende Blick auf unsere literarische Szene soll hier einmal von innen nach außen fallen . . .«. FR-Umfrage an die drei Lektoren Hans-Jürgen Schmitt (Hoffmann & Campe), Thomas Schmid (Wagenbach) und M. Krüger (Hanser), 7. 8. und 14. 8. 1982, als Vorlauf zur Frankfurter Buchmesse.

47 Ebd. (Redaktion).

48 Ebd. (Schmitt).

49 Gespräch Helmut Schödel – M. Krüger zur Buchmesse 1983: Poesie? Eine Macht? In: Die Zeit, 14. 10. 1983.

50 Vgl. den traurigsten Fall von Flüchtigkeit bei Heiner Müller; s. Anm. 62.

51 FR-Umfrage (s. Anm. 46). Die Schelte klang einmal anders: politisch und gegen Staatssicherheitsgesetze gerichtet, vgl. M. Krüger und K. Wagenbach an die Leser des *Tintenfisches* 8 (1975). »Unter dem weichen, weiten Mantel der Langeweile wird in Deutschland die Zensur vorgeschlagen ⟨. . .⟩ die Betroffenen haben sich bis jetzt nicht gerührt.« Zu dieser Umfrage-Nummer vgl. in diesem Bd. S. 332. An der Schwelle zu 1983 nun z. B. so: ». . . kundige Reisen in ferne Vergangenheiten, der Gegenwart zuliebe, aber nicht an der Leine ihrer Interessen; sehr sehr weit gestreute Neigungen ⟨. . .⟩ Ich vermute, die Zeit, in der wir leben, ist eine Art Inkubationszeit« (Th. Schmid); die Autoren, die den belletristischen *Umsatz* von 5% noch erzielen, langweilen ihr sehr unterschiedliches Publikum »offenbar nicht« (M. Krüger). Usw. FR-Umfrage.

52 Beispiel Jörg Drews in: Merkur 430, 1984, 949 ff. Vgl. dazu die Debattenbeiträge in: Neue Zürcher Zeitung, 1. 3. und 12. 3. 1985 (Hamm, Joachim Kaiser, M. Krüger, Martin Meyer, Dolf Sternberger, Harald Weinrich, Gerda Zeltner, Hanno Helbig) und Reich-Ranicki, in: FAZ, 7. 3. 1985. Auszugsweise wieder abgedr. in *Literatur* 1985, 272-294.

53 Zum Beispiel ›Brauchen wir eine neue Ästhetik‹, Podiumsgespräch, Ltg. Jörg Zimmermann, Hamburg, 15. 1. 1987.

54 Gespräch Schödel (s. Anm. 49).

55 *de le Roi, Jemand,* 179.

56 Ebd., 183.

57 Siehe zur Einführung in das Evidenzproblem dieses Sachverhalts *Friedländer, Kitsch.* Vgl. zur sprachpolitischen Seite auch *Briegleb, NS-Faschismus,* 29 ff. *Jüngere* Autoren machen auf den Zusammenhang aufmerksam, z. B. Sten Nadolny auf die Umfrage des *Literaturmagazins* 19, Dezember 1986 (»ob und wieweit die gegenwärtige Häufung von Katastrophen . . .«): »Wir müssen aber sorgfältig danach fragen, welche Schuldgefühle und Selbstbestrafungswünsche uns beim Blick auf Gefahren mit beeinflussen . . .« (Siehe dort S. 86).

58 Zum Beispiel Günter Grass: Die Vernichtung der Menschheit hat begonnen. Die Zeit, 3. 12. 1982. Und dann regelmäßig. – Auf Umfrage der Stuttgarter Zeitung (»Befällt Sie angesichts der atomaren Totalbedrohung . . .«) gesteht er, früher habe der Schriftsteller (»wir«!) mit »Gelassenheit« geschrieben. Das sei nun vorbei. Das besorge ihn. (8. 11. 1983) Zur Grass-Politik vgl. in diesem Bd. S. 59 ff. oder 63 ff. u. ö. (vgl. Register); oder *Briegleb, Debatten,* 316 ff.

WEITERSCHREIBEN 759

59 Zugespitzt nach dem Goethe-Jünger-Jahr 1982 dann z. B. bei Buselmeier, der der Grünen-Partei die fehlende Beschäftigung mit der Ökoästhetik Jüngers vorhält. »Will man nicht endlich das Werk des nunmehr 92jährigen Ökologen Ernst Jünger vorurteilsfrei betrachten?« FR, Zeitschriften-Rundschau, 21. 11. 1987. S. ebenso *Mosler, Was wir wollten*, II. Vgl. schon 1981 Michael Rutschky: Der alte Mann und die neuen Jünger. In: Der Spiegel, 15/1981, 260 ff. Vgl. auch in diesem Bd. S. 126 u. Anm. 36.

60 »Nicht das Jahr der Literatur; nicht der deutschen Literatur«. M. Krüger im Jahresrückblick der Akzente 1/1986 (s. Anm. 44).

61 Neue Zeitung [1948 oder] 1950; vgl. Das Ende der Fiktion. Gespräch (1977) in *Kesting, Dichter,* 57 f.

62 Heiner Müller, der sich nur auf das Stern-Interview bezieht, im Gespräch mit Uwe Wittstock, hält Hildesheimer Defätismus vor; Schriftsteller sollten ihre Arbeit angesichts des Weltuntergangs (eine »ja zunächst einmal individuelle Erfahrung«) besonders »gut« machen, »ohne Rücksicht auf Folgen«: ›Warum verdient man so gut am Weltuntergang?‹ FAZ-Magazin, 17. 1. 1986, zit. nach *Literatur* 1985, 294 ff. – Der einzige von Anaximandros überlieferte authentische Satz, auf den Hildesheimer sich öfters wie im folgenden bezieht, lautet in der Grünwaldschen Übersetzung:»Ursprung aller bestehenden Dinge ist das grenzenlos Unbestimmbare. Aus welchem Stoff den jeweils entstehenden Dingen aber die Entstehung wird, dahin müssen sie auch zugrunde gehen. Denn sie zahlen einander Strafe und Buße für die Ungerechtigkeit, gemäß der Festsetzung (Ordnung) der Zeit.« In: Die Anfänge der abendländischen Philosophie. Fragmente und Lehrberichte der Vorsokratiker. Zürich 1949 (= Bibliothek der alten Welt), 9. (Hildesheimer: . . . für *ihre* Ungerechtigkeit! Gemeint die der »Häscher«).

63 ›Masante‹. Frankfurt/M., zit. nach Tb.-Ausg. 1988, 332 f. (1973).

64 ›Endlich allein‹. Collagen. Mit einer Einführung des Künstlers: Die Ästhetik der Collage. Frankfurt/M. 1984, 14.

65 Der Turm der Pressemappen in den einschlägigen Archiven bezeugt es.

66 Vgl. unten Anm. 78 ff. und S. 398 ff.; vgl. auch die Auszüge aus der ›Ton‹-Debatte der Neuen Zürcher Zeitung (s. Anm. 52) in *Literatur* 1985, 272 ff. und *Literaturmagazin* 17.

67 FAZ, 15. 10. 1983.

68 Die Zeit, 16. 9. 1983.

69 Walser-Rezension. FR, 8. 6. 1985. Vergleichbar literaturbetriebsverliebt geht P. K. Kurz mit dem Endzeit-Thema um: Apokalyptische Zeit. Zur Literatur der mittleren 80er Jahre. Frankfurt/M. 1987.

70 ›Die Geschichte des Bleistifts‹ (1982) und ›Phantasien der Wiederholung‹ (1983). Zum apokalyptischen Ton dort z. B. (1982), 73; oder (1983), 50. Das folgende Zitat ebd., 89 f.

71 ›Phantasien‹, 225.

72 Zit. nach Ausschnitt in: Publik-Forum (s. Anm. 18). Bericht in: Die Weltwoche, 20. 11. 1986. Der vollständige Text jetzt mit einem Vorspruch in: Wolfgang Hildesheimer: Klage und Anklage. Frankfurt/M. 1989, 39 ff.

73 So deutet er in Zeitungsgesprächen nach den Veltiner Erdrutschkatastrophen im August 1987, die er selber als Umweltschützer der Region miterlebt, wiederholt an; z. B. Die Weltwoche, 3. 9. 1987. Zuvor schon FAZ-Magazin, 12. 12. 1986; Komik-Gespräch (s. Anm. 40), 15. 8. 1987.

74 Handke wird auch darauf nicht offen reagieren. Ohne Namensnennung geht er in einem Welt-Interview, das mit Großbild-Anzeige u. a. in der ›Zeit‹ angekündigt ist (»DIE WELT im Gespräch mit Persönlichkeiten von Weltrang«), am 9. 10. 1987 auf Hildesheimers Interview-Wortlaut im ›Stern‹ *und,* vom Interviewer dazu direkt (wenn auch ironisch pervertiert) befragt, auf den kontroversen »Gerede«-Satz ein: daß einer kein Künstler ist, wenn er das Gerede von der Endzeit mitmacht. ›Aber genau dieses Thema bestimmt einen großen Teil der neueren deutschsprachigen Literatur. Ist diese Endzeitstimmung eine Fiktion?‹ – »Das ist so eine leichte Frage, von denen es viele gibt. Und es müßte viel mehr schwierige Fragen geben, weil man auf leichte Fragen eigentlich nicht antworten kann. Also ich kann mir eine Endzeit nicht denken. Aber ich kann mir auch nicht denken, daß jetzt ein Mittelalter neu stattfindet oder sich wiederholt. Ich bin eben ein fast fanatischer Anhänger des Dritten: Dieses Dritte muß erst beschreibend, schauend, entwerfend, erzählend, vielleicht betend, vielleicht psalmodierend, vielleicht heutzutage am ehesten weinend, trauernd gefunden werden. Zwar ist auch bei mir mit dem Älterwerden der Enthusiasmus des Entwerfens, des Zusammenfindens von Dingen, die noch einen Lebensschein ausstrahlen, seltener geworden. Aber wenn sich ein solches Zusammenfinden ereignet, ist es auch viel erschütternder, viel ergreifender, viel überliefernswerter als vorher. Auch wenn dann später niemand käme, der die Überlieferung annähme.«

75 »(. . .) die Bedeutung von Sein und von Zeit als Frist. Das ist das Erbe der Apokalyptik.« (Apokalyptik als Ursprungsphänomen: »Durchbruch der Geschichtsphilosophie in unserem Bewußtsein«). Jacob Taubes im Gespräch mit Florian Rötzer. In: J. T.: Denken, das an der Zeit ist. Frankfurt/M. 1987, 316 f.

76 Vgl. *Adorno, Standort,* 70.

77 ›Bleistift‹ (s. Anm. 70), 225 f.

78 Dies ist eine wörtlich und gedanklich mit Derridas Hinweis auf das aufzuklärende *Interesse* des apokalyptischen Diskurses vergleichbare Frage. »Jedesmal fragen wir uns folglich unnachgiebig, worauf wollen jene hinaus, und zu welchem Zweck, die das Ende von diesem oder jenem, des Menschen oder des Subjekts, des Bewußtseins, der Geschichte, des Abendlandes oder der Literatur und, als letzte Neuigkeit, des Fortschritts verkünden (. . .). Welche Effekte wollen jene Propheten oder jene wortgewandten Visionäre produzieren?« *Derrida, Apokalypse,* 59 f.

79 Vgl. aber auch den Zirkelschluß der Ich-Welt-Beziehung: »Schreiben ist erst die Daseinsform meines Seins. Es erst sagt mir: ›Ich bin da‹« – »›Trümmerweiber‹ . . .: sie tun blindlings weiter, wo es das Richtige wäre, die Katastrophe gewähren und die Welt endlich verschwinden zu lassen«. ›Bleistift‹, 316; ›Phantasien‹, 50.

WEITERSCHREIBEN 761

80 ›Der Chinese des Schmerzes‹ (1983), zit. nach Tb.-Ausg., Frankfurt/M. 1986, 70.

81 ›Bleistift‹ (s. Anm. 70), 264; 266.

82 Über-Leere-Sprechen durchzieht die Aufzeichnungen, vgl. ›Bleistift‹, 308; 106. ›Chinese‹ (s. Anm. 80), 11. Von Hamm zur Handke-Feierlichkeit erhoben, vgl. in diesem Bd. S. 356 f.

83 Walser, Martin: Meßmers Gedanken. Frankfurt/M. 1985, 9 pass.

84 Ebd., 25. »Hat die Leere doch einen Ton? ⟨. . .⟩ Ich will den Ton hervorbringen, der durch mein Leben entsteht.« (99).

85 ›Masante‹ (s. Anm. 63), 166; 189 f.; 364 ff.

86 Gespräch mit Kesting (s. Anm. 61), 54 f.; 62.

87 Ebd., 63 f.; ›Masante‹, 366.

88 Ebd., 333.

89 Ebd., 366; Gespräch Kesting, 54; 60. Das folgende aus den Schlußsätzen in ›Masante‹.

90 Castoriadis, Cornelius: Das Sagbare und das Unsagbare. Maurice Merleau-Ponty zu ehren. In *Castoriadis, Labyrinth,* 116. – Für philosophisch interessierte Leser: Der letzte und der folgende Abschnitt korrespondieren über die psychoanalytische Theorie *hinaus,* die 1983-1985 mit neuer texttheoretischer Vertiefung auf die deutsche Literatur einwirkt, mit der *politischen* Philosophie einer »Bestimmung der Leere« und nach-hegelschen Auflösung des Subjekt-Objekt-Dualismus, wie sie u. a. von Castoriadis entwickelt worden ist; vgl. auch Tugendhat, Anm. 105.

91 ›Westwärts 1 & 2‹. Gedichte. Mit Fotos des Autors. Reinbek 1975, 5-7 (Vorbemerkung, 11./12. Juli 1974, Köln). (Stark zusammengezogenes Zitat.)

92 FR, 8. 10. 1982.

93 Zit. nach Tb.-Ausgabe. Frankfurt/M. 1986, 291. Stephan in: FR, 12. 10. 1983.

94 Die Zeit, 22. 4. 1983.

95 Zit. nach Tb.-Ausgabe. Frankfurt/M. 1986, 72-107. Cramer in: Die Zeit, 13. 4. 1984. Vgl. auch Rainer Bieling in: Zitty, Illustrierte Stadtzeitung Berlin, 13. 10. 1983. »Welche Szene? Welches Berlin? Eins von vielen möglichen. Vielleicht. ⟨. . .⟩ Aber richtig ist das Bild deshalb noch lange nicht.« Zit. nach *Literatur* 1983, 201.

96 Vgl. Heißenbüttel, Helmut: Heute kann jeder nur auf eigene Faust schreiben. In: FR, 20. 10. 1984. Zu Friedrich Schlegels und Novalis' Zeiten hieß die Kategorie ›Selbst-Annihilation‹.

97 Auch die Biographien und Tode etwa von Jean Améry und P. Weiss sind solchem Reden keine Anfechtung. Zur Ausgrenzung der Exilliteratur vgl. in diesem Bd. auch Anm. 76 zu S. 92 und vgl. Briegleb, Klaus: Über die Nicht-Rezeption der deutschen Exil-Literatur nach 1933 in der westdeutschen Gegenwartsliteratur. In: Akten des VIII. Internationalen Germanisten-Kongresses Tokyo 1990. Begegnung mit dem ›Fremden‹. Grenzen – Traditionen – Vergleiche. Hrsg. v. Eijirô Iwasaki. München 1992.

98 Vgl. Kirchhoffs ›Dame und Schwein‹ (1985). Er über sich (Epigonalität,

Endzeit und »leeres Blatt«: »Mein Tschernobyl ist die Medienmaschine 〈...〉 – mir droht der Unterhaltungs-GAU«). Vgl.: Ich bin ein Möchtegernschriftsteller. In *Literaturmagazin* 19, 62 f. »Ich stemme mich gegen die Zeit, um in der Zeit und über die Zeit etwas sagen zu können.«

99 Vgl. ›Bleistift‹ (s. Anm. 70), 175, 196, 251, 357 u. ö. (»Ich lechze nach deutschen, aber erfundenen Sätzen«, »Warum soll nicht die Erde pulsen von meiner Anstrengung?«, »Müßte es nicht auch einen Ewigen Deutschen geben? (Erfinde diese Figur)«, »Ich will die Weltherrschaft: um alles lieben zu können«, »Meine Stärke ist das Folglich-Machen der Natur, und das Verkünden (was habe ich also gegen die Verkündigung?)«.

100 Ich denke da, wo ich nicht bin. Unter dem Eindruck von Jacques Lacan: Die Kastration ist (k)ein Märchen. In: Hombach, Dieter (Hrsg.): Zeta 02. Mit Lacan. Berlin 1982, 24.

101 Die Zeit, 11. 10. 1985; vgl. auch Kässens frühere Kirchhoff-Besprechung: Augen Blicke in den Spiegel. In: Deutsches Allgemeines Sonntagsblatt, 23. 10. 1983.

102 Gespräch Kesting (s. Anm. 61), 55.

103 Gemeint sind hier vor allem Blanchot und Foucault, Lévi-Strauss, Lacan, Kristeva, Derrida; und die verdeckter wirksame ›existentialistische Geschichtsphilosophie‹ bei Alexandre Kojève, Sartre, Emmanuel Lévinas, Merleau-Ponty, Marcel Mauss, Castoriadis. Zum Verhältnis Benjamin – ›französische Theorie‹ vgl. *Menninghaus, Sprachmagie* und *Weigel, Topographien.*

104 Vgl. die Problemstellung für die Literaturwissenschaft, »Experimente. Methodisches«, in *Briegleb, Fahndung,* 136 ff. Zum Romanessay vgl. P. Schneider: Das Licht am Ende des Erzählens. In *Arnold, Bestandsaufnahme,* 54 ff.

105 Für den hier noch einmal angesprochenen philosophischen Hintergrund (s. Anm. 90) muß gesagt werden, daß es dort, insofern es sich um geschichtliches Denken handelt, wie in ›guter‹ Literatur nie um gesicherte Antworten geht. Die Problematik der empirisch erfahrenen und ideologisch-metaphysischen Subjekt-Objekt-Trennungen wird nicht gelöst durch ›aneignende‹ Entäußerungen des sich selbst befragenden Subjekts ›hinein‹ in ›seine‹ Objektwahrnehmung (›wer‹ nimmt wahr?), sondern durch selbstbestimmt verharrende Bindung der Wahrheits*frage* an das »reflektierte Selbstverhältnis«, vgl. *Tugendhat, Selbstbewußtsein,* 38 ff.; 296 u. ö.

106 Das traditionelle Verstehen von sprachlichen Ausdrücken ist an die axiomatische Annahme ›inneren‹ Sehvermögens, eines intentionalen Bewußtseins geknüpft. ›Ich‹ *weiß schon,* was gesprochene Sprache sagen kann, wie sie Ja/Nein-Urteile begründet, Stellungnahmen, Beschreibungen. Damit bricht die sprachanalytische Philosophie radikal. »Über den Sinn eines Wortes intersubjektiv Rechenschaft geben, heißt nach Wittgenstein: zeigen, wie das Wort verwendet wird. Wenn du wissen willst, was ein Wort bedeutet, sagt Wittgenstein, berufe dich nicht auf etwas, was du siehst – es gibt da nichts zu sehen 〈...〉« *Tugendhat, Selbstbewußtsein,* 39; vgl. einleitend 17. Die

moderne existentialistische Geschichtsphilosophie bis hin zur poetologischen Aufhör-Metapher in Hildesheimers Erzählfinale ›Masante‹ geht, wie Tugendhat (a. a. O.) des weiteren, von diesem Bruch aus. Verworfen bleibt die idealistische *Metapher des Sehens:* das bildliche (realfiktive) Irgendwie subjektsprachlicher Verstehenserwartungen (ebd.). Vgl. *Castoriadis, Labyrinth*, 112 ff. (»Die ganz unbestreitbare Relativität des Kulturellen und Sprachlichen kann ohne unmittelbaren Rekurs auf die dunkle und unsagbare Nicht-Relativität der Sache selber gar nicht hervortreten . . .«. Ebd., 105.) Über die Metapher des Sehens s. ebd., 19. Hier wird sie als Form der Illusion des Sehens (14 ff.) ebenso wie bei Tugendhat als der traditionellen Philosophie verhaftet, darüber hinaus als ›zugleich fruchtbar und trügerisch‹, als sozial-institutionell ›gegeben‹ analysiert.

107 FR, 27. 8. 1983.

108 Vgl. von Bormann, Alexander: Roman mit Grünstich. In: FR, 19. 2. 1984; Böhmer, Otto A.: Kein schöner Land. Ein Besuch bei Silvio Blatter in seinem Freiamt. In: FR, 29. 7. 1989.

109 Schwäbische Windmühlenkämpfe. In: FR, 2. 1. 1984.

110 FR, 20. 8. 1983.

111 Die Zeit, 30. 11. 1984.

112 Die Zeit, 13. 4. 1984.

113 Fischer, Mathias J.: Modick macht es den Kollegen seiner Vorgänger-Generation vor: Schreiben bis zum Ende, und dann nur noch moosen. In: taz, 31. 7. 1984.

114 13. 7. 1984.

115 Europa und die Intellektuellen. Bericht von einem venetianischen Kulturkongreß. In: FR, 26. 5. 1984.

116 »Das sieht man bis heute in New York ⟨. . .⟩, wo der Gesamteindruck nicht an Gleichheit und Brüderlichkeit erinnert, sondern an mühsam gebändigtes Chaos, weder Einheit noch Pluralität, sondern ein intensiver Konkurrenzkampf miteinander rivalisierender Mächte – und so, in der Gewalttätigkeit oder Banalität des Alltags, eine kollektive Faszination ausübt, einen Reiz des Faktischen jenseits von dem, was wir Kultur oder Politik nennen. Genau das fehlt uns . . .« Ebd.

117 ›Die Provinz des Menschen‹. Aufzeichnungen 1942-1972. München 1973.

118 Den Zusammenhang der Namen und des »geschlossenen« Romans mit der Offenheit der Aufzeichnungen Bieneks stellt der Rezensent F. F. in der FR her. 2. 7. 1984.

119 So Lutz Tantow über Zwerenz' Roman ›Bunker‹ nach dem Modell in Böllings ›Die letzten 30 Tage des Kanzlers Schmidt‹ (1983) in: FR, 14. 8. 1984.

120 Jacobsen, Wolfgang/Nothnagel, Klaus: Wunsch-Arbeiten. In: FR, 7. 7. 1984.

121 Siehe Köpf: Komm, stirb mit mir ein Stück. In *Literaturmagazin* 19, 64 ff. (vgl. auch Anmerkungen 66 ff. u. Lüdke: Plädoyer gegen die Weinerlichkeit. Letzte Lieferung. *Literaturmagazin* 19, 134 ff. Vgl. Lüdkes Reihe Handke, Strauß, Bernhard in der Zeit-Rez. v. 30. 11. 84 (s. Anm. 40 u. S. 357).

122 Köpf, Komm . . ., 66. Zur Widerstands-Formel vgl. in diesem Bd. S. 69, 333.

764 ANHANG

123 *Tugendhat, Selbstbewußtsein,* 43; 193 ff.; 219 ff.; 237; 353-357 (Ende der Hegel-Auseinandersetzung). Zu Enzensberger vgl. Anm. 140.

124 FR-Dokumentation, 7. 12. 1985.

125 H. 1, 28 ff. Geführt von Horst Scharnagl: Vom Fabrikarbeiter zum Berufsschriftsteller. Zitat S. 35; 38 f.

126 So im Februar 1983 in Nürnberg, zit. nach FR, 26. 2. 1983; ähnlich wieder in Weiden am 31. 5. 1986.

127 Formeln aus den katastrophischen Festreden.

128 Im Todeskreis der Schuld. Die Zeit, 27. 3. 1987. Vgl. dazu die Leserbriefe, 24. 4. 1987. Kontrovers dazu L. Baier: Blüh im Glanze deiner Schuld. Kursbuch 89, September 1987, 35 ff. Zur Kontroverse vgl. Uta Ruge: Das falsche Wir von links und rechts. In: taz, 13. 11. 1987.

129 Walser in: Die Welt, Nr. 227, S. 7 ff. Joseph von Westphalen in: taz, 7. 5. 1987.

130 Walser auf dem Kongreß des Internationalen Germanistenverbandes in Göttingen, am 31. 8. 1985 im Gespräch mit Ulf Erdmann Ziegler. In: taz, 30. 9. 1985.

131 Traditionelle Klausurtagungen der CSU-Bundestagsfraktion in Wildbad-Kreuth. Berichte und Zitate SZ, FR u. taz vom 16. 1. 1989.

132 Theo Waigel, FR (s. Anm. 131).

133 taz-Interview (wie Anm. 131).

134 Reden über das eigene Land: Deutschland. Veranstalter: Kulturreferat der Landeshauptstadt München, Verlagsgruppe Bertelsmann. München 1988, 23, 27, 28. Zit. nach Vorabdr. in: Die Zeit, 4. 11. 1988: Über Deutschland reden.

135 Die Zeit, 18. 11. 1988: Gedächtnis verloren – Verstand verloren. Die Redaktion stellte »in loser Folge« weitere Antworten in Aussicht. Außer einer weiteren von Peter Glotz erfolgte jedoch nichts mehr.

136 *Benjamin, Autor,* 684.

137 Lüdke in *Literaturmagazin* 19, 137. Vgl. auch P. Schneider, ›Ende‹ (s. Anm. 104), 59.

138 der literat. Zeitschrift für Literatur und Kunst. 15. 7. 1989.

139 Zit. nach dem Einladungsbrief. Die Antworten können hier nicht mehr einbezogen werden.

140 Kreation kontra Kunst, Künstler zieren sich noch immer, mit Werbern zu arbeiten. In: werben & verkaufen. München 1984, 52 f. Dort auch das Lob für Enzensberger, der für BMW eine Ausnahme von der Regel machte (›Farbenlehre‹). Vgl. dazu und zum theoretischen Zusammenhang Kreativität – Zeichenrealismus – Spektakel *Cöster, Werbung.*

141 Wer bis zum Nachdenken über die »Metapher des Sehens« (Castoriadis, Tugendhat, s. Anm. 106) zurückgeht, findet eine Perspektive, in der er die Erfahrung, daß »die heutige Welt nicht mehr entschlüsselbar« sei (Hildesheimer, Oktober 1985 im Gespräch mit Chr. Korff, s. Anm. 42), nicht mittelbar mit der Krise der Zivilisation, sondern unmittelbar mit der Krise der gequälten Wahrnehmung verknüpfen kann (daß es einem »die Worte verschlagen« kann, so Hildesheimer im Ashoff-Gespräch, s. Anm. 42). Der Zeichenrealismus als

Ideologie der progressiven ›Verkaufsbeziehung‹ zur Umwelt täuscht darüber hinweg. Hildesheimers symbolische Stellung in der ›Realismusfrage‹ ›nach 68‹ beruht auf seiner existentiell-philosophischen Zeugenschaft (»gemarterter Zeuge«; Steiner: Das Pythagoreische Genre, in *Steiner, Schweigen,* 102) für die Krise ästhetischer Wahrnehmungsmöglichkeiten, die über das persönliche Scheitern hinaus Gegenstand literarischer Arbeit bleiben kann.

142 Vgl. ›Der Dichter und das Schweigen‹ u. ›Das Pythagoreische Genre‹ pass. in *Steiner, Schweigen.*

143 P. Schneider möchte es so sehen; ›Ende‹ (s. Anm. 104), 55.

144 Canetti, Elias: Das Gewissen der Worte. Essays. München 1972, 263. Das folgende 260; 167.

145 M. Krüger im Kap. ›Ebbe‹, S. 358 ff. und Anm. 44 ff.

146 *Literaturmagazin* 16 (›Literatur, Macht, Moral‹). 1985, 65.

147 Zit. nach der Tb.-Ausgabe. Frankfurt/M. 1987, 23. Vgl. in diesem Bd. S. 103 f.

148 Ebd., 75 ff.

149 Der Begriff stammt aus der amerikanischen Soziologenschule der sogenannten strukturfunktionalen Gesellschaftstheorie, bezeichnet bei Talcott Parsons die gegenseitige Durchdringung unterschiedlicher ›Systemebenen‹, z. B. von Elementen aus den primären Subsystemen sozialer Evolution und Differenzierung, und ist dort schon mit der strukturalistischen Linguistik von Roman Jacobson, Morris Halle und Noam Chomsky verknüpft (Sprache als ein Faktor sozialer symbolischer Handlungen, die im Hinblick auf die normative Struktur eines Codes sinnvoll sind; vgl. *Parsons, Gesellschaften,* 36 ff.), ehe er im Umkreis sozialfunktioneller Literaturauffassung und autorisiert vom ›systemtheoretischen‹ Leitdiskurs Niklas Luhmanns in der deutschen Germanistik ein verbreitetes, Parsons-epigonales »Sinn«-Schemadenken symbolisiert. Man möchte ›Literatur‹ als Faktor bei der »Konzeptualisierung des Sozialprozesses« in den Griff nehmen (zur Formulierung siehe Parsons: On the Concept of Influence. In: Publik Opinion Quarterly, 1963; und: On the Concept of Political Power. In: Proceedings of the American Philosophical Society, 1963). Neueste Adaptionen s. in: Zur theoretischen Grundlegung einer Sozialgeschichte der Literatur. Ein struktural-funktionaler Entwurf. Hrsg. im Auftrag der Münchener Forschergruppe »Sozialgeschichte der deutschen Literatur 1770-1900« von Renate von Heydebrand, Dieter Pfau und Jörg Schönert. Tübingen 1988. Zur Kritik vgl. *Briegleb, NS-Faschismus,* 160 ff.

150 *Duden/Weigel, Schrei,* vor allem 135 ff.

151 Duden, Anne: Das Judasschaf. Berlin 1985, 116 f.

152 Vgl. die grundlegende Studie *Ortheil, Murmeln,* 33 ff.

153 In den Rezensionen vor dem Exil als Zusammenhang von Verdrängung, falschem Bewußtsein und Bilderzeugung besprochen, z. B. anläßlich Siegfried Kracauer: Die Angestellten. Aus dem Neuesten Deutschland. Frankfurt/M. 1930. In *Benjamin, Schriften,* III/223.

154 Duden, Judasschaf, 108 f.

766 ANHANG

Hermann Schlösser: Literaturgeschichte und Theorie in der Literatur

(Der Beitrag wurde 1988 abgeschlossen.)

1 Vgl. als Darstellungen mit unterschiedlichen Akzentsetzungen *Schonauer, Prosaliteratur,* 257-261; *Trommler, Literatur,* 61-71, 75-88; *Winter, Dokumentarliteratur,* 299-317.

2 Eine Sammlung politischer Stellungnahmen seit 1945 bietet *Wagenbach u. a., Vaterland.*

3 Vgl. *Kreuzer, Literaturbegriff.*

4 *Matthaei, Grenzverschiebung.*

5 Vgl. Kursbuch 15, 1968, und Peter Schneider: Ansprachen. Berlin 1970.

6 Die Jahresbibliographie der Zeitschrift ›Tintenfisch‹ verzeichnete für das Jahr 1968 403 literarische Neuerscheinungen.

7 *Habermas, Umgangssprache,* 335.

8 Zur Bedeutung der Sozialwissenschaften in den sechziger Jahren vgl. *Fetscher, Soziologie.*

9 Rühmkorf, Peter: Das lyrische Weltbild des Nachkriegsdeutschen (in: P. R.: Die Jahre, die ihr kennt. Anfälle und Erinnerungen. Reinbek 1972), beschreibt das große Vorbild Benn und nimmt zugleich von ihm Abschied.

10 Ausführliche Bibliographie der Neudrucke bis 1974 bei *Bock, Radikalismus,* 354 ff.

11 Vgl. *Winckler, Kulturwarenproduktion; Holz, Kunstwerk; Schlaffer, Kritik.*

12 *Benjamin, Autor.*

13 Vgl. *Glinz, Linguistik.*

14 Vgl. *Literaturmagazin* 6, 11-14, 87-107.

15 Zum sozialdemokratischen Traditionsverständnis vgl. Heinemann, Gustav W.: Präsidiale Reden. Einleitg. v. Theodor Eschenburg. Frankfurt/M. 1972, 127-132.

16 Neben den genannten vgl. Grab, Walter/ Friesel, Uwe: Noch ist Deutschland nicht verloren. München 1970; Fähnders, Walter/ Karrenbrock, Helga/ Rector, Martin: Sammlung proletarisch-revolutionärer Erzählungen. Darmstadt u. Neuwied, 1973. Als »Vorläufer« sei noch genannt: Schlösser, Manfred: An den Wind geschrieben. Lyrik der Freiheit 1933-1945. Darmstadt 1960.

17 Vgl. *Helmers, Arbeitsbuch.*

18 Vgl. *Dahrendorf, Lesebuch.*

19 Vgl. *Vormweg, Weiss.*

20 Die komplexen Beziehungen zwischen Weiss und der Tradition werden behandelt bei *Kehn, Traditionswahl.*

21 Vgl. *Beckermann/Canaris, Hölderlin.*

22 Früh hat *Bohrer, Phantasie* auf diesen Zusammenhang aufmerksam gemacht.

23 *Dutschke, Marsch.*
Sowie: Krahl, Hans-Jürgen: Angaben zur Person. In: H. J. K.: Konstitution und Klassenkampf. Frankfurt/M. 1971, 19-30.

THEORIE IN DER LITERATUR 767

24 *Marcuse, Versuch*, 43.

25 Vgl. *Fest, Dilemma; Bohrer, Revolution; Handke, Elfenbeinturm*, 51-55.

26 Vgl. *Aust, Baader-Meinhof*, aber auch *Baier, Gleichheitszeichen*, vor allem 20-35, zur schwierigen Spannung zwischen Identität und Distanzierung.

27 Diesen Ausdruck gebraucht *Zimmermann, Dichterfiguren*, 216, 227, in kritischer Absicht.

28 *Buch, Hervortreten; Dittberner, Tendenz; Ritter, Innerlichkeit.*

29 *Reinhardt, Irrationalismus.*

30 *Schneider, Kulturzerfall.*

31 Zur Periodisierungsproblematik vgl. *Roberts, Tendenzwenden* [1].

32 Vgl. Fichte, Hubert: Elf Übertreibungen. In: H. F.: Mein Lesebuch. Frankfurt/M. 1976, 11-22.

33 Rühmkorf, Peter: Meine Damen und Herren Studierende der Literaturwissenschaft. In: P. R.: Strömungslehre I. Reinbek 1978, 274-292.

34 Enzensberger, Hans Magnus: Bescheidener Vorschlag zum Schutze der Jugend vor den Erzeugnissen der Poesie. In *Tintenfisch* 11, 1977, 49-58.

35 Antwort auf Rühmkorf bei *Briegleb, Fahndung*, 180-184.

36 Um *diese* Problematik geht es auch in den Essays bei *Hörisch/Winkels, Literatur.*

37 Burger, Hermann: Schreiben Sie, trotz Germanistik? In: H. B.: Ein Mann aus Wörtern. Frankfurt/M. 1983, 242-247.

38 Vgl. *Brunkhorst, Verschwinden.*

39 Kluge, Alexander: Der Luftangriff auf Halberstadt am 8. April 1945. In: A. K.: Neue Geschichten. Heft 1-18 »Unheimlichkeit der Zeit«. Frankfurt/M. 1977, 33-106.

40 *Negt/Kluge, Geschichte*, insbesondere Teil III, 777-1030.

41 Hierzu und vor allem zu Fichte *Schlösser, Reiseformen.*

42 Vgl. auch *Duerr, Das Irrationale.*

43 Eine kurze Exposition des Problems gibt *Foucault, Denken.*

44 Als Barockrezeption vgl. Fichte, Hubert: Lohensteins Agrippina. Köln 1978.

45 *Schmidt, Postmoderne* hat die neuesten kulturellen Entwicklungen als eine großangelegte Kampagne des »Vergessens« interpretiert und kritisiert.

46 Zur Postmoderne in der Kunst vgl. *Bürger, Postmoderne*, zur Architektur *Jameson, Postmoderne*, zur Lebensweise *Peper, Postmodernismus.*

47 Vgl. dazu die Handke-Kritik von *Schuller, Aufschwung.*

48 *Plessen, Schwierigkeiten.*

49 Corbin, Alain: Pesthauch und Blütenduft. Eine Geschichte des Geruchs. Berlin 1984.

50 Vgl. *Feyerabend, Methodenzwang.*

51 Vgl. *Baudrillard, Agonie.*

52 Morshäuser, Bodo: Die Berliner Simulation. Frankfurt/M. 1983, 138.

53 *Habermas, Unübersichtlichkeit*, insbesondere 143. Zum Schlagwort vgl. in diesem Bd. auch S. 66 ff.

54 Vgl. etwa *Lyotard, Patchwork.*

768 ANHANG

Hermann Schlösser: Subjektivität und Autobiographie

(Der Beitrag wurde 1989 abgeschlossen.)

1 *Bienek, Werkstattgespräche,* 28.
2 Vgl. Grass, Günter: Rede über das Selbstverständliche. Und: Vom mangelnden Selbstvertrauen der schreibenden Hofnarren unter Berücksichtigung nicht vorhandener Höfe. In: G. G.: Werkausgabe. IX. Darmstadt u. Neuwied 1987, 136-158.
3 Vgl. *Adorno, Engagement.*
4 Böll, Heinrich: Will Ulrike Meinhof Gnade oder freies Geleit? In: H. B.: Essayistische Schriften und Reden. 2. Köln o. J., 542-549.
5 Vgl. *Schröter, Böll,* insbes. 126-131: Das letzte Werk.
6 *Bachmann, Probleme.*
7 Vgl. *Treichel, Fragment.*
8 Vgl. *Theobaldy/Zürcher, Veränderung,* insbes. 9-25.
9 Zur Sprachauffassung Celans vgl. *Menninghaus, Celan.*
10 Vgl. *Lämmert, Verantwortung,* insbes. 60-62.
11 Wellershoff, Dieter: Zu Privat/ Über eine Kategorie der Verdrängung. In *Wellershoff, Veränderung,* 33-45.
12 Zur Theorie und Praxis der neuen Sensibilität vgl. *Menne, Sensibilität,* insbes. 7-74.
13 Vgl. *Schillo/Thorn Prikker, Prosa.*
14 Zu Brinkmanns Verhältnis zur Studentenbewegung s. *Lampe, Subjektivität.*
15 Vgl. *Schlösser, Reiseformen,* 96-108.
16 Adorno, Theodor W.: Voraussetzungen. Aus Anlaß einer Lesung von Hans G. Helms. In *Adorno, Noten,* 431-446.
17 Zur Begriffsgeschichte vgl. *Anz, Subjektivität,* dort auch weitere Literaturangaben.
18 Vgl. *Brunkhorst, Verschwinden.*
19 Vgl. *Schwab, Autobiographik,* wo sogar so verschiedene Begriffe wie »Lyrik« und »Psychologie« als synonym gelten.
20 Vgl. hierzu *Ortheil, Suchbewegungen.*
21 Diesen erweiterten Gattungsbegriff verwenden und begründen *Frieden, Autobiography* und *Schwab, Autobiographik* gleichermaßen.
22 Vgl. *Frieden, Autobiography,* 55-60. Dort werden für 1971 acht, für 1972 zehn Autobiographien verzeichnet, für 1975: 23, 1976: 15, 1977: 20, 1978: 28 und für 1981 schließlich acht.
23 *Reich-Ranicki, Entgegnung,* 30 f.
24 Vgl. *Schneider, Kulturzerfall.*
25 Dieses Etikett taucht auf bei *Schwab, Autobiographik,* 9.
26 Vgl. *Rutschky, Todesdrohung.*
27 Vgl. *Muschg, Manuskript.*
28 *Sontag, radical will.*
29 *Hoffman, Psychologie,* 248.

30 *Buch, Hervortreten.*
31 Die Metaphorik von Kälte und Wärme ist analysiert von *Lethen, Kälte.*
32 Um die Darstellung positiver Elemente des Protests bemühte man sich auch in: Errungenschaften. Eine Kasuistik. Hrsg. v. Michael Rutschky. Frankfurt/M. 1982.
33 Vgl. *Bopp, Streitschriften*, insbes. 103-126.
34 Vgl. *Rutschky, Erfahrungshunger*, 43-69.
35 Die folgende Darstellung folgt im wesentlichen *Frieden, Autobiography.*
36 Vgl. *Krechel, Das Authentische; Baumgart, Leben; Müller-Funk, Schreiben.*
37 Handke, Peter: Wunschloses Unglück. Frankfurt/M. 1974, 8.
38 Vgl. *Derrida, Schrift*, der freilich über rein poetologische Fragestellungen weit hinaus geht.
39 Vgl. *Hart Nibbrig, Rhetorik*, insbes. 37-40.
40 Handke, Peter: Die Wiederholung. Frankfurt/M. 1989, 333.
41 Zu Strauß vgl. *Strauß, Text + Kritik*, insbes. McGowan, Moray: Schlachthof und Labyrinth. Subjektivität und Aufklärungszweifel in der Prosa von Botho Strauß, 55-71.
42 Vgl. *Schneider, Herzensschrift*, der allerdings mit den Autobiographien der siebziger Jahre nichts anfangen kann, weil sie nicht »erkaltet« genug sind (vgl. Anm. 31).
43 Die narrativen Strukturen, die *Kronsbein, Erzählen* darstellt, werden auch nicht aus Texten der siebziger Jahre abgeleitet. Trotzdem gleichen Kronsbeins Fragestellungen den hiesigen in vielem.
44 Vgl. *Schwab, Autobiographik*, deren typologischem Schema die Darstellung hier weitgehend folgt.
45 Vgl. *Andersch, Cicindelen* und *Bohrer, Ästhetik*; zum politischen ›Fall‹ Jünger vgl. *Raddatz, Jünger*, dort auch weitere Literatur.
46 *Schwab, Autobiographik*, insbes. 228.
47 Vgl. *Knopf, Verlust*, der ›Montauk‹ geradezu als Einspruch gegen die »neue Subjektivität« auffaßt.
48 Vgl. *Schwab, Autobiographik*, insbes. 116.
49 Artikel ›Autobiographie‹ in: von Wilpert, Gero: Sachwörterbuch der Literatur. 7., verbesserte u. erw. Aufl. Stuttgart 1989.
50 *Frieden, Autobiography* und *Schwab, Autobiographik* differenzieren nicht zwischen den Autobiographien älterer und jüngerer Autoren. Die Unterschiede liegen auch tatsächlich nicht so sehr in einzelnen Formen, als in den Zwecken, denen die Formen dienen. Vgl. *Knopf, Verlust* und implizit *Bronsen, Autobiographien*, die sich nur mit ›berühmten‹ Autoren beschäftigen, die ihre Vergangenheit ›befragen‹. Die jüngeren Autobiographen sind damit ausgeschlossen.
51 Vgl. *Neumann, Wiedergeburt.*
52 Vgl. als Überblick *Bäumer, Autor.*
53 *Japp, Ort*, 225. Auf diesen Aufsatz berufen sich die Überlegungen hier im wesentlichen.
54 Darauf hat Manfred Frank immer wieder hingewiesen, ausführlich z. B. in *Frank, Unhintergehbarkeit.*

770 ANHANG

Michael Braun: Lyrik

(Der Beitrag wurde im Sommer 1989 abgeschlossen.)

1 Auf Höllerers ›Thesen zum langen Gedicht‹ antworteten in der Zeitschrift ›Akzente‹ Karl Krolow und Horst Bienek. Vgl. *Höllerer, Thesen*; *Krolow, Problem*; *Höllerer, Antwort* und *Bienek, Ende.*

2 Brecht, Bert: Über Lyrik. Frankfurt/M. [6]1977, 8.

3 Rühmkorf, Peter: Strömungslehre I. Reinbek 1978, 74 f.

4 Vgl. *Bender, Messer,* 147.

5 In: Literatur und Kritik 15, 1967, 317.

6 *Benjamin, Autor,* 694 f.

7 Vgl. *Bormann, Lyrik,* 172.

8 *Röderberg, Denkzettel,* 447.

9 Degenhardt, Franz Josef: Spiel nicht mit den Schmuddelkindern. Reinbek 1969, 113-114.

10 In: Kürbiskern 4, 1968, 590.

11 Vgl. Grass, Günter: Ausgefragt. Gedichte und Zeichnungen. Neuwied 1967. Ebenso die Grass-Essays: Vom mangelnden Selbstvertrauen der schreibenden Hofnarren unter Berücksichtigung nicht vorhandener Höfe. In: Akzente 3, 1966, 194-199; sowie: Literatur und Revolution oder Des Idyllikers schnaubendes Steckenpferd. In *Kuttenkeuler, Poesie,* 341-346.

12 Vgl. den Enzensberger-Essay in *Linder, Wunschmaschine,* 112-145.

13 Vgl. *Adorno, Engagement* und *Adorno, Theorie,* 188.

14 *Enzensberger, Einzelheiten,* 136.

15 In: Kursbuch 15, 1968, 187-197.

16 Enzensberger selbst hat schon früh gegen dieses Mißverständnis protestiert (in *Lüdke, Umbruch,* 92 f.). Einige jüngere Arbeiten überführen denn auch die These vom »Tod der Literatur« als kulturrevolutionäre Legende (vgl. *Schnell, Bundesrepublik*); in diesem Bd. vgl. auch S. 39 ff.

17 Vgl. *Schneider, Atempause,* 127-174.

18 Rühmkorf, Strömungslehre (s. Anm. 3), 88.

19 Vgl. *Hahn, Aktion* und *Karsunke, Abrißarbeiter.*

20 Brecht (s. Anm. 2), 25.

21 *Karsunke, Abrißarbeiter,* 16.

22 In: Kursbuch 20, 1970, 42-52.

23 *Buch, Wälder,* 116-120.

24 Vgl. *Buselmeier, Versuch*; *Hinderer, Tendenzen*; *Blamberger, Gedicht*; *Schnell, Bundesrepublik.*

25 Der diagnostische Wert des Terminus »Lyrische Postmoderne« (vgl. *Knörrich, Lyrik* und *Hartung, Lyrik*) hat sich als gering erwiesen. Die verschiedenen Definitionsversuche im Kontext amerikanischer (Leslie A. Fiedler, Ihab Hassan) und französischer (Jean-François Lyotard, Jean Baudrillard) Gesellschafts- und Literaturtheorien haben noch zu keiner hinreichend präzisen Begriffsbestimmung geführt. In diesem Bd. vgl. Einleitung und S. 55 f. und Anm. 226; und 340 ff.

26 Vgl. *Buselmeier, Versuch* und *Theobaldy/Zürcher, Veränderung.*
27 Vgl. Anm. 1.
28 In: Kursbuch 10, 1967, 150-161.
29 Im Klappentext des Gedichtbandes.
30 *Buch, Hervortreten*, 13. Buchs bevorzugtes Genre blieb der ästhetisch-politische Kommentar und weniger das Schreiben über die »eigenen Erfahrungen«. Vgl. *Buch, Waldspaziergang.*
31 Vgl. Buselmeiers Statement in *Hans/Herms/Thenior, Lyrik-Katalog*, 377.
32 Vgl. *Theobaldy/Zürcher, Veränderung* und Theobaldy, Jürgen: Zweiter Klasse. Berlin 1976, 75 (Nachwort).
33 Theobaldy, Jürgen: Nachbemerkung. In: Und ich bewege mich doch. Gedichte vor und nach 1968. München 1977, 223.
34 *Handke, Elfenbeinturm*, 30.
35 In *Hans/Herms/Thenior, Lyrik-Katalog*, 467.
36 Born, Nicolas: Das Auge des Entdeckers. Reinbek 1972. N. B.: Gedichte 1967-1978. Reinbek 1978. Brinkmann, Rolf Dieter: Westwärts 1 & 2. Reinbek 1975.
37 Vgl. Brinkmann, Rolf Dieter: Angriff aufs Monopol. Ich hasse alte Dichter. In: Christ und Welt, 15. 11. 1968. Darüber hinaus R. D. B.: Notizen 1969 zu amerikanischen Gedichten und zu dieser Anthologie. In: Silverscreen. Köln 1969, 7-32.
38 Ebd., 14.
39 Brinkmann, Rolf Dieter: Standfotos. Gedichte 1962-1970. Reinbek 1980, 185 f. Der Gedichtband ›Die Piloten‹ hat Brinkmann zunächst die Etikettierung »Pop«-Schriftsteller eingetragen, sein Plädoyer für eine »neue Sensibilität« und eine drogenstimulierte »sinnliche Erfahrung« gar den Faschismus-Vorwurf. Vgl. Walser, Martin: Über die neueste Stimmung im Westen. In: Kursbuch 20, 1970, 19-41.
40 Brinkmann, R. D.: Unkontrolliertes Nachwort zu meinen Gedichten. In: Literaturmagazin 5, 1976, 242.
41 Vgl. ebd.
42 Ebd.
43 Vgl. *Braun, Augenblick.*
44 Brinkmann, Westwärts 1 & 2 (s. Anm. 36), 141.
45 An der Lyrik-Diskussion in der Zeitschrift ›Akzente‹ beteiligten sich Jörg Drews, Jürgen Theobaldy, Hans Dieter Zimmermann, Ludwig Fischer und Peter M. Stephan. Ihre Beiträge sind nebst einem polemischen Essay von Peter Wapnewski gesammelt in *Hans/Herms/Thenior, Lyrik-Katalog.* Vgl. dazu auch *Jordan/Marquardt/Woesler, Lyrik; Ritter, Authentisch; Heise, Dilemma.*
46 Vgl. dazu folgende Gedichtbände:
Fauser, Jörg: Trotzki, Goethe und das Glück. München 1978. Derschau, Christoph: Den Kopf voll Suff und Kino. München 1976. Wondratschek, Wolf: Das leise Lachen am Ohr eines andern. Frankfurt/M. 1976.
47 *Gnüg, Subjektivität*, 258 f.

772 ANHANG

48 Vgl. dazu auch *Heißenbüttel, Literatur*.

49 *Jordan/Marquardt/Woesler, Lyrik*, 161/162.

50 Vgl. dazu auch *Bohrer, Phantasie*.

51 Etwa *Schneider, Sensibilität* oder *Roberts, Tendenzwenden*[1].

52 *Briegleb, Fragment*, 8.

53 *Hage, Lyrik*, 139-140.

54 *Rutschky, Erfahrungshunger*, 112.

55 Vgl. *Bender/Krüger, Gedicht*, 202 f.

56 *Hartung, Experimentelle Literatur*, 103.

57 Schmidt, Siegfried J.: Ästhetische Prozesse. Köln 1971, 132.

58 Bezzel, Chris: Texte. dichtung und revolution. In: Konkrete Poesie I, hrsg. v. H. L. Arnold. München [3]1978, 36 (= Text und Kritik. 25).

59 *Heißenbüttel/Vormweg, Briefwechsel*.

60 Waterhouse, Peter: (Honig & Zoonen). In: Sprache im technischen Zeitalter 107/108, 1988, 229-235.

61 Konjetzky, Klaus: Ich möchte, daß meine Gedichte wie EINE FAUST sind. In *Hans/Herms/Thenior, Lyrik-Katalog*, 398.

62 Im November 1977 antwortete der Fraktionsvorsitzende in der Bremer Bürgerschaft, Bernd Neumann, auf eine ironische Frage eines SPD-Abgeordneten, ob man denn Erich Frieds Arbeiten nicht gleich verbrennen solle: »Ja, Herr Kunick, so etwas würde ich lieber verbrannt sehen.« Zit. n. *Zeller, Gedichte*, 184.

63 Rühle, Günther: Artikel 3 (3) oder: Was sagt Alfred Andersch? In: FAZ, 9. 2. 1976.

64 Zitiert nach Haffmans, Gerd (Hrsg.): Über Alfred Andersch. Zürich 1980, 263.

65 Fried, Erich: Ein abgewehrter Angriff? In: Wandrey, Uwe (Hrsg.): Kein schöner Land? Reinbek 1979, 95.

66 FAZ, 28. 10. 1977.

67 *Zeller, Gedichte*, 180.

68 Vgl. Anm. 65.

69 Exempel lassen sich finden in Mayer-Tasch, Peter Cornelius (Hrsg.): Im Gewitter der Geraden. Deutsche Öko-Lyrik. München 1980.

70 Drews, Jörg: Nach der neuen Sensibilität. In *Jordan/Marquardt/Woesler, Lyrik*, 164.

71 Buchwald, Christoph/Laschen, Gregor (Hrsg.): Luchterhand Jahrbuch der Lyrik 1984. Darmstadt 1984, 135.

72 *Hartung, Lyrik*, 83-97.

73 Strauß, Botho: Paare, Passanten. München 1984, 119.

74 Hartung, Harald: Das Gedicht und die Regel. In: Merkur 388, 1980, 1015 f.

75 *Jordan/Marquardt/Woesler, Lyrik*, 65.

76 Von ihren zwischen 1981 und 1988 erschienenen Gedichtbänden wurden insgesamt über 100 000 Exemplare verkauft.

77 Vgl. *Pickerodt, Lyrik*.

78 Vgl. Staiger, Emil: Grundbegriffe der Poetik. München 1975, 13 f.

AVANTGARDE   773

79 Hahn, Ulla: Unerhörte Nähe. Stuttgart 1988, 15.
80 Vgl. Theobaldy in *Hans/Herms/Thenior, Lyrik-Katalog*, 464.
81 Auf diese Vorbilder rekurrieren in ihren Statements Theobaldy und Buselmeier.
82 *Bürger, Avantgarde*, 15 f.
83 Vgl. das Nachwort in Theobaldy, Jürgen: Midlands. Heidelberg 1984.
84 Theobaldy, Jürgen: Das immer andere Gedicht. In: Freibeuter 19, 1984, 28.
85 Vgl. *Buselmeier, Poesie*, 60.

Bettina Clausen/Karsten Singelmann: »Avantgarde heute?«

(Der Beitrag wurde Ende 1990 abgeschlossen.)

 1 Zit. aus dem Vorsatzgedicht Arno Schmidts: Das steinerne Herz. Historischer Roman aus dem Jahre 1954. Karlsruhe (purgierter Erstdruck) 1956.
   Das nur für die Erstausgabe bestimmte Widmungsgedicht ist text-, zeichen-
   und zeilengetreu erstmals veröffentlich im Variantenapparat der Werkausgabe Arno Schmidt, Werkgruppe I, Bd. 2, (Bargfelder Ausgabe), Zürich
   1986, 355 ff. Zu dem in den o. a. zitierten Gedichtzeilen genannten »Riegel«
   vgl. Anm. 4.
 2 Der »Fall Arno Schmidts, des Avantgardisten« (s. Christel Buschmann in:
   Pardon 2/1973) beschäftigt dessen Leser seit Anfang der 50er Jahre (vgl.
   Anm. 52) bis in die unmittelbare Gegenwart (vgl. Anm. 48).
 3 Programmatischer Titel einer literarhistorischen Essay-Sammlung Arno
   Schmidts, nachdrücklich »vergessenen Kollegen« gewidmet, Karlsruhe 1965.
 4 Diese »letzten« und »äußersten« noch in klassischer Avantgardetradition stehenden Autorenzusammenschlüsse sind, trotz unterschiedlicher Generations-
   zugehörigkeit, dennoch von vergleichbaren politischen und ästhetischen
   Beweggründen geleitet. So, wie der von Werner Riegel (1925-1956) und
   Peter Rühmkorf(*1929) kreierte »Finismus« artistisch-aggressiv auf die Zeit-
   lage »Zwischen den Kriegen« (so auch der programmatische Titel ihrer von
   1952-1956 erscheinenden Gegen-›Zeitschrift‹) reagierte, so war den jüngeren »Ultimisten« um Manfred A. Knorr (1935-1958), Klaus M. Rarisch
   (*1936) und Dieter Volkmann (*1934) klar, »jede Handlung müsse im
   Bewußtsein getan werden, daß sie die letzte sein und vor der Zukunft bestehen müsse«. (Volkmann, zit. aus: Der Sonntag, Berlin/DDR, 12. 2. 1961).
   Dieser Grundsatz könnte den Impetus der poetischen Anstrengungen beider
   Gruppierungen überschreiben, denn beide, sowohl Finismus als auch Ultimismus, artikulierten ihr Zeitbewußtsein über das Medium der Lyrik. Hoch-
   leistungen ultimistischer Wortkünstler finden sich in *Rarisch, Almanach*
   sowie in zahlreichen Editionen des Robert Wohlleben Verlages Hamburg (vgl.
   Anm. 39). Zum Finismus vgl. Riegel, Werner: Gedichte und Prosa. Wiesbaden 1961, und, in rückschauender Dokumentation Rühmkorf, Peter: Werner
   Riegel. . . . beladen mit Sendung. Dichter und armes Schwein. Zürich 1988.

5 So der Werbeslogan auf der Kniestrumpf-Verpackung einer Fa. Reiter: »Mode die Beine macht«, aus dem Mischsortiment einer Hamburger Vorstadt-Drogerie und Farbenhandlung, 1988.

6 Wie beliebig und gänzlich unbekümmert um jegliche inhaltliche Bestimmung der werbliche Gebrauch des »Avantgarde«-Labels erfolgt, mag eine (vgl. auch Anm. 5) kleine Revue eher zufällig herausgegriffener Beispiele illustrieren. In einer Renault-Reklame wird die Avantgarde-Qualität des vorgestellten Modells begründet mit der Optimierung seines Gebrauchswerts. Kriterien dafür sind Größe, Komfort und Leistung. Da der Gebrauch der Avantgarde-Metapher freilich mit der Betonung von Nützlichkeit schwer vereinbar erscheint, ist der Vermittlung halber das Automobil nicht entwickelt oder gebaut, sondern »choreographiert« worden. – In der Avantgarde-Mode geht es demgegenüber gerade nicht um Nützlichkeitserwägungen. Sie ist gemacht für »glitzernde Paradiesvögel«, die tagsüber bei der Erwerbsarbeit den Verwirrungen der modernen Zeit, die sie »nicht mehr verstehen«, »standhalten« müssen, um dann aber zur Entlastung abends aus dem grauen Flanell »flüchten« zu können, ins »Unzeitgemäße«, z. B. in eine »neue Romantik«. (Zitate aus: TW Fashion. Die Mode-Zeitung aus der ›Textil-Wirtschaft‹, 3/1987). Was hier »Avantgarde« genannt wird, heißt in andern Sparten des Kulturbetriebes »Postmoderne« (vgl. Anm. 29). – Ein besonders kurioses Beispiel für begriffliche Werte-Transferierung war 1989 im Kurzführer zur Kölner Kunstausstellung ›Bilderstreit‹ zu entdecken. Während das Konzept der Ausstellung darin bestand zu zeigen, daß die moderne Kunst nach 1960 keineswegs von einem einsinnigen avantgardistischen Fortschrittsdogma, sondern vielmehr von einer Vielzahl voneinander unabhängiger, gleichwertiger Ansätze bestimmt sei, erschien es einer Kunstversicherung gleichwohl ratsam, sich werblich als »Avantgardist für die Versicherung alter Meister und junger Wilder« anzubieten.

7 ›Die Aporien der Avantgarde‹. In *Enzensberger, Einzelheiten*, 290-315. Die eminente Reichweite dieser eher kleinen, in ihrer Wirkung jedoch konkurrenzlos gebliebenen Schrift läßt sich bis hinein in die derzeit neueste Dokumentation der Themendiskussion *Hardt, Avantgarden*, verfolgen; vgl. insbes. die Aufsätze von Lohner, Edgar: Die Problematik des Begriffs der Avantgarde, sowie Hardt, Manfred: Zu Begriff, Geschichte und Theorie der literarischen Avantgarde. Beide in Teil I des Bds.

8 Lottmann, Joachim: Mai, Juni, Juli. Ein Roman, Köln 1987. (Aus dem Klappentext, der noch eine Reihe weiterer »Abgrenzungen« vorführt.) Dieser affektgeladene Abgrenzungswille dürfte sich auf eine Vorstellung von »Avantgarde« beziehen, wie sie in Feuilletons und Kultur-Magazinen/-Talkshows vorherrscht. Dort wird, im Bestreben, eine entlastete Zuordnungsmöglichkeit anzubieten, als »Avantgarde« stereotyp jener durchaus vage umgrenzte Bereich des Kulturbetriebs bezeichnet, dessen Produkte als nicht kommerzialisierbar gelten, weil sie »schwierig« und »experimentell« sind, sich dem Sinnbedürfnis und den eingefleischten Lese- (Hör- und Seh-) Gewohnheiten der Konsumenten provokant verweigern.

AVANTGARDE 775

9 Starke Darlehen für diese Argumentation haben wir genommen bei *Gernhardt, Innen und Außen*, 171.

10 *Schweikle, Lexikon.*

11 Vgl. Anm. 7.

12 *Holthusen, Kunst*, 28 u. 27.

13 Sloterdijk, Peter: Kopernikanische Mobilmachung und ptolemäische Abrüstung. Frankfurt/M. 1987.

14 Hörisch, Jochen: Einleitung. In *Hörisch/Winkels, Literatur*, 12.

15 Sloterdijk (s. Anm. 13), 22.

16 Eco, Umberto: Nachschrift zum ›Namen der Rose‹. München 1984, 78.

17 Dies wird ausgeführt am Beispiel der avantgardistischen Malerei, während demgegenüber die Malerei der »Trans-Avantgarde« »sich von einem Pragmatismus ergreifen läßt, der dem Instinkt des Werkes wieder Raum gibt (...), das Werk wird Moment eines energetischen Funktionierens, das in sich selbst die Kraft zur Beschleunigung und zum Verharren findet.« Oliva, Achille Bonito: Die italienische Transavantgarde. In *Welsch, Wege*, 121 ff., hier 126 (Auszug aus Oliva: Im Labyrinth der Kunst. Berlin 1982).

18 Vgl. Eco (s. Anm. 16), 78.

19 *Lyotard, Das Erhabene*, 163.

20 Vgl. *Huyssen, Search*, 36 (aus dem Englischen übersetzt und paraphrasiert).

21 *Gerhardt, Stimmen*, 9 f. u. 10.

22 *Bürger, Avantgarde.*

23 Karl Markus Michel hält Bürger vor, allzu umstandslos das Programm für die (unmögliche) Sache genommen zu haben; *Michel, Abschied*, 180.

24 *Habermas, Moderne*, 457 f.

25 Michel hat in seiner polemischen Schilderung der »Mitmachkultur« der endsiebziger und frühachtziger Jahre diese Habermassche Prognose illustriert; *Michel, Abschied*, 170 f.

26 *Bürger, Alltag*, 1021.

27 Im Unterschied zum uneingestandenen, immer wieder aufgeschobenen Zielpunkt der kunstintern verstandenen Avantgarde, ist das Bürgersche Telos, die Selbsterlösung der Kunst, ja angegeben.

28 Neben Enzensberger trifft dies vor allem zu für Ludger Fischer (Avantgarde – Die Vorhut der alten Ratten. Versuch einer Begriffsgeschichte. In *Holländer/Thomsen, Besichtigung*, 41-52), der unter dem Vorwand, einen Überblick zur Geschichte der Begriffsverwendung zu geben, die jeweiligen Widersprüche genüßlich ausstellt und jedes nur denkbare Avantgardekonzept mit Hohn übergießt.

29 Wenn auf diese Weise »Avantgarde« und »Postmoderne« in Beziehung gesetzt werden, so wird damit insofern wenig Klarheit gewonnen, als der Begriff der »Postmoderne« in seinem inflationierten Gebrauch wenigstens ebenso diffus ist wie der der »Avantgarde«. An dieser Stelle ist auf ein Verständnis von Postmoderne angespielt, das einen Bruch gegenüber dem »Projekt der Moderne« impliziert. Eine so verstandene postmoderne Ästhetik proklamiert mehr oder weniger ironisch-distanzierte Rückgriffe auf traditionelle Verfah-

rensweisen und bringt somit einen neuen Eklektizismus und Historismus, einen neuen Realismus und Subjektivismus ins Spiel. (Vgl. Wellmer, Albrecht: Zur Dialektik von Moderne und Postmoderne. Vernunftkritik nach Adorno. Frankfurt/M. 1985, 55). – Angesichts der Verwertungsinteressen des Kulturbetriebes ist es allerdings schwierig, die Grenze zwischen reflektiertem Rückgriff und populärer Regression deutlich zu halten, so daß diese Postmoderne stets Gefahr läuft, ein Ramschbegriff zu werden, der alles und jedes bezeichnen kann. – Demgegenüber hat es in letzter Zeit erfolgversprechende Versuche gegeben, die Postmoderne zu verstehen als eine radikalisierte, sich selbst reflektierende Moderne (vgl. insb. Wellmer, s. o., und Welsch, s. Anm. 17 und 46). In einer solchen Postmoderne-Konzeption hätte auch eine neu ins Auge gefaßte Avantgarde ihren Sinn.

30 Eco freilich bietet in diesem Zusammenhang eine verwirrende Pointe: Offenbar in dem Bemühen, die (immer noch als attraktiv unterstellte) Aura der Avantgarde auf die Postmoderne zu übertragen, behauptet er, »daß ein breites Publikum zu erreichen und seine Träume zu bevölkern, heute womöglich heißen kann, Avantgarde zu bilden« (s. Anm. 16), 82. Wird damit nun der Avantgarde-Begriff jeglicher Bestimmtheit entleert, oder deutet sich ein zugehöriger neuer »Gros«-Begriff an?

31 Schmidt, Siegfried J.: Liquidation oder Transformation der Moderne? In *Holländer/Thomsen, Besichtigung*, 53-70, hier 58.

32 *Huyssen, Search*, 37.

33 Zum umgangssprachlichen Begriffsgebrauch vgl. als Erinnerungsstütze die Anm. 5 und 6, in denen sich die am Prestigekauf-Verhalten orientierten, wirtschaftswerblichen Verfahren im Umgang mit dem Slogan »Avantgarde« zeigen. – Wie vielfach unspezifisch und mit welcher Selbstverständlichkeit (als sei er längst erschöpfend definiert) sich auch eine literaturwissenschaftliche Fachsprache des Avantgarde-Begriffs bedient, läßt sich exemplarisch prüfen an den zahlreichen Weisen seiner Nutzung in dem, hier vorausgegangenen, Band *Fischer, Literatur*.

34 Zu einer der jüngsten, auf begriffliche Klärung der Literatur der »Moderne« insistierenden Studien vgl. Schönert, Jörg: Gesellschaftliche Modernisierung und Literatur der Moderne. In *Wagenknecht, Terminologie*, 393-413. Vollständiges Zitat: »auf der Höhe der Problemlage der Zeit«, 406, Anm. 12.

35 »Umweltreferenz« und »Systemreferenz« als prinzipielle Orientierungsgrößen unterscheidet begrifflich trennscharf insb. Plumpe, Gerhard: Systemtheorie und Literaturgeschichte. In *Gumbrecht/Link-Heer, Epochenschwellen*.

36 Wie etwa beispielhaft der Autor Rainald Goetz in seinem weithin mißverstandenen Akt des »Klagenfurter Stirnschnitts« im Angesicht seiner Preisrichter, zumal Marcel Reich-Ranickis, am 25. 6. 1983. Anläßlich des da fließenden Blutes wurde mißverstanden, daß der Autor lediglich am eignen Leib exekutierte, was Motiv und Gegenstand des vorgelesenen Textes (»Subito«, später in: R. G.: Hirn. Frankfurt/M. 1980, zumal S. 16) gewesen war. Daß einer solchen Produktionsethik eine bislang noch kaum ausgebildete Rezeptionsethik folgt, geht nicht zu Lasten des Autors.

37 Formen, sowohl bewußt antikünstlerischer, ausschließlich der Propaganda marxistisch-leninistischer Lehren dienender und direkte politische Aktionen herausrufen sollender Textpräsentationen, wie – andererseits – auch Formen Konkreter Poesie im strengen Sinne, als einer »punktuelle[n] dichtung, in der die wörter eigenständigkeit« gewinnen; vgl. Rühm, Gerhard: Einleitung. In: G. R.: Die Wiener Gruppe. Erw. Aufl. Reinbek 1985, 14. (1967).

38 »Ästhetizismus« hier im Sinne einer generellen, über die spezifisch-literarhistorische Begrifflichkeit hinausreichende, ausschließliche Behauptung und »Verehrung des Künstlichen« (Alewyn), pur Artistischen.

39 Vgl. hierzu das Beispiel der 1991 längst die 100 000er-Bestsellertraumgrenze überschritten habenden Auflagenstärke der Roman-›Triologie des laufenden Schwachsinns‹ von Eckhard Henscheid: (1) Die Vollidioten. Ein historischer Roman aus dem Jahr 1972, zuerst im Selbstverlag Amberg 1973; (2) Geht in Ordnung – sowieso -- genau ---. Ein Tripelroman über zwei Schwestern, den ANO-Teppichladen und den Heimgang des Alfred Leobold. Frankfurt/M. 1977; (3) Die Mätresse des Bischofs. Roman. Frankfurt/M. 1978. Zumal dieser spektakuläre Markterfolg erweist, wie sich einerseits gravierende Rezeptionsmißverständnisse (bzw. Text-Unterforderungen) mit andererseits eher spärlichen Werbemaßnahmen (seitens der Verlagsbuchhandlung 2001) verbinden können zu einem, rational nicht antizipierbaren, Longseller-Ertrag. – Derart unkalkulierbaren Phänomenen stehen, andererseits, wiederum entschieden marktabgewandte literarische Produktionen und Distributionsformen gegenüber, die um den Preis einer notwendig begrenzten Kommerzialisierbarkeit auf unmittelbarere Text-Leser-Kommunikationen insistieren. Beispielhaft hierfür wäre der den Ultimisten um Klaus M. Rarisch (vgl. Anm. 4) nahestehende Autor und Handdrucker Robert Wohlleben (*1938), der seit Jahrzehnten kontinuierlich im eigenen Kleinverlag für einen engeren, jedoch stabilen Leser- und Freundeskreis produziert. Zu der literarischen Arbeit Rarischs und Wohllebens vgl. zuletzt Riha, Karl: Albumblatt (zugleich Faksimile-Abdruck aus Rarisch, Klaus M. und Wohlleben, Robert: Donnerwetter. Meteorologisches Handbuch unter besonderer Berücksichtigung kulturatmosphärisch-klimatokultureller Aspekte. Meiendorfer Drucke Nr. 11, [Hamburg-] Ottensen 1988). In: FR, 8. 8. 1989. Zu den »Meiendorfer Drucken« aus dem Verlag Robert Wohllebens (Drucke 12-17) vgl. auch Wendevogel, N. (d. i. Ohff, Heinz): So nette Sonette dicht an dicht. Kleiner Hinweis auf Gedichte zum Aufschneiden. In: Der Tagesspiegel, 17./18. 6. 1989.

40 Eines der gegenwärtig eindringlichsten Beispiele dafür ist Eckhard Henscheids ›Maria Schnee. Eine Idylle‹, Zürich 1988. Deren überraschend breite und überraschend subtile Würdigungen in Kulturzeitschriften und im Feuilleton erkannten überwiegend auch den zauberisch anachronistischen, rückwärtsgewandten Klang dieser Prosa: „Als ob sich Eichendorff und Hebel zu einem wundersamen letzten Walzer die Hand gereicht hätten." (Klaus Modick in: Rheinischer Merkur/Christ und Welt, 2. 12. 1988). Durchschlagend dazu Brigitte Kronauer, die »die doch hartnäckig auf Distanz pochen-

den Maßnahmen« dieser Prosa »immer neu ins Herz der eigenen, aufgestöberten Kindlichkeit« treffen sieht (B. K.: Entzückungskraft der Welt. Eckhard Henscheids diskrete Idylle ist nichts für ungeduldige Fazitleser. In: FR, 18. 3. 1989). »Immer neu« wäre damit weniger die Wiederanstimmung altbekannter literarischer Klänge, sondern vielmehr erst die artistische Erweckung schlafender Bewußtseinstatbestände – jene zur Sprache gebrachte »uncreated conscience«, in deren Zeichen »Avantgarde« im hier gemeinten Sinne steht.

41 Diese Formulierung Wolfgang Isers zitiert Wolfgang Preisendanz im Kontext seiner Thesen zum »Problem der Realität in der Dichtung«. In *Preisendanz, Realismus*, 125. In der letzten These seines Schluß-Aufsatzes diskutiert er Rezeptionsprobleme der »modernen«, in unserem Sinne jedoch genauer Probleme der Rezeption »avantgardistischer« Dichtung.

42 Diederichsen, Diedrich: Sexbeat 1972 bis heute. Köln 1985, 25. Bei diesem Zitat geht es freilich mehr um die Denunziation eines exemplarischen Gestus' als um die Denunziation eines Autors, dessen nicht unstalinistische Kulturbetrachtungen durchaus komische, selbstironische und in diesem Fall auch denunziatorische Züge aufweisen.

43 Ebd., 24.

44 Ebd. Hier wird das Ideal der »Hipness« – »Hip war, was weiter war« – abgefeiert. Kennzeichen der »Hipsters«: »ein Ordnungsprinzip abgeschafft« zu haben, »ein brandneues Sujet gefunden. Oder eine exotische Religion.« Parallelen zum bürgerlichsten »Avantgardismus«-Verständnis liegen auf der Hand.

45 Börne, Ludwig: Denkrede auf Jean Paul (1825). In: L. B.: Sämtliche Schriften. I. Düsseldorf 1964, 790.

46 Seit 1919 bereits, seit der Publikation des Essays »La politique de l'esprit« entfaltet zumal Paul Valéry diesen Komplex. Vgl. dazu Makropoulos, Michael: Valérys Moderne. In: Freibeuter 39/1988, 142 ff.

47 Dies der bedachte Terminus Wolfgang Welschs, in *Welsch, Moderne*, insb. 6; vgl. auch Anm. 34.

48 Mayröcker, Friederike: »Hängeweiden und Goldregen«, oder Besichtigung einer früheren Landschaft: ein Verhältnismäszigkeitstext, für Arno Schmidt. In: Bargfelder Bote, März 1989, Lfg. 134-136, 3.

49 ›Zettel's Traum‹, Frankfurt/M. 1970; ›Die Schule der Atheisten. Novellen-Comödie in 6 Aufzügen‹, Frankfurt/M. 1972; ›Abend mit Goldrand, eine MärchenPosse. 55 Bilder aus der Lä/Endlichkeit für Gönner der Verschreib-Kunst‹, Frankfurt/M. 1975; ›Julia, oder die Gemälde. Scenen aus dem Novecento‹, (posthum) Zürich 1983.

50 Auf 1350 DIN A 3-Großblättern (= ca. 5000 Normalseiten) geschrieben, ist das Romanwerk aus einem Material von 120 000 Zetteln konstruiert und in drei nebeneinander herlaufenden »TextStrömen« organisiert worden; Näheres zur Schreibtechnik s. S. 466 ff. dieses Bds.

51 Eine Formulierung Peter Rühmkorfs, den Tenor zahlreicher Rezensionen aufnehmend und zugleich vor ihm warnend. In: P. R.: Bausteine zu einem Arno-Schmidt-Denkmal, in: Arno Schmidt Preis 1986, Bargfeld 1986, 17.

52 Das früheste Arno Schmidt-»Porträt eines Avantgardisten« stammt von Werner Steinberg und erschien in: Die Kultur, 15. 8. 1954; hierin auch eine der frühesten Würdigungen Schmidts als politischer Schriftsteller. Vgl. dazu Arno Schmidt: Briefe an Werner Steinberg. Zürich 1985, Brief vom 2. 9. 1955, 18: »Es wird Sie belustigen zu hören, daß – endlich! – die westdeutsche Bundesrepublik mich als Schmutz = und Schund = Autor angeklagt hat ⟨. . .⟩ : der Generalstaatsanwalt zu Berlin hatte Anzeige wegen Vergehen gegen die §§ 166 und 184,1 des Strafgesetzbuches gegen mich erstattet«. »Gotteslästerungs«- und »Pornographie«-Anklagen waren im Adenauer-Restauratorium wesentliche Hebel der politischen Verfolgung, der der Autor durch die Flucht in ein vergleichsweise liberales Bundesland (Hessen) aber entging.

53 Als absichtsvolle Brüskierung eines ihn zunehmend vereinnahmen wollenden Kulturbetriebs ist die »Dankrede« des Autors zur Verleihung des Goethepreises 1973 zu verstehen, in der er, explizit »unzeitgemäß und unpopulär«, nicht nur den Kampf an der Seite der Arbeiterklasse verweigerte, sondern »unser ganzes Volk, an der Spitze natürlich die Jugend« für »typisch *unter*arbeitet« erklärte: zumal für die linke Kulturszene der frühen 70er eine nicht hinnehmbare Provokation. Stellvertretend für die breitest entfachte Empörung Gerhard Zwerenz: »Arno Schmidt hat für seine pauschale, bornierte, im tiefsten Kern unwahre und ungare Arbeiterbeschimpfung 50 000 DM erhalten.« In: Welt der Arbeit, Köln 14. 9. 1973. Die »Dankrede« erschien zuerst in: Goethepreis 1973, hrsg. vom Kulturdezernat der Stadt Frankfurt/M. 1973, hier 12, Spalte 1; folgende Zitate 13.

54 So eine, auch für die Schmidt-Prosa zutreffende, eigene Stilkennzeichnung Hans Wollschlägers im Selbstkommentar anläßlich seiner Lesungen aus dem eigenen Romanwerk ›Herzgewächse ⟨. . .⟩‹.

55 Ebd.

56 Vgl. Anm. 54.

57 Dreyer, Ernst-Jürgen: Die Spaltung. Roman; in kleiner Auflage zuerst Siegburg 1979; 1980 ausgezeichnet mit dem Hermann-Hesse-Preis und in 2. Aufl. erschienen Frankfurt/M. 1980, vom zuständigen Ullstein-Verlag jedoch schnell verramscht.

58 Der Romanheld Landsmann: »Die brennende Grenze hält mich notdürftig zusammen«. Ebd., 94.

59 Vgl. *Schramke, Theorie*, 137.

60 Schmidt, Arno: Kaleidoskopische Kollidiereskapaden. In: A. S.: Der Triton mit dem Sonnenschirm. Großbritannische Gemütsergetzungen. Karlsruhe 1969, 289 f.

61 *Bürger, Avantgarde*, 98 ff.

62 *Roberts, Tendenzwenden*[2], 112.

63 Die folgenden Darlegungen beziehen sich u. a. auf den zitierten Aufsatz von Roberts. Vgl. auch *Roberts, Formenwelt*.

64 Hier geht es nun aber nicht darum, dem Werk Kluges »gerecht« zu werden. Vielmehr soll am Beispiel des literaturwissenschaftlichen Diskurses über Kluge die Problematik des Avantgardebegriffs konkret pointiert werden.

780 ANHANG

65 Vgl. *Vogt, Erzähler*, 16 f., 17 u. 15.

66 Vgl. Kluge: Theodor Fontane, Heinrich von Kleist und Anna Wilde. Zur Grammatik der Zeit. Berlin 1987, 12.

67 Vgl. *Schütz, Liebesversuch*, 61.

68 *Vogt, Erzähler*, 12.

69 Roberts spricht denn auch von »Nachhutsgefecht«, »Verteidigung« und »Erhaltung der Lebenswelt«; *Tendenzwenden*[2], 115.

70 Vgl. *Negt/Kluge, Geschichte*, Kap. 3: Konstituierende Elemente einer politischen Ökonomie der Arbeitskraft. Darin: Der Widerspruch von lebendiger und toter Arbeit, 98-102.

71 Die Fabel ist bekannt; vermutungsweise hergeschrieben aus dem ostasiatischen Altertum, populär als Fin-de-siècle-Chinoiserie. Im Wortlaut hier zit. nach Wolfgang Schlüter (vgl. Anm. 63).

72 Vgl. ›Julia‹ (s. Anm. 49), zumal Bild 17 des III. Tages; nachzulesen nurmehr in der »Planskizze« des Buches als posthum veröff. Hinweis des Autors. In: Nachwort der Herausgeber Alice Schmidt, J. P. Reemtsma, o. S. – In besonderer Weise diente die Fabel dem jüngeren Prosaschriftsteller, Musikwissenschaftler und Übersetzer Wolfgang Schlüter (★1948) als Gerüst und Schlüssel zu seinem Roman ›EINES FENSTERS SCHATTEN, oder: MERCURIUS' HOCHZEIT MIT DER PHILOLOGIE‹. Berlin 1984. Der Kunstreichtum dieser avantgardistischen Prosa ist in jüngster Zeit u. E. nur vergleichbar mit dem Prosaprojekt Simon Werles (★1959), z. B. in ›Grundriß der Entfernung‹ (1986), in der Variation und Fortschreibung überkommener literarischer Muster, archetypischer Figuren- und Handlungskonstellationen.

73 Als einsichtsvollste Studie hierzu vgl. *Peters, Subjektivierung*.

74 Vgl. hierzu das Gedicht ›lösung‹. In: Jandl, Ernst: der gelbe Hund. Darmstadt 1982, 153.

75 *Peters, Subjektivierung*, 73.

76 In: Spectaculum 34. Moderne Theaterstücke. Frankfurt/M. 1981.

77 Abgedruckt in *Peters, Subjektivierung*; signiert: Ernst Jandl 10. 6. 73.

78 Lindemann, Gisela: Friederike Mayröcker. In *Arnold, KLG*.

79 So *Schmidt, FUSZSTAPFEN*, 75. Insbesondere S. J. Schmidt nutzt in seiner Studie den Begriff »Avantgardemoderne«, vgl. z. B. 63.

80 Ebd., 76.

81 Mayröcker, Friederike: mein Herz mein Zimmer mein Name. Frankfurt/M. 1988, 33.

82 Mayröcker, Friederike: Das Herzzerreißende der Dinge. Frankfurt/M. 1985, 78 f.

83 Steinwachs, Ginka: Finden – eine surrealistische Fähigkeit, sowie: BARNARELLA ODER DAS HERZKUNSTWERK IN FLAMMEN. Beide Texte in: Sonia Nowoselsky-Müller (Hrsg.): ein mund von welt: ginka steinwachs. Text//S//ORTE//N//. Bremen 1989, 105 u. 148.

84 Zuerst im Bert Schlender (Klein-)Verlag, Göttingen 1974. Einzelstücke daraus wieder abgedruckt in Kronauer, Brigitte: Die gemusterte Nacht. Stuttgart 1981.

AVANTGARDE   781

85 Hier nur weitere Titel der Erzähl- und Romanprosa: ›Die Revolution der
    Nachahmung‹, Göttingen 1975; ›Frau Mühlenbeck im Gehäus‹, Stutt-
    gart 1980; ›Rita Münster‹, Stuttgart 1983; ›Berittener Bogenschütze‹, Stutt-
    gart 1987.
86 Vgl. *Gumbrecht, Erzählen*, 408.
87 Kronauer, Brigitte: Vorwort der Autorin, in: B. K.: Der unvermeidliche Gang
    der Dinge. Göttingen 1974 (Klappentext).
88 So zuletzt Baumgart, Reinhard: Laudatio auf Brigitte Kronauer zur Verlei-
    hung des Heinrich Böll-Preises, Dezember 1989. In: Die Zeit, 15. 12. 1989.
89 Vgl. z. B. die auch auf Wolf bezogene Abgrenzung von Avantgarde und expe-
    rimenteller Literatur durch Kosler, Hans Christian: Neoavantgarde? Anmer-
    kungen zur experimentellen Literatur. In *Lüdke, Avantgarde*, 252-267.
90 Für den Berichtszeitraum kommen vor allem in Betracht: ›Die Gefährlich-
    keit der großen Ebene‹. Frankfurt/M. 1976. – ›Das nächste Spiel ist immer
    das schwerste‹. Königstein/Ts. 1982. – ›Hans Waldmanns Abenteuer. Sämtli-
    che Moritaten von Raoul Tranchirer‹. Zürich 1985. – ›Mehrere Männer.
    Zweiundachtzig ziemlich kurze Geschichten, zwölf Collagen und eine län-
    gere Reise‹. Darmstadt u. Neuwied 1987.
91 Nähere Hinweise zur Beschreibung der Wolfschen Methode s. Kosler, Hans
    Christian: Ror Wolf. In *Arnold, KLG*.
92 Kronauer, Brigitte: Auftritt am Horizont. Zur Prosa Ror Wolfs. In *Kro-
    nauer, Aufsätze*, 9-21, hier 13 u. 14.
93 Ror Wolf im Gespräch mit Thomas Beckermann. In *Baier, Wolf*, 139-157,
    hier 155 u. 143.
94 *Kronauer, Aufsätze*, 19 u. 20.
95 Henscheid, Eckhard: Ein gentiler Herr. Über die Bücher und das Leben von
    Ror Wolf. Nachwort zu Ror Wolf: Ausflug an den vorläufigen Rand der
    Dinge. Prosa 1957-1976. Mit zwölf Collagen. Darmstadt 1988, 195 ff.
96 Kosler (s. Anm. 91), 7. Vgl. auch die Utopievermutungen in den Beiträgen
    von Gisela Dischner und Chris Bezzel in *Baier, Wolf*.
97 Die Abgrenzung des »Komischen« gegenüber dem Parodistischen soll hier
    darauf hinweisen, daß letzteres in der Negation des vorgegebenen Wertan-
    gebots dennoch selber wertbezogen bleibt.
98 Eben nicht nur, um es vollends deutlich zu machen, in bezug auf den vor-
    geblichen Beratungszweck, sondern auch in bezug auf den entgegengesetz-
    ten Wert, die ironische Erhebung über derlei moralgewisse Lebenshilfe.
99 Ludwig Harig führt in seiner Besprechung des Ergänzungs- bzw. Nachfolge-
    bandes ›Raoul Tranchirers Mitteilungen an Ratlose‹ (Zürich 1989) eine
    exemplarische, nämlich ihrerseits pataphysische Rezeption eines pataphysi-
    schen Textes vor, indem er davon berichtet, wie er einen akuten Krankheits-
    zustand mit Hilfe einiger einschlägigen Stichwörter des »Ratgebers« behan-
    delt und aufgelöst habe. In: Die Zeit, 20/1989, 72.
100 Für eingehendere Erläuterungen s. Geier, Manfred: Doktor Ubu und ich.
    Pataphysische Begegnungen. Rheinbach-Merzbach 1983, insbesondere darin:
    Die sieben Grundsätze des Pataphysikers, 19 ff.

101 Vgl. dazu auch das Gespräch H. J. Lengers mit Baudrillard: Fraktales Subjekt, fatale Strategien. In: Spuren. Zs. f. Kunst u. Gesellschaft. 1/1985, 38 ff.

102 Eine Schriftenreihe des CMZ-Verlages, Rheinbach-Merzbach 1984 ff.

103 Vgl. in diesem Bd. S. 455 und Enzensberger (s. Anm. 7).

104 Eine »Schulgründung« hat es wohl nicht gegeben, auch scheint die Namensgebung von dritter Seite ausgegangen zu sein; gewiß ist aber, daß einzelne Mitglieder die Verbreitung dieser Erkenntnismarke zeitweilig forciert haben, z. B. Eckhard Henscheid in den Aufsätzen: Hell und schnell gegen die Dumpfmeier. Ein Bericht über die Neue Frankfurter Schule. In: Lui/1984, sowie: Wahre Erben Adornos. Die ›Neue Frankfurter Schule‹ und das Nordend. In: Westermanns Monatshefte 5/1985.

105 Vgl. Rutschky, Michael: Vorrede. In: Die Neue Frankfurter Schule. »Die schärfsten Kritiker der Elche waren früher selber welche!« 25 Jahre Scherz, Satire und schiefere Bedeutung aus Frankfurt am Main von F. W. Bernstein – Bernd Eilert – Robert Gernhardt – Eckhard Henscheid – Peter Knorr – Chlodwig Poth – Hans Traxler – Friedrich Karl Waechter. Hrsg. v. WP Fahrenberg in Zusammenarbeit mit Armin Klein. Göttingen 1987.

106 Zum Beleg der »Uneigentlichkeit« dieser Schulenbildung: In dem Moment, da die Gruppe via Wanderausstellung und Katalog als NFS quasi kanonisiert wird, erfolgen die ersten Absetzbewegungen, s. Fahrenberg (s. Anm. 92), 566 f.

107 Die Situation des Satirikers im pluralistischen Medienzeitalter hat Robert Gernhardt beschrieben: Warum ich nicht gern Satiriker bin und mich nur ungern als solchen bezeichnet sehe. Keine Satire. In: R. G.: Letzte Ölung. Ausgesuchte Satiren 1962-1984. Zürich 1984, 438 ff.

108 Dies ist in Fernsehübertragungen konventioneller Kabarettaufführungen zu erkennen, wo die inmitten des Publikums die Stellung haltende politische Prominenz sich demonstrativ kaum einkriegen kann vor Lachen darüber, wie sie da »aufs Korn genommen« wird.

109 Die äußerst kontrovers aufgenommenen ›Erledigte[n] Fälle‹ Henscheids z. B. (zuerst in der ›Titanic‹ erschienen, später als Buch, Zürich 1986), in denen u. a. eine Reihe von »Renommierlinken« attackiert wird, operieren sämtlich, was gar nicht wahrgenommen wurde, nach klaren formalen Vorgaben, nehmen also eine rhetorische Haltung ein.

110 Wie Rutschky (s. Anm. 105), 9, versuchsweise formuliert: »Die Kraft einer bodenlosen Komik stehe doch unmittelbar im Dienst der bestimmten Negation«. Zum Wert des Komischen in der Arbeit der NFS siehe auch den Schluß dieses Abschnitts.

111 Dagegen ist die notorische, einer Ideologie der Unmittelbarkeit verpflichtete »Betroffenheit« (ein favorisiertes Polemik-Objekt der NFS) dieser jedenfalls verfallen.

112 Die Metapher des »Zerplatzens« ist hier gewählt, um anzudeuten, daß Waechters Cartoons auch am NFS-Maßstab gemessen von exzeptionell direkter, »reiner« Komik sind, die durch formale Rekonstruktion nicht einholbar erscheint. (Formale Analysen dieser Arbeiten sind dennoch ein Desiderat fachwissenschaftlicher Forschung.)

AVANTGARDE 783

113 Vgl. Gernhardt, Robert / Bernstein, F. W. / Waechter, F. K.: Welt im Spiegel. WimS 1964-1976. Frankfurt/M. 1979, Teil II.

114 Kaum zufällig oder ausschließlich der Zugehörigkeit zum selben Verlag geschuldet erscheint es uns, daß eine Waechter-Zeichnung als Umschlagsillustration dient zu Lassahn, Bernhard: Land mit lila Kühen. Zürich 1981. Zwar ist Lassahn (*1951) nominell nicht »Mitglied« der NFS, aber angesichts der scheinbar naiven Harmlosigkeit seiner Prosa (s. z. B. auch: Ab in die Tropen. Eine Wintergeschichte. Zürich 1984), die sich beim näheren Hinsehen als eine sehr präzise Erfassung der Überlagerung der zeitgenössischen Wirklichkeit durch medieninduzierte Realitätsmodelle erweisen möchte, könnte er sehr wohl in den hier behandelten Zusammenhang gehören. Die Frische und Tiefe der hier gestalteten Wahrnehmung scheint sich dabei einem gar nicht − wie erwartbar − »unversöhnlich-scharfen«, »betroffenen« oder »wütenden«, sondern im Gegenteil freundlich-nachsichtigen Blick zu verdanken.

115 Z. B.: ›Ich Ich Ich‹. Roman, Zürich 1982. − ›Glück Glanz Ruhm‹. Erzählung Betrachtung Bericht, Zürich 1983. − ›Kippfigur‹. Erzählungen, Zürich 1986.

116 Vgl. oben S. 461, mit Anm. 29, und S. 430 mit Anm. 25.

117 Vgl. Diederichsen, Diedrich: Neue Deutsche Literatur für angehende Erwachsene. In: Spex. Musik zur Zeit, 11/1986.

118 Wenn wir uns in diesem Beitrag auch grundsätzlich auf Prosaarbeiten beziehen, sei hier wenigstens angedeutet, daß die eigentliche Leistung Gernhardts eher sogar in seinen Gedichten zu sehen ist (›Wörtersee‹. Frankfurt/M. 1981. − ›Körper in Cafés‹. Gedichte. Zürich 1987), in denen sich die angesprochene Kunstfertigkeit am reinsten im Sinne einer »Dekonstruktion« des lyrischen Sprechens bewährt.

119 Exemplarisch: die bei Suhrkamp erschienene Reihe ›Verständigungstexte‹.

120 Worauf Henscheid selbst insistiert: In brandeigner Sache. Zur Lage der deutschen Literaturkritik. In: Der Rabe. Magazin für jede Art Literatur. 4/1983, 164.

121 Streckenweise mögen diese Romane wie eine Veranschaulichung von Jean Baudrillards Theorie über die »strukturale Revolution des Werts« und das »Ende der Produktion« anmuten, vgl. J. B.: Der symbolische Tausch und der Tod. München 1982, Teil I. Gemeinsamkeiten im Diagnosegehalt sind offensichtlich, ohne daß dadurch Henscheids literarisches Projekt schon wesentlich erhellt würde.

122 Oskar Negt etwa sieht darin »ein grundlegendes Subjekt-Objekt-Verhältnis, in dem eine für die Persönlichkeitsentwicklung entscheidende Berührungsfläche der Sinne, des psychischen Apparates und des Denkens mit der Außenwelt geschaffen wird«. In: O. N.: Lebendige Arbeit, enteignete Zeit. Politische und kulturelle Dimensionen des Kampfes um die Arbeitszeit. Frankfurt/M. / New York [2]1985, 184.

123 Eingehender speziell zu ›Die Mätresse des Bischofs‹ s. Clausen, Vita Nova.

124 Die Erzähler sind − selbstredend − vom Autor streng zu unterscheiden, auch wenn sie teilweise seinen Namen tragen.

784 ANHANG

125 Letzteres gilt für den Erzähler der die Trilogie abschließenden ›Mätresse‹; s. dazu *Clausen, Vita nova*, Abschnitt 5.

126 Die symbolische Substruktur der Henscheidschen Texte ist noch weit komplexer als hier angedeutet. Erste Hinweise dazu bei *Clausen, Vita nova* und *Maar, Schlichtheit*. Auch an ›Die Postkarte‹ (das Kernstück in Eckhard Henscheid: Die drei Müllersöhne. Märchen und Erzählungen. Zürich 1989, 150-232) sollte man mit keinem geringeren Verdacht noch Anspruch herangehen.

127 Dies ist, in folgerichtigem Anschluß an die ›Mätresse‹, am radikalsten gestaltet in: Dolce Madonna Bionda. Roman. Zürich 1983. Zur Ausgangskonstellation dieses Romans s. *Clausen, Vita nova*, Abschnitt 6.

128 Kronauer (s. Anm. 40).

129 Seibt, Gustav: Der Wahrnehmungserotiker. »Maria Schnee« – eine Idylle des mißverstandenen Eckhard Henscheid. In: FAZ, 18. 2. 1989.

130 Ebd. Im gleichen Sinne auch Kronauer (s. Anm. 40), die in ›Maria Schnee‹ eine »Aufforderung zum eingehenden, rabiat unbegrifflichen Betrachten der Dinge als Basis der Wirklichkeitserfassung« sieht.

131 Eilert, Bernd. In: Das Hausbuch der literarischen Hochkomik. Hrsg. v. B. E. mit Illustr. v. F. K. Waechter. Zürich 1987, 1382.

132 Siehe dazu v. a. Glaser, Peter: Zur Lage der Detonation – Ein Explose. In: P. G. (Hrsg.): Rawums. Texte zum Thema. Köln 1984, 9-21; und *Hörisch/ Winkels, Literatur*.

133 *Winkels, Einschnitte*, 16.

134 Am massivsten hierzu Diedrich Diederichsens Projekt des »Abbaus des Überbaus« in: Sexbeat (s. Anm. 42), v. a. 177: » …was die Wahrheit ist, wissen wir ex negativo: das Gegenteil von Kultur«.

135 Am bekanntesten: Rawums (s. Anm. 132).

136 Ebd., 15 f.

137 Dazu Diederichsen (s. Anm. 42), 126-132. Diederichsen galt als »Cheftheoretiker« der »New Wave«-Ästhetik. Nachdem er erleben mußte, wie das von ihm vertretene Zitatpop-Konzept in der Verbreitung zunehmend banalisiert wurde, hat er sich zuletzt bei seinen Situationsanalysen in immer kompliziertere Differenzierungen hineingearbeitet, die (auch) sprachlich am Rande der Verständlichkeit operieren: Musik und Dissidenz in den 80er Jahren. Inhaltsverzeichnis einer Theorie. In: D. D.: 1500 Schallplatten 1979-1989. Köln 1989, 11 ff.

138 Wir stützen uns dabei ausgiebig auf *Winkels, Einschnitte*, wo die bisher gründlichst umfassenden Analysen dieser neuen Literatur zu finden sind.

139 Siehe Winkels: Lob der Kybernetik. Thomas Meineckes Popprogramme und Prosaminiaturen. In *Winkels, Einschnitte*, 201-220, hier 211.

140 Meineckes theoretisches Konzept der »affirmativen Zeitgenossenschaft« (ebd., 215 ff.) erscheint uns dagegen zum Verständnis seiner literarischen Texte wenig hilfreich, da sie sich sinnvollerweise nur auf diskursive Interventionen beziehen kann. Auch Winkels nimmt hier Meinecke u. E. allzusehr beim programmatischen Wort.

141 Winkels (›Sozialistischer oder kapitalistischer Realismus? Thorsten Beckers und Joachim Lottmanns Kampf um das Erzählen‹. In *Winkels, Einschnitte*, 115-145) dagegen identifiziert den Ich-Erzähler mit dem Autor und bewertet somit dessen Projekt als ein demonstrativ sinnloses, also zynisches. Demnach gäbe es für den realen Autor Lottmann definitiv keinen Grund mehr zu schreiben.

142 Auch Goetz ist als genuin komischer Autor noch zu entdecken. Damit wäre dann der Eindruck des Martialisch-Märtyrerhaften, der sein Image prägt, zu korrigieren.

143 Winkels geht in seiner äußerst detailreichen Untersuchung (›Krieg den Zeichen. Rainald Goetz und die Wiederkehr des Körpers‹. In *Winkels, Einschnitte*, 221-259) so weit, die Körper/Blut-Metaphorik bei Goetz im Sinne des diesem unterstellten Projekts, »das Symbolische ins Reale zu überführen« (249), metaphysisch auszudeuten (mit dem schwachen Vorbehalt eines Fragezeichens): »In solcher schmerzhaften Engführung von Körper und Text fielen Sein und Zeichen, Wirklichkeit und Sinn zusammen, wäre, dem Wunsch am Ende von ›Irre‹ gemäß, ›alles eines‹?« Das Riskante dieses Verfahrens sei angedeutet durch 2 Fragen: Ist ein Überschreiten der Grenze zwischen dem Symbolischen und dem Realen real denkbar? Muß man nicht auch im Falle Goetz auf der (vielleicht hier pedantisch anmutenden) Unterscheidung zwischen der Erzählerfigur und dem realen Autor beharren?

Justus Fetscher: Theater seit 1968 – verspielt?

(Der Beitrag wurde Ende 1990 abgeschlossen.)

Materiallage:
Noch immer werden viele neue Theaterstücke nur als Bühnentyposkript gedruckt. Eine versteckte Dramenbibliothek findet sich in den Zeitschriften ›Theater heute‹ und ›Theater der Zeit‹, die in jedem Heft zumindest ein neues Stück abdrucken. Angewachsen ist inzwischen auch die im Verlag der Autoren (Frankfurt/Main) seit 1980 erscheinende Theaterbibliothek. Moderne Theaterstücke versammelt ein- bis zweimal im Jahr die 1956 eröffnete ›Spectaculum‹-Reihe des Suhrkamp Verlags. Weitere Anthologien (Braun, Braun u. Iden, Landes u. Laube, Rach) s. unter Quellen. Programmhefte, die einmal die Hauptquelle zur Rekonstruktion der jüngstvergangenen Theater-Phase sein werden, werden bis heute kaum archiviert. Sammlungen befinden sich in der Deutschen Bibliothek (Frankfurt/Main) und im Archiv von ›Theater heute‹. Als deutsche Theaterzeitschriften seien genannt: Theater heute (Seelze, d. i. ab Oktober 1981: Velber bei Hannover; ab Oktober 1985: Zürich), 8. Jg. 1967 – ; TheaterZeitSchrift (Berlin [West]), Heft 1 (1982) – ; Theater der Zeit (Berlin [Ost]), 22. Jg. 1967 – ; Die deutsche Bühne (Darmstadt), 12. Jg. 1967 – . Hinzuweisen ist auf die aufschlußreichen Außenansichten des deutschen Theatergeschehens in: The Drama Review (Cambridge, Massachusetts) 24,85 (March 1980) [= »German Theatre Issue«]; 28,102 (Sum-

mer 1984), S. 77-101 [»West German Scenography«]; 30,110 (Summer 1986), S. 30-106 [Tanztheater, Pina Bausch]; Modern Drama (Lawrence, Kansas, später Toronto) XIII, 3 (December 1970); XXXI, 3 (September 1988), S. 395-458 [Peter Weiss, R. W. Fassbinder, Heiner Müller/Robert Wilson]; L'avant-scène du théâtre (Paris) no. 550 (15 octobre 1974) [Peter Weiss]; no. 766 (15 mars 1985) [Christoph Hein, Heiner Müller]; Théâtre en Europe (Paris), no. 1 (janvier 1984) [Interview Peter Stein u. a.]; Gambit. International Theatre Review (London) 39/40 (1982) (Special Double German Theatre Issue). – Angekündigt sind beim Suhrkamp Verlag: Daiber, Hans/Friedrich, Michael: Geschichte des deutschen Theaters; bei der Edition Hentrich: Henning Rischbieter: Deutsches Theater nach 1945.

1 Handke, Peter: Brecht, Spiel, Theater, Agitation. In *Rischbieter, Umbruch*, 64-67. Zur dramengeschichtlich auf Büchner zurückgehenden Verschränkung von Revolutions- und Spiel-im-Spiel-Dramaturgie s. *Grimm, Spiel*. Frank Trommler hat Dorsts ›Toller‹ »eine fast repräsentative Funktion für den Theatersinn des Jahres 1968« zuerkannt (in *Hinck, Geschichte,* 356).

2 Siehe *Kässens/Gronius, Theatermacher*, 114 f. (Claus Peymann).

3 Theater heute, April 1968, 2-4. Siehe etwa auch: Theater heute, Mai 1968, 1-3; Juni 1968, 1-3; Der Spiegel, 10. 11. 1969, 210-224; kürbiskern 4, 1969, 743-746; Theater heute, Februar 1969, 29-30; *Karasek, Selbstverständnis*, 116-123. Die Schlüsselrolle des Textes von Sichtermann und Johler zeigt sich auch darin, daß er in beide Reader zur damaligen Theatersituation aufgenommen wurde: *Rischbieter, Umbruch*, 130-138; *Kreuzer/Seibert, Dramaturgie*, 141-147.

4 Siehe Theater (= Jb. der Zeitschrift ›Theater heute‹, fortan zitiert als: Theater – Jahreszahl) 1975, 108.

5 Siehe Theater 1969, 99-106; *Hüfner, Straßentheater*; später *Roberg, Fußball*.

6 Buselmeier, Michael: Theater. In: Kursbuch 15, November 1968, 148-164; hier: 154.

7 Buselmeier, Michael: Die Funktion des Theaters im Spätkapitalismus. In: kürbiskern 2, 1970, 290-304; hier: 302 f. Vgl. die Entgegnung von André Müller: Es geht doch um Mitbestimmung, ebd., 305-309.

8 Theater heute, Dezember 1969, 28.

9 *Laube/Loschütz, Schauspiel Frankfurt*, 260.

10 Theater heute, Mai 1968, 3.

11 *Wendt, Lehrstücke*, 251-252; hier: 252. Vgl. Wendts Überlegungen in: Theater heute, Dezember 1968, 25.

12 *Ahrens, Frauen im Theater*.

13 Siehe allgemein zur gegenwärtigen Situation der Frauen im deutschsprachigen Theater: TheaterZeitSchrift 9 u. 10, 1984/5. Am Neubeginn einer historischen Aufarbeitung steht *Möhrmann, Schauspielerin*.

14 Theater heute, November 1987, 1-6.

15 *Rühle, Anarchie*, 85.

16 Theater heute, März 1971, 18 f.

17 Siehe Theater heute, Dezember 1982, 30-34 (Urs Jenny).

THEATER 787

18 Canaris, Volker (Hrsg.): Tasso. Regiebuch der Bremer Inszenierung. Frankfurt/M. 1970, 135. – Zu den Motiven aktualisierender Klassikeraufführungen *Hintze, Ansätze*. Eine Theorie der Klassikeraktualisierung, die, am dialektischen historischen Materialismus orientiert, nach den verschiedenen Herkünften klassisch gewordener Dramen differenziert, stellt Canaris vor in: Theater 1974, 30-35. Die häufig konzeptionsbestimmende Dreizeitigkeit solcher Inszenierungen (Spielzeit des Stückes -hier Tassos Renaissance-; Entstehungszeit; Gegenwart der Aufführung) rekapituliert *Hinck, Geschichte,* 20 u. 42, anhand der Gattung des historischen Dramas.

19 Theater heute, Mai 1969, 13 (Botho Strauß).

20 Zit. n. Canaris (s. Anm. 18), 126.

21 Theater 1969, 28. Einen akademischen kritischen Rückblick auf diese Aufführung gibt *Crosby, Goethes ›Tasso‹.*

22 Zur theater- und zeitgeschichtlichen Schlüssigkeit dieses Weges s. *Rühle, Theater,* 192-195.

23 *Beil, Bochumer Ensemble.*

24 *Wendt, Lehrstücke,* 311.

25 Theater heute, September 1978, 1. Siehe auch Idens Aufsatz in: Theater 1978, 41-45.

26 *Wendt, Lehrstücke,* 313.

27 *Iden, Widerspruch.*

28 Eklatante Beispiele: *Fest, Zwischenruf; Riess, Publikum.* Diese Einstellung herrscht auch in den wenigen Stellungnahmen vor, die Vertreter der Germanistik dem gegenwärtigen Theater gewidmet haben. *Wittkowski, Regietheater* etwa vermerkt 1983, die zeitgenössischen Regisseure beriefen sich auf »Theorien, die im Osten großes Ansehen genießen« (482); das Publikum werde »durch Zirkus und revuehaften Allotria unterhalten und soll[e] sich amüsieren, wenn die Grundempfindungen ethischer und anderer, besonders sexueller Natur durch Exzesse, Perversionen und dergleichen denunziert werden« (479). Dieses ist allerdings ein Extremfall, und die bevorzugt anhand neuerer Schiller-Aufführungen geführte Diskussion nimmt sich erheblich differenzierter aus (s. *Piedmont, Tendenzen; Piedmont, Rezeptionsleistung;* bedingt auch *Crosby, Schiller; Sang, Regietheater*). Die im Anschluß an die drei letztgenannten Beiträge erfolgten Debatten erweisen *expressis verbis,* daß das Unbehagen der Germanisten an neueren Regietendenzen im Streben nach Verteidigung des akademischen Interpretationsmonopols begründet ist. Gerne bestätigt man sich daher, daß »die Theatermacher eben doch hinter den Germanisten zurück (sind)«. Daß eine Inszenierung auch und vor allem gestisch-sinnlich beglaubigen muß, was sie nicht nur zu, sondern mit einem dramatischen Text zu sagen hat, wollen die professionellen Exegeten nicht begreifen; eine große Ausnahme bildet hier allerdings *Sautermeister, Körpersprache.* Eine Außenseiterstellung nimmt daher auch Walter Hinck ein, der zwischen Theater- und akademischen Interpretationen zu vermitteln sucht und seit Handkes Dramaturgierevolte das aktuelle Bühnengeschehen schreibend begleitet *(Hinck, Parabel; Hinck, Brecht;*

Hinck, Drama). Aber nicht allein, daß er sich hierbei oft wiederholt. Hinck hat zuletzt auch seine Position inzwischen so modifiziert, daß sie als ein unglücklicher Kompromiß erscheint, der keine konsistente Argumentationsbasis mehr erkennen läßt *(Hinck, Ärgernis; Hinck, Klassiker-Inszenierungen).*

29 *Spielräume.*

30 Vgl. *Rühle, Theater,* 197; *Rischbieter, Umbruch,* 94 (Henning Rischbieter).

31 Theater heute, Oktober 1970, 62.

32 *Canaris, Zadek.*

33 Theater heute, Juli 1976, 17.

34 *Canaris, Wallenstein.*

35 *Erken, Heyme,* 19.

36 Theater heute, Dezember 1985, 2.

37 *Lichtenstein, Kontroverse,* eine Dokumentation, die allerdings die wichtigsten Voten für eine Aufführung des Stückes, geschrieben von Walter Boehlich (Der Spiegel, 4. 11. 1985, 294-295) und Peter von Becker (Theater heute, Dezember 1985, 3-9), nicht berücksichtigt.

38 *Heldenplatz.*

39 *Völker, Kortner*; s. auch *Rischbieter, Umbruch,* 87 (Henning Rischbieter). Zur Prägung Steins durch Kortner s. *Patterson, Stein.*

40 Theater heute, Juni 1970, 33-37, hier: 33. Vgl. auch *Nagel, Aufklärung.* Eine theatergeschichtliche Synthese versucht *Nagel, Kortner.*

41 *Iden, Schaubühne,* 122.

42 Zit. n. *Iden, Schaubühne,* 126, vgl. Iden selbst: 46.

43 *Mayer, Theateransichten,* 169 f.

44 Theater heute, Dezember 1979, 35-49.

45 Zit. n. *Iden, Schaubühne,* 189. Zur Herkunft der Straußschen Dramatik aus den Bühnen-Bildern des 19. Jahrhunderts s. auch *Bayerdörfer, Raumproportionen* in *Kurz, Studien.*

46 Zum sozialdiagnostischen Stellenwert von Bernhards Dramatik s. *Kafitz, Problematik.*

47 *Schings, Equilibrismus.* In *Irmscher/Keller, Drama,* 432-445.

48 Vgl. *Karasek, Dramatik,* 364 f.

49 *Rühle, Theater,* 243. Zum Kontext s. jetzt auch *Schmitz, Volksstück.*

50 Theater 1972, 86 f.

51 Kroetz, Franz Xaver: Weitere Aussichten... Ein Lesebuch. Köln 1976, 525.

52 Kroetz, Franz Xaver: Braucht das Volk ein Theater? In *Braun/Völker, Spielplatz,* 13-16; hier: 15.

53 Kroetz-Interview in: Theater 1985, 72-87.

54 Gerlind Reinshagen im Gespräch mit Renate Klett, in *Theaterautorinnen,* 50.

55 Theater heute, Februar 1982, 71.

56 Theater heute, April 1978, 7 (Peter von Becker).

57 *Tragelehn, Theaterarbeiten.*

58 Zu Tragelehns Konzeption von Theaterarbeit s. auch sein Interview in: Theater 1976, 81-96. Ähnlich Theo Girshausens Neuansatz, die Aktualität der klassischen Dramen mit Benjamin zu definieren: *Girshausen, Werk.*

LITERATUR UND MEDIEN 789

59 Zit. n. Neue Deutsche Literatur 4, 10, Oktober 1956, 22.
60 *Fiebach, Marginalie.* In *Hörnigk, Heiner Müller,* 194-202.
61 *Storch, Explosion.*
62 *Roeder, Autorinnen,* 156.
63 Elfriede Jelinek: Krankheit oder Moderne Frauen. Hrsg. u. mit einem Nachwort von Regine Friedrich. Köln 1987. Umschlagrückseite.
64 *Roeder, Autorinnen,* 146; zur (Nicht-)Dialektik vgl. 145.
65 Siehe die kritische Reflexion auf diese Versuche in: Theater heute, Februar 1970, 26-31 (Botho Strauß).
66 *Rühle, Theater,* 229.
67 *Rühle, Anarchie,* 266-273.
68 Zur Theorie- und Wirkungsgeschichte der Artaudschen Programmatik s. *Brauneck, Theater,* 395-491.
69 Theater 1985, 7. Vgl. auch schon die frühere (1981) resignative Äußerung des Brecht-Schülers und Regisseurs Peter Palitzsch in *Hinck, Geschichte,* 34.
70 *Becker, Voyeur; Hensel, Siebziger Jahre;* jetzt auch *Hensel, Achtziger Jahre; Iden, Widerspruch; Luft, Stimme; Rühle, Theater; Rühle, Anarchie;* Botho Strauß: Versuch, ästhetische und politische Ereignisse zusammenzudenken. Texte über Theater 1967-1986. Frankfurt/M. 1987; *Sucher, Theaterzauberer 2; Wiegenstein, Theater.*
71 Zit. n. *Stollweg, Theater,* 79.
72 *Völker, Beckett.*
73 *Kässens/Gronius, Tabori.*

Ingo Helm: Literatur und Massenmedien

(Der Beitrag wurde im September 1989 abgeschlossen.)

1 Vgl. *Faulstich, Stichwörter,* Einl., bes. 17 ff.; allg. dazu außerdem *Kreuzer, Literaturwissenschaft; Schanze, Medienkunde.*
2 *Michel, Kranz,* 171; vgl. auch *Schneider, Phantasie,* 1 ff.
3 Vgl. *Kreuzer, Literaturbegriff,* bes. 64 ff.; *Scheunemann, Gesänge.*
4 In Vostells Formulierung: »die trivialen Bestandteile einer technischen Zivilisation gewinnen als kuenstlicher Schutt sinnliche Qualitaet und unerwartete Prominenz.« Vostell, Wolf: Happening & Leben. Neuwied/Berlin 1970, 58. Vgl. auch *Becker, Dokumentation.*
5 Ein weiteres Beispiel Tom Wolfe: Das bonbonfarbene tangerinrotgespritze Stromlinienbaby (1968, amerik. Originalausg. 1963).
6 Zu den theoretischen Vertretern dieser Richtung gehörte insbesondere Leslie Fiedler, vgl. *Huyssen/Scherpe, Postmoderne,* 21; s. a. *Wellershoff, Auflösung,* 74 f.; Walser, Martin: Über die neueste Stimmung im Westen. In: Kursbuch 20, 1970, 22 f. Vgl. in diesem Bd. auch Einleitung mit Anm. 8.
7 Vgl. *Marcuse, Versuch,* 48 ff. u. pass.; vgl. *Marcuse, Triebstruktur,* 129 ff.; zur »repressiven Entsublimierung« vgl. *Marcuse, Mensch,* 76 ff. Brinkmann selbst

790 ANHANG

sah sich allerdings nicht in gedanklicher Nähe zu Marcuse und zur Kritischen Theorie.

8 Z. B. Brinkmann, Rolf Dieter: Der Film in Worten. In: R. D. B./Rygulla, Ralf-Rainer (Hrsg.): Acid. Neue amerikanische Szene. Darmstadt 1969, 381 ff. Ähnliches gilt für die bildende Kunst seit der Pop-art.

9 In: Kursbuch 16, 1969.

10 Aufschlußreich ist Enzensbergers veränderte Sicht 18 Jahre später: Enzensberger, Hans Magnus: Das Nullmedium oder Warum alle Klagen über das Fernsehen gegenstandslos sind. In *Enzensberger, Mittelmaß,* 89 ff. (zuerst in: Der Spiegel 20/1988 unter dem Titel: Die vollkommene Leere).

11 »Nachrichten-Satelliten, Farb-, Kabel- und Kassettenfernsehen, magnetische Bildaufzeichnung, Video-Recorder, 〈. . .〉 Lasertechnik 〈. . .〉, Datenbanken. Alle diese Medien gehen untereinander und mit älteren wie Druck, Funk, Film, Fernsehen, Telefon 〈. . .〉 usw. immer neue Verbindungen ein.« *Enzensberger, Baukasten,* 159.

12 Genaue Angaben siehe *Berg, Massenkommunikation II; Media Perspektiven;* Bericht der Bundesregierung über die Lage der Medien in der Bundesrepublik Deutschland 1985. Bonn 1986, 161 ff.

13 Wondratschek, Wolf: Die Rache. In: W. W.: Omnibus. München 1972.

14 Vgl. *Meixner, Literatur,* 39 ff.; *Kaemmerling, Schreibweise,* 45 ff.

15 Brandner ist Autor und Regisseur der Filme ›Ich liebe dich, ich töte dich‹ (1971), ›Kopf oder Zahl‹ (1973), ›halbe-halbe‹ (1977).

16 Vgl. *Fischer/Hembus, Film,* 192.

17 Etwa in der Szene mit John Ford: Handke, Peter: Der kurze Brief zum langen Abschied. Frankfurt/M. 1972, 186 ff.

18 *Wellershoff, Auflösung,* 29.

19 ›Die fünfte Jahreszeit‹ (1979) und ›Die Asche der Davidoff‹ (1985). Weitere Beispiele für die Verarbeitung von Erfahrungen in der Arbeit bei den Medien: Jürgen Breest ›Dünnhäuter‹ (1979); Lukas Hartmann ›Aus dem Innern des Mediums‹ (1985).

20 Dazu ausführlich *Fohrbeck/Wiesand, Autorenreport; Wiesand, Literatur; Krüger, Freie.*

21 *Fohrbeck, Autor,* 30.

22 *Höllerer, Bittsteller.*

23 Vgl. *Prümm, Buch,* 94 ff.

24 Zur kritischen Analyse dieses Begriffs vgl. *Negt/Kluge, Öffentlichkeit,* 225 ff.

25 Vgl. ›Das System ist nicht zu retten.‹ Interview mit Hansgünther Heyme. In: Der Spiegel 39/1982.

26 Zur Definition und Geschichte des Fernsehspiels vgl. *Rüden, Fernsehspiel* und von Rüden, Peter: Fernsehen und deutsche Gegenwartsliteratur. In *Durzak, Gegenwartsliteratur.*

27 *Wellershoff, Auflösung,* 45 ff.

28 *Fohrbeck/Wiesand, Autorenreport,* 79 f.

29 vgl. *Rühle, Fassbinder.*

30 Das Stück wurde 1976 als Buch veröffentlicht und im selben Jahr vom Ver-

LITERATUR UND MEDIEN 791

lag wegen massiver Proteste zurückgezogen, jedoch unter dem Titel ›Schatten der Engel‹ von Daniel Schmid mit dem Autor in der Hauptrolle verfilmt und als Filmbuch veröffentlicht. Es beruht seinerseits auf Motiven des Romans ›Die Erde ist unbewohnbar wie der Mond‹ (1973) von Gerhard Zwerenz. Eine 1975 geplante Uraufführung unter der Regie des Autors war nicht zustande gekommen.

31 Vgl. Wittstock, Uwe: Da kommt Welt herein. In: FAZ, 29. 6. 1983.

32 Vgl. *Lodemann, Literatur*; *Kesting, Verschwinden.*

33 Vgl. Wallraffs eigene Charakterisierung seiner Arbeitsweise in ›Vom Ende der Eiszeit und wie man Feuer macht‹ (1987). Mit zunehmendem Erfolg und Umfang seiner Arbeit ist Wallraff allerdings dazu übergegangen, einen Stab von Mitarbeitern zu beschäftigen, vgl. Berichte in: Der Spiegel 25/1987 und 28/1987.

34 Vgl. *Negt, Untersuchungsarbeit*; vgl. *Hahn/Töteberg, Wallraff.*

35 Kluge, Alexander: Die schärfste Ideologie: daß die Realität sich auf ihren realistischen Charakter beruft. In *Kluge, Gelegenheitsarbeit.*

36 Zur Bio-Bibliographie Kluges vgl. *Böhm-Christl, Kluge*; *Eder/Kluge, Reibungsverluste*; *Kluge, Text + Kritik.*

37 Vgl. *Lewandowski, Kluge*, 256.

38 Vgl. *Heißenbüttel, Text*, 4 f.

39 Vgl. *Kreimeier, Film*, 127 ff.

40 Siehe Anm. 14. Vgl. Kaes, Anton (Hrsg.): Kino-Debatte. Texte zum Verhältnis von Literatur und Film 1909-1929. München/Tübingen 1978.

41 Vgl. *Haslberger, Polemik*; allg. dazu *Schneider, Literaturverfilmung*; *Albersmeier, Bild*; *Albersmeier/Roloff, Literaturverfilmungen.*

42 Texte und Fotos in *Lewandowski, Schlöndorff.*

43 Zuerst als Fortsetzungsroman in der FAZ erschienen – ein weiterer Medienbezug.

44 Born, Nicolas: Die Fälschung. Reinbek 1979, 187. Zur Wirkungsgeschichte des Films gehört die Tatsache, daß 1984 anläßlich seiner Fernsehausstrahlung auch eine Diskussion gesendet wurde, die die von Born verhandelte Medienthematik aufgriff, vgl. *Visarius, Das Schreckliche.*

45 Vgl. *Gregor, Geschichte*, 137 ff.

46 Vgl. *Drews, Achternbusch*; *Jansen/Schütte, Achternbusch.*

47 *Stempel, Kino.*

48 Beschrieben und gedeutet auch von *Rutschky, Erfahrungshunger*, bes. 197 ff. Jürgen Theobaldy verarbeitet diesen Erfahrungstyp in ›Sonntags Kino‹ (1978) im Gewand der 50er Jahre.

49 Becher war mit Helmut Förnbacher Co-Autor der Filme ›Sommersprossen‹ (1968) und ›Beiß mich, Liebling‹ (1970).

50 Vgl. *Dean, Lebensformen.*

51 Vgl. *Scheunemann, Gesänge.*

52 Die Paradoxie dieses Mottos, sich gleichzeitig auf das Jahr des Orwell-Titels ›1984‹ und auf das Jahr der bevorstehenden Jahrtausendwende zu beziehen, wurde von seiner Reklame-Griffigkeit verdeckt.

792 ANHANG

53 Siehe Börsenblatt für den Deutschen Buchhandel 40, 1984, Heft 82.

54 Vgl. *Postman, Amüsieren*. Für Postman ist nicht Orwell das literarische Paradigma der gegenwärtigen Entwicklungen, sondern Aldous Huxley mit seinem Roman ›Brave New World‹ (1932).

55 Der Begriff der ›Neuen Medien‹ wird in verschiedenen Bedeutungen verwendet: für neue Verbreitungstechniken von Rundfunk- und Fernsehprogrammen (Kabel, Satellit); für neue, privatwirtschaftliche Organisationsformen; für die Vernetzung vorhandener Medien (Bildschirmtext, on-line-Zugriff auf Datenbanken, Videospiele); und für neue Speichertechniken (Videokassette, Bildplatte, Compact Disc, div. Datenspeicher).

56 Vgl. *Franzman, Bücherlesen*, 349 ff.

57 Siehe Anm. 12; zum Umfeld dieser Frage außerdem zahlreiche Veröffentlichungen von Dieter Prokop.

58 *Scheunemann, Gesänge*, 197.

59 Auf die Notwendigkeit zu einer Neubestimmung des Gegenstandes der Literaturwissenschaft in diesem Sinne weist *Scheunemann, Gesänge* hin; zugleich läßt er die enormen Konsequenzen des Mediums Buch für die Ästhetik der Literatur ahnen. Die visuelle Seite hat *Zielinski, Audiovisionen* beschrieben.

60 Enzensberger, Hans Magnus: Literatur als Institution oder Der Alka-Seltzer-Effekt. In *Enzensberger, Mittelmaß*, 42 ff., hier 51 f. (zuerst veröff. New York 1974). Der erste Abschnitt des zitierten Sammelbandes enthält zahlreiche Gedanken und Aperçus zur hier angeschnittenen theoretischen Frage.

Gertrud Koch: Film

(Der Beitrag wurde Anfang 1991 abgeschlossen.)

1 Das Filmförderungsgesetz soll »die Qualität des deutschen Films auf breiter Basis steigern und die Struktur der Filmwirtschaft verbessern«. Seine Durchführung liegt in den Händen der Filmförderungsanstalt, die der Rechtsaufsicht des Bundesministeriums für Wirtschaft unterliegt. Die finanziellen Mittel stammen aus der sogenannten Kinoabgabe, die von jeder verkauften Kinokarte an die Filmförderungsanstalt abgegeben werden muß. Außerdem gibt es eine »kulturelle Filmförderung«, die dem Bundesministerium des Innern unterliegt. Vorwiegend mit der Förderung von Erst- und Zweitfilmen befaßt sich das bereits 1964 gegründete ›Kuratorium junger deutscher Film‹. Da die Kulturhoheit bei den jeweiligen Bundesländern liegt, haben sich dort jeweils eigene Förderinstitutionen mit erheblichen Mitteln gebildet.

2 *Prinzler, Augenzeugen*, 157.

3 Vorausgegangen war ›Jagdszenen aus Niederbayern‹ (1968) von Peter Fleischmann. 1971 entstand eine ganze Serie des ›linken Heimatfilms‹: ›Mathias Kneißl‹ von Reinhard Hauff; ›Jaider – der einsame Jäger‹ von Volker Vogeler; ›Ich liebe dich, ich töte dich‹ von Uwe Brandner.

4 Darauf, daß die jüdische Figur in den historischen Protokollen nicht auf-

FILM 793

taucht, hat der Historiker Reinhard Rürup mich aufmerksam gemacht. Das historische Quellenmaterial habe ich nicht selbst durchgesehen.

5 Wie wenig hier die Auswanderung nach Amerika als historischer Verweis gemeint ist, läßt sich auch daran erkennen, daß US-amerikanische Staaten aufgezählt werden, die 1825 noch zu Mexiko gehörten. Die Schattenseiten der realen Auswanderung verarmter Landbewohner hat sich Volker Vogeler in ›Verflucht dies Amerika‹ (1973) zum Thema gemacht.

6 *Friedländer, Kitsch,* 18: »Dies genau ist das ganze Problem: Die Aufmerksamkeit verlagert sich schrittweise von der Evokation des Nazismus selbst, vom Grauen und Schmerz 〈...〉 zu wollüstiger Beklemmung und hinreißenden Bildern, Bildern, die man unentwegt weitersehen will. 〈...〉 Mitten in der Meditation erhebt sich ein Verdacht auf Selbstgefälligkeit und Sympathie für das Dargestellte. Eine Grenze ist überschritten worden, und ein Gefühl von Unbehagen kommt auf: Dies ist ein Merkmal des neuen Diskurses.«

7 filmfaust 4, 1977, 68: »Für den Willen deutsche Filme zu drehen ... braucht es den Mut, nationale Kultur zu machen« (Werner Herzog).

8 Vgl. dazu meinen Aufsatz »Blindheit als Innenansicht«. In: Frauen und Film 46, 1989, 21-33.

9 Die mythische Vorstellung von deutsch-jüdischer Symbiose als elegischem oder spektakulärem Liebestod, zumindest als Liebesbeziehung extremen Zuschnitts, teilen eine Reihe von Filmen: ›Letzte Liebe‹ (1982) von Ingemo Engström; von Fassbinder ›Lili Marleen‹ (1980); ›In einem Jahr mit dreizehn Monden‹ (1978); ›Die Sehnsucht der Veronika Voss‹ (1981) und andere.

10 Dietrich Kuhlbrodt in *Petermann/Thomas, Kino-Fronten,* 137.

11 Ebd.

12 Birgit Hein in *Prinzler, Augenzeugen,* 223. ›X-Screen‹ wurde im März 1968 in Köln gegründet und als Verein konstituiert, für dessen Mitglieder Aufführungen des unabhängigen Kinos stattfanden. Dies Modell eines englischen Clubs, dessen zahlende Mitglieder eine private Vereinigung bilden, bewahrte vor dem Zugriff der Zensoren, da die Aufführungen damit nicht als öffentlich galten. Dieses Konstrukt wurde aber bald aufgegeben.

13 *Hein, Film,* 149. Weniger bruitistisch angelegt als gerade das Beispiel dieses ›Rohfilms‹, aber noch am ehesten vergleichbar im Rahmen literarischer Konzepte ist die Konkrete Poesie; z.B. die Lautgedichte Ernst Jandls, der Sprache ganz in Phoneme, in Klangmaterial auflöst und entsprechend auch gerne seine Gedichte selbst vorträgt, da sie erst mit dem Klang wirken.

14 Ebd., 149.

15 Weibel, Export zit. n. *Hein, Film,* 157.

16 Im Spielfilm gab es ein Pendant im »Berliner Arbeiterfilm«, ein Genre, in dem der Versuch unternommen wurde, in robusten Erzählhandlungen die Lebenswirklichkeit der Fabrikarbeiter ins Zentrum zu rücken. Die wichtigsten waren Christian Ziewers ›Liebe Mutter, mit geht es gut‹ (1972) und ›Schneeglöckchen blühn im September‹ (1974). Außerdem die Filme von Ingo Kratisch/Marianne Lüdcke und Max Willutzki. Der penetrante Realis-

mus dieser Filme stieß rasch auf Kritik, vor allem von seiten der Frauenbewegung, die in den in ihnen herrschenden Geschlechterverhältnissen die bestehenden Verhältnisse verfestigt sah. Vgl. dazu Sander, Helke: Die sexuelle Reaktion im linken Film. In: Frauen und Film 4, 1975, 3-11. »Um so schlimmer, wenn gerade solche filme die weiblichen rollenstereotypen weitergeben und sexualität dazu benutzen, die schwierigen probleme des klassenkampfes ein wenig aufzulockern, indem sie direkt an den männlichen chauvinismus appellieren« (4).

17 In den siebziger Jahren wurde eine Reihe unabhängiger Produktions- und Verleihzentren für den Dokumentarfilm gegründet, z. B. die ›Medienwerkstatt Freiburg‹, das ›RuhrFilmZentrum‹. Dort entstanden Filme, die sich auf die Anti-Kernkraftbewegung und die Friedensbewegung bezogen, und Filme, die sich der regionalen Geschichte widmeten.

18 Vgl. die Debatten um *Mulvey, Lust*.

Horst Ohde: Das Hörspiel. Akustische Kunst in der Nische

(Der Beitrag wurde Ende 1990 abgeschlossen.)

1 So das Leitthema einer Ausgabe der Zeitschrift medium, 10/1985 (›Das Hörspiel: Zum Herbst einer Funk-Form‹) und Titel eines Aufsatzes darin von Friedrich Knilli: Der Herbst des deutschen Hörspiels, 10 ff.

2 *Buggert, Literatur*, 211.

3 *Schöning, Hörspiel hören*, 302.

4 Auch für die Materialrecherche dieses Aufsatzes haben solche Probleme bestanden. Dennoch fühle ich mich als Verfasser privilegiert, weil ich vor allem von der Hörspielredaktion des NDR vielfache Hilfe erfahren habe, wofür an dieser Stelle Dank ausgesprochen sei.

5 Kesting, Hanjo: Hörfunk: vom Kulturinstitut zum Dienstleistungsunternehmen. In: Roß, Dieter (Hrsg.): Die Zukunft des Hörfunkprogramms (Medienwissenschaftliches Symposion Hans-Bredow-Institut 1981). Hamburg 1982, 83-93, hier 87.

6 Hasselblatt, Dieter: Eine Nische im multimedialen Feld. Zur öffentlichen Bewußtseinslücke Hörspiel. In: medium, 4/1980, 14-20. Ähnlich über Literatur im Radio überhaupt *Kesting, Verschwinden*, 48 ff. und Kesting, Dienstleistungsunternehmen (s. Anm. 5), 83 ff.

7 »Eine Medienzukunft ohne Hörspiel, zumindest eine Zukunft mit wesentlich eingeschränktem Hörspielangebot ist zur Zeit durchaus denkbar.« *Buggert, Literatur*, 211. Zur Unsicherheit der Funktion *Kesting, Verschwinden*, 58 f.: »Auch in den Kulturprogrammen des Rundfunks ist der Kulturbegriff ja undeutlich geworden und changiert vielfältig zwischen Emanzipation und konservativer Rückbesinnung, rigorosem Spezialistentum und glatter Konsumkultur. . .« Mit der Folge: »Das Programm wird von oben mit viel Trübsinn verwaltet und von unten mit relativ wenig Enthusiasmus gemacht.«

HÖRSPIEL 795

8 »Und offenbar ist es zur Zeit besonders schick, über Hörspiele zu schreiben und dabei gleichzeitig freimütig, sozusagen mit dem Mut zur eigenen Beschränktheit, zu bekennen, man habe seit ewigen Zeiten kein Hörspiel gehört.« Hoster, Stefanie: Verkauf als Ausverkauf. Das Hörspiel und die Öffentlichkeit des Radios. In: epd/Kirche und Rundfunk 41/42, 1988, 11.

9 *Rutschky, Wetterbericht,* 3.

10 epd/Kirche und Rundfunk 41/42, 1988, 4.

11 *Heißenbüttel, Hörspielpraxis,* 225.

12 In *Schöning, Essays,* 248 ff.

13 Bestes Beispiel ist Klaus Schöning selbst, der die wichtigsten Informationsquellen über Tendenzen des Hörspiels seit 1968 als Herausgeber veröffentlicht hat (s. Bibliogr.).

14 *Schöning, Hörspiel hören,* 304.

15 Hasselblatt (s. Anm. 6) und Hörburger, Christian: Eine Kritik findet nicht statt. Semipolemische Anmerkungen zum Elend der Hörspielbesprechung. In: FUNK-Korrespondenz 39, 1987, 1 ff.

16 »Auch ein Hörspiel wird nicht allein schon dadurch öffentlich, daß es gesendet wird. Das Werk spricht nicht für sich selbst. Wer das Gegenteil behauptet, der unterschätzt das Bedürfnis der Menschen nach öffentlichem Diskurs. Ereignisse ›ereignen‹ sich nicht, sie werden geschaffen.« Rohrbach, Günter: Partisanen im Amüsierbetrieb. Die Kunstform Hörspiel: eine gefährdete Art. In: epd/Kirche und Rundfunk 41/42, 1988, 10.

17 »Der Südwestfunk änderte, der Jury-Anregung folgend, das Kriterium des Karl-Sczuka-Preises: nicht mehr die beste Komposition einer Hörspielmusik sollte ausgezeichnet werden, sondern ›die beste radiophonische Produktion, in der Sprache, Geräusche und Klänge nach musikalischen Formprinzipien behandelt wurden‹.« Hermann Naber: Der Autor als Produzent. In *Schöning, Spuren,* 171.

18 Siehe Anm. 17.

19 Dabei hätte es anders sein können: »Es wäre aber durchaus denkbar, daß sich das Hörspiel als ars multiplicata auch außerhalb des Rundfunks und seiner Produktionsstätten und Sendeanlagen als neue künstlerische Form hätte emanzipieren können. Auf Tonband oder Platte verfügbar, wären Hörspielrealisationen ebenso zugänglich gewesen wie die im Buch behütete Literatur. Würden sich Produzenten gefunden haben, die Hörspiele in Verlagen wie Bücher hergestellt hätten. . ., wäre die Geschichte des Hörspiels anders verlaufen.« *Schöning, Essays,* 249.

20 Neben vereinzelten Schallplattenproduktionen, vor allem aus der Verbindung der Deutschen Grammophon und dem Luchterhand Verlag, ist die bekannteste Hörspiel-Edition ›Cotta's Hörbühne‹ des Ernst Klett Verlags. Diese Kassetten-Reihe wird von Hermann Naber betreut, sie veröffentlicht ausschließlich Rundfunkproduktionen, zumeist aus dem SWF-Archivbestand.

21 Michel, Karl Markus: Nachwort. In: Spectaculum. Texte moderner Hörspiele. Frankfurt/M. 1963, 417.

796 ANHANG

22 Leier, Manfred: Interview mit Jürgen Becker. In *Kreutzer, Becker*, 21.
23 *Rutschky, Wetterbericht*, 3 ff.
24 Naleppa, Götz: Lebendige Kunst gehört nicht in Reservate. Die Chance Hörspiel. In: medium 4/1986, 32-34, hier 33.
25 Hall, Peter Christian: Allemal Luxus. Zukunftsaussichten des Hörspiels. In: epd/Kirche und Rundfunk 19, 1988, 4-9, hier 5.
26 Hörburger (s. Anm. 15), 2.
27 *Rutschky, Wetterbericht*, 8.
28 Schöning gab 1969 die Anthologie ›Neues Hörspiel. Texte Partituren‹ heraus, ein Jahr später den Sammelband ›Neues Hörspiel. Essays, Analysen, Gespräche‹, 1974 ›Neues Hörspiel O-Ton. Der Konsument als Produzent. Versuche. Arbeitsberichte‹ und 1982 ›Spuren des Neuen Hörspiels‹.
29 Heißenbüttel, Helmut: Horoskop des Hörspiels. In *Schöning, Essays*, 18-36.
30 Ebd., 35.
31 *Döhl, Hörspiel* 127 ff.
32 Zit. nach *Döhl, Hörspiel*, 6.
33 »Das Stück ist durch den SWF provoziert, der 1971/72 zum zweiten Mal eine größere zusammenhängende Eich-Sendereihe veranstaltete, für deren Abschluß Eich ein neues Werk versprochen hatte.« So Heinz Schwitzke in Eich, Günter: Gesammelte Werke. III. Hrsg. von Susanne Müller-Hanft, Horst Ohde, Heinz F. Schafroth und Heinz Schwitzke. Frankfurt/M. 1973, 1434.
34 Eich, Werke. I, 445 f.
35 *Neumann, Ziel*, 20.
36 Hildesheimer, Wolfgang: Das Ende der Fiktionen. In *Hildesheimer, Ende*, 237.
37 Den Hinweis auf diese im WDR gesendete Produktion verdanke ich Volker Jehles materialreicher Werkgeschichte zu Hildesheimer. Eine Einbeziehung dieses Hörspiels (das durch die Zusammenarbeit mit Jan Wisse zur Funkoper tendiert) war mir nicht mehr möglich.
38 Die Realisation des Bayerischen Rundfunks 1974 kommt dieser Intention entgegen, wenn sie in der Regie von Gert Westphal beide Figuren mit der Stimme von Wolfgang Hildesheimer besetzt. Die Gleichheit der Stimmen zeigt ihre und ihrer Träger Austauschbarkeit, denn Identität eines Ich wird erst durch Differenz zum Andern erkennbar.
39 Hildesheimer, Wolfgang: Die Hörspiele. Frankfurt/M. 1988, 436.
40 Aus dem Jury-Text: »Begründung des Entscheides: Ernst Jandl und Friederike Mayröcker, die als Repräsentanten experimenteller Lyrik bekanntgeworden sind, haben zusammen mit dem Regisseur Peter Ladiges zum ersten Male im Hörspiel die Möglichkeiten konkreter Poesie beispielhaft eingesetzt...« Zit. nach *Schöning, Texte*, 450.
41 Jandl, Ernst: Laut und Luise. Olten 1966. ›Laut und Luise‹. Ernst Jandl liest Sprechgedichte. Berlin 1968 (Quartplatte 2).
42 So Jürgen Becker 1967. Zit. nach *Schöning, Texte*, 457.
43 Dieses und das vorhergehende Zitat aus einem Gespräch Klaus Schönings mit Jürgen Becker. In *Kreutzer, Becker*, 27 f.

44 Becker, Jürgen: Bilder Häuser Hausfreunde. Drei Hörspiele. Frankfurt/M.
 1969. Die Ursendung von ›Bilder‹ fand am 4. 6. 1969 im Saarländischen
 Rundfunk statt, von ›Häuser‹ am 8. 10. und von ›Hausfreunde‹ am 16. 10.
 desselben Jahres, beide im Westdeutschen Rundfunk.
45 So der Titel eines frühen Essays. Zit. nach *Kreutzer, Becker*, 13 ff.
46 Vor allem Walter Jens und Uwe Johnson sind Ziel dieser Polemik. *Kreutzer,
 Becker*, 14 f.
47 Ebd.
48 So der Titel einer Polemik Günter Herburgers. In: Die Zeit, 7. 1. 1972.
49 Steinwachs, Ginka: zwiefache sprungfeder im trampolin für den aufschwung ins bombistische manifest. In: Das Pult. Literatur Kunst Kritik,
 73/1984, 6.
50 Ebd., 9.
51 Knilli, Friedrich: Das Hörspiel. Mittel und Möglichkeiten eines totalen
 Schallspiels. Stuttgart 1961.
52 Siehe den Überblick bei *Döhl, Hörspiel*, 50.
53 Pörtner, Paul: Schallspielstudien. In *Schöning, Essays*, 58.
54 »Das eigentliche Thema war die Übersetzung: Worte rufen Worte hervor,
 Worte, die aus dem Wort herausplatzen, schnellen, sprühen, fliegen, oder
 Wörter, die das Wort umkreisen, die in wechselnder Nähe das Wort treffen,
 kurz das, was jeder Übersetzer vollzieht, wenn er bedenkt, was ein Wort,
 z. B. aus der französischen Sprache, im Deutschen heißen könnte. Ich entdeckte während der Arbeit die ›Livre-Konzeption‹ von Mallarmé, die dem
 Coup de Dés eine andere Dimension gab: als Spielwerk.« Pörtner, Paul: Keine
 Experimente mehr? Überlegungen zum Neuen Hörspiel. In *Schöning, Spuren*, 268 f.
55 Pörtner, Paul: Alea. Text für ein stereophonisches Hörspiel nach Stéphane
 Mallarmé UN COUP DE DES JAMAIS N'ABOLIRA LE HASARD. In *Schöning, Texte*, 289-303.
56 Pörtner, Experimente (s. Anm. 53), 269.
57 Vocoder verändern den natürlichen Klang der Stimmen durch Modulatoren
 und Filter, die »etwas hervorbringen, das erstaunlich ist: Stimm-Masken, die
 sich ablösen von den Naturlauten und eigene Ausdruckskraft gewinnen:
 Gesten und Dialoge hervorbringen«. Ebd., 270.
58 Pörtner, Schallspielstudien (s. Anm. 53), 62.
59 *Döhl, Hörspiel*, 58.
60 Pörtner, Schallspielstudien (s. Anm. 53), 59.
61 Pörtner, Experimente (s. Anm. 54), 266.
62 Ebd.
63 Pörtner, Schallspielstudien, 70.
64 Pörtner, Experimente, 269.
65 *Schöning, O-Ton*, 8.
66 Ebd., 261.
67 Schriftsteller und Hörspiel. Reden zum Hörspielpreis der Kriegsblinden.
 Hrsg. von Klaus Schöning. Königstein/Ts. 1981, 86.

798 ANHANG

68 Schöning, Klaus: Der Konsument als Produzent. In *Schöning, O-Ton*, 24.

69 Schöning, O-Ton, 271.

70 »Ich sah hier am ehesten eine Chance, die Schilderung des Bestehenden in Zusammenarbeit mit den Co-Autoren überzuführen in Alternativmodelle.« Scharang, Michael: Einer muß immer parieren. Arbeitsbericht. Ebd., 229.

71 Scharang, Michael: O-Ton ist mehr als eine Hörspieltechnik. Ebd., 267.

72 Ebd., 273.

73 Einer muß immer parieren. Von Michael Scharang zusammen mit Ernst, Othmar und Otto. Ebd., 257.

74 Ebd., 272.

75 *Döhl, Hörspiel*, 117.

76 Heißenbüttel, Horoskop (s. Anm. 29), 36.

77 Heißenbüttel (s. Anm. 67), 85.

78 Ebd., 84.

79 *Schöning, Spuren*, 17.

80 Knilli, Friedrich: Inventur des Neuen Hörspiels: ›Oos is Oos‹ von Ferdinand Kriwet. In *Schöning, Essays*, 147 ff.

81 Heißenbüttel, Helmut: These zum Kolloquium Literaturentwicklung und Literaturanalyse. Bielefeld 10.-13. 2. 1978. Mit Zusätzen versehen, das Hörspiel betreffend. In *Schöning, Spuren*, 16.

82 »Der rasante Ausbau der Tonstudios in Zauberkästen der akustischen Alchemie ist die Antwort auf die befürchtete Erdrosselung durch das Fernsehen. Die akustische Trickkiste ist in ihrer Wirkung auf den Hörer vielleicht sogar mysteriöser und undurchschaubarer als der raffinierteste Videoclip. Es ist für den Runfunk-(Hörspiel-)Kritiker daher immer schwerer geworden, kritische Distanz zur Akustikapparatur aufzubauen...« Hörburger, Kritik (s. Anm. 15), 2.

83 Siehe Anm. 67, 115-118.

84 Ebd., 118.

85 Vormweg, Heinrich: Realismus oder Realistik? Zur literarischen Situation – Das Hörspiel als Beispiel. In *Schöning, Spuren*, 104-135.

86 Ebd., 127.

87 Hostnig, Heinz: Die Überlebenschancen des Hörspiels im ›Sekundärmedium‹ Hörfunk. In: FUNK-Korrespondenz 50, 1984, 1 ff.

88 *Schöning, Hörspiel hören*, 304.

89 Hickethier, Knut: (Kleine) Neue Heimat? Das Hörspiel beim Berliner »Radio 100«. In: epd/Kirche und Rundfunk 22, 1988, 4-6.

Paul Schuster: Literatur- und Kulturzeitschriften

(Der Beitrag wurde im Herbst 1989 abgeschlossen.)

1 *Assenov, Literaturzeitschriften.*
Einen zuverlässigen Überblick über das im deutschen Sprachraum existie-

rende Angebot an literarisch-kulturellen Zeitschriften wird man sich zu keinem Zeitpunkt verschaffen können, schon weil mit Sicherheit während der Drucklegung des neuesten Katalogs einige der aufgelisteten Zeitschriften bereits ihr Erscheinen eingestellt haben, während andere gerade ihre erste Nummer herausgeben. – In größeren Buchhandlungen liegt der Katalog ›Deutschsprachige Zeitschriften‹ vor, jährlich gibt das Börsenblatt eine ›Sondernummer Zeitschriften‹ heraus. Wie diese enthält auch die jeweils neueste Ausgabe von ›Kürschners Deutscher Literaturkalender‹ ein aktuelles Register der deutschsprachigen Zeitschriften. Über die Neuigkeiten auf dem Feld der kleinen, nichtetablierten Zeitschriften informiert viermal jährlich ›Ulcus Molle Info – Bericht aus der Alternativpresse‹, Literarisches Informationszentrum Josef Wintjes, Bottrop. Vgl. in diesem Bd. auch S. 153 ff.

2 Börsenblatt, Zeitschriften und Deutschsprachige Zeitschriften.

3 Die Zahlenangaben für die Unterverzeichnisse aus Deutschsprachige Zeitschriften.

4 Frank Schirrmacher in: FAZ, 23. 1. 1987.

5 Eine in Belgien und drei in Rumänien erscheinende Zeitschriften werden in der nachfolgenden Statistik nicht berücksichtigt, s. Anm. 6.

6 Die Angaben stützen sich auf die genannten Zeitschriftenverzeichnisse.

7 Scheidewege, 1. Jg. Seit 1983 weitergeführt als Jahresschrift (Baiersbronn).

8 alternative 145/146, 1982.

9 Erich Fried in einem Interview mit ›das heft‹ 2, 1981.

10 NDR-Zeitschriftenschau, Oktober 1982 (Paul Schuster).

11 NDR-Zeitschriftenschau, Juni 1982 (Paul Schuster).

12 Kurt Scheel (Merkur-Redaktion) in der Antwort auf eine Umfrage des Verfassers nach Profil, Sinn und Funktion literarischer Zeitschriften.

13 Als Beispiel für diese Essayitis möge folgende Ausführung von Heinz Ludwig Arnold, dem Herausgeber der renommierten Zeitschrift ›Text und Kritik‹ (!) und des ›Kritischen Lexikons zur deutschsprachigen Gegenwartsliteratur‹, genügen: »Die bürgerliche Gesellschaft ist mit ihrer fortschreitenden Entwicklung in einem Zustand angelangt, der widersprüchlich ist. Dem Demokratieprinzip mit seinem Anspruch auf die Gleichheit aller widerspricht ein rein kapitalistisches Wirtschaftsprinzip, das in zunehmendem Maße immer mehr Macht in den Händen immer weniger versammelt. Der freie Schriftsteller spiegelt diesen gesellschaftlichen Antagonismus: er ist Objekt eines Marktes, der diesem Wirtschaftsprinzip entspricht; und er ist gleichzeitig ein Subjekt, das demokratische Wertvorstellungen antizipiert und auf ihre Verletzung kritisch und engagiert reagiert. Seine zunehmende gesellschaftliche Isolation ist ein Symptom für das Erstarken des kapitalistischen Wirtschaftssystems und für einen Mangel an Demokratie konstituierender Öffentlichkeit. [Aber] indem sich der Markt des Schriftstellers zunehmend zur Profitmaximierung bedient, eröffnet er ihm zugleich auch die Möglichkeit, seine progressiven Ideen unter die Leute zu bringen. 〈. . .〉 Die Erkenntnisse der [Literatur] haben – das macht ihre Literarizität aus – verweisenden, beispielhaften Charakter.« In: L 80, Oktober 1984.

800 ANHANG

14 Kurt Scheel, s. Anm. 12.
15 Litfass war in den ersten Jahrgängen eine ›Berliner Zeitschrift für Literatur‹, das einzige Periodikum, das in jedem Heft Texte aus beiden Teilen der Stadt veröffentlicht hat. Nach Übernahme durch Piper ist ›Berliner‹ aus dem Untertitel getilgt worden. Kurz nach Öffnung der Mauer hat der Verlag sich an die alten Litfass-Mitarbeiter gewendet: Die Zeitschrift soll nun doch wieder erscheinen, Gesamtberlin hat Konjunktur.
16 Zit. aus einer Selbstdarstellung der Zeitschrift.
17 Zit. nach einer Selbstdarstellung der Herausgeber.
18 Antwort der Redaktion auf die Umfrage des Verfassers (s. Anm. 12).
19 Martin Zingg in: Litfass 43, 1987.
20 Burkhard K. Mueller in: FR, 11. 5. 1983.
21 William Carlos Williams, zit. n. Matthias Jenny: Diese kleinen Zeitschriften. Basler Zeitung, 3. 5. 1980.
22 ›das Pult‹ in der Antwort auf die Umfrage des Verfassers.
23 Martin Zingg in: Litfass 43, 1987.

Martin Zingg: Besuch in der Schweiz

(Der Beitrag wurde im September 1989 abgeschlossen.)

1 Frisch, Max: Unbewältigte schweizerische Vergangenheit. In: Neutralität, 10/1965.
2 Walter, Otto F. in: Die Weltwoche, 11. 3.1966, 25 f. In der Weltwoche erschienen auch die Stellungnahmen von Adolf Muschg und Walter M. Diggelmann.
3 Bichsel, Peter in: Die Weltwoche, 1. 4. 1965, 25 f.
4 Vgl. *Böhler, Eigenes.*
5 Bichsel, Peter in *Hoven, Bichsel,* 101.
6 *Benjamin, Schriften,* II/326.
7 *Nizon, Diskurs.*
8 Ebd., 46.
9 Vgl. *Siegrist, Gefährdung* sowie, zur Frage der schweizerischen Nationalliteratur, *Böhler, Eigenes* und *Muschg, Nationalliteratur.*
10 Die Umstände, die Ende der sechziger Jahre zur Gründung der »Gruppe Olten« geführt haben, sind dokumentiert in *Mühlethaler, Gruppe Olten.* Dort ist dargestellt, wie es 1970 zum Austritt einer Gruppe von Schriftstellern und Schriftstellerinnen aus dem Schweizerischen Schriftstellerverein (SSV) kam. In seiner Festschrift zum 75jährigen Bestehen hat der SSV ein ausführliches Kapitel der »Gruppe Olten« gewidmet; vgl. *Böni, Literatur,* 151 ff.
11 *Fringeli, Schprüch* und *Schmid-Cadalbert/Traber, gredt und gschribe* bieten einen Überblick über die neuere Mundartliteratur der deutschen Schweiz.
12 *Muschg, Vaterland,* 10.

LITERATUR SCHWEIZ/ÖSTERREICH   801

13 Vgl. dazu *Pulver, Zwischenzeilen.*
14 In einer anregenden Untersuchung hat Marianne Burkhard auf die bedeutende Rolle hingewiesen, welche die Raumerfahrung für das Schreiben der
   schweizerdeutschen Autorinnen hat. Vgl. *Burkhard, Enge.*
15 Ilma Rakusa, Autorin und Literaturwissenschaftlerin, gibt einen ausgezeichneten Überblick über Themen und Schreibweisen von schweizerdeutschen
   Autorinnen in *Rakusa, Fragestellungen.*
16 Vgl. hierzu *Muschg, Echtheit.*
17 »Das Ich ohne Gewähr« zitiert eine Formulierung aus Ingeborg Bachmanns
   dritter »Frankfurter Vorlesung«, s. *Bachmann, Probleme*, 217 ff. Zugleich ist
   es der Titel einer umfassenden Untersuchung, die Gerda Zeltner 1980 veröffentlicht hat. Die Autorin, die vor allem durch ihre Arbeiten zum »nouveau
   roman« bekannt geworden ist, beschäftigt sich in der genannten Arbeit mit
   den Schreibweisen von Hermann Burger, Max Frisch, Gerhard Meier,
   E. Y. Meyer, Erica Pedretti und Otto F. Walter. Vgl. *Zeltner, Gewähr.*
18 »Aus dem Bleistiftgebiet« nannte Robert Walser seine späten Arbeiten, die
   sog. »Mikrogramme«: winzige, mit Bleistift auf Zettel notierte Entwürfe.
   Diese stammen aus den Jahren 1924/25 und sind erst in jüngster Zeit publiziert worden. Die intensive Auseinandersetzung deutschschweizerischer
   Autoren mit Robert Walser dokumentiert *Kerr, Walser.* Darin finden sich
   Aufsätze von Max Frisch, Urs Widmer, Paul Nizon, E. Y. Meyer, Adolf
   Muschg, Dieter Fringeli.
19 Das Interesse an Adolf Wölfli dokumentieren die Beiträge von Adolf
   Muschg, Peter Bichsel, Jürg Laederach und Guido Bachmann in *Spoerri,
   Wölfli.*
20 Vgl. hierzu *Grotzer, Verweigerung.* Die Beiträge setzen sich u. a. auseinander
   mit dem Werk von Frisch, Meier, Späth, Meyer, Nizon, Zschokke, Burger,
   Johansen und Geiser. Siehe auch *Entwicklungstendenzen.*
21 Vgl. *Muschg, Nationalliteratur.*

Thomas Rothschild: Österreichische Literatur

(Der Beitrag wurde im Januar 1987 abgeschlossen.)

 1 *Greiner, Tod*, 51.
 2 *Seuter, Feder.*
 3 *Greiner, Tod*, 207.
 4 Ebd., 48 f.
 5 Priessnitz, Reinhard/Rausch, Mechtild: tribut an die tradition. aspekte
   einer postexperimentellen literatur. In *Laemmle, Grazer*, 126-152.
 6 Münz, Rainer: Stichwort: Österreich. In *Fischer-Kowalski/Buček, Lebensverhältnisse*, 11.
 7 Mit 423 Aufführungen an 17 Bühnen gehört Handkes ›Kaspar‹ in der
   Spielzeit 1968/69 zu den meistgespielten Theaterstücken, und für die Spiel-

zeit 1969/70 notiert die Statistik 19 Inszenierungen von Bauers ›Magic Afternoon‹. »Das Stück kam vorige Spielzeit auf die Bühnen, zusammen mit ›Change‹ ist Wolfgang Bauer jetzt ›in‹.« (Dieter Hadamczik/Jochen Schmidt/Werner Schulze-Reimpell: Was spielten die Theater? Bilanz der Spielpläne in der Bundesrepublik Deutschland 1947-1975. Remagen – Rolandseck 1978, 26.) Bis 1975 werden nach der angegebenen Quelle im deutschsprachigen Raum ohne die DDR zehn Stücke Handkes 2885 mal und sechs Stücke Bauers 1084 mal aufgeführt (34).

8 Deleuze, Gilles: Über die neuen Philosophen und ein allgemeineres Problem. In: G. D.: Kleine Schriften. Berlin 1980, 87 ff. – Zu Handke in Princeton vgl. in diesem Bd. auch S. 306 f., 105 mit Anm. 98; u. ö.

9 Handke, Peter: Gegenstimme. profil 22, 1986 (26. 5. 1986), 20-22, hier: 20.

10 Ernst, Gustav: Die Unlust am Widerspruch. Zum Verhältnis von Literatur und Herrschaft in Österreich. In *Seuter, Feder*, 154 f.

11 Scharang, Michael: Vorbemerkung. In: M. S. (Hrsg.): Geschichten aus der Geschichte Österreichs 1945-1983. Darmstadt u. Neuwied 1984, 12.

12 *Haslinger, Suche*, 996.

13 Zu den ersten zehn Jahren der Grazer Autorenversammlung s. *Innerhofer, Grazer Autorenversammlung*.

14 Brandstetter, Alois: Die Kunst des Möglichen und die unmögliche Kunst. In *Seuter, Feder*, 11.

15 Sauter, Josef-Hermann: Interviews mit Barbara Frischmuth, Elfriede Jelinek, Michael Scharang. In: Weimarer Beiträge 6, 1981, 124.

Bibliographie

I   Bibliographien, Lexika, Nachschlagewerke
II Philosophie, Theorie
III Literaturgeschichten, Überblicksdarstellungen, Theorie zur Geschichtsschreibung
IV Quellensammlungen, Dokumentationen
V   Untersuchungen

Die Bibliographie dient vor allem dem Nachweis der in den Anmerkungen kurzzitierten Sekundärliteratur (die Kurzform erscheint *kursiv* vor der vollständigen Titelangabe).

Zusätzlich wurden eine Reihe wichtiger Titel sowie bibliographische Hilfsmittel, Forschungsberichte, dokumentarische Quellensammlungen (auch Anthologien), literaturgeschichtliche und theoretische Darstellungen und ausgewählte Untersuchungen aufgenommen, die nicht in den Anmerkungen zitiert sind.

Die Mehrzahl der Primärliteratur ist nur in Text und Anmerkungen verzeichnet.

Abkürzungen
FAZ Frankfurter Allgemeine Zeitung
FR   Frankfurter Rundschau
SZ   Süddeutsche Zeitung, München
taz die tageszeitung, Berlin

I. Bibliographien, Lexika, Nachschlagewerke

Albrecht, Günter/Dahlke, Günther (Hrsg.): Internationale Bibliographie zur Geschichte der deutschen Literatur von den Anfängen bis zur Gegenwart. 4 Teile in 8 Bänden. München u. Berlin (DDR) 1969-1984

Arnold, Heinz Ludwig (Hrsg.): Handbuch zur deutschen Arbeiterliteratur. 2 Bde. München 1977

Arnold, KLG Arnold, Heinz Ludwig (Hrsg.): Kritisches Lexikon zur deutschsprachigen Gegenwartsliteratur (KLG). München 1978 ff.

Assenov, Literaturzeitschriften Assenov, Assen: Deutschsprachige Literaturzeitschriften. In: Goethe-Institut Amsterdam (Hrsg.): Van A tot Z. 1983

Baumgärtner, Alfred Clemens (Hrsg.): Lesen – ein Handbuch. Lesestoff, Leser und Leseverhalten, Lesewirkungen, Leseerziehung, Lesekultur. Hamburg 1973

Becker, Eva D./Dehn, Manfred: Literarisches Leben. Eine Bibliographie. Hamburg 1968

Brauneck, Manfred (Hrsg.): Autorenlexikon deutschsprachiger Literatur des 20. Jahrhunderts. Reinbek 1984

804 ANHANG

Deutschsprachige Zeitschriften Deutschsprachige Zeitschriften. Bundesrepublik Deutschland–Deutsche Demokratische Republik–Österreich–Schweiz. Verlag der Schillerbuchhandlung Hans Banger, Köln (34. Jg.) 1990

Emmler, Klaus Dieter: Das Hörspiel. Ein Literaturverzeichnis. 2., erw. Aufl. Köln 1978

Endres, Elisabeth: Autorenlexikon der deutschen Gegenwartsliteratur. 1945–1974. Frankfurt/M. 1975

Engel, Peter/Rheinsberg, Anna/Schubert, Christoph (Hrsg.): Handbuch der deutschsprachigen alternativen Literatur (5. Ausgabe). Trier 1980

Engel/Schubert, Handbuch Engel, Peter/Schubert, Christoph (Hrsg.): Handbuch der alternativen deutschsprachigen Literatur. Hamburg/Münster 1973

Faulstich, Stichwörter Faulstich, Werner (Hrsg.): Kritische Stichwörter zur Medienwissenschaft. München 1979

Fertig, Eymar/Steinberg, Heinz: Bibliographie Buch und Lesen. Gütersloh 1979

Fischer/Hembus, Film Fischer, Robert/Hembus, Joe: Der Neue Deutsche Film 1960–1980. Vorwort Douglas Sirk. München 1981

Gregor-Dellin, Martin/Endres, Elisabeth (Hrsg.): P. E. N.-Schriftstellerlexikon Bundesrepublik Deutschland. München 1982

Harjes, Rainer: Handbuch zur Praxis des Freien Theaters. Lebensraum durch Lebenstraum. Köln 1983

Hinck, Walter (Hrsg.): Handbuch des deutschen Dramas. Düsseldorf 1980

Keckeis, Hermann: Das deutsche Hörspiel (1923–1973). Ein systematischer Überblick mit kommentierter Bibliographie. Frankfurt/M. 1973

Kienzle/Mende, Zensur Kienzle, Michael/Mende, Dirk (Hrsg.): Zensur in der BRD. Fakten und Analysen. München 1980

King, Janet K.: Literarische Zeitschriften 1945–1970. Stuttgart 1974

Langenbucher, Wolfgang/Rytlewski, Ralf/Weyergraf, Bernd (Hrsg.): Kulturpolitisches Wörterbuch. Bundesrepublik Deutschland – DDR im Systemvergleich. Stuttgart 1983

Lennartz, Franz: Deutsche Dichter und Schriftsteller unserer Zeit. Stuttgart [11]1978

Munzinger, Ludwig (Hrsg.): Literaten. 250 deutschsprachige Schriftsteller der Gegenwart. Lebensläufe aus dem Internationalen Biographischen Institut. Ravensburg 1983

Oberhauser, Fred u. Gabi (Hrsg.): Literarischer Führer durch die Bundesrepublik Deutschland. Frankfurt/M. 1974

Pasterney, Udo/Gehret, Jens (Hrsg.): Deutschsprachige Bibliographie der Gegenkultur. Bücher und Zeitschriften von 1950–1980. Amsterdam 1982

Paulus, Rolf/Stender, Ursula: Bibliographie zur deutschen Lyrik nach 1945. Frankfurt/M. 1974

Plaul, Hainer: Bibliographie deutschsprachiger Veröffentlichungen über Unterhaltungs- und Trivialliteratur. Vom letzten Drittel des 18. Jahrhunderts bis zur Gegenwart. München 1980

Rosenbaum, Uwe: Das Hörspiel. Eine Bibliographie. Hamburg 1974

BIBLIOGRAPHIE: PHILOSOPHIE, THEORIE 805

Ruiss, Gerhard/Vyoral, Johannes A.: Literarisches Leben in Österreich. Ein Handbuch. Wien 1985

Schlütter, Hans-Jürgen: Lyrik – 25 Jahre. Bibliographie der deutschsprachigen Lyrikpublikationen 1945–1970. 2 Bde. Hildesheim, Zürich, New York 1983

Schweikle, Lexikon Schweikle, Günther u. Irmgard (Hrsg.): Metzler Literatur Lexikon. Stichwörter zur Weltliteratur. Stuttgart 1984

Seeßlen, Georg/Kling, Bernd: Unterhaltung. Lexikon zur populären Kultur. 2 Bde. Reinbek 1977

Wiesner, Herbert (Hrsg.): Lexikon der deutschsprachigen Gegenwartsliteratur. Begr. von Hermann Kunisch. München 1981

Wiesner, Herbert/Zivsa, Irene/Stoll, Christoph: Bibliographie der Personalbibliographien zur deutschen Gegenwartsliteratur. München [2]1970

II. Philosophie, Theorie

Adorno, Auschwitz Adorno, Theodor W.: Negative Dialektik III. Meditationen zur Metaphysik. 1 (Nach Auschwitz). In: Th. W. A.: Negative Dialektik/Jargon der Eigentlichkeit. (Gesammelte Schriften. 6) Frankfurt/M. 1973, 354 ff.

Adorno, Engagement Adorno, Theodor W.: Engagement. In: *Adorno, Noten,* 409–430

Adorno, Mündigkeit Adorno, Theodor W.: Erziehung zur Mündigkeit. Vorträge und Gespräche mit Hellmut Becker 1959–1969. Hrsg. v. Gerd Kadelbach. Frankfurt/M. 1970

Adorno, Noten Adorno, Theodor W.: Noten zur Literatur I–IV. (Gesammelte Schriften. 11) Frankfurt/M. 1981

Adorno, Standort Adorno, Theodor W.: Standort des Erzählers im zeitgenössischen Roman. In: *Adorno, Noten* [I], 41–48

Adorno, Stichworte Adorno, Theodor W.: Stichworte. Kritische Modelle 2. Frankfurt/M. 1969

Adorno, Theorie Adorno, Theodor W.: Ästhetische Theorie. Frankfurt/M. [4]1980

Adorno, Thesen Adorno, Theodor W.: Thesen über Tradition. In: Th. W. A.: Kulturkritik und Gesellschaft. (Ges. Schriften. 10.1) Frankfurt/M. 1977, 310–320

Arendt, Zeit Arendt, Hannah: Zur Zeit. Politische Essays. Hrsg. v. Marie Luise Knott. Berlin 1986

Barthes, Mythen Barthes, Roland: Mythen des Alltags (1957). Frankfurt/M. 1964

Barthes, Nullpunkt Barthes, Roland: Am Nullpunkt der Literatur (1953). Frankfurt/M. 1982

Baudrillard, Agonie Baudrillard, Jean: Agonie des Realen. Berlin 1978

Benjamin, Autor Benjamin, Walter: Der Autor als Produzent. In: *Benjamin, Schriften* II, 683–701

Benjamin, Geschichte Benjamin, Walter: Über den Begriff der Geschichte. In: *Benjamin, Schriften* I, 691–704

Benjamin, Schriften Benjamin, Walter: Gesammelte Schriften. Unter Mitwirkung von Theodor W. Adorno und Gershom Scholem hrsg. v. Rolf Tiedemann und Hermann Schweppenhäuser. Frankfurt/M. 1972 ff.

Benjamin, Traumkitsch Benjamin, Walter: Traumkitsch. In: *Benjamin, Schriften* II, 620–622

Brecht, Bertolt: Über den Realismus. In: B. B.: Gesammelte Werke. 19. Frankfurt/M. 1973

Brückner, Krisen Brückner, Peter: Über Krisen von Identität und Theorie. In: *Brückner, Zerstörung*, 185 ff.

Brückner, Nachruf Brückner, Peter: Nachruf auf die Kommunebewegung. In: *Brückner, Zerstörung*, 171 ff.

Brückner, Transformation Brückner, Peter: Die Transformation des demokratischen Bewußtseins. In: Agnoli, Johannes/Brückner, Peter: Die Transformation der Demokratie. Frankfurt/M. 1968, 89 ff.

Brückner, Versuch Brückner, Peter: Versuch, uns und anderen die Bundesrepublik zu erklären. Berlin 1978

Brückner, Zerstörung Brückner, Peter: Zerstörung des Gehorsams. Aufsätze zur Politischen Psychologie. Hrsg. v. Axel-R. Oestmann. Berlin 1983

Castoriadis, Cornelius: Gesellschaft als imaginäre Institution. Entwurf einer politischen Philosophie. Frankfurt/M. 1984

Castoriadis, Labyrinth Castoriadis, Cornelius: Durchs Labyrinth. Seele, Vernunft, Gesellschaft (1978). Frankfurt/M. 1983

Cixous, Weiblichkeit Cixous, Hélène: Weiblichkeit in der Schrift. Berlin 1980

Cixous, Zirkulation Cixous, Hélène: Die unendliche Zirkulation des Begehrens. Berlin 1977

Cooper, David: Wer ist Dissident. Berlin 1978

Debord, Spektakel Debord, Guy: La Société du Spectacle. Paris 1967. [Zahlreiche Nachdrucke] [Erste dt. Übersetzung 1971. „Autorisierte Ausgabe":] Die Gesellschaft des Spektakels. Hamburg 1978 (= Edition Nautilus)

Deleuze/Guattari Deleuze, Gilles/Guattari, Félix: Kafka. Für eine kleine Literatur. Frankfurt/M. 1976

Derrida, Apokalypse Derrida, Jacques: Apokalypse (1983). Hrsg. v. Peter Engelmann. Graz/Wien 1985

Derrida, Schrift Derrida, Jacques: Die Schrift und die Differenz. Frankfurt/M. 1976

Duerr, Das Irrationale Duerr, Hans Peter (Hrsg.): Der Wissenschaftler und das Irrationale. Frankfurt/M. 1981

Feyerabend, Methodenzwang Feyerabend, Paul: Wider den Methodenzwang. Skizze einer anarchistischen Erkenntnistheorie. Frankfurt/M. 1975

Foucault, Denken Foucault, Michel: Das Denken des Außen. In: M. F.: Von der Subversion des Wissens. Frankfurt/M. 1987, 46–68

Foucault, Michel: Schriften zur Literatur (1962 ff.). Frankfurt/M., Berlin, Wien 1979

Frank, Unhintergehbarkeit Frank, Manfred: Die Unhintergehbarkeit von Individualität. Frankfurt/M. 1986

Habermas, Moderne Habermas, Jürgen: Die Moderne – ein unvollendetes Projekt. In: J. H.: Kleine politische Schriften (I–IV). Frankfurt/M. 1981, 444–463

BIBLIOGRAPHIE: PHILOSOPHIE, THEORIE   807

Habermas, Umgangssprache Habermas, Jürgen: Umgangssprache. Wissenschafts-
sprache, Bildungssprache. In: Merkur 359, 1978, 327–342
Habermas, Unübersichtlichkeit Habermas, Jürgen: Die neue Unübersichtlichkeit.
Kleine politische Schriften V. Frankfurt/M. 1985
Jameson, Postmoderne Jameson, Fredric: Postmoderne – Zur Logik der Kultur
im Spätkapitalismus. In: *Huyssen/Scherpe, Postmoderne,* 45–102
Jameson, Fredric: Das politische Unbewußte. Literatur als Symbol sozialen Han-
delns (1981). Mit einem Nachwort von Ingrid Kerkhoff. Reinbek 1988
Kristeva, Chinesin Kristeva, Julia: Die Chinesin (1974). Frankfurt/M., Berlin,
Wien 1982
Kristeva, Revolution Kristeva, Julia: Die Revolution der poetischen Sprache
(1974). Frankfurt/M. 1978
Laplanche/Pontalis, Vokabular Laplanche, J. und Pontalis, J.-B.: Das Vokabular
der Psychoanalyse. 2 Bde. (1967) Frankfurt/M. 1972
Löwenthal, Schriften Löwenthal, Leo: Schriften. Hrsg. v. Helmut Dubiel. Frank-
furt/M. (1980–1987) [2]1990
Lukács, Realismus Lukács, Georg: Probleme des Realismus. Berlin 1955
Lukács, Georg: Wider den mißverstandenen Realismus. Hamburg 1958
Lyotard, Das Erhabene Lyotard, Jean-Francois: Das Erhabene und die Avant-
garde. In: Merkur 424, 1984, 151–164
Lyotard, Patchwork Lyotard, Jean-Francois: Das Patchwork der Minderheiten.
Berlin 1977
Marcuse, Mensch Marcuse, Herbert: Der eindimensionale Mensch. Neuwied/Ber-
lin 1967
Marcuse, Triebstruktur Marcuse, Herbert: Triebstruktur und Gesellschaft. Frank-
furt/M. 1970
Marcuse, Versuch Marcuse, Herbert: Versuch über die Befreiung. Frankfurt/M.
1969
Marcuse, Zeit-Messungen Marcuse, Herbert: Zeit-Messungen. Drei Vorträge und
ein Interview. Frankfurt/M. 1975
Mitscherlich, Gesellschaft Mitscherlich, Alexander: Auf dem Weg zur vaterlosen
Gesellschaft. Ideen zur Sozialpsychologie. München 1963
Mitscherlich, Unfähigkeit Mitscherlich, Alexander u. Margarete: Die Unfähigkeit
zu trauern. Grundlagen kollektiven Verhaltens. München 1967
Negt/Kluge, Geschichte Negt, Oskar/Kluge, Alexander: Geschichte und Eigensinn.
Geschichtliche Organisation der Arbeitsvermögen. Deutschland als Produk-
tionsöffentlichkeit. Gewalt des Zusammenhangs. Frankfurt/M. 1981
Packard, Vance: Die geheimen Verführer. Der Griff nach dem Unbewußten in
jedermann. Berlin 1969
Parsons, Gesellschaften Parsons, Talcott: Das System moderner Gesellschaften.
München 1972
Said, Orientalismus Said, Edward W.: Orientalismus (1978). Frankfurt/M., Berlin,
Wien 1981
Steiner, Exterritorial Steiner, George: Exterritorial. Schriften zur Literatur und
Sprachrevolution. Frankfurt/M. 1974

808 ANHANG

Steiner, Schweigen Steiner, George: Sprache und Schweigen. Essays über Sprache, Literatur und das Unmenschliche. Frankfurt/M. 1969

Todorov, Eroberung Todorov, Tzvetan: Die Eroberung Amerikas. Das Problem des Anderen (1982). Frankfurt/M. 1985

Tugendhat, Selbstbewußtsein Tugendhat, Ernst: Selbstbewußtsein und Selbstbestimmung. Sprachanalytische Interpretationen. Frankfurt/M. 1979

Welsch, Moderne Welsch, Wolfgang: Unsere postmoderne Moderne. Weinheim [2]1988

Welsch, Wege Welsch, Wolfgang (Hrsg.): Wege aus der Moderne. Schlüsseltexte der Postmoderne-Diskussion. Weinheim 1988

Wittgenstein, Ludwig: Tractatus logico-philosophicus. Logisch-philosophische Abhandlung (1921). Frankfurt/M. 1963

III. Literaturgeschichten, Überblicksdarstellungen, Theorie zur Geschichtsschreibung

Arnold, Bestandsaufnahme Arnold, Heinz Ludwig (Hrsg.): Bestandsaufnahme Gegenwartsliteratur. Bundesrepublik Deutschland Deutsche Demokratische Republik Österreich Schweiz. München 1988 (= Sonderband Text + Kritik)

Aspetsberger, Friedbert/Lengauer, Hubert (Hrsg.): Zeit ohne Manifeste? Zur Literatur der siebziger Jahre in Österreich. Wien 1987

Autorenkollektiv (unter Leitung von Hans Joachim Bernhard): Literatur der BRD. Berlin (DDR) 1983 (= Geschichte der deutschen Literatur von den Anfängen bis zur Gegenwart. 12)

Batt, Kurt: Revolte intern. Betrachtungen zur Literatur in der Bundesrepublik Deutschland. München 1975

Berg, Jan u. a.: Sozialgeschichte der deutschen Literatur von 1918 bis zur Gegenwart. Frankfurt/M. 1981

Best, Otto F./ Schmitt, Hans-Jürgen (Hrsg.): Die deutsche Literatur. Ein Abriß in Text und Darstellung. Kaiser, Gerhard R. (Hrsg.): Gegenwart. (Bd. 16) Stuttgart 1983

Beutin, Wolfgang u. a.: Deutsche Literaturgeschichte. Von den Anfängen bis zur Gegenwart. 2., erw. Aufl. Stuttgart 1984

Brinker-Gabler, Gisela (Hrsg.): Deutsche Literatur von Frauen. Bd. 2: 19. und 20. Jahrhundert. München 1988

Bronnen, Barbara/Brocher, Corinna: Die Filmemacher. Der neue deutsche Film nach Oberhausen. München, Gütersloh, Wien 1973

Brügmann, Margret: Amazonen der Literatur. Studien zur deutschsprachigen Frauenliteratur der 70er Jahre. Amsterdam 1986

Cramer, Thomas (Hrsg.): Literatur und Sprache im historischen Prozeß. Vorträge des Deutschen Germanistentages Aachen 1982. Tübingen 1983, 178 ff.

Daum, 2. Kultur Daum, Thomas: Die 2. Kultur. Alternativliteratur in der Bundesrepublik. Mainz 1981

Demandt, Alexander: Ungeschehene Geschichte. Ein Traktat über die Frage: Was wäre geschehen, wenn . . .? Göttingen [2]1986

BIBLIOGRAPHIE: LITERATURGESCHICHTEN 809

Döhl, Hörspiel Döhl, Reinhard: Das Neue Hörspiel. Geschichte und Typologie des Hörspiels 5. Darmstadt 1988

Durzak, Gegenwartsliteratur Durzak, Manfred (Hrsg.): Deutsche Gegenwartsliteratur. Ausgangspositionen und aktuelle Entwicklungen. Stuttgart 1981

Eggert, Hartmut/Profitlich, Ulrich/Scherpe, Klaus R. (Hrsg.): Geschichte als Literatur. Formen und Grenzen der Repräsentation von Vergangenheit. Stuttgart 1990

Emig u. a., Alternativpresse Emig, Günther/Engel, Peter/Schubert, Christoph (Hrsg.): Die Alternativpresse. Kontroversen, Polemiken, Dokumente. Ellwangen 1980

Emmerich, Literaturgeschichte Emmerich, Wolfgang: Kleine Literaturgeschichte der DDR 1945–1988. 5., erw. und bearb. Aufl. Frankfurt/M. 1989

Fischer, Literatur Fischer, Ludwig (Hrsg.): Literatur in der Bundesrepublik Deutschland. München, Wien 1986 (= Hansers Sozialgeschichte der deutschen Literatur. 10)

Forget, Philippe: Literatur – Literaturgeschichte – Literaturgeschichtsschreibung. Ein rückblickender Thesenentwurf. In: Schöne, Albrecht (Hrsg.): Kontroversen, alte und neue. 11. Tübingen 1986, 35-46 (= Akten des VII. Int. Germanisten-Kongresses Göttingen 1985)

Gregor, Geschichte Gregor, Ulrich: Geschichte des Films ab 1960. München 1978

Gsteiger, Manfred (Hrsg.): Die zeitgenössischen Literaturen der Schweiz. Frankfurt/M. 1980 (= Kindlers Literaturgeschichte der Gegenwart. 7 u. 8; aktualisierte Taschenbuchausgabe)

Gumbrecht, Hans-Ulrich: Literaturgeschichte – Fragment einer geschwundenen Totalität? In: Döllenbach, Lucien/Hart Nibbrig, Christian L. (Hrsg.): Fragment und Totalität. Frankfurt/M. 1984

Gumbrecht/Link-Heer, Epochenschwellen Gumbrecht, Hans-Ulrich/Link-Heer, Ursula (Hrsg.): Epochenschwellen und Epochenstrukturen im Diskurs der Literatur und Sprachhistorie. Frankfurt/M. 1985

Haubrichs, Wolfgang (Hrsg.): Probleme der Literaturgeschichtsschreibung. Beiheft 10 zu LiLi (Zs. f. Lit.wiss. u. Linguistik). Göttingen 1979

Hermand, Literatur Hermand, Jost (Hrsg.): Literatur nach 1945. I: Politische und regionale Aspekte. II: Themen und Genres. Wiesbaden 1979 (= Neues Handbuch der Literaturwissenschaft. 21 u. 22)

Hinderer, Walter (Hrsg.): Geschichte der politischen Lyrik in Deutschland. Stuttgart 1978

Hohendahl, Peter Uwe (Hrsg.): Geschichte der deutschen Literaturkritik (1730–1980). Stuttgart 1985

Japp, Uwe: Beziehungssinn. Ein Konzept der Literaturgeschichte. Frankfurt/M. 1980

Karasek, Dramatik Karasek, Hellmuth: Dramatik in der Bundesrepublik seit 1945. In: Lattmann, Dieter (Hrsg.): Die Literatur der Bundesrepublik Deutschland. Frankfurt/M. 1980, 219–405

Knörrich, Lyrik Knörrich, Otto: Die deutsche Lyrik der Gegenwart. 2., erw. Aufl. Stuttgart 1976

Koebner, Tendenzen Koebner, Thomas (Hrsg.): Tendenzen der deutschen Gegenwartsliteratur. 2., neuverfaßte Aufl. Stuttgart 1984

Kosellek, Reinhard: Vergangene Zukunft. Zur Semantik geschichtlicher Zeiten. Frankfurt/M. 1979

Kosellek, Reinhard u. a. (Hrsg.): Formen der Geschichtsschreibung. München 1982

Kreuzer, Helmut/Bonig, K. W. (Hrsg.): Entwicklungen der 70er Jahre. Gerabronn 1978

Kuttenkeuler, Poesie Kuttenkeuler, Wolfgang (Hrsg.): Poesie und Politik. Zur Situation der Literatur in Deutschland. Stuttgart/Berlin/Köln/Mainz 1973

Lattmann, Dieter (Hrsg.): Die Literatur der Bundesrepublik Deutschland. Frankfurt/M. 1980 (=Kindlers Literaturgeschichte der Gegenwart. 1 u. 2; aktualisierte Taschenbuchausgabe)

Lauer, Reinhard und Turk, Horst (Hrsg.): Prinzipien der Literaturgeschichtsschreibung. Beiträge vom ersten deutsch-sowjetischen Literaturwissenschaftlichen Symposium in Göttingen vom 22.–28. 6. 1981. Wiesbaden 1988

Lüdtke, Alf (Hrsg.): Alltagsgeschichte. Zur Rekonstruktion historischer Erfahrungen und Lebensweisen. Frankfurt/M. und New York 1989

Lützeler/Schwarz, Literatur Lützeler, Paul Michael/Schwarz, Egon (Hrsg.): Deutsche Literatur in der Bundesrepublik seit 1965. Untersuchungen und Berichte. Königstein/Ts. 1980

Mattenklott/Pickerodt, Siebziger Jahre Mattenklott, Gert/Pickerodt, Gerhardt (Hrsg.): Literatur der siebziger Jahre. Berlin 1985 (=Literatur im historischen Prozeß. N. F. 8)

Müller, Harro: Einige Argumente für eine subjektdezentrierte Literaturgeschichtsschreibung. In: Akten [wie Forget], 24

Müller, Harro: Einige Giftpfeile wären nicht so schlecht. Zehn Einwürfe zum Zusammenhang von Geschichtstheorie, Hermeneutik, Literaturgeschichtsschreibung. In: DELFIN IV 1984, 77

Müller, Republik Müller, Helmut: Die literarische Republik. Westdeutsche Schriftsteller und die Politik. Weinheim und Basel 1982

Ortheil, Murmeln Ortheil, Hanns-Josef: Das endlose Murmeln. Michel Foucault und die deutsche Literatur der Gegenwart. In: Akzente 1, 1989, 28–42

Raulff, Ulrich (Hrsg.): Vom Umschreiben der Geschichte. Berlin 1986

Müller-Seidel, Walter (Hrsg.): Historizität in Sprach- und Literaturwissenschaft. München 1974

Schedler, Melchior: Kindertheater. Geschichte, Modelle, Projekte. Frankfurt/M. 1972

Schmitt, Literatur der DDR Schmitt, Hans-Jürgen (Hrsg.): Die Literatur der DDR. München, Wien 1983 (=Hansers Sozialgeschichte der deutschen Literatur. 11)

Schnell, Bundesrepublik Schnell, Ralf: Die Literatur der Bundesrepublik. Autoren, Geschichte, Literaturbetrieb. Stuttgart 1986

Schütz, Erhard/Vogt, Jochen: Einführung in die deutsche Literatur des 20. Jahrhunderts. Bd. 3: Bundesrepublik und DDR. Opladen 1980

Spiel, Hilde (Hrsg.): Die zeitgenössische Literatur Österreichs. Frankfurt/M. 1980

BIBLIOGRAPHIE: QUELLENSAMMLUNGEN   811

(= Kindlers Literaturgeschichte der Gegenwart. 5 u. 6; aktualisierte Taschenbuchausgabe)

Stadelmaier, Gerhard: Lessing auf der Bühne. Ein Klassiker im Theateralltag
(1968–1974). Tübingen 1980

Thomas/Bullivant, Literatur Thomas, R. Hinton/Bullivant, Keith: Westdeutsche
Literatur der sechziger Jahre. Köln u. München 1975

Vogt, Jochen (Hrsg.): »Das Vergangene ist nicht tot, es ist nicht einmal vergangen.« Der Nationalsozialismus im Spiegel der Nachkriegsliteratur. Essen 1984

Wagener, Gegenwartsliteratur Wagener, Hans (Hrsg.): Gegenwartsliteratur und
Drittes Reich. Deutsche Autoren in der Auseinandersetzung mit der Vergangenheit. Stuttgart 1977

Weigel, Medusa Weigel, Sigrid: Die Stimme der Medusa. Schreibweisen in der
Gegenwartsliteratur von Frauen (1987). Reinbek 1989

Weihs, Theater Weihs, Angie: Freies Theater. Berichte und Bilder, die zum Sehen,
Lernen und Mitmachen anstiften. Reinbek 1981

Winkels, Einschnitte Winkels, Hubert: Einschnitte. Zur Literatur der 80er Jahre.
Köln 1988

Würffel, Stefan Bodo: Das deutsche Hörspiel. Stuttgart 1978

Žmegač, Victor (Hrsg.): Geschichte der deutschen Literatur vom 18. Jahrhundert
bis zur Gegenwart. Bd. III/2: 1945–1980. Königstein/Ts. 1984

IV. Quellensammlungen, Dokumentationen

Ackermann, Zwei Sprachen Ackermann, Irmgard (Hrsg.): In zwei Sprachen leben.
Berichte, Erzählungen, Gedichte von Ausländern. München 1983

Adorno u. a., Autorität Adorno/Agartz/Benseler/Engels/v. Friedeburg/Hofmann/
Helms/Herzog/Holz/Krahl/Küntzel/Lenin/Lenk/Lukács/Oehlke/Tomberg/
Wolff: Autorität – Organisation – Revolution. [Mit dem Protokoll der
Podiumsdiskussion während der Frankfurter Buchmesse am 23. 9. 1968:
»Autoritäten und Revolution«.] s'Gravenhage 1972 (= Rotdruck 24)

Ahrens, Frauen im Theater Ahrens, Ursula (Hrsg.): Frauen im Theater. Dokumentation 1986/87. Berlin 1988

Altenburg, Fremde Väter Altenburg, Matthias (Hrsg.): Fremde Väter, fremde
Mütter, fremdes Land. Hamburg 1985

alternative 113: Schriftsteller DDR/BRD geben zu Protokoll. Berlin 1977

Arnold, Heinz Ludwig: Gespräche mit Schriftstellern. München 1975

Arnold, Heinz Ludwig (Hrsg.): Die Gruppe 47. Ein kritischer Grundriß. 2., gründl.
überarb. u. erw. Aufl. München 1987 (= Text + Kritik Sonderband)

Arnold, Heinz Ludwig: Als Schriftsteller leben. Gespräche mit Peter Handke,
Franz Xaver Kroetz, Gerhard Zwerenz, Walter Jens, Peter Rühmkorf, Günter
Grass. Reinbek 1979

Ausstellungsgruppe »Inszenierung der Macht«: Inszenierung der Macht. Ästhetische Faszination im Faschismus. (Ausstellungskatalog. Neue Gesellschaft für
Bildende Kunst). Berlin 1987. Nachträge 1988: Erbeutete Sinne

812 ANHANG

Baldeney u. a., Richtlinien Baldeney, Christofer/Gaschè, Rodolphe/Kunzelmann, Dieter: Unverbindliche Richtlinien. Heft 1. München (Dezember) 1962. Heft 2. München (Dezember) 1963

Basisgruppe des Walter-Benjamin-Instituts [Schmid, Thomas u. a.]: Schafft die Germanistik ab! In: Claussen, Detlev und Dermitzel, Regine (Hrsg.:) Universität und Widerstand. Versuch einer Politischen Universität in Frankfurt. Frankfurt/ M. 1968, 157 ff.

Becker, Dokumentation Becker, Jürgen/Vostell, Wolf: Eine Dokumentation über Happenings, Fluxus, Pop Art. Reinbek 1965

Bedingungen Bedingungen und Organisation des Widerstandes. Der Kongreß in Hannover. Protokolle Flugblätter Resolutionen. Berlin 1967 (= Voltaire Flugschriften. 12)

Behrens, Katja (Hrsg.): Weiches Wasser bricht den Stein. Widerstandsreden. Frankfurt/M. 1984

Beil, Bochumer Ensemble Beil, Hermann u. a. (Hrsg.): Das Bochumer Ensemble. Ein deutsches Stadttheater. Königstein/Ts. 1986

Bender, Messer Bender, Hans (Hrsg.): Mein Gedicht ist mein Messer. Lyriker zu ihren Gedichten. München 1961

Bender, Hans (Hrsg.): In diesem Lande leben wir. Deutsche Gedichte der Gegenwart. München 1978

Bender, Hans (Hrsg.:) Wie schreibe ich weiter? In: Akzente 5, 1968, 400 ff. [Beiträge von Ror Wolf, Peter Bichsel, Peter O. Chotjewitz, Franz Mon]

Benneter u. a., Februar 1968 Benneter, Klaus-Uwe u. a. (Hrsg.): Februar 1968. Tage die Berlin erschütterten. Frankfurt/M. 1968

Benseler/May/Schwenger, Literaturproduzenten! Benseler, Frank/May, Hannelore/ Schwenger, Hannes: Literaturproduzenten! Berlin 1970 (= Voltaire Handbuch 8)

Bergmann u. a., Rebellion Bergmann, Uwe/Dutschke, Rudi/Lefèvre, Wolfgang/ Rabehl, Bernd: Rebellion der Studenten oder Die neue Opposition. Eine Analyse. Reinbek 1968

Berliner Begegnung zur Friedensförderung. Protokolle des Schriftstellertreffens am 13./14. Dezember 1981. Darmstadt u. Neuwied 1982

Bezzel u. a., Unvermögen Bezzel, Chris/Brückner, Peter/Dischner, Gisela/Eckelt, Michael/Gorsen, Peter/Krovoza, Alfred/Ricke, Gabriele/Sohn-Rethel, Alfred: Das Unvermögen der Realität. Beiträge zu einem anderen materialistischen Ästhetikum. Berlin 1974

Bienek, Werkstattgespräche Bienek, Horst: Werkstattgespräche mit Schriftstellern. München 1962

Bingel, Dokumentation Bingel, Horst (Hrsg.): Phantasie und Verantwortung. Dokumentation des 3. Schriftstellerkongresses des Verbandes deutscher Schriftsteller (VS) in der IG Druck und Papier. Frankfurt/M. 1975

Bingel, Messe Bingel, Horst (Hrsg.): Literarische Messe 1968. Handpressen, Flugblätter, Zeitschriften der Avantgarde. Frankfurt/M. 1968

Biondi u. a., Zwischen Biondi, Franco/Naoum, Jusuf/Schami, Rafik (Hrsg.): Zwischen zwei Giganten. Prosa, Lyrik und Grafiken aus dem Gastarbeiteralltag. Bremen 1983

BIBLIOGRAPHIE: QUELLENSAMMLUNGEN 813

Bloch, Peter André (Hrsg.): Gegenwartsliteratur. Mittel und Bedingungen ihrer Produktion. Eine Dokumentation. Bern, München 1975

Bloch, Peter André/Hubacher, Edwin (Hrsg.): Die Schriftsteller in unserer Zeit. Schweizer Autoren bestimmen ihre Rolle in der Gesellschaft. Bern 1972

Der Blues. Gesammelte Texte der Bewegung 2. Juni. 2 Bde. [o. O., o. J.]

Böckelmann/Nagel, Aktion Böckelmann, Frank/Nagel, Hans: Subversive Aktion. Der Sinn der Organisation ist ihr Scheitern. Mit e. Vorwort v. Wolfgang Kraushaar. Frankfurt/M. 1976

Borchers, Lesebuch 1 Borchers, Elisabeth (Hrsg.): Der Einbruch eines Holzfällers in eine friedliche Familie. Lesebuch 1. Beispiele junger deutscher Autoren. Gütersloh 1971

Bortfedt, Hermann (Hrsg.): Morgen im Garten Eden. 12 Visionen vom Jahr 3000. Olten 1977

Botzat u. a., Herbst Botzat, Tatjana/Kiderlen, Elisabeth/Wolff, Frank: Ein deutscher Herbst. Zustände. Dokumente, Berichte, Kommentare. Frankfurt/M. 1978

Brandes, V. H./Sylvester, H. (Hrsg.): Merde. Karikaturen der Mairevolte. Frankreich 1968. München 1968

Braun, Karlheinz/Iden, Peter (Hrsg.): Neues deutsches Theater. Zürich 1971

Braun/Völker, Spielplatz Braun, Karlheinz/Völker, Klaus (Hrsg.): Spielplatz 1. Jb. f. Theater 71/72. Berlin 1972

Brauneck, Theater Brauneck, Manfred: Theater im 20. Jahrhundert. Programmschriften, Stilperioden, Reformmodelle. Reinbek 1982

Brenner, Nachrichten Brenner, Hildegard (Hrsg.): Nachrichten aus Deutschland. Eine Anthologie der neueren DDR-Literatur. Reinbek 1967

Bucher, Werner/Ammann, Georges (Hrsg.): Schweizer Schriftsteller im Gespräch. 2 Bde. Basel 1970 f.

Buchwald, Christoph (u. a.) (Hrsg.): Luchterhand Jahrbuch der Lyrik. Darmstadt u. Neuwied 1984 ff.

Buchwald, Christoph/Wagenbach, Klaus (Hrsg.): Lesebuch. Deutsche Literatur der siebziger Jahre. Berlin 1984

Büchner-Preis-Reden. Bd. 1: 1951–1971, Bd. 2: 1972–1983. Stuttgart 1981 und 1984

Der Georg-Büchner-Preis 1951–1987. Eine Dokumentation. Bearbeitet v. Michael Assmann. München 1987

Bundesministerium des Innern. Referat Öffentlichkeitsarbeit (Hrsg.): Die Studentenunruhen. 2. Aufl., Bergisch Gladbach (Juli) 1969 (= Zum Thema 3)

Busse, Revolution Busse, Walter (Hrsg.): Der Spiegel fragte: Ist eine Revolution unvermeidlich? 42 Antworten auf eine Alternative von Hans Magnus Enzensberger. Hamburg 1968

Canaris, Volker (Hrsg.): Torquato Tasso. Regiebuch der Bremer Inszenierung. Frankfurt/M. 1970

Canaris, Wallenstein Canaris, Volker (Hrsg.): Wallenstein. Regiebuch der Kölner Inszenierung (Friedrich Schiller/Hansgünther Heyme). Frankfurt/M. 1970

Chamissos Enkel Friedrich, Heinz (Hrsg.): Chamissos Enkel. Literatur von Ausländern in Deutschland. München 1986

Chiellino, Reise Chiellino, Carmine: Die Reise hält an. Ausländische Künstler in der Bundesrepublik. München 1988

Doehlemann, Schriftsteller Doehlemann, Martin: Junge Schriftsteller: Wegbereiter einer antiautoritären Gesellschaft? Hrsg. v. Helmut Bilstein. Opladen 1970

Dollinger, Hans (Hrsg.): außerdem. Deutsche Literatur minus Gruppe 47 = wieviel? Mit einem Grußwort von Hans Werner Richter. München, Bern, Wien 1967

Dollinger, Revolution Dollinger, Hans (Hrsg.): Revolution gegen den Staat? Die außerparlamentarische Opposition – die neue Linke. Eine politische Anthologie. Bern, München, Wien 1968

Drewitz, Ingeborg (Hrsg.): Die Literatur und ihre Medien. Positionsbestimmungen. Düsseldorf/Köln 1972

Dunz-Wolff u. a., Lesergespräche Dunz-Wolff, G./Goebel, H./Stüsser, J. (Hrsg.): Lesergespräche. Erfahrungen mit Peter Weiss' Roman ›Die Ästhetik des Widerstands‹. Hamburg o. J.

Durzak, Gespräche Durzak, Manfred: Gespräche über den Roman. Formbestimmungen und Analysen. Frankfurt/M. 1976

Engelmann, Bernt (Hrsg.): VS vertraulich. 3 Bde. München 1977–1979

Engelmann, Bernt u. a. (Hrsg.): Es geht, es geht ... Zeitgenössische Schriftsteller und ihr Beitrag zum Frieden – Grenzen und Möglichkeiten. München 1982

Es muß sein. Autoren schreiben über das Schreiben. Köln 1989

Estermann, Alfred/Hermand, Jost/Krüger, Merle (Hrsg.): Unsere Republik. Politische Statements westdeutscher Autoren. Wiesbaden 1980

Faecke, Entfernung Faecke, Peter: Über die allmähliche Entfernung aus dem Lande. Die Jahre 1968–1982. Düsseldorf 1983

Fischbach u. a., Werkkreis Fischbach, Peter/Hensel, Horst/Naumann, Uwe (Hrsg.): Zehn Jahre Werkkreis Literatur der Arbeitswelt. Dokumente, Analysen, Hintergründe. Frankfurt/M. 1979

Fried, Erich/Novak, Helga M./Initiativgruppe P. P. Zahl (Hrsg.): Am Beispiel Peter Paul Zahl. Eine Dokumentation. (Frankfurt/M.) o. J.

Fringeli, Schprüch Fringeli, Dieter (Hrsg.): Mach keini Schprüch. Zürich 1972

FU-Dokumentation Freie Universität Berlin 1948–1973. Hochschule im Umbruch. Teil IV 1964–1967. Die Krise. Ausgewählt und dokumentiert von Siegward Lönnendonker und Tilman Fichter unter Mitarbeit von Claus Rietzschel. Hrsg. v. d. Pressestelle der FU Berlin. Berlin 1975. [1. Zeittafel 4. Dezember 1964–1. Juni 1967. 2. Dokumente 354–716. 3. Zeitgenössische Kommentare.]

Geschichten aus der Geschichte der Deutschschweiz nach 1945. Hrsg. v. Rolf Niederhauser/Martin Zingg. Darmstadt u. Neuwied 1983

Geschichten aus der Geschichte Österreichs 1945–1983. Hrsg. v. Michael Scharang. Darmstadt u. Neuwied 1984

Geschichtswerkstatt Berlin (Hrsg.): Die Nation als Ausstellungsstück. Planungen, Kritik und Utopien zu den Museumsgründungen in Bonn und Berlin. Hamburg 1987

Glaser, Hermann (Hrsg.): Bundesrepublikanisches Lesebuch. Drei Jahrzehnte geistiger Auseinandersetzung. München, Wien 1978

BIBLIOGRAPHIE: QUELLENSAMMLUNGEN   815

Gerlach/Richter, Weiss Gerlach, Rainer/Richter, Matthias (Hrsg.): Peter Weiss im
  Gespräch. Frankfurt/M. 1986
Goeschel, Materialien Goeschel, Albrecht (Hrsg.): Richtlinien und Anschläge.
  Materialien zur Kritik der repressiven Gesellschaft. München 1968
Gomringer, Ernst (Hrsg.): konkrete poesie. deutschsprachige autoren. Stuttgart 1972
Gütt, Dieter (Hrsg.): Wählen – aber wen? Schriftsteller über Deutschland vor der
  Wahl. Hamburg 1986
Härtling, Peter (Hrsg.): Leoporello fällt aus der Rolle. Zeitgenössische Autoren
  erzählen das Leben der Figuren der Weltliteratur weiter. Frankfurt/M. 1971
Härtling, Peter (Hrsg.:) Zwischenbilanz der Studentenrevolte. Der Monat 239
  (Thema-Heft), August 1968
Hager, Rebellen Hager, Jens: Die Rebellen von Berlin. Studentenpolitik an der
  Freien Universität. Eine Dokumentation. Hrsg. v. Hartmut Häussermann, Niels
  Kadritzke, Knut Nevermann. Köln, Berlin 1967
Hamm, Peter (Hrsg.): Aussichten. Junge Lyriker des deutschen Sprachraums.
  München 1966
Hamm, Kritik Hamm, Peter (Hrsg.): Kritik/von wem/für wen/wie. Eine Selbstdar-
  stellung der Kritik/deutscher Kritiker. München [3]1970. (1968)
Hannover, Schubladentexte Hannover, Heinrich (Hrsg.): Schubladentexte. Die
  geheimen Notstandsverordnungen der Bundesregierung. Berlin 1966. [Ohne
  Untertitel: Frankfurt/M. [3]1966]
Hans/Herms/Thenior, Lyrik-Katalog Hans, Jan/Herms, Uwe/Thenior, Ralf
  (Hrsg.): Lyrik-Katalog Bundesrepublik. Gedichte, Biographien, Statements.
  München 1978
Heer, Institutsreform Verband Deutscher Studentenschaften (vds) (Hrsg.): Insti-
  tutsreform. Modelle studentischer Mitbestimmung. Zusammenstellung u. Ein-
  führung Hannes Heer. Köln 1969
Heidenreich, Gert (Hrsg.): Und es bewegt sich doch … Texte wider die Resigna-
  tion. Ein deutsches Lesebuch. Frankfurt/M. 1981
Heinrichs, Hans-Jürgen (Hrsg.): Abschiedsbriefe an Deutschland. Frankfurt/M. u.
  Paris 1984
Heldenplatz Heldenplatz. Eine Dokumentation. Hrsg. v. Burgtheater Wien, 13. 1.
  1989
Heller, Peter (Hrsg.): Vorträge und Debatten des Freiburger Symposions »Für und
  wider die zeitgenössische Literatur in Europa und Amerika«. Heidelberg 1969
Höllerer/Miller, Literaturstreit Höllerer, Walter u. Miller, Norbert: Der Zürcher
  Literaturstreit. Eine Dokumentation. Und: Beginn einer Krise. Zum Zürcher
  Literaturstreit. In: Sprache im technischen Zeitalter, H. 22 (April/Juni) 1967 u.
  H. 26 (April/Juni) 1968
Jordan/Marquardt/Woesler, Lyrik Jordan, Lothar/Marquardt, Axel/Woesler,
  Winfried (Hrsg.): Lyrik – von allen Seiten. Gedichte und Aufsätze des ersten
  Lyrikertreffens in Münster. Frankfurt/M. 1981
Jordan, Lothar/Marquardt, Axel/Woesler, Winfried (Hrsg.): Lyrik – Blick über
  die Grenzen. Gedichte und Aufsätze des zweiten Lyrikertreffens in Münster.
  Frankfurt/M. 1984

Jordan, Lothar/Marquardt, Axel/Woesler, Winfried (Hrsg.): Lyrik – Erlebnis und Kritik. Gedichte und Aufsätze des dritten und vierten Lyrikertreffens in Münster. Frankfurt/M. 1988

Jung, Jochen (Hrsg.): Deutschland, Deutschland. 47 Schriftsteller aus der BRD und der DDR schreiben über ihr Land. Reinbek 1981 (1979)

Jung, Jochen (Hrsg.): Mein(e) Feind(e). Salzburg, Wien 1982

Jung, Jochen (Hrsg.): Was Kritiker gerne läsen. Salzburg, Wien 1984

Jung, Jochen (Hrsg.): Ich hab im Traum die Schweiz gesehen. Salzburg, Wien 1980

Kässens/Gronius, Theatermacher Kässens, Wend/Gronius, Jörg W.: Theatermacher. Gespräche mit L. Bondy, J. Flimm, H. Heyme, I. Nagel, H. Neuenfels, P. Palitzsch, C. Peymann, F. P. Steckel, G. Tabori, P. Zadek. Königstein/Ts. 1987

Kerbs, Diethart (Hrsg.): Die hedonistische Linke – Beiträge zur Subkultur-Debatte. Neuwied u. Berlin 1970

Khayati, Elend (Khayati, Mustapha): Über das Elend im Studentenmilieu betrachtet unter seinen ökonomischen, politischen, psychologischen, sexuellen und besonders intellektuellen Aspekten und über einige Mittel, ihm abzuhelfen. (Straßburg 1966. Deutsche Übersetzung Berlin 1968). In: Situationistische Internationale: Über das Elend (...). Historisch-kritische Ausgabe. Übersetzt anhand der Originalausgabe (Straßburg 1966) von Pierre Gallissaires. Hamburg 1977 (=Edition Nautilus Flugschrift. 21)

Knilli, Friedrich/Zielinski, Siegfried (Hrsg.): Holocaust zur Unterhaltung. Anatomie eines internationalen Bestsellers. Fakten – Fotos – Forschungsreportagen. Berlin 1982

Knödler-Bunte, Eberhard/Preuss-Lausitz, Ulf/Siebel, Werner (Hrsg.): Normalzustände. Politische Kultur in Deutschland. Lesebuch. Berlin 1978

Koch, Selbstanzeige Koch, Werner (Hrsg.): Selbstanzeige. Schriftsteller im Gespräch. Frankfurt/M. 1971

Kommune 2 Kommune 2. Versuch der Revolutionierung des bürgerlichen Individuums. Kollektives Leben mit politischer Arbeit verbinden! Berlin 1969

Kreuzer/Seibert, Dramaturgie Kreuzer, Helmut/Seibert, Peter (Hrsg.): Deutsche Dramaturgie der Sechziger Jahre. Tübingen 1974

Kurnitzky/Kuhn, Ende Kurnitzky, Horst/Kuhn, Hansmartin (Hrsg.): Das Ende der Utopie. Herbert Marcuse diskutiert mit Studenten und Professoren Westberlins an der Freien Universität Berlin über die Möglichkeiten und Chancen einer politischen Opposition in den Metropolen in Zusammenhang mit den Befreiungsbewegungen in den Ländern der Dritten Welt. Berlin 1967

Kursbuch 89: Blüh im Glanze. Berlin (September) 1987

Laemmle, Grazer Laemmle, Peter/Drews, Jörg (Hrsg.): Wie die Grazer auszogen, die Literatur zu erobern. Texte, Porträts, Analysen und Dokumente junger österreichischer Autoren. München 1979

Laemmle, Realismus Laemmle, Peter (Hrsg.): Realismus – welcher? 16 Autoren auf der Suche nach einem literarischen Begriff. München 1976

Landes, Brigitte/Laube, Horst (Hrsg.): Theaterbuch. München, Wien 1978

Langhans/Teufel, Klau mich Langhans, Rainer/Teufel, Fritz: Klau mich. StPO der Kommune I. o. O. o. J. (=Frankfurt/M. 1968) [nicht paginiert]

BIBLIOGRAPHIE: QUELLENSAMMLUNGEN   817

Larsson, Demonstrationen Larsson, Bernard: Demonstrationen. Ein Berliner Modell. Fotos. Berlin 1967 (= Voltaire Flugschriften. 10)

Lattmann, Dieter (Hrsg.): Einigkeit der Einzelgänger. Dokumentation des 1. Schriftstellerkongresses des Verbandes deutscher Schriftsteller. München 1971

Lattmann, Dieter (Hrsg.): Entwicklungsland Kultur. Dokumentation des 2. Schriftstellerkongresses des Verbandes deutscher Schriftsteller. München 1973

Laube/Loschütz, Schauspiel Frankfurt Laube, Horst/Loschütz, Gert (Hrsg.): War da was? Theaterarbeit und Mitbestimmung am Schauspiel Frankfurt 1972–1980. Frankfurt/M. 1980

Leibfried, Untertanenfabrik Leibfried, Stephan (Hrsg.): Wider die Untertanenfabrik. Handbuch zur Demokratisierung der Hochschule. Köln 1967

Lettau, Gruppe 47 Lettau, Reinhard (Hrsg.): Die Gruppe 47. Bericht. Kritik. Polemik. Ein Handbuch. Neuwied, Berlin 1967

Lichtenstein, Kontroverse Lichtenstein, Heiner (Hrsg.): Die Fassbinder-Kontroverse oder Das Ende der Schonzeit. Königstein/Ts. 1986

Linder, Christian: Schreiben und Leben. Gespräche mit J. Becker, P. Handke, W. Kempowski, W. Koeppen, G. Wallraff, D. Wellershoff. Köln 1974

Linkeck Halbach, Robert (Hrsg.): Linkeck 1–10 (Februar 1968–April [?] 1970). Reprint Berlin 1987

Literatur Deutsche Literatur (1981 ff.). Ein Jahresüberblick. Hrsg. v. Volker Hage in Zusammenarbeit mit Adolf Finke. Stuttgart 1982 ff.

Literatur und Erfahrung (Zs. f. literar. Sozialisation): Faszination des Faschismus. H. 6, Berlin 1981

Literaturmagazin Literaturmagazin. Bd. 1–14 (1973–1981), [unterschiedliche Herausgeber]. Bd. 15 ff., hrsg. v. Martin Lüdke u. Delf Schmidt. Reinbek 1985 ff.

1 (:) Für eine neue Literatur – gegen den spätbürgerlichen Literaturbetrieb. Hrsg. v. Hans Christoph Buch. Reinbek 1973

2 (:) Von Goethe lernen? Fragen der Klassikerrezeption. Hrsg. v. Hans Christoph Buch. Reinbek 1974

3 (:) »Die Phantasie an die Macht«. Literatur als Utopie. Hrsg. v. Nicolas Born. Reinbek 1975

4 (:) Die Literatur nach dem Tod der Literatur. Hrsg. v. Hans Christoph Buch. Reinbek 1975

6 (:) Die Literatur und die Wissenschaften. Hrsg. v. Nicolas Born und Heinz Schlaffer. Reinbek 1976

9 (:) Der neue Irrationalismus. Hrsg. v. Nicolas Born, Jürgen Manthey und Delf Schmidt. Reinbek 1978

11 (:) Schreiben oder Literatur. Hrsg. v. Nicolas Born, Jürgen Manthey und Delf Schmidt. Reinbek 1979

14 (:) Die Literatur blüht im Tal. Hrsg. v. Günter Kunert, Jürgen Manthey und Delf Schmidt. Reinbek 1981

15 (:) Die Aufwertung der Peripherie. Reinbek 1985

17 (:) Wer mir der liebste Dichter sei? – Der neudeutsche Literaturstreit. Reinbek 1986

19 (:) Warum sie schreiben wie sie schreiben. Reinbek 1987

Lodemann, Jürgen (Hrsg.): Die besten Bücher der ›Bestenliste‹ des SWF-Literaturmagazins. (Dokumentation). Frankfurt/M. 1981

Lüdke, Umbruch Lüdke, W. Martin (Hrsg.): Nach dem Protest. Literatur im Umbruch. Frankfurt/M. 1979

Mager, Friedrich/Spinnarke, Ulrich: Was wollen die Studenten? Frankfurt/M. 1967

Mainusch, Herbert (Hrsg.): Regie und Interpretation. Gespräche mit A. Benning, P. Brook, D. Dorn, A. Dresen, B. Gobert, H. Hollmann, T. Mouzenedis, H. R. Müller, C. Peymann, P. Stein, G. Strehler. München ²1989

Matthaei, Grenzverschiebung Matthaei, Renate (Hrsg.): Grenzverschiebung. Neue Tendenzen in der deutschen Literatur der 60er Jahre. Köln 1970

Mechtel, Angelika: Alte Schriftsteller in der Bundesrepublik. Gespräche und Dokumente. München 1972

Melzer, Deutsche Melzer, Abraham (Hrsg.): Deutsche und Juden. Ein unlösbares Problem. Reden zum Jüdischen Weltkongreß 1966. Düsseldorf 1966

Miermeister/Staadt, Provokationen Miermeister, Jürgen/Staadt, Jochen (Hrsg.): Provokationen. Die Studenten- und Jugendrevolte in ihren Flugblättern 1965–1971. Darmstadt u. Neuwied 1980

Modick, Klaus (Hrsg.): Traumtanz. Ein berauschendes Lesebuch. Reinbek 1986

Müller, Hans-Joachim (Hrsg.): Butzbacher Autorenbefragung. Briefe zur Deutschstunde. München 1973

Müller, Hans Reinhard u. a. (Hrsg.): Theater für München. Ein Arbeitsbuch der Kammerspiele 1973–1983. München 1983

Mündemann, 68er Mündemann, Tobias (Hrsg.): Die 68er . . . und was aus ihnen geworden ist. München 1988

[*Organisationsdebatte im SDS*] (Organisationsdebatte im Sozialistischen Deutschen Studentenbund vor der Studentenbewegung. Reprint ca. 1970) o. O., o. J. (Beiträge von D. Rave, M. Vester, M. Liebel, T. v. d Vring, F. Lamm, R. Hoffmann, E. Lenk, O. Negt, H. Schauer, M. Mauke, W. Lefevre, F. Deppe, K. Steinhaus)

[*Organisationsdebatte II*] Neuorientierung. Neuorganisierung zur zweiten Organisationsdebatte in der BRD. Frankfurt/M. 1976 (= Arndthefte 1). (Beiträge von M. Scharrer, R. Wolff, P. Brückner, H. Brandt, R. Dutschke, C. Ströbele, J. Agnoli, J. Steffen, A. Buro, W. Scherer, E. Knapp, F. Lamm, R. Bünemann und Mario, U. K. Preuß, U. Schmiederer, H. Schliemann, C. Kuls, T. Schmid, A. Demirovic, A. K. Jonas, S. O. Ludwig, O. Negt, O. Poppinga, U. Zuper, K. Vack)

Ortmann, Manfred (Hrsg.): Spectaculum. Deutsches Theater 1945–1975. Frankfurt/M. 1985

Osterle, Bilder Osterle, Heinz D.: Bilder von Amerika. Gespräche mit deutschen Schriftstellern. Münster 1987

Otto, APO Otto, Karl A.: APO. Außerparlamentarische Opposition in Quellen und Dokumenten (1960–1970). Köln 1989

BIBLIOGRAPHIE: QUELLENSAMMLUNGEN 819

PoLiKunst, Lachen PoLiKunst (Hrsg.): Lachen aus dem Ghetto. Katzenelnbogen 1985

Prinzler, Augenzeugen Prinzler, Hans Helmut/Pentschler, Eric: Augenzeugen. 100 Texte neuer deutscher Filmemacher. Frankfurt/M. 1988

Pulver, Zwischenzeilen Pulver, Elsbeth (Hrsg.): Zwischenzeilen. Schriftstellerinnen der deutschen Schweiz. Bern 1985

Rarisch, Almanach Rarisch, Klaus M. (Hrsg.): Ultimistischer Almanach. Köln 1965

Riedler, Rudolf (Hrsg.): Die Pausen zwischen den Worten. Dichter über ihre Gedichte. München 1986

Rischbieter, Umbruch Rischbieter, Henning (Hrsg.): Theater im Umbruch. Eine Dokumentation aus ›Theater heute‹. München 1970

Roeder, Autorinnen Roeder, Anke (Hrsg.): Autorinnen. Herausforderungen an das Theater. Frankfurt/M. 1989

Röderberg, Denkzettel Röderberg-Verlag: Denkzettel. Politische Lyrik aus den sechziger Jahren der BRD und Westberlin. Hrsg. v. Annie Voigtländer u. Hubert Witt. Frankfurt/M. 1977

de le Roi, Jemand de le Roi, Rudolf (Hrsg.): Jemand der schreibt. 57 Aussagen. München 1972

Rudolph, Ekkehard: Aussage zur Person. Zwölf deutsche Schriftsteller im Gespräch mit Ekkehard Rudolph. Tübingen u. Basel 1977

Rudolph, Ekkehard (Hrsg.): Protokoll zur Person. Autoren über sich und ihr Werk. München 1971

Ruetz, Typen Ruetz, Michael: »Ihr müßt diesen Typen nur ins Gesicht sehen« (Klaus Schütz, SPD). APO Berlin 1966–1969. Texte v. Tilman Fichter u. Siegward Lönnendonker. Frankfurt/M. 1980

Russell-Tribunal, Jury (Hrsg.): 3. Internationales Russell-Tribunal. Zur Situation der Menschenrechte in der Bundesrepublik Deutschland. Berlin 1978 f. Bd. 3: Zensur. Berlin 1979

Salis, Motive Salis, Richard: Motive. Deutsche Autoren zur Frage: Warum schreiben Sie? Mit e. Vorwort v. Walter Jens. Tübingen, Basel 1971

Schaffernicht, Fremde Schaffernicht, Christian (Hrsg.): Zu Hause in der Fremde. Ein bundesdeutsches Ausländer-Lesebuch. Fischerhude 1981

Schauer, Notstand Schauer, Helmut (Hrsg.): Notstand der Demokratie. Referate, Diskussionsbeiträge und Materialien vom Kongreß am 30. Oktober 1966 in Frankfurt am Main. Frankfurt/M. ²1967

Schmid-Cadalbert/Traber, gredt u gschribe Schmid-Cadalbert, Christian/Traber, Barbara (Hrsg.): gredt u gschribe. Aarau 1987

Schoeller, nach Adorno Schoeller, Wilfried F. (Hrsg.): Die neue Linke nach Adorno. Mit Beiträgen von J. Agnoli, A. Bergmann, F. Böckelmann, K. Boehmer, H. Brenner, P. Brückner, H. L. Fertl, O. F. Gmelin, H. H. Holz, H. Lück, H. N. Schmidt, O. K. Werckmeister und einer Erklärung der Frankfurter Schüler. München 1969

Schöning, Essays Schöning, Klaus (Hrsg.): Neues Hörspiel. Essays, Analysen, Gespräche. Frankfurt/M. 1970

820 ANHANG

Schöning, O-Ton Schöning, Klaus (Hrsg.): Neues Hörspiel O-Ton. Der Konsument als Produzent. Versuche. Arbeitsbericht. Frankfurt/M. 1974

Schöning, Texte Schöning, Klaus (Hrsg.): Neues Hörspiel. Texte Partituren. Frankfurt/M. 1969

Schultz, Judentum Schultz, Hans Jürgen (Hrsg.): Mein Judentum. München 1986. (Sendereihe des Süddeutschen Rundfunks 1978)

Schutte, Dichter Schutte, Jürgen (Hrsg.): Dichter und Richter. Die Gruppe 47 und die deutsche Nachkriegsliteratur. Berlin 1988 (= Ausstellungskatalog 28.10.–7.12. 1988)

Schwerbrock, Wolfgang: Proteste der Jugend. Schüler, Studenten und ihre Presse. Dokumentation: Peter Bosch. Düsseldorf/Wien 1968

SDS Westberlin, Vietnam-Kongreß SDS Westberlin (Hrsg.): Internationaler Vietnam-Kongreß. Februar 1968 Westberlin. Der Kampf des vietnamesischen Volkes und die Globalstrategie des Imperialismus. Redaktion: Sibylle Plogstedt. Berlin 1968

Simmerding/Schmidt, Werkstatt Simmerding, Gertrud/Schmid, Christof: Literarische Werkstatt. Interviews mit: Dürrenmatt, Dorst, Zadek, Handke, Nossack, Heißenbüttel, Grass, Wohmann, Bichsel, Johnson. München 1977

Situationistische Internationale Situationistische Internationale. Gesammelte Ausgaben des Organs der Situationistischen Internationale. Deutsche Erstausgabe. Übers. v. Pierre Gallissaires, bearbeitet v. Hanna Mittelstädt. 2 Bde. Hamburg 1977 (= Edition Nautilus)

Sonnemann, Ulrich (Hrsg.): Der mißhandelte Rechtsstaat in Erfahrung und Urteil bundesdeutscher Schriftsteller, Rechtsanwälte und Richter. Köln 1977

Spielräume Spielräume – Arbeitsergebnisse Theater Bremen. Hrsg. v. Theater Bremen 1973

Springer, Studenten Springer, Verlagshaus Axel: Studenten und Presse in Berlin. Eine Untersuchung der Berichterstattung in Zeitungen und Zeitschriften über die Unruhen in Berlin am Freitag, dem 2. Juni 1967, und deren Hintergründe. Berlin 1967

Stempel, Kino Stempel, Hans/Ripkens, Martin (Hrsg.): Das Kino im Kopf. Eine Anthologie. Zürich 1984

Szondi, Freie Universität Szondi, Peter: Über eine »Freie (d.i. freie) Universität«. Stellungnahmen eines Philologen. Aus dem Nachlaß hrsg. v. Jean Bollack u.a. Frankfurt/M. 1973

Theaterautorinnen Fürs Theater Schreiben. Über zeitgenössische deutschsprachige Theaterautorinnen. Schreiben Nr. 29/30. Bremen 1986

Tintenfisch Tintenfisch. Jahrbuch für Literatur. Hrsg. v. Michael Krüger und Klaus Wagenbach. Bd. 1-20. Berlin 1968–1987

Tragelehn, Theaterarbeiten Tragelehn, B.K.: Theaterarbeiten. Shakespeare/Moliere. Übersetzungen und Inszenierungen. Mit drei Übersetzungen von Heiner Müller. Hrsg. v. Theo Girshausen. Berlin 1988

Voltaire-Verlag, Grass Grass, Günter: Der Fall Axel C. Springer am Beispiel Arnold Zweig. Hrsg. v. Voltaire-Verlag in Verbindung mit dem Luchterhand Verlag. Berlin 1967 (= Voltaire Flugschriften. 15)

BIBLIOGRAPHIE: UNTERSUCHUNGEN   821

Wagenbach u. a., Vaterland Wagenbach, Klaus/Krüger, Michael/Stephan, Winfried (Hrsg.): Vaterland, Muttersprache. Deutsche Schriftsteller und ihr Staat von 1945 bis heute. Berlin 1980

Walther, J. Monika (Hrsg.): Diese Alltage überleben. Lesebuch 1945–1984. Münster 1982

Wandrey, Uwe (Hrsg.): Kein schöner Land? Deutschsprachige Autoren zur Lage der Nation. Reinbek 1979

Werner, Andreas (Hrsg.): Fischer Almanach der Literaturkritik 1978/79–1980/81. 3 Bde. Frankfurt/M. 1980–1981

Winkler, Hans Joachim (Hrsg.): Das Establishment antwortet der APO. Eine Dokumentation. In Zusammenarbeit mit Helmut Bilstein. Opladen 1968

Wir kommen. Literatur aus der Studentenbewegung. Redaktion: Franz Hutzfeldt. München 1976

Wolff/Windaus, Studentenbewegung Wolff, Frank/Windaus, Eberhard (Hrsg.): Studentenbewegung 1967–69 [Filmbuch]. Protokolle und Materialien. Frankfurt/M. 1977

Zoller, Streik Zoller, P. M. (Hrsg.): Aktiver Streik. Dokumentation zu einem Jahr Hochschulpolitik am Beispiel der Universität Frankfurt am Main. Darmstadt 1969

Zweite Berliner Begegnung: Den Frieden erklären. Protokolle des zweiten Schriftstellertreffens am 22./23. April 1983. Darmstadt 1983

V. Untersuchungen

Ackermann/Weinrich, ›Ausländerliteratur‹ Ackermann, Irmgard/Weinrich, Harald (Hrsg.): Eine nicht nur deutsche Literatur. Zur Standortbestimmung der ›Ausländerliteratur‹. München 1986

Adler/Schrimpf, Struck Adler, Hans/Schrimpf, Hans Joachim (Hrsg.): Karin Struck. Frankfurt/M. 1984

Albersmeier, Bild Albersmeier, Franz-Josef: Bild und Text. Beiträge zu Film und Literatur (1976-1982). Frankfurt/M. u. Bern 1983

Albersmeier/Roloff, Literaturverfilmungen Albersmeier, Franz-Josef/Roloff, Volker (Hrsg.): Literaturverfilmungen. Frankfurt/M. 1989

Alberts, Arbeiteröffentlichkeit Alberts, Jürgen: Arbeiteröffentlichkeit und Literatur. Zur Theorie des Werkkreises Literatur der Arbeitswelt. Hamburg 1977

alternative 124: Indula oder »Die Zeiten werden härter«. Neuere deutsche Sprachstrategien. Berlin 1979

Andersch, Cicindelen Andersch, Alfred: Cicindelen und Wörter. Ernst Jünger ›Subtile Jagden‹. In: A. A.: Norden Süden rechts und links. Von Reisen und Büchern 1951-1971. Zürich 1972, 322-326

Anz, Subjektivität Anz, Tomas: Neue Subjektivität. In: Borchmeyer, Dieter/Žmegač, Viktor (Hrsg.): Moderne Literatur in Grundbegriffen. Frankfurt/M. 1987, 283-286

822 ANHANG

Arnold, Gruppe 61 Arnold, Heinz Ludwig (Hrsg.): Gruppe 61. Arbeiterliteratur –
Literatur der Arbeitswelt? Stuttgart, München, Hannover 1971

Arnold, Literaturbetrieb Arnold, Heinz Ludwig: Literaturbetrieb in der Bundesrepublik Deutschland. Ein kritisches Handbuch. 2., völlig veränderte Aufl.
München 1981

Arnold, Heinz Ludwig (Hrsg.): Über Literaturkritik. München 1988
(= Text + Kritik. 100)

Arnold, Heinz Ludwig/Reinhardt, Stephan (Hrsg.): Dokumentarliteratur. München 1973

Arnold-Dielewicz, Ilsabe Dagmar/Arnold, Heinz Ludwig (Hrsg.): Arbeiterliteratur
in der Bundesrepublik Deutschland – Gruppe 61 und Werkkreis Literatur der
Arbeitswelt. Stuttgart 1975

Aust, Baader-Meinhof Aust, Stefan: Der Baader-Meinhof-Komplex. Hamburg
1985

Bachmann, Probleme Bachmann, Ingeborg: Frankfurter Vorlesungen. Probleme
zeitgenössischer Dichtung. München 1980 (Auch in: Ingeborg Bachmann:
Werke. Hrsg. v. Christine Koschel, Inge von Weidenbaum, Clemens Münster.
Bd. 4. München 1978, 182-271)

Bachmann, Sonderband Arnold, Heinz Ludwig (Hrsg.): Ingeborg Bachmann.
München 1984 (= Text + Kritik Sonderband)

Bäumer, Autor Bäumer, Rolf: Autor. In: Borchmeyer, Dieter/Žmegač, Viktor
(Hrsg.): Moderne Literatur in Grundbegriffen. Frankfurt/M. 1987, 29-37

Baier, Gleichheitszeichen Baier, Lothar: Gleichheitszeichen. Streitschriften über
Identität und Abweichung. Berlin 1985

Baier, Putschismus Baier, Lothar: Kinder, seid doch einmal realistisch! Über den
Putschismus in der Literatur. In: *Laemmle, Realismus,* 117-126

Baier, Wolf Baier, Lothar (Hrsg.): Über Ror Wolf. Frankfurt/M. 1972

Baier u. a., Früchte Baier, Lothar u. a.: Die Früchte der Revolution. Über die Veränderung der politischen Kultur durch die Studentenbewegung. Berlin 1988

Bartsch, Kurt/Goltschnigg, Dietmar/Melzer, Gerhard (Hrsg.): Für und wider eine
österreichische Literatur. Königstein/Ts. 1982

Batt, Exekution Batt, Kurt: Die Exekution des Erzählers. Frankfurt/M. 1974
(Auch in: K. B.: Revolte intern. München 1975)

Bauer, Karl W./Hengst, Heinz: Zur Entwicklung der linken Kinderliteratur-For-
schung seit der Protestbewegung. In: Jb. f. Int. Germanistik 12, 1980, 32-47

Baumgart, Aussichten Baumgart, Reinhard: Aussichten des Romans oder Hat die
Literatur Zukunft? Frankfurter Vorlesungen. Neuwied/Berlin 1968

Baumgart, Leben Baumgart, Reinhard: Das Leben – kein Traum? Vom Nutzen
und Nachteil einer autobiographischen Literatur. In: *Heckmann, Leben,* 8-28

Baumgart, Phantasie Baumgart, Reinhard: Die verdrängte Phantasie. 20 Essays
über Kunst und Gesellschaft. Darmstadt u. Neuwied 1973

Bausinger, Ausländer Bausinger, Hermann (Hrsg.): Ausländer-Inländer. Arbeits-
migration und kulturelle Identität. Tübingen 1986

Bauß, Studentenbewegung Bauß, Gerhard: Die Studentenbewegung der sechziger
Jahre in der Bundesrepublik und Westberlin. Handbuch. Köln 1977

BIBLIOGRAPHIE: UNTERSUCHUNGEN   823

Bayerdörfer, Raumproportionen Bayerdörfer, Hans-Peter: Raumproportionen. Versuch einer gattungsgeschichtlichen Spurensicherung in der Dramatik von Botho Strauß. In: *Kurz, Studien*, 31-68.

Becker, Voyeur Becker, Peter von: Der überraschte Voyeur. Theater der Gegenwart. München, Wien 1982

Becker/Lettau, (Selbstanzeige) Jürgen Becker/Reinhard Lettau [im Gespräch]. In: *Koch, Selbstanzeige*, 77-88

Beckermann, Ruth: Unzugehoerig. Oesterreicher und Juden nach 1945. Wien 1989

Beckermann, Thomas: Auf der Suche nach dem Glück, allein oder mit anderen. Tendenzen der deutschsprachigen Prosa nach den 60er Jahren. In: Doitsu Bungaku. Tokio 1976

Beckermann/Canaris, Hölderlin Beckermann, Thomas/Canaris, Volker (Hrsg.): Der andere Hölderlin. Materialien zum »Hölderlin«-Stück von Peter Weiss. Frankfurt/M. 1972

Bekes, Fichte Bekes, Peter: Hubert Fichte. In: *Arnold, KLG*

Bender/Krüger, Gedicht Bender, Hans/Krüger, Michael (Hrsg.): Was alles hat Platz in einem Gedicht? Aufsätze zur deutschen Lyrik seit 1965. München 1977

Berg, Massenkommunikation II Berg, Klaus/Kiefer, Marie-Luise: Massenkommunikation II. Eine Langzeitstudie zur Mediennutzung und Medienbewertung 1964-1980. Frankfurt/M. 1982

Bernhard, Hans Joachim: Die Literatur der BRD am Beginn der achtziger Jahre. Probleme, Tendenzen, Schreibweisen. In: Weimarer Beiträge 30, 1984, 1808-1829

Bertaux, Daniel/Bertaux-Wiame, Isabelle: Autobiographische Erinnerung und kollektives Gedächtnis. In: *Niethammer, Lebenserfahrung*

Best, Alan/Wolfschütz, Hans (Hrsg.): Modern Austrian Writing. Literature and society after 1945. London 1980

Bichsel, Geschichte Bichsel, Peter: Die Geschichte soll auf dem Papier geschehn. In: Akzente 5, 1968, 406-411

Bienek, Ende Bienek, Horst: Am Ende eines Lyrischen Jahrzehnts? Unorthodoxe Gedanken zum ›Langen Gedicht‹. In: Akzente 5, 1966, 490-495

Blamberger, Gedicht Blamberger, Günter: Ein Gedicht, bitte – Zur Alltagslyrik der siebziger Jahre. In: Wentzlaff-Eggebert, Harald (Hrsg.): Die Legitimation der Alltagssprache in der modernen Lyrik. Erlangen 1984, 185-205

Bock, Radikalismus Bock, Hans Manfred: Geschichte des linken Radikalismus in Deutschland. Ein Versuch. Frankfurt/M. 1976

Böhler, Eigenes Böhler, Michael: Deutsche Literatur im kulturellen Spannungsfeld von Eigenem und Fremdem in der Schweiz. In: Wierlacher, Alois (Hrsg.): Das Fremde und das Eigene. Prolegomena zu einer interkulturellen Germanistik. München 1985, 234-261

Böhm-Christl, Kluge Böhm-Christl, Thomas (Hrsg.): Alexander Kluge. Frankfurt/M. 1983

Boehncke/Humburg, Schreiben Boehncke, Heiner/Humburg, Jürgen (Hrsg.): Schreiben kann jeder. Handbuch zur Schreibpraxis für Vorschule, Schule, Universität, Beruf und Freizeit. Reinbek 1980

Böni, Literatur Böni, Otto u. a. (Hrsg.): Literatur geht nach Brot. Aarau 1987

Börsenblatt, Zeitschriften Börselblatt für den dt. Buchhandel 1988. Sondernummer Zeitschriften. Frankfurt/M. 1988

Börsenverein des Deutschen Buchhandels (Hrsg.): Buch und Buchhandel in Zahlen. Ausgabe 1969. (Zusammenstellung und Bearbeitung Dr. Horst Machill). Frankfurt/M. 1969

Bohn, Volker: Zum Hinscheiden der These vom Tod der Literatur. In: *Lüdke, Umbruch,* 241-267

Bohrer, Ästhetik Bohrer, Karl-Heinz: Die Ästhetik des Schreckens. Die pessimistische Romantik und Ernst Jüngers Frühwerk. München, Wien 1978

Bohrer, Phantasie Bohrer, Karl-Heinz: Die gefährdete Phantasie oder Surrealismus und Terror. München 1970

Bohrer, Revolution Bohrer, Karl-Heinz: Die Revolution als Metapher. In: Merkur 239, 1986, 283-288 (Auch in: *Bohrer, Phantasie*)

Bopp, Streitschriften Bopp, Jörg: Vor uns die Sintflut! Streitschriften zur Jugend- und Psychoszene. Reinbek 1985

Bormann, Lyrik Bormann, Alexander von: Politische Lyrik in den sechziger Jahren: Vom Protest zur Agitation. In: Durzak, Manfred (Hrsg.): Die deutsche Literatur der Gegenwart. Stuttgart 1971, 175-196

Bormann, Alexander von: Streitobjekt Alltagslyrik – noch aktuell? In: Frankfurter Rundschau, 3. 1. 1981

Bovenschen, Frage Bovenschen, Silvia: Über die Frage: Gibt es eine weibliche Ästhetik? In: Frauen/Kunst/Kulturgeschichte. Ästhetik und Kommunikation 25, 1976, 60-75

Bovenschen, Silvia: Die imaginierte Weiblichkeit. Exemplarische Untersuchungen zu kulturgeschichtlichen und literarischen Präsentationsformen des Weiblichen. Frankfurt/M. 1979

Braatz, Ilse: Zu zweit allein – oder mehr? Liebe und Gesellschaft in der modernen Literatur. Münster 1980

Braun, Augenblick Braun, Michael: Der poetische Augenblick. Essays zur Gegenwartsliteratur. Berlin 1986

Braun, Michael: Eklektizismus und Montagekunst. Das ›Posthistoire‹ in der Lyrik. In: Sprache im technischen Zeitalter 98, 1986, 91-106

von Braun, Christina: Die schamlose Schönheit des Vergangenen. Zum Verhältnis von Geschlecht und Geschichte. Frankfurt/M. 1989

Brede, Werner: Gefühlstheorien und Theoriegefühle. In: Merkur 404, 1982, 201-204

Brenner, Sachwalter Brenner, Hildegard: Theodor W. Adorno als Sachwalter des Benjaminschen Werkes. In: *Schoeller, nach Adorno,* 158 ff.

Breuer, Dieter (Hrsg.): Deutsche Lyrik nach 1945. Frankfurt/M. 1988

Briegleb, Debatten Briegleb, Klaus: »1968«. Debatten im logischen Raum. Ein Versuch. In: *Briegleb, NS-Faschismus,* 316 ff.

Briegleb, Fahndung Briegleb, Klaus: Literatur und Fahndung. 1978 – Ein Jahr Literaturwissenschaft konkret. Aufzeichnungen. München, Wien 1979

Briegleb, Fragment Briegleb, Klaus: Fragment über ›Politische Lyrik‹. In: *Politische Lyrik, Text + Kritik*, 1-33. (Auch in: *Briegleb, NS-Faschismus*)

Briegleb, Literatur Briegleb, Klaus: 1968. Literatur in der antiautoritären Bewegung. Frankfurt/M. 1992

Briegleb, NS-Faschismus Briegleb, Klaus: Unmittelbar zur Epoche des NS-Faschismus. Arbeiten zur politischen Philologie 1978-1988. Frankfurt/M. 1989

Brinkmann, Text + Kritik Arnold, Heinz Ludwig (Hrsg.): Rolf Dieter Brinkmann. München 1981 (= Text + Kritik. 71)

Bronsen, Autobiographie Bronsen, David: Autobiographien der siebziger Jahre: Berühmte Schriftsteller befragen ihre Vergangenheit. In: *Lützeler/Schwarz, Literatur*, 202-214

Bruckner, Schluchzen Bruckner, Pascal: Das Schluchzen des weißen Mannes. Europa und die dritte Welt – eine Polemik (1983). Berlin 1984

Brunkhorst, Verschwinden Brunkhorst, Hauke: Das Verschwinden der Sozialwissenschaften aus dem ›geistigen Leben‹. In: *Literaturmagazin* 15, 69-81

Buch, Funktion Buch, Hans-Christoph: Von der möglichen Funktion der Literatur. Eine Art Metakritik. In: Kursbuch 20, 1970, 42-52

Buch, Hervortreten Buch, Hans-Christoph: Das Hervortreten des Ichs aus den Wörtern. Aufsätze zur Literatur. München/Wien 1978

Buch, Postscriptum Buch, Hans-Christoph: Postscriptum. Über Dokumentarliteratur und sozialistischen Realismus. In: *Buch, Wälder*, 85-88

Buch, Wälder Buch, Hans-Christoph: Kritische Wälder. Essays Kritiken Glossen. Reinbek 1972

Buch, Waldspaziergang Buch, Hans-Christoph: Waldspaziergang. Unpolitische Betrachtungen zu Literatur und Politik. Frankfurt/M. 1987

Buddecke, Wolfram/Fuhrmann, Helmut: Das deutschsprachige Drama seit 1945. Schweiz. Bundesrepublik. Österreich. DDR. Kommentar zu einer Epoche. München 1981

Bürger, Postmoderne Bürger, Christa und Peter (Hrsg.): Postmoderne. Alltag, Allegorie und Avantgarde. Frankfurt/M. 1987

Bürger, Alltag Bürger, Peter: Der Alltag, die Allegorie und die Avantgarde. In: Merkur 454, 1986, 1016-1028

Bürger, Avantgarde Bürger, Peter: Theorie der Avantgarde. Frankfurt/M. 1974

Buggert, Literatur Buggert, Christoph: Verkabelte Literatur? Die Chancen des Hörspiels in der zukünftigen Medienlandschaft. In: Thomsen, Christian W./Schneider, Irmela: Grundzüge der Geschichte des europäischen Hörspiels. Darmstadt 1985, 217-220

Burckhardt, Isabel u. a.: Theaterregisseure aus der DDR. Gosch – Langhoff – Tragelehn. Berlin 1988

Burkhard, Enge Burkhard, Marianne: Diskurs in der Enge. Ein Beitrag zur Phänomenologie der Schweizer Literatur. In: Schöne, Albrecht (Hrsg.): Kontroversen, alte und neue. Akten des VII. IGK, Bd. 10. Tübingen 1986, 52-62

Burkhard, Marianne (Hrsg.): Gestaltet und gestaltend. Frauen in der deutschen Literatur. Amsterdam 1980 (= Amsterdamer Beiträge zur neueren Germanistik. 10)

Buselmeier, Poesie Buselmeier, Michael: Poesie und Politik. Anmerkungen zur Lyrik der 70er und 80er Jahre. In: *Politische Lyrik, Text + Kritik,* 55-60

Buselmeier, Versuch Buselmeier, Michael: Das alltägliche Leben. Versuch über die Alltagslyrik. In: Neue deutsche Lyrik. Hrsg. v. Arbeitskreis Linker Germanisten. Heidelberg 1977, 4-34

Calandra, Denis: New German Dramatists. A Study of Peter Handke, Franz Xaver Kroetz, Rainer Werner Fassbinder, Heiner Müller, Thomas Brasch, Thomas Bernhard and Botho Strauß. London u. Basingstoke 1983

Canaris, Zadek Canaris, Volker: Der Theatermann und Filmemacher Peter Zadek. München, Wien 1979

Chiellino, Literatur Chiellino, Gino: Literatur und Identität in der Fremde. Zur Literatur italienischer Autoren in der Bundesrepublik. Kiel 1989

Clausen, Vita Nova Clausen, Bettina: Ideomotorische Vita Nova. Arbeit, Technik und das Paradies in Romanen Eckhard Henscheids. In: Segeberg, Harro (Hrsg.): Technik in der Literatur. Ein Forschungsüberblick und zwölf Aufsätze. Frankfurt/M. 1987, 483-512

Claussen, Auschwitz Claussen, Detlev: Auschwitz erinnern. In: D. C.: Grenzen der Aufklärung. Zur gesellschaftlichen Geschichte des modernen Antisemitismus. Frankfurt/M. 1987

Cöster, Werbung Cöster, Oskar: Ad'Age – der Himmel auf Erden. Eine Theodizee der Werbung. Hamburg 1990

Corrigan, Timothy: New German Film. The Displaced Image. Austin 1983

Crosby, Goethes ›Tasso‹ Crosby, Donald H.: Goethes ›Tasso‹, inszeniert von Peter Stein. In: Wittkowski, Wolfgang (Hrsg.): Goethe im Kontext. Kunst und Humanität, Naturwissenschaft und Politik von der Aufklärung bis zur Restauration. Tübingen 1984, 136-143 (Diskussion 144-147)

Crosby, Schiller Crosby, Donald H.: The Fragmented Schiller: ›Welttheater‹ or ›Regietheater‹? In: Wittkowski, Wolfgang (Hrsg.): Friedrich Schiller. Kunst, Humanität und Politik in der späten Aufklärung. Ein Symposium. Tübingen 1982, 341–350 (Diskussion 359-364)

Cultural Critique Cultural Critique, Nr. 7, Fall 1987: The Nature and Context of Minority Discourse II

Dahrendorf, Lesebuch Dahrendorf, Malte: Das Lesebuch als Antwort auf eine konkrete gesellschaftliche Situation. In: Geiger, Heinz (Hrsg.): Lesebuchdiskussion 1970-1975. München 1977, 171-208

Daum, Thomas: Ghetto, Sprungbrett, Basis: Zum Selbstverständnis der Alternativpresse seit 1968. Hamburg u. München 1975

Daviau, Donald G./Zeman, Herbert (Hrsg.): Modern Austrian Literature. Sonderheft. Metamorphosen des Erzählens: Zeitgenössische österreichische Prosa. Vol. 13, 1, 1980

Dean, Lebensformen Dean, Martin R.: Gezoomte Lebensformen. Erzählungen und Essays von Martin Roda Becher. In: Frankfurter Rundschau, 21. 4. 1984

Denkler, Langer Marsch Denkler, Horst: Langer Marsch und kurzer Prozeß. In: Paulsen, Wolfgang (Hrsg.): Der deutsche Roman und seine historischen und politischen Bedingungen. Bern u. München 1977, 124-146

BIBLIOGRAPHIE: UNTERSUCHUNGEN 827

Dessai, Elisabeth: Hat der Mann versagt? Streitschrift für eine weiblichere Gesellschaft. Reinbek 1972

Diner, Symbiose Diner, Dan: Negative Symbiose. Deutsche und Juden nach Auschwitz. Erstmals in: Babylon. Beiträge zur jüdischen Gegenwart. 1/1986, 9 ff. Erw. Fassung in: D. D. (Hrsg.): Ist der Nationalsozialismus Geschichte? Zur Historisierung und Historikerstreit. Frankfurt/M. 1987, 185 ff.

Diner, Zivilisationsbruch Diner, Dan (Hrsg.): Zivilisationsbruch. Denken nach Auschwitz. Frankfurt/M. 1988

Discourse. Berkeley Journal for Theoretical Studies in Media and Culture. 6/Fall 1983 (Sondernummer zum neuen deutschen Film)

Dittberner, Tendenz Dittberner, Hugo: Die autobiographische Tendenz. In: Literarische Hefte 13, 1976, 69-71

Dittberner, Hugo: Unterwegs mit den Leuten. Einige Überlegungen zu neuen Tendenzen in unserer Lyrik. In: Frankfurter Rundschau, 20. 9. 1975

Dölling, Literatur Dölling, Fritz Peter: Literatur und Alltagserfahrung. Die Lesegruppe in der Literaturpost. Frankfurt/M., Bern, New York 1985

Dost, Michael/Hopf, Florian/Kluge, Alexander: Filmwirtschaft in der Bundesrepublik Deutschland und in Europa. Götterdämmerung in Raten. München 1973

Drews, Achternbusch Drews, Jörg (Hrsg.): Herbert Achternbusch. Frankfurt/M. 1982

Drews, Jörg: Die Entwicklung der westdeutschen Literaturkritik seit 1965. In: *Lützeler/Schwarz, Literatur*, 258-269

Drews, Jörg: Über einen neuerdings in der Literatur erhobenen vornehmen Ton. In: Merkur 430, 1984, 949-954

Drews, Jörg (Hrsg.): Literaturkritik – Medienkritik. Heidelberg 1977

Duden u. a., Haushofer »Oder war da manchmal noch etwas anderes?«: Texte zu Marlen Haushofer. Von Anne Duden u. a. Frankfurt/M. 1986

Duden/Weigel, Schrei Anne Duden/Sigrid Weigel: Schrei und Körper – Zum Verhältnis von Bildern und Schrift. Ein Gespräch über ›Das Judasschaf‹. In: Koebner, Thomas (Hrsg.): Laokoon und kein Ende. Der Wettstreit der Künste. München 1989, 120-148 (= Reihe Literatur und andere Künste. 3)

Durzak, Manfred (Hrsg.): Der deutsche Roman der Gegenwart. Entwicklungsvoraussetzungen und Tendenzen. 3., erw. u. veränd. Aufl. Stuttgart, Berlin, Köln, Mainz 1979

Dutschke, Marsch Dutschke, Rudi: Mein langer Marsch. Reden, Schriften und Tagebücher aus zwanzig Jahren. Hrsg. v. Gretchen Dutschke-Klotz, Helmut Gollwitzer u. Jürgen Miermeister. Reinbek 1980

Dutschke, Rudi: Die Revolte. Wurzeln und Spuren eines Aufbruchs. Hrsg. v. Gretchen Dutschke-Klotz, Jürgen Miermeister u. Jürgen Treulieb. Reinbek 1983

Eder/Kluge, Reibungsverluste Eder, Klaus/Kluge, Alexander: Ulmer Dramaturgien. Reibungsverluste. München 1980

Eggers, Aspekte Eggers, Ulf K.: Aspekte zeitgenössischer Romantheorie. Bonn 1976

Eichelberg, Mai '68 Eichelberg, Ingrid: Mai '68 in der Literatur. Die Suche nach dem Glück in einer besseren Gesellschaft. Marburg 1987

828   ANHANG

Endres, Ria: Am Ende angekommen. Dargestellt am wahnhaften Dunkel des Männerporträts des Thomas Bernhard. Frankfurt/M. 1980

Engelhardt, Hartmut/Mettler, Dieter: Tendenzen der Lyrik. In: *Koebner, Tendenzen*, 136-162

Entwicklungstendenzen Karl-Marx-Universität Leipzig (Hrsg.): Entwicklungstendenzen der deutschsprachigen Literatur der Schweiz in den sechziger und siebziger Jahren. Beiträge des wissenschaftlichen Kolloquiums mit internationaler Beteiligung an der Sektion Germanistik und Literaturwissenschaft der Karl-Marx-Universität Leipzig am 5. und 6. Dezember 1983. Leipzig 1984

Enzensberger, Baukasten Enzensberger, Hans Magnus: Baukasten zu einer Theorie der Medien. In: Kursbuch 20, 1970, 159-186

Enzensberger, Hans Magnus: Deutschland, Deutschland unter anderm. Äußerungen zur Politik. Frankfurt/M. 1967

Enzensberger, Hans Magnus: Einzelheiten I. Bewußtseins-Industrie. Frankfurt/M. [10]1979. (1962)

Enzensberger, Einzelheiten Enzensberger, Hans Magnus: Einzelheiten II. Poesie und Politik. Frankfurt/M. 1963

Enzensberger, Gemeinplätze Enzensberger, Hans Magnus: Gemeinplätze, die Neueste Literatur betreffend. In: Kursbuch 15, 1968, 187-197

Enzensberger, Mittelmaß Enzensberger, Hans Magnus: Mittelmaß und Wahn. Gesammelte Zerstreuungen. Frankfurt/M. 1988

Erken, Heyme Erken, Günter: Hansgünther Heyme. Frankfurt/M. 1989

Ermert, Karl/Striegnitz, Brigitte (Hrsg.): Deutsche Väter. Über das Vaterbild in der deutschen Gegenwartsliteratur. Loccum 1981 (= Loccumer Protokolle. 6)

Ewers, Hans-Heino (Hrsg.): Alltagslyrik und Neue Subjektivität. Texte und Materialien. Stuttgart 1982 (= Editionen für den Literaturunterricht)

Fest, Dilemma Fest, Joachim: Das Dilemma des studentischen Romantizismus. In: Neue Rundschau 3, 1968, 421-434

Fest, Zwischenruf Fest, Joachim C.: Wozu das Theater? Zwischenruf über einen parasitären Anachronismus. In: J. C. F.: Aufgehobene Vergangenheit. Portraits und Beobachtungen. Stuttgart 1981, 207-214

Fetscher, Soziologie Fetscher, Iring: Philosophie und Soziologie. Vom Positivismusstreit zur Sozialphilosophie Marcuses. In: *Hoffmann/Klotz, Die Sechziger*, 10-27

Fichter, SDS und SPD Fichter, Tilman: SDS und SPD. Parteilichkeit jenseits der Partei. Opladen 1988 (= Schriften des Zentralinstituts für sozialwissenschaftliche Forschung der Freien Universität Berlin. 52)

Fichter/Lönnendonker, SDS Fichter, Tilman/Lönnendonker, Siegward: Kleine Geschichte des SDS. Der Sozialistische Deutsche Studentenbund von 1946 bis zur Selbstauflösung. Berlin 1977

Fiebach, Marginalie Fiebach, Joachim: Marginalie zu Robert Wilson und Heiner Müller. In: *Hörnigk, Heiner Müller*, 194-202

Fischbach/Meyer-Puschner, Arbeiterklasse Fischbach, Peter/Meyer-Puschner, Maria: Für eine Literatur der Arbeiterklasse. In: Brauneck, Manfred (Hrsg.): Der deutsche Roman im 20. Jahrhundert, Bd. 2. Bamberg 1976, 301-327

Bibliographie: Untersuchungen   829

Fischer-Kowalski/Buček, Lebensverhältnisse Fischer-Kowalski, Marina/Buček, Josef (Hrsg.): Lebensverhältnisse in Österreich. Klassen und Schichten im Sozialstaat. Frankfurt/M., New York 1980

Fohrbeck, Türkische Kulturarbeit Fohrbeck, Dorothea: Türkische Kulturarbeit in der Bundesrepublik Deutschland. Eine Dokumentation von Erfahrungen und Modellversuchen. Hagen 1983 (= Dokumentationen der Kulturpolitischen Gesellschaft e. V.)

Fohrbeck, Autor Fohrbeck, Karla u. a.: Der Autor in den Medien – Arbeitnehmer oder Unternehmer? In: *Knilli, Literatur,* 24-44

Fohrbeck/Wiesand, Autorenreport Fohrbeck, Karla/Wiesand, Andreas J.: Der Autorenreport. Reinbek 1972

Franke, Dokumente Franke, Manfred: Vom Umgang mit Dokumenten. Vortrag auf e. Tagung des PEN-Clubs in Celle, 4. 11. 1967 (unveröff.)

Franklin, James: New German Cinema. From Oberhausen to Hamburg. Boston 1983

Franzmann, Bücherlesen Franzmann, Bodo: Bücherlesen und Fernsehen. Vorschläge zur differenzierten Untersuchung eines komplexen Problems. In: Media Perspektiven 5/1982

Frauen-Fragen Knapp, Monika/Labroisse, Gerd (Hrsg.): Frauen-Fragen in der deutschsprachigen Literatur seit 1945. Amsterdam 1989 (= Amsterdamer Beiträge zur neueren Germanistik. 29)

Frederking, Vorurteile Frederking, Monika: Schreiben gegen Vorurteile. Literatur türkischer Migranten in der Bundesrepublik Deutschland. Berlin 1985

Frieden, Autobiography Frieden, Sandra: Autobiography: self into form. German-language autobiographical writings of the 1970's. Frankfurt/M., Bern, New York 1983

Friedländer, Kitsch Friedländer, Saul: Kitsch und Tod. Der Widerschein des Nazismus (1982). München 1984 (erw. Tb.-Ausg. München 1986)

Fruchtmann, Zeugen Fruchtmann, Karl: Zeugen. Aussagen zum Mord an einem Volk. [Buch zum Film] Köln 1982

Fuchs/Timm, Literatur Fuchs, Gerd/Timm, Uwe (Hrsg.): Literatur und Wirklichkeit. München 1976 (= Kontext. 1)

Gajek, Konrad: Deutschsprachige Dramatik nach 1945. In: Konrad Gajek/Anna Stroba/ Marian Szyrocki: Das deutsche Drama des 20. Jahrhunderts. Waszawa u. Wroclaw 1982, 253-335

Garber, Rezeption Garber, Klaus: Stationen der Benjamin-Rezeption 1940-1985. In: K. G.: Rezeption und Rettung. Drei Studien zu Walter Benjamin. Tübingen 1987, 121 ff.

Gerhardt, Stimmen Gerhardt, Marlis: Stimmen und Rhythmen. Weibliche Ästhetik und Avantgarde. Darmstadt, Neuwied 1986. In: Gerhardt, Marlis/Mattenklott, Gert (Hrsg.): Geschichte und Subjektivität. Königstein/Ts. 1987 (= Kontext. 2)

Germanistentag 1987 Oellers, Norbert (Hrsg.): Germanistik und Deutschunterricht im Zeitalter der Technologie – Selbstbestimmung und Anpassung. Vorträge des Berliner Germanistentages 1987. Tübingen 1988

830 ANHANG

Gernhardt, Innen und Außen Gernhardt, Robert: Innen und Außen. Bilder, Zeichnungen, Über Malerei. Zürich 1989

Girshausen, Werk Girshausen, Theo: Werk – Wahrheit – Wirkung. Überlegungen zu neueren Klassikerinszenierungen. In: TheaterZeitSchrift 11, 1985, 22-38

Glinz, Linguistik Glinz, Hans: Moderne Linguistik im germanistischen Studium. In: Kolbe, Jürgen (Hrsg.): Ansichten einer künftigen Germanistik. München 1969, 172-192

Gnüg, Subjektivität Gnüg, Hiltrud: Entstehung und Krise lyrischer Subjektivität. Stuttgart 1983

Görtz, Franz Josef/Ueding, Gert (Hrsg.): Gründlich verstehen. Literaturkritik heute. Frankfurt/M. 1985

Götze/Scherpe, »Ästhetik« Götze, Karl-Heinz/Scherpe, Klaus R. (Hrsg.): Die »Ästhetik des Widerstands« lesen. Über Peter Weiss. Berlin 1981 (= Literatur im historischen Prozeß. N. F. 1)

Goffmann, Erving: Wir alle spielen Theater. Selbstdarstellung im Alltag. München 1969

Greiner, Tod Greiner, Ulrich: Der Tod des Nachsommers. Aufsätze, Porträts, Kritiken zur österreichischen Gegenwartsliteratur. München, Wien 1979

Greuner, Schmerzton Greuner, Suzanne: Schmerzton Musik in der Schreibweise von Ingeborg Bachmann und Anne Duden. Hamburg 1990 (=Literatur im historischen Prozeß. N. F. 24)

Grimm, Spiel Grimm, Reinhold: Über Spiel und Wirklichkeit in einigen Revolutionsdramen. In: Basis 1. Jb. f. dt. Gegenwartsliteratur. Hrsg. v. Reinhold Grimm u. Jost Hermand. Frankfurt/M. 1970, 49-93

Grossmann/Negt, Gewalt Grossmann, Heinz/Negt, Oskar (Hrsg.): Die Auferstehung der Gewalt. Springerblockade und politische Reaktion in der Bundesrepublik. Frankfurt/M. 1968

Grotzer, Verweigerung Grotzer, Peter (Hrsg.): Aspekte der Verweigerung in der neueren Literatur aus der Schweiz. Sigriswiler Kolloquium der Schweizerischen Akademie der Geisteswissenschaften. Zürich 1988

Grzimek, Martin: ›Bild‹ und ›Gegenwart‹ im Werk Rolf Dieter Brinkmanns. In: Arnold, Heinz Ludwig (Hrsg.): Rolf Dieter Brinkmann. München 1981, 24-36 (=Text + Kritik. 71)

Grzimek, Martin: Über den Verlust der Verantwortlichkeit. Zu Rolf Dieter Brinkmanns poetischen Texten. In: Neue deutsche Lyrik. Hrsg. v. Arbeitskreis Linker Germanisten. Heidelberg 1977, 98-129

Gumbrecht, Erzählen Gumbrecht, Hans-Ulrich: Erzählen in der Literatur/Erzählen im Alltag. In: Ehlich, K.: Erzählen im Alltag. Frankfurt/M. 1980, 403-419

Guntermann, Georg u. a. (Hrsg.): Deutsche Gegenwartsdramatik. 2 Bde. Göttingen 1987

Gutzat, Bärbel: Bewußtseinsinhalte kritischer Lyrik. Eine Analyse der drei ersten Gedichtbände von Hans Magnus Enzensberger. Wiesbaden 1977

Hage, Volker: Über das Entstehen der Bücher beim Schreiben oder: der authentische Ich-Erzähler. In: Akzente 5, 1974, 453-468

BIBLIOGRAPHIE: UNTERSUCHUNGEN 831

Hage, Lyrik Hage, Volker (Hrsg.): Lyrik für Leser – Deutsche Gedichte der siebziger Jahre. Stuttgart 1980

Hage, Volker: Die Wiederkehr des Erzählers. Neue deutsche Literatur der 70er Jahre. Frankfurt/M., Berlin, Wien 1982

Hahn, Aktion Hahn, Ulla: Literatur in der Aktion. Zur Entwicklung operativer Literaturformen in der Bundesrepublik. Wiesbaden 1978

Hahn/Naumann, Gebrauchswert Hahn, Ulla/Naumann, Uwe: Romane mit Gebrauchswert. Zur Romanproduktion des Werkkreises Literatur der Arbeitswelt. In: Basis 8. Jb. f. dt. Gegenwartsliteratur. Hrsg. v. Reinhold Grimm u. Jost Hermand. Frankfurt/M. 1978, 155-173

Hahn/Töteberg, Wallraff Hahn, Ulla/Töteberg, Michael: Günter Wallraff. München 1979

Hamburger, Michael: Wahrheit und Poesie. Spannungen in der modernen Lyrik von Baudelaire bis zur Gegenwart. Frankfurt/M., Berlin, Wien 1985

Hamm, Fremdgegangen Hamm, Horst: Fremdgegangen, freigeschrieben. Einführung in die deutschsprachige Gastarbeiterliteratur. Würzburg 1988

Handke, Elfenbeinturm Handke, Peter: Ich bin ein Bewohner des Elfenbeinturms. Frankfurt/M. 1972

Hardt, Avantgarden Hardt, Manfred: Literarische Avantgarden. Darmstadt 1989 (= Wege der Forschung. 648)

Harmening/Mittler, Wörter Harmening, Klaus Peter/Mittler, Sven: Was in den Wörtern steckt und was sich mit der Welt machen läßt. In: FR, 13. 6. 1987

Hart Nibbrig, Rhetorik Hart Nibbrig, Christiaan L.: Rhetorik des Schweigens. Versuch über den Schatten literarischer Rede. Frankfurt/M. 1981

Hartung, Experimentelle Literatur Hartung, Harald: Experimentelle Literatur und konkrete Poesie. Göttingen 1975

Hartung, Lyrik Hartung, Harald: Deutsche Lyrik seit 1965. Tendenzen, Beispiele, Porträts. München 1985

Hartung, Jugend Hartung, Klaus: Über die langandauernde Jugend im linken Getto. Lebensalter und Politik – aus der Sicht eines 38jährigen. In: Kursbuch 54, 1978, 174-188

Hartung, Repression Hartung, Klaus: Die Repression wird zum Milieu. Die Beredsamkeit linker Literatur. In: *Literaturmagazin* 11, 52-79

Haslberger, Polemik Haslberger, Hubert: Trotz allem keine Polemik. Literaturverfilmung, das ungeliebte Schoßkind. In: Pflaum, Hans Günther (Hrsg.): Jahrbuch Film 79/80. München 1979

Haslinger, Suche Haslinger, Josef: Auf der Suche nach der österreichischen Literatur des letzten Jahrzehnts. Merkur 441, 1985, 989-997

Heckmann, Leben Heckmann, Herbert (Hrsg.): Literatur aus dem Leben. Autobiographische Tendenzen in der deutschsprachigen Gegenwartsdichtung. München u. Wien 1984

Hein, Film Hein, Birgit: Film im Underground. Von seinen Anfängen bis zum unabhängigen Kino. Frankfurt/Berlin/Wien 1971

Heinrichs, Hans-Jürgen: Die katastrophale Moderne. Endzeitstimmung, Aussteigen, Ethnologie, Alltagsmagie. Frankfurt/M. 1984

832 ANHANG

Heinrichs, Hans-Jürgen: Spielraum Literatur. Literaturtheorie zwischen Kunst und Wissenschaft. München 1973

Heise, Dilemma Heise, Hans-Jürgen: Das Dilemma der Postmoderne. Gegen eine Wegwerflyrik. In: Merkur 389, 1980, 1004 ff.

Heise, Hans-Jürgen: Einen Galgen für den Dichter. Stichworte zur Lyrik. Weingarten 1986

Heißenbüttel, Helmut: Was ist das Konkrete an einem Gedicht? Itzehoe 1969

Heißenbüttel, Hörspielpraxis Heißenbüttel, Helmut: Hörspielpraxis und Hörspielhypothese. In: H. H.: Zur Tradition der Moderne. Aufsätze und Anmerkungen 1964-1971. Neuwied/Berlin 1972, 224-230

Heißenbüttel, Literatur Heißenbüttel, Helmut: Über Literatur. Freiburg 1966

Heißenbüttel, Text Heißenbüttel, Helmut: Der Text ist die Wahrheit. Zur Methode des Schriftstellers Alexander Kluge. In: *Kluge, Text + Kritik*, 2-8

Heißenbüttel, Tradition Heißenbüttel, Helmut: Zur Tradition der Moderne. Neuwied u. Berlin 1972

Heißenbüttel, Wie man Heißenbüttel, Helmut: Wie man dokumentarisch erzählen kann. In: Merkur 281, 1971, 911 f.

Heißenbüttel/Vormweg, Briefwechsel Heißenbüttel, Helmut/Vormweg, Heinrich: Briefwechsel über Literatur. Darmstadt 1969

Helbig, Gerd R.: Die politischen Äußerungen aus der Gruppe 47. Eine Fallstudie über das Verhältnis von politischer Macht und intellektueller Kritik. Phil. Diss. Erlangen 1967

Helmers, Arbeitsbuch Helmers, Hermann: Das Lesebuch als literarisches Arbeitsbuch. In: H. H. (Hrsg.): Die Diskussion um das deutsche Lesebuch. Darmstadt 1969, 180-191

Henrichs, Kritiker Henrichs, Benjamin: Beruf: Kritiker. Rezensionen, Polemiken, Liebeserklärungen. München, Wien 1978

Hensel, Achtziger Jahre Hensel, Georg: Spiel's noch einmal. Das Theater der achtziger Jahre. Frankfurt/M. 1990

Hensel, Siebziger Jahre Hensel, Georg: Das Theater der siebziger Jahre. Kommentar, Kritik, Polemik. Stuttgart 1980

Hensel, Chronik Hensel, Horst: Chronik des Werkkreises 1968-1978. In: *Fischbach u. a., Werkkreis*, 143-182

Hentig, Hartmut von: Das allmähliche Verschwinden der Wirklichkeit. Ein Pädagoge ermutigt zum Nachdenken über die Neuen Medien. München 1984

Herburger, Günter: Dogmatisches über Gedichte. In: Kursbuch 10, 1967, 150-161

Hermand, Jost: Pop-Literatur. In: *Hermand, Literatur*, 279-310

Hermand, Jost: Zukunft in der Vergangenheit. Über den Gebrauchswert des kulturellen Erbes. In: Grimm, Reinhold/J. H. (Hrsg.): Basis 5. Jb. f. dt. Gegenwartsliteratur. Frankfurt/M. 1975, 7-30

Hess u. a., Angriff Hess, Henner/Moerings, Martin/Paas, Dieter/Scheerer, Sebastian und Steinert, Heinz: Angriff auf das Herz des Staates. Soziale Entwicklung und Terrorismus. Analysen. Bd. 1. Frankfurt/M. 1988

Hijiya-Kirschereit, Ende Hijiya-Kirschereit, Irmela: Das Ende der Exotik. Frankfurt/M. 1988

Hildesheimer, Ende Hildesheimer, Wolfgang: Das Ende der Fiktion. Reden aus fünfundzwanzig Jahren. Frankfurt/M. 1984

Hildesheimer, Text + Kritik Arnold, Heinz Ludwig (Hrsg.): Wolfgang Hildesheimer. München 1986 (= Text + Kritik. 89/90)

Hinck, Ärgernis Hinck, Walter: Vom Ärgernis der Klassiker-Inszenierungen. Goethes Bearbeitung von »Romeo und Julia« und Hansgünther Heymes Bearbeitung des »Wallenstein«. In: Wittkowski, Wolfgang (Hrsg.): Verlorene Klassik? Ein Symposium. Tübingen 1986, 353-373 (Diskussion 383-387)

Hinck, Brecht Hinck, Walter: Von Brecht zu Handke – Deutsche Dramaturgie der sechziger Jahre. In: Universitas 24, 1969, 689-701

Hinck, Drama Hinck, Walter: Das moderne Drama in Deutschland. Vom expressionistischen zum dokumentarischen Theater. Göttingen 1973, insb. 192-220

Hinck, Walter (Hrsg.): Gedichte und Interpretationen. Bd. 6: Gegenwart. Stuttgart 1982

Hinck, Geschichte Hinck, Walter (Hrsg.): Geschichte als Schauspiel. Deutsche Geschichtsdramen. Frankfurt/M. 1981

Hinck, Klassiker-Inszenierungen Hinck, Walter: Müssen Klassiker-Inszenierungen ein Ärgernis sein? Von der Unantastbarkeit des »wirkenden Anteils Zukunft«. In: W. H.: Theater der Hoffnung. Frankfurt/M. 1988, 139-155

Hinck, Parabel Hinck, Walter: Von der Parabel zum Straßentheater. Notizen zum Drama der Gegenwart. In: Hamburger, Käte/Kreuzer, Helmut (Hrsg.): Gestaltungsgeschichte und Gesellschaftsgeschichte. Literatur-, kunst- und musikwissenschaftliche Studien. Stuttgart 1969, 583-603

Hinderer, Walter: Zur Situation der westdeutschen Literaturkritik. In: Durzak, Manfred (Hrsg.): Die deutsche Gegenwartsliteratur. Stuttgart 1970, 300-321

Hinderer, Tendenzen Hinderer, Walter: ›Komm! Ins Offene, Freund!‹ Tendenzen der westdeutschen Lyrik nach 1965. In: *Lützeler/Schwarz, Literatur,* 13-29

Hintze, Ansätze Hintze, Joachim: Ansätze zu einer neuen Klassikerrezeption auf dem Theater der Bundesrepublik. Ein Beitrag zur Geschichte und Gegenwart des Klassikerbildes in Deutschland. In: Sandig, Holger (Hrsg.): Klassiker heute. München 1972, 88-142

Höllerer, Antwort Höllerer, Walter: Gedichte in den sechziger Jahren. Antwort auf Karl Krolows Essay. In: Akzente 4, 1966, 375-383

Höllerer, Bittsteller Höllerer, Walter: Bittsteller und Bosse. Extrablatt aus dem dreißigjährigen Frieden. In: Die Zeit, 10. 10. 1980

Höllerer, Thesen Höllerer, Walter: Thesen zum langen Gedicht. In: Akzente 2, 1965, 128-130

Hörisch/Winkels, Literatur Hörisch, Jochen/Winkels, Hubert (Hrsg.): Das schnelle Altern der neuesten Literatur. Düsseldorf 1985

Hörnigk, Heiner Müller Hörnigk, Frank (Hrsg.): Heiner Müller. Material. Texte und Kommentare. Göttingen 1989

Hoffmann, Psychologie Hoffmann, Frederick J.: Psychologie und Literatur. In: Strelka, Joseph/Hinderer, Walter (Hrsg.): Moderne amerikanische Literaturtheorien. Frankfurt/M. 1970, 244-258

Hoffmann/Klotz, Die Sechziger Hoffmann, Hilmar/Klotz, Heinrich (Hrsg.): Die

Sechziger. Die Kultur unseres Jahrhunderts. 5. Düsseldorf, Wien, New York 1987

Hofmann, Jürgen: Kritisches Handbuch des westdeutschen Theaters. Berlin 1981

Hohendahl, Peter Uwe: Literaturkritik und Öffentlichkeit. München 1974

Holländer/Thomsen, Besichtigung Holländer, Hans/Thomsen, Christian W. (Hrsg.): Besichtigung der Moderne. Bildende Kunst, Architektur, Musik, Literatur, Religion. Aspekte und Perspektiven. Köln 1987

Holthusen, Kunst Holthusen, Hans Egon: Kunst und Revolution. In: Avantgarde. Geschichte und Krise einer Idee. Hrsg. v. der Bayerischen Akademie der Schönen Künste. München 1966, 7-44

Holz, Kunstwerk Holz, Hans Heinz: Vom Kunstwerk zur Ware. Neuwied ²1972

Holz, Utopie Holz, Hans Heinz: Utopie und Anarchismus. Zur Kritik der kritischen Theorie Herbert Marcuses. Köln 1969

Hosfeld/Peitsch, Aktionen Hosfeld, Rolf/Peitsch, Helmut: »Weil uns diese Aktionen innerlich verändern, sind sie politisch«. Bemerkungen zu vier Romanen über die Studentenbewegung. In: Basis 8. Jb. f. dt. Gegenwartsliteratur. Hrsg. v. Reinhold Grimm u. Jost Hermand. Frankfurt/M. 1978, 92-126

Hoven, Bichsel Hoven, Herbert (Hrsg.): Peter Bichsel, Auskunft für Leser. Darmstadt 1984

Hüfner, Straßentheater Hüfner, Agnes (Hrsg.): Straßentheater. Frankfurt/M. 1970

Huyssen, Search Huyssen, Andreas: The Search for Tradition. Avant-Garde and Postmodernism in the 1970s. In: New German Critique 22, 1981, 23-40

Huyssen/Scherpe, Postmoderne Huyssen, Andreas/Scherpe, Klaus (Hrsg.): Postmoderne. Zeichen eines kulturellen Wandels. Reinbek 1986

Iden, Schaubühne Iden, Peter: Die Schaubühne am Halleschen Ufer 1970-1979 (1980). Frankfurt/M. 1982

Iden, Widerspruch Iden, Peter: Theater als Widerspruch. Plädoyer für die zeitgenössische Bühne am Beispiel neuerer Aufführungen der Regisseure L. Bondy u. a. Nachwort: Claus Peymann im Gespräch. München 1984

Inglehart, Silent Revolution Inglehart, Ronald: The Silent Revolution. Changing Values and Political Styles Among Western Publics. Princeton 1977

Inglehart, Wertwandel Inglehart, Ronald: Wertwandel in den westlichen Gesellschaften: Politische Konsequenzen von materialistischen und postmaterialistischen Prioritäten. In: Klages, H./Kunieciak, P. (Hrsg.): Wertwandel und gesellschaftlicher Wandel. Frankfurt, New York 1979, 279 ff.

Ingold, Künstler Ingold, Felix Philipp: Jeder kein Künstler. Versuch über den Autor. In: Neue Rundschau 2, 1985, 5-24

Innerhofer, Grazer Autorenversammlung Innerhofer, Roland: Die Grazer Autorenversammlung (1973-1983). Zur Organisation einer Avantgarde. Wien, Köln, Graz 1985

Irmscher/Keller, Drama Irmscher, Hans Dietrich/Keller, Werner (Hrsg.): Drama und Theater im 20. Jahrhundert. Festschrift für Walter Hinck. Göttingen 1983

Irro, Werner: Kritik und Literatur. Zur Praxis gegenwärtiger Literaturkritik. Würzburg 1986

Jacobsen/Dollinger, Studenten Jacobsen, Hans-Adolf/Dollinger, Hans (Hrsg.): Die

BIBLIOGRAPHIE: UNTERSUCHUNGEN   835

Deutschen Studenten. Der Kampf um die Hochschulreform. Eine Bestandsaufnahme. Unter Mitwirkung von Wilfried von Bredow. München 1968

Jaeckle, Literaturschock Jaeckle, Erwin: Der Zürcher Literaturschock. Bericht.
München, Wien 1975

Jaeggi, Grenzen Jaeggi, Urs: Politische Literatur. Die Grenzen der ›Kulturrevolution‹. In: *Kuttenkeuler, Poesie,* 259 ff.

Jaeggi, Literatur Jaeggi, Urs: Literatur und Politik. Ein Essay. Frankfurt/M. 1972

Jansen/Schütte, Achternbusch Jansen, Peter/Schütte, Wolfram (Hrsg.): Herbert
Achternbusch. München 1984 (= Reihe Film. 32)

Jansen/Schütte, Fassbinder Jansen, Peter/Schütte, Wolfram (Hrsg.): Rainer Werner Fassbinder. 5., erg. Aufl. München 1985 (= Reihe Film. 2)

Jansen/Schütte, Herzog/Kluge/Straub Jansen, Peter/Schütte, Wolfram (Hrsg.):
Herzog/Kluge/Straub. München 1976 (= Reihe Film. 9)

Jansen/Schütte, von Praunheim Jansen, Peter/Schütte, Wolfram (Hrsg.): Rosa von
Praunheim. München 1984 (= Reihe Film. 30)

Jansen/Schütte, Schröter Jansen, Peter/Schütte, Wolfram (Hrsg.): Werner Schröter.
München 1980 (= Reihe Film. 20)

Japp, Ort Japp, Uwe: Der Ort des Autors in der Ordnung des Diskurses. In: Fohr-
mann, Jürgen/Müller, Harro (Hrsg.): Diskurstheorien und Literaturwissenschaft. Frankfurt/M. 1988, 223-234

Jens, Gegenwart Jens, Walter: Deutsche Literatur der Gegenwart. München 1961

Jens, Plädoyer Jens, Walter: Plädoyer für die abstrakte Literatur. In: Andersch,
Alfred (Hrsg.): Texte und Zeichen 4, 1955, 505-515

Kaemmerling, Schreibweise Kaemmerling, Ekkehard: Die filmische Schreibweise.
In: Jb. f. internationale Germanistik, 1/1973, 45-61

Kaes, Anton: Deutschlandbilder. Die Wiederkehr der Geschichte als Film. München 1987

Käsmayr, Benno: Die sogenannte Alternativpresse – Ein Beispiel für Gegenöffentlichkeit in der BRD und im deutschsprachigen Ausland. Gersthofen 1974

Kässens/Gronius, Tabori Kässens, Wend/Gronius, Jörg W.: Tabori. Frankfurt/M.
1989

Kässens/Töteberg, Fortschritt Kässens, Wend/Töteberg, Michael: Fortschritt im
Realismus? Zur Erneuerung des kritischen Volksstücks seit 1966. In: Basis 6.
Jb. f. dt. Gegenwartsliteratur. Hrsg. v. Reinhold Grimm u. Jost Hermand.
Frankfurt/M. 1976, 30-47

Kafitz, Problematik Kafitz, Dieter: Die Problematik des individualistischen Men-
schenbildes im deutschsprachigen Drama der Gegenwart (Franz Xaver Kroetz,
Thomas Bernhard, Botho Strauß). In: Basis 10. Jb. f. dt. Gegenwartsliteratur.
Hrsg. v. Reinhold Grimm u. Jost Hermand. Frankfurt/M. 1980, 93-126 u.
254-257

Kalpaka/Räthzel, rassistisch Kalpaka, Anita/Räthzel, Nora (Hrsg.): Die Schwierigkeit, nicht rassistisch zu sein. Berlin 1986

Karasek, Selbstverständnis Karasek, Hellmuth: Das neue Selbstverständnis des
Theaters. In: Hochkeppel, Willy (Hrsg.): Die Rolle der neuen Linken in der Kulturindustrie. München 1972, 116-123

Karsunke, Abrißarbeiter Karsunke, Yaak: Abrißarbeiter im Überbau. Gedanken zum Gebrauchswert politischer Lyrik. In: *Politische Lyrik, Text + Kritik*, 15-23

Kath, Joachim: Excellente Marktkommunikation heute. Frankfurt/M. 1986

Kehn, Traditionswahl Kehn, Wolfgang: Von Dante zu Hölderlin. Traditionswahl und Engagement im Werk von Peter Weiss. Köln, Wien 1975

Kepplinger, Hans Mathias: Realkultur und Medienkultur. Literarische Karrieren in der Bundesrepublik. Freiburg, München 1975

Kerr, Walser Kerr, Katharina (Hrsg.): Über Robert Walser, Bd. 2. Frankfurt/M. 1978

Kesting, Dichter Kesting, Hanjo: Dichter ohne Vaterland. Gespräche und Aufsätze zur Literatur. Bonn 1982

Kesting, Verschwinden Kesting, Hanjo: Über das allmähliche Verschwinden einer Spezies. Literatur im Rundfunk. In: *Arnold, Literaturbetrieb*, 28-59

Kluge, Gelegenheitsarbeit Kluge, Alexander: Gelegenheitsarbeit einer Sklavin. Zur realistischen Methode. Frankfurt/M. 1975

Kluge, Text + Kritik Arnold, Heinz Ludwig (Hrsg.): Alexander Kluge. München 1985 (= Text + Kritik. 85/86)

Kluge, Alexander (Hrsg.): Bestandsaufnahme: Utopie Film. Zwanzig Jahre neuer deutscher Film. Frankfurt/M. [2]1983

Knilli, Literatur Knilli, Friedrich u. a. (Hrsg.): Literatur in den Massenmedien – Demontage von Dichtung? München, Wien 1976

Knopf, Verlust Knopf, Jan: Verlust der Unmittelbarkeit. Über Max Frisch und die ›Neue Subjektivität‹. In: Orbis Litterarum 34, 1979, 146-169

Koch, Gertrud: Todesnähe und Todeswünsche: Geschichtsprozesse mit tödlichem Ausgang. Zu einigen jüdischen Figuren im deutschen Nachkriegsfilm. In: Brumlik, Micha u. a. (Hrsg.): Jüdisches Leben in Deutschland seit 1945. Frankfurt/M. 1986

Koch, Krischan: Die Bedeutung des »Oberhausener Manifestes« für die Filmentwicklung in der BRD. Frankfurt/M. 1985

Kogan, Ilany: Vermitteltes und reales Trauma in der Psychoanalyse von Kindern von Holocaust-Überlebenden. In: Psyche, 6/1990, 533-544

Kolneder, Wolfgang u. a.: Das Grips-Theater – Geschichte und Geschichten. Erfahrungen und Gespräche aus einem Kinder- und Jugendtheater. Berlin 1979

Kraushaar, Wolfgang (Hrsg.): Autonomie oder Getto? Kontroversen über die Alternativbewegung. Frankfurt/M. 1978

Kraushaar, Staat Kraushaar, Wolfgang: Autoritärer Staat und antiautoritäre Bewegung. Zum Organisationsreferat von Rudi Dutschke und Hans-Jürgen Krahl auf der 22. Delegiertenkonferenz des SDS in Frankfurt (September 1967). In: W. K.: Revolte und Reflexion. Politische Aufsätze 1976-87. Frankfurt/M. 1990, 57 ff.

Krechel, Das Authentische Krechel, Ursula: Leben in Anführungszeichen. Das Authentische in der gegenwärtigen Literatur. In: *Literaturmagazin* 11, 80-107

Kreimeier, Film Kreimeier, Klaus: Film. In: *Faulstich, Stichwörter*, 127-189

Kreimeier, Klaus: Kino und Filmindustrie in der Bundesrepublik Deutschland. Ideologieproduktion und Klassenwirklichkeit nach 1945. Kronberg/Ts. 1973

BIBLIOGRAPHIE: UNTERSUCHUNGEN   837

Kreutzer, Becker Kreutzer, Leo (Hrsg.): Über Jürgen Becker. Frankfurt/M. 1972

Kreuzer, Literaturbegriff Kreuzer, Helmut: Veränderungen des Literaturbegriffs. Göttingen 1975

Kreuzer, Literaturwissenschaft Kreuzer, Helmut (Hrsg.): Literaturwissenschaft – Medienwissenschaft. Heidelberg 1977

Kreuzer, Neue Subjektivität Kreuzer, Helmut: Neue Subjektivität. Zur Literatur der siebziger Jahre in der Bundesrepublik Deutschland. In: *Durzak, Gegenwartsliteratur,* 77-106

Krolow, Problem Krolow, Karl: Das Problem des langen und kurzen Gedichts heute. In: Akzente 3, 1960, 271-287

Kronauer, Aufsätze Kronauer, Brigitte: Aufsätze zur Literatur. Stuttgart 1987

Kronsbein, Erzählen Kronsbein, Joachim: Autobiographisches Erzählen. Die narrativen Strukturen der Autobiographie. München 1984

Krüger, Freie Krüger, Horst: Die letzten Freien einer freien Gesellschaft. Wie Schriftsteller heute leben. In: FAZ, 21. 8. 1976

Krusche, Fremde Krusche, Dietrich: Literatur und Fremde. Zur Hermeneutik kulturräumlicher Distanz. München 1985

Kühne, Arbeiterklasse Kühne, Peter: Arbeiterklasse und Literatur. Dortmunder Gruppe 61 und Werkkreis Literatur der Arbeitswelt. Frankfurt/M. 1972

Kühne/Schöfer, Schreiben Kühne, Peter/Schöfer, Erasmus: Schreiben für die Arbeitswelt. In: Akzente 4, 1970, 317-343

Kursbuch 75: Computerkultur. Berlin 1984

Kurz, Studien Kurz, Gerhard (Hrsg.): Studien zur Dramatik in der Bundesrepublik Deutschland. Amsterdam 1983

Kurz, Paul Konrad: Über moderne Literatur. Bde. 6/7: Zur Literatur der späten siebziger Jahre. Frankfurt/M. 1979/1980

Lämmert, Verantwortung Lämmert, Eberhard: Über die öffentliche Verantwortung des Schriftstellers. In: *Kuttenkeuler, Poesie,* 43-68

Laemmle, Schatten Laemmle, Peter: Büchners Schatten. Kritische Überlegungen zur Rezeption von Peter Schneiders Erzählung ›Lenz‹. In: Akzente 5, 1974, 469-478

Lampe, Subjektivität Lampe, Gerhard: Ohne Subjektivität. Interpretationen zur Lyrik Rolf Dieter Brinkmanns vor dem Hintergrund der Studentenbewegung. Tübingen 1983

Landeskulturreferentenkonferenz der österreichischen Bundesländer (Hrsg.): Künstler in Österreich. Die soziale Lage der Komponisten, bildenden Künstler und Schriftsteller. Salzburg u. Wien 1984

Ledanff, Susanne: Die Augenblicksmetapher. Über Bildlichkeit und Spontaneität in der Lyrik. München 1981

Leibfried, Stephan: Die angepaßte Universität. Zur Situation der Hochschulen in der Bundesrepublik und den USA. Frankfurt/M. 1968

Lenz, Reimar: Der neue Glaube. Bemerkungen zur Gesellschaftstheologie der jungen Linken und zur geistigen Situation. Streitschrift. Wuppertal-Barmen 1969

Lethen, Kälte Lethen, Helmut: Lob der Kälte. Ein Motiv der historischen Avantgarden. In: Kamper, Dietmar/van Reijen, Willem (Hrsg.): Die unvollendete Vernunft: Moderne versus Postmoderne. Frankfurt/M. 1987, 282-324

Lettau, Hinausschaun Lettau, Reinhard: Zerstreutes Hinausschaun. Vom Schreiben über Vorgänge in direkter Nähe oder in der Entfernung von Schreibtischen. München 1980

Lettau, Überlegungen Lettau, Reinhard: Eitle Überlegungen zur literarischen Situation. In: *Literaturmagazin* 4, 19 ff.

Lewandowski, Kluge Lewandowski, Rainer: Literatur und Film bei Alexander Kluge. In: *Böhm-Christl, Kluge*, 233-244

Lewandowski, Rainer: Die Oberhausener. Rekonstruktion einer Gruppe 1962-1982. Diekholzen 1982

Lewandowski, Schlöndorff Lewandowski, Rainer: Die Filme von Volker Schlöndorff. Hildesheim/New York 1981

LiLi, Gastarbeiterliteratur Zeitschrift für Literaturwissenschaft und Linguistik 56: Gastarbeiterliteratur. Göttingen 1984

Linder, Christian: Böll. Reinbek 1978

Linder, Wallraff[1] Linder, Christian (Hrsg.): In Sachen Wallraff. Berichte, Analysen, Meinungen und Dokumente. Köln 1975

Linder, Wallraff[2] Linder, Christian (Hrsg.): In Sachen Wallraff. Von den ›Industriereportagen‹ bis ›Ganz unten‹. Köln 1986

Linder, Wunschmaschine Linder, Christian: Die Träume der Wunschmaschine. Essays über H. M. Enzensberger, M. Frisch, A. Kluge, P. Weiss und D. Wellershoff. Reinbek 1981

Lippard, Center Lippard, Lucy R.: From the Center. Feminist essays on women's art. New York 1976

Lodemann, Literatur Lodemann, Jürgen: Literatur in diesem unseren Fernsehen. In: *Arnold, Literaturbetrieb*, 60-79

Lorenz, Otto: Poesie fürs Auge. In: Hans-Jost Frey/O. L.: Kritik des freien Verses. Heidelberg 1980, 83-119

Lüdke, Avantgarde Lüdke, W. Martin (Hrsg.): Theorie der Avantgarde. Antworten auf Peter Bürgers Bestimmung von Kunst und bürgerlicher Gesellschaft. Frankfurt/M. 1976

Lüdke, Studentenbewegung Lüdke, W. Martin (Hrsg.): Literatur und Studentenbewegung. Eine Zwischenbilanz. Opladen 1977

Lühe, Irmela von der (Hrsg.): Entwürfe von Frauen in der Literatur des 20. Jahrhunderts. Berlin 1982

Luft, Stimme Luft, Friedrich: Stimme der Kritik. Theaterereignisse seit 1965. Stuttgart 1979

Maar, Schlichtheit Maar, Michael: Eine zweite, eine wiedergewonnene Schlichtheit. Eckhard Henscheids Idylle ›Maria Schnee‹. In: Merkur 483, 1989, 439-443

Mattenklott, Gert: Literatur. Kunst gegen das Künstliche. In: *Hoffmann/Klotz, Die Sechziger*, 75-93

Mattenklott, Geselligkeit Mattenklott, Gundel: Literarische Geselligkeit. Schreiben in der Schule. Stuttgart 1979

Matthaei, Madonna Matthaei, Renate (Hrsg.): Die subversive Madonna. Ein Schlüssel zum Werk Heinrich Bölls. Köln 1975

BIBLIOGRAPHIE: UNTERSUCHUNGEN 839

Matz, Ulrich/Schmidtchen, Gerhard: Gewalt und Legitimität. Unter Mitarbeit v. Hans-Martin Uehlinger. Opladen 1981 (= Analysen zum Terrorismus. 4/1. Hrsg. v. Bundesminister des Innern)

Mayer, Hans: Über Friedrich Dürrenmatt und Max Frisch. Pfullingen 1977

Mayer, Geschehen Mayer, Hans: Das Geschehen und das Schweigen. Aspekte der Literatur. Frankfurt/M. 1969

Mayer, Hans: Zur deutschen Literatur der Zeit. Zusammenhänge-Schriftsteller-Bücher. Reinbek 1967

Mayer, Theateransichten Mayer, Hans: Retrospektive des bürgerlichen Helden-lebens. Theateransichten des neunzehnten Jahrhunderts. In: H. M.: Ansichten von Deutschland. Bürgerliches Heldenleben. Frankfurt/M. 1988, 155-178

Mecklenburg, Norbert: Kritisches Interpretieren. Untersuchungen zur Theorie der Literaturkritik. München 1972

Media Perspektiven Media Perspektiven. Daten zur Mediensituation in der Bun-desrepublik. Frankfurt/M. 1976 ff.

Meixner, Literatur Meixner, Horst: Filmische Literatur und literarisierter Film. In: *Kreuzer, Literaturwissenschaft*, 32-43

Menne, Sensibilität Menne, Ferdinand (Hrsg.): Neue Sensibilität. Alternative Lebensmöglichkeiten. Darmstadt u. Neuwied 1974

Mennemeier, Franz Norbert: Modernes deutsches Drama. Kritiken und Charakte-ristiken. Bd. 2: 1933 bis zur Gegenwart. München 1975

Menninghaus, Celan Menninghaus, Winfried: Paul Celan. Magie der Form. Frankfurt/M. 1980

Menninghaus, Sprachmagie Menninghaus, Winfried: Walter Benjamins Theorie der Sprachmagie. Frankfurt/M. 1980

Merkel/Nagel, Erzählen Merkel, Johannes/Nagel, Michael (Hrsg.): Erzählen. Die Wiederentdeckung einer vergessenen Kunst. Geschichten und Anregungen: ein Handbuch. Reinbek 1982

Michel, Abschied Michel, Karl Markus: Abschied von der Moderne? In: Kursbuch 73, 1983, 169-197

Michel, Kranz Michel, Karl Markus: Ein Kranz für die Literatur. Fünf Variatio-nen über eine These. In: Kursbuch 15, 1968, 169-186

Migrationserfahrung Zeitschrift für Kulturaustausch, H. 1: ... aber die Fremde ist in mir. Migrationserfahrung und Deutschlandbild in der türkischen Literatur der Gegenwart. Stuttgart 1985

Miller, Prolegomena Miller, Nikolaus: Prolegomena zu einer Poetik der Doku-mentarliteratur. München 1982

Möbius, Hanno: Arbeiterliteratur in der BRD. Köln 1970

Möhrmann, Renate: Die Frau mit der Kamera. Filmemacherinnen in der Bundes-republik Deutschland. Situation, Perspektiven. Zehn exemplarische Lebens-läufe. München 1980

Möhrmann, Schauspielerin Möhrmann, Renate (Hrsg.): Die Schauspielerin. Zur Kulturgeschichte der weiblichen Bühnenkunst. Frankfurt/M. 1989

Mohr/Cohn-Bendit, 1968 Mohr, Reinhard/Cohn-Bendit, Dany: 1968. Die letzte Revolution, die noch nichts vom Ozonloch wußte. Berlin 1988

840 ANHANG

Mosler, Was wir wollten Mosler, Peter: Was wir wollten, was wir wurden. Studentenrevolte – zehn Jahre danach. [Mit Wolfgang Kraushaar: Notizen zu einer Chronologie der Studentenbewegung.] Reinbek [2]1988. (1977)

Mottekat, Helmut: Das zeitgenössische deutsche Drama. Einführung und kritische Analyse. Stuttgart/Berlin/Köln/Mainz 1977, insb. 106-193

Mühlethaler, Gruppe Olten Mühlethaler, Hans: Die Gruppe Olten. Das Erbe einer rebellierenden Schriftstellerorganisation. Aarau 1989

Müller-Funk, Schreiben Müller-Funk, Wolfgang: Spieglein Spieglein an der Wand. Das Schreiben über uns selbst und seine Spielregeln. In: Neue Rundschau 4, 1983, 10-31

Mulvey, Lust Mulvey, Laura: Visuelle Lust und narratives Kino. In: Nabakowski, Gislind/Sander, Helke/Gorsen, Peter (Hrsg.): Frauen in der Kunst. Frankfurt/M. 1980, 30-46

Muschg, Echtheit Muschg, Adolf: Wie echt ist das Ich in der Literatur? In: *Heckmann, Leben,* 29 f.

Muschg, Manuskript Muschg, Adolf: Geschichte eines Manuskripts. Vorwort zu: Fritz Zorn: Mars. München 1977, 7-22

Muschg, Nationalliteratur Muschg, Adolf: Gibt es eine schweizerische Nationalliteratur? In: Jung, Jochen (Hrsg.): Ich hab im Traum die SCHWEIZ gesehen. Salzburg 1980, 161 ff.

Muschg, Vaterland Muschg, Adolf: Was ist des Deutschen Vaterland? Aus nächster Ferne nachgefragt. In: Allmende 23. Baden-Baden 1989, 4 f.

Nadeau, Surrealismus Nadeau, Maurice: Geschichte des Surrealismus (1945). [Mit: Der Surrealismus heute (1986).] Reinbek 1986

Naumann, Hamburger Werkstatt Naumann, Uwe: Die Hamburger Werkstatt. In: *Fischbach u. a., Werkkreis,* 84-91

Nägele, Ordnung Nägele, Rainer: Heinrich Böll. Die große Ordnung und die kleine Anarchie. In: *Wagener, Gegenwartsliteratur,* 183 ff.

Nagel, Aufklärung Nagel, Ivan: Aufklärung über Aufklärung. Kortners Inszenierung der Emilia Galotti. In: I. N.: Gedankengänge als Lebensläufe. Versuche über das 18. Jahrhundert. München, Wien 1987

Nagel, Kortner Nagel, Ivan: Kortner. Zadek. Stein. München, Wien 1989

Negt, Untersuchungsarbeit Negt, Oskar: Wallraffs Untersuchungsarbeit in Bereichen der »unterschlagenen Wirklichkeit«. Literarische Sprachlosigkeit als Ende und Anfang. In: *Linder, Wallraff* [(2)], 277-318

Negt/Kluge, Öffentlichkeit Negt, Oskar/Kluge, Alexander: Öffentlichkeit und Erfahrung. Zur Organisationsanalyse von bürgerlicher und proletarischer Öffentlichkeit. Frankfurt/M. 1972

Nemec, Friedrich: Tendenzen der Literaturkritik seit 1945. In: Radler, Rudolf (Hrsg.): Die deutschsprachige Sachliteratur II. Frankfurt/M. 1980, 247-299 (= Kindlers Literaturgeschichte der Gegenwart. 10; aktualisierte Taschenbuchausgabe)

Neubaur, Caroline: Das Ende der Elefantenehe. Über Literatur und Kritik. In: Akzente 3, 1980, 262-271

Neumann, Bernd: Utopie und Mimesis. Zum Verhältnis von Ästhetik, Gesell-

BIBLIOGRAPHIE: UNTERSUCHUNGEN   841

schaftsphilosophie und Politik in den Romanen Uwe Johnsons. Kronberg/Ts. 1978

Neumann, Wiedergeburt Neumann, Bernd: Die Wiedergeburt des Erzählers aus dem Geist der Autobiographie? Einige Anmerkungen zum neuen autobiographischen Roman am Beispiel von Hermann Kinders ›Der Schleiftrog‹ und Bernward Vespers ›Die Reise‹. In: Basis 9. Jb. f. dt. Gegenwartsliteratur. Hrsg. v. Reinhold Grimm u. Jost Hermand. Frankfurt/M. 1979

Neumann, Ziel Neumann, Horst Peter: Hildesheimers Ziel und Ende. Über ›Marbot‹ und die Folgerichtigkeit des Gesamtwerks. In: *Hildesheimer, Text + Kritik,* 20-32

Neumeister, Sebastian: Poetizität: Wie kann ein Urteil über heutige Gedichte gefunden werden? Heidelberg 1970

Neunzig, Richter Neunzig, Hans A. (Hrsg.): Hans Werner Richter und die Gruppe 47. Mit Beiträgen v. W. Jens, M. Reich-Ranicki, P. Wapnewski u. a. München 1979

New German Critique, Number 24-25 Fall/Winter 1981/2: Special Double Issue on New German Cinema

New German Critique, Number 36/Fall 1985: Special Issue on Heimat

New German Critique, Number 46/Fall 1988: Special Issue on Alexander Kluge

Niederland, Folgen Niederland, William G.: Folgen der Verfolgung: Das Überlebenden-Syndrom. Seelenmord. Frankfurt/M. 1980

Niethammer, Lebenserfahrung Niethammer, Lutz (Hrsg.): Lebenserfahrung und kollektives Gedächtnis. Die Praxis der ›Oral History‹. Frankfurt/M. 1980

Niethammer, Lutz: Posthistoire. Ist die Geschichte zu Ende? Reinbek 1989

Nizon, Diskurs Nizon, Paul: Diskurs in der Enge. Zürich 1973

Ohrt, Phantom Ohrt, Roberto: Phantom Avantgarde. Eine Geschichte der Situationistischen Internationale und der modernen Kunst. Hamburg 1990

Ortheil, Suchbewegungen Ortheil, Hanns-Josef: Köder, Beute und Schatten. Suchbewegungen. Frankfurt/M. 1985

Ortheil, Hanns-Josef: Wozu schweigt die junge deutsche Literatur? (1988). In: H.-J. O.: Schauprozesse. Beiträge zur Kultur der 80er Jahre. München 1990, 168-187

Otto, Ostermarsch Otto, Karl A.: Vom Ostermarsch zur APO. Geschichte der außerparlamentarischen Opposition in der Bundesrepublik 1960-1970. Frankfurt/M., New York 1977

Patterson, Stein Patterson, Michael: Peter Stein. Germany's Leading Theatre Director. Cambridge 1981

Patterson, Michael: German Theatre Today. Post-War Theatre in West and East Germany, Austria and Northern Switzerland. London 1976

Pazarkaya, Rosen Pazarkaya, Yüksel: Rosen im Frost. Einblicke in die türkische Kultur. Zürich 1982

Pazarkaya, Spuren Pazarkaya, Yüksel: Spuren des Brots. Zur Lage der ausländischen Arbeiter. Zürich 1983

Pehlke, Polemik Pehlke, Michael: Zur Technik der konservativen Polemik – eine Untersuchung der Zürcher Rede Emil Staigers. In: *Höllerer/Miller, Literaturstreit,* 134-147 (H. 26)

Peitsch, Faschismusdarstellung Peitsch, Helmut: Realistische Vergangenheitsbewältigung? Probleme literarischer Faschismusdarstellung in Romanen der AutorenEdition. In: *Mattenklott/Pickerodt, Siebziger Jahre,* 81-100

Peper, Postmodernismus Peper, Jürgen: Postmodernismus: Unitary Sensibility. Von der geschichtlichen Ordnung zum synchron-environmentalen System. In: Kamper, Dietmar/van Reijen, Willem (Hrsg.): Die unvollendete Vernunft. Moderne versus Postmoderne. Frankfurt/M. 1987, 185-222

Persistence of Vision. The Journal of the Film Faculty of The City University of New York. Number 2, Fall 1985: Special Issue on New German Cinema

Petermann/Thomas, Kino-Fronten Petermann, Werner/Thomas, Ralph (Hrsg.): Kino-Fronten. 20 Jahre '68 und das Kino. München 1988

Peters, Subjektivierung Peters, Sabine: Subjektivierung durch Sprache. Versuch über experimentelle Schreibweise am Beispiel Ernst Jandls. Unveröff. MA-Arbeit. Hamburg 1987

Petersen, Karin/Garbe, Christine: Die gelben Socken und ihre Grenzen. In: Courage 7, 1978

Pflaum, Hans Günther/Prinzler, Hans Helmut: Film in der Bundesrepublik Deutschland. München, Wien 1979

Pflaum, Hans Günther/Prinzler, Hans Helmut: Film in der Bundesrepublik Deutschland. Der neue deutsche Film von den Anfängen bis zur Gegenwart. Bonn 1985

Phillips, Klaus (Hrsg.): New German Filmmakers From Oberhausen Through the 1970s. New York 1984

Pickerodt, Lyrik Pickerodt, Gerhart: Zur Lyrik der frühen achtziger Jahre. In: *Koebner, Tendenzen,* 163-177

Piedmont, Rezeptionsleistung Piedmont, Ferdinand: Zur Frage der Rezeptionsleistung moderner Schiller-Inszenierungen. In: Wittkowski, Wolfgang (Hrsg.): Friedrich Schiller. Kunst, Humanität und Politik in der späten Aufklärung. Ein Symposium. Tübingen 1982, 351-359 (Diskussion 359-364)

Piedmont, Tendenzen Piedmont, Ferdinand: Tendenzen moderner Schiller-Aufführungen. In: Jb. d. Deutschen Schiller-Gesellschaft 21 (1975), 247-273

Plessen, Schwierigkeiten Plessen, Elisabeth: Über die Schwierigkeiten, einen historischen Roman zu schreiben. (Am Beispiel des Kohlhaas.) In: *Lützeler/Schwarz, Literatur,* 195-201

Ploetz, Arbeiterklasse Ploetz, Dagmar: Auf dem Weg zur Arbeiterklasse. In: Kürbiskern 4, 1973, 794-797

Polheim, Karl Konrad (Hrsg.): Literatur aus Österreich – Österreichische Literatur. Ein Bonner Symposion. Bonn 1981

Politische Lyrik, Text + Kritik Arnold, Heinz Ludwig (Hrsg.): Politische Lyrik. 3. Auflage: Neufassung, München 1984 (= Text + Kritik. 9/9 a)

Postman, Amüsieren Postman, Neil: Wir amüsieren uns zu Tode. Urteilsbildung im Zeitalter der Unterhaltungsindustrie. Frankfurt/M. 1985

Preisendanz, Realismus Preisendanz, Wolfgang: Wege des Realismus. Zur Poetik und Erzählkunst im 19. Jahrhundert. München 1977

Prinz, Utopie Prinz, Alois: Der poetische Mensch im Schatten der Utopie. Zur

政治-weltanschaulichen Idee der 68er Studentenbewegung und deren Auswirkung auf die Literatur. Würzburg 1990

Prümm, Buch Prümm, Karl: Vom Buch zum Fernsehfilm (und umgekehrt). Varianten der Literaturverfilmung. In: Kreuzer, Helmut/Prümm, Karl (Hrsg.): Fernsehsendungen und ihre Formen. Stuttgart 1979, 94-114

Puknus, Hildesheimer Puknus, Heinz: Wolfgang Hildesheimer. München 1978

Quarterly Review of Film Studies. Vol. 5, Number 2, Spring 1980: West German Film in the 1970s

Rabehl, Ende Rabehl, Bernd: Am Ende der Utopie. Die politische Geschichte der Freien Universität Berlin: In Zusammenarbeit mit Helmut Müller-Enbergs. Mit e. Vorwort v. Uwe Schlicht. Berlin 1988

Raddatz, Jünger Raddatz, Fritz J.: Ernst Jünger. In: F. J. R.: Die Nachgeborenen. Leseerfahrungen mit zeitgenössischer Literatur. Frankfurt/M. 1983, 59-72

Raddatz, Fritz J.: Eine dritte deutsche Literatur. Stichworte zu Texten der Gegenwart. (Zur deutschen Literatur der Zeit. 3) Reinbek 1987

Rakusa, Fragestellungen Rakusa, Ilma: Frau und Literatur. Fragestellungen zu einer weiblichen Ästhetik. In: Köppel, Christa/Sommerauer, Ruth (Hrsg.): Frau – Realität und Utopie. Zürich 1984

Ramseger, Buch Ramseger, Georg/Schoenicke, Werner (Hrsg.): Das Buch zwischen gestern und morgen. Zeichen und Aspekte. Stuttgart 1969

Rauch, Malte J./Schirmbeck, Samuel H.: Die Barrikaden von Paris. Der Aufstand der französischen Arbeiter und Studenten. Frankfurt/M. 1968

Reeg, Schreiben Reeg, Ulrike: Schreiben in der Fremde. Literatur nationaler Minderheiten in der Bundesrepublik Deutschland. Essen 1988

Reich-Ranicki, Entgegnung Reich-Ranicki, Marcel: Entgegnung. Zur deutschen Literatur der siebziger Jahre. Stuttgart 1981

Reinhardt, Irrationalismus Reinhardt, Stephan: Nach innen führt der geheimnisvolle Weg, aber er führt auch wieder heraus. Unvollständige Anmerkungen zum neuen Irrationalismus in der Literatur. In: *Lüdke, Umbruch,* 158-184

Rentschler, Eric (Hrsg.): German Film and Literature. Adaptations and Transformations. Kapitel 14-20. New York, London 1986

Rentschler, Eric: West German Film in the Course of Time. Bedford Hills/N. Y. 1984

Rey, William H.: Poesie der Antipoesie. Moderne deutsche Lyrik. Genesis, Theorie, Struktur. Heidelberg 1978

Richter, Hans-Jürgen: Ästhetik der Ambivalenz. Studien zur Struktur ›postmoderner‹ Lyrik. Exemplarisch dargestellt an Rolf Dieter Brinkmanns Poetik und dem Gedichtband ›Westwärts 1 & 2‹. Mainz 1981

Riess, Publikum Riess, Curt: Theater gegen das Publikum. Aida als Putzfrau und andere Missetaten. München, Wien 1985

Ritter, Kolloquium Ritter, Alexander (Hrsg.): Kolloquium zur literarischen Kultur der deutschsprachigen Bevölkerungsgruppen im Ausland. Flensburg 1984

Ritter, Authentisch Ritter, Roman: Authentisch, ehrlich, unmittelbar. In: literatur konkret 6, 1981/82, 66-69

Ritter, Innerlichkeit Ritter, Roman: Die »neue Innerlichkeit« – von innen und von außen betrachtet. In: *Fuchs/Timm, Literatur,* 238-257

Roberg, Fußball Roberg, Dietmar: Theater muß wie Fußball sein. Freie Theatergruppen, eine Reise über Land. Berlin 1981

Roberts, Avantgarde Roberts, David: Avantgarde und Tendenzwende. Zum Problemhorizont der nachavantgardistischen Kunst. In: *Roberts, Tendenzwenden*[2], 107-117

Roberts, Formenwelt Roberts, David: Die Formenwelt des Zusammenhangs. Zur Theorie und Funktion der Montage bei Alexander Kluge. In: LiLi. Zs. f. Literaturwissenschaft und Linguistik 46, 1982, 104-119

Roberts, Tendenzwenden[1] Roberts, David: Tendenzwenden. Die sechziger und siebziger Jahre in literaturhistorischer Perspektive. In: DVjS 2, 1982, 290-313

Roberts, Tendenzwenden[2] Roberts, David (Hrsg.): Tendenzwenden. Aspekte des Kulturwandels der siebziger Jahre. Frankfurt/M., Bern, New York 1984

Rüden, Fernsehspiel Rüden, Peter von (Hrsg.): Das Fernsehspiel. Möglichkeiten und Grenzen. München 1975

Rühle, Anarchie Rühle, Günther: Anarchie in der Regie? Theater in unserer Zeit 2. Frankfurt/M. 1983

Rühle, Fassbinder Rühle, Günther: Gruppe Fassbinder. In: FAZ, 5. 11. 1969

Rühle, Theater Rühle, Günther: Theater in unserer Zeit. Frankfurt/M. 1976

Ruoff, Karen: Rückblick auf die Wende zur »Neuen Subjektivität«. In: Das Argument 142, Dezember/November 1983, 802 ff.

Rupp, Gerhard: Kurzschlüsse. Versuch über authentisches Lesen und Schreiben in einem Hochschulseminar. In: Jb. f. Deutschdidaktik 1981/82 (1983)

Rutschky, Erfahrungshunger Rutschky, Michael: Erfahrungshunger. Ein Essay über die siebziger Jahre. Köln 1980

Rutschky, Todesdrohung Rutschky, Michael: Die Todesdrohung. In: *Literaturmagazin* 9, 152-167

Rutschky, Wetterbericht Rutschky, Michael: Wetterbericht als Poesie. Radiohören als »Tonspur für das Lebenskino«. In: epd/Kirche und Rundfunk 18, 1988, 3-8

Sack, Konflikte Sack, Fritz: Staat, Gesellschaft und politische Gewalt: Zur ›Pathologie‹ politischer Konflikte. Unter Mitarbeit v. Uwe Berlit, Horst Dreier, Hubert Treiber. In: Sack, Fritz/Steinert, Heinz u. a.: Protest und Reaktion. Opladen 1981 (= Analysen zum Terrorismus. 4/2. Hrsg. v. Bundesminister des Innern)

Sandford, John: The New German Cinema. New York 1980

Sang, Regietheater Sang, Jürgen: Vom Regietheater zurück zum Klassiker-Text – warum? In: Wittkowski, Wolfgang (Hrsg.): Verlorene Klassik? Ein Symposium. Tübingen 1986, 378-383 (Diskussion 383-387)

Saul, Louis (Hrsg.): Förderung essen Filme auf. Positionen – Situationen – Materialien. München 1984

Sautermeister, Körpersprache Sautermeister, Gert: Aufklärung und Körpersprache. Schillers Dramen auf dem Theater heute. In: Richter, Karl/Schönert, Jörg (Hrsg.): Klassik und Moderne. Die Weimarer Klassik als geschichtliches Ereignis und Herausforderung im kulturgeschichtlichen Prozeß. Stuttgart 1983, 618-640

BIBLIOGRAPHIE: UNTERSUCHUNGEN   845

Schanze, Medienkunde Schanze, Helmut: Medienkunde für Literaturwissenschaftler. Einführung und Bibliographie. München 1974

Scharang, Michael: Die List der Kunst. Essays. Darmstadt u. Neuwied 1986

Scheerer, Deutschland Scheerer, Sebastian: Deutschland: Die ausgebürgerte Linke. In: *Hess u. a., Angriff,* 191-429

Scheffer, Literatur Scheffer, Bernd: Moderne Literatur läßt sich nicht länger sprachtheoretisch begründen. Helmut Heißenbüttels Theorie als Beispiel. In: Merkur 449, 1986, 573 ff.

Scheidt, Jürgen vom: Kreatives Schreiben. Texte als Wege zu sich selbst und zu anderen. Frankfurt/M. 1989

Scherpe, Unwirklichkeit Scherpe, Klaus (Hrsg.): Die Unwirklichkeit der Städte. Großstadtdarstellungen zwischen Moderne und Postmoderne. Reinbek 1988

Scheunemann, Gesänge Scheunemann, Dietrich: Epische Gesänge, gedruckte Bücher und der Film. Vermischte Notizen zum Status und zu Präsentationsweisen der Literatur. In: *Germanistentag 1987,* 2, 191-204

Schickel, Enzensberger Schickel, Joachim (Hrsg.): Über Hans Magnus Enzensberger. Frankfurt/M. 1970

Schillo/Thorn Prikker, Prosa Schillo, Johannes/Thorn Prikker, Jan: Gleitende Prosa. Notizen zu Brinkmanns Schreibweise. In: *Brinkmann, Text + Kritik,* 76-82

Schings, Equilibrismus Schings, Hans-Jürgen: Die Methode des Equilibrismus. Zu Thomas Bernhards ›Immanuel Kant‹. In: *Irmscher/Keller, Drama,* 432-445

Schirner, Michael: Werbung ist Kunst. München 1988

Schlaffer, Kritik Schlaffer, Hannelore: Kritik eines Klischees: »Das Kunstwerk als Ware«. In: Schlaffer, Heinz (Hrsg.): Erweiterung der materialistischen Literaturtheorie durch Bestimmung ihrer Grenzen. Stuttgart 1974, 265-287 (= Literaturwissenschaft und Sozialwissenschaften. 4)

Schlichter, Susanne: TanzTheater. Traditionen und Freiheiten. Pina Bausch, Gerhard Böhmer, Reinhild Hoffmann, Hans Kresnik, Susanne Linke. Reinbek 1987

Schlösser, Reiseformen Schlösser, Hermann: Reiseformen des Geschriebenen. Selbsterfahrung und Weltdarstellung in Reisebüchern Wolfgang Koeppens, Rolf Dieter Brinkmanns und Hubert Fichtes. Wien, Köln 1987

Schmidt, Postmoderne Schmidt, Burghart: Postmoderne. Strategien des Vergessens. Ein kritischer Bericht. Darmstadt u. Neuwied 1986

Schmidt, Johann N.: Satire: Swift und Pope. Stuttgart, Berlin, Köln, Mainz 1977

Schmidt, Frauenliteratur Schmidt, Ricarda: Westdeutsche Frauenliteratur in den 70er Jahren. Frankfurt/M. 1982

Schmidt, FUSZSTAPFEN Schmidt, Siegfried J.: FUSZSTAPFEN DES KOPFES. Friederike Mayröckers Prosa aus konstruktivistischer Sicht. Münster 1989

Schmidt-Dengler, Wendelin/Huber, Martin (Hrsg.): Statt Bernhard. Über Misanthropie im Werk Thomas Bernhards. Wien 1987

Schmitt, Debatte Schmitt, Hans-Jürgen: Die Expressionismusdebatte. Materialien zu einer marxistischen Realismuskonzeption. Frankfurt/M. 1973

Schmitz, Volksstück Schmitz, Thomas: Das Volksstück. Stuttgart 1990

846 ANHANG

Schneider, Literaturverfilmung Schneider, Irmela: Der verwandelte Text. Wege zu einer Theorie der Literaturverfilmung. Tübingen 1981

Schneider, Herzensschrift Schneider, Manfred: Die erkaltete Herzensschrift. Der autobiographische Text im 20. Jahrhundert. München, Wien 1986

Schneider, Fische Schneider, Michael: Nur tote Fische schwimmen mit dem Strom. Essays, Aphorismen und Polemiken. Köln 1984

Schneider, Kulturzerfall Schneider, Michael: Den Kopf verkehrt aufgesetzt oder Die melancholische Linke. Aspekte des Kulturzerfalls in den siebziger Jahren. Darmstadt u. Neuwied 1981

Schneider, Radikalität Schneider, Michael: Peter Schneider. Von der Alten Radikalität zur Neuen Sensibilität. In: M. Sch.: Die lange Wut zum langen Marsch. Reinbek 1975, 317-329

Schneider, Sensibilität Schneider, Michael: Von der alten Radikalität zur neuen Sensibilität. In: Kursbuch 49, 1977, 174-187

Schneider, Michael: Weltschmerz und gesunder Appetit. In: literatur konkret 6, 1981/82, 41

Schneider, Michael/Siepmann, Eckhard: ›Der Spiegel‹ oder die Nachricht als Ware. Nachwort Bernward Vesper. Frankfurt/M. 1968 (= Voltaire Flugschriften. 18)

Schneider, Atempause Schneider, Peter: Atempause. Versuch, meine Gedanken über Literatur und Kunst zu ordnen. Reinbek 1977

Schneider, Peter: Politische Dichtung. Ihre Grenzen und Möglichkeiten. In: Der Monat 207, Dezember 1965

Schneider, Phantasie Schneider, Peter: Die Phantasie im Spätkapitalismus und die Kulturrevolution. In: Kursbuch 16, 1969, 1-37 (Auch in: *Schneider, Atempause*)

Schödel, Subkultur Schödel, Helmut: Der Stoff, aus dem die Felsen sind. Eine Wallfahrt zu den Veteranen der Subkultur. In: Die Zeit, 3. 5. 1985

Schoenberner, Gerhard: Der Krieg in Vietnam und die Schriftsteller. München Feb. 1966 (= Werkhefte)

Schöning, Hörspiel hören Schöning, Klaus: Hörspiel hören. Akustische Literatur: Gegenstand der Literaturwissenschaft? In: *Schöning, Spuren*, 287-307

Schöning, Spuren Schöning Klaus (Hrsg.): Spuren des Neuen Hörspiels. Frankfurt/M. 1982

Schoeps, Hans Julius/Dannenmann, Christopher: Die rebellischen Studenten. Elite der Demokratie oder Vorhut eines Linken Faschismus? München [2]1968

Schonauer, Franz: Literaturkritik in der Bundesrepublik Deutschland. In: *Durzak, Gegenwartsliteratur,* 404-423

Schonauer, Prosaliteratur Schonauer, Franz: Die Prosaliteratur der Bundesrepublik. In: *Hermand, Literatur,* 195-272

Schramke, Theorie Schramke, Jürgen: Zur Theorie des modernen Romans. München 1974

Schröter, Böll Schröter, Klaus: Heinrich Böll. Reinbek 1987

Schütt, Asphalt-Literatur Schütt, Peter: Asphalt-Literatur. Mainz 1968

Schütz, Liebesversuch Schütz, Gerhard: Ein Liebesversuch oder Zeigen, was das Auge nicht sieht ... In: *Kluge, Text + Kritik,* 50-62

Schuh, Franz: Einssein und Anderssein. Zum Verhältnis von Germanistik, Feuilleton und Literatur. In: F. S.: Liebe, Macht und Heiterkeit. Essays. Klagenfurt 1985, 13-25

Schuller, Aufschwung Schuller, Marianne: Die Lust am Aufschwung. Zu Peter Handkes ›Über die Dörfer. Ein dramatisches Gedicht‹. Ein Essay. In: *Mattenklott/Pickerodt, Siebziger Jahre,* 10-19

Schumacher, Claude (Hrsg.): 40 Years of *mise en scène*/40 ans de mise en scène. Dublin 1986

Schuster, Paul: Sinnlichkeit und ›Talent‹. Zu einer Hauptbedingung des Schreibens. In: *Literaturmagazin* 11, 152-169

Schwab, Autobiographik Schwab, Sylvia: Autobiographik und Lebenserfahrung. Versuch einer Typologie deutschsprachiger autobiographischer Schriften zwischen 1965 und 1975. Würzburg 1981

Schwab-Felisch, Hans: Berlins »langer heißer Sommer«. In: Merkur 233, 1967, 794-798

Schwencke, Olaf (Hrsg.): Kritik der Literaturkritik. Stuttgart 1973

Schwendter, Theorie Schwendter, Rolf: Theorie der Subkultur. Neuausgabe mit einem Nachwort, sieben Jahre später. Frankfurt/M. 1978. (1973)

Schwenger, Literaturproduktion Schwenger, Hannes: Literaturproduktion. Zwischen Selbstverwirklichung und Vergesellschaftung. Stuttgart 1979

W. G. Sebald (Hrsg.): A Radical Stage. Theatre in Germany in the 1970s and 1980s. Oxford 1988

Seibold, 68er Seibold, Carsten (Hrsg.): Die 68er. Das Fest der Rebellion. München 1988

Sennett, Richard: Verfall und Ende des öffentlichen Lebens. Die Tyrannei der Intimität. Frankfurt/M. 1986

Serke, Jürgen: Frauen schreiben. Ein neues Kapitel deutschsprachiger Literatur. Hamburg 1979

Seuter, Feder Seuter, Harald (Hrsg.): Die Feder, ein Schwert? Literatur und Politik in Österreich. Graz 1981

Siegrist, Gefährdung Siegrist, Christoph: Gefährdung und Behauptung – Überlegungen zur Kontinuität der Schweizer Literatur im 20. Jahrhundert. In: Schöne, Albrecht (Hrsg.): Kontroversen, alte und neue. 10. Tübingen 1986, 63-71. (= Akten des VII. Intern. Germanisten-Kongresses Göttingen 1985)

Sontag, radical will Sontag, Susan: Styles of radical will. New York 1968

Späth, Sibylle: Rettungsversuche aus dem Todesterritorium. Zur Aktualität der Lyrik Rolf Dieter Brinkmanns. Bern/Frankfurt 1986

Spoerri, Wölfli Spoerri, Elka (Hrsg.): Der Engel des Herrn im Küchenschurz. Über Adolf Wölfli. Frankfurt/M. 1985

Sprache im technischen Zeitalter 68: Metapher und Wissenschaft – ein Widerspruch? 1978

Stack, ›Akkord ist Mord‹ Stack, Günter: Zu Peter Neumeiers Roman ›Akkord ist Mord‹. In: alternative 90: Arbeiterliteratur – Zerstörung der Literatur. 1973, 130-136

848 ANHANG

Steiner, Metaphorik Steiner, George: Das lange Leben der Metaphorik. Ein Versuch über die ›Shoah‹. In: Akzente 3, 1987, 194 ff.

Steinwachs, Mythologie Steinwachs, Ginka: Mythologie des Surrealismus oder die Rückverwandlung von Kultur in Natur (1971). Frankfurt/M. 1985

Stephan/Venske/Weigel, Tradition Stephan, Inge/Venske, Regula/Weigel, Sigrid: Frauenliteratur ohne Tradition? Neun Autorinnenporträts. Frankfurt/M. 1987

Stephan, Peter M.: Lässige Lyrik für nachlässige Zeitgenossen. In: Litfass 6, 1977, 70-91

Stephan, Peter M.: Theorie des offenen Gedichts? In: *Literaturmagazin* 14, 133-149

Stölting, Migrantendiskurs Stölting, Eberhard: Goldene Stadt und arkadische Heimat. Mechanismen des Migrantendiskurses. In: Zibaldone. Zs. f. italienische Kultur der Gegenwart. 1986

Stollweg, Theater Stollweg, Rainer: Theater im Dritten Reich. In: Thuneke, Jörg (Hrsg.): Leid der Worte. Panorama des literarischen Nationalsozialismus. Bonn 1987, 72-89

Storch, Explosion Storch, Wolfgang (Hrsg.): Explosion of a Memory. Heiner Müller DDR. Ein Arbeitsbuch. Berlin 1989

Strauß, Text + Kritik Arnold, Heinz Ludwig (Hrsg.): Botho Strauß. München 1984 (= Text + Kritik. 81)

Strauß, Versuch Strauß, Botho: Versuch, ästhetische und politische Ereignisse zusammenzudenken. Neues Theater 1967-70. In: Theater heute, 11/1970, 61 ff. Wiederabdr. in: B. S.: Versuch, ästhetische und politische Ereignisse zusammenzudenken. Texte über Theater 1967-1986. Frankfurt/M. 1987, 50-73

Sucher, Theaterzauberer 2 Sucher, C. Bernd: Theaterzauberer 2. Von Bondy bis Zadek. Zehn Regisseure des deutschen Gegenwartstheaters. München 1990

Sucher, C. Bernd: Theaterzauberer. Schauspieler – 40 Porträts. München 1988

Swift, Astrid: The West German Theatre Scene: 1966-1973. In: drama & theatre 12, 1 (Fall 1974), 2-11

Theobaldy/Zürcher, Veränderung Theobaldy, Jürgen/Zürcher, Gustav: Veränderung der Lyrik. Über westdeutsche Gedichte seit 1965. München 1976

Thomsen, Christian W. (Hrsg.): Studien zur Ästhetik des Gegenwartstheaters. Heidelberg 1985

Thurn, Christian/Röttger, Herbert (Hrsg.): Die Rückkehr des Imaginären. Märchen, Magie, Mythos. Anfänge einer anderen Politik. München 1981

Treichel, Fragment Treichel, Hans-Ulrich: Fragment ohne Ende. Eine Studie über Wolfgang Koeppen. Heidelberg 1984

Trommler, Literatur Trommler, Frank: Auf dem Wege zu einer kleineren Literatur. Ästhetische Perioden und Probleme seit 1945. In: *Koebner, Tendenzen*, 1-106

Türk, Horst: Wirkungsästhetik. Theorie und Interpretation der literarischen Wirkung. München 1976

Ullrich, Gisela: Identität und Rolle. Probleme des Erzählens bei Johnson, Walser, Frisch und Fichte. Stuttgart 1977

Unseld, Siegfried: Der Autor und sein Verleger. Frankfurt/M. 1978

Venske, Mannsbilder Venske, Regula: Mannsbilder – Männerbilder. Konstruktion

BIBLIOGRAPHIE: UNTERSUCHUNGEN 849

und Kritik des Männlichen in zeitgenössischer deutschsprachiger Literatur von Frauen. Hildesheim, Zürich, New York 1988

Venske, Regula: Das Verschwinden des Mannes in der weiblichen Schreibmaschine. Männerbilder in der Literatur von Frauen. Hamburg 1991

Viehoff, Reinhold: Literaturkritik im Rundfunk. Eine empirische Untersuchung von Sendereihen des WDR/Köln 1971-73. Tübingen 1981

Visarius, Das Schreckliche Visarius, Karsten: Das Schreckliche wird verzehrt. In: FAZ, 24. 1. 1984

Völker, Beckett Völker, Klaus: Samuel Beckett in Berlin. Zum 80. Geburtstag. Berlin 1986

Völker, Kortner Völker, Klaus: Fritz Kortner, Schauspieler und Regisseur. Berlin 1988

Völker, Klaus: Theater heute – Am blanken Wunderspiegel vorbei. In: Miller, Norbert/Klotz, Volker/Krüger, Michael (Hrsg.): Bausteine zu einer Poetik der Moderne. Festschrift für Walter Höllerer. München 1987, 419-428

Vogt, »Ästhetik« Vogt, Jochen:»Wie könnte dies alles geschildert werden?« Versuch, die ›Ästhetik des Widerstands‹ mit Hilfe einiger Vorurteile der Kritiker zu verstehen. In: *Weiss, Text + Kritik,* 68-94

Vogt, Jochen: Heinrich Böll. München 1978

Vogt, Erzähler Vogt, Jochen: Der ratlos-rastlose Erzähler Alexander Kluge. In: *Kluge, Text + Kritik,* 10-21

Vogt, Jochen (Hrsg.): »Das Vergangene ist nicht tot, es ist nicht einmal vergangen«. Nationalsozialismus im Spiegel der Nachkriegsliteratur. Essen 1984

Volckmann, Silvia: Zeit der Kirschen? Das Naturbild der deutschen Gegenwartslyrik: Jürgen Becker, Sarah Kirsch, Wolf Biermann, Hans Magnus Enzensberger. Königstein/Ts. 1982

Vormweg, Heinrich: Das Elend der Aufklärung. Über ein Dilemma in Deutschland. Darmstadt u. Neuwied 1984

Vormweg, Grass Vormweg, Heinrich: Günter Grass. Reinbek 1986

Vormweg, Lebenshilfe Vormweg, Heinrich: Literatur und Lebenshilfe, neue Version. In Merkur 268, 1970, 783-786

Vormweg, Lesart Vormweg, Heinrich: Eine andere Lesart. Über neue Literatur. Neuwied u. Berlin 1972

Vormweg, Heinrich: Der Verlust der Theorie. Zur Situation der Literaturkritik. In: Drews, Jörg (Hrsg.): Literaturkritik – Medienkritik. Heidelberg 1970, 28-33

Vormweg, Weiss Vormweg, Heinrich: ». . . ob ich einen Wohnort finden könnte«. Peter Weiss in seinen ›Notizbüchern‹ aus den sechziger Jahren. In: Gerlach, Rainer (Hrsg.): Peter Weiss. Frankfurt/M. 1984, 302-306

Wagener, Hans (Hrsg.): Zeitkritische Romane des 20. Jahrhunderts. Die Gesellschaft in der Kritik der deutschen Literatur. Stuttgart 1975

Wagenknecht, Terminologie Wagenknecht, Christian (Hrsg.): Zur Terminologie der Literaturwissenschaft. Akten des IX. Germanistischen Symposions der Deutschen Forschungsgemeinschaft, Würzburg 1986. Stuttgart 1988

Wallraff, Wirkungen Wallraff, Günter: Wirkungen in der Praxis. (Rede auf der ›Arbeitstagung der Werkstätten‹ in Gelsenkirchen am 27. 6. 1970). In: Akzente

4, 1970, 312-318. Erw. Fassung in: G. W.: Neue Reportagen, Untersuchungen und Lehrbeispiele. Köln 1972, 150-156

Walser, Heimatkunde Walser, Martin: Heimatkunde. Aufsätze und Reden. Frankfurt/M. 1968

Walser, Literatur Walser, Martin: Wie und wovon handelt Literatur. Aufsätze und Reden. Frankfurt/M. 1973

Weber, Norbert: Das gesellschaftlich Vermittelte der Romane österreichischer Schriftsteller seit 1970. Frankfurt/M. 1980

Weigel, Leibraum Weigel, Sigrid (Hrsg.): Leib- und Bildraum. Lektüren nach Benjamin. Köln 1992

Weigel, Topographien Weigel, Sigrid: Topographien der Geschlechter. Kulturgeschichtliche Studien zur Literatur. Reinbek 1990

Weigel, Verdoppelung Weigel, Sigrid: Die Verdoppelung des männlichen Blicks und der Ausschluß von Frauen aus der Literaturwissenschaft. In: Hausen, Karin/Novotny, Helga (Hrsg.): Wie männlich ist die Wissenschaft? Frankfurt/M. 1986, 43-61

Weiss, Text + Kritik Arnold, Heinz Ludwig u. a. (Hrsg.): Peter Weiss. München 1982 (= Text + Kritik. 37)

Weissenberger, Klaus (Hrsg.): Die deutsche Lyrik 1945-1975. Botschaft und Spiel. Düsseldorf 1981

Wellershoff, Auflösung Wellershoff, Dieter: Die Auflösung des Kunstbegriffs. Frankfurt/M. 1976

Wellershoff, Lustprinzip Wellershoff, Dieter: Literatur und Lustprinzip. Essays (1973). München 1980

Wellershoff, Veränderung Wellershoff, Dieter: Literatur und Veränderung. Versuche zu einer Metakritik der Literatur (1969). München 1971

Wellershoff, Wahrheit Wellershoff, Dieter: Die Wahrheit der Literatur. Sieben Gespräche. München 1980

Wellershoff/Linder, Jagd Wellershoff, Dieter/Linder, Christian: Jagd auf Verbrecher als Massenunterhaltung – ein Gespräch. In: Kölner Stadt-Anzeiger, 11./12. 5. 1972

Wendt, Lehrstücke Wendt, Ernst: Wie es euch gefällt geht nicht mehr. Meine Lehrstücke und Endspiele. München, Wien 1985

Werder, Lutz von: Schreiben als Therapie. Ein Praxisbuch für Gruppen und zur Selbsthilfe. München 1988

Werder, Lutz von: ... triffst du nur das Zauberwort. Eine Einführung in die Schreib- und Poesietherapie. München, Weinheim 1986

Werkmeister, Frank: Die Protestbewegung gegen den Vietnamkrieg in der Bundesrepublik Deutschland 1965-1973. [Phil. Diss.] Marburg/Lahn 1975

Widmer, »1968« Widmer, Urs: »1968«. In: *Lüdke, Umbruch,* 14 ff.

Wiegenstein, Theater Wiegenstein, Roland H.: Über Theater. 1966-1986. Zürich 1987

Wiesand, Literatur Wiesand, Andreas J.: Literatur und Öffentlichkeit in der Bundesrepublik Deutschland. In Zusammenarbeit mit Karla Fohrbeck. München/Wien 1976

Bibliographie: Untersuchungen 851

Willems, Gottfried: Großstadt- und Bewußtseinspoesie. Über Realismus in der modernen Lyrik, insbesondere im lyrischen Spätwerk Gottfried Benns und in der deutschen Lyrik seit 1965. Tübingen 1981

Winckler, Kulturwarenproduktion Winckler, Lutz: Kulturwarenproduktion. Frankfurt/M. 1973

Winter, Dokumentarliteratur Winter, Hans Gerd: Dokumentarliteratur. In: *Fischer, Literatur,* 379-402

Zeller, Aufbrüche Zeller, Michael (Hrsg.): Aufbrüche: Abschiede. Studien zur deutschen Literatur seit 1968. Stuttgart 1979

Zeller, Gedichte Zeller, Michael: Gedichte haben Zeit. Aufriß einer zeitgenössischen Poetik. Stuttgart 1982

Zeltner, Gewähr Zeltner, Gerda: Das Ich ohne Gewähr. Gegenwartsautoren aus der Schweiz. Zürich u. Frankfurt/M. 1980

Zielinski, Audiovisionen Zielinski, Siegfried: Audiovisionen. Kino und Fernsehen als Zwischenspiele in der Geschichte. Reinbek 1989

Zimmermann, Dichterfiguren Zimmermann, Bernhard: Dichterfiguren in der biographischen Literatur der siebziger Jahre. In: *Lützeler/Schwarz, Literatur,* 219-229

Personenregister

Aufgenommen sind alle Personennamen im Textteil. In den Anmerkungen ist nur auf ›sprechende‹ Personenangaben verwiesen (z. B. in Zitaten, bei Bewertungen oder bei Titeln, die in einem Debattenzusammenhang stehen), nicht, auch wenn es sich um ›Autoren‹ handelt, auf Verfasserangaben in den reinen Titelnachweisen.

Abate, Carmine 211
Abraham, Karl 25
Achternbusch, Herbert 41, 58, 121, 372, 553, 732
Adenauer, Konrad 117, 300, 335, 359, 374, 467, 608
Adler, Hans Günther 85, 86, 726
Adorno, Theodor W. 25, 35, 63, 68–72, 94, 129, 279, 307–310, 320, 321, 325–327, 329, 330, 353, 354, 386, 405, 409, 427, 478, 483, 495, 548, 705, 723, 757
Aichinger, Ilse 47, 250, 699
Akçam, Dursun 212
Aktoprak, Levent 213
Albertz, Heinrich, 708
Alewyn, Richard 777
Allemann, Fritz René 725
Alsheimer, Georg 44, 280
Altenberg, Peter 668
Amann, Jürg 665
Amery, Carl 59, 61
Améry, Jean 120, 124, 125, 129, 389, 420–422, 734, 761
Anaximandros von Milet 361, 759
Anders, Günter 354
Andersch, Alfred 93, 96, 99, 100, 121, 292, 293, 300, 327, 370, 420, 421, 445–448
Arendt, Hannah 117, 120, 482, 723, 732
Arnold, Heinz Ludwig 328, 799
Artaud, Antonin 167, 531
Artmann, H. C. (Hans Carl) 668, 677, 678, 684
Ash, Timothy Garton 744
Assenov, Assen 630

Assheuer, Thomas 711
Astel, Arnfried 54, 166, 295
Auden, W. H. (Wystan Hugh) 454
Augstein, Rudolf 725
Augustin, Ernst 41, 96, 104, 145, 306, 415, 708, 729
Ausländer, Rose 128, 442

Baader, Andreas 103, 296, 298, 391, 402, 573
Bachmann, Ingeborg 9, 13, 46, 48, 57, 73–81, 96, 97, 106, 121, 133, 140, 145, 198, 206, 207, 245, 248–250, 254, 256, 257, 259, 268, 270, 272, 320, 327, 342, 370, 377, 406, 407, 416, 699, 703, 726, 801
Bachmann, Guido 664, 801
Bäcker, Heimrad 688
Baier, Lothar 61, 110, 203, 329, 340, 341, 360, 764
Baker, Josephine 318
Bakunin, Michail A. 337, 691
Balzac, Honoré de 340
Baroth, Hans-Dieter 293
Barthelme, Donald 324
Barthes, Roland 12, 13
Basar, Tevfik 223
Batberger, Reinhold 88, 380
Batt, Kurt 312, 316, 318
Baudelaire, Charles 369
Baudrillard, Jean 368, 372, 402, 770, 783
Bauer, Wolfgang 674, 677, 684, 689–691
Baumann, Michael (Bommi) 412
Baumgart, Reinhard 59, 61, 62, 97, 171, 286, 287, 293, 309, 310, 314,

315, 317, 322–327, 331, 334, 357, 362, 386, 416, 703, 717, 726
Bausch, Pina 531, 532, 786
Bayer, Konrad 678
Bayer, Ingeborg 160
Baykurt, Fakir 212
Becher, Martin Roda 554
Becher, Ulrich 700
Becker, Boris 623
Becker, Jurek 127, 128, 231, 242, 376, 544
Becker, Jürgen 47, 48, 59, 60, 66, 337, 371, 387, 439, 451, 592, 596, 597, 601, 602, 714, 717, 719
Becker, Peter von 788
Beckett, Samuel 321, 325, 513, 533, 534
Behkalam, Akbar 221
Behrens, Alfred 541, 542
Behrens, Katja 206, 255
Bektaş, Habib 211, 217
Bender, Hans 442, 445
Benjamin, Walter 25, 35, 45, 70, 108, 156, 250, 279, 283, 369, 377, 381, 387, 396, 425, 524, 525, 527, 588, 593, 614, 645, 762
Benn, Gottfried 386, 424, 431, 438, 450, 455
Bense, Max 596
Benseler, Frank 718
Beradt, Charlotte 126
Berger, Joe 690
Berkemeier, Karl-Heinz 733
Berkéwicz, Ulla 259
Bernhard, Thomas 41, 201, 263, 306, 325, 357, 367, 372, 506, 513–515, 520, 668, 678, 696–698, 700
Berrigan, Ted 435
Bertaux, Pierre 393
Beutler, Maja 260, 653, 657
Beuys, Joseph 51
Bezzel, Chris 43, 49, 51, 52, 443
Bianchi, Maya 653
Bichsel, Peter 49, 315, 634, 643, 644, 650, 801

Biehler, Manfred 291, 360
Bienek, Horst 41, 291, 336–338, 372, 711, 712, 770
Biermann, Wolf 87, 230, 233–235, 445, 448, 626, 726
Bingel, Horst 53–55, 717, 718
Biondi, Franco 209, 210, 211, 218–220, 742, 743
Bischoff, Fritz 143
Bischoff, Lotte 143, 144
Bisinger, Gerald 685
Bismarck, Otto von 82
Blanchot, Maurice 380, 762
Blatter, Silvio 371, 649
Blobel, Brigitte 276
Bloch, Ernst 106, 324, 527
Blöcker, Günter 726
Bobrowski, Johannes 725
Böckelmann, Frank 21, 69
Bockmayer, Walter 58, 578
Boehlich, Walter 302, 385, 718, 719, 727, 788
Boehncke, Heiner 178
Bohrer, Karl Heinz 37, 84, 85, 332, 391, 420, 718, 726, 730, 754
Boie, Bernhard 281
Böll, Heinrich 9, 65, 74, 81–88, 96, 121, 286, 293–295, 298, 299, 300, 301, 311, 312, 326, 359, 405, 551, 552, 567, 622, 626, 667, 668, 671, 684, 720, 725–727, 751
Bond, Edward 517
Bondy, François 725
Bondy, Luc 512
Böni, Franz 664
Bopp, Jörg 415
Borch, Herbert v. 725
Borchers, Elisabeth 452
Born, Nicolas 30, 169, 197, 198, 295, 298, 414, 432–434, 438, 439, 551
Börne, Ludwig 136, 465, 726, 778
Borroughs, William Steward 408, 435
Bossert, Rolf 227
Boveri, Margret 730
Bracher, Karl Dietrich 124

Brandner, Uwe 542, 792
Brandstetter, Alois 687, 693
Brandt, Willy 32, 421, 423
Brasch, Thomas 231, 235, 236, 242,
    507, 523, 566
Braun, Christina von 724
Braun, Karlheinz 328
Braun, Volker 522
Brecht, Bertolt 44, 156, 279, 313,
    372, 386, 387, 424, 425, 429, 447,
    454, 455, 483, 494, 516–519,
    522-527, 535, 539, 588, 592, 614,
    669
Bredel, Willi 743
Bredthauer, Karl Dieter (Carlo) 56,
    718
Breest, Jürgen 790
Breicha, Otto 684
Bremer, Uwe 55
Breth, Andrea 496, 509, 533
Breton, André 41, 44, 45, 70
Brieger, Nicolas 509, 533
Brinkmann, Rolf Dieter 41, 56, 67,
    68, 91, 98, 161–163, 166, 167,
    202, 203, 324, 366, 392, 409,
    435–437, 439, 542, 689, 717, 768,
    790
Broch, Hermann 748
Brock, Bazon 51, 55, 59
Broder, Henryk M. 130
Bronnen, Barbara 271, 274, 275
Bronner, Oscar 674
Brontë, Emily 262, 266
Brück, Rolf 167
Brück, Wolfram 733
Brückner, Christine 747
Brückner, Peter 37, 122, 370, 395,
    703, 712
Brückner, Jutta 582
Brunk, Sigrid 272
Brus, Gunter 575
Brustellin, Alf 568, 727
Buback, Siegfried 445, 447
Bubis, Ignaz 733
Buch, Hans Christoph 29, 30, 92,

196, 203, 286, 287, 290, 295, 298,
    304, 305, 323, 328, 330, 372, 392,
    414, 430, 433, 434, 715
Büchmann, Georg 516
Büchner, Georg 51, 58, 197, 266,
    290, 491, 517
Buchonias, Fritz 296
Buck, Elmar 533
Buhmann, Inga 175, 253, 254, 416,
    723
Bührer, Jakob 649
Bukowski, Charles 435
Buonaiuti, Ernesto 25
Burger, Hermann 395, 644, 663, 801
Bürger, Peter 452, 460, 470
Burger, Rudolf 676
Burkart, Erika 653
Burmeister, Brigitte 240, 242
Burns, Jim 452
Burren, Ernst 652
Burri, Peter 657
Büscher, Josef 154
Buselmeier, Michael 51, 299, 300,
    430, 452, 453, 759, 771, 773, 786
Butor, Michel 601
Bütow, Thomas 178

Cage, John 596
Calvino, Italo 180, 181
Calley, Captain 710
Canaris, Volker 124, 503
Canetti, Elias 372, 378, 419, 422,
    668, 685
Carpaccio, Vittore 148, 149
Castoriadis, Cornelius 366, 761–764
Catull (Gaius Valerius Catullus) 452
Celan, Paul 43, 59, 62, 128, 406,
    407, 668
Cellini, Benvenuto 422
Chamisso, Adelbert von 214, 228
Charms, Daniil 689
Chiellino, Gino 209, 211, 215–217,
    743
Chlebnikov, Velimir 43
Chomsky, Noam 765

Chotjewitz, Peter O. 42, 86, 122, 134, 292–297, 596, 614, 712, 717, 732
Chotjewitz-Häfner, Renate 732
Christ, Jan 173
Chtcheglov, Ivan 704
Cixous, Hélène 250, 251, 260
Clemens, Harald 509
Clever, Edith 500
Cloos, Hans Peter 568
Cohen, Leonard 324
Cohn-Bendit, Daniel 184
Coppi, Hans 112
Corbin, Alain 400
Costard, Hellmuth 575
Cramer, Sibylle 368, 371
Creutz, Helmut 156
Czernin, Franz Josef 672
Czurda, Elfriede 252, 272, 273, 678

D'Annunzio, Gabriele 199, 528
Dach, Margrit von 653
Dal, Güney 211, 220
Dalos, György 744
Dante Alighieri 389, 390, 695
Daum, Thomas 52, 163, 167, 711, 716
Dean, Martin R. 663
Debord, Guy-Ernest 23–25, 36, 706
Degenhardt, Franz-Josef 86, 289, 292, 295, 426, 445
Deleuze, Gilles 678
Delius, Friedrich Christian 30, 58, 169, 198, 297, 424, 433, 445, 452
Demski, Eva 297, 298, 379
Derrida, Jacques 352, 756, 760, 762, 769
Derschau, Christoph 438, 542, 771
Descartes, René 263
Diedrichsen, Diedrich 784
Diggelmann, Walter M. 643
Dikmen, Sinasi 213, 220
Dill'Elba, Giuseppe E. 211
Diner, Dan 126, 740
Dinkelmann, Fritz H. 649
Dirks, Liane 272

Dirks, Walter 622
Dische, Irene 125, 127, 733
Dischereit, Esther 130, 192
Dittberner, Hugo 392
Dittmar, Rolf 717
Döbler, Hannsferdinand 292
Döblin, Alfred 313, 315
Döhl, Reinhard 597, 600, 605, 611
Doehlemann, Martin 711
Dolci, Danilo 324
Dollfuß, Engelbert 684
Dölling, Fritz Peter 179, 738
Domin, Hilde 267, 748
Donnes, John 695
Dorn, Dieter 533
Dorpat, Christel 272
Dörrie, Doris 559
Dorst, Tankred 199, 393, 491, 504, 528
Dresen, Adolf 124
Drewitz, Ingeborg 173, 250, 255, 274, 292
Drews, Jörg 328, 329, 440, 758, 771
Dreyer, Ernst-Jürgen 468
Driest, Burkhard 416, 544
Duden, Anne 76, 80, 115, 140, 145–149, 252, 259–262, 275, 380, 381
Duerr, Hans Peter 397
Dürrenmatt, Friedrich 634, 664, 665
Durruti, Buenaventura 195, 310, 311
Dutschke, Rudi 24, 25, 28–30, 40, 41, 45, 56, 68, 391, 707, 713
Duvanel, Adelheid 653

Eckermann, Johann Peter 420
Edvardson, Cordelia 129
Egerer, Carla 58
Eggers, Ulf K. 753
Eggimann, Ernst 652
Eich, Günter 407, 598, 599, 719
Eichendorff, Joseph von 450, 454, 550, 777
Eichmann, Adolf 88, 727
Eickhoff, Pit 174

PERSONENREGISTER 857

Eisendle, Helmut 328, 684, 691, 693
Eisenreich, Herbert 668
Eliade, Mircea 25
Elsner, Gisela 287, 294, 297, 751
Emigholz, Heinz 574
Emre, Gültekin 213
Endres, Ria 252, 263, 264, 400
Engel, Peter 166
Engelmann, Bernt 86, 291, 626, 750
Engels, Friedrich 386, 409
Engström, Ingemo 793
Enquist, Per Olaf 311
Ensslin, Gudrun 91, 391, 402, 412, 571, 572
Enzensberger, Christian 43
Enzensberger, Hans Magnus 30, 37, 42–48, 52, 59, 60–63, 180, 193, 195, 279, 280, 294, 300–305, 310, 323, 332, 373, 385, 386, 388, 394, 424–429, 454, 456, 458, 539, 540, 556, 708, 710, 712, 719, 720, 744, 790
Erenz, Benedikt 372
Ergin, Oya 187
Erlenberger, Maria 202, 260, 414
Ernst, Gustav 670, 680, 681, 683
Export, Valie 575, 576, 583, 584

Fabeyer, Bruno 313
Faecke, Peter 41, 164
Falk, Gunter 684, 688, 689
Farocki, Harun 579
Fassbinder, Rainer Werner 124, 126, 127, 295, 302, 516, 517, 545, 546, 557–559, 564, 568, 700, 727, 732, 786, 793
Fauser, Jörg 438, 771
Fechner, Eberhard 581
Federspiel, Jürg 649
Fels, Ludwig 373, 374
Ferenczi, Sandor 25
Ferlinghetti, Lawrence 452
Fest, Joachim 120, 124, 391
Feyerabend, Paul 401, 691
Fichte, Hubert 95–99, 102, 113, 121,

135, 207, 318, 320, 393, 397–399, 448, 722, 767
Fiedler, Leslie A. 56, 703, 722, 754, 770, 789
Filbinger, Hans 515
Findeisen, Bruno 312
Fischer, Ludwig 771
Flaubert, Gustave 369, 389
Fleischmann, Lea 130, 191, 192, 734
Fleischmann, Peter 792
Fleißer, Marieluise 515–519, 700
Flimm, Jürgen 509, 533
Fontane, Theodor 340, 550
Förnbacher, Helmut 791
Forte, Dieter 491
Foucault, Michel 397, 511, 762
Franger, Gaby 743
Frank, Hans 129
Frank, Niklas 94, 122, 129
Franke, Manfred 319, 320
Franklin, John 400
Franzetti, Dante Andrea 222
Frei, Frederike 177
Freinet, Célestin 178
Freud, Sigmund 25, 80, 81, 119, 120, 251, 279, 331, 467, 724, 731
Frick, Hans 416
Fried, Erich 42, 46, 54, 59, 61, 63, 64, 124, 387, 424, 426, 445–448, 668, 687, 720, 721, 772
Fried, Martin 94
Friedländer, Saul 564, 724, 755
Friedrich, Caspar David 531
Friedrich, Hugo 424
Friesel, Uwe 56, 328, 718, 752
Fringeli, Dieter 801
Frisch, Max 196, 298, 388, 404, 405, 421, 643, 644, 646, 650, 660, 664, 665, 719, 801
Frischmuth, Barbara 203, 259, 273, 274, 678, 680, 684, 692, 693, 698, 802
Fritz, Marianne 262, 380
Fritz, Walter Helmut 442
Fritzsche, Joachim 178

Fröhlich, Hans Jürgen 333
Fruchtmann, Karl 89
Fuchs, Gerd 86, 289, 292, 755
Fuchs, Günter Bruno 30
Fuchs, Jürgen 234

Gabel, Wolfgang 159
Gallas, Helga 332
Galsworthy, John 338
Ganz, Bruno 500
Gasser, Wolfgang 697
Gauch, Siegfried 91
Gaus, Günter 725
Gebert, Christian 726
Gehlen, Arnold 703
Geiersbach, Paul 740
Geiser, Christoph 657, 658, 801
Geissbühler, Rolf 658
Geissler, Christian 86, 88, 90, 115, 122, 544
Geißler, Heiner 375
Gelberg, Hans-Joachim 160
Genazino, Wilhelm 359
Gerhard, Rupp 180
Gernhardt, Robert 480, 481, 483, 741, 782, 783
Gerstenmaier, Eugen 118–120, 123, 731, 735
Gerstl, Elfriede 692
Giambusso, Giuseppe 211, 217
Gilbert, Jane E. 129
Ginsberg, Allen 55
Glauser, Friedrich 660
Glotz, Peter 388, 764
Gnüg, Hiltrud 439
Goebbels, Josef 319
Goethe, Johann Wolfgang 103, 170, 202, 315, 389, 420, 438, 450, 498–502, 542, 738, 741
Goetz, Rainald 90, 367, 371, 402, 487, 533, 546, 776, 785
Göhre, Frank 159
Goll, Ivan 228
Gomringer, Eugen 444
Gorbatschow, Michail 376

Gorki, Maxim 507, 510
Gosch, Jürgen 522
Goya, Francisco de 115, 116
Grass, Günter 9, 30, 37, 41, 46, 47, 56, 59–65, 87, 122, 205, 295, 298, 299, 301, 306, 311, 312, 336, 359, 360, 376, 377, 388, 393, 404, 405, 426, 546, 551, 622, 626, 661, 671, 708, 710, 713, 720, 721, 758
Green, Julien 509
Greiner, Ulrich 300, 670, 728, 733
Gremlitza, Hermann 749
Grenn, Julian 496
Greno, Franz 373
Gressmann, Hans 726
Grillparzer, Franz 679
Grimm, Jacob 100
Grimm, Wilhelm 100, 395
Grimmelshausen, Hans Jakob Christoffel von 661
Gross, Johannes 726
Grüber, Klaus Michael 516, 531, 532
Gruenter, Undine 276
Grün, Max von der 185, 287, 291, 298, 334, 750
Grundmann, Siegfried 155
Gstein, Norbert 699
Guevara Serna, Ernesto (Che Guevara) 493
Gutenberg, Johannes 68
Guttmann, Felix 122

Habermas, Jürgen 386, 402, 461, 712, 719
Hackl, Erich 699
Hädecke, Wolfgang 717
Hagelstange, Rudolf 59
Hager, Kurt 231
Hahn, Ulla 450, 451
Haider, Jörg 669
Halbey, Hans A. 717
Halle, Morris 765
Halter, Ernst 644
Hamm, Peter 356, 357, 363, 424–426, 451, 452, 758, 761

Hamsun, Knut 393, 504
Handke, Peter 30, 37, 46, 51, 54, 56, 163, 203, 227, 306, 307, 310, 314, 325, 326, 337, 344, 356–359, 362–364, 369, 370, 372, 391, 397–399, 415–419, 434, 491, 496–498, 516, 542, 551, 576, 633, 677–680, 687, 690, 695–698, 703, 708, 729, 736, 760, 787
Hannsmann, Margarete 256
Hänny, Reto 644, 651, 658
Harich, Wolfgang 337
Harig, Ludwig 49, 328, 380, 596, 601, 608, 609, 727, 781
Harpprecht, Klaus 84, 622, 725
Hartenstein, Elfi 171
Hartlaub, Geno 268, 274, 726
Härtling, Peter 59, 61–65, 69, 95, 122, 146, 271, 292, 333, 335, 336, 348, 355, 356, 371, 393, 426, 622, 720, 725, 732
Hartmann, Lukas 657, 790
Hartung, Harald 63, 438, 443, 450
Hartung, Klaus 290
Hartung, Rudolf 726
Hasler, Eveline 653
Haslinger, Josef 683, 684
Hassan, Ihab 770
Hasselblatt, Dieter 588
Hauff, Reinhard 551, 567, 573, 792
Haufs, Rolf 30, 451, 452
Hauptmann, Gerhart 507, 508, 525
Haushofer, Marlen 248, 249, 259, 267, 268
Havemann, Robert 233
Havenkamp, Katharina 746
Hebel, Johann Peter 777
Hebbel, Friedrich 264, 507
Heckmann, Herbert 49
Heenen-Wolf, Susann 740
Hegel, Georg Friedrich Wilhelm 307, 308, 410
Hegewald Wolfgang 237, 238, 240, 242
Heidegger, Martin 370, 386

Heilmann, Horst 112, 140
Hein, Birgit 573, 574
Hein, Christoph 786
Hein, Wilhelm 574
Heine, Heinrich 73, 125, 450, 723, 725
Heinemann, Gustav 388
Heinrich, Jutta 272
Heinsohn, Gunnar 720
Heise, Hans-Jürgen 438, 443
Heising, Ulrich 517
Heißenbüttel, Helmut 44, 46, 49, 51, 59–62, 92, 279, 285, 293, 310–317, 329, 334, 337, 387, 443, 588, 596, 601, 607, 611, 612, 630, 668, 689, 714, 717, 720, 726, 733
Helbig, Hanno 758
Heller, André 680
Helmers, Hermann 388
Helms, Hans G. 56, 409, 768
Henisch, Peter 89, 415, 668, 698, 726
Henscheid, Eckhard 476, 481–483, 777, 782, 783
Hepp, Fred 725
Heraklit 365
Herburger, Günter 30, 59, 306, 324, 371, 431, 432–434, 449, 450, 543, 544, 797
Herhaus, Ernst 416
Hermand, Jost 163, 165
Hermlin, Stephan 299
Herms, Uwe 41
Hernando, Antonio 217
Hermann, Karl Ernst 509, 697
Herzog, Marianne 30, 253, 254, 715, 742
Herzog, Werner 557, 558, 565, 577, 715
Hess, Rudolf 527
Hetman, Frederik (Ps.) s. Kirsch, H. C.
Hey, Richard 59, 60
Heym, Stefan 235, 523, 634
Heyme, Hansgünther 504, 544
Hilbig, Wolfgang 235, 239, 242

Hildebrandt, Dieter 400, 725
Hildesheimer, Wolfgang 66, 74,
    78–81, 97, 121, 127, 320, 337,
    340–346, 348–367, 369–372,
    378, 400, 420, 598–600
Hilsdorf, Dietrich 505
Hilsenrath, Edgar 131, 132, 150
Himmelheber, Max 619
Himmler, Heinrich 421, 515
Hirsch, Rainer 154
Hitler, Adolf 52, 67, 92, 97, 99, 100,
    103, 118, 135, 374, 515, 525, 571,
    697, 727
Hitzer, Friedrich 155
Hochhuth, Rolf 59, 506, 671
Hodler, Ferdinand 264
Hoffer, Klaus 367, 684
Hoffman, Frederick J. 413
Hoffmann, Hilmar 126
Hoffmann, Reinhild 531
Hofmann, Gert 133–139, 150, 380,
    399, 400
Högemann-Ledwohn, Elvira 289
Hohl, Ludwig 660
Hölderlin, Friedrich 170, 369, 390,
    393, 452, 472, 491, 531
Höllerer, Walter 30, 374, 395, 424,
    430, 431
Hollmann, Hans 516
Holthusen, Hans Egon 59, 61, 335,
    717
Holz, Hans Heinz 56
Hölzl, Luisa Costa 743
Holzer, Horst 614
Holzner, Michael 416
Homer 359
Honecker, Erich 230
Honigmann, Barbara 741
Horkheimer, Max 25, 320, 478
Horváth, Ödön von 515, 516, 519,
    528, 700
Höß, Rudolf 144, 601
Hotschnig, Alois 89, 699
Hübner, Kurt 502
Hübner, Raoul 172

Hübsch, Hadayatullah 738
Hübsch, Paul Gerhard 54
Huchel, Peter 442
Huillet, Danielle 552, 585
Hülsmann, Harald K. 55
Humboldt, Wilhelm von 228
Humburg, Jürgen 178
Humphrey, Hubert Horatio 709
Hürlimann, Thomas 658, 665
Hüser, Fritz 280, 281
Hutmacher, Rahel 653
Huxley, Aldous 792

Ibsen, Henrik 507–509, 528
Iden, Peter 493, 501, 502
Imhoof, Markus 567, 568, 571
Ingold, Felix Philipp 181, 658
Innerhofer, Franz 675, 693
Irigaray, Luce 251, 252, 263
Isherwood, Christopher 401

Jacobson, Roman 765
Jaeggi, Urs 395
Jaesrich, Hellmut 725
Jagger, Mick 623
Jandl, Ernst 54, 332, 466, 467, 472,
    596, 597, 600, 601, 633, 668, 685,
    699, 700, 780, 793
Jannberg, Judith (Ps.) 269
Japp, Uwe 423
Jarry, Alfred 477, 605
Jaspers, Karl 120, 732
Jauss, Hans Robert 164
Jean Paul (Johann Paul Friedrich
    Richter) 465, 472, 493, 661
Jelinek, Elfriede 57, 252, 254, 255,
    262, 263, 265, 266, 270, 380,
    527–529, 535, 541, 554, 670,
    678, 680, 691, 692, 696, 698,
    741, 802
Jens, Walter 59–61, 293, 295, 306,
    371, 797
Jesenská, Milena 264, 400
Johansen, Hanna 256, 258, 270, 653,
    654, 741, 801

PERSONENREGISTER

Johler, Jens 492, 495
Johnson, Lyndon B. 707
Johnson, Uwe 65, 93, 96, 106–112, 127, 133, 134, 395, 719, 729, 797
Jonke, Gert Friedrich 49, 678, 685, 690, 693, 698
Joyce, James 48, 310, 313, 321, 343, 344, 369, 370, 464, 601, 735, 757
Jung, Carl G. 25
Jung, Jochen 672
Jünger, Friedrich Georg 619
Jünger, Ernst 126, 360, 420, 733, 759

Kafka, Franz 45, 48, 60, 134, 142, 228, 239, 264, 275, 276, 296, 325, 326, 344, 369, 400, 527, 552, 668, 679
Kagel, Mauricio 596
Kahler, Erich von 753
Kaiser, Joachim 63, 64, 97, 309, 726, 758
Kamenko, Vera 742
Kammrad, Horst 185
Kaniuk, Yoram 725
Kant, Immanuel 663
Karajan, Herbert von 679
Karasek, Hellmuth 322, 497
Karge, Manfred 522–524
Karsunke, Yaak 30, 302, 424, 426, 445, 450, 498
Kaschnitz, Marie Luise 54, 250, 251, 268, 420, 422
Käsmayr, Benno 163
Kauer, Walter 649
Keilson, Hans 92, 728
Keller, Gottfried 644
Kempowski, Walter 233, 291, 337, 338, 348, 360, 421, 750
Kerenyi, Károly 25
Kerouac, Jack 162
Kerschbaumer, Marie-Thérèse 678, 680, 695
Kesey, Ken 324
Kesten, Hermann 59, 92, 728

Khayati, Mustapha 704
Kieser, Rolf 164
Kilian, Susanne 160
Kinder, Hermann 205, 410
Kipphardt, Heinar 87, 233, 333, 544, 727
Kirchhoff, Bodo 206, 368, 370, 399, 418, 419, 761
Kirsch, Hans Christian 160
Kirsch, Sarah 231, 452
Kittler, Friedrich A. 592
Klee, Ernst 727
Klee, Paul 100
Kleist, Heinrich von 197, 264, 400, 495, 510, 525, 534
Klie, Barbara 725
Kling, Thomas 444
Klopstock, Friedrich Gottlieb 394
Kluge, Alexander 92, 100, 125, 295, 310, 316, 317, 327, 372, 395, 396, 470, 471, 474, 548, 549, 553, 560–563, 569, 577, 579, 580, 727, 728
Knauss, Sybille 264, 272
Knilli, Friedrich 604, 612
Knorr, Manfred A. 773
Koch, Gertrud 740
Koeppen, Wolfgang 351, 359, 370, 406, 407
Kofler, Leo 409
Kogon, Eugen 622
Köhlmeier, Michael 698
Kojève, Alexandre 762
Kolb, Richard 596
Kolb, Ulrike 261
Kolleritsch, Alfred 671, 685
Kommerell Max 395
Konjetzky, Klaus 155, 444
Köpf, Gerhard 372, 729
Korn, Benjamin 125
Körner, Wolfgang 52, 160
Kortner, Fritz 507
Kosta, Tomas 622
Kott, Jan 509
Kracauer, Siegfried 25, 396

Krahl, Hans-Jürgen 391, 712, 713, 720
Kramer, Theodor 668
Kratisch, Ingo 793
Kraus, Wolfgang 676
Krechel, Ursula 179, 265, 416, 441
Kreisky, Bruno 673–675, 680, 682
Kren, Kurt 575
Kresnik, Johann 531
Kristeva, Julia 251, 252, 263, 748, 762
Kristl, Vlado 58, 542, 575
Kriwet, Ferdinand 596
Kroetz, Franz Xaver 287, 306, 371, 517–519, 668, 700
Krolow, Karl 431, 442, 726, 770
Kromschröder, Gerhard 186
Kronauer, Brigitte 276, 473–475, 777
Kropotkin, Pjotr Alexejewitsch 691
Krüger, Horst 725
Krüger, Michael 205, 332, 359, 360, 371, 451, 758, 759, 765
Kuby, Erich 36
Kühn, August 86, 291, 292
Kühn, Dieter 204, 318, 394
Kugelmann, Cilly 740
Kunert, Günter 231, 544
Kunze, Reiner 234
Kunzelmann, Dieter 24, 25, 28, 705, 707
Kurras, Karl-Heinz 708
Kusz, Fitzgerald 328
Kutsch, Angelika 159

Labiche, Eugène 510
Lacan, Jacques 76, 251, 369, 724, 762
Ladiges, Peter 796
Laederach, Jürg 380, 658, 665, 801
Laemmle, Peter 290, 328
Laing, Ronald D. 331
Lämmert, Eberhard 37
Lampe, Jutta 500
Lander, Jeannette 129, 130, 192, 193, 255, 258

Lang, Alexander 522
Lang, Roland 86, 289
Lange-Müller, Katja 238
Langenbucher, Wolfgang 388
Langhans, Rainer 36, 391
Langhoff, Matthias 522–524
Langhoff, Thomas 522
Laschen, Gregor 449
Lassahn, Bernhard 783
Lattmann, Dieter 626
Laube, Horst 516
Lautréamont (Isidore Lucien Ducasse) 369
Leary, Timothy 55
Lehner, Fritz 675
Leiris, Michel 397
Lenau, Nikolaus 452
Lenin, Wladimir I. 386, 409
Lenz, Hermann 123, 360, 380, 388
Lenz, Reimar 58, 718
Lenz, Siegfried 295, 298, 334, 336
Lernet-Holenia, Alexander 684
Lessing, Gotthold Ephraim 126
Lettau, Reinhard 30–32, 37, 40, 46–49, 52, 59, 63, 68, 300, 332, 613, 708
Leutenegger, Gertrud 257, 259, 270, 653, 655
Levi, Primo 734
Lévi-Strauss, Claude 397, 762
Lévinas, Emmanuel 762
Lewis, Oskar 324
Lieber, Hans-Joachim 707
Liebknecht, Karl 525, 572
Lietzau, Hans 495
Ligeti, György 699
Limpert, Richard 157
Lipuš, Florjan 668
Löcker, Erhard 676
Loetscher, Hugo 649, 662, 665
Lottmann, Joachim 486, 785
Löw-Beer, Martin 740
Löwenthal, Leo 320, 330, 715
Lüdcke, Marianne 793
Lüdke, Martin 300, 363, 757

PERSONENREGISTER 863

Ludwig, Volker 533
Luhmann, Niklas 765
Lukács, Georg 313, 409
Luther, Martin 491
Luxemburg, Rosa 525, 526, 568, 570–572
Lyotard, Jean-François 770

Madjderey, Abdolreza 211
Magris, Claudio 670, 676
Mahler, Horst 710
Maier, Wolfgang 30
Mainka, Maximiliane 568
Mainka-Jellinghaus, Renate 727
Majakowski, W. W. (Wladimir Wladimirowitsch) 526
Malatesta, Enrico 691
Mallarmé, Stéphane 239, 369, 604, 797
Mann, Heinrich 82
Mann, Thomas 338
Mansfield, Katherine 265
Manthey, Jürgen 98
Marcuse, Herbert 25, 26, 56, 67, 70, 279, 307, 308, 391, 392, 408, 409, 538, 578, 712, 723
Marcuse, Ludwig 120
Markaritzer, Kurt 675
Maron, Monika 235, 237, 240, 242
Marquard, Odo 483
Marsh, David 84
Marti, Kurt 650, 652
Marx, Karl 23, 25, 32, 279, 386, 389, 390, 409, 410, 425, 548, 722
Mathies, Frank-Wolf 236
Matras, Yaron 183
Mattenklott, Gert 624
Mattenklott, Gundel 178
Mattes, Eva 503
Matthaei, Renate 37, 316, 714, 715
Mauss, Marcel 762
Mayer, Hans 36, 63, 509, 726
Mayröcker, Friederike 273, 466, 467, 472, 473, 596, 597, 600, 669, 685, 692

Mazzi-Spiegelberg, Lisa 211, 744
Mead, George Herbert 370
Mechtel, Angelika 53, 154, 256, 259, 281, 726
Meckel, Christoph 91, 271, 415, 443
Mehr, Mariella 653
Meienberg, Niklaus 649
Meier, Gerhard 662, 663, 801
Meier, Helen 653
Meinecke, Thomas 485, 784
Meinhof, Ulrike 44, 103, 280, 293, 298, 405, 573
Merian, Svende 269, 270
Merleau-Ponty, Maurice 762
Meyer, E. Y. (Peter) 644, 801
Meyer, Martin 758
Meysenbug, Alfred von 52
Michaelis, Rolf 730
Michel, Karl Markus 294, 302, 385, 536, 592, 775
Mikesch, Elfie 575, 583
Minks, Wilfried 124, 499, 530, 531
Mitscherlich, Alexander 271, 279
Mitscherlich, Margarete 279
Mitscherlich, Thomas 271
Mitterer, Felix 700
Modick, Klaus 371, 777
Molière (Jean-Baptiste Poquelin) 508, 524
Mon, Franz 46, 48–50, 52, 54, 57, 98, 315, 334, 336, 340, 341, 443, 596, 601, 705, 716, 717
Moníková, Libuše 227, 261, 275, 276
Monk, Egon 522
Monroe, Marilyn 266
Moog, Christa 265
Moosdorf, Johanna 250, 254, 268
Morgenthaler, Hans 660
Mörike, Eduard 452
Morshäuser, Bodo 368, 401, 402
Moßmann, Walter 445
Mozart, Wolfgang Amadeus 348, 363, 400
Mrkvicka, Kurt 669

Muehl, Otto 574, 575
Mueller, Harald 519
Muhr, Caroline 250, 254, 260
Müller, André 786
Müller, Heiner 194, 197, 523–527, 529, 531, 758, 759
Müller, Herta 227, 634
Müller-Funk, Wolfgang 416
Münzer, Thomas 491
Murnau, Friedrich Wilhelm 565, 566
Muschg, Adolf 388, 413, 643, 647, 648, 650, 652, 656, 665, 801
Muschter, Christiane 726
Musil, Robert 318, 369

Naber, Hermann 795
Nabokov, Vladimir 228
Nadeau, Maurice 39
Nadolny, Sten 201, 400, 758
Nagel, Ivan 500, 507, 532
Nägele, Rainer 82
Naoum, Yusuf 210, 211
Napoleon I. 318
Nef, Heidi 653
Negt, Oskar 396, 471, 548, 722
Neidhart von Reuenthal 318
Nekes, Werner 574
Nel, Christof 523
Nestroy, Johann 687
Nettelbeck, Uwe 95, 97
Neuenfels, Hans 495, 509, 533
Neumann, Bernd 772
Neumann, Gert 25, 235, 240, 242, 717
Neumann, Robert 59, 717
Neumann, Ronnith 741
Neumeier, Peter 344
Neuss, Wolfgang 30, 32, 33, 43
Niederhauser, Rolf 648, 650
Niederland, William G. 735
Nietzsche, Friedrich 369, 450
Nirumand, Bahmann 44
Nitsch, Hermann 691
Nizon, Paul 202, 645, 646, 660, 661, 801

Noelte, Rudolf 507–509
Nossack, Hans Erich 719
Novak, Helga M. 203, 204, 233, 255, 294, 305, 448, 449
Novalis (Friedrich von Hardenberg) 761

O., Dore 574
O'Hara, Frank 408, 435, 452
Offenbach, Judith 254
Ohff, Heinz 777
Ohnesorg, Benno 38
Opitz, Elisabeth 746
Ören, Aras 208, 211–213, 217, 219, 221, 226, 741
Ortheil, Hanns-Josef 88, 93, 96, 103, 104, 299, 367, 379, 380, 792
Orwell, George 555, 792
Ossowski, Leonie 160
Oswald von Wolkenstein 318, 394
Ottersleben, Ossip 166
Ottinger, Ulrike 582, 583
Otto, Walter F. 25
Ovid (Publius Ovidius Naso) 105, 200
Özakin, Aysel 213, 222, 225, 274
Özkan, Hülya S. 211, 743

Padgett, Ron 435
Palitzsch, Peter 124, 494, 522, 533, 789
Parsons, Talcott 765
Pastior, Oskar 443, 634
Pausch, Birgit 115, 133, 138, 199, 258, 259
Pazarkaya, Yüksel 208, 211–213, 215, 219, 228, 743
Pedretti, Erica 264, 265, 653, 655, 801
Peitsch, Helmut 86
Pesciaioli, A. 209
Pessoa, Fernando 454
Petersen, Jan 743
Petersen, Karin 269, 270
Pevny, Wilhelm 700

PERSONENREGISTER

Peymann, Claus 493, 497, 501, 506, 515, 534, 695, 697
Pezold, Friederike 575, 583
Pfister, Oskar 25
Piccolo, Fruttuoso 211
Pielow, Winfried 738
Pirinçci, Akif 213, 217, 228, 742
Piwitt, Hermann Peter 30, 179, 332, 333, 750
Plepelić, Zvonko 742
Plessen, Elisabeth 89, 90, 271, 291, 400, 415
Pluch, Thomas 700
Poche, Klaus 235
Poe, Edgar A. 239
Portmann, Adolf 25
Pörtner, Paul 596, 597, 604–606, 610, 611
Postman, Neil 555, 593
Praesent, Angela 276
Praunheim, Rosa von 578, 579
Priessnitz, Reinhard 671, 688, 689, 691
Proudhon, Pierre Joseph 691
Proust, Marcel 310, 321, 343, 344, 369, 370
Puganigg, Ingrid 273, 669, 693, 694

Queneau, Raymond 181

Raabe, Wilhelm 335
Rabehl, Bernd 25, 45
Rabelais, François 661
Raddatz, Fritz J. 356, 357, 734
Radek, Karl 343
Raeber, Kuno 200
Rahner, Hugo SJ 25
Rakusa, Ilma 653, 655, 801
Rank, Otto 25
Ransmayr, Christoph 96, 105, 106, 115, 200, 201, 373
Rarisch, Klaus M. 773, 777
Rascher, Sigmund 148
Rasp, Renate 49
Raspe, Jan-Carl 391

Rausch, Mechthild 671
Recalcati, Antonio 531
Reemtsma, Jan Philipp 477
Rehm, Werner 500
Rehmann, Ruth 91
Reible, Dieter 493
Reich, Wilhelm 25
Reich-Ranicki, Marcel 65, 97, 306, 334, 362, 371, 411, 708, 758
Reichert, Klaus 719
Reik, Theodor 25
Reinhardt, Stephan 392
Reinig, Christa 53, 233, 254, 263, 275
Reinshagen, Gerlinde 258, 266, 519, 520, 522
Reitz, Edgar 295, 336, 568, 727
Reschke, Karin 256, 262, 264, 400
Richartz, Walter E. 395
Richert, Fritz 725
Richter, E. A. 164
Richter, Hans Werner 30, 37, 47, 300, 708
Riegel, Werner 773
Riese, Hans-Peter 300
Rilke, Rainer Maria 228, 668
Rimbaud, Arthur 369, 454
Rinser, Luise 189, 205, 256, 294, 750
Ritter, Roman 392, 438, 445
Robespierre, Maximilien de 197
Rocha, Glauber 562
Rodewald, Dierk 347
Roggenbuck, Rolf 41, 49, 711
Rosei, Peter 680, 690, 693, 697, 698
Rot, Diter 49, 55
Roth, Friederike 512, 513, 685, 693, 697
Roth, Gerhard 336, 397, 415, 668, 681
Roth, Joseph 670
Rudolph, Niels Peter 498
Rühle, Günther 124, 492, 496, 505, 516, 517, 522, 530
Rühm, Gerhard 596, 668, 678, 685, 687, 691, 777

866 PERSONENREGISTER

Rühmkorf, Peter 46, 63, 64, 300,
   371, 394, 416, 425, 718, 773, 778
Ruge, Uta 728, 764
Ruiss, Gerhard 686
Runge, Erika 44, 154, 160, 245, 280,
   281, 305, 310, 311, 324, 385, 544,
   547
Rupé, Katja 568
Rutishauser, Hanna 653
Rutschky, Michael 170, 178, 396,
   413, 415, 442, 452, 588, 593, 594
Rygulla, Ralf Rainer 161, 408, 538

Sadger, J. 25
Said 211
Salomon, Ernst von 59, 61
Salvatore, Gaston 46, 491
Sand, George 265, 603
Sander, Helke 269, 582, 584
Sander, Klaus 165
Sander-Brahms, Helma 585
Sanna, Salvatore A. 211, 742
Sappho 452
Sartre, Jean-Paul 405, 762
Savaşçi, Fethi 211
Schaaf, Johannes 124
Schädlich, Hans-Joachim 102, 231,
   236, 242, 291
Schäfer, Hans-Dieter 450
Schaffernicht, Christian 212
Schallück, Paul 59, 61
Schami, Rafik 210, 211, 221, 742
Scharang, Michael 282, 283, 328,
   332–334, 596, 597, 607, 609–611,
   669, 681, 685, 695, 696, 802
Scheel, Walter 293
Scheffer, Bernd 316
Scheidt, Jürgen vom 739
Scheinhardt, Saliha 211, 213,
   222–224
Schenk, Johannes 332
Schenk, Herrad 269, 270
Scherl, August 618
Schiller, Friedrich 530, 787
Schilling, Bea 653

Schivelbusch, Wolfgang 396
Schlegel, Friedrich 761
Schleyer, Hanns-Martin 297, 447
Schlocker, Georges 726
Schlöndorff, Volker 294, 295, 551,
   557, 561–564, 567, 568, 727
Schlüter, Wolfgang 780
Schmatz, Ferdinand 672
Schmid, Daniel 791
Schmid, Thomas 301, 758
Schmidli, Werner 649
Schmidt, Siegfried J. 443
Schmidt, Arno 275, 300, 336, 455,
   466, 467, 470, 472
Schmidt, Aurel 328
Schmidt, Delf 179, 300
Schmidt, Helmut 298, 299, 421
Schmitt, Hans-Jürgen 328, 758
Schneider, Hansjörg 650, 665
Schneider, Michael 90, 290, 393, 399,
   411, 412
Schneider, Peter 30, 46, 50, 168, 199,
   248, 280, 286, 287, 290, 295, 298,
   305, 321–323, 331, 374, 375, 385,
   410, 539, 551, 713, 715, 751, 762,
   765
Schneider, Rolf 235
Schnitzler, Arthur 507
Schnurre, Wolfdietrich 59, 123, 420,
   544
Schödel, Helmut 58, 88, 122, 371,
   758
Schöfer, Erasmus 154, 155, 164, 281
Scholem, Gershom 25, 119–121, 126
Schöning, Klaus 283, 586, 589, 596,
   597, 602, 607, 612, 615
Schopenhauer, Arthus 349, 366
Schramm, Godehard 169
Schriber, Margrit 274, 653, 654
Schröder Margot 158, 253, 333
Schroeter, Werner 551, 578
Schubert, Christoph 165
Schuh, Franz 676
Schulz, Marlene 186, 187
Schulze-Boysen, Harro 112

Schumann, Clara 265
Schumann, Robert 528
Schürrer, Hermann 688–690
Schuschnigg, Kurt 684
Schuster, Paul 173, 176
Schütt, Peter 154, 281
Schütte, Wolfram 367, 726
Schutting, Jutta (Julian) 271, 274, 276, 680
Schütz, Stefan 524
Schwab, Sylvia 420
Schwab, Ulrich 124
Schwab-Felisch, Hans 311
Schwaiger, Brigitte 269, 271
Schwarz, Elisabeth 494
Schwarzenbach, Annemarie 660
Schwarzer, Alice 245, 247
Schwendter, Rolf 164
Schwitters, Kurt 604
Sebald, W. G. (Winfried Georg) 734
Seehaus, Gertrud 275
Segebrecht, Dietrich 717
Seghers, Anna 197
Seidel, Ina 92
Semler, Christian 45
Senghor, Leopold S. 713
Sennett, Richard 180
Seume, Johann Gottfried 422
Seuren, Günter 59, 60, 543, 544
Shakespeare, William 503, 524, 531
Sharon, General 88, 727
Shobol, Joshua 504
Sichrovsky, Peter 94, 95
Sichtermann, Barbara 492, 495
Simmel, Johannes Mario 329, 396, 668
Sinkel, Bernhard 94, 568, 727
Sitte, Simone 286
Skármeta, Antonio 742
Sloterdijk, Peter 227, 401
Snyder, Gary 55
Sommer, Harald 328, 683, 670, 685
Sous, Dietmar 554
Soyfer, Jura 668

Späth, Gerold 661, 801
Speer, Albert 319
Sperber, Manès 676
Sperr, Martin 302, 516, 517, 519, 700
Spiel, Hilde 694, 726
Spix, Hermann 156, 740
Stack, Günter 750
Staiger, Emil 451
Stalin, Iossif W. 374
Steckel, Franz Patrick 533
Stefan, Verena 171, 247, 253, 254, 269, 416, 653, 655, 691, 692
Steffen, Günter 333
Steiger, Bruno 658
Stein, Gertrude 604
Stein, Peter 492, 493, 497, 498–501, 507–512, 516, 531–533, 786
Steiner, George 92, 103, 228, 354, 369, 378
Steinwachs, Ginka 44, 203, 252, 265, 266, 473, 603, 604, 677, 716
Stekel, Wilhelm 25
Stengentritt, Erwin 370
Stephan, Cora 367
Stephan, Peter M. 771
Stern, Carola 622
Stern, Joseph Peter 328
Sternberger, Dolf 758
Stiller, Klaus 52, 96, 101–103, 122, 199, 332, 333
Stirner, Max 691
Stöckle, Frieder 160
Stoika, Ceija 190
Stomps, V. O. (Victor Otto) 53
Storm, Theodor 550
Storz, Claudia 653
Strasberg, Lee 533
Strasser, Johano 622
Straub, Jean-Marie 552, 585
Strauß, Botho 30, 36, 37, 51, 91, 123, 124, 308, 356, 357, 372, 399, 418, 419, 450, 499, 503, 509–511
Strauß, Franz Josef 375
Streit, Monika 256

Strindberg, August 507, 508, 511
Struck, Karin 253, 270, 271, 275, 276, 321, 344, 416
Suhrbier, Hartwig 371
Süskind, Patrick 373, 400, 544
Suter, Lukas B. 665
Süverkrüp, Dieter 159
Syberberg, Hans-Jürgen 585
Szeemann, Harald 739
Szondi, Peter 120

Tabori, George 94, 533, 534
Taschau, Hannelies 269, 297, 416
Taubes, Jacob 37, 760
Taufiq, Suleman 210, 211, 742
Tawada, Yoko 204, 225, 226
Teige, Karel 45
Tekin, Mehmet 183
Tekinay, Alev 218
Teufel, Fritz 26, 36, 37, 45, 303, 710
Theobaldy, Jürgen 169, 170, 430, 433, 434, 438, 439, 452, 542, 771, 773, 791
Theweleit, Klaus 265, 444
Timm, Uwe 86, 195, 196, 201, 288–291, 328–330, 333
Toller, Ernst 393
Tonfeld, Michael 155
Torberg, Friedrich 59
Torkan 224
Torossi, Eleni 211, 743
Tragelehn, B. K. (Bernhard Klaus) 522–524
Trauberg, Ursula 280, 305, 324, 416
Tretjakow, Sergej Michailowitsch 156, 175
Trotta, Margarethe von 567–572
Trotzki, Leo 110, 195, 491
Tschawo, Latscho 190
Tschechow, Anton 507, 508, 514, 522
Tschombé, Moïse 707
Tuchtenhagen, Gisela 581
Tugendhat, Ernst 370, 761–764
Turrini, Peter 668, 670, 680, 685, 696, 700

Ulbricht, Walter 707
Unger, Heinz R. 700
Unseld, Siegfried 718
Urban, Peter 507, 719

Valentin, Thomas 544
Valéry, Paul 369, 778
Veseken, Pola 261
Vesper, Bernward 30, 89, 91, 102, 370, 392, 412–415, 567, 568, 571
Vesper, Guntram 52, 96, 101, 122, 416, 449
Vesper, Will 89, 412
Vogel, Henriette 264, 400
Vogel, Hans-Joachim 622
Vogeler, Volker 792
Vogt, Hans Joachim 717
Vogt, Walter 644, 665
Volkmann, Dieter 773
Vormweg, Heinrich 314, 375, 614, 622, 725
Vostell, Wolf 51, 66, 164, 537, 601
Voswinkel, Klaus 203
Vyoral, Johannes A. 686

Waechter, Friedrich Karl 533, 479, 481
Wagenbach, Klaus 332, 758
Wagener, Sybil 269
Waggerl, Karl Heinrich 668
Wagner, Richard 227
Waigel, Theo 764
Walden, Mathias 726
Waldheim, Kurt 667, 669, 675, 679, 680, 697, 698
Wallenstein, Albrecht W. E. von 504
Wallmann, Walter 126, 733
Wallraff, Günter 44, 45, 154, 156, 185, 186, 280, 281, 283–286, 293–295, 305, 310, 311, 326, 327, 329, 344, 356, 359, 365, 373, 375, 385, 399, 448, 546, 547, 669, 749
Walser, Martin 9, 44, 56, 59, 61, 63, 64, 173, 203, 279–282, 286, 295, 300–306, 308, 324, 326, 327,

PERSONENREGISTER 869

333–336, 344, 348, 373, 668, 671,
717–719
Walser, Robert 645, 659–661,
801
Walter, Dieter Karl-Erich 177
Walter, Otto F. 66, 67, 643, 644,
648, 801
Walter, Silja 653
Walther von der Vogelweide 394
Wandrey, Uwe 160
Wapnewski, Peter 438
Waterhouse, Peter 444
Watts, Alan 55
Wedekind, Frank 507
Wehner, Herbert 622
Weibel, Peter 575, 576, 680
Weil, Grete 128, 264
Weinheber, Josef 668
Weinrich, Harald 215, 228, 758
Weiss, Peter 9, 30, 42, 57, 63, 64, 77,
85, 96, 100, 106, 109–116, 127,
133, 134, 140, 142, 145, 148, 193,
194, 271, 279, 300, 303, 306, 325,
327, 337, 346, 359, 370, 372, 389,
390, 393, 491, 601, 719, 721, 724,
725, 748, 761, 786
Wellershoff, Dieter 59, 61, 287, 312,
313, 328, 330–333, 340–342, 348,
386, 407, 408, 543–545, 720, 755
Wenders, Wim 542, 551, 558, 565,
566, 577
Wendt, Ernst 494, 495, 501, 502,
525, 532
Werder, Horst 157
Werder, Lutz von 178, 739
Werle, Simon 780
Werner, Wolfgang 280
Westernhagen, Dörte von 728
Westphal, Gert 796
Widmer, Urs 650, 661, 665, 719, 801
Wiegenstein, Roland 723
Wiener, Oswald 672, 676–678, 685,
687
Wildenhahn, Klaus 581
Wildgans, Anton 668

Wildgruber, Ulrich 503
Wilker, Gertrud 653
Willutzki, Max 793
Wilms, Bernd 371
Wilson, Robert 526, 527, 531, 786
Wimmer, Maria 256
Wintjes, Josef 166, 799
Wirpszas, Witold 54
Wirsing, Sibylle 505, 726
Wisse, Jan 796
Wittgenstein, Ludwig Josef Johann
36, 314, 345, 370, 762
Wodin, Natascha 204
Wohlleben, Robert 777
Wohmann, Gabriele 59, 60, 333, 334,
544, 726
Wolf, Christa 252, 255–257, 266,
416, 634
Wolf, Friedrich 700
Wolf, Ror 49, 52, 92, 307, 308, 337,
474–476, 588, 601
Wolfe, Tom 789
Wolff, K. D. (Karl Dietrich) 713, 720
Wölfel, Ursula 159
Wölffli, Adolf 660
Wolfgruber, Gernot 693
Wolfram von Eschenbach 318
Wollschläger, Hans 468
Wolter, Christine 202, 269
Wondratschek, Wolf 49, 92, 307,
308, 438, 540–542, 551, 596, 602,
754, 771
Wörle, Andrea 743
Wühr, Paul 58, 380, 443, 469
Wuermeling, Franz-Josef 711
Wyborny, Klaus 574, 577
Wysocki, Gisela von 266
Wyss, Laure 650, 653
Wyss, Verena 653

Zadek, Peter 502–505, 509, 544
Zahl, Peter Paul 55, 281
Zeemann, Dorothea 256
Zeltner, Gerda 758
Zenhäusern, Ruth 739

Zenker, Helmut 670
Ziem, Jochen 544
Ziesel, Kurt 285
Ziewer, Christian 742, 793
Zimmer, Dieter E. 59, 719
Zimmer, Hans Peter 25
Zimmermann, Hans Dieter 771
Zipes, Jack 122
Zoderer, Joseph 668
Zollinger, Albin 660

Zopfi, Emil 649
Zorn, Fritz (F. Angst) 413–415, 656, 657
Zschokke, Matthias 662, 801
Zschorsch, Gerald K. 234
Zürn, Unica 248, 260, 262
Zweig, Stefan 668
Zwerenz, Gerhard 54, 59, 61, 124, 233, 372, 416, 720, 779, 791

871

Die Autorinnen und Autoren

Michael Braun, geb. 1958, Literaturkritiker, lebt in Heidelberg. Veröffentlichungen: Der poetische Augenblick. Essays zur Gegenwartsliteratur, 1986. Punktzeit. Deutschsprachige Lyrik der achtziger Jahre (Hg. zus. m. H. Thill). Zahlreiche Aufsätze und Funkbeiträge zur Literatur der Bundesrepublik und der DDR.

Klaus Briegleb, geb. 1932, Literaturwissenschaftler, Universität Hamburg. Veröffentlichungen zuletzt: Opfer Heine? Versuch über Schriftzüge der Revolution, 1986. Unmittelbar zur Epoche des NS-Faschismus. Arbeiten zur politischen Philologie 1978–1988, 1989.

Keith Bullivant, geb. 1941, Germanist, University of Florida, Gainsville. Veröffentlichungen zuletzt: Realism Today. Aspects of the Contemporary West German Novel, 1987. The Modern German Novel, 1987 (Hg.). After the Death of Literature. West German Literature of the 1970s, 1988 (Hg.). Englische Lektionen, 1989 (Hg.). Dieter Wellershoff. Studien zu seinem Werk, 1990 (Mit-Hg.).

Bettina Clausen, geb. 1941, Literaturwissenschaftlerin, Universität Hamburg. Veröffentlichungen: Spektrum der Literatur, 1975 (Hg. zus. m. L. Clausen). Soziale Maschinen, 2 Bde, 1979 (Hg. zus. m. H. Segeberg). Zu allem fähig. Sozio-Biographie des Dichters Leopold Schefer, 2 Bde, 1985 (zus. m. L. Clausen). Schriftstellerarbeit um 1825: Wilhelm Hauff, 1991. Aufsätze u. a. zu Rühmkorf, Kronauer, Henscheid und Schmidt.

Justus Fetscher, geb. 1961, Literaturwissenschaftler, Institut für Allgemeine und Vergleichende Literaturwissenschaft, FU Berlin. Veröffentlichungen: Die Gruppe 47 in der Geschichte der Bundesrepublik, 1991 (Mithg.). »Wie find ich nun aus diesem Labyrinth?« Gescheiterte Verständigung in Kleists ›Amphitryon‹, 1992. Aufsätze zur Figur des Wissenschaftlers auf dem Theater, zu Kleist und Eich.

Ingo Helm, geb. 1955, Autor und Regisseur für Film und Fernsehen, lebt in Hamburg.

Werner Irro, geb. 1955, Literaturwissenschaftler und Kritiker, lebt in Hamburg. Veröffentlichungen: Kritik und Literatur. Zur Praxis gegenwärtiger Literaturkritik, 1986. Hans Henny Jahnn – Schriften zur Literatur, Kunst und Politik, 1991 (Mitarbeit).

Gertrud Koch, geb. 1949, Filmwissenschaftlerin, Institut für Theater-, Film- und Fernsehwissenschaft der Ruhr-Universität Bochum, lebt in Frankfurt/M. Mitherausgeberin von »Frauen und Film« und »Babylon. Beiträge zur jüdischen Gegenwart«. Veröffentlichungen u. a.: »Was ich erbeute, sind Bilder.« Zum Diskurs

872   Die Autorinnen und Autoren

der Geschlechter im Film 1989. Die Einstellung ist die Einstellung. Visuelle Konstruktionen des Judentums, 1992. Siegfried Kracauer, (in Vorb.).

Gundel Mattenklott, geb. 1945, Kunstpädagogin, Hochschule der Künste Berlin. Veröffentlichungen u. a.: Sprache der Sentimentalität. Zum Werk Adalbert Stifters, 1973. Literarische Geselligkeit, 1979. Berlin Transit, 1987 (zus. m. G. Mattenklott). Zauberkreide. Kinderliteratur seit 1945, 1989. Aufsätze und Essays zu Schrift, Schreiben und Kinderliteratur.

Horst Ohde, geb. 1935, Literaturwissenschaftler, Universität Hamburg. Veröffentlichungen: Günter Eich, Gesammelte Werke, 1973 (Mithg.). Aufsätze zu Eich, zur Geschichte der Naturlyrik, zu Hörspiel und Rundfunk.

Thomas Rothschild, geb. 1942, Literaturwissenschaftler, Universität Stuttgart. Veröffentlichungen zum politischen Lied, zur Literatur des 20. Jahrhunderts, zu Film, Rundfunk und Theater.

Hermann Schlösser, geb. 1953, Literaturwissenschaftler, lebt in Wien, Redakteur des Literaturmagazins »Lesezirkel«. Veröffentlichungen: Reiseformen des Geschriebenen, 1987. Morgen wird alles anders. Die Kunst das Leben zu meistern, 1990 (zus. m. E. Gehmacher). Aufsätze und Essays zur Literatur des 20. Jhs und zur Ästhetik des Reisens.

Paul Schuster, geb. 1930, Schriftsteller, Essayist, Übersetzer. Veröffentlichungen: Romane und Novellen, zuletzt: Heilige Cäcilia, 1986. Tanz mit Chiva, 1986. Essays zur Schreibbewegung in Deutschland, über ›Zigeuner‹ in Rumänien, Rumänien nach Ceauşescus Sturz; Rezensionen.

Karsten Singelmann, geb. 1954, lebt in Hamburg.

Regula Venske, geb. 1955, Literaturwissenschaftlerin und Publizistin, lebt in Hamburg. Veröffentlichungen u. a.: Mannsbilder – Männerbilder. Konstruktion und Kritik des Männlichen in zeitgenössischer deutschsprachiger Literatur von Frauen, 1988. Das Verschwinden des Mannes in der weiblichen Schreibmaschine. Männerbilder in der Literatur von Frauen, 1991. Wissenschaftliche, journalistische und literarische Veröffentlichungen.

Sigrid Weigel, geb. 1950, Literaturwissenschaftlerin, Kulturwissenschaftliches Institut (Wissenschaftszentrum NRW) Essen, lebt in Hamburg. Veröffentlichungen zuletzt: Topographien der Geschlechter. Kulturgeschichtliche Studien zur Literatur, 1990. »Wen kümmert's, wer spricht?« Zur Literatur und Kulturgeschichte von Frauen aus Ost und West, 1991 (Hg. zus. m. I. Stephan u. K. Wilhelms). Leib- und Bildraum. Lektüren nach Benjamin, 1992 (Hg.).

DIE AUTORINNEN UND AUTOREN

Martin Zingg, geb. 1951, Gymnasiallehrer, lebt in Basel, Mitherausgeber der deutschschweizerischen Literaturzeitschrift »Drehpunkt«. Veröffentlichungen: Geschichten aus der Geschichte der Deutschschweiz nach 1945, 1983 (Hg. zus. m. R. Niederhauser). Onkel Jodoks Enkel. Die Literatur und ihre Schweiz, 1988 (Hg. zus. m. R. Bussmann). Literaturkritiken in Rundfunk, Zeitungen und Zeitschriften.

Danksagung

Wir denken an die Konzept-Debatten, die wir in den frühen achtziger Jahren mit Oskar Cöster, Ingo Helm, Werner Irro, Regula Venske und Klaus Weber geführt haben, dankbar zurück. Bei der Arbeit an der Einrichtung des Bandes haben uns bis zuletzt Dorothea Klemenz, Dorothea Renz und Werner Irro geduldig unterstützt. Für wertvolle Hilfe danken wir auch dem KLG Textdienst des Verlages edition text + kritik, dem Ausschnittedienst der Stadtbibliothek Dortmund und Uta Wagner, Zeit-Archiv Hamburg.

K. B./S. W.

Inhaltsverzeichnis

Einleitung 9

Erster Teil
Aufbruch ›1968‹ · Der Mythos vom Neuanfang 19

Klaus Briegleb

Literatur in der Revolte – Revolte in der Literatur 21

I. Literatur in der ›Provokationsspirale‹ bis zum 2. Juni
1967 21
   1. Die ›situationistische‹ Avantgarde. Ursprungslinien der
   Revolte 21
   2. Direkte Aktion 26
   3. Beim Feind 30
   4. Das Ende der Satire 32
II. Literatur in der veröffentlichten Revolte 37
   1. Die nationale Diffusion nach dem 2. Juni 37
   2. »Stadtrundfahrt« · Der Mythos von der totgesagten
   Literatur 39
   3. »Immer wieder mit leeren Händen« 46
   4. ›Verschwindend‹ kleine Spuren. Die Verschüttung der
   literarischen Subversivität durch die
   ›Organisationsdebatte‹ 52
III. ›Literaturbetrieb 1968‹ – Auftrieb 59
   1. »Revolution« 59
   2. »Rhetorik der Ohnmacht« 62
   3. »Alles ist neuerdings ziemlich unübersichtlich
   geworden. Keiner weiß mehr« 66
   4. ›Danach‹ 68

Klaus Briegleb

Vergangenheit in der Gegenwart 73

    1. NS-reflexive Literatur abseits der Revolte. Bachmann,
       Hildesheimer, Böll 74
    2. Das literarische Problem der ›deutschen Zeit‹ 84
    3. ›Programmatische‹ Nazi- und Nachnazizeit-Prosa . . . 86
    4. Vaterbilder 89
    5. Unsere Eroberung. Neu-Thematisierungen des Bruchs
       1945 95
    6. Widerstand, Gedächtnis. Uwe Johnson und Peter
       Weiss 106

Klaus Briegleb

Negative Symbiose 117

    1. Sprachpolitik 117
    2. Juden in der Literatur 121
    3. »Unsere Vergeßlichkeit«. Neue Schreibweisen des
       Erinnerns 133
    4. Der Weg in die absolute Prosa. Peter Weiss, Anne
       Duden 140

Zweiter Teil
Bewegungen und Kulturen 151

Gundel Mattenklott

Literatur von unten – die andere Kultur 153
    1. Werkkreis Literatur der Arbeitswelt 154
    2. Neue Kinderliteratur der siebziger Jahre 159
    3. Underground – Subkultur – ›Scene‹ 160
    4. Schreiben als Therapie 168

5. Oral history und autobiographisches Schreiben:
Geschichte und Kultur von unten 174
6. Initiativen, Institutionen, Diskussionen 177

Sigrid Weigel

Literatur der Fremde – Literatur in der Fremde 182

I. Multikultur 182
   1. Von der Reportage- zur Migrantenliteratur 185
   2. Texte kultureller Minoritäten 188
II. Deutsche Autoren über die und in der Fremde 193
   1. Topographien des Politischen 193
   2. Italien und andere mythische Orte – Reisen in die
      eigene Geschichte 198
   3. Reisen in die Ferne – Asien und Lateinamerika 203
III. Migrantenliteratur 207
   1. Zur Entstehung der Migrantenliteratur 208
   2. Zwischen Gegenöffentlichkeit und Vereinnahmung . . 211
   3. Metaphorik der Migration 216
   4. Schreibweisen einzelner Autoren zwischen Kulturen . . 219
   5. Eine andere ›Migrantenliteratur‹ oder eine andere
      ›Frauenliteratur‹ 222
   6. Fünf deutschsprachige Literaturen oder für eine
      ›kleine Literatur‹ 226

Werner Irro

Hier drüben – Literatur ehemaliger DDR-Autoren 230

Postskriptum (nach der Wende) 230
1. ›November 76‹ 230
2. Klartext 234
3. Auflösung von Grenzen 235
4. Die Suche nach dem Subjekt 239
5. Wiedergewinnung literarischer Vielfalt 241

›Frauenliteratur‹ – Literatur von Frauen 245

Sigrid Weigel

I. Zum Verhältnis von politischer, literarischer und
   theoretischer Entwicklung 245
   1. Ungleichzeitigkeiten 1: Politik und Literatur 245
   2. Ungleichzeitigkeiten 2: Theorie und Literatur 248
II. Weiblichkeitsentwürfe: Schreibweisen und
    Konstellationen 253
    1. Frauen-Geschichten, Topographien 253
    2. Körpertexte, Wider den männlichen
       Schöpfungsmythos 260

Regula Venske

III. Kritik der Männlichkeit 267
     1. »Männerwelt« – »Mörderwelt« 267
     2. »Amoritäten« 272

Dritter Teil
Realismus 277

Keith Bullivant

Literatur und Politik 279

     1. ›Agitatorischer‹ Dokumentarismus, Literatur der
        Arbeitswelt 280
     2. ›Propagandistische Literatur‹, Politischer
        Entwicklungsroman 286
     3. Ansätze zu einem neuen politisch-historischen Roman . 291
     4. Schriftsteller und ihre Republik 293

Keith Bullivant und Klaus Briegleb

Die Krise des Erzählens – ›1968‹ und danach 302

1. Die ›bürgerliche‹ Literatur wird wieder einmal in
   Frage gestellt – »Adorno-Folgen« 302
2. Die Dokumentarliteratur und die Krise des Erzählens . 310
3. Die ›Avantgarde‹ und der Sprach-Realismus 313
4. »Es darf wieder erzählt werden«. ›1968‹ ist vorbei . . . 320
5. Neuer ›bürgerlicher‹ Realismus? Flucht ins deutsche
   Familienmuseum 333

Klaus Briegleb

Weiterschreiben! – Wege zu einer deutschen literarischen
›Postmoderne‹? 340

I. »Das Elend des Realismus« (Hildesheimer) oder die nicht
    mehr geführte Debatte 340
    1. The End of Fiction 342
    2. Aufhören als Ich-Metapher 345
       Exkurs zum ›Verfahren Marbot‹ 346
    3. »Auslöschung« · Verschobenes Debattieren 352
II. Deutscher Katastrophismus 1983 – 1985 354
    1. Die Kritik an Hildesheimer 355
    2. »Ebbe in der literarischen Debatte« 358
    3. Kein Literaturgespräch über Todeszeichen.
       Hildesheimer vs. Handke 362
III. Schreiben in der Leere 366
    1. »Wer spricht?« 366
    2. Fragen und eine Antwort: Weiterschreiben! 369
    3. »Gorbi«-Zeitalter und Nationaldiskurs. Der Wahn von
       der überstandenen Erzähl-Krise 373
    4. Zwischen ›Zeichenrealismus‹ und literarischer
       Selbstaufgabe im ›politischen Diskurs‹. Ausblick . . . 377

Vierter Teil

Literaturkonzepte: Kontinuitäten und Brüche 383

Hermann Schlösser

Literaturgeschichte und Theorie in der Literatur 385

    1. Politik, Literatur, Theorie 385
    2. Literaturdidaktik und didaktische Literatur 387
    3. Widerspruch und Widerstand – Peter Weiss 389
    4. Die ›neue Sensibilität‹ 391
    5. Subjektivität und Tendenzwende 392
    6. Zwischen Wissenschaft und Literatur 395
    7. Lösung im Ritual: Hubert Fichte 397
    8. Die Wiederkehr alter Posen und Gattungen 398
    9. Ende in der Simulation? 401

Hermann Schlösser

Subjektivität und Autobiographie 404

    1. Selbstdarstellung und Öffentlichkeit 404
    2. Verweigertes Rollenspiel und poetische Lizenz 406
    3. Revolutionierung des Subjekts 407
    4. Brüche und Kontinuitäten 409
    5. Radikale Innerlichkeit 412
    6. Kurze Typologie der Krisen 415
    7. Zur Schrift gewordenes Ich 417
    8. Der Formbestand autobiographischen Schreibens . . . 419
    9. Zwischen Bedingtheit und Unbedingtheit 423

Michael Braun

Lyrik 424

    1. Vom politischen Gedicht zum ›Kampftext‹ 424
    2. Der Scheintod der Literatur 427

3. Die Poetik des Alltagsgedichts 430
4. Die Trümmer der Utopie – Rolf Dieter Brinkmann . . 435
5. Die Lyrik-Diskussion: Dogma und Argument 438
6. Der Erfahrungshunger nach der Revolte: Politische
   Regression? 439
7. Die Selbstbehauptung der experimentellen Poesie . . . 442
8. Metamorphosen des politischen Gedichts 445
9. Die Wiederaneignung der Tradition 449

Bettina Clausen und Karsten Singelmann

Avantgarde heute? 455

I. Zur Brauchbarkeit des Begriffs 455
   1. Die Probleme der Praxis 455
   2. Die Probleme der Theorie 457
   3. Ausweg: Die Neubestimmung 462
II. Zur Pluralität avantgardistischer Gegenwartsliteratur . . 466
   1. Die Fragmentierung der Lebenswelt – der ›Zerfall des
      Subjekts‹ 466
   2. Der Formenreichtum literarischen Sprechens im
      ungesicherten Raum 474
   3. Angriff auf die Kultur – Literarische ›New Wave‹ . . 484

Fünfter Teil
Literatur, Theater, Medien 489

Justus Fetscher

Theater seit 68 – verspielt? 491

   1. Revolte im Erziehungshaus (Mitbestimmung und
      Emanzipation) 491
   2. Stichwort Handke 496
   3. Erlaubt ist – was? (Die Klassiker) 498
   4. Zerbrochener Spiegel (Die Skandale) 502

5. Das photographierte Bürgertum 507
6. Die Ingolstädter Schule 515
7. Mauerschau 522
8. Bilder ohne Ausblick? 530

Ingo Helm

Literatur und Massenmedien 536

1. Öffnung der Grenzen 537
2. Ausgangspunkte 538
3. Grenzübergänge 540
4. Der Autor als Medienarbeiter 543
5. Der Autor als Medienprodukt 545
6. Massenmedien und Gegenöffentlichkeit: Günter
   Wallraff 546
7. Gesellschaftstheorie, Literatur, Film: Alexander Kluge . 548
8. Film und Literatur 550
9. Vom ›Film‹ zum ›Kino‹ 554
10. Ein neuer ›Tod der Literatur‹? 555

Gertrud Koch

Film 557

1. Stichworte zur Filmentwicklung 557
2. The long goodbye: Die Wiederkehr der Geschichte . . . 560
3. Rekonstruktion: Geschichte als Biographismus 567
4. Film als ästhetische Opposition: Avantgardefilm,
   Experimentalfilm 574
5. Underground als Subkultur der Avantgarde 578
6. Die politische Avantgarde: Der Essayfilm 579
7. Dokumentarfilm 580
8. Frauen hinter der Kamera 581
9. Schlußbemerkung 584

Horst Ohde

Das Hörspiel. Akustische Kunst in der Nische 586
  1. Verwaltete Kunst oder Wie öffentlich ist der
    Rundfunk? 587
  2. »Ein Hörspiel wird nicht allein schon dadurch
    öffentlich, daß es gesendet wird« 591
  3. Tonspur fürs Lebenskino 592
  4. Das Ende der Fiktionen 598
  5. Text-Räume, Hör-Spiele: die neuentdeckte
    Intermedialität 600
  6. Die Stunde der Trickmaschine: Paul Pörtners
    ›Schallspiele‹ 604
  7. O-Ton ist mehr als eine Hörspieltechnik 607
  8. Spuren des neuen Hörspiels 610

Paul Schuster

Literatur- und Kulturzeitschriften 616

  1. Zeitschriftenmarkt 616
  2. Vom Entstehen und Vergehen der Zeitschriften 618
  3. Opposition zu den Medien der Mächtigen 623
  4. Das Verschwinden der Literatur in den
    Literaturzeitschriften 626
  5. Große und kleine Zeitschriften 629
  6. Deutschsprachige Zeitschriften außerhalb der BRD . . 633
    Deutsche Demokratische Republik 634
    Österreich 635
    Die Schweiz 637
    Luxemburg, Rumänien, Niederlande 638

Sechster Teil
Literaturverhältnisse und besondere Entwicklungen in der österreichischen und deutschschweizer Literatur 641

Martin Zingg

Besuch in der Schweiz – Eine Skizze der deutschsprachigen
Literatur der Schweiz nach 1968 643

   1. »Was schreibt die junge Generation?« 643
   2. Zweifel am Sonderfall 646
   3. Mundart und Schriftsprache 651
   4. Die Literatur der Frauen 653
   5. Autobiographische Literatur: Krankheit und
      Bekenntnis 655
   6. Die erzählten Zweifel am Erzählen 658
   7. Vorschläge zur Unversöhnlichkeit 660

Thomas Rothschild

Österreichische Literatur 667

   1. Österreichische Literatur? 667
   2. Das Stereotyp 670
   3. Das Jahr 68 672
   4. Der Kulturbetrieb 674
   5. Literarische Richtungen 677
   6. Peter Handke 678
   7. Politisches Engagement 680
   8. Organisation der Einzelgänger 682
   9. Kompromisse 685
  10. Außenseiter 687
  11. Problemfelder und Schreibweisen 691

Anhang 701

Anmerkungen 703

Bibliographie 803
I.   Bibliographien, Lexika, Nachschlagewerke 803
II. Philosophie, Theorie 805
III. Literaturgeschichten, Überblicksdarstellungen, Theorie
     zur Geschichtsschreibung 808
IV. Quellensammlungen, Dokumentationen 811
V.   Untersuchungen 821

Personenregister 853

Die Autorinnen und Autoren 871

Danksagung 874